都市交通转型发展与再出发

——第30届海峡两岸都市交通学术研讨会论文集

上海市科学技术协会
上海市交通工程学会 主编

同济大学出版社
TONGJI UNIVERSITY PRESS
·上海·

内 容 简 介

本书收录了第 30 届海峡两岸都市交通学术研讨会的一组论文，主要内容涉及构建现代综合交通运输体系，城市群及都市圈交通一体化，韧性城市与韧性交通的互动，交通对城市更新的重塑作用；网联汽车与道路协同，交通风险监测管控，交通设施智慧运维，数字赋能交通治理；绿色出行与服务信息诱导，复合廊道与土地集约共享，慢行交通与完整街道设计，弱势群体交通需求及响应等。

本书适合交通运输领域规划设计、教学科研、建设运营、综合管理等部门、单位的科技工作者和管理人员阅读，也可供交通运输专业的学生及其他相关人士参考。

图书在版编目(CIP)数据

都市交通转型发展与再出发：第 30 届海峡两岸都市交通学术研讨会论文集 / 上海市科学技术协会，上海市交通工程学会主编．—上海：同济大学出版社，2023

ISBN 978-7-5765-0630-3

Ⅰ．①都… Ⅱ．①上… ②上… Ⅲ．①城市交通系统—中国—学术会议—文集 Ⅳ．①U491．2-53

中国国家版本馆 CIP 数据核字(2023)第 001819 号

都市交通转型发展与再出发

——第 30 届海峡两岸都市交通学术研讨会论文集

主编 上海市科学技术协会 上海市交通工程学会

责任编辑 姚烨铭 **责任校对** 徐春莲 **封面设计** 陈益平

出版发行 同济大学出版社 www.tongjipress.com.cn

(地址：上海市四平路 1239 号 邮编：200092 电话：021-65985622)

经 销 全国各地新华书店

排 版 南京文脉图文设计制作有限公司

印 刷 江苏凤凰数码印务有限公司

开 本 889mm×1194mm 1/16

印 张 38.5

字 数 1 232 000

版 次 2023 年第 1 版

印 次 2023 年第 1 次印刷

书 号 ISBN 978-7-5765-0630-3

定 价 360.00 元

前 言

海峡两岸都市交通学术研讨会(以下简称:研讨会)由上海市科学技术协会、台北市交通安全促进会于1993年创办于上海,迄今已在两岸27个城市举办了30届。经每年一届、从无间断的发展,研讨会现已成为两岸交通运输领域合作时间最长、学术层次最高、跨学科跨部门最广和系列成果最为丰硕的学术会议之一,也成为两岸交通界学术交流的桥梁和情感交融的平台。

2022年12月9—11日,由中国科学技术协会指导,上海市科学技术协会、台北市交通安全促进会、逢甲大学主办,上海市交通工程学会、上海市科学技术协会学会服务中心承办,江苏、浙江、安徽、河南、湖南、甘肃、江西、重庆、青岛9省市科协和沪台6家交通领域相关机构协办的第30届海峡两岸都市交通学术研讨会,以上海、台中设主会场,线上线下结合的方式,多点同步举办。包括80余位台湾代表在内的两岸业界专家学者、企业代表400余人与会,围绕"都市交通发展的转型与再出发——三十而立,携手向前"这一主题,聚焦"都市交通未来三十年""智慧交通的数字底座""生态交通探索与实践"等专题,进行交流研讨,碰撞思想火花,助力交通创新发展,服务民生福祉。研讨会设置开闭幕式、主题报告会、四个分论坛和专家建言献策会;会上交流报告44篇,其中主题报告4篇,分论坛交流40篇;建言献策会针对上海新城交通发展面临的挑战,进行专题研讨,提出对策建议。

本届研讨会论文征集工作于2022年4月在两岸同步启动,虽受反复暴发的疫情影响,但在两岸各相关单位的共同努力下,论文数量和质量均创历史新高。共征集论文165篇(大陆140篇,台湾25篇)。经二轮评审,本书最终选用81篇(大陆61篇,台湾20篇)。内容涉及构建现代综合交通运输体系、韧性城市与韧性交通互动、智能网联汽车、交通风险监测管控、绿色出行与服务信息诱导及弱势群体交通需求及响应等议题,展现了两岸交通管理部门和产学研界在交通理论、科研课题、规划设计和运营管理等各方面的新成果,体现了研讨会学术水平,助推两岸交通领域更紧密的交流合作。

因本书编辑时间仓促、编者能力有限,难免存在疏漏,敬请各位同仁批评指正。

上海市科学技术协会

上海市交通工程学会

目　录

第三篇　智慧交通的数字底座

第四篇　生态交通探索与实践

第五篇　安全、绿能的出行特征

第一篇　大会报告

增强系统韧性 实现超大城市交通高质量发展

——从《上海市交通发展白皮书》看韧性交通建设

孙建平[1]

摘　要： 继 2002 年、2013 年上海发布交通白皮书后，2022 年 10 月新一轮《上海市交通发展白皮书》发布。新一轮白皮书体现出上海交通发展理念的变革，明确未来 10 年上海交通发展的目标、战略和行动，是上海推进交通工作的"行动指南"和促进交通领域社会共治的"倡议书"。白皮书更加注重交通智慧绿色韧性发展，将韧性作为未来交通的发展目标之一。本文结合 2022 年《上海市交通发展白皮书》，分析、阐释了上海建设超大城市韧性交通网络的目标、基础和路径。

关键词： 韧性；上海市交通发展白皮书；免疫力；治愈力；恢复力

"韧性交通"通常被定义为"能够预测和适应不断变化的自然环境，具有较高的可靠性和必要的冗余性，且能承受、应对突发事件并实现快速恢复的交通基础设施"，但这是一个系统性问题，包含行业治理、运行管理等一系列问题，是指整个交通系统能够在各类慢性压力和急性冲击下，仍能保持安全、有序地运行。在重大灾害中，及时恢复交通是抢险救灾的重中之重，安全、韧性的交通系统在很大程度上决定了国家、城市应对各类风险挑战的能力。

2022 年《上海市交通发展白皮书》是上海继 2002 年、2013 年发布交通白皮书后，第三次发布的"交通发展白皮书"（下简称"2022 年白皮书"）。"2022 年白皮书"体现出上海交通发展理念的变革，明确未来 10 年上海交通发展的目标、战略和行动，是上海推进交通工作的"行动指南"和促进交通领域社会共治的"倡议书"。"2022 年白皮书"更加注重交通智慧绿色韧性发展，将韧性作为未来交通的发展目标之一，这是面对日益复杂的城市发展问题和挑战，实现超大城市交通高质量发展的重要内容，为超大城市韧性交通建设提出了实践的方向。

1. 应对挑战，提高服务能级，上海发展韧性交通目标清晰

"2022 年白皮书"指出，上海交通发展的总目标是构筑"人本、高效、智慧、绿色、韧性"的国际大都市高质量一体化交通。其中"韧性"强调动态适应自然灾害、气候变化、公共卫生事件等外部扰动对交通系统的影响，打造更具弹性和适应性的基础设施和运输服务体系，应急处置和快速恢复能力显著提升，保障交通正常运行和国际国内物流供应链畅通。

这一目标的提出，是基于上海服务国家战略的需求，基于当前城市发展面临的挑战，为上海韧性交通的建设指明了方向，为超大城市韧性交通建设实践创造了良好的环境。

1.1　新发展格局对交通韧性提出新要求

党的二十大报告提出"以新安全格局保障新发展格局"。安全、韧性的交通系统对于保障经济社会发展安全、供应链安全具有重要意义。2019 年，交通运输部发布《国家综合立体交通网指标框架》，其中将"交通网韧性"作为系统指标之一。作为统领我国未来交通发展的指导性文件，《交通强国建设纲要》也对"韧性交通"系统建设提出了具体要求：要建设现代化高质量综合立体交通网络，实现立体互联，增强系统弹性。推动高质量发展要求持续提升交通服务能级。

1　同济大学城市风险管理研究院院长。

从上海的发展要求看，百年变局和新冠疫情交织叠加，全球经济贸易格局和国际秩序深刻调整，我国正加快构建新发展格局，上海将着力打造国内大循环的中心节点、国内和国际双循环的战略链接。这就要求进一步提升上海国际航运中心能级，强化上海在国家综合立体交通网络中的枢纽功能，增强全球资源配置和国际国内连通能力。拓展发展空间格局要求加速重构综合交通体系。同时，长三角区域一体化发展上升为国家战略，上海提出加快形成“中心辐射、两翼齐飞、新城发力、南北转型”的市域空间新格局，将形成主城区、五个新城、上海都市圈和长三角城市群由内向外逐步拓展的空间发展格局。

基于新的发展要求，“2022 年白皮书”将建设韧性交通提上议事日程。提出按照统筹发展和安全，坚持源头管控、预防为主、综合治理，更加注重增强交通系统韧性的原则，制定了具体目标：适应超大城市经济社会发展需求的交通安全现代治理体系基本建成。交通行业安全生产事故死亡人数维持低位，重特大安全生产事故有效防范，道路交通事故万车死亡率持续压降。交通系统应急处置能力和韧性显著提升。

1.2 超大城市风险挑战对交通韧性提出新要求

当前超大城市面临的风险挑战日益复杂。超大城市是经济发展的重要引擎，其战略地位决定其承担的责任、面临的挑战都是巨大的，超大城市是各种安全问题的汇聚点，超大规模性带来的城市治理难题是一个世界性难题。

尤其是超大城市运行风险的系统性、不确定性日益增强。城市发展中各种风险源、风险点相互交织、相互作用，如果防范不及、应对不力，就会传导、叠加、演变和升级，使小的矛盾风险挑战发展成大的矛盾风险挑战，局部的矛盾风险挑战甚至发展成系统的风险挑战。具体看：一是风险挑战的不确定性和极端性越来越强，主要体现在自然灾害方面；二是一些高风险领域安全生产态势出现波动，主要体现在危化品运输等传统安全生产重点领域；三是一些长期积压的问题集中爆发，主要体现在基础建设相关领域。这些风险挑战都与城市交通高度相关，可能对城市交通产生冲击和影响。

城市交通在各类慢性压力和急性冲击中能保持安全、有序运行，对城市应对各类挑战具有保障性、支撑性作用。在世界范围内，为适应和应对气候变化、自然灾害等环境因素影响，美国、日本、英国等发达国家都在积极打造韧性交通，并在相关法律法规中，将交通网韧性和应急保障作为主要战略目标和发展内容。

“2022 年白皮书”在编制过程中对这些挑战进行了充分的分析，提出上海必须以韧性交通体系更好适应气候变化和未来“不确定性”扰动，更好助力可持续发展。

2. 成就显著，为上海建设更具韧性的超大城市交通网奠定基础

上海交通着眼国家战略，服务经济发展，服务人民美好生活，在硬件基础设施方面和综合管理等方面取得了全面进步，取得巨大成就，为建设韧性交通奠定了坚实基础，主要体现在三个方面。

2.1 着眼国家战略，服务经济发展和人民美好生活

“十三五”时期，上海国际航运中心基本建成，正在迈向“全面建成”的新阶段，全球航运资源配置能力整体提升。有力保障了国内、国际双循环的战略链接的安全。建设上海国际航运中心是 20 世纪 90 年代中期提出的，在国家重大战略的指导下，经过多年努力，上海国际航运中心建设取得了巨大成就，为进一步打造国内大循环的中心节点、国内和国际双循环的战略链接，奠定了坚实的基础。

上海交通综合多种手段持续提升市民的幸福感和获得感，也为未来韧性交通建设奠定了坚实的基础。上海坚持交通基础设施适度超前建设，构建了与超大城市相匹配的交通设施网络。上海始终坚持公共交通优先发展战略，2021 年公共交通日均客运量 1 398.8 万乘次，中心城公共交通出行比例（不含步行）约 43.6%（2019 年）。轨道交通持续提能增效，日均客运量 978 万乘次，占公共交通客运量 70%。地面公交服务层次逐渐丰富，全市 75.3% 的轨道交通站点周边 50 m 半径范围有公交线换乘。网约车、共享单车、定制班车和分时租赁等“互联网＋”交通出行模式蓬勃发展，丰富了出行方式，交通出行环境不断优化。在

道路和停车设施供给有限的条件下，综合运用法律、经济、行政等手段对小客车实施需求管理。道路交通事故万车死亡率小于2人，较2012年降低52%。

2.2 着眼融合创新，服务交通产业升级

智慧交通在效率提升、安全运行等方面都有极大优势。上海坚持科技赋能、创新驱动，前沿技术与交通领域加速融合，在综合交通发展尤其是智能交通方面取得了长足进步。交通新基建持续推进，全球规模最大、自动化程度最高的集装箱码头——洋山深水港四期自动化码头投产，自动驾驶级别最高的轨道交通14、15、18号线建成投运，S32、G60、G15等智慧高速公路试点启动。交通出行信息化水平持续提升，中心城区实现公交站点实时到站信息预报服务全覆盖，并逐步在郊区推广。持续推动智能网联汽车道路测试，累计开放1 289 km测试道路，总里程居全国首位。智慧交通发展走在全国前列，为韧性能力提升奠定基础。

2.3 着眼交通领域共治体制机制建设，服务城市运行安全

在重大突发公共事件中保障城市有序运行，是交通韧性能力的体现。

近年来，上海持续优化综合交通行政体制，着力构建长三角区域交通一体化推进机制，综合交通协调工作机制逐步健全。修订《上海市道路交通管理条例》，出台《上海市推进国际航运中心建设条例》《上海市铁路安全管理条例》等，交通法规体系更加健全。持续推进"放管服"改革，实施地面公交、出租汽车、道路养护等重点行业改革，构建信用管理体系，为交通行业健康可持续发展创造良好环境。市区交通事权分工更加清晰，行业协会等第三方组织在交通治理中的作用更加凸显，公众参与渠道更加畅通，交通领域社会共治体系日趋完善。综合交通保障及应急管理服务能力不断提升，圆满完成进博会等重大活动交通保障任务，抗击新冠疫情期间港口、机场核心功能稳定运行，城市交通保障有力。这些实践为上海应对各类风险挑战积累了经验。

3. 聚焦三个重点，提升上海交通韧性能级

韧性能力强调对各类风险从机械防御转向动态适应，从防御的单一视角转向了"减缓+适应+恢复"的多重视角。交通韧性能力提升涉及基础设施、运输组织、运行管理和治理体系等多方面。笔者认为，结合当前上海发展实践，在建设安全韧性交通过程中应聚焦三项能力提升，即免疫力、治愈力、恢复力提升。

3.1 免疫力：加强全生命周期管理、多种交通方式统筹发展

党的二十大报告强调："坚持安全第一、预防为主。"免疫力，重点在预防，是韧性能力的关键。

提升免疫力，一要确保本质安全。要坚持前瞻性规划、精细化设计、高质量施工、综合性运维和低影响更新，形成规建管养全过程一体化管理机制。二要坚定多种交通方式合理、有序、共同发展，增强系统应对突发公共事件挑战的冗余性。在突发公共事件下，私人小汽车、自行车等个体交通方式表现出较强的安全性优势，充分体现了城市交通供给多样性的重要性。提高交通系统韧性，应给予其他交通方式发展空间，在道路资源的供给上充分考虑各种交通方式的兼容性。要结合近年来应对重大突发公共卫生事件的经验，不断完善多种交通方式统筹发展。

3.2 治愈力：强化协同，完善过程管理体系

完善交通安全生产体系，提升安全生产水平，是交通韧性能力的核心。当前，交通安全生产体系面临的主要问题是整体性、协同性和精准度不足。

为此，一是要继续完善治理体系，强化不同主体的责任。进一步完善区域协作、部门协同的交通安全监管体系，强化属地责任；从管理对象看，要健全高风险驾驶人清单机制，实现管理对象的全覆盖。从激励角度看，要加强企业安全信用管理，鼓励开发推广交通安全责任险种。二是完善管理平台建设，加强管理

协同，将监测预警管理融入过程管理，提高风险防范和风险监控能力。对风险分类、分级管控，对症下药，确保在各类突发状态下，交通运行系统能快速切换到应急处置中，确保系统快速恢复到正常状态。同时加强智慧交通等新技术的运用，在公共突发事件中打破区域和行业壁垒，科学有效地采集、分析和利用各类信息和数据，实现跨区域、跨业务、跨职能联动，才能为精准施策提供更为科学、准确、全面的信息支撑。

3.3 恢复力：提高管理效能，提升应急救援能力

快速恢复是韧性的本质要求。未来要健全交通应急管理体系，提升应急处置水平，增强恢复能力。

《交通强国建设纲要》明确要求强化交通应急救援能力。建立健全综合交通应急管理体制机制、法规制度和预案体系，加强应急救援专业装备、设施、队伍建设，积极参与国际应急救援合作。强化应急救援社会协同能力，完善征用补偿机制。

“2022 年白皮书”高度重视韧性交通的恢复能力建设，提出在提升应急管理效能方面，将以“一案三制”（即应急预案，应急管理体制、机制和法制）为基础，推动交通应急响应智能化。在提升应急处置能力方面，将强化轨道交通、桥梁隧道等重点领域的应急资源保障，形成多层级综合运输应急装备物资和运力储备体系；加强交通应急救援专业化队伍建设，强化社会救援协同能力。此外，将统筹好疫情防控、交通运行、国际国内物流供应链畅通。

上海建设韧性交通任重道远。交通韧性能力的提升是系统整体运行能力的提升，韧性能力体现在交通规划建设运行的全过程中，平时管理越高效、越精细，应对各类冲击和压力的能力就越强。“2022 年白皮书”提出的“人本、高效、智慧、绿色、韧性”五大理念互为支撑。扎实践行这五大理念，必将实现超大城市交通高质量发展，为上海建设具有世界影响力的社会主义现代化国际大都市提供坚强的交通支撑和服务保障。

路衍经济：可持续交通发展的甘肃实践

李文杰[1]

摘　要：2019年以来，甘肃交通行业立足"可持续交通与可持续发展"这一时代课题，准确把握公路交通自然属性及服务区域经济发展的内在逻辑，深入探索公路交通与关联产业融合互促发展新模式、新路径。路衍经济作为一种更为开放、更具创新力的新生经济业态，其产业开发应聚焦公路沿线资源、公路空间场地资源、公路资源后市场"三大维度"，围绕交旅融合、通道物流、能源建材、服务区＋、智慧交通、交通装备制造、乡村振兴产业及其他产业"八大方向"。本文结合甘肃在规划政策、体制机制、项目落地等方面的成功经验，阐述了路衍经济"是什么""干什么""甘肃实践"三个理论与实践问题，为全国路衍经济产业开发提供"甘肃方案"。

关键词：路衍经济；公路交通；可持续发展；产业链；交通强国

交通是经济的脉络、文明的纽带，是可持续发展的重要支撑。2019年，党中央、国务院印发《交通强国建设纲要》，提出要建设人民满意、保障有力、世界前列的交通强国。2021年10月，习近平总书记在第二届联合国全球可持续交通大会上作了题为《与世界相交、与时代相通，在可持续发展道路上阔步前行》的主旨讲话，深刻阐释了"可持续交通"与"可持续发展"的辩证关系，为全球可持续交通发展提出了中国方案。党的二十大报告中再次强调加快建设交通强国，构建现代化交通基础设施体系。

近年来，全国公路交通发展普遍面临"两难"困境：一边是公路基础设施建设需求总量持续增加带来的高额投资，一边是交通流量不足、各类保障资金有限等多种因素制约下不断扩大的收支缺口。据统计，2019—2021年我国公路交通分别完成投资2.19万亿元、2.43万亿元、2.60万亿元，而收支缺口高达4 850亿元、7 478亿元、6 279亿元，行业发展不可持续的问题逐步凸显。

甘肃作为西部欠发达省份，车流量不足、运营收益有限、收支缺口日益扩大等问题更为显著。基于此，甘肃交通行业准确把握公路交通自身属性及引领区域经济发展的内在逻辑，立足可持续交通与可持续发展目标，积极探索行业发展新模式、新业态。

1. 路衍经济的概念

路衍经济的概念是实践探索在前、总结提炼在后，在总结先进省份"交通＋"产业发展经验的基础上，基于对行业可持续发展和交通企业多元可持续经营的深入思考，2019年，甘肃交通行业率先提出"路衍经济"构想，认为路衍经济是指依托公路交通点多、线长、面广的自然属性和对区域经济的拉动、带动、辐射作用，通过对沿线经济要素的集聚、扩散而衍生的新经济业态；是公路交通与文化旅游、现代农业、工业园区、现代物流、交通装备制造和数字经济等相关产业融合的新型区域经济发展模式；是通过全面激活公路基础设施"产业链"价值，实现公路交通可持续发展的新路径。

路衍经济既包括"路沿经济""路延经济"和"路域经济"，也涵盖了超越三者的扩充、裂变内容，其内涵可概括为依托、衍生、融合。"依托"就是要依托公路行业、紧扣公路产业；"衍生"就是要将产业拓展至公路交通全领域、全范围、全周期，通过自内向外衍生、由近及远衍射、从量到质衍化，探索更开放、更宽阔、更具创新力的经济业态；"融合"一方面要最大限度激活公路交通全产业链优势，另一方面要找准公路交通与关联产业的契合点，形成转型升级、高质量发展的动力源泉。

1　甘肃路衍经济产业研究院，甘肃新发展投资集团有限公司，甘肃省交通投资管理有限公司。

根据产业交叉、产业重组、产业渗透的思路，路衍经济的范畴包括“三大维度”和“八大方向”。“三大维度”是指公路沿线资源开发、公路空间场地资源开发、公路资源后市场开发，“八大方向”主要指交旅融合、通道物流、能源建材、“服务区＋”、智慧交通、交通装备制造、乡村振兴产业和其他业务。

2. 路衍经济的产业开发

路衍经济的产业开发从区域经济高质量发展的视角看，就是要放大公路的辐射、拉动和带动效应，实现公路交通与区域内关联产业的融合互促发展。从行业可持续发展的视角看，核心就是激发公路交通投资溢出效益，通过“路内不足路外补”的方式，以路衍经济收益反哺公路主业投资，实现公路建设、养护、运营和管理的可持续。从交通企业多元经营的视角来看，立足公路主业、发展关联产业，一方面通过挖掘路域资源商业价值，可以多渠道回笼公路项目建设资金，提升企业发展活力和动能；另一方面可拓展企业经营范围，提升交通资本效率效益、优化资本结构，培育新的利润增长点和支柱产业，实现企业可持续经营。

根据公路交通产业链上下游、左右向深度拓展的思路，在产业链的前端重点解决融资和投资的问题，探索市场化融资新途径，推广应用债贷组合、投贷联动、资产证券化、PPP及BOT等投融资方式，大胆引进外部资本，盘活交通存量资源，科学重组路域资产，有效降低和化解债务风险。在产业链的中部重点解决盘活存量和引入增量的问题，盘活存量重点要立足“双碳”目标，大力发展“黑白料”等传统交通建材产业；引入增量重点要面向产业链中高端，重点发展交通装备制造、交能融合等产业。在产业链的后端重点解决提高质量、增强能量、扩大总量的问题，提高质量重点要聚焦交旅融合、高速公路“开口子”工程、服务区升级改造、“司机之家”等方面，拓展高速公路服务功能，优化服务区业态；增强能量重点要把握数字经济方向，找准“传统基建”与“新基建”契合点和交汇点，在推进公路交通向数字化、智能化、网联化转型上求突破；扩大总量重点要发挥通道优势，在发展通道物流、智慧物流上提能力。

基于要素供给的思路，路衍经济产业开发可聚焦赋能经济、融合经济、新兴经济和资源经济四个方面。赋能经济，重点围绕服务区、停车区、驿站，积极拓展“服务区＋”业务，建设一批主题服务区、共享服务区、智慧服务区。融合经济，推动公路与旅游、物流、能源等产业在设施规划布局、资源综合利用、业务组织模式及实施主体多元合作等方面衍生互动、融合发展。新兴经济，以信息技术、数字经济为支撑，以智慧交通、ETC数据开发为着力点，催生公路行业发展新动能。资源经济，挖掘并盘活公路沿线可开发利用的土地、管线、空间场地及林牧业等资源，增强发展内生动力，提高资源利用效益。

3. 路衍经济的甘肃实践

3.1 坚持规划引领，夯实发展之基

在甘肃省交通运输厅的指导与支持下，一是编制了全国首份路衍经济专项规划，将路衍经济纳入公路水路、运输服务等相关规划范畴，制定了“路衍经济专篇编制导则”和“路衍经济收益计入准则”2个技术性指导文件；二是将路衍经济确定为交通行业落实全省强科技、强工业、强省会、强县域“四强”行动的桥梁纽带和重要领域，推动路衍经济进入省级政府规划纲要、《交通强国甘肃方案》及《甘肃省综合立体交通网规划纲要》，推动省政府印发《甘肃省打造路衍经济千亿级产业集群行动计划(2022—2025年)》；三是甘肃公交建集团等省属交通企业根据行动计划、行业规划编制了企业发展规划，各市、州地方政府也编制了实施方案。同时，甘肃国资系统立足提升国有交通资本整体效率和效益、优化产业布局和资本结构的需要，组织编制了省属企业发展路衍专项规划。

甘肃在全国率先建立了“1＋3＋2＋N”系统完备的规划政策体系，即：1个省级行动计划＋3个专项发展规划＋2个行业技术性指导文件＋N个行动计划实施方案，路衍经济顶层设计基本完成。

3.2 坚持协同发力，畅通发展机制

在省级层面，将路衍经济发展纳入《交通强国甘肃方案》整体谋划，建立了由省政府分管副省长任组

长、省交通运输厅牵头主抓，发改、国资、文旅、自然资源等部门协调联动的工作领导机制，同时也建立了省市县三级联动工作推进机制，保障路衍经济项目联审联批、联建联管。

在行业层面，甘肃省交通运输厅联合省属交通企业成立了路衍经济工作领导小组，统筹推进全省路衍经济各项工作，研究制定相关配套支持政策，解决工作推进中遇到的重点难点问题。

在企业层面，确立了甘肃公交建集团全省路衍经济产业链链主企业地位，把“公路＋路衍”作为总体发展战略，建立了“1个统筹部室＋2个研究机构＋6个实施主体”的产业开发体系。

3.3 坚持研究先行，提升发展水平

理论创新研究方面，联合中国公路学会、交通运输部科学研究院、长安大学等科研院所和高校，开展了路衍经济理论创新研究，阐述了路衍经济的内涵与要义，分析了路衍经济的经济特征、价值逻辑和商业模式，揭示了路衍经济的发展机理和演进趋势，建立了路衍经济基本理论体系。

产业开发研究方面，牵头开展“路衍经济理论创新及产业开发体系化研究与示范应用”课题研究任务，完成“1＋5”系列研究报告，形成了既立足甘肃交通发展的实际和需要，又面向我国交通行业与企业的研究成果。同时，通过承办论坛、组建专家委员会等方式，不断碰撞思想、凝聚共识、形成合力，共探甘肃路衍经济高质量发展新路径。

3.4 坚持模式创新，激发发展潜能

在实施路径方面，从引入增量的角度，提出了“公路带路衍”开发路径，即依托新建、改扩建的公路项目，通过路衍经济项目与公路项目的捆绑开发、一体推进，形成公路与路衍经济项目相融共生的发展模式。从盘活存量的角度，提出了“公路＋路衍”开发路径，即依托既有高速公路、普通国省干线、农村公路及其他公路基础设施，发展相对独立的路衍经济项目，形成公路与路衍经济项目依托互促的发展模式。

在开发模式方面，按照路衍经济项目与公路关联程度的不同，采用了捆绑开发、独立开发两种模式；按照项目实施主体的不同，采用了自主开发、联合开发、“委托＋监管”等模式；按照项目运作方式的不同，探索了政府主导和企业主导两种模式；按照介入时机的不同，尝试了全流程开发和并购重组等模式。

在融资模式方面，依托路衍经济积极探索“公益性交通项目＋经营性路衍经济项目”公路交通投融资机制，在政府收费公路中探索“委托建设运营”模式，引入国有交通企业补足项目建管养运资金缺口，通过路衍经济反哺公路投资收益。在经营性收费公路中推进“公路带路衍”模式，将收费公路与沿线路衍资源、非收费公路捆绑开发，实现投资收益自平衡。

3.5 坚持示范带动，释放发展红利

产业落地方面。大力实施高速公路“开口子”工程，将其作为发展路衍经济的突破性、标志性和引领性工程，先期采用省地共建模式开工建设的20个、总投资37.9亿元的高速公路“开口子”项目将于近期陆续建成。交通建材产业方面，甘肃省公路交通建设集团有限公司在全省布局建设了5座沥青生产加工基地和8座砂石料绿色矿山，沥青年产能超过30×10^4 t，可满足全省公路建设沥青需求量的50%以上，砂石料绿色矿山储量达1.5×10^8 m^3，年产能突破$1\,000\times10^4$ t。交旅融合产业方面，谋划实施了大敦煌文化旅游经济圈“交响丝路1号线”交旅融合项目，将悬泉置、锁阳城两大世界文化遗产和国家重点文物保护单位榆林窟连点成线，实现东部、中部景群的一体联动发展。通道物流产业方面，依托兰州市东出口存量土地资源，建成了新发展兰州城市快递分拨中心，打造了集快递分拨、快运中转、城市配送、电商云仓、网络货运、商贸仓配一体和供应链金融“七位一体”的区域性智慧物流产业园。交通装备制造产业方面，甘肃博睿重装公司成为西北地区最大的钢箱梁生产制造商和技术服务商，甘肃路桥新锐公司填补了甘肃乃至西北地区公路护栏加工产业的空白。智慧交通产业方面，建成兰州新区智能网联汽车城市开放道路测试区，在国内率先开展了车路协同设备安全性测试和鲁棒性测试，发放了首批自动驾驶道路测试牌照。乡村振兴产业方面，依托S229普银公路投资建设的临洮后地湾“交通＋乡村振兴”示范项目顺利试运营，“后地湾·爱上山”品牌成功打响。

产业效益方面。据初步统计，仅甘肃公交建集团，2020 年、2021 年路衍经济产业分别实现营业收入 38 亿元、55 亿元。另据甘肃国资系统披露的统计数据，2019 年以来，甘肃公航旅、甘肃公交建等 8 家省属重点企业共谋划实施了总投资 495 亿元的路衍经济项目，2021 年共计实现营业收入 62.05 亿元，产生利润 4.25 亿元。由此可以看出，路衍经济既为投资主体培育了新的利润增长点，也带动了区域经济的高质量发展。

4. 结语

路衍经济在甘肃的成功实践，表明路衍经济是“可持续交通”支撑并服务“可持续发展”的重要抓手和有益路径，对交通行业转型升级发展具有重要意义。甘肃交通行业围绕路衍经济理论创新、产业开发与实践应用进行的一系列探索，为全国发展路衍经济产业发展提供了可推广复制的“甘肃方案”。

第二篇　都市交通未来三十年

以大众运输导向发展（TOD）引导台北市都市再生之规划策略与检讨

Transit-Oriented Development(TOD) in Taipei City's urban regeneration planning strategies

彭振声　黄一平　谢孝昆　李诗仪[1]

摘　要：台北市都市发展与交通运输密不可分，然受用地发展饱和及老旧地区缺乏更新动能等阻碍，台北市都市发展呈停滞状态。考量台北市拥有全台最健全地铁建设路网，至环状线建设完成后，将串联起新北市与台北市城市群生活圈，故台北市政府为加速老旧社区地区更新，结合大众运输发展之规划策略，于 2017 年起通过多元管道推动大众运输导向计划，并滚动查核开发许可制度之执行可行性，促进都市再生。

关键词：大众运输导向；都市再生

Abstract: The urban development of Taipei City is inseparable from transportation. However, obstacles such as the saturation of land development and the lack of renewal kinetic energy in old areas have made the urban development of Taipei City stagnant. Considering that Taipei City has the most complete MRT construction road network in Taiwan, to the completion of the ring line, it will connect New Taipei City and Taipei City's Metropolitan Area. Therefore, in order to accelerate the renewal of old community areas and combine the planning strategy of mass transportation development, the Taipei City Government has promoted mass transit-oriented plans through multiple channels since 2017. The feasibility of implementing the development permit system will be reviewed on a rolling basis to promote urban regeneration.

Key words: transit-oriented development; urban regeneration

1. 引言

第二次世界大战后，美国各城市逐渐无限制郊区化，产生都市蔓延（urban sprawl）问题，为解决这些问题，业界首度提出大众运输导向发展（Transit-Oriented Development, TOD）的概念，主张应采用适宜步行街区、土地利用混合、适当开发密度、大众运输系统及配合紧凑的都市区域等作为，取代过往以汽车为主体的传统都市发展模式（1993, Peter Calthorpe）。因此，TOD 主要是以大众运输系统为现代都市发展核心，引导居住、工作、购物和休闲等都市活动空间于大众运输路线廊带及站点周边有秩序之分布，强调土地有效率与混合利用与开发，形塑都市空间高可居性、运输系统可及性，创造适宜步行之城市环境与提高公共设施之配置效益。中国台湾学者（李家侬、赖宗裕）自 2003 年起即梳理相关理论回顾与交通发展模式，并以都市可持续发展的角度，审视不同运输系统方案下各城市发展经验及成效；2007 年（林桢家、施亭伃）及 2014 年（白仁德、刘人华）更进一步以台北地铁系统为研究对象，以时间面向或 TOD 规划特点，实证分析 TOD 发展策略方向之效益。台北市政府将其归纳为土地使用计划、都市设计及大众运输模式三个方面之积极作为，包括鼓励混合使用、容积奖励提高密度、场站开发分级与发展计划、地铁站周边土地联合开发、建构以人为本的交通环境等 TOD 计划，期落实执行以达到可持续发展宜居城市发展目标。

1　台北市政府都市发展局综合企划科聘用副工程司。

2. 文献回顾

综观以 TOD 推动发展之国际城市，可发现欧美城市与亚洲城市因发展背景不同，各城市具备之 TOD 特色亦不尽相同，但其核心仍为 Calthorpe(1993)、Cerver & Kockelman(1997)指出之 3D 特征：密度(Density)、多样化(Diversity)与都市设计(Design)。

欧美国家如荷兰的一些城市，以及美国丹佛市，在过往都市发展中，曾历经郊区化、以汽车为主的通勤模式，为了回应都市蔓延发展与机动车所带来无效率的经济、社会、环境成本，市中心重新提升密度、鼓励混合使用并纳入以人为本的交通设计理念，近期新市镇开发配合大众运输场站并更注重转乘需求(Pojani 和 Stead, 2015; Ratner 和 Goetz, 2013)。

而亚洲城市诸如日本东京及韩国首尔，本具有人口密集之特色，故老市区的改建与再发展是亚洲城市普遍需共同努力的方向，强调街道网与站体建筑设计的有效连通，提高大众运输的可及性(Yang, C. H., & Yao, M. F., 2019; Sung, H., & Oh, J. T., 2011)。日本重要城市在市中心再建设的过程中，通过高强度开发让核心区建设与收益提升，并通过合理容积率配置与服务机能分布，避免车站交通拥挤、提升步行效率。

经历 TOD 多年发展成果，联合国交通与发展政策研究所(ITDP)归纳并于 2013 年起陆续提出 TOD 发展的八项原则(图 1)：步行(Walk)、自行车(Cycle)、连接(Connect)、大众运输(Transit)、混合使用(Mix)、密集(Densify)、紧凑(Compact)及转变(Shift)，同时作为评估 TOD 发展的重要指标及要素，以高效率的大众运输系统为都市发展的主干，善用交通场站优势，通过场站周边土地使用强度提升、高效都市机能的融合，并以此支持大众运输营运，形塑高可居性、可及性及有效率的可持续都市形态与土地利用模式。

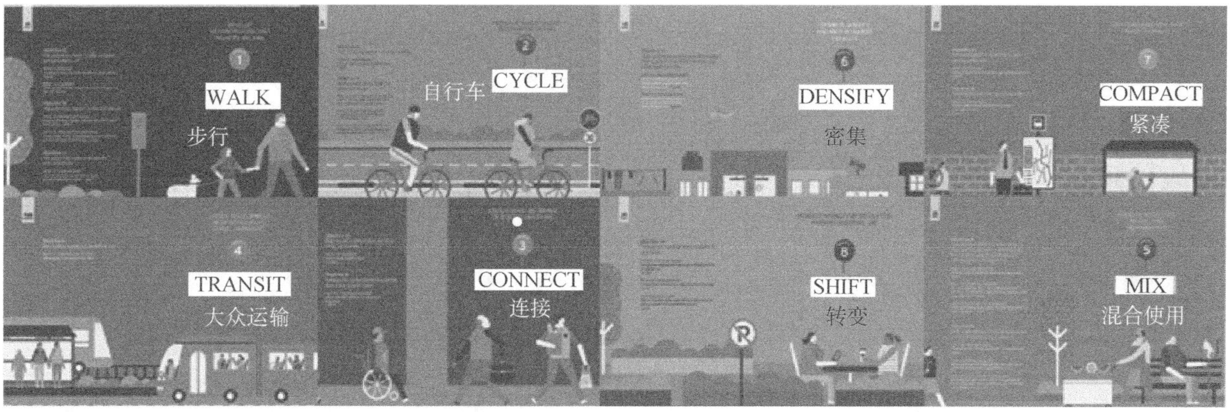

图 1　TOD Standard 八大原则指标

资料来源：ITDP,(2017) TOD Standard version3.0，台北市政府都市发展局

伴随着国际可持续发展思潮兴起，学者汲取境外 TOD 理念之精神，反思以大众运输导向进行台湾都市再发展之可行性，并提出台北都会区 TOD 发展策略之目标体系(李家侬与赖宗裕，2007)，林桢家与施亭伃(2007)、白仁德与刘人华(2014)并进一步以台北地铁系统为研究对象，通过实证分析得出密度(Density)变量影响地铁运量最为显著，并建议应因地制宜落实本土化 TOD 发展策略(林桢家与施亭伃，2007；白仁德与刘人华，2014)。

如图 2、图 3 所示，台北市借鉴亚洲城市之大众运输导向发展特色，并撷取学者以台湾发展背景之分析成果，规划于施政措施上，归纳出土地使用计划、都市设计及大众运输模式三大面向之精进作为，包括鼓励混合使用、容积奖励提高密度、场站开发分级与发展计划、地铁站周边土地联合开发、建构以人为本的交通环境等。

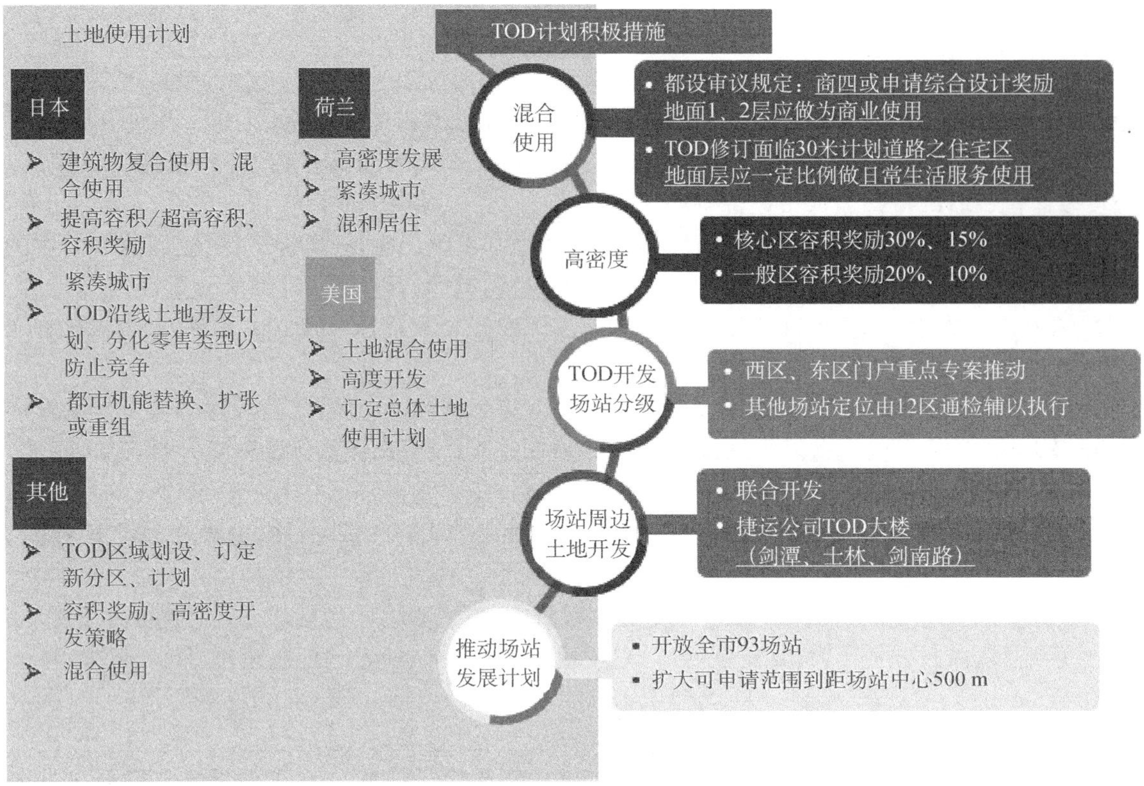

图 2　台北市 TOD 计划积极措施-1

资料来源：台北市政府都市发展局研究整理

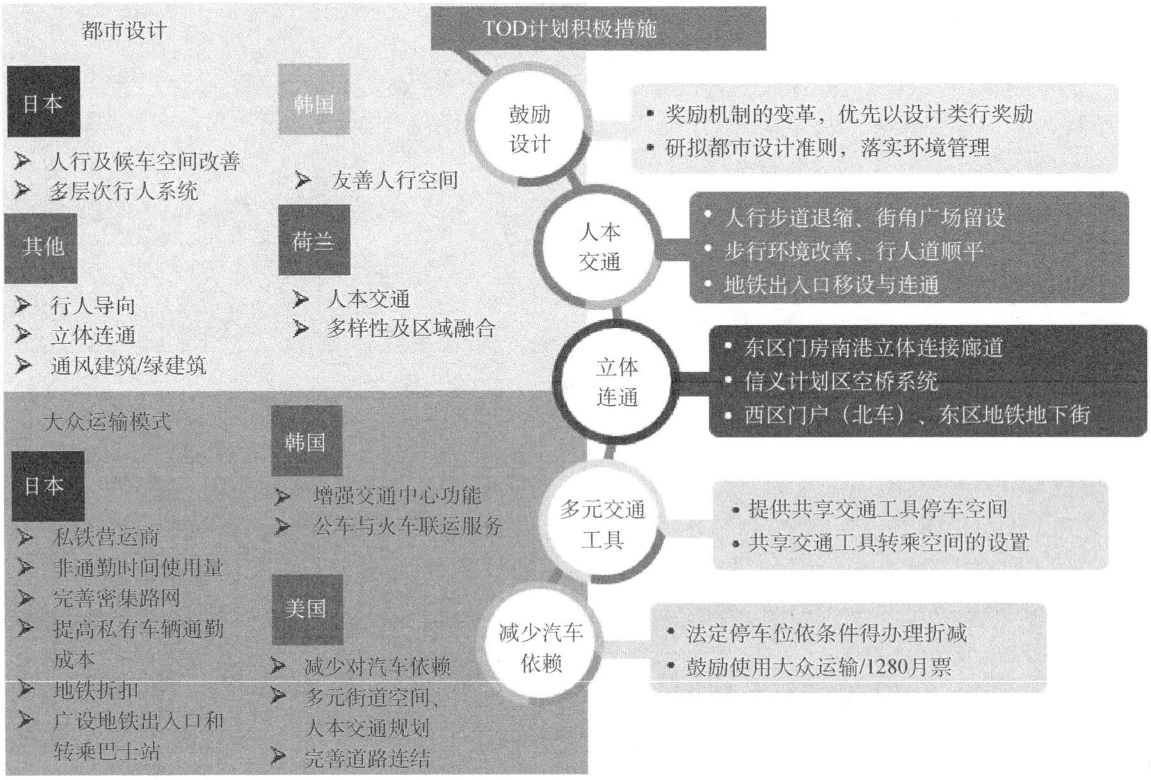

图 3　台北市 TOD 计划积极措施-2

资料来源：台北市政府都市发展局研究整理

3. 台北 TOD 计划执行与落实

台北地铁历经近 30 年的持续推动，因市中心区地铁路网密集及场站间距离近，加上公交车、自行车等公共交通工具配套带来良好流通条件，市民出行因旅次时间缩短而提高机动性与便利性，都市空间范围与结构也随之改变。

为了完善台北都会区大众地铁路网，台北市政府正积极规划建设台北环状线，借此完善双北城市群内、外环轨道系统，并提供东侧发展廊带高效运输系统(图 4)。环状线第一阶段新庄新北产业园区至新店大坪林站已于 2020 年 1 月通车，串联板南线、中和新芦线、新店线与机场地铁线，以及规划建设中的万大线、安坑线；地铁环状线南、北环段预计于 2022 年年底前开工；东环段已完成都市计划审议作业，俟行政管理机构核定综合规划即可进行工程规划设计。

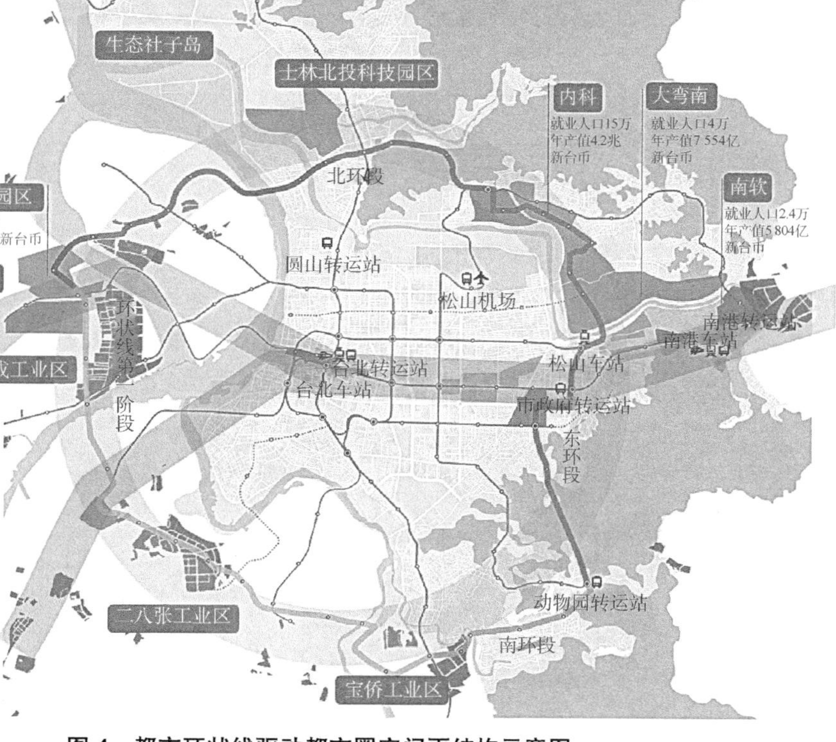

图 4　都市环状线驱动都市圈空间再结构示意图

资料来源：台北市政府都市发展局研究整理

3.1　TOD 计划多元推动措施

延续后地铁时代的来临，台北市政府于地铁沿线投入大量的投资，促进产业聚落升级发展，引领区域创新，提升大双北城市群核心机能，提升城市竞争力，强化台北在大双北城市群之核心地位，提供了台北都市发展空间重新擘画之契机。为达成台北市 TOD 计划，台北市政府通过“公私协力”“政府主导”及“民间申请”三种多元管道加速推动全市 TOD 进程(图 5)。

1）公私协力

公部门土地若自行开发，多属行政机关或公益性质使用，与市场导向之开发案相比，往往缺乏弹性，无法创造最高商业价值。若可以结合民间资金及开发力量，公私协力除可协助公部门通过分配取得部分空间外，同时提升场站周边之混合使用，共同创造地铁场站周边土地价值。如地铁联合开发、BOT 及设定地

图 5 台北市 TOD 多元推动措施示意图

资料来源:台北市政府都市发展局研究整理

上权等。

2) 政府主导

如图 6、图 7 所示,市政府针对重要场站地区如西区门户、东区门户地区之多轨道交会场站,参考日本大阪车站、涩谷地区等于地区人行环境上,通过复层广场、立体连通等立体化的方式,缝合铁道两侧的发展区域,并在串联各项大众运输转乘动线的同时,连接场站周边的商场开发据点,达到具有往复式的商业步行空间,并引入室外的广场绿化空间和自然光线,营造多面向的都市景观。

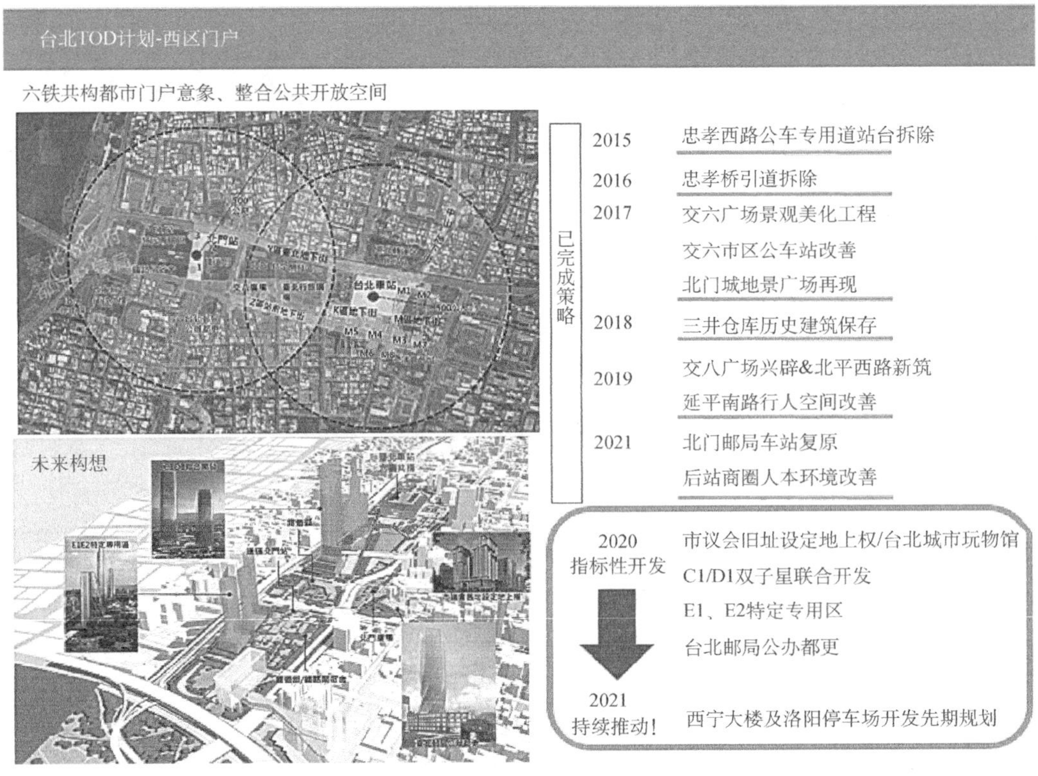

图 6 西区门户计划构想图

资料来源:台北市政府都市发展局研究整理

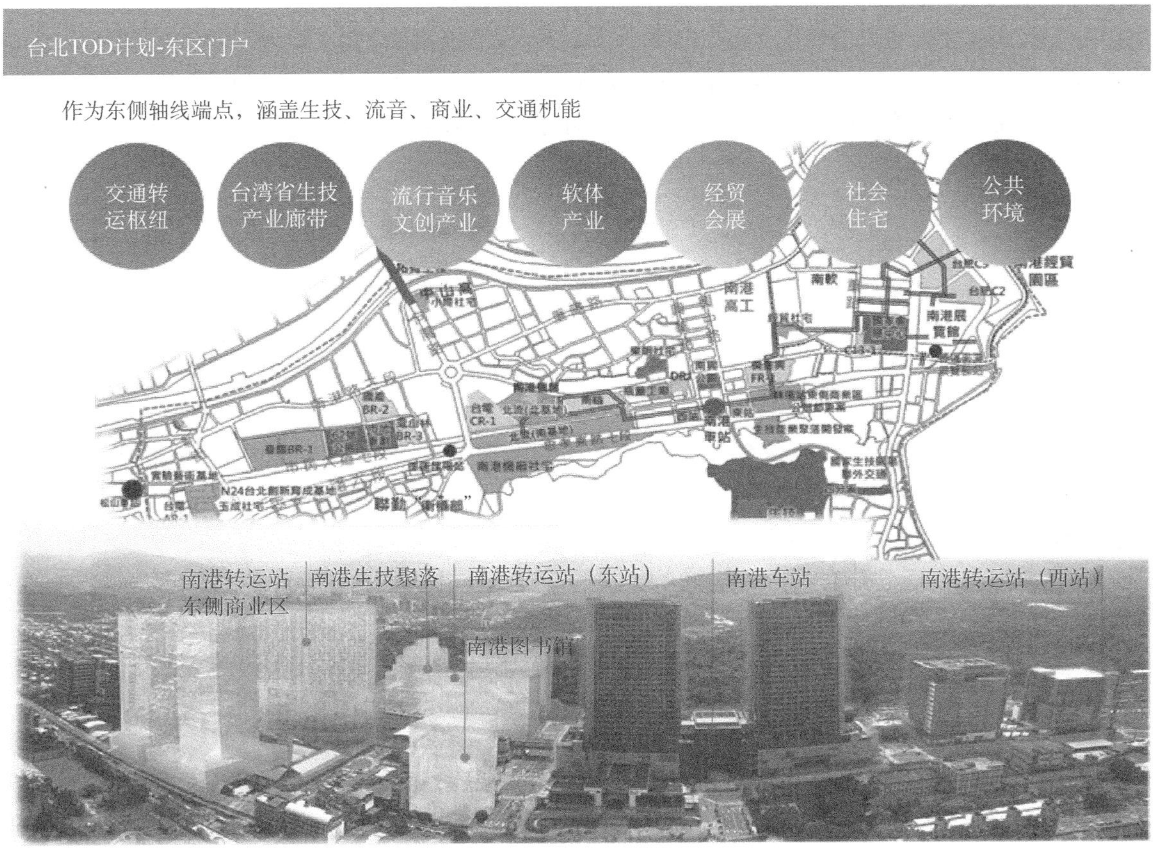

图 7　东区门户计划示意图

资料来源：台北市政府都市发展局研究整理

从境外推动地铁建设案例，地铁除了作为通勤的工具，更能带动产业及地方的发展，使地铁可以稳定经营，台北近年借由地铁公司营运结构更加多元化，以发展 TOD 物业开发，朝向多角化经营模式规划，其间士林 TOD 大楼已于 2021 年开工(图 8)，预计 2025 年年底完工营运。

图 8　士林 TOD 大楼完工示意图

资料来源：https://news.ltn.com.tw/news/life/paper/1373841

3）民间申请

通过相关规定、都市计划等方式，提升地铁场站周边土地利用强度，吸引民间私有土地开发，提供容积奖励引导、加速地铁场站周边土地开发，如都市更新、危老重建等。

1999年《台北市土地使用分区管制自治条例》修正增订第80条之4，对位于大众运输场站半径500 m范围内之地区，得经循都市计划程序划定，将其容积率得酌予提高，最高可达原基准容积之30%，可提高场站周边开发强度。台北市政府通过都市计划机制制定台北市大众运输导向可申请开发许可细部计划，将土地使用与交通运输相结合，以符合TOD强化运输节点之都市发展形态。

3.2 开发许可制度之建置与精进作为

1）开发许可计划初现

市政府希望借由开发许可计划导入TOD理念，结合地铁便捷性所带来交通运输节点的强大流动能量，通过公私合力进行场站周边土地开发引导，对台北都会区环境创造更大、有益的公共能量，并于加速场站周边更新的同时，通过都市设计手段，在保持低楼层商业行为的同时，鼓励就现有标线人行道区域进行实体人行道的硬件整备，并适当绿化，优化人行环境整体的安全性，创造舒适的以人为本的街道环境，促进商业空间的回游性以及运输转乘的便利性，达成第一英里（1英里约等于1 609 m）路及最后一英里的构想，落实大众运输导向发展推动目标。

（1）引导强化场站核心区都市机能

强化双北城市群CBD功能与意象，运输节点周边朝向高强度、混合利用，促进街廓整并，并通过公共引导站区周边都市与空间机能调节，提升地区多元都市机能，提高市中心土地利用效率，吸引投资与开发活动回到都市内。通过场站周边地区再生计划、公办区域更新、社会住宅/整宅等政策与建设，启动地区整体改造，提升地区环境质量，引动区域经济活化。

（2）地区公共服务机能补充

借由奖励机制设计，除挹注地铁建设，厚实地铁可持续营运发展的能量外，因应台北市人口结构转变、经济资源重建构等城市发展课题，鼓励提供托老托幼、行政服务、社会设施、产业支援设施、社会住宅等新形态公共设施，提供民众便利舒适的生活环境，与高质量的都市公共服务。

（3）以人为本的街道环境营造

通过都市设计引导，形塑以人为本的、友善、具魅力的人行街道空间环境，以强化场站与周边地区的绿色串联关系。

（4）地铁开发整合规划

移设地铁出入口，包含公交车候乘与临停转乘空间整合规划，提升交通转乘的舒适性，同时实施场站智慧化，提供地区大众运输导引信息，提升地区交通转乘效率与便利性。

（5）多元交通工具整合管理

为促进地区大众运输使用，鼓励开发基地对法定停车空间数量有所查核，并提供共享交通工具设施空间，减少私有交通工具之使用。通过法定折减、共享交通工具设施提供，减少私有交通工具的持有，引导地区出行采用大众运输。

为达前述推动目标，市政府于2017年研提《台北市全市性TOD策略》，包括土地利用发展调节、以人为本的交通环境改善、个人交通工具管理和地铁场站智慧化提升四大面向、10项策略及32个规划查核原则。2019年1月24日公告发布实施《拟定台北市大众运输导向可申请开发许可地区细部计划案》（图9），为引导台北市朝向大众运输导向之都市发展，通过《开发许可机制》于33处大众运输场站中心300 m范围内划设“可申请开发许可地区”，以容积奖励提高开发强度，并反馈提供公共及公益设施，补足地区公共机能之不足，有效提升大众运输搭乘率及减少私有交通工具使用，同时通过都市设计管制营造整体景观风貌。

2）开发许可制度无申请诱因之研讨

2019年开发许可计划公告，直至2021年间仍未有申请案，市政府通过说明会及座谈会等方式，搜集各方意见后，指认出2019年开发许可计划无申请诱因之课题如下。

（1）公私部门及跨局处合作机制未臻成熟

大众运输导向都市发展同时涉及都市计划与都市再生、大众运输及道路交通系统、商圈与产业发展、

图 9　2019 年 1 月 24 日 TOD 开发许可细部计划推动目标

资料来源：台北市政府都市发展局研究整理

社会福利及地区公益设施需求等诸多面向。达成 TOD 之愿景，需要公私部门以及市政府各单位的共同协力，但现行市政府各单位及政策如都市计划通盘查核、地铁场站 TOD 开发、公办“都更”等之横向串联不足，有待强化。开发许可计划反馈项目包含公益性或社福设施之反馈，公益性空间涉及维护管理、管理单位移转及财产认列，程序冗长且变量太大，影响申请意愿。

(2) 容积奖励政策诱因稍显不足

开发许可计划订定容积奖励鼓励建筑基地提出申请，但基地之申请内容由申请人自行研拟，计划内仅给予原则性建议，主动引导申请人配合政策方向之诱因较为不足，奖励机制应更为明确俾以评估开发成本与效益。

(3) 开发许可基地规模门槛过高、程序多变数大

本市大众运输场站周边多为已建成地区，少有未开发且产权单一的土地，产权持分零碎，基地面积越大、开发难度越高，规模门槛过高影响申请意愿。申请计划须经开发许可审议、变更都市计划及都市设计审议 3 项审议程序，耗费时间过长亦影响申请意愿。

3) 开发许可制度精进作为

2019 年开发许可计划虽以 TOD 理念萌生，因申请门槛较高，囿于现况产权细碎、建物密集难于短期内进行快速整合，因此市政府参考 TOD 城市案例，重新研讨台北市 TOD 计划目标(图 10)，结合以大众运输导向廊带空间发展 TOD 发展理念，建构廊带发展基础，以大众运输导向之都市发展积极引导场站周边发展，逐步形塑节点差异性风貌，提升全市范围不同地区之环境质量，期促使更多场站周边基地配合大众运输导向发展之政策，活化都市再生与发展，让台北市朝向紧凑、活力、复合、友善、可持续及再生愿景迈进。

针对大众运输导向开发许可制度整体规划构想，回归 TOD 之核心理念(3D、1T)与规划目标，并考量台北市既有都市发展面临课题与特定的都市发展脉络，依适用范围、容积奖励机制、设计面向课题、申请行政程序等方面面临的课题，研拟全市性执行策略引导本市大众运输导向都市发展(图 11)之发展理念。

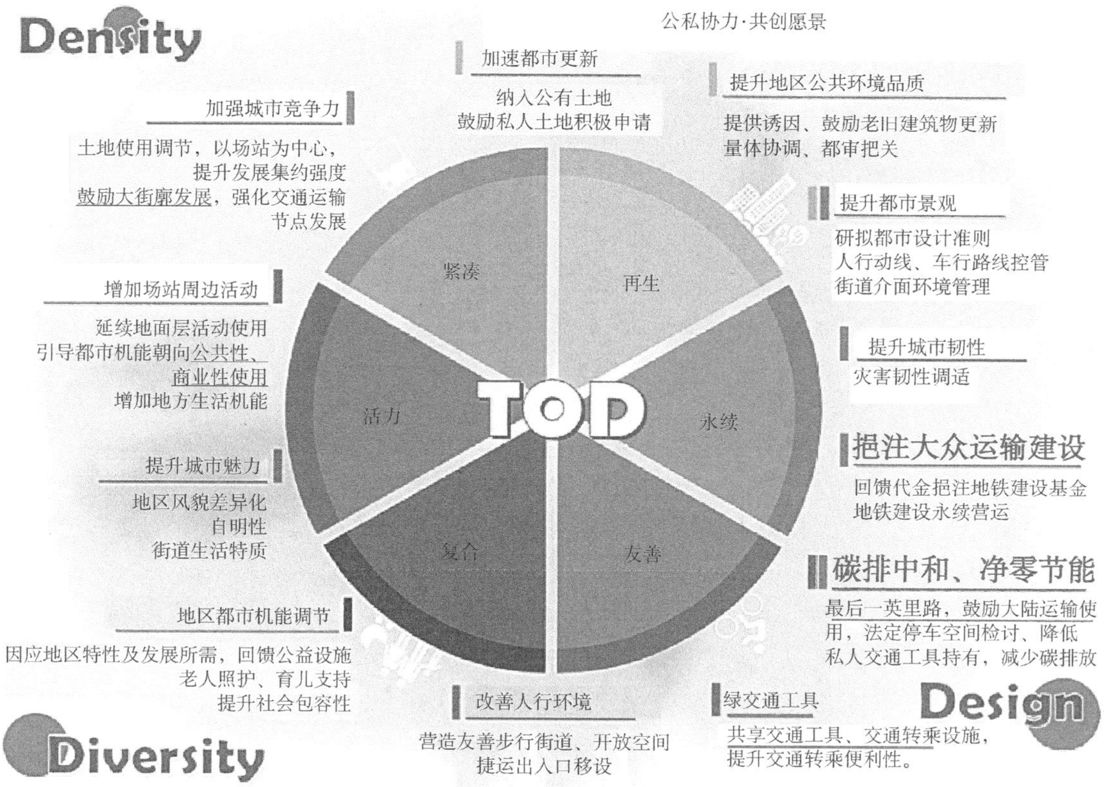

图10　台北市TOD计划愿景图

资料来源：台北市政府都市发展局研究整理

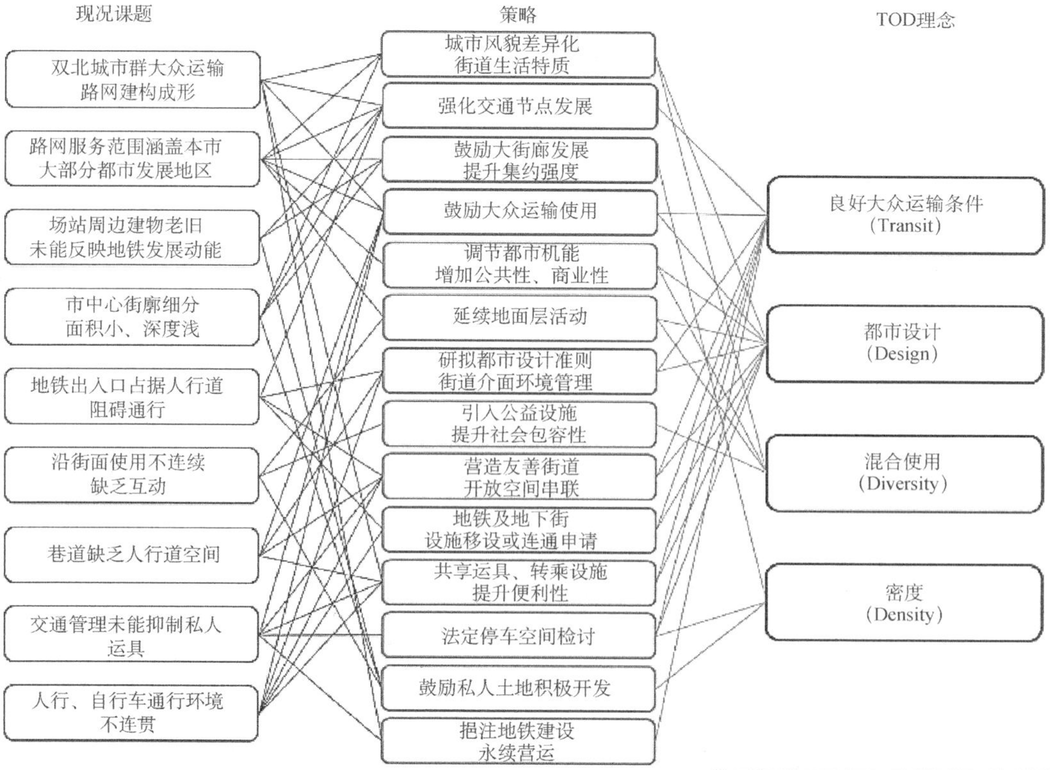

图11　台北市大众运输导向现况课题及执行策略

资料来源：台北市政府都市发展局研究整理

（1）调节土地利用发展，引导朝向紧密城市发展

本市作为台湾地区之核心，大众运输路网涵盖本市大部分都市发展地区，并与国际、城际交通枢纽紧密串联，2022 年修订以大众运输场站为节点、地铁路线为骨干，将场站出入口半径 500 m 范围内之可建筑土地纳入台北市大众运输导向发展范围，积极引导都市区内老旧街区都市再生，并鼓励大街廓发展及整体规划，提供公益及社会福利设施，调节都市机能与促进土地有效使用，并订定增额容积政策，引导本市朝紧密城市方向发展。

（2）改善以人为本的交通环境，迈向 2050 净零排放

为提升绿交通工具使用率、改善人行空间，通过都市计划、都市设计审议、交通政策等工具，引导交通运输系统及都市空间发展形态，借由串联大众运输、人行空间、自行车空间及都市活动与大众运输导向发展地区有秩序地紧密配置，适当调整场站周围之土地使用与交通规划，并配合法定停车空间研讨、公共自行车等共享交通工具之便利提供，迈向 2050 净零排放之都市可持续发展目标。

（3）环境设计引导，落实界面整合

通过环境设计引导及界面整合，达成各基地、空间与公益设施之顺畅串联，以容积奖励机制鼓励移设现有人行道上之地铁设施及出入口，串联及改善人行空间、转乘设施与绿交通工具空间之规划与衔接，并以都市设计相关规范，打造以人为本的友善都市空间。

为落实本市大众运输导向都市发展，细部计划研拟修订回应 2019 年计划课题提出相应对策，并于 2022 年 1 月 24 日公告发布实施《修订台北市大众运输导向可申请开发许可地区细部计划案》。

（1）通过跨局处整合提升市政府推动 TOD 成效

针对公私部门及跨局处合作机制不足之问题，市政府内部整合跨局处业务，使各局处政策及重大建设计划之执行，也能串联朝向 TOD 发展。另外，开发许可细部计划于修订作业前期筹备阶段，涉及提供各局处公益性设施及空间部分，整合跨局处意见提出可行之奖励反馈及规范机制，通过事前沟通、项目辅导，提升可行性与设置效益。

（2）评估本市 TOD 需求，调整容积奖励制度（图 12）

选项		项目
Design	D1	地铁设施移设 申请连通
	D2	转乘及共享交通工具停车空间
	D3	开放空间、行人及绿色交通工具通行空间
Diversity	D4	回馈公益设施空间
Density	D5	缴纳代金

- ☐ 外部空间内部化
- • 将影响行人通行之设施移至基地内部，创造友善人行空间
- ☐ 优先鼓励申请D1-D4都市设计奖励

图 12　台北市大众运输导向开发许可容积奖励项目修订方向

资料来源：台北市政府都市发展局研究整理（图片为 Google 街景截图）

为使容积奖励机制能主动引导申请基地进行设计相关规划，并考量台北市发展现况仍欠缺3D特性之都市设计(Design)规划，借由《明订各项奖励项目》《优先查验设计相关奖励项目》修订开发许可细部计划，导引各基地依据所在位置条件申请基地及外围地区需要之奖励项目，制定各项目需求及规格与对应奖励执行方式，并于细部计划中要求基地配合环境改善设计，以降低申请规划阶段之不确定性。

(3) 以土地开发实际情形，评估合适基地规模门槛

依据内部事务主管部门房屋税籍统计资料，台湾地区六大城市中台北市之住宅老化最为明显，平均屋龄已达36.2年，然参考过往10年本市都市更新申请基地规模之统计资料，可发现3 000 m^2 以上之基地申请数仅占四分之一，且依相关公会表示都市更新案整合若需至3 000 m^2 以上之规模，因产权细碎致需协调人数众多，动辄需十余年才能完成整合程序，在兼顾实务可行性及合理开发规模公共效益下，参考本市都市更新案2 000 m^2 以上之基地申请数约占二分之一，于是调降基地规模申请门槛至2 000 m^2，降低整合难度。

(4) 增加容积奖励诱因

创造TOD环境之奖励项目，增加友善人行或转乘等环境设计，通过容积奖励项目之明确化、弹性化，增加规划设计弹性与财务诱因，加速地铁场站周边老旧社区更新改建以建构友善以人为本的环境。

(5) 简化开发许可行政程序

通过奖励诱因机制明确化，经查验已无都市计划变更程序之必要，故配合简化作业程序，加速申请案件推动与执行。

(6) 明定法定停车空间折减标准

为鼓励民众使用大众运输、共享交通工具，依基地与地铁场站对应位置及使用性质检讨折减比例，并将衍生之临时停车需求纳入，整体规划停车空间，以平衡大众运输使用与停车管理。

(7) 增订都市设计准则

为提升气候变迁环境调适能力，配合韧性城市及本市2050净零排放政策目标，增订都市设计管制措施，朝低碳建筑、节能减碳愿景迈进。

4. 结语

本文主要是重新检视台北市的城市发展脉络与地铁建设密不可分，伴随着地铁路网建设成熟，台北市更具朝向大众运输导向发展的条件，并参考借鉴其他城市推动大众运输导向TOD的做法，重新归纳整理近几年台北市政府推动TOD发展的规划思维与具体执行策略，更重要的是将2050净零排放目标导入相关开发许可机制。台北市政府已将发展推动TOD作为未来城市发展15年最重要施政主轴，总结目前相关推动规划策略对于引导台北市城市再生发展的重点效益如下。

1) 城市发展由双核心朝向多核心发展，城市更具活力与竞争力

随着台北地铁路网越趋完善，未来地铁环状线规划兴建完成，全市共有93个地铁场站，将强化TOD场站发展条件，台北市城市发展核心除现有西区、信义计划区，以及近年发展快速的东区门户南港站，未来如北环线的士林站、南环线的动物园站因有双地铁交会都深具发展潜力。

2) 提高容积奖励诱因，带动城市更新提升市容景观

台北市老旧建物密集，都市更新为首要迫切课题，参考日本案例在地铁场站周边朝高密度发展模式，台北市提出地铁场站周边容积奖励开发许可机制，此机制如文中经过再次的研讨精进，将更符合台北市不动产发展市场特性，预期将有效加速地铁场站周边老旧社区更新。

3) 打造2050净零排放示范地区

地铁场站周边应打造成为净零排放示范地区，通过前述开发许可制度研讨精进，规范申请案应提出低碳建筑及节能减废建筑构想计划，提供停车充电系统，取得绿建筑银级以上标章、法定停车位折减、设置自行车转乘停放空间，借由老旧建物更新改建同时将净零排放理念导入。

参考文献

[1] 白仁德，刘人华. 大众运输导向建成环境特性对地铁运量影响之研究——以台北地铁为实证对象[J]. 建筑与规划学报，2014，15(2/3)：111-128.

[2] 李家依. 都会区大众运输导向发展之规划模式[D]. 台北：台北大学都市计划研究所，2003.

[3] 李家依. 交通运输与土地使用整合规划之演变——大众运输导向发展的都市发展模式[J]. 土地问题研究季刊，2006，5(3)：70-83.

[4] 李家依，赖宗裕. 台北都会区大众运输导向发展目标体系与策略之建构[J]. 地理学报，2007，48：19-42.

[5] 林桢家，施亭仔. 大众运输导向发展之建成环境对地铁运量之影响——台北地铁系统之实证研究[J]. 运输计划季刊，2007，36(4)：451-476.

[6] 张学孔，吕英志. 大众运输导向发展下运输系统技术方案适用性之比较研究[J]. 都市与计划，2003，36(1)：51-79.

[7] 台北市政府都市发展局、委办单位：贰本规划设计顾问股份有限公司. "台北市大众运输导向之都市发展策略及执行手册规划"委托专业服务案总结报告书[R]. 2018.

[8] 台北市政府都市发展局、委办单位：贰本规划设计顾问股份有限公司. "全市大众运输导向(TOD)地区计划委托规划案"委托专业服务案总结报告书[R]. 2019.

[9] 台北市政府"修订台北市大众运输导向可申请开发许可地区细部计划案"都市计划书[R]. 2022.

[10] Calthorpe, P. The Next American Metropolis: Ecology, Community, and the American Dream[M]. New York: Princeton Architectural Press, 1993.

[11] Cervero, R., & Kockelman, K. Travel Demand and the 3Ds: Density, Diversity, and Design[J]. Transportation Research-D, 1997, 2(3): 199-219.

[12] Cervero, R., Sarmiento, O. L., Jacoby, E., et al. Influences of Built Environments on Walking and Cycling: Lessons from Bogotá[J]. International Journal of Sustainable Transportation, 2009, 3(4): 203-226.

[13] Chorus, P., & Bertolini, L. Developing transit-oriented corridors: Insights from Tokyo[J]. International Journal of Sustainable Transportation, 2016, 10(2): 86-95.

[14] Pojani, D., & Stead, D. Transit-oriented design in the Netherlands[J]. Journal of Planning Education and Research, 2015, 35(2): 131-144.

[15] Ratner, K. A., & Goetz, A. R. The reshaping of land use and urban form in Denver through transit-oriented development[J]. Cities, 2013, 30:31-46.

[16] Sung, H., & Oh, J. T. Transit-oriented development in a high-density city: Identifying its association with transit ridership in Seoul, Korea[J]. Cities, 2011, 28(1):70-82.

[17] Yang, C. H., & Yao, M. F. Ultra-high intensity redevelopment of the core area of Japanese rail transit hub station [J]. International Journal of Sustainable Development and Planning, 2019, 14(3): 245-259.

城市空间格局重塑的交通支撑策略

Traffic support strategies for urban spatial pattern reshaping

乔瑛瑶[1]

摘　要：中国大城市普遍经历了从单中心蔓延到多中心分化，再到区域一体化三个发展阶段。在演进的过程中，交通系统应如何配置才能适应主城现状与未来发展、破解新旧城联系瓶颈、支撑规划新中心建立，是各大城市在转型发展过程中面临的共性问题。本文试图探讨交通支撑空间发展的底层逻辑，并提出交通系统对空间格局重塑的支撑策略。

关键词：旧城更新；可达性；空间结构重塑；交通支撑体系

Abstract: China's big cities have generally experienced three stages of development from single-center spread to multi-center differentiation, and then to regional integration. In the process of evolution, how to configure the transportation system in order to adapt to the current situation and future development of the main city, to break the bottleneck of the connection between the old and the new city and to support the establishment of a new center in planning is a common problem faced by major cities in the process of transformation and development. This paper attempts to explore the underlying logic of the development of transportation supporting space, and proposes a supporting strategy for the transportation system to reshape the spatial pattern.

Key words: urban renewal; accessibility; spatial pattern reshaping; transportation support system

1. 引言

从进入快速城市化发展进程以来，中国大城市普遍经历了从"摊大饼"式的单中心蔓延模式，到用地空间分化成以"新城""新区"为代表的多中心发展模式，再到如今迈入区域一体化协同发展阶段。在空间格局从蔓延扩展到结构化重构的演变过程中，城市交通面临着若干共性问题：①"公交优先"已推行十几年，但即便在人口密度较高的主城，地面公交吸引力仍日渐式微。由此带来传统交通结构的转型问题。②主城与新城之间往往通道空间有限，为破解瓶颈，高效连通新旧城区，新、旧城之间交通系统的优化问题。③新城(新区)的实际发展往往与其宏大的规划定位存在落差，为支撑规划新中心的建立，新城(新区)未来交通系统的配置问题。

2. 城市空间格局与交通系统协同进化的阶段特征

城市空间与交通呈现螺旋上升、交替进阶的特征，典型中国大城市空间发展大致经历了 3 个阶段，每一阶段都与其当时主导交通系统有着互为因果的内在逻辑。

2.1　阶段一：道路交通承载单中心城市边际扩张

1980—2000 年，单中心蔓延阶段。我国城市建成区面积在这一阶段迅速扩张，典型大城市空间呈单

1　同济大学建筑设计研究院(集团)有限公司。

中心边际蔓延特征，也就是俗称的“摊大饼”式发展。这一阶段道路交通是城市主体(甚至唯一)交通方式，城市空间普遍沿公路或者主干城市道路向外生长。需要说明的是，“摊大饼”式的发展虽饱受诟病，但其沿交通通道扩张的模式，在一定开发规模下是城市综合开发成本相对较低的模式[1]。这一经济性内在动因，决定了“摊大饼”是众多城市无法避免的必由之路。

2.2 阶段二：常速轨道交通促进城市空间多中心分化

2001—2015年，多中心分化阶段。这一阶段大城市空间加速扩张，轨道交通迎来了举世瞩目的集中建设时期。2001年前，中国境内仅京、津、沪、广4座城市拥有城市轨道交通，至2021年年底已有51个城市开通运营城轨线路269条，总里程达8 708 km，居世界第一位。轨道交通较道路交通更具运能优势，高峰小时单向运能可达3万～6万人次。而一条双向6车道的主干道，受车辆类型制约，高峰单向(3车道)运能仅约0.5万人次。

轨道交通的大容量运送能力，使得人口和岗位的高度集聚成为可能，促进城市空间多中心分化。城市更新在这一阶段受资本追逐地租红利驱动，呈现强烈房地产开发倾向。“新区”“大居”在轨道交通沿线被大规模建设，突破了传统城市连续绵延的棋盘式路网格局。客观上拉开了城市框架，也促进了城市公共活动中心体系向轨道交通站点耦合。

2.3 阶段三：快速轨道交通支撑区域一体化竞合

2015年至今，区域一体化发展阶段。这一阶段相继出台了京津冀、长江经济带、粤港澳大湾区、长三角一体化协同发展四大国家战略，标志着中国城市化进入区域一体化发展阶段。需要认识到，区域城市之间并不仅仅是协同发展关系，更是“竞合”(co-opetition)关系，是基于合作与竞争结合的非零和博弈。由于区域协同的需要，区位跳开于传统主城之外，尤其是位于两座主城之间的“新城”被普遍规划，并赋予“新中心”定位，承载着建设者对城市继往开来的新期望。

由于区域城市间距离多在50 km以上，规划“新城”距离主城中心也往往超过20 km；对外交通方面，通常配置以时速250～350 km的城际铁路、高速铁路服务城市群，以时速120～160 km的城轨快线、城际铁路服务市域。不同层级的快速轨道成为最具竞争力的交通方式，支撑不同空间圈层的区域一体化竞合。

3. 交通支撑空间发展的底层逻辑

“交通支撑空间发展”通常意义上讲，是指交通系统所具备的容量与速度能力可满足区域发展的要求。究其本质来说，是交通系统可满足空间对可达性的需求。

3.1 交通支撑空间的基础：容量

交通容量指一定时空范围内动态交通设施能够实现的人或物的最大移动量，是道路、轨道交通等各种交通方式承载能力的集合。交通容量是交通系统支撑空间发展的基础。大城市在重建格局的重塑过程中，往往需要面临大规模人口的导入或迁移。交通系统是否能支撑空间格局重塑过程中的发展需求，首先在于其应对人口经济空间变化下的承载力是否充足。

3.2 交通支撑空间的本质：可达性

若选择指标来表征交通支撑空间的底层逻辑，首先是“可达性”。可达性是表征交通成本的指标，反映了区域间相互到达的便利程度，即区域间发生空间相互作用的难易程度。

交通支撑本质上即提高可达性。可达性又可切分为两个维度：空间可达和时间可达。空间可达性是交通设施对空间的深入程度。早期城市建设未完善，敷设道路、轨道等交通设施联通区域，目的便是提高空间可达性。而当城市空间格局拉大到一定程度，提高空间可达性的边际效益降低，提高时间可达性——

即使得人们可以在既定时间内到达更远的地方——成为交通支撑空间发展的最根本手段。

4. 交通系统对城市空间格局重塑的支撑策略

分别针对旧城传统交通如何转型、新旧城间的交通瓶颈如何破解和交通系统如何支撑未来新城中心建立三个关键点提出交通系统对城市空间格局重塑的支持策略。

4.1 策略一:以一体化交通联动要素,适应空间扩展重构

随着城市空间格局拉大,交通出行链随之拉长,单一的交通方式往往无法满足完整的出行链。典型的案例如地面公交。近年即便在人口密度较高的主城,地面公交的吸引力仍持续下降。就全国来看,地面公交客运量在2014年达峰,此后逐年萎缩(图1)。经过了新冠肺炎疫情后,客流量更是几乎腰斩。

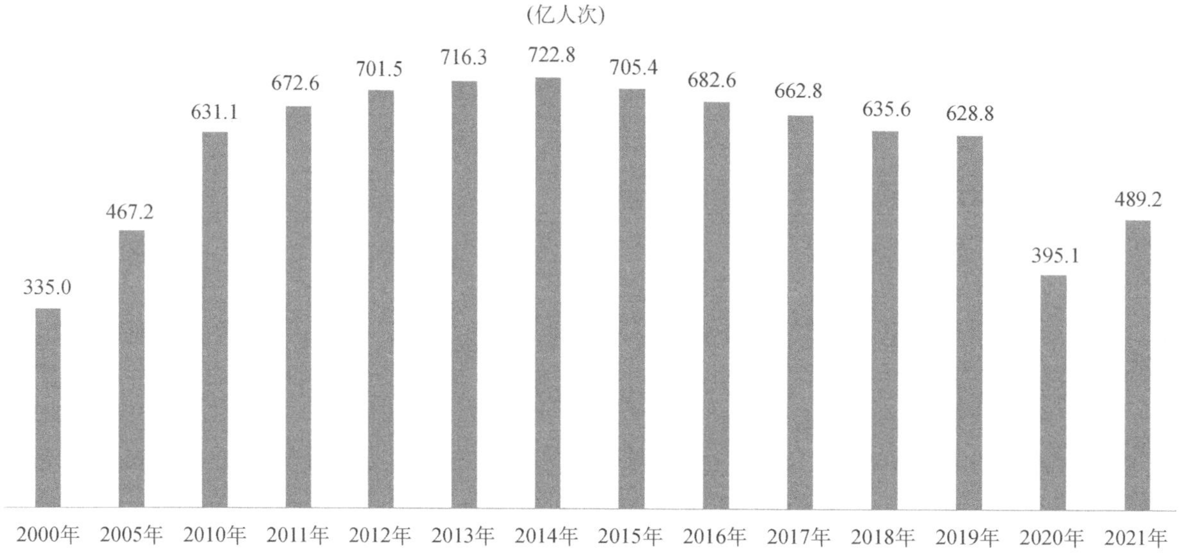

图1 中国公共汽电车客运量发展情况图

地面公交吸引力的持续减弱有经济、人口等多方面原因,而落在本文探讨范畴的原因之一是:地面公交优势出行距离已经不能满足城市空间扩展的需求。依据多年来对公交研究的经验,无论在何种规模城市,地面公交出行距离稳定在5 km左右,而大城市平均出行距离已普遍超过5 km。地面公交时间可达性更是偏弱,大中城市地面公共交通车上时间通常只占全出行链的50%,如图2所示,同样的距离,地面公交时耗约为小汽车时耗的2~3倍。

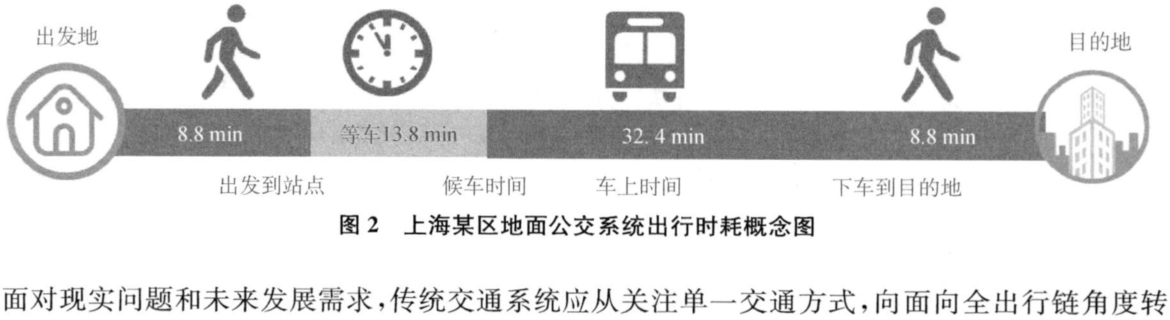

图2 上海某区地面公交系统出行时耗概念图

面对现实问题和未来发展需求,传统交通系统应从关注单一交通方式,向面向全出行链角度转型。把交通系统的竞争力从某方式的一己之力转向完整出行链的方式合力:通过轨道网、常规公交网络、慢行交通网络"三网融合",各类交通方式以枢纽连接实现要素一体化联动,促进城市交通服务达到系统最优。

4.2 策略二:以集约化交通扩容瓶颈,高效联动新旧双城

相当多跳跃式发展的新城(区)与主城之间,存在河流、铁路、高速公路等自然或人工的界限。新城(区)与主城之间接壤处存在瓶颈地带,交通通道空间非常有限。如:苏州工业园区规划用地面积 278 km^2,主城与新城间 2 处瓶颈段带宽之和仅 5.3 km;武汉东湖新技术开发区规划城市建设用地面积 248 km^2(图 3),主城与新城间 2 处瓶颈段带宽之和仅 3.7 km。

图 3 武汉东湖新技术开发区与主城间联系瓶颈段示意图

针对新旧城(区)之间普遍存在交通瓶颈的问题,有必要建立多方式交通网络,集大容量轨道交通与道路交通之合力,协同破除交通瓶颈。一方面,轨道交通具备集约化优势,可大幅扩展瓶颈段通行能力。若仅配置道路设施,通常 3 km 通道宽度约能布设双向 30～40 条干路车道,其交通容量十分有限。高峰单向通行能力仅约 1.3 万～1.5 万 pcu/h,不足以支撑新区旧城间的沟通需求。而大容量轨道交通单向通行能力高达 3 万～6 万人次/h,扩容优势十分明显。另一方面,轨道交通和道路交通在结构上可相互补充完善。尤其在湖泽水体分布较广的城市,受地理限制往往道路网结构完善较为困难,轨道交通可起到重要的织网作用,补充道路可达性较低地区的交通网络。

4.3 策略三:以快速化交通收敛时空,助推未来中心建立

新城(区)被广泛规划和建设,并被赋予宏大的规划目标定位。但多数新城(区)实际发展情况与规划预期存在落差。普遍面临的问题是:应如何配置新城(区)交通系统,才能支撑其成为城市未来新的中心?若期望成为"中心",首先需要明确何谓"中心"——城市中心可视为城市公共服务设施的空间核点,意味着可达性最高、吸引力最强的地区。

新城(区)若要成为名副其实的"新中心",必须提高交通系统可达性,同时提升地区的吸引力。简而言之,需要建立"外快内慢"的交通系统。对外快速集散可达,建立快路、快轨"双快"网络以缩短时空距离;对内慢速留住人气,打造以人为本的高品质路网系统。

其中最关键的,是提高新城(区)的时间可达性。就像人类的经济行为受"无形的手"约束一样,人类的

交通行为无形的约束力量是“时间”，受“一小时时空”约束。新城与主城间无论距离多远，规划师首先应确定的是二者中心点之间的时间距离控制在一小时，并在此基础上配置相应的快速交通方式，以达到收缩时空距离的目的。如图4所示，以武汉东湖新技术开发区为例。其规划中心位于东湖高新中部的光谷中心城，但建成多年实际中心位于东湖高新毗邻主城的西门户鲁巷。近年雄楚大道—高新大道、三环、四环等快速路相继建成通车，东湖高新中部区域与主城中心区时间可达性缩短至45 min，与重要交通枢纽天河机场的时间可达性缩短至60 min，实质上推动了开发区重心逐渐东移。但道路交通可达性受交通拥堵等因素波动较大，而轨道交通在时间可靠性方面具有优势。现状东湖高新地区轨道交通可达性偏弱，光谷中心城地区至天河机场轨交耗时长达120 min。随着未来快速轨道系统的建立，预计可缩短至60 min以内。东湖光谷地区在武汉市的中心度也将因交通可达性的改善得到进一步提升。

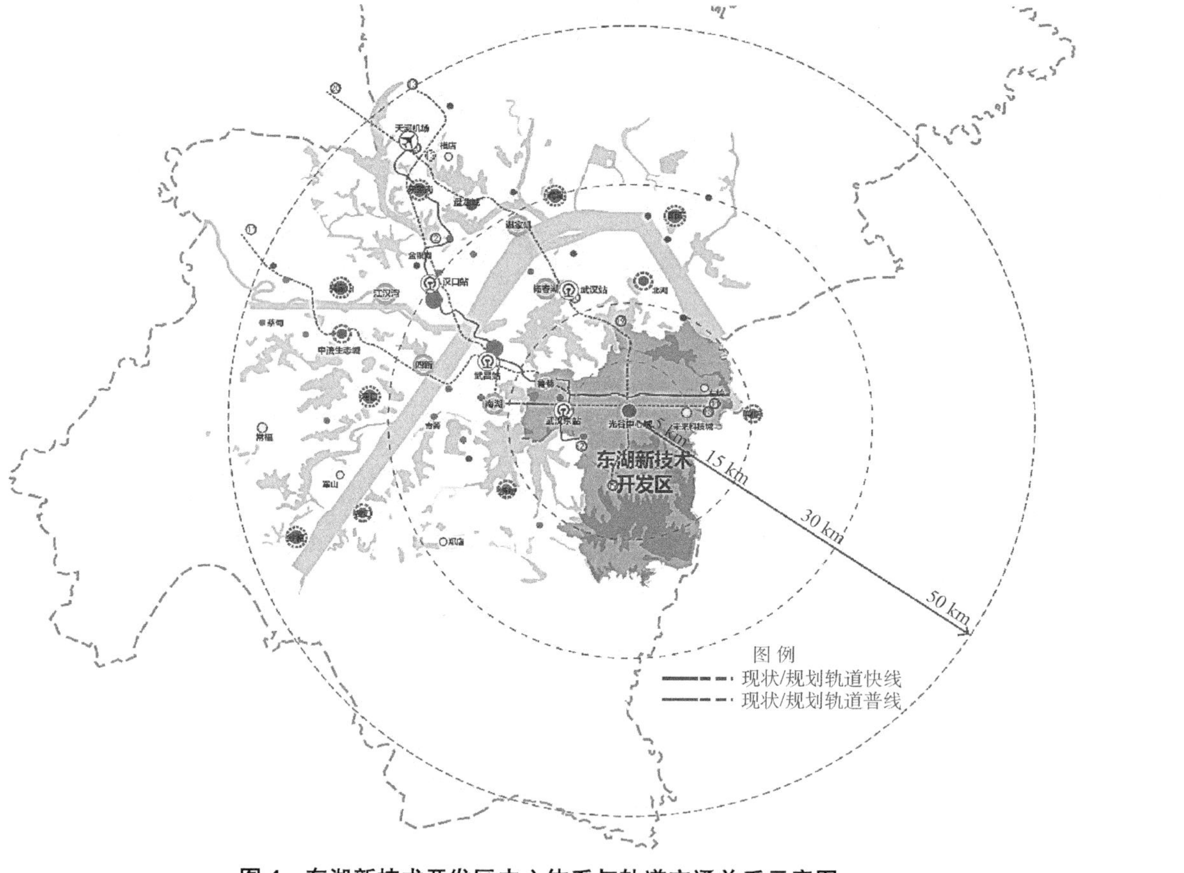

图4　东湖新技术开发区中心体系与轨道交通关系示意图

5. 结语

从中国步入快速城市化发展阶段以来，40年时空交错，交通与城市的关系从空间可达维度走向时间可达维度。无论是旧城的转型、新旧城之间的连接，还是新城新中心的未来，交通对城市空间格局的支撑本质上都是在保障容量承载力的基础上提升可达性。具体策略体现在发挥不同交通方式的集约化、快速化等个性优势，并促进不同交通方式一体化联动以达系统最优。无论未来发生何种变化，契合并满足不断演变的空间格局所不断衍生的交通需求，即是交通系统终极的支撑目标。

参考文献

[1] 丁成日. 城市“摊大饼”式空间扩张的经济学动力机制[J]. 城市规划，2005(4)：56-60.

[2] 高喆，彭阳. 从地租角度看城市更新[J]. 中国土地，2016，(11)：33-34.
[3] 潘海啸，任春洋. 轨道交通与城市公共活动中心体系的空间耦合关系——以上海市为例[J]. 城市规划学刊，2005，(4)：76-82.
[4] 许炎，黄富民. 交通容量约束下的土地利用规划模式初探[J]. 城市发展研究，2010，17(1)：96-101.
[5] 李平华，陆玉麒. 可达性研究的回顾与展望[J]. 地理科学进展，2005(3)：69-78.
[6] 陈小鸿，周翔，乔瑛瑶. 多层次轨道交通网络与多尺度空间协同优化——以上海都市圈为例[J]. 城市交通，2017，15(1)：20-30+37.
[7] 杨俊宴，章飙，史宜. 城市中心体系发展的理论框架探索[J]. 城市规划学刊，2012，(1)：33-39.

融合多源数据的职住人口估测方法

Estimating method of resident and working population by integrating multi-source data

郑姝婕[1]　傅　淳[2]　卢成龙[3]

摘　要： 提出一种基于多源数据的地块尺度职住人口估测方法，并以上海市为案例开展实例研究。方法以手机信令数据为主，结合第七次全国人口普查数据和人口空间分布公里网格数据集进行人口综合扩样，并融合兴趣面(Area of Interest，AOI)数据，将信令人口成果分配到不同类型的AOI地块中，估测地块的居住人口数量和工作人口数量。经案例验证，方法具有一定可行性。该方法将人口数据由栅格尺度转换为地块尺度，使结果更符合交通需求分析的需要，为规划建设和动态管理提供了更精细化的数据支撑。

关键词： 人口；手机信令数据；兴趣面(AOI)；数据融合

Abstract: This paper proposes a plot-scale resident and working population estimation method based on multi-source data, and takes Shanghai as a case to carry out a study. The method expands population from mobile phone signaling data, combined with the seventh national census data and the grid data set of population spatial distribution. Then the signaling population results are allocated to different types of AOI plots and the number of resident population and working population in plots is estimated by integrating the area of interest(AOI) data. The case verifies that the method has certain feasibility. This method converts the population data from the grid scale commonly to the block scale, making results more in line with the needs of traffic demand analysis, and providing more refined data support for planning, construction and dynamic management.

Key words: population; mobile phone signaling data; area of interest(AOI); data fusion

1. 研究背景

城市人口时空分布特征是城市理论研究的重要内容之一。人口的集聚促进城市扩张与城市改造，重塑城市人口时空格局，为城市规划与管理带来新的挑战。只有对城市人口分布特征进行精准把握，才能科学开展城市规划设计，合理配置公共基础设施，有效采取城市管理措施，统筹安排人民的物质和文化生活。

当前，国内外关于人口总量及分布特征的相关研究以普查数据为主，手机大数据也有一定应用。我国主要通过国家统计局组织的十年一度的人口普查、五年一度的1%人口抽样调查和每年一度的1‰人口变动抽样调查获取全国人口数据，主要通过调查员入户的方式，获取各个行政单元内人口数量、结构和分布空间等情况。但人工调查存在抽样率较低、时效性差、空间分辨率低和人力物力成本高等问题。近年来，随着互联网的发展和大数据技术的进步，手机大数据在人口估测领域的应用逐渐增多。电信、移动、联通等手机运营商通过用户与手机基站联系而产生的手机信令记录，通过相应的居住地、工作地识别算法，识别一定范围内的居住人口和工作人口，已有多位学者基于此数据进行了人口分布特征的分析和研究[1]。

1,2,3　郑姝婕，傅淳，卢成龙，上海市城市建设设计研究总院(集团)有限公司。

百度等互联网公司主要基于用户使用相关手机应用产生的位置数据(基于位置的服务，Location Based Services, LBS),识别居住人口和工作人口，并通过相应的平台产品进行展示应用，目前也有基于此类数据的人口空间化研究[2]。基于手机大数据识别的人口数据，虽然在样本量、时效性上存在巨大优势，但也存在其局限性，主要体现在，不同手机运营商或互联网公司采集的数据并非全样本，采样比例与各个城市和地区的手机用户占比相关，并非固定值，导致对数据进行扩样获取真实人口成为新的应用难题。另外，不同的人口识别算法也会导致识别出的人口数量有所差异。考虑到普查统计数据及手机大数据各自的优劣势，一部分学者已经开展两类数据源的融合研究[3,4]，也对新的数据源，如遥感数据、夜间灯光数据，进行了探索[5,6]。

本文提出一种基于多源数据的职住人口估测方法，在手机信令数据识别的人口基础上，结合全国人口普查数据和中国科学院发布的人口空间分布公里网格数据集[7]实现人口综合扩样，并融合兴趣面(Area of Interest, AOI)数据将人口数据从栅格尺度转化为与实际规划建设工作关联较为紧密的地块尺度，为城市规划设计管理提供更精细化的人口空间化数据支撑。

2. 基于多源数据的职住人口估测方法

2.1 相关数据源介绍

1) 手机信令数据识别的人口栅格数据

手机用户只要发生开关机、通话、短信、流量使用、位置更新和切换基站行为都会记录下信令数据。通常依据基站分布将城市空间划分为固定尺度栅格，根据手机信令用户白天和夜晚在不同栅格出现的频率，采用相关算法判别其居住地栅格和工作地栅格，进而实现居住人口和工作人口的统计。本文使用的数据，是基于国内某运营商连续3个月的信令数据识别的职住结果，其判别方法为：每天夜间(22:00—次日8:00)停留时间在4 h以上的点，视作夜间常驻点，选取停留天数占60%以上的点作为居住地；每天白日(9:00—17:00)停留时间在3 h以上的点，制作日间常驻点，选取停留天数占60%以上的点作为工作地。

2) 中国人口空间分布公里网格数据集

数据源于中国科学院地理科学与资源研究所，在全国分县人口统计数据的基础上，综合考虑了与人口密切相关的土地利用类型、夜间灯光亮度、居民点密度等多因素，利用多因子权重分配法将以行政区为基本统计单元的人口数据展布到空间格网上，从而实现人口的空间化。

3) 第七次人口普查数据

我国在2020年开展了第七次全国人口普查(以下简称“七普”)，以全面查清我国人口数量、结构、分布等方面情况，为完善我国人口发展战略和政策体系、制定经济社会发展规划、推动高质量发展提供准确统计信息支持。普查标准时点是2020年11月1日零时，各地政府官网均发布了人口普查主要数据公报，提供了区县级别的人口数据。

4) AOI数据

地图数据中的信息点(Point of Information, POI)数据，代表的是一个物理世界中真实存在的一个实体，而对于一些特殊的POI数据，在物理世界存在对应的围栏信息，带有围栏的区域被称作兴趣区(Area of Interest, AOI),即地图数据中的区域状的地理实体。通过网络爬取的方式可以获取一定范围内AOI数据，用于分析区域用地情况，图1为一个AOI样例。

2.2 居住人口估测方法

居住人口估测方法如图2所示。

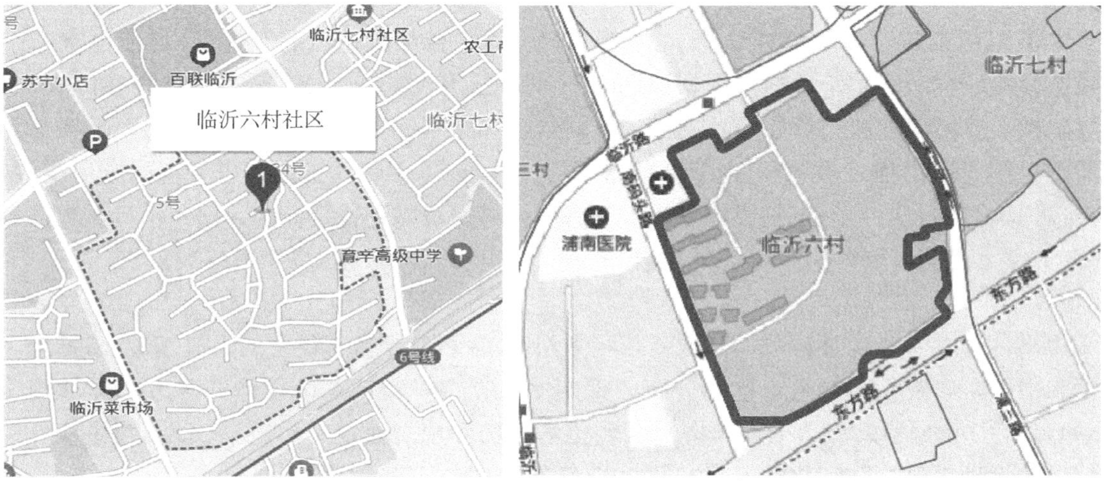

图 1　地图 AOI 数据(左为地图网站查询结果,右为爬取结果)

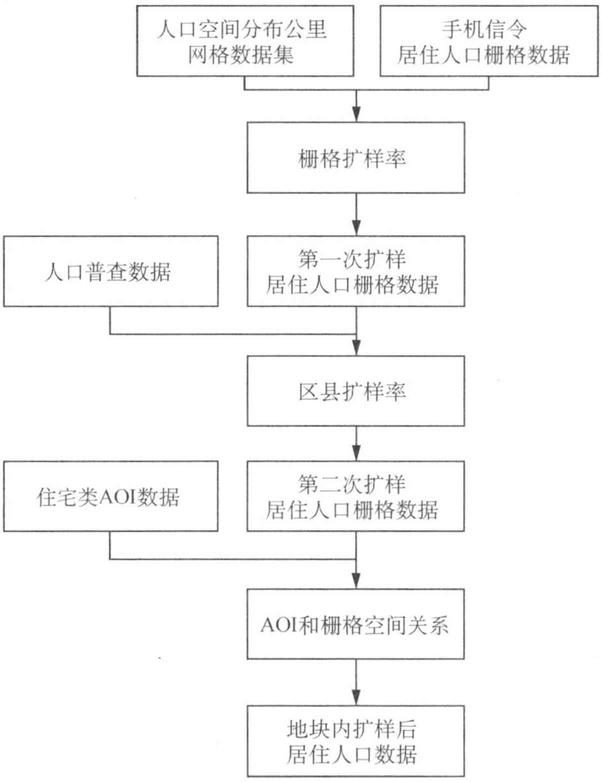

图 2　居住人口测算方法

首先根据手机信令居住人口栅格数据和人口空间分布公里网格数据集的空间对应关系,按照式(1)、式(2)计算栅格尺度扩样率,并获取第一次扩样后的居住人口栅格数据集;然后结合七普区县层面人口数据,按照式(3)、式(4)计算区县层面扩样率,并应用到每个栅格中,获取第二次扩样后的居住人口栅格数据集,最后结合住宅类 AOI 数据与栅格的空间关系,测算 AOI 地块内的居住人口数据。

$$K_G = P_G / \sum P_{G_i} \tag{1}$$

$$KP_{Gi} = P_{G_i} \times K_G \tag{2}$$

式中　G——某处 1 km 空间栅格;

K_G ——空间栅格 G 的栅格扩样率；

P_G ——空间栅格 G 所对应的人口空间分布公里网络数据集对应的人口数；

P_{G_i} ——位于空间栅格 G 内的某手机信令数据栅格 G_i 对应的人口数(栅格尺度与手机信令运营商提供数据有关，如电信信令栅格为 500 m×500 m，则 1 km 空间栅格内共有 4 个手机信令人口栅格)；

KP_{Gi} ——扩样后手机信令数据栅格 G_i 对应的人口数(第一次扩样人口数)。

$$K_Q = P_Q / \sum_G KP_{Gi} \tag{3}$$

$$KP'_{Gi} = KP_{Gi} \times K_Q \tag{4}$$

式中 Q ——某行政区；

K_Q ——行政区 Q 对应的扩样率；

$\sum_G KP_{Gi}$ ——位于行政区 Q 内的所有手机信令栅格数据的扩样后人口数；

KP'_{Gi} ——按照 K_Q 扩样后手机信令数据栅格 G_i 对应的人口数(第二次扩样人口数)。

以图 3 所示的样例解释本文采用的将数据由栅格转换到 AOI 的方法，假设有 4 个栅格内恰好只有 2 个住宅，4 个栅格内人口分别为第一个 P_1，P_2，P_3，P_4，AOI 落在 4 个栅格的面积分别为 A_1，A_2，A_3，A_4，第二个 AOI 只落在 2 个栅格内，面积分别为 B_1，B_2，则可利用式(5)、式(6)计算两个住宅 AOI 内人口 P_A，P_B。

$$P_A = \frac{A_1}{A_1 + B_1} \times P_1 + \frac{A_2}{A_2 + B_2} \times P_2 + \frac{A_3}{A_3} \times P_3 + \frac{A_4}{A_4} \times P_3 \tag{5}$$

$$P_B = \frac{B_1}{A_1 + B_1} \times P_1 + \frac{B_2}{A_2 + B_2} \times P_2 \tag{6}$$

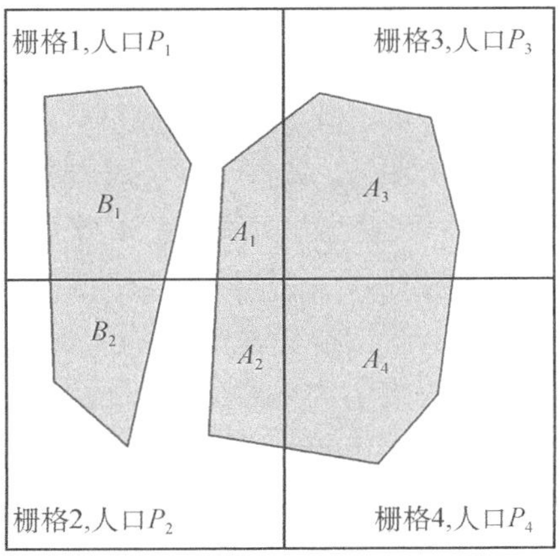

图 3 AOI 与栅格空间关系示意

2.3 工作人口估测方法

工作人口的估测方法如图 4 所示。由于实际工作人口难以根据统计资料直接获取，因此借助有效出行距离内的手机信令职住关联数据和居住人口扩样率对工作人口进行扩样。此处的职住关联数据反映的是利用手机信令数据识别到用户居住地和工作地所对应的关系以及相应的人数，根据居住人口所在栅格对居住地-工作地对应关系的人数进行扩样，即可同时获得扩样后工作人口栅格数据。此外，需要在数据中剔除已经达到退休年龄，但仍被手机信令算法识别为工作人口的数据。对修正后工作人口，按照类似 1.2 中的方法，结合办公类 AOI，将数据由栅格转化到地块。

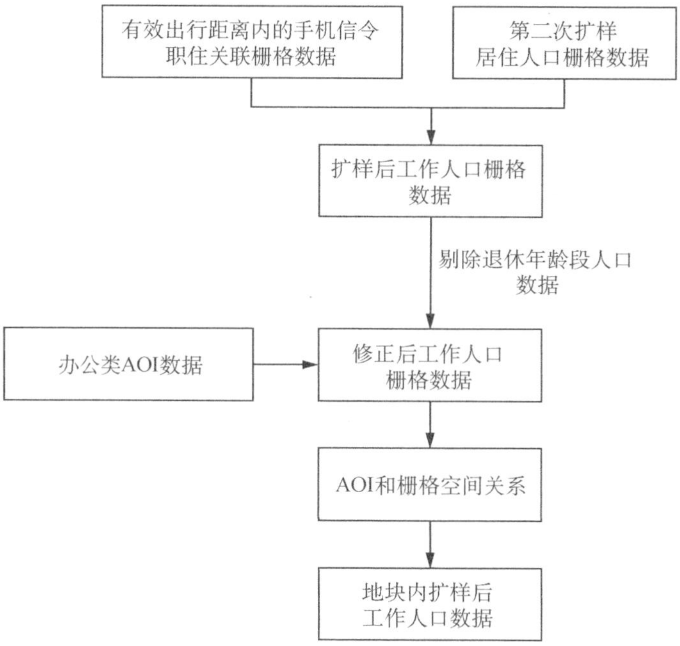

图4　工作人口估测方法

3. 案例研究

3.1　案例区域概况

以上海市陆家嘴街道作为研究案例。陆家嘴街道位于上海市浦东新区西部，总面积6.89 km^2，截至2021年11月，户籍人口11.72万人，外来人口近4.87万。街道西北侧为小陆家嘴地区，由黄浦江、东昌路和浦东南路围合而成，面积约1.7 km^2，是浦东陆家嘴金融贸易开发区的核心区域，也是上海中央商务区的重要组成部分。区域内汇集大量金融机构、高端商业办公及著名旅游景点。区域内居住建筑面积约为37.5×10^4 m^2，商办建筑面积约为439.8×10^4 m^2，可提供14万个岗位[8]。

案例使用的数据源情况如表1所示，使用的数据包括了由上海市电信信令数据处理得到的职住人口栅格数据、中国人口空间分布网格数据集、上海市统计局发布的上海市第七次人口普查数据以及自行采集的AOI数据。AOI数据如图5所示，共获取住宅类AOI 107个，商务办公类AOI 78个。案例区域西侧用地（小陆家嘴地区）以商务办公类AOI为主，其余地区以住宅AOI为主。

表1　案例数据源

数据名称	时间段	数据精度
上海市电信信令职住人口栅格数据	2021年	500 m×500 m栅格
中国人口空间分布公里网格数据集	2020年	1 km×1 km栅格
上海市第七次人口普查数据[9]	2020年11月	行政区级别
上海市陆家嘴街道住宅类及办公类AOI数据	2022年5月	/

3.2　居住人口估测

首先基于上海市电信信令数据人口栅格数据，结合上海市人口空间分布公里网格数据集以及上海市七普数据，对上海市居住人口分布进行扩样，两次扩样后的人口密度分布如图6所示，外环线以内地区人口分布集中，外围地区围绕重点城镇呈现点状聚集。

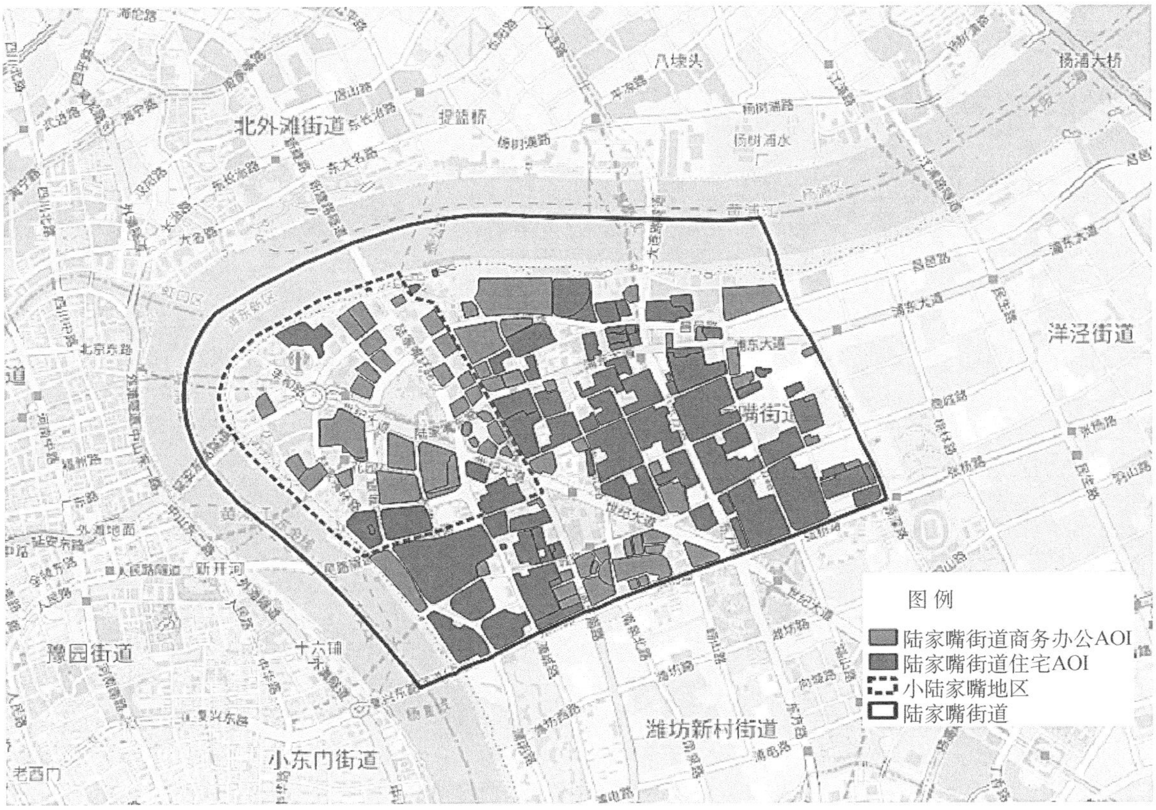

图 5　陆家嘴街道 AOI 数据

图 6　上海市居住人口密度分布

提取陆家嘴街道内电信手机信令居住人口栅格数据，居住人口总量为 13.5 万人，与统计人口接近。扩样后基于电信栅格的居住人口热力图如图 7 所示，由于电信信令数据为 500 m 栅格，可以看出在研究案例内空间精度仍有不足。

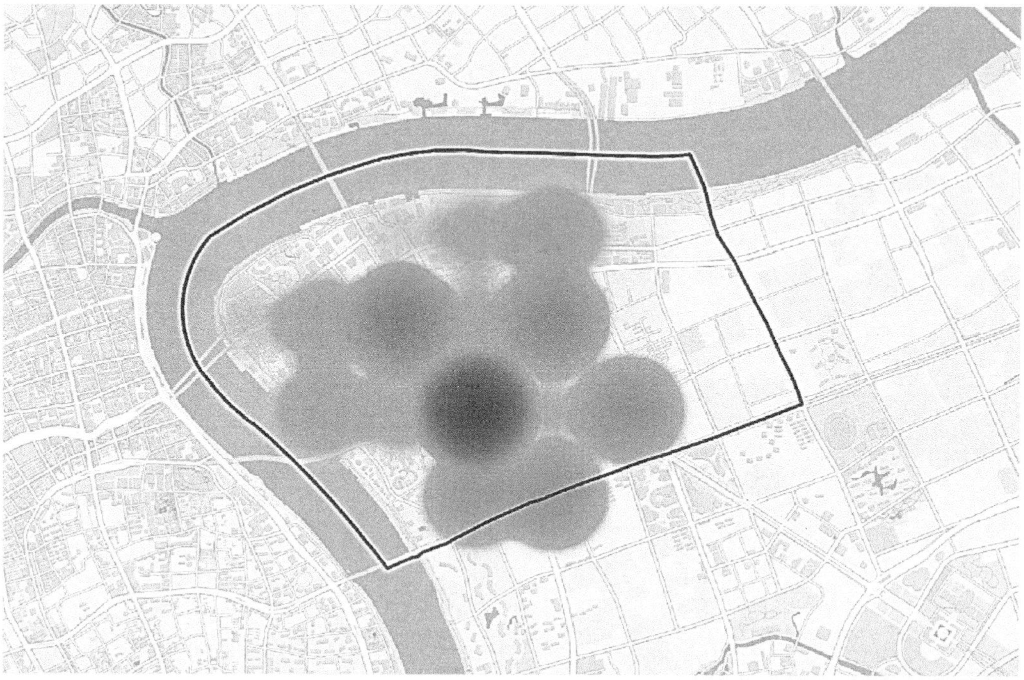

图 7　扩样后居住人口热力图

结合街道范围内住宅类 AOI 数据处理后，将居住人口分配到各个 AOI 地块内，得到如图 8 所示的地块内居住人口。以地块西侧的仁恒滨江园小区为例进行验证，该小区房屋总数为 1 970 户，预测该小区居住人口 2 372 人，户均 1.2 人，在合理范围内。且该图反映，居住人口主要集中在东昌路地铁站附近和小陆家嘴地区周边，离地铁站和陆家嘴地区越近，单个地块内的居住人口数量越高，与实际情况较为吻合。

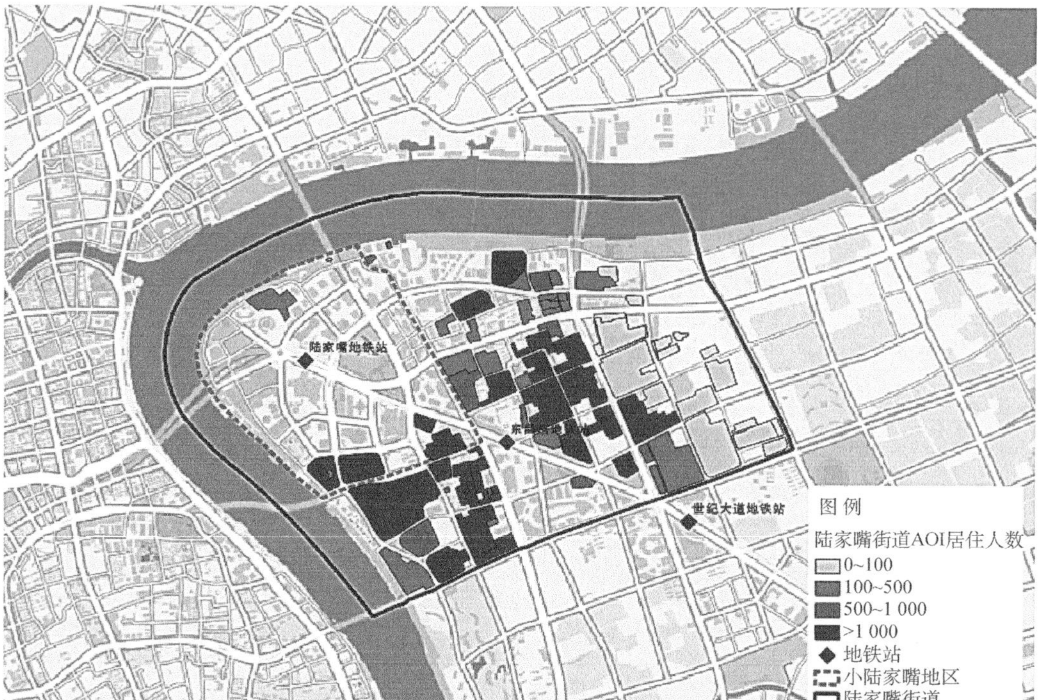

图 8　扩样后住宅 AOI 居住人口数据

3.3 工作人口估测

对陆家嘴街道内电信手机信令工作人口栅格数据进行处理和扩样，扩样后工作人口为 14.5 万人，与文献中数据(可提供 14 万岗位)较为接近。结合 AOI 处理，得到如图 9 所示地块内工作人口，工作人口较高的主要集中在西侧小陆家嘴地区和南侧世纪大道地铁站西北侧，与实际情况较为吻合。

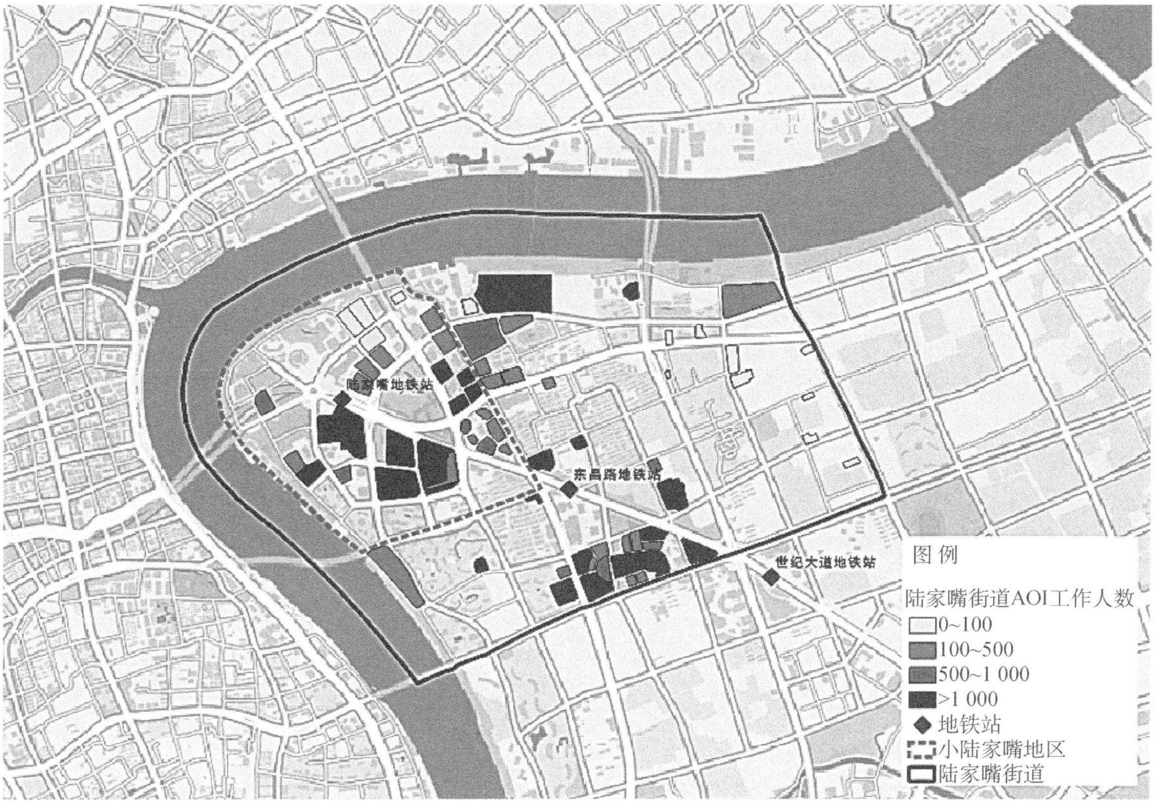

图 9 扩样后商务办公 AOI 工作人口数据

4. 结语

本文提出了一种融合手机信令数据、七普数据、研究机构发布的人口空间公里网格数据和 AOI 数据的职住人口估测方法，通过七普数据和人口空间公里网格数据对手机信令得到的人口数据进行两次扩样，并结合 AOI 数据，将职住人口由栅格尺度转化为地块尺度，为地块级别的人口估测提供了思路。方法不仅可识别居住人口，还可识别研究相对较少的工作人口。经上海市陆家嘴街道案例验证，方法具有一定操作性和可行性。但由于目前按照 AOI 面积对人口进行分配，并未考虑建筑物高度影响，会导致一定误差，后续研究可结合建筑物层高对人口的估测方法做进行进一步优化。

参考文献

[1] 张天然. 基于手机信令数据的上海市域职住空间分析[J]. 城市交通，2016，14(01)：15-23.

[2] 张晓瑞，华茜，程志刚. 基于空间句法和 LBS 大数据的合肥市人口分布空间格局研究[J]. 地理科学，2018，38(11)：1809-1816.

[3] 海晓东，刘云舒，赵鹏军，等. 基于手机信令数据的特大城市人口时空分布及其社会经济属性估测——以北京市为例[J]. 北京大学学报(自然科学版)，2020，56(03)：518-530.

[4] Yang C，Zhang Y，Zhan X，et al. Fusing Mobile Phone and Travel Survey Data to Model Urban Activity Dynamics

[J]. Journal of Advanced Transportation, 2020, 8: 1-17.

[5] 王熙,宁晓刚,张翰超,等.融合LJ1-01夜间灯光和微信定位数据的人口空间化——以北京市为例[J].测绘科学,2022,47(02):173-183.

[6] Yu B, Lian T, Huang Y, et al. Integration of nighttime light remote sensing images and taxi GPS tracking data for population surface enhancement[J]. International Journal of Geographical Information Science, 2019, 33: 1-20.

[7] 徐新良.中国人口空间分布公里网格数据集.资源环境科学数据注册与出版系统(http://www.resdc.cn/DOI),2017. DOI:10.12078/2017121101.

[8] 朱洪,刘明姝.小陆家嘴地区非机动车交通发展策略研究[J].城市建筑,2018(30):34-38.

[9] 上海市统计局.上海市第七次全国人口普查主要数据公报(第二号)[EB/OL].(2021-05-18)[2022-06-28]. http://tjj.sh.gov.cn/tjgb/20210517/2d1d4f05a2cc42ea94f991c9f19e6d4f.html.

海口市四阶段交通需求预测分析

Four-stage traffic demand forecast analysis for Haikou case

曹志超[1]　毛志敏[2]　张思林[3]

摘　要： 以海口市交通发展态势与交通需求预测为目标，依托"海口道路交通组织管理规划"项目，基于全时全域交通调查，应用四阶段交通需求预测模型，标定交通发生与吸引在内的时间序列回归模型、重力分布模型及阻抗函数、交通分配中道路流量阻抗函数等模型参数，并支撑规划需求。成果表明预测模型精度与预测结果可用于海口市综合交通规划体系研究和体现滨海旅游城市发展特色。其中，电动车在海口市交通规划中扮演重要角色，成为本文交通需求预测与发展规划的一个重要考虑因素。

关键词： 交通规划；交通预测；四阶段；TransCAD；电动车

Abstract: Relying on the "Haikou Urban Traffic Organization and Managing Plan" Project, taking Haikou traffic trend analysis and forecasting as an example, as well as basing on the large scale of traffic status quo investigation, this paper establishes the Four-Procedure travel demand forecasting system. The corresponding parameters such as regression equation in trip generation, the impendence function in gravity distribution model, volume delay function in traffic assignment, are calibrated. Comprehensive transportation prediction technique is conducted on the basis of guidelines and Haikou urban features and practice. As a result, the paper adequately reflects advantages of close integration between forecasting model and visualization result. Inside which, electric bicycle mode plays an important role at Haikou urban transit, which is a distinguishing feature in the paper.

Key words: traffic planning; traffic forecasting; four procedures; transCAD; electric bicycles

1. 引言

城市交通状况直接关系着居民的生活水准、城市活力及发展潜力，科学合理地预测城市交通量是城市规划与管理的重要内容之一[1]。城市交通需求预测是研究分析未来年规划范围内城市居民、物流的移动规律和规模的科学问题，是规划道路交通、公共交通、慢行交通及静态交通的重要依据[2]，是对未来年交通供需的预测。预测不仅是要掌握和探索交通需求未来的发展规律，而且可以为在现状有限的道路资源条件下，正确引导和合理规划未来交通需求提供数据基础。应用 TransCAD 交通规划地理信息功能，重点基于交通运输网络数据和交通规划与运输需求预测模型（出行产生、出行分布、方式划分及交通分配），得出未来目标年城市道路网规划的评价技术指标（通行能力、饱和度 V/C、服务水平等），为上层规划模型构建和决策提供支撑。规划兼顾新城与主城开发过程中的社会经济发展目标及土地空间制约条件，针对新城与主城两者之间的交互关系（如客货运输通道）对交通需求进行一体化预测，实现新城与主城、土地利用与交通系统的整体规划与协同[3]。

1　曹志超，博士，副教授，南通大学交通与土木工程学院。
2　毛志敏，硕士研究生，南通大学交通与土木工程学院。
3　张思林，博士，讲师，南通大学交通与土木工程学院。

1.1 背景介绍

本文依据海口市综合交通规划，依托“海口道路交通组织管理规划项目”项目，在全市范围交通调查的基础上，建立了四阶段交通需求预测模型体系，提出海口市交通规划预测思路、理论方法并得出预测结果。

1.2 简析“四阶段”模型的应用

1）区域交通的预测理念

交通承载力与出行需求之间存在一种正反馈交互的自组织机制，则交通与人口、经济等资源的协调发展是都市区（或城市圈）稳态系统发展的重要基础（图 1）。基于正反馈循环的理念对海口市道路交通近期组织与远期规划提出预测模型和评价体系，针对供需不平衡问题提出正确的引导措施。解决“交通资源供需不均衡”是解决海口交通问题症结的重点研究内容之一。

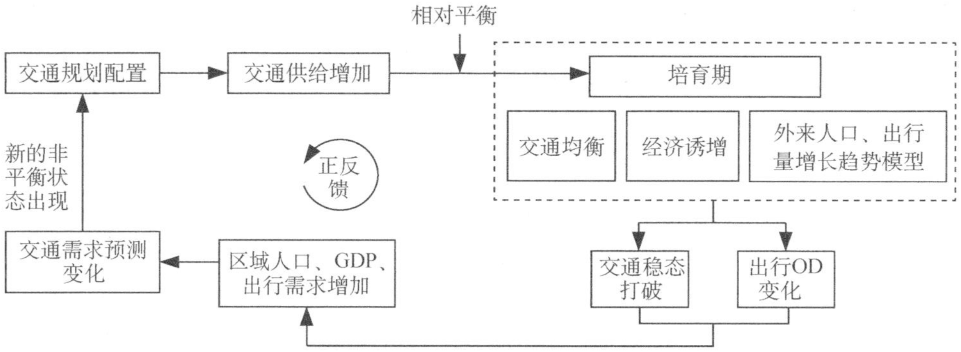

图 1　海口市交通与资源交互原理

2）技术选择

海口道路交通组织管理规划项目预测采用四阶段法进行预测，把交通需求按照交通生成、交通分布、交通方式划分和交通流分配四个步骤进行预测[4]。应用 TransCAD 软件将地理信息系统与交通需求预测模型结合，针对交通规划、交通管理和交通特性等要素信息，依托多种交通分配模型，进行定量预测和合理规划分析。利用 TransCAD 的 GIS 数据库功能建立地区交通数据库，验证了 TransCAD 在交通需求空间分析中的优越性[5]。同时可利用改进四阶段法提高综合交通枢纽交通需求预测的精度[6-7]。为满足预测精度的要求，案例“客运交通预测模型”目标年为 2015 年。

3）预测流程

具体预测流程如图 2 所示。

1.3 基本原理与模型

在出行生成预测阶段，预测得到了未来年各小区出行的产生量与吸引量，它们反映了预测区域和各分区的出行总体水平（即出行需求强度）。然而，对居民出行预测的决策而言，需进一步分析各小区之间的出行交换量，即出行分布量。出行分布预测的问题实际上就是在已知分布矩阵各行、各列之和的条件下，求矩阵中每个元素具体数值的问题。该阶段预测所采用的方法为增长系数法和重力模型法[8]。

1）增长系数法

增长系数法的预测思路是在现状或历史的出行分布量的基础上，通过乘以相应的增长系数得到未来年出行分布量[9]。两个小区之间的出行分布量增长系数，与两小区出行产生量与吸引量的增长率有关，如式（1）～式（3）所示：

$$q_{ij} = q_{ij}^{o} \cdot f(fo_i, fd_j) \tag{1}$$

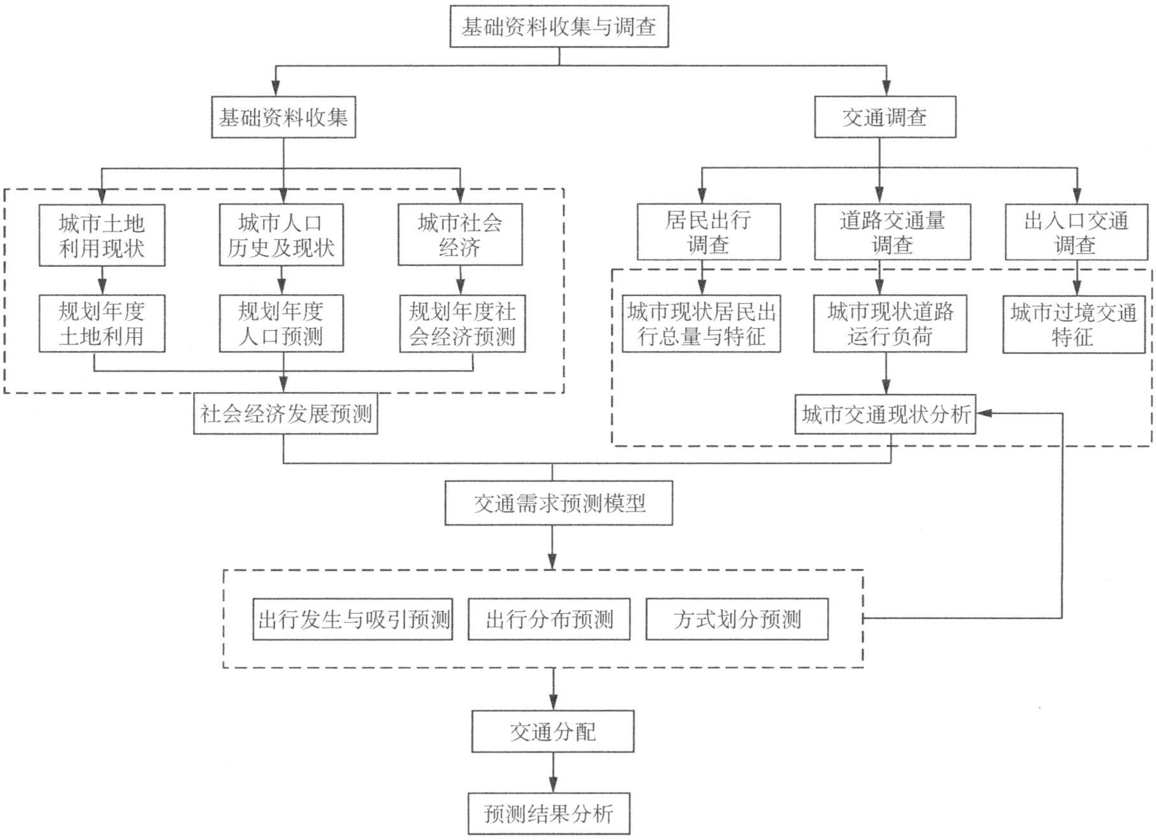

图 2　海口市交通需求预测流程图

$$fo_i = \frac{o_i}{o_i^0} \tag{2}$$

$$fd_j = \frac{D_j}{D_j^0} \tag{3}$$

式中，q_{ij} 为未来年 i 区到 j 区的出行分布量；q_{ij}^{o} 为现状年 i 区到 j 区的出行分布量；f 为增长系数，它是 i 区产生量增长 fo_i 与 j 区吸引量增长率 fd_j 的函数；O_i 为 i 区未来年的出行产生量；D_j 为 j 区未来年出行吸引量；o_i^0 为 i 区现状年出行产生量；D_j^0 为 j 区现状年出行吸引量。

2）重力模型法

重力模型的如式(4)所示：

$$T_{ij} = P_i \frac{A_j \cdot F(IMP_{ij})}{\sum_j [A_j \cdot F(IMP_{ij})]} \tag{4}$$

式中，T_{ij} 是起点小区 i 至讫点小区 j 的出行量；P_i 是起点小区 i 的出行产生量；A_j 是讫点小区 j 的出行吸引量；IMP_{ij} 是起点小区 i 至讫点小区 j 的出行阻抗，本次建模中采用出行距离；$F(IMP_{ij})$ 是阻抗函数，称为摩阻系数，有各种函数形式。模型采用 Gamma 函数，该函数具有可避免其他阻抗函数如负指数函数出现短距离出行比重过大的优点，具体如式(5)所示。

$$F(t) = a \cdot t^b \cdot e^{c \cdot t} \tag{5}$$

式中，a、b、c 是需要标定的重力模型参数。

3）预测模型的选择

出行分布预测的任务是将各交通小区的出行发生量和吸引量相结合，统一化为城市交通 O－D 的空间结构[10]。

(1) 增长率法模型较简单,可不计算 O-D 之间的时间,在 OD 小区差别不大时较为准确。但是,增长率法要求基础年完整 OD 矩阵,小区模式存在明显差异时预测精度较低。

(2) 重力模型法可考虑到土地利用转变、交通路况变化带给对预测结果的影响,同时在没有完整的 O-D 表情况下也可以进行推算。

对最后预测结果采用增长系数法和重力模型法进行比较和相互校核。

2. 基于 GIS 的基础交通数据库

在交通规划中 GIS(地理信息系统)数据库的属性需要根据项目目标和精细化程度,对需要预测和规划的道路属性进行设定。其中,必要属性包括:交叉口特性、路段特性、交通小区划分及属性设定等,以保证基础数据库遵循可重复性和统一性原则。

2.1 交通小区的划分

交通小区是指一个用地性质、居民构成、交通特点相似地区的结合体,是进行城市人口规模及分布预测、社会经济发展预测、土地使用性质规划和城市交通需求预测的基本统计分析单元。结合海口市城市功能结构分区及发展模式、行政区划和自然隔阂,分析海口市秀英区、龙华区、美兰区和琼山区 4 个大区域周边的道路网特征以及用地特征,将海口市建成区进行交通小区的划分。具体原则为:①以居委会为单位进行居民出行调查的方便性;②以交通次干路为基本点分界标准;③在每个划分的小区中,尽量以某一个标志性建筑为中心,对外进行辐射式划分;④考虑到海口 CBD 小区人口密集性以及居委会分布特性,对 CBD 小区划分单位进行合理性缩小;⑤划分小区的物理形状尽量保持规则,多以四边形为主。

划分结果为共 126 个小区,具体如图 3 和图 4 所示。

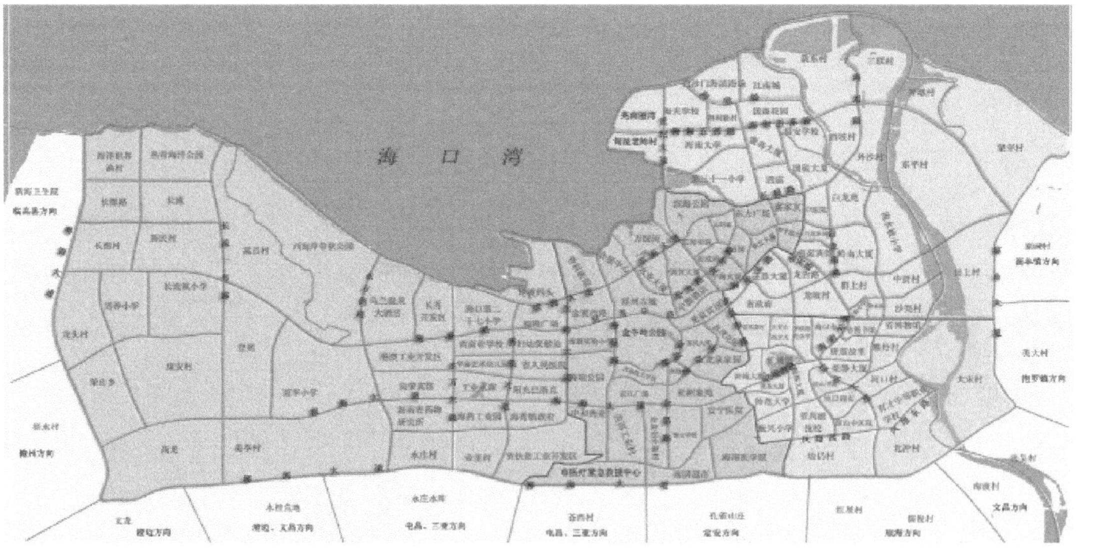

图 3　交通小区划分图

2.2 小区人口划分

根据小区规划的特性,对 126 个小区人口进行分配,分配原则为:①同一性原则,即小区居委会和小区划分区域保持一致时,居委会人口计为小区人口;②在部分小区没有居委会的情况下,以面积比例为划分依据,对临近居委会人口进行分配;③对某小区存在 2 个及 2 个以上居委会的情况,依然采用面积比例为划分依据,对临近小区人口进行划片分配。

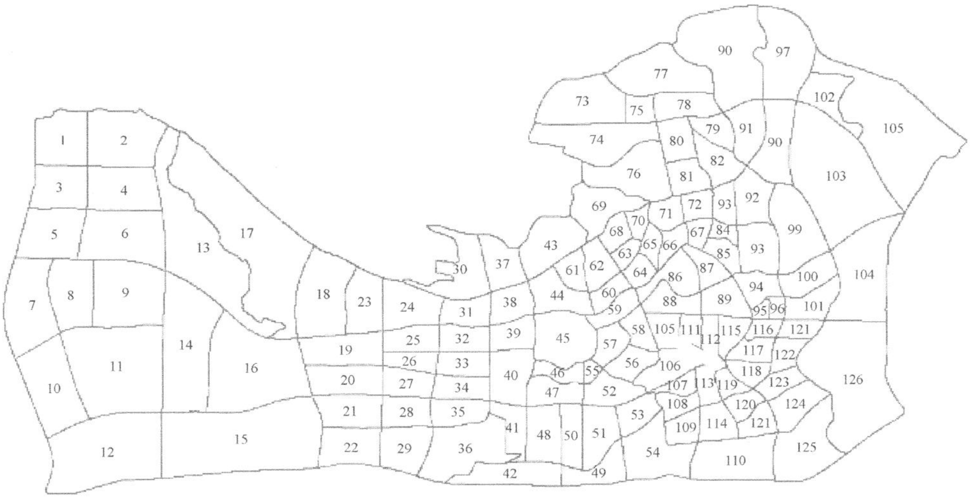

图 4 实际小区划分编号

2.3 交通小区的人口、出行、GDP 预测专题图

对权重较大的几个变量(出行量、人口和 GDP)形成直观专题图,如图 5、图 6 和图 7 所示,从图中变化趋势可以看出几个变量本身之间存在一定正相关的比例关系。

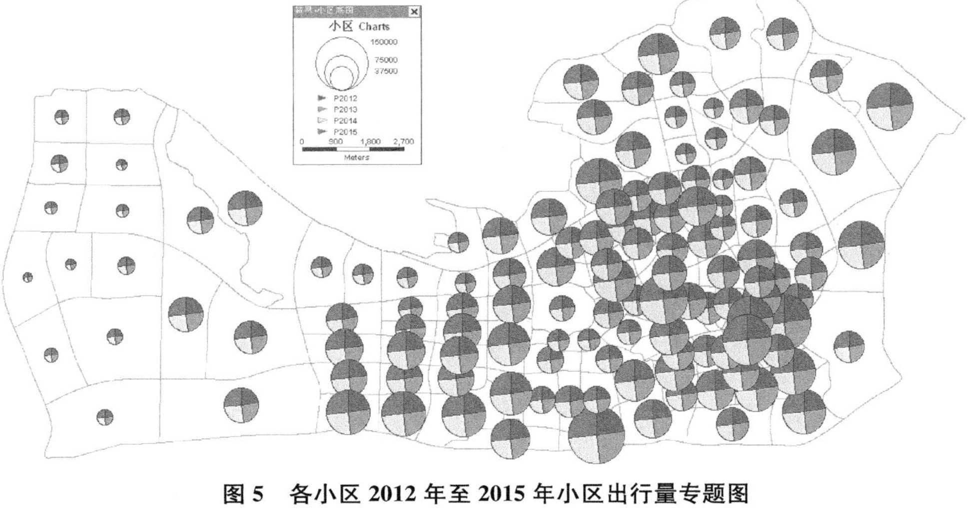

图 5 各小区 2012 年至 2015 年小区出行量专题图

图 6 各小区 2012 年至 2015 年小区人口变化专题图

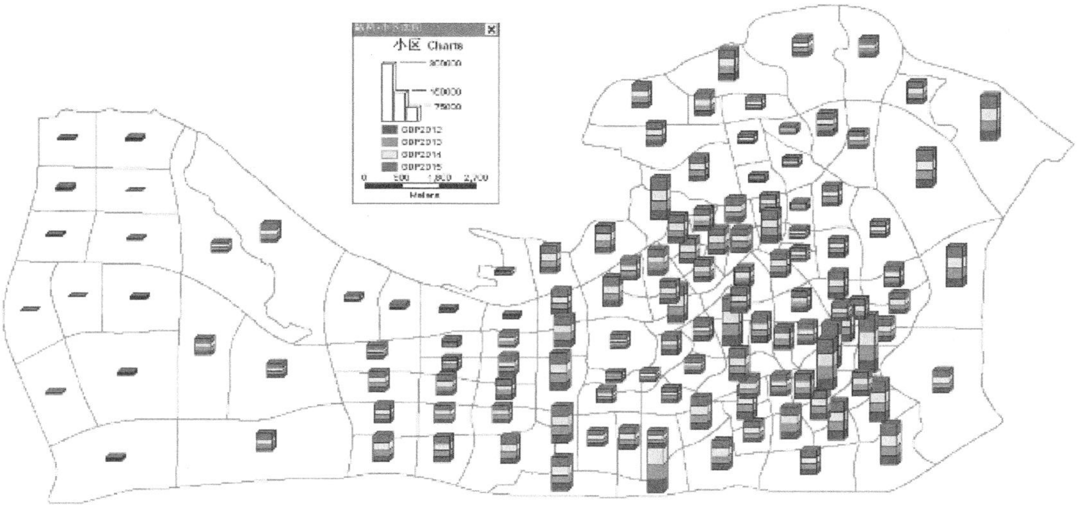

图 7　各小区 2012 年至 2015 年小区 GDP 变化专题图

2.4　交通小区的人口、出行、GDP 预测专题图

海口市城市道路路网中的路段标准按技术层级可以分为 3 种等级，即城市路网中的主干路、次干路、支路，如图 8 所示。相同类型的路段具有同样的设计速度和通行能力。

图 8　道路网划分结果

3. 出行生成预测

本文采用回归分析法预测是研究预测范围内每个交通小区产生交通量和吸引交通量，定义为出行发生与吸引。根据调查资料，建立交通发生(或吸引)与其主要影响因素之间的回归模型，以海口市居民交通产生小区的预测人口与小区 GDP 为影响因素进行建模，基于标定的回归模型进行交通生成预测。

3.1　出行生成预测流程

回归分析法预测居民出行发生与吸引量流程如图 9 所示。

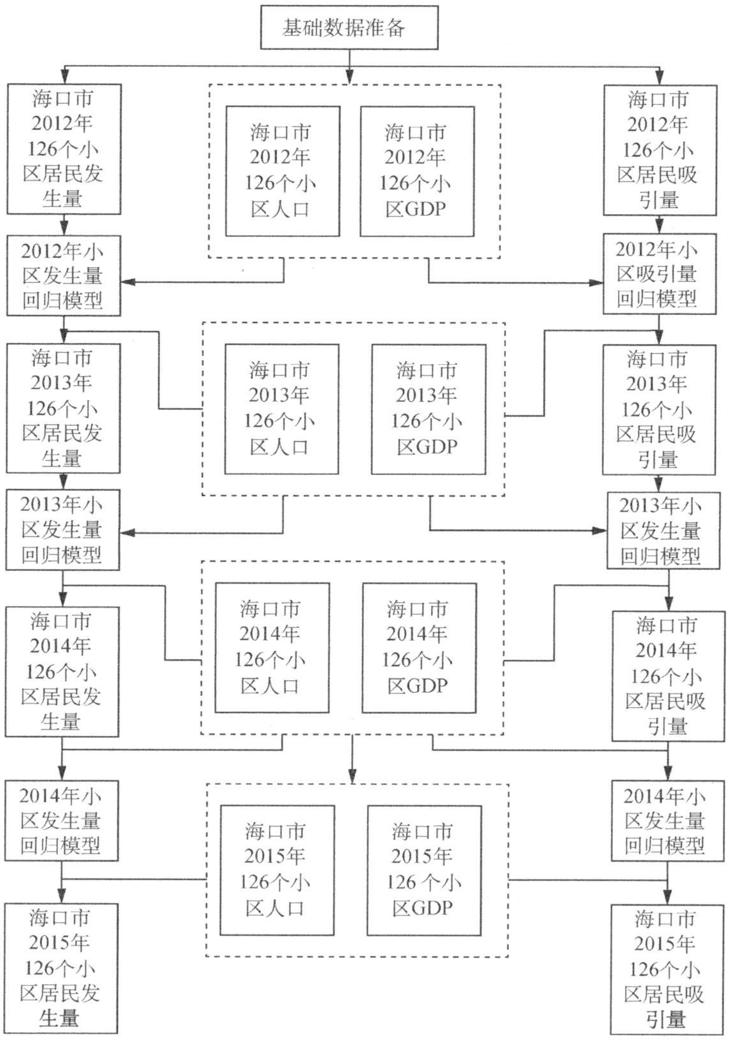

图 9　出行生成预测流程图

3.2　居民出行发生与吸引量回归模型的建立

以海口市 2014 年小区基础交通数据回归模型为案例，阐述预测流程如下。

(1) 2014 年小区发生量回归模型与吸引量回归模型。以 2014 年小区发生量为因变量，小区 GDP 和人口为因变量建立 2014 年小区发生量回归模型；运用上述的方法，以 2014 年小区吸引量为因变量，小区 GDP 和人口为因变量建立 2014 年小区发生量回归模型。其中，模型的参数标定如表 1 所示。

表 1　小区发生量回归模型及标定参数

预测模型	备注
$y=1.7717x_1+1.7684x_2+1.76840$ (2014 年小区发生量回归模型) $y=1.57161x_1+1.7684x_2+1.80071$ (2014 年小区发生量回归模型)	相关系数 $R^2=0.99$ x_1—小区 GDP(万元) x_2—小区人口(人)

注:标准残差估计为

小区 GDP	小区人口	小区发生量	小区吸引量
16 103	4 462	7 891	7 473

运用上述两种建立的模型对 2013 年小区发生量与吸引量进行预测，得到如下的预测结果，如图 10 所示。

图 10　2015 年海口市小区交通发生与吸引量预测结果柱状图

(2) 各预测年居民出行发生与吸引量结果。126 个小区的居民出行发生与吸引量预测过程如前述图 9 所示，逐步推演，得到目标年居民出行发生与吸引量。

(3) 小区发生量与吸引量的平衡。由于下一个阶段预测的需要，所以要对预测年的小区发生量与吸引量进行平衡。

4. 出行分布预测

4.1　预测基础数据准备

在进行出行分布预测之前，需要建立现状年的出行矩阵，未来预测年的出行发生、吸引量，以及重力模型的阻抗矩阵。输入数据为现状年的出行矩阵(126 个小区的居民现状出行 O－D 矩阵)、未来预测年(2015 年)的出行发生、吸引量(126 个小区的居民出行发生与吸引量预测 O－D 矩阵)和重力模型阻抗矩阵。其中，所选数据为 2015 年居民发生量与吸引量平衡后的数据。

重力模型法预测遵循如下步骤进行。

步骤 1：生成小区之间的阻抗矩阵(重力模型阻抗矩阵)；

步骤 2：输入重力模型标定参数 $a=1$，$b=0.007$，$c=0.01$；

步骤 3：基于重力模型，生成预测年 OD 矩阵。

4.2　出行空间分布预测结果

对海口市远期出行需求分布逐年进行预测，预测至 2015 年，最终预测中心组团人口 113 万，长流组团人口 40 万，东部组团人口 20 万。长流组团和东部组团人口成倍增长，中心组团人口总量与现状相当、密度降低，未来随着中心组团的建设和旧城改造，人口在中心组团的分布发生显著变化：金牛岭和府城片区人口规模基本不变；白龙片区、海口旧城片区、大英山片区、金盘片区伴随旧城改造、人口外移，片区人口规模下降了 40%～60%；海甸片区、新埠片区、金贸片区、秀英片区、滨江片区随着城市建设，人口快速增加，特别是新埠片区、秀英片区、滨江片区人口成倍增加，2015 年规划方案居民出行期望线如图 11 所示。

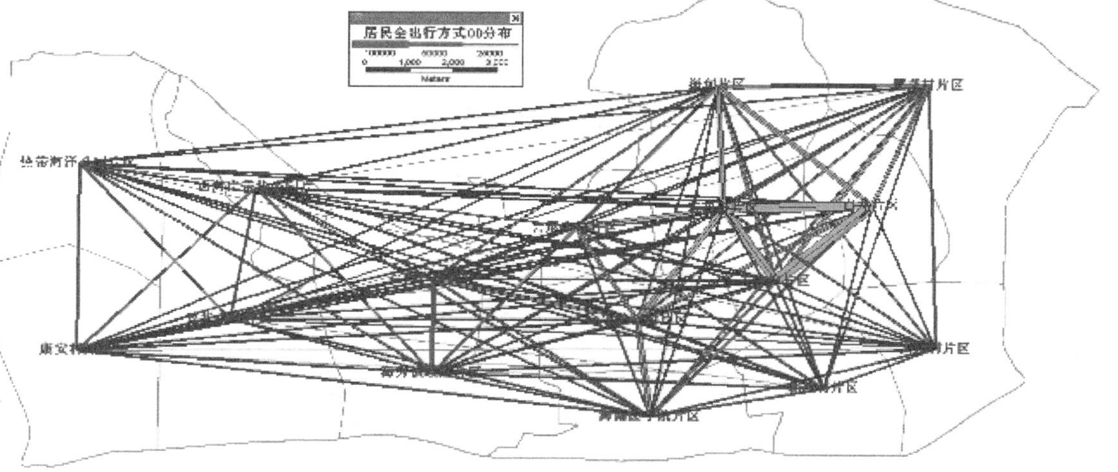

图 11　2015 年规划方案居民出行期望线

5. 出行方式划分模型

5.1　出行方式总体情况

根据 2011 年 12 月份居民出行调查数据的统计分析，运用 TransCAD 软件进行交通方式划分。考虑到海口市电动车的增速迅猛，以及自行车和步行受限距离较大的因素，采用强迫性转移和竞争性转移来对预测结果进行调整。海口市城市居民不同出行方式出行现状如图 12 所示。全市非机动化交通出行约占全方式出行的 18.03%，机动化出行约占 81.97%，呈现非常明显的机动化特征。电动车、公交车和私家车出行约占 75.52%，其中电动车出行约占海口市居民总出行量的 37.93%（表 2），符合海口市电动车高速增长的趋势，且预计到近期规划年将成为居民出行最多的交通方式。

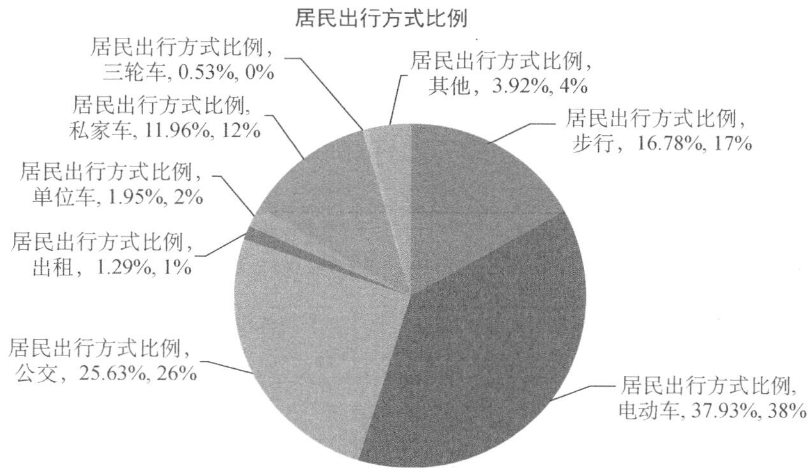

图 12　海口市的出行方式分布

表 2　不同交通方式分担率情况

居民出行方式	步行	电动车	公交	出租	单位车	私家车	三轮车	其他
出行比例	16.78%	37.93%	25.63%	1.29%	1.96%	11.96%	0.53%	3.92%

5.2 出行方式划分模型建立

交通方式的划分一直是交通需求预测中的难点。鉴于不同区域、不同发展阶段和影响因素与预测技术的差别,"吸引系数法""效用比模型""转移曲线法""二次双向转移""转移点法""马尔柯夫概率转移法""距离曲线法"和"多项 Logit 模型"等方法在项目工程中较为常见,但上述方法在模型参数标定、定量化程度和思路条理性上各有长处与短板。

居民 O-D 出行由不同交通方式的属性制约和吸引倾向,如安全性、准时性、费用、时间和舒适性等。海口市经济和交通发展正处于欠发达阶段,在本次预测中,方式划分分为步行、电动车、公交、出租、单位车、私家车、三轮车六种方式。其中机动车交通方式(公交、出租、单位车、私家车)出行比例,结合海口市车辆发展趋势、政策导向等因素,进行综合平衡匹配,进而确定出行比例结构。

国内研究及实践表明,采用距离曲线较符合我国城市交通特征,即一般短距离出行以非机动化方式为主,如步行、自行车;中等距离以电动车、出租车为主;长距离出行以客车、公交出行为主的特征。本文交通方式划分中采用距离分布曲线和效用函数结合的方法,在预测中结合政策分析、交通设施变化、出行成本费用及现状距离分布曲线进行应用和校核,如图 13 所示。

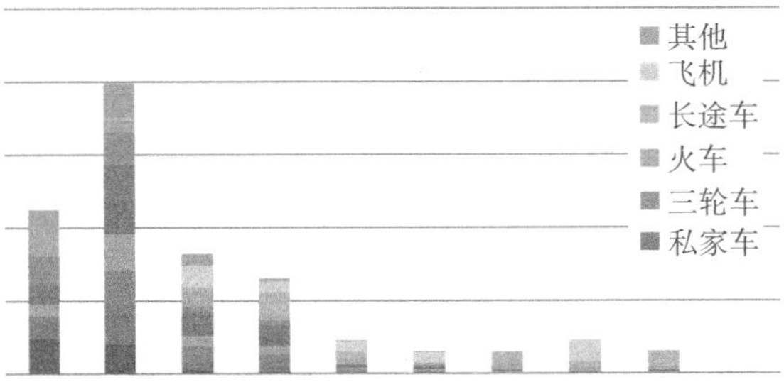

图 13 海口市各种交通方式出行时间对比

海口市居民出行中,以 30 min 左右出行时间所占的比例最高,因此该时段的各交通方式分担比例需要重点考虑,结合海口实际,将其出行方式主要划分为以步行、电动车、公共交通、出租车、私家车、单位车和三轮车为主。

5.3 出行方式划分模型标定及校核

三种主要的居民出行方式(步行、电动车和公交)划分模型的参数标定及校核过程如下所示。

1) 步行出行

步行出行影响的主要因素是出行时间(或出行距离),合适的步行时间内,步行出行比例的选择随出行时间的增大而下降。

$$P_{ij} = \alpha \cdot \exp(\beta \cdot t_{\text{walk}}) \tag{6}$$

式中,P_{ij} 为 i 小区和 j 小区之间选择步行出行的概率;t_{walk} 为 i 小区和 j 小区之间步行出行时间(min);α,β 为待定系数。标定式(6) 系数为:$\alpha = 139.7$, $\beta = -2.09$, $R^2 = 0.854$。

2) 电动车出行

$$P_{ij} = \alpha \cdot \exp(\beta \cdot t_{\text{bike}}) \tag{7}$$

式中,P_{ij} 为 i 小区和 j 小区之间选择电动车出行的概率;t_{bike} 为 i 小区和 j 小区之间自行车出行时间(min);α, β 为系数。标定式(7)系数如下:

$$\begin{cases} P_{ij} = 2.269 \cdot \exp(0.953 \cdot t_{\text{bike}}), & 0 < t \leqslant 15 \\ P_{ij} = 843.4 \cdot \exp(-2.44 \cdot t_{\text{bike}}), & t > 15 \end{cases}$$

3）公交出行

$$P_{ij}=\alpha \cdot \exp(\beta \cdot t_{bus}) \tag{8}$$

式中，P_{ij} 为 i 小区和 j 小区之间选择公交车出行的概率；t_{bus} 为 i 小区和 j 小区之间公交车出行综合阻抗(min)；α，β 为待定系数。标定式(8)系数如下：

$$\begin{cases} P_{ij}=3.549 \cdot \exp(0.797 \cdot t_{bus}), & 0<t\leqslant 30 \\ P_{ij}=6\,102 \cdot \exp(-2.74 \cdot t_{bus}), & t>30 \end{cases}$$

5.4 居民出行方式预测

根据所标定的交通方式划分模型，结合未来的机动车保有量规划政策和城市交通可能的不同发展趋势，预测规划年的出行方式结构。电动车出行在海口市居民出行中占比较大，随着海口市的经济的发展、居民收入的增加、出行距离的延长，出行机动化程度日益提高。电动车出行将由现今 30%以上比重，呈现逐渐减速增长后又逐步下降的趋势，原因在于近几年在居民收入稳步增长的同时，小汽车价格却逐年下降，全国大中城市小汽车私有化逐步加快，更加之政策影响等因素。海口市近 10 年将是小汽车快速发展关键时期，特别是"限摩"措施的实施以后，海口逐步进入小汽车时代。

从交通方式结构来看，可以预见：未来海口的交通问题重心将围绕着机动化交通为主，而其中私人机动化交通则将是重中之重，尤其是电动助力车与私家车的比重结构将发生较大变化，预测结果如表 3 所示。

表 3 居民出行方式结构预测结果

居民出行方式	步行	电动车	公交	出租	单位车	私家车	三轮车	其他
高方案	19%	33%	15%	2%	2.6%	27%	0.55%	1%
中方案	18%	35%	14%	1.5%	2.3%	26%	0.52%	2%
低方案	17%	37%	13%	1%	2%	25%	0.5%	3%

6. 交通流分配

交通流分配是交通需求预测四阶段法的最后一个阶段，其目的是将各种出行方式的 O－D 矩阵分配到交通网络中的各条道路上，评价路段流量、交通指标和通行服务水平。本次交通流分配利用全有全无分配法进行交通量的分配，如图 14、图 15 所示。全有全无分配法以出行者最短路径为决策原则进行分配，是"非平衡分配模型"的重要基础。

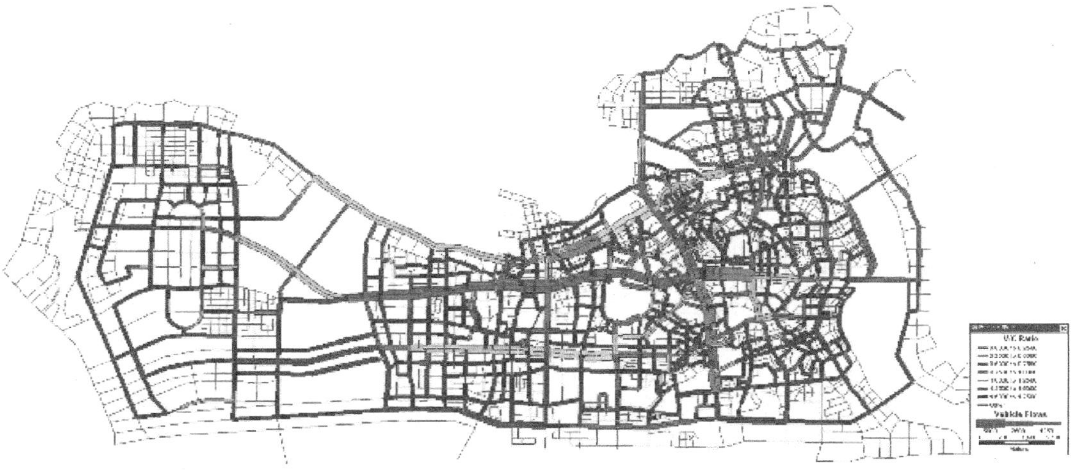

图 14 增长系数法流量分配专题图

图 15　重力模型法流量分配专题图

6.1　增长系数法交通流分配

6.2　重力模型法交通流分配

图 14 和图 15 的 V/C 比专题图表明：滨海路国贸片区以北路段、海秀中路西部路段流量过载，供给能力严重欠缺；国兴大道、南海大道、椰海大道交通量得到明显提高并逐渐达到道路通行能力；市区范围内纵向道路将因疏导日渐增长的横向主交通流而承担更多流量，并增至能力饱和。海口作为著名的旅游城市，在轨道交通发展前期，主城交通体系规划理念应以快速轨道交通为骨干，常规地面交通为主体，坚持走公共交通为主的绿色可持续发展方针，重点解决非机动车和机动车混杂、多交通方式接驳不畅和交通机动化程度滞后等现象。

海口市 CBD 中心区交通流量密集，在规划中应宜倡导公共交通出行、公交优先的民生导向，逐步将电动车作为辅助的综合交通发展模式。这样，一方面可减轻中心区交通压力，另一方面电动车与其他地面交通的交织影响较少。在公交网络密度低的郊区外围，对电动车“合理引导、实行区域差别化的管理策略”，是海口未来交通绿色可持续发展的趋势。

7. 结语

基于海口市城市交通系统现状和发展特点，建立了四阶段交通需求预测模型，完成了参数标定，并应用 TransCAD 中实现未来年交通需求预测。通过精细化交通小区划分，可以发现社会经济指标结构显示出平稳发展的趋势。从现状的出行分布调查数据中可较好地预见到未来年的出行分布特征，道路交通出行分布相对稳定，对提升预测精度有积极作用。电动车作为海口市居民出行的重要方式，在海口市交通需求预测与规划的技术路线层面需要重点考虑。本文通过对多交通方式的预测，可以为未来海口市绿色交通可持续发展规划与政策制定提供基础数据和政策依据。

基金项目

国家自然科学基金(72101126)、江苏省高等学校自然科学面上项目(20KJB580014)、南通市科技计划项目(JC2020171)。

参考文献

[1] 张宗博,谢君平,马金麟.江苏省徐州市域公路交通发展现状及其需求预测[J].江苏师范大学学报(自然科学版),2016,34(4):51-54.

[2] 钟远岳,钟广鹏.地块交通影响下的交通需求预测模型及应用[J].交通运输工程与信息学报,2019,17(2):73-80.

[3] 钟鸣,董一鸣,汉特·道格拉斯,等.面向新城的土地利用——交通整体规划建模方法[J].交通运输系统工程与信息,2021, 21(3):13-25.

[4] 刘丽华,王炜,华雪东,等.城市交通需求预测理论与模型研究综述[J].科学技术与工程,2021, 21(30):12804-12813.

[5] 孙玉杰,苏凯.基于交通四阶段理论的核电厂交通组织研究[J].武汉大学学报(工学版),2021,54(S1):34-39.

[6] 赵再先,刘晓玲.大数据时代"四阶段"交通模型体系技术升级方法[J].交通与运输,2019,32(S1):71-74+80.

[7] 陶思宇,冯涛."站城融合"背景下新型铁路综合交通枢纽交通需求预测研究[J].铁道运输与经济,2018,40(07):80-85.

[8] 陈骁暄,何立锋.高速公路建设项目的交通流量预测方法[J].中国公路,2021(4):114-115.

[9] Cao, Z., Ceder, A.. Autonomous shuttle bus service timetabling and vehicles cheduling using skip-stop tactic[J]. Transportation Research Part C: Emerging Technologies, 2019, 102: 370-395.

[10] Cao, Z., Ceder, A., Zhang, S.. Real-time schedule adjustments for autonomous public transport vehicles[J]. Transportation Research Part C: Emerging Technologies, 2019, 109: 60-78.

基于活动模型背景下的人口生成方法研究

Research on population synthesis for activity-based model

张雨嘉[1]

摘　要：人口和社会经济属性的数据是基于活动的交通需求仿真模型和土地利用模型的重要输入，因此人口生成技术对模型仿真结果的准确性至关重要。本文总结了三类典型的人口数据生成方法，介绍了其原理、步骤及应用场景。概率图模型在小样本的条件表现更佳，而基于深度学习的算法能完整拟合高维数据的联合分布。

关键词：人口生成；迭代比例拟合；概率图模型；深度学习

Abstract：The data of population and socio-economic attributes are essential inputs to activity-based traffic demand simulation models and land use models. Therefore，population synthesis technology is very important to the accuracy of model simulation results. This paper summarizes three typical methods of population synthesis，and introduces their principles，steps and application scenarios. The probability graph model performs better under the condition of small samples. Meanwhile，the algorithm based on deep learning can completely fit the joint distribution of high-dimensional data.

Key words：population synthesis；iterative proportion fitting；probabilistic graphical model；deep learning

1. 引言

基于活动的交通模型非常详细地描述了家庭在一段时间内和特定研究区域的活动或出行模式。同时，基于活动的城市交通与土地利用的微观仿真模型的开发，如 MATSim[1]、UrbanSim[2]等，也极大地促进了城市交通规划与发展。在这些模型中，个人和家庭社会、经济层面的详细信息对于研究居民出行行为至关重要。

人口生成是为每个研究地区或区域生成整个人口的过程，获得的人口属性数据可作为上述微观模拟模型的初始输入，因此需要全面了解研究群体的基本结构。一般这些信息可以从个人或家庭层面的人口普查数据中收集。然而，出于隐私安全考虑，许多统计部门不公开居民的个人属性数据，只公开居民的汇总统计数据。因此，在大多数国家，人口普查数据的使用受到高度限制，大多数政府和机构只为研究者提供较小的样本数据用于分析与研究。人口生成即有效地利用小样本数据及属性的边缘分布信息，以尽可能获取满足原有人口结构的属性数据。

人口生成现有的常用方法包括迭代比例拟合（Iterative Proportional Fitting，IPF）和其他基于组合优化（Combinatorial Optimization，CO）的方法。由于其简单和良好的性能，IPF 非常适合对人口生成问题的描述，自发现至今已成为用来表述该问题的主要选择[3]。这些传统拟合方法的另一个关键缺点是生成的人口是通过复制或"克隆"，而不是真正通过生成来创建的[4]。因此，生成人口属性数据的质量在很大程度上取决于可用小样本的准确性和数量。为了解决异质性的缺乏和小样本的局限性，近年来研究者也开发了其他基于统计学习和机器学习的方法。

本文主要介绍了三类人口生成的常用算法：迭代比例拟合算法、概率图模型算法（贝叶斯网络模型、隐

1　上海市城市建设设计研究总院（集团）有限公司。

马尔可夫模型）和深度学习算法的基本原理和思路，并对这些算法的优缺点进行分析比较。

2. 基于迭代拟合的人口生成算法

Deming 和 Stephan 于 1940 年[5]提出了使用最小二乘法调整样本频率表以匹配已知边缘分布的方法，即迭代比例拟合算法。1976 年，Duguay 等[6]将其引入交通相关文献中，以生成住户调查数据。随后 Beckman 等[3]利用人口普查交叉表和样本为仿真模型 TRANSIMS[7]生成人口数据。自此，IPF 算法一直是基于活动的出行需求和土地使用模型中实现人口生成的主力军。

IPF 算法的输入数据为家庭出行调查的样本数据及人口普查数据的边缘分布（图 1）。以两个变量（家庭人数、家庭收入）为例，算法实现的步骤如下。

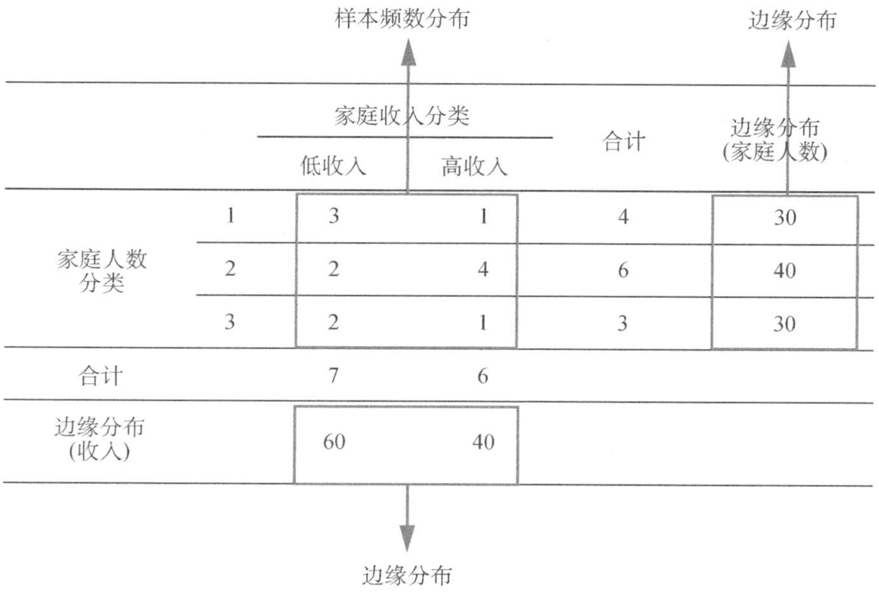

图 1　IPF 算法的初始输入

步骤 1：列调整。按比例调整每列单元格，使其等于该列属性的边缘分布。即每个单元格除以单元格列的实际总和，然后乘以该列边缘分布的总和。

步骤 2：行调整。按比例调整每行单元格，使其等于该行属性的边缘分布。即每个单元格除以单元格列的实际总和，然后乘以该行边缘分布的总和，结束第一次迭代。

步骤 3：重复上述步骤，直到达到设定的收敛水平。

然而根据抽样调查的结果，IPF 很难应用于无统计部分的计算。如果抽样调查结果中的某项数值为 0，则使用 IPF 迭代会收敛到零，因此分析方法存在局限性。即就是所谓的零单元（Zero-cell）。Beckman[3]通过在零单元中输入小的随机数或在整个区域中应用样本的随机值来解决零单元问题。IPF 算法也存在以下局限：该计算过程仅能控制家庭属性，而不能控制个人属性。生成的人口数据无法匹配给定的个人属性分布。同时，该方法假设样本中所有家庭具有相同的结构，然而即使在同一家庭类型内，家庭成员的结构也通常不同，因此需要根据家庭结构确定不同的权重。

由于 IPF 的广泛应用，研究者在 IPF 的基础上进行了各种扩展，以生成具有更复杂结构的人口数据（图 2）。例如，Pritchard 和 Miller[8]提出在列联表维度（数据属性的数量）较高时，使用稀疏矩阵操作技术解决内存消耗问题。Guo 和 Bhat[9]提出了一种改进的 IPF 方法来处理零单元值问题以及个体和家庭属性之间的一致性问题。为了在人口生成模型中尽可能地匹配家庭和个人属性，Ye 等人[10]提出了一种迭代比例更新（Iterative Proportional Updating，IPU）算法来同时控制这两个层面。

属性的频数分布(联合概率分布)

		家庭收入分类		调整后合计	边缘分布(家庭人数)
		低收入	高收入		
家庭人数分类	1	23.57	6.43	30	30
	2	15.17	24.83	40	40
	3	21.29	8.71	30	30
调整后合计		60.03	29.97		
边缘分布(收入)		60	40		
调整比例		0.999 7	1.000 5		

图2　迭代后的输出结果

3. 基于概率图模型的人口生成算法

3.1　贝叶斯网络模型

贝叶斯网络是一种图模型,它能有效地对一组所研究的变量的概率分布进行编码[11-13]。该模型的结构为节点-弧网络,其中节点表示随机变量,两个节点之间的弧表示它们之间的条件依赖关系,常用于医学诊断、决策、适应性测试及事故致因分析等[14]。

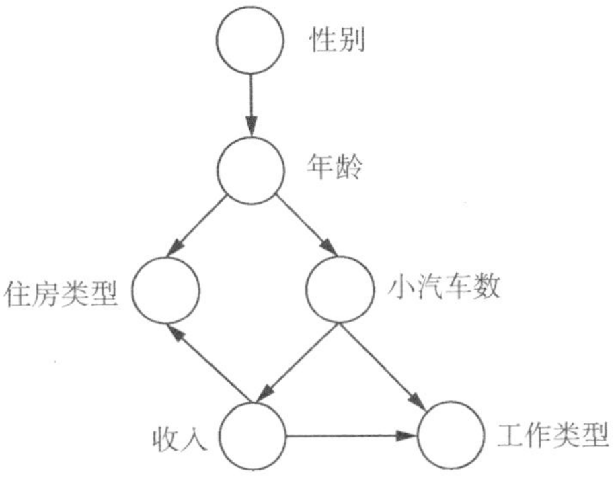

图3　描述人口属性的贝叶斯网络示例

Sun 和 Erath[14]提出将贝叶斯网络作为人口生成的一种算法(图3)。与其他基于仿真的人口生成相关研究思路相同,其思想是对所有属性变量的联合分布函数建模。研究者认为,如果数据生成过程的条件结构已知(即贝叶斯网络结构),则人口数据可以基于该联合分布采样获得。即可以通过从联合分布中采样相应地生成总体的人口数据,并建议通过评分函数的方法学习模型的网络结构。

贝叶斯网络模型的建立步骤如下。

步骤1:贝叶斯网络的结构学习。从给定的数据中学习贝叶斯网络的结构(节点之间的依赖关系),常用的基于评分的学习算法,即在可行的搜索范围内,通过给定评分函数搜索最优的网络结构。常用的评分函数包括K2、AIC、BIC、MDL等。常用的搜索策略包括爬山法、K2、模拟退火和禁忌搜索等。

步骤2:贝叶斯网络的参数学习。即确定网络中每个节点的条件概率。常用的参数估计方法包括极大似然估计、贝叶斯估计等。

步骤3:从贝叶斯网络模型的联合分布中生成样本。在学习了一个人口属性数据的贝叶斯网络之后,研究者可使用该模型来生成区域水平的人口数据。

贝叶斯网络模型是一种极具应用前景的数据驱动框架,可以将复杂的关系抽象为简单的图形模型,将复杂的相互依赖模式转换为简洁紧凑的结构[11-12]。实验结果表明,贝叶斯网络方法具有很强的联合分布特征,能够捕捉变量间的高阶相互作用,误差结果优于IPF和马尔可夫链蒙特卡罗(Markov Chain Monte Carlo, MCMC)算法等,并避免了数据的过度拟合。

3.2 隐马尔可夫模型

另一种方法是隐马尔可夫模型(Hidden Markov Model, HMM)。其基本思想是,某一现象的观察特征与该现象的隐藏(潜在和离散)状态相关联。顾名思义,这些状态是在马尔可夫过程中形成的,即每个隐藏状态完全由其先前的状态决定。可通过概率表来进行衡量,概率表确定了状态之间的转移率。如图 4 所示。Saadi 等[15]将该方法已应用于人口生成。其思想是每个潜在状态对应一个属性。为了表示给定个体的所有属性,所有属性都从 HMM 中按顺序采样。例如,年龄从先验分布在状态 1 处采样。然后在第二阶段,从状态 2 的过渡表 P(教育水平 | 年龄) 中抽取教育水平,这一过程适用于所有属性和个体。

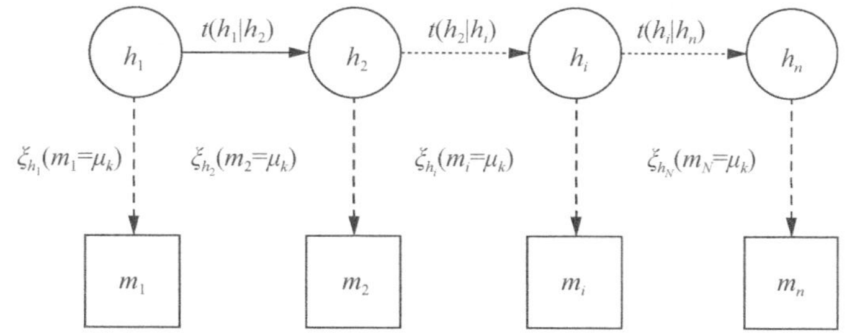

图 4 一阶隐马尔可夫链的概率示意

研究结果表明,对于小样本量(<25%),与传统的 IPF 算法相比,基于 HMM 的方法提高了生成人口数据的准确性。此外结果还表明,集成更多数量的小样本提供的信息有助于通过不同的数据集解决与数据质量、数据可用性和变量相关的问题。通过 2013 年劳动力调查和 2010 年于比利时全国家庭出行调查的数据对模型进行训练和测试,结果证明基于 HMM 人口生成方法,HMM 方法能捕捉到微观数据的完全异质性,提供了准确的预测结果,并具有一定的可移植性。

4. 基于深度学习的人口生成算法

上述所有方法都可能存在与算法复杂性和"维数灾难"相关的可扩展性问题。当考虑到这些模型处理图像、声音或文本等相关的高维度问题时,基于深度人工神经网络的模型表现出了优异的性能。近来统计模型和计算机领域的最新发展也为复杂联合分布的估计和采样提供了便利。

Borysov[16]提出一种基于深度生成模型(Deep Generative Model)的变分自动编码器(Variational Auto Encoder, VAE)模型应用于人口生成问题,并将该方法进一步扩展到交通建模领域。生成模型是统计学和机器学习的一个子领域,其重点是估计数据的联合概率分布。传统基于概率图模型的生成模型[17]存在可扩展性问题,这使得它们要么适用于较小的问题,要么需要引入简化假设。深度生成模型[18]为解决大尺度问题开辟了道路,这些模型结合了深度神经网络和高效的推理算法,已被证明是一种有效的高维数据建模方法,如处理图像[19]或文本[20]数据等。

当给定多个随机变量的观测值 X_1, …, X_n 时,生成模型旨在估计其联合概率分布 $P(X_1, \cdots, X_n)$,或从中采样生成新样本。最近,生成模型和深度学习技术的结合导致了基于反向传播的高效推理算法[19]。这使得从生成模型的角度处理具有数百个属性的高维数据成为可能。最常用的方法包括变分自动编码器、生成对抗网络(Generative Adversarial Networks, GANs)和归一化流(Normalizing Flows)模型。在交通建模方面,深度生成模型已被应用于从手机数据中推断出行者的出行模式[21]等。

该研究基于使用变分自动编码器模型的数据联合分布的无监督学习。模型使用深度人工神经网络,将初始稀疏数据转换为压缩的潜在空间形式,从而实现高效采样(图 5)。实验结果表明,VAE 模型性能在所有考虑的评估指标下均表现良好,但所有基于贝叶斯网络的模型在低维数据的情况下都优于 VAE。对于数据样本较小的问题,基于 Gibbs 采样器和贝叶斯网络的两种算法表现上优于 VAE 模型,但当属性数增加时,VAE模型的优势变得明显。同时,VAE模型和贝叶斯网络还允许生成"样本外"的个体。这些个体不同于训练数据中存在的样本数据,但保留与原始数据中相同的统计特性与依赖性。这种方法可用于解决采样零点问题。这与Gibbs采样器相反,Gibbs采样器在底层条件分布近似为多维频率表时从原始样本中复制个体信息。

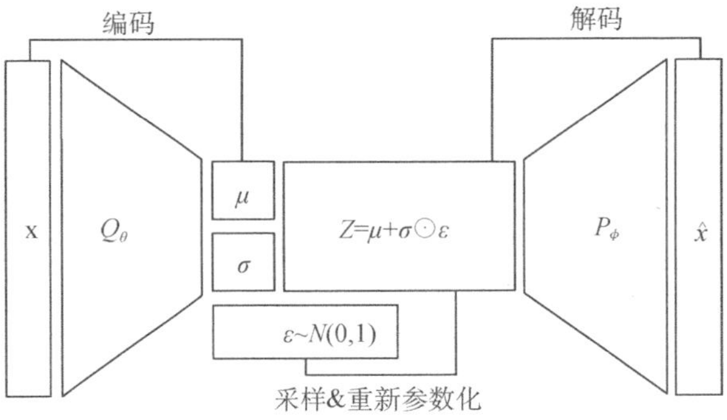

图5 VAE模型训练过程示意图

当同时使用数值变量和分类变量时,与将数值变量转换为分类变量的情况相比,VAE的性能稍差。这可能是由于超参数的粗网格和搜索的神经网络结构数量有限。此外,可以引入损失函数中数值项和分类项的独立对数似然加权因子。然而,由于优化网格的维数随着所涉及的超参数的数量呈指数增长,这种方法的计算成本可能会迅速增加。

5. 结语

基于活动的微观模拟模型在城市交通规划中变得越来越重要。与传统的集计规划模型相比,基于活动的模型模拟每个人随时间变化的决策和活动,为规划和政策评估提供更详细和准确的信息。作为开发此类模型的第一步也是关键的一步,获取人口属性数据和其社会经济属性数据至关重要。

现有的研究方法主要集中在三个方面:(1)样本扩展,如IPF、IPU算法;(2)组合优化法;(3)机器学习算法,如随机森林、贝叶斯网络模型、隐马尔科夫模型等。本文介绍了三类常用的人口生成算法,其中迭代比例拟合算法使用最为广泛。但随着新兴微观仿真模型所研究的变量数量的增加,传统方法基本上受到维数灾难、过度拟合、分辨率和可扩展性问题的限制。例如,若要对整个人口结构进行采样,维数灾难很容易降低IPF和MCMC算法的性能。

贝叶斯网络模型通过使用有向无环图和局部条件概率模拟人口系统的结构,巧妙地避免了这些问题。该网络模型可以被视为具有部分或不完全条件的马尔科夫链蒙特卡洛算法。但贝叶斯网络并不是随意选择部分或不完整条件,而是试图识别最优网络结构,从而易于解释和信息传递。实验表明,使用1%的样本(96个个体)就可以很好地拟合人口属性数据,这在传统方法中几乎不可行。因此,出于保护隐私考虑,贝叶斯网络确实优于其他现有技术。

将隐马尔可夫模型与最常见的人口生成技术IPF相比较,隐马尔可夫模型表现也优于IPF,隐马尔可夫模型采样结果的误差更低。此外,隐马尔可夫模型(一个样本和一个边际分布)所需的数据量也低于IPF算法(一个样本和所有边际分布)。

与之前的人口生成方法(包括迭代比例拟合、Gibbs采样和传统的图概率模型,如贝叶斯网络或隐马尔可夫模型)相比,基于深度学习的算法(变分自编码模型)可拟合高维数据的完整联合分布。实验结果表明,虽然这概率图模型在低维情况下优于变分自编码模型,但当建模属性的数量增加时,它们都存在可扩展性问题。基于深度学习的方法可以支持所有级别的基于活动的建模,并实现具有更小的区域和更详细的个人特征的人口数据。

参考文献

[1] Balmer, M., Axhausen, K. W., Nagel, K. Agent-based demand-modeling framework for large-scale microsimulations[J]. Transportation Research Record: Journal of the Transportation Research Board, 2006, 1985: 125-134.

[2] Waddell, P. Urbansim: Modeling urban development for land use, transportation, and environmental planning[J]. Journal of the American Planning Association, 2002, 68(3): 297-314.

[3] Beckman, R. J., Baggerly, K. A., McKay, M. D. Creating synthetic baseline populations[J]. Transportation Research Part A: Policy and Practice, 1996, 30(6): 415-429.

[4] Farooq, B., Bierlaire, M., Hurtubia, R, et al. Simulation based population synthesis[J]. Transportation Research Part B: Methodological, 2013, 58: 243-263.

[5] Deming, W. E., Stephan, F. F. On a least squares adjustment of a sampled frequency table when the expected marginal totals are known[J]. Annals of Mathematical Statistics, 1940, 11(4): 427-444.

[6] Duguay, G., Jung, W., McFadden, D. SYNSAM: a methodology for synthesizing household transportation survey data[R]. USA, Institute of Transportation Studies, Berkeley California, 1976.

[7] Hobeika AG, Gu Y. Transims — the next generation planning/simulation model[J]. Urban Transport X, 2004, 16: 143-151.

[8] Pritchard, D., Miller, E. J. Advances in population synthesis: fitting many attributes per agent and fitting to household and person margins simultaneously[J]. Transportation, 2012, 39: 685-704.

[9] Guo, J. Y., Bhat, C. R. Population synthesis for microsimulating travel behavior[J]. Transportation Research Record: Journal of the Transportation Research Board, 2007, 2014: 92-101.

[10] Ye, X., Konduri, K. C., Pendyala, R. M., et al. Methodology to match distributions of both household and person attributes in generationof synthetic populations[EB/OL]. [2009-01-11]. http://urbanmodel.asu.edu/popgen/papers/PopulationSynthesizerPaper_TRB.pdf.

[11] Heckerman, D. A tutorial on learning with bayesian networks[M]. In: Jordan, M. (Ed.), Learning in Graphical Models. Cambridge, MA: MIT Press, 1998, 301-354.

[12] Pearl, J. Causality: models, reasoning, and inference[M]. 2nd ed. New York: Cambridge University Press, 2009.

[13] Koller, D., Friedman, N. Probabilistic graphical models: principles and techniques[M]. Cambridge, MA: MIT Psress, 2009.

[14] Sun, L., Erath, A. A bayesian network approach for population synthesis[J]. Transportation Research Part C: Emerging Technologies, 2015, 61: 49-62.

[15] Saadi, I., Mustafa, A., Teller, J., et al. Hidden markov model-based population synthesis[J]. Transportation Research Part B: Methodological, 2016, 90: 1-21.

[16] Borysov, S. S., Rich, J., Pereira, F. C. How to generate micro-agents? a deep generative modeling approach to population synthesis[J]. Transportation Research Part C: Emerging Technologies, 2019, 106: 73-97.

[17] Bishop, Y., Fienberg, S., Holland, P. Discrete multivariate analysis: theory and practice[M]. Cambridge, MA: MIT Press, 1975.

[18] Goodfellow, I., Pouget-Abadie, J., Mirza, M., et al. Generative adversarial nets[C]//Proceedings of the 27th International Conference on Neural Information Processing Systems. Cambridge, MA: MIT Press, 2014, 2: 2672-2680.

[19] Radford, A., Metz, L., Chintala, S. Unsupervised representation learning with deep convolutional generative adversarial networks[EB/OL]. [2015-11-19]. https://arxiv.org/pdf/1511.06434.pdf.

[20] Yu, L., Zhang, W., Wang, J., et al. Seqgan: sequence generative adversarial nets with policy gradient[EB/OL]. [2016-09-18]. https://arxiv.org/pdf/1609.05473.pdf.

[21] Yin, M., Sheehan, M., Feygin, S., et al. A generative model of urban activities from cellular data[J]. IEEE Transactions on Intelligent Transportation Systems[J]. 2016, 19(6): 1682-1696.

上海市新城交通发展策略研究

Study on the development strategy of new town transportion system in Shanghai

王宝辉[1]　李青华[2]

摘　要：本文在深入解读《上海市新城规划建设导则》的基础上，分析判断上海市域的空间结构特征、新城未来的交通需求特征，之后提出了上海市新城综合交通体系的在国家和国际层面、城市群和都市圈层面、新城内部层面的交通发展愿景和交通发展策略。

关键词：上海大都市圈；上海市新城；发展愿景；发展策略

Abstract: Based on the interpretation of the *Shanghai New Town Planning and Implementation Guideline*, this paper analyzes the characteristics of spatial structure, traffic demand of Shanghai metropolitan area, then puts forward the future transportation development vision and strategy of the Shanghai New Town, from the prospective of national and international, urban agglomerations and metropolitan areas, and interior of new towns.

Key words: Shanghai metropolitan area; new town of Shanghai; development vision; development strategy

1. 引言

根据《上海市新城规划建设导则》，2035 年嘉定新城、青浦新城、松江新城、奉贤新城、南汇新城等五个新城将建成为迈向未来的城市、汇聚共享的城市、高效智能的城市、低碳韧性的城市和个性魅力的城市。

2. 上海市新城现状交通存在问题分析

1）对外交通支撑薄弱、辐射能力不足

一是缺乏铁路服务，除松江新城有松江南站服务外，其他新城与毗邻县市的联系仍主要依托虹桥站、上海火车站及上海南站等市区铁路枢纽完成对外铁路出行，对外辐射能力不足、难以发挥节点功能。

二是对外高快速路对新城的服务效率有待提升。新城快速路基本以服务过境交通为主，对新城内部服务不足，如青浦新城区域 G50 高速、嘉定新城沪嘉高速、沈海高速受过境交通叠加影响，呈常发性拥堵。服务新城之间联系的 G15、G1503 为市域货运通道，客货混行严重。此外，新城对外的普通国省干线存在区区之间连通度不足或规模不匹配等问题。

三是新城与中心城区、邻近新城间缺乏快速大运量轨道交通服务。现状各大新城均有轨道交通联系中心城，但出行耗时长、快捷出行效率低。邻近新城之间缺乏快速轨道交通联系，出行不便。

2）内部交通设施规模不足、服务水平不高

新城道路交通基础设施规模不足（表 1），缺乏系统性；路网密度远低于中心城水平，网络连通性差，交通疏解能力不足。

1，2　上海市城市建设设计研究总院（集团）有限公司。

表 1　五大新城现状路网密度

	嘉定新城	青浦新城	松江新城	奉贤新城	南汇新城	中心城
路网密度(km/km^2)	4.39	4.19	4.29	4.14	2.57	6.5

优质公共交通服务资源不足。各大新城内部公共交通出行主要依靠常规公交，缺少服务组团之间的局域线、中运量等骨干公交(表 2)，公共交通服务水平较低。

表 2　五大新城现状主要公共交通设施

	嘉定新城	青浦新城	松江新城	奉贤新城	南汇新城
轨道交通	11 号线	17 号线	9 号线	5 号线	16 号线
中运量公交	—	—	有轨电车 T1、T2 线	—	—

3）交通环境品质亟待提升

一是道路交通功能混杂、运行效率低。新城由于路网不足，干线性道路车流集聚，内部交通、对外交通、过境交通混杂叠加；同时客货运交通混行严重，货运比例基本在 30%以上，致使道路通行效率低。

二是慢行交通欠缺、服务品质差。青浦等部分新城骨干道路多由公路发展而来，公路断面对慢行空间的预留不足导致部分城区内道路慢行空间不连续。此外，滨水空间建设滞后，高品质慢行通道缺乏。

3. 大都市圈背景下新城交通发展趋势及空间结构关系研判

3.1　新城规划目标定位

1）发展定位

到 2035 年，5 个新城基本建成长三角地区具有辐射带动作用的综合性节点城市(表 3)，形成上海大都市圈的第一圈层节点，也将成为国内国际双循环的战略链接点。

表 3　新城差异化发展功能

新城	功能引领
嘉定新城	强化沪宁发展轴上的枢纽节点作用，建设国家智慧交通先导试验区，打造新能源和智能网联汽车、智能传感器、高性能医疗设备等产业集群
青浦新城	承接支撑虹桥国际开放枢纽和长三角生态绿色一体化发展示范区重大功能，积极发展数字经济，形成创新研发、会展商贸、旅游休闲等具有竞争力的绿色产业体系
松江新城	加强 G60 科创走廊战略引领作用，做大做强智能制造装备、电子信息等产业集群，发展文创旅游、影视传媒等特色功能
奉贤新城	发挥上海南部滨江沿海发展走廊上的综合节点作用，打响“东方美谷”品牌，打造国际美丽健康产业策源地
南汇新城	构建集成电路、人工智能、生物医药、航空航天等“7＋5＋4”面向未来的创新产业体系，建设国际人才服务港、顶尖科学家社区等特殊经济功能区

2）规划目标

上海市新城规划目标为最便利、最生活、最具活力、最具特色，对应的核心理念为：慢行友好、未来社区、智慧城市、蓝绿城市、安全韧性、绿色低碳、产城融合、活力街区、立体城市、气质鲜明、空间有序、人文个性。

3.2 交通发展趋势研判

新城作为独立性节点城市，其产生的交通需求将在不同空间范围内完成，既不能完全依赖中心城区，也避免完全独立而带来的经济活力丧失。

1）生活交通

新城产生的生活性交通应基本在新城内完成，体现一定的独立性。

2）通勤交通

结合新城的产业布局，新城的部分通勤交通在新城范围内完成，部分通勤交通到达中心城区，部分通勤交通在临沪城镇圈内完成，形成时空距离适中、形态多元、活力高效的通勤交通模式。

3）商务交通

新城的商务交通应为开放式，需要高效便捷到达主城区重要商务区、虹桥商务区、重要对外交通枢纽、长三角重要城市、国内重要城市、国际重要城市。

3.3 新城空间结构关系研判

1）新城与主城区

新城与主城区应构成“手掌＋指廊”状空间结构，新城与主城区之间有串珠式城镇群，依托交通廊道构建经济走廊、科创走廊。

2）新城与临沪城市

新城与临沪城市之间构成“跨省界城镇圈”，形成新的增长极，例如：嘉昆太、青松嘉吴、金嘉甬等。

4. 上海市新城交通体系发展愿景和策略

4.1 国家和国际层面

1）发展愿景

新城作为国内和国际双循环战略链接点，应能就近通过国家级和国际级交通枢纽、空港、海港，高效便捷到达国际国内重要城市。

新城 0.5 h 内到达国家级交通枢纽，1 h 内到达国际级交通枢纽。

2）发展策略

（1）提高新城交通区位能级，使新城融入南北向国家级交通走廊

用市域轨道快线串联“嘉青松金”的基础上，预留跨杭州湾直达宁波的条件，同时应适当提高技术标准，保留其与国家沿海铁路干线高铁或长三角城市群城际高铁互联互通的可能，使之成为沿海铁路“通苏嘉甬”段在上海境内的复线段——“通嘉青松金甬”，让上海西部 3 个新城的枢纽直接融入国家南北向干线高铁网络。

（2）构建新城或临沪城市与虹桥枢纽之间的组合枢纽，使新城进入国家级枢纽群行列

松江枢纽与虹桥枢纽形成组合枢纽，虹桥高铁站的部分功能转移到松江枢纽，使松江枢纽成为上海西南门户；嘉定枢纽与虹桥枢纽形成组合枢纽，虹桥高铁站的部分功能转移到嘉定枢纽，使嘉定枢纽成为上海西北门户；虹桥机场与嘉兴机场形成客货组合枢纽，提升嘉兴机场货运功能，分担虹桥机场货运业务，之后充分挖潜虹桥机场客运能力。

（3）结合市域轨道快线建设新城虚拟航站楼，使新城增加远程空港功能

在每个新城内部，结合市域轨道快线车站建立“城市虚拟航站楼”，并通过市域轨道快线，使每个新城的“城市虚拟航站楼”直达虹桥国际机场和浦东国际机场。

（4）依托新城建立上海市域西北和西南货运枢纽陆港，新城增加远程航运功能

将嘉定和金山分别作为上海市域西北和西南货运枢纽，构建公铁集装箱“无水港”，截流公路集卡，并

通过市域铁路连通外高桥港、洋山港，形成上海市域境内的“陆港＋海港”组合港，破解“集卡”穿城问题，并使新城成为畅通内外双循环的战略链接点，同时，依托无水港建立区域物流贸易集散中心。

4.2 长三角层面和都市圈层面

1）发展愿景

新城应突破行政边界实现区域交通一体化，快速到达长三角和都市圈重要城市、区域级对外交通枢纽、主城区重要商务区。

新城与主城之间构成 1 h 商务圈和通勤圈；新城与临沪城市构成 0.5～1 h 通勤圈和商务圈；新城 0.5 h 到达城市群级和都市圈级交通枢纽；新城 2 h 内到达城市群内重要城市，1 h 内到达都市圈内重要城市。

2）发展策略

(1) 突破行政边界，促进跨省界各级轨道交通一体化发展

① 相邻城市的市域轨道快线之间对接通道、统一制式、贯通运营，形成新的轨道交通层级——都市圈轨道快线。都市圈轨道快线采用“公交化”的运营方式和“地铁式”的乘坐方式。

② 都市圈轨道快线与城市群城际铁路之间保留互联互通、跨级运营的可能。

③ 都市圈轨道快线与国家干线高铁之间，建立换乘安检互信机制和快速进出站模式。

(2) 突破行政边界，促进跨省界各级道路对接融合

① 相邻城市的市域高快速路和市域主干路之间对接互联，形成新的道路层级——“都市圈干线道路”，区别于国省道公路和县道公路。高速公路功能将细分成：国家级、城市群级、省级、都市圈级；快速路功能将细分为：都市圈级、市域级、城市级。城市群和都市圈的交通主轴方向将形成“国道级高速公路搭配省道级高快速路级配结构和复线通道”。

② 跨省界和跨区国省道路对接延伸，相邻城镇干路对接，相邻县的县道对接。

③ 跨省界和跨区特色旅游公路和特色水上交通对接，串联整合旅游资源。

(3) 构建新型区域空中交通系统

选择合适的新城，探索建立区域高端商务和旅游休闲通用航空港以及轻型货运无人机航空港。例如：在南汇新城和青浦新城建设高端商务通用机场；在金山建设水上起降跨海湾旅游通用机场和轻型货运无人机航空港。

4.3 新城内部

1）发展愿景

新城内部应按照未来社区标准开展新城规划建设，部分标准宜高于中心城，有效吸引人才，形成反磁力。

在新城内部构建 0.5 h 通勤圈和生活圈。

2）发展策略

(1) 发展多模式的新城对外交通系统

根据新城多样化的交通需求，在每个新城建立“轨道交通快线＋轨道交通普线＋区域城乡公交”的多元化的外公共交通的体系。

结合各个新城的特点，完善“高速公路＋快速路＋普通干线道路”的具有合理级配的对外道路交通体系。

(2) 发展低碳、智慧、富有特色的新城内部交通系统

① 建立人、城市、自然和谐共生的生态交通体系。

规划建设体现城市温度和人文内涵的窄路密网、开放街区、完整街道和公园式社区。

规划建设体现慢生活情趣、自然魅力的绿道系统和公共空间群落，构造与慢行交通系统融合的生态、休闲型公共空间。

城乡统筹，高标准建设“四好”农村路。

② 基于新技术、新模式的智能交通体系，以新基建赋能城市，创造未来城市文明。

在新城内部，规划建设中运量公交局域线网络。

新城试点应用需求响应式的新型智慧、低碳公交系统；在新城试点应用MAAS（出行即服务预约系统）。

在新城进一步推进自动驾驶客货交通的应用示范。

③ 因地制宜创建“站产城”一体、点轴式或区域式的TOD网络，促进交通与产业融合发展。

基于都市圈轨道快线，布局站、产、城融合的活力融城小镇群；基于货运铁路轴线，布局产业组团布局和物流商贸中心；基于中运量公交局域线，布局新城的生活轴、文化轴等。

（3）促进新城交通系统数字化转型升级

① 选择合适的新城试点开展数字孪生城市交通系统研究。

② 实现海港、空港、陆港全面数字化和新一代智能化，发展无人港。

③ 建立上海大都市圈范围内的数字枢纽港中心，统筹管理协调都市圈海空陆“枢纽港群”，并以此为依托构建长三角数字贸易中心。

5. 结语

本文首先阐述了上海市新城规划目标和规划定位，之后研判上海市域未来空间结构、新城交通需求，最后提出了新城交通系统发展愿景和策略，即在国家和国际层面，引入国家沿海高铁串联新城，组建新城与虹桥枢纽的组合枢纽，形成上海市域西北和西南门户，依托新城建设陆港和虚拟航站楼。在长三角层面和都市圈层面，突破行政边界，促进跨省界各级轨道交通和道路系统互联互通，构建新型都市圈级轨道快线和都市圈级干线道路系统。在新城内部，建立人、城市、自然和谐共生的生态交通体系，促进新基建与传统基建融合发展，促进新城交通系统数字化转型升级。希望能为新城建设和发展提供借鉴意义。

参考文献

[1] 朱照宏，杨东援，吴兵. 城市群交通规划[M]. 上海：同济大学出版社，2007.

[2] 吕斌，王祖毅，等. 城市规划原理[M]. 北京：中国计划出版社，2008.

[3] 陆锡明. 综合交通规划[M]. 上海：同济大学出版社，2003.

[4] 王炜，过秀成. 交通工程学[M]. 南京：东南大学出版社，2000.

基于城镇组团交通一体化的骨架路网布局研究

Study on the layout of backbone road network based on urban groups traffic integration

刘　坤[1]

摘　要：在多中心城镇组团发展格局下，利用骨架路网引导城市组团之间的相互联系，促进城市功能的分工协调，形成一定强度的集聚力，对于健康有力地推进城镇化建设具有重要意义。本文分析了城镇组团的空间布局形态，骨架路网对城市发展的影响，对城镇组团骨架路网分级、布局等关键技术进行研究，并以山西省忻定原城镇组团为实际案例进行应用研究。

关键词：城镇组团；骨架路网；路网布局；区域一体化

Abstract: Under the development pattern of multi-center urban groups, using backbone road network to guide the interconnection between urban groups, promote the division and coordination of urban functions, and form a certain strength of agglomeration is of great significance for the healthy and effective promotion of urbanization. This paper analyzes the spatial layout of urban clusters, the impact of skeleton road network on urban development, and researches on key technologies such as grading and layout of urban cluster skeleton road networks. Taking Xindingyuan urban group in Shanxi province as an actual case to carry out the application research.

Key words: urban groups; backbone road network; road network layout; regional integration

1. 引言

随着我国城市化进程加快，城市朝着开放性、多功能方向发展，城市空间结构不断变化，多中心城镇组团式空间结构将成为我国城市的重要发展方向[1]。城镇组团一般由分散布局的几个城区组成，各城区相互独立又紧密联系，由于其人口布局、功能分工、产业结构的特殊性，其交通系统的发展存在着明显的有利条件和天然不足，传统模式的道路网难以满足其层次性、时效性和可靠性的要求[2]。因此骨架路网需要在多中心的发展需求下，满足城镇组团集聚和分散的双重作用力，便捷高效的骨架路网对于促进区域一体化、提高城镇组团吸引力、实现城市健康发展具有关键作用。

2. 城镇组团空间布局形态

在城镇组团空间内部，每个组团独立发展，形成若干个具有明确功能分工的组团，但是在功能上又相对的集中。城镇组团结构的特点如表 1 所示。

1　上海市上规院城市规划设计有限公司。

表 1　城镇组团城市布局形态表

多中心城市形态	形态特点	形态概念图
边缘式 副中心	一般位于中心城区的边缘，同时能够分担城市功能。具备大型的公共服务设施，通过快速路网与市中心快速联系。适应于受自然条件影响、空间受限的大城市	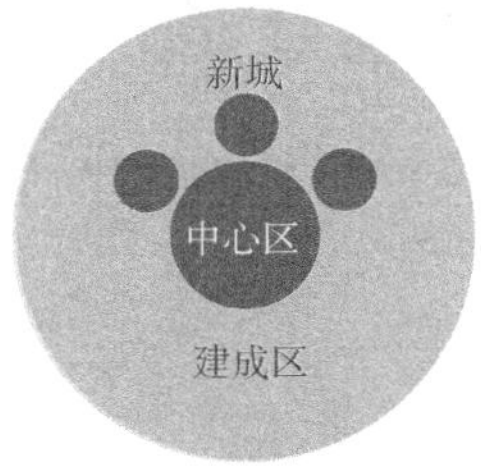
市郊型 副中心	在大城市外围，建立具有独立功能的综合性新城。拥有了市级规模的公共设施和大型交通枢纽，减轻市区交通压力	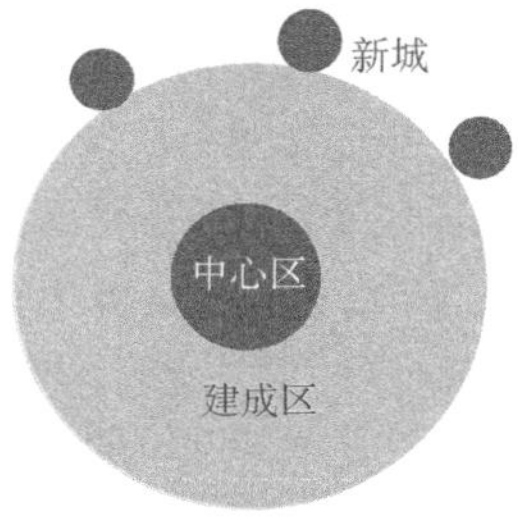
片区综合 中心	布置在中心城区周边，分散居住人口和城市功能	
城市外围 新城	位于城市外围地区。具有与中心区相似的功能结构，形成了城市外围的“反磁力吸引中心”	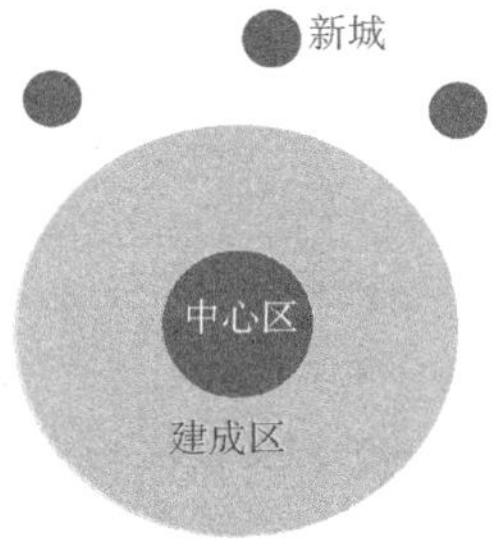
“无主中心”的 多中心	具有多个独立的区域中心，各中心承担不同的职能，相互之间不能替代，并没有主中心，反而构成了无主中心的城市空间结构	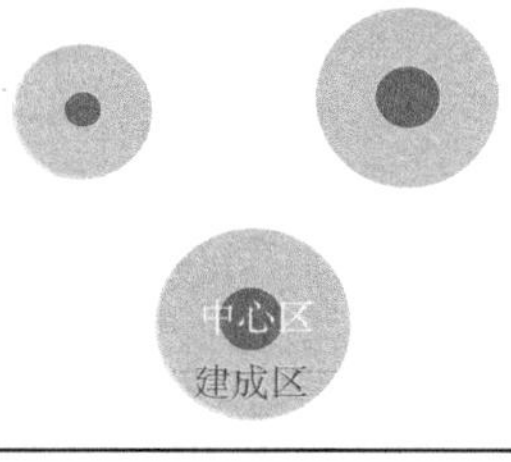

3. 骨架路网对城市发展的影响

城镇组团的发展与骨架道路建设之间关系十分密切。合适的骨架道路建设可以有效引导城镇外部形态的演变和扩展的方向，能够辅助城镇体系空间形态健康发展，并促进城市经济社会的整体发展。

1）提高交通可达性，加强组团联系

城镇组团骨架路网的建设充分连接了各组团，也增强了骨架道路沿线地区可达性。骨架路网的建设增强了组团之间的联系和社会经济交往，对于发展城市一体化、增强城市区域辐射意义重大。此外，骨架路网作为重要的交通基础设施，是组团间各种交通方式（如常规公交、快速公交、轻轨交通等）的重要载体。

2）促进了城镇组团空间布局的形成

骨架路网方便城市居民进出城市中心地区，从而在地域空间上将城市分隔成不同的功能区，同时在城市重要的交通流集聚处重新汇聚资源、人口与就业，进而演变为新的城市中心。这样既可以保证中心城区的吸引与辐射功能，又可以辅助建立城市副中心。

3）引导沿线土地开发，构建城市交通发展走廊

对骨架道路沿线区域进行开发与利用，扩大整个城市建设用地规模，促进沿线地区的发展，形成骨架道路沿线土地开发通道。

4. 城镇组团骨架路网分级方法

4.1 道路体系分类

道路网可以分为城市道路体系和公路体系两种相对独立的体系。

城市道路是城市建成区内的道路建设用地，主要用于机动车、非机动车和行人通行。城市道路按道路通行能力分为快速路、主干路、次干路以及支路。根据其功能，也可分为生活性和交通性道路。其中快速路、主干路主要发挥交通功能，而次干路与支路则主要发挥生活功能。

公路按照技术等级分为高速公路、一级公路、二级公路、三级公路、四级公路以及等外公路，按照所属的管理主体不同又分为国道、省道、县道和乡道[3]。

4.2 骨架路网分级指标

城市道路体系和公路体系技术标准、交通功能、交通特性均有所不同，本文结合城市道路和公路特性，基于以下五点对城镇组团骨架路网进行功能分级，构建功能清晰、布局完善、等级结构合理的一体化城镇组团骨架路网。

1）功能特性

骨架道路的功能特性可分为过境交通、对外交通和组团间交通三个层次，过境交通与对外交通主要服务对象为城市以及区域，单次出行距离以长距离为主；组团间交通，主要服务对象为城市内部各级组团，单次出行距离以中、短距离交通为主。

2）交通流特性

交通流特性的具体指标可以包括交通量、平均旅行距离、平均速度和饱和度等。本文交通量和平均速度可以作为功能分级的主要参考指标。骨架道路的交通流量较大，并有较高的行驶车速。

3）骨架道路特性

骨架道路特性指道路本身的技术设计特性，包括道路长度、路幅宽度、交叉口形式、路面情况、道路断面形式及出入口控制方案等。其中最直接的功能分级标准为骨架道路技术等级、出入口控制方案以及交叉口形式，因为技术等级高、进出口控制管理方案有序、采用立交通过的骨架道路往往都会有较高的道路等级。

4）骨架道路网络特性

骨架道路网络特性归纳了某一条道路和邻近的其他道路之间的联系，以及骨架路网的连续性。严格按照自上而下原则分类的骨架路网系统应该保持路网的完整性和连续性。在经过功能标准划分后，骨架道路的各个功能层次都应该与较高层次的骨架道路系统紧密联系，进而保持整个骨架路网的连续性。

5）土地利用特性

骨架道路的建设能够对提高沿线组团可达性的帮助巨大，极大推动当地经济发展。然而骨架道路沿线的土地利用与开发也要适度，否则可能大幅降低骨架道路的交通功能。基于骨架道路沿线开发的两面性，对不同功能的骨架道路应采用不同的土地利用和开发策略。对于重要的区域性交通通道，土地利用和开发应该谨慎；对于一般的骨架道路，可以适度坚持土地利用和开发，带动当地经济发展，但同时要做好骨

架道路出入口管理措施。

4.3 骨架路网分级

基于以上骨架路网分级指标，将城镇组团骨架路网按照区域性快速路、市域性快速路和骨架性主干路三个层次等级进行功能分级，并将骨架道路体系与现有的城市道路与公路体系整合在一起，如表2所示。

表2 城镇组团骨架路网功能分级表

道路等级	功能特性	交通流特性	道路特性	土地利用特性
区域性高快速路	承担过境交通和城市对外交通	一般设计车速120 km/h，若条件受限，可选用100 km/h或80 km/h的设计车速	专供汽车分向、分车道行驶并全部控制出入的骨架道路；相交形式一般为立交	与规划通道周围的城市土地利用规划相适应，尽量不开发或少量开发
市域性高快速路	承担城市组团之间的快速客、货运交通，以长距离交通为主	设计车速为60～80 km/h	严格控制相交道路数量，相交形式一般为立交；骨架道路两侧不应设置大型公共建筑出入口	少量开发，降低通道对周边用地的影响，加强接入管理
骨架性主干路	承担城市组团间特别是相邻组团间的中短距离交通，并为高、快速路集散交通	设计车速为40～60 km/h	主干道两侧避免设置大型公共建筑物出入口；采用立体或平面交叉形式	适度开发，尽量减少通道对周围影响，加强接入管理

5. 城镇组团骨架路网布局研究

5.1 布局思路

根据道路服务对象的具体需求，结合实际情况制定，城镇组团骨架路网布局思路如下。

1）组团之间的快速通道

建立由高速公路、一级公路、快速路和交通性主干路以上的道路组成的城市中心组团与城市中心组团或非中心组团之间的快速通道体系。通过快速通道的建设，不仅可以加强组团间交通联系，创造城镇发展和职能分流的条件，还能使城市经济发展带和城市扩展主轴线的对外交通联系得以强化。

2）组团内部的交通干道网络

组团内部的干道网络，由交通性主干道、服务性主干道构成，应根据城市现状发展水平、发展方向、布局走向以及交通出行需求强度确定，其建设要求符合规范标准的要求，并注重匹配快速通道的衔接顺畅。组团内部干道网络的建设，不仅可以使得快速交通干道网络完善，还可提升内部道路集散能力。

3）优化衔接路网功能匹配

结合现状路网及土地开发情况，完善各组团内部的衔接路网服务功能，以匹配出行需求。衔接路网由次干路、支路构成，应与前两个层次的路网布局相匹配，并满足相关规范标准的要求，均衡横纵向分布。

5.2 布局方法

城镇组团骨架路网根据各组团所处区位和路网层次，形成组团间通道—组团对外集散道路—组团内部道路的有机网络。

1）组团区位分析

路网布局的依据基础，是明确各个组团之间的区位关系。中心组团与中心组团、中心组团与发展较好的非中心组团之间，应具有较高的交通区位优势。政治经济等原因也是交通区位较高的原因。而其余组团之间将根据其具体情况，酌情采用次等级或较低级的线路进行连接。主要依据交通区位理论确定城市交通的主要需求方向及发展趋向，满足城市的政治经济发展。

2）骨架路网分级

以各组团区位分析为基础，同时考虑骨架路网层次分析、城市布局、区域功能、运输组织和现有基础设施条件等因素，可按分层布局的方法进行规划布局。对于较高级别的交通区位先采用高等级道路衔接。组团之间与组团内部的道路网应分为组团与组团的联系网络、组团内部的骨架交通干线网络和组团内部的密集且布局合理的辅助网络三层次考虑。

6. 案例分析

本文以山西省忻州市忻定原（忻府区、定襄县、原平市）城镇组团骨架路网研究为案例进行分析。

6.1 研究背景

随着形势的变化，忻州市及忻定原城镇组团面临巨大的发展机遇，《山西省城镇体系规划》确立了“一核一圈三群”城镇体系框架，忻定原城镇组团作为一个整体被提出，是太原都市圈的重点发展地区[4]；《太原都市圈规划》中将忻定原城镇组团定位为太原都市圈北部装备制造、能源和旅游服务基地，山西省生态人居环境建设试验区。忻定原城镇组团作为太原都市圈的重要组成部分，与太原城市职能有着天然的互补性，必须尽快融入太原经济圈，实现共同发展[5]。

6.2 研究范围

本次研究范围包括忻府区、定襄县、原平市三个县市区行政辖区，国土总面积约 5 418 km^2。

6.3 骨架路网功能分级

基于“客货分流，各行其道”的原则，对忻定原城镇组团骨架路网功能体系进行划分，分别打造客运和货运交通通道。根据忻定原城镇组团内用地、产业布局、枢纽设施、旅游景区等不同交通发生和吸引源的分布和交通组成特征，针对不同等级道路，对各条道路所承担的主要交通类型进行区分。

（1）高速公路：承担客运和货运交通。

（2）一、二级公路：以货运交通为主，兼顾部分客运交通。

（3）快速路：承担客运交通。

（4）主干路：主要承担客运交通。

6.4 公路网布局

基于高速公路主骨架，完善国省干道网，避免区域过境交通对主要组团中心的影响；结合产业布局，打造“四通八达”对外骨架路网，推动产业发展。规划构建“四环四纵八横五射”的国省干道网布局（图 1）。

（1）四环：忻府区外环路、原平外环路、原平内环路、定襄外环路；

（2）四纵：G108、南北通道、刘宏线、苏上线；

（3）八横：S350、崞红线、G338、南上线、瑶三线、G337、东西通道、向付线；

（4）五射：S305、S312、白停线、定南线、三马线。

6.5 城际道路网布局

围绕忻定原城镇发展轴，完善组团间联系主通道；提高五台山机场对外联系效率，带动忻定原和机场共同发展；加强忻定原城镇组团与太原都市区的联系。形成对内服务各组团间的快速连接，对外分流过境交通，与国道、省道和高速公路衔接，强化忻定原组团间联系，保障区域一体化发展（图 2）。规划构建“三纵两横”的快速路网布局。

(1) 三纵:忻原大道—东外环—忻太大道、季定线、机场连接线;

(2) 两横:机场快速路、忻定大道。

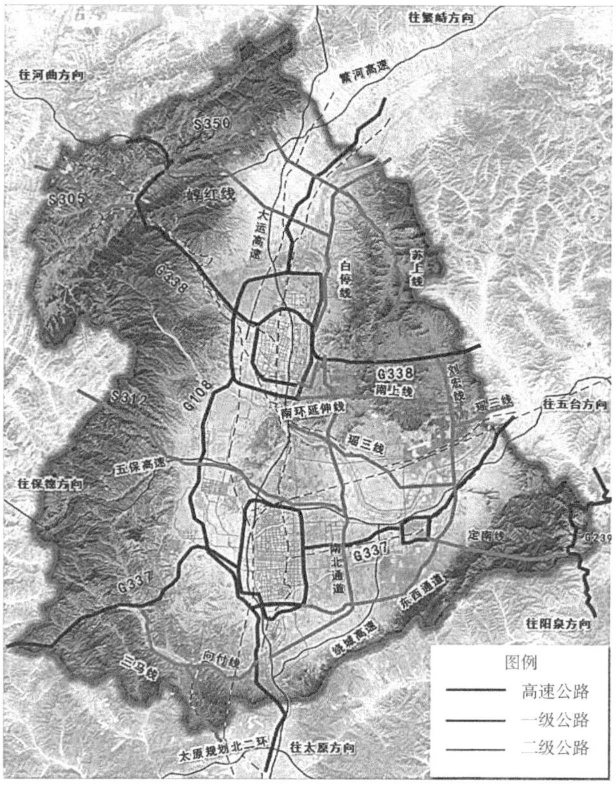

图1 忻定原城镇组团国省干道网布局

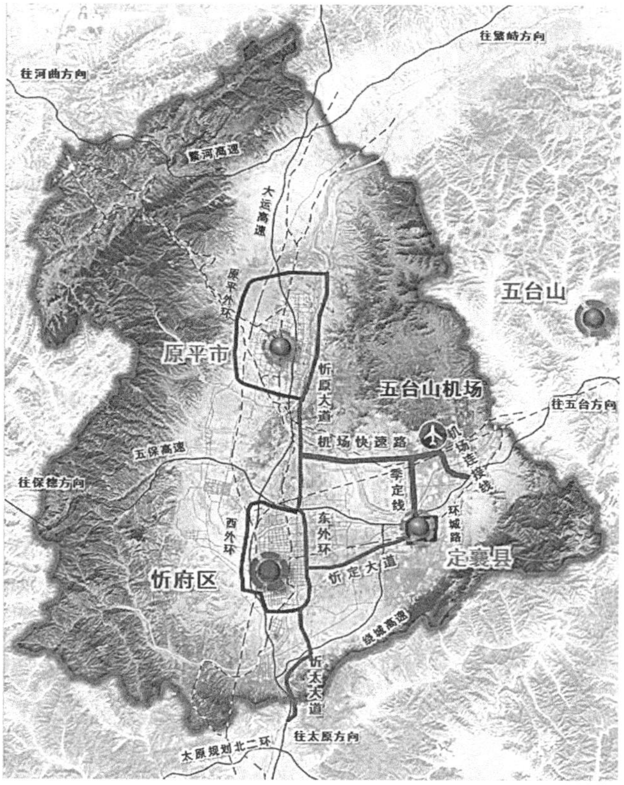

图2 忻定原城镇组团城际道路网布局

6.6 骨架路网评价

1) 路网密度

根据忻定原城镇组团及其所辖各区域路网密度,规划忻定原城镇组团路网密度为 78.96 km/100 km^2,比现状提高 10.9%(表3)。

表3 忻定原城镇组团及其所辖区域路网密度评价

路网密度		忻府区	原平市	定襄县	忻定原
面积密度(km/100 km^2)	现状	96.98	56.72	55.03	71.23
	规划	105.36	63.09	63.70	78.96
	提高	8.6%	11.2%	15.8%	10.9%

2) 路网等级

根据忻定原城镇组团及其所辖各区域道路等级及比重,忻定原城镇组团规划二级公路以上等级道路所占比重达到 29.47%,较现状提高 82.3%,路网密度达到 23.28 km/100 km^2,较现状提高 96.8%(表4)。干线骨架路网得到进一步完善,路网整体通行能力和服务效率得到提升。

3) 路网容量

规划忻定原城镇组团骨架路网总里程 1 003 km,比现状增加 21%;规划路网总容量 322.5 万 pcu · km/h,比现状提升 46%(表5)。

表 4　忻定原城镇组团及其所辖区域道路等级及比重

		忻府区		原平市		定襄县		忻定原	
		现状	规划	现状	规划	现状	规划	现状	规划
高速公路	长度(km)	126	126	83	83	34	34	243	243
	比重	6.54%	6.02%	5.72%	5.14%	7.14%	6.17%	6.3%	5.70%
	面积密度(km/100 km^2)	6.34	6.34	3.24	3.24	3.93	3.93	4.49	4.50
一级公路	长度(km)	38	159	8	187	0	87	46	433
	比重	1.97%	7.59%	0.55%	11.58%	0%	15.79%	1.19%	10.17%
	面积密度(km/100 km^2)	1.91	8.00	0.31	7.31	0	10.06	0.85	8.03
二级公路	长度(km)	130	204.5	160	217	43	147	333	568.5
	比重	6.75%	9.77%	11.02%	13.45%	9.03%	26.68%	8.64%	13.35%
	面积密度(km/100 km^2)	6.55	10.29	6.25	8.49	4.97	17.00	6.15	10.54
三、四级公路	长度(km)	1633	1604	1201	1128	399	283	3233	3015
	比重	84.75%	76.62%	82.71%	69.85%	83.82%	51.36%	83.87%	70.78%
	面积密度(km/100 km^2)	82.19	80.72	46.91	44.07	46.13	32.72	59.74	55.89

表 5　忻定原骨架路网指标评价

路网指标	现状	规划方案	提升
骨架路网总里程(km)	829	1003	21%
骨架路网容量(pcu·km/h)	220.6 万	322.5 万	46%

7. 结语

城镇组团发展模式是未来城市新型城镇化的发展方向，城市发展的过程中，交通是城市的血脉，而骨架路网作为城市的重要交通肌理，对城市的空间拓展起到重要作用。在延续城市固有道路形态的基础上，科学合理地对骨架路网进行优化，发挥交通对城市发展的引领作用，能够有效解决城市的诸多交通弊病，锚固城镇组团的多中心结构，促进城镇组团的空间优化和融合发展。

参考文献

[1] 刘鹏. 多中心组团城市干线道路网布局研究[D]. 南京：南京理工大学，2012.
[2] 叶彭姚，陈小鸿. 功能组团格局城市道路网规划研究[J]. 城市交通，2006，4(1)：36-41.
[3] 潘文刚. 城市群公路网结构适应性分析[D]. 西安：长安大学，2008.
[4] 山西省城镇体系规划(2006—2020). 山西省人民政府.
[5] 太原都市圈规划(2011—2030)(R). 山西省人民政府.

新北市公共自行车（YouBike）推动成果及跨市整合之研究

Research of new Taipei city public-bike(YouBike) development and cross-city integration

钟鸣时[1] 吴政谚[2] 赖俞如[3] 饶秉书[4]

摘 要：为提供更完善的低碳转乘交通工具，新北市建置 YouBike 租赁系统作为大众运输最后一英里接驳，以落实绿色运输无缝接轨的绿色交通概念。本市自 2014 年起开始 YouBike 建置计划租赁站，2021 年 10 月升级为 YouBike2.0 系统，并于 2022 年 5 月达到 1 487 站，目标于 2025 年完成 1 800 站。本文针对计划执行现况进行分析，探讨现况问题及未来发展方向，以利后续政策推动，期使 YouBike 能够更加贴近民众实际需求。

关键词：公共自行车；绿色运输；低碳交通工具

Abstract: In order to develop Sustainable Transportation and to provide citizens a low carbon mode as an alternative to complete their short trips, New Taipei City Government set up public bikes rental system called "YouBike" in 2014, and upgraded to YouBike 2.0 system in October 2021. So far, New Taipei City Government set up 1 487 YouBike stations in May 2022, moving forward to this goal of 1 800 YouBike stations in 2025. This study intended to Youbike system in New Taipei City as object of study to explore user's cognition. The results of this research will be helpful for government departments to understand user characteristics and accordingly improve the system.

Key words: public bicycle rental system; green transportation; low carbon mode

1. 引言

1.1 研究背景与动机

近年来，全球气候暖化、环保意识抬头及急遽变动的国际石油价格影响，使得节能减碳、环境保育、降低噪声及防止空气污染等绿色政策与思维，逐渐成为全球关注的焦点。为提倡绿色环保概念及响应联合国 SDGs 目标，许多城市推广无烟、无碳、低污染的绿色交通。常见的绿色交通工具有地铁、电动汽车、摩托车、自行车等，这类大众交通工具常作为民众短程旅途之使用。

新北市政府为向环保、节能的可持续运输系统环境发展，积极推动公共自行车作为最后一英里路之无污染且不耗能的交通接驳交通工具，不但可节省使用者购买自行车的成本，民众亦可通过公共自行车转乘大众交通工具或完成短程旅次需求。自 2014 年起推动至今，新北市已设置超过 669 站 YouBike1.0；超过 820 站 YouBike2.0，双核心系统共 25 515 辆公共自行车穿梭在新北市的大街小巷，期望借此引导民众骑乘自行车作为短程接驳交通，搭配大众运输系统场站无缝转运功能，带动整体绿色运输系统发展，减少及移转私人机动车辆之持有及使用，以达改善都市道路交通拥挤、环境污染及能源损耗目的，并期望通过文

1 钟鸣时，新北市政府交通局局长。
2 吴政谚，新北市政府交通局综合规划科科长。
3 赖俞如，新北市政府交通局综合规划科代理股长。
4 饶秉书，新北市政府交通局综合规划科暂雇人员。

献研究法探讨现况问题、未来发展方向及成果，进而提供更完善的公共自行车服务。

1.2 研究目的与问题

新北市政府规划推动公共自行车租借系统，作为解决大众运输系统接驳最后一英里路问题。而自行车租借系统发展盛行，民众将自行车当作代步工具，为提供新北市更完善的低碳转乘交通工具，落实绿色运输无缝接轨的绿色交通概念，借由文献研究法了解疫情后新北市 YouBike 的使用率变化及分析双北跨市借还使用情形，借以研拟公共自行车使用率提升之方案，作为提供新北市 YouBike 未来在服务政策及措施之规划、修正及评估之参考。本文研究之目的与问题如下：

（1）分析疫情前后公共自行车使用人次变化。

（2）了解新北市公共自行车民众使用状况、跨市整合情形及发展成果。

（3）研拟公共自行车使用率提升之方案及公共自行车调度机制。

2. 台湾地区公共自行车系统建置情形

目前台湾地区 22 个县（市）及城市中，已有 13 县（市）及城市建置公共自行车租赁站，多数采用 YouBike 公共自行车系统，营运概况及规模如表 1 说明。

表 1 台湾地区县（市）及城市公共自行车租赁站营运概况及规模

项次	系统	县市	启用时间	场站规模	建置背景
1	YouBike	台北市（YB1.0+YB2.0）	2009	1 463	2009 年进行信义区示范计划，于 2012 年推出公共自行车 YouBike 系统，2017 年累计完成 400 站及 13 072 辆车提供服务，2020 年办理公共自行车租赁系统升级试办计划，于 2021 年正式营运 YouBike2.0 系统
2		新北市（YB1.0+YB2.0）	2014	1 487	2014 年办理公共自行车 YouBike 系统建置及营运，2021 年累计完成 669 站及 21 314 辆车提供服务，于同年 10 月正式导入 YouBike2.0，开始提供双系统营运服务，至今已建置 820 站，并持续增加中
3		桃园市	2016	390	2016 年 2 月在中坜区 10 站 YouBike1.0 系统示范站启用，同年 7 月桃园市第一阶段 30 站达成并营运至今，预计 2022 年年底合约到期后重新招标导入新系统
4		新竹市（含竹科）	2016	65	新竹市于 2016 年 5 月导入 YouBike1.0 系统试营运，新竹科学园区则于 2017 年 8 月启用营运，2022 年 7 月于新竹市启用 YouBike2.0 系统
5		苗栗县	2018	65	2018 年 6 月于苗栗市上线营运 YouBike1.0 系统，同年 7 月站点延伸至头份市、竹南镇，于 2022 年再拓展服务范围至苑里镇、通霄镇、后龙镇、公馆乡
6		台中市（YB1.0+YB2.0）	2014	1 407	2014 年办理公共自行车 YouBike1.0 系统建置及营运，2020 年累计完成 329 站，并于同年正式导入 YouBike2.0 系统，于 2022 年 3 月站点突破 1 000 个
7		高雄市（YouBike2.0）	2020	1 089	原高雄市公共自行车 C-bike 营运厂商为高雄地铁公司，于 2020 年 6 月 30 日结束营运，后由 YouBike 接手营运，导入 YouBike2.0 系统，以服务不中断为原则，采取先建后拆及快速建置策略，成功转换公共自行车系统设备

（续表）

项次	系统	县市	启用时间	场站规模	建置背景
8	YouBike	嘉义市	2020	122	2020年12月初办公共自行车租赁系统即导入较新型YouBike 2.0系统上线营运，隔年2021年12月更率全地区之先引进电动辅助版本YouBike 2.0E，提供150辆电辅车营运
9	MOOVO	彰化县	2021	68	2014年办理公共自行车YouBike系统建置及营运，累计完成68站，2020年由运点科技公司得标取得营运权，YouBike于2021年6月30日结束营运，由运点科技接手全面改为Moovo无桩系统
10	T-bike	台南市	2016	76	2016年8月上线启用，由水灵科技公司负责建置营运
11	Pbike	屏东县	2014	40	2014年12月启用，系统委托高雄地铁股份有限公司建置和营运，采用高捷自行研发之系统，目前站点建置在屏东市及潮州镇境内
12	K bike	金门县	2017	30	2017年4月由伟华科技实业负责正式营运，同年10月由金门县观光处接手营运，是离岛地区首座自动化公共自行车租赁系统

资料来源：本文根据相关资料整理。

3. 研究结果

3.1 疫情前后公共自行车使用人次变化

1）YouBike使用人次变化分析

COVID-19疫情暴发初期，台湾地区吸取2003年SARS疫情之教训，采取严厉且谨慎之防疫措施，在第1例COVID-19病例发现开始至2021年4月底，疫情一直获得良好控制，确诊病例以境外输入为主，占92%。2021年5月15日至7月26日，台湾地区实施防疫三级警戒始有相对较多新增病例，但相对疫情较轻微，直到2022年5月，才因新型冠状病毒Omicron变异株传入，使新增病例暴增。

公共自行车的使用量会受平假日以及天气状况而有所差异，本文汇总2019年1月至2022年5月新北市YouBike各月份平均每日使用人次及与去年同期之增减比较如表2所示，对比前述台湾地区新增病例趋势，在2021年5月实施三级警戒之前不受疫情影响，2020年全年平均每日使用104 371人次，较2019年的96 918人次高出7.69%，但在2021年5月后持续1年，每月的平均每日使用人次都较去年同期下降，2021年全年平均73 061人次较2020年下降30%。2022年1—5月平均59 817人次，较2021年下降18.13%，若与2020年相比，更是下降42.69%。

表2 新北市YouBike使用量及增减统计表

年度	2019	2020		2021		2022	
项目	平均每日使用人次	平均每日使用人次	与去年同期增减	平均每日使用人次	与去年同期增减	平均每日使用人次	与去年同期增减
1月	90 899	95 700	5.28%	96 112	0.43%	62 841	−34.62%
2月	83 855	102 081	21.73%	99 345	−2.68%	48 443	−51.24%
3月	86 411	100 020	15.75%	108 344	8.32%	73 425	−32.23%
4月	96 518	97 114	0.62%	94 337	−2.86%	68 990	−26.87%
5月	95 329	100 381	5.30%	61 396	−38.84%	45 385	−26.08%
6月	93 360	111 578	19.51%	31 994	−71.33%		

（续表）

年度	2019	2020		2021		2022	
项目	平均每日使用人次	平均每日使用人次	与去年同期增减	平均每日使用人次	与去年同期增减	平均每日使用人次	与去年同期增减
7 月	103 211	116 458	12.83%	43 634	−62.53%		
8 月	100 187	110 258	10.05%	58 786	−46.68%		
9 月	94 539	109 611	15.94%	70 755	−35.45%		
10 月	112 070	109 094	−2.66%	69 400	−36.39%		
11 月	110 118	111 595	1.34%	72 947	−34.63%		
12 月	96 521	88 559	−8.25%	69 682	−21.32%		
平均	96 918	104 371	7.69%	73 061	−30.00%	59 817	−18.13%

资料来源：本研究整理。

而由图 1 可看出，YouBike 使用人次与 2020 年同期减少最多的月份，发生于 2021 年 5 月下降 38.84%、6 月下降 71.33%及 7 月下降 62.53%，而这段时间恰为台湾疫情三级警戒期间（5 月 15 日至 7 月 26 日），显现出 COVID-19 疫情确实对民众使用 YouBike 之意愿造成影响。

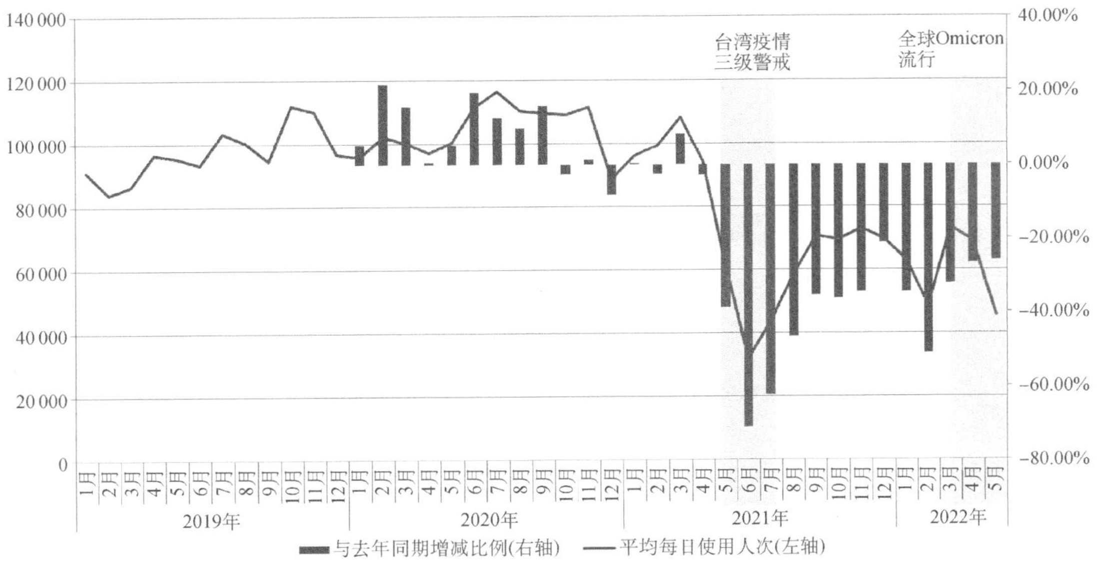

图 1　新北市 YouBike 使用量及增减统计图

2）YouBike 运量提升作为

新北市 YouBike 公共自行车受 COVID-19 疫情影响，于 2021 年 5 月租赁次数及使用周转率明显减少，为因应疫情及配合防疫措施政策，公共自行车租赁场站及设备皆定期针对场站 Kiosk 自动服务机、公共自行车坐垫、把手及车铃等使用者频繁触及之处进行消毒作业，以降低疫情传染风险，让使用者能安心使用。

目前随着新北市公共自行车 YouBike2.0 场站持续建置扩展，期望达到广而密的设置目标，缩短场站间距离，为使用者提供更便利的租借服务。另因应使用者需求，于每日尖峰时间前增加热门场站周边备用车辆，并增派人力加强调度，以满足民众所需，降低无车可借情形的发生。同时为营销推广公共自行车及提升使用者骑乘意愿，预计研议办理疫情后营销活动规划，以鼓励使用者多加骑乘。

3.2　双北 YouBike 系统跨市整合

1）双北 YouBike 使用状况

新北市与台北市均为台湾的主要城市，通称双北或大台北都会区，在政治、经济、居住、生活、就学和工作等多方面都有着紧密的关系，当然在交通方面也不例外。台北市 2009 年于信义区办理公共自行车 YouBike 示范计划，采用 YouBike1.0 系统，并于 2017 年累计完成 400 站，最初公共自行车以扮演大众运输第一英里及最后一英里的角色进入市民的生活中，并随着地铁及公交车路网的延伸，新北市也在 2014 年开始建置公共自行车租赁系统 YouBike1.0，于 2021 年累计完成 669 站。

在 2020 年以前，因为双北公共自行车使用同一系统，且 YouBike 会员在注册后不分县市别，均可于 YouBike 系统租借，因此跨市骑乘之使用者在借还车上并无差别(表 3)。但随着台北市 YouBike1.0 系统设备使用年期逐渐增加，以及通信科技的发展，台北市在 2020 年开始于台大公馆地区进行有别于以往的 YouBike2.0 系统试办计划，其 YouBike1.0 及 YouBike2.0 系统不兼容，跨县市双系统借还议题出现。台北市后于 2021 年正式导入 YouBike2.0 系统营运，并规划在 2022 年底让市境内的 YouBike1.0 系统全数退场，而新北市的 YouBike1.0 系统因尚未达使用年限，在 2021 年 10 月也引进 YouBike2.0 系统后，两系统将持续并行，也将造成使用 YouBike1.0 系统的使用者未来跨市骑乘至台北市境内将无位可还。

表 3　台北市 YouBike 租借与跨市次数统计表

项目 \ 时间		2021			2022				
		10 月	11 月	12 月	1 月	2 月	3 月	4 月	5 月
租借次数	YB1.0	1 393 011	1 314 079	1 196 816	949 089	611 954	1 046 257	760 732	408 654
租借次数	YB2.0	1 250 395	1 519 656	1 619 419	1 512 488	1 141 110	2 140 332	2 126 254	1 699 617
	加总	2 643 406	2 833 735	2 816 235	2 461 577	1 753 064	3 186 589	2 886 986	2 108 271
2.0 使用占比		47.3%	53.6%	57.5%	61.4%	65.1%	67.2%	73.6%	80.6%
台北借新北还次数(跨市)	YB1.0	59 070	46 796	38 669	30 587	22 535	37 629	30 369	16 563
台北借新北还次数(跨市)	YB2.0	4 894	23 471	27 302	28 639	25 330	46 062	50 099	35 817
	加总	63 964	70 267	65 971	59 226	47 865	83 691	80 468	52 380
跨县市占比	YB1.0+2.0	2.4%	2.5%	2.3%	2.4%	2.7%	2.6%	2.8%	2.5%

资料来源：本文根据相关资料整理。

为因应台北市 YouBike1.0 系统全数退场后的跨市骑乘需求整合，新北市政府于 2021 年 10 月开始，通过两市合作平台，研拟跨市整合方案。首先借由统计两市公共自行车使用数据分析使用者特性，并利用大数据工具分析骑乘旅次行为，优化本市通勤绿廊(图 2)。

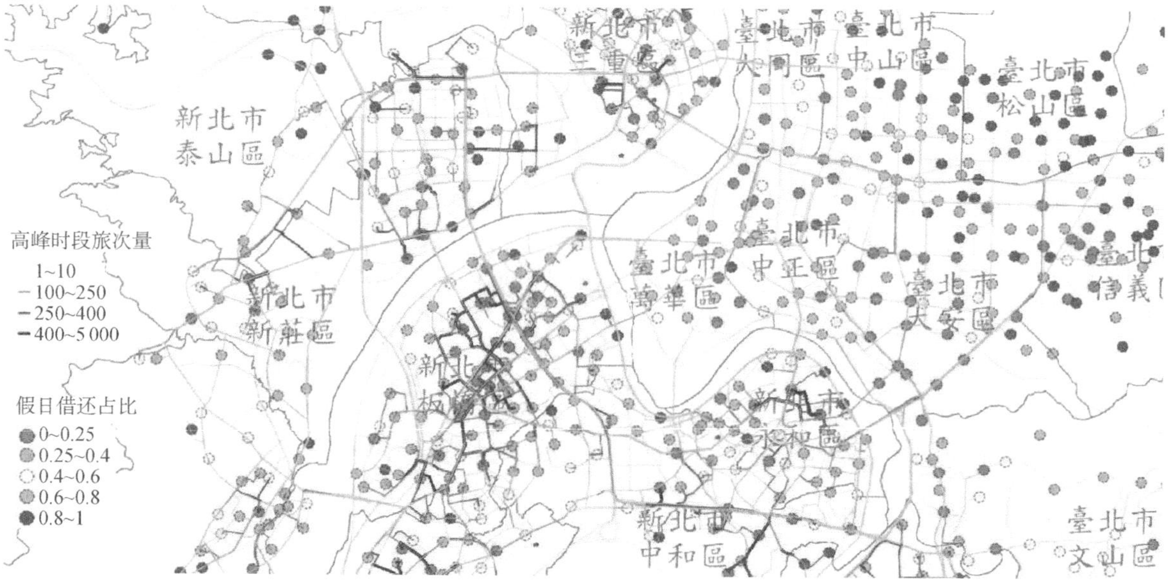

图 2　双北公共自行车假日借还占比数据分析图

由表3可知，台北市由于较早引进YouBike2.0系统，在站数及车辆数较多又持续扩增且民众接受度高的情况下，2021年10月使用2.0车辆的使用者占将近一半，到了2022年5月则已成长至8成，其特性确实可作为台北市1.0系统全数退场政策之后盾。而在台北借新北还的跨市旅次中，使用2.0车辆的次数也逐渐攀升，到了2022年2月选择使用2.0的使用者已经高于1.0。

而在新北市方面，在2021年10月仍有YouBike1.0的新增站位，并于10月20日开始YouBike2.0的建置，意味着考量1.0站位使用年限及2.0站位持续扩点，新北市的公共自行车两系统并存营运将维持较长时间，且预估在2022年至2023年2.0系统持续建置期间，既有1.0系统仍将是民众使用的主要选择。

由表4可看出，新北市的使用者仍以使用1.0系统较多，在2.0开始建置的8个月后，在2022年5月仍有7成以上使用1.0系统，主要系因新北市2.0站点布设虽多，但囿于2.0车辆设备之产能，目前投入车辆数比例仍偏低，在总数2.5万辆公共自行车中，仅有4 200辆为2.0车辆，占比仅17%。但检视新北市跨市骑乘至台北市的使用者当中，使用2.0车辆的比例一路攀升，在2022年5月已有超过一半55%的比例使用2.0车辆，可看出跨市使用者因应台北市的建置情形，会优先选择使用2.0车辆前往。

表4　新北市YouBike租借与跨市次数统计表

项目 \ 时间		2021			2022				
		10月	11月	12月	1月	2月	3月	4月	5月
租借次数	YB1.0	2 095 425	1 952 528	1 826 589	1 542 777	1 055 431	1 744 180	1 534 142	1 027 121
租借次数	YB2.0	55 982	236 068	333 537	400 438	301 851	524 888	535 606	403 311
	加总	2 151 407	2 188 596	2 160 126	1 943 215	1 357 282	2 269 068	2 069 748	1 430 432
2.0使用占比		2.6%	10.8%	15.4%	20.6%	22.2%	23.1%	25.9%	28.2%
新北借台北还次数(跨市)	YB1.0	48 406	38 556	32 767	27 605	21 596	34 726	30 552	19 115
新北借台北还次数(跨市)	YB2.0	3 956	16 733	20 116	20 545	16 599	30 492	31 371	23 211
	加总	52 362	55 289	52 883	48 150	38 195	65 218	61 923	42 326
跨县市占比	YB1.0+2.0	2.4%	2.5%	2.4%	2.5%	2.8%	2.9%	3.0%	3.0%

资料来源：本文根据相关资料整理。

2）双北YouBike系统跨市整合

经统计双北跨市借还路径如表5、表6(以2022年5月为例且仅列前5名)，可知主要跨县市骑乘区域分别为汐止→南港、新店→景美、淡水→北投。而台北市YouBike2.0启用后，前期新北市尚未导入YouBike2.0，于双北跨境骑乘热门场站张贴倡导公告，提醒使用者避免将车辆骑入新北市致无法归还车辆情形。新北市于2021年正式导入YouBike2.0，开始提供双系统服务，第一阶段建置于原有YouBike站内增设新系统车主。另考量双北跨市借还需求，同步以跨境骑乘主要区域优先建置，如板桥、新店、汐止、淡水，以满足跨市租借使用需求。

表5　双北YouBike1.0跨市租借路径排名(2022年5月)

YB1.0	台北借车	新北还车	次数	新北借车	台北还车	次数
1	地铁南港展览馆站(5号出口)	白云小学	438	白云小学	地铁南港展览馆站(5号出口)	454
2	关渡宫	地铁淡水站	235	地铁大坪林站(5号出口)	和兴路26巷口	167
3	地铁景美站	大鹏华城	227	地铁大坪林站(5号出口)	考试院	145
4	和兴路26巷口	地铁大坪林站(5号出口)	186	大鹏华城	地铁景美站	137
5	关渡宫	地铁竹围站	165	地铁竹围站	关渡宫	129

资料来源：本文根据相关资料整理。

表 6　双北 YouBike2.0 跨市租借路径排名(2022 年 5 月)

YB2.0	台北借车	新北还车	次数	新北借车	台北还车	次数
1	关渡宫	地铁淡水站	281	白云小学	地铁南港展览馆站(5 号出口)	149
2	地铁南港展览馆站(5 号出口)	白云小学	194	地铁淡水站	关渡宫	121
3	地铁关渡站(1 号出口)	地铁淡水站	144	康宁街 141 巷口	地铁东湖站	107
4	地铁东湖站	康宁街 141 巷口	116	地铁红树林站	关渡宫	84
5	关渡宫	地铁红树林站	99	地铁竹围站	关渡宫	64

资料来源:本文根据相关资料整理。

2022 年 3 月台北市公共自行车 YouBike1.0 开始启动退场机制,预计于同年 9 月完成阶段性拆转任务,目前每日台北市骑乘至新北市平日约为 2 444 人次,有 80%还车次数集中于 135 个新北场站,为避免使用者 YouBike1.0 跨市骑乘至台北市无法归还车辆,将优先规划于跨市热门骑乘场站进行车位数量调整及营销信息倡导,减少系统转换之影响。

4. 结语

本文的主要结论如下:

(1) COVID-19 疫情暴发初期,台湾虽有零星病例,但因台湾地区的防疫政策,疫情并未影响民众使用 YouBike 的信心,2020 年全年公共自行车使用量,还较 2019 年高出 7.86%。直到 2021 年 5 月台湾实施防疫三级警戒后才有明显差异,从 2021 年 5—7 月这 3 个月的使用量看,分别较上年同期掉落 38.84%、71.33%及 62.53%,而 2021 年全年公共自行车使用量则较 2020 年减少 37%。

(2) 因 YouBike1.0 及 YouBike2.0 系统不兼容,车辆必须于同一系统之车主还车,再加上双北发展公共自行车的时程不同,造成 2022 年台北市开始逐渐汰除 YouBike1.0 系统时,屡次造成跨市车辆无位可还情形,影响每日约 3 000 次跨市骑乘使用者之权益。

本文研究也有如下不足:

(1) COVID-19 疫情流行期间,抑或流行结束之后疫情时代,YouBike 营运厂商应加强所属车辆设备之清消作业,以降低疫情传染风险,更能增进使用者安心骑乘之信心。新北市 YouBike 使用人次在疫情期间严重受创,更应研议疫情后营销活动规划,以鼓励使用者多加骑乘。

(2) 由本文资料分析可知,双北主要跨县市骑乘区域分别为汐止→南港、新店→景美、淡水→北投,两市主管机关应就跨市租借热点,优先整合其租借站内不同系统之车主布设,以因应未来跨市骑乘需求。

参考文献

[1] 陈品竹. 台北市公共自行车使用者意向之研究[D]. 台北:台湾大学,2014:1-151.

[2] 章邵晶. 以结合计划行为理论与科技接受模式探讨地铁摩托车转乘族转换公共自行车之行为意图研究[D]. 新北:淡江大学, 2015:1-82.

[3] 新北市政府交通局. 公共自行车租赁系统建置及营运管理服务建议书[R]. 2021.

[4] Rietveld, P. The accessibility of railway stations: the role of the bicycle in The Netherlands[J]. Transportation Research Part D: Transport and Environment, 2000,5(1): 71-75.

大型交通枢纽区域布局规划研究

Planning and layout technology of large-scale comprehensive transportation hub

于　宵[1]　刘合锋[2]

摘　要：传统交通枢纽正加速向着集多种交通方式于一体的现代综合交通枢纽体系方向发展，其产生的经济聚集效应也对城市的发展起到引导作用。为解决枢纽交通功能与经济功能发展之间的矛盾，本文在分析国内外典型案例的基础上，总结出大型综合交通枢纽发展趋势，提出大型综合交通枢纽区域布局规划理论，重点阐述枢纽核心区与枢纽经济区的规划布局方法，并应用于昆明长水综合交通枢纽规划布局研究。应用结果表明，该技术具有推广应用价值，能广泛适用于大型综合交通枢纽的规划布局。

关键词：大型综合交通枢纽；枢纽区域布局规划；布局策略；长水综合交通枢纽

Abstract: Nowadays, the traditional transportation hub is accelerating its development towards the current comprehensive transportation hub system integrating multiple transportation modes, and the economic agglomeration effect produced by it plays a guiding role in the development of the city. In order to solve the contradiction between the development of the transportation function and the economic function of the hub, this paper summarizes the development trend of large-scale comprehensive transportation hubs on the basis of analyzing typical cases at home and abroad, then proposes the regional layout planning theory of large-scale comprehensive transportation hubs, and focuses on the planning and layout methods of the hub core area and the hub economic zone. The method is applied to the planning and layout research of the Kunming Changshui comprehensive transportation hub. The application results show that the method has promotion and application value and can be widely used in the planning and layout of large-scale comprehensive transportation hubs.

Key words: large-scale integrated transportation hub; layout planning of hub area; layout strategy; changshui integrated transportation hub

1. 引言

随着现代经济的快速发展，人民生产性和消费性旅行的需求日益增长。为缓解旅客流量快速增长导致的大中城市交通供需不足的问题，国家大力推进现代综合交通设施建设。《中华人民共和国国民经济和社会发展第十四个五年规划和2035年远景目标纲要》指出，要加快建设交通强国，建设现代化综合交通运输体系，推进各种运输方式一体化融合发展。构建多层级、一体化综合交通枢纽体系，优化枢纽场站布局、促进集约综合开发，完善集疏运系统，发展旅客联程运输和货物多式联运，推广全程"一站式""一单制"服务。

目前，传统单一模式的交通枢纽正加速发展成为，集航空、高铁、轨道交通、公共交通和私人交通等多种交通方式于一体的现代综合交通运输枢纽。这不仅丰富了枢纽的功能，拓展枢纽服务腹地，提升枢纽区域服务能力，同时凭借其强大的客流、物流集散辐射能力，服务区域经济发展，带动区域价值提升，促进区

1　于宵，上海市政工程设计研究总院(集团)有限公司道路桥梁设计研究院。
2　刘合锋，上海市政工程设计有限公司。

域产业进步，提高城市门户形象。

城市建设用地有限，对大型综合交通枢纽的区域开发、商业价值挖掘、交通集散功能与效率等方面提出了更高的要求。为满足目前大型综合交通枢纽蓬勃建设形势的需要，本文深入研究了大型综合交通枢纽的区域规划布局方法。首先，以国内外建成的大型综合交通枢纽为案例，详细分析其规划布局方法与发展演变过程；其次，归纳总结出适用于大型综合交通枢纽区域规划布局的理论，重点解决枢纽核心区与枢纽经济区布局方法；最后，以昆明长水综合交通枢纽为例，验证该理论方法的合理性和适应性。

2. 大型综合交通枢纽发展特点与趋势

2.1 国内外典型案例

交通枢纽的发展是一个动态的、复杂的过程，与整个城市的发展形态有关，同时受限于周边地形地势、枢纽空间布局等因素。不同的枢纽发展模式不尽相同，本文通过广泛调研，选取了国内外共 13 个大型综合交通枢纽典型案例进行分析，如图 1 所示，总结大型综合交通枢纽发展的一般规律。

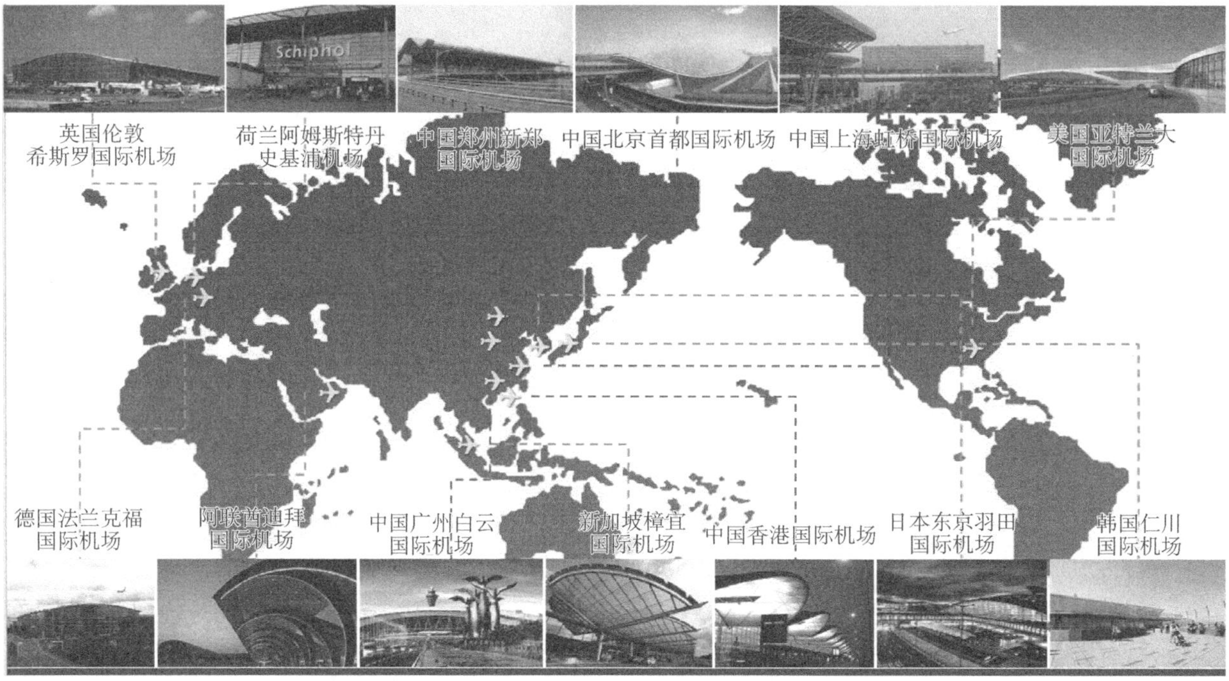

图 1　国内外案例分布图

2.2 大型综合交通枢纽发展特点

1）枢纽经济区已成为区域经济增长的新引擎

枢纽经济区已成为区域经济布局/分工及发展重要的决定性因素之一。

2）枢纽配套服务向多元化发展

枢纽的服务由相对单一的交通集散服务向融合商业、休闲娱乐、国际商贸等多功能转变。

3）枢纽周边形成经济区，实现产城融合发展

围绕枢纽周边形成产业集群，逐渐由交通产业集群向城市功能组团转变。

4）枢纽经济区产业发展的特征与枢纽的发展定位密切相关

根据枢纽发展战略定位的不同，枢纽经济区大致可划分为商旅聚焦型、物流聚焦型、产业延伸型和综

合发展型四类。

5）枢纽经济区产业功能的发展兼顾了经济效益

枢纽港经济区产业选择既兼顾产业发展和城市功能，同时还考虑经济效益。

2.3 大型综合交通枢纽发展趋势

1）交通功能综合化

交通枢纽的本质就是通过集合多种交通方式，打通不同交通方式之间的屏障，实现交通功能综合化布局。一方面，提高交通枢纽的换乘效率，另一方面也为多式联运做准备。

2）空间利用集约化

交通设施进行集约化布置，一方面，实现空间资源的高效利用以及高品质的换乘体验。另一方面，可以共同使用配套市政设施设备，节约大量建设成本。

3）枢纽空间综合开发

依托枢纽交通便捷的地位，对枢纽周边区域空间进行综合开发，一方面，实现枢纽的交通功能与商业化服务功能互补，提升枢纽品质；另一方面，集聚、整合区域内资源优势，提高土地利用率，实现土地集约化发展。

3. 大型综合交通枢纽区域规划布局理论

3.1 枢纽发展与城市发展

枢纽的发展是一个循序渐进的过程，并且与城市的发展相辅相成。大型综合交通枢纽通常选址在离市中心较远、用地范围较大的区域，其周边会布置城市交通与城际交通的站点，比如公交、地铁、长途巴士等，并且伴生零售、餐饮等小型商业服务于枢纽的来往旅客；随着交通路网的完善，周边首先发展与交通枢纽相关业务比较紧密的物流区、保税区、商务商业区等，接下来在交通枢纽的周边形成商务产业区。随着商务产业的发展与扩张，最终会在枢纽周边形成集休闲娱乐、商务商业为一体的城市副中心。

从交通枢纽的发展进程可知，交通枢纽周边区域布局直接影响着枢纽与城市的发展。因此，枢纽区域的规划布局理应统一规划，综合开发。

3.2 三圈层规划布局理论

枢纽对周边地区的辐射能力随着距离的增加而减弱，因此枢纽周边区域布局应该是具有特色的圈层布局模式。结合上海虹桥、广州白云、北京首都等大型综合交通枢纽的规划建设实践，根据大型综合交通枢纽在不同层面的交通需求特征和相应匹配的交通设施，以及其功能与发展目标，形成三圈层的体系结构，从微观到宏观分别为：枢纽核心区、临空经济区与辐射带动区，如图 2 所示。

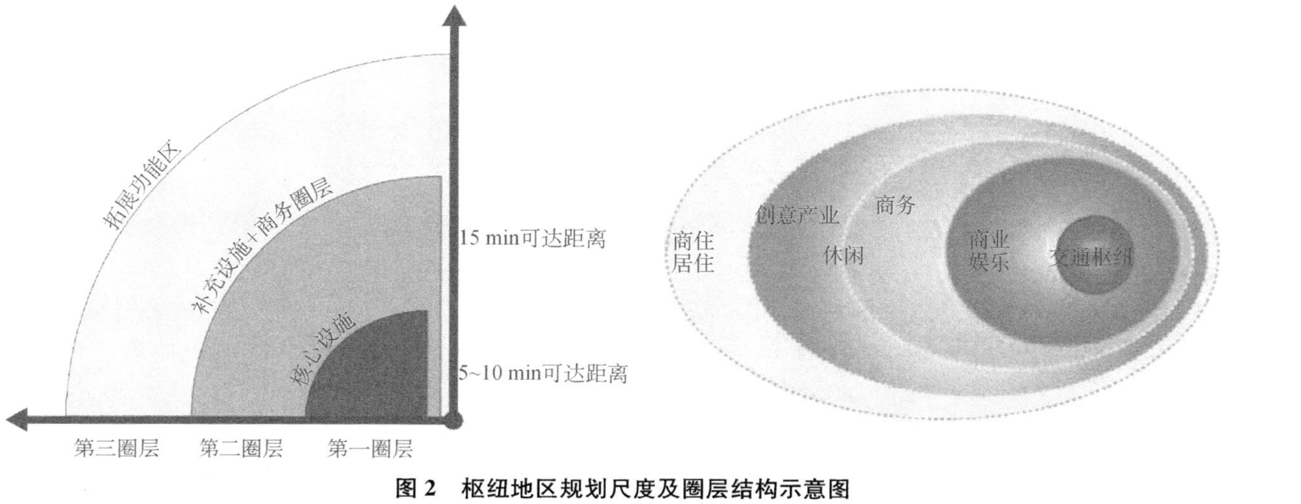

图 2 枢纽地区规划尺度及圈层结构示意图

第一圈层——枢纽核心区：取 5～10 min 的合理步行半径，一般为 500 m 左右。规模根据枢纽客流量规模确定，一般面积 0.4～2 km^2。

第二圈层——枢纽经济区：多指 15 min 可达区域(含轨道、公交等)，半径一般在 500～2 500 m。具体根据实际用地限制条件，一般面积为 3～10 km^2。

第三圈层——辐射带动区：枢纽所影响的城市功能片区。承接配套、辐射区，同时为商务区服务。航空产业的辐射带动区通常在 5 km 范围外。

第一圈层为枢纽核心功能区，以大型对外交通运输为主，是与枢纽作用最为相关的区域，也是用地空间及功能布局上受交通枢纽“控制”最大的区域。其在空间和功能布局上具有一定的“刚性”，边界容易界定，其中主要包括站区与交通广场。枢纽核心区布局中应考虑建立与城市一体化的道路交通网络，合理布局枢纽地区伴生的用地功能。

第二圈层可作为第一圈层的补充与扩展，也是基于枢纽而发展起来的经济区。其用地包括枢纽核心区的补充设施、办公、商务、居住，以及文化、教育、医疗、产业等。各类功能用地与枢纽关联性降低，逐步向常态化的城市功能组织、空间结构和土地利用平衡过渡。该范围是综合交通枢纽直接拉动区域。对该圈层规划重点是根据各城市具体情况，判断枢纽功能外延的位置和内容，发挥枢纽拉动效应，注重土地经济性的培育。

第三圈层指除了第一、二圈层外的区域，是间接催化功能区域。在功能组织、空间结构等方面，与高铁站场枢纽关联性较弱，已“恢复”正常的城市功能结构。第三圈层是相对第一、二圈层存在的，其意义不在于规模或边界的准确判断，而在于更好地理解第一、二圈层的特征与作用，并进行更加合理的规划，因此，边界是开放的。对该圈层的规划重点是：在更大范围内协调站场地区的交通组织，提高站场服务效率，保持站场地区与城市的整体布局和功能协调，以实现提高城市区域地位、扩大辐射能量等的战略目标。

圈层的布局还受到枢纽周边的地形地势、整个城市发展形态的影响，由于交通枢纽从其根本上说是服务于城市中央商务区域的，若城市为单一中心形态，交通枢纽周边的交通易形成单方向走向，圈层也趋于条状发展；对于多中心的大都市，交通枢纽周边道路网和轨道网呈现发散状分布，圈层占地面积也会更大。

3.3 枢纽核心区布局方法

枢纽核心区，承载枢纽经济区与辐射带动区交通需求与集散设施，是后两个圈层规划设计内容的最终规划集中。核心区布局是指在综合交通枢纽功能定位、需求规模基本明确的前提下，综合考虑枢纽的服务功能、建设条件，对枢纽内部空间统筹布局，分建筑本体和周边交通设施两大功能板块进行设计，如图 3 所示。

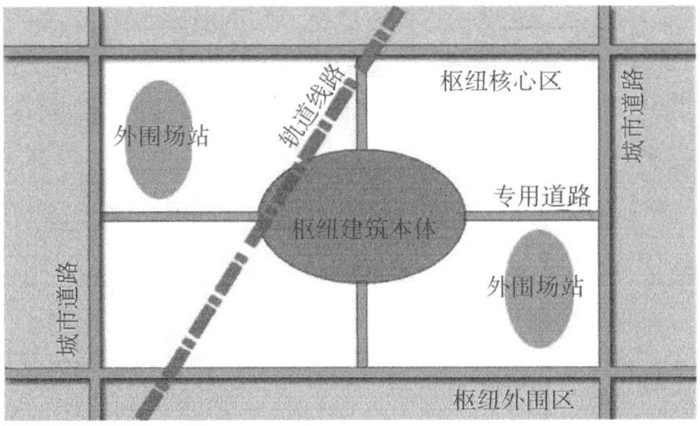

图 3　枢纽核心区功能构成

1）建筑本体布局方法

枢纽建筑本体布局以“集约高效、方便、系统最优”为目标，布局时综合考虑枢纽区位、旅客步行距离、交通换乘方式、投资造价和运营管理等因素，其布局策略如下：

(1) 在各模块布局方面，应做到整体集中紧凑，水平紧邻，上下叠合。

在水平向布局上，根据换乘量的多少，依据“近大远小”的原则统一考虑，即换乘量大的距离近，换乘量小的距离远。总之,这一原则满足主体设施的旅客快速集散的需求。

在垂直向布局上,除考虑换乘的合理性,还应从经济性的角度依据“上轻下重,宁地上勿地下”的原则整体考虑轨、车、人的关系。即,质量大的交通设施尽量布置在枢纽的下部,质量较轻的交通设施可以布置在枢纽上部,这样可避免将沉重的交通设施高架起来而产生巨额投资费用。

(2) 在换乘衔接方面根据“公交优先”的原则,优先考虑大运量的城市轨道交通和大载客率的地面公交系统,使二者尽量贴近主体设施布局,量大的旅客换乘距离最短。

(3) 从设施权属角度考虑,各部分布局应做到可分可合,界面清晰,便于不同管理部门建设、运营管理。

(4) 结合枢纽综合开发,提高枢纽服务品质,提升枢纽商业价值。

2) 周边交通设施布局方法

大型综合交通枢纽是各种运输方式之间、城市交通与对外交通之间的衔接关键节点,主要功能是实现不同方向、不同交通方式间旅客运输的中转作业。根据功能的不同,其周边的交通设施可以划分为道路网、轨道网和相关场站设施等。

其中,道路网包含:外围集疏运路网、内部快速集散道路系统、枢纽核心区的城市道路网。外围集疏运路网承接枢纽核心区的道路交通集散,为枢纽提供一个稳定可靠的快速集疏运路网体系,布局时应综合考虑枢纽在城市交通网络的定位,同时,内外路网之间衔接需考虑多点多路径的连接,以提高运行保障。

内部快速集散道路系统,为衔接枢纽建筑本体与外围集疏运路网间的专用、封闭的快速集散道路系统,用于剥离过境交通,为枢纽建筑本体客运提供快速集散服务,进行分层分流的立体化交通组织。其立体化的交通组织遵循以下原则:即分块循环,均衡集散;直接到发,立体整合;减少交织,分级布设;适度连通,具容错性;单向环通,减少冲突。

枢纽核心开发区的城市道路网应与内部快速集散系统分离,避免相互干扰,从而提高交通系统的安全性、降低运营期间的管理难度。此外,综合交通枢纽在规划阶段,就应明确枢纽区域城市路网布局结构以及路网密度指标,并在枢纽设计及建设时予以控制。否则综合交通枢纽一旦建成,对外交通场站设施改建的难度和成本将大大增加。

外围场站包括上、下客站及各类蓄车场,布局时注意场站分离及根据不同车种的交通组织特点进行分类管理。公交车和出租车的蓄车场与上客点分离布设,同时上、下客站相分离,需要时可以多点布设,其中,不同的公交车线路可以集中分别设置上、下客区,共享车道边即停车换乘空间,方便旅客识别和换乘;社会车辆在停车库落客和上客。蓄车场的占地规模较大,往往设置在枢纽建筑本体以外,枢纽核心区以内。比如,公交蓄车场宜设置在公交下、上客站之间,且离上客点较近的区域;出租车蓄车场宜分区分时段控制、多级蓄车、级级过渡;社会停车库宜设置集中式的立体停车库,靠近建筑本体、多点布设。

3.4 枢纽经济区布局方法

枢纽地区经济发展具备得天独厚的优势,即便捷的综合交通网络、卓越的枢纽服务能力和效率、发达的生产性服务水平以及贯穿始终的贸易经济等,往往使其成为区域经济发展的核心,城市片区的耦合器和城市经济发展的启动器。例如,美国孟菲斯国际机场重点发展科研、物流及商务等产业,为孟菲斯带来了年化收益近 80 亿美元的收入、22 万个就业机会,孟菲斯约 1/3 的就业人员与航空业有关。

通过对全球主要机场及其周边地区临空产业的归纳考察,临空产业形式主要集中为:酒店、餐饮、维护等空港直接配套产业,临空型物流产业,临空型商贸产业,金融、会展、信息服务、科研、总部经济等高端服务业,高新技术产业,临空型先进制造业等。

临空产业在机场周围的布局遵循一定的产业分布规律,空间布局呈现出典型的圈层结构,根据主体产业类型和距离机场的远近,机场“三圈层”又可以进一步划分为:机场区、空港区(距离机场 1 km 以内)、紧邻机场区(距离机场 1～5 km 范围)、空港相邻区和空港沿线走廊地区(距离机场 5～10 km 范围)和外围辐射区(距离机场 10～15 km 范围)五个圈层,如图 4 所示。

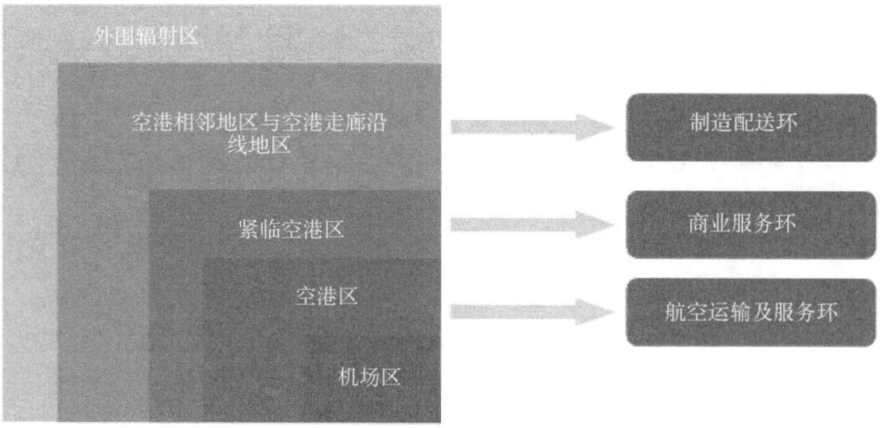

图4　临空经济区(包括机场区)及其影响圈层示意图

从产业的角度来分析，空港区主要发展航空运输及服务，包括机场的基础设施机构和与空港运营相关的行业，如飞机后勤、旅客服务、航空货运服务、停车场服务等服务项目和航空公司的办事机构。这个区最靠近机场，它直接服务于机场各方面的功能区。

紧临空港区主要发展商业服务，空港相邻地区与空港走廊沿线地区主要发展制造配送，主要是空港商业的活动地区，空港的正常运营和在空港的就业人员都会对周边地区的服务形成需求。因此，这个区主要为空港运营、航空公司职员和旅客提供相关的商业服务，例如居住的公寓、大型超市、金融机构和生活服务设施等。

产业发展时序上，应基于对该区将发展综合型临空经济区的预判及既定产业能级，在形成期，依托枢纽庞大的客运量和综保区资源优势，重点发展商务会展及物流产业，优先培育此二类产业将能够反向促使该区外向开放程度和生产要素集散能力的提升。另外，对区内已具备一定规模的传统制造业发展的引导也至关重要，加工制造业和公共物流业是所有高科技产业发展都需要的供应链基础。在成长期，主要应扩大已有产业的规模，有意图地引导大型传统制造企业转型，尝试发展高科技产业，引入一些临空指向性更高的产业总部作为牵引空间以促进高质量临空产业集群形成，也要兼顾与各类生产性质产业配套的服务功能开发，规模宜适度，能够满足各类产业聚集区内人员生活服务需求即可。在成熟期，各产业链内功能构成趋于完善，机场业务规模也得到了长足发展，一方面开发综合现代服务业集群空间和休闲度假产业的条件已经成熟，临空经济区完整的产业结构成型；另一方面针对各产业链内部企业高度优化的工作亟须展开，具体而言就是要通过引入更多能与机场产生积极联动的企业来使临空产业结构整体具备更强的临空指向性和开放性。

4. 应用案例

昆明长水国际机场综合交通枢纽规划布局时采用“三圈层规划布局理论”，形成典型的圈层布局形式，如图5所示。第一圈层是T2交通枢纽核心区(占地1.0 km^2)；第二圈层作为枢纽经济区，其中北商务区规划占地10 km^2，南商务区规划占地25.5 km^2；第三圈层为枢纽的辐射带动区，以枢纽商务区为载体，辐射对接小哨、大板桥、秧草凹等区域规划，范围为长水临空经济示范区。

1) 航站区总体规划布局

昆明长水国际机场综合交通枢纽采用“强主楼弱卫星”的航站区平面布局方式，如图6所示。一方面将主楼的容量做到最大，提供最多的近机位，为未来发展和基地航空公司枢纽运作预留灵活性；另一方面，采取与T1航站楼相似的中置指廊延伸构型，保证了飞机滑入、推出的便捷度。航站楼主楼一次建成，预留6 700万人次/年旅客量值机需求，满足5 200万人次/年旅客空侧候机需求。2030年加建北卫星厅，满足1 500万人次/年旅客国内候机需求。

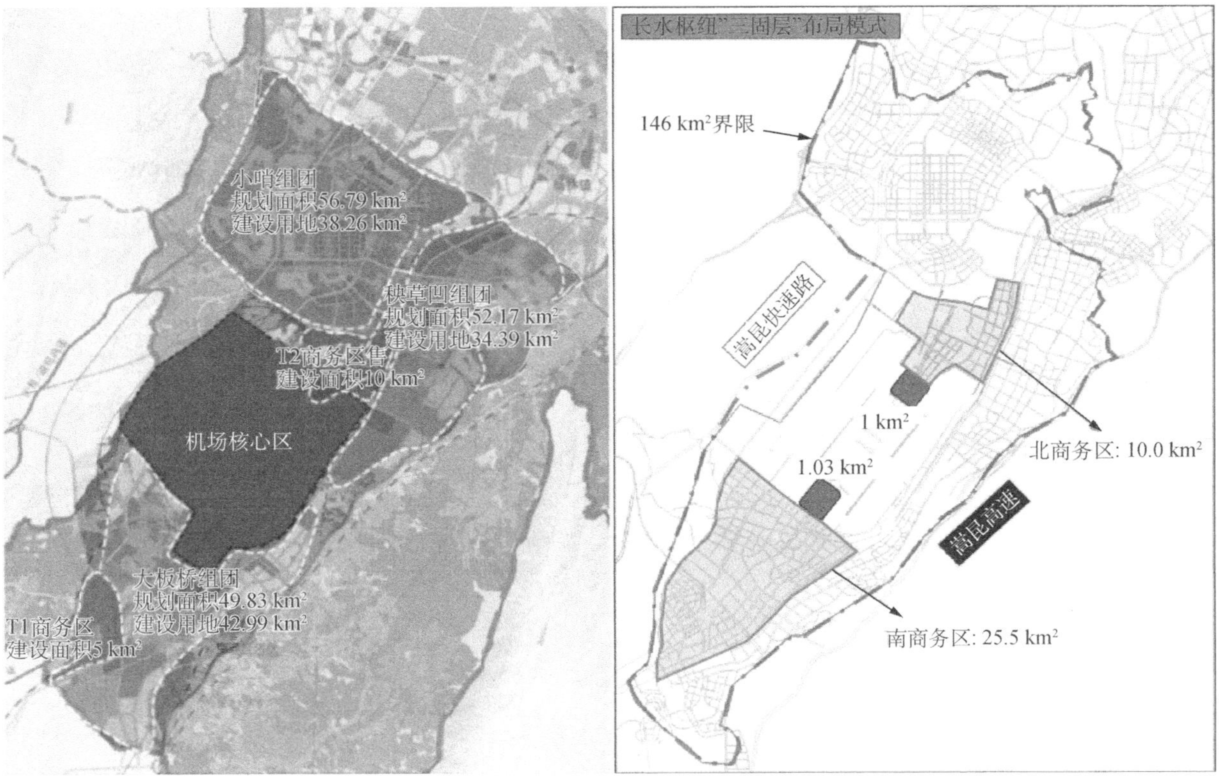

图 5　长水国际机场综合交通枢纽三圈层规划布局示意图

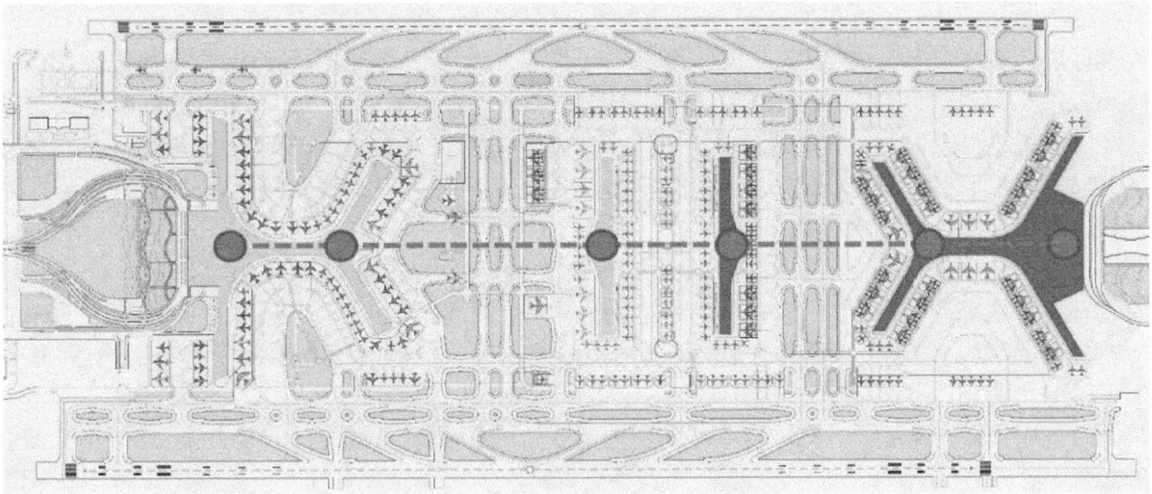

图 6　航站区总体布局平面图

2）枢纽核心区布局方案

枢纽核心区建设枢纽交通中心，将各类陆侧交通形式集中有序高效地组织与航站楼有效连接，扩大乘客对换乘方式的选择方式，实现航空乘客和机场陆侧交通方式的高效流通，提供安全、高效、人性化的换乘枢纽空间，同时融入商业、餐饮、服务、娱乐、商务和酒店等城市功能，为旅客提供多元化、舒适便捷的服务，优化区域交通环境，提高综合交通服务质量。

如图 7 所示，航站楼与交通中心遵循“综合交通枢纽”一体化的设计理念，以提高旅客体验为基本设计原则，控制旅客步行距离。交通换乘方式水平布局采取“最大量优先换乘”：旅客到达大厅平层衔接交通中心；交通中心内各交通方式与机场换乘距离由近至远依次为：地铁，各类地面公交、高铁、城铁；旅客最远换乘距离离航站楼不超过 300 m。

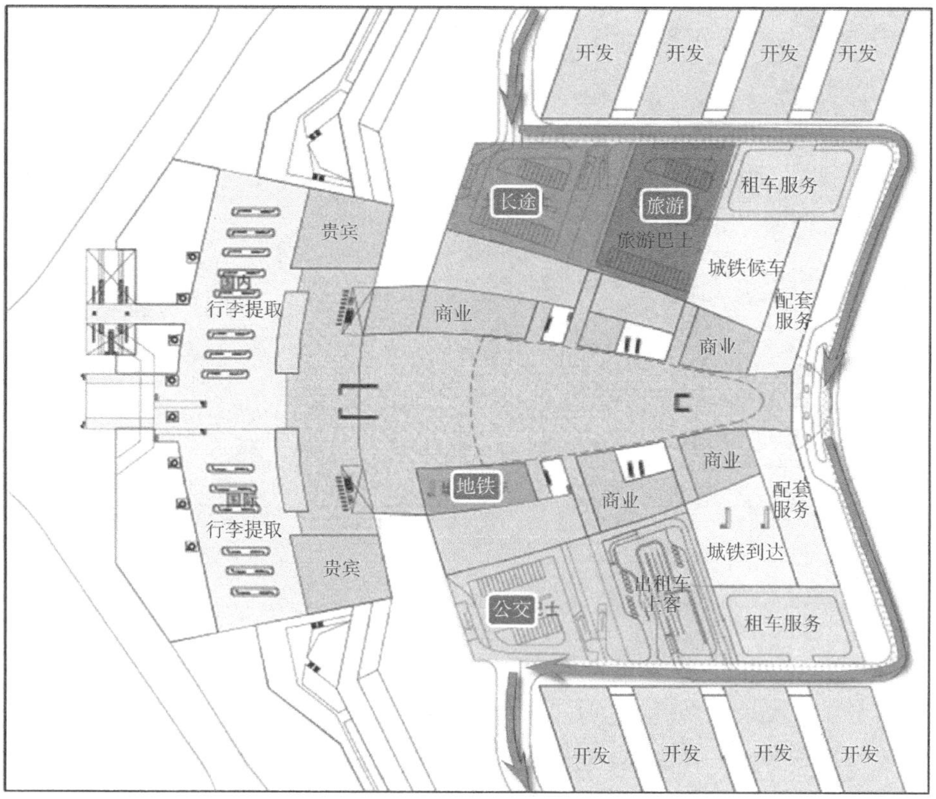

图 7　枢纽到达层公共交通设施平面布置图

换乘通道位于 2 084 m 标高层，与航站楼国内行李提取大厅平层布置，与国际行李提取大厅(2 090 m 标高层)通过电梯衔接。旅客取得行李后，通过换乘通道下穿高架车道进入枢纽中心后，由近及远分别是地铁站厅、高铁站厅出入口(站厅位于 2 073 m 层)和城际站厅。换乘通道两侧分布有临街商业和交通连廊，其中连廊分别通往停车库、长途大巴、公交车站及社会车辆上客点。换乘通道的正上方可进行商业上盖开发，布局高端商业、酒店等业态。

交通中心车辆主入口和主出口均设在 T2 航站楼北侧，交通中心中的长途大巴、中巴、公交和停车库等均通过室外高架路连接，可方便各种车流到达交通中心。出租车通过调度从高架路到达交通中心南侧 T2 航站楼出入口处。交通中心设有直达 T2 航站楼的连通道接口。基地北侧也设有车辆出入口，便于各种交通工具的快速出入和疏散。

其他相关配套设施开发结合换乘通道可采用分建或合建两种方案模式。分建方案：其他相关配套设施开发与交通中心分离，设置在交通中心北侧，布置办公、商业、酒店和停车等配套设施，在 2 090.5 m 标高层设跨越 2 084 层高架的人行通道连通交通中心换乘辅助通道。合建方案，其他相关配套设施开发与交通中心合建，在 2 084 m 标高层换乘大通道上方，布置办公、商业、酒店等配套设施，与交通中心合用停车库。

3) 枢纽经济区布局方案

通过分析发现，昆明空港经济区的发展存在用地条件受限、整体产业发展高度不足的问题。一方面，可用建设面积仅 72 km^2，稀缺的用地制约临空产业高效聚集成较大规模。另一方面，昆明空港虽然具备良好的产业基础，但从长远来看，这些产业整体高度偏低端，又以环境污染严重的传统重工业为主，服务配套设施仅聚集在大板桥街道，多为个体经营，既无规模，又不规范，因此如不尽快引导现状产业升级转型，空港经济区发展高端临空产业的条件就不会成熟。

长水枢纽的商业开发贯彻统一规划、统筹设计、功能分区的原则，整体上可分为枢纽中心商业开发、航站楼商业开发和枢纽经济区开发三部分。

枢纽中心商业开发布局规划如图 8 所示，从 2 082 m 换乘大通道层开始布局，商业开发主要布设在换乘通道两侧及尽端，突出换乘通道的交通功能，辅以商业功能，以展示云南印象为推荐业态形式。2 082 m 以上均进行集中式商业上盖开发，自下而上分别布局餐饮美食、体验休闲中心和高端商务。此外，航站楼的放坡线也可以利用天然的高差，进行酒店和办公中心的集中开发。

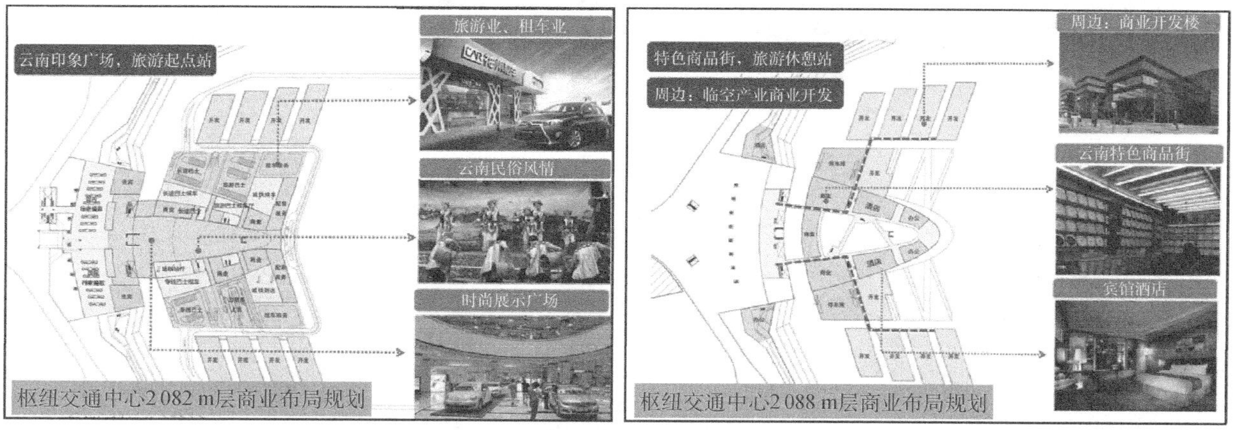

图 8　枢纽交通中心商业布局规划

航站楼商业开发布局规划如图 9 所示，分为两个功能区域，值机区域以餐饮为主，其中国内值机层和国际值机层分别规划布局轻餐饮和正餐饮。安检后的候机区域则以购物为主，其中国内候机层和国际候机层分别规划布局旅游特色商品购物和免税商店。

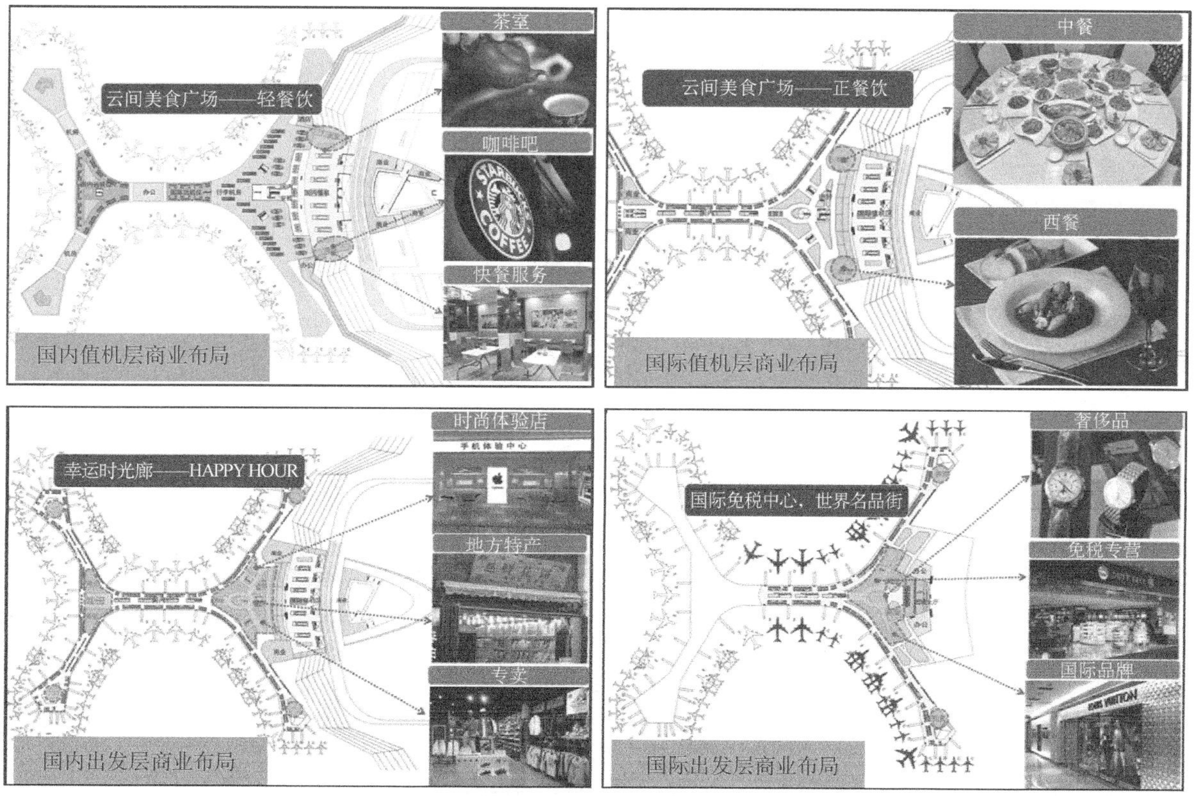

图 9　航站楼商业开发规划布局方案

枢纽经济区的发展规划如图 10 所示，枢纽核心区建议主营精品酒店、商务办公楼，同时发展超大购物中心、免税折扣店、特色博物馆及云南风情大道。北部商务区主要针对国际市场高级物流，如航空航天、易腐物品、时尚产业及高科技产业等。

图 10　昆明长水综合交通枢纽经济区用地布局

5. 结语

本文针对大型综合交通枢纽周边区域布局进行研究，介绍“三圈层”的区域布局理论，重点阐述枢纽核心区与枢纽经济区的规划布局方法。该方法可广泛应用于各航空交通枢纽、高铁交通枢纽，或者空铁公等大型综合交通枢纽。

本文中探讨的研究方法为枢纽区域布局的基本原则及方法，实际运用中，由于枢纽的规划布局极其复杂，涉及自然条件、经济环境、政策因素、文化背景和历史沿革等差异性因素，因此需要灵活变通，既能使区域布局高效有序，又能和周边城市环境协调一致，最终目标是枢纽和城市的相互促进、协同发展。

参考文献

[1] 商晓婷. 多层级多模式交通枢纽选址优化方法及应用[D]. 北京：北京交通大学，2021.

[2] Kemeng Li, Xuesong Feng, Weixin Hua. Study on the planning and design of the airport integrated transportation hub [C]. Proceedings of 2nd International Conference on Business, Economics, Management Science(BEMS 2020), 2020: 289-295.

[3] 于宵. 昆明长水综合交通枢纽集输运系统规划方案[J]. 城市道桥与防洪，2021(11)：8-13+252+10.

[4] 朱洪，谢辉，晏克非. 大型综合交通枢纽对外集疏运体系配置方法研究[C]. 2017 年中国城市交通规划年会论文集，2017：173-184.

[5] 张大伟. 大型综合交通枢纽核心区布局研究[J]. 城市道桥与防洪，2019(06)：6-9+382.

[6] 杜建军. 昆明长水国际机场综合交通枢纽方案分析[J]. 高速铁路技术，2022，13(01)：39-42+59.

[7] 张国强. 交通枢纽与经济发展[J]. 综合运输，2021，43(09)：1.

[8] 李子璇. 作为虹桥综合交通枢纽组成部分的虹桥国际机场发展研究[D]. 南京：南京大学，2020.

上海市道路货运枢纽交通集散特征研究

Study on the characteristics of traffic distribution in Shanghai road freight hub

郑明伟[1]　蔡逸峰[2]

摘　要：相对于集约化程度较高的铁路、海运、空运等运输方式，道路货运呈现小、散、乱的特点。长期以来，因缺少社会化的运输组织平台和实体枢纽节点，而导致道路货运的活动规律难以把握。本文聚焦上海道路货运枢纽发展的现实问题，运用GPS、手机信令等大数据分析手段，对货运车辆、货运人员的集散特征进行多维度分析。由于数据采集的连续性，保证了分析的准确性，为提高道路货运系统规划及运营管理水平提供技术支撑。

关键词：道路货运；货运枢纽；GPS数据；手机信令

Abstract: Compared with railway, sea and air transport, which are highly intensive, road freight transport characterization is small, scattered and chaotic. For a long time, due to the lack of socialized transportation organization platform and physical hub nodes, it is difficult to grasp the activity law of road freight transportation. This paper focuses on the practical problems of the development of Shanghai road freight hub, and makes a multi-dimensional analysis of the distribution characteristics of freight vehicles and freight workers by using big data analysis means such as GPS and mobile signaling. Due to the continuity of data collection, the accuracy of the analysis is ensured, providing technical support for improving the planning and operation management level of the road freight system.

Key words: road freight; freight hub; GPS data; mobile signaling

1. 货运枢纽的内涵和外延

货运枢纽指具有公共或专用货物组织功能的场所，服务两种(含)以上运输方式，具有货物集散、仓储和中转运输等功能[1]，依托各类交通枢纽如港口、铁路站、机场、高速公路交汇场所构，具备平台化的公共服务功能[2]。与单一功能的集装箱站、危化品站、零担站等传统货运场站不同，货运枢纽呈现为综合性服务功能更突出的物流园区或物流中心形态，并向规模化、集约化、智慧化等方向发展。

如图1、图2所示，货运枢纽的典型案例有苏州传化公路港、盐田港拖车综合服务中心、快递转运中心及东京平和岛物流基地等。

2. 上海道路货运发展困局

一方面，上海道路货运行业的市场化程度较高，货运企业和货运组织空间“小、散、乱”特征明显。根据上海市交通行业发展报告显示，2018年上海市共有道路货物运输企业约3.3万户，户均车辆数不足7.3辆。从车辆规模看，5辆及以下的企业数量最多，占比约67%；全市道路货运从业人员约41.2万人，其中货运驾驶员21.9万人，占比约53%；从经营类型看，从事普通货运的企业占比最大，达81.2%。见表1。

1,2　郑明伟，蔡逸峰，同济大学建筑设计研究院(集团)有限公司。

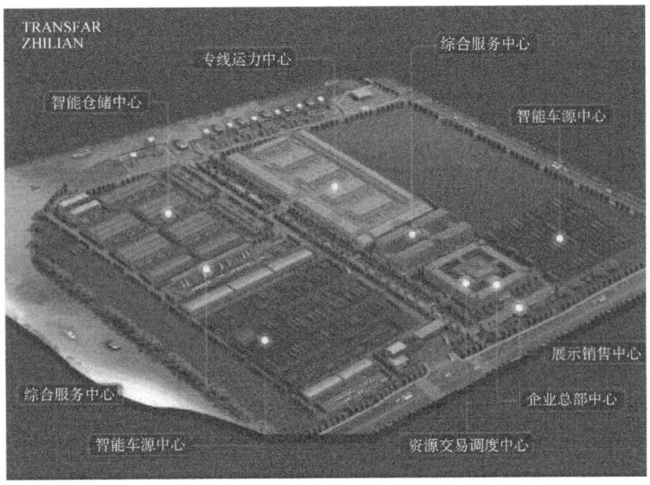

图 1　苏州传化公路港功能布局

图 2　盐田港拖车综合服务中心

表 1　上海市道路货物运输企业按经营范围分的业户结构(2018 年)

按经营范围分类		普通货运	搬场运输	货运出租	货运站场	集装箱运输	冷藏保鲜	罐式容器	大件运输
经营业户(户)		29 305	35	9	67	3 514	1 823	835	481
货运车辆	车辆数(辆)	133 600	3 058	515	—	89 748	8 342	6 423	4 337
	总吨位(t)	1 493 928	4 407	2194	—	1 752 176	72 303	86 742	65 112
户均车辆(辆/户)		4.6	87.4	57.2	—	25.5	4.6	7.7	9.0

另一方面,能够用于指导货运相关规划编制的基础数据更是严重缺乏,导致决策缺乏依据,规划对货运空间的管控力度不足,货运设施布局错位、土地利用粗放、空间利用失衡等问题突出。

如作为洋山港陆域直接腹地的临港地区,拥有 S2、G1503、两港大道等高快速路、集卡服务中心、浦东铁路芦潮港中心站、芦潮港内河航道、上海南港等多种运输方式,但各类设施之间彼此缺乏高效衔接,造成转运成本增加,多式联运枢纽的规模优势尚未发挥。

而直接服务于城市居民生活的快递物流行业,其在上海市域范围的转运中心布局则更多的是企业自身行为,大多选址在 S20 外环线以外,距离临近高速公路出入口 5 km 左右的区域,如图 3 所示。点位分布以临近虹桥枢纽的青浦区华新镇最为集中,由于缺少共同配送机制,导致重复建设和土地资源的浪费,整体社会效益不高。

3. 大数据呈现的货运枢纽集散特征

为摸清上海道路货运枢纽交通集散规律和货运空间利用状况,本文利用货车 GPS 数据、联通用户手机信令数据、基站经纬度数据及电子地图数据等,对上海市域范围主要货运枢纽的车辆、人员集散进行分析。

3.1　货运车辆集散特征

通过分析 2020 年 9 月 21 日至 27 日上海市域范围 12 t 以上货运车辆的 GPS 数据发现,各行政区之间的货运联系以宝山—嘉定、浦东—嘉定、宝山—浦东最为密切,以超过 40 min 停留为一次出行计,上述地区间单向日均联系强度达 4 000 车次以上;全天的四个出行高峰分别出现在 5 点、9 点、13 点、18 点左右。如图 4、图 5 所示。

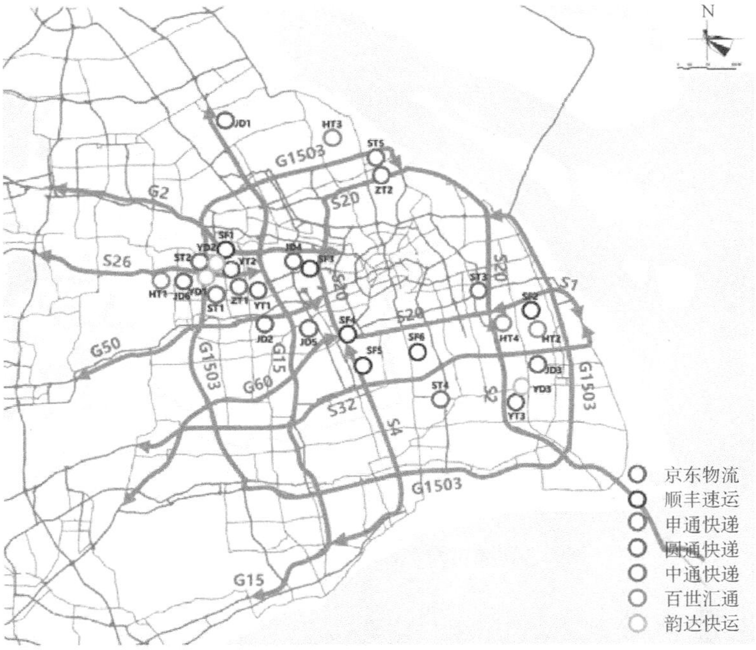

图 3　上海市域快递转运中心分布

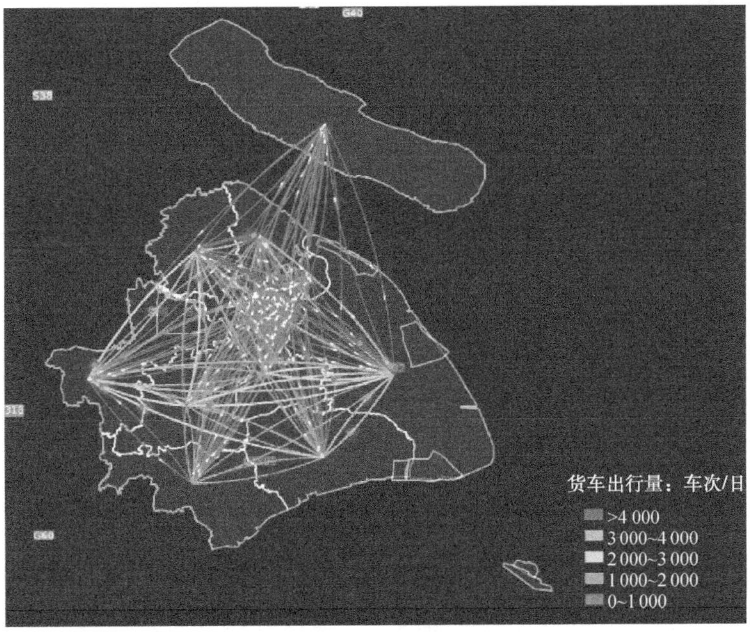

图 4　行政区之间货运车辆联系强度

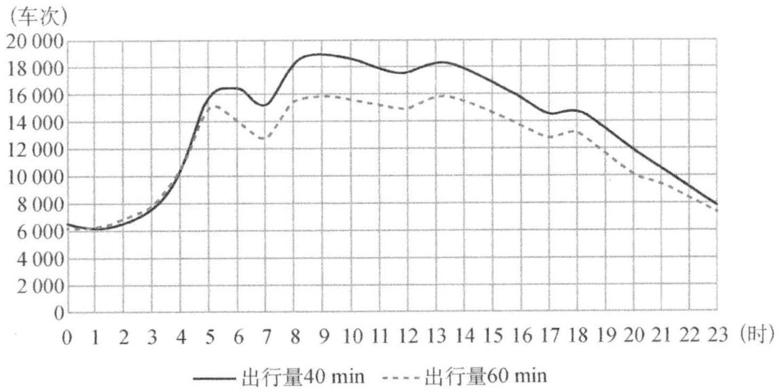

图 5　全时段货车出行量分布

由图 6 可见，从车速分布来看，高峰时段拥堵主要集中在 G15、S6、外环西段及北段、外环隧道、G50、G2 等高快速路，部分路段行程车速低于 30 km/h。

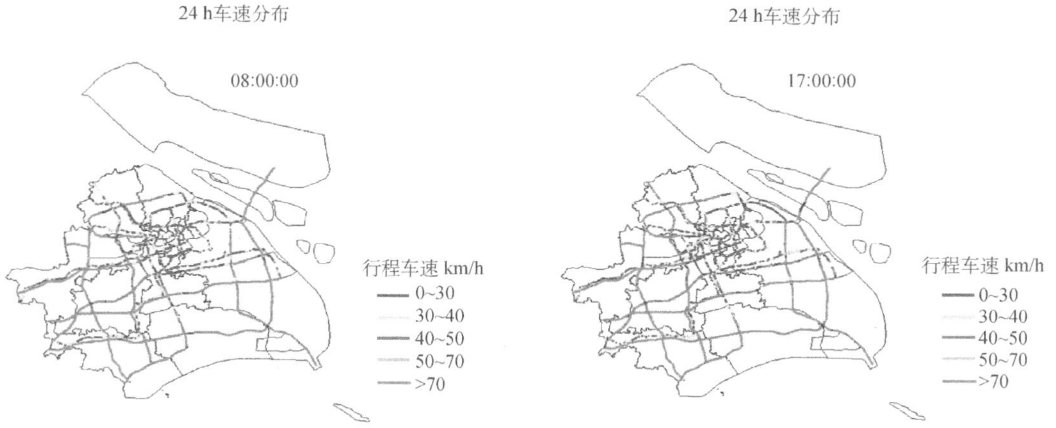

图 6　高峰时段货车行程车速分布示意

研究选取的宝山港区、外高桥港区、洋山港区、临港物流园区、西北物流园区、浦东机场和青浦快递转运中心集聚区七处上海主要货运集散地，进一步分析枢纽内车辆停留时间分布（图 7）、车辆来源/去向分布、货车集散路径分布等规律如下。

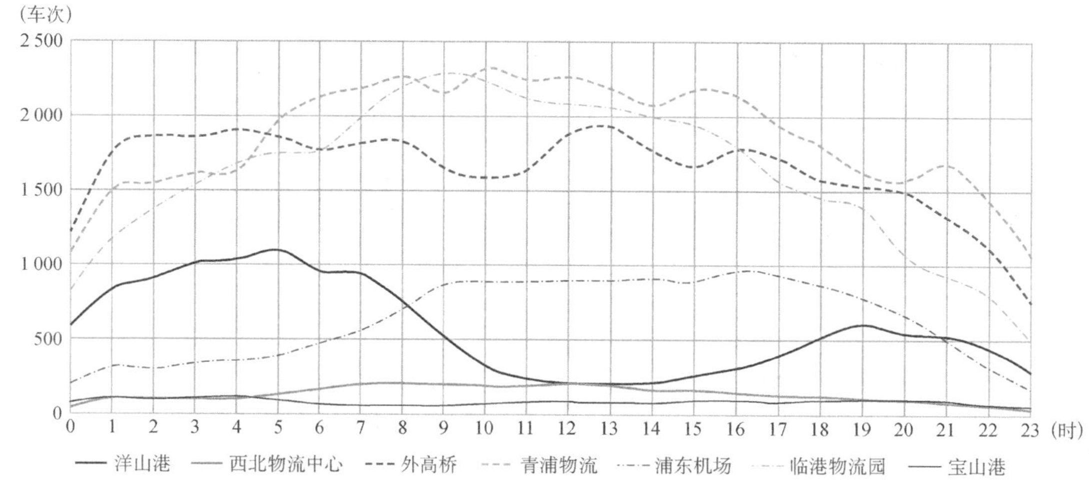

图 7　全时段主要货运枢纽停车数量分布

从 OD 分布来看，在上海市域范围，外高桥港区与洋山港区、临港物流园区、宝山、嘉定之间的货车往来较为密切（图 8）；洋山港区与其陆域腹地临港物流园区、外高桥港区货运联系最为密切，与市域其他区

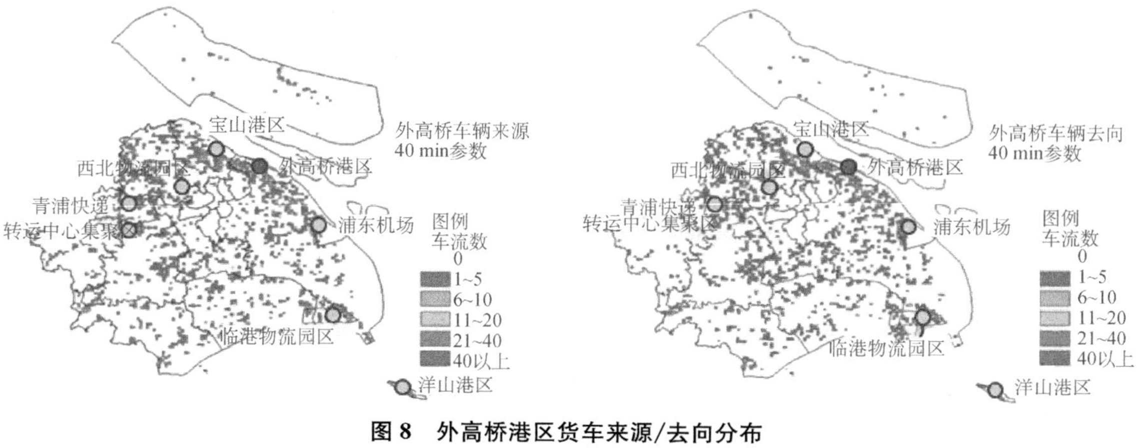

图 8　外高桥港区货车来源/去向分布

域的联系相对较少(图 9)。这种特征与两个港区的航线分布差异有直接关系，洋山深水港以欧美等远洋航线船舶停靠为主、船型相对较大，而外高桥港以日韩等近洋航线为主，船型相对较小；外高桥港区腹地建成年份较早，陆域腹地仓储物流设施供给充分，而临港地区的堆场建设则相对滞后，导致洋山港部分进出港货物需在外高桥附近堆场存放，然后通过道路进行转运。

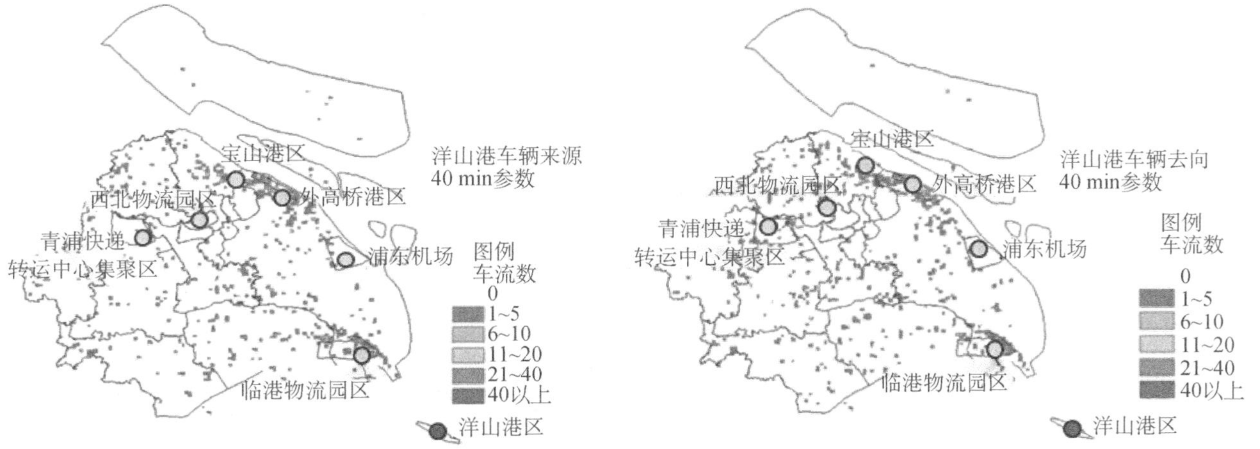

图 9　洋山港区货车来源/去向分布

将货车 GPS 数据与路网地理信息进行匹配后发现，宝山港区货运集散通道主要有同济路、S20、G1503 及 G15；外高桥港区更多依靠 S20 疏解，其次为 G1503、S2 等；临港物流园道路货运主要依靠 S2、G1503，其次为 S20、G15；西北物流园区位于普陀区边缘，与嘉定、宝山交接处，其货运交通主要依靠 S20、S5 和真南路集散(图 10)；浦东机场的道路货运集散依靠 S1、S20、G1503、G15 及 S32 等高速通道完成；青浦快速转运中心集聚区则主要通过 G15、S26、嘉松中路等通道集散。

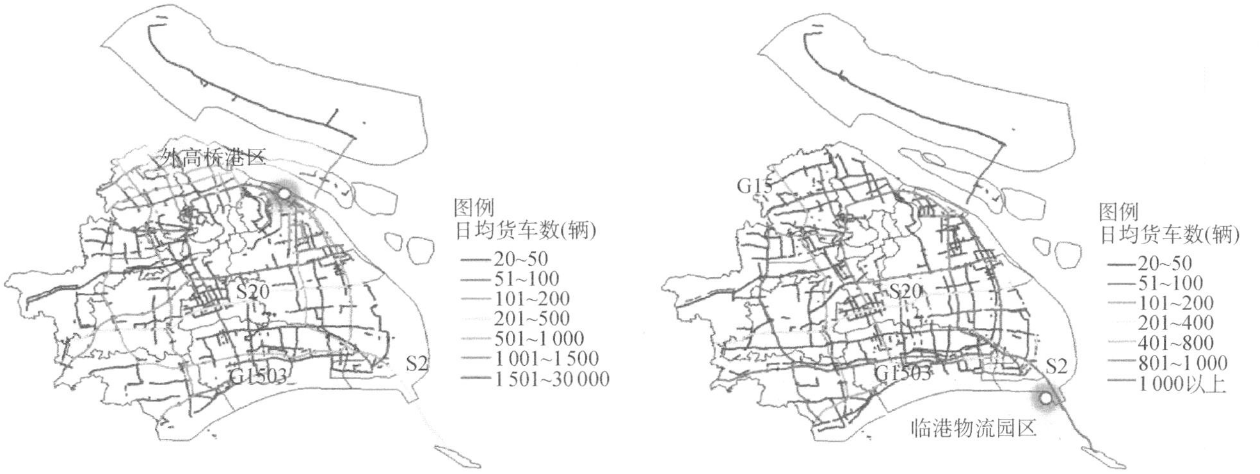

图 10　主要货运枢纽货车集散路径识别

3.2　货运人员集散特征

GPS 数据只能反映 12 t 以上货车的分布规律，对货运交通全局特征的把握可通过识别货车司机活动规律，借助手机信令分析手段来完成。两种分析方法的主要结论具有很强的一致性，如通过手机信令数据识别出的上海各行政区之间的货运联系，同样是“浦东—宝山—嘉定”之间联系最密切(图 11)。分析的难点在于如何实现“人、车、货”的高度匹配。

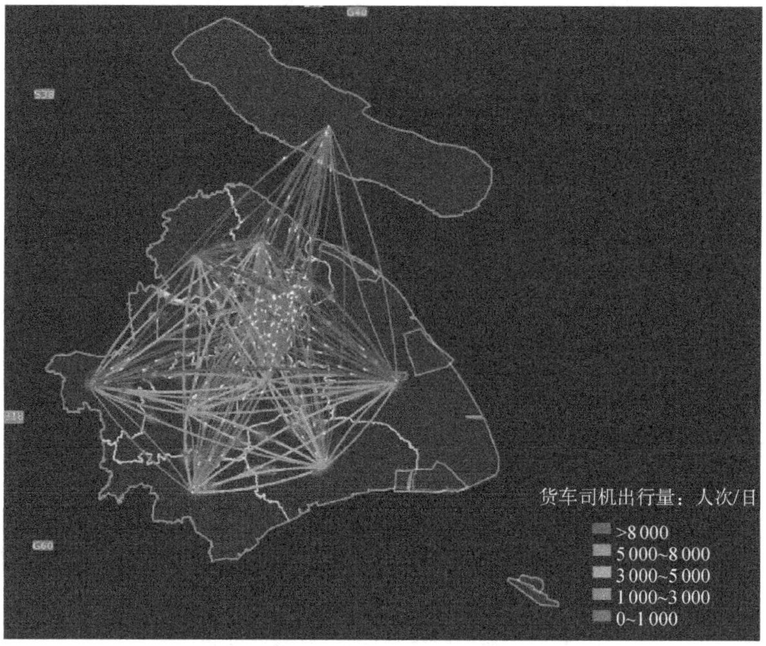

图11　市域内行政区之间货车司机联系强度

洋山港货车司机来源、去向热力分布反映出临港物流园区是洋山深水港的直接腹地，而外高桥与洋山港航线、堆场功能互补的特征也与现实相符(图12)。而青浦快递转运中心集聚区的货车司机活动范围更广(图13)，与其承运的快递类货物的货源、客户比较分散的特征相符，相对集中的区域分布在松江、嘉定、宝山的工业区和浦东机场、临港物流园区等处。

图12　洋山港区货运司机去向分布

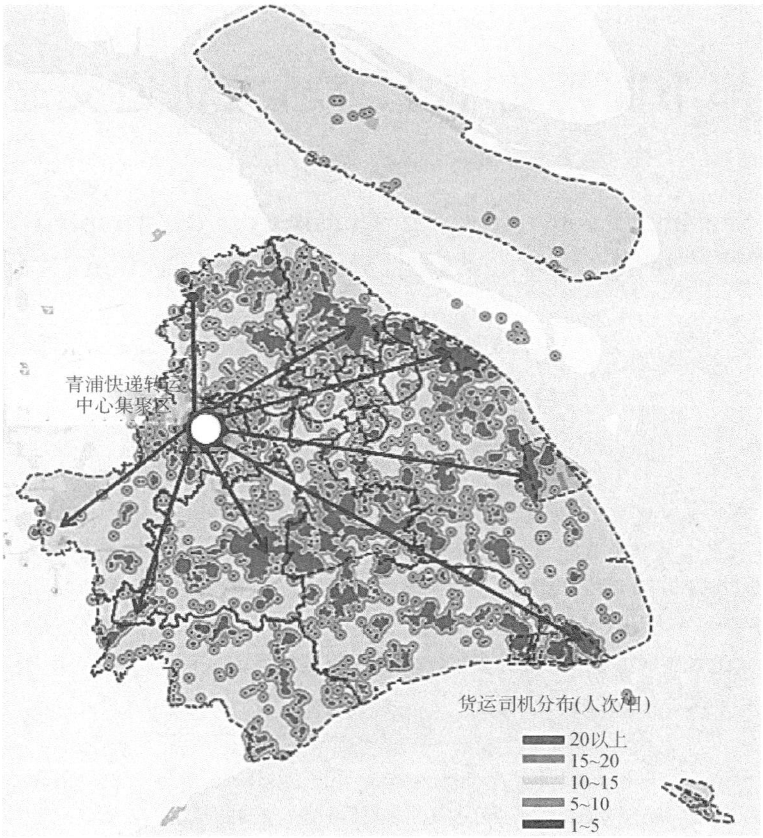

图 13　青浦快递转运中心集聚区货运司机去向分布

4. 结语

本文利用货车 GPS 数据，上海市路网图层数据对货运车辆的道路行驶轨迹、出行轨迹、活动分布特征进行了深入的挖掘；利用手机信令数据、货运中心地理位置信息，对货运用户进行了识别，建立了对货运人员的识别方法，并对不同属性货运人员（本地与外地）的市内出行特征、市内停留特征进行了详细分析；针对上海大型货运中心进行了货运车辆、货运人员的出行活动特征、车辆道路分布以及出行特征的深入挖掘，并针对多种参数下的客流分布情况、车辆分布情况进行了详细分析。旨在弥补现有数据采集手段的不足，为对上海市的相关规划提供数据支撑，为货运枢纽空间发展评估提供支持。

同时，因首次利用信令数据针对货运人员的活动进行分析，在算法识别精度上缺少对比参考，多种参数选择的合理性缺少足够的数据支撑，后续可通过货运司机志愿人员的信令数据以及货运 App 数据对算法精度进行提升，以实现货车、货物与人员的关联。

参考文献

[1] 上海市住房和城乡建设管理委员会. 道路与交通设施规划标准：DG/TJ 08—2393—2021[S]. 上海，2022.

[2] 交通运输部规划研究院课题组. 货运枢纽（物流园区）可行性研究方法与关键技术[M]. 北京：人民交通出版社，2017：1-3.

都市圈视角下上海新城轨道交通

——回顾和思考

Shanghai's new towns' rail transit from the perspective of metropolitan area: review and reflection

张毅媚[1]　张安锋

摘　要：上海新城经历了卫星城、独立新城、综合性节点城市三个阶段，在长三角一体化背景下，需要立足区域，谋划与新城独立综合性节点城市相匹配的轨道交通系统，本文在总结新城和轨道交通互动发展的基础上，提出三个方面的策略：内外融合，立足全球视野，谋划新城与中心城、新城与邻沪节点城市轨交战略通道；站城融合，构建“站城一体”的轨道交通枢纽，通过单极枢纽、组合枢纽的模式融入新城，并在空间上具备城市功能；多网融合，优化新城中市域线、市区线、局域线的功能定位和布局模式，形成与都市圈格局匹配的多层次轨道交通网络。

关键词：交通规划；轨道交通；多网融合

Abstract: The connotation of Shanghai New Town has gone through three stages of satellite city, independent new city, and comprehensive node city. Under the background of the integration of the Yangtze River Delta, It is necessary to plan a rail transit system that matches the independent comprehensive node city, which is reflected in the integration of three aspects: the internal and external integration, based on a global perspective, it plans a strong link rail transit strategic channel between the new city and the central city, between the new city and the neighboring Shanghai node cities; the station-city integration, to build a "station-city integrated" rail transit hub, Entering the new town through the monopolar hub mode and combined hub mode with urban functions; the multi-network integration, which optimizes the functional positioning and layout mode of the city rail, urban rail, and local rail in the new town.

Key words: traffic planning; rail transit; orbital multigrid fusion

1. 引言

国务院批复的《上海市城市总体规划》(2017—2035)(以下简称“上海 2035 总规”)强调，上海主动融入长三角区域协同发展，构建上海大都市圈，成为具有全球影响力的世界级城市群的重要组成部分，提出“1+8”上海大都市圈。上海市“十四五”规划提出“中心辐射、两翼齐飞、新城发力、南北转型”市域空间战略部署，同时明确，将位于重要区域廊道上、发展基础较好的嘉定、青浦、松江、奉贤、南汇等五个新城，培育成在长三角城市群中具有辐射带动作用的综合性节点城市。在长三角一体化和构建上海大都市圈背景下，新城的内涵及相应的时空交通需求特征发生变化，未来以完善独立的综合性节点城市为目标，通过轨道交通主导五大新城发力，融入都市圈的发展[1]。

1　张毅媚，上海市上规院城市规划设计有限公司。

2. 新城内涵演变和新城交通发展预判

2.1 新城发展经历了卫星城、独立新城和综合性节点城市三个阶段

第一阶段：依赖中心城发展的卫星城。20 世纪 50—90 年代，新城作为中心城的卫星城进行规划建设。1949 年版《大上海都市计划》，提出通过建设卫星城对人口进行有机疏散；1959 年规划了中心城加 17 个卫星城镇的城镇体系，成为第一代卫星城镇规划[2]；1986 年规划充实和发展卫星城，通过卫星城镇疏解中心城人口和发展工业，促进城市形成多心多核的城市空间结构，成为第二代卫星城镇规划[3]。

第二阶段：具备城市功能的独立新城。2000 年后，聚焦到 11 个独立新城，新城成为相对独立的地区中心城市，处在城市对外发展廊道上，主要是疏解中心城的人口和承担部分城市功能[3]。

第三阶段：具备城市功能的独立新城综合性节点城市。是实现上海 2035“网络化、多中心、组团式、集约型”空间格局的重要举措，其中，新城发力既是落实中央城市化战略的要求，也是上海着眼大局大势做出的重大战略选择[4]。新城由 11 个聚焦到 5 个，推进嘉定、松江、青浦、奉贤和南汇五个新城建设，成为独立的综合性节点城市(图 1)。

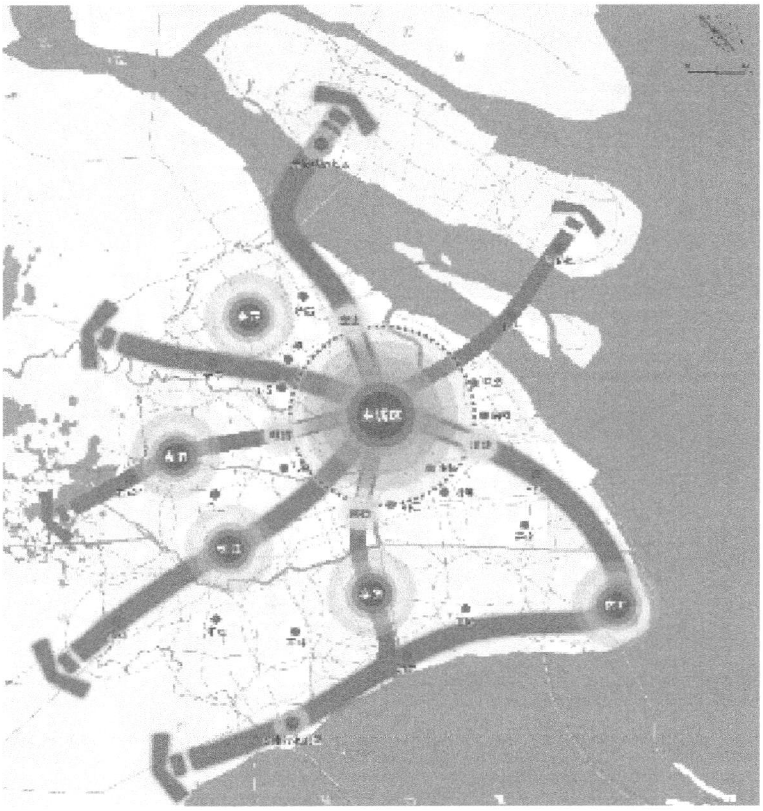

图 1 “上海 2035”中上海大都市圈、五大新城布局

2.2 轨道交通引导新城发力，引领都市圈联动发展

1) 轨道交通早起酝酿和发展，连通卫星城镇

在 20 世纪 50 年代，出于战备考虑，开始酝酿轨道交通建设，最早提出三线半一环方案，将市内各主要工业区、居民区、商业区和服务文化区联系起来。1986 版总体规划中《上海市地铁网络规划方案》，规划总长 176 km 的轨道交通系统。新建沪杭、何家湾至南翔、新桥、闵行铁路环线，增加 1 条至南通的铁路线，恢复苏州—嘉兴联络线，连通中心城和部分卫星城，初步支撑了卫星城镇的发展。

2）轨道交通全面考虑新城发展，主要新城均有轨道交通支撑

2000 版上海市城市总体规划，在轨道交通系统设计上，引进了“R、M、L”的规划理念，规划 17 条线路长 810 km，形成“一环七射”格局。其中 4 条市域快速线的设计，突破了外环线的限制，延伸到部分郊区新城。2008 年上海市《轨道交通网络深化规划》，明确 21 条线路，总长度约为 1 051 km，共设 587 座车站，郊区主要新城有轨道交通连接[5]。轨道交通规划首次全面考虑到郊区新城的发展，市域快速线连接郊区新城、中心镇等重要地区，连接空港、海港、铁路客站等。另外，线路有目的地伸向新城，作为中心城的人口疏解区域。9 号线、11 号线的规划建设，很好地支撑和引导了嘉定新城、松江新城的发展，初步发挥了对道路交通、对新城的引领和支撑作用。

3）新城交通具有一定独立性但都市圈交通节点功能仍不明显

现状新城相对中心城发展落后，表现为人口密度偏低、经济密度偏低、轨道交通密度偏低，空间不平衡。出行特征上，五个新城仍以新城内部出行为主，其出行活动 80%左右在新城的行政区范围内。目前主城区仍然是新城对外的主要联系方向，五个新城与中心城外环线以内的出行占比在 5.5%～10%之间。新城与邻近新城之间的联系相对较为密切，但是与相隔新城联系很少(图 2)。上海 2035 规划确定，五个新城的人口总规模控制在 65 万～110 万人，基本建设成为长三角地区具有辐射带动作用的综合性节点城市。

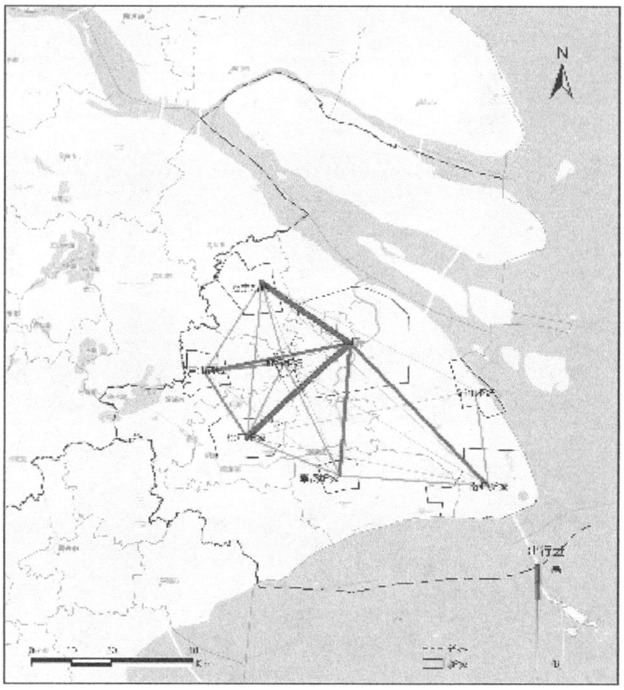

五个新城周末出行分布图

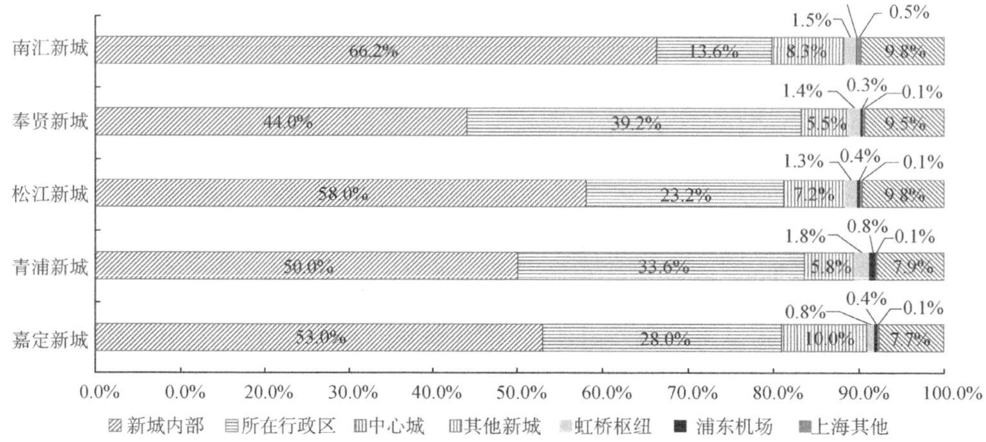

图 2　五个新城周末出行特征

上海新城建设的总体目标愿景是“迈向最现代的未来之城”。新城将以人为核心,以最具活力、最便利、最生态、最具特色作为发展要求。新城的内涵发生了变化,成为长三角一体化、上海自贸区等国家战略的战略空间、战略资源和战略支撑。对标百万人口规模的城市,以及承载国家战略的综合性节点城市定位,轨道交通网络还存在与新城城市发展能级不匹配、枢纽功能弱、与城市空间契合度低等短板。构建轨道上的长三角,需要以全球视野和区域格局谋划战略通道,构建与上海都市圈建设相匹配的城际和市域轨道交通体系。

3. 内外融合:实现新城从市域末端向区域节点转变

未来新城要加快构建融入上海大都市圈交通网络的对外枢纽格局,实现从市域末端向区域节点转变。轨道网络需要内外融合,联通新城与邻沪节点城市,使新城真正成为网络节点,充分发挥对新城及周边城镇的辐射和带动作用[6]。

3.1 全球视野谋划新城对外通道

如图 3 所示,在沪宁、沪杭等传统发展轴线的基础上,延伸上海东西向交通廊道,培育沪湖交通走廊,沪苏湖铁路连通上海、苏州吴江、湖州,串联自贸区新片区、虹桥商务区和示范区,向西链接长三角。打通南北向通道,发展沪甬舟发展带,依托东侧沪通铁路,南向通过沪(舟)甬铁路打通沿杭州湾通道,向北预留预控南通通道,西侧建设嘉定—青浦—松江—金山市域线,往北接通太仓,往南接通平湖。同时,未来强化沿环太湖、杭州湾,形成发展轴线。

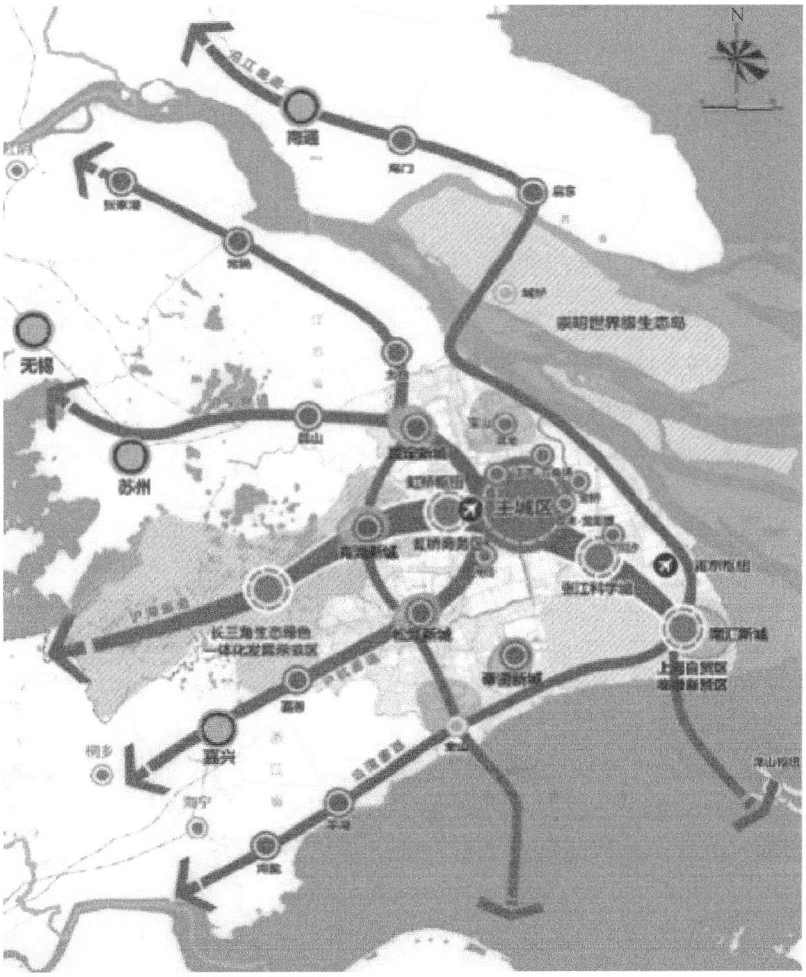

图 3 都市圈交通廊道示意图

3.2 新城发挥双向传导作用

新城作为交通网络和发展轴线上的节点，需要发挥双向的传导作用[7]（图4）。新城与邻沪节点城市建立便捷通道，用放射线将临沪城市与新城连接起来，嘉定新城外通太仓，青浦新城外通吴江，松江新城外通嘉善，奉贤新城经金山外通平湖，临港新片区外通宁波。五个新城之间互连互通，用环线把五个新城连起来。同时新城对内连接大虹桥或浦东机场大枢纽，与重要枢纽功能区有高效便捷的联系。自下而上进一步强化新城与中心城联系，中心城与各新城已实现地铁联通，后面考虑具备条件的新城通勤时间缩短至30 min的可能性。

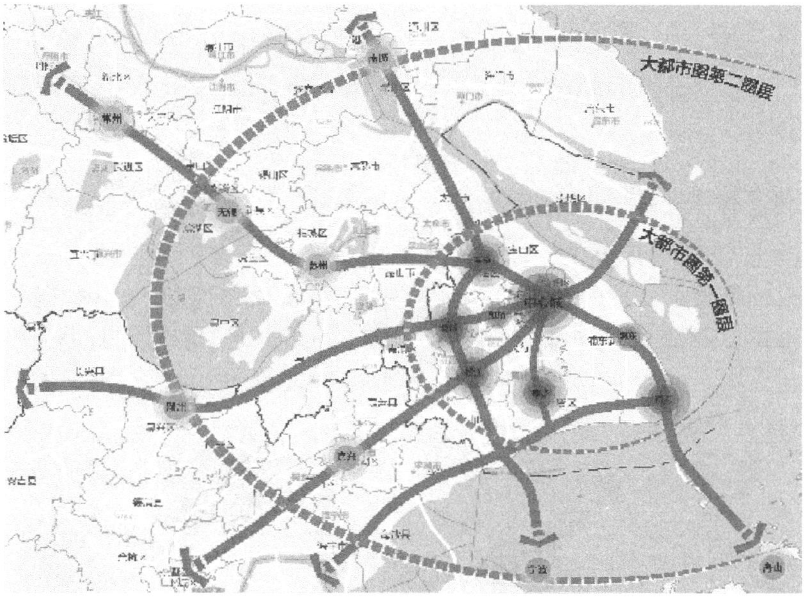

图4　新城双向传导作用示意图

3.3 新城内部强化轨道交通网络支撑

五个新城到2035年的目标人口在65万～110万，新城内部需要构建系统完善的内部综合交通体系，未来轨道交通不只是解决新城与中心城和周边节点城市的联系，而是作为新城内部主体交通，支撑新城内部交通需求（图5）。一是进一步明晰新城内部以公交为主体的交通模式，构建不同层次轨道交通网络，支撑新城人口导入和能级提升；二是增加轨道交通在新城的站点覆盖率，提升新城轨道交通的竞争力和服务水平。

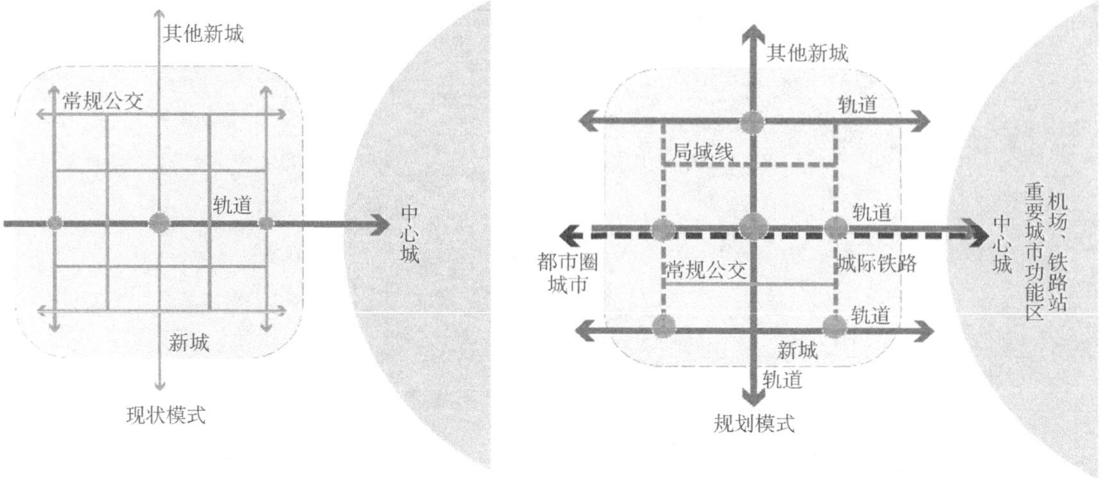

图5　新城轨道交通模式示意图

3.4 构建高效便捷的新城轨道交通圈

如表 1 所示。区域层面，未来应强化城际铁和市域线为新城的服务，成为新城与节点城市的联系的主要出行方式，需要完善青浦、奉贤、南汇的市域铁路站点的规划和建设，新城和邻沪节点城市构建 1 条以上轨道交通通道，构筑新城与都市圈节点城市 60 min 交通圈。

市域层面，新城需要提升核心竞争力，成为都市圈辐射长三角城市的第一圈层。中心城与各新城已实现地铁联通，后面进一步提升新城的交通能级，考虑未来新城构建轨道交通快线，新城和中心城应有 2 条以上轨道交通通道，新城与相邻新城应有至少 1 条轨道交通连接，实现新城到内环线时间缩短至 30 min 的可能性，45 min 衔接国际枢纽的目标。

新城层面，实现 30 min 联系周边中心镇、中心城、相邻新城，45 min 到达近沪城市。

表 1　五大新城轨道交通发展目标设想一览表

区域		指标			
		出行时间(min)		通道(条)	
		现状	规划	现状	规划
长三角	新城与邻沪节点城市	90～150	60	0～2	1 条及以上轨道线
新城	新城至中心城	45	30	1～2	2 条及以上轨道线
	新城至新城	60～120	45	0～1	至少 1 条轨道线与相邻新城连接
	新城与两场枢纽	30～90	45	0～1	至少 1 条轨道线与两场枢纽连接

注：现状数据根据既有轨道交通运行时间统计。

4. 站城融合：推动轨道交通枢纽与城市功能和空间融为一体

根据交通强国纲要，50 万人口的城市引入高铁并设站，新城应该是城际、郊铁、地铁三线交会的枢纽，要尽可能使市域铁路在新城有站点，战略上考虑站城融合，促进空间耦合和站城一体，扩大新城对外辐射范围。轨道交通站点在新城需要加强站城融合。在新城范围内，轨道交通站点覆盖率普遍较低，与中心城差距明显。现状新城与上海市域外城市的联系仍然依靠三大主站，松江新城虽然有松江南站，但相比昆山等邻沪节点城市，在发送客数量和发车班次上还有较大差距[8]。《上海市新城规划建设导则》明确了五个一城一枢纽的规划要求。未来应强化城际铁和市域线为新城的服务，需要完善青浦、奉贤、南汇的市域铁路站点的规划和建设，通过枢纽锚固新城空间，通过站城融合一体化建设，提升枢纽能级，发挥新城辐射带动作用。

4.1 枢纽进入城市具备城市功能

打破市域铁路站点分布在新城外围，偏离在人口集聚和城市发展廊道的格局，要进入新城具有城市功能，完善独立的综合性节点城市交通体系。围绕地铁、市铁、城铁不同能级的轨道交通站点，建设基于 TOD 的站城融合城市组团。

在上海铁路枢纽总图规划中明确，上海形成“四主多辅”的客运枢纽布局(图 6)。在既有松江南、安亭、上海西“三个辅站”的基础上，增强松江南站的功能，并结合北沿江铁路在上海北部地区规划新增新杨行站、结合沪乍杭铁路在南部规划奉贤、南汇站。

每个新城枢纽都应进入城市内部，强化枢纽对新城的发展带动作用，锚固上海大都市圈第一圈层。目前松江新城有松江南站，并且与城市用地有较好的区位关系，但是还需要按照百万人口的目标定位提升枢纽能级；嘉定需要整合既有枢纽的形态和功能，提升整体枢纽的能级；奉贤需要优化布局市域铁路，使站点设置在城市潜力地区和发展廊道上；青浦和南汇可以结合未来要引入的铁路和市域线，打造具备城市功能的枢纽。

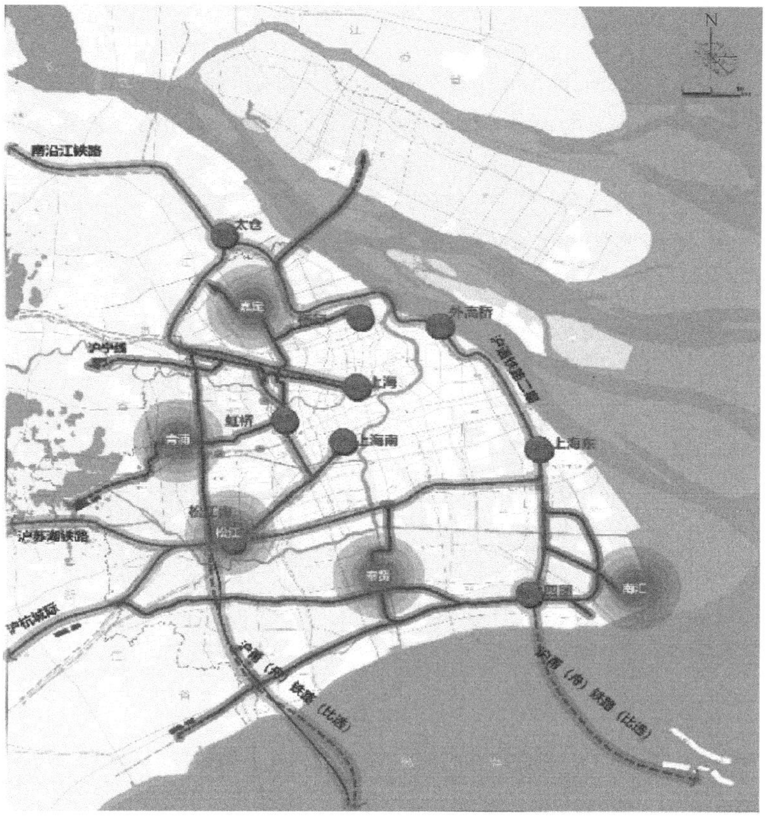

图 6　市郊铁路融入对外交通格局示意图

4.2　新城枢纽推动站城一体布局

围绕站点建设公共交通枢纽引导的城市发展，结合个新城特点，建设“内外衔接”“站城一体”的对外综合交通枢纽。如松江新城的松江南站，已在促进松江城市综合性节点功能上发挥了一定作用，未来进一步极化枢纽功能，整合交通资源，形成高效便捷、换乘方便的大型枢纽，提升新城能级（图 7）。如嘉定新城，结合既有的安亭枢纽和嘉定城区枢纽，依托沪宁发展廊道、嘉昆太城镇圈形成双枢纽格局，错位发展，共同支撑嘉定新城综合性城市的节点功能。

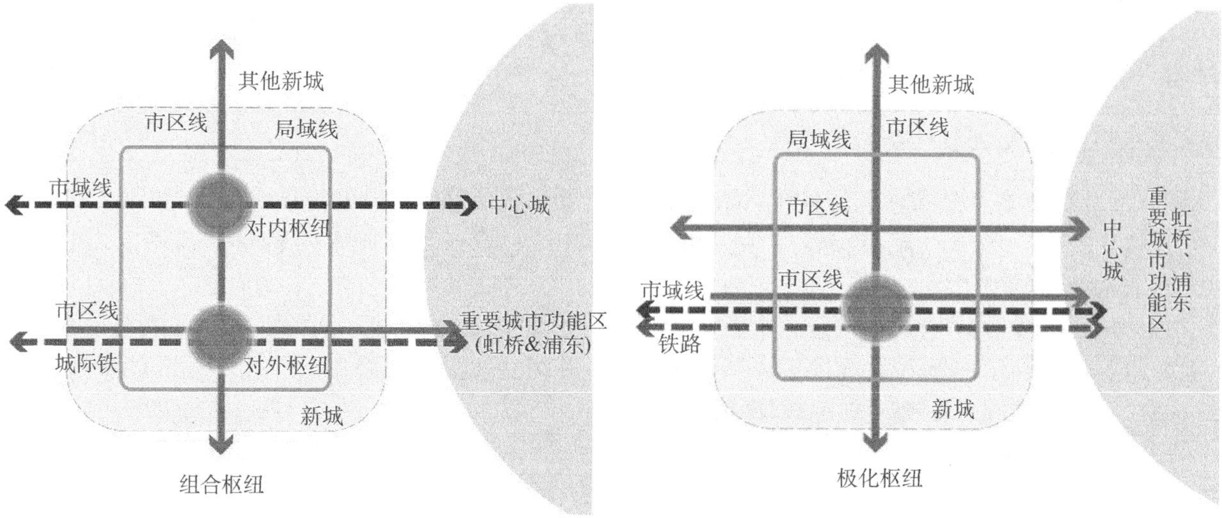

图 7　枢纽模式示意图

5. 多网融合:形成与都市圈格局匹配的多层次轨道交通网络

“上海 2035”明确,上海轨道交通系统分市域线、市区线、局域线三个层次。未来铁路和市域线两种制式的轨道交通将在都市圈交通中发挥重要作用,推动干线铁路、城际铁路、市域(郊)铁路、城市轨道交通等“四网融合”,打造一体化建设的“智慧枢纽”,并形成与长三角城市、相邻新城及中心城多向高效联系的网络化格局。

5.1 市郊普速铁路融入新城对外通道格局

“上海 2035”总规明确市域线包括国铁通道约 443 km,城市轨道快线通道约 202 km,新增市域铁路通道约 512 km。如果通过地铁延伸的模式,难以大规模支撑新城与邻沪节点城市的联系,未来逾 400 km 的市域普速铁路应融入都市圈轨道交通系统中发挥作用。一是成为邻沪节点城市与上海市域的跨界交通、新城与新城之间,以及新城与重要交通枢纽之间的重要联系通道,要结合铁路更新利用。二是与城际铁、地铁在通道走向、轨道制式、车辆运营、衔接换乘上寻求协同规划和管理的路径,真正实现铁路网和轨道网的融合发展。

5.2 市区线支撑新城轨交网络

未来明确市区地铁线的功能定位主要是承担中心城及新城内部交通,一是针对既有已拉伸到新城的市区线,通过断点运营、大站越行等方式,进一步优化线网、提升效率;二是从新城构建独立完善的轨道交通网络出发,自下而上规划新城与中心城区的轨交通道,增加市区线来支撑新城百万人口规模城市的骨干交通。

5.3 明晰局域线在新城制式

“上海 2035”总规明确,在市域构建 1 000 km 以上的局域线网络。局域线是新城交通节点城市的重要组成部分,未来需要结合综合性独立节点城市的定位和百万人口的城市定位,规划新城局域线网,一方面,向上进一步厘清与市区线的功能,主要承担新城组团间的交通,基本实现 5 万人以上功能组团轨道交通站点全覆盖;另一方面,向下区分与其他中运量有轨电车、BRT 的功能,根据新城组团布局、客流规模合理布局局域线网。

6. 结语

上海大都市圈是在长三角一体化发展背景下的新生事物,涉及到 1+8 城市,上海五个新城作为上海都市圈构建和发展的第一圈层,需要轨道交通的协同规划。本文从都市圈的视角,梳理了轨道交通在新城发展和演变中的作用,探讨新城在都市圈发展轴线和交通廊道上的关键地位,通过谋划轨道交通通道和枢纽,构建多层次轨道交通网络,实现新城在都市圈中节点城市的路径。

参考文献

[1] 熊健,孙娟,等.都市圈国土空间规划编制研究——基于《上海大都市圈空间协同规划》的实践探索[J].上海城市规划,2021.3.
[2] 上海市城市规划设计研究院.大上海都市计划[M].上海:同济大学出版社,2014.
[3] 上海市城市规划设计研究院.上海城市规划演进[M].上海:同济大学出版社,2008.
[4] 上海市人民政府.上海市城市总体规划(2017—2035 年)[M].上海:上海科学技术出版社,2020.
[5] 张安锋,上海市轨道交通基本网络规划的中期评估[J].上海建设科技,2009(1):41-43.
[6] 陈小鸿,刘迁,何志工,等.市域轨道交通快线规划与建设——中国城市交通发展论坛第 22 次研讨会[J].城市交通,

2019(4):114-126.
[7] 诸大建.上海与长三角区域协调发展中的问题思考[J].上海城市规划,2011(2):7-9.
[8] 林华,范宇,王世营.建设面向未来的综合性节点城市——上海新一轮新城发展战略研究[J].上海城市规划,2021(4):1-6.

从重庆轨道交通的建设看交通方式对城市更新的作用

The role of transportation mode in urban renewal from the construction of Chongqing rail transit

周甘来[1]

摘　要：随着我国经济水平的不断发展，城市也步入了更新的快车道，也在不断地进步。老旧道路交通现状与日新月异出行方式更迭的矛盾，城市功能布局与市民生活方式之间的冲突，都成为影响城市更新的重要因素。轨道交通就是辅助城市管理者，发挥其在城市更新中的重塑作用的重要手段之一。本文以重庆为例，从城市轨道交通入手，浅谈其对城市更新的重塑作用。

关键词：轨道交通；TOD；城市规划；重庆

Abstract: With the development of country's economic level, cities are also making continuous progress. The contradiction between the current situation of traffic and the ever-changing travel modes, and the conflict between urban functional layout and citizens' lifestyles, have become important factors affecting urban renovation. As an auxiliary urban management, rail transit play a reshaping role in urban renovation. In view of this, the article takes Chongqing as an example, starts with urban rail transit, and briefly discusses its reshaping effect on urban renovation for reference.

Key words: rail transit; TOD; urban planning; Chongqing

城市更新，是为了不断增强城市的功能性，提升城市的品质，助推城市发展，不断让生活在此的人们感受到城市的美好。城市更新也是有效地改造城市空间布局，从城市的一小部分开始，美化城市环境。目前的城市更新，已不能采取传统的、简单的拆除方式，而应倡导发展有机城市，从梳理城市内在的肌理开始，一个个局部着手实施，将其建设成为一个更清洁、更环保的城市。改革开放以来，中国不断发展经济，建设经济，不断提高人民生活水平。城市更新一直是城市发展的重要组成部分，也需要不断现代化。2019 年 9 月 19 日，中共中央、国务院印发《交通强国建设纲要》，建立以人为本的出行需求，从而实现以人民对美好生活向往的奋斗目标。围绕交通所建立的以交通为核心的城市建设也成为现在的发展方向，如何在城市轨道交通规划、建设初期考虑更好地产城融合，在城市规划过程中更好地完善公共交通与市政设施、商业布局、住宅物业的正相关关系，已是目前重点考虑的方向。

通过人类的发展史，我们不难看出交通与城市发展之间有着不解之缘，在城市产生、发展和重塑的过程中，交通都发挥着重要的作用。特别是现代综合交通成熟以来，随着交通条件及交通工具的革命性变化，交通布局直接关系着城市不同区域的发展、变化。通过城市轨道交通对重庆的影响，侧面反映出城市轨道交通对于城市更新的重要推动作用，本文将通过城市轨道交通的建设对重庆城市更新的影响做粗浅的分析。

重庆地处中国西南部，是长江上游地区的经济、金融、科创、航运和商贸物流中心，国家物流枢纽，西部大开发重要的战略支点、"一带一路"和长江经济带重要连接点及开放高地、山清水秀美丽之地；既以江城、雾都、桥都著称，又以山城扬名。重庆是中国老工业基地之一，是中西部地区一个引人注目的特大型城市，除此之外，它还也是一个魔幻的现代都市、"网红"城市。重庆的网红，有城市特有地貌的因素，有各类美食的因素，也有其特有的城市轨道交通因素。

1　重庆市轨道交通(集团)有限公司。

重庆市地形呈典型的槽谷地貌，境内以山地为主，多以丘陵地貌为主要地形，而中心城区又同时毗邻中梁山脉、铜锣山脉，并且被长江和嘉陵江两江分割，两江也在城中汇聚，形成山水相依的独特地形。城市道路充分结合地形，形成顺车等高线势的自由式道路网布局。东西向交通相对便利，而南北道路因受制于山水阻隔、地势起伏，通行能力孱弱。重庆城区平坦地势较少，所以重庆主城区的建设只能在山间寻找相对平坦的区域进行，从而形成了组团式城市的布局形态。

由于传统的公共交通方式受制于地势，大大增加了市民出行时间成本，远距离通勤几乎不可能，市民的生活、工作半径较小。重庆通过缆车、过江索道等公共交通工具，尽可能地为市民的出行提供便利。随着人口基数增加及城市化进程的发展，传统意义上的公共交通出行方式已不能满足市民的需要及经济的发展，跨座式单轨、地铁等城市轨道交通出行方案，也成了连接各个组团、打通各个商业圈、突破地理限制的必然选择。

1. 轨道交通对城市经济的影响

重庆首先选择的是跨座式单轨作为城市交通出行的解决方案。跨座式单轨是城市轨道交通中单轨系统的一种制式，属于中等运量轨道交通系统。其特点是适应性强、噪声低、转弯半径小和爬坡能力强，能更好适应复杂的地形地貌环境。跨座式单轨在建设过程中投资少、周期短，智能环保、适用性强，其建设周期仅为地铁的一半，造价成本仅为地铁的三分之一。

重庆轨道交通2号线大致呈倒L形走向，东起渝中区较场口站，途经渝中区、九龙坡区、大渡口区、巴南区，南至巴南区鱼洞站。它是中国西部地区第一条城市轨道交通线路，也是中国第一条跨座式单轨。自2005年6月18日开通试运营以来，重庆单轨2号线参与并见证了这座城市的飞速发展。

李子坝—华村一线，位于嘉陵江畔，虽处于重庆的核心行政区（渝中区），但因受地理及交通工具限制，一直属于老旧社区，周边无大型商业、无旅游景点，几乎无商业潜力可挖掘。但重庆轨道交通2号线运营以后，因为跨座式单轨的特殊性，结合重庆实际，重庆轨道交通融合城市旅游及文化发展，形成李子坝车站轻轨穿楼、开往春天的列车等一系列网红景点，让曾经的老街道、旧城区重新焕发活力，并让这些地方成为重庆靓丽的"城市新名片"。

2021年，重庆轨道交通3号线正式开通运营。3号线的开通，带动了观音桥商圈挤占老牌商圈解放碑商圈的同时，也形成了以品牌经济为主的商业化办公群。2016—2020年期间，其代表性"龙湖北城天街"年销售额以年均逾20%比例增长，截至2020年，达到32亿元。2012年，"龙湖时代天街"正式开业，其设计、规划及建设均充分考虑了重庆轨道交通1号线石油路站的具体情况（重庆轨道交通1号线于2007年6月18日正式开工建设，一期工程石油路站距离"龙湖时代天街"直线距离不到200 m；同时积极与轨道集团接洽，开放接口，以地下通道的方式连通"龙湖时代天街"A馆及轨道石油路站，以达到便民、引流的目的）。随着1号线的正式运营，石油路站作为城市更新的典范，开始结合周边居住群体、轨道站点布局、各类商业业态，逐步形成以文旅产业为核心的新型商业圈。截至2020年，其销售额已突破40亿元。以轨道交通为城市更新带来活力的同时，也逐步演变为引领城市发展提供助力的主要来源之一。

2. 轨道交通对城市规划的影响

从城市发展的历史和经验来看，交通是城市发展的主要助力，它决定着人的流动方向、城镇区域的发展趋势，甚至是一个区域的兴衰。交通线路走向决定着产业和城市的空间分布及发展方向，交通线路的空间组合状况决定着产业和城市的空间组织结构，主要交通方式的效率决定着产业和城市空间布局的灵活性与高效性。

目前各地城市的地面交通压力大，道路运输逐步趋于饱和，依托轨道交通发展城市建设已成为大势所趋。根据《重庆市综合交通运输"十四五"规划（2021—2025年）》，重庆将大力打造"轨道上的主城都市区"。坚持轨道交通引领城市发展格局，加快推进主城新区至中心城区轨道快线和市域（郊）铁路建设，实现与中心城区轨道交通顺畅衔接，提升通勤交通水平。构建“环射＋纵横”融合的多层次城市轨道网络，加快形成以轨道交通为骨干的交通出行模式，构建城市发展格局主骨架。

轨道交通是现代城市交通的发展方向，引领着城市发展格局，连接着国际化、智能化、绿色化、人文化国际都市发展的未来，以及人们对美好生活的向往。以需求为导向，加快轨道交通建设，沿着轨道交通科学谋划产业形态和城市形态，构建多层级轨道交通网络体系，建设“轨道上的都市区”，让群众出行更便捷、生活更便利，让轨道交通更好地融入市民生活，融入城市的发展中。

作为城市的骨干交通出行模式，城市发展格局的主骨架，轨道交通有着其他交通方式不可比拟的优势。与其他交通方式相比，轨道交通系统除了具有运量大、速度快、安全、准时、节省能源、无污染和平均成本低的优点以及能有效缓解城市交通拥堵问题外，还能积极引导城市的轴向发展，通过严密规划线路可以创造城市地产价值，将客流组织与城市扩张、城市各种资源充分利用与有效配置结合起来。未来，要持续增加轨道交通线路、里程和站点，加密轨道线网，以轨道交通带动城市功能、空间结构、用地布局的优化调整，推动中心城区强核提能级、主城新区扩容提品质，提升轨道沿线、站点周边居民的生活幸福感。

城市更新的步伐一直不断向前，城市规模的扩大与城市更新一直呈正相关关系。同样，因土地资源的不可再生性，城市规模的扩大在一定程度上将居民的工作地或者居住地向郊区转移。转移后，更多的人会花费更多的时间成本或者经济成本在通勤的道路上，这样不仅会降低生产效率，也不利于企业甚至城市的发展。城市轨道交通凭借着它快速、高效的优点，能满足人们的出行需求，住在轨道交通沿线的人们可在工作场所、居住地、商业娱乐场所之间自由穿梭，避免了市中心地区的人口压力和交通拥堵，居民的生产、生活效率提高了，城市的发展才更有活力。

现阶段，针对不同的城市结构，各式出行工具形成了其独特的可达性分布。因为轨道交通是一种新的出行工具，它的加入导致城市的可达性产生了变化，进而使得城市结构产生了实质性的变化。轨道交通是一种连接城市中心与边缘，且为速度较快的一种出行工具，其可以更好地使生活或居住于城市中心的群体逐渐转移至轨道沿线周围的边缘区域。这样一来，城市中心人口聚集以及交通堵塞的现象可以得到较为有效的缓解。未来，城市轨道交通延伸的方向就一定是未来城市中心逐渐转移的方向，伴随着新城区的建造，城市的中心将会不断转移至其他区域中。

同时，轨道交通的建设还可以更好地提升现有土地的利用率，并且可以大大降低城市交通的堵塞现象，提升同行效率，促进老旧城区改造，让城市空间能进行有效的重新分配、优化整合。城市轨道交通沿线区域的硬件条件得到改善后，新的功能布局不仅会吸引新的商机，同时随着人口布局的迁移，能吸引到更多的企业到城市的边缘发展，进而提高城市整体的土地使用率。土地功能的置换带来的变化就是城市所有功能区域的重组及整合，从而使城市空间的布局更加合理。

重庆作为山城，而且是被两江所分割的山城，很多专家都因为这异常特殊的自然条件认为不宜建设城市轨道交通。然而有韧性、有干劲的山城轨道人，走遍重庆主城的犄角旮旯，反复勘探、评估，甚至远赴国外“取经”，最终通过跨座式单轨解决了轨道交通在重庆落地运营的各种问题。通过 20 余年的发展，重庆轨道交通已经发展成为重庆的一张新名片：最深地铁站、开往春天的地铁、桥上设站、弯道设站、CTBC 互联互通项目等，一个个亮点让大家熟知，一个个技术难点被重庆突破，一个个区域发展被载入史册。同时，随着城市轨道交通的规划、建设以及运营，越来越多的组团享受到了轨道交通带来的福利，在城市发展过程中，被逐步淘汰的副中心商业区（如弹子石、大石坝、冉家坝等），也在城市轨道交通的帮助下又再次恢复活力。原本大量居民聚居的渝中区，也因为城市轨道交通的建设，部分居民开始逐步向外迁移，老城区得以有空间、有机会进行升级改造，重新打造城市新名片。而迁移的目的地，也因为人口的增长，逐步形成了新的副中心商业区（如大学城、汽博、茶园等）。

3. 轨道交通对城市未来的影响

轨道交通结合具体站点及周边的物业关联关系，适时逐步地利用以轨道站点为核心的地产、商业、广告，形成城市建设一体化的产城融合核心，解决城市重塑的矛盾。同时在未来的轨道交通规划时，也需要结合所在区域的实际情况，适时采取TOD模式，在解决城市更新的同时，也能一并解决市民交通出行的困扰。

现如今，TOD的概念通常用于城市新兴区域的前期规划开发中，新的高密度商业开发可以被很好地规划和布置在新建交通枢纽的周边。然而，在核心区域的城市更新重塑中，TOD也具有非常高的实践意义。

重庆沙坪坝铁路综合枢纽是全国首个商圈高铁TOD项目，作为国内首例建成的最大规模高铁站上盖综合开发项目，重庆沙坪坝站铁路综合交通枢纽是一个以高铁车站为核心，立体集纳高速铁路、轨道交通、市政道路、公交、出租和社会车辆等各种交通方式及物业开发的交通城市综合体，通过地下7层的城市交通枢纽与地上7层21×10^4 m^3的商业空间无缝接驳，为市民提供了便捷安全的出行生活环境，同时也将交通到达人群有效转化为商业中心客流。

TOD对于城市更新亦有促进作用。在城市中心区，交通导向型开发总是会对城市基础设施进行大范围的改造，并伴随着新交通枢纽的建设或者老交通枢纽的改造更新。这对于城市发展是非常有益的，因为它可以重新连接由于铁路轨道造成联系断裂的交通枢纽两边社区空间。同时，由于交通导向型开发对于站场周边道路的重新规划，能够在更大范围提升对城市路网的规划。此外，交通导向型开发所引起的周边社区重塑，也是其起到创造城市新公共空间催化剂作用的结果。而这些公共空间，例如在TOD开发中新建的公共广场和步行空间能够极大便利在该片区工作和生活的人们。

依托于TOD而新建和更新的商业综合体能够为域内带来新的居住和生活人群，同时为重新焕发活力的城市社区创造欣欣向荣的蓬勃发展气象，一系列新的零售商业及餐饮将涌入综合体内，集聚更多人群。同时，TOD商业综合体的发展也为周边区域的物业价值带来了提升。具有历史意义的老站房，也可以视情况而保留下来，和TOD带来的城市更新开发共同为整个片区带来新的活力，为新一代市民了解城市历史而保留下这些建筑遗址。

当前，基于互联网经济的飞速发展，导致了实体商业经济形成短平快的经营策略。通过城市轨道交通的建设，将城市的运营服务、经营服务需求逐步演变为乘客、市民的消费需求，在提高双循环经济的同时，通过区域内商业、工业、居住和文旅等综合发展，进一步加速区域内的产业协同发展，并最终实现在完善的城市规划前提下，让城市-政府-市民之间均有良性互动。城市轨道交通的规划、建设对于大型城市及特大型城市的更新重塑及可持续发展有着引领的作用，对于调整城市内部的供需结构关系，重构轨道交通与城市的生态关系起着不可磨灭的作用，对于最终解决城市更新重塑过程中易出现的各类问题有着特有的解决方案。

目前，我国正处于城市建设的加速阶段，社会经济与城市化取得了快速发展，同时也显现出一系列的问题，如城市交通拥堵、房价高涨等，这些问题已经引起了各界人士的高度关注。由于这一阶段也是交通发展的成长期，因此借助轨道交通对城市发展的助力，引导城市健康发展已是大势所趋。“十四五”时期是我国全面建成小康社会、实现第一个百年奋斗目标之后，乘势而上开启全面建设社会主义现代化国家新征程、向第二个百年奋斗目标进军的第一个五年。不断提升城市功能，优化城市布局，促进城市发展，获得市民认可，让城市更美好、更宜居、更绿色、更畅通是我们的使命，也是我们的目标。

参考文献

[1] 许培星. 发挥交通在城市更新再造中的重塑功能与推动作用[J]. 交通与运输，2017(1)：3.

[2] 刘易斯·芒福德. 城市发展史——起源、演变和前景[M]. 宋俊岭，倪文彦，译. 北京：中国建筑工业出版社，2004.

[3] 王宏剑. 浅谈城市更新与交通[J]. 交通运输研究，2008，(002)：33-35.

[4] 龚祥兴. 城市更新与城市交通[C]. “21世纪的城市”国际住房与规划联合会，2002.

[5] 艾毅. TOD发展现状分析与开发模式探索[J]. 区域治理，2020.

[6] 邹雅茹. TOD模式下地铁对商圈发展研究[J]. 现代经济信息，2019(3)：1.

都市圈城际铁路与城市空间协同发展设计方法研究

——以沪嘉城际轨道嘉善段为例

Research on the design method of coordinated development of intercity railway and urban space in metropolitan area

—taking Jiashan section of Shanghai-Jiaxing intercity railway as an example

包　瑨[1]

摘　要：以都市圈城际铁路为研究主体，多维度探讨轨道与城市空间互动发展关系和站城融合规划设计方法。基于轨道和城市空间在交通、社会、环境层面的多元化协同需求，总结城市规划与轨道规划建设的协调互动原则，从而为协同发展引导下的城际铁路规划设计提供策略支持和方法指导。以沪嘉城际轨道嘉善段为研究案例，将研究成果应用于围绕线路和枢纽周边开展的城市设计中，指导嘉善城区形成沿轨道的高强度发展廊道和沿站点的站城融合开发模式。

关键词：城际铁路；协同模式；站城融合

Abstract: This paper discusses the interactive development relationship between rail and urban space and the planning method of Station-City integration, taking the intercity railway of metropolitan area as the research subject. Based on the diversified collaborative needs of rail and urban space at the levels of transportation, society and environment, this paper studies the collaborative mode of intercity railway planning and urban planning, so as to provide strategic support and method guidance for the intercity railway planning and design under the guidance of collaborative development. The research results are applied to the urban design through the case study of Jiashan section of Shanghai-Jiaxing intercity railway to guide Jiashan urban area to form a high-intensity development corridor along the rail and a Station-City integrated development mode along the station

Key words: intercity railway; collaborative mode; station-city integration

1. 研究背景

1.1　轨道交通发展趋势

在国内区域一体化发展的带动下，都市圈内部同城化、通勤化的需求日渐显著，对城际间的交通方式在时速、运量、发车频次等提出了新要求。区别于跨省际的国家干线铁路和服务城市内部的城市轨道，都市圈城际铁路作为介于两种交通方式之间的补充，具有城市近郊通勤、班次公交化等特点，是服务于都市圈一体化的有力载体，正成为国内基础设施建设的下一个热点。

在以各类轨道为载体的城市开发项目中，要想保证轨道的交通功能和城市功能达到一个“双赢”的效果，就必须使“协同发展”的设计理念在轨道设计及城市空间规划过程中得到充分贯彻。从传统角度对轨道—城市互动关系的探索性研究多为定性化的策略建议，缺乏对轨道敷设形式、轨道选线选型、站点规模等级、服务水平与城市空间发展之间耦合关系的深度研究。因此，从多维度探讨轨道和城市的协调和互动规律（以下简称城—轨协同发展），可以发挥城市规划和交通规划的联动效应，并可引入轨道总体、道路设

1　上海市政工程设计研究总院(集团)有限公司。

计等相关配合专业，将多专业融合提升到一个新高度，从而促进行业相关领域规划方法的创新，推动轨道相关的城市规划设计由单一化向科学化、系统化、集成化和精细化方向转变，为后续的工程设计实践提供指引。

1.2 国内外相关研究现状

过往学界对轨道交通与城市协同发展研究的重点，通常放在交通引导站点周边城市发展的角度来考量。但随着研究的深入，人们逐渐认识到站与城之间不是单向的引领，而是相互的作用，继而引发了对轨道与城市互动关系的新一轮反思。即从“以站生城”向“融站入城”的理念转变，进一步倡导站域空间的协同设计，使枢纽站域的交通功能和城市功能实现“双赢”[1]。特别是都市圈城际铁路的出现，打破了传统铁路对城市空间的割裂规律，因其具站点间距短、数量多、多数选址在城区内的特点，为“融站入城”设计提供了充分条件。同时，城际铁路的规划引入也给城市带来了存量用地腾挪置换和盘活更新的契机，有利于实现整体城市空间品质的提升。

1.3 城—轨空间协同发展的重要性

轨道交通作为长生命周期的重大基础设施工程，是城市大交通的核心要素，需要紧密契合城市空间发展并与之保持动态协同才能可持续地发挥社会效益。因此，城—轨空间协同发展是未来城市建设的一大趋势。作为国内新兴出现的都市圈中长距离交通方式，城际铁路更注重线路功能定位、车站布设同城市价值、人口与就业岗位的匹配度。因此，有必要在规划设计阶段将城际铁路通勤化客流特征、直达城市功能核心区等特点纳入考虑，并进行多维度的空间融合分类研究，归纳当前轨道与城市关系面临的问题，总结协同发展的特征和要求，从而为空间协同理论引导下的城际铁路整体规划和设计提供一定的策略支持。

2. 城—轨空间协同发展需求研究

城际铁路对城市空间的带动作用受站城融合程度的不同有着巨大差别，站城融合通常在交通、用地、环境等方面有着多元化的协同需求。本文从以上三个角度剖析城市与轨道的协同模式，总结城—轨协同发展的适用方式和场景。

2.1 交通协同需求

站城融合引导下的枢纽设计应将协同城市交通放在首位，枢纽型的城际铁路站一方面应强调对内外交通资源的引入，通过与多种交通方式良好衔接来提高内外交通的换乘效率，形成以轨道站为主体的综合交通枢纽。比如在“一城多站”布局的城市，城际铁路与其他轨道交通实现贯通连网后，可大幅提高城市交通的融合性[2]。另一方面，需注重对换乘交通的统一整合，避免简单的功能叠加。结合枢纽空间的立体化布局，利用便捷的步行系统衔接分层、分区的各类交通空间，在交通空间内合理引导各类交通方式的活动区域和流线。只有做好枢纽对内对外双衔接，才能实现城市对轨道资源的有效开发与合理使用。

2.2 用地协同需求

城际铁路除了产生经济效益外，更重要的是通过重塑用地创造新的社会效益。用地协同的方式具体体现在两方面：其一，模糊站城分隔界限，使车站超越交通功能发展出更多元的用途，通过站内空间与周边街区功能的相互渗透，使轨道站的城市化开发亦能带动周边地段的协同开发。其二，紧密连接站前核心区用地。常见利用空中洄游的连廊系统衔接站场与广场空间，广场地下空间则开发为商业步行街与公交换乘枢纽，并通过地下步行连通道与周边街区有效衔接。用地协同既推动了站城空间一体化融合，亦改善了城际铁路站的整体形象与服务能力，有助于提高站点地区的人气与活力。

2.3 环境协同需求

轨道站是城际和城市内部交通的中心节点，其衍生出的交通环境远远超出了车站的物理空间。因此，它们的设计定位、选址规划、建设布局、交通组织、功能开发等都要以城市整体环境为基础进行综合衡量，从多个方面与城市环境有机协调，降低对所在环境的干扰与影响。其中，轨道站的建设布局以及空间设计尤其需要考虑与城市环境的适应性。轨道站在明确选址后需要考虑土地综合利用、产业混合布局、空间融合发展等需求，以最为合理的形态融合于城市外部环境中，尽量减少对城市土地的占用量，将更多土地还于城市用以创造公共活动空间。

3. 城—轨空间协同发展设计策略研究

在都市圈一体化背景下，城际铁路的规划设计必须融合沿线各类城市要素，根据不同的城市发展特点进行科学规划与灵活设计。立足于前文研究基础及相关结论，通过总结城—轨协同理论引导下轨道规划设计的理念、原则、流程及架构，以形成都市圈一体化时代的城际铁路规划设计策略，指导旧城更新视角下的轨道沿线、站域的发展路径。

3.1 设计理念和原则

在站城融合理念的指导下，城际铁路站不再像传统铁路站一样过度关注单一的交通功能，而是更为注重与城市交通、社会生活及城市环境的相互协同，强化轨道站与城市空间的整体融合度，从而使其成为助力城市发展的重要引擎。由此可以看出，城际铁路的设计理念应由可持续理念、协同理念和以人为本理念来共同引导[3]。

城际铁路站作为站城融合的核心要素，其规划设计应以协调城市环境为基础、以助力城市发展为目标、以满足民众需求为保障。为实现上述目标，需要以系统性原则为指导，才能使城市和轨道两者在交通、社会、环境等方面得到良好协同。

3.2 设计策略和流程

(1) 前期策划阶段

在前期策划阶段，需要基于城市需求来引导轨道的设计定位。首先要对规划城际铁路的沿线和设站区域进行现状调查及规划分析，调研内容包括城市现状地形地貌、功能开发、人口分布、交通发展等情况。在这些城市基础信息的基础上，比选总结出轨道选线及设站的优劣条件，从而引导城际铁路选择最为合适的建设区域。之后，要结合站点与城市的空间关系、开发潜力和交通区位来初步明确轨道站的设计定位，并以此为出发点，考虑城市发展策略、城市经济水平、城市交通结构和民众出行需求等要素，对轨道站的客流量进行科学预测，为后续配套设施规模预测和用地功能开发研究奠定基础。

(2) 初期方案阶段

在初期方案阶段，需要将抽象化的设计指标和思想转向具象化的设计草案。初期方案的制订是对项目可行性研究的评估和结果塑形，可看作是对站城协同关系在中观层面的体现与调整。该阶段拟定的设计草案应考虑城—轨空间多元化协同的发展方式，重点体现轨道线对城市产业升级的带动以及轨道站空间与城市空间相互融合。该阶段可依据总体规划进行灵活调整，形成多套方案用于比选，并通过图纸、视频、模型等方式进行展示，加速轨道选线和站点方案的初步成型。

(3) 设计优化阶段

设计优化是轨道项目从图纸走向现实的转型阶段，需要在设计中科学、严谨地协调站城关系的平衡性，引导各方要素达到相互协同与总体稳定，以实现站城融合的效益最大化。这一时期应进入方案完善阶段，重点是推动轨道站各功能要素的协调与整合，轨道的敷设形式、站点的场地形态、建筑形体、功能布局、交通规划和流线组织等都需要在这一阶段得到确定[4]。设计单位应优化处理各要素的协调问题，并通过媒体发布等方式获得公众参与和相关部门意见，以契合市民的需求。

4. 案例研究

随着长三角一体化的加速推进，都市圈内的城际铁路交通一体化建设将极大地促进城际协同发展和要素耦合分配。嘉善县作为长三角生态绿色一体化发展示范区的重要组成部分，是沪杭经济廊道上人员流动的必经之地。随着沪嘉城际铁路、示范区轨道、沪昆铁路等三条轨道线的规划新建与改造，“沪嘉同城效应”将进一步彰显，嘉善的战略地位也将随着城际铁路网的建成而得到跃升。在此背景之下，嘉善如何把握历史发展机遇，通过轨道交通与城市空间的协同发展来提升城市价值、复兴存量空间、树立对外形象是亟待研究的课题。

嘉善县境内的沪昆铁路东西向沿城市中心区穿城而过，阻隔了南北的交通联系，造成了城市南北割裂的状态。计划中的沪昆铁路高架改造为打通城市内部南北交通联系创造了条件，“沪嘉城际铁路交通沿线城市设计”项目应用本次研究理论，提出沪嘉城际铁路与沪昆铁路并行走行，在嘉善境内 13.5 km 全线高架敷设的方案(图 1)。这既可避免城市空间继续割裂，带来空间功能整合重组，有助形成南北城区的联动发展；同时，轨道共用廊道又节省了城市土地，通过充分挖掘桥下空间潜力，以人居功能性、文化艺术性、空间经济性来激活以往低效的轨道高架桥下空间，进一步提高土地资源利用率。这些措施无论对于嘉善县城市的未来发展，还是今后使用轨道交通的设施都十分有利。

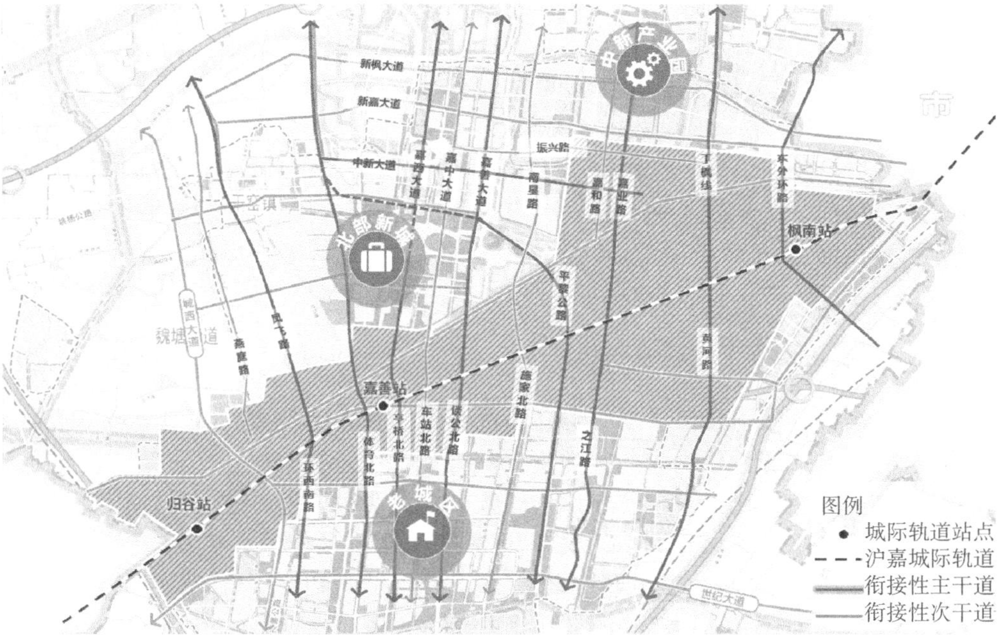

图 1　沪嘉城际铁路高架敷设段沿线道路贯通方案

在城—轨协同理论的指导下，规划通过区域廊道活力激发、老城存量用地更新、高架桥下空间利用、人文生活场景示范及站城互融协同发展等设计策略，将沪嘉城际铁路沿线区域打造成为连接上海中心区域的最美水乡魅力画卷。在轨道沿线范围内，应用多样化、定量化的技术手段研究轨道敷设形式、轨道选线选型、站点规模等级和服务水平与城市空间发展之间的耦合关系，探索了都市圈轨道交通与城市空间协同发展的设计方法。

在轨道站点周边范围内，围绕“站城融合”设计嘉善站枢纽节点，考虑集约用地、置换盘活功能，在空间结构上充分沟通南北，形成十字轴向的对话关系。整体设计通过以车站为起点的人行连廊系统，串联南部人文景点，带动北部存量用地，将枢纽片区更新为城市重要功能板块。

在交通协同方面，采用模块化的立体枢纽布局模式，充分利用地块架空层和广场地下空间布局配套交通设施，节约用地，缩短与铁路的换乘距离。遵循“各向均衡，快进快出”目标组织集散交通。在用地协同方面，枢纽突破站前广场的传统概念，利用网络化的二层连廊系统串联站前主要功能体，在核心区用地基础上拓展为多层次的城市综合体，实现“一站式”服务目标。在环境协同方面，北广场规划活力水院、都市绿芯，围绕蓝绿景观核打造文创办公、文化展示、旅游服务等站前融合空间。南广场规划古韵商业水街，沿文化轴线打造集商业、办公、商贸等功能一体的服务空间，为老城区居民填补区域公共服务配套缺失。如图 2、图 3 所示。通过将嘉善站改建为以车站为核心的人文化、现代化、便捷化的城市共享空间，从而树立起嘉善城市发展的新地标。

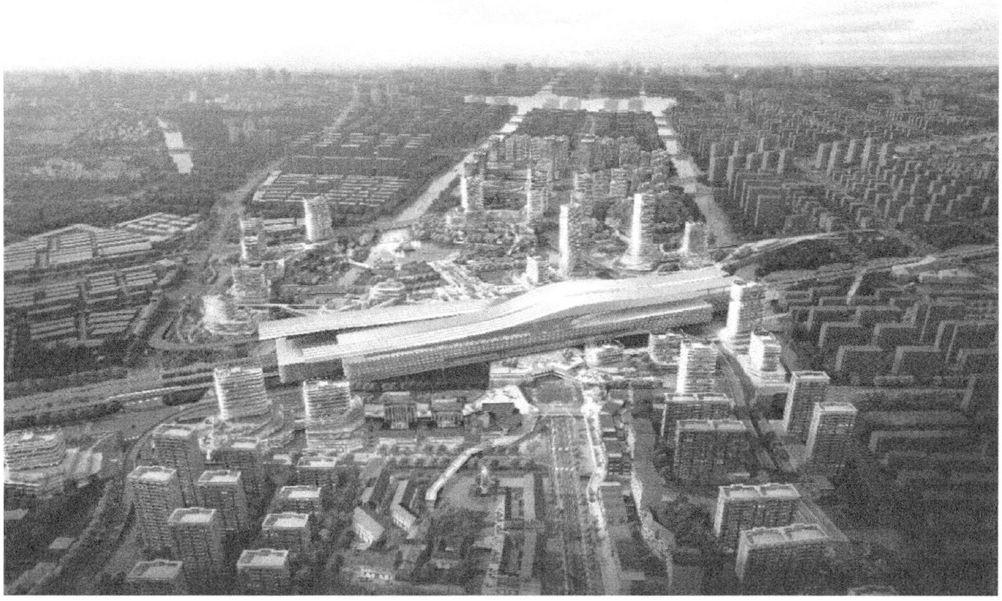

图 2　沪嘉城际嘉善站核心区城市设计效果图

图 3　沪嘉城际嘉善站核心区城市设计总平图

5. 结语

在经历了高铁大发展时代后，城际铁路在都市圈和超大城市的交通需求下将迎来巨大的发展空间和前景。相比于高速铁路，城际铁路设站多、投资少、审批快、管理条块清晰，适合于设计经验的推广。以往的铁路与城市系统协同研究多围绕相对远离老城区的高铁枢纽及高铁新城开展，在结合城市更新的设计领域存在较多空白。本文研究成果契合全国城际铁路建设和城市更新的发展趋势，可为轨道和城市协同规划及设计探索一条新路，结合日益增加的项目支撑，有助于形成从理论到实践的系统化规划方法，推动实现轨道建设和城市发展的双赢。

参考文献

[1] 李春舫，当代铁路综合交通枢纽建筑创作与实践[J]. 建筑技艺，2018(09):20-35.
[2] 施仲衡. 努力开创都市圈轨道交通协同创新发展新局面[J]. 都市快轨交通，2021(34):1-4.
[3] 靳聪毅，沈中伟. 以站城融合为导向的当代铁路客站发展研究[J]. 建筑技艺，2019(07):80-83.
[4] 张俊杰. 综合交通枢纽站城融合的研究与实践探索[J]. 华建筑，2019(3):1-5.

公交车路网调整最佳化之研究

Study of bus network adjustment optimization

林幸加[1]　朱致远[2]　李承威[3]

摘　要： 针对此临时性公交车路网调整问题，本文建构一多目标混合整数线性规划模式，求解两个相互冲突的目标式，分别为最大化路网相似度与最小化标准化后旅行时间，达到同时兼顾路网调整前后的变动与对既有乘客的影响，又能考量乘客服务水平的路网调整方案。模式中使用集合分割法改写，以增加问题求解的效率，同时采用增强型 ε-限制式法求解所建构模式的 Pareto 最佳解，用以改善过去研究与目标式单位不一致、权重订定，以及不同目标间权衡取舍等问题。

为评估本模式的路网改善成效，本文借由测试案例验证模式的合理性与有效性，以及通过情境案例分析，探讨不同封闭路段位置与不同公交车路线数目对于路网调整之影响。分析显示，本模式的调整结果合理且效果良好，并可依不同目标函数间的权衡取舍找出最满意的调整方案。

关键词： 公交车路网调整；多目标混合整数线性规划模式；路网相似度；旅行时间；集合分割法；增强型 ε-限制式法

Abstract: Hence, the study proposes a multi-objective mixed integer linear programming model with two conflicting objectives, which maximizes the bus network similarity and minimizes the normalized travel time, so as to consider both the change of bus network and the influence on existing passengers. In addition, the model is reformulated as a set-partitioning problem to increase the efficiency of problem solving. Also, augmented ε-constraint method is used to solve for Pareto optimal solutions, which can improve the problems of past studies like the inconsistency of different objectives, the presume of weights, and the evaluation of trade-offs between different objectives.

To evaluate the effectiveness of bus network adjustment, the study verifies the reasonability and effectiveness of the model by test examples. Also, through scenario analysis, the impacts of different closed road sections and different number of bus routes are discussed. The results show that the proposed model is reasonable and effective. Also, decision-makers can have the most satisfactory adjustment plan based on their trade-offs between different objectives.

Key words: bus network adjustment; multi-objective mixed integer linear programming model; bus network similarity; travel time; set-partitioning formulation; augmented ε-constraint method

1. 前言

公交车系统的规划与营运，大致可分成路网设计（Network Design）、发车频率订定（Frequencies Setting）、时刻表建构（Timetable Development）、车辆排程（Bus Scheduling）与司机员排班（Driver Scheduling）五大类(Ceder & Wilson, 1986)。然过去研究鲜少针对公交车路网设计所衍生的公交车路网调整问题进行探讨，尤其是因应特殊事件或活动所进行的“临时性公交车路网调整”问题。且过去相关文献中较少利用数学规划及多目标规划法求解，亦无同时考量路网调整前后的关系与变动及对既有乘客的影响。本文旨在建构一临时性公交车路网调整的多目标混合整数线性规划模式，并以最大化路

1　林幸加，台湾大学土木工程学系博士生/鼎汉国际工程顾问股份有限公司副董事长。
2　朱致远，台湾大学土木工程学系教授。
3　李承威，台湾大学土木工程学系硕士。

网相似度及最小化标准化后旅行时间为多目标求解，达到同时兼顾路网调整前后的变动与对既有乘客的影响。

2. 文献回顾

公交车路网调整问题是探讨如何改善原有的公交车路网，以得到调整后的公交车路线及其经过的站点顺序，因此须纳入原本路网与调整后路网的关系与变动（Amiripour et al.，2015），并考量路网调整前后的变动幅度不能过大，否则反而造成业者调整成本过高及降低民众搭乘意愿。

在路网调整前后的关系与变动方面，仅 Hwe et al.（2006）在目标式采用路线合并的重叠程度、调整前后的总班次差异等路网描述，并最佳化路网调整的变动幅度；Blum and Mathew（2012）虽然有在限制式使用保留既有路线的发车频率比例做限制，但保留既有路线做法不符合调整的原则，且无法表达路网调整前后的变动；其余文献大多采用需求未被满足的惩罚值，处理既有乘客在路网调整后的运输需求，而未处理其旅行时间差异。

多目标规划法是一种可同时考量两个目标以上之数学规划法，目标是找 Pareto 最佳解（Pareto optimal solutions），此 Pareto 最佳解集合在目标空间所构成的曲线称为 Pareto 前缘线（Pareto front），可提供决策者不同目标间的权衡关系，进而得到最终的选择方案。过去文献将多目标规划的求解方法分为偏好法（Preference-Based Methods）与生成法（Generating Methods）（Miettinen，1999；Diwekar，2003；Rangaiah，2009）。偏好法又可依照决策者提供信息之时机不同，分为事先提供偏好信息（A Priori Methods）与渐进式提供偏好信息（Interactive Methods）两类。由于本模式采用混合整数线性规划模式进行求解，因此仅能采用将多目标函数转换为单一目标函数的纯量化方法求出 Pareto 最佳解。

进一步比较纯量化方法的权重法与 ε-限制式法，权重法是通过一系列不同的权重将 Pareto 前缘线绘制出来；ε-限制式法是将其中一个目标式当作主要的目标式，其余目标式放入限制式中，并通过订定不同的限制范围 ε，将 Pareto 解集合求解出来。使用 ε-限制式法的优点有以下三点（Mavrotas，2009），分别为：①ε-限制式法能在可行解区域求解出非角点，且较权重法更能找到更多且有效的解；②ε-限制式法可以处理非凸函数（Non-convex）的问题；③ε-限制式法因为只有一个主要目标式，其余在限制式中被约束，因此没有目标式单位一致性的问题。然 ε-限制式法亦存在部分缺点：①无法保证目标函数在限制式的限制范围之适用性；②无法保证得到的解均为有效的 Pareto 最佳解，而是近似于 Pareto 最佳解的解；③求解时间费时。故基于上述缺点，本文采用 Mavrotas（2009）针对 ε-限制式法所修改的增强型 ε-限制式法（Augmented ε-Constraint Method），作为本模式之多目标求解方法。

由过去文献显示尚无同时处理路网调整前后的关系与变动及对既有乘客的影响，因此本文拟通过建构多目标混合整数线性规划模式，以最佳化路网相似度与标准化后旅行时间为多目标求解，且采用生成法的增强型 ε-限制式法，先产生问题的 Pareto 解集合，再通过模糊方法（Fuzzy Approach）处理决策者的最满意方案。

3. 模式构建

3.1 问题描述

给定一路网 $G=(N, A)$，其中 N 为节点（公交车站点）之集合，A 为节线（路段）之集合，公交车路线定义为公交车行经的站点顺序，其为往返路线且受最大路线长度限制，起讫对定义为具有相同起点与讫点的乘客，并且具有相同的移动路径，且已知路网上存在原本行驶的公交车路线与既有起讫对的移动路径。本文以最大化路网相似度与最小化标准化后旅行时间为目标，进行临时性公交车路网调整。

3.2 问题假设

本文探讨问题及模式建构相关假设说明如下：
(1) 所有公交车路线皆为往返路线。
(2) 不考虑公交车容量限制。
(3) 公交车发车频率固定。
(4) 节线(路段)之旅行时间为已知且定值，不考虑随机性。
(5) 转乘等待时间为两条公交车路线班距平均之二分之一。
(6) 公交车路网调整前后的起讫对需求不变。

3.3 模式

1) 符号定义

集合	
A	路网上所有节线之集合，以任两节点表示
A_{ab}	路网调整前起讫对(a, b)乘客路径之节线集合
CA	所有封闭节线之集合，以(i, j)表示
L	路网调整后所有路线之集合，以l与e表示
N	路网上所有节点之集合，以i、j、k、a、b表示
R	路网调整前所有起讫对之集合，以(a, b)表示
参数	
d_l	路网调整后路线l的出发站节点
$dist_{ij}$	节点i至节点j的距离
ε	极小容忍值
g_l	路网调整后路线l的折返节点
M	极大值
max^{dist}	单一路线的最大行驶距离
max^{t}	单一路线的最大行经节线个数
n_{ab}^{link}	路网调整前起讫对(a, b)的行经节线个数
p_{ab}	路网调整后起讫对(a, b)未被服务之惩罚值
q_{ab}	起讫对(a, b)的需求量，并标准化成0至1的数值
t_{ab}	路网调整前起讫对(a, b)的旅行时间
$time_{ij}$	节点i至节点j的旅行时间
α	路线相似度的权重
β	旅行时间相似度的权重
ω	乘客路径的最大转乘次数限制
τ	路线转乘等待时间
变量	
CN_{ij}	节点i与节点j在路网调整后是否有连通之二元变量，1代表是，0代表否

D_{ab}	起讫对(a, b)在路网调整前后的旅行时间差之连续变量
δ_{ab}	非线性转换线性数学模式之二元变量
H_i	节点i是否在调整后的路网上之二元变量，1代表是，0代表否
P_{abijtl}	在调整后路网上，起讫对(a, b)是否在路段顺序t时经过路线l的节线(i, j)之二元变量，1代表是，0代表否
S_{ab}^{1}	起讫对(a, b)在路网调整后的路线相似度之连续变量
S_{ab}^{2}	起讫对(a, b)在路网调整后的旅行时间相似度之连续变量
θ_{ab}	非线性转换线性数学模式之二元变量
U_{ijtl}	路网调整后路线l是否在路段顺序t时经过节线(i, j)之二元变量，1代表是，0代表否
V_{il}	节点i是否在路网调整后路线l之二元变量，1代表是，0代表否
W_{ab}	起讫对(a, b)在路网调整后是否没有被服务之二元变量，1代表是，0代表否
X_{ijl}	路网调整后路线l是否经过节线(i, j)之二元变量，1代表是，0代表否
Y_{abijl}	在调整后路网上，起讫对(a, b)是否有经过路线l的节线(i, j)之二元变量，1代表是，0代表否
Z_{abjle}	在调整后路网上，起讫对(a, b)是否有在节点j从路线l转乘至路线e之二元变量，1代表是，0代表否

2) 多目标混合整数线性规划模式

本文之最佳化模式以最大化路网相似度(f_1)与最小化标准化后旅行时间(f_2)为多目标进行求解，如

式(1)与式(2)所示。在路网相似度方面,本文将其定义为调整后路网相较于调整前路网的相似程度,由路线相似度(S_{ab}^1)与旅行时间相似度(S_{ab}^2)组成。α与β分别为路线相似度及旅行时间相似度之权重,$\alpha+\beta=1$。在标准化后旅行时间方面,本文将其定义为起讫对在路网调整后的旅行时间与调整前的旅行时间之比值,标准化之目的为去除数据的单位,使其有相同的标准来比较与加总。其中,起讫对(a, b)在路网调整后的旅行时间主要由旅行时间、转乘等待时间及未被服务之惩罚值所组成,分别依序为$\sum_{l\in L}\sum_{(i,j)\in A} time_{ij} Y_{abijl}$、$\sum_{l\in L}\sum_{\{e\in L|l\neq e\}}\sum_{j\in N}\tau Z_{abjle}$,以及$p_{ab}W_{ab}$,以及$p_{ab}W_{ab}$,$\frac{1}{q_{ab}}$为起讫对$(a, b)$需求量之倒数,使其符合目标式最小化之要求。

$$\text{Max } f_1 = \sum_{(a,b)\in R} q_{ab}(\alpha S_{ab}^1 + \beta S_{ab}^2) \tag{1}$$

$$\text{Min } f_2 = \sum_{(a,b)\in R} \frac{1}{q_{ab}}\left(\frac{\sum_{l\in L}\sum_{(i,j)\in A} time_{ij} Y_{abijl} + \sum_{l\in L}\sum_{\{e\in L|l\neq e\}}\sum_{j\in N}\tau Z_{abjle} + p_{ab}W_{ab}}{t_{ab}}\right) \tag{2}$$

式(3)至式(12)为公交车服务路线限制式。式(3)限制公交车路线存在于调整后的路网上或被删减两者之一。式(4)与式(5)表示折返站点在调整后路网的位置。式(6)与式(7)表示若公交车路线l存在于调整后的路网上。式(8)为往返路线限制式。式(9)为流量守恒限制式。式(10)为封闭路段限制式。式(11)表示调整后的路网必须至少存在一条公交车路线。式(12)为最大路线长度限制式,即限制每条公交车路线l的总路线长度不能大于单一路线的最大行驶距离。

$$\sum_{(d_l,k)\in A} X_{d_l kl} \leqslant 1,\ \forall l \in L \tag{3}$$

$$\sum_{(i,g_l)\in A} X_{ig_l l} = \sum_{(d_l,k)\in A} X_{d_l kl},\ \forall l \in L \tag{4}$$

$$\sum_{(g_l,j)\in A} X_{g_l jl} = \sum_{(d_l,k)\in A} X_{d_l kl},\ \forall l \in L \tag{5}$$

$$\sum_{(i,j)\in A} X_{ijl} \leqslant 2\sum_{(d_l,k)\in A} X_{d_l kl},\ \forall i \in N,\ i\neq d_l \neq g_l,\ l\in L \tag{6}$$

$$\sum_{(i,j)\in A} X_{ijl} \leqslant 2\sum_{(d_l,k)\in A} X_{d_l kl},\ \forall j \in N,\ j\neq d_l \neq g_l,\ l\in L \tag{7}$$

$$X_{ijl} = X_{jil},\ \forall (i,j)\in A,\ l\in L \tag{8}$$

$$\sum_{(i,j)\in A} X_{ijl} = \sum_{(j,k)\in A} X_{jkl},\ \forall j\in N,\ l\in L \tag{9}$$

$$\sum_{l\in L} X_{ijl} = 0,\ \forall (i,j)\in CA \tag{10}$$

$$\sum_{l\in L}\sum_{(d_l,k)\in A} X_{d_l kl} \geqslant 1 \tag{11}$$

$$\sum_{(i,j)\in A} dist_{ij} X_{ijl} \leqslant max^{dist},\ \forall l\in L \tag{12}$$

式(13)至式(18)为节点连通性限制式。式(13)与式(14)用来判断节点i是否在公交车路线l上。式(15)与式(16)用来判断节点i是否在调整后的路网上。式(17)与式(18)用来判断任两节点是否连通,且$i\neq j$。

$$\sum_{(i,j)\in A} X_{ijl} \leqslant 2V_{il},\ \forall i\in N,\ l\in L \tag{13}$$

$$\sum_{(i,j)\in A} X_{ijl} \geqslant V_{il},\ \forall i\in N,\ l\in L \tag{14}$$

$$\sum_{l \in L} V_{il} - 1 \leqslant -\varepsilon + (M+\varepsilon) H_i, \forall i \in N \tag{15}$$

$$\sum_{l \in L} V_{il} \geqslant H_i,\ \forall i \in N \tag{16}$$

$$H_i + H_j \leqslant CN_{ij} + 1,\ \forall i \in N, j \in N, i \neq j \tag{17}$$

$$H_i + H_j \geqslant 2CN_{ij},\ \forall i \in N, j \in N, i \neq j \tag{18}$$

式(19)至式(28)为乘客移动路径限制式。式(19)限制公交车路线须先经过节线，起讫对才能行经该路线的该节线。式(20)限制起讫对须在调整后的路网上有连通，才能有该起讫对的行经路径。式(21)限制起讫对(a, b)只能在有移动路径与没有移动路径两者择一。式(22)与式(23)表示若起讫对(a, b)有移动路径，则该起讫对每个进入与离开该节点的节线数分别最多为1次，反之则为0次。式(24)限制起讫对(a, b)在节线(i, j)与(j, i)只能择一。式(25)表示起讫对在调整后路网上的流量守恒。式(26)与式(27)表示起讫对在调整后路网的转乘行为，若$\sum_{\{(i,j)\in A|j\neq b\}} Y_{abijl} + \sum_{\{(j,k)\in A|j\neq a\}} Y_{abjke} = 2$，则$Z_{abjle}=1$，表示起讫对$(a, b)$在节点$j$有从路线$l$转乘至路线$e$，其中$l \neq e$；若$\sum_{\{(i,j)\in A|j\neq b\}} Y_{abijl} + \sum_{\{(j,k)\in A|j\neq a\}} Y_{abjke} = 0$或1，则$Z_{abjle}=0$，表示起讫对$(a, b)$在节点$j$没有路线$l$与$e$的转乘行为。式(28)表示起讫对的总转乘次数限制，使其不超过最大转乘次数ω。

$$X_{ijl} \geqslant Y_{abijl},\ \forall (i, j) \in A, (a, b) \in R, l \in L \tag{19}$$

$$CN_{ab} \geqslant Y_{abijl},\ \forall (i, j) \in A, (a, b) \in R, l \in L \tag{20}$$

$$\sum_{l \in L} \sum_{(a,k) \in A} Y_{abakl} + W_{ab} = 1,\ \forall (a, b) \in R \tag{21}$$

$$\sum_{l \in L} \sum_{(i,j) \in A} Y_{abijl} \leqslant \sum_{l \in L} \sum_{(a,k) \in A} Y_{abakl},\ \forall i \in N, (a, b) \in R \tag{22}$$

$$\sum_{l \in L} \sum_{(i,j) \in A} Y_{abijl} \leqslant \sum_{l \in L} \sum_{(a,k) \in A} Y_{abakl},\ \forall j \in N, (a, b) \in R \tag{23}$$

$$\sum_{l \in L} Y_{abijl} + \sum_{l \in L} Y_{abjil} \leqslant 1,\ \forall (i, j) \in A, (a, b) \in R \tag{24}$$

$$\sum_{l \in L} \sum_{\{(i,j) \in A | j \neq b\}} Y_{abijl} = \sum_{l \in L} \sum_{\{(j,k) \in A | j \neq a\}} Y_{abjkl},\ \forall j \in N, (a, b) \in R \tag{25}$$

$$\sum_{\{(i,j) \in A | j \neq b\}} Y_{abijl} + \sum_{\{(j,k) \in A | j \neq a\}} Y_{abjke} \leqslant Z_{abjle} + 1,\ \forall j \in N, (a, b) \in R, l \in L, e \in L, l \neq e \tag{26}$$

$$\sum_{\{(i,j) \in A | j \neq b\}} Y_{abijl} + \sum_{\{(j,k) \in A | j \neq a\}} Y_{abjke} \geqslant 2Z_{abjle},\ \forall j \in N, (a, b) \in R, l \in L, e \in L, l \neq e \tag{27}$$

$$\sum_{l \in L} \sum_{\{e \in L | l \neq e\}} \sum_{j \in N} Z_{abjle} \leqslant \omega,\ \forall (a, b) \in R \tag{28}$$

式(29)至式(34)为消除子循环限制式。其中式(29)至式(31)为消除公交车服务路线之子循环，式(29)表示若公交车路线l存在于调整后的路网上，则在此虚拟的时空路网上，节线(d_l, j)在路段顺序1时必定为1。式(30)为连接调整后路网的公交车服务路线与虚拟时空路网，其中，路段顺序t的范围为1至max^t，max^t为路段顺序的上界。式(31)表示虚拟时空路网的流量守恒，且须按照路段顺序t依序连接。

$$\sum_{(d_l, j) \in A} U_{d_l j 1 l} = \sum_{(d_l, j) \in A} X_{d_l j l},\ \forall l \in L \tag{29}$$

$$\sum_{t=1}^{max^t} U_{ijtl} = X_{ijl},\ \forall (i, j) \in A, l \in L \tag{30}$$

$$\sum_{(i,\,j)\in A} U_{ij(t-1)l} = \sum_{(j,\,k)\in A} U_{jktl},\ \forall j \in N,\ j \neq d_l,\ t \in \{2,\ \cdots,\ max^t\},\ l \in L \tag{31}$$

式(32)、式(33)与式(34)为消除乘客路径之子循环，以建立一虚拟的时空路网与模式搭配，并通过二元变量 P_{abijtl} 判断在调整后路网上，起讫对 $(a,\ b)$ 是否在路段顺序 t 时经过路线 l 的节线 $(i,\ j)$，借此达到消除子循环之目的。式(32)表示若起讫对 $(a,\ b)$ 的移动路径存在于调整后的路网上，则在此虚拟的时空路网上。式(33)为连接调整后路网的乘客移动路径与虚拟时空路网，其中，路段顺序 t 的范围为 1 至 max^t，max^t 为路段顺序的上界，在此为单一路线的最大行经节线个数。式(34)表示虚拟时空路网的流量守恒，且须按照路段顺序 t 依序连接。

$$\sum_{l\in L}\sum_{(a,\,j)\in A} P_{abaj1l} = \sum_{l\in L}\sum_{(a,\,j)\in A} Y_{abajl},\ \forall (a,\ b) \in R \tag{32}$$

$$\sum_{t=1}^{max^t} P_{abijtl} = Y_{abijl},\ \forall (i,\ j) \in A,\ (a,\ b) \in R,\ l \in L \tag{33}$$

$$\sum_{l\in L}\sum_{\{(i,\,j)\in A \mid j\neq b\}} P_{abij(t-1)l} = \sum_{l\in L}\sum_{\{(j,\,k)\in A \mid j\neq a\}} P_{abjktl},\ \forall j \in N,\ (a,\ b) \in R,\ t \in \{2,\ \cdots,\ max^t\} \tag{34}$$

路网相似度由路线相似度 (S_{ab}^1) 与旅行时间相似度 (S_{ab}^2) 所组成。计算标准如式(35)至式(37)所示。式(35)限制起讫对必须在路网调整后有连通，才会有路线相似度。式(36)与式(37)表示路线相似度的计算标准为 $\left(\dfrac{\sum_{l\in L}\sum_{(i,\,j)\in A_{ab}} Y_{abijl}}{n_{ab}^{link}}\right)$。$n_{ab}^{link}$ 为起讫对 $(a,\ b)$ 在路网调整前的行经路段数；$\sum_{l\in L}\sum_{(i,\,j)\in A_{ab}} Y_{abijl}$ 为起讫对 $(a,\ b)$ 在路网调整后行经的路径中，同样也是调整前路网所行经的路段数，其中，A_{ab} 为路网调整前起讫对 $(a,\ b)$ 的乘客路径之节线集合。

旅行时间相似度定义为路网调整前起讫对形成路线的旅行时间与在路网调整后该起讫对旅行时间的差异度，其为一个介于 0 至 1 的连续变量，计算标准如式(38)与式(39)所示。式(38)表示起讫对在路网调整前后的旅行时间差 (D_{ab})，由于旅行时间差为非负值，故对其取绝对值。式(39)表示旅行时间相似度的计算标准为 $\max\left\{\left(1-\dfrac{D_{ab}}{t_{ab}}\right),0\right\}$。若 $\left(1-\dfrac{D_{ab}}{t_{ab}}\right)$ 计算为负值：

$$CN_{ab} \geqslant S_{ab}^1,\ \forall (a,\ b) \in R \tag{35}$$

$$\left(\frac{\sum_{l\in L}\sum_{(i,\,j)\in A_{ab}} Y_{abijl}}{n_{ab}^{link}}\right) - S_{ab}^1 \leqslant 1 - CN_{ab},\ \forall (a,\ b) \in R \tag{36}$$

$$\left(\frac{\sum_{l\in L}\sum_{(i,\,j)\in A_{ab}} Y_{abijl}}{n_{ab}^{link}}\right) - S_{ab}^1 \geqslant 0,\ \forall (a,\ b) \in R \tag{37}$$

$$D_{ab} = \left|\left(\sum_{l\in L}\sum_{(i,\,j)\in A} time_{ij} Y_{abijl} + \sum_{l\in L}\sum_{\{e\in L \mid l\neq e\}}\sum_{j\in N} \tau Z_{abjle} + p_{ab}W_{ab}\right) - t_{ab}\right|,\ \forall (a,\ b) \in R \tag{38}$$

$$S_{ab}^2 = \max\left\{\left(1-\frac{D_{ab}}{t_{ab}}\right),\ 0\right\},\ \forall (a,\ b) \in R \tag{39}$$

式(40)至式(51)为模式中使用之变量定义限制式：

$$X_{ijl} = \{0,\ 1\},\ \forall (i,\ j) \in A,\ l \in L \tag{40}$$

$$V_{il} = \{0,\ 1\},\ \forall i \in N,\ l \in L \tag{41}$$

$$H_i = \{0,\ 1\},\ \forall i \in N \tag{42}$$

$$CN_{ij} = \{0,\ 1\},\ \forall i \in N,\ j \in N,\ i \neq j \tag{43}$$

$$Y_{abijl}=\{0, 1\}, \forall (i, j) \in A, (a, b) \in R, l \in L \tag{44}$$

$$W_{ab}=\{0, 1\}, \forall (a, b) \in R \tag{45}$$

$$Z_{abjle}=\{0, 1\}, \forall j \in N, (a, b) \in R, l \in L, e \in L, l \neq e \tag{46}$$

$$U_{ijtl}=\{0, 1\}, \forall (i, j) \in A, t \in \{1, \cdots, max^t\}, l \in L \tag{47}$$

$$P_{abijtl}=\{0, 1\}, \forall (i, j) \in A, (a, b) \in R, t \in \{1, \cdots, max^t\}, l \in L \tag{48}$$

$$0 \leqslant S_{ab}^1 \leqslant 1, \forall (a, b) \in R \tag{49}$$

$$D_{ab} \geqslant 0, \forall (a, b) \in R \tag{50}$$

$$0 \leqslant S_{ab}^2 \leqslant 1, \forall (a, b) \in R \tag{51}$$

考量式(38)与式(39)为非线性数学模式,因此本文将其转换为线性模式,以减少问题的复杂度。式(38)转换为式(52)至式(55)。式(52)与式(53)用来决定 D_{ab} 的下界,使式(38)的绝对值拆解后,D_{ab} 的下界为正值或零。式(54)与式(55)借由新增二元变量 δ_{ab},用来决定 D_{ab} 的上界,其逻辑判断式为若式(38)的绝对值内数值大于零,则 $\delta_{ab}=0$, D_{ab} 的上界为$\left(\sum_{l\in L}\sum_{(i, j)\in A} time_{ij}Y_{abijl}+\sum_{l\in L}\sum_{\{e\in L|l\neq e\}}\sum_{j\in N}\tau Z_{abjle}+p_{ab}W_{ab}\right)-t_{ab}$;若式(38)的绝对值内数值小于零,则 $\delta_{ab}=1$, D_{ab} 的上界为 $t_{ab}-\left(\sum_{l\in L}\sum_{(i, j)\in A} time_{ij}Y_{abijl}+\sum_{l\in L}\sum_{\{e\in L|l\neq e\}}\sum_{j\in N}\tau Z_{abjle}+p_{ab}W_{ab}\right)$;若式(38)的绝对值内数值等于零,则 $\delta_{ab}=0$ 或 1, D_{ab} 的上界为零。

$$D_{ab} \geqslant \left(\sum_{l\in L}\sum_{(i, j)\in A} time_{ij}Y_{abijl}+\sum_{l\in L}\sum_{\{e\in L|l\neq e\}}\sum_{j\in N}\tau Z_{abjle}+p_{ab}W_{ab}\right)-t_{ab}, \forall (a, b) \in R \tag{52}$$

$$D_{ab} \geqslant t_{ab}-\left(\sum_{l\in L}\sum_{(i, j)\in A} time_{ij}Y_{abijl}+\sum_{l\in L}\sum_{\{e\in L|l\neq e\}}\sum_{j\in N}\tau Z_{abjle}+p_{ab}W_{ab}\right), \forall (a, b) \in R \tag{53}$$

$$D_{ab} \leqslant \left(\sum_{l\in L}\sum_{(i, j)\in A} time_{ij}Y_{abijl}+\sum_{l\in L}\sum_{\{e\in L|l\neq e\}}\sum_{j\in N}\tau Z_{abjle}+p_{ab}W_{ab}\right)-t_{ab}+M\times\delta_{ab}, \forall (a, b) \in R \tag{54}$$

$$D_{ab} \leqslant t_{ab}-\left(\sum_{l\in L}\sum_{(i, j)\in A} time_{ij}Y_{abijl}+\sum_{l\in L}\sum_{\{e\in L|l\neq e\}}\sum_{j\in N}\tau Z_{abjle}+p_{ab}W_{ab}\right)+M\times(1-\delta_{ab}), \forall (a, b) \in R \tag{55}$$

式(39)转换为式(56)至式(60)。式(56)与式(57)借由新增二元变量 θ_{ab},用来判断$\left(1-\frac{D_{ab}}{t_{ab}}\right)$的正负符号,其逻辑判断式为若$\left(1-\frac{D_{ab}}{t_{ab}}\right)\geqslant 0$,则 $\theta_{ab}=1$;若$\left(1-\frac{D_{ab}}{t_{ab}}\right)<0$,则 $\theta_{ab}=0$。式(58)至式(60)利用 θ_{ab} 决定 S_{ab}^2 的数值,其逻辑判断式为若 $\theta_{ab}=1$,则式(58)表示 $S_{ab}^2\leqslant M$,式(59)与式(60)表示 $S_{ab}^2=\left(1-\frac{D_{ab}}{t_{ab}}\right)$,所以 $S_{ab}^2=\left(1-\frac{D_{ab}}{t_{ab}}\right)$;若 $\theta_{ab}=0$,则式(58)表示 $S_{ab}^2\leqslant 0$,式(59)与式(60)表示 $-M+\left(1-\frac{D_{ab}}{t_{ab}}\right)\leqslant S_{ab}^2\leqslant M+\left(1-\frac{D_{ab}}{t_{ab}}\right)$,所以 $S_{ab}^2=0$。

$$\left(1-\frac{D_{ab}}{t_{ab}}\right)\leqslant(1+\varepsilon)\theta_{ab}-\varepsilon, \forall (a, b) \in R \tag{56}$$

$$\left(1-\frac{D_{ab}}{t_{ab}}\right)\geqslant -M\times(1-\theta_{ab}), \forall (a, b) \in R \tag{57}$$

$$S_{ab}^2\leqslant M\times\theta_{ab}, \forall (a, b) \in R \tag{58}$$

$$S_{ab}^2-\left(1-\frac{D_{ab}}{t_{ab}}\right)+M\times\theta_{ab}\leqslant M,\ \forall(a,b)\in R \tag{59}$$

$$S_{ab}^2-\left(1-\frac{D_{ab}}{t_{ab}}\right)-M\times\theta_{ab}\geqslant -M,\ \forall(a,b)\in R \tag{60}$$

式(61)与式(62)为非线性转换为线性数学模式所使用之变量定义限制式。

$$\delta_{ab}=\{0,1\},\forall(a,b)\in R \tag{61}$$

$$\theta_{ab}=\{0,1\},\forall(a,b)\in R \tag{62}$$

本文使用集合分割法将原数学模式进行改写。首先,列举所有公交车路线的可行路径,包含与原公交车路线一致的出发站点与折返站点,排除超过单一路线总长度限制与经过封闭路段的路线,并将其整理至新增加的两个集合里。B_{ln}^A 为路网调整后路线l的公交车路径n之节线集合,其元素以(i,j)表示;B_{ln}^N 为路网调整后路线 l 的公交车路径n之节点集合,其元素以 i 表示。此两集合的每条路线的最后一条公交车路径为空集合,表示路线被删减的情况。其次,新增二元变量λ_{ln},决定在调整后路网上,路线l是否使用公交车路径 n 来当作该路线的走法,1 代表是,0 代表否。由于所有公交车路线的可行路径已被列举出来,因此原模式的公交车服务路线限制式(式(3)至式(12))将全部被删除,取而代之的是增加式(63)与式(64),式(63)表示每条公交车路线 l 皆要在公交车路径 n 中挑选出一条来当作该路线的走法。式(64)表示调整后路网上至少须存在一条公交车路线。其中,f_l 为路网调整后路线 l 的总公交车路径数目,n^{line} 为路网调整前的总公交车路线数目。

$$\sum_{n=1}^{f_l}\lambda_{ln}=1,\forall l\in L \tag{63}$$

$$\sum_{l\in L}\lambda_{lf_l}\leqslant n^{line}-1 \tag{64}$$

最后,在节点连通性限制式方面,删除式(13)至式(16),取而代之的是增加式(65)至式(68),包含新增二元变量 I_{iln}。式(65) 与式(66) 用来判断节点 i 是否在公交车路线l 的公交车路径n 上,其逻辑判断式为若节点 i 在节点集合 B_{ln}^N 里,且 $\lambda_{ln}=1$,则 $I_{iln}=1$;若节点 i 在节点集合 B_{ln}^N 里,但 $\lambda_{ln}=0$,则 $I_{iln}=0$;若节点 i 不在节点集合 B_{ln}^N 里,则无论 λ_{ln} 是 0 或 1,I_{iln} 均为 0。式(67) 与式(68) 用来判断节点 i 是否在调整后的路网上,其逻辑判断式为若 $\sum_{l\in L}\sum_{n=1}^{f_l}I_{iln}\geqslant 1$,表示节点 i 至少在其中一条公交车路线上,则 $H_i=1$;若 $\sum_{l\in L}\sum_{n=1}^{f_l}I_{iln}=0$,表示节点 i 不在任何公交车路线上,则 $H_i=0$。

$$\lambda_{ln}=I_{iln},\ \forall l\in L,\ n\in\{1,\cdots,f_l\},\ i\in B_{ln}^N \tag{65}$$

$$I_{iln}=0,\ \forall l\in L,\ n\in\{1,\cdots,f_l\},\ i\in N\backslash B_{ln}^N \tag{66}$$

$$\sum_{l\in L}\sum_{n=1}^{f_l}I_{iln}-1\leqslant -\varepsilon+(M+\varepsilon)H_i,\ \forall i\in N \tag{67}$$

$$\sum_{l\in L}\sum_{n=1}^{f_l}I_{iln}\geqslant H_i,\ \forall i\in N \tag{68}$$

在乘客移动路径限制式方面,删除式(19),取而代之的是增加式(69),表示新增的二元变量 λ_{ln} 与 Y_{abijl} 的关系,对于每一组起讫对(a,b) 而言,无论节线(i,j) 是否属于该路线 l 的公交车路径n,其 Y_{abijl} 均可为 0 或 1。在消除子循环限制式方面,由于所有公交车路线的可行路径已被列举出来,且无公交车服务路线之子循环,故删除式(29) 至式(31)。其余限制式因无涉及原变量 X_{ijl},因此均维持不变。而式(70)与式(71)为集合分割法所新增之变量定义限制式。

本文使用集合分割法所改写的数学模式与原数学模式式(1)至式(37)，以及式(40)至式(62)为等价，因此后续皆采用集合分割法所改写的数学模式进行求解，全部整理为式(1)、式(2)、式(17)、式(18)、式(20)至式(28)、式(32)至式(37)，以及式(40)至式(71)。

$$\lambda_{ln} + Y_{abijl} - 1 \leqslant 0,\ \forall l \in L,\ n \in \{1, \cdots, f_l\},\ (i, j) \in A \backslash B_{ln}^{A},\ (a, b) \in R \tag{69}$$

$$\lambda_{ln} = \{0, 1\},\ \forall l \in L,\ n \in \{1, \cdots, f_l\} \tag{70}$$

$$I_{iln} = \{0, 1\},\ \forall l \in L,\ n \in \{1, \cdots, f_l\},\ i \in N \tag{71}$$

4. 案例测试与分析

4.1 测试案例

本文的测试案例采用 Mandl(1979)所提出的瑞士真实路网，如图 1 所示，路网上共有 15 个节点，以及 42 条有方向节线(图中为 21 条无方向节线)，节在线的数字为两节点间的旅行时间(min)。为评估本模式所产生结果的合理性与有效性、路网调整的改善成效，以及不同目标函数间的权衡取舍等，本文设计一个测试案例加以说明。测试案例采用 Mandl(1979)所使用的四条公交车路线，如图 2 所示，分别为 Route 1：4-3-5-7-14-6-14-7-5-3-4、Route 2：0-1-2-5-7-9-10-12-10-9-7-5-2-1-0、Route 3：11-3-5-14-8-14-5-3-11，以及 Route 4：12-13-9-13-12；封闭路段假设为(7, 9)，其为原公交车路网上经过乘客数最多的路段。表 1 为测试案例之参数设定。

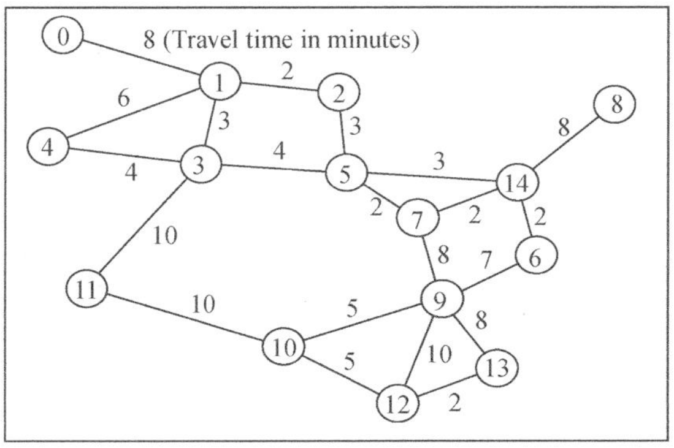

图 1 Mandl(1979)公交车路网图

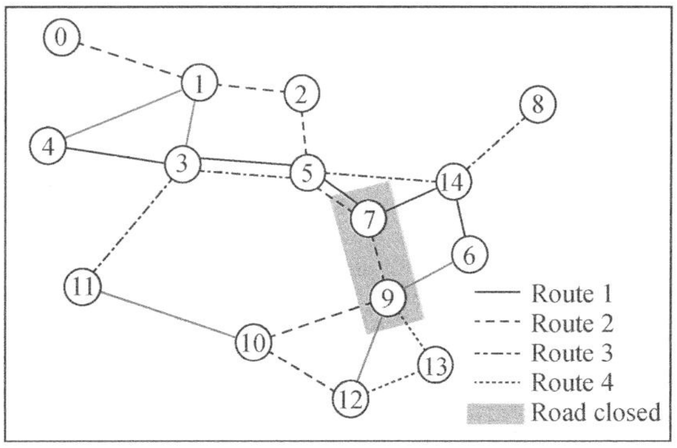

图 2 本文测试案例之公交车路网图

表 1 本研究测试案例之参数设定

参数符号	解 释	数 值
α	路线相似度的权重	0.5
β	旅行时间相似度的权重	0.5
d_l	路网调整后路线 l 的出发站节点	Route 1：4、Route 2：0、Route 3：11，及 Route 4：12
$dist_{ij}$	节点 i 至节点 j 的距离	假设公交车速限为 40 km/h，两节点距离则依照此速率转换
ε	极小容忍值	10^{-5}
f_l	路网调整后路线 l 的总公交车路径数目	Route 1：9、Route 2：7、Route 3：6，及 Route 4：4
g_l	路网调整后路线 l 的折返节点	Route 1：6、Route 2：12、Route 3：8，及 Route 4：9

(续表)

参数符号	解　释	数　值
M	极大值	10^5
max^{dist}	单一路线的最大行驶距离	46(Chu, 2018)
max^t	单一路线的最大行经节线个数	26
n^{grid}	对标准化后旅行时间(f_2)所划分的网格数	20
n_{ab}^{link}	路网调整前起讫对(a, b)的行经节线个数	假设路网调整前,所有起讫对皆采用最短旅行时间之路径
n^{line}	路网调整前的总公交车路线数目	4
ω	乘客路径的最大转乘次数限制	2
p_{ab}	路网调整后起讫对(a, b)未被服务之惩罚值	计算方式为起讫对(a, b)中,乘客所有可行路径之总旅行时间最高者的1.05倍
q_{ab}	起讫对(a, b)的需求量,并且标准化成0至1的数值	原起讫对需求量(*Mandl*(1979)公交车路网),并将其标准化成0至1的数值
t_{ab}	路网调整前起讫对(a, b)的旅行时间	假设路网调整前,所有起讫对皆采用最短旅行时间之路径
$time_{ij}$	节点i至节点j的旅行时间	如图1所示
τ	路线转乘等待时间	假设公交车班距为20 min,公交车路线转乘时间为两条公交车路线班距平均的二分之一,即10 min
(w^1, w^2)	分别为路网相似度(f_1)与标准化后旅行时间(f_2)的权重	分为(0.9, 0.1)、(0.75, 0.25),及(0.5, 0.5)三种权重进行探讨

4.2　测试案例结果

在求解结果方面,表2为偿付表,表中的两列分别代表在单一目标式下的各目标函数值,用来计算各目标函数的限制范围,并以此计算ε_r值后,代入本模式求得Pareto最佳解。表3为Pareto最佳解结果,共产生20个解,每个解的求解时间均落在5 min上下,且其Gap皆趋近于0。图3为两目标值之比较图,由图中可发现,随着点编号增加,路网相似度(f_1)与标准化后旅行时间(f_2)的数值皆会递减,表示路网相似度会越来越差;然而,标准化后旅行时间却会越来越好,说明本文适合采用多目标规划的求解法来求解。

表2　测试案例之偿付表

	f_1	f_2
max f_1	14.59	6 591.1
min f_2	13.43	6 150.64

表3　测试案例之Pareto最佳解结果

点编号	ε_r	f_1	f_2	求解时间(s)	Gap
1	6 591.1	14.59	6 591.1	241	0.0%
2	6 567.92	14.53	6 558.67	259	0.0%
3	6 544.74	14.52	6 533.67	249	0.01%
4	6 521.56	14.52	6 508.67	249	0.0%
5	6 498.37	14.47	6 498.15	266	0.0%

（续表）

点编号	ε_r	f_1	f_2	求解时间(s)	Gap
6	6 475.19	14.39	6 474.13	298	0.01%
7	6 452.01	14.38	6 437.37	267	0.01%
8	6 428.83	14.37	6 422.96	281	0.0%
9	6 405.64	14.36	6 405.14	282	0.0%
10	6 382.46	14.35	6 382.46	241	0.0%
11	6 359.28	14.3	6 357.58	271	0.01%
12	6 336.1	14.29	6 335.24	240	0.01%
13	6 312.91	14.25	6 312.31	242	0.0%
14	6 289.73	14.19	6 288.84	248	0.0%
15	6 266.55	14.09	6 266.39	260	0.0%
16	6 243.37	14.06	6 241.99	277	0.0%
17	6 220.18	14.01	6 219.37	261	0.0%
18	6 197	13.95	6 196.88	253	0.0%
19	6 173.82	13.83	6 173	272	0.0%
20	6 150.64	13.44	6 150.64	236	0.0%

图 4 为 Pareto 前缘线，共产生 20 个点，路网相似度介于 13.44 至 14.59 间，标准化后旅行时间则介于 6 150.64 至 6 591.1 间。由表 3 与图 4 可知，当一方的路网相似度（f_1）较好时，另一方的标准化后旅行时间（f_2）则会较好，因此不存在一个解在两个目标式皆为最佳，此结果符合多目标规划的 Pareto 最佳解特性，说明本模式借由多目标规划求解方法所得到的解是合理的。图 5 为不同权重下 Pareto 最佳解的整体隶属函数变化图，线的最高点代表在该权重下该点为决策者最好的结果，由图可知，$(w^1, w^2)=(0.9, 0.1)$ 为第 1 点，路网相似度为 14.59，标准化后旅行时间为 6 591.1，求解时间为 241 s，调整后的公交车路网如图 6 所示；$(w^1, w^2)=(0.75, 0.25)$ 为第 4 点，路网相似度为 14.52，标准化后旅行时间为 6 508.67，求解时间为 250 s，调整后的公交车路网如图 7 所示；$(w^1, w^2)=(0.5, 0.5)$ 为第 17 点，路网相似度为 14.01，标准化后旅行时间为 6 219.37，求解时间为 261 s，调整后的公交车路网如图 8 所示。表 4 为此三种权重下的求解结果。

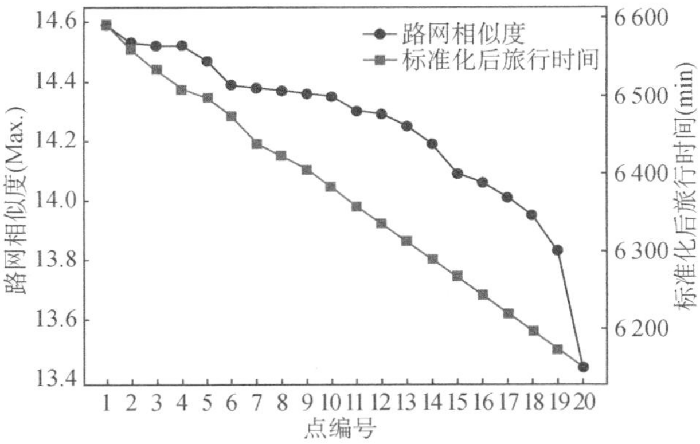

图 3　测试案例之两目标值比较图

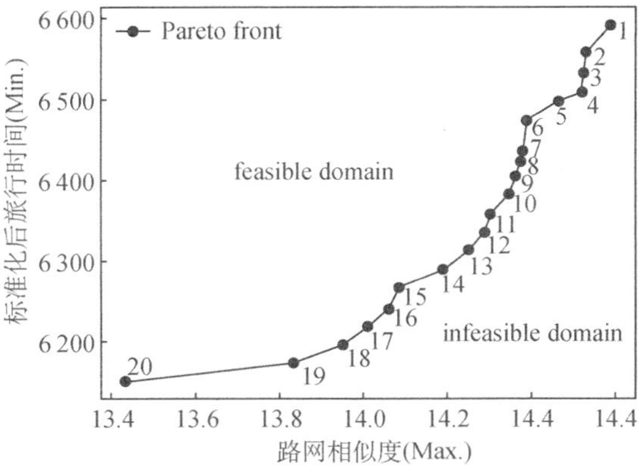

图 4　测试案例之 Pareto 前缘线

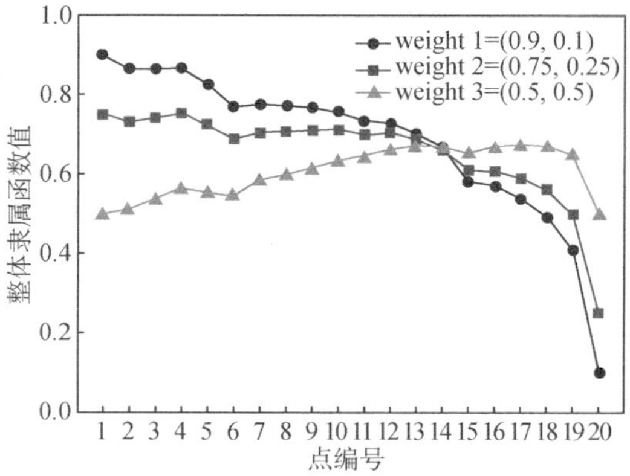

图5　测试案例于不同权重下 Pareto 最佳解的整体隶属函数变化图

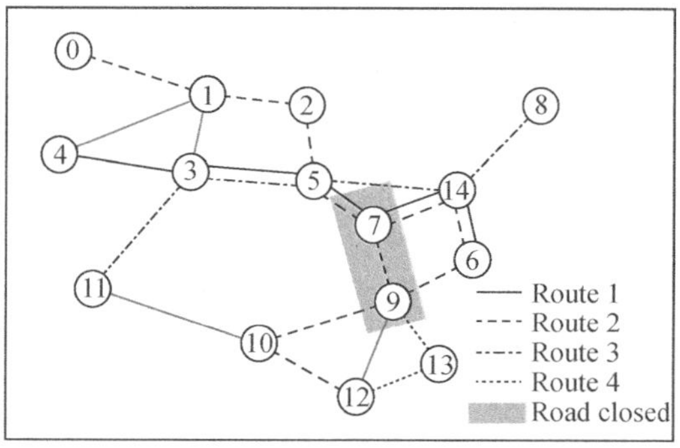

图6　测试案例于 $(w^1, w^2)=(0.9, 0.1)$ 下的公交车路网图

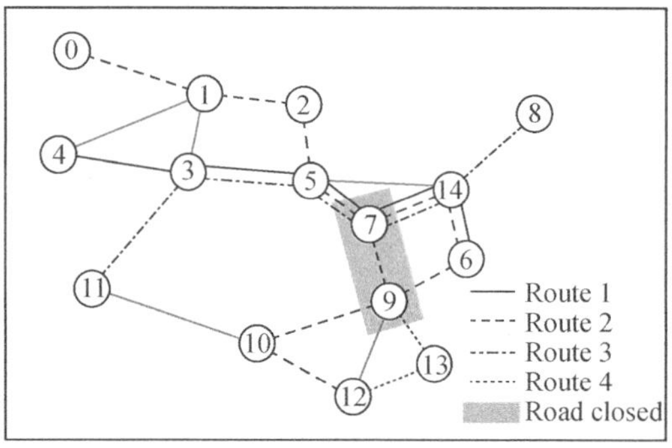

图7　测试案例于 $(w^1, w^2)=(0.75, 0.25)$ 下的公交车路网图

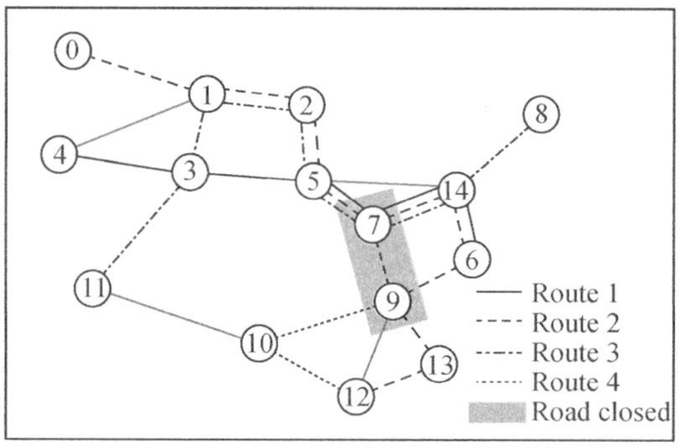

图8　测试案例于 $(w^1, w^2)=(0.5, 0.5)$ 下的公交车路网图

表4　测试案例于不同权重下之求解结果

	原公交车路网	$(w^1, w^2)=(0.9, 0.1)$	$(w^1, w^2)=(0.75, 0.25)$	$(w^1, w^2)=(0.5, 0.5)$
目标式				
点编号	—	1	4	17
ε_r	—	6 591.1	6 521.56	6 220.18
路网相似度	—	14.59	14.52	14.01
标准化后旅行时间	—	6 591.1	6 508.67	6 219.37
求解时间(s)	—	241	250	261
Gap	—	0%	0%	0%
公交车路线				
Route 1	4-3-5-7-14-6-14-7-5-3-4	4-3-5-7-14-6-14-7-5-3-4	4-3-5-7-14-6-14-7-5-3-4	4-3-5-7-14-6-14-7-5-3-4
Route 2	0-1-2-5-7-9-10-12-10-9-7-5-2-1-0	0-1-2-5-7-14-6-9-10-12-10-9-6-14-7-5-2-1-0	0-1-2-5-7-14-6-9-10-12-10-9-6-14-7-5-2-1-0	0-1-2-5-7-14-6-9-13-12-13-9-6-14-7-5-2-1-0
Route 3	11-3-5-14-8-14-5-3-11	11-3-5-14-8-14-5-3-11	11-3-5-7-14-8-14-7-5-3-11	11-3-1-2-5-7-14-8-14-7-5-2-1-3-11
Route 4	12-13-9-13-12	12-13-9-13-12	12-13-9-13-12	12-10-9-10-12

（续表）

	原公交车路网	$(w^1, w^2)=(0.9, 0.1)$	$(w^1, w^2)=(0.75, 0.25)$	$(w^1, w^2)=(0.5, 0.5)$
其他信息				
路线数目	4	4	4	4
总路线长度	104	108	108	112
服务站点数	15	15	15	15
相同	—	15	15	15
减少	—	0	0	0
新增	—	0	0	0
经过路段数	32	32	30	32
相同	—	30	28	28
减少	—	2	4	4
新增	—	2	2	4
未被服务需求率	0%	0%	0%	0%

在 $(w^1, w^2)=(0.9, 0.1)$ 下，受到封闭路段(7, 9)的影响，因此 Route 2 改行驶路段(7, 14)、(14, 6)与(6, 9)，其余路线维持原本的走法，说明在此权重下，只调整受影响路段的效果为最好；在 $(w^1, w^2)=(0.75, 0.25)$ 下，受到封闭路段影响，Route 2 会调整成(7, 14)、(14, 6)与(6, 9)，此部分与上述权重结果一致，但其他不同之处在于 Route 3 不行驶路段(5, 14)，而改行驶(5, 7)与(7, 14)，虽然路网相似度会从 14.59 降至 14.52，但标准化后旅行时间却能从 6 591.1 减少至 6 508.67，说明牺牲一小部分路网相似度的效用，却能让标准化后旅行时间有明显的变好，使得在此权重下，此路网调整方案对决策者是最好的选择；在 $(w^1, w^2)=(0.5, 0.5)$ 下，受到封闭路段影响，Route 2 不行驶封闭路段(7, 9)，改行驶路段(7, 14)、(14, 6)与(6, 9)，以及 Route 3 不行驶路段(5, 14)，而改行驶(5, 7)与(7, 14)，此部分与上述权重结果一致，但其他不同之处在于 Route 3 不行驶路段(3, 5)，而改行驶(3, 1)、(1, 2)与(2, 5)、Route 2 不行驶(9, 10)与(10, 12)，改行驶(9, 13)与(13, 12)，以及 Route 4 不行驶(12, 13)与(13, 9)，改行驶(12, 10)与(10, 9)，会形成如此大的变动乃因为可让乘客的旅行时间更有效率，使得在此权重下的整体隶属函数值为最大，表示此路线调整方案对决策者是最满意的结果。

与原本公交车路网比较，路线数均维持 4 条，且与原本公交车服务站点皆相同；在总路线长度方面，在 $(w^1, w^2)=(0.9, 0.1)$ 与(0.75, 0.25)下，公交车路网多行驶 4 km，而 $(w^1, w^2)=(0.5, 0.5)$ 的公交车路网则多行驶 8 km；在经过路段数方面，$(w^1, w^2)=(0.9, 0.1)$ 的公交车路网减少行经 2 个路段，新增 2个路段，$(w^1, w^2)=(0.75, 0.25)$ 的公交车路网减少行经 4 个路段，新增 2 个路段，而 $(w^1, w^2)=(0.5, 0.5)$ 的公交车路网则减少行经 4 个路段，新增 4 个路段；在三种权重的公交车路网下，其未被服务需求率皆为 0%；由此可见，随着标准化后旅行时间(f_2) 权重增加，公交车路网的调整变动也随之增加。

在目标函数权衡取舍方面，若决策者明确知道目标函数的权重，则依照图 5 的整体隶属函数变化，找出数值最高与其他数值相近的点进行比较；若决策者不确定目标函数的权重，则可于模糊方法中尝试使用不同的权重，并搭配一些决策者的信息，如路线调整成本、路网上的业者多寡等，作为决定最终的选择方案。

在模式验证方面，Route 1、Route 2、Route 3 与 Route 4 分别有 9 种、7 种、6 种及 4 种可行公交车路线走法，因此共有 $9\times7\times6\times4-1=1\ 511$ 种公交车路网调整走法，数目减 1 为排除全部公交车路线皆被删减的情况。本文为简化验证流程，仅以封闭路段所在的 Route 2 进行调整，Route 1、Route 3 与 Route 4 维持原况，在假设乘客会选择最短旅行时间的路径前提下，此 7 种调整方案如表 5 所示。根据上述计算出路网相似度 (f_1) 与标准化后旅行时间(f_2) 两目标函数值，以及三种权重下的整体隶属函数值(θ^r)，并与模式得到的结果比较，进一步验证本模式的有效性。

表 5 测试案例之验证路线说明

	Route 1	Route 2	Route 3	Route 4
方案 1	4-3-5-7-14-6-14-7-5-3-4	0-1-2-5-7-14-6-9-10-12-10-9-6-14-7-5-2-1-0	11-3-5-14-8-14-5-3-11	12-13-9-13-12
方案 2	4-3-5-7-14-6-14-7-5-3-4	0-1-2-5-7-14-6-9-12-9-6-14-7-5-2-1-0	11-3-5-14-8-14-5-3-11	12-13-9-13-12
方案 3	4-3-5-7-14-6-14-7-5-3-4	0-1-2-5-7-14-6-9-13-12-13-9-6-14-7-5-2-1-0	11-3-5-14-8-14-5-3-11	12-13-9-13-12
方案 4	4-3-5-7-14-6-14-7-5-3-4	0-1-2-5-14-6-9-10-12-10-9-6-14-5-2-1-0	11-3-5-14-8-14-5-3-11	12-13-9-13-12
方案 5	4-3-5-7-14-6-14-7-5-3-4	0-1-2-5-14-6-9-12-9-6-14-5-2-1-0	11-3-5-14-8-14-5-3-11	12-13-9-13-12
方案 6	4-3-5-7-14-6-14-7-5-3-4	0-1-2-5-14-6-9-13-12-13-9-6-14-5-2-1-0	11-3-5-14-8-14-5-3-11	12-13-9-13-12
方案 7	4-3-5-7-14-6-14-7-5-3-4	x	11-3-5-14-8-14-5-3-11	12-13-9-13-12

模式验证结果如表 6 所示，路网相似度（f_1）以方案 1 最好，标准化后旅行时间（f_2）以方案 1 和方案 4 最好。在三种不同权重下，皆以本模式得到的整体隶属函数值最好；另外，在其他两种权重下，由于本模式得到之公交车路网与 7 种方案皆不同，因此可说明本模式产生之结果比只有调整受封闭路段影响的路线更加有效。

表 6 测试案例之验证结果

	f_1	f_2	θ_1^r	θ_2^r	θ^r
$(w^1, w^2) = (0.9, 0.1)$					
方案 1	13.99	6 549.71	0.48	0.09	0.44
方案 2	11.44	10 565.41	0	0	0
方案 3	11.72	10 194.32	0	0	0
方案 4	12.32	6 787.63	0	0	0
方案 5	10.12	10 782.74	0	0	0
方案 6	10.4	10 411.65	0	0	0
方案 7	3.19	29 715.62	0	0	0
本模式之公交车路网(图 8)	14.59	6 591.1	1.0	0	0.9
$(w^1, w^2) = (0.75, 0.25)$					
方案 1	13.99	6 549.71	0.48	0.09	0.38
方案 2	11.44	10 565.41	0	0	0
方案 3	11.72	10 194.32	0	0	0
方案 4	12.32	6 787.63	0	0	0
方案 5	10.12	10 782.74	0	0	0
方案 6	10.4	10 411.65	0	0	0

（续表）

	f_1	f_2	θ_1^r	θ_2^r	θ^r
方案 7	3.19	29 715.62	0	0	0
本模式之公交车路网	14.52	6 508.67	0.94	0.19	0.75
$(w^1, w^2)=(0.5,0.5)$					
方案 1	13.99	6 549.71	0.48	0.09	0.29
方案 2	11.44	10 565.41	0	0	0
方案 3	11.72	10 194.32	0	0	0
方案 4	12.32	6 787.63	0	0	0
方案 5	10.12	10 782.74	0	0	0
方案 6	10.4	10 411.65	0	0	0
方案 7	3.19	29 715.62	0	0	0
本模式之公交车路网	14.01	6 219.37	0.5	0.84	0.67

5. 结语

本文得出的结论总结如下：

（1）本文提出之临时性公交车路网调整的多目标混合整数线性规划模式，有助于规划者在公交车营运面临特殊事件或活动时须进行公交车路网调整之参考。

（2）本文提出路网调整后与原本路网相似度的概念，并给予一个量化的计算标准；另外，亦于目标式中纳入标准化后旅行时间，避免乘客的旅行时间有增加太多的情形。

（3）本文采多目标规划之增强型 ε -限制式法求解，可让决策者观察两冲突目标的权衡取舍，以制订更符合实际情况的路网调整方案。

（4）本文结果可供规划者于实务上调整的建议，例如以模糊方法决定决策者最满意的调整方案时，标准化后旅行时间的权重不宜设定过大，避免路网有过大的变动，以至于偏离路网调整的初衷。

本文尚存在以下一些不足：

（1）随着公交车路网大小的增加，求解时间亦会明显变长，虽本文使用集合分割法加速问题的求解，但效果仍有限，未来可进一步发展启发式算法加速问题求解的效率。

（2）本文仅着重在临时性公交车路网的调整上，未来可于模式中加入班次调整，让临时性公交车调整课题更臻完善。

参考文献

[1] Ceder, A., & Wilson, N. H. M. Bus network design[J]. Transportation Research Part B: Methodological, 1986, 20B(4): 331-344.

[2] Diwekar, U. Introduction to applied optimization[M]. Springer Science and Business Media, 2003.

[3] Mandl, C. E. Applied network optimization[M]. London: Academic Press, 1979.

[4] Mavrotas, G. Effective implementation of the ε-constraint method in Multi-Objective Mathematical Programming problems[J]. Applied Mathematics and Computation, 2009, 213(2): 455-465.

[5] Miettinen, K. Nonlinear multi-objective optimization[M]. Springer Science and Business Media, 1999.

[6] Rangaiah, G. P. Multi-objective optimization techniques and applications in chemical engineering[M]. World Scientific, 2009.

台北都会区公共运输定期票推动成果

The achievement of launching the all-pass ticket in Taipei metropolitan

朱宸佐[1]　徐喻凡[2]　黄怀萱[3]　陈学台[4]　彭振声[5]

摘　要：为鼓励绿色运输使用及促进私人交通工具使用者搭乘公共运输，台北市与新北市合作自 2018 年 4 月 16 日起发行“1 280 元新台币公共运输定期票”。通过地铁、公交车、YouBike 的联运方式，强化公共交通工具间衔接服务，提供用路人优惠的公共运输乘车方案。截至 2022 年 2 月，总计发售 1 239 万张，单日有效卡数最高达 32 万张。为扩大定期票的使用范围，台北市 2021 年 5 月 13 日起推出定期票加价购共享摩托车优惠方案，鼓励民众使用公共运输，以达成 2050 净零碳排之愿景。

关键词：公共运输定期票；绿运输；联运

Abstract: To foster the usage of green transport and to promote the interest of private vehicle user to use public transport, Taipei and New Taipei City launched the “NTD1, 280 All-Pass Ticket” from 16th April, 2018. It is a joint ticket of metro, bus and YouBike to enhance the connection of public transport, offer a preferential treatment of public transport. Until February 2022, a total of 12.39 million tickets were sold, 97% of the tickets were repeat users. The highest number of valid tickets per day is 320 thousand. Besides, in order to expand the application range of All-Pass Ticket, Taipei kicked off a motorbike share scheme, offering discounted rental rates to holders of the All-Pass Ticket from May 13, 2021, aiming to encourage the usage of public transport in order to achieve the vision of 2050 net zero carbon emissions.

Key words: all-pass ticket; green transport; multi-modal

1. 前言

近年来，全球暖化气候变迁以及高龄化社会的来临，健康城市之观念在世界各发达城市开始萌芽，为创造一个更加健康与可持续的城市，除了依靠城市的医疗系统之外，应从生活、环境等社会系统着手，建造高质量的生活环境，满足市民的基本需求，带动城市的整体健康，积极创造一个健康有活力的城市。健康城市的形成，是所有部门的责任，台北市不仅重视高龄者的社会福利及医疗服务，更通过多元文化的推广、智慧科技的应用及城市外交推动等，营造台北成为活力及友善的城市，其中交通的可持续发展亦为健康城市推动的重要项目之一。

台北市的交通运输政策以“绿色运输”为发展主轴，以地铁、干线公交车为基础，接驳公交车为辅，并提供自行车及人行友善空间，完善绿色运输服务，使市民搭乘公共运输能够出行舒适，享受无缝接轨的“及门服务”，让城市更加低碳及可持续。为了鼓励公共运输的使用，强化公共交通工具间的衔接服务，台北市通过拉式策略（如推动干线公交车、YouBike 与地铁、公交车间转乘优惠及邻里交通环境改善计划等）及推式策略（如推动摩托车退出骑楼及人行道、加强违规取缔等）并进，促进私人交通工具使

1　朱宸佐，台北市政府交通局运输管理科技正。
2　徐喻凡，台北市政府交通局运输管理科技士。
3　黄怀萱，台北市政府交通局运输管理科科员。
4　陈学台，台北市政府交通局局长。
5　彭振声，台北市副市长。

用者多加搭乘地铁、公交车或自行车。然而，具吸引力之票价是吸引私人交通工具使用者转而搭乘大众运输的要素之一，为提供用路人可负担及便于使用之公共运输服务，台北与新北市（以下称双北）合作自 2018 年 4 月 16 日起发行“1 280 元新台币公共运输定期票”（以下称定期票），通过地铁、公交车、YouBike 联运方式，强化公共运输高忠诚度使用者之用户黏性，同时吸引私人交通工具使用者转为使用公共运输，以提升绿色运输使用。

为减缓气候变迁之冲击、贯彻实践净零排放之目标，台北市已于 2021 年提出 2050 年净零排放 3 大路径，以智慧零碳建筑、绿运输低碳交通、全循环零废弃，结合岛内资源及公私部门协力合作，逐步达到净零排放；其中运输部门净零路径，以建构大众绿运输为基础，同时完善低碳交通工具环境，创造绿色运输环境为主轴。

为逐渐改变民众使用习惯，运输部门建构完整绿色运输交通网络，提出各项公共运输优惠服务，降低私有车辆使用，同时加强交通工具电动化，除持续鼓励民众购买公共运输定期票外，自 2021 年 5 月 13 日起推出定期票加价购共享摩托车优惠方案，期通过加购方式扩大定期票的使用范围，鼓励使用共享摩托车转乘接驳公共运输，或选择共享摩托车作为临时使用，减少使用私人交通工具的机会。

2. 先期规划

2.1 目标客群分析

一些都市之公共运输服务，如日本大阪、东京，新加坡及中国台湾地区的高雄等亚太城市，均有地铁或公交车月票，但并不包含自行车（Osaca Metro，2016；Tokyo Metro，2016；Land Transport Authority，2016；高雄地铁，2016），本文基于绿色运输政策下，纳入双北所辖地铁、公交车、轻轨及 YouBike，研议公共运输优惠票种。考量台北市电子票证以悠游卡搭乘公交车地铁之比例 90%最高，所以择定定期票以悠游卡为载具，在票卡有效期间（30 日）内，可不限次数搭乘台北地铁、台北市联营公交车及新北市市区公交车（仅限段次计费路线，不含里程收费公交车），并于双北市境每次租用 YouBike 的前 30 分钟免费。

定期票目标族群包含公共运输高忠诚度使用者（搭乘频率高）及长距离通勤者，通过发售固定金额之定期票，可有效降低长距离通勤者的交通经济负担，并吸引私人交通工具使用者转而搭乘公共运输。本措施的目标客群说明如下。

(1) 公共运输高忠诚度通勤族群：通过发售定期票，反馈长期使用公共运输通勤之使用者，降低其交通费用负担，以深化用路人使用公共运输之习惯。

(2) 私人交通工具使用者：通过发售定期票，让私人交通工具使用者有重新审视交通工具选择之机会，期可改变使用者之交通工具选择，达到降低私人交通工具数量及提升公共运输使用之双重效果。

2.2 使用需求分析

本文主要系利用双北公共运输旅次大数据资料，以统计分析旅次量及其各公共运输营运时机，包括次数分配等方式，了解双北公共运输（含 YouBike）通勤族群的旅运特性，并依台北大众地铁股份有限公司、悠游卡股份有限公司、微笑单车股份有限公司等各单位所提供之数据资料，进行资料清洗比对与民众意见反馈分析，提供推动定期票策略决策参据。

为进一步了解各交通工具通勤者每月交通费用，经搜集相关资料并分析各票价方案补贴款，据以订定最适票价。

1) 私人交通工具使用分析

依据 2017 年交通民意调查结果（联合营销研究股份有限公司，2017），如表 1 所示，使用摩托车跨市境通勤者每月交通费用约为 1 260 元新台币，不跨市境者每月交通费用约为 924 元；使用汽车通勤者，每月交通费用约需 5 000 元新台币。

表1 汽车、摩托车每月交通费用

车种	跨市境每月交通费用 (居住在台北市，工作在新北市) (单位:元新台币)	不跨市境每月交通费用 (居住在台北市，工作在台北市) (单位:元新台币)
摩托车	1 260	924
汽车	4 956	4 998

2) 公共运输使用分析

本需求分析以2016年10月份搭乘地铁及公交车之票卡资料为参考依据，推估全年使用状况，次数分配图(图1)及相关说明如下：

(1) 当月搭乘公交车及地铁42次以上之票卡总张数计95万4 259张，平均搭乘金额为964元新台币，其搭乘金额之众数为800元新台币至900元新台币。

(2) 该月份公交车及地铁搭乘金额为1 600元新台币以上者占9.64%，搭乘1 500元新台币以上者占13.09%，搭乘1 400元新台币以上者占17.48%，搭乘1 300元新台币以上者占23.04%。

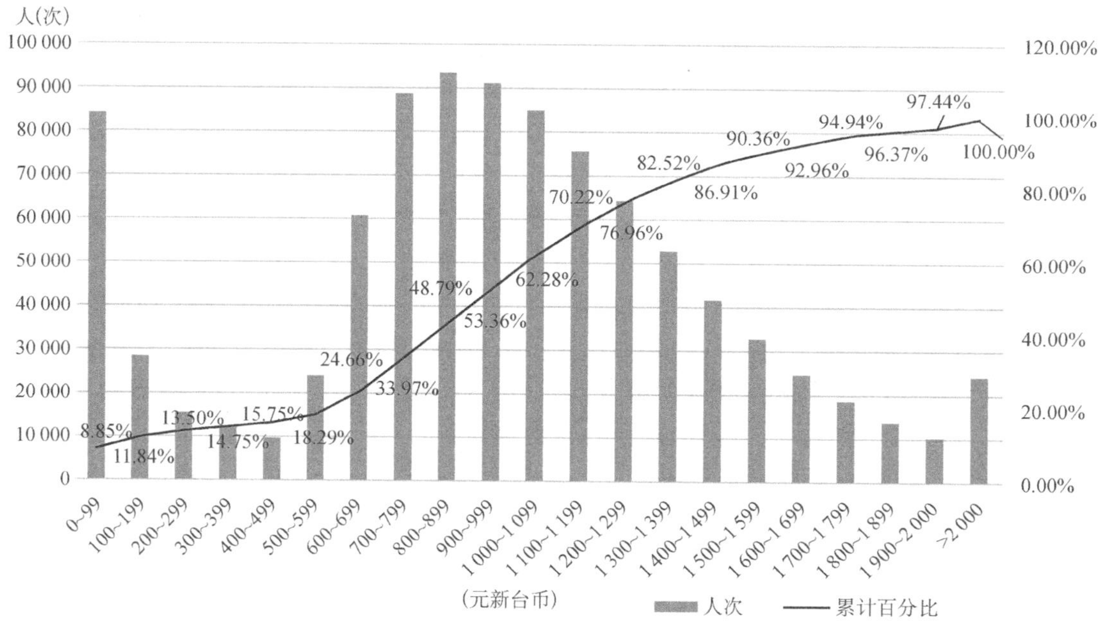

图1 公共运输使用分析(资料来源:本文整理)

2.3 补贴款估算

依前述统计资料，进一步分析各定期票之票价方案对应之补贴金额(表2)，以每年地铁及公交车搭乘金额超过1 280元新台币之票卡，其实际搭乘运价总额扣除1 280元新台币票收之差额推估，每年约需9.4亿元新台币之补贴款；若以最高票价1 680元新台币推估，约需2.59亿元新台币补贴款。

表2 各票价方案与补贴金额

票价方案 (元新台币)	每月搭乘张数 (张)	每年搭乘金额 (亿元新台币)	每年政府补贴金额 (亿元新台币)
1 680	71 798	17.34	2.59
1 480	133 640	29.12	5.02
1 380	179 098	36.94	6.91
1 280	236 188	46.08	9.41

2.4 票价订定分析

依据表 1 统计，于双北跨境之摩托车用路人每月通勤费用约 1 260 元新台币，汽车用路人每月通勤费用约 5 000 元新台币，推测若订定金额于 1 200 至 1 300 元新台币间，对用路人交通工具移转较有效果，另依该票价推估，倘定期票票价订为 1 280 元新台币，对于汽、摩托车用路人具相当的吸引力，对公共运输高忠诚度使用者亦可达反馈之效；若定期票票价低于 1 280 元新台币，补贴金额将倍数上升。

因台北市对于公共运输之补贴金额已相当庞大，为确保政府财务健全及运输业者可持续经营，并考量使用者可接受价格，票价订于 1 280 元新台币较符合财务可行性。

3. 推动成果

3.1 定期票使用分析

1）售票数量

定期票自 2018 年 3 月 13 日起开始贩售，并于 2018 年 4 月 16 日启用。截至 2022 年 2 月底，定期票已贩售 1 239 万张，约 1 211 万张为续购，月销售卡数最高为 34 万张。

2）设定卡数、有效卡数及使用卡数

截至 2022 年 2 月底，曾设定定期票之票卡计约 145 万张，各月份平均每日有效卡数及使用卡数如图 2 及图 3 所示，已启用且在有效期限内之定期票票卡数，日平均最高达 32.3 万张，每日搭乘地铁使用卡数由 13 万张成长至最高 23 万张，每日搭乘公交车使用卡数由 9 万张成长至最高 17 万张，每日骑乘 YouBike 使用卡数由 4 900 张成长至最高 1 万 7 000 张，每日搭乘淡海轻轨使用卡数由 1 200 张成长至最高 3 500 张。

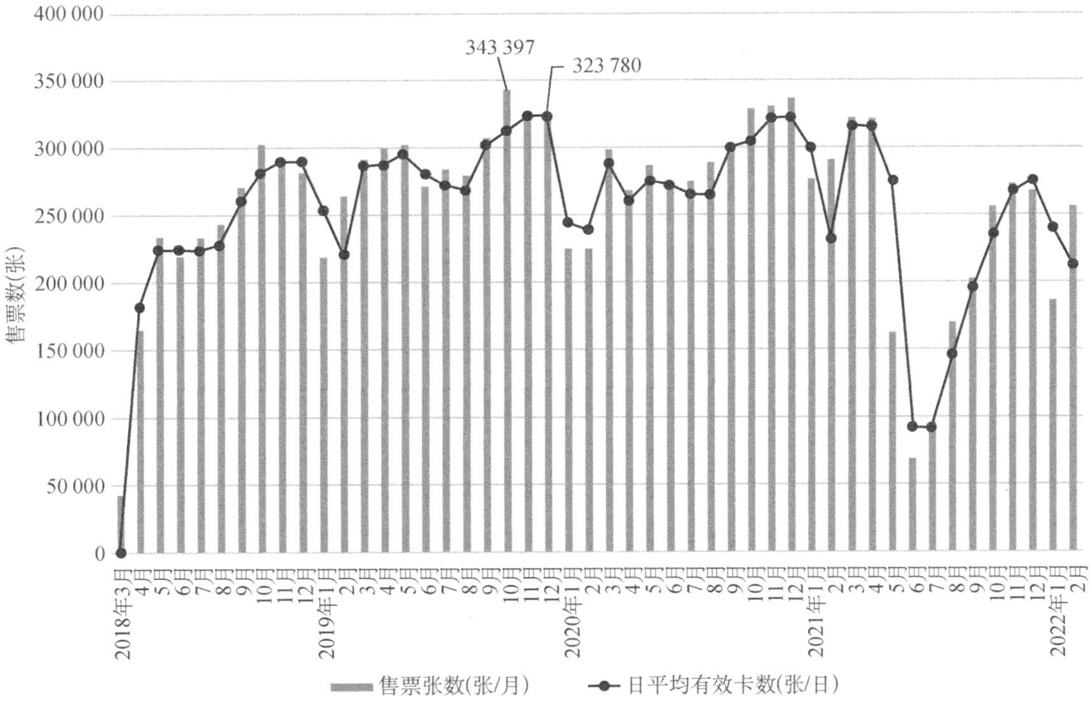

图 2 定期票售票张数及有效卡数（资料来源：本文整理）

注：1. 有效卡数——已启用且在有效期限内之定期票票卡数。2. 2018 年 3 月定期票尚未实施，故无平均有效卡数。

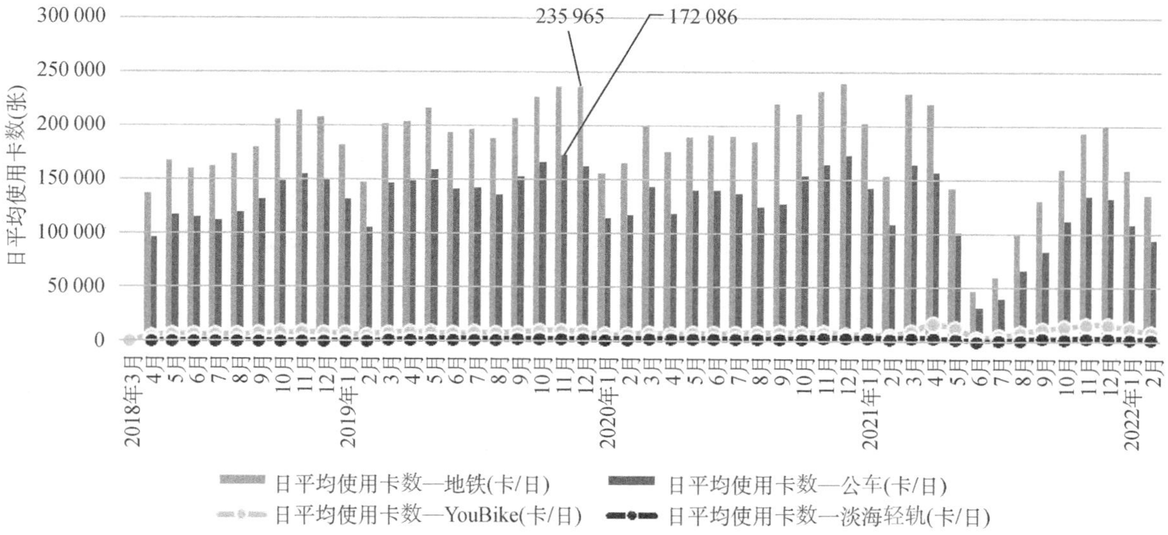

图 3　定期票于各交通工具使用卡数(资料来源:本文整理)

3.2　定期票占大众运输运量

另依统计,定期票使用者每月总旅次约占地铁及公交车总旅次数之15%至24%(图4)。2021年5月至8月受新冠肺炎疫情影响定期票贩售数量及使用量皆下降,惟定期票每月总旅次约占地铁及公交车总旅次数仍维持水平,可推论定期票使用者对公共运输之使用较有黏着性。

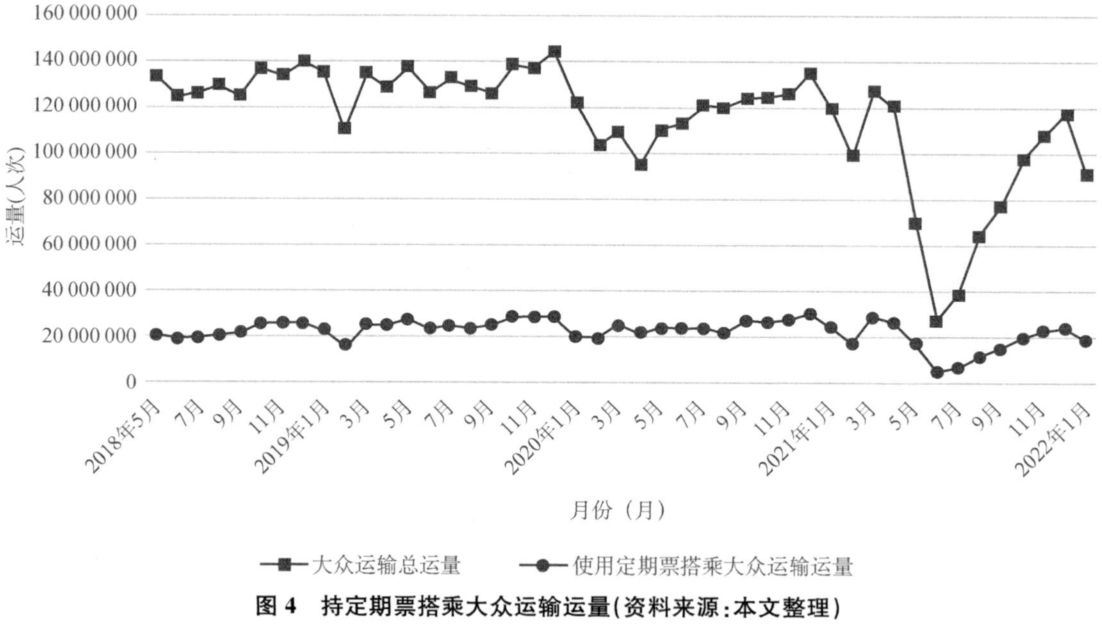

图 4　持定期票搭乘大众运输运量(资料来源:本文整理)

4. 市民参与及反馈

4.1　推动前——民众意见

定期票系为反馈长期使用地铁或公交车等公共运输通勤之使用者,并吸引长距离通勤之私人交通工具使用者转为使用大众运输工具,降低其交通费用负担,以鼓励其养成使用大众运输通勤之习惯。

在相关执行方案确认前，即通过多方媒体宣传，广获用路人通过各式管道如电话、网络等方式，建议并支持发行地铁及公交车之交通票券，获得一定之民意基础，故邀请新北市、各运输业者及票证公司加速推动跨交通工具之定期票。

4.2 推动后——民众参与及反馈

依 2018 年至 2020 年之交通民意调查结果显示，有使用过公共运输定期票的民众比率，由 2018 年的 3.4%成长至 2020 年的 12.2%，共增加 8.8 个百分点，显示公共运输定期票自推出后，使用过公共运输定期票的人数逐年稳定成长。

定期票推出后，使用者持续提出针对定期票之建议，经采纳可用意见并逐步改善定期票功能如下：

(1) 开放学生卡设定定期票

因学生卡等特殊卡种涉及其他优惠，设备修改较复杂，为加速系统修改并增加系统稳定度，第一阶段定期票仅开放使用悠游普通卡设定(含悠游联名卡、悠游 Debit 卡)。

定期票顺利实施后，陆续有使用者反映，希望学校发放之学生证结合悠游学生卡，亦能设定为定期票，以避免学生需额外购买票卡。在双北相关单位讨论及评估后，认为学生族群确有购买定期票之需求，技术面亦尚属可行，故规划并修改功能，提供悠游学生卡设定定期票，并于 2018 年 8 月 27 日实施。

(2) 信用卡自动加值购买定期票功能

通过使用者多元的意见反馈，了解使用者需求，以完善定期票之相关服务，另定期票开放于各地铁站询问处及自动售票加值机使用信用卡自动加值购买定期票功能，减少使用者持现金加值之不便。

4.3 推出定期票加价购共享摩托车方案

为实现台北于 2050 年达到零碳排放之愿景，分推动“绿色运输推升”及“交通工具电动化”两大政策，除推行公共运输定期票鼓励民众搭乘大众运输外，因应共享经济兴起，亦提供共享电动汽车、摩托车行政协助，鼓励多家业者投入电动汽车、摩托车共享计划；台北市自 2019 年 8 月起陆续许可 WeMo Scooter、iRent 及 GoShare 等 3 家共享摩托车提供服务，并均以电动摩托车提供民众租借。

为了鼓励民众通勤(学)搭乘大众运输，并使用共享摩托车转乘接驳，台北市以“市政府补贴”“共享摩托车业者吸收”及“使用者付费”之精神，自 2021 年 5 月 13 日起推出定期票加价购共享摩托车优惠方案，使用者可持有效期间内之定期票，以多元支付工具——“悠游付 App”加购共享摩托车方案，3 家业者皆有推出优惠方案(表 3)，民众可依需求加购。此外，加价购方案者另享有 200 元新台币加码补助。借由加购方式扩大定期票的使用范围，鼓励使用共享摩托车转乘接驳公共运输，或选择共享摩托车作为临时使用，减少使用私人交通工具的机会，培养市民以绿运输完成每日“行的需求”之习惯，以达到低碳交通之目标。

表 3 定期票加价购共享摩托车方案内容

业者	WeMo Scooter		iRent	GoShare
上线日期	2021 年 5 月 13 日			2021 年 7 月 20 日
方案内容	一般用户 200 min	青春用户 250 min	200 min	自购买起 30 d 内，不限次数， 每次享 5 元新台币优惠
价格	300 元新台币		259 元新台币	299 元新台币
使用方式	自购买起 30 d 内，使用时数上限为 200 min			自购买起 30 d 内，不限次数， 每次享 5 元新台币优惠
时数用完后续计费	每次前 6 min 固定 14 元新台币，超过后 2.2 元新台币/min	每次前 6 min 固定 11 元新台币，超过后 1.7 元新台币/min	—	—

5. 结语

定期票为亚洲首创结合地铁、公交车及公共自行车之跨交通工具票种，虽然(铁路及高铁等)城际运输已有推出月票，但系为定点月票方案，即A点至B点不限次数不限方向搭乘，而非不限次数不限起讫点搭乘之“吃到饱”方案；另如大阪、东京，新加坡及台湾地区的高雄等亚太城市，均有贩售地铁及公交车“吃到饱”月票，但并无包含自行车。

在台北市各种“推拉并进”之交通策略下，定期票为强化公共运输高忠诚度用户黏性并吸引私人交通工具使用者使用公共交通，以具吸引力之票价鼓励公共交通使用。为方便使用者使用，定期票仅需使用现有普通悠游卡(含悠游联名卡及悠游Debit卡)即可设定，不需额外购买其他卡片，使用者除至地铁车站询问处购买，亦可直接于自动售票加值机操作设定。另外，在执行过程中，除加强交通工具间之衔接及整合，亦可促进运输系统间如轨道交通、公交车、出租车及公共自行车之服务，通过智慧交通发展，增进公共运输可及性、机动力，并降低私人交通工具对环境之冲击，达到节能减碳、资源有效使用等目标。

定期票系为鼓励用路人多使用绿色交通，未来亦将持续参考国外城市实施经验，思考提供更完善服务，期望在持续推动绿色交通政策下，使台北市成为一个更加环保、宜居及健康之城市。

完整街道理念下的综合设施带

Comprehensive facility belt under the concept of complete street

张　涛[1,2]

摘　要：在完整街道“人性化、慢行交通优先”的理念下，聚焦街道设计中集约利用空间的典范——综合设施带。本文介绍了综合设施带的由来、组成要素，并详细介绍了综合设施带在道路横断面方向、沿道路走向的平面布置方法，以及综合设施带在道路竖向布置中的作用。最后，街道案例中更加形象地展示了综合设施带的实际应用。

关键词：综合设施带；多功能设施带；分隔带；完整街道；人性化

Abstract: Under the “humanization and slow traffic priority” concept in company with the term “complete street”, the research focuses on comprehensive facility belt which is the model of intensive use of space in the street design. This paper introduces the origin and constituent elements of the comprehensive facility belt, in detail the plane layout method of the comprehensive facility belt along and cross the road is introduced, the role of the comprehensive facility belt in the vertical layout of the road is also analyzed. Finally, the case study vividly demonstrates the practical application of the comprehensive facility belt.

Key words: comprehensive facility belt; multi-functional facility belt; separator strip; complete streets; humanization

1. 引言

在古代，街道是供行人和车马通行的重要载体，窄而密；随着机动车的出现，道路逐渐演变成为机动车辆服务为主，承担着城市客货运运输的任务，道路也变得宽阔且稀疏，这样的交通基础设施给慢行交通带来了严重阻碍、造成了极大的不便。

近些年来，随着完整街道理念的提出，人们逐渐认识到，道路除了应当承载交通功能外，还应当承担公共活动、带状景观、市政设施走廊等其他重要功能。道路空间的生活功能得到复兴，以窄密路网、街道人性化、慢行交通优先为核心的理念开始深入人心。

2. 综合设施带的提出

完整街道指城市里设有人、非、机通道和各种市政公用设施的道路，以及道路两侧建构筑物之间（含界面）共同构成的具有复合功能的城市公用空间。完整街道是通过对街道的合理规划、设计、建设和维护，以保障道路上所有交通方式出行者的通行权，满足出行需求和安全要求，为所有人群提供一个公平的道路交通空间，并与两侧建构筑物和其他开放性城市公共空间有机结合的完整系统。

那么，如何在有限的街道空间中布置尽可能多的功能，各类功能的空间分配又该如何平衡，成为摆在人们面前的关键问题。

综合设施带正是在完整街道理念的时代背景下提出的，是在有限的空间内进行的存量优化。

1　上海市城市建设设计研究总院（集团）有限公司。
2　上海城市基础设施更新工程技术研究中心。

在对现有的道路断面和功能分区进行重新思考后，将静态交通设施、市政设施、绿化景观设施等集中布置在带状区域，形成综合设施带——一种多重功能复合的设施带（图1），成为街道空间的重要组成部分。

图1　综合设施带在道路横断面的位置示意

3. 综合设施带组成要素

综合设施带由公共交通设施、静态交通设施、绿化景观设施、市政设施和街道家具等组成，如图2所示。

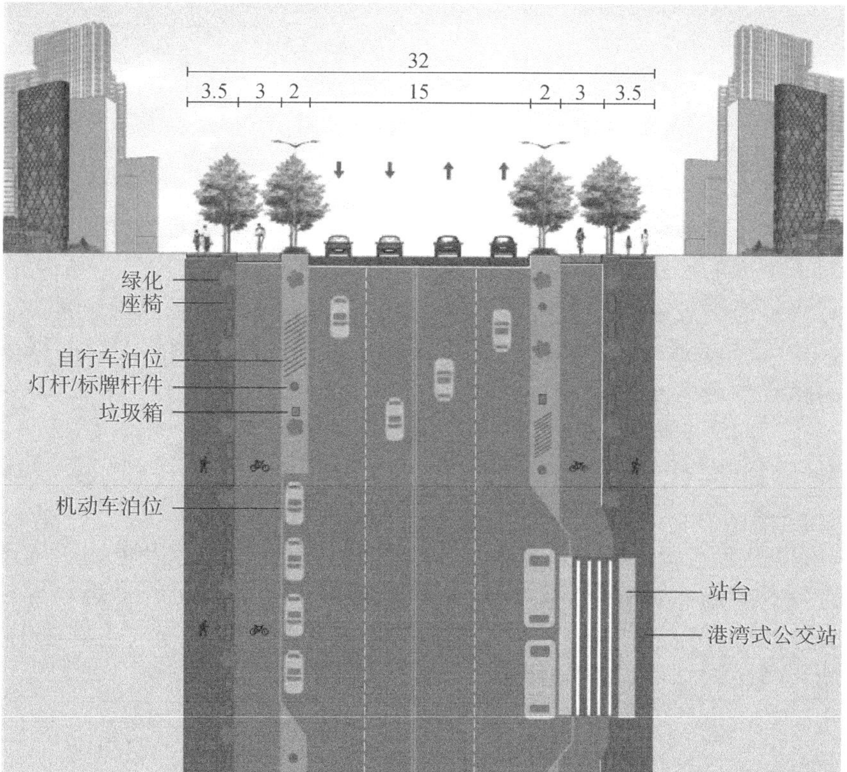

图2　综合设施带组成要素示意图

公共交通设施主要有公交车站、港湾式公交站等。静态交通设施主要有路内机动车停车(全天候泊位、分时段泊位、临时泊位)、非机动车停车、出租车上客位、电动汽车充电桩等。绿化景观设施主要有树冠高大的乔木、低矮密植的灌木以及具有装饰作用的花草盆栽等。市政设施主要包括交通标志杆、路灯杆、信号灯杆、交通监控与检测设施、电子警察、治安监控、路名牌、消防栓、信号机箱、变电箱、综合管廊人员出入口和投料口等。街道家具主要有垃圾箱、智能服务设施、休憩座椅等。

此外,综合设施带还兼有分隔带、行人过街等候区、高差过渡区等作用。

道路杆件整治工程,也称合杆工程,是完整街道理念的体现形式,且合杆工程的复合杆也通常设置在综合设施带中。

4. 综合设施带布置方法

4.1 道路横断面方向的布置

根据道路横断面的布置位置,综合设施带主要有布置在机动车道和非机动车道之间、布置在非机动车道和人行道之间这两类,如图 3、图 4 所示。

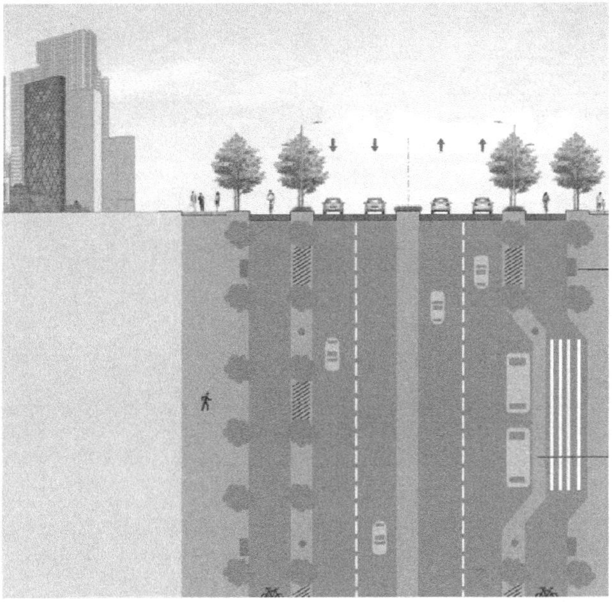

图 3 机动车道、非机动车道之间综合设施带示意图

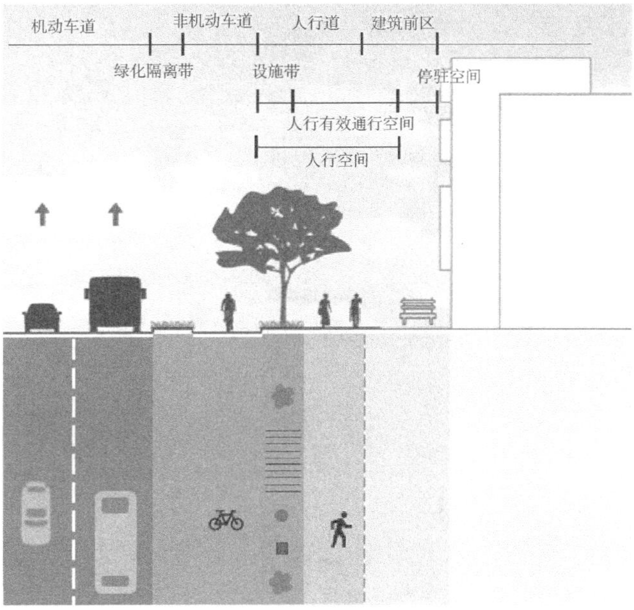

图 4 人行道、非机动车道之间综合设施带示意图

综合设施带的宽度设置主要考虑组成要素中布置公交港湾站、机动车停车、非机动车停车和种植乔木的要求。公交港湾站宜布置为 3 m,条件受限时可布置为 2 m 的浅港湾站;路内机动车停车采用平行式最小宽度 2 m;非机动车停车采用垂直式为 2 m、采用 45°斜列式为 1.4 m;种植乔木宽度不宜小于 1.5 m。综合上述因素,综合设施带宽度宜布置为 2～3 m,最小为 1.5 m。

4.2 沿道路走向的布置

先在综合设施带上按照行道树、路灯杆的布置要求进行均匀布设。然后根据街道不同路段的设施需求,分别布置公交车站、出租车上下客点位、机动车泊位和非机动车泊位等设施。路灯杆尽可能地多杆合一,集约利用空间并提升街道整体品质。

人行道、非机动车道之间的综合设施带可布置休憩座椅、分类垃圾箱、景观小品等提升步行交通的舒适性和便利性。机动车道、非机动车道之间的综合设施带可分隔快慢交通,提高慢行交通的安全性,还可大量种植绿化,高大的乔木增加了车行道的遮阴率。

综合设施带上的路侧式公交车站，无论是在机动车道、非机动车道之间还是在人行道、非机动车道之间，站台宽度均可与综合设施带同宽，比较容易设置。

综合设施带与港湾式公交车站结合，公交车停车道的宽度一般取 3.0 m，最小不小于 2.75 m；站台宽度最小取 1.0 m，如图 5 所示。当条件受限时，可利用机动车道或非机动车道与综合设施带的空间设置“浅港湾”车站。综合设施带设置在人行道、非机动车道之间时，在公交港湾站左侧留出不小于 1.5 m 宽的非机动车道，引导非机动车从公交车站外侧通过，如图 6 所示。

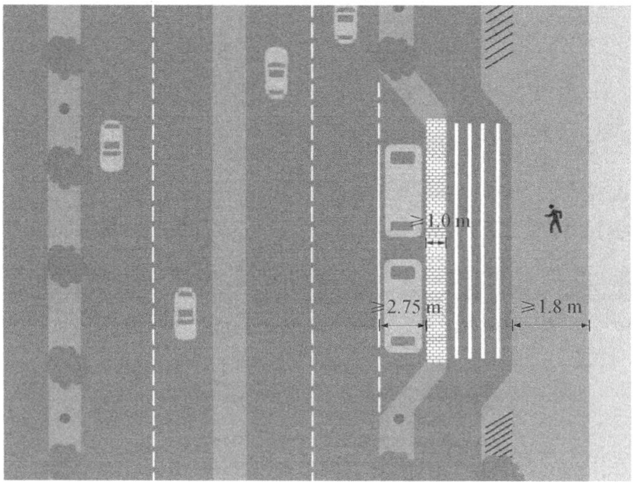

图 5　机动车道、非机动车道之间综合设施带设置港湾车站

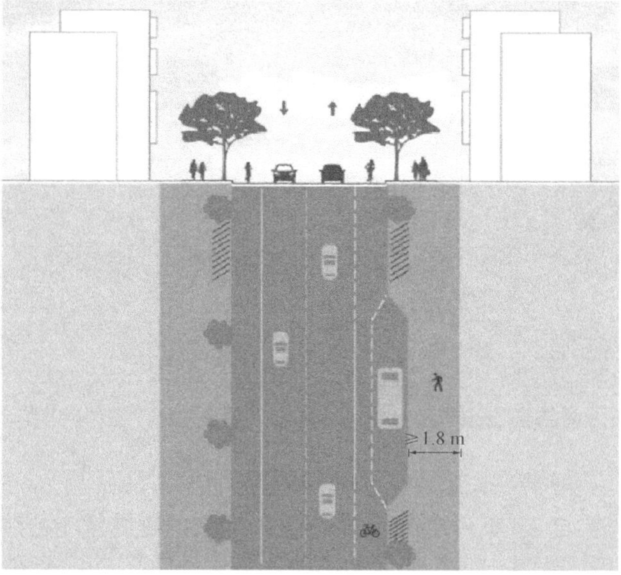

图 6　人行道、非机动车道之间综合设施带设置“浅港湾”车站

综合设施带与港湾式公交车站、出租车候客点结合，公交站台宜延长至出租车候客点处，每个出租车车位规格取 2.5 m(宽)×6 m(长)，如图 7 所示。

在路内机动车停车需求较大的路段上，可在机动车道、非机动车道之间的综合设施带上设置机动车泊位，这样的设施也被称为“内嵌式”停车位。保留至少 1.5 m 宽的非机动车通行空间，在非机动车道与机动车道之间嵌入停车位，泊位宽度仅需 2 m。当道路空间较充足时，可在机动车道与机动车泊位之间设置 0.5～1.0 m 的安全缓冲带，保障停车安全。这样的设置既可以保证骑行者有道可行，也可利用停车泊位作为分隔带，保证骑行者不与机动车道内的行进车辆发生事故。

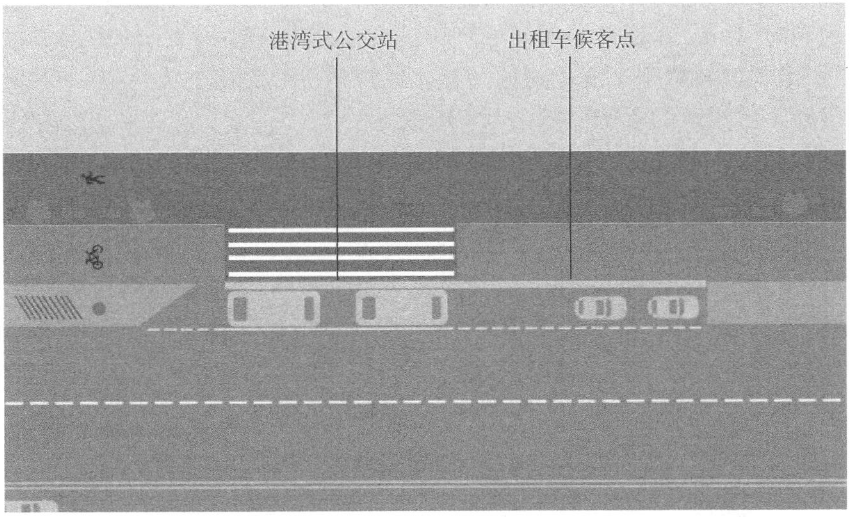

图 7　机动车道、非机动车道之间综合设施带设置公交港湾车站与出租车候客点

综合设施带上的机动车停车属于路内停车，也应以“限时停车”“夜间停车”为主，可采用不同颜色的涂装标识停车泊位的类型。

综合设施带上的非机动车停车，停车区长度不宜大于 20 m，相邻非机动车停车区之间距离应不小于 4 m。停车区宜采用平面布置形式，摆放形式可根据综合设施带宽度选择垂直式、斜列式两种。

综合设施带在交叉口范围内，应满足停车视距的要求，如图 8 所示。视距影响范围内的设施高度不应超过 1.2 m；若高度超过 1.2 m 时，其直径不应超过 35 cm。

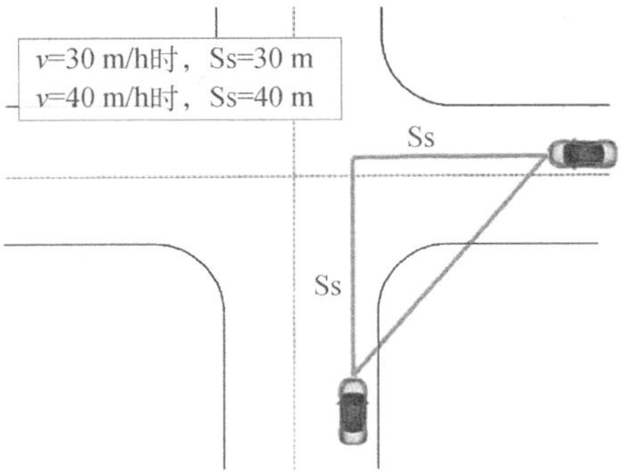

图 8　交叉口视距三角形示意图

4.3　在道路竖向布置中的作用

综合设施带可以作为道路中的高差过渡区域，从而优化人行道、非机动车道的竖向设计。

人行道、非机动车道之间的综合设施带，可以优化地块出入口处人行道的竖向设计。有了综合设施带作为缓冲地带，地块出入口处人行道的铺装材料、竖向标高均可以与其他路段的人行道保持一致，仅利用综合设施带消除人、非通道之间的高差，如图 9 所示。

图 9　人行道、非机动车道之间综合设施带优化地块出入口处竖向设计示意图

机动车道、非机动车道之间的综合设施带(且人行道、非机动车道同标高),可以优化地块出入口处人行道、非机动车道的竖向设计。在地块出入口处利用综合设施带设置约 8%的横向坡度(相当于支路最大纵坡),可以解决地块出入口与机动车道之间的高差。这样的设计无需在人行道、非机动车道上设置横坡,保证了人行道、非机动车道通道的顺畅平稳,如图 10 所示。

(a) 改造前横断面图

(b) 改造后横断面图

图 10　机动车道、非机动车道之间综合设施带优化地块出入口处竖向设计示意图

5. 综合设施带的实际应用

国外在综合设施带的基础上对街道空间进行了更进一步的优化。美国纽约市通过标线施画,将行人过街安全岛、机动车停车、交叉口渠化整合在综合设施带内,如图 11 所示。日本将综合设施带内的消防栓进行了优化设计,置于人行道下方,为慢行交通争取了更多的空间,如图 12 所示。

图 11　美国纽约综合设施带

图 12　日本东京地埋式消防栓

行道树之间设置自行车停放区、各类杆件、花坛，这种最常见的设计也可称之为综合设施带。如图 13 所示。

图 13　人行道、非机动车道之间整合绿化与非机动车泊位、各类杆件、花坛的综合设施带

无论空间大小，都可以想办法将车行区域与慢行通行区域进行分隔。例如，通过压缩机动车道宽度，将机动车泊位作为机动车道、非机动车道之间的设施带，如图 14 所示。

图 14　机动车道、非机动车道之间设置机动车泊位(有安全缓冲带)

参考文献

[1] 上海市城市道路精细化管理导则(沪道运规〔2019〕19 号)，上海市道路运输管理局，2019.

[2] 龚旗红. 基于完整街道理念的道路断面设计方法研究[D]. 北京：北京交通大学，2020.

[3] 秦健. 完整街道视角下的城市道路功能分析[J]. 城市道桥与防洪，2019(2)：6-9.

[4] 彭庆艳. 城市双修背景下的新型人非共板道路设计[J]. 佳木斯大学学报(自然科学版)，2017(6)：939-943.

[5] 葛宏伟，王炜，陈学武，等. 城市公交停靠站规划设置方法综述[J]. 现代城市研究，2004(11)：53-57.

“完整”视角的街道家具导控体系

——以《嘉善县街道家具设计导则》为例

Street furniture guidance and control system from the perspective of “complete”

—The case of *Jiashan street furniture guidelines*

陈　成[1]

摘　要：本文在完整街道理论的基础上，结合现有街道与街道家具设计发展趋势，将“完整”的理念从空间尺度、设计要素、关注内容等方面进行相应的拓展。以嘉善街道家具的现状问题研究为基础，提出全要素整体思维布局、风貌特色与协调并存设计、设施集约一体化等街道家具提升策略。通过“总体要点引导、分级整治标准、分区风貌引导、分类细则引导”的“一总三分”街道家具导控方式，构建嘉善的城市街道家具导控要素体系，并给出具体的实施路径与实施保障措施。

关键词：街道家具；完整街道；设计策略；导控体系

Abstract: Based on the theory of “Complete Street”, combining with the development trend of street and street furniture design, this paper expands the concept of “complete” from the aspects of space scale, design elements and attention content. Based on the research on the current situation of Jiashan street furniture, and on the basis of the expansion of the complete concept, this paper puts forward the strategies for improving street furniture, such as the urban integrated layout, the overall thinking layout of all elements, and the co-existence of features and characteristics and coordination. Through the “One General Three Points” street furniture guidance and control mode of “overall key points guidance, grading regulation standards, zoning style guidance, classification rules guidance”, the city street furniture guidance and control element system of Jiashan is constructed, and the specific implementation path and implementation measures are given.

Key words: street furniture; complete street; design strategy; guidance and control system

1. 引言

2015年12月，在中共中央、国务院发布的《关于深入推进城市执法体制改革改进城市管理工作的指导意见》第十八条中，“城市家具”正式确立为中国城市建设管理的重要内容。从此各地城市管理者逐步对“城市家具”“街道家具”的概念和内涵进行理解与重视，如何设计和塑造具有人性化、特色化、系统化的城市街道家具成为亟待解决的课题。

2. 概述

2.1　街道家具

在《城市家具系统设计指南》中，城市家具是设置在城市道路、街区、公园、广场和滨水空间等城市公共

1　上海市城市建设设计研究总院(集团)有限公司。

空间中，融合于环境，为人们提供公共服务的各类公共环境设施的总称。

城市家具是城市公共空间的主要构成要素之一，作为城市规划和设计框架上的特定细部点缀，是城市精细化工作的重要体现。街道家具的设计往往从多方面、多角度影响着人们的生活，反映的是城市社会、文化、居民和环境相互影响、相互作用的过程。

2.2 街道及街道家具设计导则

街道及街道家具设计导控是针对街道及街道家具设计这一研究对象提出清晰的引导方向，为后续具体街道设计的开展给出相对应的思路，同时也在设计过程中提出一定程度的规则和限制。笔者通过对上海(2016)、南京(2017)、株洲(2017)、成都(2019)、武汉(2019)、广州(2019)、青岛(2020)等城市街道设计导则进行研究，以上导则对“街道”概念上有重新认识，并实现从道路到街道的转变，从车本位向以人为本的位的转变，强调街道一体化设计，并重视街道的功能复合。

通过对南昌、衢州、宿迁等地区的街道家具设计导则研究，各个区域的城市街道家具导控都主要基于街道家具的地域文化、人性化研究和城市形象，也对街道家具的品质、成熟度和标准化提出了更高的设计要求，积极为城市形象的改善而努力提高城市街道家具的质量。其中，《江苏省城市家具设计指南》明确了城市家具的定义、设施种类、系统分类方法。同时一些城市，如宿迁，已经发展了城市街道家具对整个城市的引导和控制，有的城市根据具体情况进行分区管理，如衢州市、南昌市等。国内的街道及街道家具设计导则基本都是出于提升城市建设品质而编制，更加强调城市的特色与形象提升。

2.3 完整街道及概念拓展

完整街道(Complete Streets)是一种交通政策和设计方法，通过对街道、公路和桥梁进行合理的规划、设计、运营和维护，来保障街道上所有交通方式出行者的通行权，满足出行需求和安全要求。完整街道的主要内容为安全街道、活力街道、绿色街道的设计，其关注的设计要素主要包括行人设施(包括人行道、人行横道、交通岛以及其他相关辅助设施)、交通减速设施、自行车设施和公共交通设施等。

笔者结合国内外城市街道设计理念，通过对国内现有街道家具导则的内容梳理与研究，从街道家具的角度，在空间、设计要素、关注内容等方面拓展完整街道的概念范畴(表 1)。

表 1 完整街道设计及概念拓展(街道家具)

设计视角 设计内容	传统街道设计	完整街道设计	完整街道拓展视角 (街道家具)
空间尺度	道路红线空间	街道一体化空间	街区、城市片区
设计要素	车行为主导的交通设施要素	行人设施、自行车设施、交通件数、公共交通设施	公共艺术品、城市导视、城市宣传、景观小品等
关注内容	安全性、使用性	安全街道、活力街道、绿色街道	城市风貌、设计美学、社会人文、城市特色等

3. 完整街道视角下的嘉善街道家具问题与设计策略研究

3.1 嘉善街道家具现状问题梳理

笔者通过调研与走访后的研究发现，嘉善整体街道家具情况良好，城市文化元素得到了相应的体现，各片区各有自己的特色。各个乡镇的街道家具品质有了相应的提高，并具有自己的文化特色。同时，智慧家具、智慧城管方面内容已经有了相应的实践。然而，嘉善除了存在传统街道设计的街道家具安全性、使用性、布局不合理等常见问题，从“完整街道”设计角度主要还存有以下问题：

1）空间一体化设计欠考虑，街区片区整体性欠佳

从街道一体化空间来看，同路段范围内，由于不同街道家具管理职责部门的不同，其风貌提升也存在着明显的差异。如东方路的街道路灯、铺装有了较为明显的提升，但垃圾收集装置、市政箱体仍然风貌不佳。由于地块权属问题，嘉善部分地块内家具布置不合理，与街道联系性差，或宣传标语过大，影响市容市貌。

从街区、城市片区的角度来看，嘉善目前街道家具的布局本身根据规划或服务半径的原则进行布置，新增的街道家具与城市的整体结构、风貌和街道功能的衔接不足，如老城中山路沿线，部分区域座椅集中设置，部分区域休憩座椅设施不足；天凝镇兴贤东路与东方路作为城镇两条主要道路，由于政府的提升力度不同，两条街道风貌有明显的差异。

2）设计要素缺少统筹，部分区域杂乱无序

嘉善主要景观路段新增街道家具过多，要素杂乱无序。目前街道家具的管理部门较多，涉及城建、街道、交通及执法等诸多部门，导致整体较为散乱和不协调。如人民大道部分路段出现各类信息服务类家具杂乱无序自行布置的现象，缺乏统筹考虑(图1)。

图1　人民大道、世纪大道的信息类街道家具现状

3）设计美学与风貌品质有待提高

缺少系统化的美学思考。如部分市政箱体美化从各自角度出发，各自为政，缺乏统一美感，影响城市形象(图2)。大多数街道家具多为工厂成品，缺乏与当地文化和风貌的融合，美感不足，特色化也难以体现。

图2　嘉善大道东侧风貌杂乱的市政箱体现状

部分新增元素未考虑整体风貌协调性，增加的元素与原有元素的风貌协调性不佳。如新增公共设施家具与所处区域整体氛围不协调，部分旧站牌与新建候车厅风貌不协调等。

3.2 完整街道视角下的嘉善街道家具设计策略

1）整体思维的布局理念

嘉善街道家具布局思维应从传统的道路红线空间、拓展至建筑前区空间，并综合街道网络、街区功能等进行布局与设计。街道家具应从城市空间的整体思维出发，充分考虑道路交通的网络属性，关注街道家具与周边环境、沿线用地性质及建筑功能关系，形成基于整体功能需求的系统化集约布局（图 3）。

图 3　祥符荡西路公共商业段街道家具一体化设计引导

2）善文化为底的元素提取与风貌设计

通过对嘉善现有环境、文化、社会经济情况等分析与研究，根据造型、装饰元素、文化背景、材质材料等设计要素，确定嘉善街道家具整体以善文化为底，分别从自然环境、历史文化、建筑特色等角度提取特征符号要素，并通过进行现代手法进行抽象设计与应用。如老城区以“善文化”“书画文化”为重点，提取梅花、竹叶、思贤塔等元素作为基本设计符号，进行融合创造，彰显嘉善老城风韵与书香文化（图 4，图 5）。

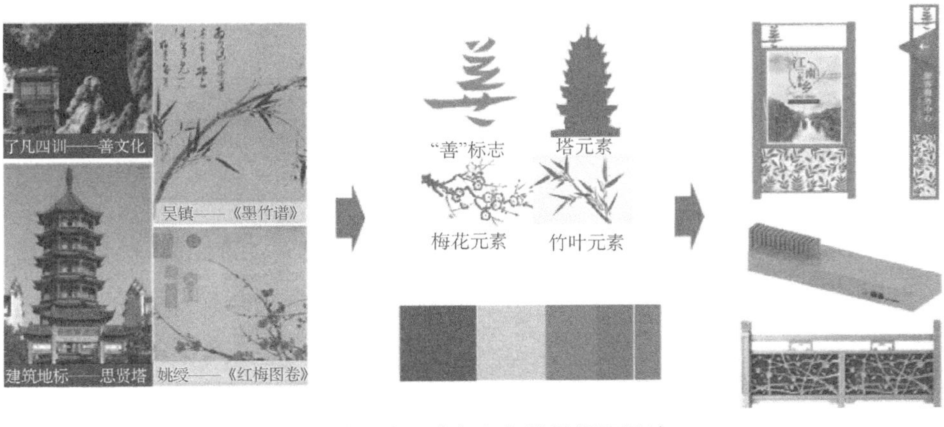

图 4　老城区城市文化符号提取设计

图 5　解放西路文化符号应用示意图

3）设施集约一体化

嘉善的街道设施在满足安全与功能需求的前提下，宜集约一体化设置，各类杆件应按照“能合则合”的原则进行合杆，提高街道空间使用率、步行安全性及景观秩序性。鼓励市政箱体设施的小型化、隐蔽化设置，净化人行空间，提升街道景观品质（图6）。

图6　中新大道多杆合一、箱体集约设计效果图

4. 嘉善街道家具导控体系实践

为提高设计策略的适用性和可靠性，《嘉善县街道家具导则》（以下简称《导则》）对设计策略及管控要素进行重要性评价和筛选，结合相关部门实际工作需求，形成“总体要点导控、分级配置与整治标准、分区风貌引导、分类细则引导”的“一总三分”导控体系（图7）。

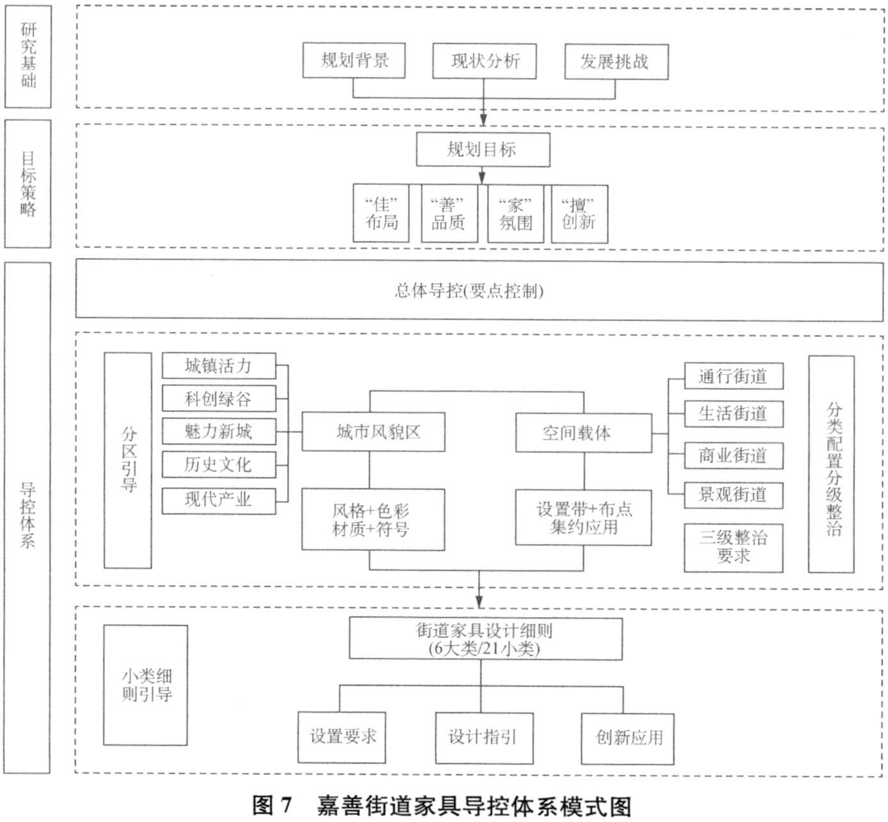

图7　嘉善街道家具导控体系模式图

4.1 总体导控——图文结合的分层级要点控制

《导则》基于嘉善现有城市街道家具的共性问题，在总则部分以风貌与空间载体为主要引导部分，分别从风格、色彩、材质、符号、设置带及布点等要素进行总体引导与控制。在控制层级层面，导控要素与内容按照推荐强度由弱渐强，分为1、2、3分级导控方式(表2)。

表2 嘉善街道家具总体导控要素内容及控制层级(部分)

层级	说　明	部分举例
1级	对城市街道家具控制要素提供设计思路，列举引导方向供参考	典型断面引导、文化符号引导
2级	提供街道家具设计应当达到的特征与效果，不限定设计采用的手法。指标可适度调整	建议设置类型、色彩总体控制要求
3级	强烈控制的要素，后续街道家具建设不应当擅自调整	禁止设施区域、人行道通道控制

4.2 分级配置——基于街道功能的配置模式与整治标准

《导则》依据沿街活动将嘉善县道路主要分为通行街道、生活街道、商业街道和景观街道四大类，并结合不同功能，形成全区覆盖的街道家具的配置模式。结合《嘉善老城区有机更新专项规划》，从整治角度将老城区街道分为三类(图8)，其中，三类区域标准为整治的起点，重在“去杂乱”，保持街道整洁；二类区域的整治标准是在三类标准上的提升，重在“补功能”，完善一体化街道功能；一类区域的整治标准是在二类标准上的提升，重在“提品质”，打造样板街道。

图8 嘉善县老城区街道整治分类

4.3 分区指引——基于文化的家具风貌体现

《导则》结合现状片区文化与城市风貌特征，将嘉善街道家具分为五大风貌分区：城镇活力风貌区、科创绿谷风貌区、现代产业风貌区、文化旅游风貌区及魅力新城风貌区(图9)。

各片区分别从整体控制引导、色彩因子、形式因子及特色因子等要素进行街道家具设计引导，并通过典型路段设计效果指引形成各片区设计引导图则(图10)。

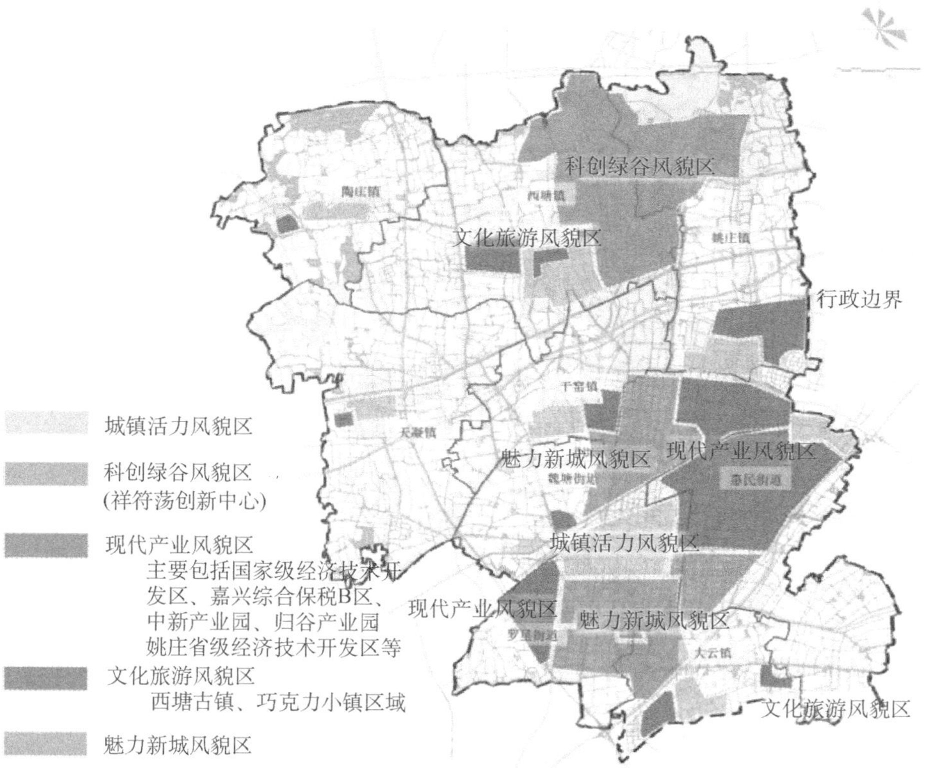

图 9　嘉善县街道家具风貌分区图

嘉善县城镇街道家具导则片区引导08-北部新城设计引导			
分类	引导内容	要素引导	效果引导
整体控制引导	城市家具规划整体以简洁、大气为主，色彩沉稳，造型上体现现代、商务氛围。	 元素标志	
色彩因子控制引导	整体上强调现代感，造型上以硬朗的线条为主。	 材质：金属、亚克力、热转印	
形式因子控制引导	现代新城片区城市家具宜以灰色为主。辅之以赭石，中黄等色调，点缀以明黄，色彩沉稳而不沉闷。	 	 中新大道街道效果意向图
特色因子控制引导	融合干窑文化进行元素提取，突出现代化高品位、高格调、高层次的氛围。		

图 10　北部新城设计引导图则

4.4 分类细则引导，正反清单的分类导控模式

《导则》结合相关案例研究，兼顾街道家具的功能属性，对嘉善街道家具各类设施进行系统性分类，主要分为公共服务设施、交通服务设施、信息服务设施、市政设施、卫生设施和照明安全设施共六大类21小类（表3）。

表3 嘉善街道家具分类

大类	小类
公共服务设施	公共艺术品、景观花坛/移动花箱、户外休闲座椅（桌台）、综合服务亭、智能邮筒
交通服务设施	公交站台、公交站牌、非机动车停车设施、电动汽车充电桩、车阻设施、护栏设施
信息服务设施	导视标志、灯箱广告、宣传栏
市政设施	市政箱体（变配电箱/通信箱）、检查井盖、消火栓
卫生设施	废物箱、饮水器
照明安全设施	车行照明设施、景观照明设施

《导则》对街道家具21小类实施分类细则指导，从各类家具自身特性出发，明确街道家具设计正反清单，从基本要素、布局指引、材料选择及色彩与创新应用等方面进行指导，形成分类导控细则。

5. 结语

在国内城市建设重民生、重质量的大背景下，街道家具是提高城市公共环境、体现城市文明程度、提升城市品位的重要要素。本文拓展完整街道的部分概念内涵，结合嘉善街道家具的现状调研，从空间布局、使用性、文化性和风貌品质等方面进行针对性问题研究，制订城市街道家具的提升策略。为提高提升策略的适用性和可靠性，对策略及管控要素进行重要性评价和筛选，形成嘉善"总体要点导控、分级配置与整治标准、分区风貌引导、分类细则引导"的"一总三分"导控方式，构建嘉善完整街道视角下的城市街道家具导控要素体系，并给出具体的实施路径与实施保障措施，旨在有力推动城市街道家具特色营造和形象提升。

参考文献

[1] 田盟琪. 街道家具对城市景观形象的营造方式探究[J]. 现代园艺，2018，358(10)：84.
[2] 叶联，李瑞敏. 完整街道政策发展综述[J]. 城市交通，2015，13(1)：17-24+33.
[3] 顾永涛，朱枫，高捷. 美国"完整街道"的思想内涵及其启示[C]. 2013城市规划年会，2013.
[4] 简艳. 城市街道空间控制方法及相关指标探讨[J]. 上海城市规划，2019，(5)：82-87.
[5] 蒋应红. 可漫步的街道——上海市街道设计实践[J]. 城市交通，2019(2)：26-33+118.
[6] 彭朋. 街道家具的美学问题研究[J]. 设计，2018，294(15)：16-17.
[7] 于睿智. 街道设计导则编制方法探索——以伦敦、纽约、阿布扎比、上海为例[C]. 2018中国城市规划年会，2018.

韧性城市视角下交通风险监测预警的启示

Urban traffic risk monitoring and early warning under the perspective of resilient city

王梦灵[1]

摘　要： 交通运行全过程的风险监测预警是实现韧性交通的第一道防线，为韧性城市建设打造坚实基础。本文回顾了韧性城市的基本概念，梳理了韧性城市与韧性交通的关联关系。分析了韧性城市视角下交通风险监测预警能级提升的需求，指出了在"韧性"的理念下。对当前城市交通风险管理提出的挑战和要求，分析了当前交通风险监测预警的现状。最后，基于我国韧性城市建设的要求，综合交通风险管理的业务组织、信息联动、处置机制特点，给出了具有"韧性"理念的城市交通风险监测预警的数字基底、机制和基本框架的建议。

关键词： 韧性；交通风险管理；监测与预警

Abstract： As the first line of defense for resilient traffic, urban traffic risk monitoring and early warning is a solid foundation for the construction of resilient cities. Firstly, this paper reviews the basic concept of resilient city, and analyzes the basic relationship between resilient city and resilient traffic system. Then, it provides the demand for improving the level of traffic risk monitoring and early warning in resilient cities. It points out the new requirements for urban traffic risk management under the concept of resilience. And then it summarizes the existing problems of urban traffic risk monitoring and warning system. In order to implement the requirements for the construction of resilient cities in China, the key points with the concept of resilience of urban traffic risk monitoring and early warning are proposed based on the analysis to the characteristics of traffic risk management.

Key words： resilience；traffic risk management；monitoring and early warning

1. 引言

韧性城市是城市治理的最新理念，当灾害发生时，韧性城市能够快速应对，保持其主要特征和功能不受明显影响，并能正常运行[1]。城市通过内部的自适应能力化解和抵御外界的冲击，通过"韧性"能力保障城市各组成部分的安全运行，使城市和人类居住社区具有包容性、安全性、韧性和可持续性[2]。通常来说，城市治理聚焦规划、土地、房屋、交通、环保、建筑及水务等重点领域，因此，韧性城市的目标是实现包括城市社会、经济、环境、生态和生活等多领域多方面的内容具有"韧性"能力。然而，城市由于其本身具有的特殊属性，构成城市的各组件模块是时空分布的，整个城市运行网络可分解为多个具有时空耦合关联性的子系统，但每个单个子系统又具有独立运转能力。面对具有功能多样性、组件空间分布性、传递网络性和时空耦合性等特征的城市，要实现韧性城市运行过程的风险应急管理是十分困难且重要的事情。

交通治理作为城市治理中的重要一环，城市交通的韧性能力有助于提升应对各种自然灾害、重大突发意外事件等带来的交通治理相关风险的能力[3, 4]，为实现"韧性"城市打下坚实基础。而交通风险监测预警是"韧性"交通得以实现的排头兵，本文在韧性城市视角下，围绕主动预防的城市风险管理理念，分析了城市交通风险监测预警的需求，交通风险监测预警具有"韧性"能力所需的条件，最后给出交通风险监测预警能力提升的建议，进一步推进城市交通应急管理体系现代化，支撑韧性城市建设。

1　华东理工大学。

2. 韧性城市下交通风险监测预警的需求

城市交通网络是支撑城市社会经济活动的重要基础，城市交通风险监测预警工作，不仅包含常规的交通事件监控和管理工作，还要考虑面对自然灾害、基础设施损坏、重大突发事件三大类不确定性扰动对城市交通系统造成的影响[5,6]。在韧性城市的需求下，对于交通管理者而言，需要有效分析不同程度、不同层面的内外部干扰和影响，做到及时发现、及时响应、有效抵御、损失控制和快速恢复。

作为韧性交通的第一道防线，交通风险监测预警在事件发生前，通过对重点对象进行及时、动态持续的监测，快速及时地发现城市交通运行过程中出现的问题和诱导因素；依据不同业务条线管理需求，基于监测信息进行分析和评估；最后根据研判结果确定预警级别，采取合理有效的应急处置措施，辅助相关人员及时解决问题，降低或者消除风险带来的影响。它既是监测城市运行状态的警报器，更是支撑城市交通风险管理、应急处置和应急保障的前提和基础。并且，这第一道防线的坚固程度，交通风险监测预警能力的优劣，直接影响了整个城市的“韧性”能力。

当前，随着技术的发展和管理制度的优化，韧性城市管理对交通风险监测预警要求不再局限为“监测”和“预警”功能本身，而是需要从提升城市交通韧性能力的角度，有效利用物联感知、大数据和人工智能等先进技术和手段挖掘监测信息，感知获取表征城市交通系统的空间、功能、过程多个层面的状态，通过交通业务条线协同管理推进实现精细化处置，及时解决问题，消除或降低突然事件的损害。

3. 韧性城市下交通风险监测预警的现状分析

城市交通风险管理中，需要监测对象覆盖范围广，感知设备多，监测数据体量大，涉及业务条线与部门多。围绕韧性城市交通风险管理能级提升的需求，本文从体系框架、技术支撑、机制路线方面，从韧性的视角分析城市交通风险监测和预警需要解决的问题。

（1）在体系框架上，当前的监测预警框架大多较为单一，缺少多层级协同治理的方案，通过对城市交通管理面临安全问题进行分类划分，定义监测感知标准，基于先进的监测预警技术手段，合理构建精细化的韧性城市交通风险管理体系框架，有效感知和预判存在的风险，及时预警预报，防患于未然。

（2）在技术支撑方面，由于城市交通监测对象具有功能重叠，时空耦合等多种属性，并且被监测事件、部件、点位和感知终端布设属于多个业务条线的管理任务，监测数据归口于各部门、各辖区，“信息孤岛”现象严重，各区域间、各部门间的信息难以及时共享融合。因此，需要融入物联网、大数据和人工智能技术，挖掘监测数据特定关联关系，构建合理的技术支撑模式，提高监测预警的能力。

（3）在机制路线方面，需要整合不同管理部门的资源，充分共享，将管理流程从多层授权向精准授权提升，依托移动互联网和信息多维连通共享，利用监测大数据分析和研判发现风险管理深层次问题或趋势性决策措施，反馈优化实现城市交通风险管理的长效化设计。

4. 对韧性交通风险监测预警的建议

4.1 建议在交通风险监测预警中体现韧性城市理念

为落实我国韧性城市建设的要求，基于交通风险管理的业务组织、信息联动、处置机制特点，建议在城市交通风险监测预警中体现“韧性”理念。

（1）从城市交通运行全过程，剖析韧性交通的感知监测、风险管理和应急处置三个主要环节的内涵，分析三者之间的关系，在城市交通风险管理模式中反映韧性城市的理念，充分考虑应对交通治理多种不确定性因素的弹性和风险适应能力。

（2）充分考虑韧性城市管理对交通监测预警的问题发现、业务组织、实施执行等方面的综合部署和统筹安排要求，分析如何从信息共享、业务协同、执行联动等方面规划监测预警体系框架，强调不同层次信息、执行处置间的统筹协调。

(3) 从韧性城市风险管理和应急处置的需求入手分析提升交通风险监测预警能力的基本原则；从顶层优化设计、监测信息融合、智能技术应用、评估反馈递进等方面入手，构建融入"韧性"理念的监测预警总体框架。

(4) 将经济效益、社会效益、环境效益有机统一，更好地发挥政府在韧性城市运行管理中的主导作用，引入人工智能、大数据等创新技术赋能韧性城市交通风险监测预警智能化，强调交通基础设施的网络连接、功能复合、时空联动，重视协同机制建设。

4.2 建议构建韧性城市交通风险监测预警数字基底

围绕"监控对象科学配置、监测数据智能挖掘、预警机制规范可靠、应急处置快速有效，业务条线协同管理"等城市运行过程监测预警能级提升目标，建议设计新型感知网络和信息处理模式，打造具有"韧性"的数字基底。

(1) 通过构建感知、网络、数据、应用四层的物联、数联、智联三联一体的新型感知网络结构，赋能韧性交通风险管理"智能感知、快速反应、科学决策"的第一环。

(2) 通过设计感知载体和感知终端配置的标准，构建合理的监测感知部署模式，重点打造形成交通对象广泛感知和智慧感知的形式，强调统一感知数据的标准化管理和 AI 分析能力要求，实现感知网络的标准化联动，感知数据汇集和共享应用。

(3) 构建监测对象优化配置标准，解析不同种类监测对象所需数据类型、感知手段和设备布设原则，通过建立模型体系与数据分析模型来实现大数据的集中处理与分析，赋能交通风险监测、预警、评估、处置和反馈的全过程，数字化赋能成韧性城市交通风险监测预警模式，形成韧性交通的数字基底。

4.3 建议构建韧性城市交通风险监测预警机制

对交通风险管理的预警机制、业务模型、管理效能等方面进行问题感知—数据融合—业务协同—管理反馈全周期评估，构建城市交通风险监测预警工作机制，推进城市交通运行全过程的监测数据融合、共享及流转，保障不同业务条线间的融合与交换，多业务协同发展。

(1) 坚持系统思维、以全生命周期管理为基础，针对监测、评估、预警及处置等主要环节，构建科学化、系统化、精细化的韧性城市交通运行过程监测预警能级提升路线。

(2) 从空间尺度、功能维度和过程环节三个维度，分析市级、区级的部门分工与职责，研究韧性城市交通风险监测预警管理工作机制，完善重点工作与专项工作市区两级对接流程。

(3) 完善各部门间信息共享、协调联动工作机制，探索形成跨行业、跨部门、跨区域统筹推进机制，加强统筹设计与强化应急管理的反馈优化。

(4) 在尊重城市运行基本规律的基础上，构建标准化监测预警流程，充分运用现代科技手段，有效整合各类资源，构建具有时效性和准确性的应急处置路线，实现韧性交通风险管理的有序推进。

5. 结语

本文以韧性城市建设的需求为出发点，综合运用风险管理、应急管理、系统工程和信息技术等多学科的理论，通过分析交通风险监测与预警的现状，解析韧性城市理念下交通风险监测预警能级提升的方法，围绕"监控对象科学配置、监测数据智能挖掘、预警机制规范可靠、应急处置快速有效，业务条线协同管理"等目标，给出了城市交通运行过程监测预警的"韧性"理念融入、技术支撑和机制路线等多个方面的建议，促进提升韧性城市交通风险监测预警能力。

参考文献

[1] Vale, Lawrence J. The politics of resilient cities: whose resilience and whose city? [J]. Building Research & Information, 2014, 42(2): 191-201.
[2] 郭小东,苏经宇,王志涛. 韧性理论视角下的城市安全减灾[J]. 上海城市规划,2016,1:41-44,71.
[3] 经维维. 韧性理念在道路交通规划中的应用研究[J]. 交通与运输,2022,38(2):11-15.
[4] 李健. 非常态交通管控与韧性交通系统构建[J]. 城市交通,2020,18(3):9-10.
[5] 耿凯亮. 上海城市轨道交通气象风险的精细化管控策略[J]. 城市轨道交通研究,2022,25(3):86-90.
[6] 乔盘. 交通基础设施群智能监测与预警系统建设方案研究[J]. 内蒙古公路与运输,2021(2):55-58.

提升 G40 长江隧桥交通韧性研究

Research on improving transportation resilience of Cross-river channels of G40 expressway

王东磊[1]　江文平[2]

摘　要：G40 长江隧桥是国家高速公路和长三角重要的越江通道，也是崇明进出市区的唯一陆路通道，通道功能复合、多源需求叠加、交通构成复杂，在周末和节假日已经出现拥堵，第十届中国花卉博览会在崇明举办，预计通道压力将进一步提升。本文利用多源数据，深度挖掘 G40 长江隧桥不同特征日的交通流构成和拥堵原因，研判花博会期间运行情况，并针对工作日、周末、节假日、花博会等多种场景，对不同交通流采取差异化的管控措施，形成常态化保障机制和保障方案，有效提升 G40 长江隧桥交通运行韧性。

关键词：韧性交通；多场景；交通保障

Abstract：As an important cross-river channel for the national expressway and the Yangtze River Delta，and the only overland channel between Chongming Island and downtown，the G40 Yangtze River Tunnel and Bridge has the characteristics of multi-functions，multi-source demands and complex traffic. There has been congestion on weekends and holidays. As the 10th China Flower Expo is held in Chongming，the pressure of the channel is expected to be further increased. Based on multi-source data，this paper deeply excavates the traffic flow composition and congestion causes on different characteristic days，analyzes the situation during the Flower Expo，and puts forward corresponding countermeasures to improve transportation resilience according to multiple scenarios such as working days，weekends，holidays and Flower Expo. This paper forms normal supporting mechanism and scheme，thus to effectively improve the transportation resilience of G40 Yangtze River Tunnel and Bridge.

Key words：transportation resilience；multiple scenarios；traffic supporting

1. 引言

G40 沪陕高速是国家高速公路网“十三纵、十五横”中的“第八横”，是一条贯穿我国东南和西北的大通道，全线于 2012 年 8 月 14 日贯通。G40 上海段由越江隧桥（长江隧道、长江大桥，双向 6 车道，其中隧道无应急车道）和崇启段两段组成，总长近 60 km。作为国家高速公路和长三角重要的越江通道以及崇明岛进出市区的唯一陆路通道，G40 越江隧桥不仅服务省际越江出行，也服务上海崇明与市区的境内出行。

近几年，G40 长江隧桥交通量总体呈不断增长趋势。如图 1 所示，现状按次收费，以小型客车单程收费 50 元为例，是按正常里程收费 16 元的 3 倍之多，通勤成本较高，因而工作日流量相对较低，人大代表、政协委员等多次建言对崇明注册车辆实施长江隧桥收费优惠，降低崇明区居民通勤成本；游客对费用敏感度相对较低，周末交通量快速增长，高东收费站常出现小范围拥堵；节假日拥堵范围扩大（排队至杨高北路）；在小型客车免费通行的节假日，拥堵范围进一步扩大，出现 10 km 以上的极端拥堵（排队至翔殷路隧道）。

第十届中国花卉博览会于 2021 年 5 月 21 日至 7 月 2 日在崇明区东平镇举办，包含周末 10 天，端午节 3 天，预测客流总规模达 300 万人次。面对花博会新增需求，交通保障形势更加严峻，如不采取有效措

1,2　王东磊，江文平，上海市城乡建设和交通发展研究院。

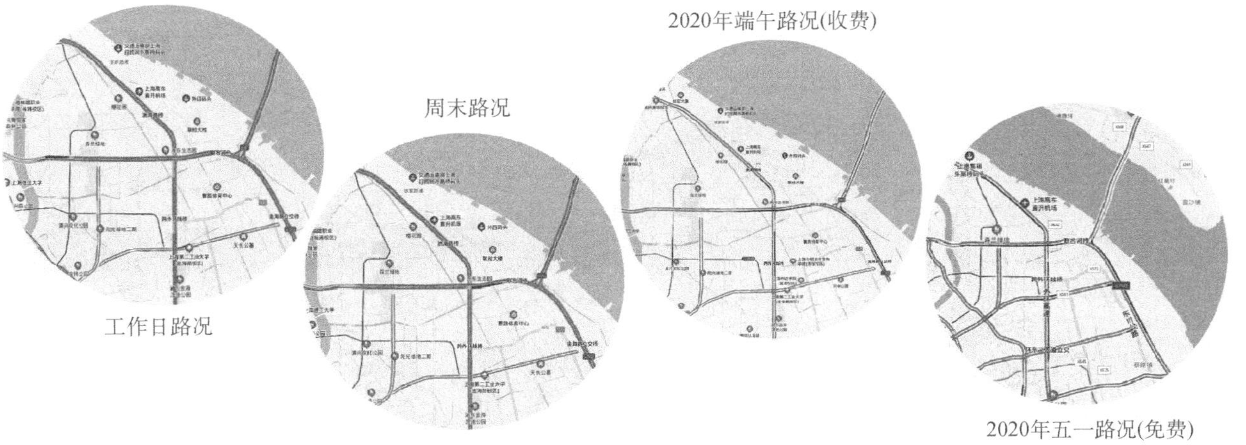

图 1　G40 通道现状运行状况

施,多源交通需求势必对 G40 长江隧桥带来冲击,出现极端拥堵情况。利用高速公路收费数据和快速路线圈数据,结合交通模型,分析长江隧桥不同特征日的交通流构成和拥堵机理,研判花博会期间交通运行状况,针对工作日、周末、节假日和花博会等不同场景,提出相应的交通保障方案,提升 G40 长江隧桥交通运行韧性。

2. 现状 G40 长江隧桥运行特征

2.1　工作日运行特征

如图 2 所示,入岛方向:高东入口收费站的车流达到 5.7 万 pcu/d,44%来自五洲大道、56%来自外环;进入高东收费站之后,43%去往崇明、57%去往 G1503 东段。两股主要交通流向分别是五洲大道至崇明约占 44%、外环至 G1503 东段约占 56%,在高东入口收费站形成交织。

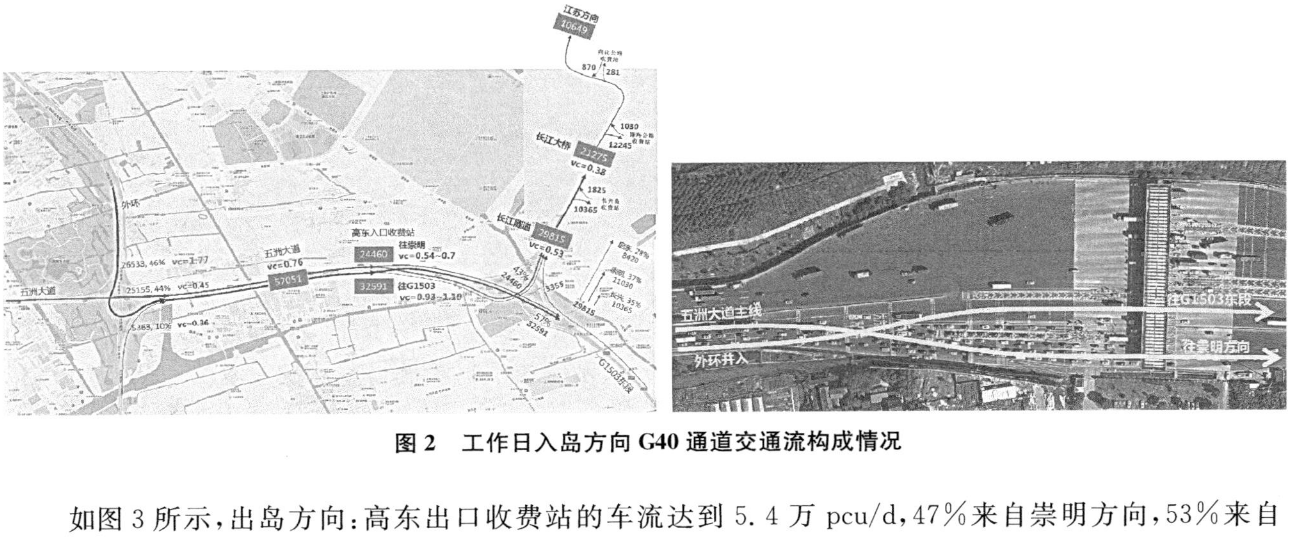

图 2　工作日入岛方向 G40 通道交通流构成情况

如图 3 所示,出岛方向:高东出口收费站的车流达到 5.4 万 pcu/d,47%来自崇明方向,53%来自 G1503 东段;驶出高东收费站后,47%去往五洲大道,53%去往外环。两股主要交通流向分别是崇明至五洲大道约占 47%、G1503 东段至外环约占 53%。

工作日 G40 通道整体运行良好,高东收费站饱和度 0.8 左右,处于缓行状态。G40 长江隧道和长江大桥交通量分别为 3 万 pcu/d 和 2.3 万 pcu/d,饱和度分别为 0.55 和 0.4,服务水平良好。

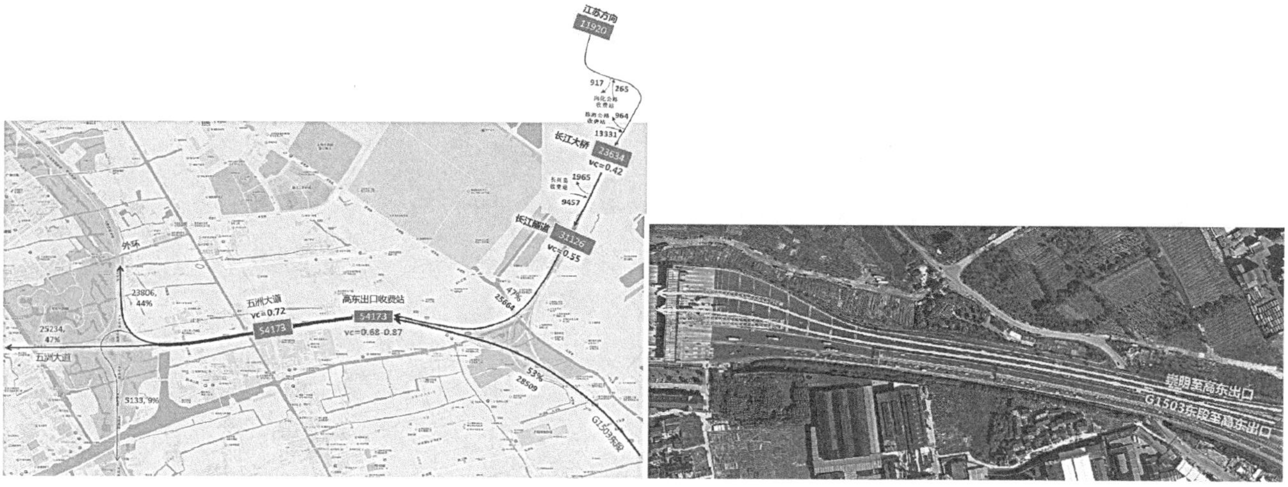

图3 工作日出岛方向 G40 通道交通流构成情况

2.2 周末运行特征

如图4所示，入岛方向：高东入口收费站的车流达到6.8万 pcu/d，51%来自五洲大道、49%来自外环；进入高东收费站之后，52%去往崇明、48%去往 G1503 东段。两股主要交通流向中，五洲大道至崇明约占50%、外环至 G1503 东段约占50%。

出岛方向：高东出口收费站的车流达到6万 pcu/d，54%来自崇明方向，46%来自 G1503 东段；驶出高东收费站后，49%去往五洲大道，51%去往外环。两股主要交通流向中，崇明至五洲大道约占50%、G1503 东段至外环约占50%。

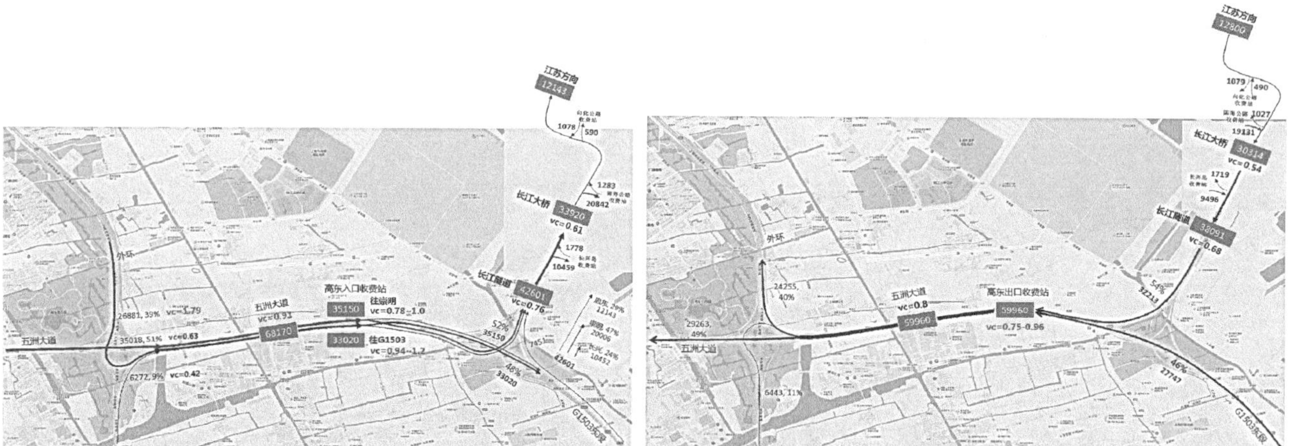

图4 周末 G40 通道交通流构成情况(左:入岛方向,右:出岛方向)

周末 G40 通道整体运行平稳，存在节点型拥堵，高东收费站达到饱和，处于拥堵状态。G40 长江隧道和长江大桥交通量分别为4.3万 pcu/d 和3.4万 pcu/d，较工作日增长50%，饱和度分别为0.76和0.61，仍能维持较好服务水平。

2.3 节假日运行特征

如图5所示，入岛方向：高东入口收费站的车流达到6.7万 pcu/d，总流量与周末相当，67%来自五洲大道、33%来自外环；进入高东收费站之后，71%去往崇明、29%去往 G1503 东段。两股主要交通流向中，五洲大道至崇明约占70%、外环至 G1503 东段约占30%。

出岛方向：高东出口收费站的车流达到 6 万 pcu/d，总流量与周末相当，70%来自崇明方向，30%来自 G1503 东段；驶出高东收费站后，55%去往五洲大道，45%去往外环。

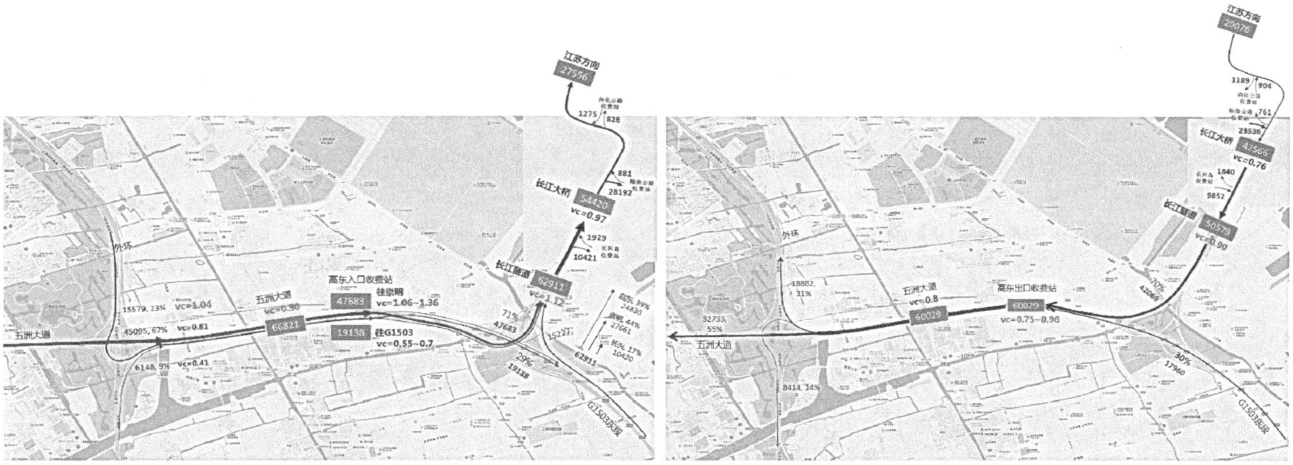

图 5　节假日 G40 通道交通流构成情况(左：入岛方向，右：出岛方向)

节假日(收费)G40 通道入岛方向五洲大道(外环线—G40 长江隧道)拥堵，G40 长江隧道和长江大桥交通量分别为 6.3 万 pcu/d 和 5.4 万 pcu/d，较周末增长 50%，饱和度分别为 1.12 和 0.97。出岛方向有所缓和，接近饱和，G40 长江隧道—高东出口收费站处于缓行状态。

免费节假日 G40 长江隧道流量由 6.3 万 pcu/d 增加到 7 万 pcu/d，2020 年五一(免费节假日)更是达到 7.7 万 pcu/d 的历史峰值，出现严重拥堵。

3. 花博会运行研判

3.1　花博客流分析

根据交通承载力分析和客流预测专题，花博会总客流 300 万人次，其中工作日 7 万人次/d，周末和端午节控制在 8.5 万人次/d，与现状工作日、周末和端午节崇明入岛背景客流 4.7 万人次/d、6.5 万人次/d、8.1 万人次/d 相比，工作日增加 150%，周末增加 130%、端午节增加 100%。

花博会新增客流 7 万～8.5 万人次/d 中：本岛居民 1 万人次/d，启东方向 1 万人次/d，市区方向 4 万～4.5 万人次/d，岛内住宿 1 万～2 万人次/d。如将住宿客流分别计入启东和市区，市区方向占 70%，本岛居民和启东方向各占 15%。

市区方向客流是入岛主流向，对 G40 长江隧桥产生压力的也正是市区方向客流，翔殷路隧道—五洲大道—G40 越江隧桥—陈海公路作为入岛主通道，是交通运行保障的重中之重。现状在工作日、周末和节假日，市区方向入岛背景客流分别为 4.3 万人次/d、6.0 万人次/d、7.6 万人次/d，以小汽车出行方式比重较高，达 30%～40%。花博会期间在工作日、周末和节假日市区方向新增客流分别为 4 万人次/d、4.5 万人次/d、4.5 万人次/d，为减轻花博会客流对 G40 通道产生的增量压力，同时减少对背景客流的影响，将花博会客流小汽车出行比例严格控制在 10%～15%，由此计算，市区方向入岛新增车流分别为 3 400 pcu/d、4 500 pcu/d、4 500 pcu/d(包括公交、大巴、小汽车在内)。

G40 长江隧道背景车流分别为 3 万 pcu/d(工作日)、4.3 万 pcu/d(周末)、6.3 万 pcu/d(收费节假日)、7.0 万～7.7 万 pcu/d(免费节假日)，花博会期间市区方向入岛新增车流 3 400～4 500 pcu/d，相对于背景车流而言，全天新增总量较小，但出行时间集中，高峰系数达 30%，因此，即使严控花博会小汽车出行，由于 G40 现状较为脆弱，韧性不足，仍然面临巨大通行压力。

3.2 花博期间工作日研判

如表1所示,G40长江隧道平常工作日流量3万pcu/d(高峰2 400 pcu/h),叠加花博会车流后为3.34万pcu/d(高峰3 300 pcu/h),与平常周末4.3万pcu/d(高峰3 400 pcu/h)相比,高峰时段流量与平常周末相当,总体运行较好,存在节点型拥堵。入岛方向瓶颈点为五洲大道/外环线汇入点、高东入口收费站,出岛方向瓶颈点为高东出口收费站。预计道路拥堵持续时间1～2 h,车辆延迟时间15～30 min,市区到达园区约2 h。

3.3 花博期间周末研判

如表2所示,G40长江隧道平常周末流量4.3万pcu/d(高峰3 400 pcu/h),叠加花博会车流后为4.75万pcu/d(高峰4 700 pcu/h),与往年收费节假日6.3万pcu/d(高峰5 000 pcu/h)相比,高峰时段流量与收费节假日相当。入岛方向五洲大道(外环线—G40长江隧道)拥堵,出岛方向G40长江隧道—高东出口收费站缓行。预计拥堵持续时间约3 h,车辆延迟时间30～40 min,市区到达园区约2.5 h。

3.4 花博期间端午节研判

如表3所示,G40长江隧道往年收费节假日流量6.3万pcu/d(高峰5 000 pcu/h),叠加花博车流后为6.7万pcu/d(高峰6 200 pcu/h),与往年免费节假日7万pcu/d(高峰5 600 pcu/h)和2020年"五一"(免费)7.7万pcu/d(高峰6 200 pcu/h)相比,全天总量与平常免费节假日相当,高峰时段流量与2020年"五一"极端情况相当。五洲大道(翔殷路隧道—G40长江隧道)出现较大范围拥堵,可能出现极端拥堵情况。预计拥堵持续时间7～8 h,车辆延迟时间50～60 min,市区到达园区约3 h。

4. 多场景韧性运行保障对策

按照G40长江隧桥运行平稳有序、社会车辆排队时长可控、极端高峰情况集约交通优先通行的保障目标,从节点优化(疏通沿线瓶颈)、引导分流(背景交通网络分流、入岛交通错峰出行)、集约优先(促进集约化出行)和个体管控(停车预约、分层引导)等方面,对不同特征日提出交通保障措施。

4.1 工作日保障对策

G40长江隧桥是崇明区与上海市区联系的唯一陆路通道,承担着崇明与上海市区90%的客运量。长江隧桥越江人群中60%是通过集约化交通方式(公交车、班车、旅游大巴)越江,但车流量仅占约10%;40%通过小客车越江,但车流量占60%。为解决崇明区居民交通不便、降低出行成本,近期从三方面进行优化:一是调整既有公交线路,与轨道站点结合更加紧密,研究在隧桥两端衔接处建设公交综合换乘枢纽(包括P+R和公交线路间换乘);二是在节假日提供更好的公交服务,研究开辟至崇明的大站公交快线;三是针对集约交通和通勤交通,给予适度优惠。工作日G40通道整体运行良好,高峰饱和度低于0.6,可以在工作日对大客车(包括公交车、班车、旅游大巴)和崇明注册的小客车实施优惠,同步加强高东收费站的交通组织管理,提升收费站通行能力,包括采用一岛双亭、潮汐车道、移动收费站和人工收费/ETC混合道等方式,应对优惠后的诱增流量。

长远来看,从崇明生态岛的定位出发,构建可持续的绿色交通体系:一是构建多通道、多方式的快速越江交通体系,特别是要强化快速轨道服务;二是要构建内外交通有效衔接,功能级配合理的道路系统;三是要制定兼顾保护和发展的交通政策,从空间和环境资源两方面研究确定小汽车合理容量。

4.2 周末保障对策

一方面,延续工作日节点保障措施,加强高东收费站的交通组织管理,提升收费站通行能力;另一方

表 1　花博期间工作日研判

入岛方向		通行能力（pcu/h）	市区至崇明方向背景量			花博会期间总流量	
			全天量（pcu/d）	高峰小时（pcu/h）	饱和度	花博会高峰小时新增量（pcu/h）	叠加后饱和度
五洲大道		6 000	57 051	4 564	0.76	765	0.89
高东入口收费站	崇明方向	2 800～3 600	24 460	1 957	0.54～0.7	765	0.76～0.97
	G1503 方向	2 200～2 800	32 591	2 607	0.93～1.19	0	0.93～1.19
G40 长江隧道		4 500	29 815	2 385	0.53	900	0.73

入岛方向	通行能力（pcu/h）	崇明至市区方向背景量			花博会期间总流量	
		全天量（pcu/d）	高峰小时（pcu/h）	饱和度	花博会高峰小时新增量（pcu/h）	叠加后饱和度
G40 长江隧道	4 500	31 126	2 490	0.55	900	0.75
高东出口收费站	5 000～6 400	54 173	4 334	0.68～0.87	765	0.80～1.02
五洲大道	6 000	54 173	4 334	0.72	765	0.85

表 2　花博期间周末研判

入岛方向		通行能力（pcu/h）	市区至崇明方向背景量			花博会期间总流量	
			全天量（pcu/d）	高峰小时（pcu/h）	饱和度	花博会高峰小时新增量（pcu/h）	叠加后饱和度
五洲大道		6 000	68 170	5 454	0.91	1 105	1.09
高东入口收费站	崇明方向	2 800～3 600	35 150	2 812	0.78～1.0	1 105	1.09～1.4
	G1503 方向	2 200～2 800	33 020	2 642	0.94～1.2	0	0.94～1.2
G40 长江隧道		4 500	42 601	3 408	0.76	1 300	1.05

入岛方向	通行能力（pcu/h）	崇明至市区方向背景量			花博会期间总流量	
		全天量（pcu/d）	高峰小时（pcu/h）	饱和度	花博会高峰小时新增量（pcu/h）	叠加后饱和度
G40 长江隧道	4 500	38 091	3 047	0.68	1 300	0.97
高东出口收费站	6 400	59 960	4 797	0.75～0.96	1 105	0.92～1.18
五洲大道	6 000	59 960	4 797	0.80	1 105	0.98

表 3　花博期间端午节研判

入岛方向		通行能力（pcu/h）	市区至崇明方向背景量			花博会期间总流量	
			全天量（pcu/d）	高峰小时（pcu/h）	饱和度	花博会高峰小时新增量（pcu/h）	叠加后饱和度
五洲大道		6 000	66 821	5 346	0.89	1 020	1.06
高东入口收费站	崇明方向	2 800～3 600	47 683	3 815	1.06～1.36	1 020	1.34～1.73
	G1503 方向	2 200～2 800	19 138	1 531	0.55～0.7	0	0.55～0.7
G40 长江隧道		4 500	62 911	5 033	1.12	1 200	1.39

入岛方向	通行能力（pcu/h）	崇明至市区方向背景量			花博会期间总流量	
		全天量（pcu/d）	高峰小时（pcu/h）	饱和度	花博会高峰小时新增量（pcu/h）	叠加后饱和度
G40 长江隧道	4 500	50 579	4 046	0.90	1 200	1.17
高东出口收费站	6 400	60 029	4 802	0.75～0.96	1 020	0.91～1.16
五洲大道	6 000	60 029	4 802	0.80	1 020	0.97

面，引导过境交通路网分流和入岛交通错峰出行。如图 6 所示，G40 通道两股主要交通流向中，五洲大道至崇明、外环至 G1503 东段各占 50%。引导外环至 G1503 东段的过境车流避开高东收费站堵点，沿外环线和东西联络道（龙东大道、华夏高架路、S1 迎宾高速等）绕行，缓解五洲大道通行压力，同时引导崇明入岛车流尽可能错峰出行，避开高峰时段。

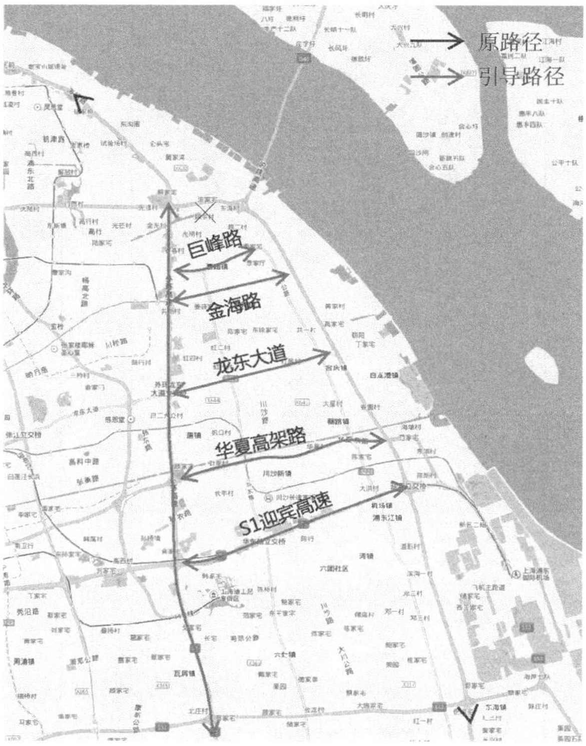

图 6　外环至 G1503 东段路网分流

4.3　节假日保障对策

节假日五洲大道（外环线—G40 长江隧道）全线饱和，两股主要交通流向中，外环至 G1503 东段占 30%，五洲大道至崇明占 70%，需要在延续周末路网分流和错峰出行的基础上，进一步升级管控措施。一是 G40 长江隧桥实施黄牌货车 6 时至 20 时限行措施。预计全天减少黄牌货车约 1 700 辆/d(5 000 pcu/d)，高峰小时减少 140 辆/时(400 pcu/h)，约占 G40 长江隧道总流量的 10%，同时可以降低货车抛锚对交通运行的影响；二是长三角联动。G40 长江隧道总流量中，跨省越江交通约占 30%～40%，长兴岛约占 15%～30%，崇明岛约占 40%～45%。通过媒体宣传、关键断面增设诱导指示牌以及手机导航，充分利用 G15 苏通大桥、S19 沪苏通大桥等分流通道，实现过境交通的相互调节和动态均衡，形成节假日引导分流的长效机制；三是以集约化方式降低机动车出行需求。结合现状 11 条申崇线，开辟大站公交快线，完善岛内公交接驳，为游客提供更好的公交服务；四是依托宝山、崇明码头，完善两端接驳公交，提升水路联运吸引力，发挥水陆联运对陆路交通的分流作用（图 7），缓解 G40 长江隧桥的交通压力。

4.4　花博期间保障对策及效果评估

花博会期间，工作日运行状态相当于平常周末，周末相当于平常收费节假日，端午节相当于平常免费节假日，除上述措施外，新增保障措施包括：一是进一步加强集约化出行，提供更多集约化出行选择，包括申崇公交线、花博专线、定制巴士和旅行社组织的旅游大巴等；同时，为了保障集约交通的通行效率，沿入园主路径（五洲大道—G40 长江隧桥—陈海公路—蟠龙公路）设置路侧式花博专用道，服务申崇公交、岛内公交、花博专线、定制巴士和旅游大巴等所有黄牌大客车，加强沿线出入口管理，确保大客车运行畅通。二

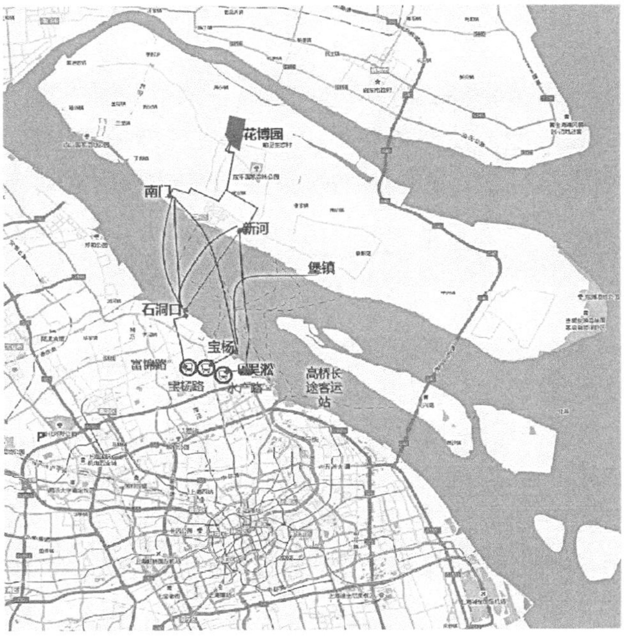

图 7　水陆联运

是个体机动化管控。通过停车预约、出行预约和分层交通管控，控制花博会小汽车出行。入园游客小汽车全部预约停车，必要时周末和节假日对入岛小汽车实行预约，在道路上设置三个圈层，第一圈层（引导区）在五洲大道—G40 高东入口进行流量管控，确保 G40 长江隧桥运行平稳；第二圈层（缓冲区）在岛内主要通道上对非预约小汽车截流，引导至应急停车场，接驳入园；第三圈层（管控区）仅备案和预约车辆通行。三是加强至向化收费站的交通引导。通过岛内主要通道（陈海公路、北沿公路、崇明生态大道）至花博园区，分流陈海公路收费站压力。如图 8 所示。

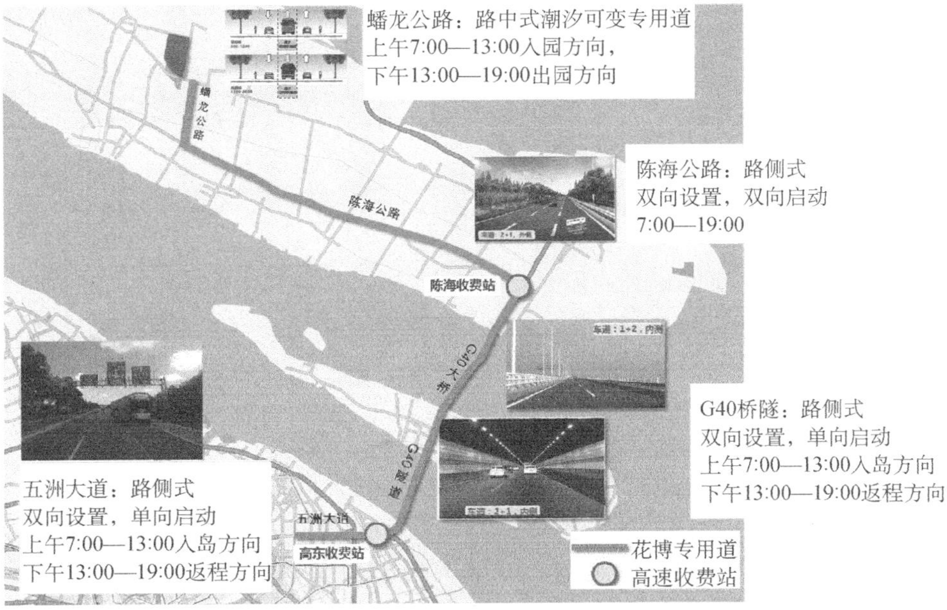

图 8　花博专用道总体布置方案

花博会开展期间入园游客共计 104.4 万人次，日均入园游客 2.4 万人次，小于预期水平。与疫情前 2019 年工作日同期相比，花博会期间 G40 长江隧桥早高峰入岛方向及晚高峰出岛方向流量均有明显增长，其中高峰高方向的大客车增幅达 3 倍以上，在总流量的占比也由 5%提升至 17%左右，反方向流量变化情况较小。周末及端午节期间由于个体机动化受到严格的措施管控，G40长江隧桥流量基本与工作日水平接近。

花博专用道为集约车辆提供了较快捷的通道，专用道服务水平要高于旁边的社会车道，同时小客车通行压力也总体可控。G40长江隧道断面在早高峰入岛方向的花博专用道饱和度为0.48，社会车道饱和度为0.62；晚高峰出岛方向的花博专用道饱和度为0.44，社会车道饱和度为0.62。

5. 结语

G40不仅是国家高速公路和长三角重要的越江通道，也是崇明进出市区的唯一陆路通道，花博会期间还是入园主通道，通道功能复合、多源需求叠加、交通构成复杂，沿线还有五洲大道/外环线汇入点、高东收费站、长江隧道(无应急车道)等多处瓶颈，现状运行状况较为脆弱，在周末和节假日已经出现拥堵，面对花博新增需求，交通保障形势严峻。通过分析长江隧桥不同特征日的交通流构成，针对工作日、周末、节假日和花博会等多种场景，从节点优化、引导分流、集约优先和个体管控等方面，对不同交通流采取差异化的管控措施，形成常态化保障机制和保障方案，有效提升G40长江隧桥交通运行韧性。

参考文献

[1] 上海市城乡建设和交通发展研究院. 第十届花博会交通运行保障及评估分析[R]. 上海：上海市城乡建设和交通发展研究院，2021.

[2] 上海市城乡建设和交通发展研究院. G40禁货缓堵效果研究[R]. 上海：上海市城乡建设和交通发展研究院，2021.

[3] 上海市城乡建设和交通发展研究院. 中国国际进口博览会交通保障研究[R]. 上海：上海市城乡建设和交通发展研究院，2020.

面向 G60 科创走廊的杭州区域交通发展策略研究

Research on Hangzhou regional traffic development strategy for the G60 science and innovation corridor

楼　栋[1]　丁臻楠

摘　要： G60 科创走廊作为长三角一体化发展的引擎，高效的区域交通是推动都市圈高质量协同一体化发展的重要保障，需要有机结合城市自身需求与区域整体发展。本文以杭州为例，分析了科创走廊沿线区域的综合交通发展现状与问题，根据科创走廊的发展趋势和杭州自身的角色定位，提出了航空协作、铁路融合、路网完善、水运联通四个方面的区域交通发展策略，为加强沿线区域基础交通设施的互联互通，提升 G60 科创走廊辐射带动效应提供了有效思路。

关键词： G60 科创走廊；都市圈交通；长三角一体化

Abstract: The G60 Science and Innovation Corridor is the engine of the integrated development of the Yangtze River Delta. Its efficient regional transportation is an important guarantee for promoting the high-quality coordinated and integrated development of metropolitan areas. It is necessary to organically combine the needs of the city itself with the overall development of the region. Taking Hangzhou as an example, this paper analyzes the status quo and problems of comprehensive transportation development along the area of the Corridor. According to the development trend of the Corridor and the role of Hangzhou, this paper proposes regional transportation development strategies in four aspects: aviation cooperation, railway integration, road network improvement, and water transportation connectivity, which provides an effective idea for strengthening the connectivity of regional infrastructure and improving the radiation effect of the Corridor.

Key words: the G60 science and innovation corridor; metropolitan transportation; Yangtze River Delta integration

1. 引言

随着我国经济由高速向高质量转变，推动长三角更高质量的一体化发展，是促进区域经济结构转型、产业结构优化、资源合理配置的大势所趋和必然要求，也是服务国家发展大局、参与全球合作竞争的需要。长三角地区作为我国高水平发展的示范区和活力区，为贯彻新时期的发展理念，本着互利共赢、资源共享、优势互补、协同发展和共建共享的原则，上海市松江区和嘉兴市、杭州市等九个地市于 2018 年 6 月 1 日在松江区共同发布《G60 科创走廊总体发展规划 3.0 版》，并签署了《G60 科创走廊战略合作协议》，为长三角区域合作掀开了新的篇章。作为打造 G60 科创走廊的基础和支撑，构建布局合理、功能完善、运行高效的综合交通基础设施网络，是加强区域城市间时空联系的重要手段。而一体化交通系统的构建又需考量区域内不同地区的交通需求和不同层次的交通网络服务水平。基于上述背景，面对新的规划布局与发展趋势，本文立足于杭州市在长三角地区发展中的定位和需求，探讨区域发展一体化视角下杭州对外交通系统的发展策略，为加快 G60 科创走廊的建设助力及提供思路。

2. G60 科创走廊的沿革

G60 科创走廊起源于上海市松江区，于 2016 年 5 月率先提出以 G60 高速公路为廊道，形成集创新策

1　楼栋，正高级工程师，杭州市综合交通运输研究中心。

源、成果转化、先进制造、物流贸易、总部研发等功能于一体的现代化科创走廊，带动整体区域向“松江创造”突破性发展，宣告正式进入 1.0 时代。随后浙江省政府于 2017 年 3 月批准将嘉兴市设立为浙江省全面接轨上海的示范区，同年 7 月松江区与杭州、嘉兴签订《沪嘉杭 G60 科创走廊建设战略合作协议》，深化了沪嘉杭区域合作，标志着 G60 科创走廊 2.0 时代的正式开启。

2018 年，长三角地区领导人通过对 G60 科创走廊进行更高层次审视和功能定位深化，在沪嘉杭联动的基础上进行扩容升级，以沪苏湖合高铁建设为契机深化拓展高铁时代的 G60 科创走廊建设，开启沪苏浙皖九地区的 3.0 版本，推动长三角地区高质量一体化发展迈向新阶段(图 1)。旨在把长三角建设成为全国贯彻新发展理念的引领示范区，成为全球资源配置的亚太门户，成为具有全球竞争力的世界级城市群。

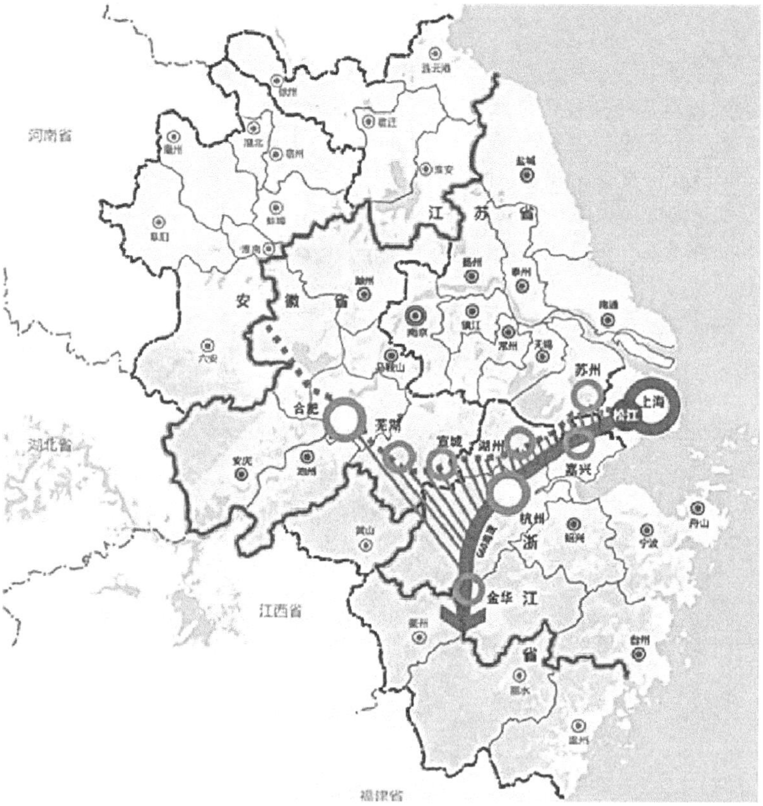

图 1　长三角科创走廊 3.0 示意图

3. G60 科创走廊沿线发展现状

松江作为 G60 科创走廊的发起点，背靠上海科技创新资源优势，成为向东承接上海全球科创中心和先进制造功能、向西辐射江浙皖腹地的枢纽和要冲。随着科创走廊 3.0 版的提出，规划以更加开放的视野、全面创新的思维形成“一廊一核多城”的总体空间布局，辐射范围从原本沪嘉杭扩大至金华、苏州、湖州、宣城、芜湖、合肥九城。

3.1　沿线城市与产业发展现状分析

G60 科创走廊沿线是中国城镇化水平最高、创新能力最强、经济最富活力的地区之一，其包含了一线城市 1 个(上海)，新一线城市 2 个(杭州、苏州)，二线城市 3 个(合肥、嘉兴、金华)，三、四线城市 3 个(湖州、芜湖、宣城)，总覆盖面积逾 8×10^4 km^2，区域常住人口超 7 千万，GDP 总量超 8.86 万亿元，分别占三省一市总量的 21.2%、22.3%和 24.9%(表 1)。其中，上海居一线城市之首，GDP 居中国城市第一位，亚洲城市第二位，设有中国大陆首个自贸区中国(上海)自由贸易试验区；杭州、苏州 GDP 在国内城市排名领先，经济发展有力，特色突出：杭州城市国际化地位不断提升，科技进步带动互联网经济成为新的经济增长点；苏州 GDP 总量和人均量超过省会城市南京，稳居江苏省第一。

表 1　九城社会经济发展概况(截至 2017 年)

城市 (单位)	行政区面积 (km^2)	年末常住人口 (万人)	生产总值 (亿元)	人均 GDP (万元)	GDP 占九城百分比
上海	6 340.5	2 419.7	30 133.9	12.5	37.12%
杭州	16 596	946.8	12 556	13.3	15.47%
嘉兴	4 275.1	465.6	4 355	9.4	5.36%
金华	10 942	481.2	3 635	7.6	4.48%
湖州	5 820.1	299.5	2 476.1	8.3	3.05%
苏州	8 657.3	1 062.6	16 555	15.6	20.39%
合肥	11 445.1	796.5	7 213.5	9.1	8.89%
芜湖	6 026	369.6	3 065.5	8.3	3.78%
宣城	12 340	261.4	1 188.6	4.6	1.46%
合计	82 442.1	7 102.9	81 178.6	11.4(均值)	100.0%

数据来源：各城市统计年鉴。

3.2　区域综合交通发展现状分析

G60 科创走廊位于交通较为发达的长三角地区，交通条件较好，各类交通基础设施建设领先，形成了公路、铁路、水路和航空复合的综合交通廊道。

1) 航空

G60 科创走廊可民用机场中，包括上海浦东国际机场、上海虹桥国际机场、杭州萧山国际机场、合肥新桥机场和义乌机场(部分民用)。从布局来看，除合肥新桥机场外均分布于走廊带东部，既有机场的辐射、吸引作用有限，导致机场群总体竞争力不足，也造成区域空域复杂、运行矛盾突出等问题。从发展趋势上看，区域机场群业务量保持较快增长，已逐步由核心机场向多核机场演变，但发展不够均衡，区域机场运营管理相对分散，各自为政，尚未形成合力。

2) 铁路

目前，科创走廊内已形成较为完善的铁路网，形成了以上海、杭州、合肥三大主中心和芜湖、湖州、金华三个次中心为支撑的铁路走廊带。其中，杭州已形成了以杭州东站和城站两大铁路枢纽为核心，联系上海、宁波、长沙、黄山、南京等 5 个方向的高速铁路网。沪杭走廊作为沪嘉杭 G60 科创走廊的主轴，目前内部仅有沪杭高铁和沪杭铁路“一普一高”铁路线，其辐射范围有限。合杭走廊内缺乏便捷直连的高速铁路，现状前往合肥据需经宁杭高铁、合宁高铁由南京绕行，难以满足科创走廊中杭州、金华等城与宣城、芜湖、合肥联系交流的需求，亟需打通杭州至宣城至合肥的高铁通道。

3) 公路

目前，科创走廊内已形成以“两射两纵四横一环”国家高速公路网为骨架、省级高速公路网为补充的地区高速公路网络，以及“一射三纵两横”的普通国道网。但仍有部分高速通道尚未贯通，如长深高速 G25 建德至金华段、常嘉高速 G15W2 嘉兴段。由于各省省级高速网独自建设，缺乏建设时序上的有效衔接，造成省际断头路现象比较严重，区域内南北快速通道有限，与各地市新兴产业集聚区的衔接还存在问题，因此对各产业园区的带动作用不强。

4) 水运

G60 城市群已经形成了以上海港为龙头，苏州内河港、芜湖内河港、杭州内河港和湖州内河港为支撑的港口群体系。科创走廊内河航道以浙北水系为核心，杭申线、京杭运河、钱塘江等高等级内河为依托，已初步成网，具有运能大、成本低、能耗少和节能减排等独特优势，是综合交通运输体系的重要组成部分。与其他运输方式相比，内河水运发展仍然相对滞后，虽然拥有京杭运河、杭申线、杭平申线三条主轴，但水运优势特别是江海河联运优势未能充分发挥。

4. 面向G60科创走廊的杭州区域交通发展策略

4.1 杭州在走廊中的角色定位

科技创新产业是杭州的支柱性产业之一，随着杭州城市地位和能级的不断提升，杭州在G60科创走廊中应当承担更加重要的角色。

(1) 地理方面：杭州位于G60科创走廊的中心，距上海、苏州、金华、合肥分别为120 km、120 km、150 km、320 km。

(2) 经济方面：杭州在2017年的GDP为12 556亿元，能有效辐射省内湖州、嘉兴、金华等地，并与上海、苏州、合肥保持密切经济往来，目前正积极打造数字经济第一城。

(3) 产业方面：杭州坐拥杭州国家自主创新示范区、未来科技城、临空经济示范区等产业园区，目前正加快推进杭州城西科创大走廊、杭州城东智造大走廊建设。

(4) 交通方面：杭州作为国家级区域交通枢纽，交通便利。基本建成互联互通的基础设施网络。

4.2 杭州区域交通发展策略

通过对G60科创走廊现状交通条件分析和杭州市在走廊中的重要地位，研究目前走廊产业发展、空间布局和与交通的适应性，结合国内外著名科创走廊成功的发展经验，以区域交通一体化为出发点提出适应于杭州对外综合交通运输体系构建的发展策略。

1) 航空协作

为提升G60科创走廊的国际竞争力，需要打造层级清晰、功能明确、分工合理、覆盖全面及水平一流的区域机场群，形成“通达全球”的空港。为此，杭州应重点发展三个方面来助力区域航空协作。

首先是加强空侧交通运行效率，通过扩建基础设施、优化空域和航空管制等手段，提高飞机的组织运行效率，缩短航班延误时间和提高航班准点率；其次要完善陆侧交通集散体系，努力将萧山机场打造成区域内的枢纽机场，加快轨道交通和城际铁路覆盖，增强萧山机场在区域内的影响力；最后需要尝试突破行政壁垒，构建跨区域的综合管理机构，加强与周边机场共享共建，运用政策引导、价格、收费等措施对机场运量分配实施动态调节。

2) 铁路融合

区域轨道网络化、多层级，应统筹各层级轨道共通道布设、共用轨道，地上、地下立体化布局，尤其是在G60这样高强度、绵密开发的区域，应构建完善的区域轨道交通系统，形成四通八达、功能完善、客货分明的区域铁路网，重视轨道复合利用，实现功能兼容和代偿，利用好铁路设施，提供多层次交通出行服务。

杭州目前已形成7条干线铁路网络，其中4条客运专线均为国家中长期铁路网“八纵八横”高速铁路干线通道。面向城市群协同发展，杭州应积极拓展国家运输通道(图2)，重点建设杭温走廊、杭台走廊，提升合杭走廊、沪杭走廊功能，谋划杭武走廊。注重轨道通道布局复合化、立体化，发展高铁、城铁、城市轨交深度融合，推进城际客运公交化，缩小区域时空圈。

3) 路网完善

科创走廊城市群应构建内畅外达公路网。以空间上的功能需求和结构优化路网布局，实现经济开发区15 min上高速，促进区域产业经济发展。完善区域公路网络，形成高速公路为骨架，普通国省干道协调发展的层次分明、功能互补的公路网格局。重点完善国家高速公路网络，打通省际高速断头路，加快建设

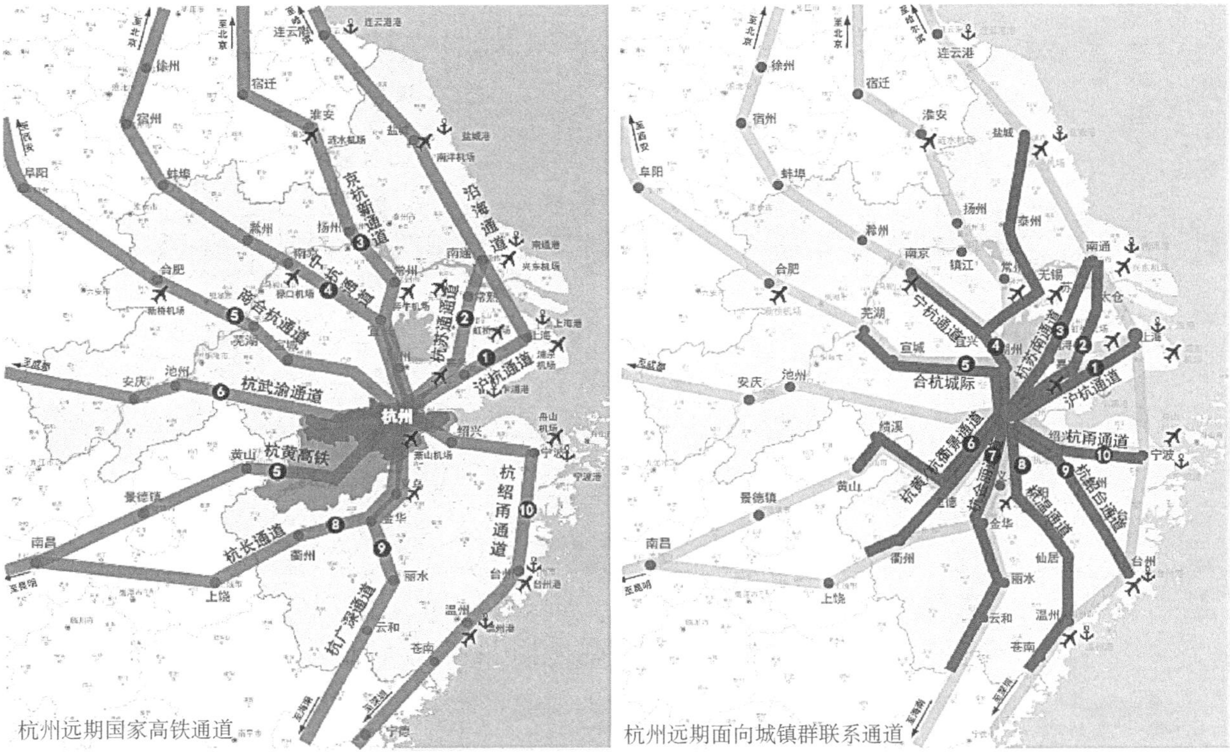

图 2　杭州远期国家高铁通道及城市群联系通道布局

普通国道网。

其中杭州需要强化在国家公路网、长三角、G60 和都市圈等各层级中的枢纽转换作用。在环形十放射基础上，基于城市网络化要求，加密纵向、横向通道，形成网络化布局。形成以建德为中心通达杭州市区、临安、黄山、衢州、金华、诸暨等 6 个方向的高速网，打造浙西区域公路次枢纽。

4）水运联动

走廊内城市航道资源丰富，应构建布局合理、分工明确、功能互补、绿色安全的港口群，推动 G60 城市群区域港口群协同发展。聚焦基础设施、航运服务、绿色港行三个一体化，促进区域产业经济更高质量发展。

其中杭州应依托上海港和宁波—舟山港，打造区域性内河港口枢纽，强化江海联运、水铁联运，实现与 G60 港口群协调发展；依托新安江—富春江—钱塘江“三江两岸”独特的水上资源优势，实施“拥江发展”战略（图 3），充分挖掘不同江段的优势，打造特色鲜明的拥江发展航道主轴；加快推进京杭运河二通道建设，实施运河客货分离，利用老京杭运河发展城市水上客运。加强与浙北苏南高等级航道网串联贯通，发展城际水上客运。

5. 结语

从城市发展到区域发展，区域战略至国家战略，承担区域职能的交通系统是联系城际间经济和产业的重要纽带，对于强化城市在区域内的地位亦十分重要。面对区域一体化的发展趋势和全球新一轮的产业变革，各大城市需要对对外交通的规划方法和思路作出调整，明确自身定位，积极探索区域交通发展策略，主动推动区域交通体系重构。杭州作为长三角地区的主要城市，应立足城市群协同发展要求，完善区域内综合运输通道的建设，提供优质的对外交通服务，共建共享面向长三角的 G60 科创走廊，支撑和推动 G60 走廊沿线成为长三角更高质量一体化发展的引擎，成为区域内“中国制造”迈向“中国创造”的主阵地。

图 3　钱塘江黄金水道布局

参考文献

[1] 李鑫,徐天东."一带一路"框架下的南宁区域交通发展策略研究[J]. 综合运输,2019,41(01):11-16+68.

[2] 彭建,王雪松. 国际大都市区最新综合交通规划远景、目标、对策比较研究[J]. 城市规划学刊,2011(5):19-30.

[3] 牟成刚. 黔中经济区综合交通运输体系现状及发展规划研究[J]. 公路,2011(9):176-178.

[4] 赵一新,吕大玮,李斌,等. 上海区域交通发展策略研究[J]. 城市交通,2014(3).

[5] 邬金辉. 长江三峡综合交通运输体系规划研究[J]. 铁道运输与经济,2014,36(7).

[6] 刘东兴,刘进明. 武汉市综合交通体系规划构想[J]. 城市交通,2015,13(6).

[7] 陈文强. 沪嘉杭 G60 科创走廊协同创新模式[J]. 决策,2017(9):47-49.

[8] 肖建. 沪嘉杭 G60 科创走廊建设的 SWOT 分析[J]. 当代经济,2018,474(06):60-63.

[9] 刘洪民,杨艳东,韩熠超. 杭州城西科创大走廊建设全球信息经济科创中心的战略分析与政策建议[J]. 科研管理,2018(S1).

第三篇　智慧交通的数字底座

上海智慧交通建设发展的新探索

New exploration of Shanghai intelligent transportation construction and development

张　扬[1]

摘　要： 随着国内各大城市综合交通信息化建设步伐的加快，以城市级交通综合信息平台提升交通信息资源利用率和交通信息化整体水平的需求十分迫切。本文介绍了上海市交通综合信息平台建设基础，总结出上海市交通信息化建设的交通信息化基础设施建设、基础设施与应用服务并重、交通信息服务与深化应用、城市大脑融合智慧交通等四个发展阶段，并以区块链+智慧停车的模式创新和技术应用探索为例，指出了创新技术赋能智慧交通发展的趋势方向。

关键词： 智慧交通；综合交通；建设发展；新探索

Abstract: With the acceleration of comprehensive traffic information construction in major cities in China, it is urgent to improve the utilization rate of traffic information resources and the overall level of traffic informatization by the city-level comprehensive traffic information platform. This paper introduces the construction basis of Shanghai transportation comprehensive information platform, summarizes four development stages of Shanghai's traffic informatization construction, including the construction of traffic informatization infrastructure, laying equal stress on infrastructure and application service, traffic information service and deepening application, and the integration of urban brain and intelligent transportation. The model innovation and technology application exploration of blockchain + smart parking is taken as an example. The trend direction of intelligent transportation development enabled by innovative technology is pointed out.

Key words: intelligent transportation; comprehensive transportation; construction and development; new exploration

1. 引言

近二十年来，随着国内经济的持续快速增长，机动车数量急剧上升，道路交通设施容量日益凸显不足。依托科技创新，积极开展交通信息化建设，最大限度发挥现有交通设施的能力，是解决这一问题的重要举措。"十五"期间，北京、上海等超大城市的交通数据和信息，基本实现了条线内的采集、汇聚、存储、挖掘和应用，为提升政府交通决策管理和公众出行服务水平和能级提供了坚实基础。但是，交通数据和信息系统分属不同管理部门，资源互不交换和共享，形成了严重的"信息孤岛"，迫切需要在市级层面建设一个能统一整合、交换共享来自不同交通信息系统、统一对外提供和发布交通信息的综合平台，以提升交通信息资源利用率和交通信息化整体水平[1, 2]。

2. 上海智慧交通建设基础——上海市交通综合信息平台

上海市的交通信息化建设和发展，可以大致分为四个阶段。第一阶段始于 20 世纪 80 年代，是地面道路区域交通协调自适应控制系统（SCATS）和部分高架道路的交通信息化基础设施建设阶段；第二阶段始于 2006 年上海市交通信息中心成立，上海市交通综合信息平台工程的实施，标志着上海市道路交通信息化发展进入了整体性推进的快车道，这是基础设施与应用服务并重阶段；第三阶段是 2011 年以后，上海的

1　上海市城乡建设和交通发展研究院。

交通信息化经历了 8 年系统建设和世博实践，这是已逐渐趋向成熟的交通信息服务与深化应用阶段；2019 年，上海城运系统公安道路交通管理子系统(IDPS 系统)建设启动，标志着上海市综合交通信息化建设第四个阶段的开始。从道路交通开始，将形成一体化道路交通管理新模式，构建人、车、路高度协同的交通环境，做到交通供需动态匹配、通行效率大幅提升、人车安全更有保障、管理能力智慧成长，最终实现上海市交通管理“底数清、动态明、风险觉、响应厉”的目标[3]。这一阶段将上海市智能交通发展与城市大脑建设相结合，开启了智慧交通的新发展格局[4]。

上海市交通综合信息平台，是国内规模最大的，能够全面实时整合并处理全市道路交通、公共交通、对外交通领域等多源异构的基础信息数据资源，实现跨行业交通信息资源整合、共享和交换，为交通管理相关部门进行交通组织管理、为社会公众进行交通综合信息服务提供基础信息支持的信息集成系统之一[5]。交通综合信息平台是一个分级、跨行业汇聚、处理、共享和交换交通综合信息的集成系统。一级平台，是上海市交通综合信息平台，是全市交通综合信息集成、共享、交换和发布的核心主体；二级平台，是行业交通信息汇聚、交换的信息系统，承担着连接一级平台和三级应用系统的重任；三级应用系统，是交通综合信息平台数据采集基础层和平台综合信息的具体应用层。交通综合信息平台汇聚了本市交通管理行业的道路交通、公共交通、对外交通各类交通信息数据共 230 多项，其中包括道路交通数据、公共交通数据、对外交通数据等。

交通综合信息平台汇聚整合的数据来源多样，既包括道路交通运行、管理活动中所产生的数据，如来自市交警总队管理的交通信号控制系统电感线圈所获取的流量数据，也包括交通企业营运过程中产生的数据，如出租车、集装箱货运车营运过程中产生的 GPS 数据等，形成覆盖道路交通、公共交通、对外交通领域的交通数据集。交通综合信息平台所汇聚整合的数据种类多样，既包括通过感应线圈采集的流量、车速数据，通过浮动车 GPS 设备采集的坐标数据，通过高清摄像机采集的车牌识别数据等结构化数据，也包括交通监控摄像机产生的视频数据等非结构化数据，还包括上海 110 报警生成的半结构化数据。

经过对汇聚和整合的交通数据综合处理，基于 GIS 城市地理信息技术，交通综合信息平台以“一机三屏”的形式，实现了道路交通、公共交通、对外交通等实时交通信息的动态展示，为交通决策管理部门提供直观、实时的信息支撑，如图 1 所示。同时，交通综合信息平台还实现了上海市各交通管理行业平台和业务系统之间的信息交换和共享，使市交警、市路政等原来信息互不相通的交通管理部门，通过交通综合信息平台，实现了交通数据、视频图像等各类信息的交换和共享。由此，交通综合信息平台成为全市交通信息交换共享的枢纽，提高了交通信息资源的利用率和业务管理效率，加强了交通管理的协同性，成为现代交通管理的重要手段之一[6]。

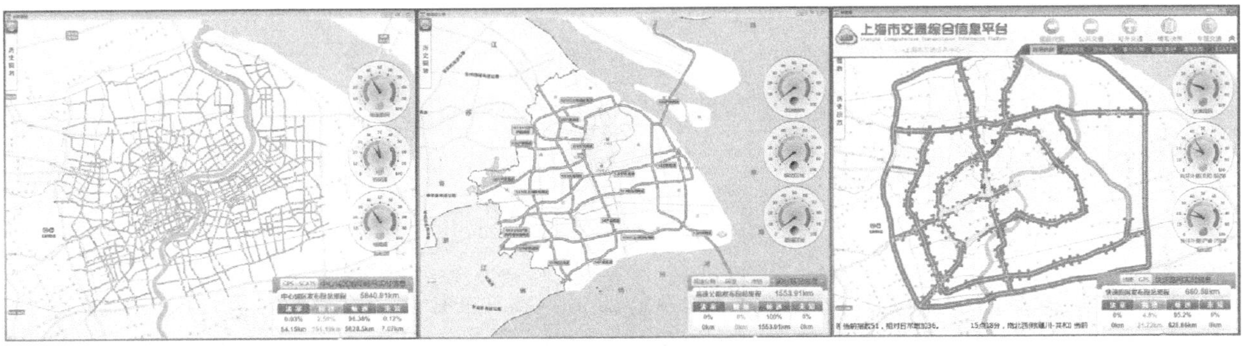

图 1　上海市交通综合信息平台

3. 创新技术赋能智慧交通探索——基于区块链的停车收费应用示范

随着上海汽车保有量的急剧增长，停车难问题日益凸显。在道路停车收费等交通应用场景中，物联网、空间感知、云计算、移动互联网等新一代信息技术的应用，容易产生现有交通体系数据来源众多、可信度低等问题。此外，以人工管理方式为主的道路停车，存在管理分散、信息孤岛、逃缴费的现象。2020 年起，上海着手探索以区块链技术支撑智慧道路停车管理，推动停车收费管理的技术和模式创新。

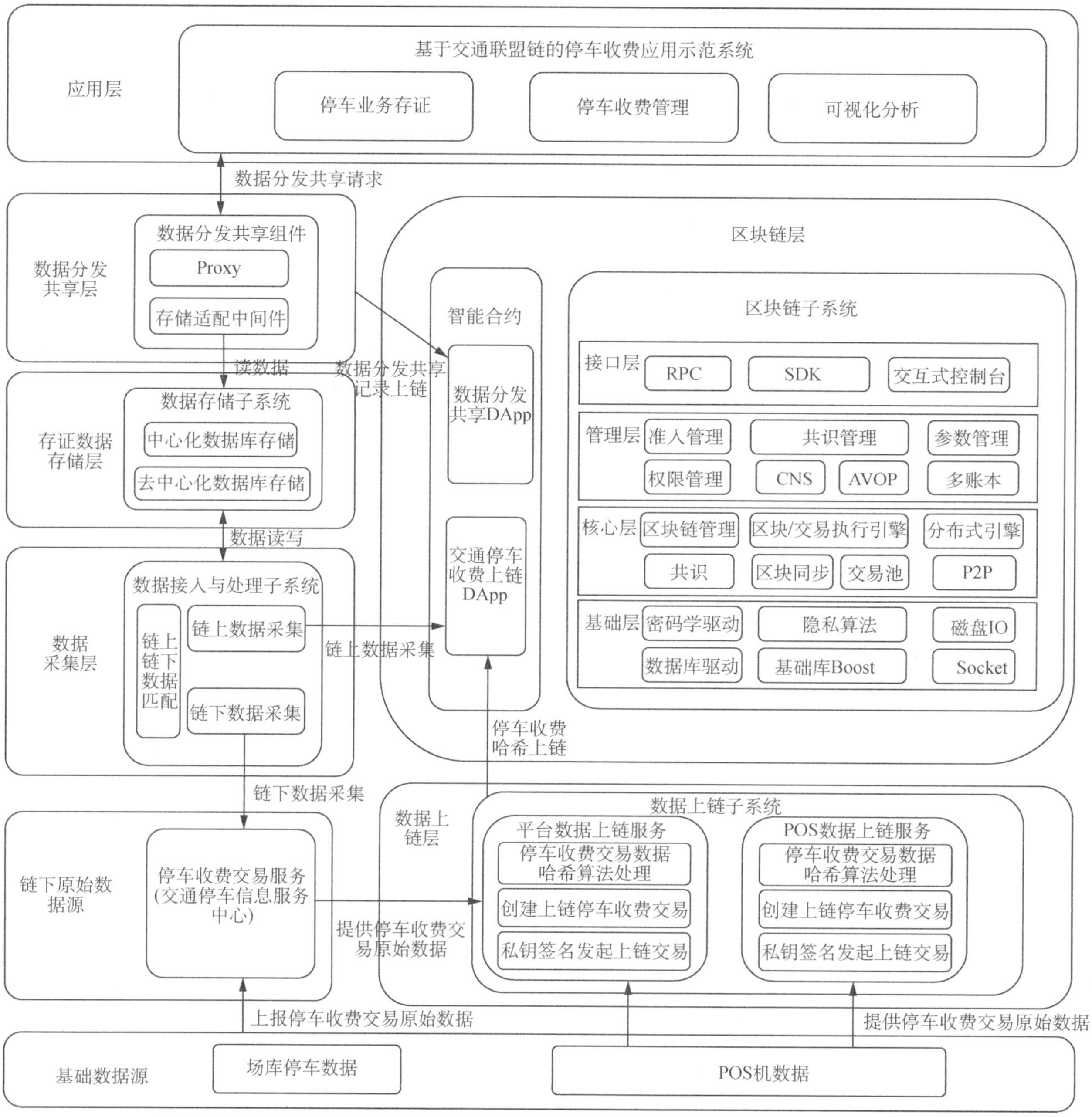

图 2　交通联盟链总体架构

交通联盟链是针对交通行业，定制开发并优化集成了交通行业应用的区块链技术。不可篡改、价值传递和安全可信等特点，可以为停车收费类场景提供数据可靠性保障；能够打破各个道路停车点的信息孤岛现象；链上数据由多个停车点共同维护，保证数据安全；链上数据由多个相互不信任的节点维护，并且采用链式结构存储，确保链上数据不可篡改。通过开发基于联盟链的道路停车应用示范系统，实现了停车收费数据采集和上链、区块链处理、数据存储、分发与共享和停车收费管理应用五大功能，包含数据上链子系统、区块链子系统、数据存储子系统、数据分发共享组件和停车收费管理应用五个子系统，如图 2 所示。其中，①数据上链子系统主要实现数据加密、上链、存证功能。②区块链子系统具备高性能、安全可控、功能丰富等优势，为区块链应用提供可靠的基础设施。基础层提供基础工具和算法库；核心层实现区块链内核逻辑以及网络共识算法等关键模块功能；管理层实现区块链的管理功能，包括参数配置、账本管理等；接口层提供面向区块链开发者用户的多种协议 PRC 接口、SDK 和交互控制台；智能合约用于核实上报数据的身份、授信 POS 机可上传数据并记录 POS 机上链数据，同时对外提供查询接口。③数据存储子系统实现链上链下数据存储功能，支持中心化数据库和去中心化数据库，支持数据接口及处理系统读写接口。④数据分发共享组件实现交通数据开发共享过程中的数据加密、链上存证和监管功能。⑤停车收费管理应用主要实现停车业务存证、停车收费管理和可视化分析功能。

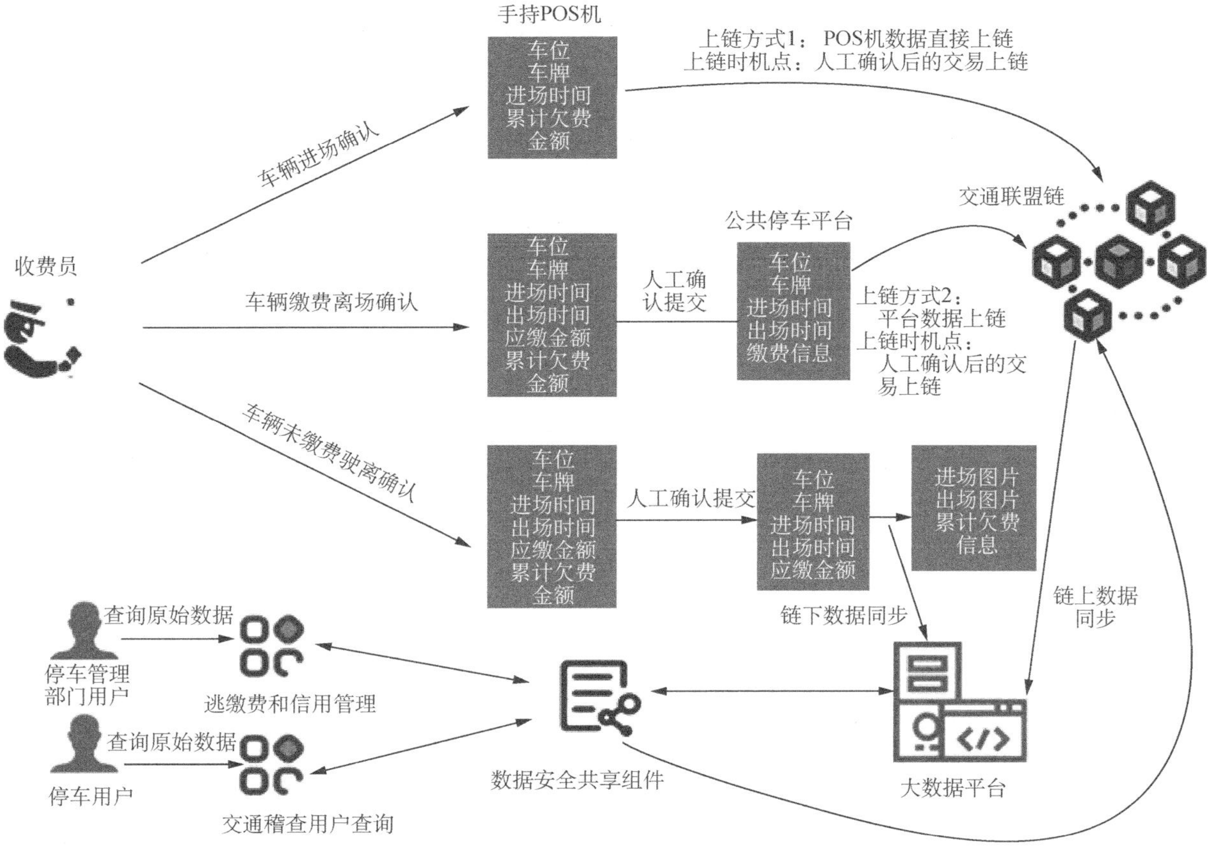

图 3　基于联盟链的道路停车收费数据业务流程

创新技术应用的关键是基于联盟链的道路停车收费数据业务流程，主要包括车辆驶入停车位、车辆驶离停车位和后台数据管理三部分，如图 3 所示。其中，①车辆驶入时，收费员将车牌信息、车辆图片信息、车位信息通过 POS 机采集确认并向后台申请历史欠费信息查询，确认无欠费信息后允许车辆停入车位，以上流程产生的信息通过 POS 机内置的钱包 App 直接上链。②车辆驶离业务分为付费驶离和未付费驶离。付费驶离的车辆出场，收费员通过 POS 机完成和采集停车完成时间和车辆离场信息并向后台发送车辆缴费金额确认信息，经确认后交易数据保存在平台数据库中，并通过数据库服务器接口上传到交通联盟链上。未付费驶离车辆出场纪录通过人工写入 POS 机并向后台发送车辆待缴费金额信息，自动更新欠费和累计欠费数据，经确认后欠费交易数据保存在公共停车平台数据库中。③后台数据管理对欠费数据按照时长、频率、累计金额等对大数据分析挖掘，与欠费规则比对后形成逃缴费黑名单，并录入停车信用管理数据库，作为支撑停车管理部门欠费通知和催缴费的依据。

4. 结语

基于上海智慧交通建设基础，探索区块链技术在交通领域的模式创新和技术应用，构建了交通联盟链用于停车收费类交通业务场景的数据存证、加密存储和智能应用的体系，支撑了公共停车信用体系建设，为智慧交通领域交易类场景数据安全计算、多方存证和加密共享等提供了应用案例和技术理论储备。同时，相应技术还可以推广到 ETC、小区停车管理、出行分享等其他智慧城市典型场景中，新探索具有重要的技术和模式引领作用，是创新技术赋能上海智慧交通发展的新成果。

参考文献

[1] 黄建玲. 北京交通应急指挥调度示范应用[J]. 计算机光盘软件与应用，2013，9：68-69.
[2] 陈臻. 10 月前道路智能化系统全面建成投用[EB/OL]. [2020-1-16]. http://n.eastday.com/pnews/1579142571014260.
[3] 张扬. 上海“十四五”时期智慧交通发展前瞻与思考[J]，交通与港航，2021，2：33-38.
[4] 何承，朱扬勇. 城市交通大数据[M]. 上海：上海科学技术出版社，2022.
[5] 薛美根，朱洪，邵丹. 上海世博交通研判技术与实践[M]. 上海：上海社会科学出版社，2012.

智慧道路交通城市级云平台构建

Research of the cloud platform construction for smart city road and traffic

袁胜强[1]　黄俊炫[2]

摘　要：本文分析了国内智慧道路交通建设存在的问题，提出了构建智慧道路交通城市级云平台的设想和总体架构，论述了智慧道路交通城市级云平台的建设目标、实施步骤、建设运营模式及相关产业链，论证了智慧道路交通城市级云平台构建的可行性。

关键词：智慧道路交通；云平台；建设运营模式；产业链

Abstract: This paper firstly analyze the existing problem in the smart road and traffic construction in China. Then, the paper puts forward a solution structure for the cloud platform of smart city road and traffic, and discusses the goal for smart road and traffic construction, as well as the implementation procedures, and the construction and operation modes. Finally, the industrial chain of smart city road and traffic cloud platform is also revealed.

Key words: smart road and traffic; cloud platform; construction and operation mode; industrial chain

1. 引言

根据"十四五"数字经济发展规划，中国将以数字技术与实体经济深度融合为主线，加强数字基础设施建设，完善数字经济治理体系，协同推进数字产业化和产业数字化，赋能传统产业转型升级，培育新产业、新业态、新模式，不断做强、做优、做大数字经济，为构建数字中国提供有力支撑，推动经济高质量发展。

随着中国主要城市均进入跨越式发展阶段，综合道路交通体系内涵不断丰富，需求特征发生巨大变化，系统体系结构日益复杂化[1]，道路交通发展面临一系列共性问题与挑战[2]。其中业务需求和信息化系统支撑之间的脱节越来越严重，大量静态和动态数据未能得到有效应用，导致道路设施智慧管养手段相对落后、智慧交通运行提升遇到瓶颈、应急决策协同能力不足。因此传统城市道路交通治理模式已难以适应当前发展要求[3]，亟需构建面向未来的智慧道路交通体系。

当前中国正处于交通强国建设全面开启的起步期，是道路基础设施网络完善、管理转型升级的关键期，是交通由"基本适应"向"提质增效"的转换期，其中基于数字技术的智慧道路交通是非常重要的应用场景和发展方向。交通运输部先后批准了三批共 30 个省、自治区、直辖市的交通强国建设试点，以及 9 个省、自治区、直辖市的新一代国家交通控制网和智慧道路试点，各城市也都在大力推进道路智慧化试点及示范建设。但我国智慧道路交通建设仍普遍存在如下几个问题：①数据可见，但不可感知；②信息孤岛现象；③缺少有效规划、重复建设；④缺少完整的、科学的信息化标准体系；⑤建设运营模式不匹配。关键原因是智慧道路交通云平台的构建存在不足之处。

智慧道路交通体系应构建多层次云平台，根据管理层级和规模需要，可分为国家级、省级、城市级、路

1　袁胜强，上海市政工程设计研究总院(集团)有限公司。
2　黄俊炫，上海市政工程设计有限公司。

网级、路段级平台，各级平台间应实现互联互通、数据交换和业务协同。其中城市级云平台是智慧道路交通体系协同工作、承上启下的关键，也是本文研究的重点。

2. 智慧道路交通城市级云平台

智慧道路交通城市级云平台是以多部门、多应用、异构分布式复杂系统组成的综合体，多个应用系统之间存在信息共享与交互，各应用系统需要统一汇聚数据进行综合计算与分析。该平台通过道路设施健康状态和实时交通态势感知，既可用于模拟仿真指导智慧道路基础设施建设和运营，还可用于设施建设评估及交通动态运行管理，实现快速应急响应和辅助决策管理，支撑“韧性城市”建设。

2.1 总体架构

智慧道路交通城市级云平台采用大数据平台构架[4]，包括基础设施层、数据存储层、平台服务层、业务应用层和展示层(图1)，五层体系之间高度协同。

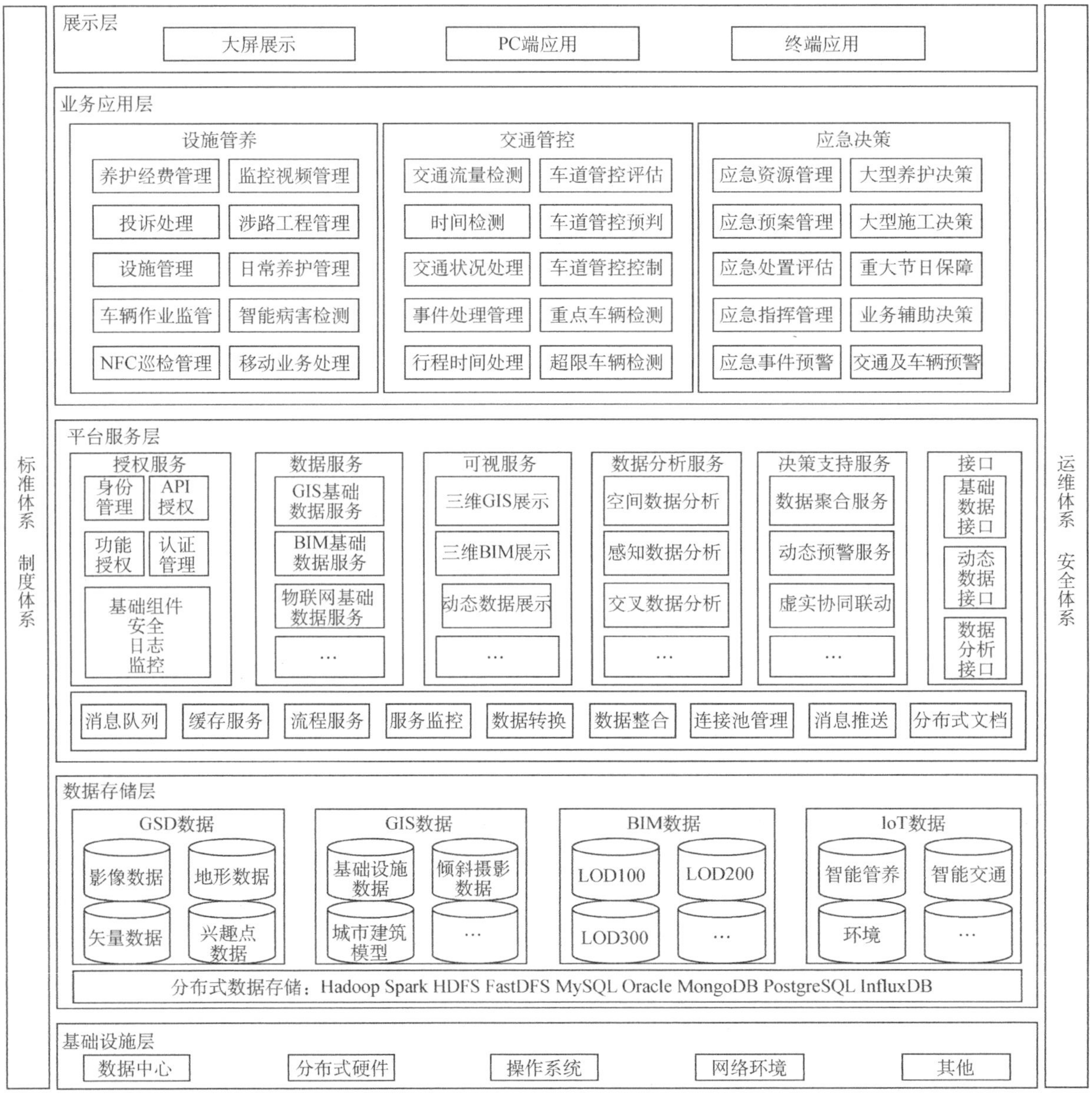

图1 智慧道路交通城市级云平台架构

基础设施层采用分布式，由多台服务器协同工作，并可适应需求变化而动态扩展。系统由独立的服务器通过网络松散耦合组成，服务器之间通过内部网络连接。分布式集群里的服务器是通过内部网络松散耦合，各节点之间的通信有一定的网络开销，因此分布式系统在设计上尽可能减少节点间通信。

数据存储层不仅包括传统测绘数据、新型测绘数据等常规 GIS 数据类型，也包括基于倾斜摄影、BIM、激光点云的三维模型数据，基于移动互联网的地理位置数据、基于物联网的实时感知数据等，以及非结构化的视频、图片、文档等。平台以 GIS+BIM 数据为骨架，整合城市规划、建设、管理等数据，同时不断融入物联网感知数据、位置数据和各种运行数据，保证城市数据的实时性，展示城市真实运行状态。

平台服务层提供基于不同城市级或行业级业务场景和需求的各类服务，包含共享的认证与授权服务，由各类数据和基础服务而衍生的数据服务、可视化服务、数据分析服务和决策辅助服务等，还包含二次开发接口。

业务应用层包含基于底层各类服务和数据搭建的设施管养、交通管控、应急决策等业务应用软件。其中设施管养软件支持道路养护、车辆作业监管、NFC 巡检管理等道路管养业务应用，交通管控软件支持交通流量监控、交通状况处置、车道管控等交通管控业务应用，应急决策软件支持应急预案管理、应急指挥、施工决策、养护决策等应急决策类业务应用。

展示层支持用户在不同设备终端使用业务应用系统，包括大屏、PC 端、移动端等。其中大屏主要用于管理中心集中监控和展示，PC 端主要用于数据录入和业务管理，移动端主要用于信息收集和动态发布。

此外，平台的设计和使用还依赖标准规范体系、管理制度体系、运维体系和安全体系等相关体系。

2.2 平台功能

智慧道路交通城市级云平台通过融合多源异构数据，构建形成包含道路设施、动态交通、时空地理等数字孪生信息，提供系统性、实时性、交互性的各类道路交通业务应用服务，可有效解决感知难、出行难、治理难、维护难的行业痛点，进一步提升交通“建、管、运、服”能力，助力建成便捷顺畅、经济高效、绿色集约、智能先进、安全可靠的现代化高质量国家综合立体交通网[5]。该平台支持的典型功能包括以下几个方面。

1）智慧道路设施管养

以支持城市级云平台的 GIS+BIM 数字孪生底座为基础，搭建设施数字孪生模型并与设施元素进行关联绑定，对道路、桥梁、交通、机电、管线等主体结构及附属设施进行全要素信息化资产管理，可从空中、地面、路桥隧结构内部等多方位、多层级虚拟漫游和可视化展示。

在业务层面接入前端感知设施信息，实时进行路面病害监测、桥梁健康监测、机电运行状态监测，并对监测数据进行分类分析、汇总和管理。还可对接现有道路管养业务系统，进行多源数据融合和分析处理，为管理层面提供专业高效的智慧设施管理和养护功能，辅助进行养护计划、病害治理、养护评估等工作管理。

2）智慧道路交通管控

以设施数字孪生模型为基础，叠加各类静态和动态的交通运行信息，形成交通数字孪生模型，在业务层面可对接现有交通管理业务系统，支持多源数据融合和分析处理，为管理层面提供专业高效的智慧交通管理控制和发布服务功能。

通过获取交通出行时空分布、交通基础设施资源等精准信息，为交通规划、交通控制与管理及相关政策的制定提供依据；获得实时交通流量、交通事件等信息，通过智能化信息发布、公共交通资源的动态调整、面向大众出行的精准诱导，实现交通管控智能化。

智慧道路交通管控可作为智慧城市大数据平台的一个核心组成部分，深度融入智慧城市交通管理板块。支持单元网格管理和城市部件管理相结合的方式，提供精确、高效、全时段、全方位的道路交通综合信息服务接口，对接智慧城市管理流程，实现城市智能化管理。

未来，随着自动驾驶技术的完善、相关法律体系的完备，智慧道路交通还可以实现支持车路协同的自动驾驶的落地。

3）智慧应急决策管理

在融合设施管养系统和交通管控系统的全要素数据基础上，为决策层或管理层用户提供一站式的快速应急响应和辅助管控决策功能。

利用交通数字孪生模型，准确获取设施健康状态、道路交通资源及周边建筑物空间关系，为应急救援、重大活动安全保障等提供数据支持，科学进行风险评估，制定可靠防控预案。还可制定可信度高的出行规划、旅游观光路线等决策方案，带动区域高端服务业的发展；还可以模拟突发事件，进行应急预案演练。

面向交通管理中涉及的一些重大公共政策，如机动车数量控制、单双号牌照车辆通行等，这些政策以往缺乏有效分析手段，利用城市级云平台对大数据进行专业分析，可动态推演政策实施效果，为优化公共政策提供有效的数据支持。

3. 智慧道路交通城市级云平台建设

3.1 建设目标

（1）战略目标：按照“统一规划、分步实施、集中管控、共建共享、资源协同”的原则，通过构建跨辖区、跨部门的智慧道路交通城市级云平台，整合道路交通公共资源信息，实现道路交通公共管理科学化、公共服务智能化和信息服务市场化。

（2）实施目标：打造智慧道路交通城市级云平台的感知体系，全面提升道路交通基础设施，构建基于GIS＋BIM数字孪生技术的平台体系，充分利用并改造提升数据中心，通过分层建设，达到平台能力及应用的可成长、可扩充，创造面向未来的智慧道路交通城市级云平台。

3.2 实施步骤

（1）顶层设计：明确平台的基本功能，确定平台架构方案，提出平台建设和维护总体方案，拟定平台运营管理模式及方案。

（2）技术标准制定：制定和形成数字孪生模型的技术标准及应用标准。技术标准包括数据存储标准、信息语义标准、信息交换标准、信息分类与编码标准等；应用标准包括基于各种应用场景的应用标准。

（3）物理平台构建：包括数据存储系统、高性能计算服务器、集群运维管理软件、硬件虚拟化系统、智能运行监控系统、实时分析引擎、流计算引擎等基础软硬件及物理平台搭建。

（4）道路交通设施数字化：按照制定的数字孪生模型标准，对既有道路交通基础设施包括道路、桥梁、隧道、附属设施、周边环境建筑物等进行数字化，构建智慧道路交通城市级云平台基本骨架，同步开发相应的设施管养应用服务，为道路交通设施的运维提供信息保障。

（5）道路交通运营信息导入：按照制定的数字孪生模型标准，将道路交通运营信息导入系统，同步开发与市民出行紧密相关的交通管控应用服务。

（6）开放平台数据接口和云服务，开发应急决策应用服务，为相关部门提供道路交通相关应急预案管理模拟，辅助进行道路养护和交通优化决策。

（7）全面功能开放与市场应用：面向道路交通管理部门及养护单位进一步开放数据接口，面向社会公众和企业开放交通信息及出行服务，培育和形成新产业链模式。

目前国内智慧道路交通建设普遍缺乏顶层设计和统筹规划，技术标准有待完善，基础信息导入不充分，信息存在壁垒难以共享，市场应用处于发展初级阶段。

3.3 建设运营模式

1）模式一：政府投资并建设运营

政府利用财政资金、依托相关事业单位所掌握的技术手段对整个平台建设进行整体计划、独立投资和后期运维工作，建设用途主要是为道路交通主管部门、相关单位和公众提供服务。这种模式的优点：政府可以完全控制平台的建设和经营模式。这种模式的缺点：政府需要承担全部费用并承担投资风险，平台运营和维护比较困难。

2）模式二：政府投资建设、运营商运营

政府负责投资建设，运营商负责平台的运营和维护。这种模式的优点：政府和运营商各司其职，可实现平台的安全性，能降低投资风险。这种模式的缺点：政府独立承担平台建设费用，仍需承担相应的投资风险；运营商对产品规划和发展的控制权较小，可能会影响平台功能的开发。

3）模式三：政府、运营商合资建设和运营

政府先期投入一定的启动资金，政府指导、运营商负责基础平台设施的建设，同时政府制定有关平台的政策和法律法规，之后运营商利用已有优势在政府的支持下进行后期的建设运营和维护。这种模式的优点：政府仅需支付购买公共服务的费用，风险较小，运营商能通过灵活配置投资和收益模式实现项目盈利。这种模式缺点：运营商后期可能会更多地考虑项目的盈利而忽略免费的公共服务能力的提升。

4）模式四：BOT 模式

政府和相关运营公司签订特许权协议，授予签约方来承担平台的投资、融资、建设和维护，在协议规定的特许期限内，许可其融资建设和经营，提供相应的收费产品和服务；政府对平台有监督权，调控权。这种模式的优点：政府承担的投资和风险小。这种模式的缺点：运营商只在一段时期内拥有平台的专营权，难以保证能够顺利收回投资并实现盈利，不能充分调动运营商投资建设及发展的积极性。

具体采用何种运营模式，各地应根据自身情况，因城施策。对于有资金实力及技术能力强、社会公众形象好的平台运营商介入的地区，可选择模式四。对于地方财政实力强、地方政府管理的事业及国有企业平台建设能力强的地区，可选择模式一或模式二。其他情况，也可以考虑采用模式三。

4. 智慧道路交通城市级云平台产业链分析

产业链包含了价值链、企业链、供需链和空间链四个维度，它把一定地域空间范围内的断续或孤环形式的产业链串联起来，并将已存在的产业链向上下游拓展延伸[6]。智慧道路交通产业链包括硬件设备及软件供应商、系统集成商、运营提供商和应用服务提供商，涵盖的范围较广，既能实现传统产业转型升级，又能集成新一代信息技术产业。

1）硬件设备及软件提供商

硬件设备是智慧道路交通城市级云平台的物质基础，包括感知设备、存储设备、网络传输设备、云计算处理设备和终端显示设备等，涵盖设备设计商、生产制造商及设备安装服务商。软件是智慧道路交通城市级云平台运营的基石，包括平台软件、应用软件，其中平台软件包括操作系统、数据库、BIM、GIS 等平台，应用软件包括基于各类平台为各种应用而定制开发的软件，其中云存储、云计算、云安全类的软件是核心。目前我国芯片等硬件设备和平台类软件方面的自主创新能力较弱，缺乏核心技术，制约着我国智慧道路交通的可持续发展能力。

2）系统集成商

智慧道路交通城市级云平台通过系统集成，把云计算、物联网、移动通信、虚拟现实、大数据、数字孪生等新一代信息技术运用在道路交通领域，充分整合既有的信息化成果，实现各类设施资源、数据资源的共享。

3）运营服务商

智慧道路交通城市级云平台运营服务包括数据传输服务商（电信运营商、互联网服务商、广电网服务商）、数据运营商及信息提供商。运营服务是智慧道路交通城市级云平台收益最大的产业。目前存在的问题是包括政府部门在内的信息提供商不愿或不便公开和分享数据，导致“信息孤岛”现象的存在。随着国家层面对数据要素认识深入，数据已成为继土地、劳动力、资本、技术之外的第五大生产要素，各地政府也在逐步推进数据开放共享，加强数据资源整合和安全保护，从而释放数据要素红利。

5. 结语

智慧道路交通体系是现代化城市道路交通数字化转型的发展方向，其核心是构建能够承上启下、协同工作的智慧道路交通城市级云平台。本文通过分析该平台总体架构，梳理平台功能构成，阐述建设战略目标和实施目标，提出具体实施步骤，探讨平台建设运营模式，并对相关产业链进行分析，论证了智慧道路交通城市级云平台构建的可行性。

参考文献

[1] 张燕，王婧. 大城市交通治理的复合策略研究[J]. 城市建设理论研究(电子版)，2020(15)：23.

[2] 邓晓翔，文军. 适应与替代：城市交通可持续转型的治理图景及应对策略[J]. 华东理工大学学报(社会科学版)，2020，4：110-124.

[3] 杨旭东. 智能交通：城市拥堵治理的新路径[J]. 智慧中国，2020(5)：64-66.

[4] 徐乐西，栾玉婷，曹越，等. 城市智慧交通管理大数据平台架构及设计探讨[J]. 邮电设计技术，2020(5)：7-12.

[5] 全国信标委智慧城市标准工作组. 城市数字孪生标准化白皮书(2022版)[R]. 2022，1.

[6] 中研华信研究院. 2016—2022年中国智慧城市行业深度调研与投资战略咨询研究报告[R]. 2015，12.

基于 CIM 和数字孪生的平台设计

——以浦东路网数字化平台为例

The digitalized design for road network based on CIM and digital twin

—Take digital platform of Pudong New Area as an example

张大伟　凌宏伟　陆文亮　熊子龙　冯　忞[1]

摘　要：为解决传统市政道路规划、建设、审批工作中信息源分散、信息种类复杂，信息传输方式落后等问题，本文引入数字孪生理念，通过采用 CIM 技术，以浦东新区道路网各类基础数据为底座，对路网数字化平台总体架构进行设计。结合浦东新区路网规划、建设、审批工作，分析工作流程各环节信息数字化需求，设计平台的主要功能，实现"一张蓝图干到底"，解决浦东新区路网基础数据"现状不明、家底不清"等问题；并统筹考虑路网规划建设全生命周期，实现规划、建设、审批闭环管理，全面提升路网规划建设审批工作精细化水平。

关键词：数字孪生；城市信息模型；WebGIS；建筑信息模型

Abstract: In order to solve the problems of scattered information sources, complex information types, and backward information transmission methods in the planning, construction, and approval of traditional municipal roads, the concept of Digital Twin is introduced, CIM technology is adopted, and various basic data of the road network in Pudong Area are used as the base. Design the overall architecture of the network digital platform. Combined with the planning, construction and approval of the road network in Pudong Area, analyze the information digitization needs of each link of the work process, design the main functions of the platform, realize "a blueprint to the end", and solve the basic data of the road network in Pudong Area and other issues; and consider the whole life cycle of road network planning and construction, realize closed-loop management of planning, construction, and approval, and comprehensively improve the level of refinement of road network planning and construction approval work.

Key words: digital twin; CIM; WebGIS; BIM

1. 引言

党中央高度重视数字经济发展，明确提出"十四五"时期数字中国战略。习近平总书记强调，加快数字中国建设，就是要适应我国新的发展历史方位，全面贯彻新发展理念，以信息化培育新动能，用新动能推动新发展，以新发展创造新辉煌[1]。在此背景下，上海市人民政府办公厅于 2021 年 10 月正式发布《上海市全面推进城市数字化转型"十四五"规划》，全面推进城市数字化转型，加快数字化转型与强化"四大功能"、深化"五个中心"建设深度融合，与提升城市能级和核心竞争力、提升城市软实力紧密衔接，从"城市是生命体、有机体"的全局出发，统筹推进城市经济、生活、治理全面数字化转型，聚焦"数智赋能"的基础底座构建、"跨界融合"的数字经济跃升、"以人为本"的数字生活体验、"高效协同"的数字治理变革，率先探索符合时代特征、上海特色的城市数字化转型新路子和新经验，加快建设具有世界影响力的社会主义现代化国际大都市[4, 5]。

本文以浦东新区路网规划建设审批业务条线入手，通过分析条线各环节工作需求，结合规划、建设和

---

1 冯忞，上海浦东建筑设计研究院有限公司。

审批工作等特点，深度挖掘现有业务的不足。基于城市信息模型和数字孪生理念，提出一个采用WebGIS和BIM技术的路网信息数字化平台，重点阐述平台总体架构及功能设计，可为浦东新区路网规划建设管理工作提供技术支撑及辅助决策。

2. CIM与数字孪生基本概念及关键技术

2.1 CIM与数字孪生

CIM即City Information Modeling，城市信息模型，是以建筑信息模型（Building Information Modeling，BIM）、数字孪生（Digital Twin）、地理信息系统（Geographic Information System，GIS）、物联网（IoT）等技术为基础，整合城市地上地下、室内室外、历史现状未来多维信息模型数据和城市感知数据，构建三维数字空间的城市信息有机综合体，并依此规划、建造、管理城市的过程和结果的总称[6]。

数字孪生是充分利用物理模型、传感器更新、运行历史等数据，集成多学科、多物理量、多尺度、多概率的仿真过程，在虚拟空间中完成映射，从而反映相对应的实体装备的全生命周期过程[7]。简单来说，“数字孪生城市”是指通过对现实物理世界中的人、物、事件等所有要素进行数字化，在网络空间再建造一个与之对应的“虚拟世界”，形成物理维度上的实体世界和信息维度上的数字世界同生共存、虚实交融的格局[8]。

基于CIM的“数字孪生城市”将是智慧城市建设的新起点。CIM通过采用BIM＋GIS＋IoT＋大数据＋云计算等先进技术[6]，能同步形成一个参照现实城市的虚拟融合数字化城市，各种符合智慧城市建设的规划、城市智慧应用解决方案都可以首先在虚拟数字城市中得到模拟仿真和分析验证，通过运用人工智能深度学习和大数据、云计算等技术应用，从中获取“城市历史发展和文化形成的过往经验，发现并解决当前城市生活宜居、便捷、安全的问题，以及探索构建城市的可持续发展与核心竞争力”。

2.2 WebGIS技术

GIS是一种采集、处理、储存、管理、分析、输出地理空间数据及其属性信息的计算机信息系统[9]。随着Internet的发展，WebGIS开始逐步成为GIS应用的主流，其具有部署方便、使用简单、对网络带宽要求低的特点，为地理信息服务的发展奠定了基础。WebGIS除了应用于传统的国土、资源、环境等政府管理领域外，也正在促进与日常生活息息相关的车载导航、移动位置服务、智能交通、抢险救灾、城市设施管理、现代物流等产业的迅速发展。WebGIS技术具有广泛的访问范围、独立性、成本低、操作简单、计算负载均衡等特点[10]。

2.3 BIM技术

BIM是一种应用于工程设计、建造、管理的数据化工具，通过对建筑的数据化、信息化模型整合，在项目策划、运行和维护的全生命周期过程中进行共享和传递，使工程技术人员对各种建筑信息作出正确理解和高效应对，为设计团队以及包括建筑、运营单位在内的各方建设主体提供协同工作的基础，在提高生产效率、节约成本和缩短工期方面发挥重要作用[7]。BIM技术具有可视化、协调性、参数化、可出图性等特点。

3. 浦东新区路网规划、建设、审批数字化需求分析

目前，在浦东新区路网规划建设审批领域，从道路专项规划的研究编制环节到工程方案的设计审批环节，再到工程项目的建设推进环节，涉及大量信息处理工作，基本沿用传统的人工方式操作和管理。对于路网和具体项目基础数据的增加、查询、修改、删除等依靠纸质媒介或电子表格进行操作，信息之间缺乏交互性，工作效率低下。一些管理上所需的基础数据，因数据源割裂、分散，数据格式标准不一，数据维护滞

后等原因,常常带来重复劳动、数据误差、统计出错等问题。

为解决上述问题,本文基于 CIM 与数字孪生理念提出浦东新区路网数字化平台,讨论如何致力于打造一个完备的路网数据库,包含从规划、建设到审批的全生命周期的所有信息。据此,需根据浦东新区路网规划建设审批的实际工作情况,分析信息收集、处理、使用需求。

3.1 规划环节

浦东新区路网规划根据道路等级可分为干道网及支路网,其中干道网以《上海市浦东新区国土空间总体规划(2017—2035)》为规划底板,由新区建设主管部门牵头编制综合交通体系;支路网由单元规划、各镇总体规划及控制性详细规划确定;另有道路专项规划,作为路网总体规划的补充和完善。从规划的编制、审批到发布,先由规划主管部门提出编制任务,规划编制单位进行设计、意见征询,最后由政府审批、公布。

整个流程中,由于各级、各类规划的编制主体不同、编制时间不同,难免存在规划冲突,造成规划成果衔接性不良;成果管理的随意性,也在一定程度上增加了规划管理难度。路网规划的管控数据主要包括道路等级、道路长度、红线宽度等内容,管控成果多是纸质图册,内容复杂,数据多由文字及表格构成,因此需要建立规划成果管理库,基于统一的数据交付标准有利于成果调用。对成果内容和管控数据进行研究提炼和统一规定,将管控要求变成平台可展示、查询的标准和指标,并在成果编制过程中按照管控要求规范成果内容,在后续出具规划条件中一以贯之。

3.2 建设、审批环节

浦东新区政府投资项目建设审批的推进流程,一般由入库准备阶段、研究储备库阶段、前期推进库阶段、立项用地规划阶段、工程建设许可阶段、施工许可阶段和竣工验收阶段七个阶段构成。涉及发改委、规划、交通、环保、文广、水务、公安、轨交等政府部门,以及建设、设计研究、施工、验收、评审、招标、征收、审图中心、档案中心、第三方机构等诸多参与单位,时间跨度最长可达若干年。

在此过程中,项目各类信息数据体量庞大,对各环节数据产生、储存、传输、查询、统计的全面管控和实时互联,是实现过程精细化的重要保障。而基于全过程的信息资产的积累,亦是有序高效推进项目建设,提高项目管理水平的重要支撑。

4. 路网数字化平台总体框架

4.1 系统总体框架

浦东新区路网数字化平台,以 CIM 技术和数字孪生理念为核心,以多主体数字协同为指导思想,以全过程信息资产积累为目标,统一数据格式标准,打通各环节,实现各参与方协同管理。

系统以 2035 年新区规划路网为蓝本,打造新区 CIM 数字底座基础,系统总体设计采用层次化多级正交体系结构,基本思想是把应用系统的结构按功能的正交相关性,垂直分割为多个线索,每个线索由多个不同层次功能和不同抽象水平的组件构成,具有易理解、自适应、结构易调整、结构可重用等特点。

新区路网数字化平台系统层级共分为四个主要层级和三个次要层级,主要层级包括数据层、功能应用层、展示层及用户层,次要层级包括技术算法层、防护加密层和认证策略层,平台架构如图 1 所示。

数据层:该层为系统数字底座的核心,是新区路网各类数据汇总、分类、筛选及分析的仓库,主要包括规划资料库、规划数据库、资源要素数据库、现状数据库、设计数据库、审批数据库。其中数据类型涵盖国土空间总体规划、单元规划、控制性详细规划、道路等级、规划长度、红线宽度、林地、绿地、水系、征询意见、批复等项目全生命周期的各类数据信息。

功能应用层:该层主要是根据浦东新区路网规划、建设、审批数字化需求分析成果,总结归纳出的常用功能需求,对路网各类基础数据的分析和筛选。功能主要包括项目全生命周期各类数据信息的导入、审核、维护、展示、查询、统计等应用。

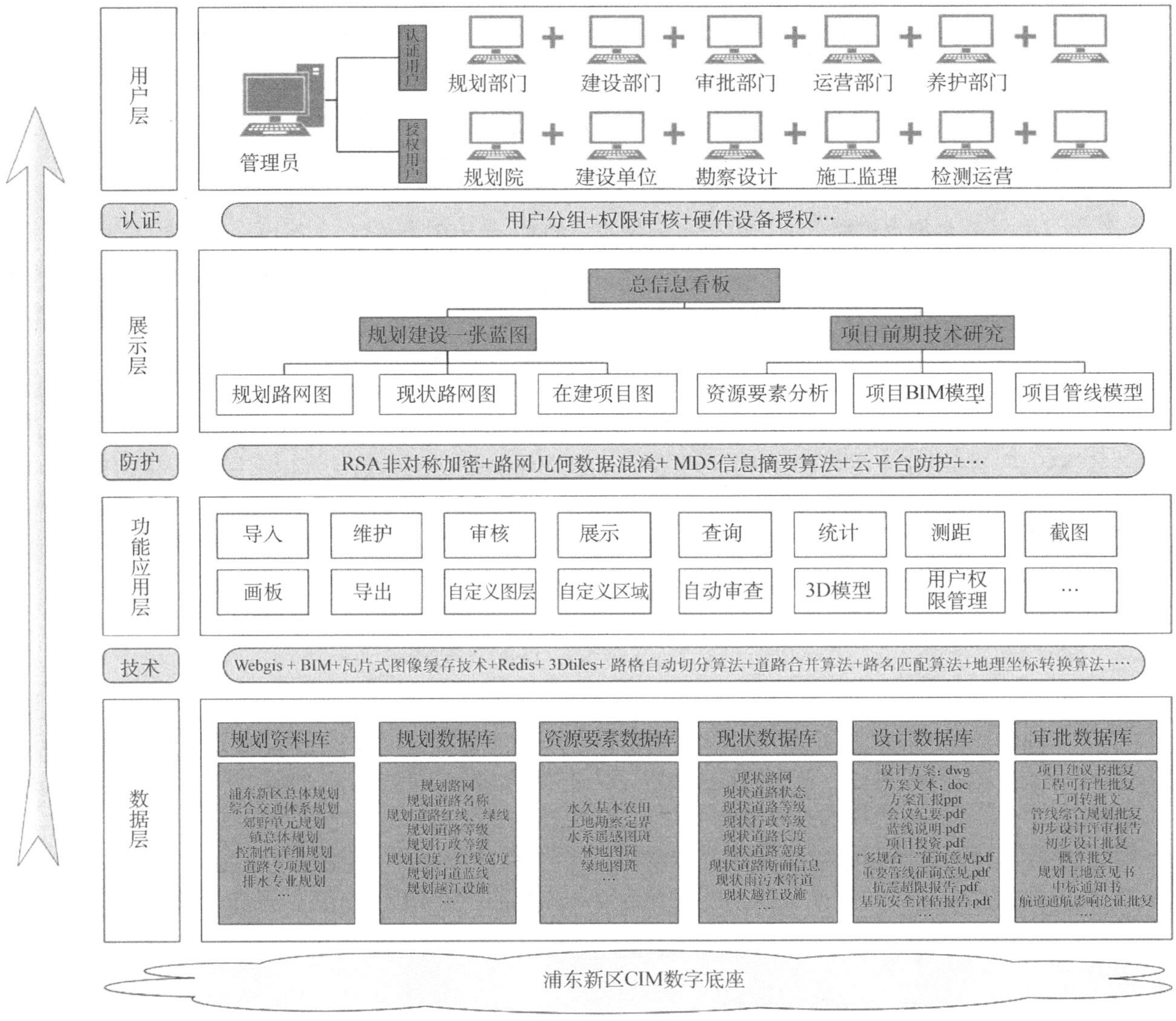

图 1　浦东新区路网数字化平台多级正交体系架构图

展示层：该层是新区路网基础数据的可视化窗口，平台提供全区路网基础数据综合展示看板，方便用户直观了解新区路网规划、建设情况。同时，平台还设计了规划建设一张蓝图及项目前期技术研究两个子系统，通过上述子系统可全方位掌握项目全生命周期的建设推进情况。

用户层：该层为用户身份认证管理层，平台可通过 PC 端、大屏端、移动端，为用户层提供信息化应用服务。用户主要包括规划部门、建设部门、审批部门、运营部门、养护部门、建设单位、勘察设计单位、施工单位、监理单位等。

技术、防护、认证亚层：涵盖平台采用的主要技术算法、防护措施和用户认证策略。

4.2　主要功能设计

本平台以服务项目全生命周期信息数字服务为主要目标，集成大数据、云计算等技术，对规划、建设、审批各阶段数据汇集共享，构建新区路网数字孪生平台。目前系统实现的主要功能如下。

1) 规划、现状、建设成果展示

系统首页(图 2)即以综合数据信息看板为展示界面，在此页面可以总览浦东新区路网建设的各类统计数据，包括各等级道路规划情况、建设情况、路网密度及在建项目概况等。界面左上角为进入系统内部的导航栏，右上角为相关子系统的跳转按钮，点击左上角任意菜单后会进入系统内部界面，系统内部界面采用 F 形固定全屏布局，顶部为系统导航栏，左侧为系统菜单栏，右侧为页面内容区。

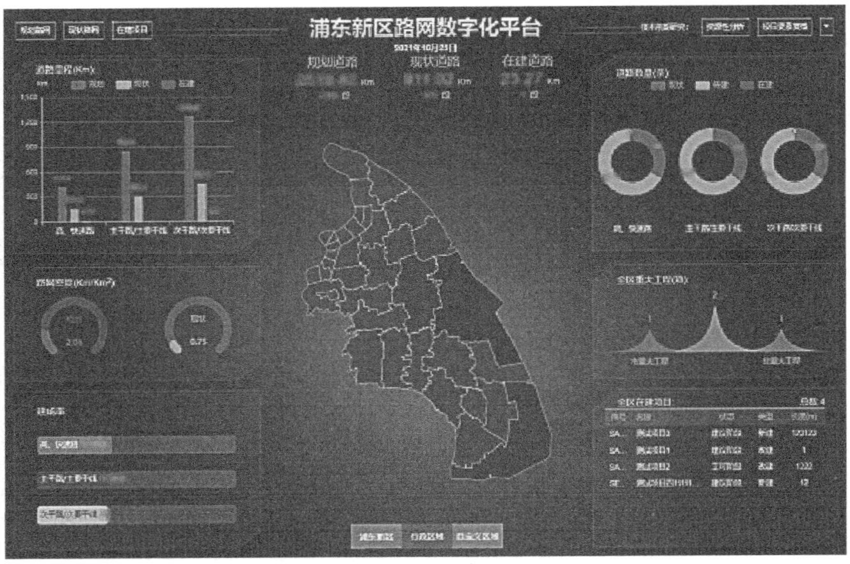

图 2　平台首页

2) 主操作界面

该界面展示浦东新区路网规划信息,左下角展示相关统计信息,右侧有功能菜单,主内容以地图+路网瓦片图的形式展示。右侧功能菜单基于 WebGIS 技术的路网基础数据查询、统计、审核功能,支持自定义路段、区域一键汇总下载,支持按道路等级、按镇域划分、按建设状态分类筛查,支持测距、截图、图层隐藏等多种个性化功能(图 3)。

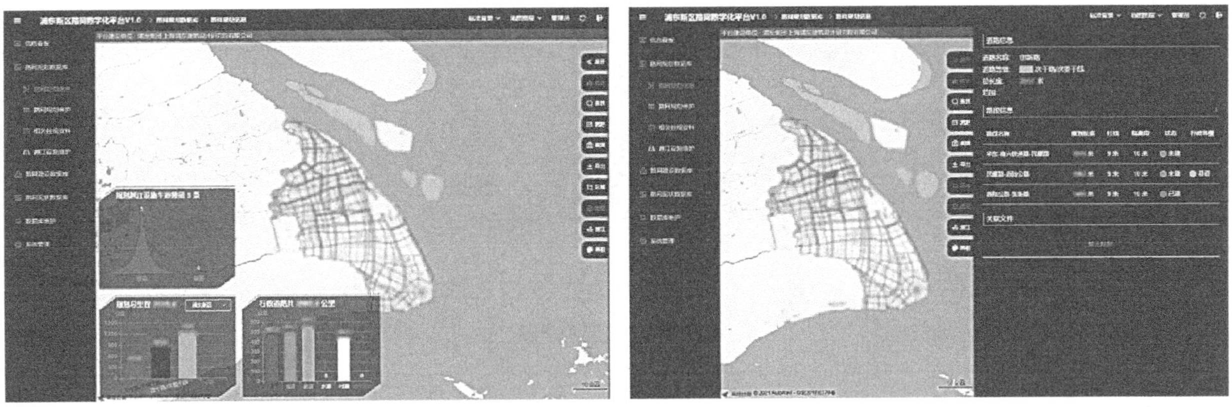

图 3　规划信息界面

(1) 展开:用于展开右侧详情面板。路网规划信息页面右侧详情面板展示内容为当前选择道路信息,在路段信息一栏中可以选择下载路段信息表格。

(2) 统计:用于控制界面左下角统计组件的显示隐藏。

(3) 查找:用于筛选路段。

(4) 测距:地图工具用于粗略测量距离。

(5) 截图:用于截取当前地图界面并保存为图片。

(6) 导出:用于以表格形式批量导出规划道路信息。

(7) 区域:用于自定义区域的添加与修改。

(8) 图层:用于控制图层(道路名称)显示隐藏。

(9) 越江:用于控制越江设施显示隐藏。

(10) 画板:用于控制画板。

3）项目技术前期

点击信息看板界面（图 4）右上角“资源性分析”进入该子系统，该子系统着重围绕“五票”数据统计与展示浦东道路规划信息。基于 BIM 技术的资源要素智能审查功能，可通过项目 BIM 模型导入，自动识别项目所在区域各类资源要素的匹配情况。

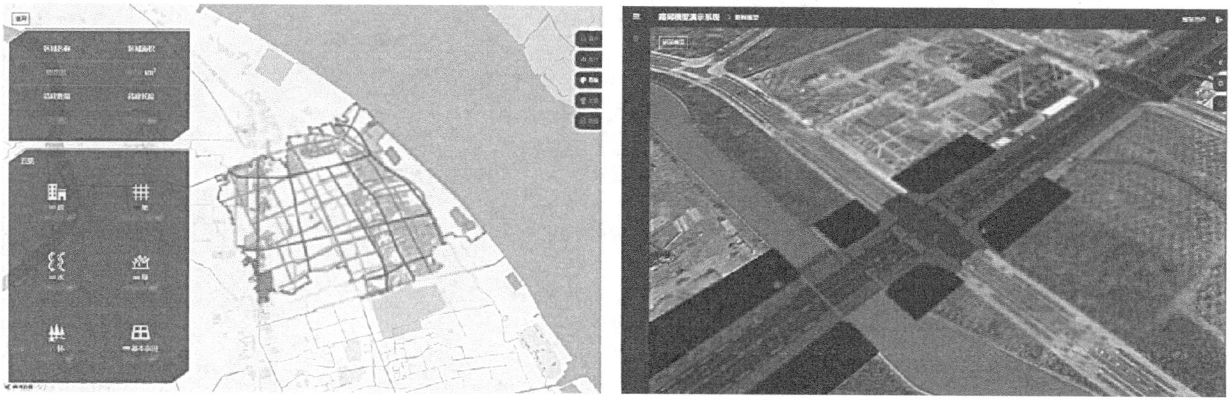

图 4　项目技术前期

4）在建项目管理

展示在建项目各类信息（图 5），如建设单位、总投资、实施规模、推进节点等关键信息，方便用户分类统计查询，实时了解项目推进情况，便于项目管理工作的展开。

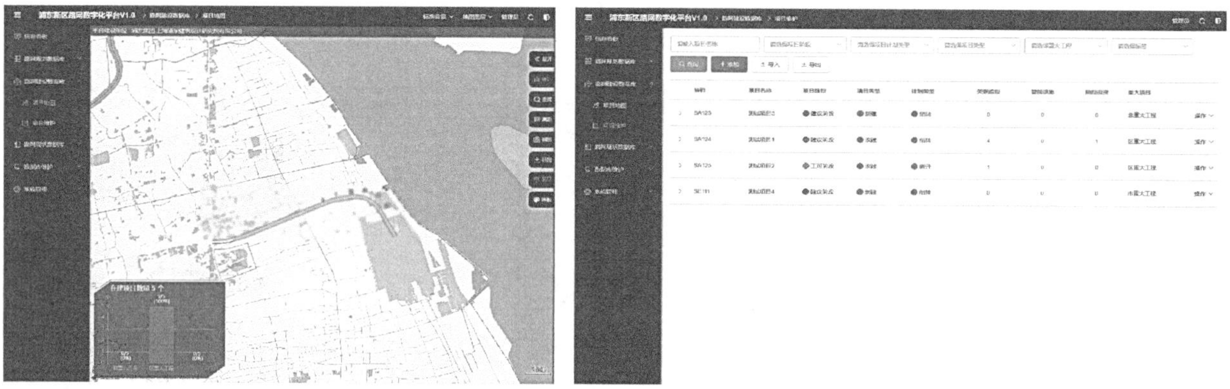

图 5　在建项目信息

5）数据维护

在路网规划维护界面（图 6）中选择目标路网版本，右侧操作中选择管理路网可以进入路网管理界面。在此界面会展示当前路网版本中的所有道路信息。用于数据管理人员导入、维护路网原始数据。

6）用户管理

对平台各使用单位及用户进行角色认证、权限设定等操作。

5. 结语

浦东新区路网数字化平台以新一代 CIM 技术为核心，引入数字孪生城市理念，采用 WebGIS 技术与 BIM 模型技术对浦东新区规划市政路网进行数字化展示，初步实现对路网规划、设计、审批、建设流程全生命周期的数字化管理，解决传统工作方式中存在的诸多问题，提升浦东新区市政基础设施数字化、智能化水平和运行效率，推动城市建设体系现代化发展。

下阶段将进一步打通数据壁垒，加速多源数据融合，进一步提高数据使用效率，实现数据流通共享，最

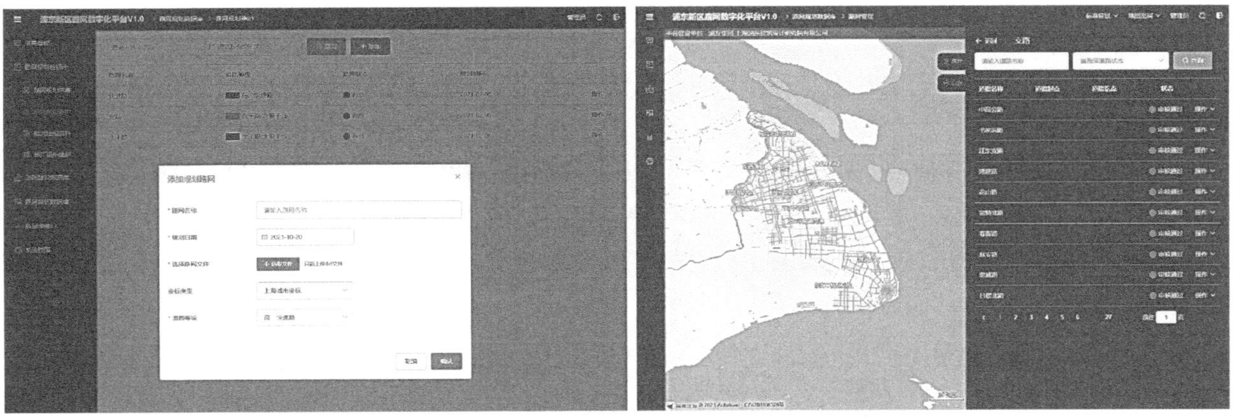

图6　数据维护界面

大程度实现数字应用价值。数字化转型已成趋势，利用人工智能、模拟仿真等新兴技术助推城市道路网络基础设施数字化，为构建开放兼容、稳定成熟的数字孪生城市奠定基础。

参考文献

[1] 中华人民共和国国家发展和改革委员会."十四五"规划《纲要》解读文章之11|建设数字中国[EB/OL].

[2] 上海市人民政府.上海市全面推进城市数字化转型"十四五"规划[EB/OL].

[3] 张扬.上海"十四五"时期智慧交通发展前瞻与思考[J].交通与港航，2021，04：33-38.

[4] 陈晓璇.基于CIM新型智慧城市管理平台可扩展性架构设计探究[J].土木建筑工程信息技术，2021，13(5)：58-63.

[5] 周瑜，刘春成.雄安新区建设数字孪生城市的逻辑与创新[J].城市发展研究，2018，25(10)：60-67.

[6] 金明堂，蔡建清.数字孪生理念下BIM辅助城市快速路建设[J].智能建筑，2021，8：34-37.

[7] 蔡毅.基于WEBGIS的路网交通信息系统关键技术研究与系统设计[D].广州：华南理工大学，2012.

[8] 张星宇.基于WEBGIS与WEB3D的道路工程信息集成系统研发[D].长沙：中南大学，2012.

[9] 郭瑞雪.智慧道路设计的场景要素及路径保障机制[J].上海建设科技，2021，2：34-41，52.

[10] 王建伟，高超，等.道路基础设施数字化研究进展与展望[J].中国公路学报，2020，33(11)：101-123.

[11] 刁尚东.基于CIM的建设项目协同管理体系研究与应用[J].广东土木与建筑，2021，28(8)：1-4，14.

[12] 林亚杰.基于CIM的市政基础设施管理平台设计[J].中国建设信息化，2021，(14)：63-65.

[13] 朱婧.基于CIM的智慧城市管理平台设计研究[J].居舍.2021，(27)：173-174.

[14] 方岳.基于ETL的省级等级公路路网数据仓库与可视化系统研究[D].长安大学，2020.

[15] 徐维科.基于GIS的道路工程管理系统的设计与实现[D].大连：大连理工大学，2018

[16] 王旭.基于HTML5技术的市政道路信息管理系统的设计与实现[D].黑龙江大学，2015.

[17] 保丽霞，等.西安市智慧交通管理发展对策研究[J].中国市政工程，2021，(04)：73-76.

[18] 李荣华.应用WebGIS的道路工程信息系统设计[J].城市建筑，2013，(08)：289.

基于城市基础设施桥梁智慧运维 BIM 技术探索

Exploration of smart operation and maintenance BIM technology based on urban infrastructure bridge

陈　晨[1]

摘　要：随着世界各种高科技手段的涌现和发展，我国建筑行业中的各项技术也得到了智慧化的更新和优化。BIM 技术作为一种基于数字化的智慧手段，不仅能够在建设中提高工程造价的精确性、缩短工期等，对于我国城市的智慧运维，也是具有相当明显的作用。本文对在城市基础设施桥梁智慧运维管理中如何利用 BIM 技术进行了分析，探索了 BIM 如何作为智慧化的重要技术手段服务于城市桥梁运维，以期能够为我国 BIM 技术助力构建智慧城市提供依据，为构建我国现代化城市添砖加瓦。

关键词：城市基础设施；越江大桥；智慧运维；建筑信息模型

Abstract: With the emergence and development of various high-tech means in the world, various technologies in China's construction industry have also been intelligently updated and optimized. As a smart means based on digitalization, BIM technology can not only improve the accuracy of project cost and shorten the construction period, but also play a significant role in the smart operation and maintenance of cities in China. This paper analyzes how to use BIM technology in the intelligent operation and maintenance management of urban infrastructure bridges, and explores how BIM can serve as an important technical means of intelligence in the operation and maintenance of urban bridges, in order to provide a basis for BIM technology to help build a smart city in China, and contribute to the modernization of cities in China.

Key words: urban infrastructure; river crossing bridge; intelligent operation and maintenance; BIM

1. 引言

在网络化时代的今天，随着我国各地区信息化集成水平持续提高、数字化处理信息的能力提高，接踵而来的是社会智慧化的转型。2016 年开始，国家与各省、自治区、直辖市"十三五"规划的出炉，把智慧城市运维作为未来城市发展的重心，而在智慧城市运维工作中，城市交通基础设施的运维和城区服务设施的运维不仅是重点，也是难点。要推进运维水平现代化的长足发展，必须重视城市交通设施的运维工作在技术上紧跟时代先进技术的步伐，与之接轨并切实地运用到实际工作中。

BIM 技术的出现，给我国各城市的基础设施运维工作提供了新的思路，不仅能够借助互联网技术对各种运营管理产生的数据进行集成并予以分析，还能够通过各种可视化软件对桥梁设施及其环境进行模拟和还原。为管理人员形象地输出包括地形、周边建筑物和作业活动的情况，在作业组织计划上提供决策支持；为作业中的实时监督、作业后的考核与追溯提供运维信息数据化的载体。这对于提高智慧城市运维管控的经济性、安全性和科学性都具有重要的作用，从而保证城市交通基础设施越江大桥的运维工作又快又好地推进。所以，在城市交通基础设施越江大桥的运维中，探究 BIM 技术的应用是十分有必要的。

1　上海浦江桥隧运营管理有限公司。

2. BIM 技术和智慧桥梁运维相关概述

2.1 BIM 技术的概念

BIM 技术，指的是由创建和管理数据资产信息整体流程的载体——建筑信息模型，将结构化、多元化的数据整合在一起，可供其在整个生命周期内生成资产的数字表示的技术。BIM 模型最初是由美国建筑学家在 20 世纪 70 年代提出的，且对于美国同时期建筑行业的繁荣产生了显著的作用。如今在我国，BIM 已成功应用于工程建设行业企业数字化转型、建筑设计、施工，也在城市基础设施领域运维中进行了探索、实践与应用。

2.2 智慧桥梁运维

和桥梁运维不同，智慧桥梁运维具有十分明显的特点，智慧桥梁的基础是多源数据的集成，包括静态的桥梁建筑信息数据和不断产生形成的历史维养管理动态的数据，更在于其能模拟并预测出未来桥梁健康发展的相关数据、科学化的决策建议数据，服务于作业人员、各层级的管理者，以提高运管作业质量、保障设施健康为目标，实现精细化、数字化、科学化的城市桥梁管理工作的质量和效果，推进我国桥梁运管的现代化运维水平。BIM 作为智慧城市桥梁运维的一个关键技术，依托智慧运管平台将大桥日常运维活动数据和未来运管规划有效整合，累积宝贵的养护数据，输出专业的、有针对性的管理决策建议，能极大地促进桥梁运维服务模式的持续改善。

3. BIM 技术和智慧交通大桥设施智慧运维的关系

3.1 BIM 是实现城市交通桥梁设施智慧化的技术保障

在信息化、数字化的今天，平台管理是大势所趋的管理方式，而 BIM 技术作为信息化、数字化的载体，是城市交通桥梁设施智慧化实现过程的大前提，也是智慧化全过程中最基本、最重要的存在。对于城市交通桥梁设施，“B、M”是桥梁设施的建筑模型，“I”是不断累积、更新进入设施模型上的数据信息。BIM 技术通过集成与整合，按城市交通桥梁设施管养的业务需求，定制做出符合目标价值的数据自动或半自动输出，BIM 技术通过其可视化手段对城市数据库中的各项资料进行形象化地、针对性地定向推送，能满足一切特定角色所需信息的快速输出与角色间的交互，灵活形成并提供各种特定目标智慧化的决策支持，其及时性和准确性是传统手段不可企及的。

BIM 为智慧城市交通桥梁的运维活动提供技术上优化和改良的支持，主要是对城市交通桥梁设施运维工作进行划时代性质的模式更新，对网络信息做集成、处理和有价值的使用，它是从技术上做现代化的优化与更迭，是实现城市交通桥梁设施智慧化的技术保障。

3.2 BIM 技术推动城市交通基础设施运维工作的长效发展

智慧城市交通桥梁运维的“智慧”，体现在服务模式和管理水平上，BIM 技术如何应用于桥梁管理业务，如何融入传统的管理手段驱动管控业务，是其保证实现智慧化运维工作长效发展的关键。

将 BIM 模型部署进入智慧运管平台，通过平台的业务采集与更新功能实现对模型数据实时的载入与更新，进而形成一个与现实桥梁设施同步的数字孪生模型。这是 BIM 技术融入管理业务，进而实现信息数字化、驱动形成智慧城市交通基础设施运维管养的技术实施路线。

（1）桥梁设施在运维阶段之初，以竣工交付的数字资产作为基础，通过轻量化部署竣工 BIM 模型进入智慧运管平台，将初始状态作为未来结构状态指标是否超限的依据之一，是 BIM 模型作为运维管养信息集成载体的雏形，也是桥梁设施进入智慧化运维管理可行性的起点。

(2) 布设物联网设备,如倾角仪、位移传感器、应变传感器等,实时监测结构响应的桥梁指标:主塔倾斜、桥墩相对沉降、主梁纵横向位移、结构应变等,布设如动态称重系统、风速风向传感器、强震仪等,实时监测环境与作用指标:交通荷载、塔顶风速、地震作用等,将这些代表桥梁自身健康状况和外界动荷载及环境的指标所形成的物联网(IoT)数据接入BIM模型,可以提供实时报警、历史状态查询、异常原因的追溯等。

(3) 通过制定标准化的业务流程,把日常的运维管养作业集成到BIM模型,特别是设施的各种大中小维修、各种设备的更新与维护。这些数据作为桥梁设施状况的依据,是管养数据反向驱动运维管理业务、辅助决策养护工作的宝贵基础,将推动城市交通基础设施运维工作的精细化、数字化和科学化,体现了桥梁设施运维的智慧化。

总之,BIM技术有利于加快城市交通桥梁设施运维管理工作的智慧化进程,是促进智慧城市交通基础设施运维工作长效发展不可或缺的重要技术。

4. BIM技术在城市交通基础设施运维中的措施建议

4.1 利用BIM技术开展智慧桥梁的运维

毋庸置疑的是,在智慧化桥梁运维过程中,BIM技术的融入与利用是关键性的技术手段,智慧运维覆盖了桥梁设施的日常养护、维修、设备的更新、管养决策、作业控制和后期监督考核等多个环节,而借助BIM技术能够对桥梁的状况进行直接、精准的反馈,为智慧化的桥梁运维管养工作提供了必要的前提。借助BIM技术构建智慧化桥梁管理平台,是实现智慧化管养目标、提升效果的必要方式。

4.2 将BIM技术应用于城市桥梁设施维养全领域

为使交通基础设施运维能够顺应智慧城市的实际情况,施工人员与技术人员必须要主动去了解、分析交通基础设施运维工作的要求,在此基础上,参考道路的实际运维情况,结合相关资料进行施工组织设计方案的调节。利用BIM技术,对桥梁的客流量、设施设备缺陷故障开展模拟,分析其中发现的问题并予以解决,制定相应的预案与应急措施。此外,应切实落实城市交通桥梁管理的应急方案,在智慧交通的构建中,还应当使用三维导航技术来开展高效地跟踪和定位,搭配BIM技术为前提的信息模型,增加定位与服务的即时性与可靠度,给予城市居民高水平的交通运输服务。

4.3 将桥梁的全生命管养理念注入BIM技术在城市桥梁管养的应用中

2020年6月,习近平总书记在主持召开专家学者座谈会并发表重要讲话时强调,要把全生命周期健康管理理念贯穿城市规划、建设、管理全过程的各环节。这也为统筹解决现代城市桥梁管养难题提供了全新的思路。一方面,将运维前置到设计、建设阶段,提供桥梁全生命周期角度下的辅助性建议,另一方面,用全生命周期管理理念指导城市桥梁的运维管理工作。在具体实践中、在各个环节遵从全面、协调和可持续发展的原则。全生命周期的运维管养理念是系统推进城市治理体系和治理能力智慧化的有效药,将其注入BIM技术助力城市桥梁运管的工作中能取得不可估量的经济和社会效益。

5. 结语

利用BIM技术能够推动我国城市桥梁设施维养的现代化进程,能够促进交通基础设施运维工作的智能化水平,对于我国智慧化运维工作起到了重要的催化作用,城市管理人员应充分利用BIM技术在智慧管养工作中的应用,并在提升运维水平的过程中不断探索,为我国城市现代化、智能化水平的提高奠定前提。

参考文献

[1] 董莉莉，谢月彬，王君峰．用于运维的桥梁 BIM 模型交付方案——以港珠澳跨海大桥项目为例[J]．土木工程与管理学报，2017，34(6)：45-50．

[2] 张桂芳．BIM 技术在城市轨道交通工程的应用[J]．建材与装饰：上旬，2016：260-261．

[3] 张斌．BIM 技术在智慧城市运维中的应用[J]．中国运维信息化，2016：33-35．

[4] 司马家乐．对接技术、系统集成与智慧城市的应用[J]．现代建筑电气，2014：46-50．

[5] 潘永杰，刘晓光，蔡德钩，等．面向运维的铁路桥梁 BIM 模型及全生命周期信息关联研究[J]．中国铁路，2020(5)：73-80．

以 CVP 及大数据整合分析疫情下的交通特性

The analysis of traffic characterization by CVP and big data during Covid-19 period

林育生[1]　李世芬[2]　曾令伟[3]　钟仁杰[4]　陈学台[5]　彭振声[6]

摘　要：台湾地区流行疫情指挥中心自2021年5月15日将台北市疫情提升至三级警戒，民众生活形态发生改变，如居家办公等，本文分析其对于交通特性的影响，为交通管理策略提供参考。台北市政府交通局运用大数据资料，从交通量、停车、公共运输等方面检视疫情对于交通的影响，并通过电信信令资料(CVP)了解人流分布状况。依据分析结果，疫情期间交通量及公共运输运量均明显减少；疫情趋缓后，交通量恢复至原水平，但公共运输运量相较于以前仍有落差，数据显示部分民众从使用公共运输转换为私人交通工具；不同区域人流分布及交通特性变化也有差异。

关键词：大数据；电信信令资料(CVP)；交通特性；疫情

Abstract: Taiwan Epidemic Command Center has announced the alert for Covid-19 from level 2 to 3 in Taipei City since May 15, 2021. It makes people change life style, such as work from home. We started to analyze the impact on traffic characterization, providing reference for traffic management strategy. The Department of Transportation, Taipei City Government observed the impact on traffic by big data, such as traffic volume, parking, passengers of public transportation and CVP (Cellular Vehicle Probe). According to the result, we discovered traffic volume and passengers of public transportation both reduced during alert for Covid-19 level 3 period. When the alert level back to 2, passengers of public transportation still reduced than original level, it shows people shifted their mode choice from public transportation to cars or motorcycles. Also, the traffic characterization is different from district to district.

Key words: big data; cellular-based vehicle probe(CVP); traffic characterization; Covid-19

1. 前言

1.1 研究背景

台湾地区流行疫情指挥中心(以下简称指挥中心)自2021年5月15日起将台北市疫情警戒等级提升至三级，宣布避免非必要活动。企业启动居家办公及弹性上下班等措施，或因公共交通空间密闭，民众更倾向于私人交通工具，致生活形态发生改变。

依据指挥中心资料，自三级警戒日起，Covid-19案例数大幅增加且每日突破百例，台北市自5月17日起各级学校停课。病例数于5月22日达最高峰(图1)，每日百例新增持续至6月下旬。因此时台北市万华区环南市场周边有传染链，指挥中心及台北市政府遂于6月23日启动封闭措施，以避免疫情扩散。7月中旬病例数降至约30例，指挥中心采取微解封措施，自7月27日起调整为二级警戒。

1 林育生，台北市政府交通局运输管理科技正。
2 李世芬，台北市政府交通局。
3 曾令伟，台北市政府交通局。
4 钟仁杰，鼎汉国际工程顾问股份有限公司。
5 陈学台，台北市政府交通局。
6 彭振声，台北市副市长。

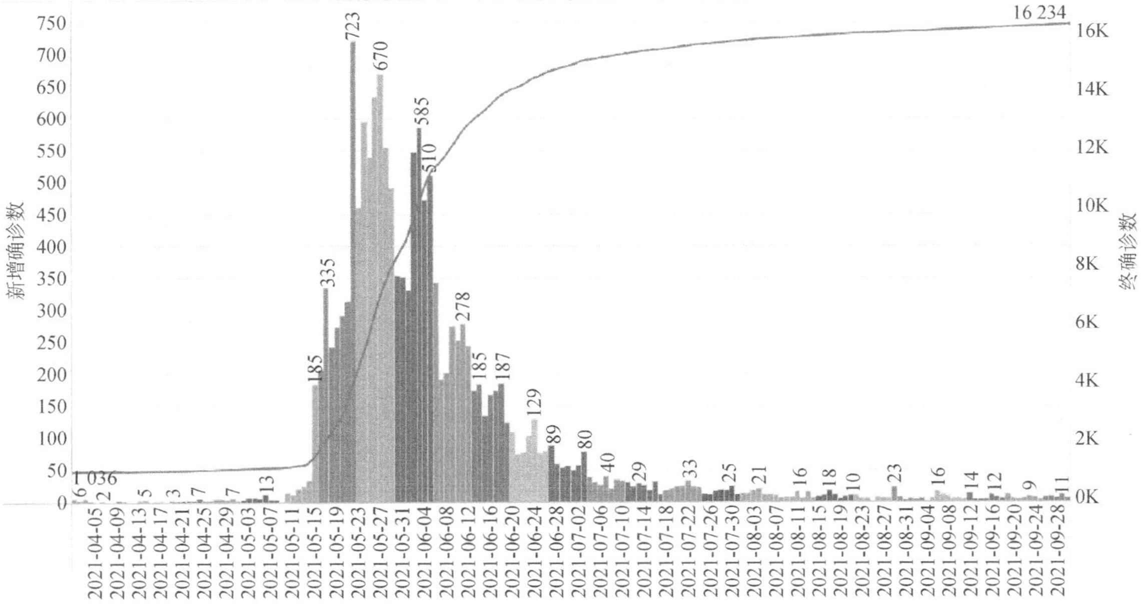

图 1　病例数变化

1.2　研究目的

借由车辆侦测器、公共运输票证(地铁及公交车)、停车、交通事故、人流旅次等资料,分析三级警戒期间的变化,并了解重大传染疾病对交通工具选择行为的影响,供交通管理策略研拟作参考。

1.3　研究架构(图 2)

交通为衍生性需求,民众因上班等使用交通工具。本文先搜集了解三级警戒后,对于民众生活形态的影响,进而探讨生活形态的改变对于交通行为的结构性改变,如交通量或交通工具选择行为等。

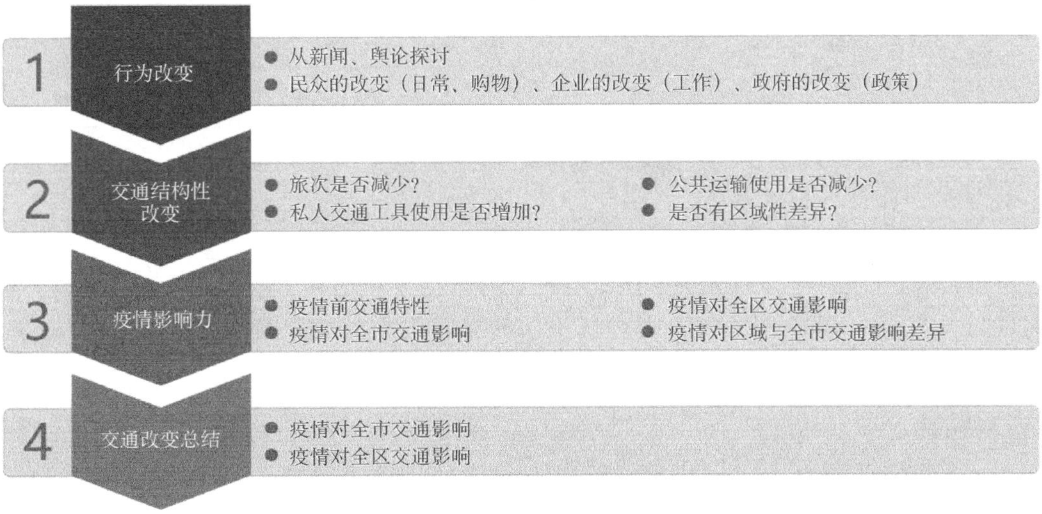

图 2　研究架构

2. 背景分析

疫情对于生活形态的影响,如工作形态、学校教育及民众生活等层面发生改变。

工作形态方面，根据人力银行调查，三级警戒时约有4成企业启动居家办公。随着疫情趋缓，2021年8月后，员工陆续返回办公室，而指挥中心呼吁尽量维持居家办公；另外，工作形态改变者占54%，如分流上班、居家上班及弹性上下班等。

学校教育方面，三级警戒时实施不停学措施，学校、补习班等教学机构，自5月中旬起采取网络教学措施，且部分大学于9月开学后仍持续实施。

民众生活方面，受疫情影响减少外出，如调整旅游计划、减少外出购物与外食、避免搭乘公共交通等，显见疫情对于民众生活形态有显著影响，随之由宅经济、宅消费取而代之，外送订单亦有增加。

3. 资料搜集及分析方法

3.1 资料来源

1) 大数据资料库应用

本文研究资料源于2017年设置的交通大数据资料库(图3)，其持续采集交通旅运、停车管理等资料。截至2022年8月搜集114种，共计1 000亿笔，是各系统及开放资料的基础。

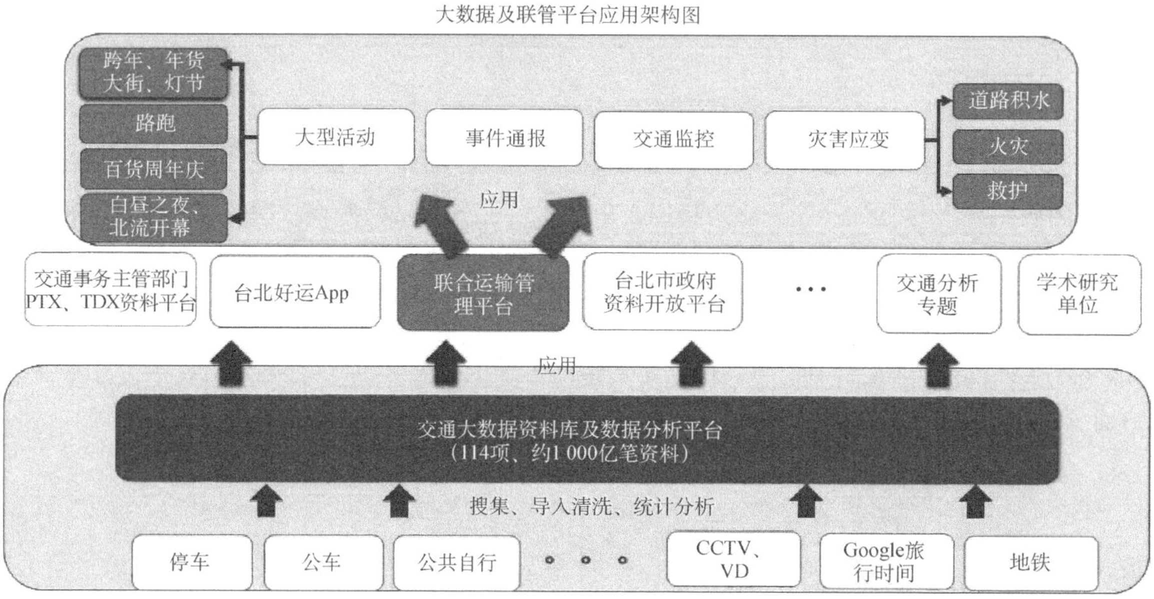

图3 大数据资料库应用架构

2) 电信信令资料应用

电信信令资料(Cellular-based Vehicle Probe，CVP)运用手机讯号，在保护个资安全及去识别化下，分析网格内(如长、宽均为250 m)人流数，并分析网格间移动的人流数及OD量，以热力图或矢量图等方式呈现(图4)。

3.2 资料筛选

本文运用交通大数据资料库，取得VD、公共运输票证、停车资料后，进行资料筛选。

1) VD资料

VD资料进行两阶段异常检核。

第1阶段：设备传输正确性检核，包含资料格式的正确性、资料的缺漏等，并检核及过滤异常资料。

第2阶段：车流参数正确性检核，依车流理论与实务检核其合理性，并过滤异常资料。

(1) 车流参数：排除大车或小车任一流量不为零时，其速度或占有率为零情形；反之亦然。

(2) 速率:排除速率(KPH)<0 与>100 情形。

(3) 流量:排除每小时流量<0 与>2 000 情形。

2) 公交车票证资料

台北市公交车实施上下车刷卡制度,票证筛选逻辑如下:

(1) 利用同卡号搭乘同路线及车牌的交易资料,组合为成对上下车旅次资料。

(2) 若仅有一端有刷卡纪录,检视是否有跨交通工具交易记录及历史交易资料推估。

3) 停车场使用率资料

针对停车场使用率资料筛选过滤。

(1) 过滤剩余格位数<0 资料。

(2) 过滤剩余格位数>总格位数资料。

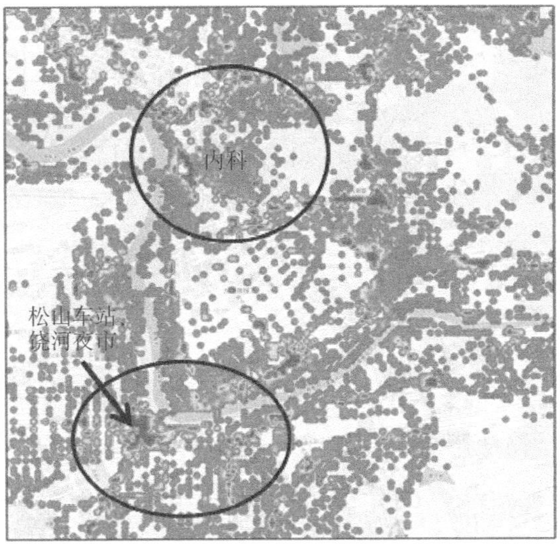

图 4　CVP 分布热力图

3.3　资料分期方法

为观察三级警戒前、中、后影响,对 2021 年 4 月至 9 月的每日交通量进行集群分析(Cluster Analysis),以不同道路类型(平面道路、高架道路、联外桥梁、整体)与平、假日分类整理(表 1)。

表 1　疫情分期

<table>
<tr><th colspan="2">日期</th><th>分期</th><th>大事记</th></tr>
<tr><td colspan="2">4 月 1 日—5 月 15 日</td><td>疫情前</td><td>—</td></tr>
<tr><td>5 月 16 日—6 月 22 日</td><td>第 1 期</td><td rowspan="3">三级警戒</td><td>学校停课(5 月 17 日)
禁止内用(5 月 23 日)</td></tr>
<tr><td>6 月 23 日—7 月 13 日</td><td>第 2 期</td><td>市场项目(6 月 23 日)
微解封(7 月 13 日)</td></tr>
<tr><td>7 月 14 日—8 月 2 日</td><td>第 3 期</td><td>降二级警戒(7 月 27 日)</td></tr>
<tr><td>8 月 3 日—9 月 30 日</td><td>第 4 期</td><td>二级警戒</td><td>开放内用(8 月 3 日)</td></tr>
</table>

4. 疫情期间台北市交通特性分析

4.1　整体交通影响分析

本文分别从道路交通、公共运输、停车及交通事故等方面入手,以三级警戒前为比较基准(表 2)。

表 2　疫情期间交通变化

类型	指标	三级警戒		恢复二级警戒	
		平日	假日	平日	假日
道路交通	汽车流量	−25%	−37%	**2%**	−11%
	摩托车流量	**60%**	**29%**	**77%**	**71%**
公共运输	地铁运量	−70%	−82%	−39%	−55%
	公交车运量	−71%	−79%	−40%	−52%

（续表）

类型	指标	三级警戒		恢复二级警戒	
		平日	假日	平日	假日
停车	路外停车数	−3%	−6%	−3%	−6%
	路边停车数	−11%	−35%	**4%**	−18%
交通事故	事故数	−42%	−48%	−12%	−33%
	伤亡人数	−35%	−45%	−9%	−26%

1）道路交通

汽车、摩托车交通量部分，三级警戒时平日汽车流量减少约25%，摩托车流量不减反增，推测因公共运输使用者减少及外送服务兴起所致；疫情趋缓后，平日汽车流量恢复至原水平，摩托车流量仍显著增加；另联外交通量减少幅度大于台北市内（图5）。

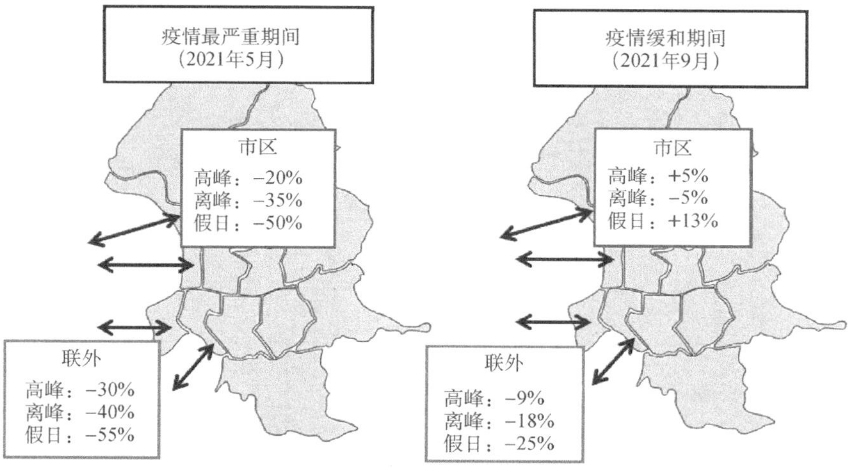

图5　台北市内与联外交通量变化

2）公共运输

地铁及公交车运量于三级警戒时平日约减少70%，降为二级警戒后约减少40%。

3）停车

三级警戒时，路外停车数减少3%至6%，路边停车数平日减少约11%、假日减少约35%，降为二级警戒后恢复至原水平。

4）交通事故

三级警戒时，事故约减少45%，伤亡人数约减少40%。

4.2　交通量分时变化

经叠合三级警戒时（2021年）及对照组（2020年）市区道路的分时流量（图6）。三级警戒时汽车流量在平日高峰、平日离峰或假日均显著减少；三级警戒前，摩托车流量部分相较于对照组已有显著增加趋势，三级警戒时亦是如此，推测因外送致摩托车流量明显增加，且部分公共运输使用者改为私家车。

4.3　公私交通工具使用比例变化

市区道路部分，三级警戒前公私交通工具使用比1∶3，警戒期间为1∶6；联外桥梁部分，三级警戒前公私交通工具使用比1∶6，警戒期间为1∶10（图7）。代表私人交通工具使用量增加。

$$公私交通工具人流比例=\frac{路段使用公共交通工具通过之人流量(人次)}{路段\ VD\ 侦测之车流量(辆)\times 承载率\left(\frac{人}{辆}\right)}$$

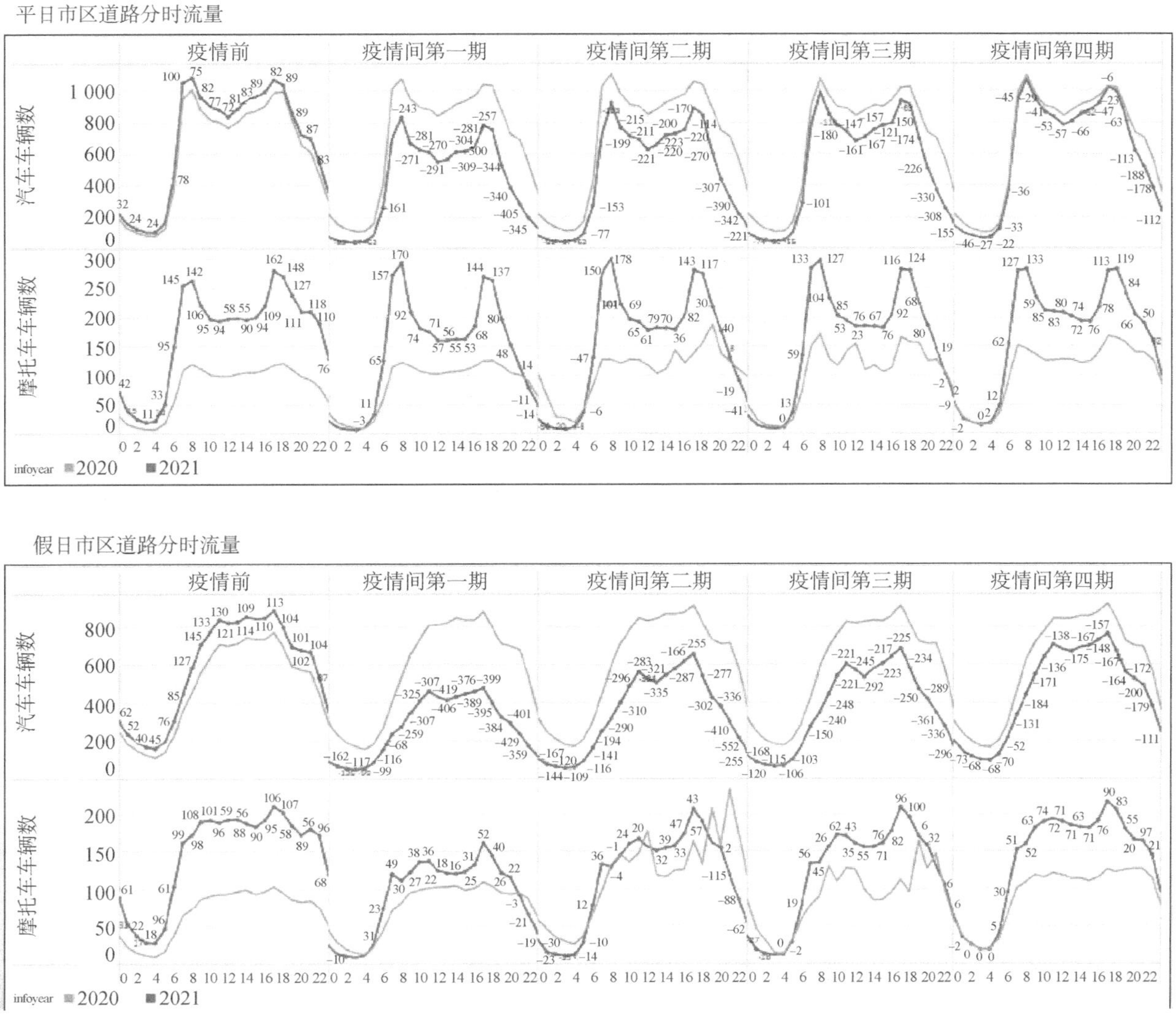

图 6　市区道路分时流量

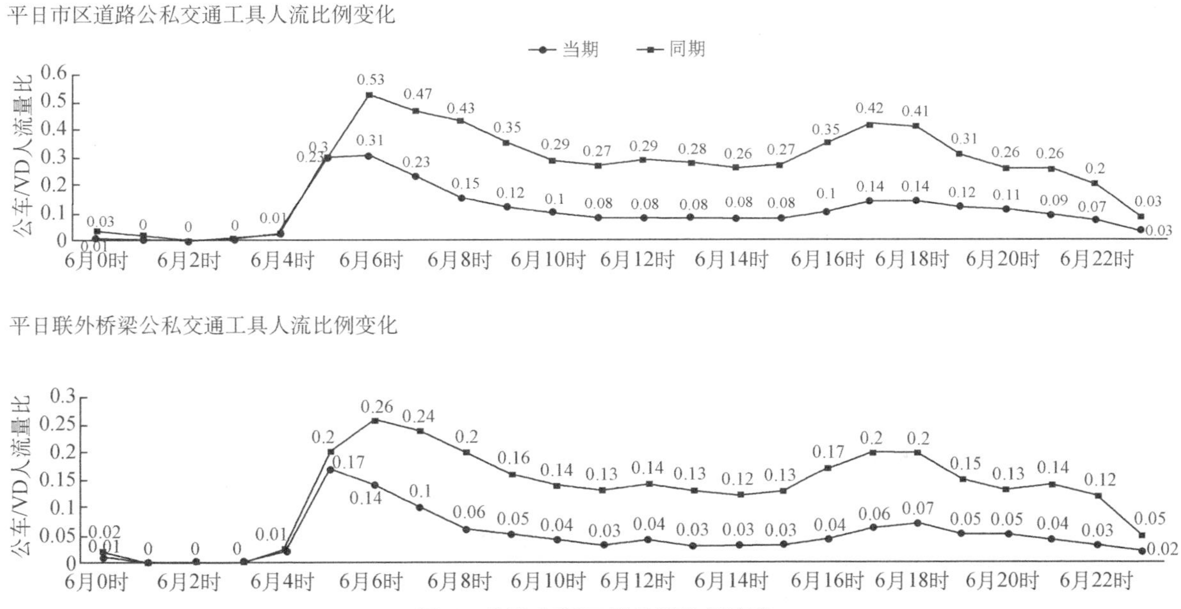

图 7　公私交通工具使用比例变化

5. 疫情对重点区域交通影响分析

5.1 区域概述

为检视疫情对于台北市内不同区域的交通使用影响，故针对天母(学区)、信义计划区(商业区，以下简称信义区)、内湖科学园区(工作通勤区，以下简称内科)及万华区(疫情高发区)进行分析(图 8)。

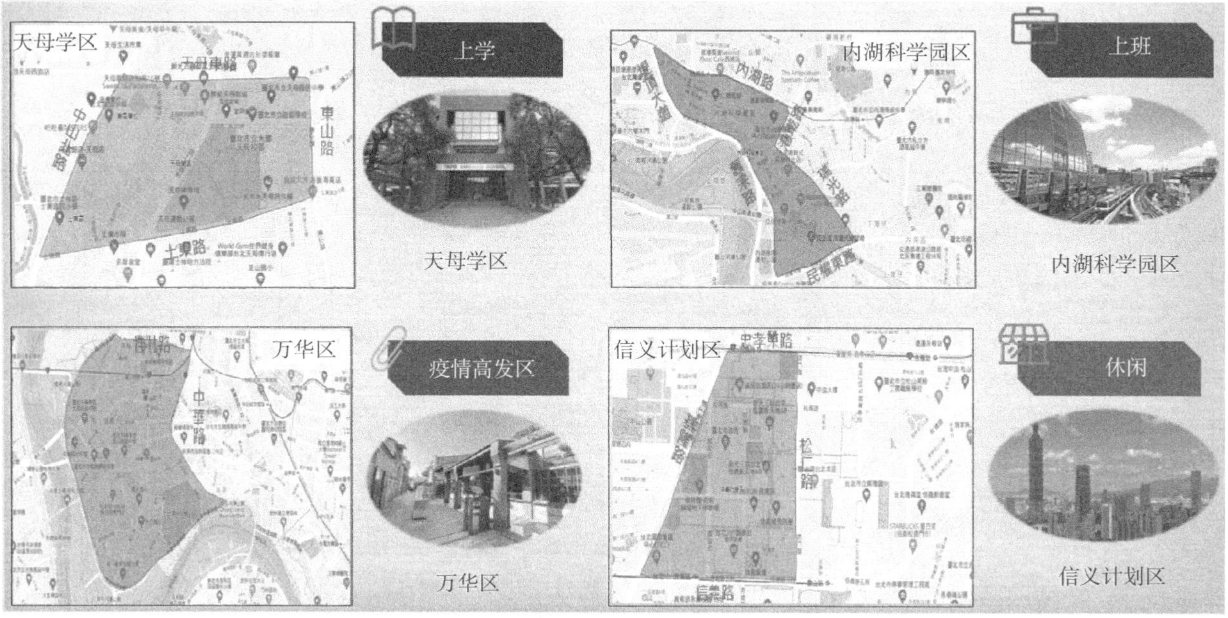

图 8 区域分析范围

5.2 CVP 资料搜集

CVP 资料搜集时间范围为 2021 年 4 月至 9 月，含三级警戒前(比较基准)及第 1 至 4 期，共计 5 期。每期以平、假日各 1 d 为代表；万华区为疫情热区，搜集数据项较其他区域更为详尽。

1) 各区域资料搜集

(1) 总人流数：搜集时间范围内曾出现在划定分析区域的总人数，包含通过及在该区域内停留的人数。

(2) 停留人流数：在总人流数定义下，仅计算停留逾 15 min 的人数。

2) 万华区额外资料搜集

万华区除搜集前述资料外，以网格为统计单位，每期抽样 2 d(平、假日各 1 d)的分时统计人流数、OD 量(区内、区间、过境)及旅次时间资料。

5.3 区域交通影响与全市差异

1) 人流

信义区为总人数与停留人数减少幅度最大者，天母反之。推测因信义区以休闲旅次为主，天母以住宅区为主(表 3、表 4)。

观察万华区人流变化，区域内不同地点亦有差异。北万华(龙山寺周边)具观光与通勤性质，三级警戒期间民众避开万华并减少非必要活动，人流明显减少；南万华(万大国小周边)多住宅区，三级警戒期间仍有区域内的活动，故对于人流影响较小(图 9)。

表 3 各区域平日人流与疫情前差异

类型	区域	第 1 期	第 2 期	第 3 期	第 4 期
总人数	天母	−31%	−25%	−26%	0
	信义区	−50%	−45%	−41%	−9%
	内科	−37%	−36%	−33%	−7%
	万华区	−44%	−36%	−31%	−6%
停留人数	天母	−25%	−25%	−26%	−9%
	信义区	−58%	−56%	−53%	−22%
	内科	−39%	−43%	−38%	−15%
	万华区	−41%	−40%	−38%	−20%

表 4 各区域假日人流与疫情前差异

类型	区域	第 1 期	第 2 期	第 3 期	第 4 期
总人数	天母	−42%	−28%	−21%	−4%
	信义区	−66%	−54%	−46%	−21%
	内科	−53%	−39%	−31%	−9%
	万华区	−58%	−43%	−33%	−13%
停留人数	天母	−36%	−29%	−25%	−15%
	信义区	−73%	−67%	−59%	−33%
	内科	−39%	−37%	−32%	−19%
	万华区	−47%	−41%	−36%	−23%

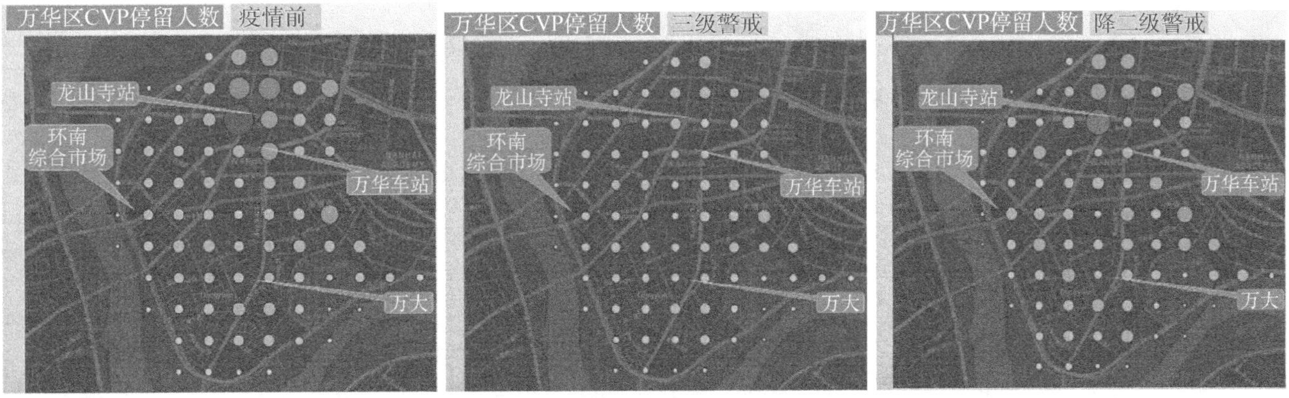

图 9 万华区 CVP 停留人数变化

2）道路交通

（1）汽车流量以信义区影响最大且高于全市平均，天母反之（表 5）。

（2）摩托车流量以万华区受影响最大且高于全市平均，内科反之（表 6）。

表5　疫情对各区域汽车流量变化

	区域	第1期	第2期	第3期	第4期
平日	天母	−26%	−15%	−16%	3%
	信义区	−43%	−37%	−36%	−16%
	内科	−33%	−25%	−28%	−11%
	万华区	−43%	−35%	−26%	−5%
	全市	−36%	−27%	−25%	−8%
假日	天母	−43%	−28%	−27%	−13%
	信义区	−58%	−49%	−45%	−27%
	内科	−47%	−35%	−36%	−20%
	万华区	−57%	−45%	−34%	−20%
	全市	−52%	−40%	−35%	−20%

表6　疫情对各区域摩托车流量变化

	区域	第1期	第2期	第3期	第4期
平日	天母	−15%	−15%	−14%	−2%
	信义区	−22%	−18%	−19%	−14%
	内科	−11%	−7%	−12%	−4%
	万华区	−32%	−23%	−21%	−4%
	全市	−17%	−9%	−11%	2%
假日	天母	−34%	−24%	−21%	−13%
	信义区	−38%	−27%	−24%	−12%
	内科	−27%	−14%	−10%	1%
	万华区	−49%	−33%	−27%	−14%
	全市	−38%	−21%	−18%	−4%

3）公共运输

(1) 地铁运量以万华区受影响最大且高于全市平均，内科受影响最小(表7)。

(2) 公交车运量以信义区假日受影响最大且高于全市平均，内科反之(表8)。

表7　疫情对各区域地铁运量变化

	区域	第1期	第2期	第3期	第4期
平日	信义区	−78%	−73%	−64%	−38%
	内科	−78%	−74%	−62%	−35%
	万华区	−84%	−77%	−66%	−43%
	全市	−75%	−70%	−61%	−37%
假日	信义区	−88%	−85%	−78%	−48%
	内科	−83%	−79%	−71%	−35%
	万华区	−90%	−85%	−78%	−52%
	全市	−86%	−81%	−74%	−46%

表 8　疫情对各区域公交车运量变化

	区域	第 1 期	第 2 期	第 3 期
平日	天母	−77%	−73%	−67%
	信义区	−77%	−74%	−65%
	内科	−70%	−65%	−56%
	万华区	−78%	−72%	−65%
	全市	−75%	−71%	−63%
假日	天母	−84%	−80%	−75%
	信义区	−88%	−86%	−80%
	内科	−76%	−74%	−69%
	万华区	−84%	−80%	−74%
	全市	−83%	−81%	−75%

4) 路外停车场(表 9)

(1) 平日以内科受影响最大、信义区次之,且高于全市平均。

(2) 假日以信义区受影响最大、内科次之,且高于全市平均。

表 9　疫情对路外停车场使用率变化

	区域	第 1 期	第 2 期	第 3 期	第 4 期
平日	信义区	−29%	−27%	−27%	−14%
	内科	−39%	−40%	−32%	−9%
	万华区	2%	−2%	−2%	−3%
	全市	−4%	−3%	−2%	−1%
假日	信义区	−36%	−32%	−31%	−17%
	内科	−5%	−29%	−26%	−16%
	万华区	3%	0%	−1%	5%
	全市	−6%	−6%	−3%	−2%

6. 应用及规划

6.1　应用

1) 交通管理

因三级警戒时交通量减少,为缩短路人等候红灯时间,故缩减交通信号周期秒数。

2) 停车管理

因三级警戒时学校采取网络上课、公司实施居家上班,无开车接送或通勤需求,故弹性开放停车路段,如禁停黄线及学校周边家长接送区等。

3) 公共运输

三级警戒时虽通勤旅次减少,但公交车内仍需维持社交距离以减少传染风险,故平日高峰仍维持原班次服务,平日离峰及假日依需求调减班次。三级警戒后,为鼓励民众使用公共运输,台北市政府交通局、公共运输处及公交车联营管理委员会举办多场活动,希望能提升公共交通的使用率(图 10～图 12)。

图10　公共运输处活动文宣

图11　公交车联营管理委员会活动文宣

图12　记者会现场

6.2　后续规划

为延续本次三级警戒对交通影响的宝贵经验，故罗列出可精进或纳入参考的内容条目，建立标准化预测模型及增加资料空间属性标签（图13）。

图 13　精进资料应用构想

7. 结语

7.1　疫情改变生活形态，进而改变交通行为

因交通属衍生需求，三级警戒时实施居家上班、网络会议、网络教学等措施，外出与购物行为的减少，致交通需求降低。

7.2　疫情对台北市的交通行为有结构性改变

经观察疫情严重时，部分原使用公共运输者转移至私人交通工具、原驾驶汽车者改为骑摩托车，降至二级警戒仍未恢复原状，显见对于交通及交通工具选择发生结构性改变。

7.3　都市发展形态不同，对于交通行为影响也不同

研究区域的都市发展形态不同，交通受疫情影响程度也不同。即使同个行政区，如万华区南、北侧，因都市发展形态相异，对交通的冲击也不同。

参考文献

[1] 台北市政府交通局. 交通大数据数据库及数据分析功能扩充案第 3 季季报[R]. 2021.

基于车路协同的高速公路施工作业区行车路线自适应调整策略研究

Adaptive driving route strategy through-in Highway construction work zone based on cooperative vehicle and infrastructure coordination

张 智[1]

摘 要：本文提出的基于车联网 V2I 的高速公路施工作业区行车路线自适应调整方法，可以有效克服传统方法存在的车辆故障发生率高以及线路调整时间长等问题。通过分析自由行驶状态、跟车行驶状态、换道行驶状态下高速公路施工作业区段交通冲突特性，用车联网 V2I 技术采集车联网路侧装置(RSU)通信范围内网联车辆信息，结合施工区路段实际情况设计车辆行驶路段的协调控制流程，同时根据不同车道上车辆的速度变化与位置变化自适应调整行车路线，完成行车路线自适应调整方法的设计。实验验证该方法在不同车道上的施工区末端车流量均衡性较好，车辆故障发生率平均值仅为3.8%，线路调整时间平均值仅为 6.6 min。

关键词：高速公路；施工作业区；行车路线；车路协同

Abstract: In order to overcome the problems of high vehicle failure rate and long line adjustment time existing in traditional methods, this paper proposes an adaptive adjustment method of driving routes in expressway construction work areas based on V2I of the Internet of Vehicles. Analyze the traffic conflict characteristics of the expressway construction operation section in the free driving state, the following driving state, and the lane changing state, and use the Internet of Vehicles V2I technology to collect the information of the connected vehicles within the communication range of the Internet of Vehicles Roadside Unit(RSU), and combine the construction area. According to the actual situation of the road section, the coordinated control process of the vehicle driving section is designed, and the driving route is adaptively adjusted according to the speed change and position change of the vehicle on different lanes, and the design of the driving route adaptive adjustment method is completed. The experimental results show that after the application of the method in this paper, the traffic flow balance at the end of the construction area on different lanes is better, the average vehicle failure rate is only 3.8%, and the average line adjustment time is only 6.6 min, which verifies the effectiveness of the method in this paper.

Key words: highway; work zone; driving route; cooperative vehicle and infrastructure system

1. 引言

近年来，我国高速公路、普通国省道和城市道路面临着大量路面养护和改扩建工程，导致开放道路环境下的公路施工区日益增多。这给公路施工区附近路段造成一定的交通压力，极易引起交通阻塞，甚至引发交通安全事故[1-2]。这种情况下，车辆重新寻找更优的路径，极易引发周边道路环境流量的一系列变化。为降低高速公路施工区作业过程中的交通压力，需要以相关车联网数据为基础，对高速公路施工作业区路段车辆行车路线进行设计，以缓解高速公路施工作业区周边路网通行压力，避免因路网参数设置不合理而造成的部分路段异常拥堵问题[3-4]。学者们围绕高速公路施工作业区行车路线调整方法展开研究，提出了

1 宜春交通投资集团有限公司。

项目基金：宜井高速三阳至新田段高速公路关键监测点布设及情报板发布方法研究项目(HX2021-065)。

多种方法。

基于仿真分析的高速公路施工作业区行车路线调整方法[5]通过研究个体差异对路径选择的影响，仿真模拟出不同费率设置下的路网流量变化，以此作为高速公路施工作业区行车路线调整的依据，从而实现行车路线的自适应调整，但是该方法存在调整时间过长和实际应用效果不理想的问题；基于K最近邻算法的高速公路施工作业区行车路线调整方法[6]利用改进的K最近邻算法分析行车路线调整的因素，包括道路因素（如通行距离、通行时间、通行费用和天气等）、个人特性因素（如收入、性别和年龄等）等多重因素，以此进行高速公路施工作业区行车路线调整，但是该方法存在车辆故障发生率高的问题，与理想的应用效果具有较大差距；基于车辆出行数据的高速公路施工作业区行车路线调整方法[7]以高速公路及部分其他公路上的车辆出行数据为基础，通过建立收费公路路径选择模型，分析出行目的、行驶距离和车辆类型等因素对路径选择的影响，以此为基础构建高速公路施工作业区行车路线调整模型以得到最终的调整结果，但是该方法应用后，存在车辆故障发生率较高的问题，实际应用效果并不理想；基于敏感度的高速公路施工作业区行车路线调整方法[8]以公路特征和个性特征为基础，分析了货车的出行路径选择，并建立了相关模型，货车对通行费用更为敏感，且货车的货运重量与敏感度成反比，并以此为基础设计高速公路施工作业区行车路线调整方案，但是该方法存在调整时间过长的问题。总结当前研究发现，针对高速公路施工作业区行车路线调整，传统的方法在设计过程中并未将不同车道上车辆速度变化与位置变化作为重点去考虑，使得车辆容易发生故障以及线路调整时间过长，为解决传统方法存在的车辆故障发生率高以及线路调整时间长等问题，本文提出了一种基于车联网V2I的高速公路施工作业区行车路线自适应调整方法，该方法具有较低的车辆故障发生率以及线路调整时间，可以保证在高速公路施工作业区段，行驶车辆可以安全有效地进行变道，降低公路施工区的事故发生率，保障道路施工作业区段交通流的平稳运行。该方法整体技术路线如下：

(1) 采用车联网V2I技术采集公路施工区段路侧装置RSU通信范围内网联车辆的位置、速度及运动方向等信息。

(2) 分析自由行驶状态、跟车行驶状态、车道变换状态下高速公路施工作业区交通冲突特性。

(3) 结合施工区路段实际情况设计车辆行驶路段的协调控制流程，根据不同车道车辆速度变化与位置变化自适应调整行车路线，完成行车路线自适应调整方法的设计。

(4) 通过实验验证本文方法的施工区末端车流量，并比较了不同方法的车辆故障发生率与线路调整时间。

2. 施工区交通冲突特性分析

国内高速公路施工区在作业时普遍不会中断日常交通，一般采取边施工边通车的方案，施工区会对日常车流造成干扰，容易引发系列交通问题，例如道路通行能力折减和交通事故率上升等[9]。而对车流造成干扰的原因主要是所处不同车道的驾驶人在进入施工区前采取不规则的换道行为[10]，主要存在自由行驶、跟车行驶和换道行驶3种行车状态[11]，特点如下。

(1) 自由行驶状态：在施工区处于低密度交通流状态下，车辆能够比较从容地在车行道上以高速流的状态自由行驶。

(2) 跟车行驶状态：在施工区处于中等密度交通流状态下，车辆间出现跟驰行为，运行速度会受到本车道及相邻车道交通参与者的影响，存在一定安全隐患。在交通流量接近饱和状态时，即将进入施工区前的车辆需减速行驶，以保证能够平稳通过上游过渡区；而在车道数减少的缓冲区及作业区，车辆只能以跟驰状态通过，导致行车速度受到更大程度的制约。

(3) 换道行驶状态：施工区因车道压缩及封闭导致可供通行的车道数减少，待变道车辆需按照限速标志的要求逐级降速，在车辆调整区或上游协调控制区结束前寻找相邻车道的合适位置完成换道行为。

在低密度交通流状态下，车辆间可插车间隙较大，驾驶人基于安全行驶和快速通行的目标，可自由在车辆调整区段提前选取变道点，以期在路面宽度变窄前到达目标车道，行车速度和安全水平受施工作业影响程度相对较轻。

在高密度交通流状态下，在车辆调整区域车辆只能以跟驰行驶的方式选择间隙来实现变道，而在车辆调整区域未能成功换道的车辆，必须在上游过渡区末端前结束换道。此时，附近路段交通会处于拥堵状态，很难提供车辆完成换道行为所需的插车间隙，导致交通流整体运行速度下降，增加了施工区交通安全隐患，容易诱发换道车辆与目标车道车辆、安全设施间产生碰撞[12]。

3. 行车路线自适应调整方法

行车路线自适应调整中的自适应是指根据实际情况去调整行车路线，所以本文根据不同车道上车辆速度变化与位置变化进行行车路线自适应调整，期望降低车辆故障发生率以及线路调整时间，最大程度上保证高速公路施工作业区路段行车路线通畅及行车安全。

本文提出的行车路线自适应调控方法，可以有效地缓解路段压力。首先在施工作业区路侧装置 RSU 通信范围内选取车辆可调控路段进行划分[13]，以便对在调控区域内的车辆行车路线进行自适应调整。划分临近施工区前由于车辆换道行驶易引发冲突的区域，从车辆进入 RSU 通信范围位置处，至施工区起始位置路段区域为车辆调整区域，至冲突区域起始位置为车辆协调控制区域，在保证合流后两车道车辆速度相等的情况下，根据实际情况对不同车道上的车辆数量进行自适应调整，从而提升车流量均衡性。协调控制路段设置形式如图 1 所示。

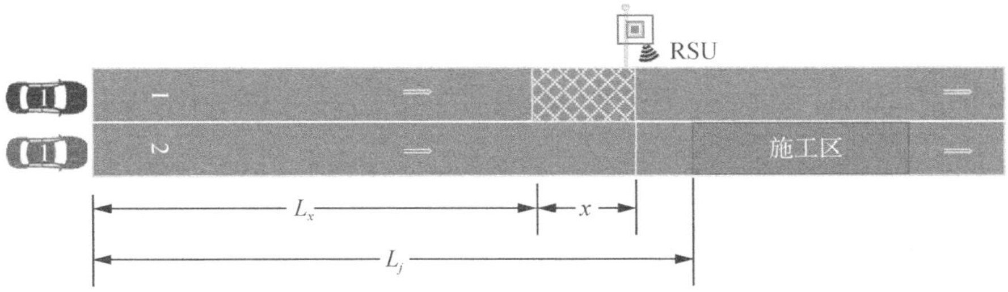

图 1　协调控制路段设置示意图

图 1 中，依据路侧装置 RSU 通信范围划分的施工区前车辆调整路段长度为 L_j，车辆协调控制区域的长度为 L_x，变道决策点到两车变道后的车尾纵向距离为 x，将路段上两个车道上行驶的车辆进行组成集合，车道 1 上的车辆为 $\alpha=\{\alpha_1, \alpha_2, \alpha, \alpha_{n-1}, \cdots, \alpha_n, \alpha_{n+1}, \cdots\}$，车道 2 上的车辆为 $\beta=\{\beta_1, \beta_2, \beta_3, \beta_{n-1}, \cdots, \beta_n, \beta_{n+1}, \cdots\}$，其中，数字$(1, 2, \cdots, n-1, n, n+1, \cdots)$为车辆编号。车道 1 上的车辆行驶速度为 V_{α_i}（最先进入施工区前可通信路段的车辆），车道 2 上的车辆行驶速度为 V_{β_i}，其中，$i=\{1, 2, \cdots\}$ 为车辆编号。根据上述分析，对车辆行车路线协调控制进行设计，具体流程如图 2 所示。

实验假设两条车道上的车辆初始状态数值相同，到达协调控制区域的时间不同，令车道 1 上的车辆所处时间为 t_1，车道 2 上的车辆所处时间为 t_2，则协调路段末端的时间预估为：

$$t_1+\frac{L_x}{V_{\alpha_i}}<t_2+\frac{L_x}{V_{\beta_i}} \tag{1}$$

速度控制：保证数据的有效性，对车道 1 与车道 2 的行驶车辆进行一定量的速度把控，假设车道 1 的车辆先加速行驶后减速行驶，逐渐恢复至初始车辆速度，车道 2 的车辆始终保持匀速行驶。车道 1 上的车辆在行驶过程中，其状态需要根据前后车的状态适当调整，在此过程中车辆速度会发生一定的变化，车辆速度变化过程如图 3 所示。

图 3 显示的是两个车道上的车辆在协调控制路段下的速度行驶轨迹，车道 1 上车辆加速、减速最终保持匀速行驶，车道 2 上车辆始终匀速行驶。两个车道上的车辆经过间隔时间 $\Delta t_1+\Delta t_2$ 后，两车道的通行车辆车速一致。车辆运动过程中位置变化如图 4 所示。

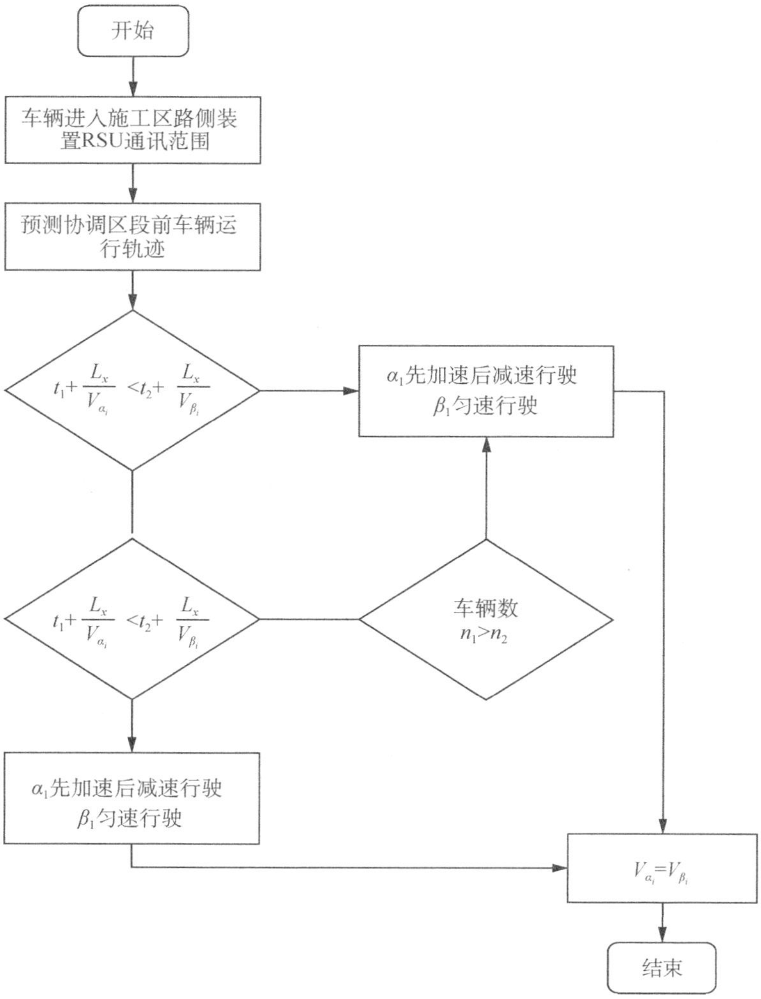

图 2　协调控制流程图

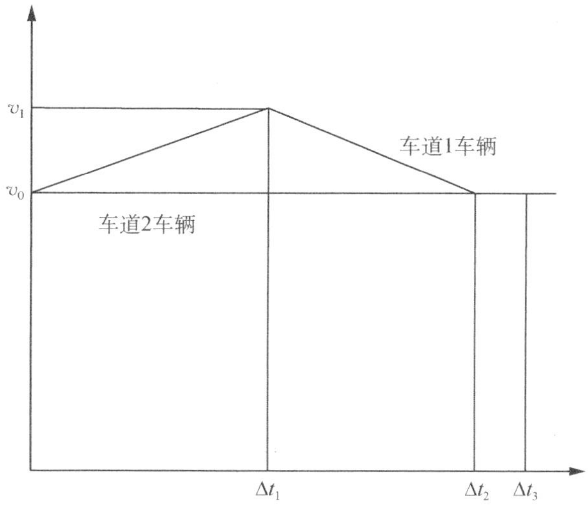

图 3　车辆速度变化过程示意图

车辆行驶到变道决策点时，与变道车道上行驶的车辆之间的净距离为 h，车辆变道合流后，前车车尾到后车车头的距离为 h 。

经过时间 $\Delta t_1+\Delta t_2$，α_1 距离：

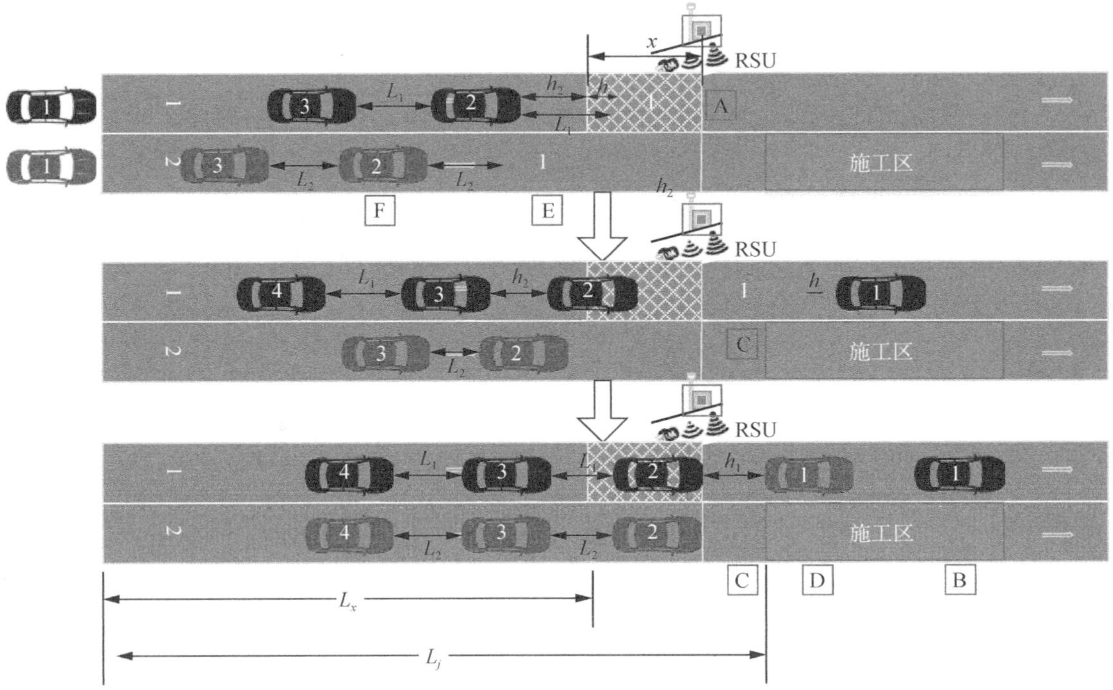

图4　车辆运动过程中位置变化示意图

$$s_1=\frac{1}{2}(v_0+v_1)\times\Delta t_1+\frac{1}{2}(v_1+v_0)\times\Delta t_2=L_x+l+h \tag{2}$$

式(2)中，v_0 与 v_1 分别表示初始速度以及匀速行驶速度，l 表示行驶路径长度。

经过时间 $\Delta t_1+\Delta t_2+\Delta t_3$，$\beta_1$ 距离：

$$s_2=v_0\times(\Delta t_1+\Delta t_2)=L_x \tag{3}$$

$$v_1=v_0\times a_1\Delta t_1 \tag{4}$$

假定设置两车道的车辆行驶进程中，车辆行驶加速度与减速度数值等同，即 $\Delta t_1=\Delta t_2$，由此可以得出下列公式：

$$v_0+v_1=2v_0\frac{(L_x+l+h)}{L_x} \tag{5}$$

由式(2)—式(5)可得车辆在加速过程中所达到的最大速度以及采取的加速度如下：

$$v_1=2v_0\frac{(L_x+l+h)}{L_x}-v_0=v_0\left[1+\frac{2(l+h)}{L_x}\right] \tag{6}$$

$$a=\frac{\left\{v_0\left[1+\frac{2(l+h)}{L_x}\right]-v_0\right\}}{t_1} \tag{7}$$

$$a=\frac{4v_0^2(l+h)}{L_x^2} \tag{8}$$

根据式(6)—式(8)可以得出，在自适应调整车辆行车路线时，车辆的行驶加速度受到变道路况和纵向距离的影响。

在协调控制路段的末端设置冲突区域，则冲突区域路段长度为：

$$x=\sqrt{4RW-W^2} \tag{9}$$

式(9)中，W 为路宽，R 为行车变道轨迹的曲率半径。

车辆距离最小值 l_s 可以通过下述公式计算得出：

$$L_s \geqslant \frac{v_3 t_1}{3.6} + l_s + l + \frac{v_3^2 - v_1^2}{2g(\varphi \pm i_0) \times 3.6^2} \tag{10}$$

式(10)中，g 为行车变道移动距离，φ 为行车路线自适应调整概率，i_0 为变道决策系数。

车辆变道时，车速 $v_3 = v_1$，假定行驶中汽车反应时间为 0，则得出车辆之间的最小安全距离为：

$$L_s = l_s + l \tag{11}$$

由图 4 可以得到，车道 1 车辆间的净距离为：

$$L_1 = h_2 + h \tag{12}$$

车道 1 上的车辆由 A 点移动到 B 点，距离为两车之间的车头距离，由 A 点移动到 B 点的时间等于车道 2 上的车辆由 C 点运动到 D 点的时间加上车道 2 上的车辆变道时间，设车辆变道所需的时间为 t_h，则：

$$L_1 = \left(t_h + \frac{h_1}{V_{\alpha_1}}\right) V_{\alpha_1} - l \tag{13}$$

车道 2 上车辆变道完成后 $V_{\alpha_i} = V_{\beta_i}$，则：

$$L_1 = t_h V_{\alpha_1} + h_1 - l \tag{14}$$

车道 2 上的第二辆车由 F 点运动到 E 点的时间等于车道 2 上的车辆由 E 点运动到 D 点的时间，则：

$$L_2 = \left(t_h + \frac{h_1}{V_{\beta_1}}\right) V_{\beta_1} - l \tag{15}$$

等 $V_{\alpha_1} = V_{\beta_1} = v_0$，则：

$$L_1 = L_2 = t_h \times v_0 + h_1 - l \tag{16}$$

合流后两车道上车辆速度相等：

$$t_h \times v_0 = 2l + h_1 \tag{17}$$

在保证合流后两车道上车辆速度相等的情况下，对不同车道上的车辆数量进行自适应调整，以此提升车流量均衡性。

本节主要结合路段设置设计车辆行驶路段的协调控制流程，根据不同车道上车辆速度变化与位置变化自适应调整行车路线，完成行车路线自适应调整方法的设计，因此该方法具有实际应用效果好以及行车路线调整效率高等多种特点，下一步需要通过仿真实验对该方法的科学性和有效性进行检验。

4. 仿真结果分析

4.1 实验方案

设计为了验证本文提出的高速公路土建施工中行车路线自适应调整方法的实际应用性能，进行实验测试分析，具体的实验方案如下。

(1) 运行环境：操作系统为 Windows10，CPU 为 Intel Core i5-7300HQ，内存为 32 G，硬盘为 500 GB，运行内存为 8 G，主频为 2.1 GHz，仿真软件为 Matlab R2018a。

(2) 实验数据：在实验过程中，本文主要将某一大型城市的历史交通数据作为实验样本，对该数据进行预处理，清除原始数据噪声并剔除缺失值，以提升后续仿真实验的精准度。本文根据实际道路参数，根据车道长度 L 设置网格链，双车道即为两个并行的单车道元胞组合而成，建立仿真路段模型，从而达到测试效果可适性。

(3) 实验方法:将基于仿真分析的高速公路施工作业区行车路线调整方法[5]、基于K最近邻算法的高速公路施工作业区行车路线调整方法[6]、基于车辆出行数据的高速公路施工作业区行车路线调整方法[7]以及本文提出的基于车联网V2I的高速公路施工作业区行车路线自适应调整方法进行实验比较分析,验证不同方法的实际应用效果。

(4) 实验指标:将施工区末端车流量、故障发生率以及线路调整时间作为实验评价指标。其中,不同车道上的施工区末端车流量越均衡,应用效果越好;车辆故障发生率越低,高速公路施工作业区行车路线调整过程中的安全性越高;线路调整时间越短,高速公路施工作业区行车路线调整效率越高。

4.2 结果分析

(1) 施工区末端车流量比较

为了进一步验证本文方法的优越性,分析不同变道时间下通过施工区末端车流量以及车辆通过量随变道时间的变化趋势。通过设计两组不同施工区末端车流量变化情况的场景,实验所设置的施工区末端车流量如表1所示。

表1 施工区末端车流量

换道时间(s)	场景1	场景2
2	2 047	1 800
2.1	1 937	1 714
2.2	1 838	1 636
2.3	1 749	1 566
2.4	1 668	1 500
2.5	1 594	1 440
2.6	1 527	1 385
2.7	1 468	1 334
2.8	1 408	1 286
2.9	1 355	1 242
3.0	1 306	1 200
3.1	1 260	1 161
3.2	1 218	1 125
3.3	1 178	1 091
3.4	1 141	1 059
3.5	1 106	1 028
3.6	1 073	1 000
3.7	1 042	973
3.8	1 013	947
3.9	985	923
4.0	959	900

分析本文方法应用后,不同变道时间下通过施工区域的末端车流量,具体结果如表2所示。

表 2　本文方法应用后的施工区末端车流量

换道时间(s)	场景 1		场景 2	
	车道 1	车道 2	车道 1	车道 2
2	1 022	1 021	902	901
2.1	967	966	859	858
2.2	918	917	819	818
2.3	873	872	784	783
2.4	833	832	751	750
2.5	796	795	722	721
2.6	762	761	693	692
2.7	731	730	668	667
2.8	703	702	644	643
2.9	676	675	622	621
3.0	652	651	602	601
3.1	629	628	583	582
3.2	608	607	564	563
3.3	588	587	532	531
3.4	569	568	516	515
3.5	551	550	499	498
3.6	535	534	489	488
3.7	520	519	471	470
3.8	505	504	459	458
3.9	491	490	448	447
4.0	478	477	423	422

通过表 2 可知，应用本文方法后，由于车道 2 上的车辆在协调控制路段与车道 1 上的车辆交替形式，则车道 1 的车辆与车道 2 的车辆在相同时间内通过施工路段的车辆数接近，所以不同车道上的施工区末端车流量均衡性较好，应用效果越好，可以在实际中进一步推广。

(2) 车辆故障发生率比较

在 4.2 节中(1)的基础上，分别比较传统方法[5-7]以及本文方法的车辆故障发生率，结果如图 5 所示。其中，车辆故障发生率是指在行车路线调整过程中发生故障的车辆数占实验总车数的比例。

分析表 2 中的数据可知，文献[5]方法的车辆故障发生率平均值为 26.4%，文献[6]方法的车辆故障发生率平均值为 36.3%，是四种方法中最高的；而文献[7]方法的车辆故障发生率平均值为 15.2%，本文采用的方法车辆故障发生率平均值仅为 3.8%，是四种方法中最低的。结果表明，应用本文的方法在高速公路施工作业区行车路线调整过程中的车辆故障发生率较低，安全性较高。

(3) 不同方法的线路调整时间比较

在 4.2 节中(2)的基础上，比较文献[5]、文献[6]、文献[7]方法以及本文方法的线路调整时间，结果如图 6 所示。其中，线路调整时间是指施工区上游车辆从进入行车线路可调控区域起至合流后两车道车辆速度相等时所花费的时间。

分析图 6 可知，文献[5]方法的线路调整时间平均值为 15.2 min，文献[6]方法的线路调整时间平均值为

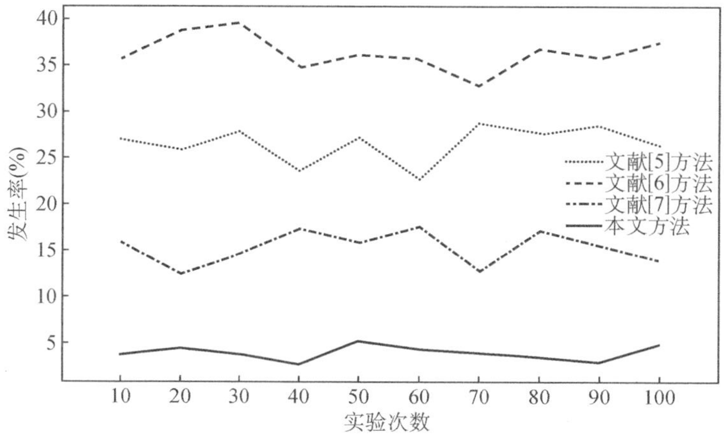

图 5　不同方法车辆故障发生率分析

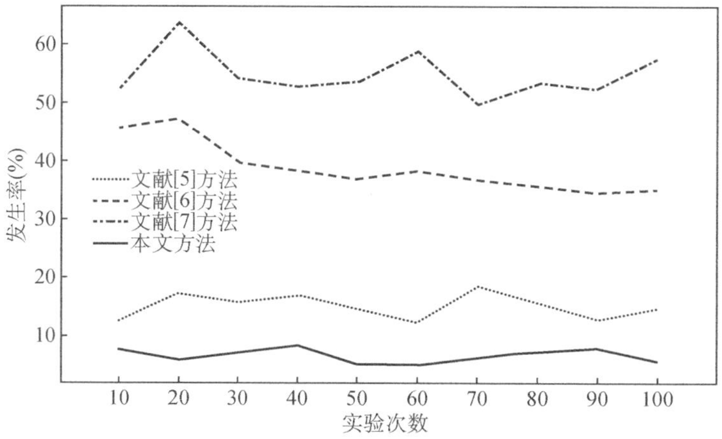

图 6　不同方法线路调整时间比较

38.8 min，文献[7]方法的线路调整时间平均值为 54.83 min，而本文方法的线路调整时间平均值仅为 6.6 min，说明该方法的线路调整时间更短，效率更高。

5. 结语

本文针对车联网环境下高速公路施工作业区的车辆行驶状态、自适应调整方法进行研究分析，提出了一种车辆在高速公路施工作业区稳定通行的方法。对从车辆进入高速公路施工区前至驶出施工区的各个阶段的车辆状态进行分析，考虑车辆运动状态、换道时间和换道过程等影响车辆行驶效果的因素，并根据施工作业区附近路段交通现状及路侧装置 RSU 通信范围，对高速公路路段进行分割布局，划定高速公路施工作业区段车辆调整区域和协调控制区域。在此基础上进行了仿真实验，实验结果表明，应用本文方法后，不同车道上的施工区末端车流量均衡性较好，车辆故障发生率平均值仅为 3.8%，线路调整时间平均值仅为 6.6 min，因此该方法具有实际应用效果好以及调整效率高等特点，可以根据高速公路施工作业区路段实际情况采取相应的调控策略，使得车辆稳定通过高速公路施工作业区。

参考文献

[1] 李树彬，吴建军，高自友，等. 基于复杂网络的交通拥堵与传播动力学分析[J]. 物理学报，2011，60(5)：146-154.
[2] 杨家夏，李雪玮，赵晓华，等. 基于视觉的高速公路施工区车路协同系统的驾驶分心[J]. 汽车安全与节能学报，2020，

11(4):493-502.

[3] Ge X L, Zhang H. Research on vehicle routing optimization of urban real time traffic network[J]. Industrial Engineering and Management, 2018, 23(3): 140-149+156.

[4] Tian B., Zhao X M., Xu Z G., et al. Traffic efficiency information adaptive distribution protocol of intelligent network Expressway under the condition of vehicle road coordination: NRT-V2X[J]. Chinese Journal of highways, 2019, 32(6): 293-307.

[5] Chen, X., He, X., Xiong, C., et al. A bayesian stochastic kriging optimization model dealing with heteroscedastic simulation noise for freeway traffic management[J]. Transportation Science,2019,53(2): 545-565.

[6] Jabbarpour, M. R., Zarrabi, H., Khokhar, R. H., et al. Applicationsof computational intelligence in vehicle traffic congestion problem: a survey[J]. Soft Computing, 2018, 22(7): 2299-2320.

[7] Shen, J., & Yang, G. Crash Risk Assessment for Heterogeneity Traffic and Different Vehicle-Following Patterns Using Microscopic Traffic Flow Data[J]. Sustainability,2020,12(23): 9888.

[8] Ma, J., Leslie, E., Ghiasi, A., et al. Empirical analysis of a freeway bundled connected-and-automated vehicle application using experimental data. [J]. Journal of Transportation Engineering, Part A: Systems, 2020, 146(6): 402-416.

[9] 蒋若曦,朱顺应,王磊,等. 基于交通冲突的高速公路施工区安全评价[J]. 中国安全科学学报,2019,29(6):116-121.

[10] 李晓虎,麦乐,任杰,等. 高速公路施工区自动车辆行驶轨迹优化方法[J]. 交通信息与安全,2020,38(3):40-47.

[11] 田万利,吴忠广,李娟,等. 基于动态风险饱和度的高速公路交通安全分析[J]. 交通信息与安全,2021,39(5):12-18+42.

[12] 贺玉龙,刘磊,迟佳欣. 高速公路车辆换道行为风险研究[J]. 重庆交通大学学报(自然科学版),2021,40(4):26-33.

[13] Tang, J., Zeng, J., Wang, Y., Yuan, H., et al. Traffic flow prediction on urban road network based on License Plate Recognition data: combining attention-LSTM with Genetic Algorithm[J]. Transportmetrica A: Transport Science, 2020, 25(1): 1-27.

[14] Hu Q Z, Zhang X L, Wu Y K, Lin J J. Monitoring method of expressway operation situation under the cooperation of Chelu[J]. Journal of Southeast University(Natural Science Edition), 2020, 50(6): 156-160.

基于手机信令数据的时空 OD 矩阵识别方法

——以杭淳开高速公路为例

Spatiotemporal origin-destination (OD) matrix identification method based on mobile phone signaling data

—Taking Hang Chun Kai expressway as an example

程国宏[1]　郑爱琴[2]

摘　要：相较于传统的数据调查获取方式，利用手机信令数据大规模、连续观测高速公路影响范围内各区域间的 OD，无论从时间还是空间的覆盖范围上都更加全面，更能反映当前高速路网的实际需求。该论文利用手机信令数据来分析高速公路建设范围内各城市、区域间的 OD 联系强度，并以之建立公路网交通模型、预测交通分配，总结出一种可行的高速公路交通量预测方法，并为今后相类似的高速公路建设项目提供了参考经验。

关键词：高速公路；交通量；预测方法；OD 矩阵；手机信令数据

Abstract: Compared with the traditional survey data acquisition method, using mobile signaling data to observe the OD continuously and on a large scale among regions within the influence range of expressways, is more comprehensive in time and space coverage, and can better reflect the actual needs of the current expressway network. This paper uses the mobile signaling data to analyze the OD connection strength among cities and regions within the scope of expressway construction, thus establishing a traffic model for the expressway network and predicting the traffic distribution, then putting forward a feasible method to predict expressway traffic volume. This paper provides a reference for similar expressway construction projects in the future.

Key words: expressway; traffic; prediction method; origin-destination (OD) matrix; mobile signaling data

1. 引言

在大数据时代，尤其是手机普及率如此之高的时代，手机信令数据作为新兴大数据的典型应用代表之一，为交通工程、交通规划领域提供了很好的技术选择。相较于传统的数据采集方式，手机信令数据具有数据采集时间连续、耗时较少、客观性强、数据获取简便、轨迹连续等优点，并且可间接记录用户的出行轨迹，因此能非常全面地掌握用户的出行特征。

特别是在高速公路的工可研究阶段，由于高速公路建设一般涉及范围较大，可能影响多个城市甚至多个省份，需要对研究范围内所有城市的职住分布、出行特征、通勤特征等进行分析，基础数据的采集工作量极为庞大，因此，利用手机信令数据开展大尺度区域内的数据分析，特别是跨区域的出行特征，能够很好地弥补传统调查的缺点，具有得天独厚的优势。

1　程国宏，杭州市交通规划设计研究院有限公司。
2　郑爱琴，杭州市综合交通运输研究中心。

2. 杭淳开高速公路工程项目背景

在国家“一带一路”“长江经济带”“长三角区域一体化”等战略实施以及浙江省“四大建设”的背景下，杭州湾以及杭州大都市区的发展，很大程度上影响到战略规划实施。杭州湾区域、杭州大都市已经成为浙江乃至长三角地区产业发展的核心地带，是进一步促进经济发展，增强其辐射浙西和赣东能力，推进区域协调发展的重中之重。

促进区域发展离不开交通网络这一重要的基础设施。目前，沪昆大通道已经建成三条高速：沪昆G60（杭金衢高速公路）、杭长高速 G6021（杭新景高速公路）、杭瑞高速 G56（杭徽高速公路）。杭金衢高速浙江段整体交通量较大，杭新景高速杭州至建德段交通量也较大，杭州城区段已经接近饱和，预计 2025 年杭新景高速富阳段平均交通量将超过 8.5 万 pcu/d。分析整个经济发展趋势、交通需求以及区域路网结构，杭州往西的东西向公路通行能力已显紧张，因此，增加杭淳开高速扩容沪昆通道，畅通浙赣省际通道以及强化杭州都市辐射能力非常有必要并且已非常迫切。

杭淳开高速公路工程可行性研究前期工作于 2019 年 8 月开展，2020 年 5 月已完成工可送审稿。

3. 研究范围与数据

3.1 研究范围

杭淳开高速公路项目位于浙江省西部，途经杭州市富阳区、桐庐县、淳安县和衢州市开化县，向西连接德昌高速进入江西省境内，是浙赣交通大走廊的重要组成部分，是杭新景高速的分流线，是浙江西南生态旅游的交通干道，是实现西部山区陆域县县通高速目标的重要纽带。

项目起点为富阳银湖街道 G320 国道过境线起点，终点为开化县境内 G3 京台高速公路（杭衢南高速公路）。项目地理位置图如图 1 所示。

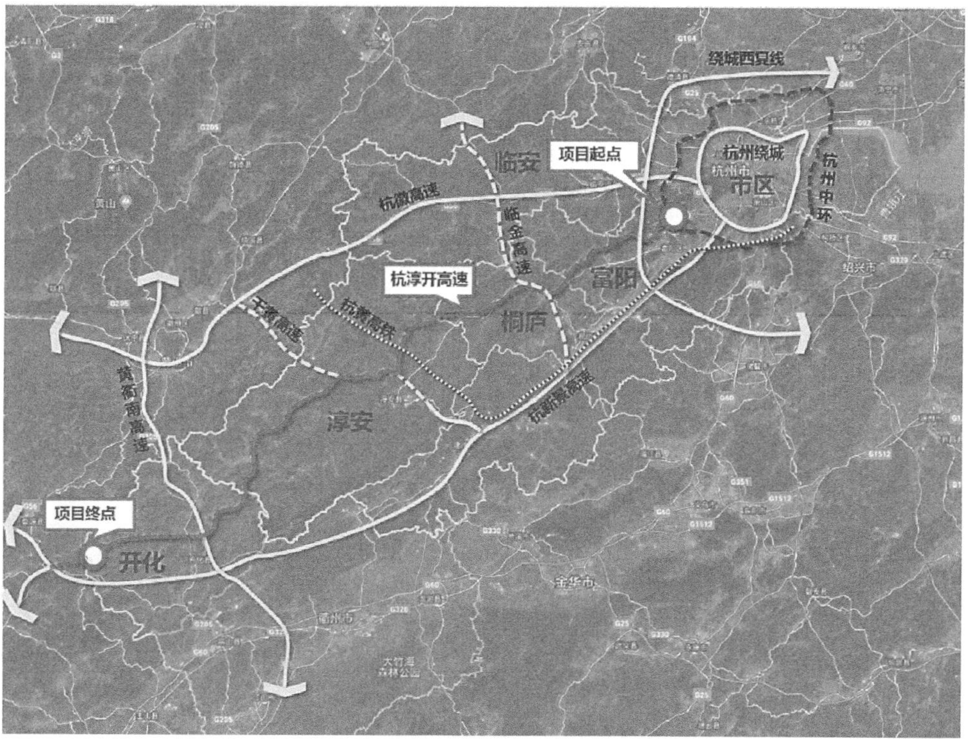

图 1　项目地理位置图

3.2 研究数据

本文涉及的研究数据由浙江省移动大数据中心提供，包含 2019 年 10 月全天 24 h 全省的手机信令数据(图 2)，其中杭州市平均单日用户数约 1 200 万人，总数据量为 578 亿条，平均单日单用户的信令条数为 95 条，数据在 24 h 内的记录数分布较为稳定，在空间范围内除部分街道由于节假日的原因，总体分布也较为均匀(图 3)，数据质量较好，可以满足后续的分析需求。

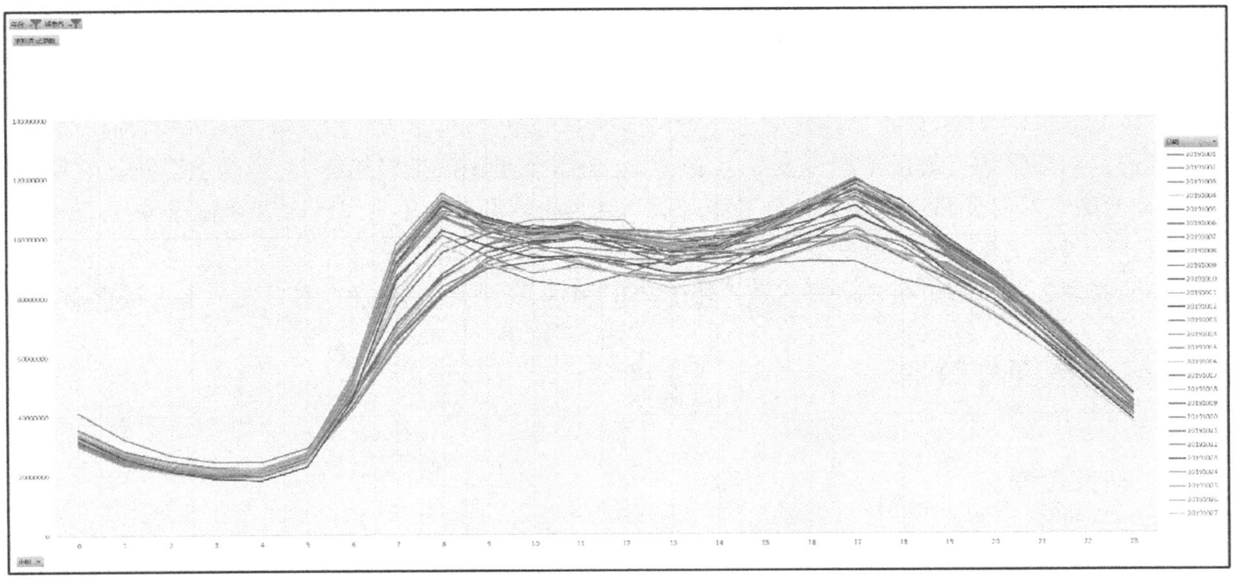

图 2 杭州市 2019 年 10 月全天 24 h 记录数分布情况

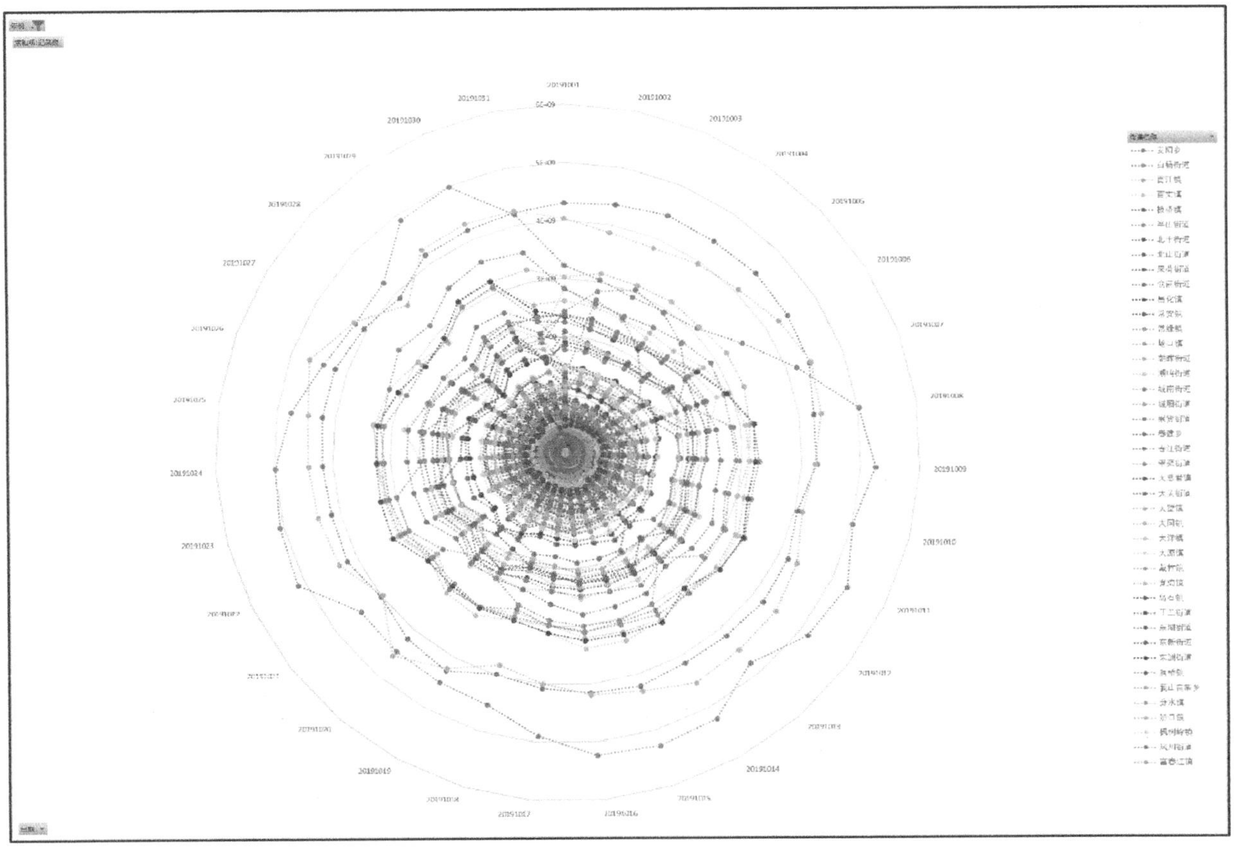

图 3 2019 年 10 月杭州市各街道移动用户记录数分布情况(d)

4. 研究方法

高速公路工可研究阶段交通量预测的任务，是根据高速公路影响范围内各城市当前和历史的经济发展、交通供给及出行特征，预测将来各特征年份的高速公路交通需求。

其中 OD 矩阵是进行交通分析、交通预测的基础数据，传统做法是根据调查获得各交通小区典型日的交通量，构造 OD 矩阵。但其缺点是不能代表出行需求的内在结构，较难描述较大时空范围内的变化特征。

随着大数据采集环境和分析方法的成熟，我们可以利用手机信令数据连续观测研究范围内的居民出行特征，并获得一段时间内连续的 OD 矩阵，称为时空 OD 矩阵。

如何利用现有方法对 OD 矩阵的时间维度进行压缩是提取时空 OD 矩阵的重点，通常情况下我们采用简单平均的方法来获得时空 OD 矩阵，然而这可能会忽略过多的时间变化特征信息。因此本文将采用奇异值分解的方法对连续观测获得的时空 OD 矩阵进行降维，来得到更能反映不同需求特征的时空 OD 矩阵，并作为交通模型“四步骤法”中交通量分配预测的基础。

4.1 划分交通小区

根据建模和交通分析的需要，主要考虑以城市行政边界、高等级公路及城市主干道、山川、水体、铁路等隔断作为边界(图 4)，以城市功能区块及组团为单位，将研究区域分成 51 个内部交通小区，同时将外围与研究区域联系紧密的区域按照主要公路联通方向和组团设置了 8 个虚拟外部交通小区，共 59 个交通小区(表 1)。

图 4　交通小区划分示意图

表 1　交通小区分区表

编号	区域	编号	区域	编号	区域
1	左口威坪	21	春江大源	41	径山
2	安阳乡	22	湖源乡	42	福建省
3	屏门王阜	23	银湖街道	43	安徽省
4	临岐	24	临安区	44	上海市
5	梓桐界首	25	建德市	45	千岛湖镇
6	枫树岭大墅	26	衢州市	46	老余杭转塘
7	浪川姜家	27	金华市	47	余杭北
8	中洲汾口	28	绍兴市	48	萧山南
9	百江	29	丽水市	49	灵桥里山
10	分水镇	30	嘉兴市	50	上城滨江
11	瑶琳镇	31	湖州市	51	拱墅
12	钟山横村	32	宁国市	52	大江东
13	凤川	33	绩溪歙县	53	下城下沙
14	桐君城南	34	休宁徽州	54	萧山北
15	新登永昌	35	婺源德兴	55	台州温州
16	胥口洞桥	36	上饶	56	宁波市
17	新桐渌渚	37	长虹中村	57	江苏省
18	富春街道	38	马金音坑	58	湖北省
19	场口常安	39	金村大溪边	59	江西省
20	东洲街道	40	池淮张湾		

4.2　基于手机信令数据的 OD 算法

利用手机信令数据统计 2019 年 10 月每日项目研究范围内各区域间的 OD 矩阵，算法如图 5 所示。

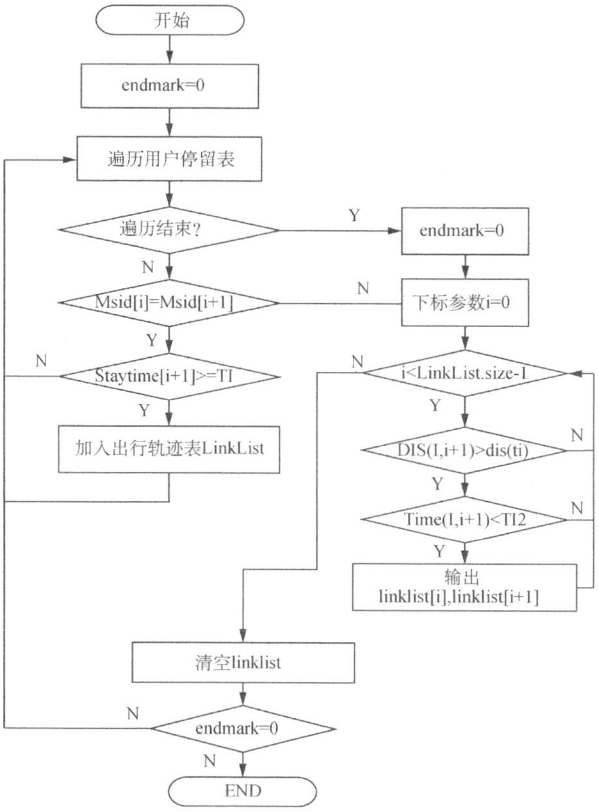

图 5　手机信令数据 OD 分析算法流程图

4.3 利用奇异值分解方法对 OD 矩阵进行分解

将一个矩阵划分为多个线性不相关部分，然后进行加权组合，这种方法称之为奇异值分解。该方法已经被应用于合成材料、语义分析等多个领域。

对 2019 年 10 月各交通小区的 OD 矩阵进行奇异值分解。我们规定某日时空矩阵为 D_s，共包含 n 个 OD 对，同时，把 D_s 转化为 n 个行向量 d_s，共有 m 天，所以联系强度可以表示成 $m \times n$ 的 OD 矩阵 M，根据奇异值分解法，时空 OD 矩阵可以表示为：

$$M = USV^{\mathrm{T}} = \sum_{h=1}^{r} \delta_h u_h v_h^{\mathrm{T}}, \tag{1}$$

式(1)中 M 是 $m \times n$ 矩阵，M 的秩是 r；U 是 $m \times r$ 的矩阵，u_h 是 U 的第 h 列，U 的转置矩阵是 U^{T}。另一个矩阵，V 是 $n \times r$ 矩阵，V 矩阵的第 h 列表示为 v_h，V 的转置矩阵表示为 V^{T}。矩阵 U 和矩阵 T 均为正交矩阵，即他们满足 $U^{\mathrm{T}} \times U = E$，$V^{\mathrm{T}} \times V = E$，$E$ 表示单位矩阵。在正交矩阵中，每一个列向量都是单位向量，即 u_h 和 v_h 是单位向量。S 表示对角矩阵，对角矩阵对角线上的第 h 个元素记为 δ_h，δ_h 即是奇异值。矩阵 S 有 r 行，该矩阵共有 r 个特征值，且 $\delta_1 \geqslant \delta_2 \geqslant \cdots \geqslant \delta_r$。奇异值 $\delta_h = \lambda_h$，并且 $\lambda_1 \geqslant \lambda_2 \geqslant \cdots \geqslant \lambda_r$，故 λ_h 是 $M^{\mathrm{T}} \times M$ 矩阵第 h 个最大特征值。$u_h \times v_h^{\mathrm{T}}$ 是秩为 1 的 $m \times n$ 矩阵。由此，时空 OD 矩阵可以分解为 r 个秩为 1 的矩阵，奇异值 δ_h 是 M 中 $u_h \times v_h^{\mathrm{T}}$ 的权重。

5. 研究成果

综合以上手机信令数据分析成果，并经奇异值分解方法后得到项目研究范围内的初始 OD(图 6、图 7)。

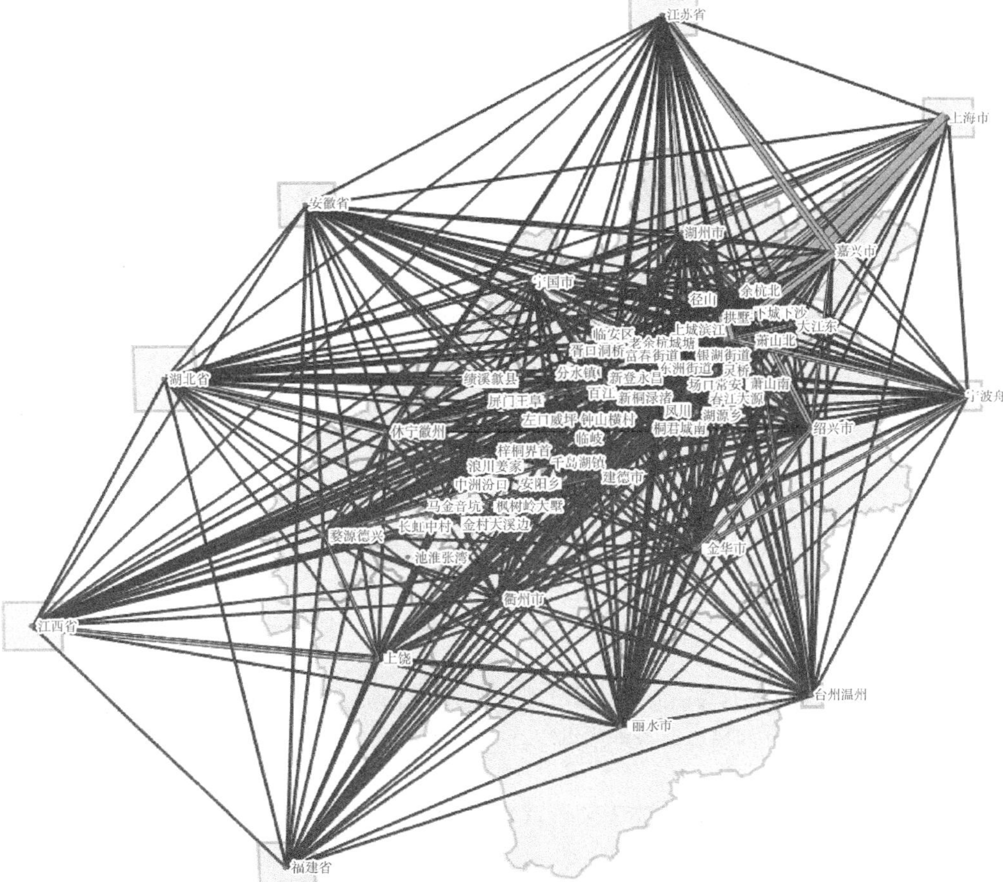

图 6　2019 年浙江西北部及周边省市公路网机动车出行期望线图

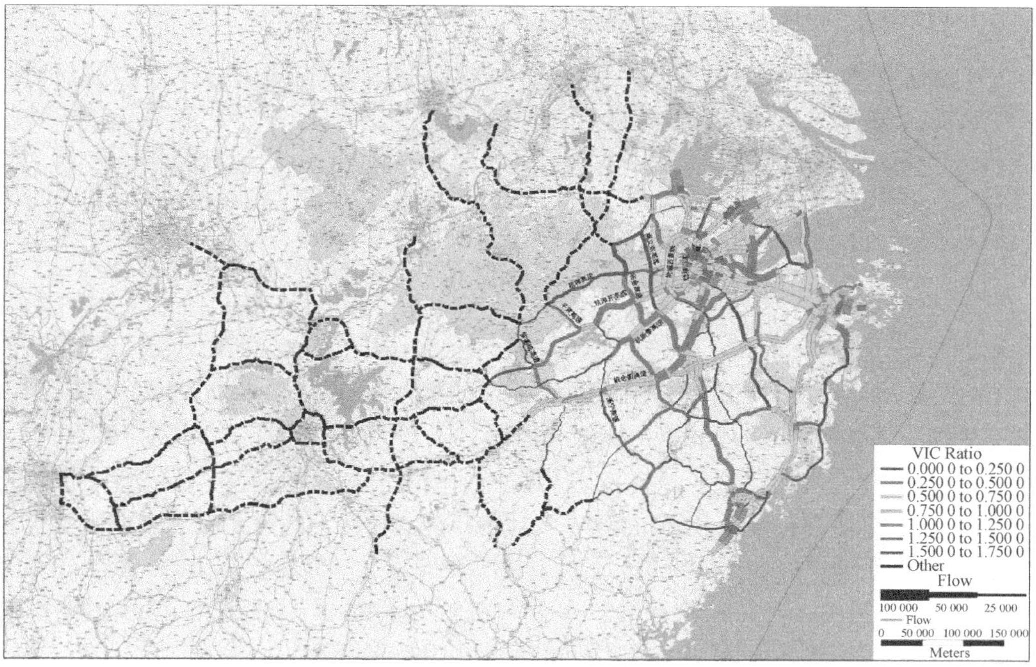

图7 经交通模型分配后的杭淳开高速公路2045年分段交通量示意图

6. 结语

本文利用手机信令数据分析2019年10月杭淳开高速公路建设范围内各城市、区域间的OD联系强度，随后利用奇异值分解的方法得到该区域的时空OD矩阵，并应用于公路网交通模型和交通分配预测中。基于以上分析，可以得到以下初步结论：

(1) 在高速公路建设项目过程中，相比于传统的调查数据获取方式，利用手机信令数据大规模、连续地观测高速公路影响范围内各区域间的OD，无论从时间还是空间的覆盖范围上都更加全面。

(2) 利用奇异值分解方法得到的时空OD矩阵相比简单求取多天平均值得到的OD矩阵更能反映当前高速路网的实际需求。

(3) 本文提出的基于手机信令数据识别时空OD矩阵的方法具备可行性和实用性，能够应用于类似的高速公路建设项目中。

参考文献

[1] 赵文秀，伍速锋. 基于活动的交通预测模型及模拟方法研究[J]. 中外公路，2009，29(4)：242-245.
[2] 李庆瑞，万发祥，卢毅. 公路交通量预测理论与方法综述[J]. 中外公路，2005(6)：151-155.
[3] 许佳佳. 高速公路运营期的交通量预测模型[J]. 贵阳学院学报(自然科学版)，2016，11(4)：21-23.
[4] 张秋美，刘保健，谢永利，等. 多种方法下的高速公路交通量预测分析研究[J]. 公路交通科技(应用技术版)，2016，12(6)：289-292.
[5] 崔毅. 县域公路网规划中OD矩阵估计的应用研究[J]. 交通科技，2019(6)：104-107.
[6] 张林，米雪玉，王彬. 基于MapX的居民出行OD矩阵自动生成方法[J]. 公路交通科技(应用技术版)，2014，10(8)：269-271.
[7] 高兴，施澄，邹智军. 基于手机信令数据的城市短期驻留人口出行时空特征与城市空间结构关系研究——以杭州市为例[J]. 综合运输，2020，42(7)：6-11+23.
[8] 许哲. 关于手机信令数据在交通规划中的应用及思考[J]. 电子元器件与信息技术，2020，4(8)：75-77.

城市浮动车大数据服务中台技术研究与应用

Research and application for big data service middle platform technology of urban floating cars

姜仲秋[1]

摘　要：本文以城市交通治理为导向开展城市浮动车大数据服务中台技术的应用研究，提出城市浮动车大数据精准交付的中台服务体系，并给出城市公共交通服务质量与服务效率提升的应用场景方案。相关研究基于城市浮动车大数据平台的建设实践，探索高效的数据治理、共享的数据开放，以及"精准交付""边缘实时智能处理"等新技术的集成应用，推动城市交通治理的系统升级与转型，为城市交通行业管理应用新技术、新方法提供新思路。

关键词：城市浮动车；大数据服务中台；城市交通治理

Abstract: This paper, guided by urban traffic governance, conducts research on the application of urban floating car big data service midrange technology, proposes a midrange service system for accurate delivery of urban floating car big data, and provides an application scenario scheme for improving urban public transport service quality and service efficiency. Based on the construction practice of urban floating car big data platform, relevant research explores efficient data governance, sharable data opening, and the integrated application of new technologies such as "accurate delivery" and "edge real-time intelligent processing" to promote the system upgrading and transformation of urban traffic governance and provide new ideas for the management and application of new technologies and methods in the urban traffic industry.

Key words: urban floating car; big data service middle platform; urban traffic management

1. 引言

随着大数据中台、边缘智能等新一代信息技术的发展，在城市公交和出租车辆管理体系中，可以借助相关技术体系在城市交通治理中提升车路人复杂场景数据的处理水平，实现城市交通治理中的先期数据研判，以针对突发事件对相关数据智能化分类，并精准交付不同场景对应的音视频数据，从而促进交通运输行业管理模式的创新。

2. 大数据服务中台技术的应用背景

淮安天泽星网信息产业有限公司是城市浮动车大数据平台的建设与运营商，承担城市浮动车大数据的采集分析、运行监测、信息应用和投诉服务等相关业务，为全市综合交通运输体系车辆的有序运行提供大数据平台技术支持，重点负责运营维护全市"两客一危"动态交通监管平台，在政府决策、行业监管、企业运营、公众出行四个方面为城市交通治理作出了重要贡献。近年来，中台技术因其具有数据统一构建、业务分类赋能等商业要素资产化管理的功能，可建立良好的数据复用共享模型，能够满足城市交通治理与不断增长的城市交通出行服务的需求。为此，公司在大数据分析、车路人复杂场景数据处理协同技术的支撑

1　天泽星网浮动车大数据融合创新工程研究中心，淮安天泽星网信息产业有限公司。

下，探索了复杂“车、路、人”多场景要素全时空动态信息感知与融合服务数据中台的建设方案，通过浮动车联网大数据平台与“边缘实时智能处理”的算法接口的构建，对既有公交车、巡游出租车、网络预约巡游出租车、“两客一危”车辆卫星时空数据以及视频数据实施不间断的云端融合与预存储，研发加密的协议栈，架构完整的云边协同与算力分配软件解决方案，利用数据中台技术建立“精准交付”“边缘实时智能处理”等相关服务模式，将车联网大数据的车辆卫星定位数据以及车载视频精准推送至相关应用部门，充分满足交通运输行业的各类创新需求。

3. 大数据服务中台“数据可用不可见”的管理技术

大数据服务中台 Data API 作为中间技术，使各类服务业务相应的数据应用可以集方法论、工具、组织于一体，实现“快”“准”“全”“统”“通”的智能化大数据服务。中台技术建立同步机制作为数据中台与业务中台的连接桥梁，通过 API 的方式提供数据服务，将大数据平台数据库与应用业务隔离，由数据中台统一构建大数据服务数据模型，面向客户的业务中台系统只能开发自行使用数据。至于产生 DataAPI 的过程，怎么样让 DataAPI 产生得更快，怎么样让 Date API 更加清晰，怎么样让 Date API 的数据质量更好，均由数据中台构建，以此使应用业务系统实现“数据可用不可见”的管理功能。

4. 大数据服务中台“零信任安全机制”的空间管理技术

基于零信任安全机制的大数据服务中台，基于认证和授权重构访问控制的信任基础，其技术内容包含：业务访问主体、业务访问代理和智能身份安全认证机制，可以对浮动车大数据实施数据业务化的分类安全管理，其核心就是最大程度降低风险，保护敏感数据免受威胁，并适应不断变化的环境，通过零信任安全机制全面保护阻止数据丢失。中台同时辨别需要着重保护的数据，根据保护级别，灵活地进行配置。在此基础上，将经沉淀的数据，通过大数据、机器学习等方式进行价值提炼，形成安全有效的数据资产，提供给决策支持赋能业务，从而保证数据资产能够进入不同的创新服务领域。如图 1 所示，对于大数据中台模式“数据可用不可见”“零信任安全机制”浮动车大数据管理技术的应用，可有效安全地实现业务数据化、数据产品化。

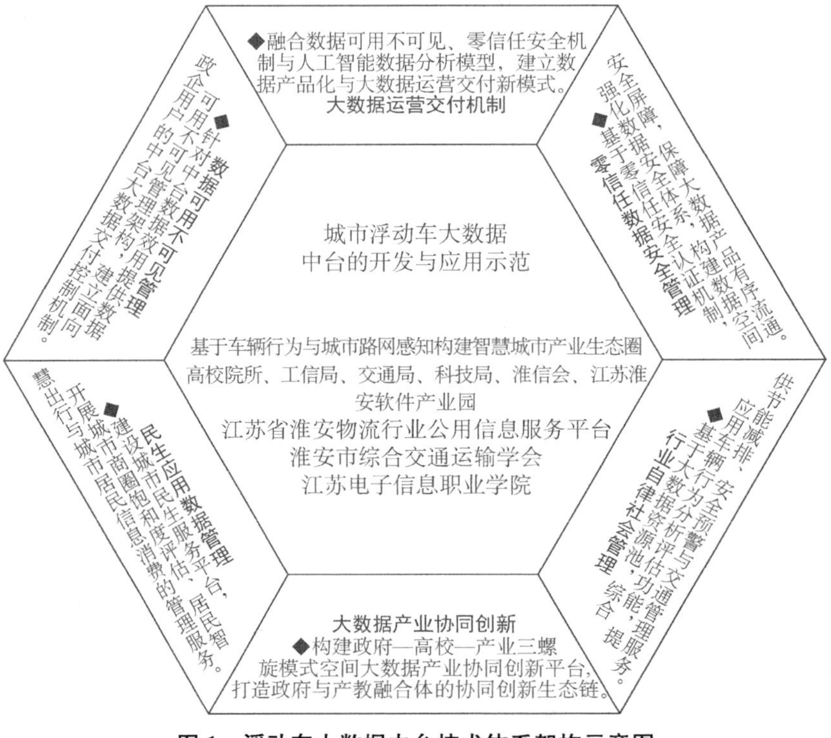

图 1　浮动车大数据中台技术体系架构示意图

5. 大数据服务中台技术的应用体系

大数据服务中台的应用体系包括面向行业自律、民生应用的大数据运营交付体系，相关应用适应国家推进的新基建相关大数据应用的战略要求，以现代智慧交通运输行业的发展为主线，为交通运输行业车辆提供一个管理集中化、智能化、可视化的信息共享和互访平台，信息系统平台可实现“管控合一”的要求，区域性客运车辆、物流运输行业车辆、特种行业车辆及至公务车辆的管控信息服务整合到一个平台上，开发数据治理与数据挖掘系统，带动交通运输行业核心竞争力的大幅度提升。

智慧城市的信息消费市场具有自发性相关的弊端，市场秩序不规范，信用体系的不健全导致信息消费带来的信息安全问题、隐私泄露和信息欺诈等负面影响，不利于个人权益的保护和国家经济安全。该项目服务对象包括安装定位系统的出租车辆、公务车辆、公交车辆、两客一危等车辆，公司在承担监管服务的过程中，利用积累的海量车辆定位信息，构建可进行客户画像的浮动车大数据服务平台，中台可以此衍生出业务中台，构建可视化的“浮动车大数据信息消费服务平台”，如基于浮动车大数据的商圈饱和度分析，可作为判断某个地区同类商业竞争激烈程度的一个指标，通过计算或测定某类商品销售的饱和指标，可以了解某个地区同行业是过多还是不足，以决定是否选择在此地开店，从而为企业制定出积极有效的经营战略，带动民生应用、行业自律等消费产业的发展。

6. 大数据服务中台技术的应用场景

1）公安大数据管理支队的数据底座

开通车辆定位、位置跟踪、轨迹回放等功能，对相关单位全部车辆进行监控，实时显示车辆位置、速度、状态等信息，提高了公安车辆的快速反应能力，为车辆外出执勤提供了安全的信息化服务。对公车私用状况进行有效监督，提升了公安系统管理能力，从而降低了车辆管理的运行成本，提高了工作效率。

2）政府公务车监管调度服务平台

政府部门用车需求大，对公务用车日常管理要求较高，需要一个更有效率更合理的管理系统，进而实现最快速度抵达目的地和资源最优配置。如防止公车私用、降低用车成本、实现节能减排等，都是政府部门在车务管理上迫切需要解决的问题，大数据服务可提供一揽子解决方案。

3）出租车智能监控平台

帮助出租车行业实时了解车辆位置，快速查找、调度目标地点周边车辆，发布广告信息、失物查找、电话召车、车辆遇险和及时报案等功能，提高出租车运营效率，保障司机及乘客安全，方便公司统一调度及管理。

大数据平台在出租车行业有着广泛的应用场景。通过实时监控管理、优化资源调度，大大提高了出租车科学管理和服务水平，提高出租营运车辆的安全系数，对保障出租车司机人身安全起到积极的促进作用；明显改善城市交通状况，提高城市综合信息化水平，增加了出租车辆的运营收入。

4）客运车辆监管平台

淮安客运公司自使用管理系统，至今已有近 400 辆客运车安装车载终端，实现车辆信息化管理，月定位量近 500 万次，为乘客的安全出行提供了保障，提高了企业的运营形象。在为长途客运集团、物流行业的客户车辆提供科学的调度管理和综合运营服务的同时，能根据公司的行程安排，事先为司机设定最优路线，实时监控车辆位置信息，防止公车私用、控制运输成本、保障人车安全。

5）助力危险品行业高效安全管理

针对各公司危险物品运输，现有普通货物运输车 30 余辆，危险物品运输车 20 余辆，各项规费及运营费用合计 100 多万元。平台定位功能，帮助该企业车辆管理员临时性抽检某辆车的位置，随时掌握企业车辆的位置信息；偏航报警功能，事先为有运输任务的车辆规划到达目的地的合理路线，当司机在途中偏离该路线时，车辆管理员立即收到告警信息，防范司机拉私活、走捷径等违规行为。同时利用里程统计功能，每月例行统计车辆的行驶里程，对比分析，为降低运营开支提供依据。

6）城市公共交通智能监管调度平台

城市公共交通行业是满足人民群众基本出行需求的社会公益性事业，是交通运输服务业的重要组成部分，与人民群众生产、生活活动息息相关，是城市功能正常运转的基础支撑。推进城市公共交通行业健康发展，保证城市公共交通平稳而有序运行，对于促进社会经济可持续发展、改善城市人居环境、促进城市文明建设、保障广大人民群众基本出行权益至关重要。

7）为车辆安全提供应急处理方案

通过北斗卫星导航系统进行定位，驾驶员遇紧急情况可触发一键报警，监控人员结合监控管理平台，可以对遇有险情或发生事故的车辆进行紧急援助。监控平台的电子地图可显示报警信息和报警目标地点，规划出最优援助方案，帮助值班人员快速了解紧急报警情况并进行应急处理。

8）改善城市消费信息不对称的现象

城市消费信息不对称的问题真实存在，并且因为该问题，很多商铺或个人遭受到不同程度的经济损失。平台通过数据挖掘、城市消费饱和度分析，将不同市域的消费信息进行分类分级、通过热点榜单的方式直观地呈现出来，对于改善城市消费信息不对称的现象有着重大意义。

9）绿色出行服务

绿色出行服务，既节约能源、提高能效、减少污染，又益于健康、兼顾效率、契合国家发展规划，项目在优化出行方式的同时又可以通过精确的数据分析解决用户日常遇到的问题，对于项目的可持续发展有着重大推动作用。

10）后疫情时代的经济振兴

后疫情时代的经济振兴作为每个市域的重点，国家提出发展地摊经济，但是对于地摊经济合理规划、相关部门对于地摊经济的管控还有所欠缺，通过我们的项目配合相关部门有效地管理地摊经济，振兴后疫情时代经济的同时也确保地摊经济的可溯源管理。

7. 进一步发展与提升

浮动车大数据服务中台将集成“复杂车路人场景要素边缘化智能提取”等关键技术，全面强化相关数据的精准交付与实时智能决策处理能力，相关数据的精准交付与实时智能决策处理能力可以提升30%，全面支持城市公交管理应急指挥平台、大数据可视化平台、视图综合应用三类平台实现多引擎的秒级数据融合与调度。

进一步构建浮动车联网大数据平台与“边缘实时智能处理”的算法接口，通过人工智能视觉分析和边缘计算，建设复杂车路人多场景要素全时空动态信息感知与融合服务中台，研发并应用新一代城市公交和出租车辆管理所需的云边协同与算力分配软件解决方案，构建“新一代精准交付与边缘智能服务中台”。针对既有公交车、巡游出租车、网络预约巡游出租车、两客一危车辆卫星定位数据构建视频数据不间断地分类整合与预存储，应用加密的协议栈，采用新型云边协同与算力分配软件解决方案，满足交通运输行业管理体系中各类创新应用需求。

参考文献

[1] 国务院. 关于积极推进“互联网+”行动的指导意见(国发〔2015〕40号). 2015.

[2] 滕靖，潘炜维，彭春露. 论需求导向型公共交通服务模式[J]. 综合运输，2020，42(3)：4-8.

[3] 陈希. 重庆公交运营与服务大数据应用[J]. 中国信息化周报，2019，(14).

[4] 倪亚洲，薛运强，刘彤，等. 非集计—弹性模型在公交出行需求分析中的应用研究[J]. 武汉理工大学学报(交通科学与工程版)，2014，38(2)：442-445.

[5] 陈坚，李武，吴丹，等. 基于MAST的智慧公交系统调度优化模型[J]. 重庆交通大学学报(自然科学版)，2016，35(5)：140-145.

[6] 包佳佳. 基于公共服务的智能交通体系构建分析[J]. 中国管理信息化，2020，23(8)：202-203.
[7] 林丽凡. 基于大数据的轨道交通沿线常规公交线网优化方法——以合肥市为例[J]. 科学技术创新，2021(5)：132-133.
[8] 肖婷，蔡雨，瞿何舟. 乘客出发时间智能提示系统设计与实现[J]. 交通运输工程与信息学报，2019，17(3)：118-124；132.
[9] 李飞，李云辉，操宗武，等. 基于大数据分析的微循环公交线网规划及改善研究[C]//中国城市规划学会城市交通规划学术委员会. 创新驱动与智慧发展——2018 年中国城市交通规划年会论文集[M]. 北京：中国建筑工业出版社，2018：11.
[10] 田双双. 基于站点需求弹性的多模式公交频率分配研究[D]. 西安：长安大学，2017.
[11] 陆百川，黄镜轶，张冬梅，等. 站点需求响应式公交调度系统优化研究[J]. 重庆理工大学学报(自然科学)，2021，35(2)：34-43.
[12] 郭晓俊. 基于需求响应的实时定制公交系统研究[D]. 北京：北京交通大学，2016.

车路协同智慧高速场景测试方法

Test Methods for Intelligent high-speed Scene based on Cooperative Intelligent Transport Systems

杨　静[1]　刘　高[2]　姜勇钢[3]

摘　要：随着车联网技术发展，推动数据资源赋能交通发展，加速交通基础设施网、运输服务网、能源网与信息网络融合发展。《交通强国建设纲要》提到加强智能网联汽车研发，大力发展智慧交通。本文依托智慧高速交通环境，探索基于智能交通基础设施与智能网联汽车协同发展下部分车路协同场景的测试方法研究，协同解决交通场景下的难点痛点问题，构建基于静态基础设施与动态智能网联汽车协同的场景数据库以及解决方案，深化交通公共服务、公共安全和电子政务发展。

关键词：车联网；车路协同；智慧高速；交通场景；测试方法

Abstract: With the development of vehicle-to-network technology, we will promote the development of data-enabled transportation and accelerate the integration of Transportation Infrastructure Network, Transportation Service Network, energy network and information network. The outline for the construction of a transportation powerful country mentions strengthening the research and development of intelligent networked vehicles and vigorously developing intelligent transportation. Based on the intelligent high-speed traffic environment, this paper explores the test method research of the part of vehicle-road coordination scene under the cooperative development of intelligent transportation infrastructure and intelligent networked vehicle, and solves the difficult and painful problems in the traffic scene, build scenario database and solution based on static infrastructure and dynamic intelligent networked vehicle collaboration, deepen the development of public transport services, public safety and e-government.

Key words: internet of vehicles; lane coordination; intelligent high-speed; traffic scene; test method

1. 引言

目前，国内外智能网联汽车技术发展如火如荼，在宏观政策的大力支持下，近几年我国智能网联汽车产业取得长足的进步与发展。对复杂的城市、高速道路环境下交通应用场景深入探索和研究，推动交通场景的落地应用，最终解决交通安全、低碳、智能、高效等交通出行问题。在依托车联网、智能网联汽车大数据等技术，以实现交通强国目标的现状下，智慧高速是中国高速公路建设的热点之一，相对交通场景复杂的城市交通环境，高速公路交通环境相对简单、全程双向封闭、建设里程较长、出行舒适度高、主体权责边界清晰、路侧基础设施部署齐全，加之车路协同又是未来智慧高速建设的核心内容，两者相结合，为开展车路协同场景应用提供了良好条件。根据对智慧高速交通环境研究，通过每个具体的交通场景解决交通问题，如交通汇流处视觉盲区频繁导致交通事故，可通过高速汇流通行辅助场景应用解决等，这就涉及到基于车路协同的智慧高速交通场景测试方法的研究，便于未来智慧高速基础

1,2,3　杨静，刘高，姜勇钢，湖南湘江智能科技创新中心有限公司。

设施的建设和场景验收。

2. 研究背景

2018 年 2 月，交通运输部办公厅发布《关于加快推进新一代国家交通控制网和智慧公路试点的通知》，确定基础设施数字化、路运一体化车路协同等内容；2019 年 7 月，交通运输部印发《数字交通发展规划纲要》，推动交通运输基础设施与信息基础设施一体化建设，完善全国高速公路通信信息网络；2019 年 9 月，中共中央、国务院印发《交通强国建设纲要》中提到加强智能网联汽车（智能汽车、自动驾驶、车路协同）研发，形成自主可控完整的产业链，大力发展智慧交通，推动大数据、互联网、人工智能等新技术与交通行业深度融合。

本文将以北京和河北延崇高速、吉林珲乌高速、浙江杭绍甬高速、沪杭甬高速公路智慧改造、杭州绕城西复线高速、湖南长沙智慧高速项目、山东智能网联高速公路测试基地项目、海南环岛旅游公路、四川都汶高速龙池连接线项目等超 4 000 km 高速公路智能网联建设情况为基础，研究其车路协同部分通用性交通场景特性，阐述其测试方法和要求。

3. 场景分析

高速公路车路协同应用包括面向道路使用者、企业运营和政府监管的不同类型场景，可以提供主动安全类、提升效率类、信息服务类业务。

湖南高速警察对 2015—2017 年五一节期间交通事故原因分析显示，所有引发安全类交通事故中排在前 4 位的事故原因及占比分别是：未规定保持与前车距离，占比 53.81%；驾驶操作不当，占比 16.46%；违法变道、超车、占道行驶，占比 6.86%[3]；妨碍安全驾驶行为和疲劳驾驶，占比 2.16%等。沪宁高速无锡硕放枢纽至苏州东桥枢纽段，部署应急车道主动管控、连续式港湾车道、匝道智能管控系统等新技术，2019 年五一小长假期间，与 2018 年相比，交通通行量提升 34.5%，拥堵次数降低 65%，平均拥堵距离缩短 33.3%，交通事故数降低 77.3%[5]。通过分析以上统计数据，不难发现绝大部分事故原因的发生其实是没有及时通过车路协同等新技术有效打通交通参与者“人、车、路”之间的信息孤岛，导致交通参与者之间出现失控。

针对高速公路物理建设环境和潜在风险预期的分析，基于安全的车路协同场景包含但不限于：盲区/变道预警、紧急制动预警、分合流预警、拥堵路段通行、交通事故提醒等。本文根据统计数据，选取其中高速汇流通行辅助 EMA、交通事故提醒和拥堵路段通行（前方拥堵提醒）场景进行阐述。

4. 测试要求

交通场景测试的通用要求是：自然环境、交通流、道路、交通设施、速度、干扰因素等，确保测试过程中交通环境一致。同时，明确测试过程中测试设备要求。包含测试记录工具、测试数据记录、测试场景等。

4.1 测试记录工具

测试时数据采集工具包含但不限于具有摄像、录屏、数据传输/存储、车辆状态信息采集等功能的设备。比如：

（1）搭载在主车上的设备，如定位设备、激光雷达、摄像机等。

（2）安装在道路上的设备，如摄像机、路侧单元、电子交通设施等。

（3）安装在目标车辆上面的辅助设备，如定位设备、车载单元、摄像机等。

4.2 测试数据记录

具备车辆状态记录、存储及在线监控功能，能实时回传下列信息：

(1) 车辆运动轨迹。

(2) 车辆速度、加速度等运动状态。

(3) 车辆前部、侧部、车辆操作台视频监控情况。

(4) 反映测试驾驶人和人机交互状态的车内视频及语音监控情况。

4.3 测试场景通用

(1) 自然环境：①测试环境良好，无降雨、降雪、冰雹等恶劣天气，水平能见度应不低于 500 m，能见度低于 500 m 的，禁止主车进行任何测试工作。如测试主体对特殊天气有测试要求，需布置雨、雾、冰、涉水、白天、夜晚和人工照明等对应自然环境进行测试；如需在特殊施工路段、隧道测试的，需布置对应的场景环境进行测试。②环境气温为−10 ℃～42 ℃(不限于天气、路面温度等)。③风速低于 10 m/s。

(2) 交通流：通过模拟或真实的机动车、护栏等设备制造交通流。

(3) 道路：测试道路全程封闭状态(测试范围内无行人或非机动车，除非测试要求)，路面为平坦、干燥的沥青或混凝土路面，单车道宽度为 3.5～3.75 m。

(4) 速度：在按交通法规基础上，合理控制场景中车辆的车速在 60～120 km/h。

(5) 交通设施：测试场景交通标识、标线等应按交通规范相关文件要求设置，标识标线完整且清晰。

(6) 干扰：联网通信功能测试应在电磁环境不会对测试结果产生明显影响的条件下进行。

5. 测试方法

5.1 高速汇流通行辅助 EMA

1) 场景描述

高速汇流通行辅助(EMA)是指，在高速公路或快速道路入口匝道处，路侧单元(RSU)获取周围车辆信息，当存在汇流危险的情况，如目标车辆(RV)位于主车(HV)前方的加速车道，且速度小于 HV，同时存在汇流趋势时，会触发此场景，向该 HV 驾驶员告警。本应用适用于高速公路或快速道路的入口匝道汇入场景。

2) 主要场景

HV 和 RV 同时驶向汇合路口，HV 为在主道上行驶的智能网联车辆，其内置 HMI 终端屏幕，能够实时查看告警显示结果；RV 为匝道上有汇入趋势的社会车辆。

(1) HV 驶向汇合路口，同时 RV 从 HV 的右侧驶向路口，HV 驾驶员的视线可能被出现在路口的遮挡物遮挡。

(2) 当 HV 接近路口时，EMA 功能对 HV 驾驶员发出预警，提醒驾驶员与侧向来车 RV 存在碰撞风险。

(3) 预警时间需确保 HV 驾驶员收到预警时，能够有足够时间采取措施，避免与侧向来车 RV 发生碰撞。

注意事项：触发时应为确切存在汇流危险的情况，如 RV 位于 HV 前方的加速车道，且速度小于 HV，同时存在汇流趋势时，才会触发该告警。

3) 系统基本原理

HV 在高速公路或快速道路入口匝道处直向行驶时，遇到社会车辆存在汇流趋势，且 HV 存在安全风险时，对 HV 驾驶员进行预警。触发 EMA 功能的 HV 和 RV 位置关系(图 1)。

EMA 基本工作原理如下：

(1) 分析匝道上 RV 信息，筛选出位于 HV 受影响区域的 RV。

(2) 将一定范围内的 RV 的数据进行处理，判断是否存在影响 HV 行驶的情况。

(3) 对 HV 驾驶员进行预警。

4) 通信方式

HV 和路侧需具备短程无线通信能力，车辆信息通过短程无线通信在 HV 和路侧之间传递(V2I)。

5) EBW 基本性能要求

(1) 主车车速范围 0～120 km/h。

(2) 通信距离≥300 m。

(3) 数据更新频率≤10 Hz。

(4) 系统延迟≤100 ms。

(5) 定位精度≤5 m。

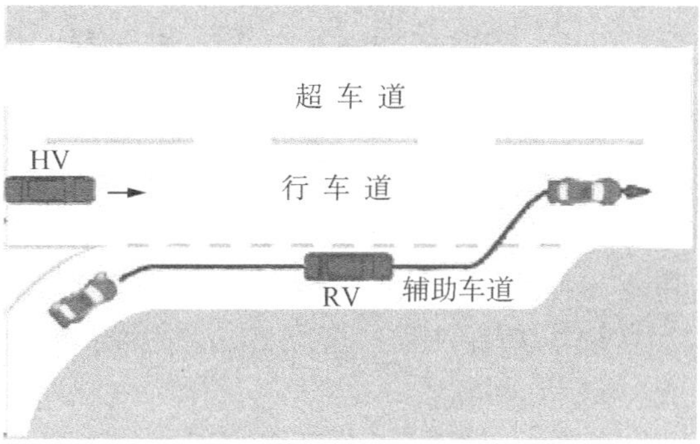

图 1　高速汇流通行辅助示意图

5.2　交通事故提醒

1) 场景描述

交通事故提醒(TAW)是指，由于高速上特殊的环境，车速快、车流大，容易造成交通事故，且事故之后的逗留很容易引起二次事故，本应用针对该种情况，可以将路侧感知到的事故信息和位置及时发布，通知即将驶入该事故区域的车辆提前减速或变道。

2) 主要场景

HV 在高速上沿着既定车道线同向行驶，HV 为具备车载单元(OBU)的智能网联车辆。

(1) 在 HV 行驶路径前方，人为模拟出事故情景(如多人滞留，多车在应急车道停车等)。

(2) HV 能够收到路侧设备发送的路侧感知信息包，解析后可以获取事故信息，并弹出相应告警信息告知驾驶员前方事故信息。

(3) HV 驶离事故区域后，告警图标消失。

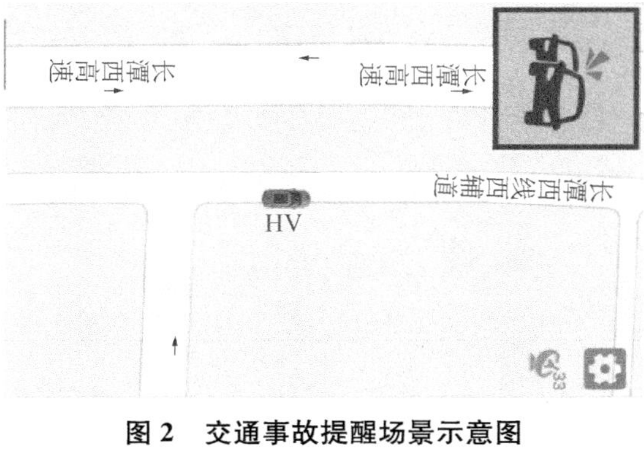

图 2　交通事故提醒场景示意图

3) TAW 系统基本原理

(1) HV 根据收到的道路数据，以及本车的定位和运行数据，判定本车在路网中所处的位置和运行方向(图 2)。

(2) 判断车辆前方道路是否有交通事故。若有，则直接提醒驾驶员。

4) 通信方式

具备短程无线通信能力的路侧设备(RSU)，将直接探测到的拥堵信息，或将 ITS 系统中的拥堵路段信息，发送给 HV(V2I)，利用具备短程无线通信能力的车辆可将前方交通事故信息转发给后方车辆(V2V)。

5) EBW 基本性能要求

(1) 主车车速范围 0～120 km/h。

(2) 通信距离≥300 m。

(3) 数据更新频率≤10 Hz。

(4) 系统延迟≤100 ms。

(5) 定位精度≤5 m。

5.3 拥堵路段通行(前方拥堵提醒)

1) 场景描述

拥堵路段通行(TJW)是指,HV 从远处接近相应的 RSU,RSU 周期性广播局部道路拥堵数据信息;HV 的 OBU 接收到 RSU 发送的拥堵信息,结合本车的定位和行驶状态,计算本车在路网中的信息,并判断前方是否有拥堵,如果有拥堵,则对驾驶员提示。

TJW 应用提醒驾驶员前方路段拥堵,有助于驾驶员合理制定行车路线,提高道路通行效率。

2) 主要场景

HV 在高速上沿着既定车道线同向行驶,HV 为具备 OBU 的智能网联车辆。

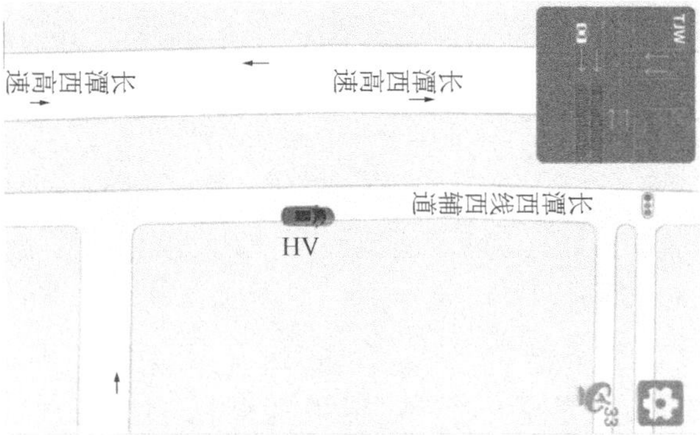

图 3 拥堵路段通行(前方拥堵提醒)示意图

(1) 在 HV 行驶路径前方,人为模拟出拥堵情景(将拥堵阈值设置较低,人为触发)。

(2) HV 能够收到路侧设备发送的路侧感知信息包,解析后可以获取拥堵信息,并弹出相应告警信息。

(3) 人为解除拥堵情况后,告警图标消失。

3) 系统基本原理

TJW 基本工作原理如下:

(1) HV 根据收到的道路数据,以及本车的定位和运行数据,判定本车在路网中所处的位置和运行方向(图 3)。

(2) 判断车辆前方道路是否有交通拥堵。若有,则直接提醒驾驶员。

4) 通信方式

具备短程无线通信能力的 RSU,将直接探测到的拥堵信息,或将智能交通 ITS 系统中的拥堵路段信息,发送给 HV(V2I);利用具备短程无线通信能力的车辆可将前方道路拥堵信息转发给后方车辆(V2V)。

5) EBW 基本性能要求

(1) 主车车速范围 0～120 km/h。

(2) 通信距离≥300 m。

(3) 数据更新频率≤10 Hz。

(4) 系统延迟≤100 ms。

(5) 定位精度≤5 m。

6. 结语

本文以保障场景测试的安全为底线,对智慧高速上的部分通用性交通场景的测试要求、测试方法等内容给出明确的要求,规范其场景建设和场景验收的流程,降低公共道路测试过程的风险,保障交通场景使用者的安全。可适用于国内智慧高速环境下的通用性交通场景,具备操作可行性和合理性,交通场景可搭建和易复现等特质;测试方法可操作,测试过程可控,测试结果可测量,测试过程可复现,为国内智慧高速基础设施建设和场景验收提供参考。

特别鸣谢启迪云控(北京)科技有限公司和希迪智驾两家合作单位。

参考文献

[1] 李克强,戴一凡,李升波,等. 智能网联汽车(ICV)技术的发展现状及趋势[J]. 汽车安全与节能学报,2017,(1):1-14

[2] 安鑫.智慧高速公路基于安全的车路协同应用场景探索[J].车时代,2021(1):169-170.
[3] 湖南高速这些路段事故易发,超过50%的事故“元凶”竟是它![EB/OL].[2018-4-28]https://www.sohu.com/a/229845564_99996426.
[4] 黄浴.车辆和车路协同的具体技术[EB/OL].[2019-12-29]https://zhuanlan.zhihu.com/p/99993744.
[5] 吴冬升.一文读懂智慧高速车路协同现状与未来[EB/OL].[2020-5-20]https://blog.csdn.net/weixin_45475747/article/details/106233278.

多情境下城市道路信号交叉口车头时距研究

Research on departure headways at urban signalized intersections under multiple scenarios

崔士杰[1] 王忠宇[2]

摘 要： 为科学认识多情境下城市道路信号交叉口车头时距，实地调查徐州市某一信号交叉口以获得车头时距实测数据，并将速度控制策略加入仿真场景以建立网联情境下信号交叉口仿真模型。采用独立样本 t 检验的方法，确定不同情境下饱和车头时距的初始位置；建立降雨量和饱和车头时距关系的回归模型，刻画不同车道饱和车头时距和降雨量的关系。研究表明：正常情境下城市道路信号交叉口直行和左转车道的饱和车头时距可从绿灯启亮后第 5 辆车开始观测；降雨情境下直行和左转车道的饱和车头时距可从第 6 辆车开始观测；随着降雨量的增加，饱和车头时距呈上升趋势；网联情境下交叉口饱和车头时距要比正常情境下小，且车辆可以更早地趋于稳定。

关键词： 信号交叉口；多情境；车头时距；饱和车头时距

Abstract: In order to scientifically understand the departure headways at urban signalized intersections under multiple scenarios, the measured data of the headway was obtained through field investigation of a signalized intersection in Xuzhou city, and the speed control strategy was added to the simulation scene to establish the simulation model of the signalized intersection under the connected vehicle situation. The independent sample t-test method was used to determine the initial position of the saturation headway under multiple scenarios. The regression model of rainfall and saturation headway was established, which depicts the relationship between the rainfall and the saturation headway in each lane. The research shows that under normal conditions, the saturation headway of the straight and left-turn lanes at signalized intersections can be observed from the fifth vehicle after the start time of the green, the saturation headway of the straight and left-turn lanes under the rainfall situation can be measured from the sixth vehicle, with the increase of rainfall, the saturation headway is showing an upward trend, the saturation headway under the connected vehicle situation is smaller than that under normal situation, and the vehicle can form a stable headway earlier.

Key words: signalized intersections; multiple scenarios; departure headways; saturation headways

1. 引言

城市道路信号交叉口在路网系统中扮演着重要的角色，交叉口疏导交通的能力很大程度上制约着城市路网整体的运行效率。近些年来，交叉口处经常发生车辆拥堵的现象，造成这种现象的一个主要原因是交通控制、交通仿真采用了不合适的参数。车头时距作为影响信号配时设计、交叉口通行能力确定和交通仿真的重要参数之一，对其进行深入分析有利于提高信号控制和微观交通仿真的精度。

国内外对于信号交叉口车头时距研究方面，Greenshilds 等[1]通过研究发现，在交叉口不同位置的车头时距逐渐降低，直至排队队列中的第 4 或第 5 辆车达到一个相对稳定的车头时距。该发现也为《美国道路通行能力手册》(HCM)[2]中关于信号交叉口饱和车头时距的描述提供了依据。杨东援等[3]提出了一种基于感应线圈检测器的方法，可以动态提取信号交叉口的饱和流率。Jin 等[4]发现了交叉

1,2 崔士杰，王忠宇，上海海事大学。

口排队车辆每个位置的车头时距分布特点。Hao 等[5]发现当绿灯启亮之后，第 4 辆车之后就会趋向于饱和车头时距。

由于人们出行时间和距离的延长，出行时面临的天气状况也会变得更加复杂，例如降雨、降雪、冰雹等不利情境。Perrin 等[6]研究发现，降雨会使交叉口内自由流速率和饱和流率降低。Li 等[7]对降雨天不同年龄段的驾驶人进行实验，结果发现降雨天驾驶人的反应时间会增加 10%。Lieu 等[8]利用交通仿真模型，模拟了不同天气条件下信号交叉口不同控制方案的效果。

近年来，由于无线通信技术的迅猛发展，车联网技术正在成为交通运输的主要发展趋势。Guler 等[9]提出了一种车联网情境下信号交叉口运行优化的方法，研究表明在网联情境下信号交叉口的通行通力有很大的提升。Feng 等[10]通过对网联情境的分析，提出了一种信号交叉口自适应控制方案。Lee 等[11]提出了一种基于网联情境下行车时间累积分析的自适应控制理论与方法。Goodall 等[12]提出了一种以网联为基础的交叉口信号控制技术和理论。此外，Primer 等[13]在网联情境中对道路信号交叉口的控制与优化做了相应的研究和分析。

目前，国内外学者对信号交叉口车头时距的研究仅限于直行车道，并未研究不同车道的车头时距。若忽略车道的影响，将会对道路信号交叉口的仿真和工程计算等方面产生不利影响，同时，车头时距问题研究考虑情境比较单一。鉴于此，本文将对多情境下城市道路信号交叉口车头时距进行研究，研究结果有助于改善拥堵状况、提高交通系统运行效率。

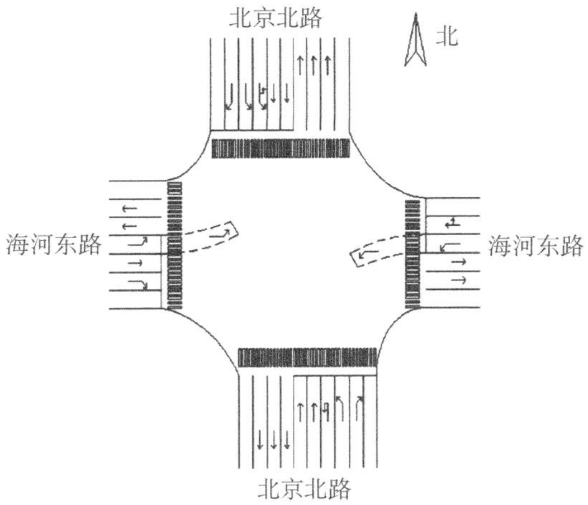

图 1 研究交叉口概括图

2. 数据准备

2.1 实证数据采集

采集实证数据的城市道路信号交叉口选在江苏省徐州市北京北路—海河东路交叉口。本文以该交叉口北进口道直行和左转车道作为研究对象。研究交叉口概况如图 1 所示。

观测日期和对应天气情况如表 1 所示。

表 1 数据调查时间及对应天气情况

观测日期	观测时间段	天气情况
2022 年 1 月 4 日	7:00—8:00	大雨
	18:00—19:00	暴雨
2022 年 2 月 21 日	7:00—9:00	晴天
	11:00—12:30	晴天
	16:00—17:40	晴天
2022 年 2 月 22 日	18:00—19:00	小雨
2022 年 2 月 28 日	18:00—19:00	中雨
2022 年 3 月 12 日	18:00—19:00	中雨

2.2 网联数据采集

本文利用 Python 语言，将车辆网联环境写到 VISSIM 仿真软件中，实现了网联情境下模拟场景的建模和分析。并基于该仿真模型，分析网联情境下道路信号交叉口车头时距的变化趋势。

当车辆驶入车速控制区域时，会发送自身位置、速度、加速度等信息上传至网联信息端。同时，网联信息端将当前信号交叉口的信号控制方案信息发送给车辆端，调整车速实现车辆速度引导。车辆速度引导过程如图 2 所示：

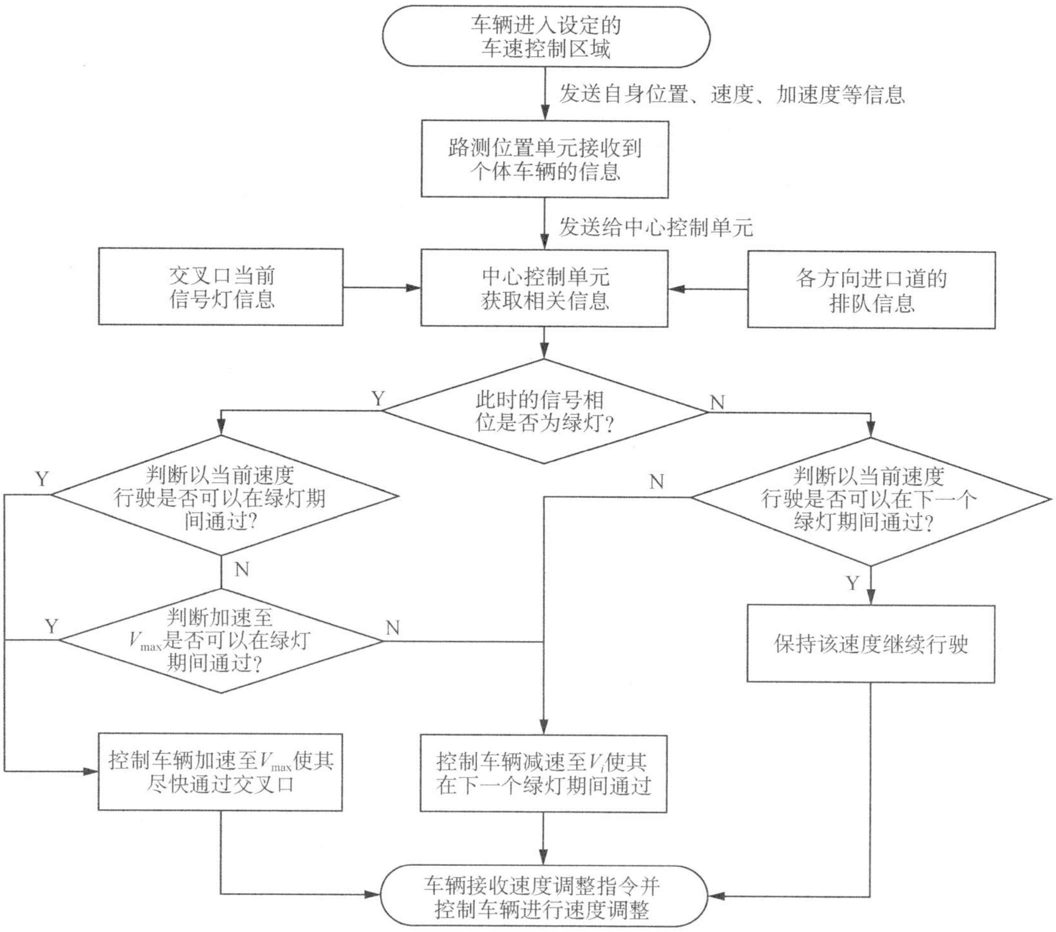

图 2　车辆速度引导图

为了收集网联情境下城市道路信号交叉口车头时距数据，本文设置了不同的随机种子和车流量多次运行仿真平台，每次仿真时长为 6 000 仿真秒。速度引导区域为 100 m，车辆期望速度为 40 km/h，最大速度为 60 km/h。信号灯信号周期为 90 s，绿灯时间 1～60 s，红灯和黄灯时间为 61～90 s。

2.3　数据处理

车头时距的获取方法主要包括人工现场调查、视频提取处理、实验设备获取等。根据现场条件，本文采用视频提取处理方法获取车头时距，影像摄像记录现场情况，人工记录车辆后保险杠经过停车线的瞬间。车辆不同位置经过观察横截面的时间有一定的差别，将车辆后保险杠经过观察横截面作为记录时间，对车头时距进行了整理和分析，这样可以充分考虑车辆自身长度对车头时距的影响。

调查记录以绿灯启亮的瞬间开始，以停车线为观察截面，按顺序记录车辆后保险杠通过停车线的时间。计算得出车头时距的测量值：

$$h_1 = t_1 - t_0 \tag{1}$$

式中，h_1 为第一位置的车头时距，s；t_0 为绿灯启亮的时刻，s；t_1 为第一辆车后保险杠通过停车线的时刻，s。

$$h_n = t_n - t_{n-1} \tag{2}$$

式中，h_n 为第 n 位置的车头时距，s；t_n 为第 n 辆车后保险杠通过停车线的时刻，s；t_{n-1} 为第 $n-1$ 辆车后保险杠通过停车线的时刻，s。

3. 信号交叉口车头时距分析

3.1 车头时距分析

根据记录的通过时刻作差，得到排队队列中每个位置的车头时距。根据调查整理，对于正常情境下信号交叉口直行和左转车道各整理了 50 个周期，各 400 组车头时距数据，其描述统计如表 2 和表 3 所示。

表 2 正常情境信号交叉口直行车道车头时距描述统计特征

位置	最小值	最大值	均值	标准偏差	方差
第 1 辆车	1.73	5.60	3.590 4	1.027 32	1.055
第 2 辆车	1.67	4.85	3.201 8	0.806 21	0.650
第 3 辆车	1.38	4.77	2.606 4	0.806 19	0.650
第 4 辆车	1.12	4.90	2.548 4	0.783 20	0.613
第 5 辆车	1.12	4.25	2.383 2	0.657 86	0.433
第 6 辆车	1.48	3.77	2.327 0	0.648 68	0.421
第 7 辆车	1.36	3.58	2.161 4	0.500 16	0.250
第 8 辆车	1.31	4.07	2.235 6	0.625 07	0.391

表 3 正常情境信号交叉口左转车道车头时距描述统计特征

位置	最小值	最大值	均值	标准偏差	方差
第 1 辆车	1.47	6.51	3.674 0	1.113 18	1.239
第 2 辆车	1.77	6.06	3.497 0	0.885 09	0.783
第 3 辆车	1.58	3.85	2.712 0	0.599 54	0.359
第 4 辆车	1.51	3.36	2.377 6	0.509 23	0.259
第 5 辆车	1.44	3.31	2.434 0	0.504 45	0.254
第 6 辆车	1.34	3.90	2.324 8	0.616 36	0.380
第 7 辆车	1.31	3.29	2.274 4	0.543 79	0.296
第 8 辆车	1.38	3.63	2.485 4	0.582 24	0.339

对于降雨情境下信号交叉口直行和左转车道各整理了 50 个周期，各 400 组的车头时距。降雨情境下车头时距描述如表 4 和表 5 所示。

表 4 降雨天信号交叉口直行车道车头时距描述统计特征

位置	最小值	最大值	均值	标准偏差	方差
第 1 辆车	1.64	6.22	3.818 2	1.127 50	1.271
第 2 辆车	1.52	5.91	3.356 2	1.000 16	1.000
第 3 辆车	1.43	5.34	2.997 8	0.743 18	0.552
第 4 辆车	1.40	4.77	2.795 8	0.827 95	0.685
第 5 辆车	1.56	3.44	2.467 0	0.452 47	0.205

(续表)

位置	最小值	最大值	均值	标准偏差	方差
第 6 辆车	1.20	3.68	2.433 6	0.605 29	0.366
第 7 辆车	1.59	4.24	2.596 2	0.645 39	0.417
第 8 辆车	1.45	3.78	2.418 0	0.554 94	0.308

表 5 降雨天信号交叉口左转车道车头时距描述统计特征

位置	最小值	最大值	均值	标准偏差	方差
第 1 辆车	1.58	6.65	3.995 0	1.305 10	1.703
第 2 辆车	1.82	5.48	3.603 2	0.956 49	0.915
第 3 辆车	1.64	4.80	3.350 4	0.844 40	0.713
第 4 辆车	1.84	4.01	2.847 8	0.596 48	0.356
第 5 辆车	1.54	3.34	2.476 4	0.477 50	0.228
第 6 辆车	1.60	3.60	2.511 0	0.533 12	0.284
第 7 辆车	1.54	4.73	2.458 6	0.647 02	0.419
第 8 辆车	1.62	3.63	2.440 6	0.492 19	0.242

对于网联情境下信号交叉口直行车道整理了 50 个周期，400 组的车头时距。网联情境下直行车道的车头时距统计量如表 6 所示。

表 6 网联情境直行车道车头时距描述统计特征表

位置	最小值	最大值	均值	标准偏差	方差
第 1 辆车	1.80	2.40	2.150 0	0.150 17	0.023
第 2 辆车	1.20	2.50	1.944 0	0.287 96	0.083
第 3 辆车	1.20	2.70	1.784 0	0.259 80	0.067
第 4 辆车	1.00	2.60	1.614 0	0.305 07	0.093
第 5 辆车	1.20	2.60	1.670 0	0.290 14	0.084
第 6 辆车	1.00	2.60	1.592 0	0.335 54	0.113
第 7 辆车	1.00	2.30	1.520 0	0.259 51	0.067
第 8 辆车	1.00	2.10	1.480 0	0.243 28	0.059

从表 2 至表 6 中可以看出，多情境下城市道路信号交叉口直行和左转车道各个位置车头时距的均值由第 1 辆车到第 8 辆车逐渐减小，并从第 5 辆和第 6 辆车开始慢慢趋向于平缓。在网联情境下信号交叉口直行车道各个位置车头时距的方差都较小，说明在网联情境下，车头时距的离散程度较低，车辆能够保持稳定状态行驶。

3.2 饱和车头时距确定

为确定正常天气、降雨天气下信号交叉口直行和左转车道以及网联情境下直行车道从第几辆车开始计算饱和车头时距，对车头时距进行独立样本 t 检验。

在独立样本 t 检验过程中，首先对比对的两组数据进行了莱文方差等同性检验，通常情况下，只要 Sig 值 >0.05 就可以认为方差齐性的假设成立，独立样本 t 检验的结果要看平均值等同性的 t 检验第一行数据的 Sig 双侧值。相反，如果莱文方差等同性检验中的 Sig 值 $\leqslant 0.05$，那么方差齐性的假设就不成立，独立样本 t 检验的结果要看平均值等同性的 t 检验第二行数据的 Sig 双侧值。若两组数据的 Sig 双侧值＜0.05 的话，则代表两组数据的总体差异较大。若两组数据的 Sig 双侧值＞0.05 的话，则代表两组数据总体差异不大。检验结果汇总如表 7 所示。

表 7　独立样本 *t* 检验汇总

	正常直行	正常左转	降雨直行	降雨左转	网联直行
车辆 1	0.038	0.381	0.033	0.090	0.000
车辆 2					
车辆 2	0.038	0.000	0.045	0.004	0.000
车辆 3					
车辆 3	0.006	0.003	0.002	0.001	0.135
车辆 4					
车辆 4	0.256	0.579	0.015	0.001	0.349
车辆 5					
车辆 5	0.668	0.335	0.755	0.733	0.217
车辆 6					
车辆 6	0.156	0.666	0.197	0.659	0.233
车辆 7					
车辆 7	0.514	0.064	0.142	0.876	0.428
车辆 8					

以上可以确定正常情境下信号交叉口直行和左转车道的饱和车头时距是从第 5 辆开始计算。降雨情境下信号交叉口直行车道和左转车道饱和车头时距是从第 6 辆开始计算。网联情境直行车道车头时距由第 4 辆车开始趋于饱和车头时距。对比正常情境下城市道路信号交叉口直行车道饱和车头时距由第 5 辆车开始，可以看出在网联情境下，车辆可以更早地趋于稳定。

3.3　饱和车头时距分析

通过以上分析得到的正常和降雨情境下信号交叉口直行和左转车道饱和车头时距的确定位置，进一步对不同降雨量下左转和直行车道的饱和车头时距进行统计和分析。包括：晴朗、小雨、中雨、大雨和暴雨天气，并根据不同的降雨量进行区分。整理结果如表 8 和表 9 所示。

表 8　不同降雨量下左转车道的饱和车头时距

天气条件	晴朗	小雨 (1.2 mm/h)	中雨 (3.5 mm/h)	中雨 (5.3 mm/h)	大雨 (8.5 mm/h)	暴雨 (16.5 mm/h)
饱和车头时距(s)	2.38	2.42	2.51	2.6	2.82	3.13
增加	—	1.68%	5.46%	9.24%	18.49%	31.51%

表 9　不同降雨量下直行车道的饱和车头时距

天气条件	晴朗	小雨 (1.2 mm/h)	中雨 (3.5 mm/h)	中雨 (5.3 mm/h)	大雨 (8.5 mm/h)	暴雨 (16.5 mm/h)
饱和车头时距(s)	2.27	2.32	2.41	2.47	2.62	2.87
增加	—	2.2%	6.17%	8.81%	15.42%	22.03%

通过上表可以看出随着降雨量的增加，左转和直行车道饱和车头时距的数值随之变大。相比于小雨、中雨和大雨条件下，暴雨对城市道路信号交叉口饱和车头时距的影响最为显著。在暴雨天气下，左

转车道饱和车头时距由正常天气条件下的2.38 s增加到3.13 s,增加了31.51%。直行车道饱和车头时距由正常天气的2.27 s增加到2.87 s,增加了22.03%。由此可见,降雨严重影响了饱和车头时距的大小。

以车辆在左转车道上的饱和车头时距为例,根据饱和车头时距和降雨量进行回归分析,选择多种回归曲线,对其进行曲线估计,拟合的回归曲线图和参数估计表如图3和表10所示。

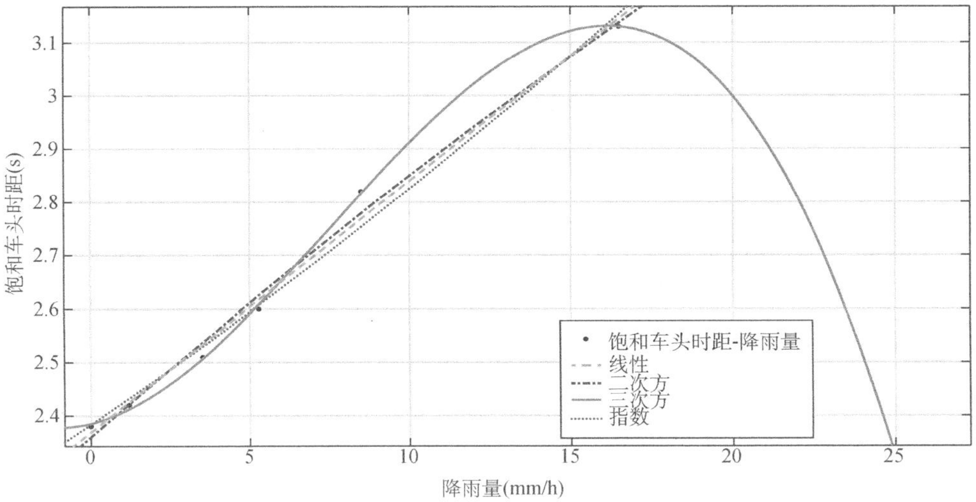

图3　左转车道饱和车头时距和小时降雨量回归曲线图

表10　回归模型参数估算

方程式	R^2	a	b	c	常量
线性	0.990 4	4.7×10^{-2}	—	—	2.37
二次方	0.991 3	-2.8×10^{-4}	0.052	—	2.36
三次方	0.999 5	-2.98×10^{-4}	0.007	0.014 8	2.39
指数	0.986 2	2.632	0.102	—	—

由图3和表10可以看出,三次函数的拟合度最高,其次是二次函数和线性函数。但这并不代表三次回归方程更适合拟合,当降雨量在25 mm/h时,此时的饱和车头时距下降至0,这明显与实际情况并不相符。

为更准确地求解降雨量和饱和车头时距的关系,对降雨量和饱和车头时距进行相关性分析,可根据相关性系数来确定两个变量之间的线性相关性。相关性检验结果如表11所示。

表11　相关性检验结果

		降雨量	饱和车头时距
降雨量	Pearson 相关性	1	0.995
	Sig.(双尾)	—	0.000
	N	6	6
饱和车头时距	Pearson 相关性	0.995	1
	Sig.(双尾)	0.000	—
	N	6	6

相关系数的绝对值越大,则其相关性越强。通常,用下面的数值区间来判断各变量之间的相关性。0.8～1.0为相关性极强;0.6～0.8为相关性较强;0.4～0.6为相关性中等程度;0.2～0.4为相关性弱相关;0.0～0.2的相关性很低,甚至没有相关性。从表11中可以看出,降雨量和饱和车头时距的相关系数

值为 0.995，说明饱和车头时距和降雨量呈极强线性相关，所以饱和车头时距和降雨量的关系符合线性函数，没有必要采取二次和三次函数。

经分析可得左转车道上的饱和车头时距和降雨量的线性回归方程式为：

$$h_l = 4.7 \times 10^{-2} r + 2.37 \tag{3}$$

同理，可得车辆在直行车道饱和车头时距和降雨量的线性回归方程式为：

$$h_o = 3.1 \times 10^{-2} r + 2.3 \tag{4}$$

其中：r 为小时降雨量，mm/h；h_o 为直行车道饱和车头时距，s。

4. 结语

本文对多情境下城市道路信号交叉口车头时距进行了对比研究，得到了以下结论：

(1) 正常情境下道路信号交叉口直行和左转车道的饱和车头时距的实测可以从第 5 辆车开始观测，降雨情境下的直行和左转车道饱和车头时距的实测可以从第 6 辆车开始观测，网联情境下直行车道饱和车头时距的实测可以从第 4 辆车开始观测。

(2) 利用回归分析，描述了降雨天气下饱和车头时距的特点和变化趋势，给出左转和直行车道饱和车头时距与降雨量之间的关系以及相应的拟合度，并检验了回归模型的准确性。

(3) 利用 Python 对 VISSIM 进行二次开发，将速度控制策略加入仿真场景，建立网联情境信号交叉口的仿真路网。研究发现，网联情境下道路信号交叉口的饱和车头时距要比正常情境下小，且车辆可以更早地趋于稳定。

参考文献

[1] Greenshields B D, Schapiro D, Ericksen E L. Traffic performance at urban street intersections[R]. 1946.

[2] 杨东援，罗江邻，刘翀，等. 信号交叉口饱和流率动态提取方法[J]. 交通运输工程学报，2013，13(1)：98-103.

[3] National Research Council. HCM 2010: Highway Capacity Manual. 5th ed [M]. Transportation Research Board, 2010

[4] Jin X, Zhang Y, Wang F, et al. Departure headways at signalized intersections: A log-normal distribution model approach[J]. Transportation Research Part C: Emerging Technologies, 2009, 17(3): 318-327.

[5] Hao H, Ma W. Revisiting distribution model of departure headways at signalised intersections[J]. Transportmetrica B: Transport Dynamics, 2017, 5(1): 1-14.

[6] Perrin H, Martin P T, Hansen B G. Modifying signal timing during inclement weather[J]. Transportation Research Record, 2001, 1748(1): 66-71.

[7] Li H, Rakha H, El-Shawarby I. Designing yellow intervals for rainy and wet roadway conditions[J]. International Journal of Transportation Science and Technology, 2012, 1(2): 171-189.

[8] Lieu H C, Lin S M. Benefit assessment of implementing weather-specific signal timing plans by using CORSIM[J]. Transportation Research Record, 2004, 1867(1): 202-209.

[9] Gerla M, Wu C, Pau G, et al. Content distribution in VANETs[J]. Vehicular Communications, 2014, 1(1): 3-12.

[10] Feng Y, Head K L, Khoshmagham S, et al. A real-time adaptive signal control in a connected vehicle environment [J]. Transportation Research Part C: Emerging Technologies, 2015, 55: 460-473.

[11] Lee J, Park B, Yun I. Cumulative travel-time responsive real-time intersection control algorithm in the connected vehicle environment[J]. Journal of Transportation Engineering, 2013, 139(10): 1020-1029.

[12] Goodall N J, Smith B L, Park B. Traffic signal control with connected vehicles[J]. Transportation Research Record, 2013, 2381(1): 65-72.

[13] Priemer C, Friedrich B. A decentralized adaptive traffic signal control using V2I communication data[C]. 2009 12th international ieee conference on intelligent transportation systems. IEEE, 2009: 1-6.

长沙市感应式交通信号控制系统研究与实践

Study and practice of traffic signal actuated control system in Changsha city

蒋 晶[1] 刘 俊 张 涛

摘 要: 道路交通信号控制是提高城市路网通行效率的核心,不合理的交通信号配时方式会加剧道路交通拥堵。本文针对传统的交通信号控制方式面对动态交通环境时的局限性,提出了一种针对多场景、多模式下的感应式交通信号控制系统。以长沙市为例,利用IO转换器与电子警察数据,在开展单点交叉口感应控制的基础上,结合感应模式与绿损模式实施干线协调交叉口的感应控制,根据交叉口车辆的实际到达情况调整绿灯时间,进一步设置交叉口自适应交通信号控制,提高交叉口通行效率。结果表明,该系统方法可以显著缓解交通拥堵,减少绿灯损失时间,对我国城市道路交通信号控制具有广泛的适用性。

关键词: 交叉口;感应式交通信号控制;绿灯时间

Abstract: Road traffic signal control is the core of improving the traffic efficiency of urban road networks, and inappropriate traffic signal timing methods can aggravate road traffic congestion. The paper proposes a traffic signal actuated control system for multiple scenarios in view of the limitations of traditional traffic signal control methods in the face of dynamic traffic environments. Taking Changsha City as an example, the IO converter and electronic police data are used to implement inductive control of arterial coordinated intersections on the basis of conducting inductive control of single-point intersections, combining actuated mode with green-loss mode, adjusting the green time according to the actual arrival of vehicles at the intersection, and further setting up intersection adaptive traffic signal control to improve intersection traffic efficiency. The results show that the system approach can significantly alleviate traffic congestion and reduce green light loss time, and has wide applicability to traffic signal control on urban roads in China.

Key words: intersections; traffic signal actuated control; green light time

1. 引言

随着城市经济的发展与人口的增长,机动车保有量随之增加,城市道路拥堵问题依然严峻。通过修建道路基础设施来缓解交通拥堵的方法受资金与城市道路空间的限制,已无法满足日益增长的城市出行需求,面对这一形势,交通工作者将优化重心逐渐转移至对交叉口的交通信号控制上。交叉口作为城市路网的核心节点,对于城市道路畅通起决定性作用,科学合理的交通信号配时方案可以提高路网的通行效率,有效地缓解交通拥堵。

交通信号控制作为城市交通管理的核心,是指在不同时间内对不同方向的人和车的通行权进行分配,从而在提高道路交叉口通行率的基础上,增加交通安全性[1]。国外对于交通信号控制的研究起步较早,研发了英国的TRANSYT系统[2,3]与SCOOT系统[4]等应用于城市道路交通信号控制,取得了显著的优化结果。国内部分城市在汲取了国外交通信号控制经验的基础上,引入国外交通信号控制系统应用于道路交通信号控制,但由于国内城市道路饱和程度与混合程度较高,且各道路通行能力与交通需求差异性较大,所引入的交通信号控制方式与国内实际道路状况存在不完全适配的问题。

本文提出了一种适用于多场景、多模式下的感应式交通信号控制系统,研究适用于国内道路的单

1 蒋晶,长沙市公安局交通警察支队指挥中心。

点交叉口与干线协调交叉口的交通信号配时方式，旨在克服传统的定周期信号控制与动态交通环境的不匹配性。并结合实际道路交叉口进行实践应用，在湖南省长沙市建立起了全方位的信号优化管理体系，应用IO转换器，复用电子警察的数据，将路口实时的过车数据进行转换接入智能交通信号机，根据车辆的实际到达情况调整绿灯时间，有效提升路口绿灯利用效率，提高城区交通信号控制精细化、智能化水平。

2. 单点交叉口感应控制

2.1 单点交叉口感应控制定义

单点交叉口信号控制是指面向单个交叉口的交通信号控制方式，感应式信号控制是单点交叉口信号控制策略的先进技术形式[5]。对于车流分布没有固定规律或路段上下游关联性较低的交叉口，定周期的交通信号控制方式会造成多时段、多方案、多人工的复杂场面，同时会存在绿灯时间的严重浪费现象，使得交叉口机动车延误增加，道路通行率降低。

2.2 单点交叉口感应控制原理

而单点交叉口感应式信号控制可以在设定交叉口最小绿灯时间的基础上，通过数据采集技术采集交叉口实测感应到的机动车通行需求，从而决定是否延长绿灯时间。若感应到获取通行权的机动车相位不存在通行需求，则会结束当前相位的绿灯；若感应到存在通行需求，则会延长这一相位的绿灯时间并判断其是否达到最大绿灯时间。另外，当感应到交叉口的某一方向无机动车请求后，会继续判断是否存在同断相位，再决定是否放行下一相位，具体流程如图1所示。

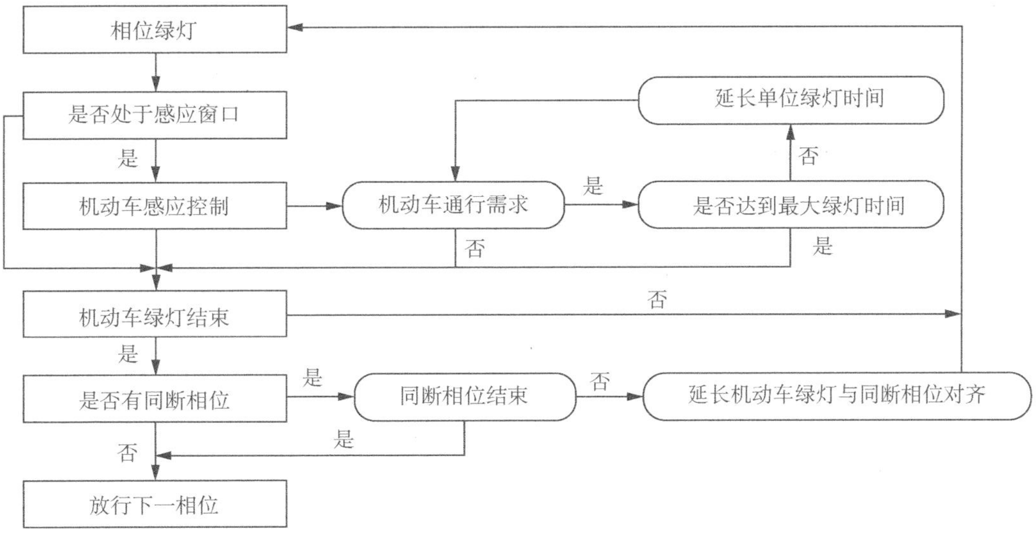

图1　单点感应式信号控制系统框架

2.3 单点交叉口感应控制应用实践

长沙市滨河路双河路口东西方向为主干道，南北方向为次干道。东向西方向车流量较大，其他方向车流量较少，且车流量随机性较大，没有固定的规律，与上下游路口关联性低。若采用定周期控制，会出现“时段多、方案多、人工多”三多复杂场面，存在绿灯时间浪费严重，使得整个路口机动车延误增加、服务水平低。该路口电子警察已建设IO转换器，根据道路交通环境，适合配置单点感应控制策略。

为了验证实际的优化效果，利用信号控制系统的交通评价数据进行对比，从优化前后的绿灯流量——周期时长变化和绿损时间这两个层面进行分析。优化结果表明，信号周期的变化趋势与交通流量变化趋势一致，单点感应方案能够根据交通流量的变化，实时调整信号方案。通过对比优化前后的周期绿灯损失时间数据，早高峰、平峰和晚高峰的绿灯损失时间显著减少，具体数据如表 1 所示。

表 1　单点感应控制后东进口的交评数据对比

	未使用单点感应控制	使用单点感应控制	下降幅度
延误指数	27.714	26.176	5.5%
排队长度(m)	83.6	77.2	7.6%
停车次数(次)	0.58	0.56	3.4%

3. 干线协调交叉口感应控制

3.1　干线协调交叉口感应控制定义

城市干线道路作为城市交通路网的核心组成部分，其通行效率是衡量城市道路是否拥堵的重要指标，对干线道路的交通信号进行优化控制是提升道路通行率的最根本方法[6]。干线协调感应控制是在干线协调控制的基础上，根据路口交通流量变化情况实时调整信号控制时间的一种控制方式。

3.2　干线协调交叉口感应控制原理

干线协调交叉口感应控制针对干线上各信号控制交叉口，根据采集到的交通流信息对交通信号控制参数进行实时自动调整，长沙市的干线协调交叉口感应控制涉及到两种优化模式。一是感应模式，针对交通流条件满足设置感应控制的干线协调交叉口，可对绿损较大的非协调相位进行感应控制，将绿损时间分配给协调相位和主要交通流方向，如图 2 所示。二是绿损模式，指通过采集上一周期的绿损数据，压缩非协调相位的时间分配至协调相位，并应用于下一信号周期。

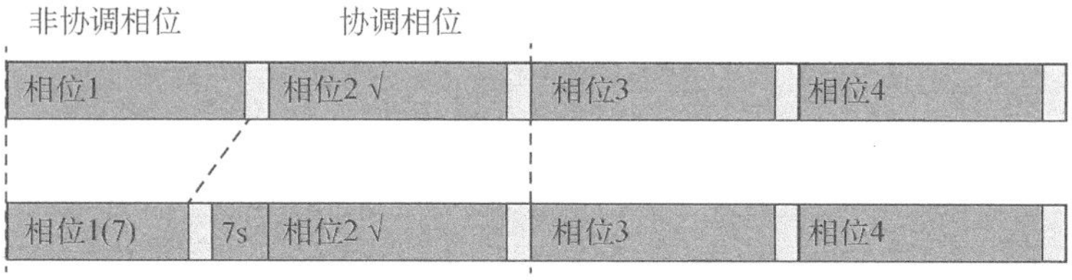

图 2　感应模式

3.3　干线协调交叉口感应控制应用实践

长沙市岳华路—含光路南北方向为主干道，东西方向为次干道。南北直行车流量较大，南北左转车流量较少。经过前期优化发现，采用定周期控制的方式，南北左转车流量波动较大，存在部分时段绿灯时间浪费严重，使得整个路口机动车延误增加、服务水平低。岳华路—含光路路口四个进口均建设有 IO 转换器，故配置干线协调感应信号控制策略。通过对比优化前后的周期绿灯损失时间数据，晚高峰绿灯损失时间显著减少，具体数据如表 2 所示。

表 2　干线协调感应控制后晚高峰绿损时间对比

	优化前(s)	优化后(s)	降幅
周二	16.53	14.64	−11%
周三	14.66	12.76	−13%
周四	14.05	13.42	−4%
平均绿损时间	15.08	13.61	−10%

4. 自适应交叉口感应控制

4.1　自适应交叉口感应控制定义

自适应控制是指大致分为两类，一是以实时采集到的交通流数据为依据，从现有的信号配时方案中选择合适的配时方案；二是对采集到的实时的交通流数据进行处理与计算，生成与之对应的信号配时方案[7]。而自适应交叉口感应控制则是在生成信号配时方案的基础上进一步对交通流进行感应，从而实现对信号配时方案的实时动态优化。

4.2　自适应交叉口感应控制原理

首先对路口交通流数据进行采集，获取交通流量与时间占有率，随之对数据进行预处理并计算交通强度，根据交通强度分布得出信号周期并分配绿信比，形成初始优化方案，将初始信号配时方案进行应用，再根据交叉口实际车流进行感应控制，对初始优化方式进行实时动态更新。

4.3　自适应交叉口感应控制应用实践

长沙市黄桥大道泉水路口，大型车辆占比高，定周期控制下工作日早晚高峰南口左转车流量较大，二次排队现象严重。通过黄桥大道泉水路口信号周期绿灯流量对比图(图 3)可知，单点自适应优化开启时段，信号周期的变化趋势和交通流量变化趋势一致，即信号周期随车流到达实际情况实时变化，信号周期与车辆到达情况匹配度得到极大提升，减少绿灯空放和二次排队现象，提高路口通行效率。

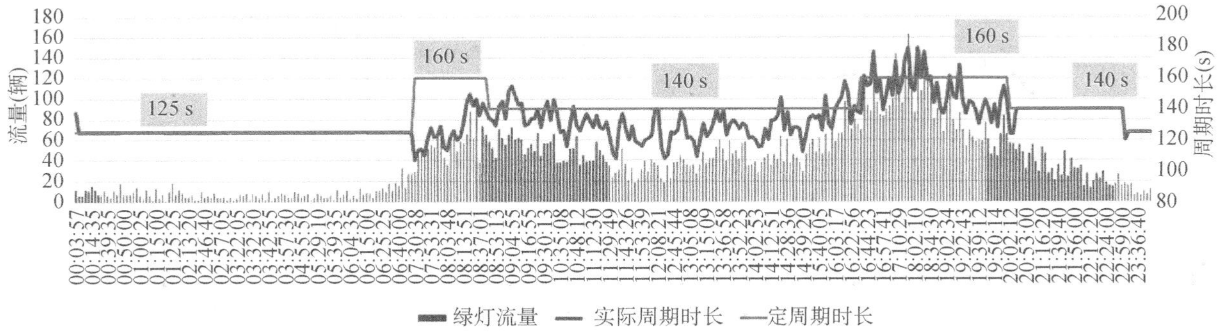

图 3　黄桥大道—泉水路口信号周期绿灯流量对比图

分类统计 6 d 内不同控制模式下的工作日早高峰和晚高峰交叉口延误指数以及拥堵状态。由表 3 可以看出，采用定周期的优化方式，延误指数相对较高，同时拥堵状态异常且均是失衡状况；采用自适应交叉口感应控制方式，工作日早高峰和晚高峰延误指数均有下降，虽然存在个别失衡的情况，但整体状态正常，自适应交叉口感应控制效果较好。

表3　不同控制模式下交叉口拥堵状态

晚高峰控制模式	延误指数	拥堵状态	早高峰控制模式	延误指数	拥堵状态
定周期	30.15	失衡	定周期	54.59	失衡
定周期	58.43	失衡	定周期	51.24	失衡
定周期	48.86	失衡	单点自适应	38.28	正常
单点自适应	39.95	正常	单点自适应	39.39	正常
单点自适应	37.53	正常	单点自适应	40.66	失衡
单点自适应	34.12	正常	单点自适应	56.08	正常

5. 关于感应式交通信号控制的思考

5.1 “对症下药”实现交叉口感应控制

不同类型交叉口适用于不同类别的交通信号控制策略，并非全部交叉口都适用于感应式控制，在对实际道路交叉口进行优化时，应“对症下药”，针对不同交叉口进行具体分析，确定合理的信号控制策略以及策略应用时段。针对与道路上下游关联性较弱或是存在某个方向流量集中、交通流量不均衡现象的交叉口，应开展单点交叉口感应控制，有效减少绿灯时间损失。当交叉口非协调方向交通流到达规律性不强时，应用干线协调交叉口感应控制可有效提升干线协调效果，改善交通拥堵。若某交叉口的通行车辆类别中大货车占比较高，则应在单点自适应的基础上应用感应控制，减少随机延误。

5.2 实时调配信号配时关键参数

由于道路交叉口存在差异性，交通环境又处于动态变化中，交通信号配时相关的关键参数的设计需经过不断的调试，以寻求最优的信号配时方案。例如判断交叉口某一方向是否适合进行感应控制时，需排除受停车干扰大以及未设置检测器的方向。其次是最小绿灯时间的配置，需在满足行人过街的需求外，考虑在实际运行过程中是否存在额外的绿灯时间损失，例如左转或掉头车道可能会因一些干扰状况导致车头时距过大，致使相位放行时间无法满足实际的通行需求，面对此类现象，可对最小绿灯时间进行调整。配置最大绿灯时间时，也应在满足车辆通行需求的同时，避免周期过大或其他方向排队时间过长现象的发生。对于单位延长时间，一般默认延长时间为3 s，当交叉口存在干扰导致连续车流的车头时距较大时，可根据实际情况增加单位延长时间。除此之外，也应考虑非机动车辆通行与交叉口存在辅道车辆左转的情况，以此判断是否需要设置同断相位。

5.3 日常维护交通数据采集设施设备

交叉口感应式信号控制依赖于实时的交通数据采集，交通数据采集的正确与否决定了交通信号配时方案的可行性。当所用道路检测器存在异常时，长沙市将通过降级机制以及日常维护手段减少异常状况对正常交通的影响。降级机制是指当检测器故障程度已无法支撑感应控制正常运行时，系统将自动将此交叉口降级为定周期方案。除此之外，面对一些突发事件，例如雪天与暴雨天气时，应核实监测数据的准确性，及时对运行异常路口进行干预。

5.4 交通信号调优并非一日之功

长沙市的交通信号调优工作围绕长沙市整体交通信号控制策略展开，分别针对区域、干线和单点交叉口进行综合优化。在实施交叉口感应式交通信号控制的基础上，丰富了优化的手段，减少了以往重复优化工作，在应用感应控制之后，开展“回头看”工作，能够直观有效地评价基础方案合理性，确保周期、相位、相序等参数设置更加科学，提升优化效果。然而，感应控制只是众多信号控制方式的一种，在实际应用中，并不一定能够完美地解决交通安全和效率的问题，同样信号控制本身也有一定的局限性。良好的交通出行环境，需要合理的交通渠化设计、规范的交通设施、良好的交通秩序共同创造，也需根据实际交通问题进行综合施策。

参考文献

[1] 周帅. 城市道路交通信号控制策略的应用[J]. 黑龙江交通科技，2020，43(7)：232-233.
[2] Chard B M, Lines C J. TRANSYT — THE LATEST DEVELOPMENTS[J]. Ocean Yearbook Online, 1987.
[3] Robertson D I. TRANSYT Method for area traffic control [J]. Traffic Engineering & Control, 1969, 10(6): 181-182.
[4] 顾九春，于泉，王海忠. 城市交通信号控制系统研究(一)[J]. 交通科技，2004(5)：4.
[5] 徐洪峰，柳爽，张栋. 单点全感应式信号控制方法的参数取值[J]. 吉林大学学报(工学版)，2019，49(1)：45-52.
[6] 刘澜，封宗荣. 基于 Synchro 仿真的城市干道交通信号协调控制优化[J]. 公路交通科技，2022，39(3)：167-175.
[7] 张卫华，李军，丁恒. 基于交通流到达率预测的交叉口自适应控制研究[J]. 重庆交通大学学报(自然科学版)，2022，41(5)：35-42.

基于MATLAB行车矩阵式信息化管理研究

Study on driving matrix information managent based MATLAB

梁景源　白　瑞　刘松贺　隋晓伟　张　烁[1]

摘　要：在城市轨道交通方面，为了实现利用信息化智能排序方法优化行车降低能耗，在保证地铁列车行车效率的基础上，从调整各区段信号系统设定的不同运行等级角度出发，保证在线网规定时间内快速规划一条最节能的行车等级，作为系统最优化节能推荐运行状态。系统利用排序取值法、定区域取值法，搭建矩阵维度，将线路中不同区段的能耗值与运行时间导入，通过计算得出规定时长内耗能最低的行车推荐方案，提供能容包括总能耗值、总运行时长以及该推荐行车方案下每个区段设定的运行等级。确定各遗传算子最优取值范围，该算法可以适用于优化任何地铁线路。

关键词：城市轨道交通；降低能耗；矩阵维度；行车推荐

Abstract: In terms of urban rail transit, in order to optimize the running and reduce energy consumption by the use of information intelligent sorting method, on the basis of ensuring the running efficiency of subway trains, from the perspective of adjusting different running levels set by the signal system of each section, to ensure that a most energy-efficient running level quickly planned within the online network's required time. The level is recommended as the most system-optimized and energy-saving running state. The system uses the ranking value method and the fixing-region value method to build matrix dimension. By inputting the energy consumption value and running time of different sections of the line, to obtain the driving recommendation scheme with the lowest energy consumption within a specified period through calculation. The capacity provided includes the total energy consumption value, the total running time and the running level set for each section under the recommended running scheme. The optimal range of each genetic operator is determined. The algorithm can be applied to optimize any subway line.

Key words: urban rail transit; reduce energy consumption; matrix dimension; driving recommendation

1. 引言

随着城市轨道交通行业的迅速发展，地铁线路总运营里程数在逐年增加，地铁线路的修建不仅为市民带来便捷，同时也很大程度上减少地面行车压力。在提倡绿色出行的大背景下，城市轨道交通可以有效减少碳排放。据统计，列车的牵引能耗与制动能耗占据耗能的60%以上，从选用耗能最低的运行推荐等级角度出发可以有效减少能耗。

各行业都在提倡降低能耗，节约成本。从地铁领域行车角度出发，主要的能耗体现在列车牵引能耗与制动电阻能耗两部分。列车在ATO模式启动后，按照推荐速度行车，启动时列车输出牵引，产生牵引能耗，当列车达到推荐速度后会进入惰性阶段，此时不会产生能耗，列车进站前会按照ATO曲线进行降速，对列车输出制动，产生制动电阻能耗。同一个区间在不同的运行等级下，设定的最高行车速度、运行时长不同，牵引能耗与制动能耗值会存在差异，故一条运行线路中可设置的运行等级排列有多种可能，从中选择在适合的运行时间内能耗最低的排列方式可以有效地降低能源的损耗。

目前为节约能耗已研判采取的措施包括对ATO控车调整节能、列车制动力调整节能、优化电阻制动与再生制动等方式。根据研究表明，通过增长列车惰性时间，减少牵引、制动产生的能耗可以有效节能。

1　张烁，青岛地铁集团有限公司运营分公司。

考虑到能耗最低的运行等级推荐对应的时间可能会过长，故在算法中增加了定区域取值法，可实现在规定的时间范围内取能耗最低的推荐，最终呈现的信息为总能耗值、总运行时长、每个区间对应的推荐运行等级。

2. 节能优化概述

信号系统可设置多种不同的运行等级，可通过最高运行速度、区间运行时长等划分运行等级，根据运营压力可以通过调节运行等级保证地铁的准点率。本文研究内容为，当得到每个区间的运行时间以及牵引能耗值与制动电阻能耗值时，可通过将数据导入算法模型后智能筛选出以运营时长为档位的运行等级推荐及对应的能耗值，以实现精准节能，可通过线网推荐时间就近选取推荐运行等级。

2.1 区间能耗与时间统计

目前已对空车状态下在各区间线路中的不同运行等级行车的牵引能耗、制动能耗、运行时间信息进行统计。包括常态化运行等级设定以及特殊区间限速条件等，统计各小区间的牵引能耗与运行时长，其中牵引能耗中包含列车牵引能耗以及制动电阻能耗。

以青岛地铁 13 号线部分区间为例，进行数据统计分析，各运行区间的运行时间统计如表 1 所示。各运行区间运行牵引能耗统计如表 2 所示。

表 1 各运行区间的运行时间统计表(s)

区间	下行区间牵引能耗					上行区间牵引能耗				
	PL1	PL2	PL3	PL4	PL5	PL1	PL2	PL3	PL4	PL5
井冈山—积米崖	210	209	203	201	200	233	231	227	223	220
积米崖—灵山卫	139	137	132	131	130	140	135	134	133	131
灵山卫—学院路	119	117	114	113	112	114	112	111	110	109
学院路—朝阳山	117	116	113	112	111	119	118	115	114	113
朝阳山—辛屯	105	103	101	100	99	105	104	103	102	101
辛屯—两河	120	115	114	113	112	120	115	114	113	112
总能耗	810	797	777	770	764	831	815	804	795	786

表 2 各运行区间运行牵引能耗统计表(kW/h)

区间	下行区间牵引能耗					上行区间牵引能耗				
	PL1	PL2	PL3	PL4	PL5	PL1	PL2	PL3	PL4	PL5
井冈山—积米崖	42	41	41	45	51	36	30	29	42	44
积米崖—灵山卫	24	24	31	36	35	33	23	27	30	28
灵山卫—学院路	20	21	29	26	28	21	24	25	25	34
学院路—朝阳山	24	25	25	35	34	21	26	28	33	35
朝阳山—辛屯	26	29	26	28	32	23	25	32	29	38
辛屯—两河	20	23	32	33	33	33	27	28	33	34
总时间	156	163	184	203	213	167	155	169	192	213

注：表中 PL 为运行等级。

在此选取同一区间中 6 个小区间的 5 个运行等级下的运行时间及牵引能耗值，经实际验证，在不考虑运营时长的角度下可得，在 PL1～PL5 之间可调节的时间范围上行可调节 46 s，下行 45 s，在该时间范围内上行单车能耗最大程度可降低约 36.54%，在该时间范围内单车下行能耗最大程度可降低约 27.55%，该节能效果为单车能耗统计。

2.2 优化行车信息化管理体系

在考虑运营时长的角度下，将会对区间运行等级调整，在最大程度满足运营需求的前提下减少能耗值。根据实际运用背景，需要对时间进行界定，不能单纯追求降低能耗。同时为了实现精准节能，计算每个区间的能耗系数，当需要增加运营时间时，通过对能耗系数从小到大以此累加即可，得到对应时间范围内最节能推荐。比例系数统计如表3所示。

表3 比例系数

A	B	C	D	E	F
方案	始	终	方案	系数	减少时间
AB	3	4	AB34	2.00	2
AB	3	5	AB35	3.33	3
BC	2	3	BC23	1.40	5
BC	2	4	BC24	2.00	6
BC	2	5	BC25	1.57	7
CD	1	2	CD12	0.50	2
CD	1	3	CD13	1.80	5
CD	1	4	CD14	1.00	6
CD	1	5	CD15	1.14	7
DE	1	2	DE12	1.00	1
DE	1	3	DE13	0.25	4
DE	1	4	DE14	2.20	5
DE	1	5	DE15	1.67	6
EF	3	4	EF34	2.00	1
EF	3	5	EF35	3.00	2

对系数进行计算后可进行升序排序，图中英文字母表示车站名车，例如AB为车站A到车站B的区间，始3终4表示从运行等级3变为运行等级4，记为AB34，所有系数在运行时间最短的情况下，增加1 s，对应能耗变动情况，例如AB35，表示当区间A到区间B运行等级从3变为运行等级5后，需要增加运行时长3 s，每秒对应增加3.33 kW/h能耗，共增加9.99 kW/h能耗。

2.3 节能优化流程图设计

系统作为一个整体，通过逐步优化分析，最终实现高效节能效果，对不同运行等级下的牵引、制动能耗与运行时间进行衡量测算，得到在允许的线网运行时长内的最优化推荐等级。系统整体设计流程如图1所示。

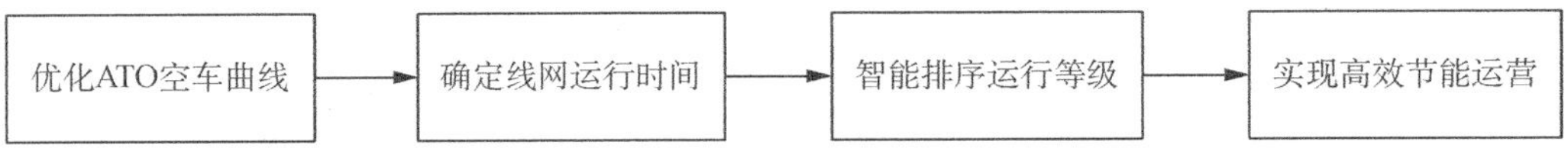

图1 系统整体设计流程

3. ATO 控车曲线优化

列车在小区段内运行通过 ATO 控车曲线对列车进行控制，ATO 控车曲线是通过计算到站时间，到站距离对运行速度进行调整，通过施加列车牵引、列车制动控车车速，确保列车可以准点到达下一站。通过优化控车曲线可以有效减少能耗。仿真系统主要包括输入模块、列车牵引模块、ATO 控制器模块和结果输出模块，如图 2 所示。

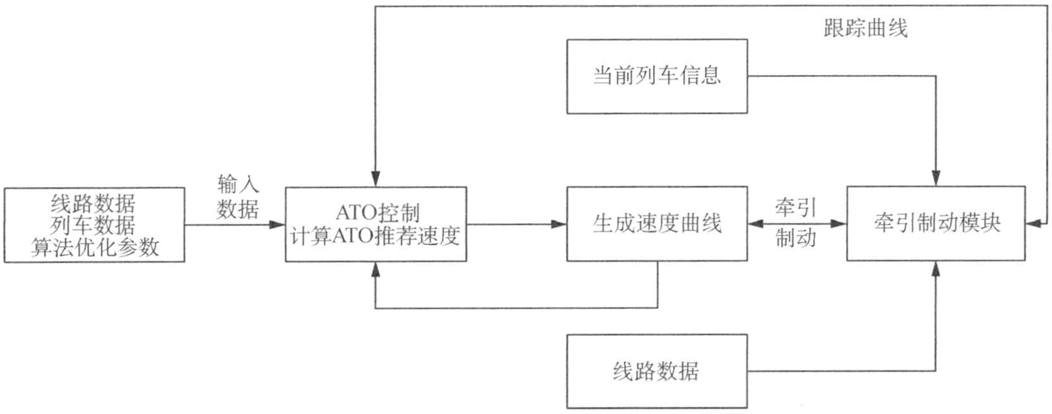

图 2 仿真系统图

根据实际运行线路曲线状态，当减少反复牵引、制动，延长惰性时间能有效降低列车的能耗，同时达到列车平稳运行的效果，所以对 ATO 曲线的优化，通过精准计算可以有效降低能耗值。

4. 实例分析

4.1 模型计算

利用 MATLAB 对算法进行编辑，将能耗数值与时间导入算法中，可得到 5 个推荐行车时间下的行车能耗，并列出每个区间应采用的推荐运行等级。主要程序如下所示：

```
A=xlsread('QD13. xls');%读取文件
[m, n]=size(A);%获取矩阵维度
T1=A(:,1);%等级 1 对应的各区段能耗值
E1=A(:,2);%等级 1 对应的各区段时间值
for i5=1:1:5
    z=[]
  for i=1:1:m % i 代表第几区段
        k=E1(i,1);t=T1(i,1);g=1;
    if k>E2(i,1)
        k=E2(i,1);t=T2(i,1);g=2;
    else if k==E2(i,1)
        if t>T2(i,1)
          t=T2(i,1);g=2;
        end
    end
```

disp(z_zon)；%时间、能耗、区段数值
disp(E_zon)；%计算出的总能耗排序
disp(T_zon)；%计算出的总时间排序
disp(E_fen)；%总分区段等级排序

通过程序可得，先对文件数据进行导入，对矩阵进行赋值附定义，对区间进行划分确定，同理，区间运行时间、区间牵引能耗等均同理赋值，通过计算后得出时间、能耗、区段信息，进行显示。

4.2 结果输出

将区间的不同运行等级进行导入，会显示五个等级的能耗值，对应的运行时间以及每个小区间采用的运行等级，运算最终结果如图3所示。

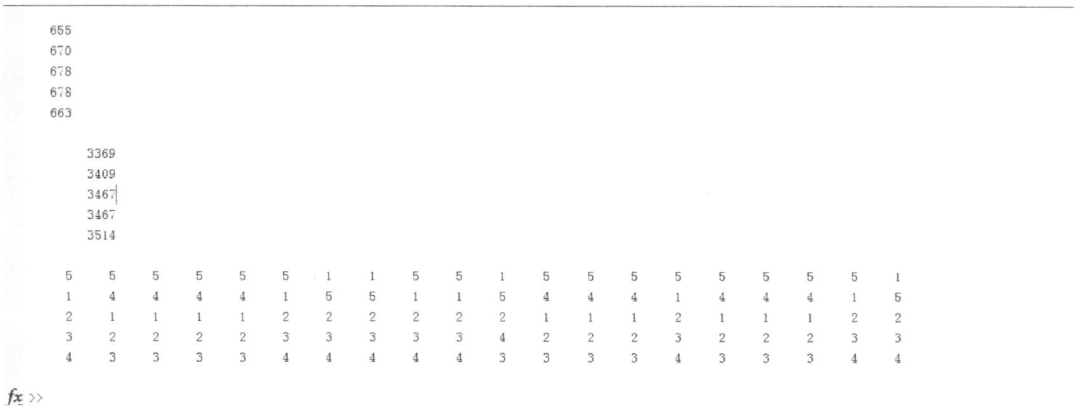

图3 运行时间及运行等级

5. 结语

为确保以小区间为单位的精准化节能，在满足运行时长的前提下对运行等级按最优化推荐进行设定，并通过优化ATO控车曲线实现节能，系统利用MATLAB软件进行仿真测试，验证推荐运行等级的可行性与准确性，有效降低能耗。

参考文献

[1] 缪韬. 基于多苗木表优化的列车操纵方法研究[D]. 北京：北京交通大学，2011.
[2] 张赟昀. 城市轨道交通列车运行节能策略研究[J]. 城市轨道交通研究，2019(8)：67-71.
[3] 郑伟. 城市轨道交通列车运行等级节能研究[J]. 城市轨道交通研究，2018(10)：108-111.
[4] 郭晨阳. 分段式多目标城市轨道交通列车运行优化算法研究[D]. 成都：西南交通大学，2014.
[5] 张茜. 城市轨道交通列车自动运行(ATO)多目标控制策略研究[D]. 北京：北京交通大学，2014.

创新赋能上海地铁“十四五”发展

Innovation empowers the development of the Shanghai Metro in the “14th Five-Year Plan”

张　琦[1]

摘　要：本文以创新赋能为主线，贯穿上海地铁科技创新发展历程。基于对“十三五”期间取得成果的总结和对“十四五”时期行业面临的机遇和挑战，形成上海地铁科技创新的两大发展策略：一是科技攻关、转化应用、数字引领、标准引领，构筑科技创新制高点，充分发挥科技创新在上海地铁转型发展中的策源功能。二是政策研究、顶层规划、对标资讯、凝练实践，培育管理创新新动能，充分发挥管理创新在上海地铁转型发展中的赋能作用。

关键词：上海地铁；创新赋能；转型发展

Abstract: This article takes innovation empowerment as the main line and runs through the process of Shanghai metro technology innovation and development. Based on the summary of the achievements achieved during the “13th Five-Year Plan” period and the opportunities and challenges faced by the industry during the “14th Five-Year Plan” period, two major development strategies for scientific and technological innovation of Shanghai Metro were formed: First, scientific and technological research, transformation and application, digital leadership, standard leadership, building the commanding heights of scientific and technological innovation, and giving full play to the source function of scientific and technological innovation in the transformation and development of Shanghai Metro. Second, policy research, top-level planning, benchmarking information, condensed practice, cultivate new momentum for management innovation, and give full play to the enabling role of management innovation in the transformation and development of the Shanghai Metro.

Key words: Shanghai metro; innovation empowerment; transformation and development

1. 引言

科学技术是第一生产力，创新是引领发展的第一动力。上海地铁正处于超大规模网络发展和转型发展关键时期，比过去任何时候都更加需要增强创新这个第一动力。上海地铁必须加快科技创新平台建设，形成科技创新和管理创新双驱引擎，发挥科技策源功能和创新赋能作用，驱动上海地铁转型发展。“十三五”期间，上海地铁科技创新工作以“国内领先、国际一流”战略目标为指引，聚焦“安全、智慧、绿色”重点目标，坚持“自主创新、重点突破、支撑发展、引领行业”的科技发展方针，科技创新平台基本建成，自主创新能力持续增强，重大关键技术取得突破，新技术示范应用成效显著，为上海地铁的可持续发展提供了强大的驱动力，行业发展引领地位持续巩固。

2. “十四五”时期面临的机遇

1）国家创新驱动和交通强国战略提供了良好的政策环境

党的十九大提出“创新是引领发展的第一动力，要实现前瞻性基础研究、引领性原创成果重大突破”。党中央、国务院发布《国家创新驱动发展战略纲要》《交通强国建设纲要》，明确指出“强化前沿关键科技研发、大力发展智慧交通、完善科技创新机制”。这些政策作为指导城市轨道交通行业创新工作的纲领性文

1　上海申通地铁集团有限公司技术中心。

件，为城市轨道交通在新时代的科技创新指明了方向和重点任务。

2）国家新基建方略为轨道交通提供发展新动能

大数据、物联网、人工智能、5G等现代信息新技术的飞速发展，掀起了“新基建”的热潮。2020年两会期间，政府工作报告提出，要加强新型基础设施建设，发展新一代信息网络。新基建的提出能够适应中国经济迈向高质量发展要求，为轨道交通行业提供了良好机遇、新思路和新动能，改变了建设运维管理模式，推动生产管理从数字化、智能化到智慧化发展。城际高速铁路和城际轨道交通作为新基建的重要领域，在“十四五”期间也将迎来新一轮大发展。

3）上海科创中心建设提供战略引导和机制保障

上海正在积极打造具有全球影响力的科技创新中心，张江国家自主创新示范区走在全国前列，创新活动已经融入上海城市运行发展的各个领域。在2020年3月召开的上海市推进科技创新中心建设领导小组第六次会议指出：“要坚定推进自主创新，拿出更多重大原创性成果；要大力构建代表世界先进水平的重大科技基础设施群和创新平台；要把握数字化、网络化、智能化融合发展机遇，加速建设新型基础设施；要优化完善创新体系，提升创新治理能力；要营造良好生态，集聚整合各类创新要素，精准做好人才服务。”这些重大举措为上海地铁科技创新创造了良好的外部条件和充分的政策保障。

4）上海地铁转型发展提供目标导向和资源保障

面对新形势新挑战，上海地铁提出新一轮战略，聚焦重点领域，不断突破核心能力建设，引领行业发展，建成安全高效、智慧人文、品质品牌地铁，其重点任务的实施为科技创新活动提供了更广阔的平台。上海地铁第一次党代会指出，“超大规模网络的建设运营管理，比以往任何时候都更加需要强大的科技创新支撑”，不断增强科技赋能，将科技创新作为推动企业发展第一动力。同时，上海地铁“三个转型”明确，“对转型发展的重点项目和投入，提供充足的资金支持，大力争取政策资源和外部技术创新资源”，为科技创新的发展提供了有力的资源保障。

3. “十四五”时期面临的挑战

1）外部环境复杂化加剧了产业和运营环境风险

当今世界正经历百年未有之大变局，全球经济放缓，中美对抗加剧，轨道交通产业在国际市场竞争中处于跟随劣势、竞争力不强，核心关键技术和零部件仍受制于人，技术装备自主化需求迫切。随着我国进入新冠肺炎疫情防控常态化阶段，乘客对轨道交通空间的环境质量关注度和要求更高，城市轨道交通站点覆盖面广、客流密度高、公共区域接触点多，疫情防控任务艰巨，运营环境风险防范形势严峻。

2）超大规模网络系统对技术创新提出了更高要求

“十四五”期间，长三角一体化融合发展进程加快，轨道交通互联互通、多制式跨区域运营，成为打造轨道上的都市圈的重中之重。上海地铁线网大规模集中建设，运营里程将超过800 km，进入超大规模网络建设运营阶段，建设风险高度集聚、施工难度进一步加大、大客流压力持续增加、设施设备可靠性备受考验，随之将对管理业务、安全风险、网络客流、运输服务、装备系统、网络结构等方面带来巨大的威胁和挑战，这些都需要通过强大的科技赋能、科技支撑来应对，给科技创新和管理在多专业协调、网络化统筹等方面提出了更高的要求。

3）乘客对运营品质和多元化服务的要求持续提高

随着乘客对运营品质的要求日益提升，在确保安全准时的前提下，对环境舒适、便捷换乘、信息发布、服务咨询等方面提出了更高要求，在持续深化信息化应用整合、完善突发事件乘客延误信息发布机制和“互联网+”技术应用方面任务艰巨。

4）进入改造常态化时期维护保障压力加倍

上海地铁各线路建成时间跨度较大，早期投用线路的设施设备已进入故障高发期、亟需大修改造，近期投用线路的设施设备还处于运行磨合期、常需调整调试，上海路网将长期面临改造常态化与系统匹配化之间的矛盾，技术保驾难度大。

5）新技术的发展加大了成果应用和创新管理难度

近年来，5G、人工智能、区块链等一大批新兴技术高速发展，给上海地铁在新技术前瞻预判、甄别遴选、引进吸收、评估应用等方面都带来了前所未有的挑战。智慧地铁建设更加系统，信息化架构由点状应用向顶层设计体系化、平台向云端化方向发展，带来了轨道交通行业的深刻变革，也对原有管理方法带来冲击，与之匹配的管理创新难度增大，因此，要不断探索形成适应超大规模网络系统运行的管理理念、体制机制、业务模式及方法工具，与技术创新实现协同发展，增强科技创新发展动力。

4. 创新赋能发展策略

1）科技攻关、转化应用、数字引领、标准引领，构筑科技创新制高点，充分发挥科技创新在上海地铁转型发展中的策源功能

聚焦“安全、智慧、绿色、高效”，注重战略性、前瞻性、颠覆性和实效性，谋划科技创新蓝图、布局科技创新项目，激发科技创新活力、营造科技创新氛围。一是科技攻关，重点布局八大核心技术。包括网络统筹综合与区域融合、密集城区深埋及非开挖技术、超大规模网络运营服务提升与精准协同管控、系统全寿命周期管理与智慧运维升级、数字化转型与智慧地铁建设、网络应急保障能力与系统韧性、新一代列控系统、绿色环保与环境质量等，力争突破一批引领性关键核心技术。二是转化应用，强化科技成果发挥实效。利用上海地铁行业影响力，依托研发应用基地，吸引集聚前沿技术。健全成果转化激励机制，重塑转化应用流程，形成内外循环、高效顺畅的成果转化应用新格局。重点推动新型建造、智慧地铁、系统安全、绿色环保等新技术的应用；加快推进“列车灵活编组”和“车辆智慧运维”示范项目实施。三是数字引领，支撑数字化转型发展。依托智慧运维平台、建设管控平台、科技创新协调平台，构建大数据中心，运用数字化技术，通过数字引领、业务整合、流程再造，为上海地铁运营建设管理数字化转型提供支撑。四是标准引领，推动高水平发展。聚焦网络结构功能、工程质量与安全、运营服务与效率、系统设备可靠度、系统升级改造等，围绕乘客出行体验指数和网络系统发展指数，对标最高标准、最高水平，构建上海地铁发展核心指标体系，并形成“上海标准”，引领高水平发展。

2）政策研究、顶层规划、对标资讯、凝练实践，培育管理创新新动能，充分发挥管理创新在上海地铁转型发展中的赋能作用

聚焦“理念创新、模式创新、制度创新”，注重政策性、引领性、前瞻性，以国际化视野跨学科、跨专业汇集众智。一是政策研究，服务决策方向。利用上海地铁管理创新资源优势，聚焦高质量发展、交通强国、数字中国、区域融合、新基建等国家战略，开展政策落地、发展策略、外部政策建议等研究。二是对标资讯，服务发展目标。依托上海城市轨道交通行业资讯中心，拓宽资讯渠道、加强国际交流、汇集高端智脑，持续对标，开展超大规模网络核心指标研究。三是凝练经验，服务共享实践。利用上海地铁先发优势，联合国际、国内知名研究机构，总结提炼运营、建设、资源开发等成功经验，形成最佳实践典型案例，助力上海地铁迭代升级，并为行业提供“上海方案”（表 1）。

表 1

战略目标	关键领域	核心技术（成果）	水平目标
创新策源能力 行业领先	网络化领域	网络化顶层管理架构体系设计指南	国内领先
	数字化领域	核心业务场景数字化顶层设计	国内领先
		数字化转型指导意见	国内领先
	绿色领域	轨道交通碳交易机制	国内领先
		绿色轨道交通评价指标体系	国内领先
创新基础能力 国内一流	实验基地 能力建设	5G 及 LTE 无线通信互联互通技术实验平台	国内领先
		轨道服役性能演化与振动噪声测试平台	国内领先
		智慧车站集成测试平台	国内领先

（续表）

战略目标	关键领域	核心技术（成果）	水平目标
核心关键技术占领制高点	风险防控与安全管理	基于BIM技术建设工程智慧风险管控技术	国际领先
		超大规模网络客流分析与智慧调度技术	国际领先
	品质提升与持续发展	网络综合效能与关键设备状态评估指标体系	国内领先
		大修更新与技术改造策略	国内领先
	网络统筹与一体融合	超大规模网络统筹与融合发展策略	国内领先
		网络资源共享与集约利用技术	国内领先
	绿色节能与环境保护	新能源供应系统技术、减污降碳与公共卫生安全技术	国内领先
		地下工程预制关键技术、中心城区车站全暗挖技术	国际领先
	先进制造与自主创新	以车为主与可演进的多模列车运控系统技术	国际先进
	数字转型与智慧城轨	地铁数字底座、数字化场景体系、智慧地铁指标体系	国内领先
资源整合能力更加突出	行业咨询对标整合	CAMET对标工作、行业年鉴编纂、国内城轨交通行业首本英文期刊平台《NEW METRO》	国内首创
	联合创新机制发挥	高层次联合实验室	国内领先
	平台创新机制探索	创新园区模式探索	国内领先

5. 结语

新时代、新要求、新挑战，上海地铁积极响应高质量发展要求，积极谋划、主动作为，加快能力建设，提升创新能级，全力支持城市发展，促进社会经济发展，提高人民生活品质，实现“国内领先、国际一流”的战略目标。

探索多源技术构建地铁智慧运维

Exploring multi-source technology to buildintelligent metro operation and maintenance

刘庆宽[1]　白清盼　王翠翠[2]

摘　要：针对城市轨道交通的快速发展带来的诸多运营及检修问题，智慧运维已成为城市轨道交通行业的热门课题。智慧运维能替代人工进行简单重复性工作，依靠5G技术高效地进行信息传输，依靠检修机器人进行状态检查，依靠自检、检测及预警技术进行状态检查，依靠大数据处理技术进行数据分析。车辆维护人员依据智慧运维的数据做出应急处置方案，以确保车辆高效稳定地运营；做出故障处理方案，以确保故障有效地解决；做出车次调整方案，以确保载客列车功能状态良好。

关键词：智慧运维；检修机器人；信息传输；数据处理

Abstract: In view of many operation and maintenance problems caused by the rapid development of urban rail transit, Smart Operation has become a hot topic of urban rail transit industry. Smart Operation can replace manual for simple and repetitive work, it relies on 5G technology to efficiently exchange information, relies on maintenance robot for state checks, relies on self-inspection, detection and early warning technologies for functional checks, relies on big data processing technology for data analysis. In order to ensure the efficient and stable operation of the vehicle, vehicle maintenance personnel base on Smart Operation's data to make emergency response plans; in order to ensure the faults are effectively resolved, vehicle maintenance personnel base on Smart Operation's data to make a troubleshooting plan; in order to ensure the faults are effectively resolved, vehicle maintenance personnel base on Smart Operation's data to make a troubleshooting plan; in order to ensure that passenger trains function well, vehicle maintenance personnel base on Smart Operation's data to make train number adjustment plan.

Key words: smart operation; maintenance robot; exchange information; data analysis

1. 引言

随着城市化进程的不断加快、城市轨道交通规划及建设迅猛增长和无人驾驶技术的兴起，继而衍生出检修任务繁重、故障难以确认和高效运营压力等诸多问题，为此建设一项稳定、安全、高效的智慧运维系统迫在眉睫。当前技术不断革新，如大数据处理技术、5G传输技术、图像识别技术及各种检测技术，呈现百花齐放的态势，为智慧运维平台的搭建奠定了扎实的技术基础。但是这些新技术均是独立的个体，智慧运维将解决如何高效可靠地将这些技术整合在一起并解决现有问题，以内网或专网建立故障诊断及传输系统、地面检测及诊断系统、信息传输系统和数据处理系统。

2. 智慧运维系统的概述

智能运维系统以信息传输技术为媒介实现信息交互，以检测技术、图像处理和传感器等为五官进行信息收集，以数据处理为大脑进行信息整合处理，以应急故障处理指南为指引进行信息提示。该系统可有效

1　刘庆宽，青岛地铁集团有限公司运营分公司。
2　王翠翠，赛飞特工程技术有限公司。

地实时监控地铁列车，在故障发生时高效可靠地调用资源解决问题并启动最优运维方案，提升乘客服务质量。智慧运维系统由故障诊断及传输系统、地面检测及诊断系统、信息传输系统和数据处理系统组成，为地铁列车的稳定、安全、高效、快速响应提供强有力的支持，其中以高速率、低时延和大连接的信息传输系统为纽带将各系统构建成一个整体，图1为该系统的基本构成，其中故障诊断及传输系统位于地铁列车上。

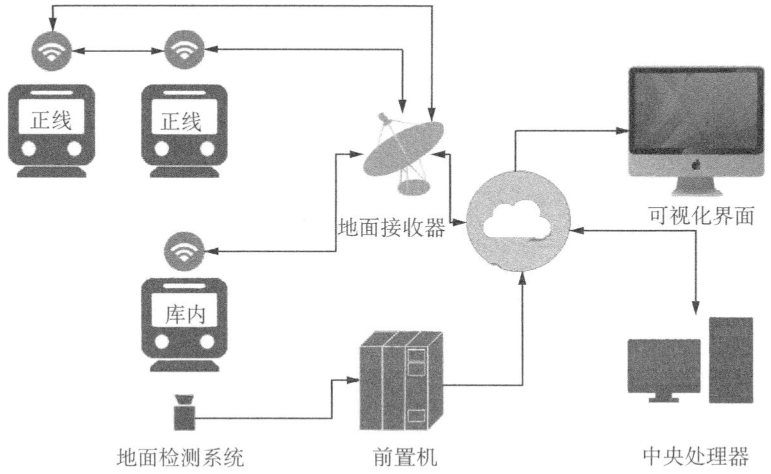

图1　智慧运维的结构图

3. 故障诊断及传输系统

智慧运维的故障诊断及传输系统意在解决信息描述不清、故障难以诊断和应急处置不当三项问题，以TCMS系统(网络系统)为中心，其余各系统以MVB总线(多功能车辆总线)为媒介与TCMS系统进行信息交互，在故障发生时可高效可靠地调用资源解决问题并启动最优运维方案，提升乘客服务质量。TCMS系统配备储存器和微处理器，各系统配备相应的检测手段、传感器、寄存器和微处理器等部件。

TCMS系统的储存器功能主要用于分类存储，包含车辆数据、监测的异常数据、故障时刻数据包及应急处理措施等四种。微处理器功能主要有三项，其一识别分类数据，将收集到的数据进行分类，然后存至储存器中；其二数据上传，将车辆状态、异常数据及故障数据包依赖信息传输系统至地面中央处理器，仅将车辆状态上传至可视化界面；其三提示功能，收到故障数据后立刻调出应急处理措施并显示在车辆屏(DDU屏)，用于提示司机进行应急操作。

各子系统的功能主要有以下四个方面，其一检测预警功能，检测本系统重要数据，发现异常及时预警并上传；其二临时存储功能，实时存储各系统动作数据，发生故障时截取故障时刻前后数据并打包上传；其三数据处理功能，比对本系统重要数据、自检数据和动作模型，如有异常及时记录并上传；其四自检功能，各系统设置自检项并按顺序依次执行，并收集数据进行分析。

4. 地面检查及诊断系统

地面检查及诊断系统意在解决因环境因素、工作状态、技术水平和身体条件等诸多因素造成的漏检漏修或误判问题，同时可在一定程度上避免安全事故。地铁列车的日常检查属于一种经验性、复杂性、重复性的工作任务，当前的工业机器人技术水平完全可以完成该项工作，且相比于人工，它具备检查质量高、效率高、范围广和抗干扰能力强等优势。地面检查及诊断系统由车侧及车底检查设备和前置机组成，运用机器视觉、图像特征分析、图像模式识别和多轴活动等技术，可快速全面地自动化检测列车车侧和车底相关要求部位，并进行异常状态的报警提示。

车底及车侧检查设备由 2D+3D 双目相机和传感器组成。双目相机用于实现二维和三维图像获取并依据算法建立起检查的三维模型，然后上传至前置机，由前置机进行数据处理；传感器可有效测试各管接头是否有漏风情况。

前置机内建立可信车底及车侧模型，将车底和车侧采集到的图像或视频信息与可信模型进行比对，若未发现异常，通过信息传输系统向中央处理器和可视化界面反馈正常；若对比发现异常，进行准确定位并将异常图片通过信息传输系统上传至中央处理器和可视化界面，操作人员可及时准确高效地确认异常现象，进而极大地降低人工成本。前置机内存储丰富的素材可供培训使用，以便更直观准确地理解教材，有利于提高培训效率；该系统的上线降低了检修人员实际现场作业时间，有利于防范安全事故；系统内存储了各类异常检测数据，便于分析事件发生的始末，降低调查取证时间，有利于降低管理成本；针对特定事件可依据系统内资料进行总结归纳，便于制定预防措施或优化检修规程，有利于分析各系统发展趋势。

5. 信息传输系统

智慧运维的信息传输系统意在解决当前实际传输慢、移动传输性能差和资源传输受限等问题，主要源于频带资源和列车运行速度的影响。信息传输系统以 5G 移动通信技术进行搭建，5G 技术已实现可靠高速的实时数据及视频传输、物物通信和超强抗干扰能力等功能，可实现最高下行速度 10 GB/s 的信息传输、500 km/h 高速移动性和毫秒级的超低传输时延。

信息传输系统用于各类数据信息及视频的传输，由以下三部分组成：车-车信息传输、车-地信息传输及地-地信息传输。车-车信息传输实现整条线网的车辆状态及位置进行彼此传输确认，如有异常及时相互告知并按中央处理器中的预制行车规则执行；车-地信息交互将车辆状态、故障数据及监控视频传输至地面接收设备，同时将地面设备的指令信息或处置措施传至地铁列车上；地—地信息交互通过专网或内网将车辆信息传输至中央处理器和可视化界面，同时将中央处理器中的指令或处置措施传输至相应设备。

信息传输系统充分利用高速率、低时延和大连接的 5G 传输的优势，当正线发生故障时第一时间将车辆状态告知临近车次、可视化界面和中央处理器，中央处理器依据预制运行规则将运营指令传输至相应设备处，进而调整相应车次运营；将各类信息及视频传输至中央处理器，值守人员根据故障信息给出具体详细的操作建议。

6. 数据处理系统

数据处理系统意在解决趋势分析困难、故障难以判断、车辆状态难以准确获取和处置措施传达不清等情况。当发生故障时，本次列车故障时段的车辆信息及时上传至可视化界面，后台监控人员能第一时间准确地掌握故障信息；同时将该时段的故障数据传输至中央处理器，中央处理器按照预制分析模式进行数据分析并将初步分析结果传至可视化界面；后台监控人员依据相关信息出具应急处置措施，并通过可视化界面进行下达；针对偶发性故障，设置采集变量，并将故障时段采集数据上传至数据处理系统，以便精准判断故障原因；系统中存储各异常信息，设置各类原则（如时间、季节等）便于分析发展趋势，指导后期指定预防措施和优化各类修程。

数据处理系统的架构设计为四层结构，分别为应用层、数据分析层、数据存取层、数据采集层。应用层可以直观地查看车辆状态、查看分析报告、车底及车侧检查结果和应急处置方案下达，为监控人员提供人性化、标准化的功能界面与操作界面；数据分析层通过各种流程机制与模型算法实现故障及趋势分析并出具分析报告等功能，为监控人员提供高效、可靠的数据分析能力；数据存取层能够实现故障数据、检查数据和自检数据的存储或调用，为监控人员提供可靠详细的资料，同时也为培训和管理提供参考资料；数据采集层能够迅速精准地采集各类信息，为监控人员提供丰富的资料。

数据处理系统的应用在一定程度上提高了监控人员的水平，并兼具以下优势：首先可提高故障处置效率，提高服务质量；然后为培训提供丰富的素材，切实准确地掌握实际情况；其次精准采集相关数据以便于锁定故障原因，避免人工和物料浪费；最后精确分析事件发生趋势，便于制定应对措施。

7. 结语

智慧运维系统能提高正线故障处置效率，有利于降低人工检修现场参与度，有利于总结事态发展规律，并制定合理措施进行预防。在培训方面，能提供更加真实有效的素材，让新员工更加贴近生产场景，有利于员工更快适用于生产任务，在一定程度上降低人工浪费。智慧运维系统的上线可让车辆维护人员轻松全面地掌握车辆状态，制定相应的方案，为车辆高效运营保驾护航，实现“稳坐中军，洞悉全场”。

参考文献

[1] 黄炜. 地铁车辆车底机器人检测系统研究[J]. 铁道技术监督，2019(11)：37-41.

[2] 赵立新. 智能运维系统在车辆检修业务中的优化及应用分析[J]. 运输经理世界，2021(3)：130-131.

[3] 傅嘉俊. 无线传输技术在地铁车辆中的有效应用[J]. 科技创新与应用，2019(25)：157-158.

[4] 池葆春. 大数据分析下的智慧交通自动化运维系统设计[J]. 自动化与仪器仪表，2022(3)：068.

[5] 仝文革. 5G时代，设备信息化管理迎来新模式[J]. 中国设备工程，2020(5)：9-11.

[6] 李英. 基于5G无线通信技术的城市轨道交通信息传输系统设计[J]. 长江信息通信，2022(2).

[7] 潘康. 智能交通一体化运维管理系统设计与实践[J]. 计算机时代，2013(10).

陆翔路工程对轨道交通设施安全影响及管控对策

Influence of Lu-Xiang avenue project on the safety of rail transit facilities and control countermeasures

刘占民[1]

摘　要：本文以陆翔路工程为研究对象，分析了新建工程对轨道交通设施的安全影响，研究河道开挖和桥梁桩基施工对隧道影响的数值模拟，对后续实际施工过程提出了管控对策与建议，确保类似工程安全进行，以提升整体交通风险监测管控水平。

关键词：道路施工；轨道交通设施；数值模拟；安全分析

Abstract: In order to analyze the impact of road construction on existing rail transit facilities, the construction of Lu Xiang Avenue was taken as the research object. Numerical simulation of the influence of river excavation and bridge pile foundation construction on tunnel were carried out. Finally, countermeasures and suggestions for road safety construction were put forward. For effectively protect the tunnels of Line 7, control measures must be taken during actual construction to ensure the safety of the similar projects.

Key words: road construction; rail transit facilities; numerical simulation; management countermeasures

1. 引言

随着城市轨道交通设施的大量建设，现已出现大量市政工程邻近影响既有地铁的施工工程，为了保护既有地铁结构与轨道稳定性，确保运行安全，对新建工程进行安全分析，对影响程度进行数值模拟分析，对施工监测等作业提出针对性建议和意见。本文以与轨道交通 7 号线共线的陆翔路为实例，在辨识工程建设对地铁结构的风险，分析其对地铁及周围环境影响的基础上，开展湄浦河河道开挖和北庙泾港桥桩基施工对隧道影响的数值模拟工作，最后提出施工对策与建议，为同类型工程设计施工提供参考，以提升交通风险监测管控水平。

2. 工程概况

2.1　工程项目情况

陆翔路作为宝山区“八纵十三横”中网络（骨干路网）之一纵，位于宝山区罗店镇及顾村镇内，本工程南起鄱阳湖路，北至杨南路，道路全长 2.452 km。项目工程主要为道路工程、桥梁工程、河道工程、雨污水管道工程等。

2.2　轨道交通情况

项目沿轨道交通 7 号线走向的保护区范围主要为车站、区间地下段隧道。其中，从鄱阳湖路至规划西

1　上海市交通发展研究中心。

张茜泾之间(桩号 K0＋000～K1＋672.1)段为与轨道交通 7 号线共线段，全长约 1.672 km，该段范围内湄浦河、东张茜泾、北庙泾港及西张茜泾四条河道与轨道交通 7 号线相交，其中湄浦河桥、东张茜泾桥、北庙泾港桥均为新建桥梁，且均与轨道交通 7 号线共线。

2.3 工程地质条件

地基土层的划分，主要根据土的结构特征以及土的物理力学性质指标等综合分析，共划分 9 个工程地质层。

项目分布有厚度较大的③层、④层淤泥质土，为上海地区典型软土层，呈软塑状，具有压缩性高、强度低、渗透性小和灵敏度高等特性，为浅部天然地基主要压缩层，是道路长期沉降的主要土层；项目深度 85 m 范围内的地基土均属第四系沉积物，局部地段受古河道切割，第⑥、⑦、⑧层土在空间分布上差异较大，且局部地段有缺失，第⑨层土层面略有起伏。

3. 工程项目安全风险分析

3.1 公路水运工程安全生产管理要求

《公路水运工程安全生产监督管理办法》(交通运输部令 2017 年第 25 号)第二十四条"公路水运工程建设应当实施安全生产风险管理，按规定开展设计、施工安全风险评估。"

根据《建设工程安全生产管理条例》(国务院第 393 号令)、《公路水运工程安全生产监督管理办法》(2007 年交通运输部 1 号令)和《关于开展公路桥梁和隧道工程施工安全风险评估试行工作的通知》(交质监发〔2011〕217 号)，结合本项目初步设计，陆翔路项目中涉及到轨道交通设施安全的工程包括：道路工程、桥梁工程、河道工程、管道施工、驳岸工程及绿化种植等。

3.2 轨道交通运营安全管理与要求

根据《上海市轨道交通管理条例》《上海市轨道交通运营安全管理办法》(上海市人民政府》(2009 年第 22 号政府令)和《上海市人民政府关于进一步加强本市轨道交通管理的意见》(沪府发〔2012〕38 号)，对于该工程技术审查意见及主要施工要求如下。

(1) 地铁结构保护要求：地铁结构的沉降(或隆起)变化累计量和水平位移变化累计量＜10 mm，水平直径收敛变化量累计＜10 mm。

(2) 由于建筑物垂直荷载(包括基础地下室)及降水、注浆等施工因素而引起的地铁隧道外壁附加荷载≤20 kPa。

(3) 基坑工程临近地铁一侧环境保护等级应为一级。

(4) 施工完成后地铁结构正上方及其外边线两侧至少各一倍地铁结构底埋深影响范围内的新增附加荷载基本为零。

3.3 项目对轨道交通设施安全分析

项目对应轨道交通 7 号线"顾村公园站—祁华路站"区间共线段地质条件差，隧道顶覆土厚度约 8～11 m，覆土较浅、对应区间段收敛变形较大，地铁结构本身状态较差、极易因外部施工引起大的变形及结构病害。在项目的初步设计阶段，项目对轨道交通设施安全影响分析如下。

1) 道路工程

陆翔路与轨道交通 7 号线共线段填高大于 1.5 m 的路段均采用 EPS 进行换填，以减轻新建道路的路基荷载，满足地铁保护要求，其余按一般路基处理。

(1) 由于车站埋深较浅，设计施工注意车站结构保护，建议对与地铁车站相对具体位置关系进行标图确认。

(2) 建议下阶段施工图设计调取地铁车站结构及车站围护施工图,准确确认地铁顶板面标高、开样洞及样沟确认。

(3) 考虑到车站纵向坡度还可能不一样及车站存在上翻梁等特殊情况,建议下一步做详细确认。

(4) 建议下阶段施工图设计补充 EPS 等相关规范、标准或技术文件。

2) 桥梁工程

桥梁桩基与地铁盾构间距按 3 m 左右控制,同时为减少地面开挖换填对地铁上部荷载的影响,桥梁台后填土高度按 1.5 m 控制。轨道交通 7 号线对跨越四条河道的桥梁下部结构设计及桥梁规模等具有控制性影响。危险性较大工程影响到轨道交通保护区内的桥梁桩基,施工采用钢护筒或缩短单桩施工,减小工程实施引起的地铁结构变形。

(1) 建议下一阶段继续深化地铁保护措施,可考虑 MJS 工法桩套打桩基的方式。

(2) 由于桩基距离隧道结构外边线最小水平净距非常近,建议开展建立模型,进行有限元分析桥梁桩基对轨道交通 7 号线地铁隧道的影响,后续深化桩基设计与施工方案。

(3) 在同一断面存在多种工况,如桥梁与河道施工,建议开展下一阶段的设计计算时,应考虑多工况叠加影响的问题,并保证其综合叠加的影响结果满足地铁保护要求。

(4) 建议下一阶段优化河道桩基施工方案应急预案和控制措施,最大限度减少工程实施对轨道交通的影响。

3) 河道工程

项目在起点至规划西张茜泾之间与轨道交通 7 号线共线,该段范围内湄浦河、东张茜泾、北庙泾港及西张茜泾四条河道与轨道交通 7 号线相交。河道工程危险性较大工程影响到轨道交通保护区内河道开挖。

(1) 对地铁区间隧道而言,存在沉降变形(沉降、位移)与管环直径收敛的变形,建议下一阶段补充收敛变形分析结果,进一步开展更全面的分析。

(2) 建议下一阶段分别对湄浦河、东张茜泾、北庙泾港及西张茜泾四条河道分别进行详细的计算,分析对轨道交通 7 号线的影响,并有针对性地提出对地铁保护的施工措施。

(3) 分析湄浦河河道和西张茜泾河道开挖对地铁隧道影响后,建议下一阶段优化河道开挖施工方案应急预案和控制措施,最大限度减少工程实施对轨道交通的影响。

4) 管道施工

对于管道施工危险性较大工程涉及浅埋管线(尤其超过 800 mm 的大管径),主要要求如下。

(1) 超过 800 mm 的大管径浅埋管线,建议进行有限元模拟,分析桥梁桩基对轨道交通 7 号线地铁隧道的影响。

(2) 建议设计中同一断面存在多种工况时,比如车站断面浅埋管线应与 EPS 换填同步进行分析计算。

5) 驳岸工程及绿化种植方案

工程为确保轨道交通 7 号线的运营安全,需在湄浦河及西张茜泾处河道范围内采取加固措施,需要考虑:

(1) 驳岸工程按零加载考虑。

(2) 绿化方案做专题报审。

4. 典型危险性较大工程数值模拟

4.1 湄浦河河道开挖对地铁隧道影响的 FLAC3D 分析

河道工程与地铁隧道相互位置关系平面如图 1 所示,抗拔桩与地铁隧道最小水平净距为 3.0 m,盖板超出隧道边线约 14 m,河道基坑底与区间隧道最小竖向净距为 3.7 m,地基加固与区间隧道最小水平和竖向净距均为 1.5 m。

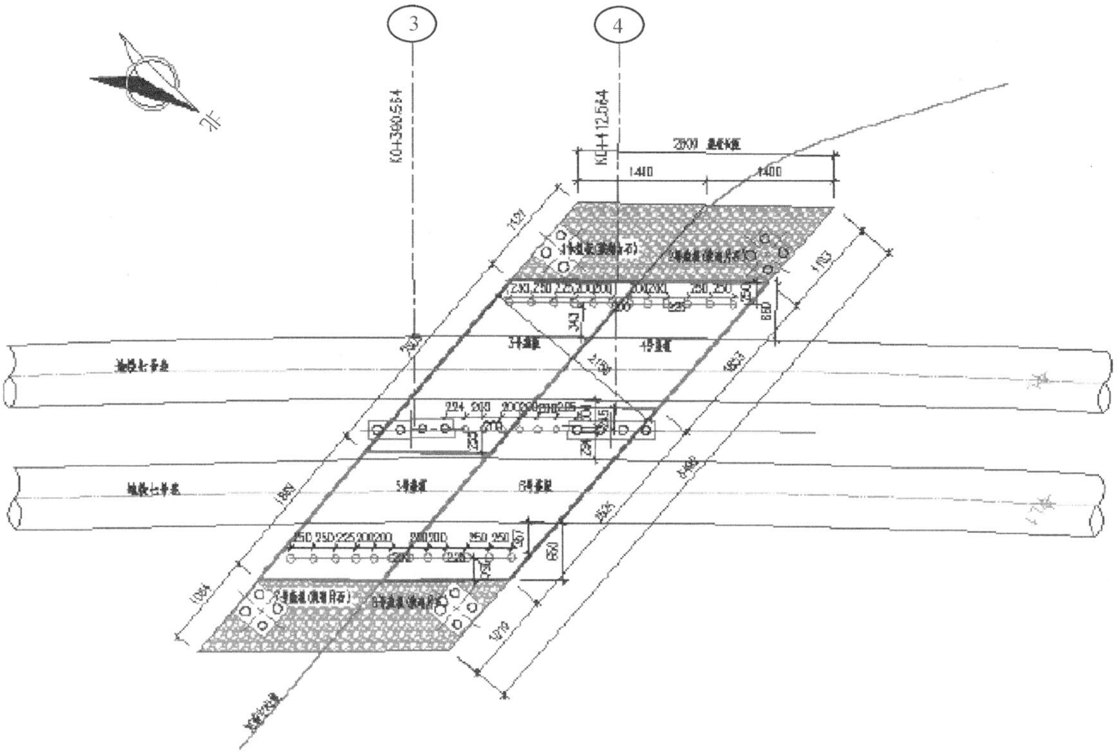

图1 湄浦河与区间隧道关系平面图

1）计算模型和步骤模拟

为了消除边界条件的影响，本次计算区域横向取为130 m，竖向取44.2 m，沿区间隧道纵向选取150 m长为模型范围，根据设计方案中施工顺序开挖中间河道基坑，分析基坑开挖对区间隧道的影响。在实际模拟中，土层、注浆加固材料采用Mohr-Coulomb模型模拟，衬砌管片采用弹性模型模拟。本次计算参数参考《陆翔路（鄱阳湖路—美兰湖路）道路新建工程岩土工程勘察报告》。

本次模拟采用FLAC3D，根据不同的结构、开挖分区和开挖边界进行group划分，得到有限差分模型（图2）。模型共有37 324个zone和41 611个grid-points组成。模型的边界条件为：底面固定Z方向，左右面固定X方向，前后面固定Y方向，顶面为自由表面；地下水位在标高3.1 m处，河道区域水位高程2.72 m，即3.1 m以下考虑孔隙水压力，进行有效应力压缩回弹计算（图3）。

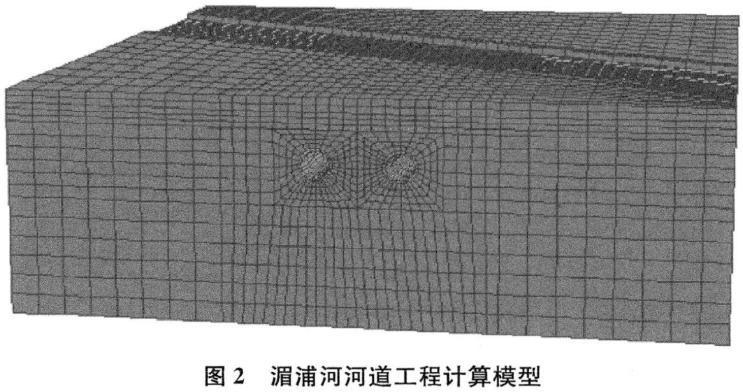

图2 湄浦河河道工程计算模型

2）计算结果分析

经过计算分析，湄浦河河道工程在地基加固后，加固土体容重使荷载略微增大，盾构衬砌发生沉降位移；同时加固后土体回弹模量大幅度提高，能够减少土体的隆起变形；各基坑顺序开挖时，由于卸荷作用，

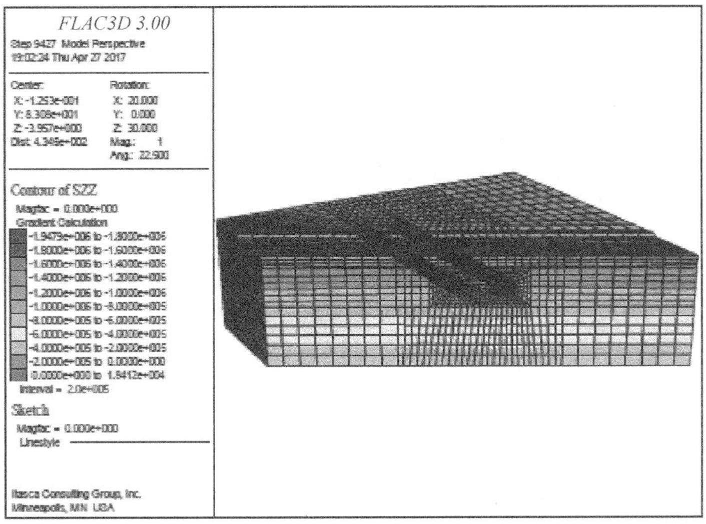

图 3　初始应力场 σ_z

盾构衬砌沉降位移减小，部分区域隆起；各基坑施做盖板，荷载增加，盾构衬砌沉降位移增大；回填素土和砌筑浆砌片石后，增加荷载作用，同时恢复河道水面且土体地下水位恢复正常，盾构衬砌绝对位移减小，趋于稳定。盾构衬砌的沉降位移及河道中心点沉降位移见图 4～图 7。

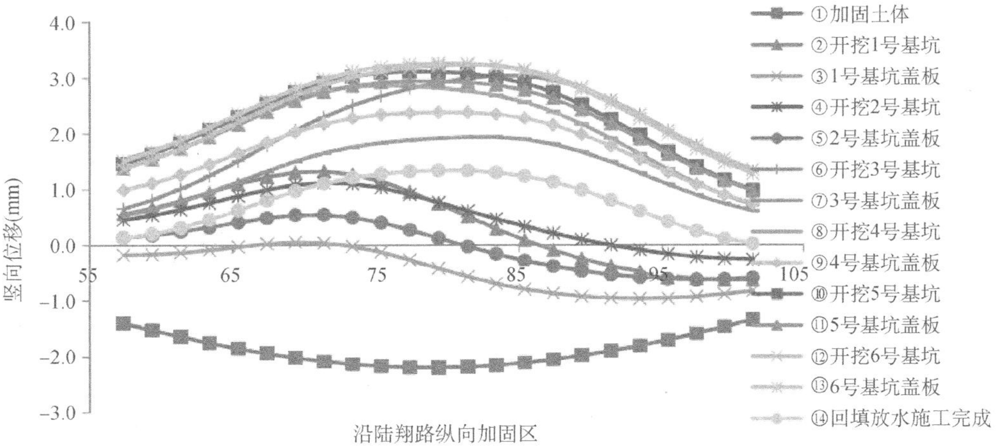

图 4　盾构衬砌顶部位移变化

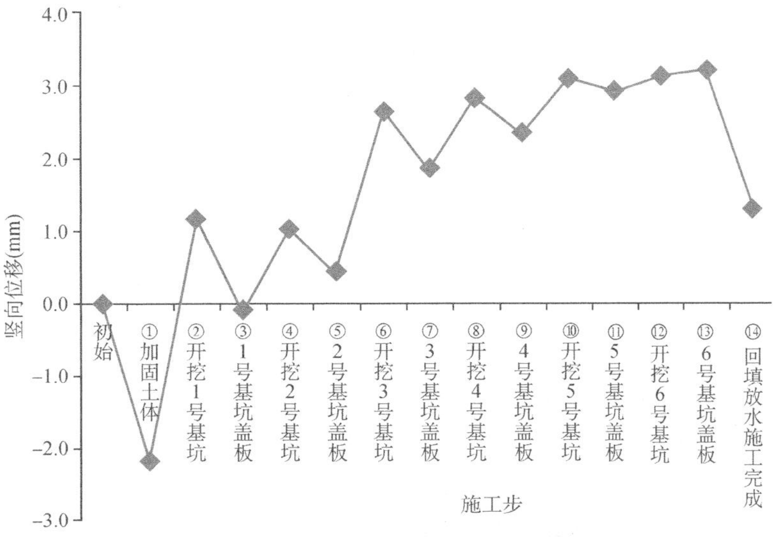

图 5　盾构衬砌顶部河道中心点位移变化

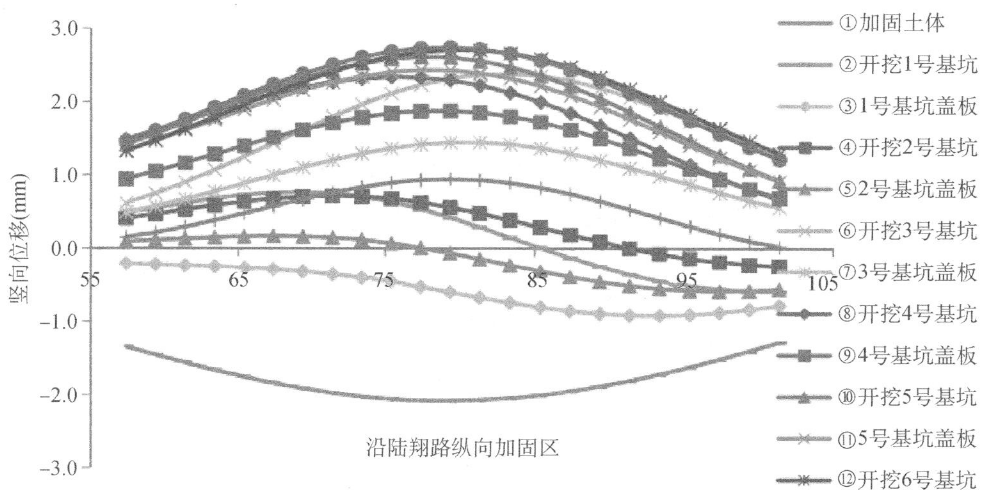

图 6　盾构衬砌底部位移变化

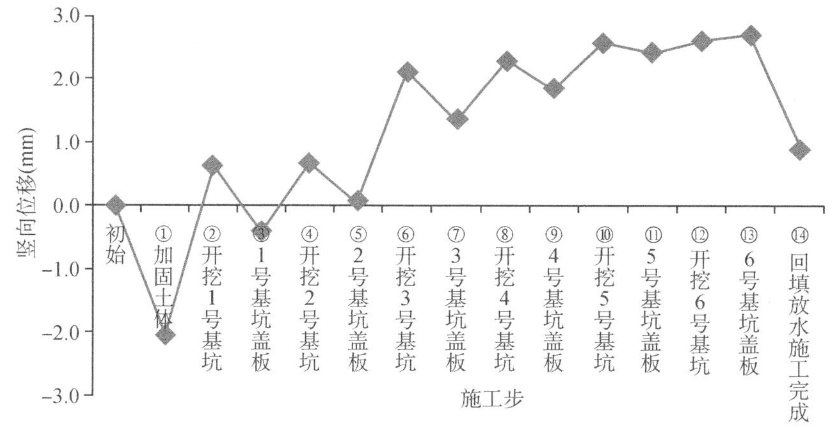

图 7　盾构衬砌底部河道中心点位移变化

图 4～图 7 的计算结果表明，施工和施工完成后盾构隧道结构应力满足混凝土容许应力要求，最终盾构隧道上部略微沉降。施工中基底最大沉降位移 3.6 mm，最大隆起 3.2 mm；盾构隧道衬砌顶部最大沉降位移 2.2 mm，最大隆起 3.0 mm；盾构隧道衬砌底部最大沉降位移 2.1 mm，最大隆起 2.8 mm。

因此，通过对湄浦河河道工程施工方案数值模拟分析，湄浦河河道工程施工过程和完工后，隧道衬砌应力值满足安全要求；在开挖基坑时，土体和盾构隧道衬砌出现沉降变形和隆起变形，其中较大沉降变形为加固土体时，施工时应严格控制施工工艺，减少扰动；较大隆起变形为开挖基坑土体时，土体卸荷作用造成，应尽快开挖基坑完成盖板施做，盖板施工后根据监测情况堆放土袋压载；施工完成后，土体和盾构隧道衬砌变形较小，满足安全要求。

4.2　北庙泾港桥桩基施工对地铁隧道影响有限元分析

采用 PLAXIS 有限元计算分析软件，建立桩基施工过程对现有盾构影响的二维有限元模型，进行弹塑性有限元计算，预测桥梁施工引起的盾构变形。根据北庙泾港与盾构之间的平、剖面图，对计算剖面简化分析，建立平面有限元模型进行数值模拟计算，对桥梁施工引起的土体变形进行预测分析。

主要简化如①初始应力场的模拟：根据勘察报告提供的土层剖面，考虑不同的土体分层条件和重度，计算穿越施工前土体初始应力场分布。②连续介质的模拟：有限元数值计算中土体采用基于 Mohr-Coulomb 的 Hardening-Soil 高级土体弹塑性模型(简称 HS 模型)。③施工过程的模拟：通过有限元软件的土体损失，增加桥面上的荷载，分析桥梁施工后引起隧道周边的土体变形。

1）有限元模型的建立

（1）土体本构模型与参数。土体采用 HS 模型，该模型可以同时考虑剪切硬化和压缩硬化，并采用 Mohr-Coulomb 破坏准则，土体参数采用地勘资料。

（2）水位及结构参数。地面水位：按地面 4.20 m 以下 0.5 m 计算；桥面荷载取 12 kN/m^2。

（3）主要计算工况：计算工程初始应力场；对上述步骤产生位移归 0；桩基施工引起土体变形；桥面施工及桥面荷载引出土体变形。

（4）网格剖分。计算采用等三角形十五节点平面单元模拟土体。原点左右侧模型计算宽度各取 50 m，竖向取 40 m；边界条件设置为水平向为 X 向，竖直向为 Y 向，且对 X 边界施加 X 向位移约束，Y 边界施加 Y 向约束。

有限元模型及网格剖分详见图 8。

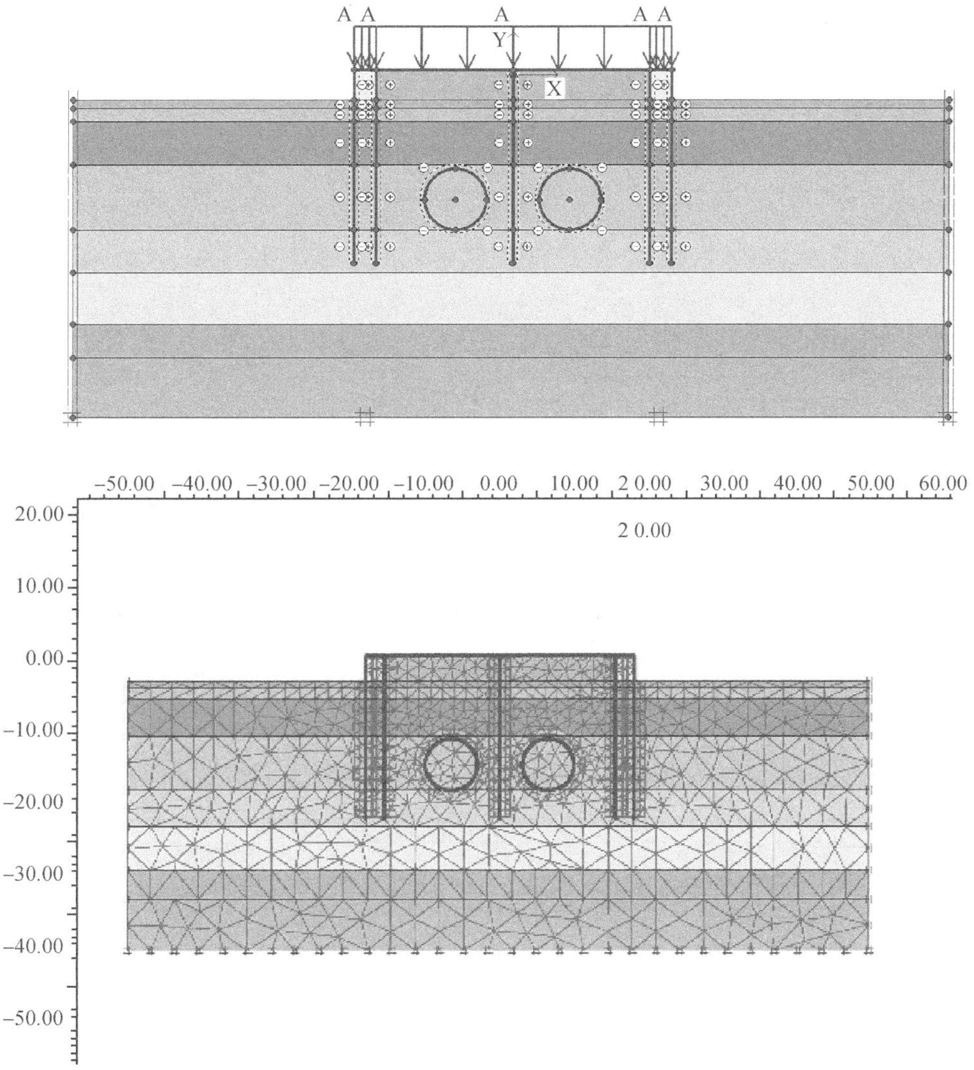

图 8　有限元模型图及网格剖分图

2）计算结果分析

通过模型计算，施工引起的位移如图 9、图 10 所示：

通过计算，桥梁施工引起地铁 7 号线隧道周边土体的最大竖向位移为－1.93 mm，最大水平位移为 0.22 mm。根据地铁结构保护技术标准，地铁结构设施绝对沉降及水平位移量≤20 mm（包括各种加载和卸载的最终位移量）。理论上，桥梁施工对周边环境的位移影响较小。但考虑到实际施工过程中存在不确

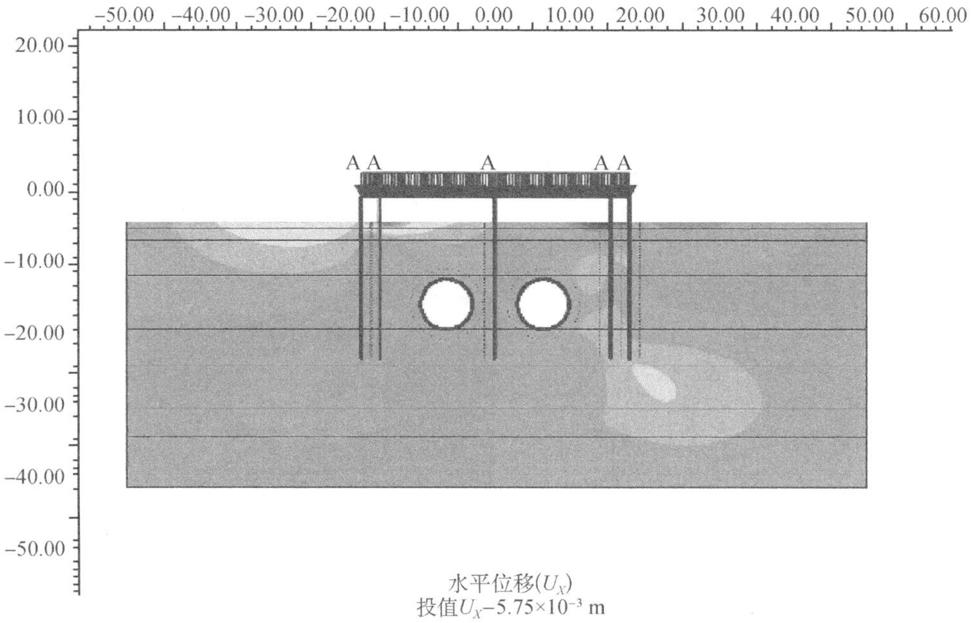

图 9　桥梁施工引起的水平位移云图

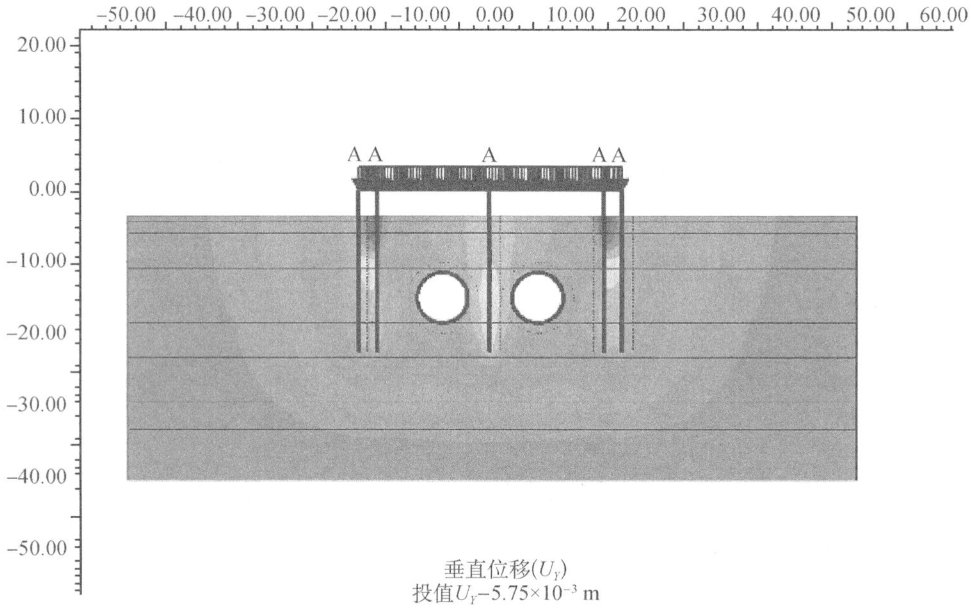

图 10　桥梁施工引起的竖向位移云图

定性因素，要求施工单位应当重视对周边环境的监测工作，若发现有报警情况，应立即停工，查找原因，排除隐患。

5. 管控对策与建议

5.1　施工安全管理

施工安全风险评估和危大工程管理都是施工安全管理工作中的重要措施，二者相辅相成。施工安全风险评估侧重于风险源的排查；危大工程管理侧重于风险源的治理。根据《公路水运工程安全生产监督管理办法》和《公路桥梁和隧道工程施工安全风险评估指南》(交质监发〔2011〕217 号)实施安全生产风险管理,按规定开展设计、施工安全风险评估。

5.2 优化施工工艺

考虑桩基施工对邻近地铁隧道结构的影响,优化施工工艺,避免列车运行时间,选择合理的防护措施。针对桩基础与隧道结构净距离小于 3 m 的区域,在施工试桩前,对施工机械设备、泥浆比参数、施工扰动等因素进行优化。在非原位测试的情况下,测量孔应布置在相应的参考距离处监测措施,对监测数据进行反分析,指导施工,为后续现场施工提供依据。

5.3 施工监测信息化管理

加强工程施工与地铁结构变形监测的联动,实现各方信息及时共享,使各方能够及时采取措施,平时加强工程巡视,保证工程及地铁结构的安全。

因 7 号线隧道结构已产生较大的累计变形,虽已进行结构加固,但风险仍很高。为保障地铁结构安全,要求建设单位采取切实可靠措施,在设计施工中必须考虑尽最大可能降低工程作业对 7 号线、15 号线的影响,且必须为地铁结构抢险预留必要的应急空间。

5.4 应急预案的制定实施

施工单位应就施工可能会对周围环境带来的风险进行预分析,应细化和量化每一道施工工序,制订有针对性的控制方案和地铁保护应急预案,加强现场管理,确保信息畅通。

参考文献

[1] 李洪,李志波.轨道交通控制保护区内工程建设对轨道交通安全的影响与保护措施[J].四川建筑,2014,5:87-89,92.
[2] 郭林峰.市政工程上穿地铁既有结构与轨道的安全性评估[J].黑龙江交通科技,2021,9:174-175.
[3] 吕秋玲,刘成.道路施工对既有隧道及公路的影响及其数值模拟[J].湖北理工学院学报,2021,5:28-32.

台中市台湾大道自动驾驶巴士之营运规划

Operation planning of autonomous bus in Taiwan Boulevard，Taichung city

吴沛儒[1] 张建彦[2] 叶昭甫[3] 杨璨凯[4] 张毓伟[5] 吴宗昀[6] 黄启倡[7] 翁钰雯[8] 陈昱如[9]

摘　要：随着自驾技术的成熟普及，自驾巴士应用于公共交通领域，将会是智慧运输的新里程碑，然而自驾巴士试营运计划鲜少施行于市区且车流复杂的路段。因此，本文以台中市台湾大道为实验场域，规划自驾巴士之营运模式。首先探究自驾巴士岛内外案例，分析台湾大道之车流特性，进而规划自驾巴士在台湾大道之运行模式，并通过损益平衡分析研拟自驾巴士之商业模式。本文提出的营运与商业模式可用于建置自驾巴士于市区运输廊道，以有效提升公共运输整体服务水平。

关键词：自驾巴士；公交车专用道；营运规划；损益平衡分析

Abstract：With the maturity and popularization of self-driving technologies，the application of autonomous buses in the field of public transportation will be a new milestone in smart transportation. However，few autonomous bus trials have been implemented to an arterial with complicated traffic flow in a city. Hence，this study aims to devise an operational model of autonomous buses in Taiwan Boulevard，Taichung City. Specifically，this study initially investigates cases of autonomous buses and then explores the traffic-flow characteristics of Taiwan Boulevard. Furthermore，the planning of operational models for autonomous buses in Taiwan Boulevard is developed and the business models of autonomous buses is generated through break-even analysis. The proposed operational and business models can be used to establish autonomous buses in city arterials for effectively enhancing the overall service level of public transportation.

Key words：autonomous bus；exclusive bus lane；operational planning；break-even analysis

1. 前言

自动驾驶系指以雷达、光学感知等感知技术，通过资料处理并配合先进控制设备达成不须人为操作的自动化载具。随着科技进步，自驾技术亦随之成长，进而运用至客流运输方面，自驾巴士的推动成为政府在交通政策上的重要环节之一。因此，台中市近年致力打造数字化服务以落实智慧城市之愿景，在交通发展规划上，以发展安全、以人为本的及绿色的智慧运输系统切入。而无人驾驶自动运行载具的推动，无论是在国际趋势、绿能环保或职业劳动安全等议题上，皆是一个高密度都会区改善大众通勤的良好解决方案。台中作为台湾的中部大城市，人口快速增长，基于区域平衡、土地空间发展战略、快速部署自动化大众运输系统的服务需求，推动自动驾驶巴士有其必要性。例如 2018 年至 2020 年期间以水湳经贸园区作为示范场域，与岛内产学研单位合作推动及办理自驾巴士试运行计划，并已完成开放场域之自驾巴士运行及载客测试。

1，2 吴沛儒，张建彦，逢甲大学。
3 叶昭甫，台中市政府交通局。
4 杨璨凯，华电联网股份有限公司。
5 张毓伟，勤崴国际科技股份有限公司。
6 吴宗昀，台湾世曦工程顾问股份有限公司。
7 黄启倡，逢甲大学。
8 翁钰雯，逢甲大学智慧运输与物流创新中心。
9 陈昱如，台中市政府交通局。
本研究系台中市交通局计划(计划编号：11007212493)之部分研究成果，特此致谢。

然而自驾巴士试营运计划鲜少施行于市区且车流复杂的路段。因此，本研究目的在以台中市台湾大道为实验场域，规划自驾巴士之营运模式。本文针对台中市台湾大道（五权路至东大路）公交车专用道导入自驾巴士运行进行规划，范围为台湾大道（五权路至黎明路）公交车专用道、台湾大道（黎明路至安和路）高架桥、台湾大道（安和路至东大路）公交车专用道等，双向总长各约 8.5 km。

2. 自驾巴士岛内外案例

因应全球趋势发展，目前岛内各地皆积极推动自驾巴士，例如：新北市淡海智驾电动巴士环线多车服务测试计划[1]，整合多车测试模拟，导入公共运输营运管理。台北市信义路公交车专用道自驾巴士营运实验[2]则导入 5G 技术进行试验；桃园市青埔地区自驾巴士创新实验计划[2]则将自驾巴士用于机场接驳中。

岛外方面，如 WEpod 计划，EasyMile[3]于荷兰吉德兰省针对自驾巴士试营运运输服务及叫车服务进行测试；TOYOTA[4]于日本东京针对自驾巴士营运进行测试，包括后台管理实验测试；Sensible 4[5]于芬兰赫尔辛基进行自驾巴士实验模式包括营运模式测试与自驾车队计划；METI[6]则于日本横滨市，进行自驾巴士试营运运输服务，探讨用户接受度及商业可行性。

在目前岛内研究案例中，台北市信义路公交车专用道实验测试中，与本案皆使用搭载 5G 之自驾巴士进行运行规划；新竹县高铁接驳计划，则于汽车、摩托车混合车流之市区开放道路进行商转营运，并规划收费。两者之相关技术、测试环境及营运模式，皆与本案类似。故建议可参考上述两案作为本案发展基础。同时相较于岛内，国外自驾巴士推动案例试验多着重自驾系统软件改善、服务流程、营运模式与后台管理测试，建议岛内亦可朝此方向推动。

3. 台中市台湾大道车流特性分析

台湾大道为台中市重要干道，并设置公交车专用道于快车道双向最外侧（朝富路至安和路段处未设专用道），行经之横交道路亦有多条重要干道，尖峰时段车流量甚大，其中，工业一路、朝富路、文心路及忠明南路四处为快慢车道交织情况较为严重的路口，各路段车流特性如图 1 所示。光明陆桥双向两车道，道路容量降低。此外，黎明路—文心路、安和路—工业路两个路段车流量较大且较易壅塞。市区往返“省道”一号台中交流道的车流皆汇集于台湾大道路/黎明路路口，因此在台湾大道路/黎明路路口负荷程度较严重。

图 1　台湾大道各分段之车流特性

本文盘点台湾大道各段道路详细状况，如图2所示。并于规划时将此做为考量，例如：当自驾巴士行驶于公交车专用道时，无法任意变换车道。因此可采取的行为主要为依据前后方车辆的距离及路口交通信号灯状态进行加减速；而当自驾巴士行驶于公交车专用道以外的一般道路行驶时，必须考量同方向的车流行驶状况、横向来车状况、道路两侧行人状况、周遭基础设施等。

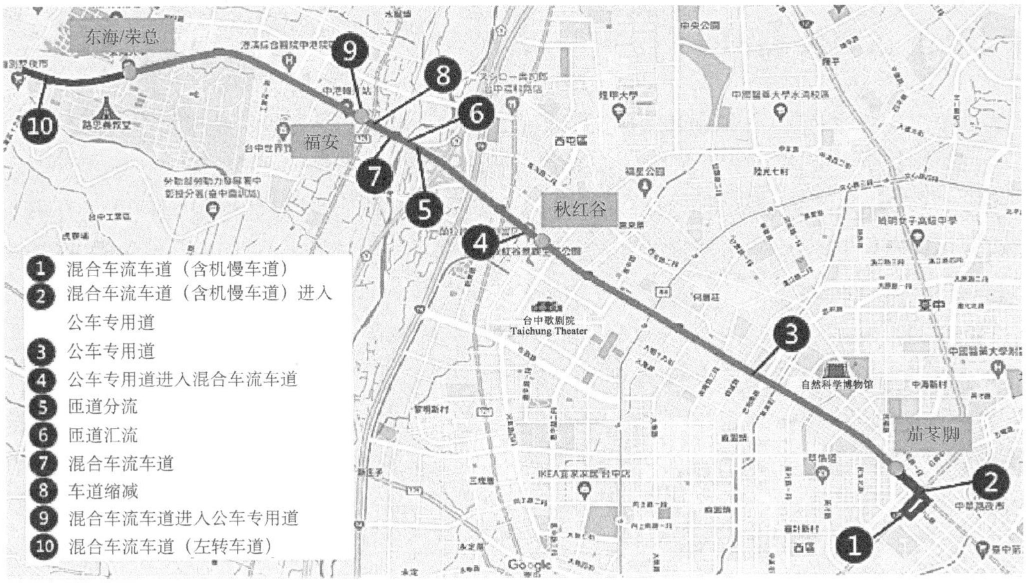

图2　台湾大道各分段之道路类型

4. 自驾巴士运行及商业模式规划

4.1　自驾巴士运行模式

本文规划之自驾巴士行驶路线如图3所示，往返一趟约为19.6 km，其中主要可分为自驾范围、手驾/自驾范围以及回车道等三种。自驾范围分为两段，第一段为台湾大道茄苳脚站至秋红谷站之间，单向路线

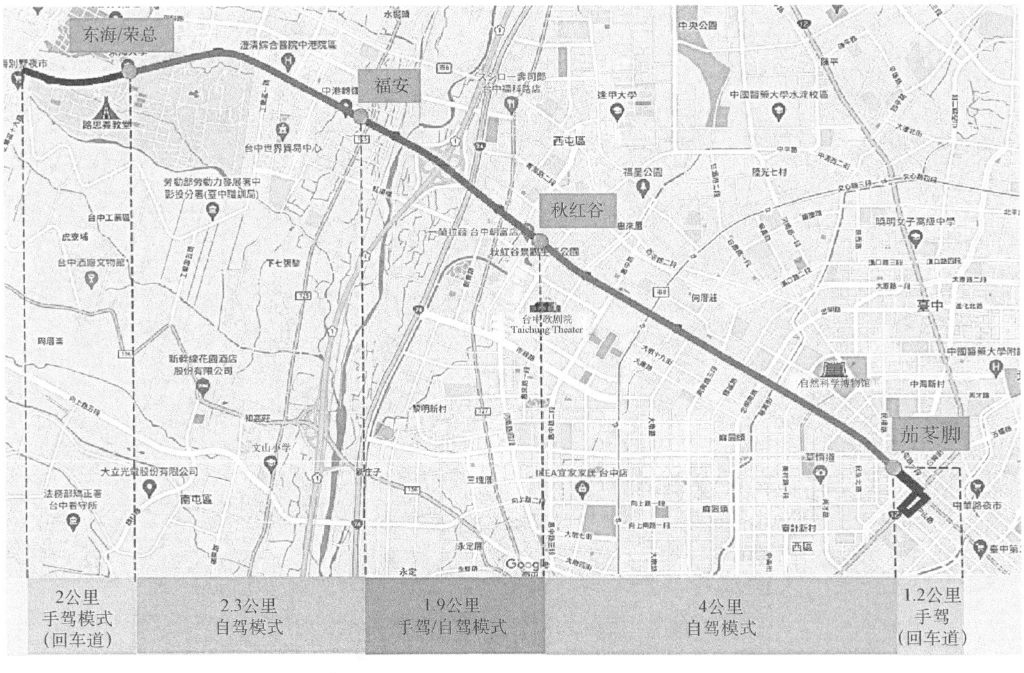

图3　自驾巴士行驶路线组成

长度约为 4 km,预估行驶时间约为 20 min,第二段为福安站至东海/荣总站之间公交车专用道,单向路线长度约为 2.3 km,预估行驶时间约为 10 min。手驾/自驾范围主要为秋红谷站至福安站之间的混合车流车道路段,单向路线长度约为 1.9 km,预估行驶时间约为 5 min,此路段除有大量车辆混流行驶外,东行方向有光明陆桥平面与高架路线分流、平面道路汇流、“省道”一号匝道分流及汇流,接近安和路前则有中央两车道缩减之情形,西行方向则有“省道”一号匝道分流及光明陆桥平面与高架路线分流,整体交通流量大,且路行状况复杂。因此为维护自驾车安全,建议采用手驾行驶为主,若现场状况许可且无安全疑虑时,再评估采用自驾行驶。于回车道方面,主要以手驾方式运行。路线东侧回转道长度约为 1.2 km,预估行驶时间为 5 min;路线西侧回转道长度约为 2 km,预估行驶时间为 8 min。

本文设置的回车道主要目的为自驾巴士离开行驶场域后,为了往相反方向行驶下一班次所必经之路段。在路线西侧回车道的路线规划上,如图 4 所示。台湾大道与东大路交叉口处为荣总/东海大学站,由于站牌所处位置至路口距离较短,自驾车无法往左切入左转车道,亦无法自专用道右转进入东大路,需先手驾切入内侧车道继续往前至国际街交叉口进行回转,回车道增加距离约 2 km。

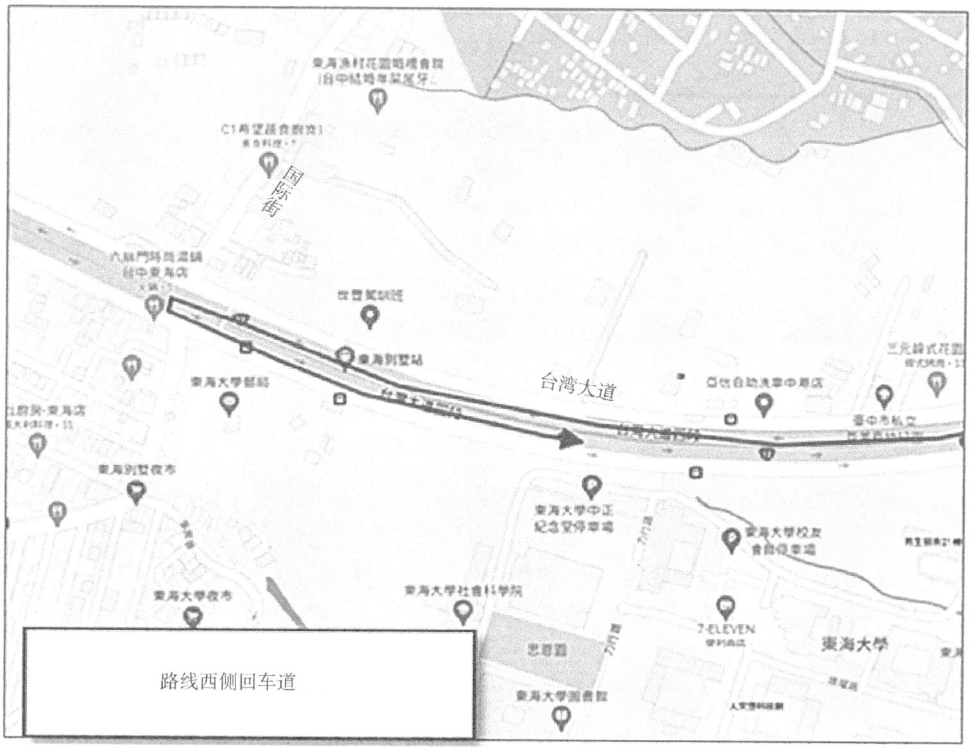

图 4　路线西侧回车道之路线规划

在路线东侧回车道之路线规划上,如图 5 所示。自驾车通过台湾大道与五权路路口后,改以手驾方式行驶,前进至福龙街右转,往前至民族路右转行驶至五权路,接着右转五权路并切入内侧车道,至台湾大道时左转进入公交车专用道,切回自驾行驶,回车道增加距离约 1.2 km。

本文规划自驾巴士之测试过程可分为夜间公交车收班后运行、离峰时段运行以及高峰时段运行三个时段。以下分别说明各时段自驾巴士运行测试目的。

1) *夜间公交车收班后运行(凌晨 2:00—5:00)*

测试初期将由距离市区较远、车流量较低的东大路至安和路间公交车专用道开始进行测试,接着再纳入黎明路至五权路之间的路段。此阶段测试期程 3～6 个月。主要目标为让自驾巴士熟悉整个行驶场域的状况,搜集自驾 AI 判断所需要的各种资料,同时完成基础运行的各项需求。

2) *离峰时段运行(平日 10:00—12:00 及 14:00—16:00,假日 08:00—10:00 及 14:00—16:00)*

自驾巴士基础运行测试完成后,让自驾巴士能以实际载客运行的环境为基础进行各项 AI 资料搜集与调校。此阶段测试期程建议至少 6 个月,预期完成离峰时段台湾大道东大路至五权路口间自驾路段行

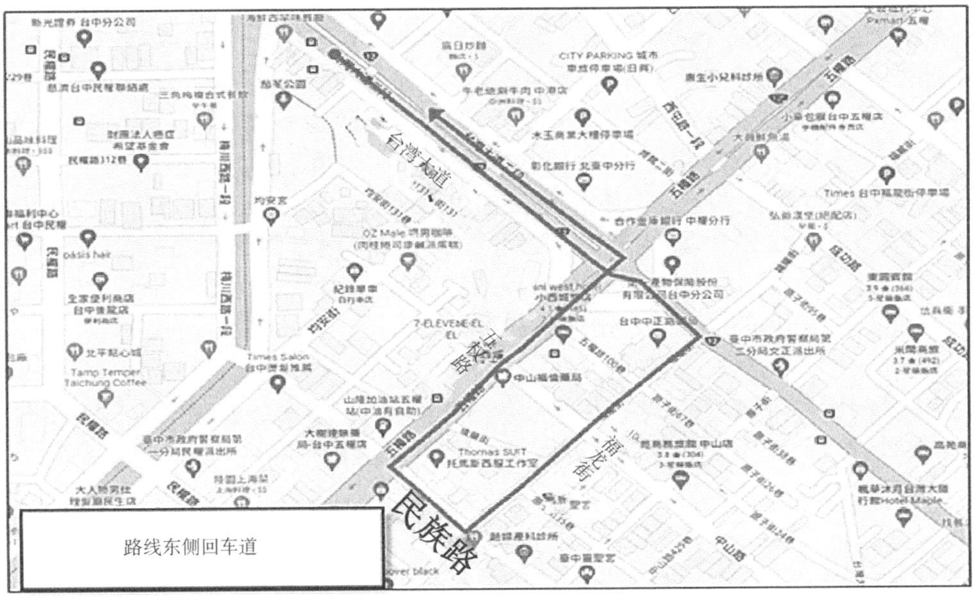

图 5　路线东侧回车道之路线规划

驶、公交车混合车流的跟车与进站/离站测试，同时要求自驾巴士最高行驶速度应达到 40 km/h。

3) 高峰时段行驶(以离峰时段测试时间往前及往后各延长 30 min，再逐步增加，最长延伸至 2 h)

纳入高峰时段进行行驶测试，持续针对自驾巴士遭遇各项情境进行调整，并评估自驾巴士运行于本案场域的技术瓶颈，并提出改善方案。此阶段测试期程建议至少 6 个月，完成高峰时段自驾路段行驶、道路情境验证。

4.2　自驾巴士商业模式

在台湾大道自驾巴士之商业模式上，本文分别探究方案 A(基本情境)、方案 B(悲观情境)以及方案 C(乐观情境)三种情境。自驾巴士收入包含营运收入及广告收入，营运收入系指旅客搭乘自驾巴士所付出的成本，影响该收入的因素包含巴士班次数量、票价、巴士载客数以及乘载率等；广告收入则可分为车内或车外广告收入；成本则包含车辆费用、车辆保修费用、保修场地费用及营运人力费用等。

在基本情境下，2 辆自驾巴士，每天有 6 个班次，承载率 60%，单趟票价为 16 元新台币，其营运 1 至 6 年损益分析如表 1 所示，年支出皆大于收入，导致亏损愈发严重，在此情境下无法营运。在悲观情境下，2 辆自驾巴士，每天有 5 个班次，承载率 100%，单趟票价为 16 元新台币，6 年内损益分析如表 2 所示，可知在每天仅 5 个班次情境下，就算承载率为 100%，亦须十分长的时间才能将损益达到平衡。在乐观情境下，2 辆自驾巴士，每天有 6 个班次，承载率 60%，将单程票价模式改为套票贩售模式，一张为 100 元新台币，可于该天内无限次达乘，计算后损益结果如表 3 所示，该情境下损益可于第 5 年转为盈余。由表 1～表 3 的情景模拟显示，在现阶段，如何营销自驾巴士是一件十分重要的事情，从票价的规定、吸引旅客搭乘的策略等，都会影响营运自驾巴士的盈亏结果。

表 1　方案 A 损益分析表　　(单位:美元)

年	营收	固定支出	补助	变动支出	盈余
Y1	876 960	−19 644 000	1 764 440	−1 175 260	−18 177 860
Y2	876 960	—	—	−1 175 260	−18 476 160
Y3	876 960	—	—	−1 175 260	−18 774 460
Y4	876 960	—	—	−1 175 260	−19 072 760

(续表)

年	营收	固定支出	补助	变动支出	盈余
Y5	876 960	—	—	−1 175 260	−19 371 060
Y6	876 960	—	—	−1 175 260	−19 669 360

表 2　方案 B 损益分析表　　(单位:美元)

年	营收	固定支出	补助	变动支出	盈余
Y1	1 204 000	−19 644 000	1 692 900	−979 384	−17 726 484
Y2	1 204 000	—	—	−979 384	−17 501 868
Y3	1 204 000	—	—	−979 384	−17 277 252
Y4	1 204 000	—	—	−979 384	−17 052 636
Y5	1 204 000	—	—	−979 384	−16 828 020
Y6	1 204 000	—	—	−979 384	−16 603 404

表 3　方案 C 损益分析表　　(单位:美元)

年	营收	固定支出	补助	变动支出	盈余
Y1	5 292 000	−19 644 000	1 764 440	−1 175 260	−13 762 820
Y2	5 292 000	—	—	−1 175 260	−9 646 080
Y3	5 292 000	—	—	−1 175 260	−5 529 340
Y4	5 292 000	—	—	−1 175 260	−1 412 600
Y5	5 292 000	—	—	−1 175 260	2 704 140
Y6	5 292 000	—	—	−1 175 260	6 820 880

5. 结语

本文通过搜集与评析自驾巴士岛内外案例、调查分析台湾大道的车流特性,及探究台湾大道各段道路详细布设情况,以评估该系统于台湾大道公交车专用道适合的营运条件。进而根据台湾大道场域特性以及岛内外自驾巴士案例,规划自驾巴士于台湾大道公交车专用道上之运行模式,其包含自驾范围、手驾范围以及回车道之路线规划,以提升自驾巴士行驶于台湾大道之安全性。最后,本文针对自驾巴士营运进行商业模式规划,包括基本情境、悲观情境以及乐观情境之分析。该研究成果可作为交通相关单位建置自驾巴士于市区运输廊道的参考依据,以有效提升公共运输的整体服务水平。

本文提出自驾巴士测试运行模式规划系以台湾大道公交车专用道为主,若未来自驾巴士在其他场域运行,建议可针对其道路环境特性与条件,进行不同的运行模式规划,以更贴近场域特性及需求。

参考文献

[1] 新北市政府交通局. 新北智驾电动巴士专区[EB/OL]. [2021]https://www. traffic. ntpc. gov. tw/home. jsp? id=acb536e8e0fbb8ab.

[2] 台湾地区经济事务主管部门技术处. 无人载具科技创新实验信息揭露[EB/OL]. [2020-11-18]https://www. moea. gov. tw/MNS/populace/content/Content. aspx? menu_id=33280.

[3] EasyMile. SUCCESSSTORIES[EB/OL]. [2015-1-18]https://easymile. com/success-stories.

[4] TOYOTA. e-Palette[EB/OL]. [2018-9-8]https://www. toyota. com. tw/startyourimpossible/mobility-solutions/e-

palette. html.
[5] Sensible 4(2020), New Autonomous Vehicles Are Launched in a One-Year Trial in Norway[EB/OL]. [2020-5-11]https://sensible4. fi/company/newsroom/press-release-new-autonomous-vehicles-are-launched-in-a-one-year-trial-in-norway/.
[6] METI. Public Road Demonstration Tests of Mid-Sized Buses with Autonomous Driving Systems[EB/OL]. [2020-6-10]https://www. meti. go. jp/english/press/2020/0710_004. html.

智慧车路融合的无人驾驶公交规划设计研究与实践

——以郑州龙湖地区为例

Reserch and practice of unmanned buses-integrated with smart vehicles and roads

—a case study Longhu District in Zhengzhou

黄　平[1]　王壮壮[2]　汪　涛[3]

摘　要：信息化和数字化科技革命的背景下，研究如何发展智慧车路融合的无人驾驶公交对于提升智能化水平，增强公交吸引力有重要意义。本文以郑州龙湖地区为切入点，提出了无人驾驶公交技术发展框架，研究了无人公交规划设计中所需考虑的需求预测、线路选择、混合运行模式下无人公交断面布置、交通组织和场站设计，构建无人驾驶规划设计基本模式。该模式已形成可复制的实践案例，为国内其他地区发展智慧车路融合的无人驾驶公交提供借鉴。

关键词：车路融合；无人驾驶公交；龙湖地区

Abstract: Under the background of information technology and digital technology revolution, researching the development strategy of public unmanned buses is of great significance for improving the quality of public transportation services and enhancing the attractiveness of public transportation. Taking Longhu District of Zhengzhou as example, this paper puts forward the development framework of public unmanned buses technology, studies the demand forecast, route selection, section layout, traffic organization and station design of unmanned public transport under mixed operation mode, and constructs the basic mode of unmanned public transport planning and design. It forms a replicable practical case, and provides reference for the development of public unmanned buses in other areas in China.

Key words: vehicle-road cooperative; unmanned buses; longhu district

1. 引言

传统公交系统服务品质差、运营效率低、候车时间长、行程拥堵等问题频发，导致乘客满意度降低，地面公交在整个交通系统中的分担率持续下降。借助5G、云计算、人工智能、工业互联网等先进科学技术，以“自动驾驶”“车路协同”和“智能网联”为特点的智能网联公交将成为未来的发展方向。探索如何发展智慧车路融合的公交体系是当前亟须解决的问题，这对于推动城市客运系统升级、推动智能交通产业良性发展、提升区域整体竞争力、打造人民满意的高品质出行服务、促进“资源节约＋环境友好”型公交都市建设具有重要意义[1]。本文以郑州龙湖中环路无人驾驶公交一期工程实践为案例，从可行性分析、线路选择、道路工程、交通组织、场站设施以及智慧系统的角度探讨无人驾驶公交的规划设计方法与发展模式。

1　黄平，上海市政工程设计研究总院(集团)有限公司。
2,3　王壮壮，汪涛，上海交通大学。

2. 发展理念与框架

2.1 车路融合解析

智慧车路融合的无人驾驶公交是在自动驾驶和车路协同技术的基础上发展起来的新型公交系统，是信息化和数字化技术变革的产物，旨在打造全新的出行模式满足居民高效、安全、舒适、准点的出行需求，通过道路工程、车辆工程以及信息化工程的实施，带动基础设施建设、车辆、通信等智慧产业的联动升级[2,3]。智慧车路融合的无人驾驶公交必须克服舒适性不足、污染严重、等待时间长、灵活性差等问题，充分利用各种实时多源信息，结合“车辆-乘客-云端-场端”一体化，实现全时空动态调整运营策略，最小化出行成本。

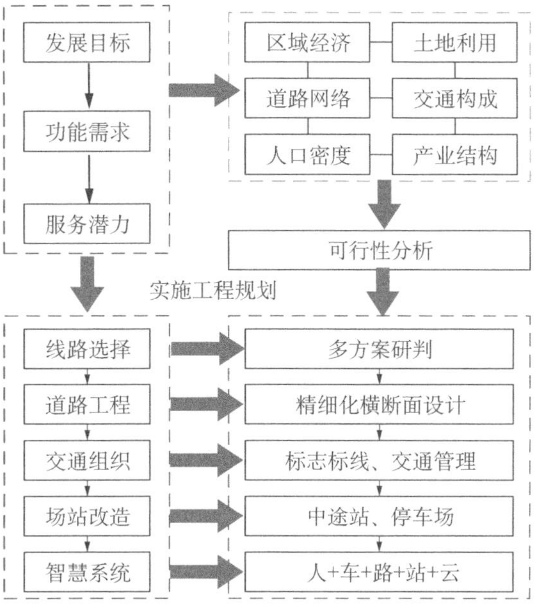

图1　技术发展框架

2.2 发展框架

发展无人驾驶公交是一项系统工程，需要综合考虑区域经济条件、基础设施条件和道路交通条件。图1展示了本文所提出的技术框架。一方面，要基于制定的发展目标提出相应的功能需求，另一方面，要深度挖掘客运需求与潜力并实施可行性分析，在此基础上开展合理的线路选择、道路改造、车辆选型、场站建设、交通组织和智慧系统。

1）挖掘无人驾驶公交客运需求与潜力

以建设区域土地现状开发和规划为基础，剖析用地结构、功能布局以及用地需求。根据区域路网、公交和轨道交通现状及规划情况分析区域内部各个交通子系统的特性，总结区域发展无人驾驶公交的可行条件，探索对区域发展的影响。进一步结合人口数据、区域经济数据、产业结构数据预测区域交通需求，依据上位规划，沿线用地控规，预测公交总需求及无人公交承担的客流规模，深度挖掘无人驾驶公交客运需求与潜力，为运营组织与管理、效益分析提供依据。

2）宏观把控无人驾驶线路走向与设计

线路选择需综合考虑实际道路条件、环境条件、无人驾驶线路对居民的出行和区域未来发展的影响，结合实地调研结果，多方案并行研判。

3）精细实施无人驾驶道路改造与升级

道路工程包括无人驾驶道路精细化设计和交通精细化组织两大基本工程。实施道路工程必须坚持安全第一，降低节点和路段安全隐患，全面分析道路条件。最大限度利用既有道路工程，尽可能不改变既有道路宽度和车道数，避免对既有道路交通设施进行大规模改造，以降低改造成本。

4）提升无人驾驶公交服务能力与竞争力

充分发挥无人驾驶公交在运营效率和节能减碳方面的优势，根据国内已开展的自动驾驶公交的测试情况，综合考虑技术成熟度和乘客舒适度，确定合理的车辆选型。

5）建设功能实用的智慧特色场站设施

中途站、停车场、控制中心等其他配套设施不仅需满足车辆停放、洗车、充电等功能要求，还应确保外观特色化、功能模块化、节能环保化和智能网联化。

6）打造实时高效的智慧无人公交系统

通过系统集成，实现对“人-车-站-道”的一体化调度、管理、监控和服务，为运营管理人员提供全线列车运行、客流组织、车站设备、票务管理、道路车况等信息，为列车安全、正点、高效、有序的运营提供保障，为乘客提供高质量、高水平的出行服务。

3. 无人驾驶公交规划设计实践——以郑州龙湖中环路为例

2019 年，郑东新区针对龙湖地区开展了区域智慧道路和无人驾驶发展总体规划和设计，2020 年 6 月中环路智能网联无人驾驶公交一期开通运营，其成为国内首条商业化运营自动驾驶公交线和行业首个无人场站，同时为二期工程提供了示范样板。

一期工程共配备 12 辆 12 m 长的 L4 级自动驾驶公交车辆，线路总长约 17.4 km。沿线设置 34 座智慧中途站，采用路侧港湾式车站和路中式车站，设置一座智能网联公交停车场(包含智慧监控中心)。沿线采用高峰时段无人驾驶专用车道，非高峰时段智能网联公交与常规车辆混合运行。

3.1 基于公交走廊客流和断面客流预测的可行性分析

龙湖地区规划人口将达 48 万人，按无人驾驶公交 500 m 的服务半径，无人公交服务范围约占龙湖片区的 50%，沿线总出行量为 67 万人次/天。依据龙湖地区现状的交通分担率，考虑平均运行距离(5 km)、最大断面不均衡系数和高峰小时系数计算公交廊道平峰及高峰客流(表 1)。目前龙湖地区大部分用地仍在规划建设阶段，轨道交通仍在建设且服务范围有限，公交客流需求较小，随着龙湖地区建成，人口大量涌入，远期公交廊道客流约为 4.6 万人次/d，高峰小时廊道客流最高达 9 219 人次/h。常规公交无法满足远期需求，而且有轨电车等中运量交通方式造价昂贵、工期较长，不适应当前发展需要，有必要引入无人驾驶公交，以适应龙湖地区公共交通发展需求。无人驾驶公交具有灵活可编组的特点，远期高峰期按 2 min 班次发车，采用最大 3 车编组，运量可达 0.6 万～2 万人/h，满足客流需要。

表 1 龙湖中环—北三环环线客流预测

时间	远期 2035 年		建设初年 2020 年	
	廊道客流（人次/h）	最大断面客流（人次/h）	廊道客流（人次/h）	最大断面客流（人次/h）
高峰时期	9 219	3 033	3 073	1 011
平峰时期	3 688	1 213	1 229	404

3.2 无人驾驶线路选择

线路选择需要综合分析区域客流需求和道路交通条件，主要考虑三个原则：①布置在地区交通廊道上，近期替代轨道交通，远期作为轨道交通线网的补充；②为减少自动驾驶公交与社会车辆相互干扰，适应无人驾驶车辆目前的避险技术水平，原道路至少为双向 6 车道；③尽可能规避施工道路和复杂立交节点，提高安全性。推荐的线路敷设的道路应具备通车条件，且沿线均无不良节点，线路串联多处绿地及水域，兼顾一定观光游览功能(图 2)。

3.3 混合交通流环境下无人驾驶公交的交通组织模式

1）断面布置

由于无人驾驶公交车辆达到 L4 级驾驶技术仍需通过测试完善，在路段行驶、路口避让、车站停靠等方面还有待进一步提高其可靠性和舒适性。因此，作为国内首条商业化运营的自动驾驶公交线，为提高运营的安全保障性，在道路断面上还需要尽可能给无人驾驶公交车辆提供自动驾驶专用车道，减少复杂交通环境的干扰。公交专用道路横断面设计力求匹配原有横断面类型、设计通行能力与停靠站类型，减少对既

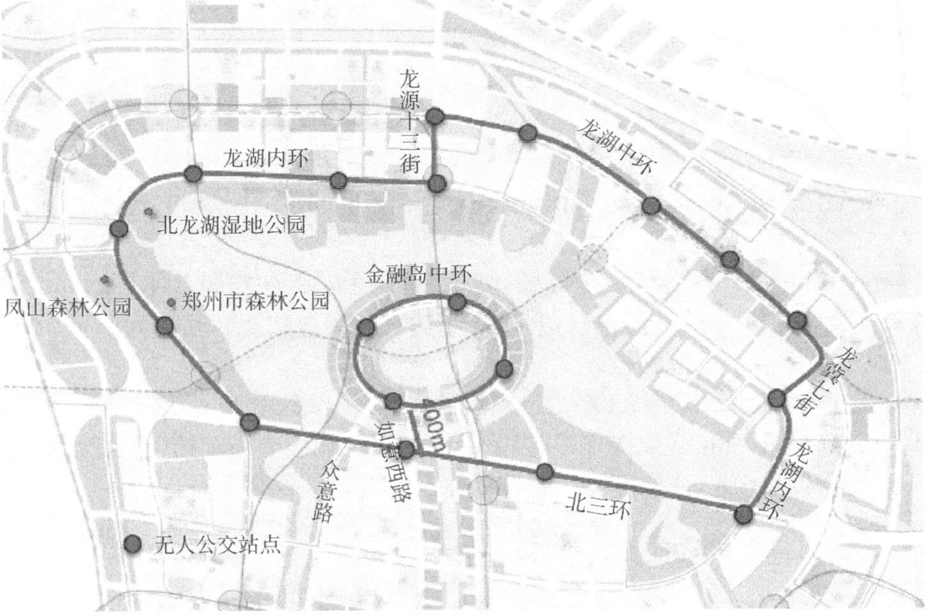

图 2　自动驾驶线路方案

有交通的影响。设计以原公交专用道和公交停靠站相对位置为基础，无人公交专用道包括路中和路侧布置两种类型(图 3)。根据道路实际的交通运行条件，为应对变化的交通需求，设计中使用了全天候无人公交专用道和高峰时段无人公交专用道两种时段管理策略，在交通流量较小的路段设置全天候公交专用道，而在相对拥挤的路段可设置高峰时段专用道。

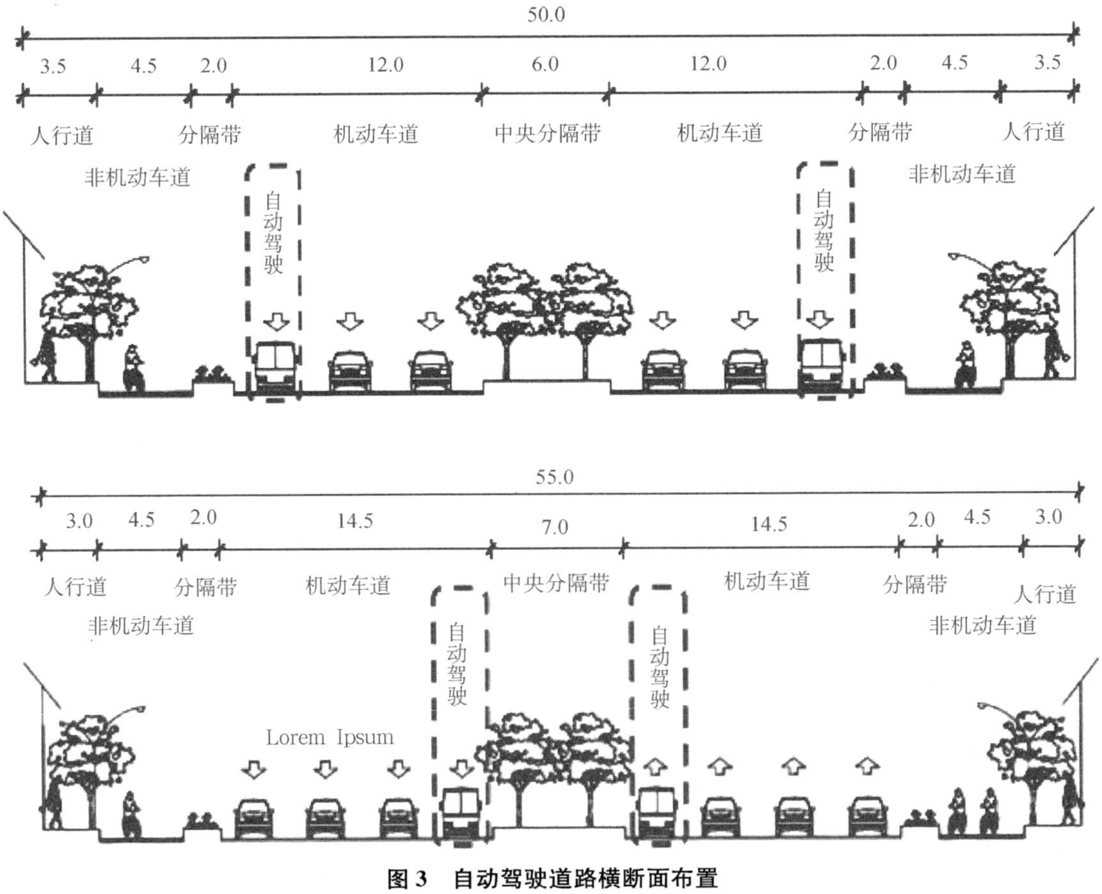

图 3　自动驾驶道路横断面布置

2）交叉口渠化

提示标志和标线能够最大限度地规范社会车辆驾驶员的驾驶行为，保证无人公交自动驾驶的安全性。在交叉口，自动驾驶车辆各转向与一般社会车辆混行还存在一定的困难，为提高自动驾驶车辆运行可靠度，应尽量为无人公交提供专用转向车道或信号控制，需要根据不同的交叉口类型实施精细化组织(图 4)。

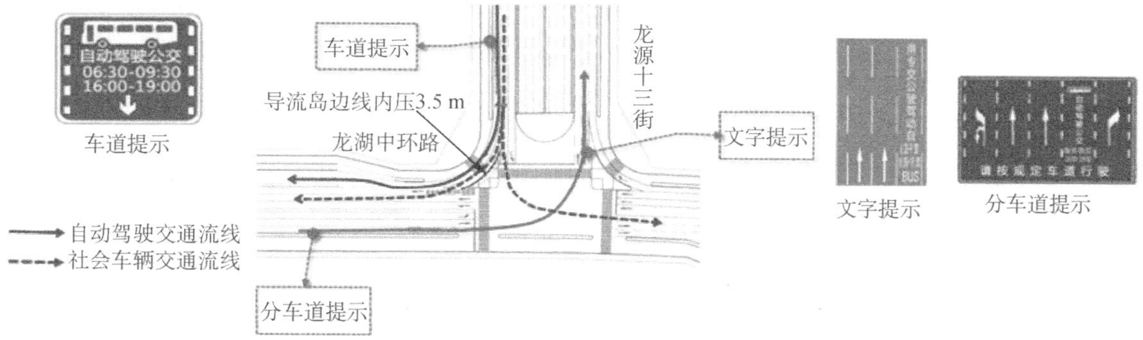

图 4　混合交通流环境下的渠化设计

为减少转向车辆混行的干扰，在交叉口渠化设计时应尽可能考虑无人公交与其他车辆进行分离，主要存在以下 4 类场景进行处理：①为左转的无人公交设置独立左转车道和单独信控，消除冲突点；②自动驾驶在交叉口直行时不设单独信控，若直行专用道与社会右转车辆冲突时，对右转车辆进行信号控制；③若原道路无右转导流岛，可设置单独右转车道进行分离；④若原道路存在右转导流岛，通过缩小导流岛，在右转车道外侧增加一根无人公交右转专用道，以分离不同类型的右转交通。

3）站台组织

为了满足未来无人驾驶公交车技术的需求，同时实现简单功能到复杂功能的过渡，实现有人车站到无人车站的升级，公交站台的设计在组织模式上有别于常规公交站点，需针对路侧式和路中式港湾公交站，以及分离运行和混合运行模式进行不同的设计。

对于路侧港湾式公交站，无人驾驶与常规公交分离停靠有两种组织方式，其区别在于各自停靠区所在相对位置不同。通过调整侧分带宽度、港湾公交站宽度和停靠区宽度，将无人驾驶公交站设置在常规公交站台的外侧或内侧，可将两者的停靠流线进行分离。相比之下，常规公交站台设置在外侧会与无人公交产生一定的交织，而无人公交站台设置在外侧，可以适当剥离与常规公交、社会临时停车的交织干扰，提高可靠度(图 5)。

当采用混合运行模式设计时，无论是港湾式还是路中式公交站台，对现状改造量都相对较小，但交通流线及避让要求相对复杂。通过前后分区布设，并将无人公交停靠在常规公交前部区域，能够有效减少混行干扰(图 6)。

3.4　无人场站布局

无人公交停车场具有车辆停放、自动充电、维修保养、调度监控管理、无人值守等功能。场地分为无人驾驶公交停放区、社会车辆停放区、站房区域。其中，社会车辆停放区靠近外侧，进出交通组织与停放区域相对独立，与无人公交互不干扰。无人公交采用进出口分离和单向交通组织设计，使用出入口闸机进行管理。无人公交驶入独立的停车区域，可在停车位上自动充电。一期设计的无人公交停车区域占地 8 450 m^2，建筑面积 1 050 m^2，车位共 18 个，其中无人公交自动充电车位 12 个，预留车位 4 个，检查、清洗车位 2 个，同时预留二期无人公交项目向北扩展场站用地的条件(图 7)。

3.5　智慧系统架构

智能化系统是智慧公交系统的核心，通过集成和优化设计使得智慧公交系统能实时有效监控车辆、站

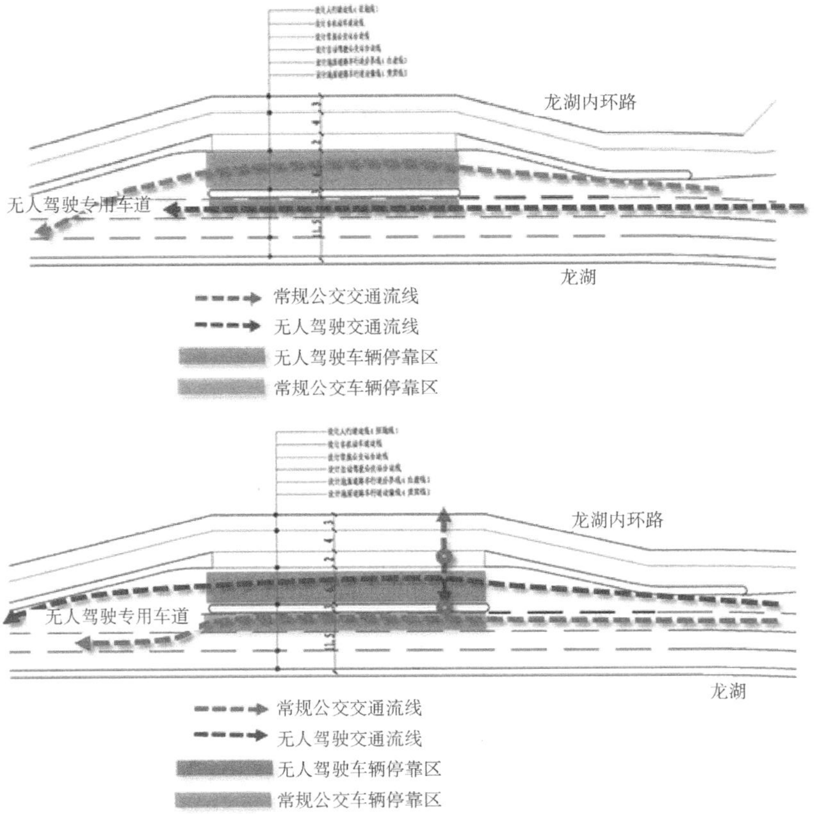

图5　无人驾驶与常规公交站台分离组织模式

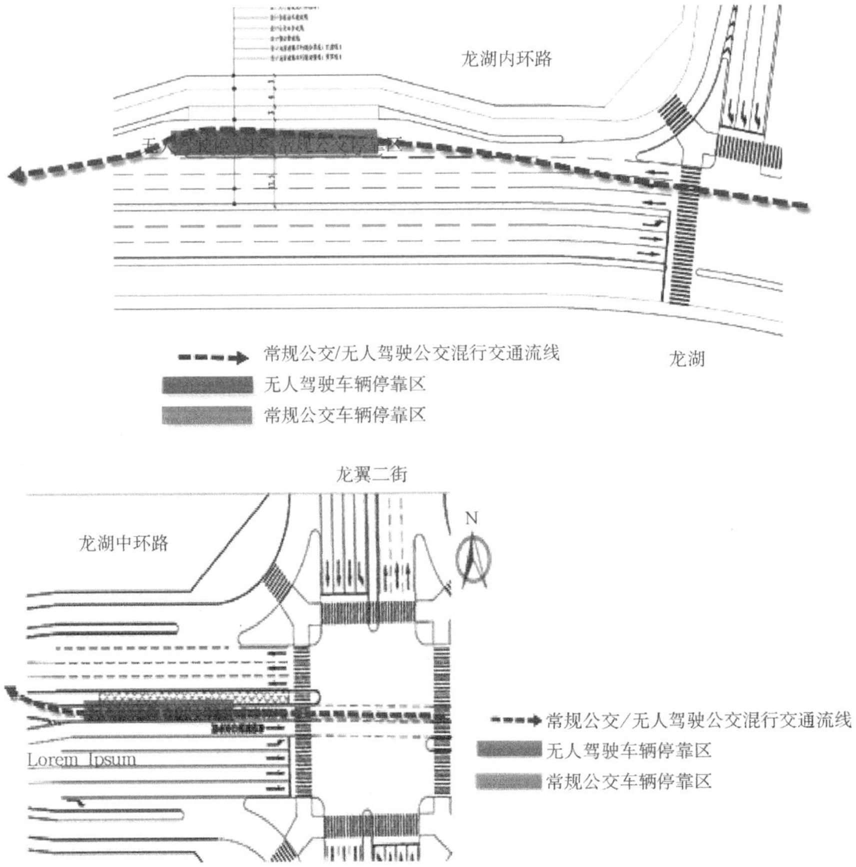

图6　无人驾驶与常规公交站台混行组织模式

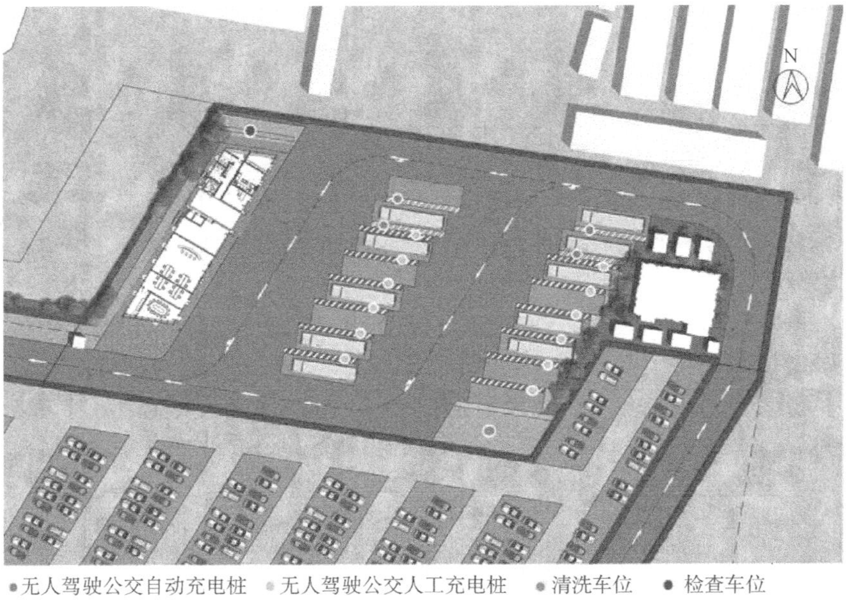

图 7　无人公交停车场站布局与组织

台和道路情况，实现车路协同、车速诱导、全息乘客信息、一体化运营调度管控、智能驾驶监管等功能，实现行车计划和配车排班计划的自动化编制，运营安全与服务质量智能化管理。根据功能需求，整个智慧公交系统包括数据中心、智能网联系统、智能网联系统软件平台、一体化基础运营管理软件平台、公交站台与道路视频监控系统、专用道车辆检测系统、信号控制系统、车载售检票系统、站台数字广播系统、站台乘客信息服务系统、不间断电源系统、停车场智能化系统、网络通信系统、管理中心软硬件系统(图 8)。

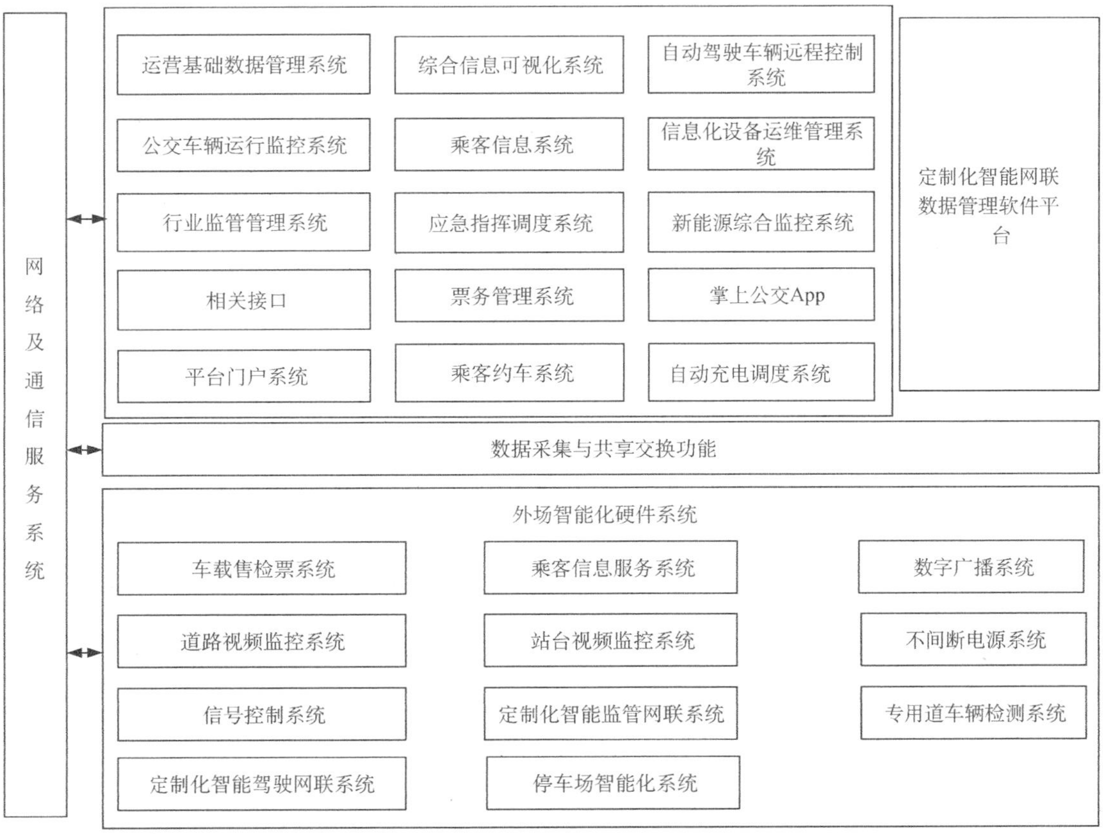

图 8　智慧系统架构

4. 结语

公交是行业公认能够率先实现自动驾驶运用落地的交通领域，具有广阔应用前景，当前上海、深圳、北京、广州、武汉等国内多个城市都在开展智能网联公交系统的技术测试。现阶段车路协同的无人驾驶技术还在逐步完善，这也要求我们在无人驾驶公交的规划设计中应注重交通安全与运行效率。即一方面在混行状态下要求结合无人驾驶车辆自身性能加强道路交通设施的安全保障，另一方面提供更高效的优先控制和更智慧的乘客服务功能。

郑东新区以“改进城市管理与改善人居环境”为契机，大力推广无人驾驶公交项目，推动建设智慧道路，提升智能交通水平，打造全新出行模式。其对无人驾驶公交系统的规划、设计、建设、运营具有示范作用，有利于推进我国无人驾驶技术的发展，是城市形象展示的名片，具有重要的战略意义和示范意义。

参考文献

[1] 张亦弛，赵鹏超，谢卉瑜. 中国智慧公交示范现状分析及展望[J]. 时代汽车，2021，354(6)：35-38.
[2] 刘佳辉. “公交都市”后时代广州市公共交通发展战略研究[J]. 城市公共交通，2019，253(7)：31-35.
[3] 林静. 基于城市交通基础设施发展协调性的公共交通优先评价与建议[J]. 北京规划建设，2020，192(3)：80-84.

自动驾驶货车编组运动轨迹特征研究

Research on the trajectory characteristics of Auto-driving trucks platooning

于　尧[1]　涂锦程[2]　葛中堂[3]　保丽霞[4]　王秋兰[5]

摘　要： 重载货车是公路货物运输的主要载运工具。随着自动驾驶车路协同技术的快速发展，自动驾驶车辆编组问题逐渐成为重要的技术热点。本文以自动驾驶重载货车为研究目标，对人工驾驶与自动驾驶混合车流下的编组运动轨迹进行特征挖掘，以提升自动驾驶车辆编队运行的安全性和高效性。结合重载货车实际编组运动，提出以下三种运动轨迹形式：①稳态下的编组轨迹特征；②非稳态下的编组轨迹特征；③编组队列的解散与重组。基于CACC提出重载货车编组运动模型，并采用仿真的方法，对上述三种编组运动轨迹进行速度-位移可视化分析，研究结果可为下一步自动驾驶编组控制提供研究思路和支撑。

关键词： 重载货车；编组运动；混合车流；轨迹特征

Abstract: Heavy-duty trucks are the main vehicle for road cargo transportation. With the rapid development of autonomous vehicle-road collaboration technology, the problem of autonomous vehicle platooning has gradually become an important technical hot spot. This paper takes the autonomous driving heavy-duty truck as the research goal, and conducts feature mining on the platooning motion trajectories under the mixed traffic flow of manual driving and autonomous driving, so as to improve the safety and efficiency of autonomous vehicle formation operation. Combined with the actual platooning motion of heavy-duty trucks, the following three motion trajectory forms are proposed, including ① platooning trajectory characteristics in steady state; ② platooning trajectory characteristics in unsteady state and ③ disbanding and reorganization of platooning queues. Based on the CACC, a heavy-duty truck platooning motion model is proposed, and the simulation method is used to analyze the velocity-displacement visualization of the above three platooning motion trajectories. The research results can provide research ideas and support for the next automatic driving platooning control.

Key words: heavy truck; platoon movement; mixed traffic flow; trajectoriescharacteristics

1. 引言

经济的快速发展为我国交通运输行业带来了蓬勃发展的机遇。重载货车是公路货物运输的主要载运工具之一。货车不仅可以承载省、市间中远距离的货物运输，实现门到门的运输服务；同时作为多式联运中的重要运输方式，是供应链环节不可缺少的重要载体。近年来，随着货运量的不断增长，重载货车在高速公路占比逐年增加，尤其在货运网络密度较大的长三角区域，高占比的大型货运车辆在提高运输高效的同时也带来了严重的交通拥堵和安全隐患[1-2]。相比于传统交通管理，自动驾驶技术的逐步成熟为公路运输中的安全和效率问题提供了新的解决思路。自动驾驶车辆以高效、舒适、安全、绿色等优势，可优化通行效率，提高道路行驶的安全性[3]。在自动驾驶轨迹特征分析领域，部分学者从货运编队和货运出行角度，对货车出行经济性和安全性方面进行了研究。其中在货运编队方面，Liang[4]等人通过真实数据分析发现

1,2,3　于尧，涂锦程，葛中堂，上海海事大学。
4,5　保丽霞，王秋兰，上海市城市建设设计研究总院（集团）有限公司。

自发形成的编队相对较少，所节省的燃油也有限，但是通过对车辆的协作距离进行较小调整之后，可显著提高编队率和燃油节省量。鲁杲亚[5]等人则借鉴鱼群效应思想，对同一时间同一道路上的同向车辆的多种行为方式，提出一种货车编队模型，应用无人驾驶货车编队保障行车安全，提高运输效率。在货运出行方面，甘蜜[6]等人针对货运行程时间、空间位置、出行需求等主题展开研究，证明了基于轨迹数据预测货运特征的可行性。Lee[7]等人提出一种基于V2V通信的路径规划算法，该算法可以让每辆后续车辆都可以精确地计算出前方车辆前部的轨迹，并将其用作目标路径，这极大提高了自动驾驶技术应用于货车出行的安全性能。目前，自动驾驶技术可以很好地实现编组轨迹控制，在减少整体车队燃油消耗、提高安全性和通行效率方面有极大的优势。

本文以自动驾驶重载货车为研究目标，对其编组行驶及编组轨迹特征进行研究，以达到提升高速公路运输效率和安全的目的。

2. 基于CACC的自动驾驶重载货车运动建模

自适应巡航控制(ACC)系统又称主动巡航控制技术，是在传统定速巡航控制基础上结合了车距保持功能，利用车载雷达探测前方行驶环境，通过控制节气门和制动系统自动调整车速，提高驾驶舒适性和安全性。CACC也称协同自适应巡航控制，是应用于自动驾驶车辆跟驰研究的热门模型[8]。

本文考虑利用ACC模型表示自由行驶的自动驾驶车辆运动行为。PATH① 实验室多年对ACC和CACC车辆的运动模型进行测试、仿真、研究，提出的模型能够很好地反映ACC车辆和CACC车辆的运动方式，模型如式(1)、式(2)所示：

$$e_n(t) = x_{n+1} - x_n - Tv_n(t) \tag{1}$$

$$\dot{v}_{n+1} = k_1 e_n(t) - k_2[v_{n+1}(t) - v_n(t)] \tag{2}$$

式中，$e_n(t)$ 为当前车辆与前方车辆的距离偏差；x_n 为第 n 辆车的位置；T 为车头时距；$v_n(t)$ 为第 n 车的当前速度。

对于自动驾驶重载货车编组(Autonomous heavy-duty truck platooning, AHTP)，现有的大部分研究都是考虑用CACC模型，根据不同场景来控制自动驾驶重载货车的编组车队的纵向运动行为[1]。

CACC控制器下车辆的跟驰行为可被表示为[10]：

$$e_n(t) = x_{n+1} - x_n - Tv_n(t) \tag{3}$$

$$\dot{v}_{n+1} = k_0 \dot{v}_n(t) + k_1 e_n(t) - k_2[v_{n+1}(t) - v_n(t)] \tag{4}$$

而CACC控制器是建立在可以通信的条件下，如果前方车辆与当前车辆无法通信，此时CACC控制器就会退化成ACC控制器。

对于参数的选取，包括速度偏差系数 k_2，间距偏差系数 k_1，加速度偏差 k_0，控制器中关于车头间距选取的 T 等，PATH实验室的跟车实验中都有得到可参考的数据，而AHTP的参数也有其他学者的实验数值进行参考。如表1所示。

上述取值是在以CACC小客车和ACC小客车的环境下的取值，而这些取值被很多学者作为参考。对于CACC重载货车编组车队中的车头时距的选取，曾有学者研究表明应设置在1.2 s至1.5 s之间。因此，本文拟取可编组的重载货车的车头时距为1.5 s。

① (PATH, Partners for Advanced Transit and Highways)加州先进交通和高速公路伙伴计划

表 1　CACC 模型和 ACC 模型参数取值

参数	符号	ACC 取值（小客车）	ACC 取值（货车）	CACC 取值（重载货车）
车头时距	T	1.1 s	3 s	1.5 s
加速度偏差系数	k_0	—	—	0.45
速度偏差系数	k_2	0.07	0.07	0.07
间距偏差	k_1	0.23	0.23	0.25

一般情况下，自动驾驶重载货车编组需要提前建立编组连接，在车辆运行前或在车辆运行途中进行编组，也可以在特殊情况下断开车队连接或者重组。

队列的重组是指在恰好前方车辆与后方车辆都是可以互相通信的自动驾驶车辆且不相连，并且处于通信范围内，车辆之间的间距能够在一定时间内逐渐缩短至编组最合适的间距内。

3. 自动驾驶重载货车编组及其轨迹特征研究

本部分将 AHTP 编组的运动形式拆分成三种基本、可重复的运动形式。并以 5 辆自动驾驶重载货车组成的 AHTP 为例，分别对以下三种不同运动形式下的轨迹特征进行研究，最后利用 Python 对所得到的轨迹图像进行分析。

3.1　稳态编组运动及轨迹分析

首先对稳态下的编组车队的运动轨迹分析。可以划分为加速过程和减速过程。加速过程，考虑平稳队列从速度 10 m/s 要加速至 25 m/s 的平稳状态。需要利用计算迭代多次来观测编组车队的运行状态，如图 1 所示。

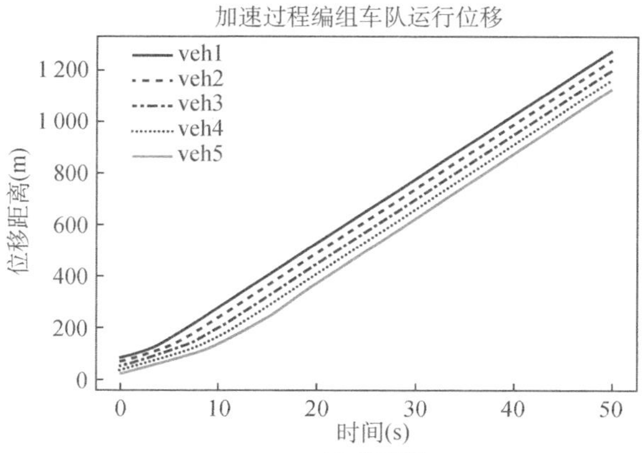

(a) 位移图

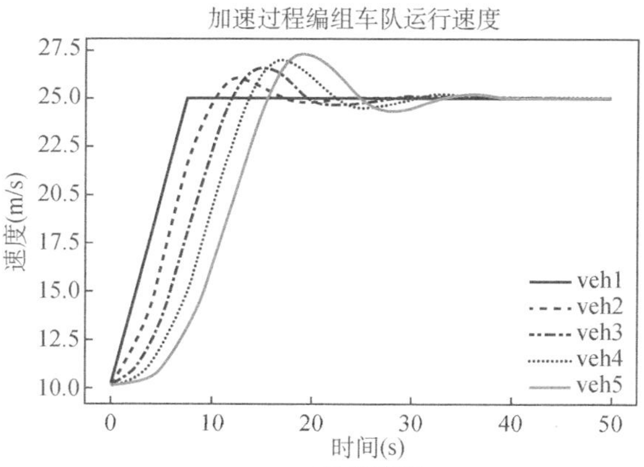

(b) 速度图

图 1　稳态加速过程

图 1 反映了车队从 10 m/s 稳态加速至另一个稳态 25 m/s 的过程。可以看出队列中各车辆间的位移差与车辆在编组队列中次序有关。在图 2 中，领队车辆的速度最先稳定下来，即直线上升后立即平缓到达目标速度值。而编组队列后方车辆呈现出相似的速度变化趋势，单位时间速度增加幅度也基本相同。受到 CACC 车辆控制器控制，后方的编组车辆需要一个缓冲的过程。该缓冲过程随着队伍后方车辆的增加，呈现出的速度波动性也相对越大，且达到稳态的时间也相对更久。可以看出队列规模越大恢复平稳需要的时间越长，后方车辆缓冲时波动幅度越大。

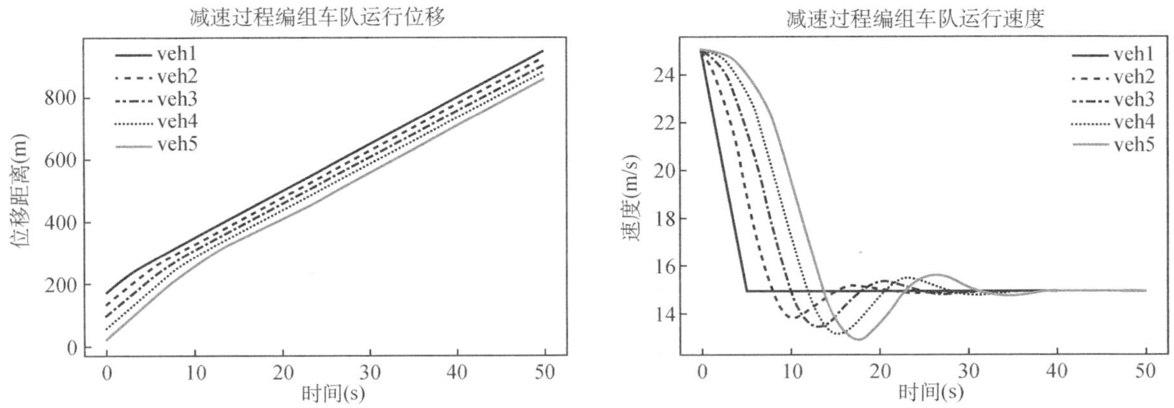

(a) 位移图　　(b) 速度图

图 2　稳态减速过程

由图 2 反映稳态 25 m/s 至稳态 15 m/s 的减速过程。对编组队列减速轨迹分析可知，车队在减速过程中，各车辆之间的间距随着时间逐渐减少。加速过程类似，若队列在减速过程中，各车辆到达稳态速度时，则车辆会继续保持减速再进行小幅度的梯度调整，直至车辆运行稳定且间距稳定。

3.2　非稳态编组运动及轨迹分析

本部分将场景复杂化，即 AHTP 在向稳态转变的过程中突然更改状态目标。即存在加速与减速的非计划性变更。如，AHTP 在行进过程中，前方有其他车辆换道至领队车辆前方，导致 AHTP 速度被限制至前方目标车速，被迫改变原有稳态状态；或前方车辆离开当前车道，AHTP 可加速至既定速度上限。

利用 Python 数值模拟进行迭代，对所得到的轨迹图像(图 3)进行分析。

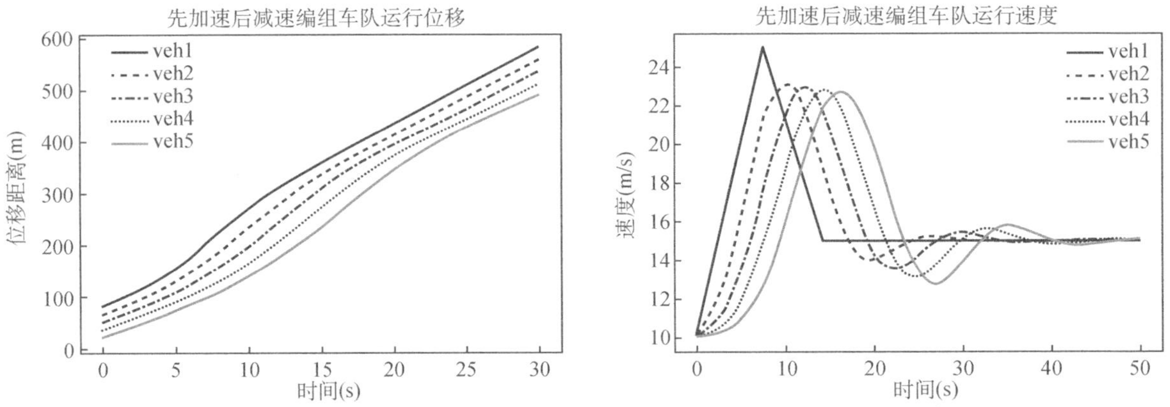

(a) 位移图　　(b) 速度图

图 3　非稳态先加速后减速过程

图 3 反映了领队车辆从 10 m/s 稳态，加速至 25 m/s 非稳态，再减速至 15 m/s 新的稳态过程。由图 3 加速轨迹可知，车队初始的平稳状态为 10 m/s，车头时距为 1.5 s。仿真中设置领队车辆以 2 m/s^2 的加速度持续加速至 25 m/s，在领队车辆达到 25 m/s 的速度后，立即以减速度为 1.5 m/s^2 的减速至 15 m/s 的车队稳态。可以看出，速度图 2(b)和图 3(b)中减速过程的持续时间分别约为 40 s 和 40.5 s，几乎一致。两次的减速过程到达相对稳定的时间近乎相同。可以推测当状态转换时，从稳态下领队的速度 $v_1 =$ 25 m/s 的时刻到 $v_2 = 15$ m/s 稳定状态变化的时间近乎等于非稳态速度 $v_1 = 25$ m/s 速度变化至稳态速度 $v_2 = 15$ m/s 所花费的时间。

图 4 反映了减速后加速的过程，其位移和速度图和图 3 结果类似，不再重复赘述。

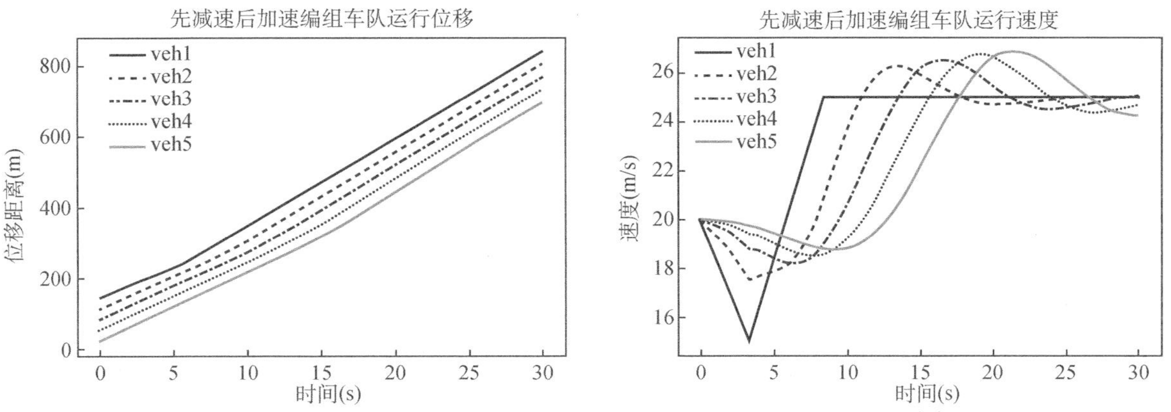

(a) 位移图 (b) 速度图

图 4 非稳态先加速后减速过程

根据上述编组运行的速度图可以证明:在到达新稳态的过程中,AHTP 车队规模越大,所需要到达稳定的时间也就越长。即恢复稳态的时间与车队规模正相关:

$$t_s \propto N \tag{5}$$

式中,t_s 为车辆恢复稳态的时间;N 为车队规模。

3.3 队列解散与重组运动特征分析

前面分析了 AHTP 在队列不解散的情况下,也就是编组车队数量不发生改变下的运动规律。本节内容重点对 AHTP 的解散和重组进行研究。

在 AHTP 运动过程中,队列内车辆会陆续达到终点状态,如下匝道进入城市道路,此时对该类车辆进行脱离编组控制。

AHTP 队列中不同位置的车辆,虽然其速度策略与前方车辆保持一致,但仍存在较大的迟滞性。因此,队列断开位置不同,对 AHTP 恢复稳态运行的影响将会不同。例如,若断开队列末车辆通信,综合 3.1 节和 3.2 节结果可知,会提升 AHTP 运行效率,因为其脱离不会对前方车辆产生相应干扰,且可大幅缩短队列达到稳态所需的时间。但若断开位置在中间,则会对后方跟驰车辆产生较大干扰,甚至需要重新编组。

由图 5 可知,AHTP 运行速度不变,第 $j+1$ 辆车辆运动轨迹保持一致。此外,通过图 5(b)的 veh3、图 5(d)的 veh4、图 5(f)的 veh5 等车辆的运动轨迹中看出,若 AHTP 队列断开,队列重组恢复至稳态所需时间与断开位置后方车辆数量有关,即断开位置后方编组车辆越多,队列恢复稳态的时间越长。并且断开截面后方相同位置次序的车辆运动轨迹相同。

4. 结语

本文从自动驾驶重载货车运行特性和编组及其轨迹特征两方面探索其运行状态,与其他研究相比,本文的独特性主要体现在:①基于 CACC 给出自动驾驶编组车队跟驰模型,为后续重载货车编组控制研究提供基础支撑;②将 AHTP 编组的运动形式拆分成三种基本、可重复的运动形式。对稳态和非稳态编组轨迹特征分析以及编组队列的解散与重组,充分考虑了自动驾驶重载货车轨迹运行特征,有利于对未来研究进行探究。

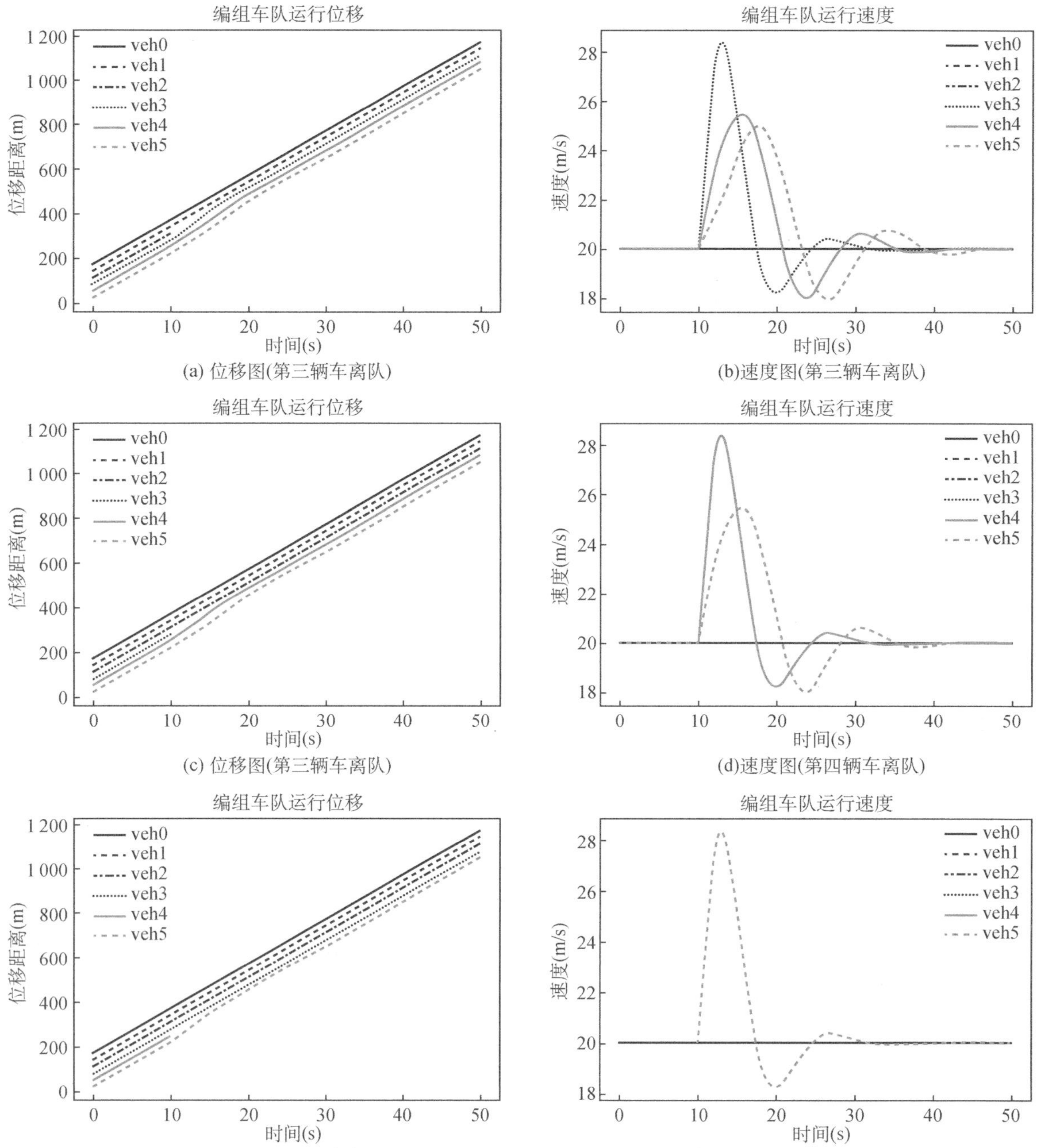

(a) 位移图(第三辆车离队)　(b)速度图(第三辆车离队)

(c) 位移图(第三辆车离队)　(d)速度图(第四辆车离队)

(e) 位移图(第五辆车离队)　(f)速度图(第五辆车离队)

图 5　编组队列解散与重组

参考文献

[1] 覃文文，李欢，李武，等. 货车驾驶人驾驶行为与行车安全研究进展[J]. 交通运输系统工程与信息，2022，1-25.

[2] Thompson J, Newnam S, Stevenson M. A model for exploring the relationship between payment structures, fatigue, crash risk, and regulatory response in a heavy-vehicle transport system[J]. Transportation Research Part A: Policy and Practice, 2015, 82: 204-215.

[3] Boysen N, Briskorn D, Schwerdfeger S. The identical-path truck platooning problem[J]. Transportation Research Part B: Methodological, 2018, 109: 26-39.

[4] Liang K Y, Mårtensson J, Johansson K H. Fuel-saving potentials of platooning evaluated through sparse heavy-duty vehicle position data[C]//2014 IEEE Intelligent Vehicles Symposium Proceedings. IEEE, 2014: 1061-1068.

[5] 鲁杲亚,文子卿,吴问涛,等.基于鱼群效应的高速公路货车编队算法研究[J].综合运输,2021,43(5):56-62.
[6] 甘蜜,卿三东,刘晓波,等.货车轨迹数据在公路货运系统中应用研究综述[J].交通运输系统工程与信息,2021,21(5):91-101,113.
[7] Lee Y, Ahn T, Lee C, et al. A novel path planning algorithm for truck platooning using V2V communication[J]. Sensors, 2020, 20(24): 7022.
[8] Calvert S C, Schakel W J, Arem B V. Evaluation and modelling of the traffic flow effects of truck platooning[J]. Transportation Research Part C: Emerging Technologies, 2019, 105(8):1-22.
[9] Lu X Y, Shladover S, Bergquist S. Truck CACC implementation and test to verify control performance[J]. Transportation research record, 2019, 2673(8): 353-364.
[10] V Milanés, Shladover S E. Modeling cooperative and autonomous adaptive cruise control dynamic responses using experimental data[J]. Transportation Research Part C: Emerging Technologies, 2014, 48: 285-300.

智慧路边停车导引服务之消费者特性调查

——以台南市为例

Consumer survey of smart roadside parking guidance service

—a case study of tainan city

魏健宏[1]　石孟峥[2]

摘　要： 都市地区经常发生停车供需失衡的情况，需要通过智慧化交通管理手段加以改善。近年来台湾主要都市陆续设置智慧路边停车系统，提供多种停车管理服务与措施。相关文献有提出创新的路边停车导引服务系统经营模式，本文根据该服务架构进行消费者需求特性问卷调查，试图填补研究中的不足，使创新的服务机制在开发到实际营运中，能有效考量消费者的需求与感受。本文收集400份有效问卷，分析得知民众对于此种创新的服务是能够接受也有高度意愿使用，并通过多项式罗吉特模式以及弹性分析得知，步行距离是民众在选择服务方案时最重视的因子。期望成果成为创新停车导引服务建置时的关键基础。

关键词： 停车管理；智慧路边停车系统；消费者特性；多项式罗吉特模式；弹性分析

Abstract: Parking supply and demand imbalances often occur in metropolitan areas. When there is a parking supply and demand problem it needs to be improved by intelligent traffic management method. In recent years, major cities in Taiwan have successively installed smart roadside parking systems and provide many parking services. Related literature innovated a business model for roadside parking guidance service system. This study attempts to fill in the gaps in the research by conducting a consumer questionnaire based on the service. In the process from the development of innovative service mechanism to actual operation, the needs and feelings of consumers can be effectively considered. In this study, 400 valid questionnaires were collected, and the results showed that the public is willing to accept and willing to use such innovative services. And through multinomial logit model and elasticity analysis, we know that walking distance will be the most important factor when people choose a plan according to services. This study expects the research results to be the key basis for the construction of innovative parking guidance services.

Key words: parking management; smart roadside parking system; consumer survey; multinomial logit model; elasticity analysis

1. 前言

都市停车，尤其是以私人交通工具为主的都市，长期以来都面临供需失衡的问题。台南市区作为台湾最早发展的地区，路外停车受到用地取得限制；而路边停车位的划设，则因道路两旁密集的商业活动而不易新增，因此，整体停车供给方面，数量增加有限。

现行市面上的智慧停车App提供的停车服务仅限于信息的提供，以及固定时间的预测结果，对于民众而言，若有服务可以主动提供停车位置选项并根据使用者欲到达的时间进行客制化停车位导引服务，能增加民众对于服务的信赖度与依赖度。魏健宏等[1]利用服务设计的概念建置停车导引服务蓝图展示创新的经营模式，并融入需求预测以及差别定价等概念，文中提及多项子系统以及服务概念，但并未对消费者

1　魏健宏，成功大学FinTech商创研究中心。
2　石孟峥，成功大学。

做出实际的调查。因此本文从此观点切入发放调查问卷,设定情境,调查民众在面对新形态的停车导引服务的选择行为,通过多项式罗吉特分析以及弹性分析了解不同因子的影响情形。通过问卷分析期望能了解民众对于停车导引服务的使用意愿以及愿付价格等,成为建置停车导引服务时的参考。

2. 文献回顾

2.1 创新智慧路边停车导引服务蓝图

根据 Shostack[2] 提出服务蓝图的概念,将整体服务视觉化,呈现服务的流程,可用作审视服务产出过程的方法,服务蓝图即成为服务流程分析的重要工具之一。魏健宏等[1] 提出创新智慧停车导引服务之经营模式,并建置服务蓝图完整呈现新形态停车导引服务流程(图 1)。完整的服务概念是当有停车需求时,利用需求模型预测该路段停放比率,若停放状况拥挤,则会启动此服务,根据使用者的会员信息,区分其为何种消费者形态,接着提供车位选择方案,让使用者能够顺利抵达目的地,使消费者能够感受到服务的用心与质量。

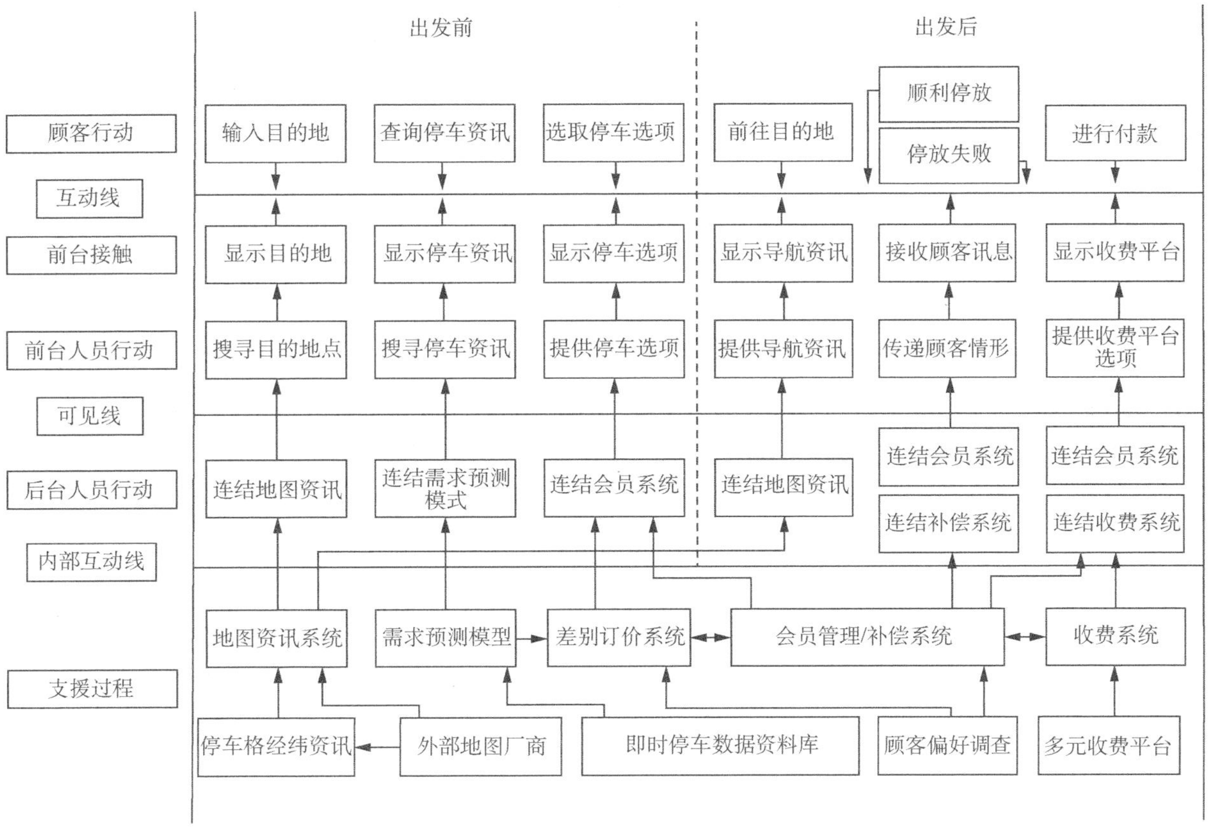

图 1　停车导引服务蓝图(资料来源:魏健宏等)

2.2 问卷设计方法

叙述性偏好法(Stated Preference, SP)通常会用在尚未存在的方案研究,假设不同的情境方案,给予填答者选择,以了解填答者最偏好的方案。此方法有别于显示性偏好法(Revealed Preference, RP),因 RP 易产生属性间变异程度不足的问题,SP 可以补足此项缺失,使重要的解释变量具有显著性[3]。

有许多学者应用叙述性偏好法设计问卷,Hössinger et al. [4] 通过燃料价格的变动并使用 SP 发放情境问卷,结果显示此种通过模拟情境的 SP 是能有效估计消费者行为。Holguín-Veras and Allen[5] 利用 SP 设计问卷,分析民众如何因时段差别定价法改变自身行为,结果发现,收费的金额、总旅行时间和造成原本行程的延误会影响民众的选择。上述文献说明可以利用 SP 进行问卷分析以了解消费者行为，但必须针对停车行为的特性制定更为缜密的问卷形式以及问项设计。

2.3 问卷分析方法

1）个体选择模式

在个体经济学中，许多个人和厂商做决策时难以根据连续变量做出选择，当做出选择时，个人获得的效用为 U_{in}，包含可衡量的部分为 V_{in} 与不可衡量的误差项 ε_{in}，此即为个体选择模式之基本架构，如式(1)所示：

$$U_{in} = V_{in} + \varepsilon_{in} \tag{1}$$

其中，可将可衡量部分假设成可加之函数，公式如下：

$$V_{in} = \alpha_i + \beta_t X_{in} \tag{2}$$

式中，α_i 为方案 i 之常数，X_{in} 为决策者对方案之属性，β_t 为待校估之参数矢量。

2）多项罗吉特模式

在以叙述性偏好设计之问卷，多利用个体需求模式中的多项罗吉特构建选择偏好模式(Golob et al.，1997)。

$$P_{in} = \frac{e^{V_{in}}}{\Sigma_{j \in C_n} e^{V_{jn}}} = \frac{\exp(V_{in})}{\Sigma_{j \in C_n} \exp(V_{in})} \tag{3}$$

其中，C_n 为决策者的选择集合，每个方案的几率值都介于 0～1 之间，各方案之几率加和为 1，此外各方案间为不相关的选项独立，P_{it} 为选取者 t 选择方案 i 之几率，V_{it} 为方案 i 对选取者 t 所带来可衡量之效用，当选择之集合仅有两个方案时，其称为二元罗吉特模式。

而可衡量之效用函数 (V_{it}) 通常假设为线性函数：

$$V_{it} = \beta' X_{it} \tag{4}$$

式中，β' 为待校估参数矢量，X 为替选方案 i 属性矢量。

根据上述，可以将选取者 t 对于选择 k 方案之几率比，可推导为：

$$\frac{P_{it}}{P_{kt}} = \frac{\dfrac{e^{V_{it}}}{\sum j\, e^{V_{it}}}}{\dfrac{e^{V_{it}}}{\sum j\, e^{V_{it}}}} = \frac{e^{V_{it}}}{e^{V_{jt}}} = e^{V_{it} - V_{kt}} \tag{5}$$

3. 问卷设计

3.1 问卷设计方式与内容

本文问卷重点在于了解路边停车位的使用者，在尖离峰时段使用差别定价与车位导引建议服务与方案的态度偏好情形。问卷分为三部分，第一部分为询问驾驶人对于未来停车收费调整的偏好方式，共 6 题；第二部分为未来若提供停车导引之方案服务的假设情境问卷；第三部分为受访者基本资料与停车习惯行为，了解受测者的社会经济特性和使用行为。

3.2 假设情境水平

本文拟定多种停车导引方案，期望驾驶人能够选择适用方案，在高峰时间能够顺利停到价格与步行距离在接受范围内的停车位。关键变量包含寻找车位的时间成本、价格变动程度、步行距离，以下针对此三种变量进行定义和说明。

1）减少寻找车位的时间成本

交通事务主管部门统计处 2018 年自用小客车使用状况调查中显示，在台南地区平均找寻停车位时间为 7.5 min，约有 20%民众找寻时间超过 10 min，最高为台北市平均为 13.7 min，本文提出的服务目的为降低寻找停车位时间，将水平分别设定为降低 70%、50%、30%的时间成本。

2）价格变动程度

问卷是为了规划多种费率水平给予消费者选取其所能接受之程度，借此了解消费者的愿付价格。林筱涵[6]研究结果显示，采取计时收费的路段对停车供需有改善，本研究地点为台南，利用台南市费率为基准确定三种价格水平，分别为 30 元新台币/h、20 元新台币/h 和 10 元新台币/h。

3）步行距离

应考虑驾驶人在选取车辆停放方案后必须步行的距离。通过实际街道访谈，得知民众受访时对于距离的熟悉度与概念可能较低，因此本文设定水平选项为距离 600～900 m、300～600 m、300 m 以下。

3.3 问卷属性直交表设计

传统的全因子实验法，虽然可以考量所有因子的变动组合，然其实验过程耗时费力，若采用直交表则可以用最少测验次数来考量最多的实验要素，能以较有效率的方式去考量各属性水平的影响，如此一来也能减少实验过程的时间和成本浪费[7]。

根据情境属性表，可得知本研究有三个属性，共九个水平，见表 1，若将所有因子考量，实验次数为 27 次，过于庞大，故采用田口式直交表实验法，借此可产生九种情境（表 2），不仅可以提高实验效率，也同时考量了各属性水平的影响情形。

表 1　问卷设计情境属性表

属性 水准	找车位时间成本	价格变动成本	步行距离
1	下降 70%	每小时 30 元新台币	600 m～900 m
2	下降 50%	每小时 20 元新台币	300 m～600 m
3	下降 30%	每小时 10 元新台币	300 m 以下

表 2　导引服务情境组合直交表

情境别	找车位时间成本	价格变动成本	步行距离
1	下降 30%	每小时 10 元新台币	300 m 以下
2	下降 70%	每小时 20 元新台币	600 m～900 m
3	下降 30%	每小时 30 元新台币	600 m～900 m
4	下降 70%	每小时 10 元新台币	300 m～600 m
5	下降 50%	每小时 10 元新台币	600 m～900 m
6	下降 30%	每小时 20 元新台币	300 m～600 m
7	下降 50%	每小时 20 元新台币	300 m 以下
8	下降 50%	每小时 30 元新台币	300 m～600 m
9	下降 70%	每小时 30 元新台币	300 m 以下

4. 结果分析

4.1 问卷基本资料分析

共回收 301 份实体问卷，另获得 99 份网络问卷，基本资料分析如下。

第一部分的未来停车收费调整意见调查，整理如表 3。由表 3 可得知，整体受访者对于费率调整的想法是非常赞同的，其中，在离峰时段的优惠费率，较多人选择的是 10 元新台币/h 而非限定时间免费，而在优惠时间则是较多偏向调降前 2 h；在高峰时段，则多偏好在第 2 h 开始进行费率的调升，多数民众选择调升至 30 元新台币/h；在高峰调升费率的起始时间中，民众没有选择第 3 小时调升反而选择第 2 h 提升，可以得知民众也不希望使用者长时间占用停车位。

表 3　受访者对于未来停车收费调整之看法

受访者对于价格调整之看法		人数	百分比
离峰时间调降费用之意愿	同意	379	94.75
	不同意	21	5.25
离峰时间提供优惠之时间长短	调降第一小时	167	41.75
	调降前二小时	233	58.25
离峰时间提供何种优惠费率	每小时 10 元新台币	213	53.25
	每小时 15 元新台币	63	15.75
	限定时间免费	124	31
高峰时间调升费率之起始时间	第一小时调升	106	26.5
	第二小时调升	206	51.5
	第三小时调升	88	22
高峰时间调升何种费率	每小时 25 元新台币	72	18
	每小时 30 元新台币	197	49.25
	每小时 35 元新台币	29	7.25
	每小时 40 元新台币	102	25.5
是否同意依据高峰离峰时间进行费率调整之收费方法	非常同意	156	39
	同意	200	50
	普通	33	8.25
	不同意	9	2.25
	非常不同意	2	0.5

第二部分为在社会经济特性层面，女性占比为 66%，在年龄层面，受访者则多集中在 18～30 岁间。填答者多居住在台南市，方案的设计与费率的考量皆以台南市为参考标准，对于问卷的精准度是有相当大的帮助。在职业层面，有 17%是学生；在学历层面，有 92%是大学以上；在个人月所得调查中 3 万元新台币以上的占 71%。

第三部分则为针对受访者对于路边停车位的使用习惯进行了解，整体统计结果如表 4 所示。对于邻近地区停车设施的了解不深入，对于没有使用过智慧停车 App 的比例高达 84%。在停车导引服务的使用意愿中，可以得知有大约 89%的填答者愿意使用、而不愿意的填答者为 0%；若是此服务需要收取月租费时，民众的使用意愿相对降低许多，不过，若是能够通过营销手段或是优惠方式将民众的态度从观望提升至愿意，将会有 50%民众会愿意缴月租费来使用服务。

表 4 受访者对于未来停车收费调整之看法

受访者使用特性		人数	百分比
对于附近路边停车格和停车场了解程度	非常了解	32	8
	了解	108	27
	普通	181	45.25
	不了解	68	17
	非常不了解	11	2.75
是否有使用过智慧停车 App	停车大声公	40	10
	台南好停 App	20	5
	其他 App	6	1.5
	没有使用过	334	83.5
未来对于“停车导引服务”的使用意愿	非常愿意	130	32.5
	愿意	230	57.5
	普通	40	10
	不愿意	0	0
	非常不愿意	0	0
若是需要缴交一定月租费得以使用“停车导引服务”意愿	非常愿意	12	3
	愿意	57	14.25
	普通	146	36.5
	不愿意	162	40.5
	非常不愿意	23	5.75

4.2 多项式罗吉特模式结果分析

对于所有问卷样本进行检定，分析所有问卷受访者对于本研究所提出的停车导引服务方案的偏好选择的情形，分析结果如表 5 所示，可发现，多数属性解释变量具有显著性。

表 5 所有样本之校估结果

属性	解释变数	系数值	*P* 值
减少寻找车位之时间成本	下降 50%	1.98	0.000
	下降 70%	4.78	0.065
停车费率	停车费率	−0.24	0.000
步行距离	步行距离	−0.03	0.000

在减少寻找车位的时间成本方面可以看到，与下降 30%相比，虽然下降 70%不显著，但与下降 50%两者皆是正向影响且有一个为显著。在停车费率方面负向效果显著，此结果与预期相符合，表示当停车费率上升时，受访者选择的几率会降低。在步行距离方面负向效果显著，与预期结果也相符合，表示当步行距离上升，受访者选择的几率会降低。

4.3 弹性分析

完成了多项式罗吉特分析后，仅能得知各属性对于消费者选择的正向或是负向影响，但无法从模式中的系数得知准确的弹性情况，因此必须要针对停车费率以及步行距离两个连续变量进行弹性分析，期望能了解受访者对于两种连续变量的弹性情况。

观察表6可以看出，当停车费率上升一单位时会减少23%选择该方案的人，反之则会增加22%选择该方案的人，两者皆为显著。当步行距离上升会减少78%选择该方案的人，而当步行距离降低时则会增加54%选择该方案的人。比较停车费率以及步行距离两因子之弹性，可以观察出受访者比较在意步行距离的增加。由此得知，对于开车的人来说，停车后需要步行的距离是最重要的因子，因此反映在系数值上，无论上升或是下降，步行距离系数值皆大于停车费率之系数值。

表6 弹性分析结果

属性	解释变数	系数值	P 值
停车费率	费率上升	−0.23	0.000
	费率下降	0.22	0.000
步行距离	步行距离上升	−0.78	0.000
	步行距离下降	0.54	0.000

5. 结语

近年来民众在私人交通工具持有比例与日俱增，在高峰时段路边停车位往往供不应求，造成道路交通呈现混乱。因此，对于路边停车位的管理日趋重要，本文根据魏健宏等人所提出的创新停车导引服务之经营模式，进行消费者的问卷调查，期望能成为创新服务建制开发的基础。

本文使用叙述性偏好进行问卷设计，回收400份有效问卷。利用叙述性统计与统计方法了解填答者对停车导引服务与各种方案属性的选择情形偏好。第一部分了解民众对于差别定价策略的收费意愿进行调查，结果显示民众对于路边停车位依据每日高离峰时段进行费率调整的收费方式接受程度相当高。第二部分分析结果显示，填答者对于停车位与目的地之步行距离最为重视，其次是费率价格，最后是减少寻找停车位的时间成本。第三部分了解受访者对于停车导引服务的使用意愿，结果有89%民众是愿意去使用此服务，若有月租费的情形下，民众的使用意愿会相对降低许多，显示若要推行此服务必须要通过不同的营销手段或是优惠搭配，如此使用比率能超过50%。

对问卷基础分析后，本文使用多项式罗吉特模式分析受访者对于方案选择的偏好情形，在减少时间成本的部分对选择是有显著正向影响，而步行距离以及停车费率两因子则有显著负向影响，结果皆是合理的。接着本文针对停车费率以及步行距离两个连续型变量进行弹性分析，结果得知步行距离因子的选择弹性大于停车费率的选择弹性，可以看出受访者比较在意步行距离这项因子。

本文研究也存在以下不足：

(1) 本文发放问卷系以台南市民众为主，对于价格的设计也是以台南市价格为主。民众对于价格的敏感度可能会因地区不同造成接受程度的不同，后续研究应针对民众在意的价格问题考量不同地区及其他因子。

(2) 本文所回收问卷，社经特性可能不够平均，如能收集分布更平均的样本对于可接受价格判定会更加准确。

参考文献

[1] 魏健宏，游明丰，张彤瑞，等.创新智慧路边停车导引服务之经营模式——以台南市为例[C].台湾运输学会2021年学术论文研讨会，2021.

[2] Shostack G. L. Service positioning through structural change[J]. Journal of Marketing, 1987, 51(1): 34-43.

[3] Mark T. L. and Swait J. Using Stated Preference and Revealed Preference Modeling to Evaluate Prescribing Decisions [J]. Health Economics, 2004, 13: 563-573.

[4] Hössinger R., Link C., Sonntag A. et al. Estimating the price elasticity of fuel demand with stated preferences

derived from a situational approach[J]. Transportation Research Part A: Policy and Practice, 2017, 103: 154-171.
[5] Holguín-Veras J., Allen B. Time of day pricing and its multi-dimensional impacts: A stated preference analysis[J]. Transportation Research Part A: Policy and Practice, 2013, 55: 12-26.
[6] 林筱涵,台北市巷道停车格收费对停车行为与特性之影响——以文山内湖为例[D]. 台北:阳明交通大学.
[7] 黄琳雯,观光与转机选择行为分析——以台湾为例[D]. 台北:阳明交通大学.

跟驰场景分心驾驶事故风险研究

Crash Risk Assessment of distracted driving in car-following scenario

徐荣娇[1]　王雪松[2]　周　洋[3]

摘　要： 分心驾驶行为给道路交通安全带来严峻挑战。在当前的分心驾驶风险研究中，利用安全相关事件(safety-critical events，SCE)作为驾驶风险指标的研究存在阈值敏感和未针对特定驾驶情况的问题。本文利用自然驾驶数据进行分心驾驶研究，提出了基于责任敏感安全模型(Responsibility-sensitive Safety，RSS)的分心驾驶风险的评估方法，提取跟驰状态下五种手机使用分心事件，通过计算风险暴露度和严重程度两个指标评估了纵向驾驶风险。并根据因变量删失数据(censored data)特征，采用 Tobit 模型，建立了手机使用方式、环境特征和人口统计学特征与驾驶风险的量化关系。本文有助于提升驾驶人教育和管理中对分心驾驶的关注，为限制高速路上的手机使用提供了依据。

关键词： 自然驾驶研究；分心驾驶行为；事故风险分析

Abstract: Distracted driving brings serious challenges to traffic safety. In current researches of distracted driving risk, using safety-critical events (SCE) as driving risk indicators has the problems of threshold sensitive and being not specific to driving situations. In this paper, the method for assessing distracted driving crash risk based on a responsibility-sensitive safety (RSS) model is proposed. Based on Shanghai Naturalistic Driving Study, five distracted driving events was extracted for evaluating the crash risk by calculating exposure and severity as risk indicators. Two Tobit models were established to qualify the crash risk of distracted driving, environment, and demographic characteristics to handle censored continuous data. This study can help draw more attention to the risk of distractions in driver training, and management and can support legislation for cell phone restrictions on high-speed roads.

Key words: naturalistic driving study; distracted driving behavior; crash risk analysis

1. 引言

分心驾驶是交通事故的主要原因之一。NHTSA 公布的数据表明，2019 年美国由分心驾驶引发的交通事故共造成 3 142 人死亡，约占总死亡事故数的 10%，而驾驶使用手机导致的死亡事故数约占分心驾驶导致的死亡事故数的 13%，是最主要的和危险性最高的分心驾驶行为之一[1]。为了解决这一安全问题，部分学者就如何量化分心驾驶风险展开了研究。Dingus 等发现 93%的追尾事故发生前 6 s 内驾驶人曾视线偏离前方道路。与基准期相比，手持使用手机可使事故风险增加到 3 倍以上，其中伸手拿手机的风险增加 4.8 倍，发短信的风险增加 6.1 倍，拨打电话增加的风险则高达 12.2 倍[2]。

在自然驾驶研究中，由于真正可供分析的事故数据较少，很多存在事故风险的情况也被纳入到风险事件的范围，供研究者进行分析。所以用 SCE 等安全替代指标 (surrogate event) 来进行事故风险的研究现已十分普遍。对于 SCE 的选取有很多种方法，在自然驾驶研究中，一般会根据车辆数据来筛选，筛选后再进行人工核查保证 SCE 事件判别的准确性(Valid SCE)[3]。然而，这类利用 SCE 作为驾驶风险指标的研究均存在以下两个问题。

(1) 阈值敏感：确定 SCE 的条件大多基于安全替代指标，如碰撞时间(Time-to-Collision，TTC)、临近

1,2,3 徐荣娇，王雪松，周洋，同济大学道路与交通工程教育部重点实验室。

事故时间(Time-to-Accident，TA)、时间积分 TTC(Time-Integrated TTC，TIT)等。但这些安全替代指标需要一定的阈值限制来筛选安全相关事件及其严重程度[4]。当不同研究人员对这些阈值进行不同设定时，阈值设定的差异可能会导致结论不一致。

(2) 未针对特定驾驶情况：不同的驾驶情况，例如跟驰和变道，可能需要不同的风险评估标准，应用相同的替代指标和阈值不尽合理。

为了解决以上两个问题，本文使用驾驶人在特定驾驶行为中的相互作用来量化驾驶风险，基于由 Intel 和 Mobileye 公司提出的 RSS 模型来评估风险。RSS 模型根据加速度、相对速度和反应时间定义安全纵向跟随距离，如果得到的跟车距离小于安全距离，则将当前驾驶场景判定为有风险的场景[5]。

本文使用上海自然驾驶研究的跟驰场景数据，研究了使用手机对纵向驾驶风险暴露和严重程度的影响。一方面，本文利用 RSS 模型计算连续性风险指标，解决了基于不统一的阈值提取安全相关事件，导致不同研究得出的结果不一致的问题，并针对不同的手机使用任务，在跟驰场景下探索纵向驾驶风险，使得风险量化更加精细。另一方面，根据风险指标分布特征，构建 Tobit 模型探究分心驾驶风险，进而分析模型结果获得风险较高的手机使用分心任务、驾驶环境、人口特征等。

2. 数据处理

2.1 数据采集

本文使用的数据来自同济大学、通用汽车公司和弗吉尼亚理工大学联合开展的“上海自然驾驶研究”。该研究共配备了 5 台安装了 SHRP2 NextGen 数据采集系统的通用测试车，并在 2012 年至 2015 年进行自然驾驶数据采集。数据采集系统由车辆总线数据接口、三轴加速度计、可跟踪 8 个目标的雷达系统、温度及湿度传感器、GPS 定位系统和 4 路摄像头构成，采样频率在 10～50 Hz 之间[6]。

上海自然驾驶研究共公开招募了 60 名驾驶人，其年龄、性别和驾龄均符合中国驾驶人特征分布，每个驾驶人驾驶实验车进行为期两个月的日常通勤。由于部分采集数据缺失，本文共使用 52 个驾驶人的驾驶数据，其中 40 人为男性，12 人为女性，驾驶人年龄分布在 25～59 岁之间，驾龄分布在 1～23 年之间[7]。

2.2 分心驾驶片段提取

本文在每个驾驶人的出行记录中随机选取 10 个不同时长的行程(分别为小于 20 min，20～40 min，40～60 min，60～80 min 和 80 min 以上)，利用分层抽样的方法选取样本，避免出行时间本身造成的数据偏差。通过观看视频数据人工提取驾驶使用手机事件，并记录每个驾驶使用手机事件的类别及时间点。驾驶使用手机事件的定义为，驾驶人的视线偏离道路看向手机或者手离开方向盘伸向手机为事件开始，至双手回到方向盘恢复正常驾驶状态结束[7]。共提取了 1 244 个驾驶使用手机事件，包括浏览阅读、使用手机通话、收发短信、移动手机位置、持握手机、收发语音信息、听音乐、清洁手机和涉及多种任务的组合任务。

2.3 跟驰事件片段提取

为了探究纵向驾驶风险，通过下列条件提取车辆跟驰片段。最初的提取标准是基于朱美新等人的一项研究[8]，本文增加了车辆速度限制。

(1) 前车必须能够被本车安装的雷达检测到；

(2) 前车到本车的距离要少于 120 m，以避免自由交通流的状态；

(3) 车辆间横向距离少于 2.5 m，以确保前车与本车在同一车道内；

(4) 本车的车速应高于 8 km/h(约为 2.22 m/s)，以确保车辆不处于停止或怠速状态[9]。

在驾驶时使用手机时和专心驾驶时的车辆跟驰片段根据上述条件筛选出来，最终得到 1 404 个跟驰事件，用于后续的模型构建和分析。

3. 分心驾驶风险建模与分析

本文以上海自然驾驶中跟驰状态下的分心驾驶为例，量化不同分心驾驶行为的风险。通过责任敏感安全模型定义纵向安全距离，计算连续的风险评估指标，即风险暴露度和风险严重程度。据因变量为删失数据(censored data) 的特征，采用 Tobit 模型，建立了分心使用手机方式、环境特征和人口统计学特征与驾驶风险之间的量化关系。

3.1 方法与模型

本文利用提取的驾驶片段，通过基于 RSS 模型的最小安全距离计算每个事件的纵向驾驶风险暴露和严重程度，构建两个 Tobit 模型来探究手机使用任务、驾驶条件变量以及驾驶人人口统计变量对驾驶风险暴露和严重程度的影响。

在 RSS 模型中，前车和本车之间的最小安全距离模型如式(1)所示。其中，前车的速度为 v_f，本车的速度为 v_r。假设前车以最大减速度 $a_{\max,\ brake}$ 突然制动，本车在驾驶人反应时间 ρ 内以最大加速度 $a_{\max,\ accel}$ 前进，而后以最小减速度 $a_{\min,\ brake}$ 减速，直到完全停下，此时的最小纵向安全距离定义为[10]：

$$d_{\min}=\left[v_r\rho+\frac{1}{2}a_{\max,\ accel}\rho^2+\frac{(v_r+\rho a_{\max,\ accel})^2}{2a_{\min,\ brake}}-\frac{v_f^2}{2a_{\max,\ brake}}\right]_+ \tag{1}$$

在上海自然驾驶研究中，安装有设备的主体车辆为后车，可以对前车的行为进行反应。跟驰状态下的最小纵向安全距离通过确定加速度和反应时间而被标定出来并进行检验。本文所用的标定后的模型涵盖了三种不同的跟车场景，包括跟随、离开和接近。该模型已在先前的研究中显示在确定最小安全纵向距离(表示为 $d_{\min}$) 方面具有出色的性能。标定后的 RSS 模型中的最小纵向安全距离由式(2)计算得出[11]。

$$d_{\min}=\left[0.458v_r+0.251+\frac{(v_r+0.978)^2}{4.272}-\frac{v_f^2}{15.250}\right]_+ \tag{2}$$

在跟驰过程中，如果前车和本车之间的距离 d 小于最小纵向安全距离 $d_{\min}$，该时刻则被认为是有风险的状态。根据余荣杰等人的研究[12]，基于 RSS 模型表示纵向驾驶能力的第一个特征为风险暴露度，被定义为在一个事件中风险状态时长占总事件时长的比例，表示为 $P_{exposure}$，见式(3)和(4)。第二个特征为风险严重程度，由 d 和 $d_{\min}$ 之间的距离之和计算得出，严重程度与暴露度的比率表示为 $P_{severity}$，如式(5)所示。这两个指标的值在本研究中的范围为 0 到 1，值越大，驾驶风险越高。

$$P_{exposure}=\frac{exposure}{t}=\frac{\sum_i\delta_i\times\tau_i}{t} \tag{3}$$

$$\delta_i=\begin{cases}1, & \text{if } 0<d(t_i)<d_{\min}(t_i)\\ 0, & \text{else}\end{cases} \tag{4}$$

$$P_{severity}=\frac{severity}{exposure}=\frac{\sum_i\frac{d_{\min}(t_i)-d(t_i)}{d_{\min}(t_i)}\delta_i\times\tau_i}{\sum_i\delta_i\times\tau_i} \tag{5}$$

这两个特征的分布如图 1 所示。$P_{exposure}$ 的分布为左删失到 0，右删失到 1。$Pseverity$ 的分布为左删失到 0。即在大多数情况下驾驶状态是安全的，正如事故数据也是零膨胀的。

Tobit 模型适用于对左删失、右删失或两者兼有的连续因变量进行建模[13]。左删失数据的值低于给

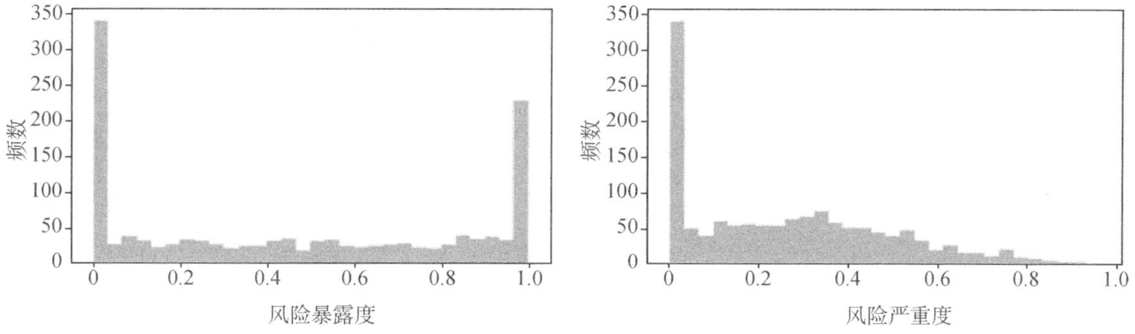

(a) 风险暴露度频数分布　　(b) 风险严重度频数分布

图1　$P_{exposure}$ 和 $P_{severity}$ 的分布

定点,右删失数据的值高于给定点。本文并未使用安全相关事件频率等离散计数数据作为风险指标,而是使用连续变量表示驾驶风险。本文使用的纵向驾驶风险指标是左删失到0,这是基于在大多数情况下,驾驶风险处于一个较低的水平。因为驾驶风险暴露度 $P_{exposure}$ 在本研究中的分布是左右删失,驾驶风险严重程度 $P_{severity}$ 是左删失,所以 Tobit 模型被用于探究驾驶使用手机和纵向驾驶风险的研究中。手机使用类型、驾驶环境变量、驾驶人人口统计学特征等被当作 Tobit 模型的自变量。用于拟合纵向驾驶风险的 Tobit 模型为:

$$Y_i^* = \beta_0 + \beta_1 X_{i1} + \beta_2 X_{i2} +, \cdots, + \beta_J X_{iJ} + \varepsilon_i \tag{6}$$

$$Y_i = \begin{cases} 1, & \text{if } Y_i^* > 1 \\ Y_i^*, & \text{if } 0 \leqslant Y_i^* \leqslant 1, \quad i = 1, 2, \cdots, N \\ 0, & \text{if } Y_i^* < 0 \end{cases} \tag{7}$$

$$\varepsilon_i = N(0, \sigma_\varepsilon^2) \tag{8}$$

式中,Y_i 是因变量(分别为 $P_{exposure}$ 和 $P_{severity}$);X_{ij} 是对于观测 i 的第 j($j = 1, 2, \cdots, J$)个解释变量;β_0 是模型截距;$\beta_1, \beta_2, \cdots, \beta_j$ 是系数;Y_i^* 是仅当为正时才观察到的潜在变量;N 是观察次数;ε_i 服从均值为零且方差为 σ_ε^2 的完全独立的正态分布。Tobit 似然函数是密度和累积分布函数的结合。本文建立了两个模型,一个用于拟合 $P_{exposure}$,一个用于拟合 $P_{severity}$。

3.2　模型结果

在构建模型之前估计每对变量之间的 Spearman 相关系数。结果表明,除了道路类型和驾驶人交通违法记录之外,自变量之间没有显著相关性。变量的描述性统计如表1和表2所示。

表1　自变量统计性描述

分类自变量			
变量	类别	数量	百分比
手机使用任务	专心驾驶	772	54.99%
	浏览阅读	327	23.29%
	通话	196	13.96%
	发短信	61	4.34%
	持握手机	33	2.35%
	改变手机位置	15	1.07%

(续表)

变量	类别	数量	百分比
道路类型	城市道路路段	456	32.48%
	城市道路交叉口	435	30.98%
	快速路	344	24.50%
	高速公路	73	5.20%
	公路	50	3.56%
	居住区和服务区	46	3.28%
天气	晴朗	798	56.84%
	阴天	447	31.84%
	雨天	159	11.32%
光照	日光	1 047	74.57%
	夜晚有光照	210	14.96%
	夜晚无光照	19	1.35%
	黄昏	81	5.77%
	黎明	47	3.35%
乘客	无乘客	899	64.03%
	有乘客	505	35.97%
性别	男性	1 558	75.43%
	女性	1 059	24.57%
年龄	[25, 30)	345	5.84%
	[30, 35)	82	31.27%
	[35, 40)	439	26.71%
	[40, 45)	375	21.94%
	[45, 50)	308	6.62%
	[50, 60)	93	7.62%
驾龄	[0, 5)	107	15.74%
	[5, 10)	221	44.94%
	[10, 15)	631	19.80%
	[15, 20)	278	1.99%
	[20, 25)	28	17.52%

连续自变量

	均值	标准差	最小值	25%	50%	75%	最大值
违法次数	1.078 3	1.078 3	0	0	1	2	5
事故次数	0.614 7	0.614 7	0	0	0	1	3

表2　因变量统计性描述

因变量	均值	标准差	最小值	25%	50%	75%	最大值
$P_{exposure}$	0.463 8	0.381 3	0	0.046 2	0.444 0	0.853 9	1
$P_{severity}$	0.272 1	0.233 6	0	0.040 1	0.249 2	0.434 0	0.965 7

模型通过R语言的VGAM包构建。针对风险暴露度的Tobit模型结果如表3所示，共有9个自变量显著。与专心驾驶相比，改变手机位置和持握手机会增加风险暴露度，但浏览阅读、通话、发短信降低了风险暴露度，与先前一些自然驾驶研究得出的结论不一[9, 14]。

表3　驾驶风险暴露度的Tobit模型结果

变量	预测系数	标准差	P 值
截距1	0.291	0.039 8	0.000
截距2	−0.870	0.022	0.000
手机使用任务(基准:专心驾驶)			
浏览阅读	−0.243	0.029	0.000
打电话	−0.073	0.035	0.040
发短信	−0.213	0.059	0.000
改变手机位置	0.359	0.110	0.001
持握手机	0.315	0.078	0.000
道路类型(基准:城市道路路段)			
城市道路交叉口	−0.028	0.030	0.355
快速路	0.204	0.032	0.000
高速公路	0.346	0.066	0.000
公路	−0.061	0.068	0.367
居住区和服务区	0.016	0.068	0.810
天气(基准:晴朗)			
阴天	0.092	0.029	0.002
雨天	−0.027	0.040	0.499
光照(基准:日光)			
夜晚有光照	0.062	0.036	0.088
夜晚无光照	−0.188	0.109	0.085
黄昏	−0.018	0.051	0.721
黎明	−0.030	0.066	0.644
乘客(基准:无乘客)			
有乘客	−0.056	0.027	0.034
性别(基准:女性)			
男性	0.076	0.030	0.011
年龄(基准:[25, 30))			
[30, 35)	0.091	0.049	0.066
[35, 40)	−0.221	0.052	0.000
[40, 45)	−0.042	0.045	0.353
[45, 50)	0.094	0.043	0.027
[50, 60)	0.107	0.043	0.012

（续表）

变量	预测系数	标准差	P 值
驾龄(基准:[0, 5))			
[5, 10)	0.080	0.052	0.123
[10, 15)	−0.097	0.051	0.058
[15, 20)	−0.036	0.068	0.598
[20, 25)	0.052	0.049	0.285
交通事故	0.073	0.018	0.000

与城市道路路段相比，城市道路交叉口或居住区和服务区在驾驶风险暴露度上无明显差别，但快速路和高速公路的风险暴露度更高；多云的天气比晴天带来更多的风险，夜间有照明的道路比白天带来的风险更大；夜晚无光照条件下驾驶风险与晴天暴露度无显著差异；男性驾驶人比女性驾驶人表现出更高的驾驶风险；与最年轻组的驾驶人相比，45岁以上的驾驶人面临的风险更大，而35～40岁的驾驶人表现出更安全的驾驶行为；交通事故指标显示，驾驶人在过去三年中发生事故的次数越多，其驾驶风险暴露度就越高。

驾驶风险严重程度的Tobit模型结果如表4所示，该模型的结果与风险暴露度模型非常相似。变量改变手机位置和持握手机显著增加了驾驶风险的严重程度，但通话导致的风险严重程度的降低并不显著，这与风险暴露度的显著降低不同。高速公路和快速路被证明比城市道路面临更严重的驾驶风险，这可能是由于它们的速度限制更高。多云天气可能会缩短驾驶人的视线距离，从而导致更严重的驾驶风险。是否搭载乘客、驾驶人特征的影响也与风险暴露模型一致。

表4　驾驶风险严重程度的Tobit模型结果

变量	预测系数	标准差	P 值
截距1	0.182	0.025	0.000
截距2	−1.344	0.022	0.000
手机使用任务(基准:专心驾驶)			
浏览阅读	−0.137	0.018	0.000
打电话	−0.023	0.022	0.301
发短信	−0.120	0.036	0.001
改变手机位置	0.156	0.069	0.024
持握手机	0.226	0.049	0.000
道路类型(基准:城市道路路段)			
城市道路交叉口	−0.034	0.019	0.070
快速路	0.095	0.020	0.000
高速公路	0.197	0.041	0.000
公路	0.018	0.042	0.665
居住区和服务区	0.043	0.042	0.312
天气(基准:晴朗)			
阴天	0.050	0.018	0.006
雨天	−0.032	0.025	0.196

（续表）

变量	预测系数	标准差	P 值
光照(基准:日光)			
夜晚有光照	0.032	0.023	0.153
夜晚无光照	−0.158	0.069	0.022
黄昏	−0.029	0.032	0.373
黎明	−0.003	0.041	0.934
乘客(基准:无乘客)			
有乘客	−0.036	0.017	0.030
性别(基准:女性)			
男性	0.059	0.019	0.002
年龄(基准:[25, 30))			
[30, 35)	0.015	0.031	0.621
[35, 40)	−0.086	0.032	0.007
[40, 45)	−0.025	0.028	0.366
[45, 50)	0.069	0.027	0.010
[50, 60)	0.072	0.027	0.006
驾龄(基准:[0, 5))			
[5, 10)	0.050	0.032	0.123
[10, 15)	−0.100	0.032	0.002
[15, 20)	−0.040	0.042	0.332
[20, 25)	0.000	0.030	0.987
交通事故	0.027	0.011	0.021

3.3 分析与讨论

研究结果表明，不同的手机使用类型造成的纵向驾驶风险程度不同。针对驾驶风险暴露度和严重程度的两个模型结果在大体上结论一致，即当风险暴露度较高时，风险严重程度也较高。除了通话具有较低的驾驶风险暴露度，但在风险严重性上与专心驾驶没有显著差异。结果表明改变手机位置和手持手机的危险导致纵向驾驶能力严重降低，这可能会增加碰撞风险。这两类行为似乎不是很危险，但驾驶人可能在等待机会进一步用手机做其他事情。这种情况可能会意外地引起严重的驾驶风险。

某些基于自然驾驶或事故数据的研究发现，诸如发短信或拨打电话等需要驾驶人将手脱离方向盘或将视线移开路面的行为会增加事故风险[2, 15]。在先前的一项研究中，持握东西被归类为一项手动任务，被证明会增加风险[15]。相比之下，本文发现发短信和电话交谈都会降低纵向驾驶风险。本文结果与 Choudhary 的发现一致，即驾驶人在驾驶过程中发短信时更加谨慎[16]。另一项研究同样表明，更加小心地驾驶是一种典型的补偿行为。当驾驶人试图执行他们认为危险的行为时，往往会采取更保守的行为。这与我们的研究结论一致，并证实了 100-Car 自然驾驶研究的相关结论[17]。

4. 结语

本文使用上海自然驾驶数据中的跟驰场景和分心驾驶片段，基于 RSS 模型，使用了风险暴露度和严重程度两个指标评估纵向驾驶风险，构建了Tobit模型以研究纵向驾驶风险与不同手机使用任务、驾驶条件、驾驶人的人口统计特征之间的关系。研究结论有助于提升驾驶人教育和管理中对分心驾驶的关注，为限制高速路上的手机使用提供了依据。

参考文献

[1] NHTSA. Distracted Driving 2010—2017[EB/OL]. (2012-2019)[2019-04-10]. https://crashstats. nhtsa. dot. gov/#/.

[2] Dingus T A, Guo F, Lee S, et al. Driver crash risk factors and prevalence evaluation using naturalistic driving data [J]. Proceedings of the National Academy of Sciences, 2016, 113(10):2636-2641.

[3] Metz B, Landau A, Just M. Frequency of secondary tasks in driving — Results from naturalistic driving data[J]. Safety Science, 2014, 68:195-203.

[4] Wang C, Xie Y, Huang H, et al. A review of surrogate safety measures and their applications in connected and automated vehicles safety modeling[J]. Accident Analysis & Prevention, 2021, 157:106157.

[5] Shalev-Shwartz S, Shammah S, Shashua A. On a formal model of safe and scalable self-driving cars[J]. 2017, arXiv preprint arXiv:1708.06374, 2017.

[6] 王雪松，杨敏明. 基于自然驾驶数据的变道切入行为分析[J]. 同济大学学报(自然科学版)，2018，46(8):1057-1063.

[7] 邢祎伦，王雪松. 基于自然驾驶的中国驾驶员驾驶使用手机行为研究[J]. 汽车与安全，2017，(7):114-123.

[8] Zhu M, Wang X, Tarko A. Modeling car-following behavior on urban expressways in Shanghai: A naturalistic driving study[J]. Transportation Research Part C: Emerging Technologies, 2018, 93: 425-445.

[9] Klauer S, Guo F, Simons-Morton B, et al. Distracted driving and risk of road crashes among novice and experienced drivers[J]. The New England Journal of Medicine. 2014, 370(1):54-59.

[10] Xu X, Wang X, Wu X, et al. Calibration and evaluation of the Responsibility-Sensitive Safety model of autonomous car-following maneuvers using naturalistic driving study data [J]. Transportation Research Part C: Emerging Technologies, 2021, 123: 102988.

[11] Yu R, Long X, Quddus M, et al. A Bayesian Tobit quantile regression approach for naturalistic longitudinal driving capability assessment[J]. Accident Analysis & Prevention, 2020, 147: 105779.

[12] Tobin J. Estimation of relationships for limited dependent variables[J]. Econometrica: Journal of the Econometric Society, 1958, 24-36.

[13] Fitch G M, Soccolich S, Guo F, et al. The impact of hand-held and hands-free cell phone use on driving performance and safety-critical event risk[R], 2013.

[14] Née M, Contrand B, Orriols L, et al. Road safety and distraction, results from a responsibility case-control study among a sample of road users interviewed at the emergency room[J]. Accident Analysis & Prevention, 2019, 122: 19-24.

[15] Choudhary P, Velaga N R. A comparative analysis of risk associated with eating, drinking and texting during driving at unsignalised intersections[J]. Transportation Research Part F: Traffic Psychology and Behaviour, 2019, 63: 295-308.

[16] Klauer S G, Dingus T A, Naele V L, et al. The impact of driver inattention on near-crash/crash risk: an analysis using the 100-car naturalistic driving study data[R]. United States. Department of Transportation. National Highway Traffic Safety Administration 2006.

分析摩托车在路口的肇事环境影响因素

Analysis of the environmental factors of motorcycle on intersection accidents

林大杰[1]　刘欣宪[2]　邓以程[3]　刘肇骐[4]　马英棋[5]　杨佳蓉[6]

摘　要：随着台湾摩托车持有量不断地上升，摩托车肇事率亦不断提升。本文通过统计 2019 年警政事务主管部门事故资料，发现 2019 年台湾摩托车肇事件数占交通事故总数的 88.64%，高达约九成。在摩托车事故中，发现事故发生于路口处约 59%，显示摩托车较容易于路口处发生事故。又根据探讨岛内外相关文献，发现许多事故与道路环境息息相关，如道路形态、事故位置等。对此，本文针对全台各省道路口资料，利用零膨胀卜瓦松及零膨胀负二项两种回归方法进行探讨，并以 BIC 指标作为本文回归模型之评估指标，借以选出最适配模型。最后预期归纳出影响肇事之相关路口因子及环境因子，提出建议改善方案，期望降低台湾未来摩托车于路口发生交通事故次数。

关键词：摩托车事故；路口因子；零膨胀

Abstract: As the number of motorcycle in Taiwan continues to rise, the accident rate of motorcycle has also continued to increase. Based on the statistics of police station accident data in 2019, found that the number of motorcycle accidents in Taiwan in 2019 accounted for 88.64% of the total number of traffic accidents, as high as about 90%. Among motorcycle accidents, there are about 59% of the accidents were found to occur at intersections, indicating that motorcycle were more likely to have accidents at intersections. According to the related literatures in Taiwan and other areas, which has found that the occurrence of many accidents is closely related to road and environmental factors, such as road type, accident location, sight distance and so on. In this regard, this study uses the zero-inflated poisson and zero-inflated negative binomial methods to discuss the data of intersections in each province, and uses the BIC index as the evaluation index of the research method model of this research, so as to select the most suitable model. Finally, it is expected to summarize the relevant intersection factors and environmental factors that affect the accidents, and propose improvement plans hoping to reduce the number of traffic accidents involving motorcycle at intersections in Taiwan in the future.

Key words: motorcycle accidents; intersections factors; zero-inflated model

1. 前言

由于台湾数十年来，使用汽车数量不断增长，且因近几年疫情之故，大众运输使用率大幅下滑，私人交通工具使用占比上升，而根据交通事务主管部门道安信息查询网统计，2019 年台湾摩托车肇事件数占交通事故总数高达约九成，由此可知台湾摩托车事故发生的严重性。然而，造成交通事故发生的影响因素众多，其中包括驾驶行为、车辆因素、自然环境、道路因素等，而根据过去许多相关文献与研究对道路环境的探讨，发现许多道路因子与事故发生息息相关。

本文为探讨全台各市道路口影响摩托车事故发生的道路环境影响因素，将依据公路总局 2019 年针对省道公路所纪录的事故进行变量样本收集，并利用零膨胀卜瓦松与零膨胀负二项两种回归方法，对各道路变量因子进行分析及预测，并比较以上两种研究方法在预测事故因子上何者为佳。

本文首先将进行各变量资料搜集，选择并导入不同道路因子变量，以零膨胀卜瓦松与零膨胀负二项两种模型进行预测分析，得其结果后再以不同绩效指标进行评分，并找出最佳之模型，最后汇整影响摩托车

1,2,3,4,5,6　林大杰，刘欣宪，邓以程，刘肇骐，马英棋，杨佳蓉，逢甲大学。

事故的主要道路因子，并提出最适用于分析摩托车在路口肇事因子最佳模型，提出结论与建议。

2. 文献回顾

2.1 影响肇事的道路及环境因子

道路上存在许多影响事故因子，可依据影响层面的不同将事故因子分为道路因子与环境因子，而道路因子相关研究如 Haque[1] 等提出，车道数和摩托车事故率成正比、有分隔岛的道路摩托车事故发生率较无分隔岛高 20%及在主要干道上有闯红灯照相较没有照相的摩托车事故减少约 37%。在不同道路因子变量中，如杨宪国[2]提出快车道宽度、中央分隔设施、交通量快慢车道分隔设施对于路口事故中的侧撞频率和车辆间碰撞比例影响最多。在 T 字路口中，相关研究如林沛捷[3]指出，有待转区路口常因待转区设置于车道上发生交叉撞，左转方向车流易发生左转侧撞与左转穿越侧撞，也是路口中比例最高事故类型，当路口非正交 T 字路口时，则易发生右转侧撞与左转交叉撞。

在道路环境中，根据何荣进[4]指出，环境因子包括道路环境（道路规划质量、工程设施质量、标线反光性及亮度、设施反光性及亮度）、交通信号环境（包括标志、号志反光性及亮度）、空气质量环境（包括烟雾、沙尘及整修路面所导致的尘土飞扬）、空气质量环境（包括雾、雨、晴天）、环境安全管理（包括交通安全教育及倡导、个人驾驶习惯、人行道占用、路权之认识）及行车种类等。以上因子均和驾驶视距有关，相关研究[5]指出，多雾路段和光线不足的道路会增加受伤风险。平均每日交通量和十字路口的宽度和速限跟减少受伤率有相关性。然而，虽然天气不佳易影响驾驶视距，但根据 Khattak 研究指出，恶劣的天气理论上来说会造成事故的增加，但是事实上，驾驶人会因为天气不佳而减速，让事故率降低[6]。

2.2 事故影响因素探讨的方法运用

分析事故因子的研究方法众多，如有杨佳蓉利用卜瓦松回归模型、负二项回归模型、零膨胀卜瓦松模型、零膨胀负二项回归模型等四种回归模式找寻与资料拟合较佳的模式，进而探讨影响省道三岔路口死伤事故次数之显著因素，其研究结果发现，道路宽度、快车道宽度、人行道宽度之宽度越宽将提升路口死伤事故发生的几率[7]。而分析事故之研究方法亦可分为传统型和机器学习两大类研究方法，在机器学习方法中，包含不同分群方法，如 K-Means、SOM、Two-Step 等分群法，而根据吴冠宏研究结果指出，K-Means 所区分出来的群集较 Two-Step 和 SOM 有更好的分群质量[8]。

2.3 易肇事地点分析方法

肇事因素多元且根据路口特性也有所不同，所以难以做比较。易肇事地点分析主要目的为更客观地量化肇事因素并且根据肇事特性有相对应的权重，最后进行比较。而 CBI 指标合值法是一个综合事故发生相对频率以及相对严重程度的分析指标，为交通事务主管部门运输研究所于 2012 年提出。CBI 原用以判断易肇事之重点路口，然 CBI 亦可进一步将之延伸应用于判断其他事故属性之严重性。其相关计算方式如下：CBI（指标合值）＝SRI（相对频率指标值）＋SSI（相对严重度指标值）；其中，SRI＝案件数/最高案件数；SSI＝EPDO/最大 EPDO 值；EPDO（事故当量）＝30 日死亡人数×9.5＋受伤人数×3.5＋案件数。而肇事热点包含路口及路段，唯以路口为优先排列。

而次数法亦为一种易肇事地点分析方法，其在统计结果时必须求出各个自变数的次数，并根据出现次数来订定临界值，将总体资料分成数组，各组资料数与总资料数的比值称为该组资料的相对次数。

3. 研究方法

为处理含有过多零值资料，本文使用零膨胀模型（Zero-inflated models）进行分析。零膨胀是人们在社会科学、自然中的计数资料的实际研究中，观察事件发生数中含有大量的零值，若数据资料中的零值过多，就会超出卜瓦松等一般离散分布的预测能力，因而产生零膨胀模型用以解决零次资料过多的问题。本文使用零膨胀卜瓦松 ZIP，(Zero-Inflated Poisson)及零膨胀负二项式(ZINB，Zero-Inflated Binomial)两种研究方法对资料进行分析，借以处理肇事资料中零次资料过多的问题。

3.1 零膨胀卜瓦松回归模式

零膨胀卜瓦松分配，为针对高比例零值的计数型资料形态，零膨胀卜瓦松随机分配是由两个部分组成，分别是卜瓦松分配和零值发生几率为 ω 的伯努力分配。由此可知零值比例的来源，除了卜瓦松分配为零几率还多加了伯努力分配中零值的几率 ω，如此一来，零值比例也因为 ω 的加入而提高许多，解决卜瓦松分配在配适零值比例过高的资料所出现的估计误差，零膨胀卜瓦松回归模型是将事件发生次数分为零值与非零值，并分别建立罗吉斯模型(logistic model)与对数连结(log link)的卜瓦松模型。

3.2 零膨胀负二项式回归模式

Greenne 在 1994 年根据 Lambert 的方法提出了零膨胀负二项回归模型(Zero-Inflated Negative Binomial Regression)，零膨胀负二项回归主要用于处理观察值零膨胀现象的情况，而零膨胀负二项回归模型由一个离散的 0 分布和一个负二项分布所组成，如果资料的变异数明显大于平均数，有过度离散状况，则适合用零膨胀负二项式回归模型。

3.3 绩效指标

评估预测精准度绩效指标众多，如平均绝对百分误差(MAPE，Mean Absolute Percentage Error)、平均绝对误差(MAE，Mean Absolute Error)、(AIC，Akaikeinformation criterion)及(BIC，Bayesian Information Criterion)等。MAPE 为每个绝对误差的和除以实际值，而实际上，它是误差百分率的平均值。一般来说 MAPE＜10％的模型，其预测精准度为高精准预测，10％～20％为优良预测。而 MAE 能更好地反映预测值误差的实际情况，且比较不会受到极端值的影响。AIC 是评估统计模型的复杂度和衡量统计模型拟合资料优良性的一种标准，期望提高数据拟合的优良性但是尽量避免出现过度拟合(Overfitting)的情况。因此优先考虑 AIC 值最小模型与 AIC 相似，BIC 的惩罚项比 AIC 的大，将样本数量纳入考量，当样本数量过多时，可有效防止模型精度过高造成的模型复杂度过高。

4. 模式建立应用

4.1 资料搜集

本文使用 2019 年警政事务主管部门的道路交通事故调查报告表 A1 及 A2 资料，在比对及分析全台总事故件数与摩托车事故件数后，发现有 88.64％的事故比例为有摩托车涉入之案件，除此之外，由死伤人数比例发现，摩托车事故死伤人数占整体事故中约 9 成，由此可知，摩托车不仅在整体肇事比例上占了大多数，且死伤人数亦随之增加，因此希冀针对摩托车进行分析，了解摩托车事故之特性。

在整体事故与摩托车事故之对比中，有 123 303 件摩托车事故发生在路段，占整体事故比 41％，反之，有 176 104 件摩托车事故发生在路口，占整体事故比 59％。由以上数据统计显示，摩托车事故大多发生于交叉路口，因此，本文以探讨路口发生的摩托车事故为主。

本节亦针对后续模式投入变量进行基本统计分析，可分为类别变量、顺序变量、二元变量及连续变量等，类别、顺序、二元变量之统计结果如表 1 所示，连续变量之统计结果如表 2 所示。

表1 变量叙述性统计-类别/顺序/二元变量

变量名称	种类	组别	路口数	比例
急弯	二元	有	373	1%
		无	28 835	99%
陡坡	二元	有	199	1%
		无	29 009	99%
医院	二元	有	3 472	12%
		无	25 736	88%
大卖场	二元	有	5 069	17%
		无	24 139	83%
机慢车两段左右转标志	二元	有	3 592	12%
		无	25 616	88%
加油站	二元	有	10 308	35%
		无	18 900	65%
停车场	二元	有	27 131	7%
		无	2 077	93%
坡度	顺序	<5°	22 286	76%
		≥5°或<15°	4 847	17%
		≥15°	2 075	7%
速限	类别	≤40 km/hr	3 288	11%
		40～60 km/hr(含)	17 437	60%
		>60 km/hr	8 483	29%

表2 变量叙述性统计-连续变量

变量名称	种类	最小值	最大值	平均数	标准差
路宽	连续	2	88	19.36	9.68
横向宽度	连续	1	88	9.33	7.16
车流量	连续	5.86	12.52	9.53	0.95
慢车道宽	连续	0	31.4	1.10	1.59
人行道宽	连续	0	13	1.08	1.87
快慢车道分隔岛(带)宽	连续	0	40	0.16	1.20

4.2 资料变量整理

本文以全台共29 208个省道路口及303 702件摩托车事故进行分析，详细说明如后经文献回顾及各变量资料样本数量考量后，共计投入15项变量，其列举如下分别为路宽、横向路宽、车流量、慢车道宽、快慢车道分隔岛(带)宽、人行道宽、坡度、速限、急弯、陡坡、医院、大卖场、加油站、停车场、机慢车两段左右转标志等。

4.3 实证分析结果

本节将依序对各模式之显著结果进行说明，显著性以＊表示，若 P 值结果为<0.000，代表极为显著，以＊＊＊表示；若介于0.001～0.01，则以＊＊表示；若介于0.001～0.05，则以＊表示。本研究之结果将

分为两部分，第一部分为判断零值与非零值之罗吉斯回归，第二部分则为预测事故风险次数之卜瓦松及负二项回归。

根据本文结果发现，ZIP 之第一部分结果中，显著变量有 6 个，如表 3 所示；第二部分中则有 11 个，如表 4 所示。ZINB 之第一部分中，显著变量有 6 个，如表 5 所示；第二部分中则有 11 个，如表 6 所示。

表 3　零膨胀卜瓦松罗吉斯回归结果汇整表

零膨胀卜瓦松-罗吉斯回归		估计值	标准误	*P* 值	显著性
速限	40 km/hr(含)以下	—	—	—	—
	40～60 km/hr(含)以下	0.676	0.250	0.007	* *
	60 km/hr(以上)	1.064	0.301	<0.000	* * *
加油站	有	−0.770	0.192	<0.000	* * *
	无				—
路宽	—	−0.206	0.026	<0.000	* * *
横向路宽	—	−0.259	0.053	<0.000	* * *
车流量	—	−9.956	0.124	<0.000	* * *
人行道宽	—	−0.953	0.202	<0.000	* * *

表 4　零膨胀卜瓦松回归结果汇整表

零膨胀-卜瓦松回归		估计值	标准误	*P* 值	显著性
速限	40 km/hr(含)以下	—	—	—	—
	40～60 km/hr(含)以下	0.208	0.059	<0.000	* * *
	60 km/hr(以上)	0.081	0.061	0.185	—
坡度	<5°	—	—	—	—
	≥5°或<15°	−0.147	0.036	<0.000	* * *
	≥15°	−0.655	0.118	<0.000	* * *
大卖场	有	0.304	0.024	<0.000	* * *
	无	—	—	—	—
加油站	有	0.180	0.022	<0.000	* * *
	无	—	—	—	—
停车场	有	0.109	0.032	<0.000	* * *
	无	—	—	—	—
路宽	—	0.014	0.001	<0.000	* * *
横向路宽	—	0.013	0.001	<0.000	* * *
车流量	—	0.166	0.018	<0.000	* * *
慢车道宽	—	0.084	0.023	<0.000	* * *
快慢车道分隔岛(带)宽	—	−0.041	0.007	<0.000	* * *
人行道宽	—	0.012	0.005	0.024	*

表5　零膨胀负二项罗吉斯回归结果汇整表

零膨胀负二项罗吉斯回归		估计值	标准误	P 值	显著性
速限	40 km/hr(含)以下	—	—	—	—
	40～60 km/hr(含)以下	—	—	—	—
	60 km/hr(以上)	0.977	0.375	0.009	* *
加油站	有	−0.811	0.205	<0.000	* * *
	无	—	—	—	—
路宽	—	−0.286	0.023	<0.000	* * *
横向路宽	—	−0.075	0.026	0.004	* *
车流量	—	−0.791	0.123	<0.000	* * *
人行道宽	—	−1.304	0.602	0.030	*

表6　零膨胀负二项回归结果汇整表

零膨胀负二项回归		估计值	标准误	P 值	显著性
速限	40 km/hr(含)以下	—	—	—	—
	40～60 km/hr(含)以下	0.169	0.050	0.004	* *
	60 km/hr(以上)	0.079	0.053	0.202	—
坡度	>5°	—	—	—	—
	≥5°或<15°	−0.157	0.036	<0.000	* * *
	≥15°	−0.680	0.120	<0.000	* * *
大卖场	有	0.305	0.025	<0.000	* * *
	无	—	—	—	—
加油站	有	0.185	0.022	<0.000	* * *
	无	—	—	—	—
停车场	有	0.103	0.032	0.001	* *
	无	—	—	—	—
路宽	—	0.012	0.001	<0.000	* * *
横向路宽	—	0.016	0.001	<0.000	* * *
车流量	—	0.206	0.018	<0.000	* * *
慢车道宽	—	0.069	0.023	0.003	* *
快慢车道分隔岛(带)宽	—	−0.038	0.007	<0.000	* * *

4.4　分析与讨论

本文采用五种绩效指标方法以评判模型优劣，其分别为AIC、BIC、MAE、MAPE和判中率(表7)。首先通过AIC与BIC两项指标结果，了解模式适配度，其值愈小代表其预测结果愈佳，接着进行判中率计算，判断模式预估零或非零的准确性，最后再将非零值部分以MAE与MAPE计算，了解其预测次数误差。

根据计算结果显示零膨胀卜瓦松模型无论在AIC或BIC准则中，皆优于零膨胀负二项模型，而判中率计算结果如下表8所示，ZIP亦高于ZINB，综合以上可得本文所用之分析资料利用零膨胀卜瓦松模型进行分析更为适配。

表 7　绩效指标汇整表

模型	AIC	BIC	MAE(次)	MAPE(次)	判中率
零膨胀卜瓦松	37 739.87	37 971.77	1.40	74.9	52%
零膨胀负二项	37 742.11	37 982.29	1.40	74.8	50%

表 8　模式判中率

ZIP	实际值为 0	实际值非 0	ZINB	实际值为 0	实际值非 0
预测值为 0	4 578	257	预测值为 0	4 027	201
预测值非 0	13 879	10 494	预测值非 0	14 430	10 550
判中率	52%		判中率	50%	

5. 结语

本文经文献回顾了解许多影响事故发生的道路因子及环境因子，又借资料搜集及研究结果探讨，发现影响摩托车事故发生的道路环境因子，并得出最适合用以评估事故预测精准度的模型，相关成果与建议如下。

(1) 依据 BIC 结果显示，在预估事故次数时，使用零膨胀卜瓦松模型最佳。

(2) 以全路口最适配评估模型-零膨胀卜瓦松而言，其显著影响变量共有 11 项，分别为速限、坡度、大卖场、加油站、停车场、路宽、横向路宽、车流量、慢车道宽、快慢车道分隔岛(带)宽、人行道宽。

本文研究也存在如下不足：

(1) 由于本文仅针对 2019 年的事故资料进行分析，且并未针对不同路口形态进行分析，如三岔路口、四岔路口或多岔路口等，后续研究应参考本文结果进行延伸探讨，以了解不同时间范围及路口形态的事故发生因子样态。

(2) 后续与摩托车事故相关研究可利用机器学习或深度学习等不同研究方法，尝试先将资料利用分群方法归类后，再进行预测分析，探讨并比较传统型研究方法及机器学习何者分析结果能更加准确，以供未来探讨事故因子的相关研究使用。

参考文献

[1] Haque Chin, Huang. Applying Bayesian hierarchical models to examine motorcycle crashes at signalized intersections [J]. Accident, Analysis & Prevention, 2010. 42(1):203-212.

[2] 林沛捷. 号志化 T 字路口机车左转管制设置准则综合评估之研究[D]. 台北:台湾大学,2013.

[3] 何荣进. 主成分分析运用于环境因子与交通安全关系之研究[D]. 台南:立德管理学院.

[4] Klop, Khattak. Factors Influencing Bicycle Crash Severity on Two-Lane, Undivided Roadways in North Carolina[D]. University of North Carolina, Chapel Hill,1999.

[5] Khattak, Kantor. Role of Adverse Weather in Key Crash Types on Limited-Access Roadways Implications for Advanced Weather Systems. 1990—1995 Highway Safety Information System (HSIS) database. Paper No. 98-1132.

[6] 吴冠宏,吴信宏,郭广洋. 应用分群技术于交通事故资料分析[J]. 质量学报,2006,13(3).

人工智能赋能城市交通治理研究

Research on urban traffic management empowered by artificial intellgence

孙杨世佳[1]

摘　要：随着城市交通的智慧化推进和交通大数据的积累，为人工智能赋能城市交通数字化转型提供了良好的数据基础和技术支撑。通过分析目前城市交通拥堵治理中存在的难点与痛点，阐述人工智能在交通治理中的赋能作用并梳理其在交通领域中的应用现状，从技术、平台、应用等多方面构建人工智能赋能城市交通治理框架，并对人工智能在自动驾驶、智慧高速、出行即服务等场景的应用进行展望研究，从而支撑城市交通数字化转型、精细化管理。

关键词：人工智能；城市交通治理；数字化转型；框架研究

Abstract: With the intelligent promotion of urban traffic and the accumulation of traffic big data has provided a good data foundation and technical support for the digital transformation of urban traffic. By analyzing the difficulties and pain points existing in the current urban traffic congestion control, this paper expounds the enabling role of artificial intelligence in traffic management and combs its application status in the traffic field, constructs an artificial intelligence empowered urban traffic management framework from the aspects of technology, platform and application, and makes a prospect study on the application of artificial intelligence in scenarios such as automatic driving, intelligent highway and MaaS, so as to support the digital transformation and fine management of urban traffic.

Key words: artificial intelligence; urban traffic management; digital transformation; framework study

1. 引言

交通信息化建设带来的数据红利和人工智能技术的蓬勃发展，为将人工智能技术融入城市交通治理提供了充足的条件与发展的土壤。人工智能如何赋能城市交通治理成为新的研究方向和打破传统瓶颈的突破口。近年来，《新一代人工智能发展规划》《第十四个五年规划和 2035 年远景目标纲要》等政府文件陆续发布，均将人工智能视为科技兴国的重要技术支撑。同时，上海市发布了《上海市全面推进城市数字化转型“十四五”规划》《上海市交通行业数字化转型实施意见（2021—2023 年）》等文件，也对人工智能赋能交通数字化转型提出了更高的要求。

随着交通智慧化、数字化的推进，各类交通要素产生和积累了海量的交通大数据，为人工智能在交通领域的应用奠定了良好的数据基础，有利于算法和模型的建立与验证。通过对海量交通数据的“学习”或“训练”，人工智能可以超越人工经验，更快速地识别特征、做出分析与预测，特别是针对多源异构的时空数据，如结合不同时间、地点的道路拥堵情况、公交、地铁、人流等信息，利用人工智能算法可以提供实时、个性化的路径导航服务。针对信号灯系统，利用车辆、数量和密度等多种数据，基于人工智能技术可以实时分析各路段通行情况，从而精准调控信号灯配时，提高交叉口的通行效率。

2. 城市交通治理面临的问题

近年来，针对城市交通拥堵治理，国内外的业界和学界在智能交通系统实施多年的基础上，又提出了

1　上海市城乡建设和交通发展研究院。

项目资助：上海市科学技术委员会项目“交通拥堵预判与智能主动管控技术研究与示范”（项目编号：19DZ1209000）

智能网联交通、主动管理、人工智能等新理念与新技术。虽然对城市交通拥堵治理越来越重视，也通过信息化手段在一定程度上缓解了交通拥堵，但当前城市交通拥堵治理仍存在以下几个问题。

（1）城市交通全息感知与信息融合有待提升

目前，城市道路交通信息感知以磁频、波频、视频为主，采集设备的布设密度、运行状况、恶劣天气等多种因素都将影响路网交通信息采集的完整性与准确性。城市交通的全息感知应探索新型的交通感知技术与传统交通大数据的有机融合，同时利用人工智能技术弥补交通信息的时空采集空白。

（2）传统信息化监测＋人工经验管理的模式有待升级

目前，城市各级道路交通信息平台或系统主要以监控和展示为主，并未利用人工智能技术对拥堵原因进行挖掘分析。交通治理的理念还是以监测＋经验的人工方式为主，从而导致道路交通拥堵治理的效率较低、成效有限。

（3）拥堵溯源缺乏全局视角与智能化手段

现有的交通拥堵治理大多针对已发生拥堵的路段或节点，缺乏全局视角和路网最优。在城市交通数字化转型与精细化管理的新形势下，应从路网层面入手，融合多源异构交通大数据并结合天气、人口等跨行业数据，基于人工智能实现多因素交通拥堵溯源分析。

3. 人工智能在交通管理中的应用

人工智能在交通管理中的应用主要涉及交通信息的采集、处理和发布，调控交通资源动态供需关系，提升交通资源的时空利用率，保障交通运输的安全。目前，智慧交通管理主要集中在信息感知、交通监测、交通调控和综合应用（图 1）。信息感知包括路况感知、人流分析、基础设施状态感知、车辆监控等。交通监测包括路况预测、违法取证等，由于计算机视觉的快速发展，该类应用正得到广泛应用。交通调控包括路网流量预测、交通信息发布、交通信号灯控制等应用，而综合类应用主要是城市大脑、智慧停车、智慧公交等。

图 1　人工智能在交通领域的典型应用场景

（1）信息感知

基于人工智能的信息感知主要集中在自动驾驶、车路协同等场景，包括对载运工具、驾驶人员、交通环境等多方面的感知。例如，通过智能算法实时分析驾驶员行为，当检测到有危险驾驶行为时，通过语音或图像提醒驾驶员。同时，通过移动互联网可以将不规范驾驶行为的取证照片和车辆相关信息发送给交通管理部门，规范驾驶行为的同时保障行车安全。相比传统算法或模型，基于深度神经网络等人工智能技术,能够有效提高对驾驶行为分析的识别率和性能稳定性,尤其是对复杂的人脸角度和较差的成像条件等情况。

(2) 交通监测

智能交通卡口系统和电子警察系统是人工智能技术应用在交通监测中的重要场景之一。基于系统的卡口功能,通过对过往车辆进行统计,从而获取路口和路段的车流量、饱和度、占有率等交通信息,为整个路况分析提供基础数据。此外,系统可以识别道路拥堵状况及交通事故,并将相关报警信息推送至管理部门,实现路面的快速调度与精准指挥,提升交通疏导效率。在违法处罚方面,基于电子警察系统可以抓拍取证压线、实线变道等各类违法事件,实现远程交通执法,减少交警的工作压力,保障道路的安全与顺畅。

(3) 交通调控

交通信号灯控制是人工智能在交通调控中应用较为成熟的场景之一。研究显示,多数的交通拥堵是由交叉口的交通信号灯配时不合理引起的,传统的交通信号灯控制原理是无法根据当前路口实际的车流量大小来对信号配时做出动态调整,无法满足当前越来越旺盛的车辆出行需求。通过人工智能算法、云计算等技术,使路段的监控摄像头能够监测出各个进口道的车流量,从而准确计算出各个信号的配时时间,实现对交通信号的优化,避免在信号周期内出现排队溢出的现象,提升交叉口的通行效率。

(4) 综合应用

随着云计算、大数据等技术的快速发展,结合机器视觉、深度学习、交通流分析等,城市交通大脑成为人工智能综合应用的落地场景之一,实现了城市大规模、全时空的多源数据收集、实时挖掘分析和全局策略优化,并在交通信号灯控制、车流调控、峰值预警等应用中颇具成效,有效缓解交通拥堵、节能减排、提升交通效率、提高安全水平和提升服务品质。同时,根据城市交通历史数据,利用人工智能算法可以预判某个区域未来一段时间的交通态势,帮助交管部门提前制定应急预案、实施交通疏导措施。

4. 人工智能赋能城市交通治理框架

从技术、平台、应用等多方面构建人工智能赋能城市交通治理框架,以主动发现、自动识别、科学诊断、智能解决、反馈优化为主线,构建并形成“趋势预测-拥堵发现-特征提取-拥堵识别-推演预判”的智能拥堵预判、“问题诊断-主动管控-智能诱导与发布-效果评估-优化反馈”的智能主动管控体系框架,指导城市快速路、地面道路、高速公路等场景下人工智能技术的应用,赋予交通拥堵治理的智能决策功能,实现道路交通运行状态监测、拥堵分析预判和跨路网主动管控的实时闭环反馈的智能化交通拥堵治理。

(1) 面向全息感知的数据融合框架

针对地面道路、快速路、交叉口等不同典型应用场景,分析传统感知手段与新型感知手段的特点,并将传统感知设备与新型感知设备进行数据融合,提取交通量、速度等交通信息,同时根据知识图谱、语义分析等技术构建面向多感知手段应用的交通数据规范化体系,实现数据接口规范化、数据结构统一化、数据共享标准化等,探索人工智能技术对交通数据时空补偿、跨尺度缩略、天气/事故/规划跨领域数据融合、训练集与测试集数据组织与应用。在此基础上,结合现有交通信息系统搭建新型道路交通信息采集数据,从而为人工智能技术在城市交通拥堵预判、城市交通管控技术的决策奠定良好的数据基础(图 2)。

(2) 人工智能赋能交通拥堵预判技术框架

针对城市交通运行特征提取与推演分析需求,形成“趋势预测-拥堵发现-特征提取-拥堵识别-推演预判”的智能拥堵预判模式。针对快速路、高速公路、地面道路等不同等级道路,研究其道路特征挖掘时间序列的全局变化模式,重点分析上下匝道、交叉口等特殊节点,商务区、学校、医院等热点区域局部交通运行特征,构建基于人工智能技术的交通预测模型,分析拥堵状态分类、拥堵时长分类、拥堵范围分类等,建立复杂交通网络拥堵时空等级分级和拥堵预判技术框架,实现交通运行态势预测和过程推演,支撑主动智能的交通治理(图 3)。

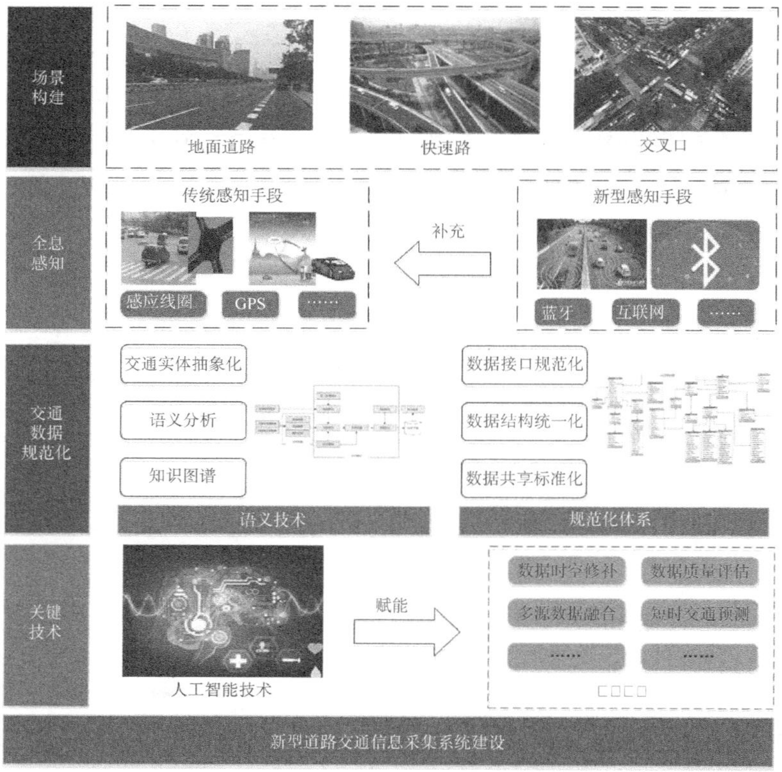

图 2　面向全息感知的数据融合框架图

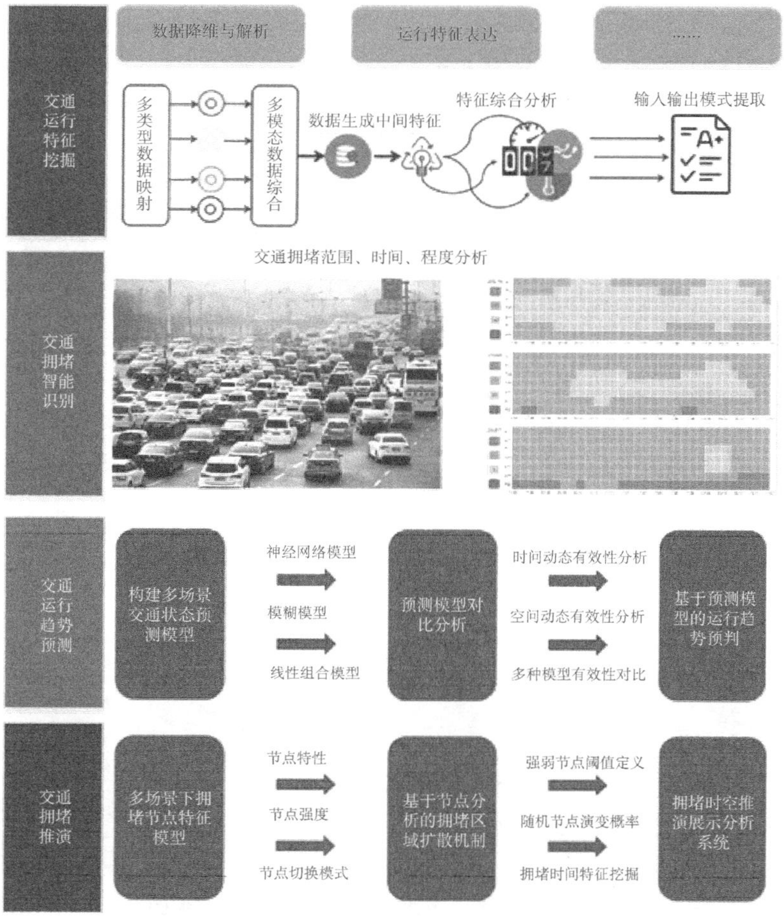

图 3　人工智能赋能交通拥堵预判技术框架图

（3）人工智能赋能城市交通管控技术框架

针对城市交通主动管控的业务需求，构建人工智能赋能主动管控技术框架，形成“问题诊断-主动管控-智能诱导与发布-效果评估-优化反馈”的智能主动管控模式。围绕交通时空资源，充分考虑多模式交通需求的随机性，基于卷积神经网络的图像识别技术，从时空匹配、方式匹配、供需匹配等多个角度，提取影响管控效率的关键因素，设计时空资源失衡智能诊断算法，基于强化学习技术分析路网容量约束下的分层级主动均衡调控技术，并通过构建评估指标体系实现交通管控措施效用评估，从而支撑措施的优化与动态效果反馈(图4)。

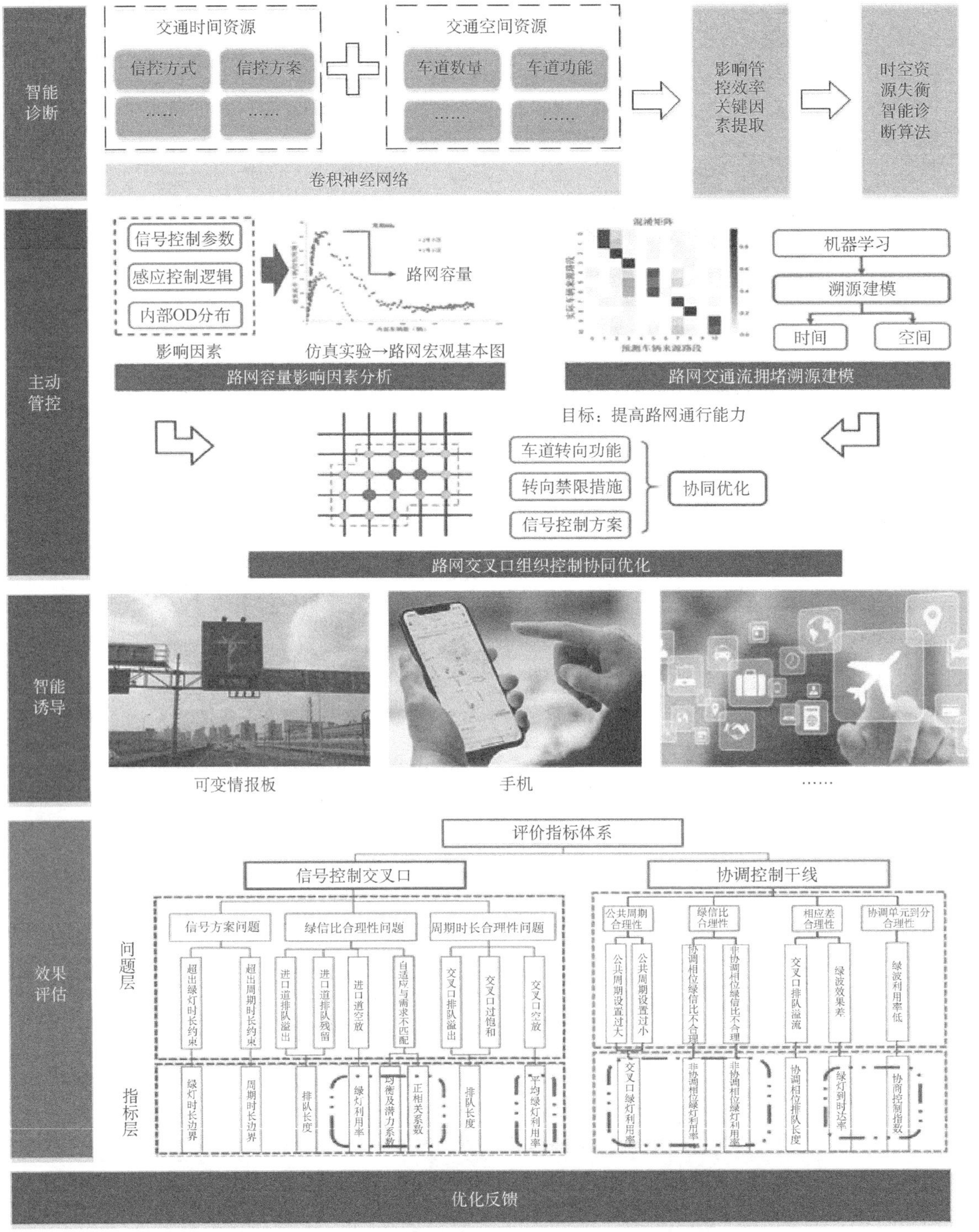

图4　人工智能赋能城市交通管控技术框架图

5. 人工智能在城市交通领域中的应用展望

随着经济和社会的快速发展，不同交通运输系统之间的衔接会越来越紧密，同时对交通数字化转型和精细化管理的要求也越来越高。交通信息系统建设将由局部试点向整体应用转变、交通信息资源将由分散型向集中型转变，交通管理模式将由被动式向主动式转变，由信息化向智能化转变。为促进城市交通高质量发展，通过人工智能技术赋能自动驾驶、出行服务、智慧高速等不同场景，将有效提升城市交通智能化、数字化、精细化管理水平。

（1）自动驾驶

随着汽车产业的发展以及人工智能技术的突破性进展，自动驾驶将是人工智能与交通融合度最高、关注度最高的场景之一。在人工智能技术的赋能下，利用深度学习技术和高精度视觉传感器，自动驾驶车辆能够全面感知环境，实现驾驶员、车辆和道路环境的实时监测。根据路网信息、交通环境信息和自身行驶状态，基于人工智能可实现自主规划与决策，如全局路径规划、避障规划、轨迹规划等。同时，采用神经网络控制和深度学习等智能控制方法，实现自动控制车辆运行与精准驾驶操作，从而提升交通便利性与道路安全水平。

（2）出行即服务

是以出行者为核心，将多元交通子系统整合成统一的服务平台，综合运用云计算、大数据、人工智能等技术进行挖掘分析、资源配置、出行决策，深刻理解与积极满足公众出行的需求，通过统一的界面为用户提供灵活、高效、经济的出行服务。基于海量积累的交通大数据，利用神经网络、深度学习等人工智能算法，可以实现对出行链、出行时间等的预测，从而支撑出行方式的诱导、出行路径规划等。

（3）智慧高速

随着人工智能、云计算、数字孪生等新一代信息技术的发展，高速公路逐渐向更安全、更顺畅、更高效的智慧化管理模式转型。结合高速公路路网的实时车流信息、交通路况信息以及交通事件信息等多源数据，基于人工智能算法可以进行智能交通应急疏导、最优车流诱导分析、交通事件预警分析等。同时，基于人工智能算法对历史交通数据进行分析，并结合节假日前后车流情况的变化，可实现对节假日各路段车流及拥堵情况的预测，从而支撑高速公路在节假日的大客流疏导预案制定。

参考文献

[1] 李伟，成军，张江州，等. 人工智能在道路交通管理中的应用探究[J]. 中国公共安全，2020(4)：90-92.
[2] 孔万锋. 杭州“城市数据大脑”：交通治堵的探索和实践[J]. 公安学刊(浙江警察学院学报)，2018(1)：54-58.
[3] 王洪斌. 大数据背景下人工智能在智慧交通中的应用研究[J]. 电脑知识与技术，2021，17(12)：198-199.
[4] 阮雪飞. 人工智能技术在智慧交通领域中的应用[J]. 交通建设与管理，2021(1)：72-73.

基于 SORT 改进的多目标跟踪算法

Multitarget tracking algorithm based on an improved SORT algorithm

王　园[1]　李哲然[2]

摘　要： 多目标跟踪一直是人工智能研究的热点之一，其被广泛应用于智慧交通、智慧城市等领域，在交通分析管理、自动驾驶等方面中有着至关重要的作用。目标跟踪的本质是针对检测得到的数据进行分析统计后对目标状态进行估计预测。本文构建了基于 SORT 改进的多目标车辆跟踪模型，通过卡尔曼滤波算法进行下一帧预测，再通过匈牙利算法进行关联匹配。本算法可以有效地处理车辆行驶过程中由于行驶角度变化导致的轨迹预测失准问题。

关键词： 轨迹跟踪；卡尔曼滤波；匈牙利算法

Abstract: Multi-target tracking has always been one of the hot spots in artificial intelligence research. It is widely used in smart transportation, smart city and other fields, and plays a crucial role in traffic analysis and management, autonomous driving and other aspects. The essence of target tracking is to estimate and predict the target state after analyzing the detected data. In this paper, a multi-target vehicle tracking model based on improved SORT is constructed. The Kalman filter algorithm is used to predict the next frame, and then the Hungarian algorithm is used for association matching. This algorithm can effectively deal with the trajectory prediction error problem caused by the change of driving Angle.

Key words: vehicle tracking; Kalman filter; Hungarian algorithm

1. 引言

随着道路车辆的增加，交通越来越拥挤，交通事故的发生率也越来越高，尤其是在高速公路上，一旦发生违法停车、逆行等非正常驾驶现象，往往会伴随重大交通事故，造成严重后果。但是传统的车辆行驶异常判断需要人工查看监控视频，进而对交通状况进行监控和管理[1]。这种方法的效率往往较低，工作人员的工作强度也很高，还存在误判和发现不及时等问题，不能满足目前经营管理的需要[2]。

人工智能发展，特别是在计算机视觉和图像处理方面，推动了医学、农业、汽车、教育、营销、安全和智能交通等许多领域的基于视觉的研究和商业应用。基于视觉的智能交通应用可以提供丰富的交通流信息，如高速公路或十字路口上某一区域的车辆总数或类别数量、车辆速度信息或车辆进出点之间的时间数据。交通流信息对于减少或预防交通拥堵、致命或连锁交通事故起到了至关重要的作用。其中车辆轨迹跟踪是获取交通流信息最重要的环节之一[3]。

车辆轨迹跟踪是一种重新识别检测到的目标车辆，并在连续视频帧上匹配关联的技术。按照模型的生成方式，车辆跟踪的方法可以分为两大类：生成式跟踪方式和判断式跟踪方式。生成式跟踪算法有几个经典算法包括基于均值漂移的车辆跟踪算法、基于卡尔曼滤波的车辆跟踪算法、基于粒子滤波的车辆跟踪算法等[4]，判断式的跟踪算法主要有基于支持向量机的车辆跟踪方法、基于 Boosting 的车辆跟踪方法以及相关滤波跟踪方法等。例如 Long 等人采用二次选择策略构建背景模型，然后在检测的触发区域用背景相减法建立车辆跟踪目标，最后利用均值漂移算法对车辆进行跟踪[5]。Bouttefroy 等人提出了一种利

1,2　王园，李哲然，浙江数智交院科技股份有限公司。
项目：高速公路投建管养超融合云平台（二期）(2021KAKT1024)。

用投射卡尔曼滤波的均值漂移跟踪车辆的方法，通过对车辆规模和运动模型的精细估计，解决了均值漂移跟踪器在带宽选择和跟踪器初始化方面的不足[6]。例如 Wei 等人提出了一种跟踪窗口的自动更新方法，并将其集成到基于 Haar-like 特征的结构化输出跟踪算法中[7]。Li 等人提出了一种通过 K-means 聚类算法获得卷积核，将浅层卷积神经网络与核相关滤波器(KCF，Kernelized Correlation Filters)相结合的在线跟踪框架[8]。以上两种是判别式的跟踪方法。

车辆跟踪方法可以利用像素、形状、颜色和边界框等特征跟踪被检测对象，并提取目标对象的轨迹。但是一般基于像素、形状、颜色或运动的跟踪方法被认为是鲁莽的，实时性差。基于检测框坐标的卡尔曼滤波跟踪和基于粒子滤波的跟踪算法比基于像素、形状、颜色或运动的跟踪方法略快，因为它们只处理被检测车辆的坐标信息。总的来说，卡尔曼或粒子滤波是车辆跟踪、导航和轨迹估计中应用最广泛的技术之一。卡尔曼滤波器具有计算成本低、递归设计良好的特性，适用于实时视频处理工具[9]。本文是基于 3D 检测框以 BEV(Bird's Eye View)的视角进行目标跟踪，为保证视频车辆跟踪的实时性，仅使用了检测框的位置和大小进行目标的运动估计和数据关联，构建了基于 sort 改进的多目标车辆跟踪模型。

2. 算法原理

基于 SORT(Simple Online and Realtime Tracking)改进的多目标跟踪算法核心是卡尔曼滤波算法和匈牙利算法，其主要思想是首先对检测出的每一个目标建立一个运动模型，即每个检测到的物体边界框都有自己对应的卡尔曼滤波器，然后通过卡尔曼滤波预测当前帧每个物体的状态量，再利用匈牙利算法与目标检测模型对当前帧的检测状态(观测值)进行数据关联。

算法的主要流程包括：①对第一帧接受到的检测结果中所有的检测框进行卡尔曼滤波初始化，并加入追踪列表里面；②从第二帧开始到最后一帧，上一帧成功跟踪并且保留下来的跟踪框在当前帧中，进行新一轮的预测生成跟踪框，并且针对所预测的新跟踪框和当前帧中的检测框进行交并比 IOU(Intersection over Union)计算和使用匈牙利算法对该两者进行关联匹配。

当前帧的跟踪结果和检测结果会被分为以下三类：未匹配成功的跟踪结果(即目标离开了画面或者两者匹配度 IOU 值小于 IOU 阈值)、匹配成功的跟踪和检测结果、未匹配成功的检测结果(新增目标物)。那么首先使用当前帧中的检测框对成功关联匹配的跟踪框中的状态向量进行更新，然后对新增目标的检测框生成对应新的跟踪框，最后把跟踪目标失败的跟踪框从跟踪器链列表中移除出去，其主要流程如图 1 所示。

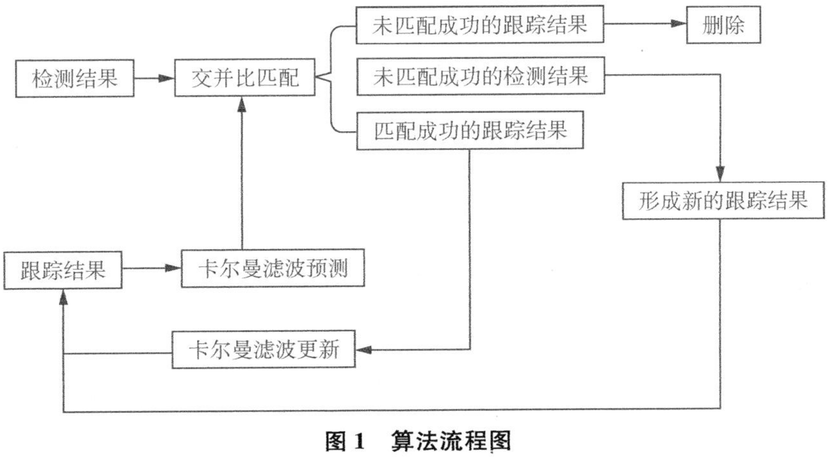

图 1　算法流程图

2.1　预测模型

预测模型是用于将目标的坐标信息传播到下一帧，通常采用一个独立于其他物体和相机运动的线性匀速模型近似地模拟目标物每一帧的位移，每个目标物的状态向量为式(1)：

$$X=[x,\ y,\ w,\ l,\ r,\ \dot{x},\ \dot{v},\ \dot{r}]^{\mathrm{T}} \tag{1}$$

式中，x，y 是指检测框中心的 x，y 坐标；w，l 检测框的长宽；r 是旋转角度；$\dot{x}$ 是 x 的变化速率；$\dot{v}$ 是 y 的变化速率；$\dot{r}$ 是 r 的变化速率。当检测与目标相关联时，检测框用于更新目标状态，其中速度分量通过卡尔曼滤波框架得到最优求解。如果没有检测和目标关联，则只需使用线性速度模型。预测阶段的第一步是预测，具体的方程式如式(2)所示：

$$Z_t=Hx_t+v_t \tag{2}$$

式中，z 为测量值(预测值)；x 为状态向量。其中 H 为观测矩阵，能够将包含冗余信息的 x 转换为预测值 z，并且 H 矩阵是固定的不需要更新的，v_t 为测量噪声。

预测阶段的第二步是更新。使用检测到的目标框更新状态向量，如式(3)—式(8)。

$$x_{t|t-1}=Fx_{t|t-1}+Bu_t \tag{3}$$

$$P_{t|t-1}=FP_{t-1|t-1}F^{\mathrm{T}}+Q_t \tag{4}$$

$$S_t=HP_{t|t-1}H^{\mathrm{T}}+R_t \tag{5}$$

$$x_{t|t}=K_tz_t+(I-K_tH)x_{t|t-1} \tag{6}$$

$$K_t=P_{t|t-1}H^{\mathrm{T}}S_t^{-1} \tag{7}$$

$$P_{t|t}=(I-K_tH)P_{t|t-1} \tag{8}$$

式中，F 是状态转移矩阵，是固定不变的；B 为控制矩阵；P 为状态向量的协方差矩阵，表示两个向量的差异程度；$P_{t|t-1}=\mathrm{Cov}(x_t-x_{t-1})$。$H$ 为观测矩阵，能够将包含冗余信息的 x 转换为预测值 z，并且 H 矩阵不需要更新；S 为系统不确定性矩阵，$S_t=\mathrm{Cov}(z_t-H_{xt|t-1})$；$R$ 为测量噪声矩阵；K 为 kalman 增益，通过 K 融合了新的测量值 z_t 和估计值 $x_{t|t-1}$。通过 P，H 和 S 算出 K，其中 P 为状态向量的斜方差矩阵，表示两个向量的差异程度，$P_{t|t-1}=\mathrm{Cov}(x_t-x_{t-1})$，$H$ 为固定矩阵；S 为系统不确定性矩阵。

2.2 数据关联

为现有的目标分配检测框时，每个目标的边界框形状是通过预测其在当前帧中的新位置估计的。然后通过计算上一帧预测的当前帧各目标检测框与当前帧真实的目标检测框之间的 IOU，得到分配代价矩阵。通过匈牙利匹配算法进行数据关联，选择最优的关联结果。当其小于指定 IOU 阈值则匹配失败。使用 IOU 能够解决目标的短时被遮挡问题。因为目标被遮挡时，检测到了遮挡物，没有检测到原有目标，假设把遮挡物和原有目标进行了关联。那么在遮挡结束后，因为在相近大小的目标 IOU 往往较大，因此很快就可以恢复正确的关联，这是建立在遮挡物面积大于目标的基础上的。

2.3 创建和删除跟踪标识

如视频中出现新的目标物(即当前帧的检测框与卡尔曼滤波预测的当前帧物体所有边界框的 IOU 均小于 IOU 阈值，即预测框中没有与之匹配的)，需创建新的标识，此时跟踪器初始化成速度为 0 的边界框，由于在此时没有速度，速度分量的协方差被初始化为很大的值，用来反映这种不确定性。另外，跟踪框至少需要连续 min_hits 次成功跟踪到目标，小于该次数则不返回该目标的卡尔曼滤波对象。当物体离开画面时(该轨迹连续 max_age 帧没有匹配到检测框)，需删除标识，防止跟踪器数量无限增大。max_age、min_hits 和 IOU 阈值可根据实际情况进行调整。

3. 实验结果

本次实验采用了清华大学 DAIR-V2X-I 数据集进行算法效果验证[10]，DAIR-V2X-I 数据集是首个用于车路协同自动驾驶研究的大规模、多模态、多视角数据集，全部数据采集自真实场景，同时包含 2D &3D 标注。DAIR-V2X-I 数据集主要包括路端雷视融合之后的标注结果、路端图像、路端点云数据。其中路端雷视融合之后的标注结果主要包括路端相机和雷达联合标定的内参外参以及路端雷视融合后的标注结果(包括检测物类别、图像中 2D 检测框、3D 检测框的长宽高、3D 检测框的中心点位置、障碍物绕 Z 轴旋转角度等)，本文采用的是 3D 检测框 BEV 的视角进行预测跟踪，后将 3D 标注框的上表面通过相机和雷达的内外参投射到二维图像中，即图 2 中的黄色边界框。

3.1 不同跟踪参数结果对比

Idsw(Identification switches)是指对于同一个目标，由于跟踪算法误判，导致其 ID 发生切换的次数，Idsw 的值越小表示该算法的跟踪效果越好。MT(Mostly Tracked)是指匹配成功率超过 80%的轨迹数占总轨迹数的百分比，MT 的值越大表示该算法的跟踪效果越好。本文对比了不同参数下的跟踪效果，由表 1 可以看出当 max_age=10，min_hits=1 时跟踪效果最好。

表 1　本文算法不同参数的跟踪结果比较

		Idsw	MT
iou_threshold=0.01	max_age=10，min_hits=3	5	88.00%
	max_age=10，min_hits=2	8	92.00%
	max_age=10，min_hits=1	8	100.00%
	max_age=7，min_hits=1	9	100.00%
	max_age=3，min_hits=1	12	96.00%
iou_threshold=0.1	max_age=10，min_hits=3	4	88.00%
	max_age=10，min_hits=2	7	92.00%
	max_age=10，min_hits=1	8	100.00%
	max_age=7，min_hits=1	9	100.00%
	max_age=3，min_hits=1	11	96.00%

3.2 不同算法的跟踪结果对比

本文与 Deepsort 的跟踪效果对比如表 2 所示，Deepsort 算法是目前主流的深度学习跟踪算法之一，它将深度表观特征应用到多目标跟踪问题，Deepsort 算法是在 sort 目标跟踪的基础上引入了表观特征提取网络，该网络是在行人重识别数据集上离线训练得到的，在目标跟踪过程中提取目标的表观特征进行最近邻匹配，这样可以有效地改善遮挡情况下的目标追踪效果[11]。本次 Deepsort 提取的是数据集 2D 标注框中的车辆外观特征，提取外观特征可以减少 Idsw 的次数，坐标预测依然使用的是 3D 检测框的 BEV 视角坐标。

表 2　和 Deepsort 算法的跟踪结果比较

	Idsw	MT
本文算法	8	100.00%
Deepsort 算法	4	76.00%

图 2 和图 3 是跟踪结果实际路况图，其中白色边界框为 2D 标注的结果，白色字体为 2D 标注的编号。黑色边界框是预测匹配后的结果，黑色字体为预测创建的 ID 编号。从图 2 可以看出在几乎每一辆车都被追踪到了，而图 3 中有部分车辆未被追踪到，虽然从表 2 也可以看出 Deepsort 算法的 Idsw 次数比本文算法低，但是从全程多目标的综合跟踪结果来看，本文算法的跟踪效果更有优势。Deepsort 算法的跟踪效果偏低的原因可能是因为车辆在画面中发生遮挡或者车辆初次进入监控范围时只看到部分车身，导致在

根据车辆外观特征进行级联匹配时难以匹配上。

图2　本文算法跟踪效果

图3 Deepsort 算法跟踪结果

4. 结语

车辆的轨迹跟踪可以帮助获取道路交通信息、车辆违规行为等，本文针对多目标车辆跟踪问题进行了研究，构建了基于SORT改进的多目标车辆跟踪模型，并在DAIR-V2X-I数据集上进行了实验验证，该模型是先用卡尔曼滤波算法得到目标的预测位置，再使用匈牙利算法进行数据关联，最后给出关联后的跟踪结果。实验表明在多目标车辆轨迹跟踪方面，虽然本文算法的Idsw次数略高于Deepsort算法，但是其跟踪成功率远高于它，因此在实际使用中更为可靠便捷。但是无论是基于sort改进的跟踪算法还是Deepsort算法都对车辆前期的检测结果有很强的依赖性，依然需要进一步的优化。

参考文献

[1] Zhan X, Yu Z, Yi X, et al. Citywide Traffic Volume Estimation Using Trajectory Data[J]. IEEE Transactions on Knowledge & Data Engineering, 2017, 29(2):272-285.

[2] Deng K. Anomaly Detection of Highway Vehicle Trajectory under the Internet of Things Converged with 5G Technology[J]. Complexity, 2021, 2021.

[3] Ja A, Az B. Vision-based vehicle tracking on highway traffic using bounding-box features to extract statistical information. 2021.

[4] 武晓洁.基于视频的车辆检测与跟踪方法研究[D].西安:长安大学,2018.

[5] Long Y, Xiao X, Shu X, et al. Vehicle Tracking Method Using Background Subtraction and MeanShift Algorithm [C]//International Conference on E-product E-service & E-entertainment. IEEE, 2010.

[6] Bouttefroy P, Bouzerdoum A, Phung S L, et al. Vehicle Tracking by non-Drifting Mean-shift using Projective Kalman Filter[C]//International IEEE Conference on Intelligent Transportation Systems. IEEE, 2008.

[7] Wei P, Zhu Y, Zuo X, et al. A multi-scale vehicle tracking algorithm based on Structured Output SVM[C]//2015 8th International Congress on Image and Signal Processing(CISP). IEEE, 2016.

[8] Li D, Chen W. Object tracking with convolutional neural networks and kernelized correlation filters[C]//2017 29th Chinese Control And Decision Conference(CCDC). IEEE, 2017.

[9] Ja A, Az B. Vision-based vehicle tracking on highway traffic using bounding-box features to extract statistical information. 2021.

[10] Yu H, Luo Y, Shu M, et al. DAIR-V2X: A Large-Scale Dataset for Vehicle-Infrastructure Cooperative 3D Object Detection[J]. 2022.

[11] Wojke N, Bewley A, Paulus D. Simple Online and Realtime Tracking with a Deep Association Metric[C]//2017 IEEE International Conference on Image Processing(ICIP). IEEE, 2017.

国省道不停车超限超载车辆实时智能监控系统研究

Research on real-time intelligent monitoring system for overloading vehicles without stopping on national and provincial highways

傅俊敏[1] 周天图 王代君 陈 星

摘 要：我国普通国省道超限超载情况比较普遍，尤其是中大型货车，为此，交通运输部门对重要的公路路段发布了严格的治理措施，但目前很多国省道都是依靠人力进行现场治理，其效果和效率都达不到优良标准。本文介绍了利用现代科技手段进行非现场不停车的超限超载监控，利用动态称重技术实时获取国省道通行车辆的轴载数据，采用智能数据分析算法进行超限超载监控告警和数据统计分析，有效解决了公路现场治理超限超载违法行为的难题，取得了良好的社会效益和经济效益。

关键词：非现场治超；智能监控；公路超载

Abstract: The situation of exceeding overload on national and provincial highways is relatively common in our country, especially in large trucks. Therefore, the transportation department has issued strict management measures on important highway sections. At present, many national and provincial highways rely on human resources to manage at the scene. Therefore, neither the effect nor the efficiency is good. The problem of the illegal behavior of the overload on the highway site is effectively solved, and good social and economic benefits are obtained by using the dynamic weighing technology to obtain the axle load data of national and provincial highways in real time, and the use of intelligent data analysis algorithm to carry out the alarm monitoring of the overload and data statistical analysis.

Key words: off-site overloading treatment; intelligent monitoring; highway overload

1. 引言

随着我国经济的快速发展，超限超载问题一直是我国交通执法的重点工作。超限超载车辆存在着严重的交通安全隐患，不仅会严重破坏公路和桥梁设施，引发道路交通事故，危害人民群众的生命财产安全，而且严重扰乱运输市场秩序，干扰运输行业的健康发展，因此依法进一步加强违法超限超载治理刻不容缓。超限超载车辆长期处于超负荷运转状态，车辆制动、转向操作等安全性降低，容易发生爆胎、刹车失灵、半轴断裂等险情，给交通安全带来严重隐患。据统计，载重货车道路交通事故中超过80%是由于超限超载运输引起的。同时，超限超载给公路和桥梁造成严重损害，会大大降低公路和桥梁的使用寿命。针对以上问题，结合江西省某公路实际安装使用的不停车非现场治超设备，我们开发了一套可实现超限超载车辆实时监控的综合管理平台，并在项目上得到了广泛应用，取得了较好的经济效果，对国省道的科技治超工作起到了重要作用。

2. 系统需求分析

经过需求调研和需求分析，项目组发现目前国省道超限超载情况比较严重，首先是超限比例居高不

---

1 傅俊敏，江西省交通运输科学研究院有限公司。

下，尤其是大型货车超限情况非常严重，其次是货运车辆超限率普遍较高，甚至存在超限100%以上的车辆，所以当前急需一套成熟可靠的方案来解决超限超载违法问题，引入非现场不停车治理超限超载系统。通过科技手段，结合动态称重技术和大数据分析技术，本文系统性地分析了国省道不停车超限超载车辆实时智能监控系统的核心功能，主要包括：

(1) 在国省道上安装动态称重设备，包括平板式高精度动态称重、高清摄像头、车牌识别系统、车辆类别及尺寸特征识别系统。

(2) 现场采集超限超载车辆数据，实时传输至后台数据库保存，动态识别车辆号牌、总重量、核载、轴数、超限率、通行时间、车辆抓拍图片。

(3) 超限超载车辆实时告警，通过手机App接收告警信息，监控大屏GIS地图实时告警。

(4) 实时统计今日超限车辆数据，包括今日超限车辆数、今日超限率、昨日超限车辆数。

(5) 对严重超限的车辆进行轮播展示，超限30%以上用蓝色标注，超限50%以上用黄色标注，超限75%以上用橙色标注，超限100%以上用红色标注。

(6) 统计车辆历史累计超限次数按车牌号进行排名。

(7) 使用4路视频实时播放现场的车辆经过画面，通过数据和视频结合的方式进行远程监控。

通过建设信息化平台实现非现场治理超限超载违法，达到实时远程路网监控的目的，用信息化手段保障公路交通的安全运行是本项目实施的重大意义。超限超载车辆数据将长期保存在平台后端数据库中，后续将抄告给相关的交警、运管部门，以提供执法处罚的依据。

3. 系统总体设计

本系统结合普通国省道治理超限超载车辆的要求，通过硬件设备和软件平台相结合的方式，利用外场公路和机房铺设的专网数据传输，配合全速度段公路超限精确检测系统对过往车辆进行实时检测，获取违法超限超载车辆的牌照、车辆总重、车速、车辆类型等相关信息，迅速传送至综合治超信息管理平台，为公路非现场监控和执法提供有力的技术支撑，系统总体架构如图1所示。

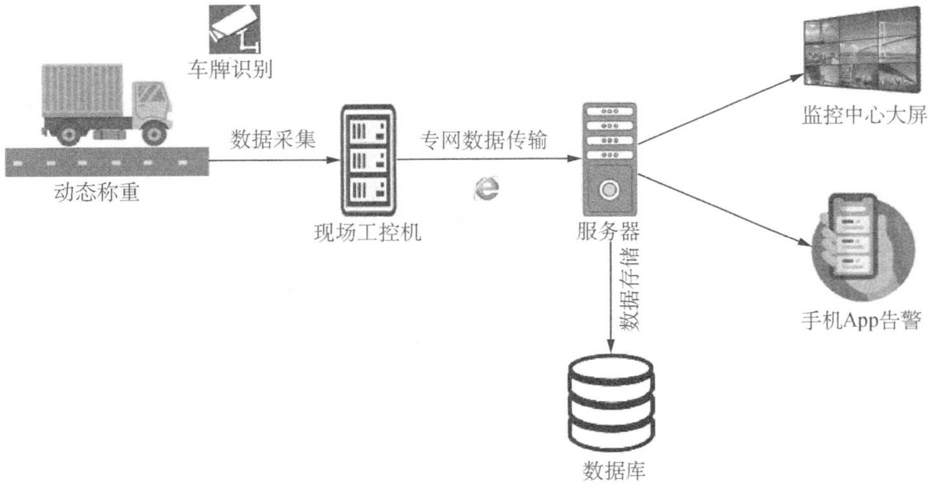

图1　系统功能架构设计

根据功能需求分析方案和系统设计原则，本系统旨在构建国省道路网新型治理超限超载违法案例机制，数据采集使用ASP. Net平台搭建WebServices服务，展示平台采用Web端和手机App端双管道运行方式进行集成部署。Web端采用B/S三层架构设计，支持Chrome、IE、360等主流浏览器，前端采用响应式布局，支持各种分辨率显示屏。平台内含App信息预警功能、大屏信息展示功能、超限数据统计功能、超限车辆明细查询及现场视频预览功能。

平台后端架构使用Java SSM框架搭建，数据接口调用采用Restful API。平台的部署和集成支持在线配置，运维成本大幅降低。数据共享通过权限进行精细化控制，增强了数据的安全性。软件架构设计采用可扩展性原则进行设计，功能模块之间耦合度低，为平台的升级扩展提供了基础。由于系统部署的公路过往车辆数据较大，系统运行时间达到一定程度后平台的数据量会积累到千万级别。为了解决系统的响应性能问题，在系统架构设计时引入了分库分表的技术方案，在数据库的设计上建立了两套数据表，一是历史数据表，二是当日数据表，在数据预警和大屏实时显示的功能上调用当日数据表，提升系统的查询性能；而在历史数据表中按年份分别存储，用于数据统计功能的调用。

4. 系统功能模块设计

本系统的功能模块主要包括现场不停车数据采集、超限超载实时告警、超限信息综合数据大屏、超限超载数据统计。不停车数据采集是获取数据的来源，实时将公路上的通行车辆数据传输到平台，系统发现超限车辆后快速将信息发送到手机 App 端，同时在监控大屏上弹出告警信息，结合手机 App、监控室的大屏幕、现场摄像头三个终端模块，解决了原来需由工作人员进入公路现场执法的难题，开拓了科技治超的新局面。

4.1 现场不停车数据采集

在国省道上布设平板式（轴重）动态汽车称重设备，该设备是全速度段公路车辆超限精确检测系统中非现场执法的核心。设备称重台面与路面一体化设计安装，无缝连接，具有承载力强、检测区域大、不易作弊、称重精度高等特点。同时采用国际领先的数字化技术，实现数据采集、分析、存储的智能化管理，具有卓越的稳定性和安全性。结合现场的监控摄像头实时抓拍车辆牌照和车型外观图片（图2），将采集的数据包传输至软件平台服务器，采集的数据包括车牌号、车辆轴数、车速、车道号、总重量、核载、超载重量、车头图片、车身图片、车尾图片、通行时间。

图2　超限超载车辆抓拍图

在称重设备附近安装数据采集处理机柜，该机柜由不锈钢材质的机箱、安装于机柜内部上层的整车式动态称重处理器、完成光栅分车器及单双轮胎识别器接口、处理车辆信息采集处理器以及整套系统必备的防浪涌模块、开关电源模块、过载保护模块、接线模块等组成。

数据采集处理机柜完成整车式称重台面内各传感器和轮胎识别器、红外线车辆分离器与车辆信息采集器的连接。在结构上采用了不锈钢材质的冷折加工工艺，充分隔离了灰尘、雨水、汽车尾气对控制系统造成的不良影响，整个系统中在机箱内部安装有电源浪涌防护器及自动空气开关，保证计重系统在各种恶劣电源环境下能够可靠工作。现场设备和机房布设了专用的光线网络，能够做到低时延、高稳定、不丢包，保障系统的安全稳定运行。

4.2 超限超载实时告警

超限超载实时告警功能通过超限判断算法快速计算出车辆是否超限、超限的严重程度(超限率＝(车辆总重－核载)/核载×100％，然后发送告警信息至手机App，同时在监控中心大屏弹出告警信息窗口，可以做到现场和监控中心多方位的告警提醒。综合平台后端通过部署超限计算逻辑算法，使用消息推送功能和WebSocket技术同时向手机App和监控大屏浏览器推送告警数据。

超限告警信息内容由车辆号牌、轴数、总重量、超限率、核载、通行时间、检测点名称组成，把超限数据发生的时间、地点、明细等情况及时完整地发送给系统配备的相关治超人员。治超人员接收到告警信息后立即启动超限超载后续执法处理工作，同时将超限车辆拉进黑名单，调阅车辆的历史超限数据，为治理超限执法提供证据。

4.3 超限信息综合数据大屏

超限信息综合数据大屏部署在规格为4×3块拼接大屏的监控中心，主要服务于监控中心的值班人员，能够实时清晰地查看现场通行车辆的超限超载情况。大屏前端采用Bootstrap框架进行响应式布局，前端页面根据显示屏幕的实际尺寸按比例计算每个DIV层的大小。大屏布局分为左、中、右三大区域，使用文字、表格、GIS地图、曲线图、监控视频综合模式来呈现数据可视化。

大屏左侧分别由今日和昨日两天的实时超限车辆数和超限率、4个检测点的监控视频、严重超限车辆数据轮播等模块组成，其中严重超限车辆限定为当天超限率在30％以上的车辆数据。大屏中间由GIS地图和实时超限超载数据表格组成，使用百度地图Web API 2.0，绘制当前行政区域并将公路沿线的设备点位标注在地图上，当发生超限超载数据告警时地图上弹出超限告警信息窗口，提示某个检测点发生了超限情况。大屏右侧由通行车辆数统计图、各类型车辆占比图、超限累计次数排名等模块组成，其中超限累计次数排名模块包含了超限车辆前n名统计。如图3所示。

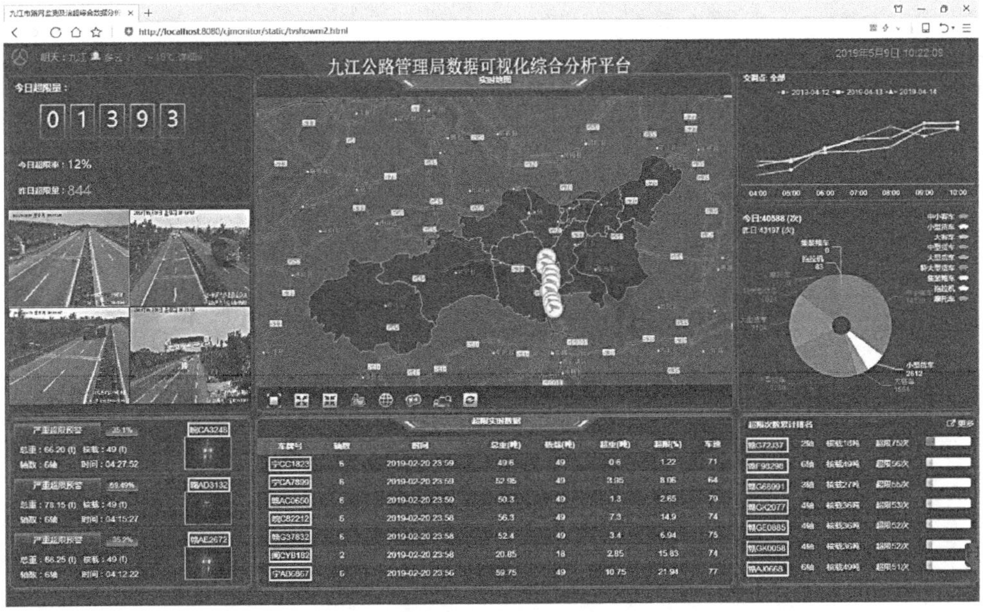

图3 超限超载数据综合展示大屏

4.4 超限超载数据统计

超限超载数据依据综合平台所采集到的现场超限车辆数据进行统计，按不同的维度进行全方位的数据综合分析，以充分了解国省道车辆超限超载违法行为的目的，由此可以针对性地综合治理，通过交通部门的执法处罚以降低超限超载比例，保障公路交通的安全平稳运行。

数据统计功能包括超限趋势统计、超限率统计、按车辆轴数和吨位统计。超限趋势统计分析功能为一段时期内超限检测点超限车辆的变化趋势，通过时辰图的形式显示每天的超限车辆数的变化情况。超限率统计功能统计一段时期内超限检测点超限车辆的占比情况，通过饼图的形式展现数据。按车辆轴数和吨位统计分析各类轴型车辆的超限占比情况，依据实际的统计数据，可以清晰地看到中大型货车超限问题特别严重，尤其是“百吨王”车辆在综合平台中会作为特别关注的对象。本文选取了 2019 年 2 月份某个超限检测点的数据进行统计，如表 1 所示。

表 1　超限超载数据统计表

序号	日期时间	检测点	车辆总数(辆)	超限车辆数(辆)	超限比例
1	2019 年 2 月 1 日	共青特大桥 K23+110	3 135	184	5.9%
2	2019 年 2 月 2 日	共青特大桥 K23+110	3 009	128	4.3%
3	2019 年 2 月 3 日	共青特大桥 K23+110	2 056	65	3.2%
4	2019 年 2 月 4 日	共青特大桥 K23+110	984	25	2.5%
5	2019 年 2 月 5 日	共青特大桥 K23+110	1 173	32	2.7%
6	2019 年 2 月 6 日	共青特大桥 K23+110	2 222	59	2.7%
7	2019 年 2 月 7 日	共青特大桥 K23+110	3 062	137	4.5%
8	2019 年 2 月 8 日	共青特大桥 K23+110	5 128	146	2.8%
9	2019 年 2 月 9 日	共青特大桥 K23+110	8 714	195	2.2%
10	2019 年 2 月 10 日	共青特大桥 K23+110	7 256	189	2.6%
11	2019 年 2 月 11 日	共青特大桥 K23+110	6 290	321	5.1%
12	2019 年 2 月 12 日	共青特大桥 K23+110	7 805	504	6.5%
13	2019 年 2 月 13 日	共青特大桥 K23+110	7 133	731	10.2%
14	2019 年 2 月 14 日	共青特大桥 K23+110	7 047	895	12.7%
15	2019 年 2 月 15 日	共青特大桥 K23+110	6 011	982	16.3%
16	2019 年 2 月 16 日	共青特大桥 K23+110	6 982	1 173	16.8%
17	2019 年 2 月 17 日	共青特大桥 K23+110	5 776	1 279	22.1%
18	2019 年 2 月 18 日	共青特大桥 K23+110	3 940	768	19.5%
19	2019 年 2 月 19 日	共青特大桥 K23+110	3 564	844	23.7%
20	2019 年 2 月 20 日	共青特大桥 K23+110	7 259	1 237	17%
21	2019 年 2 月 21 日	共青特大桥 K23+110	5 337	1 050	19.7%
22	2019 年 2 月 22 日	共青特大桥 K23+110	6 824	1 508	22.1%
23	2019 年 2 月 23 日	共青特大桥 K23+110	4 436	633	14.2%
24	2019 年 2 月 24 日	共青特大桥 K23+110	5 972	514	8.6%
25	2019 年 2 月 25 日	共青特大桥 K23+110	5 134	565	11%
26	2019 年 2 月 26 日	共青特大桥 K23+110	4 857	567	11.7%
27	2019 年 2 月 27 日	共青特大桥 K23+110	4 737	574	12.1%
28	2019 年年 2 月 28 日	共青特大桥 K23+110	4 958	588	11.9%

5. 系统应用及效果分析

本系统上线部署以来，在江西省某公路正式运行，达到了良好的运行效果并获得了多个单位的好评。本系统能够全面支撑国省道的非现场治超工作，及时发现公路车辆的超限超载违法行为，有利于相关工作人员开展治超工作，对超限超载违法情形的处理能够提供便捷性、科技性、有效性。同时系统对历史超限数据进行了统计和分析，通过大数据处理技术和专业的治超经验相结合，从多维度的视角进行公路治超，让工作人员可以清晰地掌握哪些地方经常出现超限超载，哪类车辆存在较多的超限超载，哪个时段出现更多的超限超载，超限率的变化趋势，超限比例的具体情况等。

5.1 社会效益

利用非现场不停车实时监控超限超载违法车辆，能够及时有效地开展治超工作，通过数据采集、高清图片抓拍、大数据技术等综合科技手段获取超限超载的违法证据，有效控制超限超载行为，逐步减少超限超载行为，让运输车辆公司或司机充分意识到超限超载的危害，让交通运输市场保持健康的发展趋势，保障人民群众的生命和财产安全，改善道路交通运输环境。

获取到超限超载电子化数据后，可以有效地支撑杜绝超限超载的宣传工作，使群众了解治超的相关政策，治理车辆超限超载的目的、意义和要求，增强群众合法运输、依法维权的意识。同时对严重超限超载典型案件等进行公开曝光，坚持正确的舆论导向，营造依法治超的社会环境。

5.2 经济效益

通过科技手段治超能够减少现场治超的管理运行成本，提升治超工作的效率，为公路交通运输经济的发展做出贡献。有效的治超手段能够大幅度降低超限超载的频率，保障公路的安全运行，延长公路的使用寿命。根据专家分析，车辆超限重量的增加对路面的损坏是呈几何倍数增长的，超限 10%的货车对道路的损坏会增加 40%；一辆超载 2 t 的车辆行驶公路一次，对公路的损害相当于不超载车辆通行 16 次；一辆 36 t 的超载车辆对道路的损毁程度相当于 9 000 辆 1.8 t 的小汽车对道路的破坏。同时超限超载车辆如果出现安全问题，将会严重危害人民群众的生命财产安全，也会严重破坏公路设施、桥梁设施，造成国家对公路维护费用的增加，不利于交通运输经济的发展。利用高科技设备和大数据分析技术，能够高效地、全方位地治理超限超载违法行为，加强治理力度，提升治理手段，有效遏制超限超载行为。

6. 结语

推进公路运输超限超载信息化平台的建设，可以充分整合现有的治超资源，通过人力和科技的相互配合，达到有效治理超限超载违法行为的目的。利用完善的科技平台作为技术手段以服务于公路交通部门的治超工作，进一步推广系统的合理使用，以提升公路治超的灵活性、智能性、高效性。超限超载的行为严重危害公路运输安全，一套有效的非现场不停车超限超载监控系统的部署应用是实施科技治超的重要保障，通过数据监控和数据分析技术的合理使用，是公路交通治理超限超载信息化的重要途径，能够提升公路运输效率，保障公路的畅通安全，促进国家经济健康平稳的发展。

参考文献

[1] 王建聪，毛保华. 车辆超限超载的危害性与治理对策研究[J]. 中国安全科学学报(11):53.
[2] 崔绍军. 超限超载车辆的危害及其治理对策[J]. 交通世界(运输. 车辆)，2009，000(10):136-136.
[3] 叶卫华，梁建杰. 不停车超限检测系统的设计与实现[J]. 工程技术，2016(2):97-97.
[4] 易玮. 浅谈货车超限超载运输的危害及其治理对策[J]. 山西建筑，2008(9):296-297.
[5] 韦芃臣. 货物运输车辆超限超载信息控制系统探究[J]. 青海交通科技，2018，No. 135(6):20-22.
[6] 刘丽平. 超限超载运输车辆对公路的影响及管理措施[J]. 河北企业，2012(5):13-14.

基于视频的普通国省干线公路落物识别技术探析

Analysis for falling objects identification of national and provincial highways based on video image recognition

王　宁[1]　王　静[2]　郝贵发[3]

摘　要：普通国省干线公路运行过程中，受到客观因素与主观因素影响会存在各种落物，包括从车辆上掉落的轮胎、钢管、生活垃圾以及其他物品等。为了降低此类落物的影响，提高管理效率，需要增强对此类物质的识别。本文概述了普通国省干线公路落物识别的重要性，剖析了普通国省干线公路落物识别技术流程，并以此为基础，分别从图割法、MOG2 算法、YOLOv5＋阈值法、KCF 跟踪与识别四个方面进行了讨论。

关键词：视频；普通国省干线公路；落物识别技术

Abstract：Influenced by objective and subjective factors，there are kinds of falling objects including tires，steel pipes，household waste and other items that have fallen from vehicles during transportation. In order to reduce the impact of falling objects，enhance management efficiency，it is essential to identify these falling objects. This paper summarized the importance of falling objects identification of national and provincial highways，analyzed the technical process of falling objects identification，and on this basis，discussed the specific situation from four aspects：graph cutting method，MOG2 algorithm，YOLOv5＋threshold method，KCF tracking and recognition.

Key words：video；national and provincial highways；falling objects identification

1. 引言

普通国省干线公路路段具有一定的封闭性，车辆行驶速度快，车流量较大，当存在落物情况时容易引发交通事故。轻者出现车辆追尾、撞护栏，严重时会导致翻车等，给驾驶员与乘客的生命安全造成了较大威胁。为了有效规避此类交通事故，将风险降至最低点，一方面需要加强道路交通安全宣传教育，另一方面则应采用配置技术要素的方式，增强对基于视频的普通国省干线公路落物识别技术的应用。尤其在当前阶段，交通行业进入了高质量发展阶段，扩大了对数字化技术的运用，因此，有必要结合新技术提高落物识别技术的应用水平，为普通国省干线公路的安全运行保驾护航。

2. 普通国省干线公路落物识别的重要性

2.1　从公路管理效率分析

普通国省干线公路落物引发交通安全事故会进一步造成交通拥堵，降低管理效率。因而，需要根据该方面存在的因果关系链，增强落物识别。目前，主要按照现代经济学中的要素配置理论，建立了技术要素主导的资源配置方式，旨在通过提高技术要素应用比例，辅助普通国省干线公路管理主体，高效、精准地完

1,2,3　王宁，王静，郝贵发，镇江市公路事业发展中心。

成落物识别，从而在控制落物风险及其影响的情况下，达到提高公路管理效率的目标。

例如，2016 年 5 月 10 日晚，某公路上一辆装载了 20 多吨大理石块的半挂车辆在行驶过程中，因车厢绑扎大理石块的麻绳断裂，车厢左侧装于木框架中的一块大理石掉落路面，在接下来的 20 多分钟里，其后的 14 辆行驶车辆，连续发生了车胎爆炸现象，不仅造成了二次车辆追尾事故，而且造成了该路段的交通大堵塞，严重影响了道路交通管理效率。该路段管理部门的安全科虽然经过查看监控视频，成功查获了肇事大货车，但是并没有能够对此类落物进行提前识别并预防相关事故及交通拥堵问题。近年来，可以利用机器视频技术，通过应用路面异物识别监测预警技术，有效解决此类问题。实践经验表明，在道路区域分割的基础上，实施公路落物前景背景分离后，结合基于深度学习的目标检测算法，利用大量的数据完成对网络模型的训练后，可以精准实现对普通国省干线公路落实目标的检测、识别、跟踪，从而在第一时间完成对落物相关情况的预判，并在“线上管理指导＋线下及时处理”的基本方案下，将落物清除，预防交通事故，提高管理效率等。

2.2 从运营效益分析

普通国省干线公路运营管理单位，除了承担社会责任之外，也需要提高运营效益，以此保障公路的可持续运营[1]。普通国省干线公路管理过程中，因落物导致交通事故、交通拥堵，造成严重伤亡，不仅会影响单位的社会声誉，降低公信力。而且在对交通事故处理中，需要投入大量的人力、物力、财力，从而增加运营管理成本，影响运营效益。

2019 年 11 月 6 日，李先生在某公路驾车行驶过程中，前方突然飞来一个汽水罐，砸在了车辆的挡风玻璃上，虽然没有对挡风玻璃造成损伤，但由于汽水罐中的液体泼洒到挡风玻璃上，模糊了李先生的视线，在紧急制动时车辆撞到了路边护栏上，虽然驾驶人员与两名男乘客均未受伤，然而公路管理部门却需要支付额外的维修费用。由于落物影响导致的此类事故相对较多，因而为了预防事故，扩增效益。该公路管理单位试运行了基于高清摄像机的公路落物自动检测方法，通过路面不规则四边形 DEM 模型增强了对路面落物的自动检测与验证分析，同时增强了道路交通安全宣传教育，起到了规范驾驶者行为。2020 年 3 月正式启用后，有效降低了因落物引发交通事故后增加的运维成本，达到了扩增运营效益的目的。

3. 普通国省干线公路落物识别技术流程

落物识别监测预警是现代普通国省干线公路路网运行安全管理中的重要组成部分，在当前应用的多种识别技术中，主要是应用“传感器＋人工智能”的基本方案，借助配置适用性较强、适配性较高的技术，实现对路面落物的自动识别[2]。需要注意的是，在落物识别技术应用时并不是单一地应用一种技术，而是需要配置多种技术，才能达到有效识别、监测、跟踪、预警等。以基于视频的普通国省干线公路落物识别技术为例，其中就需要配置图割法、MOG2 算法、YOLOv5＋阈值法、KCF 跟踪与识别技术等，下面先对其流程进行说明。

一方面，在基于视频的普通国省干线公路路面落物识别时，需要按照“道路区域分割→公路落物前景背景分离→道路物体目标检测→道路物体目标跟踪”的基本路线进行操作，四大环节中通常可以分为六个基本的流程进行操作：①利用图割法从整个图像中分割出有效的公路区域；②采用背景建模及背景差分算法得到所有的运动目标；③用深度学习算法检测出车辆，以排除车辆目标；④在排除车辆目标后，对剩下的目标采用阈值法筛选、排除一些小目标和噪声目标，得到有效目标；⑤对筛选出的目标初始化，使用目标跟踪算法跟踪目标，跟踪过程中目标可能会被其他物体短暂性遮挡，所以对跟踪算法进行改进，使其具有目标丢失判别能力，识别丢失的目标；⑥根据轨迹信息判断目标是否为落物，如轨迹连续若干帧移动较小，输出落物提醒并报警。

另一方面，六个基本流程的实践过程包括若干步骤，具体而言，在确定帧序列后应按照“分割出公路区域并对公路背景建模→背景差分→二值化与形态学处理→运动目标”的顺序进行操作，同时需要通过深度学习检测出车辆目标。在此基础上，完成对非目标车辆的排除后，根据像素点设置阈值。当阈值大于设置好的阈值 T 时，则进入下一环节，筛选出目标；当阈值小于或等于阈值 T 时，则需要对其中的噪声进行去除，待其符合具体要求后筛选出目标，再初始化跟踪筛选出的目标，借助 KCF/TLD 跟踪、提取轨迹信息，并在计算出等间隔数据帧中目标的欧氏距离后，根据设置好的距离 L，进行落物提醒并报警。当欧氏距离小于距离 L 时，进行落物提醒并报警，反之则需要先进行其他的运动目标处理，再实施落物提醒并报警。基于视频的落实识别技术流程如图1所示。

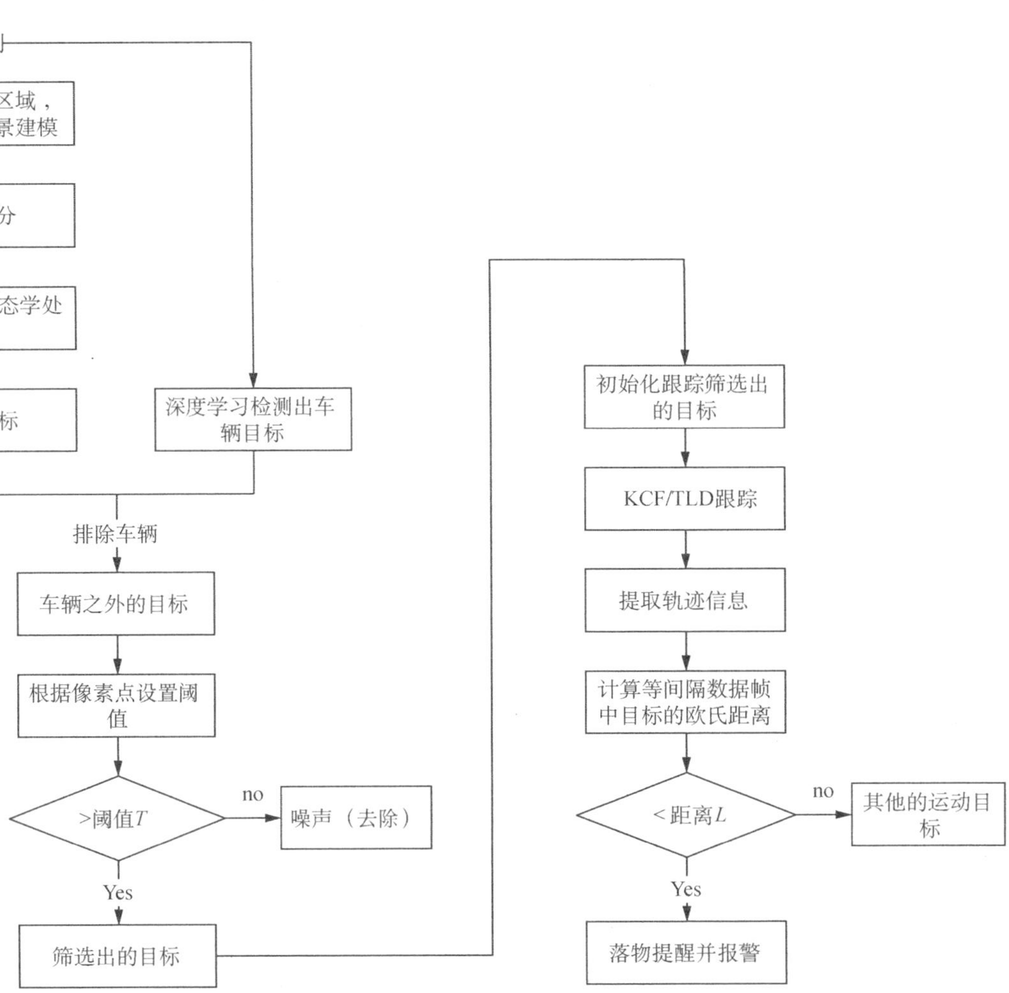

图1　基于视频的落实识别技术流程示意

4. 普通国省干线公路落物识别技术分析

4.1 图割法

该方法旨在分离公路区域，其中应用的 Graph Cut（图形切割）技术看，主要是用于解决计算机视觉领域各种低级计算机视觉问题[3]。例如，图像分割问题、立体对应问题、图像平滑问题等。实践经验表明，应用此类方法时，可以将图像分割问题与图的最小割（min cut）问题相关联，借助最小能量（minimum energy）方案，对应解决最大后验估计（maximum posterior estimate）等情况。进一步讲，利用最小割最大流算法分割图像，可以将图像分割为前景和背景，进而分离出有效的公路区域。应用图像切割中的最小割最大流算法过程中，要求输入时先在背景与前景中进行画像，再利用该算法构建各像素点，完成相似度方面的“赋权图”，从而实现区分目标。

4.2 MOG2算法

首先，在短时间内围绕某一中心值，于一定距离内进行各像素点的分布时，通常会通过均值取代中心值，利用方差表示距离，因而，分布时会形成一定的规律，并通过统计定律加以处理。例如，在足量的数据点确定的前提下可以呈现出高斯分布（具体呈现为正态分布），根据该特点，当像素点的值偏离中心值较远时，可以将该像素值归于前景。当在一定方差范围内此类值比较接近中心值时，可以将该点作为背景之中。从理论上讲，如果不存在任何干扰的条件下，能够实现准确区分前景和背景目标。但是，理想状态并不能实现，在画面中光线存在变化的情况下，高斯分布的中心位置往往会发生改变。因此，需要应用混合高斯模型。

其次，在描述背景的单一模式方面，单高斯模型具有较大优势，然而当背景中存在树叶晃动等多模态的情况后，应用该模型容易发生检错的现象。因此，在这种情况下，应该采用推广单高斯模型的办法，先获取混合高斯模型再利用多个新模型，从而满足多模态背景中每一个像素位置的监测并满足其鲁棒性，达到对缓慢移动物体的有效检测。进一步讲，背景本身作为一个高斯分布，在停车的状态下，如果聚集一定的前景数据会得到新的高斯分布，此时，停车时的实际前景与背景重合，由此导致停车状态与运行状态车辆的混淆[4]。需要说明的是，当车缓慢行驶时，形成高斯分布的时间相对较长，并不能立即实现分布，所以应用混合高斯分布可以实现对缓慢行驶车辆的有效检测。高斯混合背景建模流程如下：①通过初始化完成对多个高斯模型的预先定义，再对模型参数实施初始化并求将用参数；②处理每一帧中的每一个像素，查看匹配情况，在匹配的情况下归入匹配模型，并根据新像素值更新参数。反之，则以该像素建立高斯模型并对参数进行初始化处理；③选出背景模型所用的高斯模型，做好提取准备工作。

最后，MOG2算法结合不同输入场景自动选择高斯分量的个数，建立背景像素模型并进行权重设置（如使用颜色存在时间的长短进行设置）。考虑到权重中的颜色具有持续时间长的特点与静止属性，而且在具体操作时以时间序列为基础，因此，可以将时间序列中每个像素占有的位置，通过时间与空间的基本形式完成分布构建。

4.3 YOLOv5＋阈值法

图像目标检测方面深度学习具有较大优势，从实践经验看，YOLOv5技术不仅名列前茅，而且学者们将它应用于不同对象的检测时，可以选择不同的改进方案进行应用。在高斯背景建模识别并输出全部运动目标ID标号条件下，应用YOLOv5识别技术，能够识别每一帧图像中的车辆目标，以排除目标，同时计算剩余运动目标的像素数，采用阈值法筛选掉小目标及噪声目标。

4.4 KCF跟踪与识别

目标跟踪的任务在于，找出被关注目标在每帧视频图像中的位置。从功能上看，与目标检测相似，旨在寻找目标位置。但是，在"跟踪"时需要配套提升运行速度。实践经验与实验比较结果显示，目标跟踪运行速度往往大于目标检测，然而，在目标位置定位精度方面容易出现偏差。因此，实践过程中，通常会牺牲少量定位精度，以此换取成倍的运行速度。

1）目标跟踪算法

该算法主要分为生成式（generative model）与判别式（discriminative model）两种。前一种方法，将目标跟踪视为二元分类问题，通过训练关于跟踪目标的分类器从候选目标中找出正确的目标（如CSK、KCF算法）。后一种方法，采用特征模型描述目标的外观特征，再最小化跟踪目标与候选目标之间的误差来确认目标（如LK光流法）。根据跟踪目标的数量看，可以将目标跟踪算法分为单目标跟踪与多目标跟踪。与单目标跟踪相比，多目标跟踪问题相对复杂，操作难度相对较大[5]。所以，在多目标跟踪时，需要考虑视频图像帧中多个独立目标的不同类别、位置、大小、外观、运动方向、动态光照、相互遮挡等因素（此类因素是目标跟踪领域的研究难点）。经综合考虑公路图像的特点及工程实际情况，可以选用性价比较高的KCF算法实现目标跟踪。

2) KCF算法

KCF是核相关滤波，属于判别式方法。从原理看，主要是通过物体在当前帧的位置，迅速预测物体在下一帧的位置。由于该算法具有循环矩阵和相关滤波这两个特点，因而可以将运行速度提高到150 fps。具体应用时以循环矩阵与相关滤波为主。

(1) 循环矩阵：KCF算法将图像沿着上下、左右的方向进行平移，以产生更多的样本用于训练。同时这种平移可以通过循环矩阵来表示，循环矩阵可以对角化，计算时仅需关注对角线上的非零元素，因此能够大幅加快矩阵与矩阵的计算速度。

(2) 相关滤波：相关是衡量两个信号相似值的度量，相关值越高，表示这两个信号越相似。KCF输入往往通过其他检测手段，得到物体在某一帧图像上的准确位置(如应用MOG2算法得到box)。假定，该准确位置为 $patch\_0$，在后续图像帧上，[$patch\_1$, $patch\_n$]中共有 n 个 $patch$，此时，KCF预测的位置即为与 $patch\_0$ 相关值最高的 $patch$。由于2个 $patch$ 的相关卷积相当于傅里叶域中的元素乘积(时域卷积=频域点积)，而乘积计算大大快于卷积运算。因此，在计算 $patch\_0$ 与 $patch\_k$ ($1 \leqslant k \leqslant n$)的相关值时需转换到傅里叶域进行。最后，通过计算不同帧间相同目标中心点坐标的欧氏距离，借助设定阈值的方式判断目标是否为落物。

5. 结语

普通国省干线公路落物种类较多，会给公路管理单位与车辆驾驶人员带来较多危害。在新时期交通行业高质量发展阶段，应进一步增强对基于视频的公路落实识别技术应用。公路落物识别技术既具有现实意义，也是提升公路管理效率、扩增运营效益的重要途径。因此，建议在“传感器+人工智能”的基本应用思路中，结合技术要素主导的资源配置方式，合理推进落物识别监测预警技术的实践工作，为我国交通事业发展添砖加瓦。

参考文献

[1] 豆秀梅，胡晓光，闫超德，等. 基于高清摄像机的高速公路路面散落物自动检测方法研究[J]. 地理信息世界，2020，27(4)：90-94.

[2] 靳明，单飞，蒋雨波. 基于大数据的公路监控智能视频分析系统的构建[J]. 电子设计工程，2020，28(4)：142-146.

[3] 陈署鑫. 高速公路高清视频及万兆网系统现状及优化设计[J]. 交通世界，2020，5(4)：155-156.

[4] 高航远. 视频监控技术的发展及在高速公路中的应用[J]. 科技创新与应用，2020，10(4)：176-177，180.

[5] 杨智. 高速公路数字视频监控系统技术设计及应用探讨[J]. 建材与装饰，2020，19(4)：273-274.

面向智慧交通发展的建筑设计优化思考

Optimization of architectural design for the development of intelligent transportation

顾啸涛[1]　郑浙秀[2]

摘　要： 智慧交通发展正在改变传统交通出行方式，产生新的需求和变化，作为交通出行OD的端点，建筑融合智慧交通发展是必然趋势。本文通过对智慧交通发展趋势分析，判断和预测未来智慧交通发展对人的出行行为、货物运输方式、车辆使用特征的变化，并提出探索性的思考，以期推动建筑设计在功能、空间、配套设施等相关指标方面作出适应性调整。

关键词： 智慧交通；建筑设计；设计指标

Abstract: The development of intelligent transportation is changing the traditional transportation mode, generating new demands and changes. As the endpoint of transportation OD, building integration with intelligent transportation development is an inevitable trend. By analyzing the development trend of intelligent transportation, this paper judges and predicts the changes of future intelligent transportation development on people's travel behavior, goods transportation mode and vehicle use characteristics, and puts forward exploratory thinking, in order to promote the architectural design to make adaptive adjustments in related indicators such as function, space and supporting facilities.

Key words: intelligent transportation; architectural design; design index

1. 引言

麦肯锡《2030年未来出行全面展望》指出，未来十五年交通出行的八大趋势中，汽车电气化、共享移动性、自动驾驶为3个核心趋势，物联网、新型公共交通、可再生能源及分散存储、宜居性和可持续性的城市化，以及其他宏观经济趋势等5个辅助趋势，各因素之间相互转化与促进影响。以自动驾驶等为核心的技术应用正逐渐改变传统的交通出行模式[1]。智慧交通追求以更清洁、更安全、更高效的方式连接车、路、人，提高交通系统整体效率。我国自2012年起就出台了一系列促进智慧交通发展的政策。其中，2019年颁布的《交通强国发展纲要》[2]将建设交通强国定位为立足国情、着眼全局、面向未来作出的重大战略决策。

建筑与交通是城市发展中两个相辅相成的重要元素。一方面，建筑是交通出行的OD端点，建筑的功能布局和发展定位基本锁定了所在区域的交通需求和交通规模[3]；另一方面，城市交通对建筑可达性、环境品质等都有重大影响。因此，建筑设计与智慧交通结合是可预见的趋势之一。

2. 当前智慧交通发展总体趋势判断

在智慧交通领域，呈现出几个主要发展趋势：一是自动驾驶技术目前已发展到L4级，无人配送车、无人驾驶公交车等应用已初步实现落地；二是MaaS基于互联网技术和共享经济，实现出行服务整合，在部分场景得到应用，利用MaaS系统可以实现门到门的出行方式规划、出行服务预订及出行费用统一结算功能[4]；三是与交通相关的物联网技术应用日益广泛；四是新能源汽车目前发展迅速，当前各大厂商的主推

1,2　顾啸涛，郑浙秀，华东建筑设计研究院有限公司。

车型一次充电行驶里程普遍已突破 500 km，加上快充充电桩的布局建设，基本解决了车主的充电焦虑问题；五是共享交通理念得到普及，在私人出行和公共交通之外提出了新的出行解决方案。

3. 面向智慧交通发展的建筑设计优化思路

智慧交通的发展对建筑设计的影响，最终都可以归结到人的出行行为、货物的输运方式、车辆的使用特征等方面的需求变化。智慧交通发展引起的上述人、车、物的交通变化，进而对建筑的使用功能、配套设施、建筑空间和结构等方面提出新的需求变化。优化设计如图 1 所示。

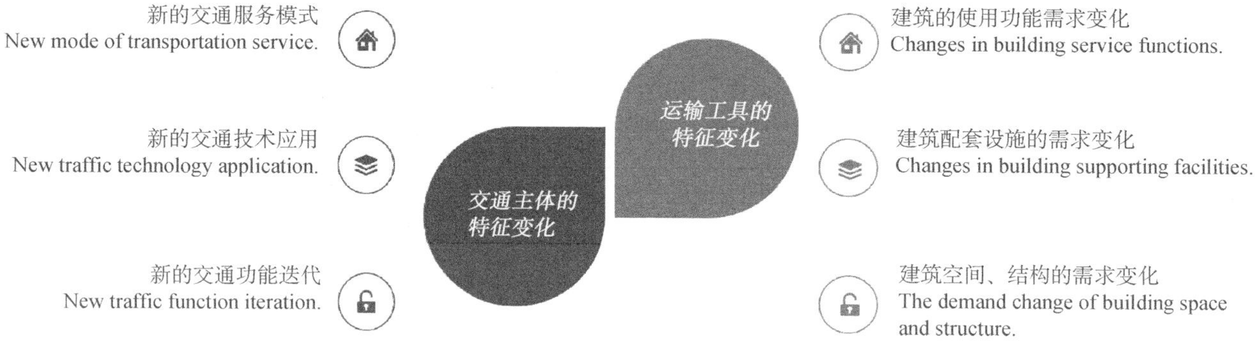

图 1 优化设计的总体思路

智慧交通为人的出行提供了更多的选择。首先是新出行模式的出现，目前在我国已经广泛普及的共享交通方式有网约车、共享单车、共享汽车等。多项研究显示，网约车和共享单车的使用改变了我国居民出行结构[7]。共享交通用户的私家车出行频率降低，购车意愿也明显减少或推迟。同时，智慧交通的发展也预示了未来出行方式的变革方向。如 MaaS 技术下出行服务整合将会引导更多出行使用公共交通；共享汽车和无人驾驶技术的普及也会降低私家车出行需求。可以预见的是，在未来多种新型出行方式普及下，提前预约出行将成为新的习惯。此外，门到门服务成为出行的标配。建筑设计需要考虑新交通模式产生后，配套设施需求产生的变化，以及新的交通出行方式对建筑产生新的功能需求。

无人驾驶技术对货物运输产生重大影响，而物联网技术的应用进一步支撑了无人运输、配送技术的发展。目前，利用自动驾驶技术的卡车列队行驶已经在物流行业试运行。据研究报告显示，列队行驶的卡车可以降低约 10%～15%的燃油消耗，并大幅度减少因驾驶员操作失误、疲劳驾驶等原因产生的交通事故。结合物联网技术的物流网络可以联络零售商、配送商、消费者甚至是生产商，形成全新物流体系、满足用户的多样需求。未来物流方式将会向配送精准化、货邮尺寸标准化、无接触化、配送方式多样化等方向发展。建筑设计在考虑物流功能时，需要在建筑管线、结构、机电等方面做相应的预留和调整。

智慧交通技术的发展对汽车使用特征有多方面影响：一是汽车共享会使车辆停放时长大幅缩短，停车需求总体上会有所减少；二是自动驾驶技术的发展可降低事故发生概率，自动导航、自动泊车等功能的应用可提高车库的使用效率；三是新能源汽车及充电技术的普及对建筑的能源、供电结构产生变化，并有可能使汽车成为城市能源系统、智能电网部署的重要组成部分[8]。

4. 面向智慧交通发展的几个建筑设计优化方向探讨

4.1 功能变化及空间容量弹性设计

智慧交通对出行行为特征的影响，可引起建筑公共空间功能的调整，例如随着停车需求的减少，更多停车空间可释放用于其他用途。同时新交通模式对建筑公共空间使用也会提出新的需求，如适合共享交通的上下客和临时泊车区、适应自动驾驶的停车库、自动化货运车装卸货区等。适配智慧交通的建筑公共空间需要更具弹性，做到既满足当下需求又能预留未来发展空间。与之相应，宏观政策也有必要做出调整，例如对建筑容积率的计算方法，对新型公共交通方式设置的空间设施(如共享交通临时蓄车区、网约车候客区等)，可提供建筑面积计算减免的优惠以鼓励开发商设置更多设施空间预留。

结合物联网技术的智能机械停车技术对建筑空间弹性设计具有重要意义。一方面，智能机械停车库可以在同样的空间停放更多车辆，甚至利用既有地下车库改造形成密集式机械停车库(图 2)，进一步提高建筑空间利用效率；另一方面，通过物联网技术可以实现智慧建筑与交通的协同发展。利用物联网技术集成停车信息，接入智慧建筑信息系统，可以综合提升停车效率和车位管理。

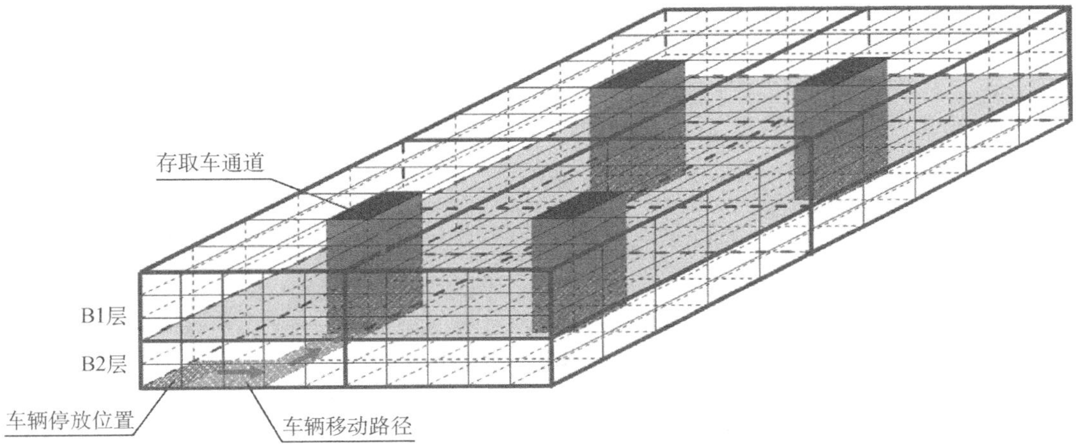

图 2　密集式地下机械停车改造示意

4.2　建筑设计指标优化

面向智慧交通发展的建筑设计指标优化可以从交通物理接口、软件接口、建筑配套设备以及其他相关设计等 4 个类别进行考虑。

交通物理接口主要体现在停车场库、上下客区、临时蓄车区、物流设施等方面。目前我国各城市建筑停车配建指标设置依据是城市的规模、经济发展水平、拥车率、公共交通服务水平、用地类型、日均出行率等因素[9]。而共享交通、无人驾驶、MaaS 出行服务的发展势必对未来的停车需求特征产生影响。需求的改变也自然会对建筑停车配建指标提出新的修订要求。此外，新的交通模式的出现也带来了新的交通空间需求。以共享单车为例，目前建筑设计指标中尚未考虑共享单车的因素，共享单车的停放空间基本都是利用公共市政道路空间。根据相关研究显示，部分城市共享自行车在通勤中的占比较大，因此，可以按照使用比例将共享自行车的停车配置纳入建筑的非机动车配建指标中，从而减少对市政公共空间的占用。

在智慧交通领域中，数字化、信息化是重要的内容，因此，适应智慧交通发展的建筑也必须结合交通行业的要求，提供高质量的交通软件接口服务，这就涉及建筑内外部相关的各类交通信息的采集、处理和发布，包括统一的智慧交通传感器、数据格式、信息发布标准等一系列软件内容。

同时，建筑的强弱电系统、建筑结构等方面的既有指标也都需要进行优化调整，如建筑柱网间距、层高等可按停车场库类型进行适应性设计，为未来车库机械化改造提供适用且不浪费的空间尺度。与智慧交通融合发展的建筑设计指标体系设想如图 3 所示。

4.3　建筑能源供给结构优化

新能源汽车的充电行为对电网负荷的影响是不容忽视的。若以不受控制的方式充电，新能源汽车会增加对电网的峰值需求，从而导致超载和配电水平的升级，甚至导致发电能力的升级需求。但是，利用生命周期大部分时间停放在停车场、蓄电池容量和性能日渐提升的特性，新能源汽车可以在电网体系中发挥积极作用。有分析表明，未来新能源汽车的电池容量的发展潜力很高，到 2050 年，大约有 140 亿 kWh 的新能源汽车电池可用于提供电网调节服务。

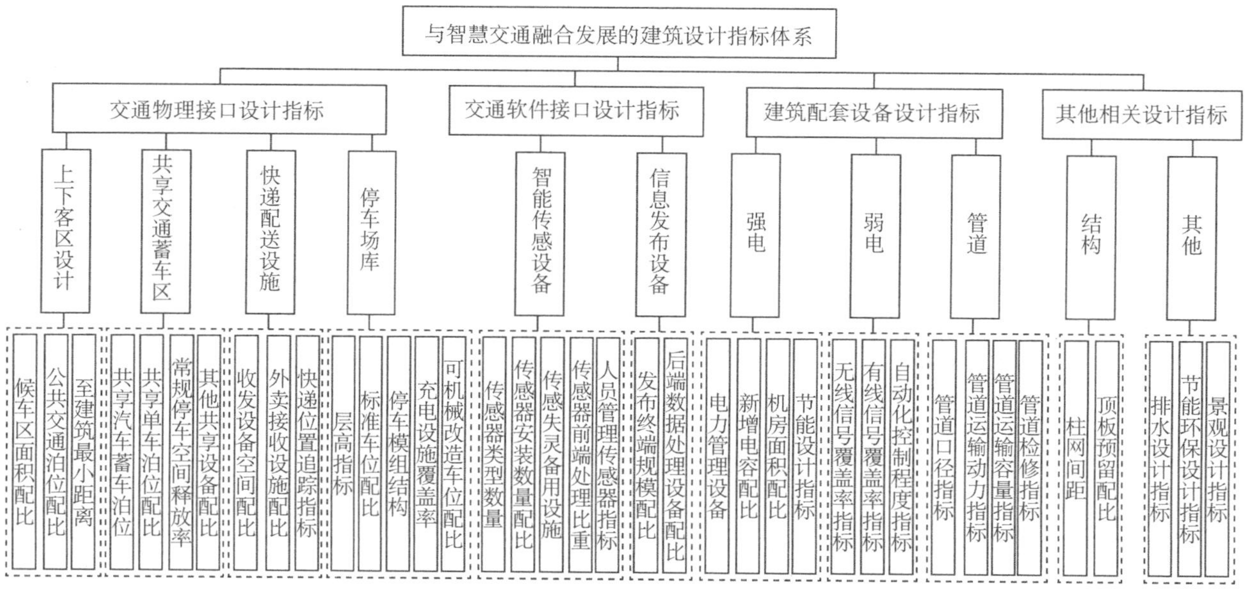

图 3　指标体系设想

新能源汽车在电网中发挥积极作用的主要形式是 V2G 技术。V2G 技术是指车辆和电网之间的可控双向电能流能力[10]。电能从电网流向车辆，为蓄电池充电，当电网需要能量时，电能从车辆流向电网。V2G 技术可以实现的功能有峰值负载均衡、可再生能源储存、停电期间的电力支持和经济收益等功能。V2G 技术包括将电网传输回电网（V2G）、传输至建筑（V2B）、传输至住宅（V2H）多种形式。

按目前新能源汽车保有量以及未来可能的新能源汽车市场占有率进行计算，V2G 可以产生巨大的经济效益，甚至影响建筑能源供给结构。以新能源汽车电池容量 80 kWh，慢充功率 7.5 kW，V2G 双向充电桩大规模普及，车辆 75%的停放时间连接充电装置为假设前提，按 2019 年我国 381 万辆新能源汽车保有量计算，理想状态下，新能源汽车电池每小时最多可为电网提供 2 036 万 kWh 电能，按照 50%电池容量进行供电，则一次供电可为电网提供 10 859 万 kWh 电能，每年可以提供约 396.4 亿 kWh。按照 2019 年上海市一般工商业及其他用电的价格标准，峰时段 0.801 元/kWh 和谷时段 0.371 元/kWh 电力差价进行计算，以目前全国的新能源汽车保有量，V2G 技术在全国高峰时期每小时可创造经济效益达 875 万元，每年可创造经济效益 170.5 亿元。假设全国汽车保有量不变，而新能源汽车的占比不断增加，利用 V2G 技术可产生的效益如表 1 所示。

表 1　V2G 技术直接经济效益推测

新能源汽车百分比	10%	20%	30%	40%	50%	60%	70%	80%	90%	100%
新能源汽车保有量	2 620	5 240	7 860	10 480	13 100	15 720	18 340	20 960	23 580	26 200
高峰小时供电(亿 kWh)	1.40	2.80	4.20	5.60	7.00	8.40	9.80	11.20	12.60	14.00
高峰小时产生经济效益(亿元)	0.60	1.20	1.81	2.41	3.01	3.61	4.21	4.82	5.42	6.02
一次供电产生电能(亿 kWh)	7.47	14.93	22.40	29.87	37.34	44.80	52.27	59.74	67.20	74.67
每年供电(亿 kWh)	2 725	5 451	8 176	10 902	13 627	16 353	19 078	21 804	24 529	27 255
每年产生经济效益(亿元)	1 172	2 344	3 516	4 688	5 860	7 032	8 204	9 376	10 548	11 719

上表推算表明，随着新能源汽车在汽车保有量中的比重达到一定水平，利用 V2G 技术对电网的峰谷调节产生的直接经济效益也非常可观。

5. 结语

通过对目前国内外智慧交通发展的分析以及核心技术的研究发现，很多新技术虽然发展时间不长，但已经对交通行业甚至社会形态产生了重要影响。有些技术虽然目前仍处于试验阶段，但是可以预见到在不久的将来也会对社会发展、人、车、物的移动方式产生重大影响。

智慧交通发展对建筑设计一方面会产生新的需求，另一方面会为建筑设计创造更多弹性。因此，建筑设计需要为智慧交通的发展预留配套设施的空间，优化调整既有指标体系，同时，也要解决因新技术应用带来的释放空间的利用问题。

本文根据既有规范和智慧交通技术发展趋势提出了设计指标调整方向和相应指标的制定参考，但是很多技术距离成熟的应用仍需要较长时间，具体应用形式也存在不确定性，因此，在智慧交通的发展趋势研判中，很多假设前提可能会存在一定偏差。

参考文献

[1] 麦肯锡. 2030 年未来出行全面展望[R]. 彭博新能源经济资讯 McKinsey & Co, Bloomberg New Energy Finance,2016.

[2] 中共中央,国务院. 交通强国建设纲要[J]. 中国水运,2019(10):6-8.

[3] 潘海啸. 城市交通与建筑设计关系的解析[J]. 城市建筑,2015(13):14-16.

[4] 交通行动服务(Maas)示范建置计划专案管理及检查验收报告[R]. 台北:台湾交通运输部运输研究所,2018.

[5] 沈苏彬,范曲立,宗平,等. 物联网的体系结构与相关技术研究[J]. 南京邮电大学学报(自然科学版),2009,29(6):1-11.

[6] 中国汽车技术研究中心. 中国新能源汽车产业发展报告(2013)[M]. 北京:社会科学文献出版社,2014.

[7] 宋诗羽. 共享单车对通勤者出行方式选择的影响研究[D]. 北京:北京交通大学,2019.

[8] 李旭丰. 共享自动驾驶汽车对土地利用和交通系统影响[D]. 大连:大连理工大学,2019.

[9] 王爱燕. 谈城市停车场的规划与设计[J]. 山西建筑,2014,000(29):19-20.

[10] García-Villalobos J, Zamora I, San Martín J I, et al. Delivering Energy from PEV batteries: V2G, V2B and V2H approaches[C]//International Conference on Renewable Energies and Power Quality. Available from: http://www.icrepq. com/icrepq. 2015, 15: 247-15.

第四篇　生态交通探索与实践

后疫情时代提升公共运输运量政策

Public transportation policy in the post pandemic era

杨静婷[1] 吴瑄俞[2] 周光彦[3] 陈学台[4] 彭振声[5]

摘 要：台北市以“共享、绿能、E化、安全”为交通愿景，公共运输近一两年受新冠肺炎疫情影响而造成载客量大量流失，甚至在2021年5月至7月疫情警戒第3级期间，公共运输运量骤降仅剩二至三成。

为避免公共运输运量在疫情后大量流失，疫情警戒降至第2级后，研拟短期公共运输营销方案，鼓励市民回流使用公共运输；同时善用科技，提供地铁车厢拥挤度信息并推广大众运输及停车场非现金支付服务等，打造台北市为舒适便利、安全有序、有爱无碍、低碳可持续的宜居城市。

关键词：公共运输；疫情

Abstract: Taipei City continues to promote green transportation based on the vision of “sharing, green, smart and safety.” However, the COVID-19 pandemic also affected the public transportation and number of passengers declined dramatically. From May to July, 2021, under the Level 3 epidemic alert, public transportation passengers decreased to only 20%～30%.

To prevent customer churn of public transportation after the pandemic, a short-term marketing plan was drawn up to encourage the citizen to use public transportation again. In the meantime, technology was introduced, information about crowdedness in the carriages was provided; non-cash payment in the mass transit system and parking lots was also promoted. All measures have been taken to make Taipei City a comfortable, convenient, safe, orderly, friendly, accessible, low-carbon and sustainable livable city.

Key words: public transportation; COVID-19 virus

1. 前言

台北都会区（含台北市及新北市）公共运输运量近年逐渐提升，2015年地铁及公交车每日合计运量达406万人次，至2019年达434万人次，成长率达6.9%，如图1所示。

COVID-19疫情自2020年年初开始在全球蔓延，受到疫情影响，民众减少外出或降低搭乘群聚密闭的大众运输工具，台北都会区整体大众运输载客量（含地铁及公交车）呈现明显下降，之后随疫情趋缓，高峰通勤旅次已回归使用大众运输。

2021年5月中旬因疫情扩大提升为三级警戒，民众减少非必要外出致大众运输使用量骤降，最低时仅剩约二成；为避免受疫情影响民众改变交通工具使用习惯，造成大众运输旅次在疫情后大量流失情形，除加强公共运输之清消作业、倡导电子票证实名制等措施，建立乘车信心外，亦执行短期营销方案鼓励乘客回流使用公共运输，长期则仍需借由建构完善优质公共运输环境，落实私人交通工具管理，以提升民众使用公共运输意愿。

---

1 杨静婷，台北市公共运输处主任秘书。
2 吴瑄俞，台北市政府交通局综合规划科股长。
3 周光彦，台北市政府交通局综合规划科技士。
4 陈学台，台北市政府交通局局长。
5 彭振声，台北市副市长。

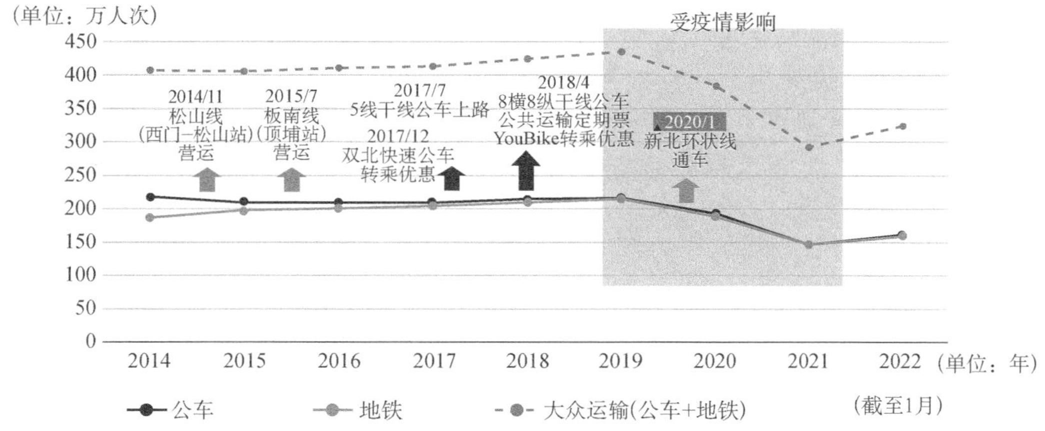

日运量	2015年	2019年	2020年	2021年	2022年1月
公车/人(次)	210万	217万 +3.3%	194万	147万	163万
地铁/人(次)	197万	216万 +9.6%	190万	146万	161万
大众运输/人(次)	406万	434万 +6.9%	384万	293万	324万

图 1　疫情前后台北都会区大众运输运量差异情势

2. 疫情对公共运输影响分析

2.1　公共运输量分析

2021 年 5 月中旬提升至疫情三级警戒，许多企业及政府机关实施居家上班措施，民众减少非必要外出，台北都会区之公共运输运量(包含地铁、公交车及公共自行车)大幅下降，台北市整体公共运输载客量明显下降，如图 2 所示；其中，以 6 月之每日运量下降幅度最大，相较前一年减少 74.61%。

在 2021 年 8 月降为疫情二级警戒后，随着疫情趋缓以及持续推出各项鼓励使用公共运输措施，包含执行营销方案、增设台北市公共自行车系统 YouBike 站位等，整体公共运输运量呈每月逐步回升趋势；至 2021 年年底每日之公共运输量已回复至前一年运量的九成以上。

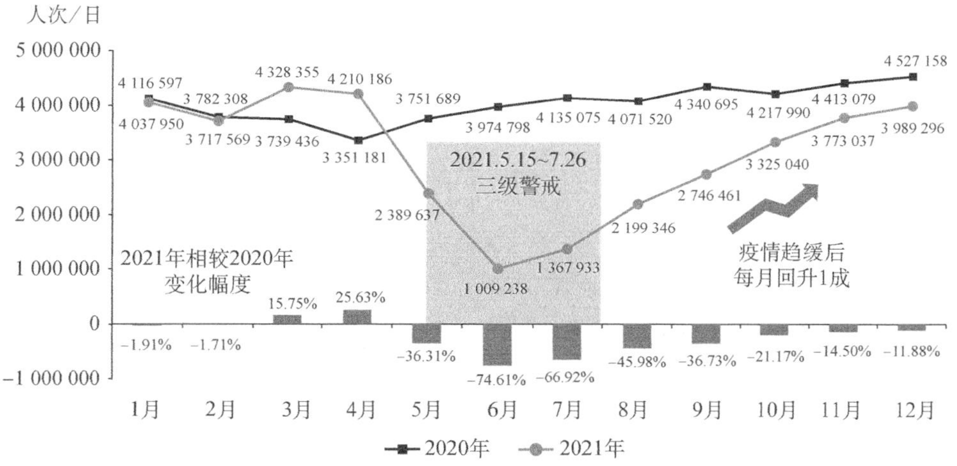

图 2　2020 年及 2021 年台北都会区公共运输每日运量变化

另外，经观察对照台北市公共运输使用量与确诊数(图3)，发现当确诊数增加时，公共运输使用量会立即呈下降情形，除三级警戒期间外，在2022年1月时，当疫情稍有升温趋势时，公共运输使用量即呈现降低情形，亦即显示民众会担心搭乘大众运输之群聚等问题而降低其使用意愿；因此，为加强建立乘车信心，应确实执行公共交通工具之防疫及消毒措施，并加强倡导相关作为，以消除民众的乘车疑虑。

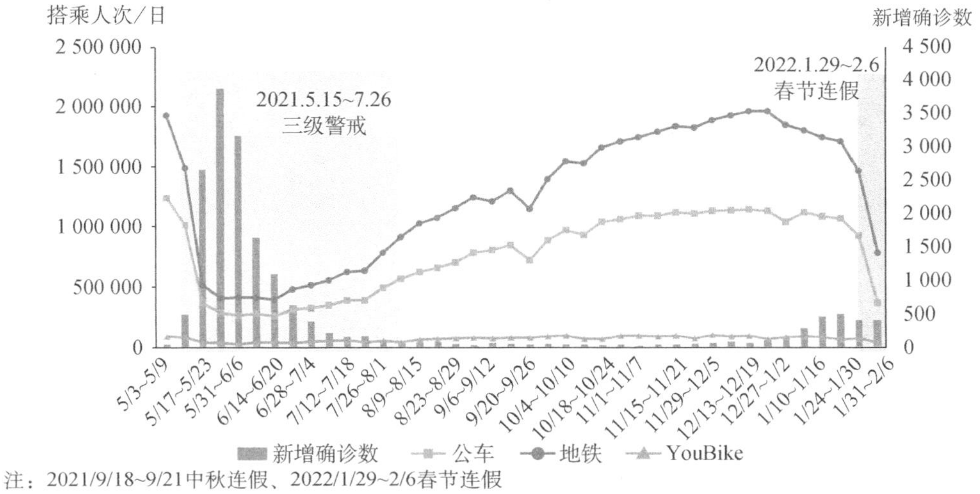

注：2021/9/18~9/21中秋连假、2022/1/29~2/6春节连假

图3　公共运输运量与确诊数对照

2.2　公共运输平日及假日运量分析

又依2021年12月台北都会区公共运输于每日24 h之分时运量来看，相较于前一年之同期(即2020年12月)，高峰时间(上午7至9时、下午17至19时)运量已回升9成以上，假日运量则回升较慢，约回复至86%，如图4所示；显示上班上学之通勤旅次大部分已回流使用公共运输，惟假日旅次仍可能受疫情影响，民众减少外出观光游憩，致旅客回流速度较慢。

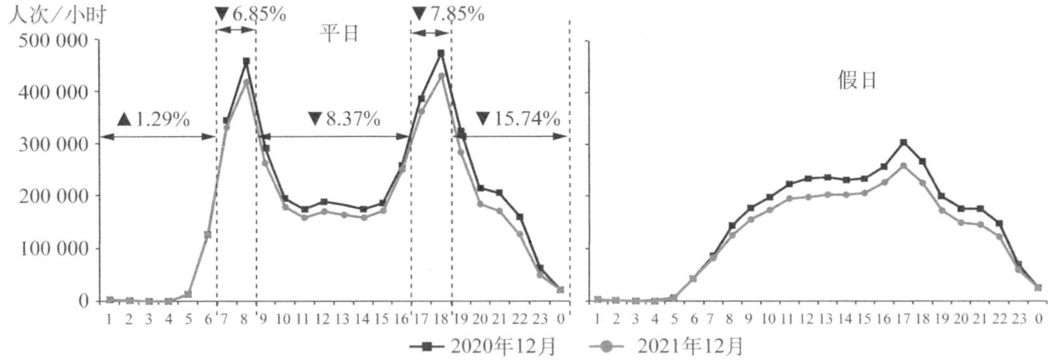

图4　公共运输分时运量(2020、2021年12月)

2.3　公共自行车转乘分析

相较于地铁、公交车等大众运输，公共自行车YouBike系统受到疫情影响则较小，除疫情三级警戒期间民众因减少不必要外出致YouBike使用量降低外，其他疫情期间其运量变化并无大幅下降情形；另外，台北市自2021年起正式启用YouBike2.0系统，并加速扩建站点，至2021年底完成建置840站。为了解民众每月使用YouBike作为转乘大众运输接驳交通工具之情形，经分析疫情降为二级警戒后，自2021年8月起YouBike转乘大众运输比例以及转乘量，呈现持续提升趋势；至12月每月转乘比例达39.71%、转

乘量达 109 万次以上，均较前一年度同期明显增加(图 5)。显示 YouBike 系统提升及站点扩充，有助大众运输运量提升。

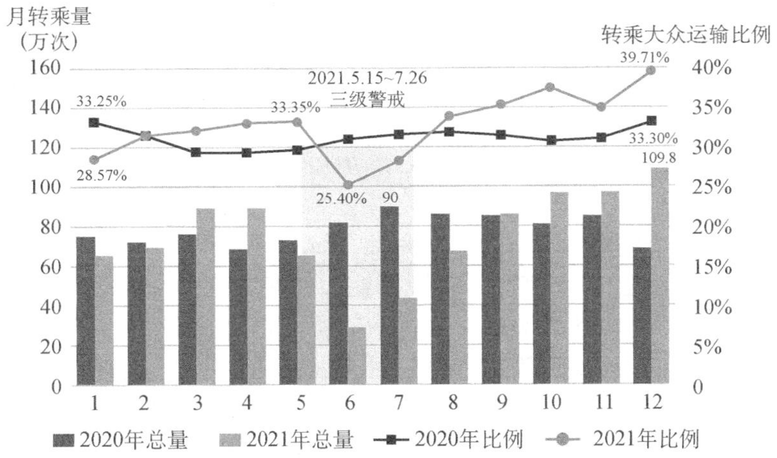

图 5　YouBike 转乘比例及转乘量

3. 因应疫情提升公共运输之策略

台北市在交通政策上系朝绿色运输方向发展，鼓励民众多使用地铁、公交车、自行车以及步行等绿色运输模式，受到疫情影响使公共运输运量下降，为避免疫情趋缓后，民众因疫情期间改使用私人交通工具形成习惯，因此，在自 2021 年 8 月疫情趋缓后，仍维持公共运输之加强清消作业、鼓励落实电子票证实名制之防疫措施，持续建立乘车信心，并执行短期营销方案鼓励乘客回流使用公共运输。

3.1　落实防疫措施

为提供安心的大众运输乘车环境，地铁、公交车、YouBike 均持续加强清洁消毒工作(图 6)。地铁平日尖峰时段因应通勤需求维持原服务班距，平日离峰及假日班距视人潮增减滚动调整；场站清消频率由原 4 h 加密为 2 h；列车营运时间清消频率，由原 8 h 加密为 4 h。台北市公交车路线恢复疫情前班次营运，每班次结束即清洁消毒，全市公交车车内后车门处设置酒精消毒喷瓶供民众使用。至 YouBike 则维持正常营运，由调度人员于进行车辆调度作业时，同步进行各场站(包括服务机台)之清消作业，每日至少清消 1 次，场站之公共自行车亦同步以酒精消毒各项设备；针对已确诊者或匡列人员之足迹，再加派人员进行场站全面清洁消毒。

另外，为利防疫工作，也鼓励大众运输使用者至悠游卡官网或利用悠游付 App 办理记名；记名后，如有疫调需求，可厘清持卡人搭乘大众交通工具的足迹，包括进出站、搭乘公交车路线等信息，具体落实疫调追踪。倘记名悠游卡遗失，拥有者可以直接在悠游卡官方网站上完成挂失手续，享有挂失 3 h 后的余额返还服务。

图 6　公共运输防疫措施宣传海报

3.2 短期营销措施

为避免受疫情影响民众改变交通工具使用习惯，造成大众运输旅次大量流失情形，在降至第二级疫情警戒后，就公交车、地铁、YouBike 等交通工具推出一系列短期营销活动，鼓励民众回流使用大众运输。

自 2022 年 2 月 11 日至 6 月 30 日止的“搭公交车奖百万”活动期间，每周送出 1 支 iPhone13 Pro Max、2 副 AirPods Pro，30 名悠游卡储值金 1 280 元新台币的奖项，每月再抽出 2 名送出 MacBook Pro 14 笔记本电脑，只要登录活动网页输入悠游卡号，在活动期间搭乘双北市市区公交车，使用绑定卡号的悠游卡，完成上、下车刷卡就会获得 1 次抽奖机会，若使用学生卡、爱心卡、敬老卡，则获得加倍抽奖机会。

自 2022 年 1 月至 12 月止的“天天 YouBike 月月抽”活动期间，民众于 YouBike 活动网页登录后即可参加，每月总骑乘天数达 11 天(含)以上者，1—3 月可抽心路基金会 Happy Together 面包树礼盒(每月 600 份)、4—6 月抽桧山坊肥皂礼盒(每月 600 份)，每季奖项不同。

自 2022 年 1 月至 12 月止的“地铁天天抽”(2022 北捷会员年最狂乐透)活动期间，手机下载“台北地铁 GO”App 加入会员，绑定电子票证搭乘地铁抽免费好礼，3、4 月天天抽“儿童新乐园 6 次券”、每月抽彩绘车厢悠游卡 & 回力车组合及最大奖 Switch 游戏机，并将陆续推出时下最流行的奖项。

4. 公共运输长期政策

为强化公共运输发展，长期则仍需借由建构完善优质公共运输环境，落实私人交通工具管理，提升民众使用公共运输意愿，台北市以“共享、绿能、E 化、安全”作为交通愿景，并明确订定各项交通交通工具定位及推拉策略(图 7)。

台北市绿运输系统以地铁为骨干，公交车为辅，步行及自行车以及共享交通工具为第一及最后一英里服务，并鼓励多使用绿能环保交通工具，通过补助或优惠措施，推动公交车车辆全面电动化。针对仍有使用私人交通工具的需求，则鼓励淘汰、更换使用电动汽、摩托车。共享交通工具则是通过一车多人使用并可弥补公共运输不足或不均缺口，故定位为公共运输的辅助交通工具，相关重点政策如下。

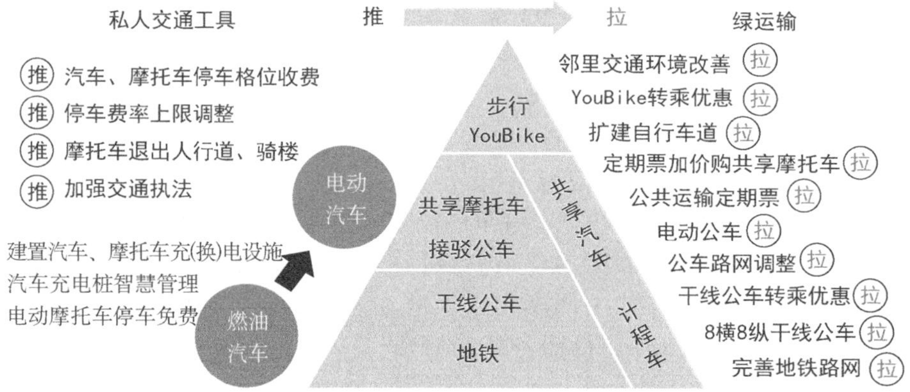

图 7 台北市交通交通工具定位

4.1 鼓励使用公共运输

1) 扩建地铁路网

台北都会区地铁路网在台北市中心区以格状路网连接重要干道，再往外沿重要廊带以辐射状路线向外扩展，环状线之规划目的在以环形路线串联台北都会区辐射地铁路线，构成台北都会区整体地铁路网，通过交会转乘达到便地铁输之目的，以便有效缩短地铁旅行时间；环状线之兴建对台北都会区地铁路网之发展与整体系统效益之提升有极大之助益。

为及早完成台北地铁最重要的一块拼图，精进台北地铁路网结构及功能，2017 年起研提环状线东环段，串联南北环路段，构成完整首都环状线，全线 42.9 km/40 站，一车直达，衔接 16 条轨道系统(图 8)，让台北地铁路网结构再精进，与世界重要城市齐头，不仅提供市民安全、便捷、经济、创新地铁路网服务，亦促进台北市中心以及周边卫星市镇的繁荣发展，增加城市竞争力及台北都会区均衡整体可持续发展契机。届时台北地铁路网长度 210.4 km 及 182 站，未来可以“建得好、养得好及管得好”的三好共生策略，扩大台北地铁系统路网的综效，并落实台北 TOD 发展整体战略。

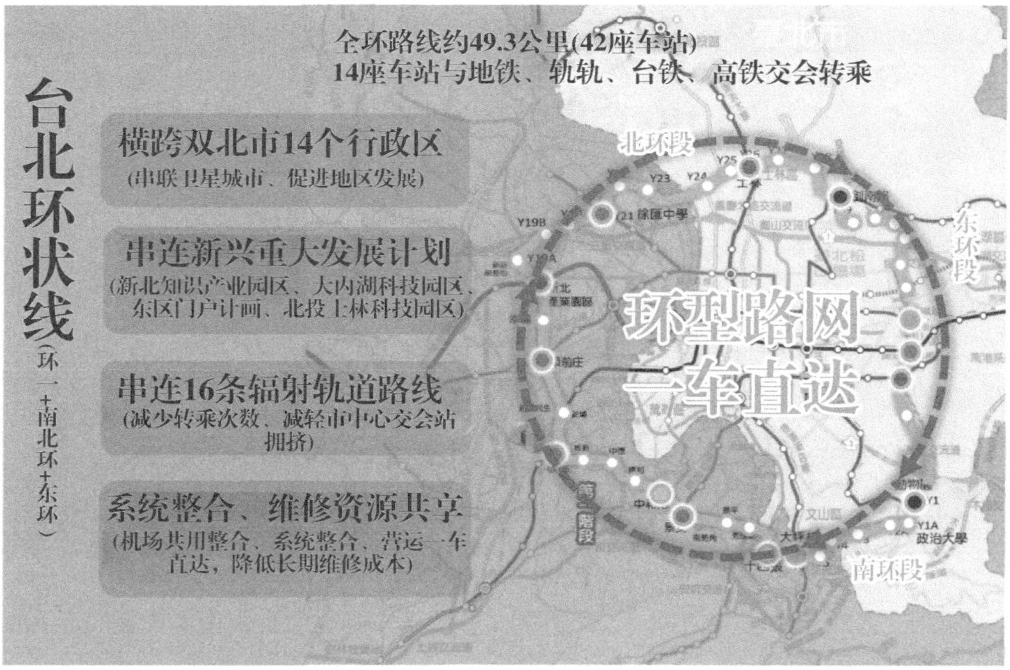

图 8　台北圈环状线

2) 提升公交车服务质量

(1) 干线公交车及转乘优惠

为简化现有公交车网络复杂程度，增加民众使用便利性，引导民众使用公交车转乘，台北市联营公交车朝向功能明确的“快速、干线、支线、微循环”层级式且高辨识系统规划，推动“类地铁”高峰 4～6 min 一班车之干线公交车路网，并比照地铁转乘优惠，搭乘干线公交车 1 h 内双向转乘地铁、双北市区公交车及 YouBike 均享有优惠。2018 年 4 月完成 8 横 8 纵共计 16 条干线公交车，实施后该等路线之日运量成长约 6%，并于 2019 年实施全面上、下车刷卡，以大数据分析公交车起讫需求特性，持续滚动式检讨公交车路线营运。

另外，为了提供公交车营运效率，目前也推出预约公交车、9 人巴士等更具弹性的公交车服务。

(2) 公交车全面电动化

为建构低污染排放城市，积极辅导公交车业者将老旧燃油公交车汰换为电动公交车，目前台北市有 48 辆电动公交车，预计 2022 年年底可以增加到 400 辆，在 2030 年公交车全面电动化，这个政策定有明确期程，全面电动化后，每年可减少 13×10^4 t 以上碳排放量，相当 337 座大安森林公园的碳吸收量。

(3) 1280 公共运输定期票

在公共运输基础建设逐趋完善下，在 2018 年 4 月推出，购买公共运输定期票 1 280 元，30 d 内可不限次数搭乘台北地铁、双北公交车及使用 YouBike 前 30 min 免费(图 9)。通过单一票价之定期票的发售，强化公共交通工具间衔接服务，提供民众优惠的公共运输乘车方案，除反馈既有的公共运输使用者，亦兼顾提高私人交通工具使用者移转使用公共运输吸引力。

定期票推动后，使用定期票的旅客大约占整体大众运输 20%，大众运输运量、搭乘公共运输频率及转乘情形均有成长，相较于实施前同期每天约提升 23 万人次，显示其可强化交通工具间衔接服务、鼓励民众转乘，并养成民众搭乘大众运输的习惯。此外，近期受新冠肺炎疫情影响下，因民众减少外出，或是搭乘封

图9 1280 公共运输定期票

闭式的大众运输工具意愿降低，造成整体大众运输使用量下降，但定期票使用者未受显著影响（第三级防疫警戒期间除外），显示定期票使用者已具一定黏着度。

4.2 加强私人交通工具管理

采用“推”的策略，已实施全市汽车停车格位全面收费，以及逐步执行摩托车停车收费，以改善停车秩序、增加路边停车周转率，并降低私人交通工具使用（图10）。目前已完成商圈周边区域收费，并分阶段扩大于地铁站周边、市区主要干道至全面收费，也规划空气质量维护区优先进行收费；另外，为了鼓励绿能交通工具，目前对电动摩托车停车实行免费。

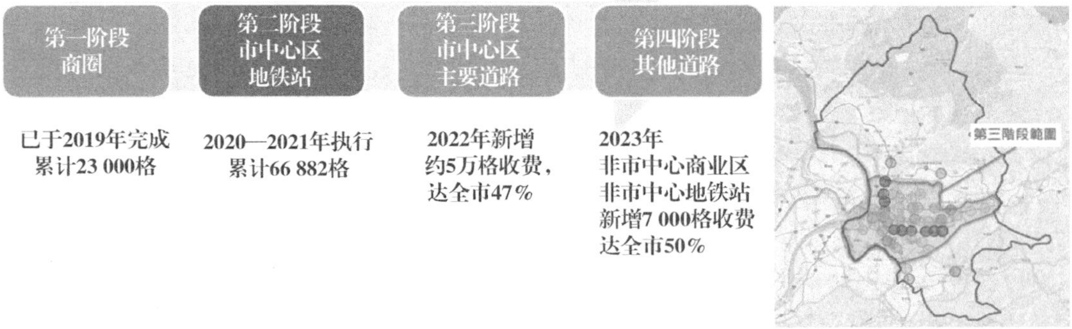

图10 路边摩托车停车收费政策

4.3 推动4U共享交通工具

台北市所推动4U（公共自行车、共享汽车、共享摩托车及共享停车位）等四面向共享交通。共享目的在于减少私人交通工具持有及降低停车需求，节省交通设施成本及改善都市环境；通过政府提供场域，民间自行营运之方式，使民众需要用车时即有车辆可使用，无须购买车辆，降低一般家户汽车持有率，同时减轻市区停车需求；目前台北市亦持续推动共享车位、共享汽车、摩托车及公共自行车升级等策略。

1) YouBike 升级服务

为推动绿色运输发展并鼓励民众使用自行车作为生活化交通工具，台北市于 1998 年起试办公共自行车 YouBike，并于 2017 年年底完成 400 站、13 072 辆车之系统建置。

在这样的成功经验基础上，为使民众能更方便地使用公共自行车系统，自 2021 年起推动 YouBike 2.0 升级计划。YouBike 2.0 采用与既有 YouBike 不同之全新设计，通过轻桩车柱及智慧车机，未来可提供更近更密的站点服务(图 11)；目前，全市已建置 870 站，8 490 辆车，目标为 2022 年年底于全市建置达 1 200 站。

图 11　YouBike 2.0

2) 共享汽、摩托车

通过 YouBike 的成功经验，伴随科技进步及共享经济风潮兴起，共享交通工具提供民众弹性化的交通工具选择方案，由政府提供场域、业者提供车辆及营运服务，也积极协助推动共享汽车、摩托车，这个概念是一车可以多人使用，以减少车辆的持有量(图 12)。

图 12　共享汽车、摩托车

至2021年，台北市有1家共享汽车业者、1 450辆车，3家共享摩托车业者、14 088辆共享摩托车。为了加强共享交通工具管理，在2019年订定“台北市共享交通工具经营业管理自治条例”“台北市共享交通工具经营业管理办法”等相关规定，未来也将持续辅导业者提供更优良、完善之服务。

3）共享停车位

共享汽车是希望可以提高停车位的使用效率来改善停车问题，因此拟定“开放机关学校停车空间”“闲置空地增设车位”“媒合共享车位服务”及“推动实时车位信息揭露”等方案，可增加2.9万个停车位以上，并且鼓励民间也可共享停车空间。

5. 结语

2020年起因受疫情影响，致冲击大众运输使用，台北市除通过加强实施公共交通工具消毒清洁及倡导相关防疫信息外，并执行短期营销方案以鼓励乘客回流使用公共运输，又依前述各项措施，台北市在疫情趋缓后，至2021年年底大众运输使用量已回复至前一年度运量的9成以上；其中，平日尖峰时间运量已回升9成以上，假日运量则回升较慢，约回复至86%。台北市交通将在“共享、绿能、E化、安全”愿景下推动，并持续以减少私人交通工具、发展公共运输为目标，建构完善优质公共运输环境，落实私人交通工具管理，提升民众使用公共运输意愿，打造台北市为友善绿运输城市，期在2022年达成台北市绿运输市占率70%之目标。

生态视野下西部城市新区公共交通规划策略研究

——以呼和浩特市东部新区为例

Public planning strategy for newly developed urban areas in western china through eco-view

—The transportation planning case of the new area in eastern Hohhot

侯 杰[1] 程德月[2]

摘 要：自然环境是中国西部地区的文化名片，面对逐渐恶化的生态环境，低碳型生态城市的建设成为保障城市健康发展的重要议题。本文在紧凑城市、生态城市等理念和公共交通为导向的基础上，借鉴荷兰、美国和日本等生态城市政策，针对呼和浩特市东部新区提出三点公共交通规划策略：舒张有度的区域公交组织策略、容量匹配的内部交通发展策略、职住平衡的低碳交通保障策略。

关键词：生态城市；紧凑城市；公共交通导向

Abstract: Natural environment is the cultural name card of western China. Facing the deteriorating ecological environment, the construction of low-carbon ecological city has become an important issue to ensure the healthy development of the city. Based on the concepts of compact city, eco-city and public transport-oriented, this paper draws lessons from eco-city policies of the Netherland, the United States and Japan, and proposes three public transport planning strategies for the eastern New District of Hohhot: regional bus organization strategy with moderate diastole, internal transport development strategy with capacity matching, and low-carbon transport security strategy with job-housing balance.

Key words: eco-city; compact city; public transportation-orientation

1. 背景——公共交通型新区空间结构的相关理论

1.1 城市发展理论

1）紧凑城市

紧凑城市(compact city)是在1973年根据柯布西耶的光明城市思想首先提出来的概念。英国洛德·罗杰斯领导的城市工作小组提出可持续的城市形态是紧凑的、功能混合的多中心城市，鼓励步行、骑车和公共交通[1]。

专家学者认为紧凑城市理论有以下优点：①通过在限定的空间内集中布置便利设施能够节约资源和能源；②使土地开发最少化，保全自然环境；③强化公共交通为主的交通体系，促进步行、自行车和公共交通的使用率等[2]。

2）生态城市

Roseland认为生态城市应有一套符合自身"新陈代谢"的运行逻辑，因而建议使用系统观视角去界定生态城市的内涵[3]。Kenworth在其研究中提到：在考虑社会、经济和生态需求的同时，最小化能源、水和食品的投入，以及热能的浪费和空气的污染，创建一个适宜生活和工作的地点、环境，是现代的生态城市的

1 侯杰，江苏省规划设计集团城规院。
2 程德月，上海市城市建设设计研究总院(集团)有限公司。

主要发展目标。

1.2 交通规划理论

1）公共交通导向型TOD

TOD是在主要公交车站周边的半径为400～800 m范围内，构建高密度复合功能开发、适合步行—自行车的公共交通中心型开发方式（图1）：①在以公共交通为中心的地区范围内进行紧凑性开发；②在公共交通站点周边的步行圈内复合布置各种城市功能；③构建直接到达日常生活目的地的环境亲和性步行道路体系；④沿公共交通轴线集中布置城市功能；⑤保全良好的自然环境和公共空间[4]。

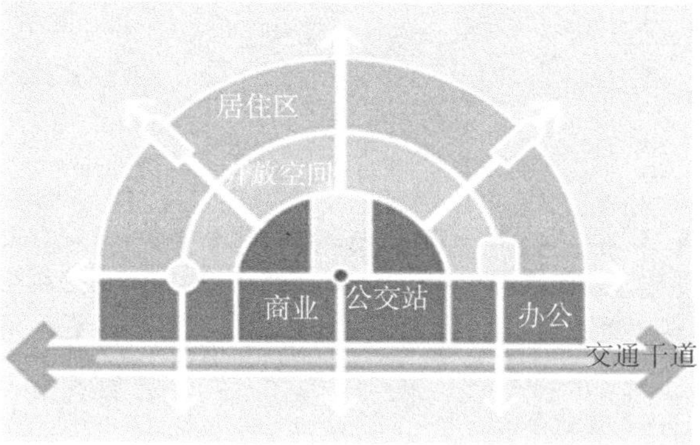

图1 TOD用地结构示意图（Calthrope，1993）

2）轨道交通城市

轨道交通城市（Transit City）通过构筑和运营公共交通体系为中心的城市空间结构来促进实现生态城市的城市开发技法。轨道交通城市灵活运用有轨电车，通过有轨电车与其他交通手段间的联系及公共空间的改善，使城市中心空间结构和通行模式实现与公共交通和步行的紧密联系。欧洲的历史名城为了保存和保护历史文化资源，强调城市组织间的结合性创建步行道路和城市中心活性化，来构建以有轨电车为中心的轨道交通城市。

2. 国外生态城市公共交通导向政策

1）荷兰的公共交通导向的生态城市发展政策

荷兰将交通和土地利用有机综合，采用了ABC政策。ABC是通过将土地利用、交通和环境的制度化有机结合，并根据公共交通的可达性将居住区、业务、商业和文化设施等连接起来，减少不必要的交通需求，诱导构建减少交通能源和大气污染的城市空间构造的制度性手段[10]（表1）。通过将市中心内部填充式开发和郊外开发同时进行的VINEX规划，从以公共交通为中心的紧凑城市内部通行转向以步行和自行车为中心的核心规划原则[5]（图2）。

表1 荷兰“ABC”土地使用原则

A	B		C
高密度居住	商业	医疗	运输/通信公司
办公	餐饮	教育	低密度企业
公共设施	休闲	社会服务	低密度居住
低频率用车的单位	娱乐		

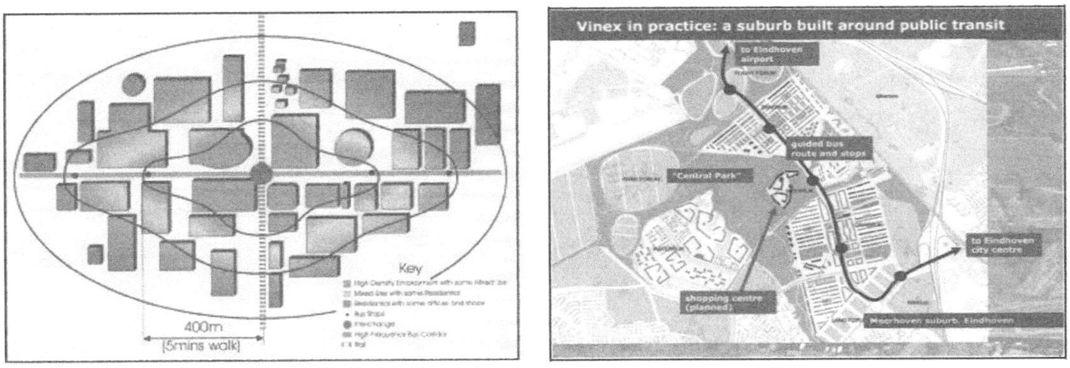

图 2　荷兰 VINEX：公共交通轴线上的郊外紧凑城市

2）美国的廊道形 TOD 生态城市发展政策

美国为了克服现有 TOD 波及效果的空间性限制，利用公共交通廊道形 TOD 进行综合性扩展开发，以公共交通路线为开发中枢轴线，在其周边地区扩充公共设施、商业、居住等功能。廊道形 TOD 主要分为三种类型，即目的地连接型、通勤型和地区循环型[9]（图 3）。这三种类型的分类旨在推动廊道的分析和规划，而真正的公共交通却往往是许多类型的混合，不能简单定义[6]。

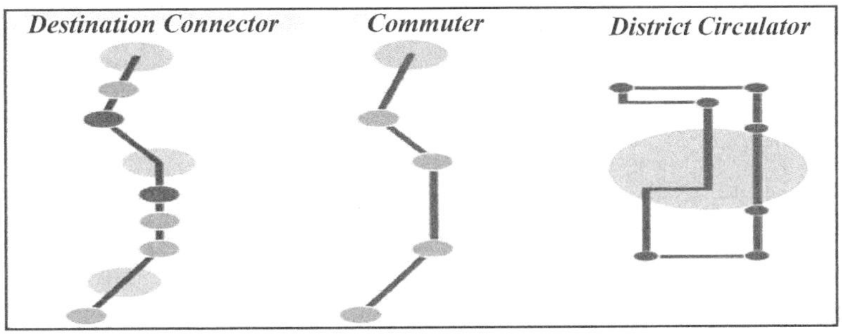

图 3　公共交通廊道形开发的类型概念图

3）日本的 LRT 为中心的生态城市发展政策

针对中小城市人口减少和郊区不断扩张的现状，日本对市区轮廓线进行严格控制，分成三个层面：城市整体结构（大空间）、城市中心和生活圈（中空间）和街区单元（小空间）[8]。日本国土交通省吸取了欧洲许多小城市在路面电车开通和市中心活性化方面的先进经验技术，颁布《城镇建设与 LRT 导入规划方针》（表 2），倡导大力发展 LRT 等新型公交工具，细化现有公交系统的连接方案及城市开发方式等各个事项。

表 2　《城镇建设与 LRT 导入规划方针》的主要内容（作者整理）

分类	内容
土地利用诱导	通过在 LRT 导入形成的公交路线上进行紧凑城市规划，土地利用和 LRT 路线规划应当进行综合性的探讨。同时，适当运用在 LRT 沿线进行高密度土地开发（容积率的缓和等），并调整以此为基础的城市总体土地利用规划等两种手段
公共交通导向型开发	对 LRT 沿线地区规划整理和据点式再开发等 TOD 开发进行一次性探讨，通过促进城市整顿的手段来灵活运用 LRT
住房政策	为了提高 LRT 的使用率，应把增加 LRT 沿线的居住人口作为重点问题来看待，那么 LRT 沿线的住房开发和市中心居住政策需要进一步探讨
公共便利设施和交通诱发设施	尽可能将政府机关、学校、医院等便利设施和商业设施、娱乐设施、大公园等交通诱发设施布置在 LRT 沿线上，这样既抑制机动车辆使用需要，还确保了 LRT 利用者的比例，从而使以 LRT 为中心的高密度城镇建设开发成为可能

4）国外公共交通导向的生态城市规划启示

荷兰、美国和日本都是针对城市自身发展要求，将紧凑型城市理念与公共交通规划相结合来制定和实施城市发展政策，来构建公共交通型新区空间结构，从而促进可持续发展的生态城市的实现：

(1) TOD开发模式从现有的点—面式的开发正在向线—面式的开发进行转换，通过公共交通廊道这一城市空间轴线来扩大开发效果；

(2) 积极导入适合的路面型公交系统（如LRT、BRT、Tram等），灵活运用各种廊道形公共交通开发类型，从而提高城市功能之间的集聚效果和协同效应；

(3) 克服现有TOD开发的空间性限制，开展反映地区性脉络的统一性和提高开发有效性的公共交通廊道形开发模式，构筑公共交通中心型城市空间结构，优化和改善步行和自行车交通环境，形成温室气体排放最少化的生态城市空间。

3. 呼和浩特市东部新区公共交通规划策略

3.1 现状交通特征

如表3所示，呼和浩特东部新区的交通客流主要分为三种：对外交通客流，主要是通过长距离出行（铁路、航空等）活动在呼包鄂榆城市群的交通流；通勤客流，主要是在中心城区与东部新区内部上班上学的有一定规律性的交通流；娱乐休闲客流，主要是参与新区公共娱乐活动的交通流。针对这三者，呼和浩特东部新区的建设发展应考虑人性的交通选择方式，降低无效出行的同时尊重个性化的出行选择，因而公共交通成为了必然的选择。

表3 呼和浩特东部新区交通客流分析（作者整理）

	对外交通客流	通勤客流	娱乐休闲客流
出行范围	呼包鄂榆城市群、京津冀乃至全球	组团内部、新区内部、全市范围	组团内部、新区内部
出行方式	铁路、公路、航空	慢行交通或公共交通	多样化
出行特征	到达具有规律性、周期性，客流全年分布不均衡	刚性出行，时间敏感度高	弹性出行，舒适度要求高，时间敏感度较低

3.2 交通规划目标

1）建立适宜的出行距离

呼和浩特市的现状出行距离为3.38 km，距离比较适中（图4）。在各种交通出行方式的时耗上，2020年比2010年均有所增加（图5），说明城市的蔓延发展对交通的出行带来了不少的负面影响，其中步行的出行时耗是最少的，平均24.9 min；而公共交通的平均出行时耗却比较长，说明呼和浩特市公共交通的发展不是很完善。图6为2010、2020年呼和浩特市居民出行方式对比。

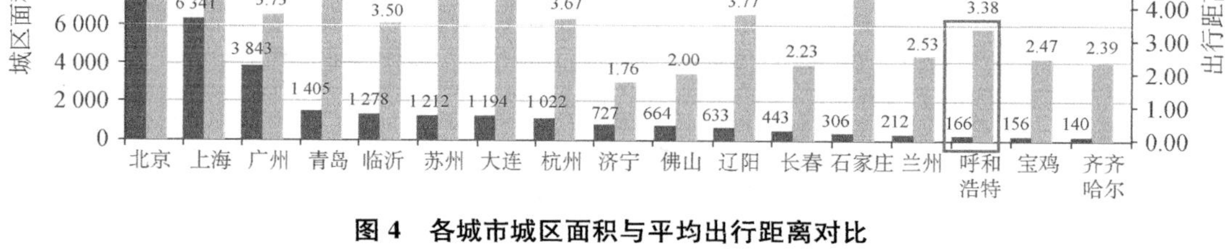

图4 各城市城区面积与平均出行距离对比

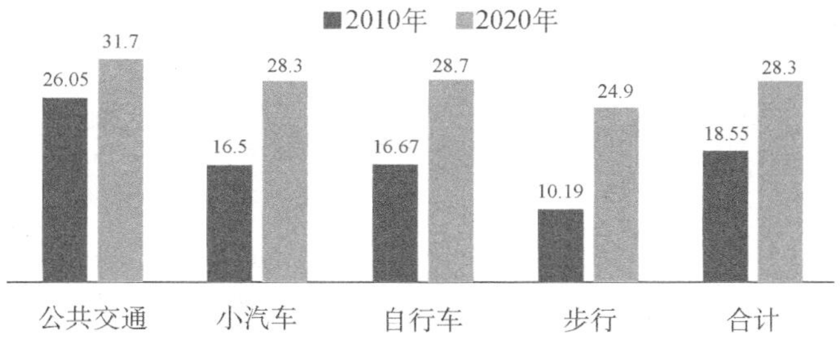

图 5　2010、2020 年呼和浩特居民出行时耗对比(单位:min)

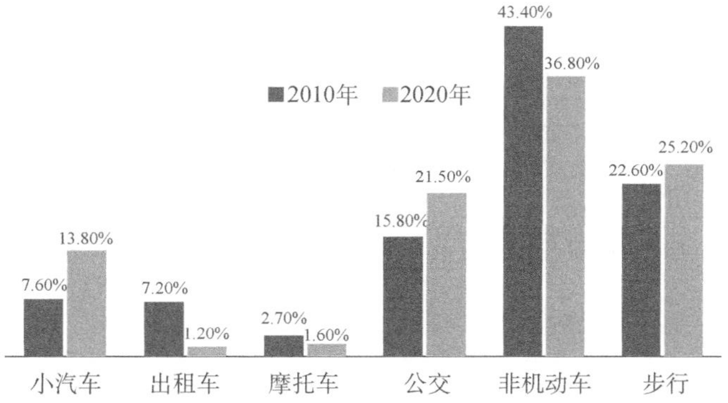

图 6　2010、2020 年呼和浩特市居民出行方式对比

基于上述对分析,呼和浩特东部新区居民的出行时耗在 25～30 min 的范围内是比较合理的。一定街区范围内进行商务办公、休闲娱乐、居住商业等功能混合开发,实现职住平衡、缩短居民的出行距离。

2) 构建低碳可持续的交通系统

小汽车进入家庭的趋势越发强烈。呼和浩特市由于人口密度比较小,机动车的保有量与西安、成都、昆明等西部大城市相比较少,但是千人的机动车保有量还是比较高的,平均每一千人保有 149 辆机动车,只比昆明市略低。

3.3　公共交通策略

通过上述分析,基于交通与土地匹配发展的原则,呼和浩特东部新区总体上要实现降低远距离出行、以公共交通为导向的交通选择方式、融入个性化的交通选择方式等目标。

1) 舒张有度的区域公交组织策略

TOD 模式起源于北美居住郊区化,强调的是城市发展沿交通干线发展,鼓励人们利用公交的快速便捷减少私家车的使用为导向,变相鼓励人每天在公共交通节点上钟摆式活动的可持续发展模式[7](图 7)。

如图 8 所示,在组织呼和浩特东部新区的交通框架的时候,笔者希望结合紧凑城市的用地功能混合的布局模式,将新区开发分成若干个片区组团,每个组团承担着相应的职能性质,但同时在土地开发的过程中进行相对混合的模式,使得每个片区既体现出了不同的中心地位,例如不同的片区形成不同的商业中心、居住组团、文化娱乐中心和产业组团等,而且片区组团也要提供适当的居住环境、服务设施以及就业岗位。在此基础之上,运用公共交通的导向性,串联起各个不同职能的新区组团,在位于主要公共交通节点或是枢纽上的社会和商业活动中心,在节点周边地区,人们生活、工作和娱乐三方面综合功能通过合适的出行半径把三者紧紧地联系在一起,从而减少城市钟摆式出行和创造出具有活力并适于居住的可持续发展城市社区。实现公共交通的 TOD 模式与紧凑城市的发展理论相结合的战略,从宏观布局的角度解决了城市蔓延带来的钟摆式交通的困扰。

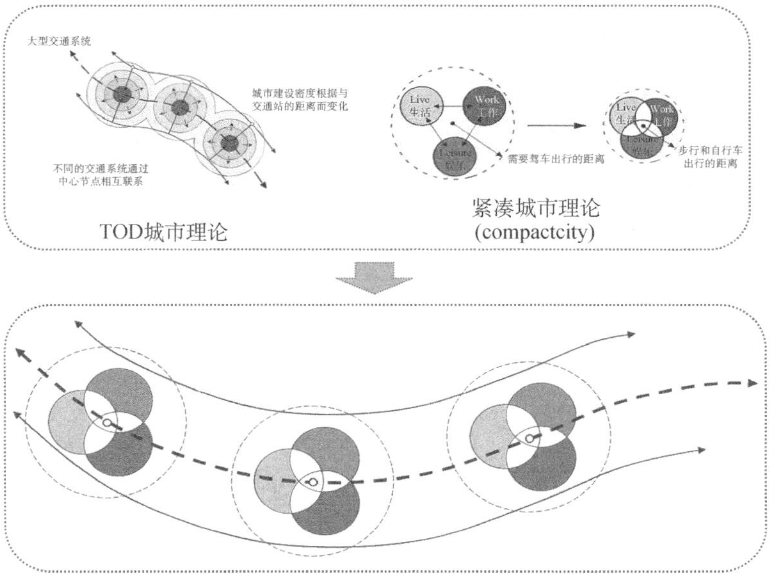

图 7　基于 TOD 的紧凑城市模式(作者自绘)

图 8　东部新区公共交通的疏密配置(作者自绘)

2) 容量匹配的内部交通发展策略

在新区的每个组团内部，组团的功能是相对独立的，主要承担着相应的居住、工作、娱乐、医疗和教育等功能，而在组团之间是可以通过慢行系统的建立，实现以慢行为主的区内出行。同时，在大型的交通枢纽、公交站点等附近进行大规模的高密度的开发，使得公交导向的交通发展模式得到最大化地利用。此外还需要建立多层次、多层级的公交廊道系统，形成主次分明的公交廊道以及快慢车道相结合的机动车网络系统。这样，在组团的内部由内向外的人流密度形成递减的趋势，车流的密度形成递增的趋势。

表 4　呼和浩特东部新区"ABC"原则(作者整理)

可达性分布		交通特点	地域特点	交通服务
A布局	A 布局	以公共交通服务为主的区域	· 高速公路、公共交通繁忙的街区或城市中心	· 实施严格的控制规定
			· 公共交通机关主要站点的周边地区	· 控制上班族自驾车在 20%以下
				· 促进换乘
				· 行人、自行车、公交车优先
	A1 布局	公共交通可达性为 B 布局水平，机动车的可达性比 A 布局高，比 B 布局低		

（续表）

可达性分布		交通特点	地域特点	交通服务
B布局	B布局	公共交通的便利性好，同时，城市主干道与高速公路的衔接也比较好	・郊外火车站周边	・对用车停车频率较高的业务进行限制
			・中小城市的轻轨站、主干道上公交车站周围	・控制长时间停车的停车场
				・通勤用车利用控制在35%以下
C布局	C布局	与高速公路或城市主干道入口衔接良好	・在高速公路附近	・以机动车交通为中心
			・依赖道路交通的物流公司的布局	・奖励汽车共乘

根据荷兰的“ABC”模式，将不同的功能板块与土地使用开发的强度相结合，提出三种土地使用原则。如图9所示，A类为高密度、高强度的土地开发模式，土地可达性的要求较高，以公共交通服务为主，布局在新区、组团的中心或交通枢纽的附近，促进换乘体系；B类主要是商业服务业设施用地，土地开发强度相对较低，公共交通的便利性相对较好，也布局在利于衔接城市主干道和高速公路的位置；而C类用地是土地开发强度最低的一类，主要是一些基础设施布局的用地，与城市高速公路或城市主干道的入口衔接较好，以机动车交通为中心。这样，在呼和浩特东部新区的布局中，地铁为公交主走廊，组团间干道设置BRT公交专用道，形成公交次廊道，组团外围快速路和主干道为机动车通道；组团核心为地铁车站，以慢行为主，机动车通过外围主干道进入，流量逐层递减；滨河地区公共交通便捷，以居住功能为主，同时注重商业、教育、医疗等的生活配套；在靠近快速路的地段，机动车交通便捷，以布局产业用地为主。如图10、图11所示。

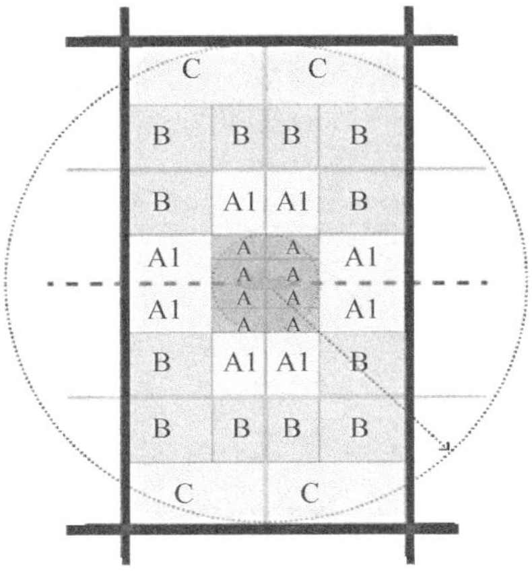

图9 “ABC”分区土地分区示意图

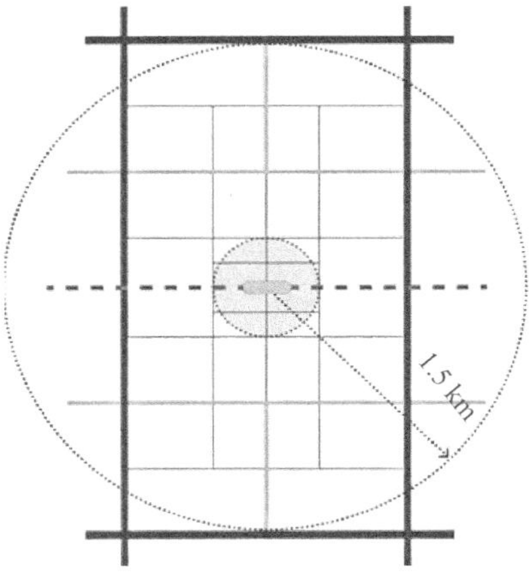

图10 组团模型示意图（作者自绘）

3）职住平衡的低碳交通保障策略

呼和浩特中心城区不断向外蔓延的组团板块，使得居住与就业的问题更加值得关注。职住平衡的新区布局形态，不仅仅是物质层面的空间布局，更是需要政策的保障与规划的衔接来共同完成的。

建立就业和住房对接机制，促进就近居住：针对中心城外围已建成的大型居住区，研究制定促进就地就业政策，探索产居联动制度，引导就业人口就近居住；探索通过产业园区配建职工宿舍、试点利用集体建设用地或者企业自有用地建设租赁房等方式，加强针对产业功能区的住房保障；鼓励通过房屋置换、租赁房、人才公寓等多种方式，提高居住与就业对接的灵活性。

呼和浩特东部新区最终形成以慢行为主的生活娱乐出行，以低碳交通为主的通勤出行，多模式的交通出行选择构成老少皆宜的出行环境。如图12所示，通过大运量的地铁串联起新区的各个组团和中心城区的老城，中低运量的公交形成新区内通勤出行的首选。在组团外围，通过新城快速路，实现对外及主城间的快速联系，达到职住平衡的新区格局。

图 11　东部新区公共交通系统评价(作者自绘)

图 12　东部新区快速路系统与组团关系(作者自绘)

4. 结语

针对西部地区的生态草原城市,本文提出的以公共交通为导向的公交慢行廊道设计的交通规划思想与紧凑城市的城市发展理论相结合,形成一套崭新的城市新区开发建设模式与思路。如果能够加以有效利用,无疑会对我国的西部地区新区生态城市建设带来强大的推动作用。但在采用这个开发模式之前,需要对开发新区的交通现状进行分析与验证,才能使"TOD＋紧凑城市"的模式更加切实有效地发挥出促进低碳生态城市实现的实效性。

参考文献

[1] Urban Task Force. Towards an Urban Renaissance: Final Report of the Urban Task Force[M]. London: E&FN Spon. 1999.

[2] 朴世勋，等. 构建公共交通中心型城市空间结构的城市规划和交通规划的综合方案研究[R]. 韩国安阳市：国土研究院，2008.

[3] Roseland M. Dimensions of the ecocity[J]. Cities，1997(14)：197-202.

[4] Cervero Robert Arrington. TOD in the United States：Experiences，challenges and prospects. Transportation Research Boards[M]. TCRP Report 102，Transportation Research Board，Washington，DC，2004.

[5] Pucher J，Buehler R. Making cycling irresistible：lessons from the Netherlands，Denmark and Germany[J]. Transport Reviews，2008，28(4)：495-528.

[6] 海道清信. 紧凑型城市的规划与设计[M]. 苏利英，译. 北京：中国建筑工业出版社，2010.

[7] Drochsler，G. "LRT Integration in Traffic Patterns and City Fabric"[C]. Joint International Rail Conference in Transportation Research CIRCULAR2007(E-C112)：107-129.

[8] 世界银行. 中新天津生态城：中国新兴生态城市案例研究[R]. 2009，11.

[9] 徐民浩，等. 实现绿色城市的公共交通廊道的构建方案[R]. 韩国安阳市：国土研究院. 2011：28.

关于智慧公交站台功能的探讨

——以上海市为例

Discussion on the smart bus platforms function

—taking Shanghai for example

裴文成[1]　黄　岩[2]

摘　要：在科技高速发展的今天，人们对于出行服务的要求越来越高，公共交通作为一种重要的出行方式，人性化的需求和智能化的技术结合得更加紧密，如何让作为公共交通系统重要组成部分的公交站台更加智慧、安全和舒适，让乘客能借此获取更便利、更准确的信息，是一个值得深入研究的课题。本文基于上海市已建成通车的骨干公交、中运量及BRT的现状，探讨智慧公交站台的设计理念和要点，并提出一些新的功能建议，为智慧公交站台的建设提供参考。

关键词：智慧公交站台；出行服务；主要功能

Abstract：With today's rapid development of science and technology，people's requirement for travel services are getting higher and higher. Urban public transportation as an important way of travel，humanized design and intelligent technology need to be combined more closely. How to make the bus platform more intelligent，safe and comfortable，to make passenger getting information faster and more accurate，is a topic worthy of in-depth study. Based on the design experience of Shanghai backbone bus，medium transportation volume and BRT project，this paper discusses and proposes the key points of today's functional design of smart bus platforms，and looks forward to some new ideas and creative points，trying to provide some references for the construction of smart bus platforms.

Key words：smart bus platforms；travel services；main function

1. 引言

创建“公交都市”是实现城市与城市交通可持续发展的重要途径，对于缓解城市交通拥堵、降低能源消耗、改善生态环境都具有极其重要的意义。2012年交通运输部正式启动国家“公交都市”创建工作，2017年交通运输部专家组对上海“公交都市”创建工作进行了验收。

在国家正式确立“公交优先”的战略背景下，上海市的公交系统获得了长足的发展，骨干公交线路涌现出多种类型、不同制式的新体验，如上海中心城首条中运量骨干交通71路、上海首条BRT快速公交奉浦快线以及国内第一条数字虚拟轨道电车线路临港中运量T1线等。这些项目的建成，优化了公交资源配置，推动全市的公交转型发展和公交线网优化，对实践“一路一线，区域成网，方便换乘”的公交发展思路、强化公交主通道骨干功能、提升城市公交服务水平起到良好的示范作用。作为乘客等候及上、下公交车的公交站台，是城市公交系统的重要组成部分，尤其在方便乘客换乘及提供服务方面发挥着重要的作用，《上海市交通行业推进新型基础设施建设三年行动方案（2020—2022年）》中也提出需要通过智能化赋能各类终端设施，实现设施的“可视、可用、可靠”。

1　裴文成，上海城市交通设计院有限公司，工程师。
2　黄岩，上海市政工程设计研究总院（集团）有限公司，高级工程师（教授级）。

2. 现状

上海市目前常规公交中途站的智能化设施主要是显示公交车到站时间的电子站牌(浦西以墨水屏、浦东以 LCD 屏为主),几条骨干公交(中运量及 BRT)的站台智能化设备配置则较丰富,典型的如下。

(1) 71 路中运量包括:落地式电子站牌、安全屏蔽门、数字广播、视频监控摄像机、辅助通信及定位设备等(图 1)。

(2) 奉浦快线 BRT 包括:吊装式电子站牌、安全屏蔽门、数字广播、视频监控摄像机、辅助通信及定位设备、红外周界防范、售票机和检票闸机等。

(3) 临港中运量 T1 线包括:落地式电子站牌、吊装式发车屏(集成广播扬声器功能)、视频监控摄像机等。

图 1　上海 71 路中运量站台效果图

可以看出,当前上海市的公交站台,已根据客流量及运营需要因地制宜地配置了一些智能化设备,以公交车到站服务信息及车站运行管理等为主,已初步具备智慧公交站台的雏形。

3. 设计理念及系统功能架构

智慧公交站台不仅是城市公交系统的重要组成部分,也是智慧城市的组成部分之一。在北斗、物联网、人工智能、大数据、5G 及数字化等新技术日新月异的今天,智慧公交站台通过部署各类感知设备,配合 MEC 边缘计算主机、通信设备和云服务平台等,通过对公交参与者、交通事件和交通运行状况等进行精准定位、准确感知和有效识别,为乘客提供便利服务;优化公交系统运行组织、辅助公交车安全驾驶;同时能对公交站台设备、设施等进行高效、精细化管控。

1) 设计理念

(1) 科技化提升乘客体验。充分应用新技术与新型智能感知终端设备,在提升站台服务水平的同时,拓展站台服务功能:如通过设计交互式信息屏,不仅可以使乘客获得实时公交车到站信息,还可以交互式查询各类换乘及周边信息;引入微枢纽、驿站等概念,有条件的站台可配置智慧垃圾桶、无线充电、Wi-Fi、自动降温喷雾和电动自行车充电桩等设备,进一步拓展公交站台的服务功能并可丰富乘客体验。

(2) 信息化优化线网运行。目前上海市各条公交线路的运行调度和管理系统均相对独立，如何把常规、中运量、BRT 快速公交的这些系统形成一个有机的整体，让车载、运营调度、智慧公交站台管理等系统实现信息共享、互通互联，进而合理组织、优化公交线网运行是值得探索的方向。

(3) 绿色化节能降碳。采用新技术，达到减排低碳、节能环保的作用，如站台设置环境照度感应器，当环境照度低于或高于站台预设的照度值时，相应调亮或调暗站台照明；此外，智慧公交站台使用了较多的用电设备(如信息屏、照明灯具、感知终端等)，运用太阳能光伏或风能等绿色能源供电也是有效节能降碳的手段和方法。

2) 系统功能架构

智慧公交站台通常由前端系统设备、传输网络和后端管理平台三部分构成，从功能架构上又分为感知设施层、系统层、网络传输层、数据处理层、平台层和应用层六个层级(图 2)。

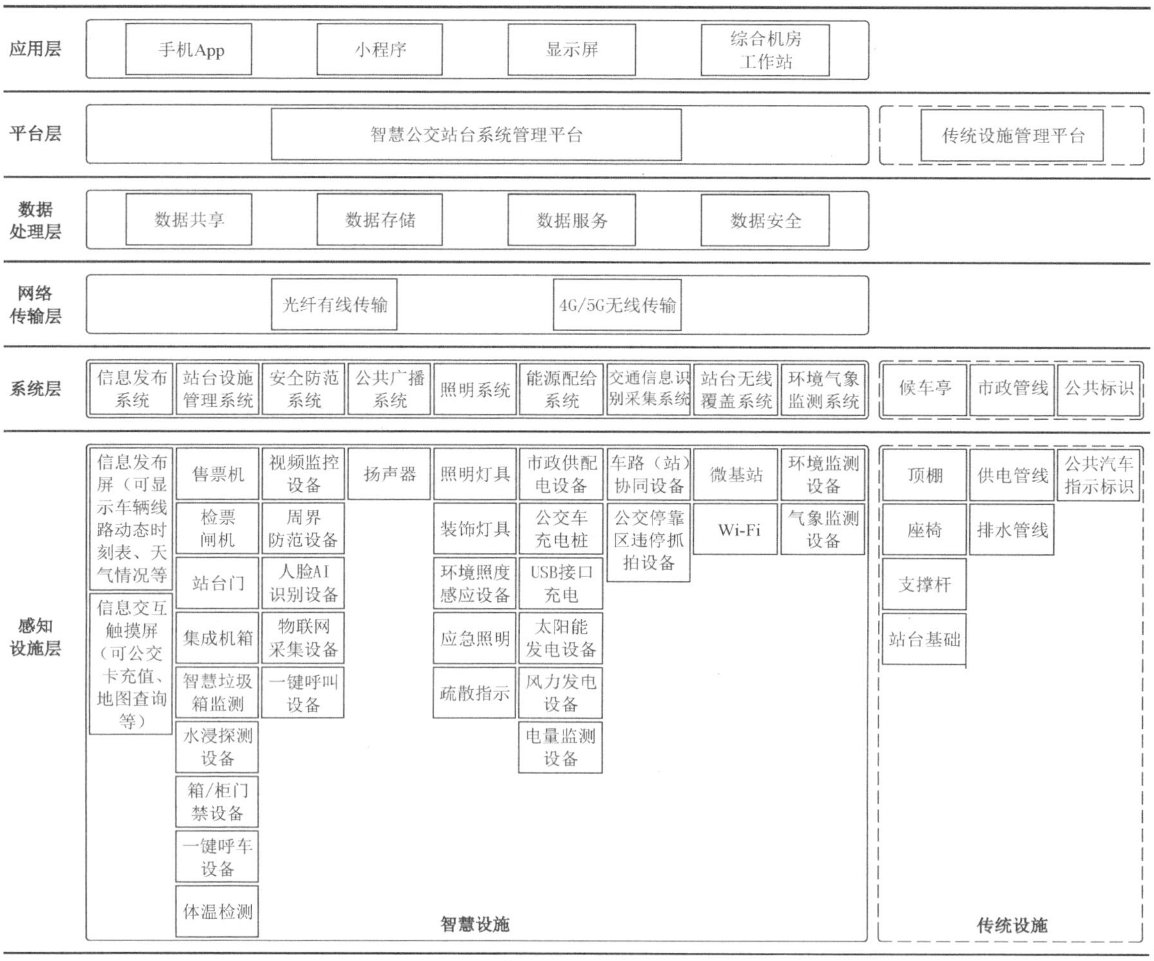

图 2 智慧公交站台系统功能架构图

前端系统设备设施包含信息发布、站台设施管理、安全防范、公共广播、照明、能源配给、交通信息识别及采集、站台无线覆盖、环境气象监测、候车亭和公共标识等。

传输网络作为沟通前端设备和后端云控平台的桥梁，通常采用租赁运营商的无线网络(4G 或 5G)进行站与站间、站与公交调度中心之间的通信，条件允许时也可自建光纤。

后端管理平台能实现对站台设备状态的监测、管理和运维，通过与高精度地图结合，将所有公交站点信息载入管理平台，形成站点地图，同时对站台智慧化设施进行编码，实现对智慧公交站台的资产数字化管理、精准定位和可视化展示等功能。

4. 智慧公交站台的主要功能探讨

1) 站台综合感知与智能联动一体化

站台综合感知系统是确保智慧公交站台运行、乘客候车、车辆进站停靠以及专用道管控的重要支撑系统,通过在站台部署 MEC 边缘计算主机,配合站台感知设备终端,实时感知及处理车辆停靠、乘客候、乘车、站台设备运行等信息,实现车站客流拥挤度分析与报警、车站乘客异常行为分析与报警、乘客体温异常监测等功能,且能实现与站台其他设备之间的智能联动,实现联通一体化。

2) 基于人工智能的乘客信息交互服务

在传统公交电子站牌基础上,配备乘客自助服务终端,结合语音 AI、智能客服等技术,为乘客提供电子导引、票务、咨询及信息查询等自助服务。摄像头自动识别乘客靠近,并启动虚拟客服与乘客语音交互,从而提高站台各区域功能服务效率和人性化服务水平,提升乘客体验。具体可实现功能如下。

(1) 辅助问答引导:位置问题引导、多轮会话语音识别;

(2) 站内站外导航:非站点路线规划、车站周边查询、站内设施查询;

(3) 基本出行查询:基于语音识别的线路查询、票价查询、站内服务设施和首末班车查询;

(4) 数据统计分析:数据统计、数据分析、志愿者服务等。

3) 基于数字孪生技术的智慧站台场景展示

利用数字孪生技术强调智慧公交站台的空间数字化表达,即通过一种可识别和处理的方式管理和呈现站台数据(构件)并集成随时间轴变化的物理实体(事件)进行表征。表征的对象包括智慧站台各系统外观、状态、属性和内在机理,并形成物理实体实时状态的数字虚体映射,为智慧公交站台场景提供更为直观、准确的可视化表现手段。

智慧站台场景主要对车站实现 L4 级精度的场景构建,包含站台、客流检测器、安全门、广播、电子站牌、摄像机及车辆等定制化数字资产,通过点击客流检测器,展现当日站台的客流量;点击安全门,展现安全门设备的当前状态;点击广播,展现广播设备的当前状态;点击电子站牌,展现当前车辆的到站信息及车厢拥挤程度;点击摄像头,查看实时录像(或预先录制好的历史录像);通过数字看板,展示车站设施设备综合状态指标、车站今日客流变化累加趋势图、大客流预警警示信息、今日设备巡检及维修记录等内容。

4) 站台无障碍设施信息化

站台无障碍设施信息化指的是通过一些新的技术,如导盲、声控、肢体控制、图文识别、语音识别和语音合成等技术应用在无障碍设施上,为老年人、孕妇、儿童、伤病人员,以及其他有特殊需求的人员提供便利。例如智慧无障碍通道,能够通过对视觉障碍人士走上设置有重力传感器功能的盲道砖上的行走特征进行判断,给予视觉障碍人士距离、时间、设施等信息的语音提示;又如在无障碍通道两端铺设具有重力传感器功能的盲道砖,在重量达到一定阈值时激活发光地砖,方便在照度不高的夜晚轮椅行进时能够识别,以此确保不同残障人士群体在站台上的行进安全性,并改善其出行质量、提升乘坐公交的体验。

5) 自适应采光通风防雨顶棚

自适应采光通风防雨顶棚(图 3)可以满足乘客采光通风需求,同时提供及时挡雨的候车体验。采光通风模式下,顶棚叶片间以斜坡状、并与水平呈 75°至 80°的角度高低顺次排列,防雨状态下感知到降雨后通过智慧控制终端采光通风防雨模块进行切换,传输指令至顶棚推杆电机装置、激活并推动纵向安装并连接叶片群的导向拉杆、导向拉杆进而带动已安装旋转轴的叶片进行转动,直至高处前一叶片后端与低处叶片前端覆合,形成斜坡密闭空间,达到挡雨效果。雨停后,通过触碰智慧控制终端采光通风防雨模块区域切换采光通风模式,叶片进行反向转动、恢复原状。

6) 站台自动伸缩踏板

站台自动伸缩踏板(图 4)是一种电动操作的、可以自动伸缩的踏板装置,它安装于站台安全门的上、下客通道内,可自动覆盖站台和车门之间的间隙,使乘客可以方便、安全地上、下车。当公交车辆进站停稳后,站台伸缩踏板先行伸出到位,然后打开站台安全门让乘客上、下车;当上、下客完毕后,关闭站台门,站台伸缩踏板伸缩板缩回，所有站台伸缩踏板缩回到位后，允许公交车驶离。

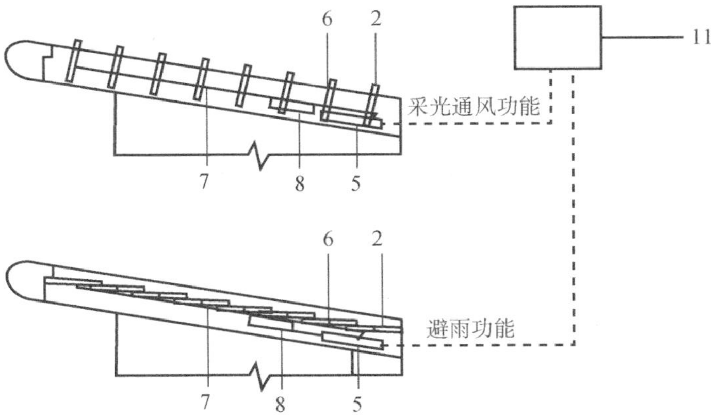

图 3　自适应采光通风防雨顶棚示意图

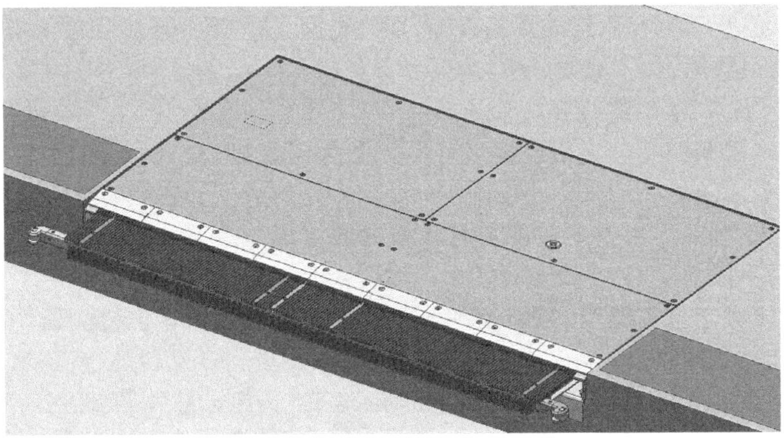

图 4　自动伸缩踏板示意图

5. 结语

未来的城市公交应该基于国内外先进的设计理念，采用成熟的技术和设备，顺应交通基础设施数字化转型的国家战略，不断从智慧和绿色两个维度进行技术和模式的创新，实现“更智能、更便捷、更舒适、更绿色、更可靠”的城市公交服务，打造“智慧引领、换乘一体、品质快捷、绿色低碳”的上海公共交通新名片。

参考文献

[1] 高永，段冰若，田希雅，等. 智慧公交站台规划设计与建设之初探[A]；品质交通与协同共治——2019 年中国城市交通规划年会论文集[C]. 2019.

[2] 交通运输部. 关于上海市开展推进长三角交通一体化等交通强国建设试点工作的意见[R]. 2020.

[3] 上海市人民政府. 上海市交通行业推进新型基础设施建设三年行动方案(2020—2022 年)[R]. 2020.

自驾定制公交车路线选择与评估模型之建立

The demand-responded autonomous bus route evaluation model

徐浩荃[1]　张学孔[2]　陈雅雯[3]

摘　要：自驾定制公交车(Autonomous Customized Bus)是借助自动驾驶技术开展定制公交车服务的一种新的运营模式。为了缓解传统公交车存在的不足，本文提出以自驾公交车提供定制服务的模式进行路线选择，构建自驾定制公交车路线选择评价指标体系和评选模型。所建立的评价指标体系包括客流适宜性和路线适宜性两个维度指标，涉及客流结构、客流规模、出行时段、站点数量、路线位置以及路权情况等六个子维度指标。根据评价指标体系，本文进一步提出基于熵权法的灰色关联度分析模型用于自驾定制公交车方案的评选。研究模型以台北市公交车路线为实证分析，研究成果可为公交车业者在自驾定制公交车运行管理优化方案提供理论依据及技术支撑，并加速推动自驾定制公交车系统的发展。

关键词：自驾公交车；定制公交车；路线选择

Abstract: Autonomous Customized Bus is a new operation mode that uses autonomous driving technology to develop customized bus services. This study proposes a mode of providing customized services by autonomous buses, and constructs an evaluation index system and selection model for the route selection. According to the evaluation index system, this study further proposes a grey correlation analysis model based on the entropy weight method for the selection of autonomous customized bus schemes. The empirical analysis takes Taipei city bus routes as the research object. The research results can provide theoretical basis and technical support for bus operators in the optimization scheme of autonomous customized bus operation and management, and accelerate the development of autonomous customized bus system.

Key words: autonomousbus; DRTS; route choice

1. 前言

UITP(2017) 研究显示，引入自动驾驶载具可减少私人机动载具的持有量、提升步行与单车的空间从而改善环境，且自动驾驶能通过有效减少人为操作的失误来增加安全性。不仅如此，UITP 也指出实现完全自动驾驶的最快道路就是从公共运输做起，公共运输可以利用最少的空间提供最大的出行比例。关于自驾公交车的运营模式则可采用"需求反应式运输服务"(Demand Responsive Transportation System, DRTS)，根据使用者的出行需求进行规划，基于预约达成和弹性排班，且兼顾共乘来提供运输服务。吴瑄俞(2011)的研究指出，该服务模式为介于公交车与出租车之间的准大众运输系统，提供使用者更为精致且客制化的运输服务，可以提升载客率和节省营运成本，因此自驾公交车的定制化运用值得研究与探讨。故本文主要目的欲探讨需求反应式公共运输服务与自驾公交车相结合的新模式，提出以自驾公交车提供定制服务的模式进行路线选择，构建自驾定制公交车路线选择评价指标体系和评选模型。

1　徐浩荃，台湾大学土木系硕士生。
2　张学孔，台湾大学土木系教授。
3　陈雅雯，台湾大学先进公共运输研究中心执行长。

2. 文献回顾

Zhang 等人(2019)研究在固定路线中运营中不同类型的自驾公交车(半自动或全自动)的整合情况,但仅限于单条路线情况。该研究以公交规模为决策变量,考虑广义的系统成本(等待成本、乘车成本、营运成本和资金成本)的最小化。同样,Tirachini 和 Antoniou(2020)研究分析自驾公交车对公共运输网络的影响,公式基于 Jansson(1980)提出的平方根公式。作者将他们的模型应用于德国和智利的单线案例研究。得出结论是,公交车的自动驾驶化有益于业者和用户。王嵩容、张学孔(2021) 基于社会总成本架构自驾公交车的总成本函数,通过多智能体模拟平台比较不同情境下"强化学习派遣"自驾公交车和传统固定班表公交车的总成本与相对效益,结果显示自驾公交车比传统公交车可以用较少的车队规模与营运成本达到社会总成本最佳。Liu 和 Ceder(2015)对定制公交车在中国境内 30 个城市的发展进行研究,表明此创新公共交通服务理念能够有效地满足高额人口国家日益增长的出行需求。Cao 和 Wang(2016)通过问卷调查分析对乘客选择定制公交车出行的影响因素,研究发现私家车、家与工作地点的距离、出行满意度以及加班时间是影响选择定制公交车的四个主要因素。Ma(2017)等人根据乘客的出行需求,建立基于定制公交车网络设计的线路选择模型,并通过具体算例对模型的有效性进行验证。Chan 和 Shen 等人(2021)提出定制公交车线路设计模型,将所提出的模型分为两个阶段进行求解。Liu 等人(2021)在对定制公交车乘客出行需求分析的基础上,构建了乘客和公交企业总体满意度最大化的优化模型,该方法能够合理有效地实现定制公交车路线的优化。

总结以上文献,可知过往研究所建立的自驾公交车之模型,一般仅以营运成本与发车频率与传统公交车的不同进行分析,探讨增加某些自驾公交车专用路线对现有交通环境的影响,并得出相关结论,对自动驾驶的特性体现得并不明确。本文则是基于分阶段改良现有路网,从实际运营角度出发,以乘客为核心,探讨某地区逐步投放自驾公交车的方案。考虑到开辟新路线的成本以及客流不确定性,本文采用灰色关联度分析法在备选路线中筛选出合适的路线进行规划。

3. 研究方法

3.1 指标体系的构建

本文总结卢小林等人(2015)、李莎(2017)、Li 等人(2019)提出的影响定制公交车路线评估的重要因素,考量自动驾驶相关因素构建出自驾定制公交车的评估体系,包含需求面的"客流适宜性"和供给面的"路线适宜性"。其一,"客流适宜性"是指乘客群体特征对自驾定制公交车的适宜性,考虑以下三项乘客特征。

(1) 客流结构:客流结构是影响自驾定制公交车路线规划的一个因素。自驾定制公交车会有相应的目标客流,例如,通勤人员、学生等通常是定制公交车的主要服务目标,年轻人会比较乐于尝试新的事物,对自动驾驶接受程度相对较高。

(2) 出行客流量:较大或较小的客流量会给自驾定制公交车的运营带来一定的困难。

(3) 出行时段:如果出行时段需求十分分散,对于自驾定制公交车而言并不是一个好的现象。本文认为针对出行时段相对集中的客流,更适合设置自驾定制公交车。

其二,"路线适宜性"是指路线规划特征对自驾定制公交车的适宜性,考虑以下三项路线特征。

(1) 站点数量:路线的站点数量过多会对自驾定制公交车服务质量构成挑战。对于自驾定制公交车而言,可根据具体的客流特征灵活设置适当的公交车车站数量。

(2) 路线位置:在城市中心,公交车资源相对丰富,可达性高,若排除政策、宣传意向等方面的影响,市中心对自驾定制公交车的需求相对较弱。因此服务于城郊地区或者郊区为宜。

(3) 路权情况:公交车专用道的设置有助于保障公交车车辆运行的效率与安全。因此,设置了专用道的公交车路线更适合规划定制公交车，尤其是自驾定制公交车。

在上述指标分析的基础上，构建了如图1所示的自驾定制公交车路线适宜性评价指标体系，据以进行路线的规划及相关评选工作。

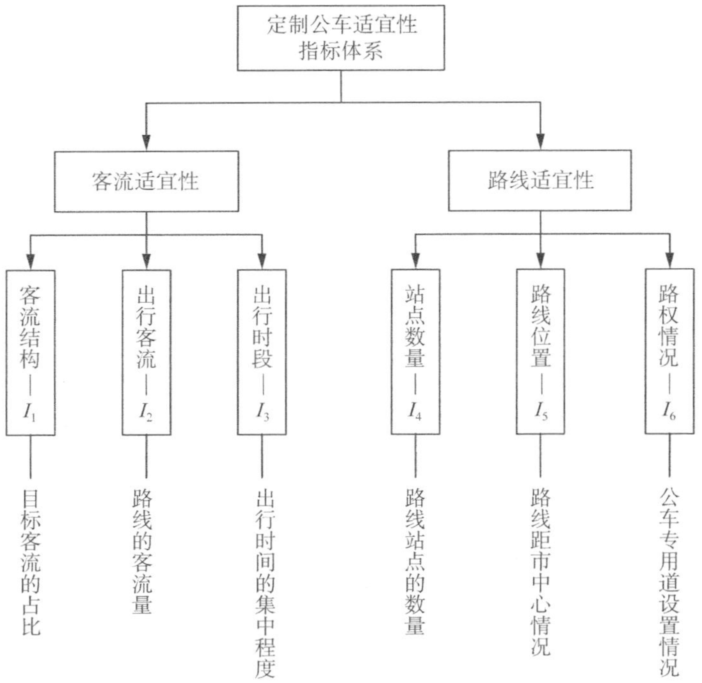

图1　指标体系

3.2　指标体系的量化

(1) 客流结构(I_1)：目标客流在总客流中的占比。具有稳定工作的年轻人或者学生可能是自驾定制公交车主要服务对象。目标乘客的流量为V_t，总客流量为V，则有客流结构

$$I_1=\frac{V_t}{V} \tag{1}$$

(2) 出行客流量(I_2)：乘坐某路线的出行客流总量。由于车型限制，自驾定制公交车不适宜面向过于庞大的客流，由于假设基于固定路线运行，客流量也不应过小。因此本文认为客流量参考数值可根据实际情况予以定义。

(3) 出行时段(I_3)：本文借助变异系数来表征该指标，变异系数越大的路线，乘客的出行时段更为集中。记各个时段乘客数量矢量为D_j，则有出行时段I_3：

$$I_3=\frac{\sigma(D_j)}{E(D_j)} \tag{2}$$

(4) 站点数量(I_4)：即公交车路线站点的数量。

(5) 路线位置(I_5)，即路线整体距离市中心的距离。本文采用较近(用1代表)、一般(用2代表)和较远(用3代表)。通常而言，距离市中心较远相对利于开展自驾定制公交车服务，因而，该数值越大越好。

(6) 路权情况(I_6)，即路线中的专用道长度处于路线总长度之比，对于自驾定制公交车路线而言，具有专有路权的路段越多越好。记具有专有路权的路段总长为L_b，路线长度为L，则有路权情况I_6：

$$I_6=\frac{L_b}{L} \tag{3}$$

4. 实证分析

4.1 数据描述

为验证上述方法的有效性，本文选取台北市31条公交车路线，假设为待评估对象开展实例分析。涉及路线为八横八纵的16条干线公交车：承德、敦化、复兴、和平、基隆路、罗斯福路、民权、民生、南京、内湖、仁爱、松江新生、信义、中山、忠孝、重庆等干线。此外，还包括杨证琨(2015)研究中指出的服务性路线：231、298、531、539、542、605快、641、红25、红33、蓝10、蓝29、市民小巴6、市民小巴15、小12、棕1。为了简单概括，本文将上述路线分别命名为：路线1至路线31。

进一步计算各条路线的6个指标特征数据，站点数量以上行站点数量为代表，客流情况也以上行方向总客流为代表，客流结构以普通卡和学生卡的占比为代表。客流数据为2021年3月份的数据。数据分析基于数学软件Matlab，即基于熵权法的权重与基于灰色关联度分析的评价分析均在Matlab中编程实现。在参考指标数据方面，结合数据特征，对于客流结构，取观测数据中的最大值；对于出行客流，取观测数据中的上四分位数；对于出行时段，取其最大值。对于站点数量，同样取其上四分位数；同时，对于路线位置和路权情况，均取最大值。

4.2 筛选结果

基于表1中的数据，首先借助熵权法计算权重数据，研究结果显示，客流结构、出行客流、出行时段、站点数量、路线位置与路权情况的权重系数分别为0.026、0.254、0.168、0.091、0.136和0.324。进一步借助灰色关联分析法计算各个路线不同指标数据与参考指标(理想指标)数据的关联系数，如表1所示。将表1中数据加权平均得到图2所示的灰色关联度情况。

表1 路线特征指标与参考指标的关联系数

名称	客流结构	出行客流	出行时段	站点数量	路线位置	路权情况
路线1	0.582	0.337	0.340	0.385	0.500	0.447
路线2	0.628	0.375	0.341	0.599	0.500	0.990
路线3	0.649	0.456	0.351	0.655	0.500	0.534
路线4	0.574	0.628	0.342	0.742	0.500	0.333
路线5	0.704	0.392	0.363	0.574	0.500	0.366
路线6	0.677	0.428	0.354	0.612	0.500	0.556
路线7	0.742	0.514	0.401	0.687	0.500	0.529
路线8	0.636	0.475	0.368	0.723	0.333	0.333
路线9	0.758	0.506	0.361	0.671	0.500	0.609
路线10	0.669	0.454	0.369	0.469	0.500	0.343
路线11	0.489	0.487	0.333	0.599	0.333	0.657
路线12	0.577	0.485	0.350	0.586	0.500	0.551
路线13	0.608	0.510	0.371	0.742	0.333	1
路线14	0.620	0.505	0.347	0.552	0.500	0.389
路线15	0.675	0.563	0.360	0.531	0.500	0.340
路线16	0.505	0.496	0.352	0.502	0.500	0.439
路线17	0.585	0.906	0.367	0.687	0.500	0.377

（续表）

名称	客流结构	出行客流	出行时段	站点数量	路线位置	路权情况
路线 18	0.624	0.972	0.409	0.626	0.500	0.333
路线 19	0.617	0.999	0.562	0.868	1	0.333
路线 20	0.620	0.967	0.438	0.991	0.500	0.333
路线 21	0.653	0.967	1	0.713	0.333	0.333
路线 22	1	0.996	0.413	0.842	0.500	0.569
路线 23	0.617	0.979	0.402	0.612	0.500	0.345
路线 24	0.845	0.904	0.403	0.830	0.500	0.896
路线 25	0.426	0.974	0.374	0.974	0.333	0.333
路线 26	0.678	0.796	0.406	0.974	0.333	0.333
路线 27	0.333	0.995	0.357	0.806	0.333	0.438
路线 28	0.474	0.988	0.422	0.842	1	0.333
路线 29	0.737	0.980	0.413	0.713	0.500	0.333
路线 30	0.470	0.975	0.350	0.926	1.000	0.333
路线 31	0.913	0.995	0.445	0.957	0.500	0.373

研究结果显示，待评价路线 24(公交车：红 25)是在自驾定制公交车备选路线中的最优者，其次是路线 19(公交车：531)和 22(公交车：605 快)。路线 24 的第一个指标数据(理想值为 0.847)的值为 0.795，在 31 条路线中占据第三；第二个指标数据(理想值为 4966)的值为 20302；第三个指标数据(理想值为 1.732)的值为 1.258，在 31 条路线中占据第十；第四个指标数据(理想值为 22.25)的值为 28；第五个指标数据(理想值为 3)的值为 2；第六个指标数据(理想值为 0.398)的值为 0.375，在 31 条路线中占据第三；同时，这些数据与理想值的关联系数分别为：0.845、0.904、0.403、0.830、0.500、0.896。经加权计算得到的结果为 0.754。

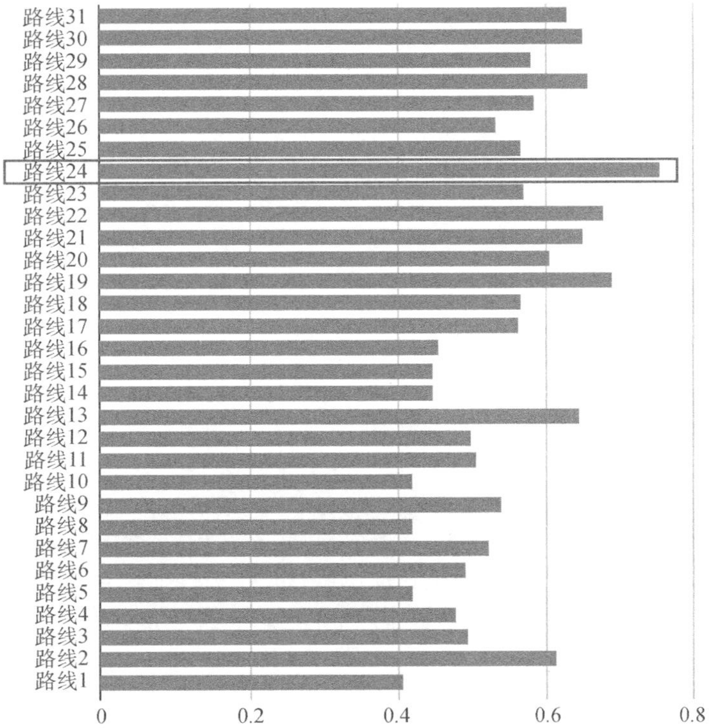

图 2　各个路线的灰色关联度

综合该路线的指标数据及所有备选路线的数据集合，可知上述结果具有较高的可信度，也证明本文方法之有效。从客流特征与路线规划特征的角度分析自驾定制公交车路线的选择问题，构建评价指标体系，并借助熵权法和灰色关联度分析法构建评价模型。以台北市 31 条公交车路进行实证分析模拟为自驾定制公交车备选路线开展了评价分析，验证了方法的有效性。

5. 结语

本文提出一种自驾定制公交车路线选择评价指标体系与决策方法。从客流适宜性和路线适宜性两方面构建了包含六个指标的路线选择评价指标体系，并提出各个指标的计算方式。也进一步结合熵权法和灰色关联度分析法，构建了基于熵权法的灰色关联度分析模型，探讨了参考指标数据的确定。本文以台北市区公交车路网进行案例分析与模式验证，在自驾定制公交车备选路线中的最优者为红 25 往返北门站与南港(路线 24)，其次是 531 往紫云里与松山车站(路线 19)和 605 快往返汐止和台北车站(路线 22)。显示本文构建之路网选择体系与营运优化模型具有实用性，可协助自驾定制公交车适用路线选择以及最佳车队的规划设计。研究模型应用在台北市的应用分析显示，研究成果可以为公交车业者在自驾定制公交车运行管理优化方案提供理论依据及技术支撑，并可据以推动自驾定制公交车系统的发展。

参考文献

[1] UITP. Project • SPACE: Shared personalized automated vehicles. 2018.

[2] UITP. Autonomous vehicles: A potential game changer for urban mobility[J]. Policy Brief, 2017:1-8.

[3] Zhang W., Jenelius E. and Badia H. Efficiency of semi-autonomous and fully autonomous bus services in trunk-and-branches networks[J]. Journal of Advanced Transportation, 2019:1-17.

[4] ChienS. Optimization of headway, vehicle size and route choice for minimum cost feeder service[J]. Transportation Planning and Technology, 2005, 28:359-380.

[5] Chien S. I., Spasovic, L. N., Elefsiniotis, S. S. et al. Evaluation of feeder bus systems with probabilistic time-varying demands and nonadditive time costs[J]. Transportation Research Record: Journal of the Transportation Research Board, 2001, 1760:47-55.

[6] Chang S. K. Autonomous Bus deployment strategies, invented speech in the symposium on Autonomous Bus system [R]. Organized by KPMG &MOTC Taiwan, 2020-8-26.

[7] Chang S. K., Schonfeld P. M. Optimization models for comparing conventional and subscription bus feeder services [J]. Transportation Science, 1991, 25:281-298.

[8] Tirachini A., Antoniou C. The economics of automated public transport: Effects on operator cost, travel time, fareand subsidy[J]. Economics of Transportation, 2020.

[9] Jansson J. O. A simple bus line model for optimisation of service frequency and bus size[J]. Journal of Transport Economics and Policy, 1980, 14: 53-80.

[10] 杨证琨. 服务性公交车路线营运绩效评估与改善策略之研究[D]. 台北:台湾大学, 2014.

[11] 吴瑄俞. 需求反应式运输服务适用环境之研究[D]. 台北:台湾大学, 2011.

[12] 张学孔, 沈大维, 龚家驹, 等. 本地产自驾公交车实测经验与展望[J]. 土木水利, 2019, 46(2):26-32.

[13] 张学孔, 陈雅雯, 周宽也, 等. 发展自动驾驶交通工具之冲击影响评估[J]. 土木水利, 2019, 46(2):66-72.

[14] 黄哲勋. 自驾公交车应用于都市公共运输的发展契机[J]. 计算机与通讯, 2020, 183:27-29.

[15] 王嵩容, 张学孔. 自驾公交车强化学习派遣之成本效益分析[R]. 台大先进公共运输研究中心研究报告, 2021.

[16] 卢小林, 张娴, 俞洁, 等. 灵活型定制公交系统综合评价方法研究[J]. 公路交通科技, 2015, 32(5):135-140.

[17] 李莎. 定制公交线网的建模与智能优化算法研究[D]. 广州:华南理工大学, 2017.

基于改进模拟退火算法的公交驾驶员行车安全排班优化方法

Safety optimization method of bus driver scheduling based on improved simulated annealing algorithm

潘大为[1]　邓社军[2]

摘　要：公交驾驶员行车的安全性不仅与能力水平、生理特性等自身条件直接关联，还与工作时段、天气状况等外在要素紧密相关。量化分析不同情形下的行车风险特性，并进行科学的排班优化，对于降低公交车辆的事故风险具有重要意义。本文首先利用公交预警数据以及熵权法定量分析驾驶员在不同驾驶环境下的行车风险；其次以公交运行整体风险最小化为目标函数，以劳动规则、劳动公平性、风险均衡性等为约束条件建立排班优化模型，并基于改进模拟退火算法框架进行模拟求解；最后以镇江公交3号线为实例进行验证分析。研究结果表明，排班优化后的公交运行整体安全水平以及安全均衡性均得到提升。相关成果可以为我国公交车辆的安全运营与管理提供理论指导和应用参考。

关键词：公交安全管理；驾驶行为风险；驾驶员排班；模拟退火算法

Abstract: The driving safety of bus drivers is not only directly related to their own conditions such as ability level and physiological characteristics, but also closely related to external factors such as working hours and weather conditions. Analyze its traffic risk characteristics in different situations quantitatively and optimize driver scheduling scientifically has crucial theoretical value for reducing the accident risk of buses. Firstly the bus warning data and the entropy model were used to analyze the risks of bus drivers in different environments quantitatively; secondly, a scheduling optimization model was established with minimization of the overall risk of bus systemas objective function and labor rules, labor fairness, risk balance, etc. as constraint, which was solved by simulated annealing algorithm; finally, the datas of No. 3 buses of Zhenjiang, Jiangsu province were verified and analyzed as a research object. Research result shows that the overall safety of buses and the safety balance can be improved after scheduling optimization. The relevant conclusions can provide theoretical guidance and application reference for the safe operation and management of bus system.

Key words: bus safety management; risk of driving behavior; driver scheduling; simulated annealing algorithm

1. 引言

近年来，我国公共交通安全事故频发，如何确保公交运行的安全性已成为相关学者讨论的焦点问题。众多研究[1-4]表明，驾驶员是公交安全事故的重要诱因，公交驾驶员的综合状态对于公交车辆安全运营至关重要，对综合评判驾驶员的安全状态，合理地排班调度，降低公交安全事故的发生率，具有重要现实意义。

国内外针对排班优化开展了很多研究，如Lourenço[5]提出了基于禁忌搜索和遗传算法多目标优化排班方法，能够对公交运营成本，服务质量等多方面进行组合优化；Andrade-M[6]等提出了一种考虑驾驶员可靠性的排班优化模型，模拟分析表明能够减少驾驶员缺勤情况，保证服务效率；冯树民[7]等提出了考虑乘客换乘需求的重叠线路公交排班模型，实例验证表明模型能够减少乘客出行时间、降低公交运营成本；

1　潘大为，扬州市公路事业发展中心。
2　邓社军，扬州大学。

慈玉生[8]等提出了一种区域公交行车计划双层优化模型，能够削弱上下层目标相互作用带来的负面影响，案例分析表明模型能够有效改成区域公交的乘客候车时间和车队规模；翟东伟[9]等提出了一种遗传算法与禁忌搜索算法结合策略求解驾驶员排班问题的方法，能够大幅提升排班效率和车辆使用率。

综上所述，既有的驾驶员排班研究主要以提高经济效益和服务效率为主要目标，而以车辆安全运营为导向的优化研究尚不多见。如何综合利用公交运营的历史大数据进行挖掘分析，精准评判公交驾驶员的安全风险，并在此基础上对公交驾驶员进行合理排班，进而提升公交运营的总体安全性，具有重要的现实意义。

2. 模型构建

2.1 基本思路

运用公交车辆急加速和急减速报警数据，分析驾驶员在不同天气、时段下的风险指标，以公交运营风险最小为目标函数，以劳动规则、劳动公平、风险均衡等为约束条件，构建公交驾驶员行车安全排班优化模型，并基于改进模拟退火算法框架进行模拟求解，实现驾驶员最优排班，降低行车风险隐患的目的。

2.2 基本假设

为简化排班优化问题，根据驾驶员工作的实际情况提出如下假设：①不考虑驾驶员更换线路的情况；②排班运营时刻表固定，但驾驶员的先后顺序可以调整；③驾驶员上班和下班的场站一致；④驾驶员连续工作至少 4 个班次，每日至多工作 8 个班次。

2.3 排班表压缩方法

为了降低计算成本，基于驾驶员的周期性工作的特性，提出排班表的压缩和表示方法。设驾驶员集合 $N=\{1, 2, \cdots, n\}$，将该重复出现的驾驶员序列定义为“班序”，记为 $[1, 2, \cdots, n]$；则由连续重复的“班序”构成的序列定义为“轮班”，由 k 个该班序组成的“轮班”记为 $\{1, 2, \cdots, n\}_k$。

定义当 k 为规定的驾驶员单次工作最小次数时的轮班为“标准轮班”，记为 $\{1, 2, \cdots, n\}_{k_{\min}}$，同一驾驶员在一个“标准轮班”中的班次合称为一个“班次链”。$s_{i,j}$ 表示第 i 天第 j 个班次链。

2.4 风险评价函数

单位时间内的急加速和急减速报警频次能够反映驾驶风险，为将驾驶风险与实际驾驶条件相互对应，利用熵权法计算驾驶员在不同班次链的风险值，计算步骤如下。

首先，通过归一化处理计算驾驶员在不同情形下驾驶的相对风险：

$$g_l^k = \frac{h_l^k - \min(h_l^k)}{\max(h_l^k) - \min(h_l^k)} \times 100, \tag{1}$$

式中，l 表示各类天气或各类时段；h_l^k 和 g_l^k 分别表示驾驶员 k 在情形 l 下的报警频次和驾驶相对风险。

其次，利用熵权法计算不同情形所对应的权重。

$$P_l^k = \frac{g_l^k}{\sum_{k=1}^{n} g_l^k}, \tag{2}$$

$$e_l = -\frac{1}{\ln n}\sum_{k=1}^{n} P_l^k \ln(P_l^k), \tag{3}$$

$$q_l = 1 - e_l, \tag{4}$$

$$Q_l = \frac{q_l}{\sum_{l=1}^{m} q_l}, \tag{5}$$

式中，n 为驾驶员个数；m 为情形个数；P_l^k 表示在情形 l 下驾驶员 k 的风险出现的概率；e_l 和 q_l 分别表示情形 l 对应的信息熵和信息效用值；Q_l 代表不同情形下的风险权重。

最后，利用加权平均数可计算驾驶员在不同班次链下的综合风险，则第 k 个驾驶员在班次链 s_{ij} 工作的风险可以表示为：

$$r_{ij}^k = r(d^k, w_{ij}, p_{ij}) = r(r_w(d^k, w_{ij}), r_p(d^k, p_{ij})), \tag{6}$$

$$f_{ij}^k = 100 - r_{ij}^k, \tag{7}$$

其中，d^k 表示编号为 k 的驾驶员；w_{ij} 和 p_{ij} 分别代表示 s_{ij} 对应的天气链和时段链，二者均为向量；r_w 代表驾驶员 k 在天气 w 下的驾驶风险值；r_p 代表驾驶员 k 在时段 p 下的驾驶风险值；r 代表驾驶员在天气 w 和时段 p 下工作的总风险值；r_{ij}^k 和 f_{ij}^k 分别对比驾驶员 k 在 s_{ij} 所对应的风险值和安全性值。

2.5 优化模型构建

1）目标函数

以最小化全局风险为目标函数，则该问题的基础模型可表示为：

$$\min z = \sum_{i=1}^{u} \sum_{j=1}^{v} x_{ij}^k r_{ij}^k, \text{ 其中 } x_{ij}^k = 0 \text{ 或 } 1, \tag{8}$$

式中，x_{ij}^k 表示标号为 k 的驾驶员 d^k 是否列入班次链 s_{ij}，是为 1，否为 0；其他符号同上。

2）约束条件

本文根据基本的公平原则，某市公交公司的管理制度和执行经验确定了公交驾驶员排班管理的相关规则。

（1）独立全覆盖约束：驾驶员需能满足全部出行班次，且每个班次仅由一个驾驶员完成。

$$\sum_{k=1}^{n} x_{ij}^k = 1。 \tag{9}$$

（2）时间不重合约束：驾驶员排班优化过程中驾驶员的工作时间不能发生冲突。

$$\sum_{i=\max\{1, m-h\}}^{\min\{m+h, u\}} x_{ij}^k \leqslant 1, \tag{10}$$

式中，m 为表示任意时段链标号；h 表示一个班次任务时间（包含休息时间）内单场站的发车次数，其他符号同前。

（3）劳动规则约束：防止驾驶员疲劳驾驶、非法加班等情况，对工作时长加以限制。

$$L < \sum_{i=1}^{u} x_{ij}^k \leqslant U \text{ or } \sum_{i=1}^{u} x_{ij}^k = 0, \tag{11}$$

式中，U 表示驾驶员每天工作的最大班次数；L 表示如果当日工作则参与的最小班次数。

（4）劳动公平性约束：在一个长排班周期内驾驶员的工作班次之和应大致相等。

$$\lim_{v \to \mathrm{M}} \sum_{i=1}^{u} \sum_{j=1}^{v} x_{ij}^k - \frac{1}{n} \sum_{k=1}^{n} \sum_{i=1}^{u} \sum_{j=1}^{v} x_{ij}^k = 0, \tag{12}$$

$$\left| \sum_{i=1}^{u} \sum_{j=1}^{v} x_{ij}^k - \frac{1}{n} \sum_{k=1}^{n} \sum_{i=1}^{u} \sum_{j=1}^{v} x_{ij}^k \right| \leqslant \theta, \tag{13}$$

式中，M 表示一个很大的数或一个总排班周期；θ 表示短周期内的公平性容忍度。

（5）风险均衡性约束：为保证驾驶员个体的安全性，对驾驶风险的均衡性加以考虑。

$$\frac{\sum_{k=1}^{n}\left(\sum_{i=1}^{u}\sum_{j=1}^{v}x_{ij}^{k}\right)^{2}}{\left(\sum_{k=1}^{n}\sum_{i=1}^{u}\sum_{j=1}^{v}x_{ij}^{k}\right)^{2}}<\varphi \tag{14}$$

式中，φ 表示风险均衡性容忍度。

排班优化问题可以通过改进模拟退火算法框架求解，该算法可以分为解的初始化、新解的生成、解的可行性判别三个模块。

3. 实例分析

本文以江苏省某市 3 号线公交车辆由 2020 年 11 月至 2021 年 2 月的运行数据进行研究，其中包含单场站 24 名驾驶员的急加速和急减速报警数据共计 11.2 万条，以该线路 2020 年 12 月 7 日至 2020 年 12 月 13 日一周的排班数据为例，根据实际运营情况进行排班优化分析。

3.1 驾驶风险指标

利用不同恶劣天气和交通时段下的预警数据，如表 1 所示；计算各驾驶员在不同驾驶情形下的风险值，计算结果如表 2 所示；利用熵权法计算各风险指标权重，结果如表 3 所示。

表 1　公交车辆急变速报警数据

	BusID	Date	Time	Lon	Lat	DriverID	LineID	AlarmType
1	35 513	2020-11-2	7:56:05	119.530 8	32.182 8	3 700	3	急加速
2	355 09	2020-11-2	8:48:25	119.520 5	32.195 4	3 703	3	急加速
3	355 11	2020-11-2	12:49:48	119.473 3	32.185 4	3 882	3	急加速
4	355 04	2020-11-2	13:14:42	119.492 6	32.191 23	3 855	3	急减速
5	355 16	2020-11-2	13:46:59	119.524 3	32.195 3	3 411	3	急加速
6	370 05	2020-11-2	14:20:40	119.571 9	32.173 1	3 632	3	急减速
7	370 04	2020-11-2	15:52:02	119.553 1	32.182 4	3 826	3	急减速
8	355 09	2020-11-2	16:14:10	119.464	32.193 6	3 703	3	急加速
9	355 04	2020-11-2	16:58:56	119.443 4	32.206 3	3 855	3	急加速
10	355 05	2020-11-2	18:18:11	119.509 7	32.196 1	3 857	3	急加速

表 2　公交驾驶员行车风险指标表

类型	驾驶员	驾驶员 ID	AW1	AW2	AW3	AW4	AP1	AP2	AP3
加速风险	于＊＊	01	14.66	21.97	35.45	21.72	0.00	15.38	14.39
	何＊＊	02	14.66	21.97	35.45	21.72	36.17	26.30	20.91
	何＊＊	03	14.66	26.34	35.45	7.67	6.61	11.67	7.99
	佘＊＊	04	14.66	3.84	35.45	0.00	4.34	1.38	0.71
	倪＊＊	05	14.66	100.00	35.45	0.00	30.40	40.38	31.22
	…	…	…	…	…	…	…	…	…
	颜＊	50	14.66	14.51	35.45	51.87	28.29	19.52	33.28

（续表）

类型	驾驶员	驾驶员 ID	DW1	DW2	DW3	DW4	DP1	DP2	DP3
减速风险	于＊＊	01	30.84	35.32	37.14	31.19	30.00	37.49	2.81
	何＊＊	02	30.84	35.32	37.14	31.19	21.04	32.64	4.45
	何＊＊	03	30.84	54.61	37.14	51.11	38.03	56.18	29.90
	佘＊＊	04	30.84	45.14	37.14	0.00	34.49	32.28	14.66
	倪＊＊	05	30.84	96.10	37.14	5.51	31.17	49.08	32.42
	…	…	…	…	…	…	…	…	…
	颜＊	50	30.84	11.02	37.14	55.47	19.30	9.88	30.89

注：表中各指标含义对应关系如下，AW1，AW2，AW3，AW4 分别代表强降水天气，低温天气，低能见度天气和强风天气下的加速风险；AP1，AP2，AP3 分别代表高峰时段，平峰时段和低谷时段下的加速风险；DW1，DW2，DW3，DW4 分别代表强降水天气，低温天气，低能见度天气和强风天气下的减速风险；DP1，DP2，DP3 分别代表高峰时段，平峰时段和低谷时段下的减速风险。

表 3　风险指标权重表

指标	AW1	AW2	AW3	AW4	AP1	AP2	AP3
权重(E-2)	4.97	11.62	2.20	12.17	11.19	12.94	11.84
指标	DW1	DW2	DW3	DW4	DP1	DP2	DP3
权重(E-2)	3.50	5.84	1.61	4.58	5.03	5.73	6.80

3.2　排班优化结果

（1）模型检验

运用排班优化模型进行迭代优化，学习曲线如图 1 所示，可以看出，算法收敛性较好，最优值变更频率较快，效率较高。

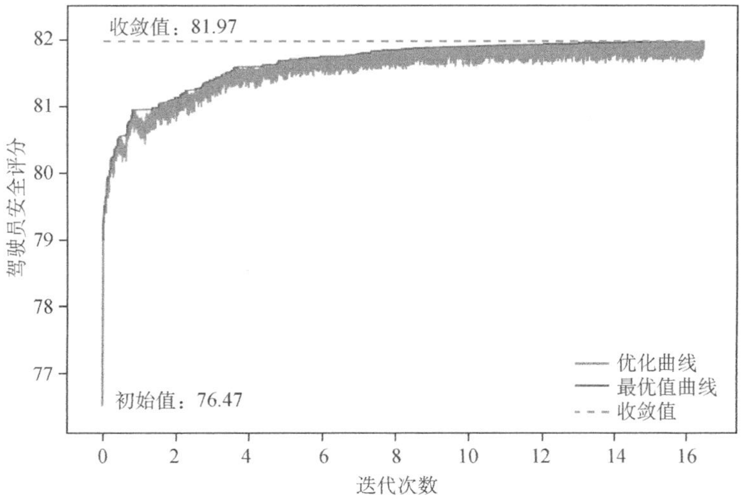

图 1　排班算法学习曲线

（2）结果分析

表 4 为 2020 年 12 月 7 日排班优化前后的驾驶员排班顺序，可以看到，驾驶员顺序大幅调整，模型具有较好的重构能力。图 2 为排班前后各班次链的安全评估值对比分析，可以看出，优化后总体安全性由 75.5 上升至 86.1，安全性较低的班次链安全性明显提升；然而也存在部分班次链安全性小幅下降，这是因为可选用的驾驶员数量有限，无法保证全部班次链的安全性提升，但模型能够通过风险均衡性约束管控对

此类现象进行管控。

表4 驾驶员排班顺序

状态	驾驶员排班顺序	总体安全性
优化前	16→8→13→18→22→4→3→15→19→20→21→10→14→23→9→11→1→5→12→7→17→24→2→6	75.5
优化后	3→11→5→14→9→23→2→20→6→16→10→4→18→17→13→8→22→16→18→4→19→20→13→24	86.1

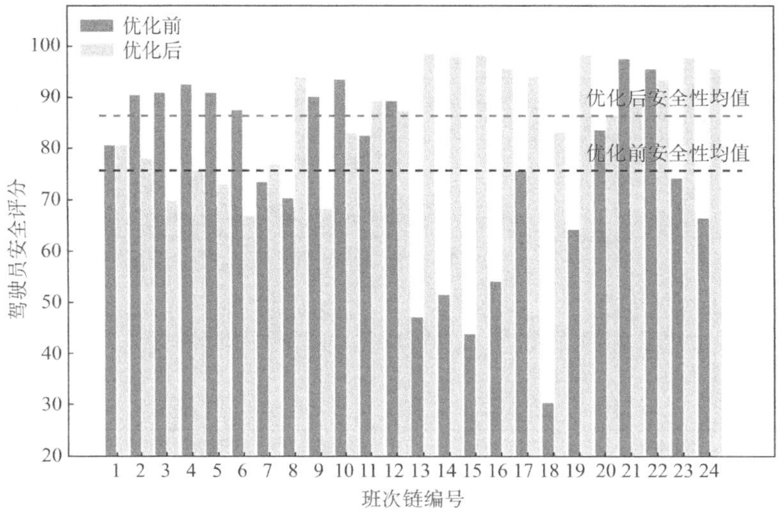

图2 各班次链安全评估值对比

4. 结语

本文综合运用公交车辆的急加速和急减速报警频次，对驾驶员在不同天气和时段下的驾驶风险进行评价，并以公交系统中的异常变速风险最小化为目标函数，考虑实际工作规则、劳动公平性、风险均衡性等约束条件，建立了安全导向的驾驶员排班优化模型，并利用退火算法获取近似最优解。研究结果表明，该方法能够有效降低驾驶员异常变速行为的次数，提升公交系统的安全性。

参考文献

[1] 胡立伟，郭治，等. 基于公交驾驶员心理状况的PCA-Logistic交通事故倾向性预测方法研究[J]. 重庆交通大学学报(自然科学版)，2022(3)：31-36.

[2] 王可，陆键，等. 基于车辆行驶轨迹的道路不良驾驶行为谱构建与特征值计算方法[J]. 交通运输工程学报，2020(6)：236-249.

[3] 陆键，王可，等. 基于车辆行驶轨迹的道路不良驾驶行为实时辨识方法[J]. 交通运输工程学报，2020(6)：227-235.

[4] 任杰，李晓虎，等. 基于违规行为的公交驾驶员事故风险因素研究[J]. 武汉理工大学学报(交通科学与工程版)，2021(4)：633-638.

[5] Lourenço，Helena R.，et al. Multiobjective Metaheuristics for the Bus Driver Scheduling Problem[J]. Transportation Science. 2001.

[6] Andrade-Michel A.，Ríos-Solís Y A.，et al. Vehicle and reliable driver scheduling for public bus transportation systems[J]. Transportation Research Part B：Methodological，2021，145：290-301.

[7] 冯树民，廖嘉雯，等. 基于乘客换乘需求的重叠线路公交调度优化[J]. 哈尔滨工业大学学报，2022(03)：41-47.

[8] 慈玉生，韩张宇，等. 城市公交区域调度双层优化方法研究[J]. 中国公路学报，2021(06)：196-204.

[9] 翟东伟. 基于GATS的公交驾驶员调度算法研究[D]. 北京：北京交通大学，2008.

基于 NSGA-Ⅱ的校园纯电接驳公交时刻表

Campus pure-electric bus timetabling based on NSGA-Ⅱ

冯寅飞[1]　曹志超[2]

摘　要：本文关注校园纯电动无人驾驶公交接驳系统的时刻表设计问题，考虑乘客和运营商需求，前者以乘客候车时间和车内旅行时间为目标，后者以运营时间和充电时间为目标。同时考虑车厢容量限制对乘客候车时间的影响，电动车充电对行驶里程、运营时间的影响，提出以乘客旅行时间成本和运营商运营时间成本最小化为目标的多目标非线性混合整数规划模型。针对双目标规划问题使用第二代非支配排序遗传算法对实验算例进行分析，获得了算例的帕累托前沿和帕累托最优解，为公交系统提供可量化的优化方案。最后，通过调整算法迭代次数和种群规模，分析算法性能。

关键词：接驳公交；时刻表设计；多目标；整数规划；非支配排序遗传算法

Abstract: We study the timetabling of the pure-electric self-driving shuttle bus system on campus, considering waiting time and in-vehicle travelling time of passengers as well as operation time and charging time of operators. We propose a multi-objective nonlinear mixed integer planning model with the objective of minimizing the cost of passengers' travel time and the cost of operators' operation time by considering the impact of vehicle capacity constraints on passengers' waiting time and the impact of electric bus charging on driving range and operation time. An experimental example is analyzed to ensure the effectiveness of the model by using the 2nd generation non-dominated sorting genetic algorithm (NSGA-Ⅱ). We obtain Pareto frontier and Pareto optimal solutions of the experimental example, which provide quantifiable optimization solutions for the transit systems. Finally, we analyze the algorithm performance by adjusting the number of iterations and population size.

Key words: shuttle bus; timetabling design; multi-objective; integer programming; non-dominated sorting genetic algorithm

当前，无人车技术迅速发展。在大学校园内，"菜鸟裹裹"无人快递配送车已经被广泛应用。无人车速度较低，未来可应用在校园为接驳学生服务。无驾驶员的运营方式降低了人力配送成本，增加调度灵活性。为了响应节能减排号召，纯电动公交是未来生态交通、绿色公交的主要发展方向。目前，国内部分高校已经建立起校园接驳公交系统，传统的校园接驳公交系统需要依靠驾驶员判断道路情况，时刻表较为固定。固定的发车间隔不能精确反映乘客出行需求，从而出现乘客候车时间过长或有大量公交车辆在非高峰时段闲置的情况，乘客和运营商的利益矛盾凸显。分时段、短时间研究范围的公交时刻表设计将更符合现代交通客流出行的特点和需求。

近年来公交系统研究已经积累了较多的研究成果，如规划模型、仿真平台和安全应急策略等。文献[1]提出了一种接驳公交系统的路线设计方法，定量估计可选路线的潜在乘客需求。应用考虑多种规模路由网络的启发式算法，解决了各种规模路由网络的设计问题。文献[2,3]利用乘客实时需求信息，优化确定每条接驳线路的公交路线和停车顺序。以乘客步行时间最小化为目标，使乘客和营运商所花费的总费用降至最低。建立双层非线性混合整数规划模型，通过禁忌算法进行求解。文献[4]提出了一种通过乘客来源的移动终端数据制定接驳公交路线的方法，采用动态规划算法求解班车的最优路线。

1,2　冯寅飞，曹志超，南通大学交通与土木工程学院。
基金项目：本文依托南通大学交通与土木工程学院研究生科研与实践创新计划项目(NTUJTXYGI2203)的支持。

通过不同的控制策略,可以有效改善因道路拥挤、客流需求分布不均所造成的乘客候车时间增加和运营商成本增加。并且,通过考虑一些真实因素,增强了规划模型的可靠性。文献[5]考虑了车厢容量和车辆的随机运行时间,强调了车内拥挤程度对于乘客上下车时间的直接影响,使用蒙特卡洛模拟方法对随机道路状况进行了分析。同时也使用跳停(Skip-Stop)策略,减少运营和乘客等待的总时间成本。文献[6]讨论了车辆调度与跳停策略之间的权衡问题。文献[7]提出了基于持有(Holding)策略和跳停策略的实时时间表调整模型。文献[8]开发了一种方法,为多阶段需求导出优化时间表,具有三种操作策略:编组、跳停和稳健调整。文献[9]提出了一个基于决策的耦合—解耦战略规划模型,实现了公交车厢容量的动态优化。

纯电公交已经在国内各大城市广泛应用,随着新能源车辆的使用,附属配套设施的建设也要同时进行。充电站、充电桩的配置问题,充电调度问题已经被广泛讨论。文献[10]开发了一个优化电动车充电时刻表的建模框架,建立了综合考虑公交网络配置和快速充电系统技术特点的混合整数规划优化模型。文献[11]处理了纯电公交电池的限制和充电时间要求的约束,提供了一个客车车辆段充电电池的成本优化规划方法及其对应方法的充电基础设施。

目前,时刻表优化模型通常以多目标为主,考虑用户和运营商的多角度需求。文献[12]提出了一种双目标规划方法,以最小化净能源消耗和总旅行时间为目标,利用了遗传算法框架内的 ε 约束方法来确定帕累托最优解。文献[13]结合网络流和不断变化的车辆出发时间技术,提出了一套帕累托有效解决方案。逆差函数(DF)的图形特征可以促进公共交通调度程序的决策过程,以便找到理想的解决方案。文献[14]设计了一种基于非支配排序遗传(NSGA-Ⅱ)的算法来解决公共汽车时刻表的多目标再同步问题。

本文关注纯电无人公交在校园接驳公交路线上的时刻表优化问题,考虑电量约束和车辆里程限制问题。针对可能的车辆容量限制情况确定了乘客可能无法上车的满载场景,同时严格限制乘客最大候车时间。在预确定或既有接驳公交路线基础上,建立考虑乘客候车时间、乘客车内旅行时间和运营商运营成本的双目标非线性混合整数规划模型。使用NSGA-Ⅱ求解,在小规模实验案例中验证模型和算法的可用性。

1. 问题陈述

1.1 研究背景

校园纯电接驳公交系统包括公交线路、公交站和附有充电设施并能储存车辆的车场,如图1所示。首末站设置在校园大门,并且与车场处于同一位置。本文研究的接驳公交线路为循环公交线路,即线路的首站和末站在同一位置,完成一次行程即相当于经停单向的所有站点。

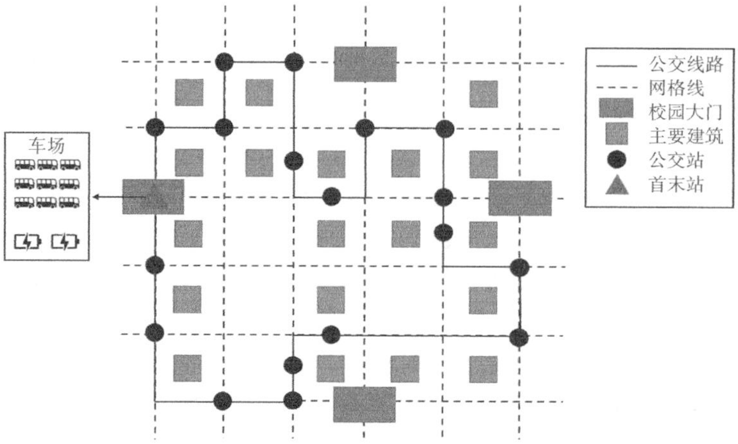

图1 校园纯电接驳公交示例

1.2 问题假设

(1) 在每个研究时间窗,乘客以固定到达率均匀到达各车站,并遵从先到先服务规则;

(2) 车辆容量保持一致,并且严格遵循车辆容量限制;

(3) 运营过程中,道路上没有交通事故,也没有车辆故障,不考虑车辆加减速的时间,即车辆在相邻两站之间以匀速行驶;

(4) 充电站的充电桩数量足以满足所有车辆的充电需求。

2. 时刻表设计的规划模型

2.1 相关概念描述

接驳公交线路网络 $G=(J,L)$,其中 $J=(1, 2, \cdots, j-1, j, j+1, \cdots, N)$ 为车站集,车站 1 和车站 N 实为同一站,即表示首末站。$L=\{l_j \mid j \in J\}$ 为路段集,l_j 记为车站 $j-1$ 与车站 j 之间的固定运行时间。$I=\{1, 2, \cdots, i, \cdots, n\}$ 为接驳公交线路的车辆集,$T=\{1, 2, \cdots, t, \cdots, v\}$ 为接驳公交线路的行程集。$I(t)$ 为可以分配到行程 t 的车辆集,按照从小到大序号排列,最小序号的车辆总被最优先分配到行程 t 上。$U=\{1, 2, \cdots, u\}$ 为乘客集。$E=\{1, 2, \cdots, g, \cdots, G\}$ 为研究的开行时段,设研究时间窗 $g \in E$,研究时间窗 g 为单位时间,例如上海公交 71 路开行时段 E 为 4:30—22:30 共 18 h,可令 $G=18$,则研究时间窗 g 即为 1 h。每个研究时间窗内,从首末站发出车辆的发车间隔会根据客流情况进行调整,因此开行时段对应的发车间隔集为 $H=\{1, 2, \cdots, h, \cdots, G\}$。

2.2 目标函数

为了充分反映乘客和运营商两方的利益,设计最优的接驳公交路线时刻表,考虑将乘客总成本 Z_1 和运营商总成本 Z_2 最小化作为目标,建立双目标非线性混合整数规划模型。即

$$\min Z_1 = c_{wv} \sum_{u \in U} wt_u + c_{iv} \left(\sum_{t \in T} \sum_{j=2}^{N} l_j \cdot r_{tj} + \sum_{t \in T} \sum_{j=2}^{N} \delta_{t(j-1)} \cdot r_{tj} \right) \tag{1}$$

式(1)为最小化乘客时间成本,单位¥。具体为乘客的候车时间和乘客的车内旅行时间。c_{wv} 为乘客等待时间成本系数,单位¥/min;c_{iv} 为乘客车内旅行时间成本系数,单位¥/min;wt_u 为乘客 u 的候车时间,单位 min;r_{tj} 为车站 $j-1$ 和车站 j 之间行程 t 所属车辆的车内乘客数,单位人;δ_{tj} 为行程 t 在车站 j 的上下车总时间,单位 min。

$$\min Z_2 = c_o \left(|T| \sum_{j=2}^{N} l_j + \sum_{t \in T} \sum_{j=2}^{N} \delta_{t(j-1)} \right) + c_e \left(\sum_{i \in I} tc_i \right) + \varphi M \tag{2}$$

式(2)为最小化运营总时间成本,单位¥。分别是车辆的运营里程成本和车辆的充电成本。c_o 为车辆运行成本系数,单位¥/min;c_e 为充电成本系数,单位¥/min;tc_i 为车辆 i 的充电时间,单位 min。M 表示一个极大的正数,φ 是一个二元变量,当在所有时间窗口出现无车辆分配给行程情况时,φ 取 1,否则取 0。

2.3 模型的约束条件

模型的约束条件主要包括:车辆调度使用约束,时间约束,发车间隔约束,车厢容量约束,充电约束和其余 0—1 约束。

(1) 车辆调度使用约束

将现有车辆分配至各行程中,一次行程 t 只能对应一辆车辆 i,所被分配的车辆将需要考虑以下条件,①车辆是否正好在首末站;②车辆剩余电量是否能够完成完整的一次行程。所有车辆均有一个状态变量 z^i,表示车辆 i 是否可以被分配到行程 t:

$$z^i=\begin{cases}1,车辆\ i\ 在首末站且\ k_i=1\\0,其他情况\end{cases};\forall i\in I \tag{3}$$

式(3)表示当车辆 i 符合既在首末站又满足续航要求的话，就可以被分配至行程 t。 k_i 为充电约束的二元变量。

(2) 时间约束

时间约束均基于行程而提出：

$$\delta_{tj}=\max(b\cdot U_{tj},a\cdot V_{tj})+\kappa;\forall t\in T\,\forall j\in J \tag{4}$$

$$D_{tj}=A_{tj}+\delta_{tj};\forall t\in T\,\forall j\in J \tag{5}$$

$$A_{tj}=D_{t(j-1)}+l_j;\forall t\in T\,\forall j\in J \tag{6}$$

式(4)表示上、下车时间，乘客的上车和下车行为将同时进行，因此上、下车时间取决于上车或下车时间的最大值。其中，a 和 b 表示下车和上车的时间系数，单位人/s；U_{tj} 表示在车站 j 能够上行程 t 车辆的上车人数；V_{tj} 表示在车站 j 能够下行程 t 车辆的下车人数。式(5)、式(6)考虑了行程 t 的出发和到达时间约束关系。其中，D_{tj} 表示行程 t 从车站 j 出发的时间；A_{tj} 表示行程 t 从车站 j 出发的时间。

(3) 发车间隔约束

$$D_{11}=0 \tag{7}$$

$$\left(D_{t1}-\sum_{q=1}^{t-1}D_{q1}\right)-\left(\frac{D_{t1}-\sum_{q=1}^{t-1}D_{q1}}{h}\cdot h\right)=0;t=2,3,\cdots,v\,\forall h\in H \tag{8}$$

$$h_{min}\leqslant h\leqslant h_{max}\,\forall h\in H \tag{9}$$

$$D_{tj}-D_{t(j-1)}\geqslant H_{min};j=2,3,\cdots,N\,\forall t\in T \tag{10}$$

$$A_{tj}-A_{t(j-1)}\geqslant H_{min};j=2,3,\cdots,N\,\forall t\in T \tag{11}$$

$$D_{t(j+1)}-D_{tj}\geqslant H_{min};j=1,2,\cdots,N-1\,\forall t\in T \tag{12}$$

$$A_{t(j+1)}-A_{tj}\geqslant H_{min};j=1,2,\cdots,N-1\,\forall t\in T \tag{13}$$

式(7)表示以第一次行程从首末站出发的时间为研究时间窗时间零点。式(8)表示只有当行程/车辆满足发车间隔要求，才被允许从首末站发车。其中，h 为发车间隔。式(9)是对首站发车间隔的严格要求。式(10)～式(13)为两相邻行程之间的最小发车间隔约束。其中，H_{min} 表示两车之间的最小发车间隔。

(4) 车厢容量约束

车厢容量约束具体包括：

$$r_{tj}=\begin{cases}0,j=1\\\sum_{h=1}^{j-1}(U_{th}-V_{th}),j>1\end{cases};\forall t\in T\,\forall j\in J \tag{14}$$

$$U_{tj}=\min(W_{tj},C_t+V_{tj}-r_{tj});\forall t\in T\,\forall j\in J \tag{15}$$

$$L_{tj}=\max(W_{tj}+r_{tj}-V_{tj}-C_t,0);\forall t\in T\,\forall j\in J \tag{16}$$

$$W_{tj}=\begin{cases}\lambda_j\cdot A_{tj},t=1\\\sum_{a=1}^{t-1}L_{aj}+\lambda_j\cdot(D_{(t-1)j}-A_{tj}),t>1\end{cases};\forall t\in T\,\forall j\in J \tag{17}$$

$$V_{tj}=r_{tj}\cdot P_{tj};\forall t\in T\forall j\in J \tag{18}$$

$$V_{tN}-r_{tN}=0;\forall t\in T \tag{19}$$

$$wt_u=\left(\sum_{t\in T}\sum_{j\in J}e_{tj}^{u}?\ D_{tj}\right)-t_u;\ \forall u\in U \tag{20}$$

式(14)表示车内乘客数量,分为两种情况,当行程 t 在首末站时,初始乘客数为零;当行程 t 在后续站点时,车内乘客数量为之前站的所有上车乘客数量减去所有下车乘客数量。式(15)表示能够上车的人数,取候车人数和能够上车人数的最小值。其中,W_{tj} 表示在车站 j 等待行程 t 的乘客数量;C_t 表示行程 t 所分配车辆的容量大小。式(16)表示行程 t 在车站 j 的滞留乘客数量,这取决于车厢容量、车上乘客数量、下车人数和当站候车人数。式(17)表示在车站 j 等待行程 t 的乘客数量,分为两种情况。其中,λ_j 表示在研究时间窗车站 j 的乘客到达率,单位人/min。式(18)表示行程 t 在车站 j 的下车人数。其中,P_{tj} 为行程 t 在车站 j 下车人数占车内人数的比重。式(19)表示行程 t 在首末站将清空的车内乘客。式(20)表示乘客 u 在候车车站的候车时间。其中,二元变量 e_{tj}^{u} 表示乘客是否在车站 j 被行程 t 所搭载,如果被搭载则取 1,反之取 0;t_u 表示乘客 u 到达候车车站的时间。

(5) 充电约束

充电约束可基于行程而设立,具体为:

$$tc_i=\frac{e_{\max}-e_{iN}}{\theta};\forall i\in I \tag{21}$$

$$e_{iN}=e_{i1}-l_r;\forall i\in I \tag{22}$$

$$k_i=\begin{cases}1,e_{iN}\geqslant l_r\\0,e_{iN}<l_r\end{cases};\forall i\in I \tag{23}$$

式(21)表示车辆 i 的充电时间。其中,e_{max} 表示最大续航里程,单位 km;e_{iN} 表示车辆 i 在首末站的剩余可用里程,单位 km;θ 表示充电速率,单位 km/min。式(22)表示车辆 i 从首末站出发和回到首末站的可用里程关系。式(23)是车辆 i 的续航里程能否完成一趟完整行程的二元变量约束。

(6) 二级制变量约束

最后,0—1 变量包括:

$$e_{tj}^{u}=\{0,1\};\forall t\in T\forall u\in U \tag{24}$$

$$\varphi=\{0,1\} \tag{25}$$

3. 基于 NSGA-Ⅱ的求解算法

时刻表优化问题为 NP 难问题,则求解规模将显著影响运算时间。在较小规模网络中,使用分支定界法等精确算法可以获得最优解,但运算时间较长。在大规模求解计算中,使用遗传算法、禁忌算法、模拟退火等启发式方法将可以较快获得较优可行解。因模型为双目标规划模型,可通过产生帕累托最前沿方法,生成一组帕累托最优解,根据实际情况寻找到一个最终解。本文通过使用 NSGA-Ⅱ算法求解双目标规划问题,预期在较短的时间内获得帕累托优化可行解。

3.1 染色体编码

采用整数编码方式,一个染色体由 G 个研究时间窗的发车间隔组成。

图 2 给出了一般情况下的染色体编码例子,如第一个时间窗口的发车间隔为 5 min,第二个时间窗口的发车间隔为 8 min。算法 1 输出一个可行解 x,算法 2 产生初始种群 P_0。

h_1	h_2	h_3	h_4		h_{G-3}	h_{G-2}	h_{G-1}	h_G
5	8	10	15	…	10	15	20	25

图 2　一个编码的染色体例子

算法 1　生成可行解 x

输入:所提模型及算例参数
输出:可行解 x

1:　for($E=1, \cdots, G$) do
2:　　在符合发车间隔约束、充电约束的条件下随机生成发车间隔 h
3:　end for
4:　输出 x

算法 2　生成初始种群 P_0

输入:初始种群规模 popSize
输出:初始种群 P_0

1:　设 $P_0=\phi$
2:　for(n=1, 2, ⋯, popSize) do
3:　　调用算法 1 产生可行解 x^n
4:　if ($x^n \notin P_0$) then
5:　　将 x^n 加入 P_0
6:　　end if
7:　　else 返回步骤 3
8:　　end else
9:　end for
10:　输出 P_0

3.2　适应度函数

模型目标函数有两个:①最小化的乘客时间成本,如式(1);②最小化的运营总时间成本,如式(2)。所以采用 NSGA-Ⅱ中的非支配排序和拥挤距离评价解的适应度。

3.3　个体选择

采用二元锦标赛选择法,即选择两个个体,通过比较从种群中挑选的两个解,选择非支配排序较小,或两个解非支配排序相等,选择拥挤距离小的解。

3.4　交叉和变异

在交叉过程中,随机选择个体 $P1$ 的 $\left\lfloor \frac{G}{2} \right\rfloor$ 个线路部分。如果一个个体部分被选中,则该时刻表发车间隔的全部基因都要与个体 $P2$ 的相应基因交换。图 3 给出了个体 $P1$ 和 $P2$ 的交叉操作过程(省略部分也存在交换)。该交叉操作方法确保了产生的后代个体是可行解。

在执行变异操作前,随机产生一个变异掩码。对于被选中个体的发车间隔部分,$\left\lfloor \frac{G}{2} \right\rfloor$ 个基因执行变异操作。变异基因需要满足所提出的发车间隔约束和车库车辆数量条件。图 4 给出了个体 P 变异操作过程。

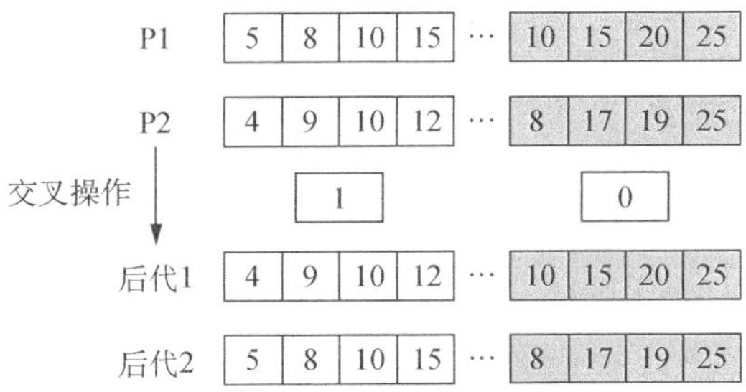

图 3　一个交叉操作例子

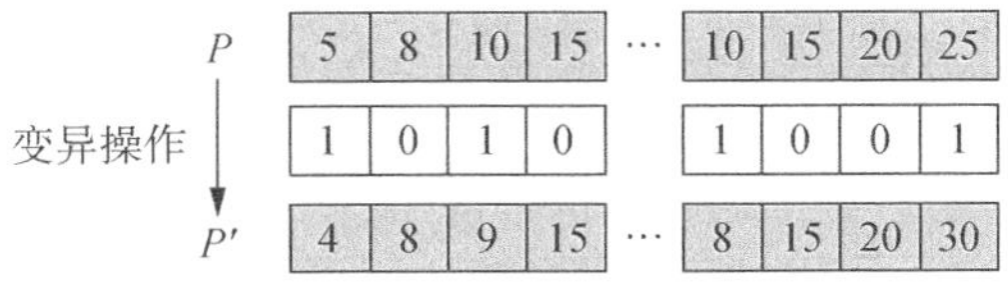

图 4　一个变异操作例子

4. 算例分析

4.1　算例与求解结果

应用所提模型和算法在一个小型实验算例中。该算例共包括五个站点，形成一条循环路线，具体如图 5 所示。

图 5 中的长度单位均为 km，这条接驳线路的长度共 3 km。本算例选取整个开行时段的一部分，即 7—10 点共 3 h，即有 3 个 [0, 60]的研究时间窗，设对应发车间隔为 (h_1, h_2, h_3)。设无人车车厢容量为 30 人，续航里程为 50 km，车辆平均运行速度为 15 km/h。根据运行速度，相邻两站间的运行时间分别为 2 min、2.8 min、1.2 min、2 min、4 min。根据文献[10]，快充速率 θ 取 7 km/min。在车库中共放置无人车 5 辆。根据文献[5]可知，c_{wv} 取 1.68￥/min，c_{iv} 取 1.14￥/min，c_o 取 16.75￥/min，a 取 1.5 s/人，b 取 3 s/人。根据文献[10]可知，c_e 取 3.35￥/min。本文将首末站发车间隔严格限制在 [5, 30]min 内。

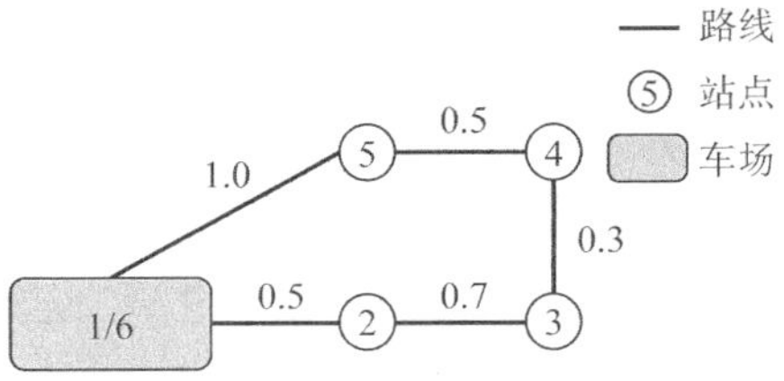

图 5　实验算例

在不同的时段，乘客的出行需求也是不同的，在早晚高峰将有更高的出行需求。分时段的乘客到站率和各站下车率如表 1 所示。为了计算和统计便利，到达率和下车率均为整数。每个时段的到达率之和均等于下车率之和。

程序使用 Python3.9，在配置为 Inter Core 8th i5 CPU @ 1.40 GHz 和 8.00 G RAM 的个人电脑上运行所提出的模型和算法。结果如表 2 所示。其中，发车间隔单位为 min，乘客成本和运营成本单位为￥。

表 1　各时段各站的平均到达率和下车率(人/min)

研究时段								
7—8			8—9			9—10		
站序	到达率	下车率	站序	到达率	下车率	站序	到达率	下车率
1	2	0	1	2	0	1	1	0
2	3	1	2	2	1	2	1	1
3	1	1	3	1	1	3	1	1
4	1	1	4	1	1	4	1	1
5	2	4	5	1	2	5	1	1
6	0	2	6	0	2	6	0	1

表 2 算例的帕累托最优解

序号	首末站发车间隔			乘客成本	运营成本	序号	首末站发车间隔			乘客成本	运营成本
	7-8	8-9	9-10				7-8	8-9	9-10		
1	5	5	5	14 127.02	8 351.55	24	7	21	22	55 220.29	3 875.53
2	5	5	6	14 372.79	7 937.83	25	7	20	30	56 326.88	3 691.28
3	5	5	7	14 568.63	7 743.94	26	6	30	28	60 776.38	3 659.46
4	5	7	6	15 169.45	7 334.41	27	7	30	22	63 958.99	3 605.86
5	6	7	6	15 740.21	6 932.41	28	7	30	30	65 383.56	3 422.44
6	6	7	8	16 689.69	6 514.91	29	8	30	22	74 039.08	3 357.54
7	6	8	8	17 928.54	6 313.91	30	8	30	29	75 365.08	3 197.57
8	6	7	13	19 613.57	5 937.04	31	8	30	30	75 463.64	3 174.12
9	6	7	15	20 346.28	5 749.44	32	9	30	22	84 590.10	3 103.77
10	6	7	22	21 847.61	5 589.47	33	9	30	28	85 752.71	2 942.98
11	6	8	25	23 490.70	5 280.44	34	9	30	30	86 016.01	2 921.20
12	6	8	29	24 031.27	5 161.51	35	10	30	22	94 491.89	2 853.36
13	6	9	30	27 745.37	4 901.05	36	10	30	28	95 656.54	2 692.56
14	7	9	24	31 167.85	4 861.69	37	11	30	30	97 477.30	2 669.11
15	6	11	23	31 501.36	4 834.47	38	12	30	22	105 843.80	2 600.44
16	6	11	30	32 386.43	4 661.94	39	12	30	30	107 264.68	2 418.70
17	6	12	23	35 479.54	4 595.78	40	15	30	22	116 835.47	2 350.86
18	6	12	29	36 402.77	4 446.71	41	15	30	28	117 886.05	2 189.23
19	7	12	23	39 678.03	4 382.22	42	19	30	30	121 937.52	2 162.43
20	7	12	30	40 689.27	4 209.69	43	20	30	20	132 890.89	2 156.56
21	7	16	23	46 450.92	4 140.18	44	21	30	23	133 967.93	2 081.19
22	7	16	30	47 463.08	3 963.47	45	21	30	30	135 141.73	1 898.61
23	6	20	29	51 869.57	3 929.13						

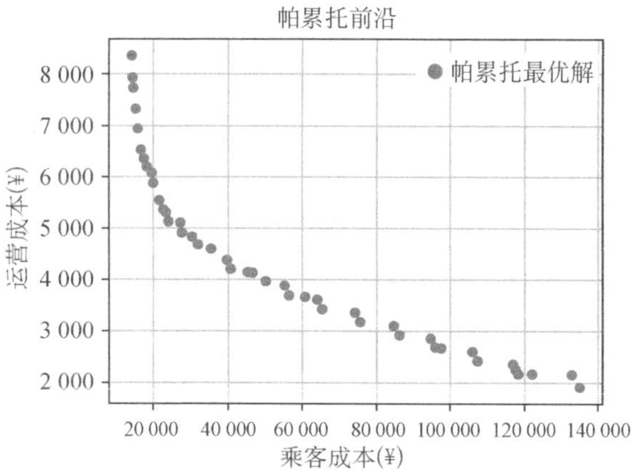

图 6 帕累托前沿

从表 2 中可以看出，如进一步获得更小的乘客时间成本，必然会增加运营时间成本。这是因为各时段较小的发车间隔可以减少乘客的候车时间，但更多的行程数也会造成运行总时间的增加，同样会引发续航不足的问题，增加充电时间成本。在本算例的研究中，由于研究时间较短，为 3 h，因此没有车辆需要充电。此外，图 6 显示了帕累托前沿和帕累托最优解，这是对表 2 结果的图形化展示。决策者需要根据乘客和运营方面的利益和诉求的权衡选择最佳方案。

4.2 性能分析

本节对不同迭代次数、种群规模进行分析，比较超体积(HV)、Spacing 和运行时间三个指标。HV 越大，说明算法的综合性能越好；Spacing 值越小，说明解集越均匀。结果如表 3 所示，运营时间单位为 s。

表 3　算例的性能分析

迭代次数	种群规模	HV	Spacing	运行时间/s
50	10	0.462	1 136.452	9.829
	50	0.572	142.167	45.776
	100	0.601	54.753	93.742
100	10	0.501	1 516.268	22.047
	50	0.573	110.108	96.868
	100	0.601	62.154	199.034
150	10	0.472	741.450	33.609
	50	0.572	157.476	151.075
	100	0.601	60.974	301.906
200	10	0.506	1 405.455	45.373
	50	0.572	141.930	199.322
	100	0.601	53.376	405.047
500	10	0.520	835.850	117.639
	50	0.598	152.185	517.699
	100	0.601	61.444	1 037.368

从表 3 中可以看出，不同的迭代次数和种群规模方案都在较短时间内获得帕累托最优解。种群规模的大小直接影响到了算法的综合性能，较大种群规模的收敛性和多样性更好。同样，迭代次数的增加使得解集更加均匀。一般来说，仅使用 50 次迭代，在种群规模为 100 的情况下，可以在较短时间内获得可供选择的和较优的帕累托前沿和最优解。

5. 结语

本文将无人纯电接驳公交系统引入大学校园，兼顾乘客和运营商的利益，讨论了车厢容量限制对乘客候车时间的影响，电动车充电对行驶里程、运营时间的影响。提出基于乘客和运营商时间成本的双目标非线性整数规划模型，采用帕累托边界方法的 NSGA-Ⅱ算法求解模型，可在较短的时间内获得高质量较优可行解。

将所提出的双目标模型和相应的算法应用在一个实验算例中，获得了帕累托前沿和帕累托最优解。结果表明，各时段发车间隔的减小将可以减少乘客的时间成本，但会增加运营商的运营成本。此为决策者提供了有效的决策方案，通过权衡乘客和运营商方面的利益选择最佳方案。通过调查算法的不同迭代次数和种群规模，发现迭代次数越多、种群规模越大，相应方案的 Spacing 越小、HV 值越大，说明解集更均匀、算法的综合性能更好。通过分析表明，在迭代次数 50、种群规模 100 的情况下，可以在较短时间内获得较优的帕累托前沿和最优解。

参考文献

[1] Jerby S, Ceder A. Optimal routing design for shuttle bus service[J]. Transportation Research Record, 2006, 1971(1): 14-22.

[2] Lownes N E, Machemehl R B. Exact and heuristic methods for public transit circulator design[J]. Transportation Research Part B: Methodological, 2010, 44(2): 309-318.

[3] Yu Y, Machemehl R B, Xie C. Demand-responsive transit circulator service network design[J]. Transportation Research Part E: Logistics and Transportation Review, 2015, 76: 160-175.

[4] Kong X, Li M, Tang T, et al. Shared subway shuttle bus route planning based on transport data analytics[J]. IEEE Transactions on Automation Science and Engineering, 2018, 15(4): 1507-1520.

[5] Chen J, Liu Z, Zhu S, et al. Design of limited-stop bus service with capacity constraint and stochastic travel time[J]. Transportation research part E: logistics and transportation review, 2015, 83: 1-15.

[6] Cao Z, Ceder A A, Zhang S. Real-time schedule adjustments for autonomous public transport vehicles[J]. Transportation Research Part C: Emerging Technologies, 2019, 109: 60-78.

[7] Cao Z, Ceder A A. Autonomous shuttle bus service timetabling and vehicle scheduling using skip-stop tactic[J]. Transportation Research Part C: Emerging Technologies, 2019, 102: 370-395.

[8] Cao Z, Ceder A, Li D, et al. Robust and optimized urban rail timetabling using a marshaling plan and skip-stop operation[J]. Transportmetrica A: Transport Science, 2020, 16(3): 1217-1249.

[9] Cao Z, Zhang S, Ceder A A. Novel coupling-decoupling strategy for scheduling autonomous public transport vehicles in over-crowded corridors[J]. Applied Mathematical Modelling, 2022, 106: 299-324.

[10] Wang Y, Huang Y, Xu J, et al. Optimal recharging scheduling for urban electric buses: A case study in Davis[J]. Transportation Research Part E: Logistics and Transportation Review, 2017, 100: 115-132.

[11] Rogge M, Van der Hurk E, Larsen A, et al. Electric bus fleet size and mix problem with optimization of charging infrastructure[J]. Applied Energy, 2018, 211: 282-295.

[12] Yang X, Chen A, Ning B, et al. Bi-objective programming approach for solving the metro timetable optimization problem with dwell time uncertainty[J]. Transportation Research Part E: Logistics and Transportation Review, 2017, 97: 22-37.

[13] Liu T, Ceder A A. Integrated public transport timetable synchronization and vehicle scheduling with demand assignment: a bi-objective bi-level model using deficit function approach[J]. Transportation research procedia, 2017, 23: 341-361.

[14] Wu Y, Yang H, Tang J, et al. Multi-objective re-synchronizing of bus timetable: Model, complexity and solution[J]. Transportation Research Part C: Emerging Technologies, 2016, 67: 149-168.

多目标混载校车路径鲁棒优化

Robust optimization of multi-objective mixed-load school bus routing

赵明慧[1]　马昌喜[2]

摘　要：各种基于确定环境下的不混载校车线路优化方法，已经应用到实际问题中。但校车实际运营过程中可以搭载不同学校的学生，且通行时间不确定。文章统筹考虑校车公司利益与学生个人利益，结合 Bertsimas 鲁棒离散优化理论，以学生总乘坐时间和校车运营总费用最小为优化目标，构建了路段时间阻抗不确定情况下的多校混载校车路径鲁棒优化模型。设计两阶段插入法 NSGA-Ⅱ进行求解，并以包头市某一区域为例进行实证研究。研究表明，文章研究的多目标混载校车路径鲁棒优化在求解结果方面具有一定的优越性，对于提高校车的运行效率具有重要意义。

关键词：混载校车；鲁棒优化；NSGA-Ⅱ算法；路径优化

Abstract: Various optimization methods for non-mixed school bus routes based on certain environments have been applied to practical problems. However, the actual operation of the school bus can carry students from different schools and the transit time is uncertain. This paper considers the interests of the school bus company and the personal interests of the students as a whole, and combines the Bertsimas robust discrete optimization theory. Taking the minimum travel time of all students and the total operating cost of all school buses as the optimization goals, a robust optimization model of the multi-school mixed school bus route under the condition of uncertain road section time impedance is constructed. And design two-stage insertion method NSGA-Ⅱ to solve this problem, then take a certain area of Baotou City as an example to conduct empirical research. The research results show that the robust optimization of the multi-objective mixed school bus route researched in the paper has certain advantages in the solution results, and is of great significance for improving the operating efficiency of the school bus.

Key words: mixed-load school bus; robust optimization; NSGA-Ⅱ algorithm; route optimization

1. 引言

校车路径问题(School Bus Routing Problem，SBRP)，主要研究在满足既定的约束条件下，如何合理地规划校车线路将学生从乘车站点送到学校(或从学校送回乘车站点)。SBRP 属于车辆路径问题(Vehicle Routing Problem，VRP)的范畴，是一类求解难度极高的组合优化问题[1]。国内外学者对校车问题进行了深入的研究。Patrick Schittekat 等[2]开发了一种高效的无参数 GRASP＋VND 元启发式算法。通过将元启发式方法与顺序方法进行比较，实验证明了该算法表现出优异的性能。为解决大规模混载校车的实例问题，Douglas Moura Miranda 等[3]将迭代局部搜索与邻域搜索结合起来对新模型进行求解。黄白[4]通过借鉴带软、硬时间窗装卸一体化 VRP 问题的数学模型，构建了以总成本最少为目标的兼具软、硬时窗的多校混载 SBRP 模型，并设计了求解该问题的遗传算法。Pan Shang 等[5]提出了一种基于学生负荷状态的时空网络的时间离散化多商品网络流模型。通过实施增广拉格朗日松弛方法，将原始 SBRP 被重新表述为具有线性流量平衡约束的二次 0－1 规划模型。陈小潘等[6]将校车路径问题定义为需求可拆分校车路径问题(SDSBRP)进行求解，首次构建双目标 SDSBRP 数学模型，并首次设计针对该问题的元启发式求解算法。侯彦娥[7]针对多车型 SBRP，设计一个适用于多种应用场景的算法框架，进而探索单

1，2　赵明慧，马昌喜，兰州交通大学交通运输学院。

校、多校、车型混合和车辆数限制等不同场景下多车型 SBRP 的元启发优化算法。Junhyuk Park 等[8]提出了一种新的混合负载改进算法，并测量其对所需车辆数量的影响。最后与现有算法进行比较，结果表明改进算法可以减少所需车辆数量。孔云峰等[9]尝试设计蚁群优化(ACO)算法求解双目标 SBRP 问题。侯彦娥等[10]针对兼顾车辆数和运营里程的多目标校车路径问题(SBRP)，先建立其数学模型，然后提出一种变邻域搜索(VNS)算法分阶段求解。Mohsen Babaei 等[11]提出了一种同时解决具有随机时间相关旅行时间的校车路线和调度问题的方法，并结合蚁群算法和路径分解启发式算法进行求解。

综上述研究成果，可以发现对于校车路径的研究更多着眼于大城市、单校线路层面，而关于混载、多校层面校车研究相对较少，且侧重点大多在算法层面。

2. 混载校车路径鲁棒优化建模

2.1 问题描述

某区域范围内有多所学校和若干个供学生上、下车的乘车站点，同一个站点的上、下车地理位置相同。校车从场站出发，每个站点仅可被一辆校车服务一次，但每辆校车可以服务多个站点，每个学校站点都有对应的到达时间要求。混载 SBRP 允许不同学校学生乘坐同一辆校车，一条路径可能存在多个学校站点，交替路过乘车站点和学校站点，上、下车交替进行。有足够的相同车型校车提供接送服务，校车完成接送任务后需要返回场站。所要解决的问题是确定每辆校车的具体访问路线，目标是最小化运输总成本和最小化学生乘车时间。

如图1所示即为一条混载 SBRP 的路径。

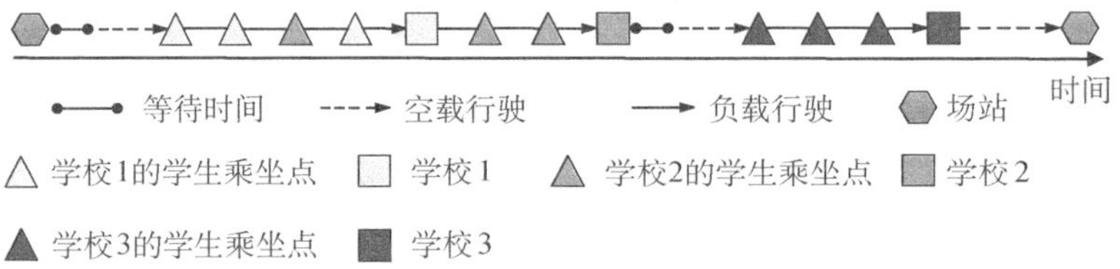

图1 混载校车路径示意图

2.2 基本假设

(1) 每个乘车站点只由一辆校车提供服务，且只能被服务一次；
(2) 校车始发于某固定场站，完成运输任务后返回场站；
(3) 校车的载客量不能超过其荷载容量；
(4) 校车可以不满载，但绝对不能超载；
(5) 为学生提供服务的时间应满足其就读学校的时间窗要求；
(6) 场站拥有荷载人数相等并且数量足够多的校车，能够满足路网中所有学生的出行需求；
(7) 节点与节点之间的距离已知；
(8) 校车从场站出发时刻是0时刻；
(9) 校车的运输成本仅与距离有关，与乘载人数无关。

2.3 符号说明

相关符号定义见表1。

表 1 相关符号定义

符号	类型	定　义
S_1	集合	乘车站点集合
S_2	集合	学校站点集合
S	集合	$S = S_1 \cup S_2$,乘车站点和学校站点的并集
P	集合	场站集合
D	集合	$D = S \cup P$,所有站点的集合
K	集合	校车集合
$s(i)$	参数	乘车站点 i 对应的学校站点,$i \in S_1, s(i) \in S_2$
Q	参数	校车额定荷载容量
C	参数	校车单位运输成本系数
α	参数	校车的固定使用费用
N	参数	完成接送任务所需的校车总数
v	参数	校车行驶速度
d_{if}	参数	站点 i 到站点 j 的距离,$(i,j) \in D$
t_{ij}	参数	站点 i 到站点 j 的行驶时间的标称值,$t_{ij} = \frac{d_{ij}}{v}$
$\hat{t}_{ij}$	参数	站点 i 到站点 j 的行驶时间的偏差值,$\hat{t}_{ij} > 0,(i,j) \in D$
$\tilde{t}_{ij}$	参数	站点 i 到站点 j 的可变行驶时间,$\tilde{t}_{ij} \in [t_{ij}, t_{ij} + \hat{t}_{ij}]$
J_i	集合	可变时间矩阵 $\tilde{t}_{ij}$ 第 i 行所有不确定数据 $\tilde{t}_{ij}$ 的列下标 j 所组成的集合,其中 $\lvert J_i \rvert \leqslant n$
Γ_i	参数	控制时间鲁棒性的参数
$\lfloor \Gamma_i \rfloor$	参数	小于 Γ_i 的最大整数
Ψ_i	集合	可变时间矩阵 $\tilde{t}_{ij}$ 第 i 行不确定数据 $\tilde{t}_{ij}$ 的列下标 j 所组成的集合
q_i	参数	乘车站点 i 上车人数,$i \in S_1$
t_i	参数	站点 i 所需的服务时间,$i \in S$
$[e_i, l_i]$	参数	站点 i 的可接受时间窗,$i \in D$
x_{ijk}	变量	$x_{ijk} = \begin{cases} 1,\text{第 } k \text{ 辆校车经过站点 } i \text{ 到 } j \\ 0,\text{否则} \end{cases}$
y_{ik}	变量	$y_{ik} = \begin{cases} 1,\text{第 } k \text{ 辆校车服务站点 } i \\ 0,\text{否则} \end{cases}$
T_{ik}	变量	第 k 辆校车到达站点 i 的时间
U_{ijk}	变量	第 k 辆校车从站点 i 行驶到站点 j 时车上的人数

2.4 模型的构建

$$\min Z_1 = \sum_{i\in D}\sum_{j\in D}\sum_{k\in K}(U_{ijk} \cdot x_{ijk} \cdot t_{ij} + y_{ik} \cdot t_i) + \max_{\{\Psi_i \cup \{m\} \mid \Psi_i \subseteq J_i \mid, \mid \Psi_i \mid = \lfloor \Gamma_i \rfloor, m \in J_i \setminus \Psi_i\}} \left\{ \sum_{i\in D}\sum_{j\in \Psi_i} \right\} \sum_{k\in K} U_{ijk} \cdot \hat{t}_{ij} \cdot x_{ijk} + \sum_{i\in D}\sum_{m\in J_i \setminus \Psi_i}\sum_{k\in K}(\Gamma_i - \lfloor \Gamma_i \rfloor) \cdot U_{imk} \cdot \hat{t}_{im} \cdot x_{imk} \tag{1}$$

$$\min Z_2 = c\sum_{i\in D}\sum_{j\in D}\sum_{k\in K}(x_{ijk} \cdot d_{ij}) + \alpha \cdot N \tag{2}$$

subject.

$$\sum_{k\in K} y_{ik} = 1, i \in S_1 \tag{3}$$

$$\sum_{j\in D} x_{ijk} - \sum_{j\in D} x_{js(i)k} = 0, i \in S_1, s(i) \in S_2, k \in K \tag{4}$$

$$e_i \leqslant T_{ik} \leqslant l_i, i \in S, k \in K \tag{5}$$

$$x_{ijk}(U_{ijk} + q_j) \leqslant Q, i \in D, j \in S_1, k \in K \tag{6}$$

$$\sum_{i\in S}\sum_{j\in D} x_{ji} = \sum_{i\in S}\sum_{j\in D} x_{ij} \tag{7}$$

$$U_{ijk} = 0, i \in D, j \in S, k \in K \tag{8}$$

$$\sum_{i\in D} x_{ijk} = \sum_{i\in D} x_{jik}, j \in D, k \in K \tag{9}$$

上述模型中，式(1)为第一个目标函数，表示所有学生总乘坐时间最小；式(2)为第二个目标函数，表示校车的运营费用最少；式(3)保证任意一个乘车站点只能由一辆校车提供服务，且只能被服务一次；式(4)保证经过乘车站点的车辆必须经过它所对应的学校站点；式(5)为时间窗限制，达到任何站点的时间必须在时间窗内；式(6)为人数限制，车辆 k 服务完当前站点后车上的人数与即将服务的下一站点人数之和不得超过车辆荷载容量；式(7)保证所有车辆从场站出发最后返回场站；式(8)规定校车从场站出发或者回到场站时容量为0；式(9)确保一辆校车驶入站点 i 后离开站点 i。

该混载校车路径多目标鲁棒模型中的第一个目标函数对应着一个参数 Γ，目的是控制解的保守程度。本文将以 Bertsimas 的鲁棒优化理论对混载校车模型进行对等转换。这里将表示各节点间不确定的运输时间的邻接矩阵分别转变为一维矩阵的形式，具体令 $m=(i-1)n+j\,(1\leqslant i\leqslant n, 0\leqslant j\leqslant n)$，则决策变量 $x_{ij}=x_m$，不确定的运输时间 $\tilde{t}_{ij}=\tilde{t}_m$，其他相应的基础数据也都变为下标为 m 的形式，一些不确定的参数和参数的集合都进行相应的一维变换。则可根据文献将第一个目标函数转换为求解如下问题：

$$T(t) = \Gamma \hat{t}_l + \min\left(\sum_{m=1}^{n^2} U_{ijk} \cdot t_m \cdot x_m + \sum_{m=1}^{l} U_{ijk}(\hat{t}_m - \hat{t}_l) \cdot x_m\right) \tag{10}$$

由此可得到学生总乘坐时间最优值为 $Z_1 = \min\limits_{l=1,\cdots,n^2+1} T(l)$。

3. 算法设计

本文建立的模型含有两个目标函数，第一个目标是从学生的利益出发，要求学生乘坐校车总时间最少，第二个目标是从校车公司的利益出发，要求校车总运营费用最少。两个目标函数相互制约，改善其中一个子目标值，另一个子目标值就会降低。同时模型中含有鲁棒控制参数，因此本文采用两阶段插入法NSGA-Ⅱ对混载校车模型进行求解。

3.1 算法流程

如图2所示，具体步骤如下。

Step1：读取站点编号、上(下)车人数、时间窗、服务时间等信息；设置染色体长度、种群规模、最大迭代数、交叉概率、变异概率等相关参数。

Step2：采用插入法产生初始种群。①对所有乘车站点随机排列；②根据时间窗和荷载人数要求将乘车站点所对应的学校站点分别插入乘车站点的随机排列序中；③产生一条初始染色体；④重复上述操作产生初始种群。

Step3：对初始种群染色体进行解码，计算适应度值，进行非支配排序和拥挤度计算，选择合适的个体进入下一代。

Step4：将新产生的子代种群和父代种群合并，根据 Pareto 等级从低到高排序分层。将整层种群按照 Pareto 等级放入新父代种群，直到某一层该层个体不能全部放入新父代种群。将该层个体根据拥挤度从大到小排列，依次放入新父代种群中，直到新父代种群填满。

Step5：对新父代种群进行遗传算法操作，包括交叉、变异。

Step6：判断是否达到了最大迭代次数，如果达到了，则输出 Pareto 解，否则返回 Step4。

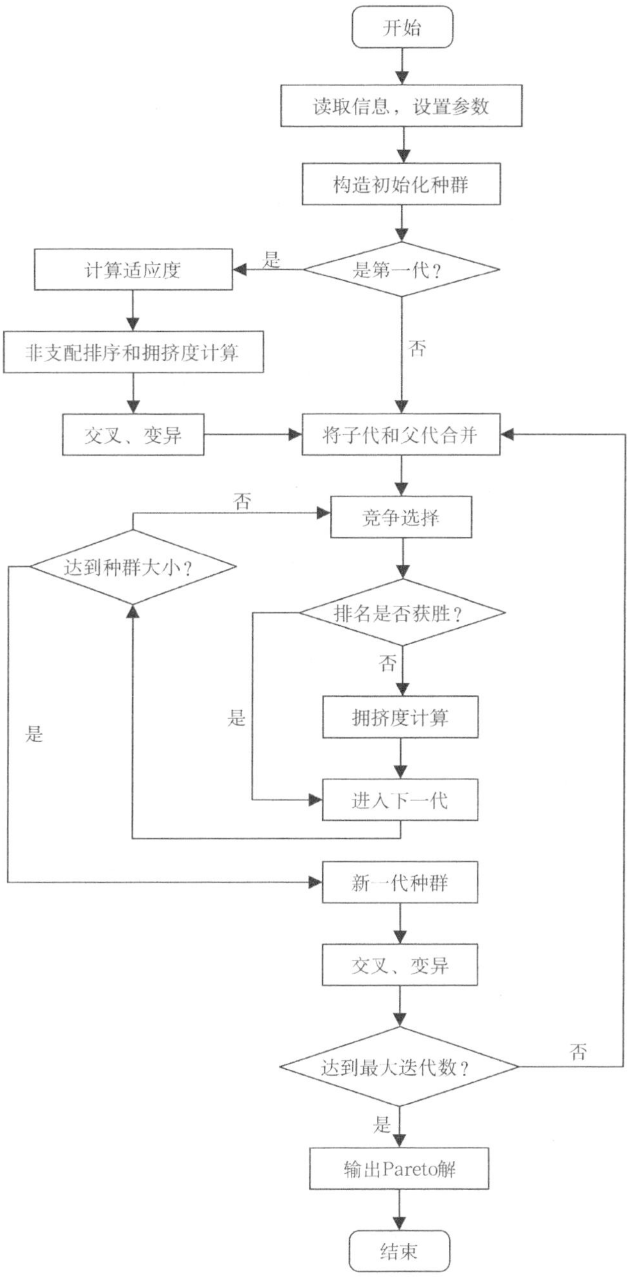

图 2　算法流程图

3.2　染色体的编码与解码

本文采用实数编码，编码分两阶段进行。第一阶段对乘车站点随机排列，生成第一阶段染色体；第二阶段将乘车站点所对应的学校站点插入第一阶段产生的随机排列顺序染色体，插入依据为时间窗约束和校车荷载人数约束。如果到达某一学校站点的时间超过该学校的右时间窗，则场站重新发一辆校车。直到所有站点全部遍历完成，生成第二阶段的染色体。

具体编码操作为：假设某区域内有 1 个场站（编号为 0），10 个乘车站点（编号为 1～10），3 个学校站点（编号为 a、b、c）。学校 a 对应的乘车站点为 1、4、8，时间窗为 7:00—7:30；学校 b 对应的乘车站点为 2、5、7，时间窗为 7:20—7:50；学校 c 对应的乘车站点为 3、6、9、10，时间窗为 7:15—7:45。10 个乘车站点的上车人数分别为 12、15、9、8、11、10、18、14、11、13，校车荷载人数为 30 人。对乘车站点随机生成一组数列：

9-4-8-2-5-10-3-1-7-6

根据第二阶段的步骤将学校站点插入第一阶段的染色体中：

9-4-c-8-a-a-2-5-b-b-10-c-3-1-c-a-7-b-6-c

此时,第二阶段的染色体完成,编码完成。生成一个校车路径方案。

解码的过程中,将上述编好的一条染色体根据时间窗和校车荷载人数约束分为若干段,每一段即为一辆校车服务的路径。上述混合染色体解码结果如表2所示。

表2 解码结果

校车	服务路径	校车	服务路径
1	0-9-4-c-8-a-a-0	3	0-3-1-c-a-0
2	0-2-5-b-b-10-c-0	4	0-7-b-6-c-0

3.3 交叉操作

交叉操作是遗传算法中产生新染色体的主要途径,本文中的遗传算法采用OX交叉方式。每个乘车站点都对应的一个学校,所以乘车站点与学校站点有潜在的对应关系,这样就形成了成对关系,在交叉操作和变异操作时,我们以一对为基本单位进行操作。首先按照交叉概率选取出两条父代染色体,在父代染色体中随机产生两个交叉点。其次,将父代2的交叉片段中的乘车站点及其所对应的学校移动到父代1的前面,将父代1的交叉片段中的乘车站点及其所对应的学校移动到父代2的前面。最后,将子代染色体从前到后把第2个重复的乘车站点及其对应的学校删掉。

假设随机产生的两个交叉点分别为7和11,具体交叉过程如表3所示。

表3 交叉过程

交叉前	父代1	9-4-c-8-a-a-2-5-b-b-10-c-3-1-c-a-7-b-6-c
	父代2	5-1-a-b-8-a-6-9-c-c-2-4-b-a-10-3-c-c-7-b
交叉后	子代1	2-5-b-b-10-c-1-a-8-a-6-9-c-c-4-a-3-c-7-b
	子代2	6-9-c-c-2-b-4-8-a-a-5-b-10-c-3-1-c-a-7-b

3.4 变异操作

变异操作同样是遗传算法中的主要操作。本文采用实值变异中的基于次序的变异,首先随机产生两个乘车站点,然后交换这两个乘车站点的位置以及对应的学校。

假设随机产生的两个乘车站点分别为8和3,对应的学校分别为a和c,具体变异操作如表4所示。

表4 变异过程

变异前	9-4-c-8-a-a-2-5-b-b-10-c-3-1-c-a-7-b-6-c
变异后	9-4-c-3-a-c-2-5-b-b-10-c-8-1-a-a-7-b-6-c

4. 案例分析

以包头市某一区域展开研究,对模型及算法进行验证。该区域内共有1个场站(编号为0),18个乘车站点(编号为1~18),3个学校站点(编号为a、b、c)。场站内共有8辆校车可供调配,每辆校车车型相同,荷载人数为40人,拟定单位运输成本系数为2元/km,校车行驶速度为30 km/h,校车的固定使用费用50元/辆。路段行驶时间标称值为$t_{ij}=\dfrac{d_{ij}}{v}$。设定行驶时间偏差$\hat{t}_{ij}(0<\hat{t}_{ij}\leqslant 0.5t_{ij})$都为随机生成的实数。

4.1 数据准备

各乘车站点信息如表5所示。

表 5 乘车站点信息

站点编号	对应学校	上车人数	服务时间/min
1	a	8	2
2	c	16	2
3	c	17	2
4	a	21	2
5	a	9	2
6	c	11	2
7	b	16	2
8	c	14	2
9	c	10	2
10	b	19	2
11	b	15	2
12	c	12	2
13	b	7	2
14	b	16	2
15	a	17	2
16	a	13	2
17	b	12	2
18	a	16	2

各学校站点信息如表 6 所示。

表 6 学校站点信息

站点编号	左时间窗	右时间窗	服务时间/min
a	7:00	7:30	5
b	7:20	7:50	5
c	7:15	7:45	5

4.2 案例求解

在 Visual Studio 2016 中实现对算法的求解，分别设置种群大小为 100，最大迭代次数为 200，交叉概率 0.8，变异概率 0.1，分别设置时间鲁棒控制参数为 $\Gamma=0,30,60$。多次运行程序的结果见表 7～表 9。

表 7 $\Gamma=0$ 时所得 Pareto 解集

车辆	途经站点			
	Pareto 解 1	Pareto 解 2	Pareto 解 3	Pareto 解 4
1	0-17-16-15-b-a-5-c-0	0-11-10-12-b-18-16-b-c-0	0-1-2-3-4-a-0	0-17-18-1-a-c-7-c-0
2	0-10-11-b-9-7-c-0	0-7-6-5-a-c-15-b-0	0-10-11-13-b-c-18-c-0	0-11-12-15-b-13-c-0
3	0-4-3-2-a-12-14-b-0	0-1-2-3-4-a-0	0-6-17-a-5-c-0	0-3-2-a-16-b-0
4	0-8-6-a-18-c-0	0-13-9-8-c-0	0-7-8-9-c12-b-0	0-4-5-6-a-c-0

（续表）

车辆	途经站点			
	Pareto 解 1	Pareto 解 2	Pareto 解 3	Pareto 解 4
5	0-13-1-a-c-0	0-14-17-a-b-0	0-15-16-b-14-b-0	0-8-9-10-c-b-14-b-0
乘坐时间/min	2 596.66	2 801.76	2 668.32	2 758.82
车辆费用/元	497.26	477.46	492.56	484.86

表 8　Γ=30 时所得 Pareto 解集

车辆	途经站点		
	Pareto 解 1	Pareto 解 2	Pareto 解 3
1	0-4-2-3-5-a-c-0	0-10-12-9-b-14-b-c-0	0-4-5-6-a-c-18-c-0
2	0-11-10-12-b-8-7-c-0	0-4-3-a-6-7-a-c-0	0-11-10-12-b-8-7-c-0
3	0-16-15-b-14-13-b-c-0	0-11-8-13-c-b-0	0-3-1-17-a-0
4	0-17-18-1-a-c-0	0-16-15-17-b-a-18-c-0	0-14-13-15-b-c-0
5	0-6-9-a-c-0	0-5-1-2-a-c-0	0-16-9-b-c-0
乘坐时间/min	3 196.64	3 253.36	3301
车辆费用/元	501.9	492.62	489.28

表 9　Γ=60 时所得 Pareto 解集

车辆	途经站点		
	Pareto 解 1	Pareto 解 2	Pareto 解 3
1	0-10-12-14-b-9-c-0	0-4-3-6-a-7-c-0	0-16-15-b-14-13-b-c-0
2	0-4-3-a-7-8-c-0	0-11-13-14-b-c-0	0-17-12-a-b-0
3	0-6-5-a-13-c-0	0-16-15-17-b-a-18-c-0	0-9-10-11-b-7-8-c-0
4	0-11-2-1-a-b-0	0-5-1-2-a-c-0	0-4-2-1-a-0
5	0-16-17-15-b-a-18-c-0	0-9-10-12-b-8-c-0	0-6-5-3-a-18-c-0
乘坐时间/min	3 578.12	3 691.04	3 721.5
车辆费用/元	512.83	501.62	493.5

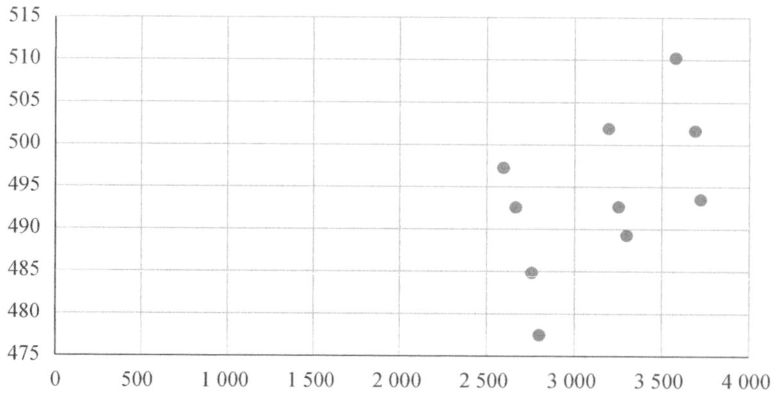

图 3　不同 Γ 值下 Pareto 最优解分布

从表 7～表 9 可知，当时间鲁棒控制参数分别为 0、30、60 时，构建的多目标遗传算法可以分别快速得到 4、3、3 组鲁棒最优解。由图 3 可知，在 Γ 值不同的情况下，解的目标值随着时间风险值的增加，车辆费用也随之增加。此外，鲁棒性的增强会在一定程度上会影响解的最优性。

同时，为比较混载与不混载的目标值差别，计算了多校不混载情况下的学生乘坐总时间和车辆费用。求解情况如表 10 和图 4 所示，不混载的情况下，虽然每条路径的花费时间较少，但费用总成本最高。相较而言，本次案例中使用两阶段插入法 NSGA-Ⅱ算法求解的三所目标学校混载的总体数据情况更优。相比于不混载类型，多校混载形式的校车学生总乘坐时间减少了 12.89%，车辆运营总费用减少了 8.45%。

表 10　$\Gamma=0$ 时多校混载与不混载求解结果比较

	多校混载	多校不混载
校车数量	5	6
学生乘坐时间/min	2 758.82	3 167.04
车辆费用/元	484.86	529.62

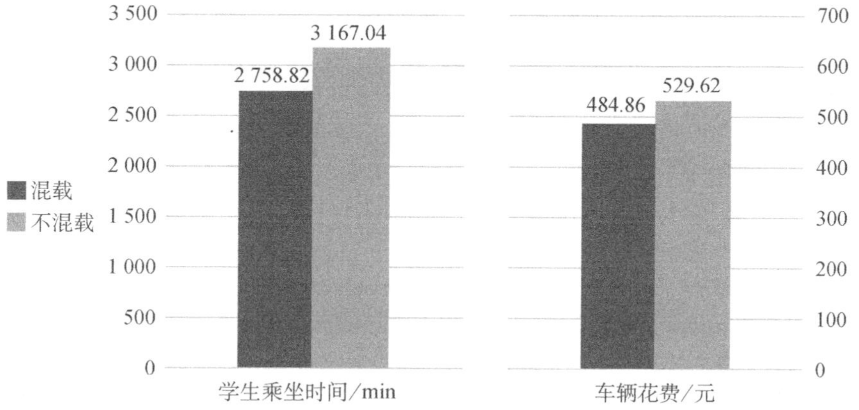

图 4　$\Gamma=0$ 时混载与不混载情况下目标值对比

结合算例数据，在 $\Gamma=0$ 时分别用多目标蝙蝠算法（MOBA）和本文 NSGA-Ⅱ算法对所建的模型进行求解，求解结果见表 11 和图 5。可知：采用 NSGA-Ⅱ校车减少一辆，学生总乘坐时间减少 5.90%，校车总运营成本减少 9.42%。MOBA 容易陷入局部最优的情况，因此可能会丢掉部分最优解。本文的求解方法运算时间可以节省 36.51%，更加适用于多校混载校车路径优化问题，能更有效地完成多站点、多学校的校车接送路线优化。由此可见，本文中设计的两阶段插入法 NSGA-Ⅱ在优化过程和优化结果上都具有一定的优越性。

表 11　MOBA 与 NSGA-Ⅱ算法比较

	NSGA-Ⅱ	MOBA
校车数量 s	5	6
乘坐时间/min	2 758.82	2 931.67
校车花费/元	484.86	535.28

5. 结语

本文考虑了学生上学的实际情况，以学生乘坐校车总时间和校车总运营费用最少为目标，对多校混载 SBRP 建立了鲁棒优化模型。针对模型设计了相应的两阶段插入法 NSGA-Ⅱ，并将模型与算法运用至实

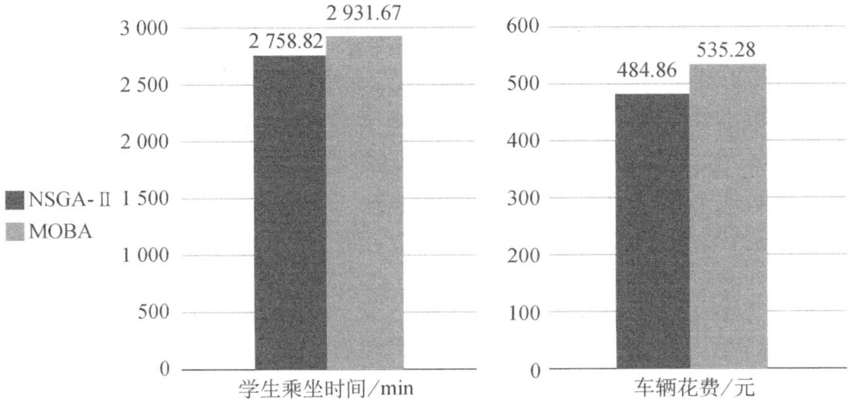

图5 MOBA与NSGA-Ⅱ算法比较图

际案例中,最后得到不同鲁棒控制参数下的帕累托解。混载与不混载校车方案相比,混载校车方案大幅减少各目标值;本文提出的两阶段插入法NSGA-Ⅱ与MOBA相比,运算时间更短,结果更优。

参考文献

[1] 侯彦娥,党兰学,孔云峰,等.校车路径问题的改进迭代局部搜索算法[J].计算机应用研究,2016,33(11):3255-3260.

[2] Patrick Schittekat, Joris Kinable, Kenneth Sörensen, et al. A metaheuristic for the school bus routing problem with bus stop selection[J]. European Journal of Operational Research. 2013, 229(2):518-528.

[3] Douglas Moura Miranda, Ricardo S. de Camargo, Samuel V. Conceição, et al. Nunes. A multi-loading school bus routing problem[J]. Expert Systems with Applications. 2018,101:228-242.

[4] 黄白.多校混载目标下的校车路径优化方法研究[D].济南:山东建筑大学,2019.

[5] Pan Shang, Liya Yang, Ziling Zeng, et al. Solving school bus routing problem with mixed-load allowance for multiple schools[J]. Computers & Industrial Engineering,2021,151,0360-8352.

[6] 陈小潘,孔云峰,郑泰皓,等.需求可拆分校车路径问题的元启发式算法[J].计算机科学,2016,43(10):234-241+261.

[7] 侯彦娥.多车型校车路径问题优化算法研究[D].开封:河南大学,2016.

[8] Junhyuk Park, Hyunchul Tae, Byung-In Kim. A post-improvement procedure for the mixed load school bus routing problem[J]. European Journal of Operational Research,2012,217(1):204-213.

[9] 孔云峰,牛宁,陈小潘,等.一种求解双目标校车路径问题的蚁群优化算法[J].河南大学学报(自然科学版),2016,46(01):50-58.

[10] 侯彦娥,孔云峰,党兰学,等.多目标校车路径问题的变邻域搜索算法[J].小型微型计算机系统,2016,37(01):134-139.

[11] Mohsen Babaei, Mojtaba Rajabi-Bahaabadi. School bus routing and scheduling with stochastic time-dependent travel times considering on-time arrival reliability[J]. Computers& Industrial Engineering,2019,138:106125.

应用不同分群基础的分群结果比较

——以屏东县客运为例

Comparison of clustering results based on different clustering criteria

— a case study of the Pingtung bus service

洪百贤[1]　黄筱筑[2]

摘　要：根据调查发现，民众使用大众运输的市占率有降低的情况，因此如何改善此种现象已是重要议题。想改善民众的大众运输市占率，首先要了解乘客的使用习惯以了解乘客需求。本文通过电子票证资料、使用搭乘时间的因素并以DBSCAN算法进行分群，以了解乘客的实际搭乘状况与需求。研究发现，不同分群基础的结果有明显差异，利用平假日与高峰离峰时段的组合所得出的分群结果有较佳的分群效果，其分群数量与样本数也在合理范围内。未来可再针对时间与空间的组合进行更深入的研究，以找出不同分群基础的适用情形。

关键词：大众运输；票证资料；搭乘时间

Abstract: According to the survey result, it is found that the market share of people using public transportation has decreased, so how to improve this phenomenon has become an important issue. To improve the public transportation market share of the people, we must first understand the use habits of passengers to understand their needs. Through the electronic ticket data, this study uses the factors of ride time and the DBSCAN algorithm to cluster to understand the actual ride status and needs of passengers. It is found that the results of different clustering criteria have obvious differences. The clustering results obtained by using the combination of weekday and peak off time have a better clustering effect, and the number of clustering and samples are also within a reasonable range. In the future, the combination of time and space can be further studied to find out the application of different clustering bases.

Key words: public transportation; smart card data clustering; boarding time

1. 引言

新冠疫情暴发以来，已经逐渐改变民众使用交通工具的习惯，实际上根据交通事务主管部门统计处(2021)的调查，可以发现使用公共运输工具的民众减少许多，2020年的市占率仅16.0%，而受到2021年汽车、摩托车汰旧换新环保补助的影响，私人机动交通工具的市占率为72.3%，公共运输与私人交通工具的使用情况都明显有改变。由此可见，民众在选择交通工具上，已渐渐减少使用公共运输作为运输的工具，因此如何提升公共运输的市占率是为重要的课题。

以往针对使用者需求的调查，多是通过问卷与面访/电访的方式进行资料搜集与抽样。现今随着科技的发展，电子相关设备的发展也越来越盛行，例如悠游卡、一卡通等电子票证，让民众能够选择要搭乘的多种交通工具，而每张电子票证上都具有其独特的编号，因此可以将各编号视为个别的使用者，能通过计算机技术去抓取并运算，因此减少资料搜集的时间，且数据都有明确的纪录来源，资料误差也会明显降低。

票证资料通常包含搭乘起讫点、搭乘时间、搭乘路线等资料，而过去针对使用者票证分析时通常会将

1　洪百贤，逢甲大学运输与物流学系助理教授。
2　黄筱筑，逢甲大学运输与物流学系硕士班学生。

一次的搭乘纪录视为一笔资料，代表一个使用者可能就具有多笔资料，而这种分析方式虽然能够了解搭乘路线的民众需求，却无法针对使用频率的多寡分析搭乘特性与性质。

基于上述研究动机与背景，以拟定研究目的。本文利用客运票证资料进行现况分析与资料分群，了解乘客经常搭乘的时间、站点以及使用频率等数据。研究中，主要将资料依据卡号针对搭乘纪录进行分群，其结果区分为搭乘的频率高低，并搭配使用者票种与其结果进行客群的推测与分析。通过不同分群基础的结果比较，建议较为合理的分群基础与适用情况，作为后续研究与实务应用的参考。

2. 文献回顾

由"金管会"针对电子票证的流通卡量进行统计调查，可以发现每月都具有将近1.5亿张，加上过去曾有新闻针对其使用方式进行调查，其中82.1%使用者将其运用在大众运输上，可见电子票证使用于交通的比例很高，因此也有越来越多研究人员，根据电子票证资料进行分析。

本文将针对使用者样态进行分析，因此主要搜集分析使用者相关的文献为主。典型的方向系以研究乘客日常旅次目的活动与旅行需求，Zhu(2020) 针对使用者的家户调查与电子票证资料，使用回归分析与随机森林模型将资料进行分组并分析个人活动类型；Hamed et al. (2018)使用 STP 与决策树方法建立一种新的模型以探讨乘客在使用公共运输的活动相似度与类型。

亦或将资料进行时间与空间的分析，Medina(2018)抽取一周的票证使用资料与抽样的家户调查，将资料以使用者的不同进行分类并使用 DBSCAN 分群方法进行分类，了解各群一周内常搭乘的天数，以推断时间的规律性；Hung et al. (2017)以每周数据作为基础，以使用者所搭乘的时间，根据周别与小时进行分类，并依据此数据为基础，以探讨使用者的搭乘次数，且探讨使用者行为；Kieu et al. (2018)，结合空间与行为特征纳入空间 AP 集群分析，研究者将通过可变的门槛值将大规模乘客进行分群；Fu and Gu (2018) 将乘坐地铁的乘客流量与时间进行叙述性统计，并针对不同通勤者时间与空间的特性进行分析，了解各群体的需求以便新地铁开通。

由上可得过去研究者分析过程中，并没有特别提到将票证资料进行人数的计算，可以得知多以人次为计算与分群的方式，因此本文将以人数作为分群的基础，针对票证资料进行分析。

3. 研究方法

基于密度的集群方法，可以根据样本发展出不同的群体形状，亦能够具有较明确的群体，能够更了解资料的特性。优点为不受极端值影响、可发展出任意形状；缺点为资料密度差异大会导致效果差、对资料不够理解而难以选择合适参数。过去曾有研究通过基于密度集群方法作分析，像是分析红酒的种类(Yang and Su, 2021)、自动判断群聚演化的扩散型态等(郭飞鹰，2021)，都能印证此方法之效用。而 DBSCAN 为此类别典型方法，综上所述，故本文将应用 DBSCAN 方法，以了解使用者样态分布需求。

本文事先利用简单的叙述性统计，了解使用者搭乘客运使用背景后，根据资料中每张票卡使用者的搭乘状况，计算其每日使用次数与每小时使用次数，并统整分成以搭乘星期、搭乘小时、平假日高峰离峰、每日高峰离峰的使用状况这四种不同的资料集呈现数据，再尝试使用分群算法将资料集进行分群，呈现各群体的使用者状况与特性，并通过各项指标进行说明与分析，进而找出最佳解。图1为本文方法步骤。

研究中评估之指标分别为轮廓系数、噪声比与各群样本数，用来评估分群结果的合理性，以下针对各项进行说明。轮廓系数为评价分群结果好坏的一种方式。轮廓系数的数值越接近1，代表该群较为集中且与其他群距离较远，分群结果较佳；数值越接近−1，代表该类不集中且与其他群较为靠近，因此该样本应属于其他群体；数值越接近0，代表位于两个类别的边界上。

噪声比为噪声点所占比例，数值越小，代表没被分群之样本越少，因此分群结果越好。各群样本个数则是通过分群样本数进行比较。当各数值差异过大时，会产生分群结果有偏颇。

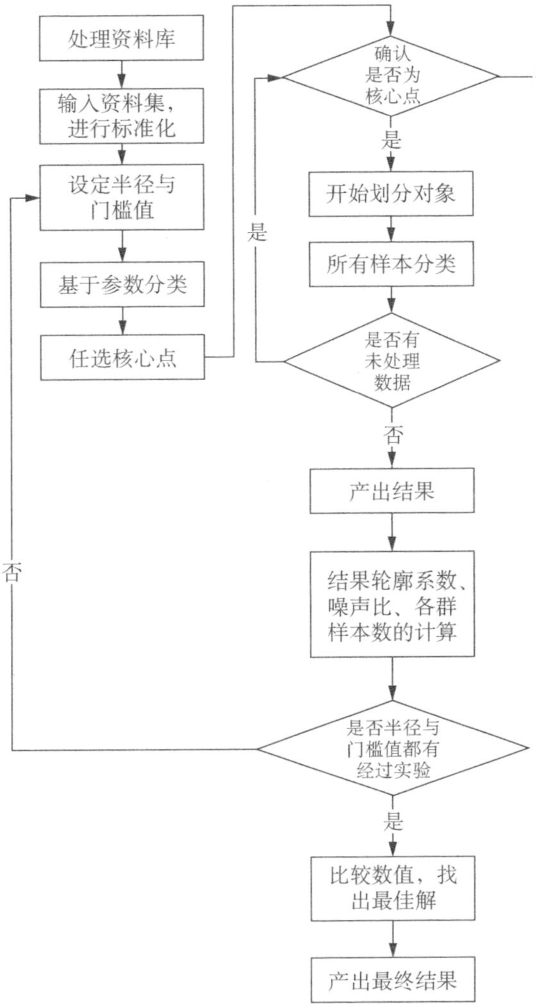

图 1　本文分群算法执行流程

4. 叙述性统计分析

本文采用屏东县 2019 年 1 月份的公交车电子票证资料，运用叙述性统计，了解使用者基本使用情况，并运用分群算法，将从使用者所搭乘之周间日别与上车小时进行分析，针对搭乘周别为平假日与搭乘小时为高峰离峰时段（高峰时段为 6—8 点、16—18 点）进行资料处理。以搭乘周间日别、上车小时、平假日与高峰离峰时段，及周间日与高峰离峰时段组合作为基础，分成 4 个资料集进行分群。

4.1　叙述性统计

(1) 搭乘日期分析

统计时间为相同年月的票证资料，因此可以根据资料中使用者的搭乘日期作分析。根据图 2，发现日期 2—4 日、7—11 日、14—18 日为较多人搭乘，每日人数约 7 千人；下半月则因为寒假，每日人数减至 4.5 千人左右。而日期经过星期比对，较多人的搭乘星期多为平日，因此由搭乘时间，初步推断约有三分之一的乘客为学生。

(2) 搭乘小时分析

除使用日期外，本文亦针对上车时间进行资料汇整，了解民众选择搭乘之时段。从使用日期的初步分析中，可以看出学生是主要使用族群之一，因此推测上车时间约为 6—8 点以及 16—18 点。经过统计（图

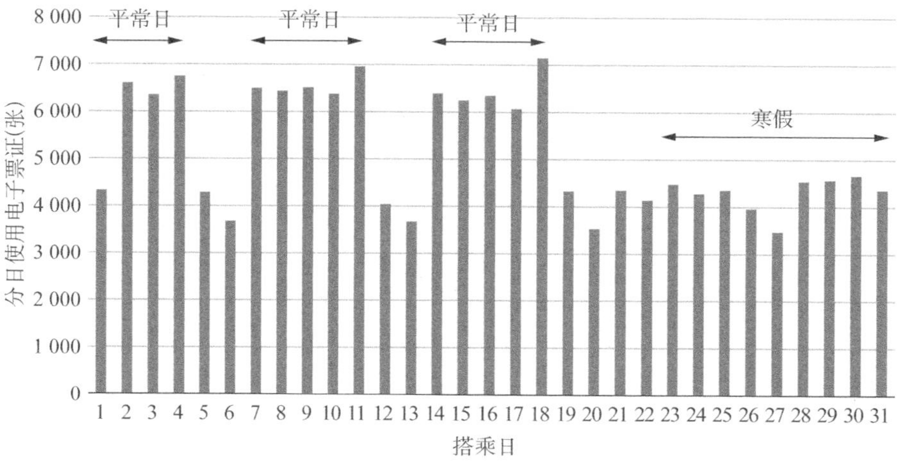

图2　搭乘日统计资料(2019年1月)

3)，了解到民众搭乘的时段多集中在6—8点、16—18点，人数有将近1.5万～3.5万人，而其余时段的搭乘人数较稀少，大多少于1.5万人，由此推断搭乘时，多集中于上、下班/课时段，因此客群有可能为学生或者上班族群。

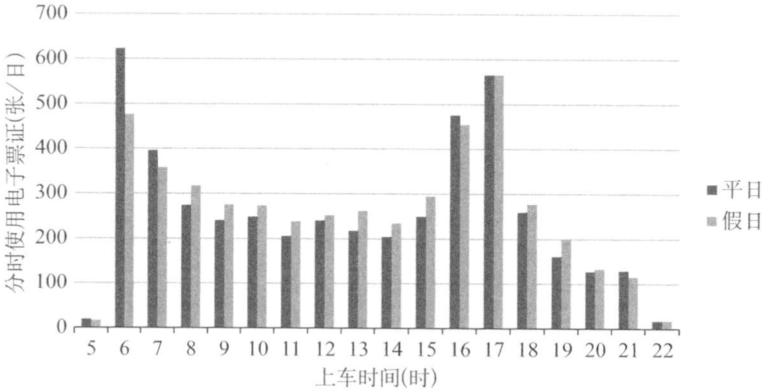

图3　搭乘小时统计资料

4.2　分群结果比较

本节针对参数调整，根据轮廓系数大于0.25、噪声比小于0.25筛选出结果并进一步说明。下面以四个基础进行分群实验，针对结果说明，并选出较佳设定。

(1) 搭乘星期

如表1所示，通过实验结果，发现实验数据中群数510群，或者样本个数差异过大，最大分群的样本个数已超过全部样本数的99.9%，这些情况会导致实务应用上无法进行讨论，或者资料差异过大导致分群结果并无意义。因此运用这些分群，仅能分析出具有某一特征之状况，无法比较不同时间特性，因而产生不合理的结果。因此采用半径1.5、门槛值500为该情况之分群结果。

表1　搭乘星期参数结果比较表

半径	门槛值	群数	轮廓系数	噪声比	各群样本个数
0.1	5	510	0.675	0.194	[1 615,2 819,830,2 177,75…]
0.3	5	510	0.675	0.194	[1 615,2 819,830,2 177,75…]

（续表）

半径	门槛值	群数	轮廓系数	噪声比	各群样本个数
1.3	5	3	0.628	0.035	[40 629,5,10]
1.5	5	5	0.516	0.025	[41 071,5,2,5,7]
1.5	500	2	0.606	0.094	[37 142,1 033]

(2) 上车时间

如表 2 所示，从前 3 项实验，发现接近 300 个分群及以上的分群结果同样在实务上无法进行分析或讨论。从各群样本个数进行比较，发现具有样本个数差异较大，最大分群的样本个数已超过全部样本数的 98.8%，因此运用这些分群，可能导致仅能分析出具有某一特征之状况，因而产生不合理的结果。而比较后 2 项实验结果，比较轮廓系数与分群数量，故采用半径 1.9、门槛值 50 为此项分群基础之较佳解。

表 2 搭乘小时参数结果比较表

半径	门槛值	群数	轮廓系数	噪声比	各群样本个数
0.7	5	383	0.321	0.233	[1 740,5 955,13,260…]
0.9	5	398	0.314	0.221	[1 745,6 094,16,261…]
1.1	5	298	0.258	0.192	[1 984,9 139,22,280…]
1.9	50	4	0.256	0.137	[35 933,164,141,121]
1.9	100	2	0.259	0.154	[35 522,141]

(3) 平假日高峰离峰搭乘状况

如表 3 所示，通过比较发现其轮廓系数与噪声比的结果差异甚大，其中部分群数过多会导致分析结果难以在实务上分析与讨论。而比较各群样本个数，将样本数最多的群体，发现半径为 0.5、门槛值为 500 时，其样本个数占总比例 67%，为剩余结果中轮廓系数与噪声比最佳的实验，因此采用该实验结果为该情况之较佳解。

表 3 平假日高峰离峰搭乘状况参数结果比较表

半径	门槛值	群数	轮廓系数	噪声比	各群样本个数
0.1	50	71	0.659	0.212	[441, 1 664, 146, 2 741, 6 738, 477, 600, 2 753,988,372,293,102…]
0.3	50	37	0.375	0.149	[10 478, 2 038, 233, 4 003, 1 157, 3 125, 6 610,485,174,291,114…]
0.9	100	12	0.322	0.086	[24 893,2 878,1 699,4 638,768,277,2 143, 365,261, 269,138,184]
0.5	500	6	0.415	0.204	[22 495,2 688,1 464,4 389,619,1 907]
0.7	500	7	0.387	0.166	[23 214,2 752,1 489,4 499,653,1 965,553]
0.9	1 000	5	0.385	0.191	[23 142,2 806,1 619,4 530,2 011]

(4) 每日高峰离峰搭乘状况

如表 4 所示，经由比较，发现前 3 项实验，分群皆超过 300 群，此结果无法在实务上进行讨论。根据轮廓系数与噪声比，发现最后列之评估数值最好，故采用半径 1.9、门槛值 5 为此项分群基础之较佳解。

表4　每日高峰离峰搭乘状况参数结果比较表

半径	门槛值	群数	轮廓系数	噪声比	各群样本个数
0.7	5	484	0.466	0.238	[42,963,18,437,1 660,16…]
0.9	5	306	0.342	0.201	[2 099,1 105,19,527,1 817…]
1.1	5	320	0.338	0.192	[2 103,1 109,19,527,5…]
1.9	5	6	0.481	0.097	[37 952,53, 7, 5, 9, 5]

4.3　分群结果合理性说明

挑选各群较佳解后，由各项结果可以发现，以搭乘星期之分群结果中，仅有两群于实务应用上对于定期使用者的解释能力较差；以每日高峰离峰搭乘状况之分群结果中，其中最大群之样本数占总样本数之99.9%，因此分群结果可能会有集中于某群之特征，因此不讨论这两群之分群结果与说明。

为了解各群之搭乘时间分布，将各群搭乘时间以直条图的方式呈现，图中 X 轴与 Y 轴分别代表分群结果、平均搭乘次数。

(1) 上车时间

由图4中，发现A群的使用者搭乘时间较为平均，因此可以发现该群的使用者搭乘时间较分散；而其余三群皆有为搭乘次数较多的时段，因此可以推断这三群使用者的使用时间有其特定高峰，分别为6点与16—18点、5点与22点。虽然这个结果可呈现高峰离峰的差异，但是无法显示出平假日的差异，也就无法将学生或上班族的通勤模式区隔出来，在实务上的应用略显不足。

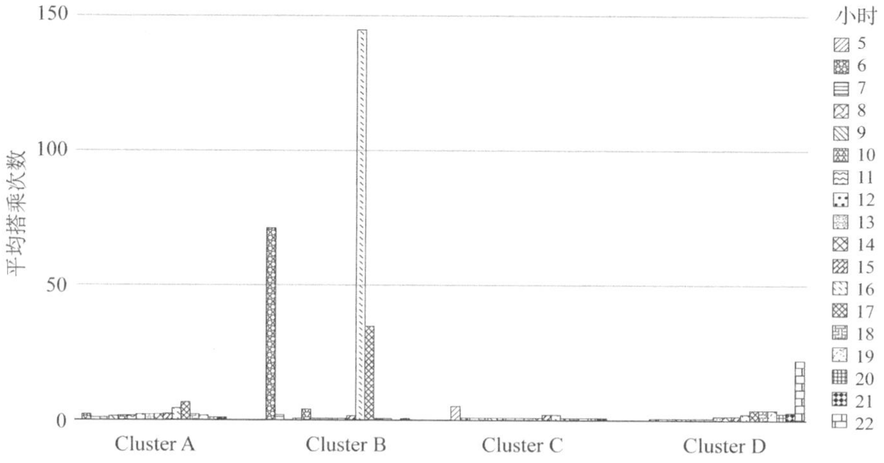

图4　搭乘小时分群结果

(2) 平假日高峰离峰搭乘状况

根据图5的结果，可以发现A群的使用者搭乘时间多为假日高峰离峰，因此推断该群使用者可能多为假日活动居多；B、D、F三群的人，搭乘次数较为平均，但是其搭乘时间多于平日搭乘居多，因此推断这三群的使用者活动时间皆于平日；C群的使用者，搭乘时间高度集中于平日离峰，因此推断该群的人较为固定；E群的使用者，搭乘时间高度集中于平日高峰，因此推断该群的使用者可能为学生或上班族居多。这个结果可同时呈现平假日与高峰离峰的差别，在实务上应用可用于讨论不同日别与时段的供给与需求。

5. 结语

本文使用屏东县电子票证资料作为资料分析数据，统整数据库中的时间资料，制作资料集并利用DBSCAN算法进行分群，主要用以分析民众在搭乘公交车时，在不同时间的乘车状况并试图根据不同分

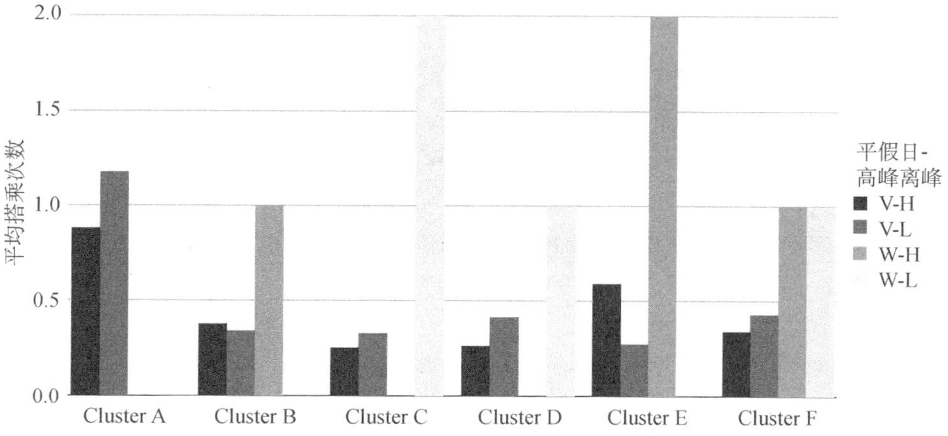

图 5　平假日高峰离峰搭乘状况分群结果

群规则进行分群。

以搭乘周间日别来看，可以发现较佳的分群结果中，第一群的时间以周五与假日比较多人，而第二群则以平日的搭乘人数较多，这两群的较多人搭乘的星期结果以星期五重叠，可见屏东县乘坐公交车的市民，出现的时间多为星期五。从上车小时来看，可以发现较佳结果中，第一群搭乘时间约为下午高峰，第二群多为上、下午高峰，第三群多为早上 5 点，刚好为公交车发车的最早时刻，第四群多为 22 点，刚好邻近末班车的发车时间。若从平假日与高峰离峰时段的分群基础来看，可以看出分群结果显示平假日高峰离峰的差异分布，且分群数量仅有六群，实务应用上较为简便。从周间日别与高峰离峰组合的分群基础来看，同样可看出周间日别与高峰离峰时段的差异，但是在实务应用上需要较多的资料汇整，分群内容也较为复杂，可针对不同周间日进行讨论。

由上述可以得知，不同分群基础的结果具有不同意义，必须从资料汇整、分群效果、实务应用等三方面进行讨论，方能选定较佳的分群基础。此外，本文仅通过调整参数与分群基础作为求得较佳结果的手段，建议参考本文时，可针对研究方法改良并加以运用。过去已有许多研究针对票证资料的特性进行分析，如研究旅运形态、空间分布等，建议未来可增加其他分析项目。

参考文献

[1] 交通事务主管部门统计处. 2020 年民众日常使用交通工具状况调查摘要分析[R]. 2021.

[2] 郭飞鹰. 理解传染病的空间扩散：地理计算的方法[D]. 台北：台湾大学地理环境资源学研究所，2021.

[3] Faroqi H., Mesbah M., Kim J., et al. A model for measuring activity similarity between public transit passengers using smart card data[J]. Travel Behaviour and Society, 2018, 13: 11-25.

[4] Fu X., Gu Y. Impact of a New Metro Line Analysis of Metro Passenger Flow and Travel Time Based on Smart Card Data[J]. Journal of Advanced Transportation, 2018.

[5] Hung P. H., Doi K., Inoi, H. User Behavior Transition Mapping for Bus Transportation Planning based on Time Series Data Analysis of Travel E-ticket Information[J]. Proceedings of the Eastern Asia Society for Transportation Studies, 2017, 12.

[6] Kieu L. M., Ou Y., Cai C. Large-scale transit market segmentation with spatial-behavioural features[J]. Transportation Research Part C: Emerging Technologies, 2018, 90:97-113.

[7] Medina, S. A. O. Inferring weekly primary activity patterns using public transport smart card data and a household travel survey[J]. Travel Behaviour and Society, 2018, 12:93-101.

[8] Yang F., Su L. Cluster Analysis of Red Wine Varieties[J]. Statistics and Application, 2021, 10(1): 31-46.

[9] Zhu Y. Estimating the activity types of transit travelers using smart card transaction data a case study of Singapore[J]. Transportation, 2020, 47:2703-2730.

基于遗传算法的农村需求响应式客车

Rural Demand-Responsive Bus Based on Genetic Algorithm

焦俞端[1]　马昌喜[2]

摘　要：现农村客运的运行效率较低，多数乘客的乘坐目的都无法在合理时间段内达成。针对目前农村客运类似于城市普通公交运输固定线路不合理现状，本文在搜集乘客需求信息的基础上，设置农村需求响应式客车，并根据实际过程中问题描述，以运营总成本最小化为目标，构建出在满足乘客乘坐需求的基础上的单客运站与多上/下站点的农村客车的线路优化模型。通过使用遗传算法对客运站、上车站点、下车站点分别进行编号，使用十进制混合编码操作，并进行次序交叉法，特殊设计变异操作。以甘肃省临夏回族自治州临夏市某地区为例，设置东西两个区域，白天城镇中的客运站中的客车去农村各个站点接乘客再回到客运站，晚上再根据需求将城镇中的乘客送回农村的各个站点中，用以验证模型和算法的合理性。结果表明，使用该遗传算法对农村客运需求响应式客车进行的线路优化，成本较低，车辆路径直观，对农村客运有重要意义。

关键词：农村需求响应式客车；遗传算法；次序交叉法；路径优化

Abstract: The current operation efficiency of rural passenger transport is low, and most passengers' riding purposes cannot be achieved within a reasonable period of time. In view of the unreasonable status quo that rural passenger transport is similar to the fixed line of ordinary urban bus transportation, this paper sets up information based on the collection of passenger demand information. Rural demand-responsive buses, and based on the problem description in the actual process, with the goal of minimizing the total operating cost, a route optimization model for single-passenger station and rural passenger buses with multiple upper/lower stations is constructed on the basis of meeting passenger demand. Through the use of genetic algorithm, the passenger station, the boarding station, and the getting off station are respectively numbered, and the decimal mixed code operation is used, and the order cross method is performed, and the mutation operation is specially designed. Take a region in Linxia City, Linxia Hui Autonomous Prefecture, Gansu Province as an example. Set up east and west areas. In the daytime, the buses in the passenger station in the town go to the rural areas to pick up passengers and then return to the passenger station. At night, the passengers in the town are sent back according to demand. In various rural sites, it is used to verify the rationality of the model and algorithm. The results show that the use of this genetic algorithm to optimize the route of rural passenger transport demand-responsive buses has low cost and intuitive vehicle routing, which is of great significance to rural passenger transport.

Key words: rural demand-responsive bus; genetic algorithm; order Intersection route; optimization

当前，我国的经济与社会发展迅猛，城市交通建设与发展获得了前所未有的成就，在城市公共交通系统快速升级的同时，广阔农村地区的公共交通仍缓慢发展停滞不前，虽然有部分农村地区已经实现了村村通客车的目标，但平时乘客的需求不高与公交公司供给过多的矛盾造成了极大资源浪费，高峰期时群众出行固定客车数量无法承载所有乘客的现象也比比皆是。所以在农村地区设置需求响应式客车是一种较好的解决方式。定制公交/客车是介于常规公交和出租车之间的公共交通服务模式，以多人共同乘用交通工具的形式，在能满足高质量出行要求的情况下，价格虽比普通公交稍高但也在合理的可接受范围之内。在农村地区要实现需求响应式客车，首先通过"农村客运村村通"程序采集乘客的出发和到达站点信息，科学合理地调整客车路线，尽最大努力为乘客提供方便的服务，节约乘客的出

1,2　焦俞端，马昌喜，兰州交通大学交通运输学院。

行时间。一方面提高了资源的使用率，保证了乘客的需求得以实现；另一方面也使得出行方便和经济。需求响应式客车能确保到"一人一位"的基本乘车服务，减少浪费，节约公交公司的成本，不失为一种有效的解决方法。

现在对农村地区的需求响应式公交线路优化问题的研究较少，但也积累了不少对农村客运问题的分析解答和相关定制公交/客车的线路优化的研究。雷星等[1]对农村客运发展的现状做了分析与研究，指出运力方面的不足；鹿存野[2]从农村客运线网、枢纽站等的布局优化来对低碳经济下农村客运体系作优化；胡坤鹏[3]通过干线和支线规划法和客运预测建立城乡一体化运输组织框架；安桐[4]运用 AP 聚类算法、设计双层约束规划模型，使用模拟退火算法对合乘站点布局进行优化；张丰焰等[5]建立交通紧凑度模型对农村公路客运线路进行优化；张敏捷[6]建立以公交覆盖率最大，平均上座率最高，公交运营总投入最少为目标函数的多目标模型，并使用蚁群算法得到了优良的路线优化效果；邱果[7]基于乘客出行方式选择结果建立双层规划模型，采用分支定界算法对上层模型求解，利用 Dial 算法与相继平均算法（MSA）相结合的改进分配算法对下层模型进行求解；申婵[8]基于可靠性最短路建立出总成本最小的目标函数，采用紧急算法得到比最短线路方案更可靠的结果；张杭琪[9]在粒计算方法论的基础上使用改进的 AP 聚类和蚁群算法得到 3 条定制公交行车路线；陶浪等[10]采用改进的 NSGA-Ⅱ算法对多目标模型进行求解得到能同时满足乘客出行时间短及车辆油耗低的要求；高燕[11]分别建立兼营快递配送村镇客运车辆固定线路规划和可变线路模型，并采用禁忌搜索算法对其求解，制订出农村客运车的规模与线路方案；曹柳芳[12]使用遗传算法对上车客流模型、下车客流模型、基于 OD 需求的定制公交调度模型进行优化；陈兴影[13]使用主目标法对定制公交起终点固定与否的三种情况下的机制所建立的线路规划和运营优化模型进行求解，得到了定制公交能在增加出行时间的基础上较大程度地降低出行费用的结果；王超，马昌喜等[14]以遗传算法和贪婪算法结合的算法求解了突发公共卫生事件下应急定制公交线路优化模型，得到了应急场景下的定制公交的线路优化方案；徐荣荣[15]针对农村地区需求响应式公交的研究证明了农村地区需求响应式公交能有效利用车辆资源，降低运营成本；王姣[16]以通勤者出行需求数据为基础，以车辆数、站点编号、发车时间为决策变量，构建了时刻表与站点、线路同时优化模型，并设计相应求解算法，为定制公交线路规划提供全新的思路；吴镇宇[17]对客流上车区域、下车区域分别建立路径规划模型（上车区域路径模型为总费用最低、下车区域路径模型为出行时间最短），为通勤出行路径规划方法提供了新的模式。综上所述，对于农村地区的需求响应式公交的线路优化方面还需更深入的研究，本文采用改进的遗传算法对农村地区公交路线优化进行求解。

1. 农村客运问题建模

1.1 问题描述

在农村区域内有多个上、下车站点，在城镇区域内有多个客运站。每次运营过程中农村的每个站点只能被一辆定制的客车来进行服务，且只能被服务一次。同时每辆客车型号相同，拥有同样的核载量，可服务多个站点，但乘客不能超过其核载量。现所需解决的问题是，在能满足乘客乘坐需求的前提下，还能使得客车公司的成本达到最低。车辆服务路径示意图如图 1 所示。其中，农村的需求响应式客车服务过程为：在乘客输入自己的乘坐信息到小程序"农村客运村村通"之后，白天客车按照乘客需求从某个客运站出发，去往农村上车区域中的上车站点接到乘客，直到达到核载量限制，在服务完最后一个下车的乘客后返回到最初出发的客运站，将想要进城的客户都接往城中；与此同时，白天在城中停留的客户到晚上想要回家时，也需要输入自己的乘坐信息到小程序"农村客运村村通"中，然后按照规定时间到达该客运站乘坐客运公交，客车依次按照规定线路将乘客送回要到达的下车站点后，最后返回到原客运站（即农村区域的站点白天是乘客上车站点，晚上是下车站点）。

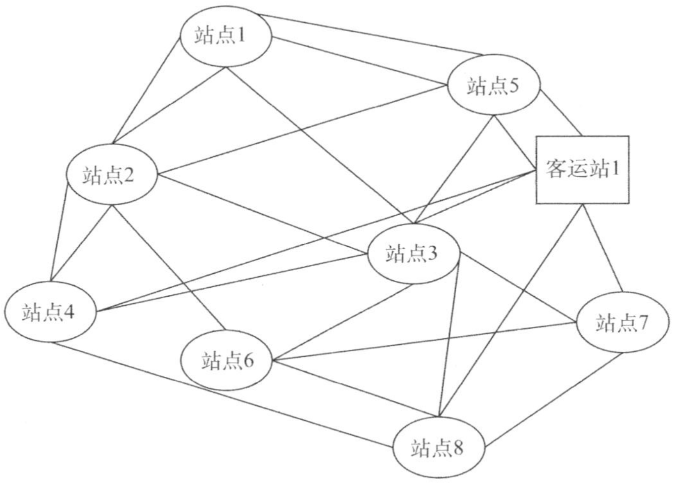

图1　车辆服务路径示意图

1.2　模型假设条件

根据农村地区的运送乘客的情况下，对模型进行一些简化，设定以下假设条件。

(1) 客运站拥有能够满足路网中所有乘客需求量的客车数量，同时每辆客车型号相同，核载量相同；

(2) 每个站点只能被服务一次；

(3) 每辆客车能服务多个站点；

(4) 上、下站点的乘客人数已定，并且各站点上车总人数不会超过单辆客车核载量；

(5) 不同的节点之间的距离已知。

1.3　模型中的符号定义

模型中符号定义表见表1。

表1　符号定义

符号	该符号或相关因素的含义	类型
S_0	城镇中"农村客运村村通"客运站集合，$S_0=\{s\mid s=1,2,\cdots,S\}$	集合
I	农村区域内各需求站点集合，$I=\{i\mid i=1,2,\cdots,m\}$	集合
d_{ijr}^{s}	表示第 s 个客运站的第 r 辆客车从站点 i 行驶到站点 j 的距离，单位：km	参数
p_i	表示第 i 个上车站点或下车站点的人数	参数
K	表示在路网中载客的运行客车车辆	参数
f_0	客车每公里的燃油费	参数
f'_0	每辆客车其他固定费用	参数
Q_{pr}	线路 p 中车辆 r 上的乘客人数	参数
C	客车的核载人数	参数
x_{ijr}^{s}	$x_{ijr}^{s}=\begin{cases}1,\text{从 } s \text{ 出发的车辆 } r \text{ 从站点 } i \text{ 行驶到站点 } j\\0,\text{否则}\end{cases}$	变量

（续表）

符号	该符号或相关因素的含义	类型
Q	线路中需要乘车的乘客总人数	变量
R	所运营的客车数量	变量

1.4 目标函数

以运营总成本最小为目标，建立目标函数式(1)，其中燃油费占主要费用。

$$f=\min\Big\{f_0\Big[\sum_{s\in S_0}\sum_{r\in p_s}\sum_{i\in S_0}\sum_{j\in i}d_{ijr}^{s}x_{ijr}^{s}+\sum_{s\in S_0}\sum_{r\in p_s}\sum_{i\in I}\sum_{j\in I}d_{ijr}^{s}x_{ijr}^{s}+\sum_{s\in S_0}\sum_{r\in p_s}\sum_{i\in I}\sum_{j\in S_0}d_{ijr}^{s}x_{ijr}^{s}\Big]+Rf'_0\Big\} \tag{1}$$

1.5 约束条件

(1) 车辆容量约束(供需约束)农村“村村通”客车核载人数有上限要求，在车辆行驶时不应该超过其核载人数。同时乘客都是事先通过采集需求发车，即路网中的总需求不能超过所有停车场中要发车车辆所能提供的总供给，因此有如下约束条件。

$$\sum_{i\in I}p_i=\sum_{j\in J}p_j\leqslant KC \tag{2}$$

(2) 未到达目的地均不下车。

$$\sum A_{pr}=Q \tag{3}$$

(3) 运营过程中农村区域的每个站点只能被服务一次。

$$\sum_{s\in S_0}\sum_{r\in p_s}\sum_{i\in I}\sum_{j\in I}x_{ijr}^{s} \tag{4}$$

2. 遗传算法设计

2.1 算法流程图

利用遗传算法作为求解农村需求响应式客车线路优化模型，算法流程图见图 2。

2.2 客运站和其他站点编码和解码设计

该模型采用十进制编码方式对染色体进行编码，直接将城镇中的客运站点和农村中的上车站点或者下车站点进行编号。设置客运站点编号为 0，上车站点或下车站点的编号依次为 0，1，2，…，n。

2.3 交叉设计

如果直接采用点交叉可能会出现某个站点的遗漏，所以采用次序交叉法。首先随机在双亲之中选择两个杂交点，再交换杂交段，其他位置根据双亲站点的相对位置确定。交叉过程如图 3 所示。

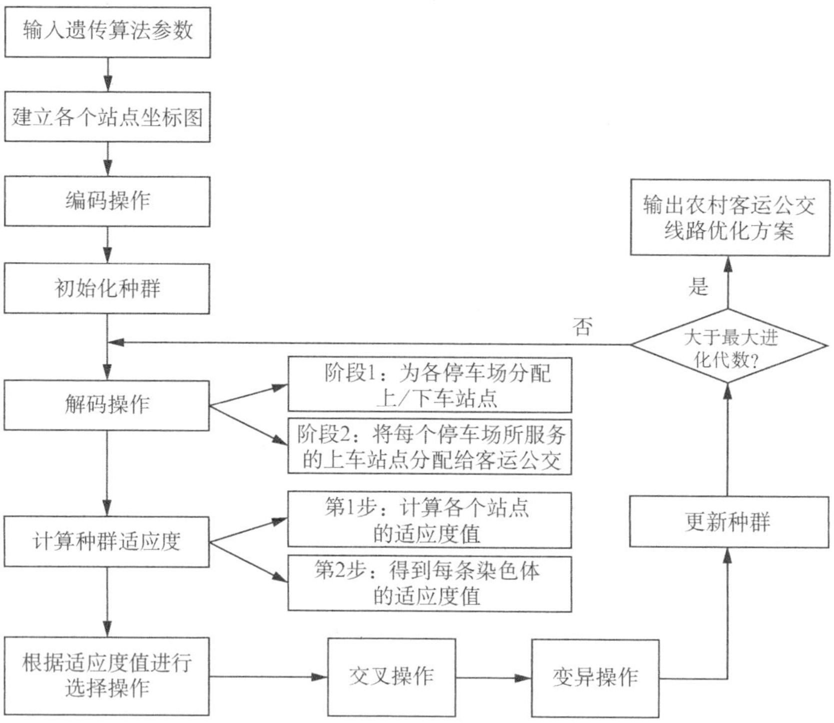

图 2　算法流程图

交叉前

父代 1	0	3	2	5	[7	8	1	9]	6	4
父代 2	2	9	5	3	[4	7	6	8]	0	1

设定随机杂交点为 4,7。那么子代的染色体为:

子代 1	&	&	&	&	[4	7	6	8]	&	&
子代 2	&	&	&	&	[7	8	1	9]	&	&

从父代 1 的第二杂交段开始 6-4-0-3-2-5-7-8-1-9,去除杂交段中的元素得到 0-3-2-5-1-9,再依次从第二个杂交点中填入得到两个子代的染色体如下。

交叉后

子代 1	2	5	1	9	4	7	6	8	0	3
子代 2	3	4	6	0	7	8	1	9	2	5

图 3　交叉过程

2.4　变异操作

按照给定的变异率,对选定变异的个体,随机取在区间之内的三个整数。如 $1<a<b<c<10$,把 a 和 b 之间的基因段插入到 c 后面和 10 前面。

3. 案例研究

以甘肃省临夏自治州临夏市某地区路网为研究对象,其中分为西部和东部两个区域。其中各个站点和客运站的位置情况也在表 2 和图 4 中有所标识。

西部路网中城镇地区有一个客运站,农村地区有十个站点,节点情况如表 2 所示。

表 2　西部路网节点编号,名称及分类

节点编号	节点名称	坐标 X/km	坐标 Y/km	分类
0	城郊汽车站	20	2.6	客运站(城镇地区)
1	大鲁家村	17	24	上/下车站点(农村地区)
2	重台塬村	9.7	23	
3	井沟村	4.2	17.5	
4	余王庄	12.3	19.7	
5	贾家咀	10.3	14.5	
6	松树庄	14.7	13.5	
7	尕寨村	12.2	9.3	
8	上石村	8.1	6.22	
9	车家坪	4.1	2.5	
10	红水河	9.8	1.9	

西部地区坐标散点如图 4 所示。

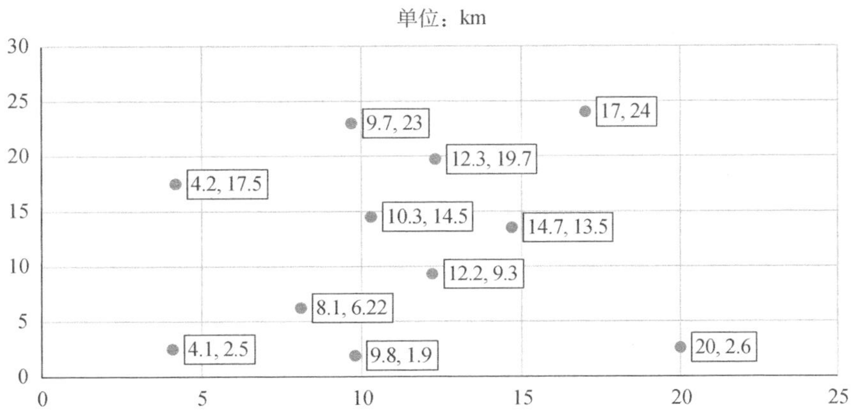

图 4　西部农村站点及客运站坐标散点图

在东部路网中,城镇区域内有一个客运站,农村区域内有九个上/下车站点。节点编号情况如表 3 所示。

表 3　东部路网节点编号,名称及分类

节点编号	节点名称	坐标 X/km	坐标 Y/km	分类
0	临夏汽车南站	2.1	22	客运站(城镇地区)
1	张王家村	9.1	11.8	上/下车站点(农村地区)
2	杏树沟	10.2	4.1	
3	赵家山	14.1	3.9	
4	八家沟	19.5	1	
5	四斗	16.2	10.1	
6	尕马家	14.2	14.3	
7	刘家山	15.6	19.5	
8	丁赵家村	22	22.3	
9	大杨家村	20.3	11.2	

东部地区站点坐标散点如图5所示。

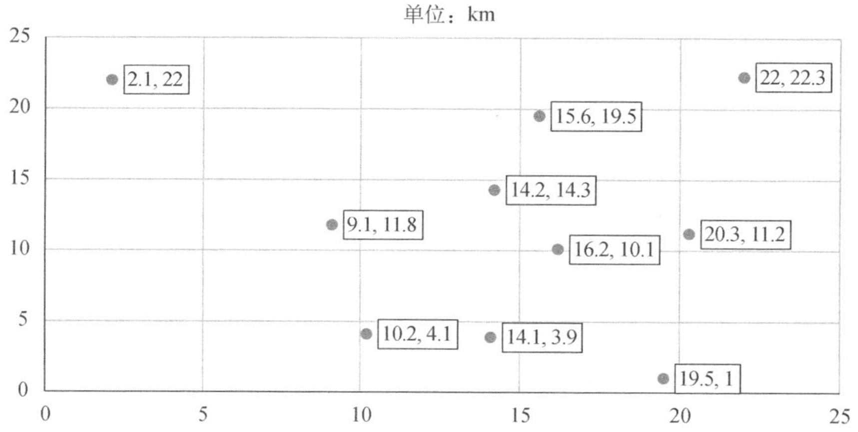

图5　东部农村站点及客运站坐标散点图

通过小程序"农村客运村村通"采集到的需要搭乘农村客运客车的乘客信息得知，白天在西部地区从站点1到站点9的乘客人数依次分别为：3，1，7，9，10，4，4，2，12，6；晚上在西部地区的客运站出发需要返回到农村地区各个站点的人数依次为（晚上没有返回到站点2号重台塬村和8号上石村的乘客）：3，7，9，10，4，4，12，6。

白天在东部地区需要进城的乘客从站点1到站点9的人数依次分别为：5，9，4，7，2，10，11，8，3；晚上在东部地区的客运站出发需要返回到农村地区各个站点的人数依次为（晚上没用需要返回到站点5号四斗的乘客）：5，9，4，7，9，12，7，4。

使用python设定种群规模为1 000，进化最大代数为200，交叉概率为0.8，变异概率为0.1，染色体长度为根据总站点（上/下车站点加上客运站数量）而定，客运公交的核载量为60人/辆。设定公交车每公里所使用柴油费用为2元，一趟运营固定成本为30元。

求解结果如图6～图9和表4所示。

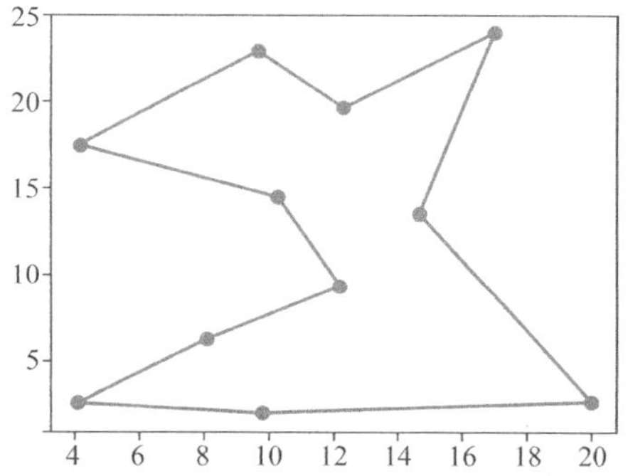

图6　西部地区白天求解路线图，公交车编号：1

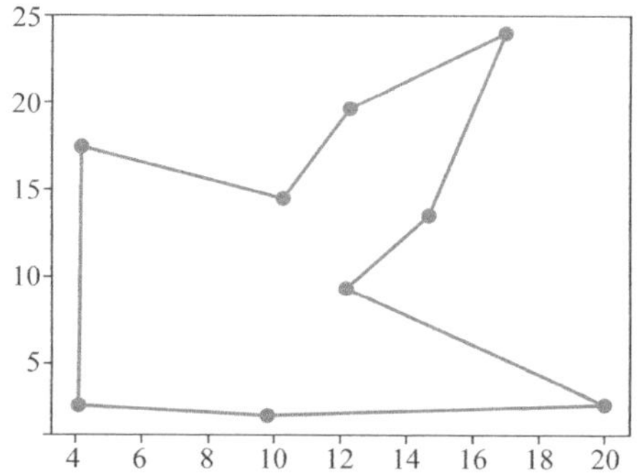

图7　西部地区晚上求解路线图，公交车编号：2

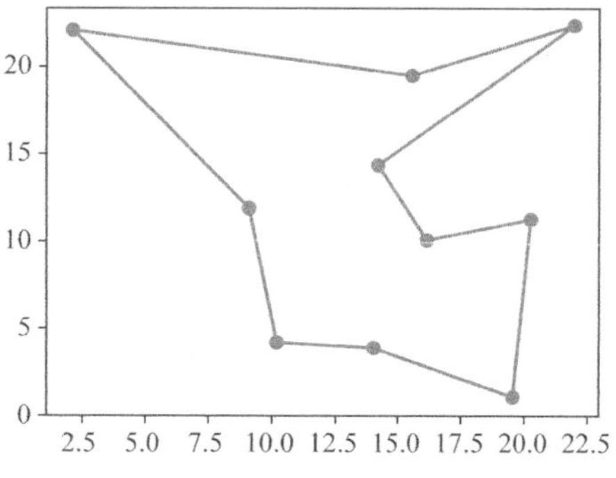

图8　东部地区白天求解路线图，公交车编号：3

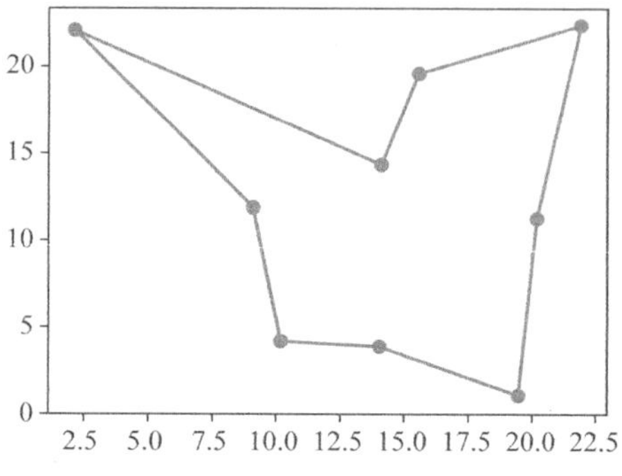

图9　东部地区晚上求解路线图，公交车编号：4

表 4　求解结果

公交车编号	途经站点编号	运行里程/km	客车运营成本/元
1(西部白天)	0-6-1-4-2-3-5-7-8-9-10-0	79.17	188.34
2(西部晚上)	0-7-6-1-4-5-3-9-10-0	75.61	181.22
3(东部白天)	0-7-8-6-5-9-4-3-2-1-0	81.20	192.4
4(东部晚上)	0-6-7-8-9-4-3-2-1-0	78.36	186.72
总计		314.34	748.68

结果显示，该模型算法能较好地完成农村需求响应式公交的情况。

4. 结语

(1) 针对农村偏远不发达地区，一改以往类似于城市普通公交制订的呆板线路，设置农村需求响应式客车，开发小程序“村村通农村客运”后，在采集乘客出发及到达站点需求的前提下，进行路径优化，合理地派遣客车在设定好的目标站点接送乘客，既高效率地满足了乘客需求，也降低了客车公司的成本。

(2) 本文使用十进制算法及特殊的次序交叉法，特殊变异操作，并根据每个节点之间的坐标所形成的散点图所进行计算，上/下站点只能被服务一次，加入的需求约束也提高了乘坐的合理性。最后所得到的运营成本也比较理想化。

(3) 农村地区客运除了需求供给方面造成的资源浪费以外，在基础设施薄弱，安全管理等方面也存在着较大问题，这些方面急需各级政府对农村客运加大政策扶持力度，迅速改革发展。除此之外，电动汽车的飞速发展也能在未来对公交车的成本控制上起到极大的作用。

(4) 本文研究的是基于遗传算法的单目标模型，并且设置车辆的行驶速度、油耗等因素为固定值，但在农村客运的实际运营中，除了天气气候等方面的影响，道路方面的影响也比较大，部分农村地区的道路崎岖坎坷，这对客车的实际行驶速度造成的影响可见一斑。所以在以后的研究中，可设置行驶速度，行驶时间为一个区间值，当然随之问题也会变得更加具体，更加复杂，这就需要用到更加复杂的模型和更高效的算法。

参考文献

[1] 雷星，钟媚. 四川省农村客运发展现状与分析[J]. 交通节能与环保，2019，15(03)：27-30.

[2] 鹿存野. 低碳经济下农村客运体系发展模式研究[D]. 西安：长安大学，2011.

[3] 胡坤鹏. 县域农村客运规划方法应用研究[D]. 广州：华南理工大学，2014.

[4] 安桐. 城市定制公交运营系统及线路设计研究[D]. 长沙：长沙理工大学，2016.

[5] 张丰焰，周伟. 基于交通紧凑度的农村公路客运线路优化研究[J]. 公路交通科技，2010，27(09)：111-116.

[6] 张敏捷，冯偲，吕晨曦，等. 定制公交线路优化模型及求解算法[A]. 中国智能交通协会. 2014 第九届中国智能交通年会大会论文集[C]. 中国智能交通协会，2014：8.

[7] 邱果. 基于乘客出行方式选择的定制公交线路设计优化方法研究[D]. 北京：北京交通大学，2019.

[8] 申婵，崔洪军. 基于可靠性最短路的实时定制公交线路优化研究[J]. 交通运输系统工程与信息，2019，19(06)：99-104.

[9] 张杭琪. 基于粒计算的定制公交线路规划研究[D]. 杭州：杭州电子科技大学，2019.

[10] 陶浪，马昌喜，朱昌锋，等. 基于遗传算法的定制公交路线多目标优化[J]. 兰州交通大学学报，2018，37(02)：31-37.

[11] 高燕. 兼营快递配送的村镇客运车辆线路规划研究[D]. 北京：北京交通大学，2020.

[12] 曹柳芳. 农村弱客流地区城乡定制公交线路优化[D]. 合肥：合肥工业大学，2019.

[13] 陈兴影. 随机用户需求下的定制公交线路生成及运营优化[D]. 西安：长安大学，2019.

[14] 马昌喜,王超,郝威,等.突发公共卫生事件下应急定制公交线路优化[J].交通运输工程学报,2020,20(03):89-99.
[15] 徐荣荣.需求响应型公交在农村客运中的应用研究[D].西安:长安大学,2015.
[16] 王姣.定制公交行车站点规划与时刻表编制研究[D].北京:北京交通大学,2016.
[17] 吴镇宇.面向通勤需求的城市定制公交线网优化[D].合肥:合肥工业大学,2017.

城市中央商务区慢行系统规划研究

Research on the planning strategy of slow traffic system in urban CBD

谢 辉[1]

摘 要：慢行系统是中央商务区(简称 CBD)地区实现绿色低碳发展的主要途径之一。结合 CBD 地区用地混合功能复合特征，分析了其慢行出行具有高度密集、多样化、高汇聚等特征，总结了 CBD 地区慢行系统的短距离出行、公共交通接驳以及休闲健身等三大功能。结合慢行系统人本化、安全性、连续性、协同性和舒适性的发展原则，提出 CBD 地区慢行系统"立体化、多层次、一张图"的规划策略。以虹桥 CBD 地区为例，提出了虹桥 CBD 地区的全连通、人性化、强连接和高品质的慢行系统规划方案。

关键词：中央商务区(CBD)；慢行系统；虹桥 CBD 地区；规划策略

Abstract: Slow moving system is one of the main ways to achieve green and low-carbon development in the central business district (CBD). Combined with the composite characteristics of mixed functions of land use in CBD area, this paper analyzes the characteristics of its slow travel with high density, diversification and convergence, and summarizes the three functions of the slow travel system in CBD area, such as short-distance travel, public transportation connection and leisure and fitness. Combining the development principles of humanization, safety, continuity, coordination and comfort of the slow traffic system, this paper puts forward the planning strategy of "three-dimensional, multi-level and integration" of the slow traffic system in CBD areas. Taking Hongqiao CBD area as an example, this paper puts forward a fully connected, humanized and high-quality slow moving system planning scheme for Hongqiao CBD area.

Key words: central business district (CBD); slow moving system; Hongqiao CBD; planning strategy

1. 引言

慢行交通包括步行和自行车(包括共享单车)等方式，是短距离出行的最佳方式，也是城市居民出行的主要方式之一。城市中央商务区(Central Business District，简称 CBD)地区以较少的用地范围，聚集大量的人口和岗位，存在较高的短距离出行需求，特别适宜鼓励步行和自行车为主要的慢行交通发展。随着双碳目标的制定，绿色低碳的慢行交通发展模式在 CBD 地区越来越受到关注。北京、上海、深圳等大都市都编制了步行与自行车的规划设计导则，提出了包括城市中心区或高密度发展地区的慢行系统网络密度要求，步行和自行车的道路宽度设计要求等，具有普遍指导意义。但如果忽略 CBD 地区的用地、建筑、交通需求、慢行出行等特殊特征，慢行系统存在连续性不够、整体性不足等问题，需要从系统角度对慢行系统进行规划研究。本文结合 CBD 地区的交通需求和慢行交通特征，考虑慢行系统的安全、连续、方便和舒适的发展要求，结合商务区慢行系统的短距离出行、公共交通接驳以及休闲健身等三大功能，提出 CBD 地区慢行系统"步行系统立体化、自行车通道系统多层次、慢行指引系统一张图"的规划策略。并以虹桥 CBD 地区为例，从立体化、多层次、一张图角度，提出了虹桥 CBD 地区打造全连通的立体步行系统、构建人性化的三级自行车道路系统，加强慢行系统与公共交通的衔接，构建高品质的地区慢行交通指引系统等规划深化方案。

1 上海城市综合交通规划科技咨询有限公司。

2. CBD的慢行交通

2.1 CBD的交通需求特征

CBD具有金融、贸易、服务、展览及咨询等多种功能，高度集中了城市的经济、科技和文化设施，是城市的核心地区。其高度混合的用地功能和处于城市核心的区位特征，决定了CBD的交通需求具有高强度、多样化、高汇聚的特征。

(1) 高度密集的人流、车流交通需求。CBD地区土地开发强调高，单位面积的建筑规模大，布置的就业岗位和人口也多，带来的交通需求也最旺盛。上海小陆家嘴地区面积1.7 km^2，建筑面积达480×10^4 m^2，聚集了14万个就业岗位，高峰时期，每日产生的进出交通需求接近45万人次，每天进出的车流交通达31.6万车次。

(2) 功能混合程度高，出行目的多样化，区内短距离出行需求多。CBD地区用地功能混合程度越高、职住平衡比也会越高、内部交通比例也会越高，短距离出行需求也会越大。有研究发现，上海陆家嘴CBD地区内部通勤比例达35.63%，2 km以内的极近通勤距离比例达到40%。

(3) 通勤的公共交通比例高，汇聚大量的公共交通换乘出行需求。CBD地区配有发达的公共交通系统，早晚高峰通勤出行中公共交通比例一般达到70%～80%，大量公共交通的换乘不可避免。

2.2 CBD地区的慢行出行特征

CBD地区汇集了商务办公、商业零售、居住、休闲和娱乐等多方面的功能，区域内人们对慢行交通的需求各不相同，但总体上可以分为三大类，即独立的慢行需求、接驳公共交通的慢行需求和体育锻炼娱乐的休闲慢行需求。独立的慢行需求是指因工作生活需要而通过慢行交通工具独立完成的出行需求；而接驳公共交通的慢行需求是指与公共交通一起共同完成的出行需求；休闲慢行需求是指以休闲、娱乐、旅游为主要目的慢行需求。这些慢行需求在多方面存在明显差异。

首先，独立的慢行需求往往呈现较为明显的方向性特征，慢行流量趋于平稳；接驳的慢行需求在交通枢纽地区聚集；而具备休闲慢行需求的人群，存在较大的目的不确定性，易随意改变方向，且慢行速度不稳定，容易时走时停。

其次，在时变特征上，独立的和接驳的慢行需求存在着明显的早晚潮汐式高峰现象；而休闲慢行需求则在周末和节假日的时候慢行流显著增多，尤其是在清晨和傍晚的时候锻炼目的的慢行需求较大。

最后，在慢行环境和品质要求方面，独立的慢行需求要求独立的路权，比较连续、畅通，方便人们快速通过；接驳的慢行需求更注重通行的高效性，要求慢行流线简捷明了；而休闲慢行需求则更加强注重慢行活动过程中的体验、品质，特别关注人的安全性、舒适性，对慢行活动所处的空间环境和相关便利设施的要求比较高。

2.3 CBD地区慢行系统存在的主要问题

(1) 慢行系统网络整体性不够

CBD地区慢行系统网络更多是依靠机动车通行为主的城市道路网，拥有独立空间的慢行专用系统较少，一般是城市开发建设过程中，作为地块建筑体的一部分而形成的半独立式或半开放式的慢行系统；与周边道路的慢行空间和周边旅游休闲地块的慢行空间等在路权和空间上整体性考虑不够，缺乏从CBD地区慢行交通需求大、接驳需求多、独立需求强的整体特征层面统筹考虑慢行网络规划。

(2) 慢行系统连续性不够

CBD地区为了人车分离，许多CBD地区设置地上、地面、地下立体步行系统。然而地面人行道经常由于被公共设施、市政设施、自行车停车和机动车停车等占用，阻断了步行空间的连续性，人们不得不转向走机动车道，这将存在严重的安全隐患。地下步行通道或地上二层步行廊道等受建筑物体营业时间影响，往往也不是 24 h 连续对外开放。

（3）自行车停车空间有限

CBD 地区的地块资源紧张，自行车停车场以满足员工需求而布置在地下机动车停车库，对于非员工的自行车缺乏足够的、规范合理的停车设施，共享自行车也只能借用绿地或地块边角地设置，造成自行车停车不便，利用不高，自行车的优势没有得到很好的发挥。

此外，CBD 地区的慢行指引系统考虑不够，往往以热点商场指引为主，未能全面指导慢行系统出行。

3. 规划要求与策略

3.1 慢行系统规划原则

（1）人本化原则

以满足人们出行需求为原则，出行过程中提供基础设施，考虑人们对生态、环境、品质的追求，同时考虑人们身体上的需求，设置休闲座椅等，为步行者和自行车骑行者提供一切利于慢行的空间环境和设施。

（2）安全性原则

在慢行交通和机动交通强度都很高的 CBD 地区，形成一个相对独立的慢行系统网络，将人流与车流完全隔离开来，慢行交通与机动交通的运行互不干扰，保障慢行系统的安全，提高慢行系统品质。

（3）连续性原则

在高等级道路、铁路以及河流系统等瓶颈点保障慢行网络在更大范围内的连续性。此外，CBD 地区立体慢行系统内部之间也要相互贯通。

（4）协同性原则

CBD 慢行系统需要与地块建筑体相协调，与周边的自然环境、建筑体、河道景观等充分融合，要与轨道交通、地面公交以及机动车交通等相互衔接。

（5）舒适性原则

通过采用不同的设计手法，实现对不同使用对象的需要的满足，包括路权的有效保障，安全便捷的自行车停放设施或清晰的步行指引系统等。

3.2 “立体化、多层次、一张图”规划策略

1）步行系统——立体化

CBD 地区的步行系统可结合 CBD 地块开发和建筑形态，形成立体化的步行体系。CBD 地区立体化的步行交通模式主要由地下、地面和空中步行系统等三种表现形式组成，其规划策略各有侧重。

（1）地下步行系统：侧重与轨道地下车站或接驳通道、建筑体地下空间、地下商业娱乐设施等贯通或有效相连，对地面步行人群分流。

（2）地面步行系统：不同等级道路配置的人行道宽度、交叉口数量等应遵循国家或地方标准。公园、广场、景区内的步行通道，滨河的步行专用通道和专供步行通行的绿道，与城市道路步行空间相互贯通。开放地块内横断面较窄的胡同、弄巷、街坊路和小区路等，作为慢行出行补充。

（3）空中步行系统：结合不同建筑物功能及空间特征，结合商业、餐饮娱乐设施，设立造型美观的高品质空中步道系统；通过楼梯、电梯、自动扶梯等设施与不同建筑、天桥、地道及公共空间、绿地等形成良好衔接，实现空中步行网络的系统化、连续性；与城市其他交通体系建立便捷联系。

2）自行车系统——多层级

CBD 地区的自行车系统可分为自行车廊道、自行车集散通道、自行车休闲道。其中自行车廊道，是联通 CBD 区内区外主要自行车联系通道，承担 CBD 地区自行车中短距离的出行需求。自行车集散通道是以服务 CBD 地块两侧用地建筑自行车出入为主，连接公共交通枢纽，以接驳公共交通的到发集散为主，与两侧建筑联系紧密。自行车休闲道是 CBD 区内集游览、锻炼、休闲骑行为主要功能的自行车专用车道（亦

可供步行使用)。CBD地区的自行车廊道、集散道、休闲道的规划策略如下。

(1) 自行车廊道:强调通道的连续与便捷。主要与CBD外围城市自行车干道网络形成对接,构建中长距离的自行车出行通道。优先利用CBD地区的次干道和支路系统设置,对于CBD地区城市快速路与主干路,注重设置机非隔离带。

(2) 自行车集散道:强调与公共交通设施的贯通和与地块建筑的连续紧密。一般性道路均可设置,增加CBD内部慢行区间自行车的可达性。

(3) 自行车休闲道:强调多样化的骑行及活动空间,突出趣味性。沿区内水系、公共绿地等自然景观条件较好的地段或有人文特色的地段设置,使其与公园、绿地、水岸等开敞空间形成便捷联系。

(4) 自行车的停车场:适度供给。在建筑体附近与公共交通枢纽或站点周边设置适度的自行车停车场所,以保障地区工作或生活的基本出行需求为主,充分发挥其公共交通接驳功能。

3) 慢行指引系统——一张图

(1) 清晰明确的标识和指引系统。营造安全、清洁和舒适的步行环境,融入良好的绿化景观和人文景观要素,为行人提供停留、休憩等安全的宜人场所,提升CBD地区整体城市文化内涵。

(2) 制作慢行交通一张图。以方便CBD地区慢行出行为主要目的,涵盖慢行交通及其衔接设施、公共交通站点、主要公共服务中心等多个要素。

4. 虹桥CBD地区慢行系统规划深化方案

4.1 虹桥CBD地区慢行交通特征

虹桥CBD地区是上海市29个市级商业中心之一,同时也是虹桥国际中央商务区的核心区,面积3.7 km^2,东邻虹桥枢纽,西接国家会展中心。当前352栋楼宇已全面建成,已入驻约5万名企业员工。且呈现通勤、接驳、休闲等多元化发展趋势。

(1) 中短距离的通勤需求。调查显示,45%已入驻的企业员工采取步行和自行车(含共享单车和助动车)上、下班,其中大于2 km的出行占比22%,以助动车和自行车为主;1 km内出行占比43%,以步行和共享单车为主。

(2) 轨道站点的接驳需求。虹桥CBD地区主要轨道站点为虹桥火车站站,站点600 m面积覆盖率13%,即仍有87%的面积在轨道站点600 m之外,最远达2.5 km。调查显示20%采取轨道交通出行,其中采用自行车接驳轨道的占比60%,自行车轨道站点周边平均骑行距离为1.6 km,单次平均时长10.7 min。

(3) 健身休闲出行需求。调查显示共享单车夜间骑行占比7.7%,非工作日跑步和骑行规模比工作日增加70%。

随着商务区内入驻率的提高,周边设施的完善,以及周边虹桥枢纽的功能提升、国家会展中心的逐渐成熟,虹桥CBD地区的慢行需求将进一步增加,多元化需求趋势更加明显。应用“立体化、多层次、一张图”的规划策略,构建虹桥CBD地区全连通、人性化、强连接和高品质的慢行系统。

4.2 构建全连通、人性化的慢行系统

1) 打造全连通的立体步行系统

(1) 二层步行系统升级:串联式升级为平台式

虹桥CBD地区已有二层连廊串联西交通中心、虹桥火车站、虹桥核心区一期虹桥天地、龙湖天街、万通中心及财富中心等建筑体,西侧与国家会展中心的二层连廊相连。受商业运营时间限制,二层连廊不能实现全天候的贯通,疫情期间,更是连而不通。借助虹桥枢纽西交平台提升工程,借助虹桥核心区中轴绿地品质提升工程,沿中轴绿地构建从虹桥枢纽西交平台至财富中心的平台式二层连廊,形成东联枢纽、西接会展的全天候、全互通的立体二层步行系统。

(2) 地面开放封闭地块内公共空间通道

虹桥 CBD 地区街坊尺度在 150 m×200 m 左右，地块内通过公共空间通道串联多个建筑体。开放部分封闭地块内的公共空间通道，加强地块内建筑体间慢行空间互通，提升虹桥 CBD 地区慢行网络密度达到 10 km/km^2 以上。

(3) 地下增加地下步行空间与地面道路衔接的出入口

虹桥 CBD 核心区一期 13 个街区的商业大厦和办公楼将由 21 条地下通道在地下连成一片。地下通道主要通过建筑体出入口与地面衔接。建议结合地面道路条件，适度增加地下步行空间与地面道路相衔接的出入口，使地面、地下步行系统更加一体化。

2) 构建个性化的三级自行车道路系统

(1) 借助跨河跨铁路等瓶颈道路打通，形成自行车对外联系廊道

借助申昆路—金运路、天山西路等跨河道跨铁路的瓶颈段打通，连同华翔路、沪青平公路道路慢行空间，形成虹桥 CBD 地区对外联系的两纵两横自行车廊道，满足自行车对外中长距离出行，衔接中心城区和青浦、嘉定、闵行等行政区的自行车网络，全面提升自行车的通行速度。

(2) 完善地下道路的自行车通行功能，形成连续的自行车集散道网络

虹桥 CBD 地区内不提供较大空间建设自行车廊道通道，但在设施上需要保障自行车通行路网的可达性和通行品质。针对虹桥 CBD 地区内下穿铁路的地下道路较多但缺乏自行车通行功能，规划提出两个优化策略：一是在地下道路设有地面步行道路或人行天桥的基础上增设自行车道，并增加自行车的推行设施，保障自行车交通的连贯；二是对于无步行道的地下道路，结合周边相连道路慢行空间，形成连续的自行车道路网络。

针对部分混用型道路，路边机动车停车较多，道路宽度较窄，机动车停车占路对交通影响较大，增加地下停车位，畅通自行车行车环境。

(3) 贯通滨江休闲、旅游区的自行车休闲道

为打造国际中央商务休闲、旅游区，提升区域休闲、旅游能级，以市民旅游、休闲为功能，沿北横泾、华翔绿地开辟自行车特色通道，并与北侧苏州河市级滨江岸线风貌区衔接，开放休闲、旅游功能区内自行车道路通行。在申滨南路等增加沿街绿化和历史文化设施，划出自行车专用道，突出道路及周边区域本身特色。

4.3 加强慢行系统与公共交通的衔接

(1) 加强步行系统与轨道站点的衔接

增加规划轨道站点出入口与地块、建筑体的衔接。结合虹桥 CBD 地区规划预留的 2 个轨道站点，在周边道路地块，甚至地块内建筑体、楼宇的出入口，预留多个轨道站点出入口空间，增加轨道交通站点直接覆盖。

加强轨道站厅过街设计。结合轨道车站出入口设置可供过街功能的换乘厅与人行通道，使慢行者更加方便地换乘的同时，也可以用作人行过街，增强慢行者的便捷性与安全性。

(2) 注重轨道站点或公交站点的自行车快捷存取设计

结合虹桥火车站地铁站、71 路西延伸公交枢纽站点以及东西交通中心等的实际空间布局，在其百米可及的范围之内设置若干自行车存取设施，形成“自行车＋公共交通”的出行方式，增加轨道站点或公交枢纽的服务辐射范围。

4.4 构建高品质的地区慢行交通指引系统

(1) 构建地面的二级慢行指引系统

结合地块封闭公共空间通道的开放，形成虹桥 CBD 地区二级慢行指引系统。其中一级指引，以建筑体、轨道公交车站等距离位置指引为主；二级指引是以建筑体大门、地下通道出入口、公共活动中心出入口等方位和距离指引为主。

(2) 构建可识别的地下步行空间指引或导航系统

21 条地下通道与建筑体相连，形成两纵五横的地下步行通道，构建明显的可识别的(如七种颜色，或数字代码或其他符号等)地下步行指引系统，保障地下步行空间的连续性，避免地下商业空间的侵占与误导。同时针对地下空间的网络信号弱、定位不准确等问题，开发建设地下智能步行导航系统。

(3) 构建虹桥 CBD 地区立体步行空间、自行车泊位、公共交通站点等一体化慢行系统地图

在现有的虹桥 CBD 地区地图，增加地下道路出入口、二层连廊出入口、自行车泊位、公交站点和轨道交通站点出入口等位置信息，增加步行天桥、连廊、地下通道等信息以及自行车专用道、连接道等设施信息，形成更加完善的慢行系统一张图。

5. 结语

安全、舒适、便捷的慢行系统的营造是落实绿色低碳发展观、构建可持续交通的具体体现。建立相对独立的立体化步行系统和强化自行车的公共交通接驳功能是构建 CBD 地区慢行系统的一个主要方向。依据慢行系统的规划原则，提出“立体化、多层次、一张图”的慢行系统规划策略。以虹桥 CBD 地区为例，提出了全连通的立体化步行系统、个性化的三层次自行车系统、高品质的地区慢行交通指引系统。随着 CBD 地区功能的逐步完善，以及人民对健康生活的追求，需要更多的人来关注 CBD 地区的慢行系统的营造与完善，关注我们未来的生活：年轻人可以自由地慢行出行或锻炼休闲，老人可以坐在路边或沿着弯曲的路骑自行车，儿童们沿着它可以享受有趣的城市生活。

参考文献

[1] 田金玲，王德，谢栋灿，等. 上海市典型就业区的通勤特征分析与模式总结——张江、金桥和陆家嘴的案例比较[J]. 地理研究，2017，36(1)：134-148.

[2] 熊文，黎晴，邵勇，等. 向世界级城市学习：天津市滨海新区 CBD 慢行交通规划[J]. 城市交通，2012，10(1)：38-53.

[3] 魏安敏. CBD 地区慢行系统规划策略研究[D]. 天津：天津大学，2012.

[4] 田锋，杨罂照. 大城市 CBD 步行系统规划策略研究[C]. 2015 年中国城市交通规划年会暨第 28 次学术研讨会论文集. 2015：1-7.

[5] 朱洪，刘明姝. 小陆家嘴地区非机动车交通发展策略研究[J]. 城市建筑，2018(30).

[6] 上海市城乡建设和交通发展研究院. 虹桥国际中央商务区综合交通规划(2021—2035)[R]. 上海市城乡建设和交通发展研究院，2022.

[7] 邵丹. 推进上海骑行交通发展研究[J]. 科学发展，2018(2)：103-112.

基于连通性的慢行交通网络分析研究

——以上海为例

Connectivity analysis of non-motorized traffic network

—a case study of Shanghai

杨　帆[1]

摘　要：多样化的交通需求和新兴的交通概念，导致对慢行交通的关注提升。慢行交通品质提升需要对慢行交通系统多个维度进行分析，连通性是其中一个主要维度。本文将基于连通性对慢行交通网络进行分析，以上海市为例，从政策性层面和设施性层面阐述慢行交通网络低连通性的现状，并对慢行网络低连通性低引发的差异化问题进行探讨。最后针对两种不同原因造成的低连通性，进行策略分析，并对具体道路提出实施建议。

关键词：道路网络；慢行；连通性；禁非道路

Abstract: Diverse traffic needs and emerging traffic concepts have led to an increased focus on non-motorized transportation. To improve the quality of non-motorized transportation, it is necessary to analyze multiple dimensions of non-motorized transportation system, among which connectivity is one of the main dimensions. This paper analyzes the non-motorized transportation network based on connectivity, take Shanghai as an example, explain the status quo of low connectivity of non-motorized transportation network from the policy level and facility level, and discuss the differentiation caused by low connectivity of non-motorized transportation network. Through a case study of the road network in Shanghai, it is proved that the travel impedance of travelers increases. Finally, the paper puts forward some suggestions for the low connectivity caused by two different reasons, and conduct implementation plan research.

Key words: road network; non-motorized transportation; network connectivity; no non-motor vehicle road

1. 引言　慢行交通的复兴

城市交通发展逐渐从“车本位”向“以人为本位”的理念转变，交通出行的需求越来越多样化。“最后一公里”的出行需求、15 min 社区生活圈品质营造以及街道品质、城市更新等政策对慢行交通的关注越来越多。需要针对步行、健身、游览三种体验，自行车、电单车、踏板车三种车型，自行车与自用助动车骑行者、职业骑手三类骑行者，通勤接驳、上学接送、快递外卖三类骑行目的，从需求差异性出发研究慢行网络规划[1]。

现状的慢行交通网络在连通性上存在不足，“禁非”路段的政策和断头路的存在，使得部分交通网络通达性不佳，不利于提升慢行交通的品质。

2. 慢行交通网络低连通性的现状

2.1　政策性的网络打断

从 2017 年 5 月起，上海全市范围内共有 107 条道路禁止非机动车(图 1)，涉及 10 个行政区，黄浦区、

1　上海市城市建设设计研究总院(集团)有限公司，上海城市基础设施更新工程技术研究中心。

静安区、浦东新区均超过20条，徐汇区超过10条。除四川北路(天潼路—武进路)为白天8:00—17:30禁止非机动车以外，其余106条均为全天候禁非。

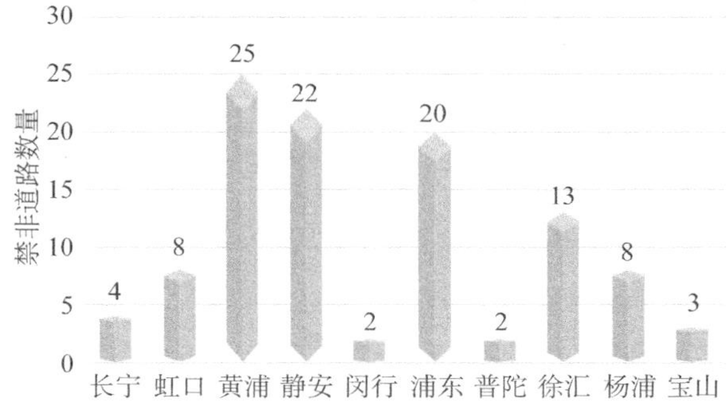

图1　上海市各行政区禁非道路数量统计图(2017年)

如表1所示，截至2017年11月，上海全市范围内共有禁非道路176.8 km；中心城范围内有禁非道路106.2 km(双向禁非89 km，单向禁非17.2 km)；重点研究中心城范围内有禁非道路72.6 km。

表1　上海市禁非道路里程统计表

范围	区域	禁非里程/km	禁非道路数量/条	禁非路段数量/条
全市		176.8	112	132
中心城	—	106.2	96	113
	陆家嘴	14.9	13	15
	上海南站	2.2	9	9
	中环	16.5	7	11
	重点研究范围	72.6	67	80
中心城外		70.6	16	19
	迪士尼	9.8	11	13
	公路	57.6	3	4
	其他	3.2		

在中心城范围内，虽然路网密度高，由于过去交通发展政策向“车本位”倾斜，在道路资源有限的情况下，优先发展机动车交通，压缩占有慢行交通的空间。部分核心商圈对非机动车实施禁行政策，包括双向“禁非”和单向“禁非”(图2)。

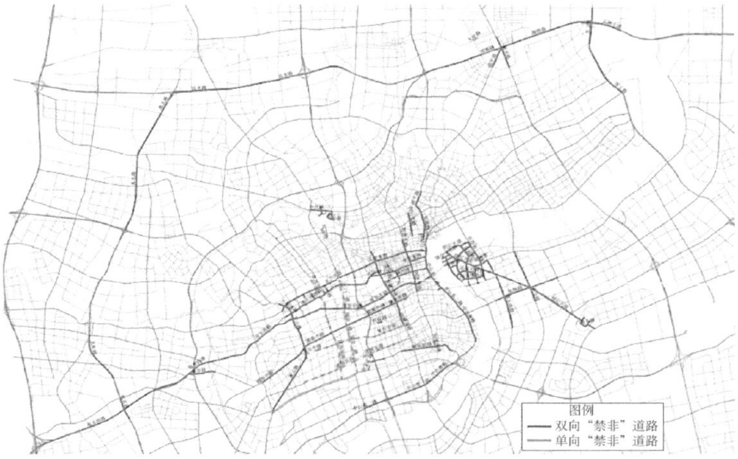

图2　上海市部分禁非道路分布示意图

2.2 设施性的网络打断

除禁非政策带来的慢行交通网络连通性低以外，还存在因为设施性缺失带来的慢行网络通达性不足[2]。主要分为两类，分别是区—区连接断头路和因自然和其他重大道路设施带来的割裂路网。

区—区连接断头路是由于道路缺失而造成非机动车通行断点。由于不同行政区之间道路规划建设存在衔接不足的问题，这种道路缺失经常出现在两个行政区相邻处，如图 3 所示。

图 3 行政区毗邻处道路缺失示意图

此外，铁路、地面快速路等重大交通设施对城市路网带来割裂，造成两侧联系通道稀疏。如图 4 所示，以上海南站地区为例，铁路对徐汇区道路造成了割裂，虹梅路南北向无慢行路段，而东西两侧南北向慢行连通道路之间直线距离 2.6 km，该地区慢行交通网络连通性较差。

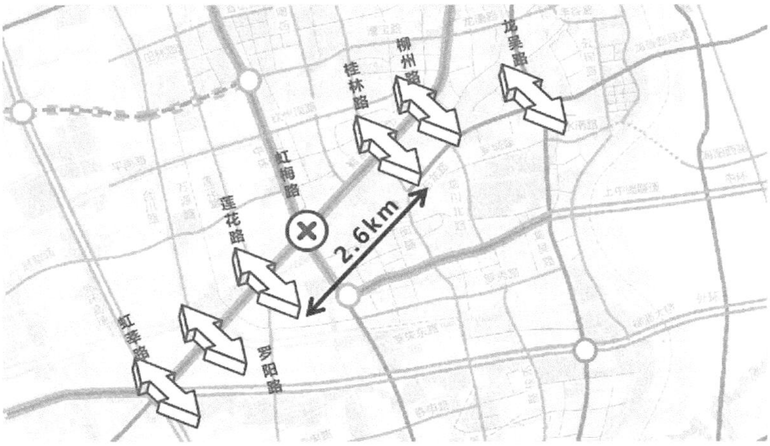

图 4 上海南站铁路割裂慢行路网示意图

此外，河道等自然因素也会引发对慢行网络的分割。

3. 慢行网络低连通性低引发的差异化问题

本节将从出行体验和骑行目的分类，从需求差异性出发，研究慢行网络规划。

3.1 基于出行体验分类

步行：出行时间成本增加。政策性的“禁非”网络打断对于步行者的影响不大，但是设施、自然环境等对慢行路网带来的割裂，会极大影响步行者的出行体验。以上海南站铁路对慢行路网造成的割裂为例，提供慢行交通空间的道路为莲花路和桂林路，两条道路间距为2.6 km，步行时间超过30 min，绕行严重。

游览：影响城市形象。以南京西路和北京西路为例，均为上海地标性的市中心繁华路段，吸引不少游客前往打卡。游客通常会选择骑行共享单车领略城市风貌，在不熟悉上海非机动车禁行政策的情况下，极易引发交通矛盾，造成游客不便。以迪士尼和南站为例，区域全面禁非，非机动车无法通行之余，也造成了轨道交通缺乏“最后一公里”的接驳方式，旅游景区和城市枢纽的可达性降低，吸引力也随之降低。

3.2 基于骑行目的分类

通勤接驳：不利于打通“最后一公里”。以小陆家嘴区域为例，大量商业办公用地存在许多通勤需求，区域性“禁非”，使得共享单车这一常用接驳工具无法使用。一方面，早晚高峰时段的通勤时间增加，交通出行者的出行便捷性降低；另一方面，部分出行者为节省时间会在“禁非”区域违章骑行，早晚高峰时段的交通安全性降低。

上学接送：上学接送的出行，往往存在停放非机动车的需求。若学校附近“禁非”，由于“禁非”路段通常无自行车停放空间，会造成学校附近的路段在早晚高峰时段内停放大量非机动车，影响交通正常运行。

快递外卖：引发交通违章。随着物流行业和外卖行业的兴起，城市内大量非机动车骑行者为快递、外卖从业者。快递外卖的配送通常具有时效性，“禁非”会增加配送路径的绕行距离，大大增加配送时间，而配送人员在快递外卖配送过程中争分夺秒，极易引发违章骑行的现象。且由于配送时配送人员的骑行速度较快，高速行驶和违章逆行将造成极大的安全隐患，增加慢行交通事故发生率。

4. 慢行交通网络连通性提升的策略

4.1 避免绕行，提供直接顺畅的出行服务

对有条件恢复非机动车通行的“禁非”道路，通过优化道路断面布置，增设非机动车道，减少因“禁非”带来的绕行。

对不具备恢复条件的“禁非”道路，通过梳理平行道路网络，设置非机动车绕行标志标识，引导通行，降低因不熟悉“禁非”政策带来的交通违章行为和交通安全隐患。非机动车引导标志设施原则如图5所示。增设公交服务，为“绕行”的不便提供便捷的替代出行选择。

对区域性“禁非”：如小陆家嘴、迪士尼区域，对如何开放非机动车通行进行专题研究。

对路段性“禁非”：具备通过标线措施恢复，且不影响现状交通组织的禁非道路，原则上应予以恢复非机动车道；禁非道路两侧500 m范围内应有平行的绕行线路，绕行距离不超过1 km，否则应恢复该禁非道路的非机动车通行；单向禁非道路原则上应恢复非机动车双向通行；非机动车需求强烈，且具备物理恢复条件的禁非道路原则上考虑恢复。

4.2 打通断头路，优化因自然和设施割裂的人非通道布局

对跨铁路断头路：布设围绕枢纽的人非慢行通道布局，包括地下通道，枢纽上盖通道等。

对跨中环节点断头路：采用新工法新工艺打通断点，包括地下通道，慢行过街设施等。

对跨行政区断头路：结合区区对接道路，优化跨区道路衔接规划，打通区区阻隔[3]。

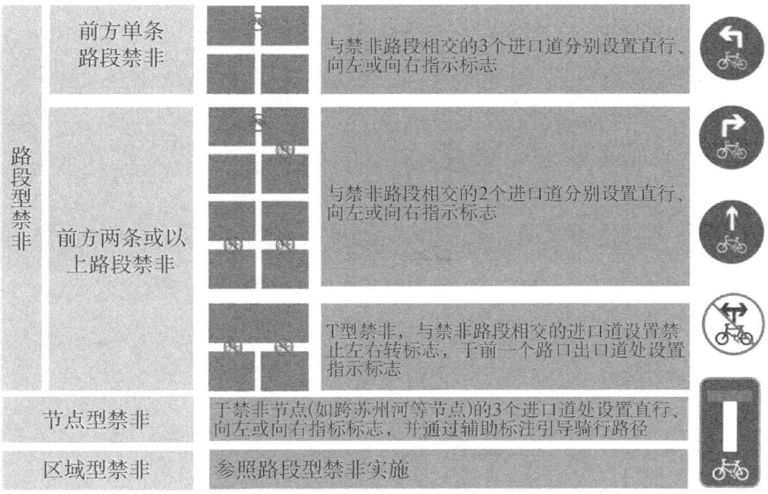

图 5　非机动车引导标志设置原则

5. 恢复非机动车道的实施原则

5.1　路段具备标线条件，恢复非机动车道

具有标线措施恢复条件，且不影响现状交通组织的禁非道路，原则上应予以恢复非机动车道。

以复兴中路(宝庆路—西藏南路)为例(图 6)，复兴中路车行道宽度 11 m，两条车行道，单向通行；西侧复兴中路(宝庆路—淮海路)、复兴西路机动车双向 2 车道，不禁非；东侧复兴东路双向 7 车道，不禁非。现状有非机动车双向通行需求，正常流量 900 辆/h，违章流量 210 辆/h，现状东西两侧均允许非机动车双向通行；保留两条机动车道不变，压缩机动车道宽度至 3.5 m，恢复非机动车双向通行，一侧 2.5 m，一侧 1.5 m[4]。

图 6　复兴中路(宝庆路—西藏南路)禁非状态

5.2　绕行距离超过 1 km，恢复非机动车道

禁非道路两侧 500 m 范围内应有平行的绕行线路，绕行距离不超过 1 km，否则应恢复该禁非道路的

非机动车通行。

以延安路(威海路—古北路)为例(图7),该路段禁止非机动车通行,人行道宽度4.5～9 m,部分路段绕行距离超过500 m,建议打通该段。

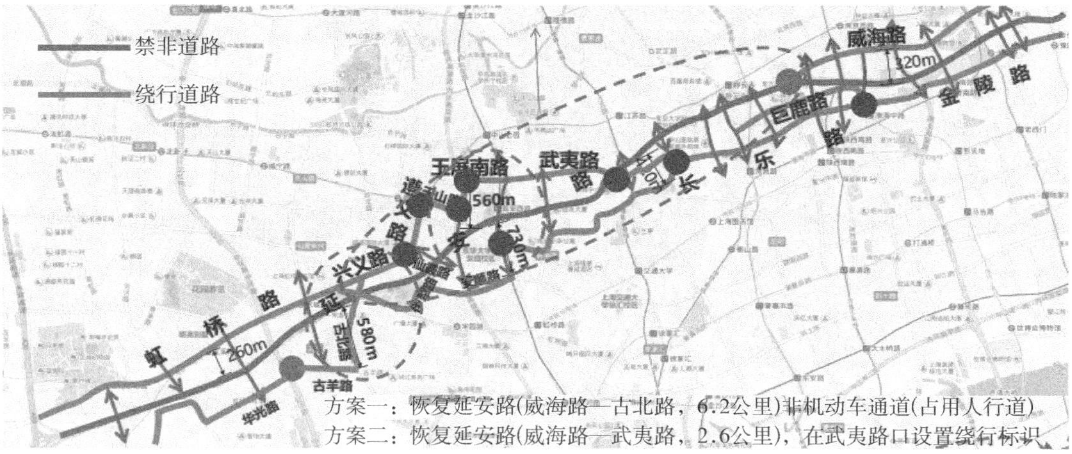

图7　延安路(威海路—古北路)建议方案

5.3　实施建议

表2为部分道路恢复非机动车道实施建议。

表2　部分道路恢复非机动车道实施建议

路段	实施建议	长度/km	区域
复兴中路(宝庆路—西藏中路)	压缩机动车道	3.3	徐汇/黄浦
建国西路(衡山路—陕西南路)	压缩机动车道	1.7	徐汇
建国中路(陕西南路—南北高架)	压缩机动车道	1	黄浦
建国东路(南北高架—肇周路)	压缩机动车道	0.92	黄浦
民立路(秣陵路—天目西路)	压缩机动车道	0.12	静安
延安路(威海路—古北路)	占用人行道,做成人非共板	6.2	静安/长宁
福州路(西藏中路—中山东一路)	取消一条机动车道	1.45	黄浦
湖北路(广东路—南京东路)	取消一条机动车道	0.49	黄浦
西康路(南京西路—南阳路)	取消一条机动车道	0.19	静安
九江路(南京西路—河南中路)	取消一条机动车道	1.5	黄浦
陕西北路(新闸路—延安路)	压缩机动车道	1	静安
陕西南路(延安路—肇嘉浜路)	压缩机动车道	2.4	黄浦
石门二路(北京西路—南京西路)	压缩机动车道	0.24	静安
石门一路(南京西路—延安路)	压缩机动车道/拆侧分带	0.81	静安
瑞金一路(延安路—淮海路)	压缩机动车道/拆侧分带	0.56	黄浦
瑞金二路(淮海路—肇嘉浜路)	压缩机动车道	1.6	黄浦
合　计		23.48	

参考文献

[1] 陈小鸿. 慢行交通的轮回及不一样的春天[J]. 交通与港航，2022，9(01)：1-2.
[2] 薛美根，江文平，李娜. 上海市非机动车出行改善对策[C]. 2017 年中国城市交通规划年会论文集，2017：2180-2187.
[3] 张琬乔. 城市慢行单元步行网络修补设计研究[D]. 重庆：重庆大学，2017.
[4] 关士托，王维凤. 基于路权共享的城市禁非道路路权再分配技术研究[J]. 佳木斯大学学报(自然科学版)，2018，36(03)：335-339.

台北市公共自行车系统升级服务

To upgrade the service about the Youbike system in Taipei

朱宸佐[1]　陈诗韵[2]　游思远[3]　陈学台[4]　彭振声[5]

摘　要： 为完善最后一英里路服务以建构友善公共运输环境，台北市自 2011 年以公私协力方式委托专业厂商建置营运全市公共自行车租赁系统(YouBike)，至 2017 年年底达全市 400 站规模后，除推动公共运输票证整合优惠措施(转乘优惠及公共运输定期票)、提供公共自行车保险及优化自行车骑乘环境外，至 2019 年每日平均租借次数约 7.8 万人次，车辆周转率约为 5.97(次/车/日)。考量持续接获地建议设置新站以便利民众使用，由营运厂商提出以车机租借结合无电车桩之 YouBike2.0 系统，并于 2020 年在公馆地区及台大校内试办评估民众对新系统接受度及跨系统整合策略。经确认，YouBike2.0 系统试办期间系统妥善率及服务满意度达九成以上、车辆周转率约 10.52(次/车/日)后，另外分析全市 YouBike1.0 站点间借还连接性强弱，将台北市分成 25 分区，以 6 组人力同步会勘增设站点。截至 2021 年年底全市达 840 站、服务满意度 90%，每日平均租借次数约 9.1 万人次。预计 2022 年年底前达成全市 1 200 站，并全面退场 YouBike1.0 设备。

关键词： 公共自行车

Abstract: In order to improve the last-mile-service to establish friendly public transportation environment, the Department of Transportation, Taipei City Government has commissioned professional manufacturers to build and operate the city's public bicycle system (YouBike) through public-private partnership since 2011. After reaching 400 stations citywide by the end of 2017, subsequent improvement are included, such as integrating preferential measures for public transport tickets (transfer discounts and All-Pass Tickets), offering public bicycle insurance and optimizing the bicycle riding environment. By the end of 2019, the system had around 78 thousand rentals per day, and the vehicle turnover rate was about 5.97 (times/vehicle/day). Furthermore, since suggestions to set up new stations to make the system more convenient were still constantly being received, in 2020, the YouBike2.0 system, featuring built-in smart panels and lighter dock piles that are easier to set up, was piloted in the Gongguan area and on the campus of Taiwan University to evaluate the public's acceptance of the new system as well as strategies for cross-system integration. During the trial period of the YouBike2.0 system, the availability rate was over 90%, the service satisfaction rate was 91%, and the vehicle turnover rate was about 10.52 (times/vehicle/day). After analyzing the rent-return linkage between YouBike1.0 stations, we divide Taipei City into 25 areas, using 6 groups of team members to run site investigations simultaneously. By the end of 2021, there were 840 stations citywide, the service satisfaction rate was 90%, and had around 91 thousand rentals per day. The goal is to reach 1 200 stations citywide by the end of 2022, and to fully withdraw from the old YouBike1.0 system.

Key words: public bicycle system

1. 前言

为推动绿色运输发展并鼓励民众使用自行车作为生活化交通工具，台北市自 2009 年起于信义区以示

1　朱宸佐，台北市政府交通局运输管理科技正。
2　陈诗韵，台北市政府交通局运输管理科股长。
3　游思远，台北市政府交通局运输管理科科员。
4　陈学台，台北市政府交通局局长。
5　彭振声，台北市副市长。

范计划方式建置公共自行车系统(YouBike),并于2011年起办理全市增站计划。另为鼓励民众使用,自2011年初期推广阶段由政府补贴使用者租借前30 min之费用,至2014年年底全市建置196站,并累积超过3 485万租借次数。鉴于YouBike使用已趋成熟及市民对使用者付费具有高支持度,自2015年4月1日起前30 min使用费由使用者负担5元新台币,政府持续提供部分补贴(5元新台币),后续搭配第二阶段增站计划,全市YouBike至2017年年底达400站,累计租借次数达9 532万次,平均每日约6万人次租借。

为强化公共自行车与公共运输联结,台北市于2018年4月1日起实施YouBike双向转乘地铁公交车优惠,并同步纳入公共运输定期票,进一步落实YouBike作为公共运输最后一英里路服务角色。同年度并实施公共自行车伤害险及第三人责任保险,以加强民众使用公共自行车的保障,完善整体服务。

至2019年台北市公共自行车系统仍维持400站服务,平均每日租借次数已增长至7.8万次,各地仍持续提出增设租赁站提高使用者便利性之需求,惟既有YouBike系统设置空间需具一定规模方符合经济效益,爰由营运厂商提出以车机租借结合无电车桩之YouBike2.0系统,并自2020年1月15日起于台北市公馆地区及台大校园内试办,试办期间系统妥善率九成以上、服务满意度91%。经确认民众对新系统接受度后,2021年初确立推动全市YouBike系统升级至YouBike2.0并增设至1 200站政策,于2021年5月正式营运YouBike2.0系统并持续增设站点,至2021年年底全市已达840站,平均每日达9.1万人次租用。

本文将就台北市公共自行车发展脉络,分三阶段:以全市建置(2011—2014)、补贴政策调整及增站计划(2015—2019)及升级计划推动(2020—迄今)说明,并着重分析新旧系统转换政策考量因素,以供后续相关政策推动参考。

2. 公共自行车系统发展进程

台北市公共自行车系统初期以示范计划方式建置,示范计划范围为台北市信义计划区(即忠孝东路以南、台北医学大学以北、光复南路以东、松勇路以西)为主,于2009年3月11日起办理试营运,并于同年5月10日起正式收费营运,后续于2011年起推动全市增站计划,初期每日租借人次近1万次。

2.1 建置及费率(2011—2014)

承接2009年起信义区试办计划,为有效提升公共自行车使用率,并提供市民更为便利的大众运输接驳服务,台北市于2011年开始扩大公共自行车营运范围,在台北市全区陆续增设站点。截至2014年年底,台北市共设有196个公共自行车租借站,共6 406辆自行车、3处服务中心及3处调度维修中心。

在费率的制订上,YouBike不收取年费或会员费,以单次租借时间作为计费基准,租借4 h内10元新台币/30 min,4到8 h内20元新台币/30 min,超过8 h每40元新台币/30 min。另外为鼓励民众使用绿色交通工具,自2012年12月起,每次租借的前30 min使用费10元新台币由政府全额补贴使用者,使用者骑乘30 min以上才需付费。至2014年年底,平均每日租借人次约6.1万次。

2.2 补贴政策调整及增站(2015—2019)

鉴于民众使用YouBike已趋成熟及市民对使用者付费具有高支持度,自2015年4月1日起调整补贴政策,实施使用者前30 min收费5元新台币后,初期使用公共自行车人次呈现减少趋势,周转率之影响情形为每车每日周转率从11.6(2014年4月至2015年3月)下降为7.8(2015年4月至2015年12月),如图1所示。

然经比较前开补贴政策调整前后民众使用目的变化,YouBike在补贴政策调整前的使用者骑乘目的以休闲娱乐旅次(35.1%)占最大宗,其次为通勤(17.3%)及购物(15.1%);而在补贴政策调整后,使用者骑乘目的则以通勤旅次(26.3%)比例最高,其次为休闲娱乐(24.3%)及通学(16.8%),如图2所示。显示

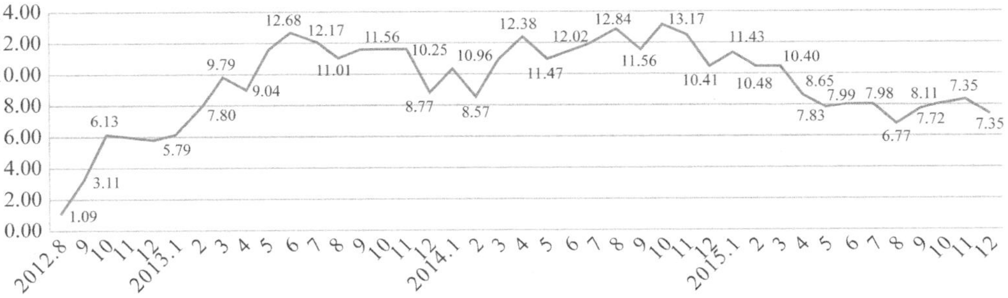

图1 台北市 YouBike 周转率

部分使用费由民众负担有利公共自行车资源回归真正需要的使用者做有效利用，而政府持续提供部分补贴(5元新台币)，以持续鼓励市民使用之目的。

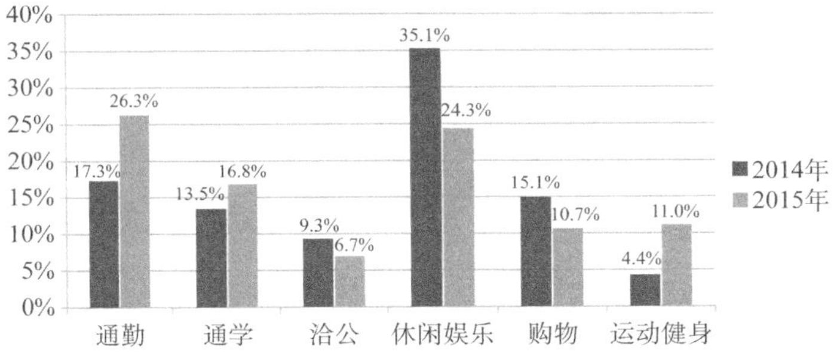

图2 YouBike 补贴政策调整前后之使用目的变化

此外，台北市于同年度(2015年)启动 YouBike 第二阶段增站计划，至2017年年底全市完成400站建置。为加强 YouBike 使用者与公共运输连接，强化公共自行车作为公共运输最后一英里路角色，于2018年4月1日起实施 YouBike 双向转乘地铁公交车优惠，民众骑乘 YouBike 归还后1 h内转乘地铁或公交车，使用前30 min原自行负担5元新台币部分由政府负担。自2018年4月16日起持公共运输定期票，使用前30 min原自行负担5元新台币部分亦由政府负担。相关政策实施后，公共自行车租借次数进一步提高至2019年每日平均租借次数约为7.8万人次，车辆周转率约为5.97(次/车/日)，服务整体满意度超过九成，另每次借还车平均等候时间低于5 min，各年度营运概况如表1所示。

表1 台北市公共自行车营运概况

年度	租赁站点(站)	车辆(辆)	租赁次数(次)	车辆周转率(次/车/日)	满意度
2012	48	1 684	998 515	2.97	—
2013	136	4 545	10 984 563	10.21	—
2014	196	6 406	22 579 964	11.43	95.30%
2015	212	6 934	20 082 738	8.59	95.70%
2016	288	9 442	18 431 346	6.20	94.70%
2017	400	13 072	21 953 673	5.25	96.10%
2018	400	13 072	26 252 736	5.50	97.10%
2019	400	13 072	28 564 933	5.97	96.90%

3. 系统升级(2020—迄今)

有鉴于 2017 年年底设置达 400 站后仍持续接获各地建议设置站点，惟考量既有 YouBike 系统(为与新系统区别，下以 YouBike1.0 呈现)于设置租赁站时需介接市电，以驱动租赁站之信息元件(Kiosk)及租借元件(车柱)，设置时须每站达 30 车位方符合经济效益，且建置完成后仍需等待送电，不利后续增站扩展服务密度，爰由厂商提出以车机租借结合无电车桩之 YouBike2.0 系统，并自 2020 年 1 月 15 日起于台北市公馆地区及台大校园内试办，以评估民众对新系统接受程度及后续全市设置系统策略。经试办系统妥善率九成以上、使用次数每车每日平均租借 10.52 次、服务满意度 91%，爰自 2021 年起办理全市升级 YouBike2.0 计划。

3.1 YouBike2.0 系统

YouBike2.0 系统由车机租借结合无电车桩构成，使用者通过车机操作借车，车桩则简化为固定车辆归还作用，并采一车一柱配置以提高设置弹性，车辆配置如图 3 所示。

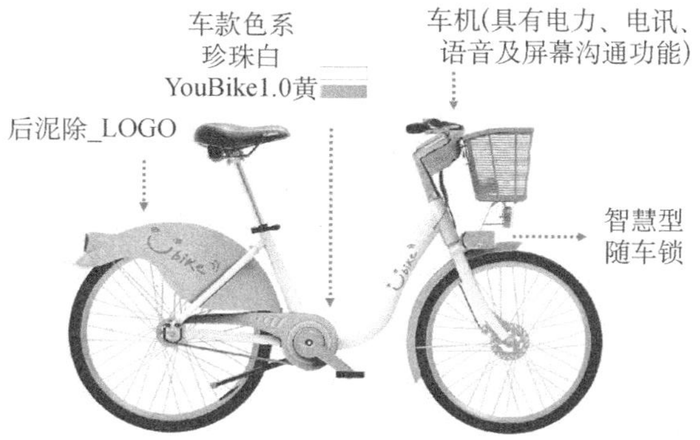

图 3　YouBike2.0 车辆配置

(1) 车机

YouBike2.0 车机设置于龙头把手间，配备的显示面板可以文字显示租借信息，另结合储值卡(原称“电子票证”)靠卡感应及 QRcode 扫码支付功能，车机除配备锂电池外，亦装设太阳能板作为辅助电力来源，车机配置如图 4 所示。

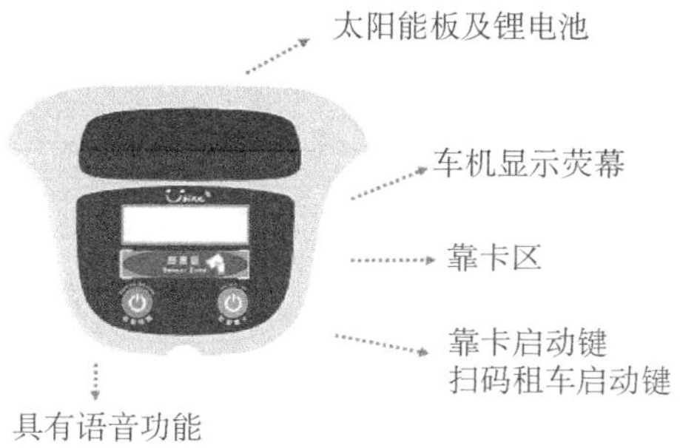

图 4　YouBike2.0 车机配置

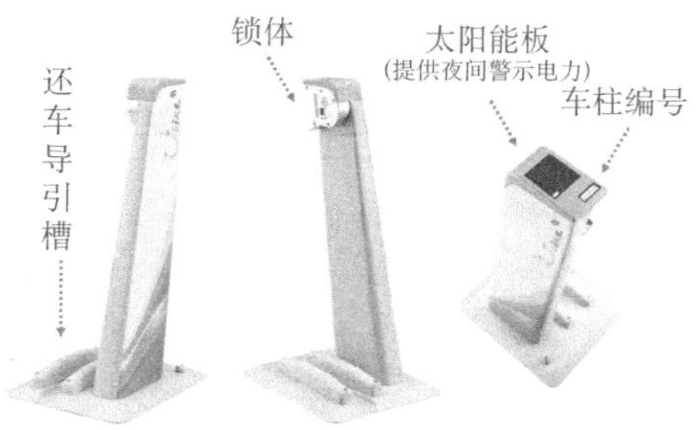

图 5　YouBike2.0 车柱配置

(2) 车桩

有别于 YouBike1.0 车桩，YouBike2.0 系统将租借控制单元移转车机，车桩简化无须介接电力，并采用 1 柱 1 车方式配置，可依地形、人行道宽度等空间状态，进行车柱位置调整及装设(图 5)，故 YouBike2.0 系统相较 YouBike1.0 可快速布设，尽速导入服务提供更便利服务。两系统差异如表 2 所示。

表 2　YouBike1.0 与 YouBike2.0 比较表

项目	YouBike1.0	YouBike2.0
车辆配色	橘＋黄	珍珠白＋黄
租借元件	车柱	车机
租借方式	储值卡(电子票证)、信用卡	储值卡(电子票证)、QRcode 扫码
市电需求	需要	不需要(电池及太阳能供电)
设站空间	车位需集中	不受限
车机	无	有,具租借、通信、文字显示功能

3.2　试营运

考量 YouBike2.0 于 2019 年尚无实际营运案例,租借方式与 YouBike1.0 系统不同且无法相互借还,为实测民众接受程度规划试办以观测成效,考量试办区域应以自行车高度使用以利搜集使用数据,且具备足够空间避免影响市区空间的使用,故自 2020 年 1 月 15 日起于公馆地区及台大校园内试办(图 6),提供 103 站、1 831 车柱及 600 辆新式公共自行车,并采广布服务据点及会员互通方式减少转换障碍,即原 YouBike 会员无须重新注册即可租借 YouBike2.0 系统。统计三个月试办期间之使用票卡数约 6 万张,累计租借次数达 52 万次以上,车辆周转率 10.52(次/车/日)、系统妥善率九成以上、服务满意度 91%。

图 6　YouBike2.0 试办区域示意图

3.3　升级规划

承接 2020 年 YouBike 2.0 试办计划成果,为快速建置转换系统以降低民众使用困扰,全市升级规划依据 YouBike1.0 系统租借资料分析区域间联结强弱度进行分区同步转换及研拟配套措施后,于 2021 年起办理全市升级计划,规划至 2022 年年底全市增设至 1 200 站,以提供市民"更近更便利"的服务。

(1) 建置原则与策略

考量 YouBike2.0 系统与 YouBike1.0 系统彼此间无法相互借还,考量各公共自行车租借站彼此间借还联结程度有大小之分,经评估可将联结度高的站点予以相同分区,并采各分区内快速转换策略进行系统转换，以减少民众因不同系统无法相互借还之困扰。

经分析公共自行车租赁系统之使用者主要旅次分布情形以上班尖峰使用量最高，依 2019 年 10 月 21 日至 25 日平日晨峰(7—9 点)YouBike 1.0 之 400 站借还资料绘制旅次分布图如图 7 所示，旅次量越大之 OD 节线线条越粗。可依区域特性分为两大类，分别为地铁路廊及核心区，其中“地铁路廊”主要属最后一英里服务使用特性，尖峰旅次明显集中，旅次分布有明显区域性范围；“核心区”旅次则具备最后一英里、通勤及休闲等多元特性，旅次分布较无明显区域性。

为加速 YouBike2.0 系统建置及分区转换概念，依前述 OD 旅次分布连结强度并配合行政区及道路分布情形划分区域，将台北市划分为 25 个小区域(图 8)，并参考高峰旅次特性、区域集中特性、历年接获建议设站需求及各区域 YouBike1.0 站位分布情形，逐步依分区进行 YouBike2.0 设站评估、建置及营运，并采 6 组(A、B、C、D、E、F)人力同步依分区检讨会勘，加速提供全市公共自行车升级服务，逐步扩展至全市。

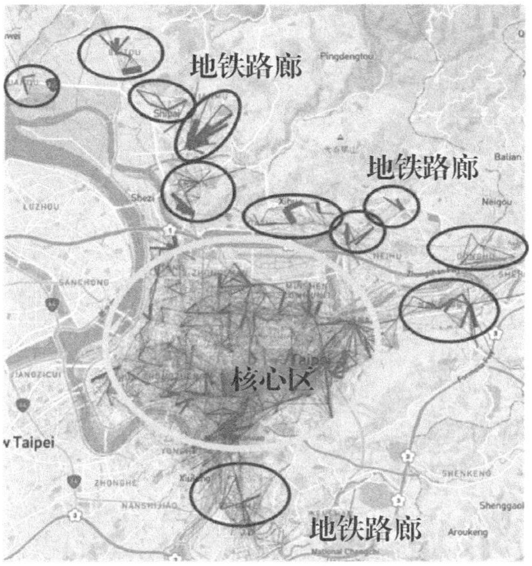

图 7　YouBike1.0 平日晨峰旅次分布

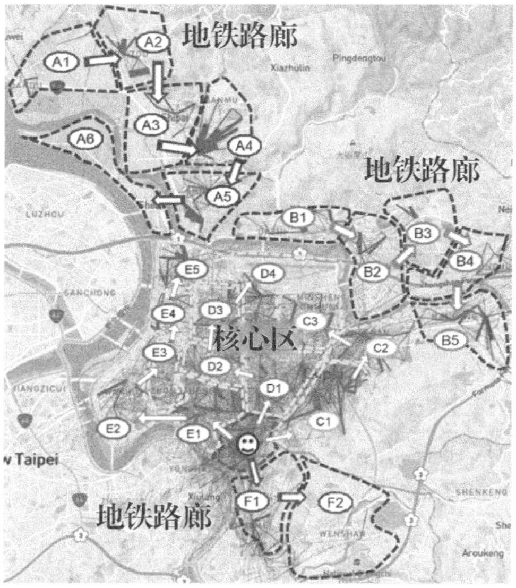

图 8　依连接强度分区区域图

(2) 实施成效

台北市 YouBike2.0 升级计划自 2021 年 3 月下旬开始办理场站建置作业，于 2021 年 5 月 8 日正式营运并增设 160 站，加计试办区域 103 站，共提供 263 站服务，后续于每周二、周五批次启用新站，至 2021 年年底全市已达 840 站。YouBike2.0 设置更近更密，平均站距自 350～450 m 缩短至 150～200 m，且扩增服务范围，两系统站点分布示意图如图 9 所示。

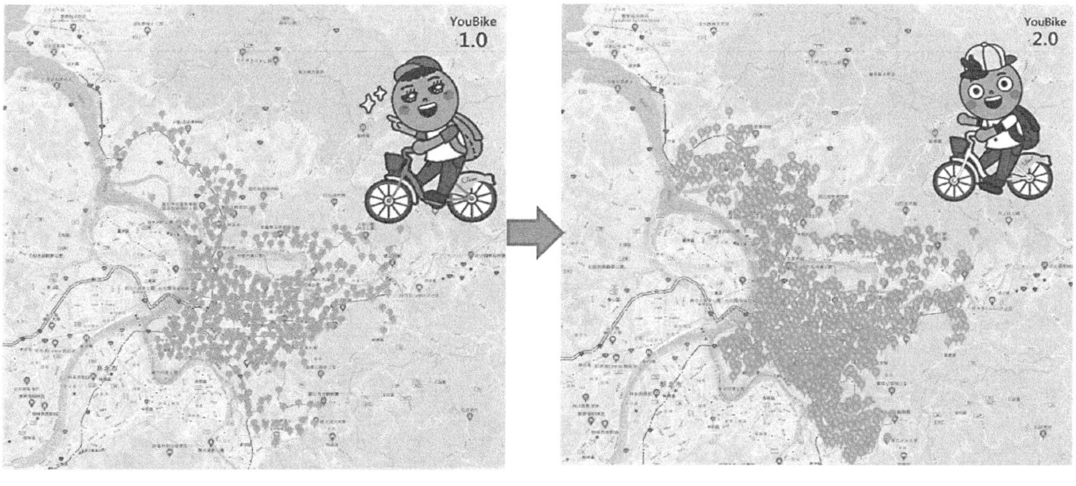

图 9　YouBike1.0 与 YouBike2.0 分布示意图

2021年5月至7月受防疫三级警戒影响，至2021年11月整体租借情形已恢复至三级警戒前水平(图10)，且YouBike2.0租借次数已超越YouBike1.0，2021年12月底，YouBike1.0租借次数占总体租借次数为42.5%、YouBike2.0为57.5%。另2021年10月起至2021年12月底，整体接获民众反映系统不兼容造成困扰件数平均每月仅2至3次，占整体使用比例之0.001‰，显示系统已顺利过渡转换。

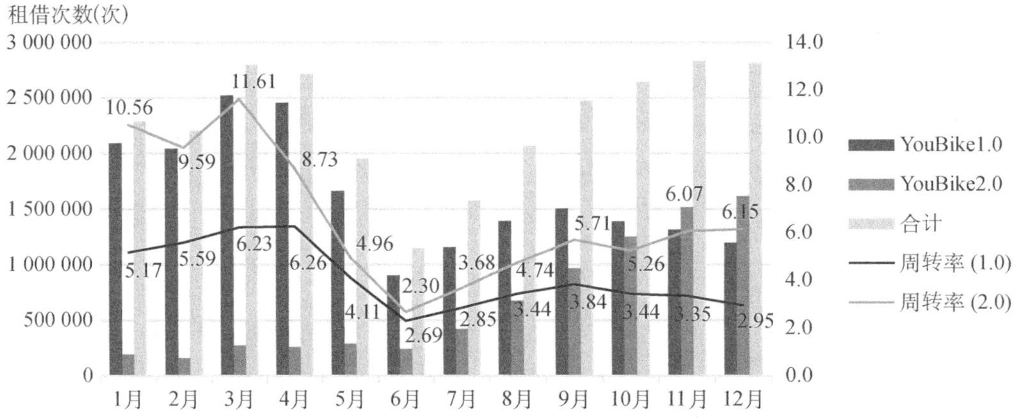

图10　2021年YouBike1.0与YouBike2.0各月份使用情形

4. 结语

台北市公共自行车自2009年发展以来，除持续扩增站点提供民众更便利服务外，2012年由政府补贴使用者前30 min免费后加强公共自行车使用推广，后为使系统朝向财务可持续之正向发展并更有效运用有限资源，故于2015年适度减少前30 min优惠，对焦通勤使用客群，并于2018年实施地铁公交车转乘优惠及公共运输定期票，并辅以相关配套措施优化，以强化与公共运输联结。

为提高民众使用公共自行车便利性，于2020年导入结合车机租借及无电车桩之YouBike2.0系统，并借由小规模试办新式系统以观测民众对于新系统接受程度，试办地区需择自行车使用量大且空间开阔地区，除避免影响市区使用外，更有利搜集足够样本作为政策评估基础。

经试办YouBike2.0系统具高接受度，自2021年起全市建置并预计于2022年年底达成全市1 200站目标，将可提供民众“更近更便利”公共自行车服务。台北市后续将持续建构友善自行车骑乘环境及推动友善自行车骑乘文化，鼓励民众使用绿色交通工具，预期将有效提升公共自行车使用率，完善公共运输最后一英里接驳服务。

公共自行车系统规模评估与站点规划

Scale evaluation model of public bike sharing systems

陈雅雯[1] 张馨文[2] 张学孔[3] 张净盈[4]

摘　要：公共自行车是发展可持续低碳城市不可或缺的公共运输一环，本文目的在于研析全球公共自行车发展趋势，进而提出一公共自行车系统潜在运量规划评估模式，推估其公共自行车潜在运量，并以新竹县为实证案例进行公共自行车之系统规模评估与站点设计，评估模式可作为后续各城市进行公共自行车规划之参考，同时也可通过实证案例操作之研究成果，提出公共自行车发展之具体建言。

关键词：公共自行车；站点；规模评估

Abstract: Public bikes are parts of public transportation for the development of sustainable and low-carbon cities. The purpose of this study is to propose a planning evaluation model for the scale and station design of a public bike system. Taking Hsinchu County as an empirical case, the system scale evaluation and station design of public bike are carried out. The evaluation model constructed in this study can be used as a reference for subsequent city public bike planning. At the same time, specific suggestions for the development of public bikes can be put forward through the research results of empirical case operations.

Key words: public bike; station; scale evaluation

1. 前言

公共自行车是发展可持续低碳城市不可或缺的公共运输一环，自行车因具省能源、无耗能之优点，并兼具短程通勤、通学及运动、休闲游憩功能之特性，故成为各地政府部门极力推广之绿色交通工具。以政府为主导单位推动之公共自行车亦在各地蔚为风潮。目前，台湾已有12个县市单位持续投入公共自行车租赁系统建置与营运，对于公共自行车潜在运量之推估仍未有统一评估流程，故本文首先分析公共自行车发展趋势，并进一步分析自行车产生之具体效益，以及发展公共自行车面对的优劣势发展趋势；接续汇整台湾各县市公共自行车发展；续提出一公共自行车系统潜在运量规划评估模式，推估公共自行车潜在运量，并以新竹县为实证案例进行公共自行车系统之潜在运量推估，评估模式可作为后续各城市进行公共自行车规划之参考，同时也可通过实证案例操作之研究成果，提出公共自行车发展之具体建言。

2. 国外公共自行车发展研析

2.1　国外公共自行车全球发展与分布

全球公共自行车发展根据 PBSC Urban Solutions（2022）持续统计与发布之 The Meddin Bike-

1　陈雅雯，台大先进公共运输研究中心执行长。
2　张馨文，中华大学观光学院院长。
3　张学孔，台湾大学土木系教授。
4　张净盈，台湾大学土木系硕士生。

Sharing World Map 阶段性统计汇整，自 2016 年起全球已有超过 1 000 个城市拥有公共自行车系统，随着共享单车的兴起，在 2018 年全球公共自行车的车辆数倍增至 1 811 万辆。之后，随着共享单车衍生出管理不易与可持续维运的相关挑战，开始出现系统的更迭与车辆的淘汰。全球公共自行车持续发展迄今，统计截至 2022 年 6 月，全球共有 1 840 个城市拥有自己的公共自行车系统，全球公共自行车车辆总数统计已达 8 942 694 辆，车辆型式包含一般自行车与电动辅助自行车；显示公共自行车确实是全球发展宜居城市、健全公共运输的一大主角。

2.2 公共自行车优劣势分析

汇整 Kass(2020)、涂仁维等(2020)、ECF(2018)、ITDP(2018)、张家欣等(2017)之研究成果，进行公共自行车优劣势分析如下。

(1) 公共自行车的发展优势

优点一——提升环境效益：骑自行车对环境好处甚多，使用公共自行车可取代私人汽车、摩托车、出租车或其他如优步等租车的旅次，可让人们在不释放污染物和燃烧燃料的情况下完全满足出行的目的，不但可减排并创造绿色出行的交通文化。随着公共自行车在全球各城市越来越普及，空气质量也逐步得到改善，从而为所有地球公民带来更好的健康和福祉。

优点二——健全公共运输整体服务：公共自行车为衔接公共运输的第一英里和最后一英里路，可让整体公共运输服务更为便利，借此可更有诱因吸引机动车辆使用者放弃机动车辆，通过公共自行车转乘大众运输，来完成每日通勤或其他出行的目的。

优点三——增强使用者身心健康：骑自行车对身体和心灵都是一种非常好的锻炼方式。骑自行车有益心血管，也有助于避免抑郁和焦虑、提高整体身体健康水平。通过公共自行车的发展也可让居民促进积极的健康效益并增加身体活动量。

优点四——使用方便且不必拥有：公共自行车系统为市民提供了一个方便易用的系统，让使用者无须担心维护、保养、自行车存放等议题。同时，公共自行车就是一个共享的机制，让使用者不必购买自己专属的自行车，仅需负担所使用的部分。

优点五——启动自行车发展的正向循环：城市内随着越来越多人使用公共自行车，将会启动正向循环，所有道路使用者会做出行为上的改变以造福不断增长的人口。再加上自行车路网的逐步扩充、保护自行车骑士的相关规定的健全，当马路上有越来越多的骑自行车骑士时，也意味着公交车、货车、汽车、摩托车及出租车等驾车的司机们也同步学习如何更友好地与自行车骑士共享道路空间，彼此学会互相尊重用路的权利。此时，城市街道对所有人来说都将变得更安全。

(2) 公共自行车的发展劣势

缺点一——无车可借、无站可停：在交通繁忙的高峰时段，公共自行车需求高，这可能意味着热门租赁站可能没有自行车可使用。相反，在非高峰时段，自行车租赁站可能会满车，难以存放额外的自行车。

缺点二——公共自行车投资成本高：现有公共自行车投资成本高，需要政府提供部分建设经费或者是提供公私协力的相关诱因。目前台湾各县市大多仍采取政府编列预算进行采购的方式，若该县市无法编列足额预算将影响公共自行车之建置期程。

缺点三——第一次骑自行车的人可能面对之风险：公共自行车使每个人都可以骑自行车，无论是否熟悉骑自行车。有些人有在城市骑行的经验，而对于某些人来说，这可能是第一次体验，可能不熟悉在城市中使用自行车的细微差别，这就有可能将自己和他人置于危险之中。此外，外来游客和不熟悉城市道路路网的人也将面临骑行挑战。尽管公共自行车通常是安全的，但我们知道骑自行车穿越城市存在固有风险。不管如何注意安全，事故还是有可能会发生。

2.3 公共自行车各县市发展

台湾地区各县市公共自行车发展自 2007 年 3 月起，高雄市第一个启用了公共自行车租赁系统，紧接着是台北市。目前包含台北市、新北市、桃园市、新竹市、苗栗县、台中市、彰化县、嘉义县、台南市、高雄市、屏东县、金门县共 12 个县市有其公共自行车系统。另外,因应竹科通勤之需要,设有竹科系统,衔接新竹市,共有 13 个系统。其中,台北、新北、桃园、新竹、竹科、苗栗、台中、嘉义、高雄共有 9 个系统均为微笑单位 YouBike 系统;另外,台南为 T-Bike 系统、屏东为 P-Bike 系统、金门为 K-Bike 系统,彰化在 2021 年 7 月更换系统,由 YouBike 系统转换营运商改为 Moovo 系统,故目前全台共有 5 种公共自行车系统,系统规模持续扩张中。如图 1 所示。截至 2021 年 4 月,统计公共自行车租赁站已超过 3 300 站、公共自行车车辆数超过 71 000 辆,显示公共自行车系统在全台已带动骑乘风潮。

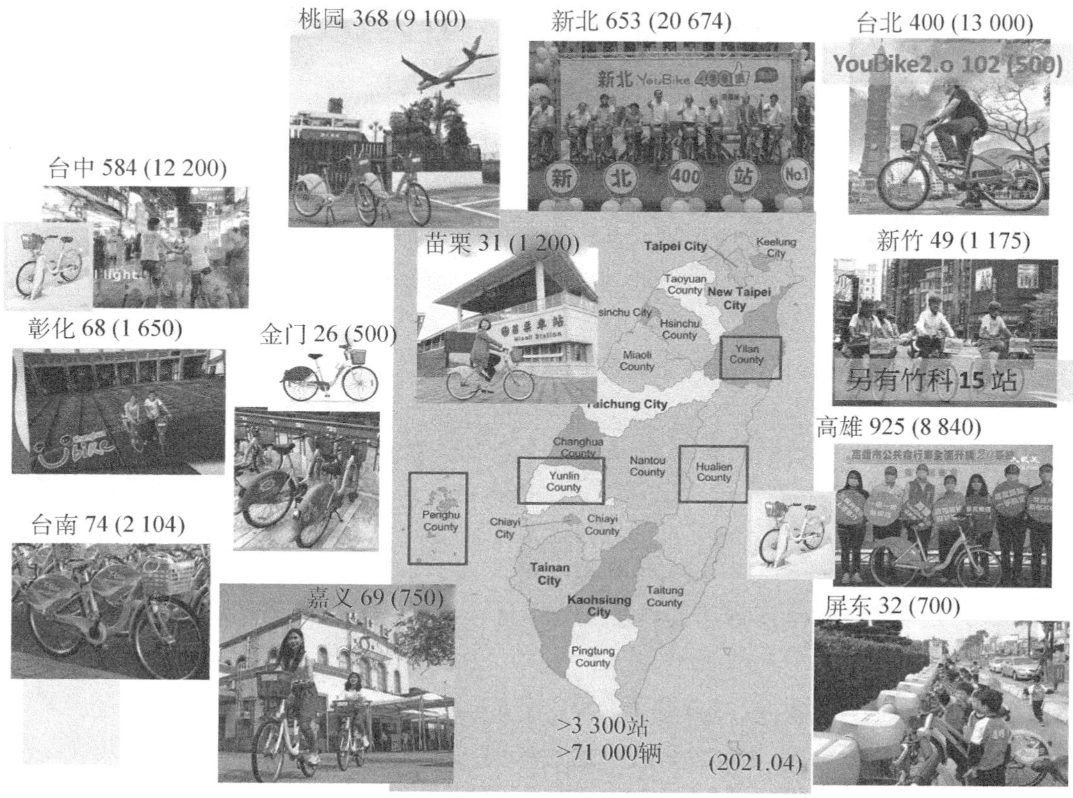

图 1　台湾公共自行车分布图

3. 公共自行车运量推估模式

3.1　公共自行车运量推估模式

为推估公共自行车潜在运量,本文首先建立公共自行车潜在运量推估模式如图 2 所示,首先确认规划范围区域内之人口数,通过年龄比例推自行车骑乘族群的年龄范围,设定为 12 岁以上、64 岁以下之族群。然后,分别统计自行车、公共运输、步行等三类现有使用人口,再依据各交通工具使用比例推估公共自行车潜在使用人口,再通过微调因子从产业面、运输面、观光面进行微调,遂可求得公共自行车潜在运量。

3.2　实证案例运量推估

本文以新竹县为实证案例,根据新竹县政府民政处所公布之 2021 年 4 月人口统计,新竹县现有总人口数为 572 422 人,其中 12 岁至 64 岁的人口数为 469 501 人,占 82%。进一步根据交通事务主管部门统计处 2018 年 3 月所公布之“自行车使用状况调查摘要分析”显示,岛内 12 岁以上民众中每周均会骑用,即经常骑自行车的人口比率为 24.2%,表示在调查期间每 100 人中有 24 人有每周骑自行车的经验;若含每

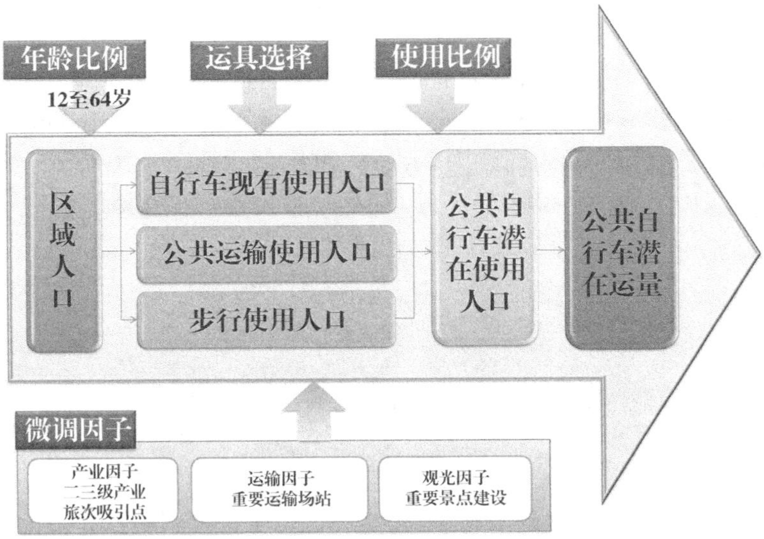

图2 公共自行车潜在运量推估模式

月骑自行车者则比率提升至35%。其中，新竹县在近一年有其骑自行车经验者占53.3%，占比略低于全地区平均值。

进一步考量公共运输使用者与步行者也是自行车的潜在使用族群，依据交通事务主管部门统计处“2016年民众日常使用交通工具状况调查交通工具次数市占率交叉统计表”之调查结果，根据其附表5之平常外出较常使用哪种交通工具之数据进行分析，此题采复选故更能显出后续使用公共自行车的可能性，撷取其调查结果如表1所示，新竹县公共运输使用者市占率为12.8%、骑乘自行车市占率平均为4.3%、步行市占率平均为6.9%。依据新竹县人口数为572 422人，据此推估新竹县每日公共运输使用者约73 270人，骑乘自行车者约24 614人，步行者推估约39 497人。

表1 交通事务主管部门2016年民众日常使用交通工具状况调查交通工具次数市占率交叉统计表

大类	细项	全地区	新竹县	新竹市	苗栗县	彰化县	嘉义市
样本	加权前	40 246	1 692	1 522	1 840	1 562	1 445
	加权后	40 246	899	712	954	2 194	456
	总计	100%	100%	100%	100%	100%	100%
公共交通工具		24.7	12.8	11.7	11.9	7.1	4.8
	地铁	11.3	0.1	0.2	0.0	0.0	0.1
	市区及免费公交车	14.9	7.9	8.0	5.8	3.1	2.5
	公路及“省道”客运	1.5	2.4	1.1	2.5	1.7	0.5
	出租车	1.7	1.0	1.5	0.3	0.3	0.7
	台铁	2.1	3.4	2.7	3.8	2.5	0.9
	高铁	0.5	0.7	1.0	0.2	0.2	0.7
	交通车	0.4	0.6	0.1	0.8	0.2	0.4
	其他公共交通工具	0.1	0.0	0.0	0.1	0.0	0.0
非机动交通工具		13.4	10.7	12.8	12.9	16.7	15.2

（续表）

大类	细项	全地区	新竹县	新竹市	苗栗县	彰化县	嘉义市
	步行	6.6	6.9	8.3	7.6	6.2	5.8
	自行车	7.7	4.3	5.3	6.3	12.3	10.5
私人机动交通工具		74.4	84.7	84.6	83.2	85.0	87.5
	摩托车	55.1	54.7	66.4	54.2	64.2	70.2
	自用小客车	31.0	45.7	32.2	43.8	35.3	32.6
	其他私人机动交通工具	1.5	1.7	0.8	2.4	2.5	1.0
	不知道/拒答	0.5	0.3	0.2	0.3	0.5	0.2

资料来源：交通事务主管部门(2016)

进一步推估潜在公共自行车使用者潜在运量，使用族群设定为12～64岁人口为新竹县总人口数之82%，并参考以往文献包含Campbell and Brakewood(2017)、李舒媛(2018)、Fishman(2016)、Radzimski and Dzięcielski(2021)等，且同步对应各县市现有公共自行车使用情形，分别推估现有公共运输、自行车、步行使用者族群的潜在公共自行车使用比例分别为15%、30%、10%。再进一步考量在第二、第三级产业之发展特性、重要运输场站如高铁新竹站、竹北车站等，以及新竹县重要观光景点等，可推得新竹县公共自行车系统的潜在运量平均每日约有18 305人次。

4. 结语

公共自行车为全球发展宜居城市，健全公共运输的一大主角，如何考量人口年龄比例、交通工具使用现况、潜在自行车使用特性第二、第三级产业特性，并考量重要运输场站与观光景点等要素，发展出一套公共自行车系统潜在运量评估模式实有其必要性。故本文首先构建公共自行车潜在运量评估模式，并以新竹县为实证案例进行公共自行车之系统规模评估。本文首先确认人口数，通过年龄比例推自行车骑乘族群的年龄范围。续统计自行车、公共运输、步行等使用人口，再依据各交通工具使用比例推估公共自行车潜在使用人口，再通过微调因子从产业面、运输面、观光面进行微调，遂可求得公共自行车潜在运量。以新竹县进行案例分析，推估其公共自行车潜在运量平均每日约有18 305人，以之作为后续站点设计、车柱数规划之主要依据，也可作为后续各县市规划公共自行车系统之参考。

参考文献

[1] PBSC Urban Solutions. The Meddin Bike-sharing World Map Mid-2021 Report [R]. (2021). https://bikesharingworldmap.com/reports/bswm_mid2021report.pdf.

[2] PBSC Urban Solutions. The Meddin Bike-sharing World Map[EB/OL]. (2022). https://bikesharingworldmap.com/#/all/2/-9.55/8.75/.

[3] ECF. The Benefits of Cycling-Unlocking their potential for Europe, European Cycling Federation[R]. (2018). https://ecf.com/sites/ecf.com/files/TheBenefitsOfCycling_final-v2.pdf.

[4] AnderewKass. Bike Sharing Benefits and Disadvantages, Kass & Moses[EB/OL]. (2020). https://kassandmoses.com/blog/bike-sharing-benefits-and-disadvantages/.

[5] 新竹县政府，中华大学. 新竹县公共自行车租赁系统建置可行性评估规划报告[R]. 2021.

[6] 涂仁维，张学孔，陈雅雯. 公共自行车系统站点区位优化之研究[J]. 运输学刊，2020，32(1)：23-56.

[7] 张家欣，张学孔，陈雅雯. 公共自行车站点服务范围最大化决策模式[C]. 台湾运输学会2017年学术论文研讨会，2017，4：261-285.

[8] 洪菱鞠. 竹县有 YouBike 了！竹北最快 6 月启用 4 乡镇力拼设 100 站、750 辆车[EB/OL]. (2022). https://www.ettoday.net/news/20220312/2206235.htm.
[9] 宋家瑶. 竹县 YouBike 逐步设车柱广纳民众站点建议，新竹县政府交旅处[EB/OL]. (2022). https://www.hsinchu.gov.tw/News_Content.aspx?n=153&sms=8603&s=242777.

以旅次起讫组合资料解析公共自行车共享系统在公共交通之角色

Role of bikesharing systems in the last-mile service of public transportation from OD pairs perspectives

邱裕钧[1]　吴国济[2]

摘　要：尽管公共自行车共享系统在全球各大城市迅速增长和普及，但公共自行车在公共交通系统中是扮演最后一英里路或仅仅是替代步行的角色，长期以来一直受到争论。本文旨在汇整大台北地区公共自行车（YouBike微笑单车）系统电子票证资料，解析旅次起讫组合（OD pairs）信息，针对YouBike系统与公共交通系统间之跨交通工具转乘行为，进行重要影响因子分析，并建立三项多元回归分析模式，主要解释变量为"公共运输变量（建成环境）""社经变量（潜在使用者）""自行车路网变量"与"私人交通工具变量"四大类。实证研究结果显示，"自行车租借站与公共运输场站步行距离""外围大众运输旅运量""村里收入""区域内机关/机构数量"及"公共自行车旅行距离"等因子，对于使用YouBike系统前后的跨交通工具转乘行为，具有显著影响。

关键词：公共自行车共享系统；跨交通工具转乘；起讫组合

Abstract: Despite the rapid growth and popularity of bikesharing systems worldwide, the role of bikesharing systems in the last-mile service of public transportation or simply an alternative option to walk has long been challenged. Based on this, this paper aims to investigate the transfer connections between bikesharing and public transportation systems from OD pairs perspectives by regressing transfer transactions of OD pairs on the built environment and social economic variables of origin and destination bikesharing stations as well as the characteristics of OD pairs. A case study on Taipei metropolitan, YouBike system, show that "walking distance from public transit station", "ridership of public transit station", "median income of village", "number of government agencies" and "riding distance" are have a significant influence of transfer connections between bikesharing and public transportation systems.

Key words: public bikesharing system; intermodal transportation; OD pairs perspective

1. 前言

近年来，由于受全球气候暖化影响、环保意识抬头及国际油价变动急遽，使得节能减碳、环境保育、降低噪声及防止空气污染等绿色政策与思维逐渐成为全球关注的焦点。自行车被认为是一种可持续、便利和低成本的运输方式，骑自行车不产生空气污染，不消耗能源，可以创造经济、友善环境和提升社会效益，并可促进健康，降低体重过重的发生（Dill[1]；Forsyth 与 Oakes[2]；Pucher 与 Dijkstra[3]；Saelensminde[4]；Weichenthal 等[5]；Lawlor 等[6]）。此外，自行车具高机动性、操作灵活且行驶速度适中（Akar 与 Clifton[7]），可以适应狭窄和拥挤的城市道路（Buehler 与 Handy[8]）。还有，自行车也被认为是最公平的交通工具（Pucher 与 Buehler[9]），因为多数人均可负担。自行车具备了前述各项优点，因此近年的再次复兴，被认为是缓解过度依赖私人交通工具的有效途径（Moudon 等[10]）。

随着民众对于自行车便利性的认同及全球环保意识抬头，其旅运量逐年增加，也造就公共自行车共享

1　邱裕钧，阳明交通大学运输与物流管理学系教授。
2　吴国济，阳明交通大学运输与物流管理学系博士候选人。

系统(Public bikesharing systems, PBS)的崛起，并在全球迅速发展，各大城市无不积极进行兴建及营运(Fishman[11])。近十年来，公共自行车共享系统(PBS)已成为世界许多城市的重要运输设施，全球共计超过1 442个城市兴建，营运车辆数达17 645 600(Meddin[12])。而学术研究上，公共自行车共享系统的文献如雨后春笋般地发表，近十年，被引用次数最多的前10篇运输评论文章，其中3篇是关于自行车的(Pucher与Buehler[13])。

现有关于公共自行车共享系统(PBS)的研究，包含对PBS历史、系统成长和计划实施的整体评估(DeMaio[14]; Shaheen等[15]; Fishman等[16]; Fishman,[11]; Pucher与Buehle[13])，全球各城市建置的PBS比较(O'Brien等[17])，用户行为(Bachand-Marleau等[18]; Corcoran等[19]; Etienne与Latifa,[20]; Faghih-Imani等[21]; Fishman等[22-23]; Goodman与Cheshire[24]; Kraemer等[25]; Martin与Shaheen[26]; Rixey[27]; Shaheen等[28]; Vogel等[29]; Vogel等[30])，用户感知(Nakamura与Abe[31])，公共自行车租借站车辆数平衡的动/静态最佳化运作研究(Caggiani与Ottomanelli[32]; Chemla等[33]; Dell'Amico等[34]; Li等[35]; Raviv等[36-37]; Sayarshad等[38])，优化公共自行车租借站的空间分布(Ahillen等[39]; Garcıa-Palomares等[40]; 胡守任与刘昭堂[41]; Lin等[42-43]; Romero等[44])。过往研究确认了公共自行车共享系统(PBS)内用户特征及营运调度的专业知识，但较少研究关注公共自行车共享系统(PBS)与其他公共运输间的相互关系，亦无从旅客整体的旅运起讫行为(Original-Destination, OD)进行分析。虽然过往部分文献已有针对自行车与公共运输间整合议题(bicycle-transit integration)进行讨论(Bachand-Marleau等[45]; Krizek与Stonebraker[46]; Chen等[47]; Martens[48-49]; Arbis等[50])，但该等研究所关注的是私有的自行车(Private bicycle)，而非公共自行车共享系统(PBS)，而此缺口，也就是本文所要探讨之重点。

公共自行车可以作为日常旅运行为的主要交通工具(Faghih-Imani等[21]; Ma等[51])，尤其对短程旅次而言，公共自行车是具备快速借用、使用时间弹性且可及性高的运输工具，该等优点可让民众使用公共自行车替代私人交通工具或大众运输系统，进行每日旅运行为(如上班、上课或转乘其他交通工具)。Martin与Shaheen[26]的研究发现，公共自行车的机动性，会让民众经常使用并取代原先预搭乘其他公共运输的旅次(如公交车或地铁)，然而研究也发现，公共自行车亦非完美替代品，因为骑乘自行车需具一定的驾驶技能(需足够肌力及反应能力)和身体素质(需足够体能)，故较不适合年长者使用。此外，地形及气候亦会影响民众的使用意愿，道路坡度起伏过大或气温过高/过低，也会降低民众使用的意愿。Daddio[52]及Witte与Dorby[53]的研究发现，一般民众在考量环境因素及旅运需求下，骑乘自行车的门槛距离约4 km，超过4 km的旅次则会考量其他交通工具。

对中长程旅次而言，公共自行车所扮演的角色并不是成为一种"全程"的交通工具，而是填补各运输工具之间第一英里路(First-mile)和最后一英里路(Last-mile)的缺口，满足旅客整体的旅运作业，以达成无缝运输的目标。Martin与Shaheen[53]研究发现，华盛顿郊区的居民，因有公共自行车共享系统的建立，增加了公共运输的使用率。Ma等[51]研究结果显示，如公共自行车共享系统每增加10%的旅次量，对于临近的地铁系统的乘客量亦可提升2.8%，这结果明确说明公共自行车可作为每趟旅次起讫组合(O-D pairs)中重要的转乘交通工具，有效扩大公共运输系统的涵盖面及提升民众旅次的运输效率。因此，在都市中建立完善的大众运输系统网络，公共自行车与其他运输工具间的跨交通工具转乘(Intermodal transportation)是必须且必要的旅运模式(Rietveld与Daniel[54]; Cheng与Liu[55]; Adjei[56]; Pan等[57])。

Bachand-Marleau等[18]研究加拿大蒙特利尔市公共自行车系统(BIXI)的租借模式，调查包含个人信息、旅运行为及公共自行车与其他公共运输系统整合问题，并以二元罗吉特回归分析(Binary logistic regression)民众使用BIXI系统的主要影响因素，其中依变量为是否使用BIXI系统，自变数包括社经变量(年龄、性别、是否有自行车、私有自行车被偷窃的次数、是否有驾照、年收入)、旅运行为(娱乐目的的租借行为、住家跟目的地的距离)、空间特性(租借站跟住家距离小于500 m、租借站跟目的地距离小于500 m、整合公共自行车与其他公共运输系统的复合式运输)。分析结果发现以"租借站跟住家距离小于500 m"此因子最显著；另外该研究也以问卷调查方式，以有使用过BIXI民众为分析对象，采线性回归分析(Linear regression method)，了解民众使用BIXI系统频率的影响因素，其结果显示，当民众具有BIXI一年会员资格时，对于BIXI系统的使用次数有最显著之影响；另也发现，如于潜在使用者居住地周围设置公共自行车租借站，可有效提升公共自行车之使用率。

Tran等[58]以法国里昂(Lyon)公共自行车系统2011年资料，进行建成环境(Built environment)对于公共自行车使用的影响分析，该研究汇整一般日借还车统计量，通过K-means分群算法分成7种不同类型的租借站，结果显示在不同群组的租借站于早上及下午高峰时段，租借数量有明显差异；接续再以主成分分析法(Principal components analysis，PCA)解析不同租借站群组的建成环境变量特性，包括“社经变量”“公共运输变量”“地形变量”“自行车网络变量”及“娱乐变量”五大变量，内含14项变量；经使用PCA后，有效变量缩减为“工作和公共运输”“人口”“学生活动”以及“高度”4个变量，其中“工作和公共运输”变量中变项——铁路场站于所有模式中皆为显著，“学生活动”变量中——学生人数及学生住宅也为显著变量。前述结果，可表示学生族群为提升公共自行车系统使用率的重要因子。

尽管公共自行车共享系统一直被认为是减少车辆排放和提高城市内移动的替代交通工具，但受到时空需求波动的影响，公共自行车在许多城市也产生“使用频率低”“运营成本高”及“自行车运补效率低”等现象(Buck等[59]；O'Brien等[17]；Fishman等[23,63]；Lu[60]；Bao等[61])。Fishman[11]研究中，调查各国公共自行车用户的使用行为，发现公共自行车会员每月使用该系统一次以上不到50%，由此可知，公共自行车仍被许多用户视为辅助性的交通工具。

了解用户的旅次行为和旅次目的，被认为是提升公共自行车系统使用率的有效方法之一(Regue与Recker[64])。随着科学和信息技术的进步，我们可以搜集及掌握更为复杂的大数据资料，其中智慧卡(Smart card)的公共运输交易信息，提供了民众详细的旅运行为资料，部分研究已使用该等信息来追踪公共自行车使用者长期旅行活动和旅运模式(Gebhart与Noland[65]；Beecham与Wood[62]；Zhao等[66])。

Gebhart与Noland[65]通过结合气候数据(包含温度、降雨量、雪、雾及湿度)和公共自行车智慧卡旅程数据，研究民众在不同的天气条件下，对公共自行车共享系统使用率的影响，其结果显示，在低温、下雨和高湿度的天候状况下，会降低民众对于公共自行车使用率和骑乘时间。Beecham与Wood[62]的研究中，则应用资料探勘技术(Data mining)来比较伦敦公共自行车共享系统中男性与女性的旅次行为，结果显示在休闲旅次中，女性偏好在假日骑乘公共自行车前往公园；而在通勤旅次中，男性偏好在平日使用公共自行车前往工作目的地。Zhao等[66]研究中，则将自行车旅次分为四类，并以性别因子和平假日因子进行旅次行为调查，其结果显示，女性较男性的自行车使用率为高，尤其于平日时段；另外发现住宅区是自行车旅次需求产生的主要来源，而大众运输车站则是该等旅次的主要目的地，该结果显示公共自行车在旅次中扮演第一英里(First-mile)的角色，为提供民众转乘至其他运输系统的交通工具之一。

过往有关公共自行车共享系统的文献，较少研究以民众旅运行为之起讫组合(Original-Destination pairs，OD pairs)为资料基础，解析与公共自行车共享系统使用率的相互关系，故本文主要目的，是汇整公共运输智慧卡(Easy Card)的数据，了解民众每趟旅次的起讫点(Original-Destination，OD)，从中探讨公共自行车共享系统于旅次中扮演的角色(如第一英里使用、最后一英里使用或不同交通工具间的转乘)，分析使用者进行跨交通工具转乘的影响因素分析。具体来说，本文目标如下：①解析公共运输旅次起讫组合(OD pairs)不同交通工具使用状况。本文通过公共运输智慧卡的数据，分析民众每一旅次组合(OD pairs)中内公共运输工具(地铁、火车、公交车、公共自行车等)的使用状况，以了解民众各种不同的旅次链型态，进而探讨交通工具间的转乘行为；②以旅客起讫组合(OD Pairs)作为分析单元。汇整民众使用公共自行车共享系统的起讫数据，加以归纳配对与分析；不同于过往文献，本文同时观察每组起讫(OD pairs)资料，是否有再与其他交通工具结合(如使用其他交通工具抵达公共自行车租赁站借车或抵达公共自行车租赁站还车后续使用其他交通工具)，除了可以观察该使用者转乘(或不转乘)的行为之外，亦可同时探讨该旅次从何而来或往何处去，以利开发潜在使用者；③探讨建成环境与土地使用变量对于公共自行车使用率的影响。本文汇整建成环境与土地使用的数据，作为分析旅次目的地之依据，以弥补公共运输智慧卡数据中无法揭示之旅次缺口。本文的结果可以作为公共自行车共享方案中包括新设站点的评估、运营商的营销策略以及政府机构对公共运输政策未来决策调整的重要参考。

2. 研究方法

本文以多元线性回归分析法(Multiple linear regression analysis),解析民众使用双北市公共自行车共享系统——微笑单车(YouBike)之旅次起讫组合(OD pairs)资料,确认使用 YouBike 进行转乘行为的主要影响因素。在本文发展的线性回归模式,依变量(Dependent Variable, D. V.)为使用 YouBike 转乘其他大众运输系统的旅次量,自变数(Independent Variable, I. V.)则包括公共运输变量、社经变量、公共自行车路网变量以及私人交通工具变量 4 大类变量。

以多元线性回归分析法,模式一(Model Ⅰ, linear-linear)建立如下。其中 Y_i 代表 YouBike 的起讫组合(OD pairs)中转乘公共运输系统的旅运量,共计 n 期; X_{i1}, X_{i2} 分别代表第 n 期中第 i 个解释变量的样本观察值; β_0 为本回归模式的截距项, $\beta_1 \sim \beta_i$ 为本回归模式各解释变量的系数, ε_i 为本回归模式中服从于常态分布随机误差项。

$$Y_i = \beta_0 + \beta_1 X_{i1} + \beta_2 X_{i2} + \cdots + \beta_i X_{in} + \varepsilon_i, i = 1, 2, \cdots, n \tag{1}$$

以多元线性回归分析法,模式二(Model Ⅱ, log-linear)建立如下。由于 YouBike 起讫组合(OD pairs)中转乘公共运输系统的旅运量与模式中投入之其他自变数之散布图,具非线性的指数特性,因此方程式建立如下。其中 Y_i 代表 YouBike 的起讫组合(OD pairs)中转乘公共运输系统的旅运量,共计 n 期; X_{i1}, X_{i2} 分别代表第 n 期中第 i 个解释变量的样本观察值,解释变量及应变数为 0 时,则以 1 代替($\ln(1)=0$); β_0 为本回归模式的截距项, $\beta_1 \sim \beta_i$ 为本回归模式各解释变量的系数, ε_i 为本回归模式中服从于常态分布随机误差项。

$$Y_i = e^{\beta_0 + \beta_1 X_{i1} + \beta_2 X_{i2} + \cdots + \varepsilon_i}, i = 1, 2, \cdots, n \tag{2}$$

将应变数取自然对数后,可以得到以下方程式,可使用线性回归分析。

$$\ln(Y_i) = \beta_0 + \beta_1 X_{i1} + \beta_2 X_{i2} + \cdots + \varepsilon_i, i = 1, 2, \cdots, n \tag{3}$$

以多元线性回归分析法,模式三(Model Ⅲ, log-log)建立如下。由于 YouBike 起讫组合(OD pairs)r 中转乘公共运输系统的旅运量与模式中投入之其他自变数之散布图具非线性的指数特性,因此方程式建立如下。X_{i1}, X_{i2} 分别代表第 n 期中第 i 个解释变量的样本观察值,解释变量及应变数为 0 时,则以 1 代替($\ln(1)=0$); β_0 为本回归模式的截距项, $\beta_1 \sim \beta_i$ 为本回归模式各解释变量的系数, ε_i 为本回归模式中服从于常态分布随机误差项。

$$Y_i = e^{\beta_0} x_{i1}^{\beta_1} x_{i2}^{\beta_2} \cdots e^{\varepsilon_i}, i = 1, 2, \cdots, n \tag{4}$$

自变数及应变数均取自然对数后,可以得到以下方程式,可使用线性回归进行分析;该方式称为对数线性回归(log-linear model),又称 double-log 或 constant elasticity model:

$$\ln(Y_i) = \beta_0 + \beta_1 \ln(X_{i1}) + \beta_2 \ln(X_{i2}) + \cdots + \varepsilon_i, i = 1, 2, \cdots, n \tag{5}$$

3. 研究资料

3.1 资料范围

本文所取得之资料为双北市交通部门及电子票证业者所提供之大台北地区民众使用电子票证搭乘公共运输之交易资料,时间为 2016 年 11 月。该组资料可借由每张电子票证之卡号,了解每一名使用者搭乘不同公共运输工具之进出站时间信息,以了解使用者每趟旅运行为(如交通工具选择、转乘次数及行驶距离等),以解析不同的旅次起讫组合(OD pairs)型态。截至 2016 年 11 月,双北市共建置 YouBike 租赁站达 686 座 20 388 辆自行车，租赁站分布如图 1 所示。而本文分析范围内之公共运输场站，除了 YouBike 租赁站外，尚包括双北市辖地铁站 117 座、台铁火车站 27 座及双北公交车站 11 879 座。

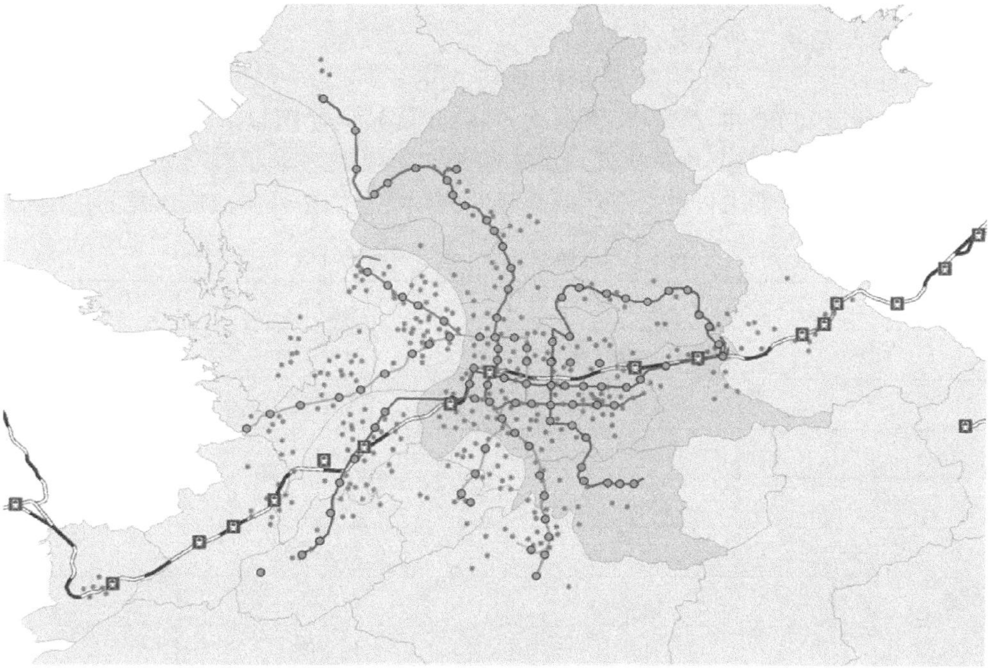

图 1　双北市 YouBike 租赁站分布图

3.2　旅次起讫组合(OD pairs)

在过往公共自行车之研究，鲜少以公共运输整体系统而进行探讨，亦未针对每一“旅次起讫组合(OD pairs)”的微观角度进行深入分析。故为了探讨 YouBike 与公共交通系统间的跨交通工具转乘行为，本文统计之样本数，主要系以 YouBike 之“旅次起讫组合(OD pairs)”为视角，从中找出具高度转乘次数之行为者。而本文定义的转乘行为是：“前趟旅次之讫点与次趟不同交通工具旅次起点之转乘时间不大于 80 min 者”，方纳入本文资料中转乘行为之计算。而转乘时间定为 80 min，系因该时段区间为大台北地区转乘优惠补助计算之门槛值，故经统计，多数有转乘需求之旅客，在此门槛值下均会完成转乘行为。本文分析之相关名词定义与旅次起讫组合(OD pairs)类型，兹说明如下。

1) *名词定义*

(1) OD：系指乘客使用 YouBike 系统之起讫旅次，其中“O”代表为民众租用起站，“D”代表为民众还车讫站；

(2) MRB：系指乘客以其他公共运输系统作为起讫点，包含地铁(Metro)、台铁(Rail)及公交车(Bus)；

(3) OD pairs：系指具有相同起讫旅次之组合，是一种配对集合的概念，亦即该组合内之每一个 YouBike 使用旅次，皆具有相同的借还起讫点。

2) *起讫组合(OD pairs)旅次类型*

(1) 类型 1—“OD”：无转乘行为，乘客在一特定时间内仅使用 YouBike 系统为单一运输工具；

(2) 类型 2—“OD-MRB”：具转乘行为，乘客先使用 YouBike 系统后，再行转乘其他公共运输系统(包含地铁/台铁/公交车)；此类型 YouBike 系担任公共运输旅程中的第一英里路(First-mile)；

(3) 类型 3—“MRB-OD”：具转乘行为，乘客先使用公共运输系统后，再行转乘 YouBike 系统；此类型 YouBike 系担任公共运输旅程中的最后一英里路(Last-mile)。

3) *起讫组合(OD pairs)资料初探*

本文以 2016 年 11 月 24 日之公共运输电子票证资料，进行 YouBike 使用者之旅次解析。在双北市

686座YouBike租赁站中，排除同站借还之旅次后，共计68 686笔旅次，进一步汇整YouBike系统的OD旅次，总计有16 872组不同旅次起讫组合(OD pairs)。为了解每一个OD pairs中的旅运行为，本文将所有OD pairs中旅次的运量及转乘量进行探讨，以单一起讫组合中使用次数或转乘次数每5次为一级距，进而分析各OD pairs运量及转乘状况。

首先在运量部分，所有OD pairs中运量累积1～5次达84.5%，6～10次达8.3%，10次以上达7.2%(表1、图2)。自表1统计得知，在Youbike系统内，单一租赁站的使用频率仍低，有高达14 308组的OD pairs，单日的旅运量低于5次，且其中1次性运量高达8 295组，其表示此系统营运绩效上，多数车站仍未达一定使用频率，其中原因可能来自设站点位或地区性的社会经济条件所造成这样的使用结果。

表1　起讫组合(OD pairs)运量统计表

运量统计	起讫组合(OD pairs)组数	百分比	累积百分比
1～5	14 243	84.42%	84.42%
6～10	1 405	8.33%	92.75%
11～15	518	3.07%	95.82%
16～20	224	1.33%	97.14%
21～25	125	0.74%	97.88%
26～30	74	0.44%	98.32%
31～35	51	0.30%	98.62%
36～40	41	0.24%	98.87%
41～45	32	0.19%	99.06%
46～50	24	0.14%	99.20%
51～55	23	0.14%	99.34%
56～60	11	0.07%	99.40%
61～65	16	0.09%	99.50%
66～70	14	0.08%	99.58%
71～75	13	0.08%	99.66%
76～80	7	0.04%	99.70%
81～85	7	0.04%	99.74%
86～90	4	0.02%	99.76%
91～95	3	0.02%	99.78%
96～100	4	0.02%	99.80%
101～110	10	0.06%	99.86%
111～115	2	0.01%	99.88%
116～120	4	0.02%	99.90%
121～125	2	0.01%	99.91%
126～130	3	0.02%	99.93%
131～135	2	0.01%	99.94%
140～	10	0.06%	100.00%
总和	16 872	100.0%	—

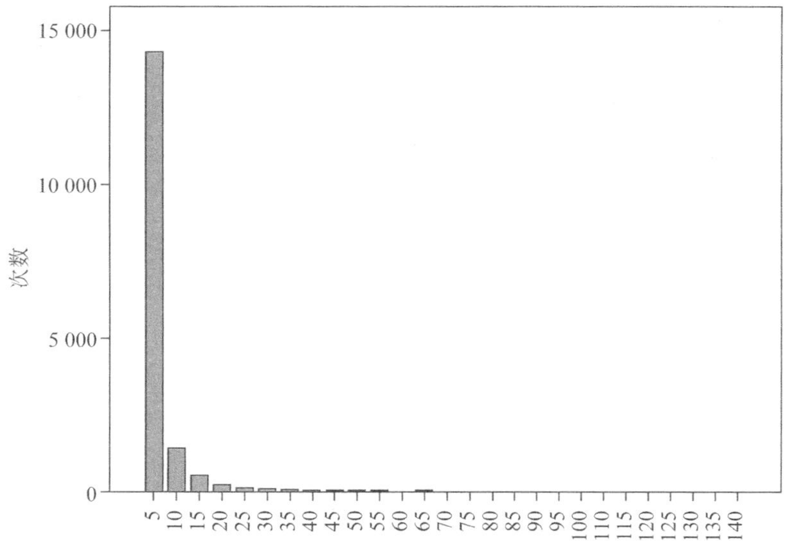

图 2　YouBike 起讫组合租借数量—次数级距分析

而在转乘量部分，转乘量 1～5 次达 83.53%，6～10 次达 6.47%，10 次以上达 9.82%（表 2、图 3）。依据前述资料显示，从 OD pairs 的角度来看，可以发现近 9 成的民众使用公共自行车的租借量或转乘量，均低于 10 次以下，其表示目前民众对于该系统的使用依赖度仍不足，多数属于偶发或休闲旅次（如外地游客使用或临时性至租赁站借用自行车等），仅有约一成的民众高于 10 次。然而回归公共自行车系统发展之目的，系为补足民众自家中或出发地 First-mile 的需求，或者是提供至目的地 Last-mile 的目标，前述的发现仍显示 YouBike 对于该等目标仍未满足。本文亦发现，如每组 OD pairs 的运量或转乘量达 10 次以上，在整体系统内已属高度使用，也表示该等租赁站所在位置之所属特性，可让民众产生高度依赖，是故在这些具有共同起讫组合的旅次链中，势必存在某些关键因素，可促使民众于此产生高度依赖，而该等旅次链的特性，亦是提供整体系统达成 First-mile 及 Last-mile 的目标。

表 2　旅次起讫组合(O-D pairs)转乘量统计表

转乘量统计	起讫组合(OD pairs)组数	百分比	累积百分比
1～5	3 840	83.53%	83.53%
6～10	310	6.74%	90.28%
11～15	151	3.28%	93.56%
16～20	75	1.63%	95.19%
21～25	44	0.96%	96.15%
26～30	40	0.87%	97.02%
31～35	20	0.44%	97.45%
26～40	13	0.28%	97.74%
41～45	17	0.37%	98.11%
46～50	15	0.33%	98.43%
51～55	9	0.20%	98.63%
56～60	10	0.22%	98.85%
61～65	9	0.20%	99.04%
66～70	9	0.20%	99.24%

(续表)

转乘量统计	起讫组合(OD pairs)组数	百分比	累积百分比
71～75	5	0.11%	99.35%
76～80	4	0.09%	99.43%
81～85	5	0.11%	99.54%
86～90	6	0.13%	99.67%
91～95	1	0.02%	99.70%
96～100	2	0.04%	99.74%
101～105	4	0.09%	99.83%
106～110	1	0.02%	99.85%
111～125	2	0.04%	99.89%
126～130	2	0.04%	99.93%
131～135	1	0.02%	99.96%
140～	2	0.04%	100.00%
总和	4 597	100.0%	—

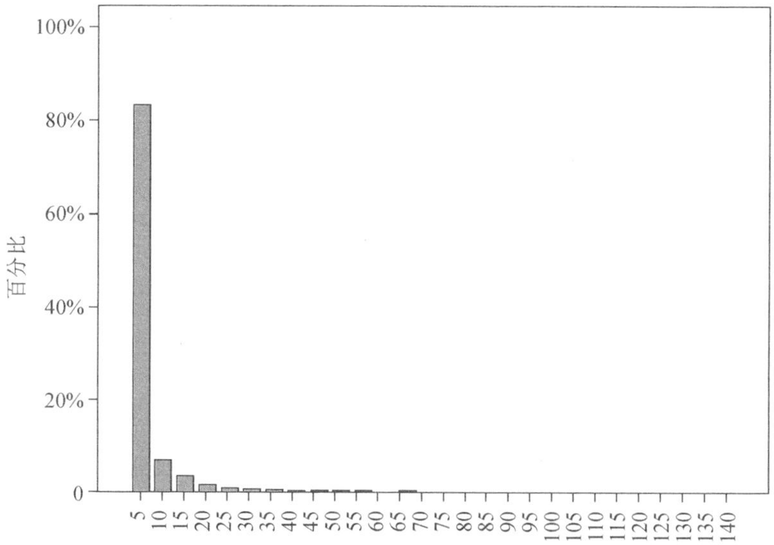

图 3　YouBike 起讫组合转乘量—次数级距分析

综观目前 YouBike 系统的营运状况，自每日运量来看虽高达 68 686 笔旅次，但以每一笔"旅次起讫组合(OD pairs)"的角度观之，仍可发现民众对于 YouBike 的使用程度(或依赖程度)不同，且分布的状况非属常态分布，系具有偏峰的现象，高达 90%的旅客拥有相同特性，且其中的 6 成，在于运量或转乘量上都仅有 1 次。以长期营运角度而言，过于低度使用的起讫组合(OD pairs)恐造成系统营运不佳，因为旅客的依赖程度较低，造成经济效益薄弱，恐无法达到经济规模，当中原因需进行探讨。

本文为提高 Youbike 系统整体营运效益，系采用 1.6 万余笔起讫组合中具高度效益者(本文定义为单一 MRB-OD/OD-MRB 旅次链中转乘量达 10 次以上)，进行分析，并选择采用一平常日，无具特殊活动之日运量，进行后续研析。

本文以 2016 年 11 月 24 日(采用一平常日，星期四，前后均无具特殊性活动)之公共运输电子票证资料，进行 YouBike 使用者之旅次解析。在双北市 686 座 YouBike 租赁站中，排除同站借还之旅次后，共计

68 686 笔旅次，汇整研究日所有 YouBike 系统的 OD 旅次，总计有 16 872 组不同的 OD 起讫组合(OD pairs)，其中有进行转乘之起讫组合(OD pairs)，共计 4 597 组。由图 4 统计资料可发现，若将所有 OD 起讫组合一字排开，租借量仅有 1 次的起讫组合就占 50%以上，租借数 3 次以下(含)更达到 70%。由此图形可判断，本文汇整之资料形态，为典型的长尾分布图(Long-tail distribution graph)。因此在分析上，本文排除租借数量低于 10 次(不含)以下之起讫组合(OD pairs)(我们视其为随机租借者)，仅筛选 OD 租借运量大于 10 次(含)之起讫组合(OD pairs)。经筛选后，起讫组合(OD pairs)租借数量低于 10 次(不含)之组合计有 15 604 组，远大于 10 次(含)之 OD 组合计有 1 268 组，有关 YouBike 起讫旅次(OD trips)及起讫组合(OD pairs)基本信息汇整如表 3 及表 4 所示。

表 3　YouBike 起讫旅次(OD trips)类型

2016 年 11 月 24 日(星期四)

YouBike 起讫旅次	运量/(占比)
起讫旅次(OD trips)	68 686
无转乘旅次	42 408(61.7%)
有转乘旅次	26 278(38.3%)

YouBike 转乘旅次	运量/(占比)
先骑乘 YouBike 再转乘公共运输 OD-MRB(第一英里路)	11 755(44.7%)
先搭乘公共运输再转乘 YouBike MRB-OD(最后一英里路)	14 523(55.3%)

一次转乘交通工具选择	OD-MRB	MRB-OD	运量/(占比)
地铁	8 926	10 554	19 480(74.13%)
公交车	2 198	3 060	5 258(20.01%)
火车	631	909	1 540(5.86%)
总合	11 755	14 523	26 278

表 4　YouBike 起讫组合(OD pairs)类型

2016 年 11 月 24 日(星期四)

YouBike 起讫组合	组合数/(占比)
起讫组合(OD pairs)	16 872
无转乘起讫组合	12 275(72.8%)
有转乘起讫组合	4 597(27.2%)

YouBike 起讫组合	组合数/(占比)
旅次运量<10 次之起讫组合	15 604(92.48%)
旅次运量≥10 次之起讫组合	1 268(7.52%)

YouBike 运量≥10 次之起讫组合	组合数/(占比)
旅次运量≥10 次之起讫组合	1 268
旅次运量≥10 次且无转乘之起讫组合	221(17.4%)
旅次运量≥10 次且有转乘之起讫组合	1 047(82.6%)

自 2016 年 11 月 24 日的公共运输票证资料中，本文解析使用者起讫组合(OD pairs)信息，可知在 YouBike 系统内有进行转乘的起讫组合总共计 4,597 种组合，该等 OD 组合中租借量大于 10 次(含)且转

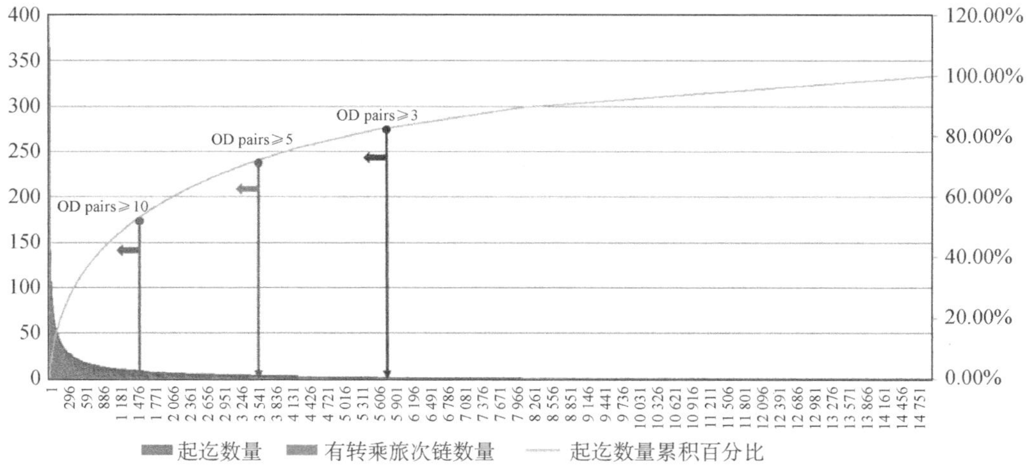

图 4　Bikesharing 起讫组合租借数量及转乘数量

乘量 5 次(含),共计 918 组,图 5 为该等起讫组合(OD pairs)分布情形。从图 5 所显示之分布情形,可了解使用 YouBike 系统后又进行转乘起讫组合(OD pairs),主要集中在地铁站沿线。

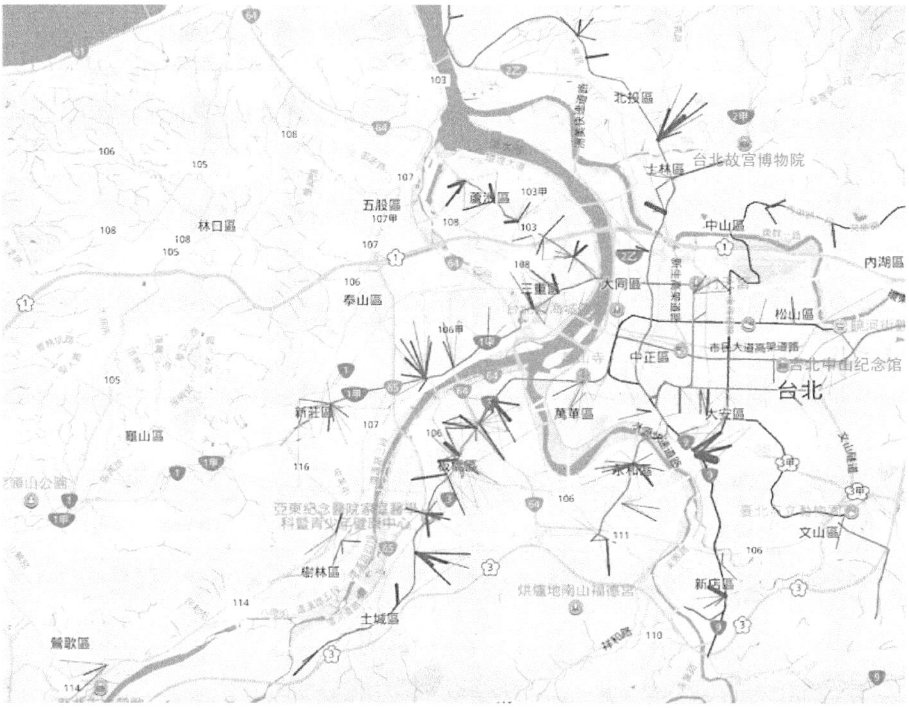

图 5　YouBike 旅次链中具转乘旅次之分布情形

3.3　变量选择

除了自 OD piars(旅次链)资料分析旅运行为,了解于旅次链中具公共运输场站(MRB)可对运量或转乘量有影响外,本节参考过往研究文献,汇整及分析可能影响 YouBike 系统旅次起讫组合(OD pairs)中转乘数量的环境因子纳入模式中,共分为四大类:“公共运输变量”“社经变量”“公共自行车路网变量”及“私人交通工具变量”,本文设定 YouBike 系统租赁站周围环境变量,并以旅客可步行范围 300 m 的区域进行环域分析。各因子所包含之解释变量如表 5 所示。

表 5 解释变量分类

变量种类	解释变量
公共运输变量(建成环境)	公共运输场站步行距离
	大众运输搭乘运量
社经变量(潜在使用者)	土地使用面积
	村里收入
	学生人数
	机关、机构数量
公共自行车路网变量	骑乘距离
私人交通工具变量(有无替代交通工具)	村里每千人汽车、摩托车持有数量

以下说明各环境变量之计算方式及资料来源。

(1) 公共运输场站步行距离

公共运输场站设置位置,如邻近旅客起讫点(起点如居住地,讫点如邻近 YouBike 场站等)可步行范围内(300～500 m),可提升民众使用率;相对地,如果公共运输场站离旅客出发地过于遥远,民众使用意愿将会降低,因为行走旅程花费时间将会过高。本文使用 Google Map 之 Directions API 路径规划服务,计算 YouBike 系统起讫组合(OD pairs)中具转乘行为之旅次链,其所使用 YouBike 租赁站与转乘之公共运输场站间的步行距离。由于起讫组合(OD pairs)中包含转乘至不同公共运输场站的旅次链,本文汇整起讫组合(OD pairs)中所有具转乘之旅次链,加总其至各不同公共运输场站距离后,取其平均,视为本文参考资料。若该起讫组合(OD pairs)中无转乘其他公共运输系统之行为,则依 Google Map 的 Directions API 路径规划服务,以距最近之地铁站或火车站距离为统计标准。

(2) 大众运输搭乘运量

除考量公共运输场站地点外,大众运输运量也是影响 OD pairs 转乘量的因子之一,民众使用率越高,借由不同交通工具转乘的机会亦同时提升(如地铁—公交车双向转乘、地铁—公共自行车双向转乘等),尤其以双北公共运输使用率达 37%,此项因子须纳入实证范围中。本文分别采计在 YouBike 租赁站 300 m 步行范围内之大众运输场站使用量(包含地铁、火车及公交车等),再加总交集的大众运输场站进出站数量。

(3) 土地使用分类

不同的土地使用,会带动地区不同面向的发展,如为商业区,则该地区域于早上高峰 7:00—9:00/下午高峰 16:00—19:00 期间,会有较大量的上下班人员旅次,如该区域内同时设有大众运输系统场站,不同的土地使用亦可能会对大众运输使用量有不同的影响。本文使用土地测绘图资服务云的“都市计划使用分区图”资料,详见图 6 及图 7。由于原土地使用分类繁多,为利本文使用,故简化土地使用分类共计 8 类,分别为:“商业区 Area of Commercial”“住宅区 Area of Residential”“公园用地 Area ofPark land”“学校用地 Area ofSchool land”“机关用地 Area of Government Agency land”“交通用地 Area ofTraffic land”“工业区用地 Area ofIndustrial land”及“其他”。土地使用的面积计算,系以 YouBike 系统租赁站 300 m 步行范围内,所交集之都市计划使用分区图层,并依交集之范围,计算各土地非类之使用面积,本文共计算 686 座 YouBike 租赁站周围各类土地使用面积,详见图 8。由汇整资料可知,YouBike 系统之租赁站主要设置于住宅区(涵盖面积达 70 km^2),其次依序为交通用地、商业区、学校用地、工业区、公园用地和机关用地等。本文经计算各变量间皮尔森相关系数(Pearson’s correlation)与共线性(Collinearity)的筛选之后,采用“机关用地面积”“交通用地面积”以及“工业区用地面积”模式进行研究分析。

(4) 村里收入

人员所得的状况,会影响单位家庭私人交通工具持有率(如汽车、摩托车等),而家户内若私人交通工具多,则可能影响使用大众运输系统的数量。本文以 YouBike 系统租赁站 300 m 步行范围,计算所涵盖之村里收入(双北市总计 1 490 个村里)。村里收入资料来源为财政事务主管部门财政信息中心所公布之

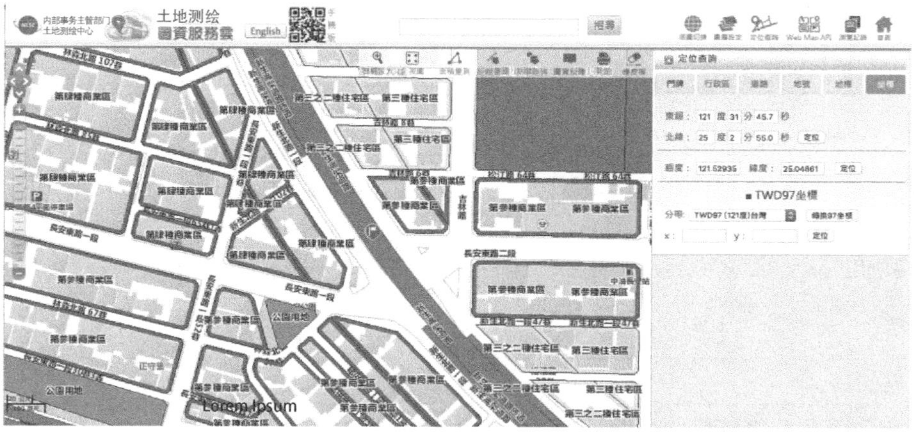

图 6　土地测绘图资服务云都市计划使用分区图

图 7　YouBike 租赁站与都市计划使用分区图层

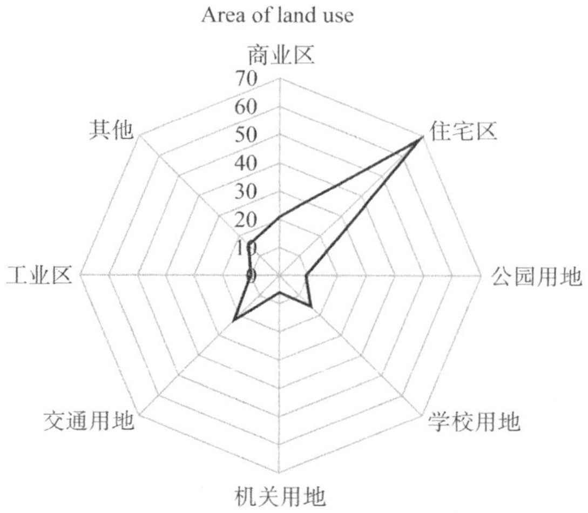

图 8　YouBike 系统租赁站周围 300 m 土地使用面积(km^2)

“2014 年度综合所得税申报初步核定统计专册”,参考其中“综税所得总额各县市乡镇村里统计分析表”内容,并取中位数代表各村里之综合所得税收入。

(5) 学生人数

检视双北 YouBike 设站地点,如果区域范围内有学区,于周遭范围均会设置一定数量租赁站,对于学生族群来说,于上下学及用餐时间,有一定比例使用该系统进行旅运的行为。本文以 YouBike 系统租赁站 300 m 步行范围,计算所涵盖学校的学生人数,包括大专院校与高中职校。学生人数资料来源为教育事务主管部门统计处所公告之 2015 学年度资料。

(6) 机关、机构数量

本项因子同“土地使用类别”,在租赁站一定范围内不同的机关数量对于 OD pairs 旅次链运量或转成量有不同的影响。本文以交通事务主管部门路网数值图之地标地物图层(TWD_LANDMARK)与 YouBike 系统租赁站 300 m 步行范围空间进行交集,所统计机关、机构包括政府机关与公共设施,机关、机构包括省级单位、县(市)府单位、税捐单位、地政单位、户政单位、警察局消防队、乡镇市公所及公共设施,其中公共设施包括医院、电信局、台湾电力公司、自来水、加油站、公园、百货公司、邮局、农会及城市地标。

(7) 骑乘距离

旅客使用公共自行车进行旅运时,除考量旅次的目的地点外,各租赁站间的距离会影响民众使用时间。如区域范围内租赁站数量较为密集,其站间骑乘距离均值将会较小,对于民众而言较为方便,因租赁站可能邻近其目的地(或起点);反之,租赁站如较少,骑乘距离相对增加,且恐无法邻近旅次链的起讫点,会较为不便。本文以 Open Street Map 图资搭配 PostGIS 的 pgRouting 路径规划,进行 YouBike 系统各站间的骑乘距离统计。

(8) 村里每千人汽车、摩托车持有数量

此因子同“村里收入”假设,本文以 YouBike 系统租赁站 300 m 步行范围,计算所交集的村里中平均每千人汽车、摩托车持有数量,资料来源为交通事务主管部门公路总局。

经分析 1 268 组起讫组合(OD pairs)的 YouBike 系统租赁站间骑乘距离,探测性分析资料说明如表 6 所示,平均骑乘距离为 1 092.98 m,其内外篱的上、下界说明如表 7 所示。删除严重离群值后的平均骑乘距离为 1 074.28 m,删除温和离群值后的平均骑乘距离为 1 049.61 m。

表 6　YouBike 系统租赁站间骑乘距离之探测性资料

最小值	185
第 1 四分位数 Q_1	717.75
中位数	1 003
第 3 四分位数 Q_3	1 361
最大值	19 285
平均值	1 092.98
IQR	643.25

表 7　YouBike 系统租赁站间骑乘距离之内外篱范围

离群值	下界	上界	删除离群后的 OD pair 数量
内篱(温和离群值)	−247.125	2 325.875	1 245 组
外篱(严重离群值)	−1 212	3 290.75	1 265 组

删除严重离群值后总共 1 265 组的骑乘距离箱形图如图 9 所示。

本文解释变量之叙述性统计如表 8 所示,包括最小值、最大值、平均值与标准差。OD 租借数量大于 10 次(含)的起讫组合(OD pairs)解释变量中,YouBike 系统租赁站与大众运输场站的最短距离是 0 km,最远距离是 17.48 km,平均距离是 1.08 km;在 YouBike 系统租赁站 300 m 范围交集的大众运输场站,其

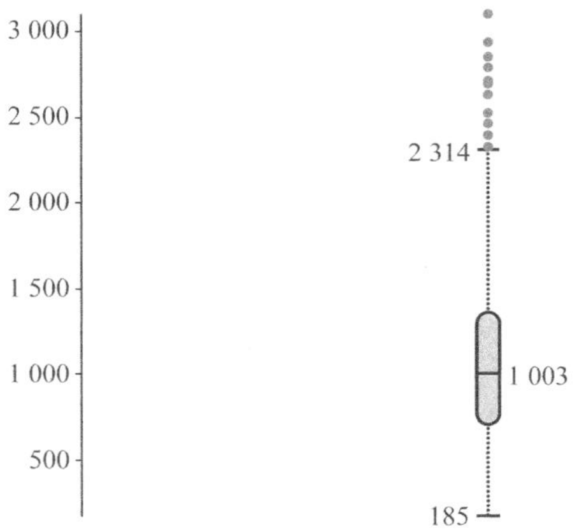

图9 YouBike系统租赁站间骑乘距离箱形图

进出站运量最小值是0人，最大值是173 790人，平均值是25 030人；在土地使用变量中，YouBike系统租赁站300 m范围交集的政府机关用地、交通用地和工业区用地，其最大值是分别是50 m^2、70 m^2 和110 m^2；在村里收入变量部分，年收入最小值是新台币 502 500元，最大值是新台币1 093 500元，平均值是新台币680 180元；学生人数变量中，最小值是0人，最大值是43 000人，平均值是2 297人；机关、机构的数量最小值是0个，最大值是40个，平均值是5.7个；在骑乘距离部分，最短的骑乘距离是0.19 km，最长是3.1 km，平均骑乘距离是1.07 km；在村里每千人的汽车、摩托车持有数量变量中，最小值0辆，最大值是1 515辆，平均值是566辆。

表8 解释变量之叙述性统计

解释变量	最小值	最大值	平均值	标准差
公共运输场站步行距离(km)	0	17.48	1.08	1.80
大众运输搭乘运量(千人)	0	173.79	25.03	35.37
机关用地(km^2)	0	0.05	0.00	0.01
交通用地(km^2)	0	0.07	0.02	0.02
工业区用地(m^2)	0	0.11	0.00	0.01
村里收入(新台币千元)	502.5	1 093.50	680.18	117.59
学生人数(千人)	0	43	2.297	7.582 4
机关、机构数量	0	40	5.676	6.391 6
骑乘距离(km)	0.19	3.10	1.07	0.47
村里汽车、摩托车持有数量(每千人)	0	1 514.96	566.08	172.21

4. 研究结果

使用 Model Ⅰ(linear-linear)进行 YouBike 系统起讫组合(OD pairs)转乘数量的回归分析结果如表9所示。F检定结果，显示 Model Ⅰ具解释能力，调整后判定系数 Adj R^2 为0.143，结果显示 YouBike 系统起讫组合(OD pairs)中具转乘之旅次链数量，与公共运输场站步行距离、交通用地面积、学生人数、机关和机构数量、骑乘距离和汽车、摩托车持有数量有显著关系。

使用 Model Ⅱ(log-linear)调整后判定系数 Adj R^2 为0.448，分析结果显示 YouBike 系统起讫组合(OD pairs)中具转乘之旅次链数量，与公共运输场站步行距离、大众运输搭乘数量、交通用地面积、村里收入、学生人数、机关和机构数量和骑乘距离有显著关系。

使用 Model Ⅲ(log-log)调整后判定系数 Adj R^2 为 0.489,分析结果显示 YouBike 系统起讫组合(OD pairs)中具转乘之旅次链量,与公共运输场站步行距离、大众运输搭乘数量、机关用地面积、交通用地面积、机关和机构数量、村里收入和骑乘距离等对于转乘数量有显著关系。

三个模式的分析结果,发现 YouBike 系统起讫组合(OD pairs)中具转乘之旅次链量,与“公共运输场站步行距离”“交通用地面积”“机关、机构数量”及“骑乘距离”具显著关系。其中“大众运输搭乘数量”及“村里收入”等变量,在 Model Ⅱ及 Model Ⅲ皆为显著;整体而言,以 Model Ⅲ(log-log)的表现最佳。

表 9 估计结果

解释变量	Model Ⅰ(linear-linear)			Model Ⅱ(log-linear)			Model Ⅲ(log-log)		
	Beta 值	系数	显著性	Beta 值	系数	显著性	Beta 值	系数	显著性
运输场站距离	−1.655	−.094	.000***	−.015	−.392	.000***	−.184	−.316	.000***
大众运输搭乘量	.259	.290	.264	.014	.362	.000***	.343	.448	.000***
机关用地	28.655	.006	.570	−1.506	−.007	.738	.021	.047	.024*
交通用地	−220.537	−.119	.079*	−15.555	−.182	.000***	.036	.050	.015*
工业区用地	−3.612	−.001	.362	2.946	.023	.289	−.009	−.015	.469
村里收入	−.035	−.129	.880	−.002	−.173	.000***	−.972	−.110	.000***
学生人数	.307	.074	.000***	.002	.008	.720	.054	.032	.143
机关、机构数量	−.845	−.171	.003**	−.038	−.168	.000***	−.195	−.139	.000***
骑乘距离	−9.815	−.147	.000***	−.378	−.123	.000***	−.407	−.126	.000***
汽车、摩托车持有数量	.004	.020	.000***	5.281E−5	.006	.784	−.009	−.006	.764
R^2 Adj R^2	0.150 0.143			0.452 0.448			0.493 0.489		

注:***表示达显著水平 $\alpha<0.001$;**表示达显著水平 $\alpha<0.05$;*表示达显著水平 $\alpha<0.1$。

本文使用双北市 2016 年 11 月 24 日全日公共运输票证资料,解析双北市 686 个 YouBike 系统租赁站之使用者之旅运行为,并汇整出 16 872 组起讫组合(OD pairs),针对其跨交通工具转乘行为与相关环境因子进行回归分析,其能找出当中影响转乘量的关键因子。由于起讫组合(OD pairs)中具转乘行为的数量,呈现为典型长尾(Long-tail)分布图,因此本文先行排除当中租借 YouBike 数量低于 10 次(不含)的 15 604 组起讫组合(OD pairs)(随机租借者),仅筛选起讫组合(OD pairs)租借数量大于 10 次(含)者。另为提高模式准确度,删除严重离群值后,共计 1 265 组起讫组合(OD pairs),来投入本文发展之模式中进行分析。

本文结果,以 Model Ⅲ(log-log)结果为佳,其模式中相关因子分析,说明如下。

4.1 公共运输变量(建成环境)

(1) YouBike 系统租赁站与大众运输场站的步行距离,与使用 YouBike 系统后具转乘行为的起讫组合(OD pairs)数量呈负相关,Model Ⅲ结果显示,与大众运输场站的步行距离每减少 10%,将会增加 3.16%转乘量。反之,若 YouBike 系统租借站距离大众运输场站太远,民众便会转往使用其他交通工具。故欲提升 YouBike 系统租借量及跨交通工具转乘旅次量,建议在大众运输场站出口周边设置 YouBike 系统租借站,并减少与大众运输场站间的步行距离。

(2) YouBike 系统租赁站 300 m 步行范围内大众运输搭乘数量与使用 YouBike 系统后具转乘行为的起讫组合(OD pairs)数量呈正相关,Model Ⅲ显示,大众运输场站的进出站数量每增加 10%,将会增加

4.48%转乘量。表示当区域内公共运输路网愈完整,民众进行洽公、购物、通勤及通学等旅次时,会有高度意愿去使用YouBike系统来当作跨交通工具转乘的交通工具(First-mile或Last-mile)。因此,建议在运量愈多的大众运输场站多设置YouBike租借站,愈能够吸引民众使用YouBike进行跨交通工具转乘。

4.2 社会经济变量(潜在使用者)

(1) 本文简化土地使用分类为商业区、住宅区、公园用地、学校用地、机关用地、道路(交通)用地、工业区及其他等8大类,检视土地使用因子与YouBike系统起讫组合(OD pairs)中具跨交通工具转乘行为的相互影响。由本文Model Ⅲ结果发现,YouBike租赁站300 m范围内之"机关用地面积"及"交通用地面积"具有显著性,其表示该等用地类别内之就学、洽公与通勤的民众,有极高意愿选择YouBike系统进行跨交通工具转乘的行为。因此要提升YouBike系统与其他大众运输系统的转乘量,可将上述二类土地使用类别作为优先设置地点。此外,值得一提的是,YouBike系统租赁站300 m范围内,住宅区、商业区、工业区及公园用地等面积广阔,YouBike系统使用量亦高,但对于跨交通工具转乘量并无显著影响,其表示该等土地类别之YouBike系统的使用者,很高比例部分是进行单一的YouBike租借骑乘行为,为前往从事运动、休闲、购物或用餐等的随机活动。

(2) 村里收入与YouBike系统具转乘行为的起讫组合(OD pairs)数量呈显著负相关,Model Ⅲ结果显示,村里收入每减少10%,将会增加1.1%转乘量,其显示使用YouBike系统转乘其他大众运输系统成本为低,可提供低收入民众日常的交通方式。因此在年收入中位数相对为低村里设置YouBike系统租借站,可以提升YouBike系统使用率与转乘其他大众运输系统的转乘量。

(3) 虽然学生族群应为YouBike系统及其他大众运输系统最忠实与坚定的使用者,但本文回归模式中Model Ⅲ发现,学生族群对其跨交通工具间的转乘行为并不显著,较合理的解释是学生族群有很大比例是进行单一的自行车骑乘行为。

(4) 机关、机构的数量与YouBike系统起讫组合(OD pairs)中具转乘行为的数量,呈显著负相关。本文Model Ⅲ结果显示,机关、机构数量每增加10%,YouBike系统将会减少1.4%的转乘量,分析原因有极大的可能性是因为机关、机构愈聚集的地点,同时也是运输系统愈便利的地点(具备多项运输工具),因交通工具选项愈多,替代性亦愈高,因此需要通过YouBike系统跨交通工具转乘的需求也会降低。

4.3 公共自行车路网变量

(1) YouBike系统使用者的骑乘距离与跨交通工具转乘量呈显著负相关,本文Model Ⅲ结果显示,骑乘距离每减少10%,将增加1.3%转乘量。这代表以YouBike系统作为跨交通工具转乘的旅次,主要是短程接驳与替代步行,YouBike系统可以视为大众运输系统的延伸(First-mile或Last-mile),并且可视为支援通勤的交通工具。反之,骑乘距离愈长的旅次,愈不会跨交通工具转乘,民众可能作为休闲、运动等其他非通勤之用。

(2) 值得一提的是,会进行跨交通工具转乘的起讫组合(OD pairs),其转乘量有集中于某些起讫组合(OD pairs)的趋势,因此若要扩大YouBike系统在跨交通工具转乘中所扮演的角色,可先从该等起讫组合(OD pairs)的起讫租借站进行优化,强化包括步行环境、土地使用及社经条件等辅助性的措施。

5. 结语

本文以大台北地区公共运输电子票证交易资料,借由悠游卡的卡号可以掌握民众使用不同交通工具的进出场站及时间等信息,进而串联民众全天的旅运行为,进而解析不同的旅次链形态。本文首度尝试以686个YouBike系统租赁站起讫组合(O-D pairs)及与其他大众运输系统(含117座地铁站、27座火车站及11 897座公交车站)转乘资料,建立以起讫组合(OD pairs)为基础的多元线性回归(Multiple linear regression)模式,进行影响跨交通工具转乘行为之重要因子分析。

双北市民众每日使用大众运输系统总旅次数约为410万,其中YouBike系统每日租借数量约为8万,占全部旅次数的2%，因此目前 YouBike 系统在都市运输系统里，主要担任辅助性质的交通工具(First-mile 或 Last-mile)。但从本文汇整资料发现，在使用 YouBike 系统后转乘公共运输的跨交通工具转乘比例占 38%(约 3.4 万)，有效提供使用者之家旅次(含就学、就业旅次)及其他公共运输系统(含地铁站、火车站或公交车站)间的短程运输服务，扮演通勤支援及吸引非主要旅次的角色。

在跨交通工具转乘分析部分，本文发展三项多元线性回归模式，其结果显示，以 Model Ⅲ(log-log)的解释能力最高。自实证研究结果的资料显示，在 YouBike 系统中"建成环境"的相关变量中，其起讫组合(OD pairs)具转乘行为的旅次量，与"运输场站步行距离""大众运输搭乘数量""机关用地面积""交通用地面积""村里收入""机关、机构数量"及"骑乘距离"具有显著关系。

整体而言，双北市以 YouBike 系统作为跨交通工具转乘的旅次，其使用目的主要是"短程接驳"与"替代步行"，YouBike 系统可以视为双北市内其他大众运输系统的路线延伸，并且支援民众日常通勤的交通工具之一。而研究结果显示，如民众使用 YouBike 骑乘距离愈长之旅次，较不会进行跨交通工具转乘，因其旅次目的系为休闲、运动或其他非通勤目的；模式结果解释，低收入者、就学、洽公及通勤的民众，具极高几率选择 YouBike 系统进行跨交通工具转乘的行为，是该系统的潜在使用者，因此于该等旅次经常进出之地点及在具高运量之大众运输场站(含地铁站、火车站及公交车站)设置 YouBike 系统租借站，更能提高民众使用 YouBike 系统且进行跨交通工具转乘的行为。

此外，自本文汇整资料中发现，进行跨交通工具转乘的起讫组合(OD pairs)中同质性为高，而且转乘数量有集中于部分起讫组合(OD pairs)的趋势，因此若要强化 YouBike 系统在跨交通工具转乘中所扮演的角色，建议可从该等转乘数量为大的起讫组合(OD pairs)之租借站，扩大站体规模与优化外围步行环境，可有效地吸引民众使用。

参考文献

[1] Dill, J. Bicycling for transportation and health: The role of infrastructure[J]. Journal of Public Health Policy, 2009, 30:95-110.

[2] Forsyth, A., Oakes, J. M. Cycling, the built environment, and health: Results of a mid-western study[J]. International Journal of Sustain-able Transportation, 2015, 9(1): 49-58.

[3] Pucher, J., Dijkstra, L. Promoting safe walking and cycling to improve public health: Lessons from The Netherlands and Germany[J]. American Journal of Public Health, 2003, 93(9):1509-1516.

[4] Saelensminde, K. Cost-benefit analyses of walking and cycling track networks taking into account insecurity, health effects and external costs of Motorized traffic[J]. Transportation Research: Part A: Policy and Practice, 2004, 38(8): 593-606.

[5] Weichenthal, S., Kulka, R., Dubeau, A., Martin, C., et al. Traffic-related air pollution and acute changes in heart rate variability and respiratory function in urban cyclists[J]. Environ Health Perspect, 2011, 119:1373-1378.

[6] Lawlor, D. A., Ness, A. R., Cope, A. M., et al. The challenges of evaluating environmental interventions to increase population levels of physical activity: The case of the UK National Cycle Network[J]. Journal of Epidemiology and Community Health, 2003, 57: 96-101.

[7] Akar, G., Clifton, K. The influence of individual perceptions and bicycle infrastructure on the decision to bike[J]. Transportation Research Record, 2009, 2140:165-172.

[8] Buehler, T., Handy, S. L. Fifty years of bicycle policy in Davis[J]. Transportation Research Record, 2008, 2074:52-57.

[9] Pucher, J., Buehler, R. Making cycling irresistible: lessons from the Netherlands, Denmark and Germany[J]. Transport Reviews, 2008, 28: 495-528.

[10] Moudon, A., Lee, C., Cheadle, A., et al. Cycling and the built environment, a US perspective[J]. Transportation Research Part D: Transport and Environment, 2005, 10: 245-261.

[11] Fishman, E. Bikeshare: A review of recent literature[J]. Transport Reviews, 2016, 36(1):92-113.

[12] Meddin, R., *Bikesharing systems worldwide*, Retrieved October 9, 2017, from https://tinyurl.com/ybattt4f.

[13] Pucher, J. , Buehler, R. Cycling towards a more sustainable transport future[J]. Transport Reviews, 2017, 37(6): 689-694.

[14] DeMaio, P. Bike-sharing: History, impacts, models of provision, and future[J]. Journal of Public Transportation, 2009, 12(4):41-56.

[15] Shaheen, S. , Guzman, S. , Zhang, H. Bikesharing in Europe, the Americas, and Asia: past, present, and future [C]. Paper Presented at the 89th Annual Meeting of theTransportation Research Board, Washington, DC, 2010.

[16] Fishman, E. , Washington, S. , Haworth, N. Bike share: A synthesis of the literature[J]. Transport Reviews, 2013, 33(2): 148-165.

[17] O'Brien, O. , Cheshire, J. , Batty, M. Mining bicycle sharing data for generating insights into sustainable transport systems[J]. Journal of Transport Geography, 2014,34:262-273.

[18] Bachand-Marleau, J. , Lee, B. H. Y. , El-Geneidy, A. M. Better understanding of factors influencing likelihood of using shared bicycle systems and frequency of use[J]. Transportation Research Record: Journal of the Transportation Research Board, 2012, 2314:66-71.

[19] Corcoran, J. , Li, T. , Rohde, D. et al. Spatial-temporal patterns of a public bicycle sharing program: The effect of weather and calendar events[J]. Journal of Transport Geography, 2014, 41: 292-305.

[20] Etienne, C. and Latifa, O. Model-based count series clustering for bike sharing system usage mining: A case study with the Velib' system of Paris[J]. ACM Transactions on Intelligent Systems and Technology, 2014,5(3):1-21.

[21] Faghih-Imani, A. , Eluru, N. , El-Geneidy, A. M. et al. How land-use and urban form impact bicycle flows: Evidence from the bicycle-sharing system(BIXI) in Montreal[J]. Journal of Transport Geography, 2014, 41:306-314.

[22] Fishman, E. , Washington, S. , Haworth, N. Barriers and facilitators to public bicycle scheme use: A qualitative approach[J]. Transportation Research Part F, 2012,15: 686-698.

[23] Fishman, E. , Washington, S. , Haworth, N. Bike share's impact on car use: Evidence from the United States, Great Britain, and Australia[J]. Transportation Research Part D: Transport and Environment, 2014,31:13-20.

[24] Goodman, A. , Cheshire, J. Inequalities in the London bicycle sharing system revisited: Impacts of extending the scheme to poorer areas but then doubling prices[J]. Journal of Transport Geography, 2014, 41: 272-279.

[25] Kraemer, J. D. , Roffenbender, J. S. , Anderko, L. Helmet wearing among users of a public bicycle-sharing program in the District of Columbia and comparable riders on personal bicycles[J]. American Journal of Public Health, 2012, 102(8):23-25.

[26] Martin, E. W. , Shaheen, S. A. Evaluating Public Transit Modal Shift Dynamics in Response to Bikesharing: A Tale of Two U. S. Cities[J]. Journal of Transport Geography, 2014,41:315-324.

[27] Rixey, R. A. Station-level forecasting of bikesharing ridership: Station network effects in three U. S. systems[J]. Transportation Research Records: Journal of the Transportation Research Board,2013,2387:46-55.

[28] Shaheen, S. A. , Zhang, H. , Martin, E. ,et al. China's Hangzhou public bicycle: Understanding early adoption and behavioral response to bikesharing[J]. Transportation Research Records: Journal of the Transportation Research Board,2011, 2247:33-41.

[29] Vogel, P. , Greiser, T. , Mattfeld, D. C. Understanding Bike-Sharing Systems using Data Mining: Exploring Activity Patterns[J]. Procedia: Social and Behavioral Sciences, 2011, 20: 514-523.

[30] Vogel, M. , Hamon, R. , Lozenguez, G. ,et al. From bicycle sharing system movements to users: A typology of Velo'v cyclists in Lyon based on large-scale behavioural dataset[J]. Journal of Transport Geography, 2014, 41: 280-291.

[31] Nakamura, H. , Abe, N. The role of a non-profit organizationrun public bicycle-sharing programme: The case of Kitakyushu City, Japan[J]. Journal of Transport Geography, 2014, 41:338-345.

[32] Caggiani, L. Ottomanelli, M. A dynamic simulation based model for optimal fleet repositioning in bike-sharing systems[J]. Procedia: Social and Behavioral Sciences, 2013,87: 203-210.

[33] Chemla, D. , Meunier, F. , Calvo, R. W. Bike sharing systems: Solving the static rebalancing problem[J]. Discrete Optimization, 2013, 10: 120-146.

[34] Dell'Amico, M. , Hadjicostantinou, E. , Iori, M. , et al. The bike sharing rebalancing problem: Mathematical formulations and benchmark instances[J]. Omega, 2014, 45:7-19.

[35] Li, J. , Ren, C. , Shao, B. , et al. A solution for reallocating public bike among bike stations[C]. Beijing:2012 9th

IEEE International Conference on Networking, Sensing and Control(ICNSC),2012: 352-355.
[36] Raviv, T. Kolka, O. Optimal inventory management of a bikesharing station[J]. IIE Transactions, 2013,45(10): 1077-1093.
[37] Raviv, T., Tzur, M., Forma, I. A. Static repositioning in a bikesharing system: Models and solution approaches[J]. EURO Journal on Transportation and Logistics, 2013, 2:187-229.
[38] Sayarshad, H., Tavassoli, S., Zhao, F. A multi-periodic optimization formulation for bike planning and bike utilization[J]. Applied Mathematical Modelling, 2013, 36: 4944-4951.
[39] Ahillen, M., Mateo-Babiano, D., Corcoran, J. Dynamics of bike sharing in Washington, DC and Brisbane, Australia: Implications for policy and planning[J]. International Journal of Sustainable Transportation, 2016, 10(5): 441-454.
[40] Garcıa-Palomares, J. C., Gutierrez, J., Latorre, M. Optimizing the location of stations in bike-sharing programs: A GIS approach[J]. Applied Geography, 2012, 35:235-246.
[41] 胡守任,刘昭堂. 公共自行车租赁站最佳区位选择模式:以高雄市公共自行车为例[J]. 运输计划季刊,2014,43(4): 367-392.
[42] Lin, J. R., Yang, T. H. Strategic design of public bicycle sharing systems with service[J]. Transportation Research Part E, 2011,47:284-294.
[43] Lin, J. R., Yang, T. H., Chang, Y. C. A hub location inventory model for bicycle sharing system design: Formulation and solution[J]. Computers & Industrial Engineering, 2013, 65:77-86.
[44] Romero, J. P., Ibeas, A., Moura, J. L., et al. A simulation-optimization approach to design efficient systems of bike-sharing[J]. Procedia: Social and Behavioral Sciences, 2012, 54: 646-655.
[45] Bachand-Marleau, J., Larsen, J., El-Geneidy, A. Much-anticipated marriage of cycling and transit: How will it work? [J]. Transportation Research Record: Journal of the Transportation Research Board, 2011, 2247:109-117.
[46] Krizek, K. J., Stonebraker, E. W. Bicycling and Transit: A Marriage Unrealized[J]. Transportation Research Record: Journal of the Transportation Research Board, 2010, 2144: 161-167.
[47] Chen, L., Pel, A., Chen, X., et al. Determinants of bicycle transfer demand at metro stations: Analysis of stations in Nanjing, China[J]. Transportation Research Record: Journal of the Transportation Research Board, 2012, 2276: 131-137.
[48] Martens, K. The Bicycle as a Feedering Mode: Experiences from Three European Countries[J]. Transportation Research Part D, 2004, 9(4): 281-294.
[49] Martens, K. Promoting Bicycle-and-Ride: The Dutch Experience[J]. Transportation Research Part A: Policy and Practice, 2007,41(4): 326-338.
[50] Arbis, D., Rashidi, T. H., Dixit, V. V., et al. Analysis and planning of bicycle parking for public transport stations [J]. International Journal of Sustainable Transportation, 2016, 10(6): 495-504.
[51] Ma, T., Liu, C., Erdoǧan, S. Bicycle Sharing and Transit: Does Capital Bikeshare Affect Metrorail Ridership in Washington, D. C.? [C]. Compendium of TRB 94th Annual Meeting, 2015: 1-21.
[52] Daddio, D. W. Maximizing Bicycle Sharing: An Empirical Analysis of Capital Bikeshare Usage[D]. Orange County: University of North Carolina at Chapel Hill, 2012.
[53] Witte, A., Dorby, P. Characteristics of Successful Public Bike Systems[C]. Presented at the Canadian Institute of Transportation Engineers Annual Meeting, Montreal, Quebec, Canada, 2009.
[54] Rietveld, P., Daniel, V. Determinants of bicycle use: Do municipal policies matter? [J]. Transportation Research Part A, 2004, 38(7):531-550.
[55] Cheng, Y. H., Liu, K. C. Evaluating bicycle-transit users' perceptions of intermodal inconvenience [J]. Transportation Research Part A: Policy and Practice, 2012, 46(10):1690-1706.
[56] Adjei, E. Multi-modal urban transport: Integrating non-motorized and bus transport[C]. Netherlands: International Institute for Geo-information Science and Earth Observation Enschede, 2010.
[57] Pan, H., Shen, Q., Xue, S. Intermodal Transfer Between Bicycles and Rail Transit in Shanghai, China[J]. Transportation Research Record: Journal of the Transportation Research Board, 2010, 2144:181-188.
[58] Tran, T. D., Nicolas O., Bruno F. A. Modeling bike sharing system using built environment factors[J]. Procedia CIRP, 2015,30:293-298.

[59] Buck, D. , Buehler, R. , Happ, P. , et al. Are Bikeshare users different from regular cyclists? [J]. Transportation Research Record: Journal of the Transportation Research Board, 2013, 2387:112-119.

[60] Lu, C. Robust multi-period fleet allocation models for bike-sharing systems[J]. Networks and Spatial Economics, 2016, 16:61-82.

[61] Bao, J. , Xu, C. , Liu, P. , et al. Exploring Bikesharing Travel Patterns and Trip Purposes Using Smart Card Data and Online Point of Interests[J]. Networks and Spatial Economics, 2017, 17:1-23.

[62] Beecham, R. , Wood, J. Exploring gendered cycling behaviours within a large-scale behavioural data-set [J]. Transport. Plann. Technol, 2014, 37(1): 83-97.

[63] Fishman, E. , Washington, S. , Haworth, N. , et al. Factors influencing bike share membership: an analysis of Melbourne and Brisbane[J]. Transportation Research Part A, 2015, 71:17-30.

[64] Regue, R. , Recker, W. Proactive vehicle routing with inferred demand to solve the Bikesharing rebalancing problem [J]. Transportation Research Part E, 2014, 72: 192-209.

[65] Gebhart, K. , Noland, R. B. The impact of weather conditions on Bikeshare trips in Washington, D. C. [J]. Transportation, 2014, 41(6): 1205-1225.

[66] Zhao, J. , Wang, J. , Deng, W. Exploring Bikesharing travel time and trip chain by gender and day of the week[J]. Transportation Research Part C, 2015, 58:251-264.

老年驾驶人需求及响应

Demand and response of elderly drivers

李　梅[1]　赵建有[2]

摘　要：随着社会人口老龄化的问题日益突出，并且伴随着科技和经济的进步，老年驾驶人的占比逐年增加，越来越多的老年人选择开车出行，但由于老年人的身体机能的衰老，视觉、听觉、触觉等逐步退化，老年驾驶人的安全问题也日渐突出。因此，分析老年驾驶人的驾驶行为，提升老年驾驶人的驾驶安全性，对于其安全自主出行和公共交通安全均具有重要意义。各界学者近年来开始重视和研究老年人驾驶行为分析。本文将从老年驾驶人的交通事故致因和老年驾驶人的心理、生理等方面进行分析，研究老年驾驶人的行为分析，从而提高老年驾驶人的驾驶安全性。

关键词：交通事故；老年驾驶人；驾驶行为分析

Abstract: With the problem of aging social population, and with the advancement of science and technology and economy, the proportion of elderly drivers has increased year by year. Aging, visual, hearing, touch, etc. gradually degenerate, and the safety of elderly drivers has become increasingly prominent. Therefore, analyzing the driving behavior of elderly drivers and improving the driving safety of elderly drivers is of great significance for their safety and self-travel safety. Scholars from all walks of life have attached great importance to and study the analysis of the driving behavior of the elderly. This article will introduce the analysis of the behavior of the elderly driver in recent years from the cause of the traffic accidents of the elderly, the psychology, and physiology of the elderly driver.

Key words: traffic accident; elderly driver; driving behavior analysis

1. 引言

根据国家统计局的数据统计，2021 年中国 65 周岁及以上约有 20 056 万人，约占总人口的 15%。《2007 世界人口状况报告》称，到 2050 年，中国 65 岁及以上人口比例将达到 24%。老年人休闲娱乐，购物医疗多采用步行为主，较远距离以公共交通和自行车为主[1]，出行方式单一且出行不便，尤其在老年人就医方面表现得极为突出[2]。缺乏驾驶汽车作为一种交通方式，会大幅度地降低老年人的生活质量，而且有可能会增加他们患老年痴呆的可能性[3]。

人口老龄化对社会是一场巨大的挑战，对交通系统也是一场巨大的挑战，自主驾驶可以扩大老年人的生活范围，可以保持他们的社交能力和在社交网络中的独立性，与他们的生活幸福息息相关，良好的出行机动性能够提高老年人的生活质量，并有利于身心健康。然而，老年人身体机能、反应能力以及注意力的下降，不仅使他们驾车较为困难，并且增加了交通事故中的死亡风险[4]。研究表明，执行功能、注意力、视觉空间技能、记忆和整体心理状态等认知领域与老年司机的碰撞风险有关体验体验与年龄相关的认知变化[5]。

近年来，超过 60 岁的驾驶人约占 3.05%，老年驾驶人事故率也在逐步上升。而且根据相关数据统计显示 2021 年年底，中国私人汽车拥有量已经达到 26 246 万辆。随着人口老龄化的不断加剧，未来老

1　李梅，长安大学汽车学院硕士研究生。
2　赵建有，博士，长安大学汽车学院教授。
基金项目：河南省交通运输厅科技计划项目资助(2019G-2-11)；国家重点研发计划项目(2020YFB1600400)资助。

年驾驶人将在机动车驾驶人中占很大的比重。数年后，老年人自主驾驶出行的需求会越来越高[6]。但是，随着年龄的增长，老年驾驶人的视觉、听觉、触觉、自我调节和反应能力等诸多生理、心理等问题都会直接影响其驾驶行为和驾驶能力。交通事故分析结果表明，驾驶人老年阶段的事故发生率随年龄的增长而增长。

但同时，老年驾驶人会根据自身的健康状况，主动对驾驶行为作出调整，非必要不在如夜间、恶劣天气等不安全情境下驾驶车辆，或缩短驾驶时间，从而提升驾驶安全性，同时从各个方面来维持自主行动的能力，从而提升自己的驾驶年限[7]。

因此，研究老年驾驶人的驾驶行为非常重要。诸多学者对老年驾驶人进行了一系列探索性的研究，从交通事故的致因，到探索老年驾驶人的心理生理特征，再到研究适合老年驾驶人的车型或者辅助系统来帮助老年驾驶人减少事故发生率。特别是近年来，在综合社会科学理论和心理学方法的基础上，研究更加系统化[8]。

2. 老年驾驶人交通事故研究

老年驾驶人是比较特殊的社会群体，老年驾驶人因为一些疾病和药物的不良反应等原因，例如心血管疾病和中风等原因，其发生事故的概率要远高于青年驾驶员。而且，由于老年人身体机能下降，在交通事故中他们更有可能会严重受伤甚至死亡。但老年驾驶人在驾驶过程中更遵守交通规则，更注重疲劳驾驶和分心驾驶带来的危害，例如在驾驶过程中老年驾驶人拨打电话发消息的可能性更小，且女性小于男性[9]。而且老年驾驶人通常具有较为丰富的驾驶经验，所以在驾驶初期他们的驾驶行为安全度往往很高。但是由于身体机能的衰退，随着行驶速度和时间的增加，他们的行为安全度呈指数衰减[10]。

早期通过对老年驾驶人交通事故的统计分析，发现造成事故的主要因素首先是人的因素，例如年龄、性别、冒险驾驶行为和车辆使用频率等。其次是环境因素，例如交叉口、换道和恶劣天气等。最后是车辆因素，这方面的研究相对较少，主要集中于车辆因素与老年驾驶人受伤程度的关系，研究指出，事故中侧面碰撞受伤概率较高，且致死率远高于追尾碰撞[8]。驾驶风险相关因素如图1所示。

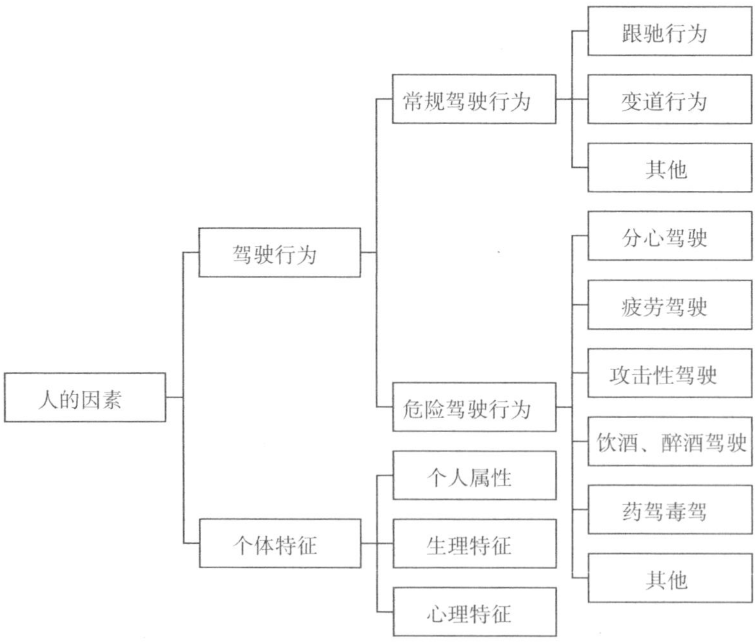

(a)

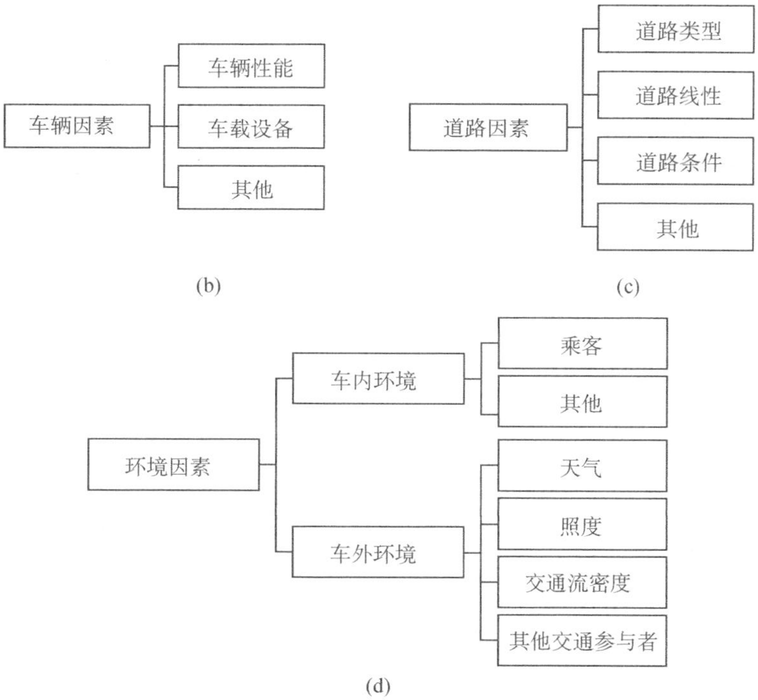

图 1　驾驶风险相关因素

目前的文献大多针对老年驾驶人与年轻驾驶人在驾驶行为、事故特征及严重度等方面的差异进行分析，此外，老年驾驶人的身体健康与驾驶适宜性评估、驾驶行为自我调节等方面的研究成果较为丰富。中国有关老年驾驶人的研究包括风险感知能力、视觉特性等，但针对老年驾驶人的心理特征、危险驾驶行为及驾驶培训等方面的研究较少。

中国作为全球老龄人口数量最多的国家，且老年驾驶人数量呈逐年增加趋势，老年驾驶人的需求和安全问题不容忽视。而且研究表明，老年驾驶人的心理特征、生理特征对其驾驶行为及驾驶安全性具有显著影响，但采用哪些指标对老年人驾驶适宜性进行评估目前仍需明确[11]。

3. 老年驾驶人生理特征研究

随着年龄增长，老年驾驶人生理能力的衰退导致驾驶能力下降，从而造成了老年驾驶人众多的安全驾驶问题。老年驾驶人生理特征的研究，主要包括神经系统认知功能、感知反应能力、视觉和听觉等方面。

3.1　神经系统及认知功能

相对于年轻驾驶人，老年驾驶人的神经系统功能及认知功能明显下降，脑细胞数量少于青年，主要表现为认知障碍等脑部疾病和记忆功能下降。神经衰退，会导致行动缓慢，控制能力降低。

早期的研究主要以神经心理学为基础，研究发现，认知功能障碍会影响驾驶员的反应决策、机动性和调节驾驶行为等方面。但在认知功能变化初期，老年驾驶人保持着安全的驾驶技能，随着时间推移，认知功能不断下降，从而导致驾驶能力下降。后续的研究多集中于认知功能持续下降阶段，探索影响老年驾驶人安全驾驶的因素，如执行能力和视觉等。

3.2　感知反应能力

对周围复杂环境的感知和反应的能力，是安全驾驶的必要条件。研究表明，有事故历史的老年驾驶人，其感知反应能力都有所下降[12]。

随着年龄的增加，老年人的肌肉开始萎缩，运动幅度减小，体力消耗加速，身体承受能力大幅度降低，因此老年驾驶人的驾驶操作能力降低。而且老年人骨密度随着年龄的增长降低，骨骼韧度也变弱，骨头变得易脆，并且老年人多伴有骨质疏松、骨软化等病症，因此，一旦发生交通事故，老年人更易受伤甚至死亡[13]。

感知反应能力下降，老年驾驶人的感知反应就会延迟。如果在单一的交通环境下，老年驾驶人对行车的预判较为准确，预知能力较强。但在多重交通环境下，例如转向、停车、判断交通信号灯等，若老年驾驶人不熟悉当前的交通环境，老年驾驶人就会感觉到时间紧迫，从而控制能力减弱，感知反应延迟，进而导致交通事故的发生。

3.3 视觉、听觉、触觉和注意

驾驶过程是注意力高度集中的过程，因此，视觉和听觉是驾驶过程中最重要的两个因素，也是影响老年驾驶人安全驾驶的关键因素。大量的事故数据表明，驾驶人视觉和听觉系统的变化直接影响安全驾驶。

在视觉方面，从生理学角度观察，年龄增长导致老年驾驶人视觉敏感度减弱，眩光敏感度增强等，会不同程度影响驾驶行为，增加事故风险[12]。枕叶是大脑视觉功能的一个中心，是影响老年驾驶人安全驾驶表现的最重要的因素，在老年驾驶人的大脑中，枕叶比额叶和顶叶更能影响老年驾驶人的驾驶行为，换句话说，视觉功能比执行功能和空间认知更重要[14]。由于年龄或神经问题导致的视觉感知恶化会导致对物体及其空间关系的认知困难，会严重影响老年人的独立行为。但视觉感知是驾驶的一个重要因素[5]。老年驾驶人视觉指标衰退情况见表1。

表1 老年驾驶人视觉指标衰退情况

视觉指标	衰退后可能导致的后果
注视持续时间	老年人对目标的注视持续时间增加，即认知能力出现明显下降，认知和判断时间的延长将导致反应时间的增加，在车辆行驶速度一定时所需的安全停车距离将更长，从而使发生交通事故的可能性增大
扫视幅度	老年驾驶人扫视幅度缩减说明在一次扫视时所覆盖的范围降低，间接说明了一次注视可获得的信息量降低，即发现危险信号的概率降低
扫视速度	扫视速度可用作表征驾驶人搜寻感兴趣对象的速度，扫视速度的降低将导致老年驾驶人发现危险目标的速度降低，增加发生事故的可能性
视觉转移	视觉转移概率越大，说明驾驶人对该区域的关注程度越高。老年人视觉注意集中在正前方，无法同中青年一样兼顾到车辆左侧和右侧注视区域的交通情况，可能导致无法发现来自其他方向的危险

在听觉方面，随着年龄的增长，老年人的听觉功能受损，分辨信息的能力下降，会严重影响驾驶行为。而且在驾驶环境较为嘈杂的情况下，老年驾驶人对车外环境的感知能力减弱，会影响对当前交通环境的判断[12]。

在触觉方面，老年人的触觉敏感度下降，因此，老年驾驶人为了获得相当的控制感，会加大持握、转动方向盘的力度，老年驾驶人的下肢衰退更为明显，因此会加大踩踏踏板的力度，而且当前汽车的新兴科技越来越多，老年驾驶人可能会在未知的情况下误操作，造成麻烦，甚至还有可能会因此分神，造成事故损失[13]。

老年人的记忆力，注意力，思维能力等都会随着年龄的增长而下降，在复杂的道路环境下，老年驾驶人思维转化能力下降，而且容易受周围事物，如路标、信号等信息的干扰，最终导致错误的驾驶行为，造成交通事故[15]。

4. 老年驾驶人心理特征研究

4.1 性格和态度

稳定积极的态度有利于减少危险的驾驶行为，性格—态度—危险驾驶模型，在一定程度上开辟了老年驾驶人人格研究的新方向[8]。

有研究显示,60 岁以上的驾驶人对于拥堵的接受程度较高,因为他们的出行大部分为弹性出行,不受时间限制,对行程没有严格要求,因此他们危险驾驶的可能性更小[16],老年驾驶人更少酒驾,并且更遵守交通规则,更加依赖各种先进技术,但是因为反应能力下降,身体灵敏度逐渐降低,会有分心驾驶等安全问题[17]。

态度在个体评估是否有意愿做出特定行为时至关重要,个体对驾驶风险的态度会影响其意图,并最终改变其驾驶行为。

4.2 自我评价和自信

老年驾驶人对自身驾驶能力的评价一般高于实际水平,但信心不足、缺乏耐心的驾驶人,会对自己的驾驶能力表现出较低的评价,这可能会降低老年人的驾驶频率,而且有可能会导致老年驾驶人的驾驶回避行为增加。一般男性对自己的驾驶能力的评价高于实际水平,女性对自己驾驶水平的评价会低于实际水平,女性在驾驶过程中表现得更不自信。总的来说,老年驾驶人自我评价过程带有很强的主观性。

对自己的驾驶能力有自我意识的老年驾驶人,往往比没有自我意识的驾驶人更安全。

5. 老年人的驾驶自我调节研究

为了使老年驾驶人出行更安全,并且提升老年驾驶人的幸福感,就需要一定的驾驶自我调节。

一方面驾驶调节受驾驶人自身情况的影响,如年龄、健康状况、是否有过事故及驾驶经验等,在一定程度上会促使老年驾驶人放弃驾驶;另一方面驾驶调节也受环境因素影响,如恶劣天气、复杂路口等,老年驾驶人都会尽量避免在这些环境下驾驶[8]。

5.1 驾驶自我调节定义及表现

驾驶自我调节是个体根据实际情况对自身驾驶行为模式所做出的调整或改变,包括年龄、性别、态度等多种因素。

研究发现,年纪更大或者身体灵敏度降低的老年驾驶人会存在更多的驾驶调节。对于老年驾驶人,因为自身健康问题或者心理问题会对驾驶任务信心不足,从而产生更多的驾驶自我调节,而且随着年龄的增加,驾驶自我调节的行为会更加明显。但是驾驶年限与自我调节是呈负相关的,即驾龄越高,驾驶经验越多,自我调节反而越低。

一般来说,女性老年驾驶人存在更多的驾驶自我调节。面对各种风险性驾驶情景,女性老年驾驶人会更愿意选择回避,而且会选择减少每周驾驶里程数。女性更愿意承认自身驾驶技巧和身体机能等各方面的衰退,也更愿意随着年龄的增长调整自己的驾驶操纵习惯。这与同辈效应密切相关,一般来说,女性的驾驶机会比男性少,她们一般不会是首要驾驶员,所以她们在驾驶过程中信心更低。

老年驾驶人的驾驶行为的自我调节一般有减少驾驶总距离;调整开车时间,尽量挑选白天出行;回避风险驾驶情境,如夜间、恶劣天气、繁忙路况等;减少驾驶频率和行车范围,降低行车速度,与前车保持更长的距离等。老年驾驶人通过减少驾驶次数或有意识地回避具风险驾驶情境来调整自身的驾驶行为模式,这是老年驾驶人意识到自己的生理和心理功能衰退后,主动做出的妥协性调整,更是老年驾驶人提升驾驶安全性的有效补偿策略。

5.2 驾驶自我调节的产生机理

如表 2 所示,老年驾驶人的驾驶自我调节受到自信心、态度、自我意识等心理因素的影响,也受到身体健康等生理因素的影响,甚至与环境、经济因素有关。

表2　驾驶自我调节行为的影响因素

类型	亚型	具体因素
人口学因素	个人背景	年龄、性别、种族、居住环境、教育、婚姻状况、工作、经济条件
	出行模式	驾驶史、驾驶经验、事故状况
健康及功能状况	生理变化	疾病、感觉、生理功能、认知功能减退
	心理变化	信心、沮丧、人格、对安全的担心、感受、知觉
	行为变化	态度、信念
环境因素	道路系统	拥堵和不熟悉的路况
	交通出行系统	公共交通工具和其他主要驾驶人
社会影响	来自子女、配偶和医生的建议、反馈、忧虑	

老年驾驶人驾驶自我调节行为产生机制如图2所示。

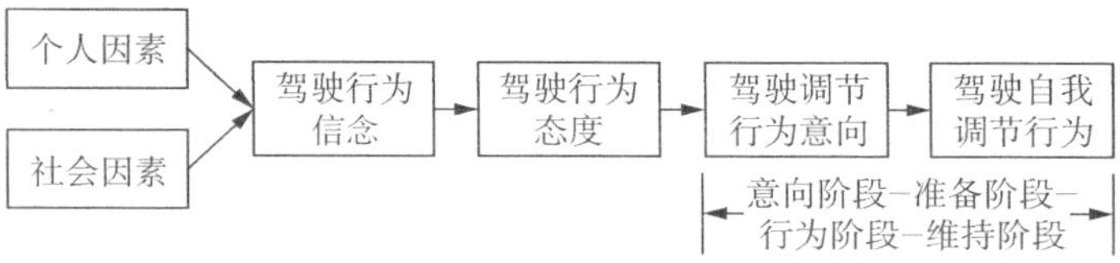

图2　老年驾驶人驾驶自我调节行为的产生机制

随着年龄的增长,老年驾驶人可以清晰地感知到自身身体健康方面的衰退,如视觉、听觉、灵敏度等生理机能的减弱,形成功能衰退的自我意识,使其对驾驶任务的自信心降低。另一方面,来自社会的压力也会对老年驾驶人的自我调节产生一定的影响。例如来自家庭和医生的意见等,与自我意识共同作用,使老年驾驶人意识到维持原来的驾驶行为模式可能会产生严重的后果,致使老年驾驶人产生驾驶自我调节行为。而且当老年驾驶人认识到改变驾驶行为模式的好处,例如可以保证自己的出行安全、提升自己的生活质量、延长自己的驾驶年限等,这些好处产生的积极心理超过了驾驶自我调节的消极心理,就会对改变驾驶行为的态度越积极,并且当老年驾驶人认为自己有能力完成改变时,驾驶自我调节的行为就更有可能完成。

5.3　驾驶自我调节研究展望

不能因为老年驾驶人更易产生交通事故、更容易在交通事故中受伤,就禁止老年人驾驶车辆。终止驾驶会造成老年人在生活及心理感受等多个方面的改变,会使老年人的独立性下降,更多地依赖他人及公共交通工具、生活便利性降低,出行自主能力降低,而且不利于老年人的身心健康,例如增加了孤独感,减少了社交活动和户外活动,以及由于驾驶能力丧失带来的沮丧感。考虑到这一系列消极后果,同时为了维护老年人的生活质量,提升晚年生活的幸福感,老年人应尽可能地对驾驶行为做出相应调节以延长驾驶生命。社会也应该在老年驾驶人驾驶自我调节方面进行深入研究,来保证老年驾驶人的驾驶安全[7]。

6. 宜老型代步车研究

6.1　宜老型代步车设计

多进行宜老型代步车的设计研究。老年人由于心理和生理的原因,多采用低速驾驶,且老年人的下肢灵活度明显下降,因此在汽车设计方面,多考虑刹车、转弯等方面的驾驶操作研究,设计出更适合老年人操作的车型[6]。

6.2 适合高龄驾驶者的辅助驾驶系统设计

高龄驾驶员对于辅助驾驶系统有着特别的要求，设计适合高龄驾驶者的辅助驾驶系统是十分必要的[10]。在汽车人机交互方面，要在老年驾驶人感知行为、决策行为、操控行为的基础上进行适老化设计，例如：

(1) 提高车载信息的易见性、体用多通道显示提供感官辅助，弥补老年驾驶人的感官缺陷。

(2) 依据老年人驾驶行为习惯建立自然化交互设计参考标准，通过私人定制交互输入形式满足个性化需求。

(3) 降低老年驾驶人的肢体负荷，比如拉近操作位置减小交互操作的动作幅度，采用语音交互，用非肢体操作代替肢体操作，简化交互操作步骤，增强交互操作的稳定性等[13]。

6.3 适合老年驾驶人的自动驾驶汽车设计

自动驾驶技术更加便利于老年人或者残疾人等特殊人群出行，因此，聚焦于老年人、残疾人等特殊群体对于自动驾驶汽车接受度的研究逐渐出现。识别影响老年人对自动驾驶汽车感知与接受的因素，分析自动驾驶技术接受意向的作用机理，能够加深理解并提前预知老年人在使用自动驾驶汽车时的感受，从而设计研究出适合老年驾驶人的自动驾驶汽车[2]。

7. 提高老年驾驶人交通安全性研究

目前世界各国人口老龄化加剧，而交通又是人们日常生活中必不可少的一部分，老年驾驶安全问题成了交通安全的重要组成部分。可以从以下几个方面来缓解或者解决老年驾驶人的安全问题。

7.1 建立一套适用于老年驾驶人的驾驶评估准则

该准则可以用于考核老年驾驶人是否真的适合在当下年龄阶段驾驶汽车。重视老年驾驶人的再教育，通过了解不同年龄阶段老年驾驶人行为规律、安全意识及态度等，开展针对老年驾驶人的驾驶培训、教育及干预等研究，并提出有效对策来辅助老年驾驶人安全驾驶。

7.2 采取强制定期驾驶测试与体检

老年驾驶人在驾驶过程中应减少情绪波动，降低车速，积极谨慎驾驶，尽量避免在恶劣环境下或者夜间驾驶，对自身驾驶能力的评价要尽量客观，从而及时作出驾驶自我调节，避免风险驾驶。老年人通过合理饮食，不吸烟喝酒，坚持锻炼等方法来维持身体和大脑的灵活性，从而减少老年人的事故率，不单单是驾驶方面，在生活的各个方面都可以提高自身的生活质量。

7.3 加强未来道路缓和设计

改进目前道路的基础设施，消除交叉口冲突等事故黑点[1]。未来的道路应注意缓和设计，清除干扰驾驶的因素，标志标牌设计应足够清晰醒目，且信息获取快捷简单，给老年驾驶人足够的反应时间，不要依赖驾驶人有快速的反应能力和信息处理能力。

7.4 采用机器人代理对老龄驾驶人进行指导

可以通过驾驶员代理(driver agent)。驾驶员代理的目的是通过让驾驶员认识到他们自己的行为从而鼓励安全驾驶，通过驾驶员代理对老年驾驶人进行指导，使老年驾驶人的驾驶行为和驾驶能力有所保证。

日本提出了一种机器人代理，在驾驶过程中，通过一种可以被高度接受的方式，评估老年驾驶人的驾驶行为，提供一个驾驶行为修改意见，让老年驾驶人意识到自己的驾驶行为，并鼓励他们改善驾驶行为。

其中，机器人代理是更容易被老年驾驶人接受，能同时提供语音和手势代理，而且如果机器人的体积足够小，可以安装在驾驶员的视线范围之内，就可以减少分心驾驶，而且还有可能产生同伴效应，即有其他乘客存在时，会对老年驾驶人的注意力产生积极的影响，从而导致有意识的安全驾驶，并大幅度地降低事故率[3][18]。

8. 结语

(1) 提升老年人的驾驶行为安全性，可以很大程度地提升交通系统的安全性，并且能够减少老年人出行压力，提升老年人的幸福感。本文对老年驾驶人的生理、心理等方面进行了简单的阐述，并介绍了驾驶人的自我调节、宜老型代步车的研究及如何提高老年驾驶人交通安全性等提升老年驾驶人驾驶安全性一些补偿性的方法。

(2) 国外对老年驾驶人各个方面的研究较多，并且有相对比较完整的安全规定及优待政策，但目前中国对老年驾驶人的研究较少，主要集中在生理特征的研究，针对老年驾驶人的相关政策也较少。随着中国人口老龄化的日益加剧，未来关于驾驶人行为分析的研究应聚焦老年驾驶人群体，改善老年驾驶人的驾驶行为安全性，提升老年人的生活自主性。

(3) 未来交通系统及车辆都朝着智能化网联化的方向发展，智能网联车的研究也已经上升到国家战略层面，智能网联车及智能交通系统的研究有利于提高老年驾驶人出行的安全性，未来智能网联车和智能交通系统的研究也应该将老年人纳入重点考虑的范围内，建立起一套针对老年驾驶人的研究体系。

参考文献

[1] 夏晓敬. 老年人出行行为研究[D]. 北京：北京工业大学，2015：11-45.

[2] 景鹏，王伟，吴麟麟. 老年人对自动驾驶汽车接受度研究[J]. 中国公路学报，2021，34(6)：159.

[3] Tanaka Takahiro, Fujikake Kazuhiro, Yoshihara Yuki, et al. Analysis of Distraction and Driving Behavior Improvement Using a Driving Support Agent for Elderly and Non-Elderly Drivers on Public Roads[C]. EEE Intelligent Vehicles Symposium(IV). Las Vegas USA，2020：1029-1030.

[4] 王伟. 行人和使用者角度下老年人群体对自动驾驶汽车的接受度研究[D]. 镇江：江苏大学，2020：2-10.

[5] Yang YeongAe, Lee HyeJin. The Effects of Cognitive and Visual Functions of Korean Elderly Taxi Driver on Safe Driving Behavior[J]. Risk management and healthcare policy, 2021(14)：465-468.

[6] 杨浩，严扬，胡也畅. 基于驾驶操作行为分析的宜老型代步车原型设计研究[J]. 机械设计，2018，35(6)：105-106.

[7] 周楚，李婵，沈先亭，等. 老年驾驶人的驾驶自我调节研究述评[J]. 中国公路学报，2020，33(6)：19-26.

[8] 张卫华，谷锦彪，冯忠祥，等. 汽车老年驾驶人特性及行为研究进展[J]. 中国安全科学学报，2015，25(7)：23-26.

[9] Craig Lyon, Dan Mayhew, Marie-Axelle Granié, et al. Age and road safety performance: Focusing on elderly and young drivers[J]. IATSS research, 2020，44(3)：217-218.

[10] 徐莉，赵群飞. 基于多源信息融合模型的高龄驾驶员安全性评估方法研究[J]. 技术交流，2010，26(8)：54-55.

[11] 张旭欣，王雪松，马勇，等. 驾驶行为与驾驶风险国际研究进展[J]. 中国公路学报，2020，33(6)：10-12.

[12] 郭凤香，石晨光，李明远，等. 老年驾驶人在交叉口的视觉特性[J]. 中国公路学报，2018，31(9)：151-157.

[13] 邱大鹏. 基于老龄驾驶行为的汽车人机交互适老化设计研究[D]. 无锡：江南大学，2020：74-87.

[14] Hiroaki Nishiuchi, Kaechang Park, Saeri Hamada. The Relationship between Driving Behavior and the Health Condition of Elderly Drivers[J]. International journal of ITS research，2020，19(1)：270-271.

[15] 郭凤香，熊昌安，万华森，等. 风险情境下老年驾驶人行为特性研究[J]. 中国公路学报，2021，34(9)：319-320.

[16] 朱敏清，李昕晔，崔洪军，等. 主观拥堵感知下驾驶人路径调整行为决策研究[J]. 交通运输系统工程与信息，2021，21(4)：174-175.

[17] 张瑞锋. 基于自然驾驶数据及主被动试验方法的人车安全行为研究[D]. 长沙：湖南大学，2016：9-10.

[18] Tanaka Takahiro, Fujikake Kazuhiro, Yonekawa Takashi, et al. Driver Agent for Encouraging Safe Driving Behavior for the Elderly[C]. HAI'17: Proceedings of the 5th International Conference on Human Agent Interaction. Bielefeld Germany, 2017：75-76.

年长者友善通行环境

The friendly service for the elder pedestrian in Taipei traffic environment

谢霖霆[1]　沈明宏[2]　林彦沧[3]　刘瑞麟[4]　陈学台[5]　彭振声[6]

摘　要： 近年来，全台高龄化人口比例逐年上升，为让年长者、身障者及行动不便者行得更安全，台北市陆续实施了几项提升年长者穿越号志化路口安全性的措施，2018—2021 年共增加 237 处行人通行秒数、14 处行人触动延长秒数以及加大 374 处行人专用号志。

关键词： 年长者；身障者；号志；行人秒数

Abstract: In recent years, the proportion of the aging population in Taiwan has been increasing year by year. In order to make it safer for the elderly, the disabled and those with limited mobility, Taipei City has successively implemented several measures to improve the safety of the elderly crossing the intersection. 2018-2021 extended 237 pedestrian crossing interval, set up 14 intersection can press button to expend the pedestrian crossing interval, and enlarged 374 intersection's pedestrian signal from 20 cm to 30 cm.

Key words: elder, disabled; pedestrian signal; pedestrian crossing interval

1. 前言

近年来，全台高龄化人口比例逐年上升，台北市更是居于 6 大城市之冠，截至 2022 年 4 月底止，65 岁以上人口已达 50 万人，占全市总人口比率约 20.21%，已正式迈入超高龄社会(图 1)。尤其台北市身为全台最大城市，相较其他县市更须及早因应并拟定相关配套措施，让年长者能够对所居住的城市更加安心。

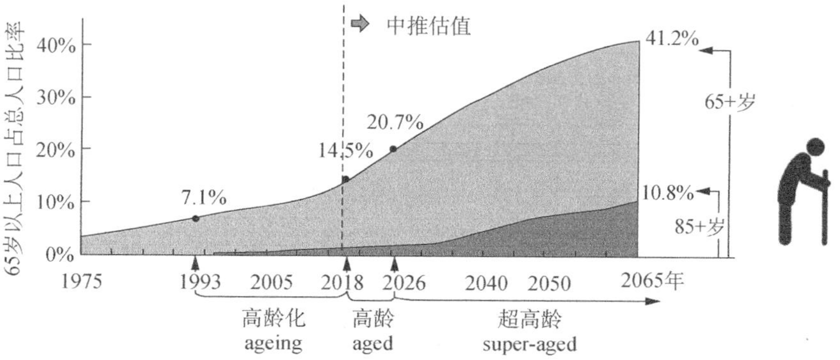

图 1　发展委员会高龄化人口比例

1 谢霖霆，台北市政府交通局技正。
2 沈明宏，台北市交通管制工程处股长。
3 林彦沧，台北市交通管制工程处规划科科员。
4 刘瑞麟，台北市交通管制工程处处长。
5 陈学台，台北市政府交通局局长。
6 彭振声，台北市副市长。

依据台北市交通会报资料显示，2022 年 1—4 月行人总死伤人数共 728 人，若以各年龄层加以分析，其中以 65 岁以上高龄者所占比例(34.89%)最高，显见将本市打造为更符合人民交通需求的高龄友善城市更为迫切及重要。为了让年长者、身障者及行动不便者行得更安全，台北市通过交通工程及交通控制等改善策略，陆续实施了几项提升年长者穿越号志化路口安全性的措施，如考量年长者行动较为缓慢，通过路口所需时间较长，通过调整号志时制计划，以步行速率较慢的设定重新检讨配置行人通行秒数，以及于号志路口增设行人触动延长秒数设施，可机动性依行人适时需求按钮增加行人通行秒数，通过上述改善策略让年长者能够有更充足的时间安全通过路口；另考量年长者视力退化，将原有 20 cm 行人专用号志放大为 30 cm 放大型行人专用号志，提升行人专用号志之辨识度，让年长者能够更清楚还有多少行人通行秒数可以穿越路口。

2. 改善策略与成果

2.1 延长行人秒数

依据道路交通标志标线号志设置规则第 231 条规定，行人专用号志在绿色“行走行人”灯号结束前，应有闪光运转，其闪光时间应适足以使已进入道路之行人能以正常速率走完全程或到达可供行人避护之交通岛。其计算如式(1)：

$$t=dw/v \tag{1}$$

其中，t 为闪光绿灯时间；dw 为路口无供行人避让之交通岛时的横越路口宽(路口有供行人避让之交通岛时，为路边缘石至供行人避让交通岛宽度较宽)；v 为行走速率；一般使用 1 m/s，学童众多地点使用零 0.8 m/s，盲人音响号志处使用 0.5 m/s。

台北市依据上述规定，目前号志路口行人秒数为 1 m 至少配置 1 s，惟考量年长者行走速度较慢，于 2018 年起办理”建构年长者路口友善通行环境计划”，选择清晨 4:00 至 6:00，年长者较常运动的公园、学校周边号志路口，增加行人通行秒数，站在年长者通过路口的观点，以步行速率较慢的设定重新检讨配置行人通行秒数，由 1 m/s 调整为 0.8 m/s 的步行速率，以增加年长者通行秒数。

如表 1 所示，2018 年、2019 年及 2020 年分别增加 100 处、49 处及 41 处路口行人秒数，2021 年持续办理路口增加行人通行秒数改善计划，并考量年长者亦常出入市场，故 2021 年特别纳入台北市公有市场周边路口检视，共计增加 47 处，2022 年持续择本市部分路口办理。

表 1　延长行人秒数路口数统计

年度	2018 年	2019 年	2020 年	2021 年	合计
路口数(处)	100	49	41	47	237

2.2 号志路口行人触动延长秒数

因应年长者、身障者及行动不便者行动较为缓慢，在维持原有路口号志秒数设定、时制连锁以及维持道路交通顺畅之情况下，起初可使用敬老卡以及爱心卡启动路口号志增加行人绿灯秒数，考量部分使用者未必携带或具有前述设备，故为了可依据使用者需求并且机动性加强年长者、身障者及行动不便者的通行安全，于是改用“通用设计”概念，增设行人触动延长秒数按钮，按钮后可增加行人绿灯秒数(约 10～15 s)，让有需要的使用者有更充裕的时间安全通过马路，通过既有号志设施改善路口交通环境，提升年长者、身障者及行动不便者的通行安全度。

(1) 试办成果

台北市于 2018 年于雨声街前试办，针对实施行人触动延长秒数路口之时制计划，估算可延长之通行时间，行人可按压触动按钮延长行人绿灯秒数，增加行人于绿灯通行时间内完成穿越路口之几率。

通过表 2 调查结果显示，随着经过 2 个月时间实施后，设施使用率从 28.05%大幅上升至 53.7%，且未能穿越路口者比例从28.57%大幅下降至5.77%，显示行人触动延长秒数装置可确实有效提升行人通行安全，实施成效良好。且经现场观察各方向车流仍可维持1～2周期内纾解，确保通行需求与车流纾解率间取得平衡。

表2　试办路口雨声街行人触动延长秒数装置使用情形统计表(a)

调查日期＼穿越人次(年长者、身障者及行动不便者)		绿灯时间内可穿越路口者/人	绿灯时间未能穿越路口者/人	调查总人数/人	装置使用率
2018年1月11日	未使用	45	14	59	28.05%
	有使用	23	0	23	
2018年3月29日	未使用	15	10	25	53.7%
	有使用	26	3	29	

表2　试办路口雨声街行人触动延长秒数装置使用情形统计表(b)

使用前后＼穿越人次(年长者、身障者及行动不便者)	绿灯时间内穿越路口者/人	绿灯时间未能穿越路口者/人	调查总人数/人	未能穿越路口比例
使用前	60	24	84	28.57%
使用后	49	3	52	5.77%

(2) 实施准则

为改善年长者、身障者及行动不便者有延长行人绿灯秒数需求问题增设行人触动延长秒数装置，可机动性依行人适时需求按钮增加行人绿灯秒数，倘可借由调整时相或时制计划秒数增加行人绿灯秒数之路口，则不予设置行人触动延长秒数装置。根据上述试办成果，已订定相关评估准则如表3所示。

表3　行人触动延长秒数评估准则

项次	类别	评估准则	说明
1	需求性	特殊需求或对象	路口100 m内邻近年长者安养机构或身障者社福机构、医院、学校，或上述人口聚集较多之地点
2	交通特性	与前后号志路口距离	与前后路口号志距离如过近，若实施行人触动延长秒数可能造成号志不连锁，致用路人不耐久候或误判灯号，不适宜实施
3		号志连锁	需考量实施后号志不连锁程度是否能降到最低，以避免车辆停等次数及时间过长
4		道路服务水平D级以上	为兼顾行人及行车需求，若服务水平低于D级(即E、F级)，不适宜实施
5		路幅宽度	(1) 路口跨距如过大，于周期不变或号志时制调整空间有限之情况下，实施行人触动延长秒数酌增秒数，对于用路人完成穿越路口实质效益不大。 (2) 路口对角长度以未满25 m为佳，最大建议不超过30 m

(3) 运作逻辑

① 行人绿灯时相按压行人触动按钮，可延长该行人绿灯时相秒数，且有效触发时须使行人触动按钮亮灯持续至该行人绿灯时相秒数结束后再熄灭；该行人绿灯时相之最短绿灯区间按压行人触动按钮，则该行人绿灯时相秒数不延长，于下一次行人绿灯时相延长秒数，且有效触发时须行人触动按钮亮灯持续至下一次行人绿灯时相秒数结束后再熄灭；行人红灯时相按压行人触动按钮，则于下一次行人绿灯时相延长秒

数，且有效触发时须行人触动按钮亮灯持续至下一次行人绿灯时相秒数结束后再熄灭。

② 一周期仅可延长一次，且延长行人秒数不可破坏号志周期，增加秒数依路口条件计算，以增加原有行人秒数之一半为上限，且不得大于 20 s，并于 2 次号志周期内调整回原时制计划。

(4) 设置地点

如表 4 所示，2018 年起于阳明医院前路口及青年公园旁青年路与国兴路口试办；2019 年择本市医院周边路口实施 2 处；2020 年则与本府卫生局共同筛选本市所有大型医院周边路口，择符合评估准则之 8 处路口施作；2021 年则于青年公园周边 2 处路口（青年路与青年路 106 巷口、青年路与青年路 152 巷口）实施，当行人有延长通行时间需求时，于压按触动按钮后，可 1 次性延长行人绿灯通行秒数，以提升通行安全。截至 2021 年年底本市已完成 14 处路口，2022 年持续择本市符合实施准则之部分路口办理。

表 4　行人触动延长秒数路口数统计

年度	2018 年	2019 年	2020 年	2021 年	总计
行人触动延长秒数设施(处)	2	2	8	2	14

2.3　加大行人专用号志尺寸

依据道路交通标志标线号志设置规则第 200 条规定略以："……号志镜面尺寸与灯光之照度规定如下。一、除行人专用号志、车道管制号志及大众轨道交通系统声光号志用方形镜面外，其他号志用圆形镜面。二、圆形镜面直径或方形镜面边长为 20 cm、25 cm、30 cm 等 3 种。大众轨道交通系统声光号志镜面边长为 30 cm、60 cm、80 cm 等 3 种……"

目前台北市行人专用号志尺寸为 20 cm×20 cm，考量年长者视力退化，依据上述规定，考量年长者可能对于交通号志辨识度降低，尤其在跨越距离较长的路口，行人专用号志之辨识度更显重要，就本市各路口符合评估条件处(行人单一穿越方向大于 6 车道、邻近医院或疗养院等相关机构、邻近公园、邻近车站等行人流量较大之处等)将行人专用号志尺寸改为 30 cm×30 cm 以增加辨识度。自 2018 年推动迄今已经执行 3 年，全市累计达 374 处路口。

为了解市民对于 30 cm 放大型行人专用号志尺寸辨识感受、设置地点需求、清晰度评价以及是否有助于提升年长者过马路的安全性，2021 年委托进行民意调查，调查方式为安排 4 处路口进行现场面访，先将其中 1 组行穿线之两侧行人专用号志改为 30 cm 放大型行人专用号志，另 1 组行穿线则维持原有尺寸，以交叉比对分析市民对于行人专用号志放大前后之感受，相关路口如表 5、表 6 所示。

表 5　调查路口表(a)

调查路口 1：中正区和平西路 1 段与重庆南路口	
地图	空拍图

表 5　调查路口表(b)

调查路口 2：万华区青年路与青年路 152 巷口	
地图	空拍图
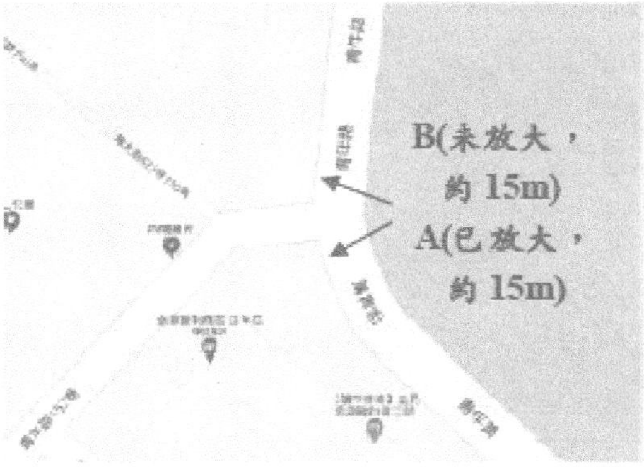	
调查路口 3：大安区仁爱路 4 段与大安路口	
地图	空拍图
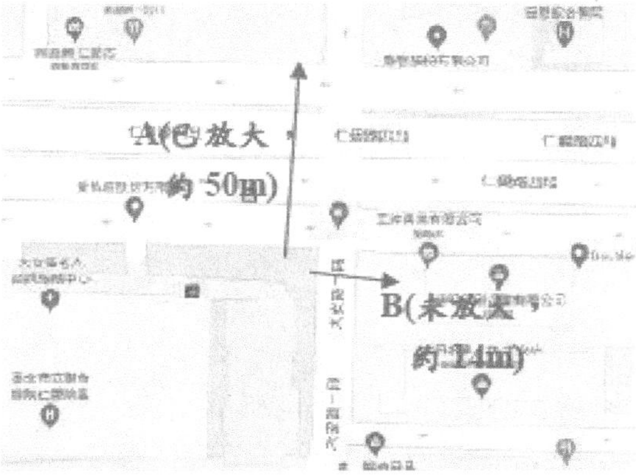	

表 5　调查路口表(c)

调查路口 4：大安区仁爱路 4 段与仁爱路 4 段 266 巷口	
地图	空拍图
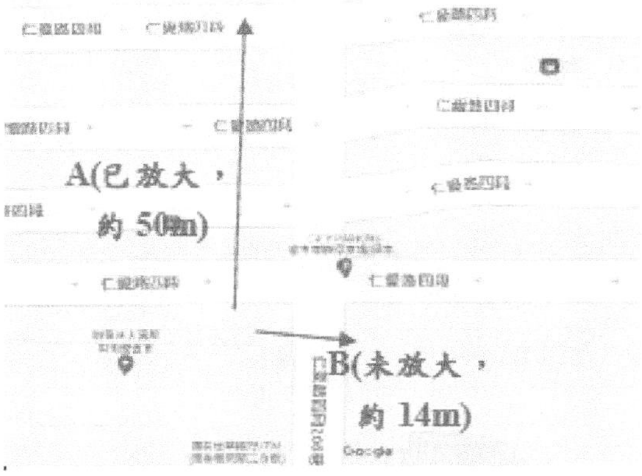	

表6　实地访问照片(a)

中正区和平西路1段与重庆南路口	万华区青年路与青年路152巷口

表6　实地访问照片(b)

大安区仁爱路4段与大安路口	大安区仁爱路4段与仁爱路4段266巷口

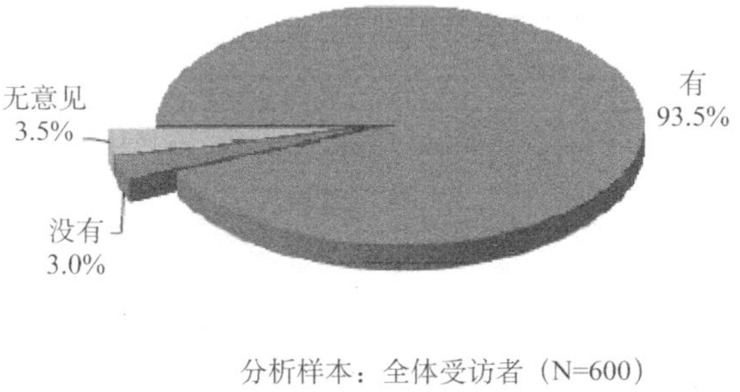

图3　30 cm放大型行人专用号志对年长者过马路安全性的助益

从调查结果来看，共有78.2%之受访用路人认为放大型行人专用号志的秒数较未放大型清楚；95.8%对于放大型行人专用号志的清晰度表示满意；有93.5%受访用路人认为放大型行人专用号志有助于提升过路口安全(图3)；其中受访之65岁以上年长者更有高达95.7%认为放大型有助于提升年长者通行安全，显见本市加大行人灯尺寸措施成效优良。

亦有高达80%之受访用路人建议未来可优先在医疗相关机构或学校附近，以及路幅较大等路口优先设置放大型行人专用号志，以维用路人通行路口的安全及需要，2018年推动迄今累计达374处路口(表7)，以全市建置500处路口为目标。

表7　30 cm放大型行人专用号志路口数统计

年度	2018年	2019年	2020年	2021年	合计
路口数(处)	1	103	145	125	374

2.4 感应性号志延长绿灯秒数

因应台北市智慧城市推动，交通号志智慧化为其中重要一环，且随着 AI 影像辨识技术不断精进，且因应台北市人口高龄化的趋势，行人绿灯秒数不足之情况有日益增加的趋势。故为提升干道车流疏解效率、减少车辆空等情形，以及提升行人通行安全，台北市于 2019 年至 2021 年分别于 25 处路口导入感应性号志控制系统(图 4)，通过研拟感应性号志半触动控制逻辑，AI 影像辨识侦测器与行人触动延长按钮侦测支道行人、行车之状态，并依据侦测资料实时调整路口号志，以增加号志运作之弹性与减少干道车辆红灯空等之时间及增加行人通过路口之安全性。

图 4 感应性号志路口设备布设——以新生南路/济南路为例

经统计本计划所实施路口支道行人绿灯延长次数，平均每处每日约可延长 329 次，提升行人通过路口时之安全性，2019 年办理迄今累计达 25 处感应性号志路口，2022 年持续择本市部分路口办理。

3. 结语

为了建构年长者友善通行环境，让年长者在台北市能够行动得更舒适，并且维护年长者的身心健康以及确保交通安全，同时也让其他县市以及境外的年长者来到这个城市能感受到安居宜行的友善通行环境，台北市未来仍会持续让更友善的交通环境落实在民众每一天的生活之中，并因应高龄化社会调整改善相关交通设施使用需求，迈向更具进步价值的高龄友善城市。

参考文献

[1] 台湾交通事务主管部门. 道路交通标志标线号志设置规则(2021).
[2] 台湾台北市政府. 交通会报，2022，5.
[3] 台湾内部事务主管部门. 台北市老人人口数及占总人口数百分比，2022，4.

以 App 及 IoT 辅助视障者通过路口

Assist the visually impaired to cross the road smoothly with App and IoT

林育生[1]　李世芬[2]　刘依茹[3]　王信璋[4]　陈学台[5]　彭振声[6]

摘　要：为建立无障碍交通环境，台北市已于全市 187 处路口建置有声号志系统辅助视长者通过路口，为进一步提供更友善且安全的过路环境，然而现行有声号志是以实体按钮启动，视障者须寻找按钮而较不方便。于 2021 年试办辅助视障者通过路口服务，结合 App、有声号志及蓝牙设备，运用 IoT 技术，使用者可通过 App 自动触发路口有声号志设备，得知路口信息和绿灯剩余时间及道路信息；并通过于行穿在线划设视障引导标线提升视障者穿越路口的便利性及安全性。邀请视障者实际于试办路口测试后进行满意度调查，共计有 82.5%的参与测试人员感到满意。显示此服务对于视障者过马路而言有确切的帮助。未来台北市将由视障朋友较常出行的路口逐步增加服务地点，亦将尝试建置于无有声号志路口方案，使之可设置于需要低噪声之环境。

关键词：视障；有声号志；App；IoT

Abstract: To create an accessible traffic environment, Department of Transportation, Taipei City Government has installed audible traffic signals at 187 intersections across the city and three additional perpendicular lines on top of the usual horizontal stripes to assist the visually impaired people to pass through the intersections in 2021. This audible signal systems combine with App, Bluetooth device via IoT so the user can know the remaining time and information of the intersections when they pass the intersections by triggering the device.

Department of Transportation also invite visually impaired passengers undergo actual tests in person and the satisfaction rate was 82.5%. It concealed this service could help visually impaired passengers to pass the road conveniently and safely. In the future, this service will be provided at the intersections that visually impaired passengers cross more frequently, and also try to implement them at the intersections without audible traffic signals so that it could be used in places needed to be kept low noise.

Key words: visually impaired; audible signal; App; IoT

1. 引言

台北市交通政策在“核心价值、愿景、目标、策略”的发展架构下，筑基于具备可持续性(S)、机动性(M)、可及性(A)、回应性(R)和可靠性(T)之“SMART Taipei”核心价值，并以“绿能、共享、安全、E 化”为发展愿景，朝“倡导绿运输”“增进交通友善性”“发展智慧交通”“改善运输服务效率”及“提升交通安全性”五大目标前进，并依“推动绿能公共交通工具”“提升绿运输市占率”“提升弱势族群交通友善性”“营造友善交通环境”“无障碍环境界面整合”“推动智慧运输”“构建交通行动服务”“减少交通壅塞”“提升城市物流效率”“合理分配并充分利用停车资源”“构建安全交通环境”“落实交通安全教育”及“增加交通执行规定强度与涵盖面”13 项发展策略，擘画台北市整体交通服务，以成为智慧、宜居及可持续城市。

1 林育生，台北市政府交通局运输信息科科长。
2 李世芬，台北市政府交通局运输信息科技正。
3 刘依茹，台北市政府交通局运输信息科股长。
4 王信璋，台北市政府交通局运输信息科分析师。
5 陈学台，台北市政府交通局局长。
6 彭振声，台北市副市长。

为保障弱势族群(包含高龄者、障碍者、儿童等)的交通权益及基本民行需求,台北市政府致力于提升公共运输的服务质量,如低地板公交车、复康巴士服务、通用出租车、敬老爱心出租车及提供敬老爱心卡优惠等;并持续改善人行环境,如扩建人行道、摩托车退出骑楼人行道及邻里交通环境改善等;截至 2021 年 2 月底,台北市区联营公交车之低地板公交车计有 3 066 辆,约占公交车总量的 87%;复康巴士 328 辆,通用出租车 349 辆,未来仍将持续增加低地板公交车及无障碍车辆的普及率,进而构建友善的无障碍交通环境。

截至 2021 年年底,台北市与新北市共计约有 1.4 万名视障者,台北市虽积极推动无障碍环境,然而视障者在行的最后一英里路却还是不够友善,视障者日常出行的路线,例如:上班、上学等,通常是由定向师拟定固定路线后反复练习,所以视障者通常仅会行走熟悉固定的路线;然而这些路线依然可能会存在着未知的因素导致视障者难以判断是否能安全无虞地通过路口。虽然目前台北市已于多处路口装设有声号志系统协助视障者通过马路,却也因布设广度不足、邻近居民陈情等困境导致未能全面满足视障族群的需求。

2. 问题分析

2.1 视障者通过路口现况分析

视障者通常依赖听觉及触觉来探索行走的路况,借由挥舞导盲杖来碰触周边环境借以判断路线的安全,并搭配踩踏不同材质的地面(如导盲砖)来引导行进的方向;此外,截至 2021 年年底台北市计有 187 处路口设置有声号志,通过不同声响提示代表不同方向的绿灯,作为视障者通过马路的参考依据。

有声号志会发出定位音,视障者可循声找到触压按钮或以感应器启动。依绿灯通行方向以布谷声表示南北向、鸟叫(啾啾)声表示东西向及蟋蟀声表示行人专用时相。

视障者会依靠车流、人流声判断是否可以穿越马路、行走方向等,而有声号志发出声响除可提供绿灯信息,对面路口音源也能指示行走方向。

2.2 视障者通过路口所遇困境

主要问题分析如图 1 所示。

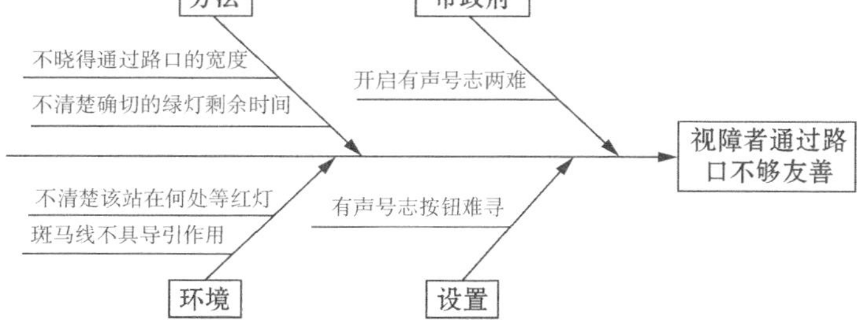

图 1 视障者通过路口问题整理

经访问多名视障者后,我们整理出视障者过马路会遇到下列问题:

(1) 不晓得通过路口的宽度,无法判断能否通过。

(2) 不清楚确切的绿灯剩余时间,难以判断是否有足够的时间可以通过。

(3) 路口角落不一定有铺设导盲砖,不清楚该站在何处才能面对斑马线。

(4) 现有的斑马线不具导引作用,即使使用导盲杖也无法确保能笔直通过路口,时常会走偏方向至停等车阵中或是撞到中央分隔岛。

(5) 台北市环境大多是住商混合,一楼店面,二楼住家,有声号志喇叭高度往往正对住家,常态开启有声号志常遇到附近住户抗议太吵，若是关闭则无法保障视障团体过路权益，政府机关陷入两难，尤其夜间往往只能调小音量甚至关闭。

(6) 有声号志若需手动按压启动，因有声号志本身安装于号志杆上，随各路口布局不同，其启动按钮往往难以固定位置，即使有定位音辅助，视障者往往难以找到按钮的位置。

3. 实施策略及方法

3.1 解决对策

利用智能型手机普遍性，以App结合物联网设备解决前述困难。

(1) 以App自动触发有声号志，取代触压按钮或通过感应器启动。

(2) 提供行人号志绿灯剩余时间及路口信息。

(3) 通过感应启动，提供可不必常态开启有声号志之基础，尽量减小对居民影响。

困境对策规划如图2所示。

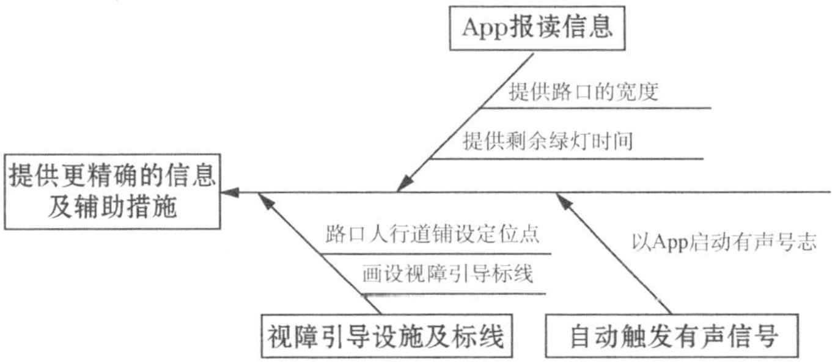

图2 解决对策

3.2 服务设计

依前面所述汇整出视障者通过路口的需求后，规划通过物联网结合既有有声号志建立完整的服务串接，才能完整地提供视障者通过路口所需信息。

通过物联网协助视障乘客通过路口之服务流程如下(图3)。

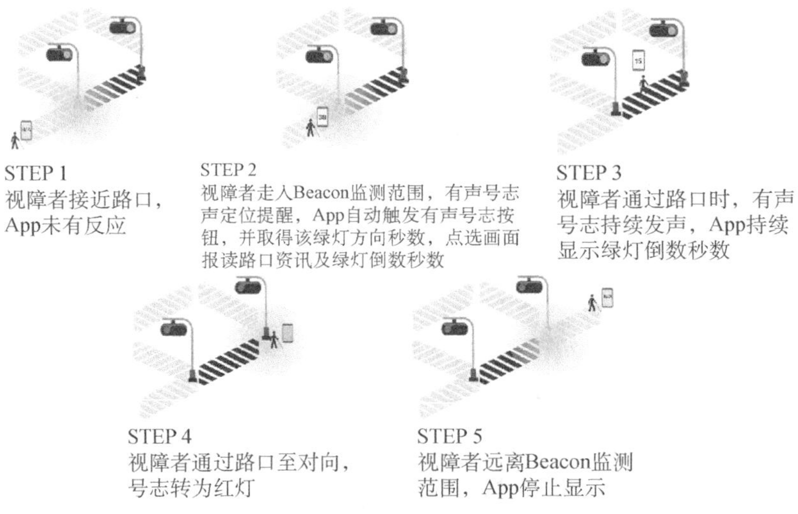

图3 使用情境设计

第1步：视障者接近路口，App未有反应。

第2步：视障者走入Beacon监测范围，有声号志声定位提醒，App自动触发有声号志按钮，并取得该行人绿灯方向剩余时间，点选画面报读路口信息及绿灯剩余时间(s)。

第3步：视障者通过路口时，有声号志持续响声，App持续显示绿灯剩余时间，持续提供信息至该方向绿灯结束，10 s以内每秒短震动，5 s以内每秒长震动。

第4步：视障者通过路口至对向，号志转为红灯。

第5步：视障者远离Beacon监测范围，App停止显示。

1) 运用IOTs结合号志设备与手机App

借由与蓝牙设备连接方式，取得路口信息与绿灯秒数，进而将原有实体号志转为虚拟化、智慧化有声号志路口，以协助视障者安全、便捷地通过马路。

试办开发之App有声号志功能系作为既有有声号志之辅助，既有号志之定向声响将同步运作，App在视障者点选时才报读绿灯秒数，可同时兼顾视障者听取定向声响与了解剩余秒数的需求。

(1) 路口设备系统架构

为使台北好行App能提供行人号志绿灯时间报读功能，将于每路口安装PLC发射器、PLC接收器与蓝牙推播模块，以进行号志倒数计时资料之搜集、分析与控制等用途。PLC发射器安装于号志控制器箱体内，PLC接收器安装于行人号志灯面，蓝牙推播模块则安装于行人号志杆件新增的户外防水箱体内。图4为针对路口单一角落之路侧设备系统架构。

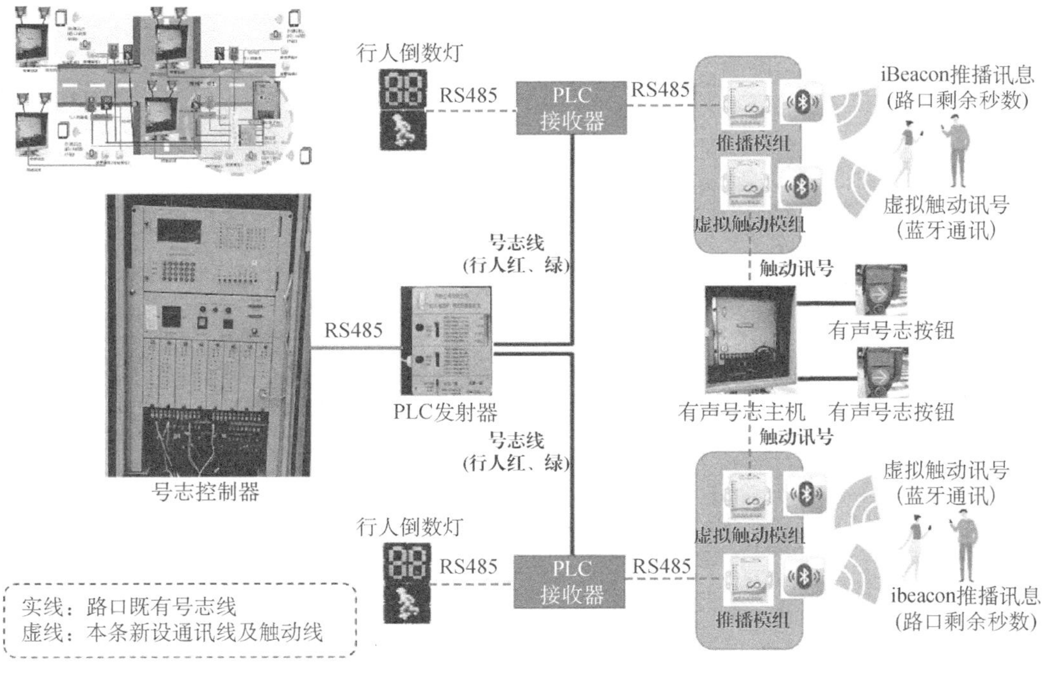

图4　路口设备系统架构

(2) 蓝牙设备通信方式

借由低功耗蓝牙(iBeacon)、后台与App三方互动，取得灯号信息。如图5所示，由后台设定iBeacon唯一识别码并发布设备至路口蓝牙设备与App中，待使用者行经具iBeacon路口时，App即接收iBeacon依频率所发出的广播信号，届时App检核iBeacon之唯一识别码，经验证正确，并取回路口灯号信息。

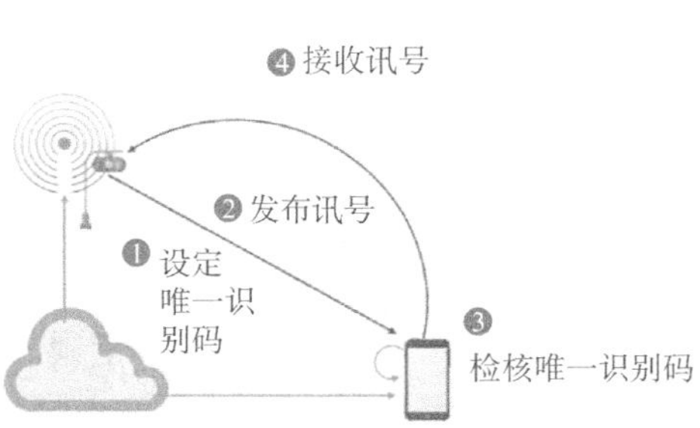

图5　App与路口设备、后台通信方式示意图

(3) 灯号信息传递流程

灯号信息由号志控制器以RS-485通信协定发出倒数秒数信号给PLC，PLC设备经转换后，利用既有之行人倒数电力线，将倒数秒数信号传输、撷取及还原成 RS-485 通信协定信号给 iBeacon；iBeacon 则通过自订协定将信号传送给 App 使用，其通信协定如图 6、表 1 所示。

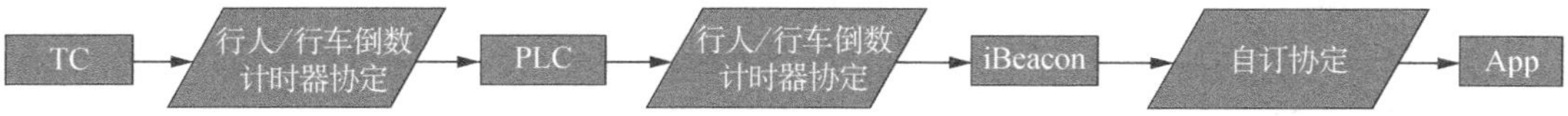

图 6　TC、PLC、iBeacon 及 App 之通信协定

表 1　蓝牙设备与 App 之通信协定

事件码		倒数码	
0x01	手操模式	0x00	不显示
0x02	绿灯超过 100 秒(保留)	—	—
0x03	自动触发(虚拟按钮)	—	—
0x04	位置 1 为绿灯	0X00～0xFF	绿灯实际秒数，以 16 进位表示 例：位置 1 为绿灯 55 s，即为 0x37
0x05	位置 2 为绿灯		
0x06	位置 3 为绿灯		
0x07	位置 4 为绿灯		
0x11	行人保护(行人全绿)		
0x12	行人全红	0x00	—
0x13	位置 1 为绿灯，位置 2、3、4 为红灯	0X00～0xFF	绿灯实际秒数，以 16 进位表示 例：位置 1 为绿灯 55 s，即为 0x37
0x14	位置 2 为绿灯，位置 1、3、4 为红灯		
0x15	位置 3 为绿灯，位置 1、2、4 为红灯		
0x16	位置 4 为绿灯，位置 1、2、3 为红灯		
0xFF	讯号异常(收到空值)	0x01	未收到控制器数据(超过 10 s)
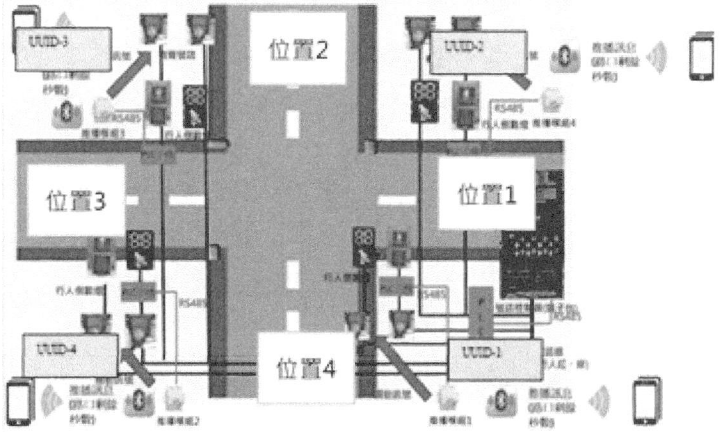		处理原则： 由 Beacon 先判断号志的灯号状态，转换为相对应的事件码后传送给 App；若为绿灯之事件码则一并传送到数码	

2）台北好行 App 视障使用界面扩充功能设计

扩充 App 侦测路口蓝牙讯息功能，取得路口与行人绿灯倒数秒数信息，以辅助视障者安全通过路口。App 功能包括：启动路口有声号志、报读路口信息、报读绿灯秒数 3 项功能。启用与报读之方式规划如下。

(1) 启动路口有声号志

使用者的 App 只要设定处于视障好行模式下(非供明眼人使用之模式)，且装置已开启蓝牙功能并置于背景执行，当装置进入 Beacon 装置范围时，即可自动启动有声号志功能。在既有的视障好行首页中新增有声信号功能按钮，可供使用者自行点选启用有声号志功能，如图 7 所示。

（2）报读路口信息及行人秒数功能

有声号志功能的预设画面为“路口信息”及“行人秒数”两种功能供使用者点选，支持 iOS 及 Android 双系统的荧幕阅读器提供报读服务，如图 8 所示。

图 7　视障好行首页新增有声号志功能按钮

图 8　有声号志预设画面

使用者每点选画面 1 次则会报读 1 次，当点选路口信息时，将报读该路口宽度信息，规划报读内容为“‘路名’，路宽 N 车道”。当使用者点选行人秒数时，规划报读内容为“过‘路名’，绿灯 N 秒”。另考虑部分路口（如库伦街与承德路）具备行人专用时相，则行人秒数报读内容规划为“全面通行，绿灯 N 秒”，以上报读方式如图 9 所示。

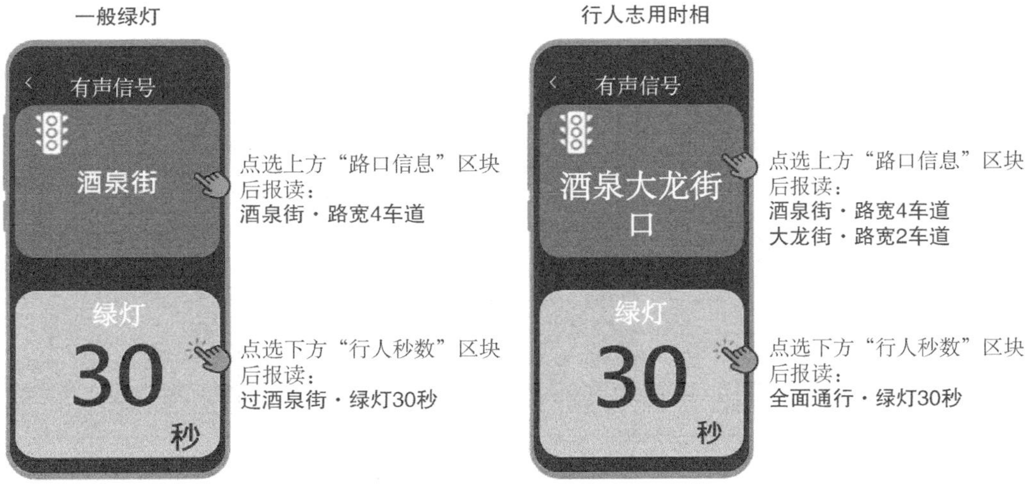

图 9　有声号志报读画面

而剩余绿灯秒数少于 10 s 时，App 将以震动方式提示使用者即将变换灯号。以上报读内容如表 2 所示。

表 2　报读内容情境对照表

事件码	路口信息		行人绿灯剩余时间	
	显示	报读	显示	报读
0x02	XXX	XXX，路宽 X 车道	绿灯，超过百秒	过 XXX，超过百秒
0x04	XXX	XXX，路宽 X 车道	绿灯，X 秒	过 XXX，绿灯 X 秒

（续表）

事件码	路口信息		行人绿灯剩余时间	
	显示	报读	显示	报读
0x05	XXX	XXX，路宽X车道	绿灯，X秒	过XXX，绿灯X秒
0X06	XXX	XXX，路宽X车道	绿灯，X秒	过XXX，绿灯X秒
0X07	XXX	XXX，路宽X车道	绿灯，X秒	过XXX，绿灯X秒
0x11	路口全名	东西（路名），路宽X车道南北（路名），路宽X车道	绿灯，X秒	全面通行，绿灯X秒
0x01 0x12	路口全名	行人全面红灯	行人全面红灯	行人全面红灯
0x13	XXX东侧	XXX东侧，路宽X车道	绿灯，X秒	过XXX东侧，绿灯X秒，其余皆红灯
0x14	XXX北侧	XXX北侧，路宽X车道	绿灯，X秒	过XXX北侧，绿灯X秒，其余皆红灯
0x15	XXX西侧	XXX西侧，路宽X车道	绿灯，X秒	过XXX西侧，绿灯X秒，其余皆红灯
0x16	XXX南侧	XXX南侧，路宽X车道	绿灯，X秒	过XXX南侧，绿灯X秒，其余皆红灯
0x00 0xFF	路口全名	连线异常，无提供服务	连线异常，无提供服务	连线异常，无提供服务

注：表中XXX为绿灯之路名。

3）于路口增设定位点及划设视障引导标线

于路口增设“定位点”（图10）供视障者停等红灯，并于既有行穿在线划设视障引导标线（图11）提供视障者以导盲杖碰触及足底触觉感受，安全笔直通过路口。

图10　视障者于路口定位点停等红灯

图11　视障者借由视障引导标线通过路口

3.3　实际使用者参与

为确保所开发之系统最终能符合使用者需求，我们邀请多个视障团体参与本计划开发方案讨论，并于规划及开发过程中通过电话访谈多名视障代表确立方案符合需求，以及于测试前办理行前说明会（图12）。

图 12　邀请视障团体参加测试说明会

我们邀请视障朋友实际测试以 App 辅助过路口功能及视障引导标线(图 13),并搜集使用者反馈意见以修正服务流程。

图 13　与视障朋友于路口实测 App 功能

4. 研究成果

我们于 2021 年优先挑选 2 处邻近社团法人台湾视障者家长协会路口,装设蓝牙设备进行试办,分别为酒泉街/大龙街口及承德路 3 段/库伦街口,此 2 处为进出该协会之重要路口。

经 40 人次视障者实际测试之满意度调查资料显示,有 82.5%的参与者对于试办的协助视障者过马路服务感到满意。后续将依试办过程中所搜集之意见持续优化服务。目前建议改进方向如下。

4.1　信号控制系统

(1) 过往号志设备纯以硬件建置,其信息流设计往往只提供刚好需要的信息,如行人红灯时为避免行人抢先起步不显示剩余时间,原有通信线路即无行人红灯剩余时间信息,以及有声信号计算允许导引声服务时间仅内建于有声号志硬件等。

(2) 为 App 建立信息流衍生讯号需与硬设备保持同步之议题,试用中曾发生遇雨天信号衰减致 App 显示及行人绿灯在一个绿灯周期内误差 1 s。

图14 本年度试办路口

4.2 有声号志

(1) 对于更复杂之路口样态如单侧绿灯早开迟闭之时相，有声信号无法精确表达。

(2) 有声信号影响住户安宁问题难以完全解决。本案执行过程有声信号亦受当地居民陈情希望关闭有声号志，而视障团体则表示有声号志不可关闭。本案施作过程中有声号志开关数次，最终西侧酒泉街/大龙街口关闭，东侧承德路3段/库伦街口白天降低音量，夜间关闭。

4.3 App

(1) 使用的蓝牙定位精度不足，无法判断视障者具体朝向哪个方向。

(2) 视障者穿越路口时集中精力观察周遭环境，无法使用手机。

(3) 受邀实测之视障者期望操作App时可以同时使用导航及指南针功能，究其原因是视障者出行习惯改变，过去认为视障者只走习惯的路径，但随着信息化程度提升，愿意探索陌生地点的视障者比例在增加。

5. 未来展望

(1) 将民众反馈纳入优化考量，持续检讨服务流程。

(2) 参与视障团体活动，近距离了解视障朋友需求，进而作为使用界面及流程改善之参考。

(3) 尝试以App提供视障者无有声号志之路口的引导方案，以在需要低噪声之路口也能提供导引服务。

(4) 2022年将持续搜集视障者需求(如启明学校等视障重点学校周边路口)，扩大服务路口总数。

(5) 向视障团体宣传台北好行App辅助功能，并办理教育训练持续搜集使用者意见反馈，以了解实际使用者需求。

参考文献

[1] 台北市交通局. 2021年台北好行App暨台北市实时交通信息网功能扩充案系统分析及设计报告书[R]. 2021.
[2] 台北市交通局. 2021年台北好行App暨台北市实时交通信息网功能扩充案使用者测试报告书[R]. 2021.
[3] 台北市交通局. 2021年台北好行App暨台北市实时交通信息网功能扩充案执行成果报告书[R]. 2021.

市政道路在高速公路出口附近下穿方案设计与研究

Design and research of down-through scheme of municipal road near expressway exit

徐武辉[1]　邱金亮[2]

摘　要：随着城市功能和范围的扩大，越来越多的市政道路需穿越既有的城市周边高速公路，大多数情况因受城市整体规划、土地开发利用、城市景观效果及工程造价等因素影响，选择下穿高速公路的建设方式更受青睐。本文以城市主干道下穿G70福银高速工程为实例，分析高速公路路改桥、箱涵明挖、箱涵明顶和箱涵暗顶四种下穿方案优缺点，通过综合对比分析，认为在原高速公路路改桥方案下穿更为合理；为同类工程提供参考。

关键词：高速公路；交叉方案；下穿；方案比较；桥梁设计

Abstract: With the expansion of urban functions and scope, more and more municipal roads need to pass through the existing highways around the city. In most cases, due to the overall urban planning, land development and utilization, urban landscape effect, project cost and other factors, the way of passing under the highway is more popular. Through the example of G70 Fuzhou Yinchuan Expressway project, this paper analyzes the advantages and disadvantages of four underpass schemes of expressway road to bridge, open excavation of box culvert, open top of box culvert, and concealed top of box culvert. After comprehensive comparative analysis, it is considered that the original expressway road to bridge scheme is more reasonable to underpass; The whole analysis process and conclusions provide certain reference significance for similar projects

Key words: expressway; crossing scheme; underpass; scheme comparison; bridge design

1. 前言

随着城市规模的不断扩展，城市周边的高速公路在一定程度上限制了城市规模的发展，高速公路隔断了两侧城市的交通与经济联系。城市的扩大需要不断延长和新建市政道路，与城区周边的高速公路不可避免存在交叉。市政道路与高速的交叉工程无外乎有上跨和下穿的构造形式，上跨需要考虑净空高度，一般需要设置较长的引道，受城市整体规划、管网排水及景观等因素的制约，城市周边选用上跨桥梁方式跨越高速公路的案例相对少一些。而穿越高速公路采用下穿方式用地少，能较好地与城市规划相契合，采光景观效果好，充分发挥了市政工程良好的社会效益与经济效益，目前被大量采用。

2. 工程概况

如图1所示，钟岭大道是抚州市中心新城组团一条东西向的城市主干道，在区域路网中的作用非常重要，道路规划为双向六车道，设计速度50 km/h，道路红线宽45 m，横断面组成为：5 m人行道＋4.5 m非机动车道＋1.5 m绿化带＋(2 m×11.5 m)行车道＋1.5 m绿化带＋4.5 m非机动车道＋5 m人行道。其西延伸道路起于汤显祖大道，终于临川区上顿渡抚州大道，是连接抚州市临川区上顿渡组团和抚州市新城组团的一条重要通道，因为向莆铁路、福银高速公路等控制性节点，多年来该道路未顺利打通。

1,2　徐武辉，邱金亮，抚州赣东公路设计院。

既有的G70福银高速，呈北南走向，途经福建、江西、湖北、陕西、甘肃、宁夏，全长2 485 km，在江西境内全长约350 km，按设计速度为120 km/h的双向4车道高速公路标准建设，标准路基宽度为26 m。

图1　钟岭大道西延伸道路现状图

3. 下穿高速公路方案比选与研究

钟岭大道西延道路中线因受福银高速公路东侧200 m处南北走向的向莆铁路(该处交叉已采用板梁桥的方式下穿)限制导致与高速公路设计中线夹角为83.6°，并且穿越点处于临川互通福州出口方向减速车道处，受下穿铁路位置高程、距离、城区规划及管道排水等因素限制无法设置城市主干道上跨G70福银高速。因此，钟岭大道西延道路与G70福银高速交叉方案主线需采用下穿高速公路方案。

如图2所示，福银高速公路一般横断面为0.75 m(土路肩)+3 m(硬路肩)+7.5 m(行车道)+0.75 m(路缘带)+2 m(中央分隔带)+0.75 m(路缘带)+7.5 m(行车道)+3 m(硬路肩)+0.75 m(土路肩)=26 m。交叉处位于匝道分流点附近，处于减速车道加宽段，高速公路左幅(东侧)路基宽19 m～22 m不等。交叉处高速公路路面高程54.5 m，钟岭大道西延道路设计高程44.6 m，高差约10 m。场地周边水塘密布，地表水丰富，地下水位较高，明挖基坑支护要求高，排水困难。福银高速公路车流量较大，根据江西高速公路管养抚州分中心福银高速抚州南枢纽临川互通门架监测的数据，2021年该段高速公路日均交通量为12 253辆。钟岭大道西延伸市政道路与福银高速公路交叉处正好处于互通出口匝道处，交通组织复杂，选择合适的高速公路下穿方案非常重要。

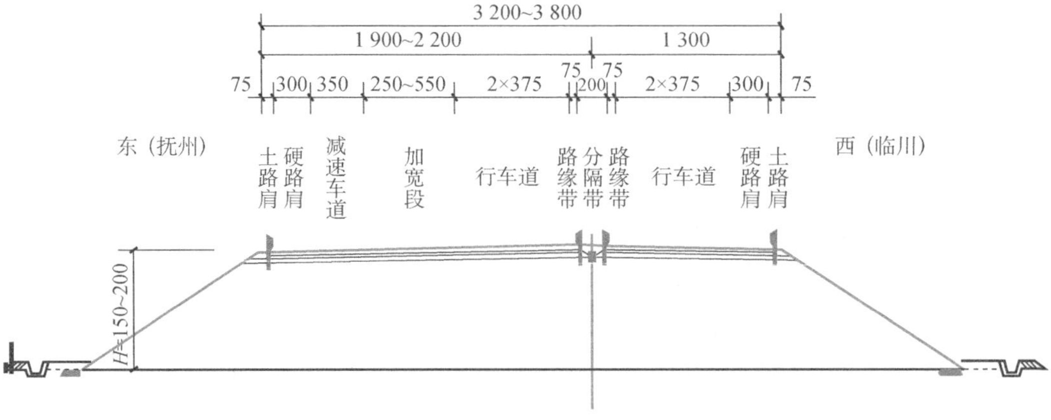

图2　高速公路交叉点现状断面图(单位:cm)

3.1 高速公路路改桥方案

该方案实施前，需先临时在高速公路东侧改道福银高速，转换交通，让所有高速公路上的车辆在临时改道上行驶，然后拆除既有高速公路路堤，新建高速公路桥梁，待桥梁建设完成后，高速公路上的车辆转回原主线行驶，拆除临时改道，最后在高速公路桥下新建所需市政道路(图 3)。

图 3 高速公路路改桥方案示意图

钟岭大道红线宽 45 m，又是 3 幅路，高速公路路改桥方案桥墩利用钟岭大道机非分隔带布设，桥墩采用柱式墩＋钻孔灌注桩，桥台采用柱式台＋钻孔灌注桩。经估算，本方案工程总造价约为 3 650 万元，施工工期需要 8 个月。

该方案主要优点是工程投资相对较少，结构安全可靠，采光性好，符合城市景观要求，后期运营维修成本小，且施工期间交通组织相对简单，风险小，没有复杂的施工工序，容易施工；存在的不足是施工需破坏原高速公路路基，高速公路临时改道线型指标达不到原路线标准，车辆需降速通过，应对突发事件和保证重大节日通行能力减弱，转换交通次数和施工步骤多。

3.2 箱涵结构明挖方案

该方案跟高速公路路改桥方案一样，提前在高速公路东侧修建临时改道，然后在既有的高速公路上进行明挖法施工，在基坑开挖完成后及时现场浇筑箱涵结构，箱涵结构强度满足要求后，在箱涵结构顶上恢复高速公路基、路面(图 4)。整个下穿交叉工程投资约 3 200 万元，施工工期 6 个月左右。

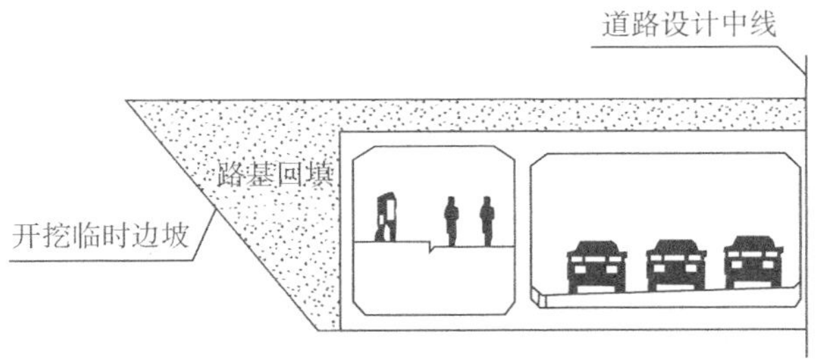

图 4 明挖现浇箱涵下穿方案示意图

该下穿方案的优点是交叉工程造价低、施工周期短、施工难度及风险小和施工期间交通组织简单。主要缺点是箱涵施工需要破坏原高速公路路基，施工期间基坑排水困难，箱涵采光性差，城市景观效果不好，通道市政道路管道网工程检修困难，对原高速地基承载力要求高，容易产生沉降导致后期高速公路路面产生裂缝，且箱涵结构一旦产生病害，维修困难。

3.3 箱涵结构明顶方案(盖挖法)

箱涵结构明顶是由地面向下挖至一定的深度,以定型标准的预制棚盖结构(包括纵、横梁和路面板)或现浇混凝土顶(盖)板结构置于桩(或墙)柱结构上维持地面交通,在棚盖结构支护下进行开挖和施作基坑维护结构、周边止水体系后采取砂土回填(必要时灌浆),完成后有效衔接原状道路,技术要求较高,施工成本也较高。

该方案是在交叉点采取交通组织措施,利用交通限速,标志、标牌、警示信号等措施引导车辆进行单幅高速通双向车流,在另外一幅高速公路施作好棚盖结构后恢复高速正常双向通车,并在侧旁工作坑内将已预制好的箱梁结构顶进至预定位置。所有的预制箱梁顶进到位后,分步拆除棚盖结构恢复高速公路路面。该方案根据目前的施工技术水平,交叉点处于匝道出口减速车道加宽处,箱身长度需 35 m,预计总造价为 4 200 万元,总工期需要 9 个月,其中顶进施工工期约为 4 个月。

该方案的优点是不需要修建临时改道高速公路,单幅通行的时间短,施工时做好交通指引,提前做好预告宣传工作等就可以顺利完成交叉下穿工程;缺点是施工工序多,技术难度较大、复杂,安全风险较大,工程造价偏高。

3.4 箱涵结构暗顶方案

该方案采用大管棚支护技术进行顶进箱涵的顶部防护,以大管棚超前防护有效支撑土体的重量,避免上面土体的坍塌,并隔离上面的土体和下面的箱涵,避免上面土体在箱涵顶进时随箱涵一起移动(图 5)。该方案先要在穿越高速公路的一侧开挖施工平台,预制顶进箱涵,结合管棚防护顶进到预定位置,且需要合理交通组织措施,引导车辆通行,尽可能减少施工期间对高速公路通行的影响。顶进的箱身长度 35 m,预计总造价 4 500 万元,总工期 7 个月,其中顶进施工工期约 3 个月。

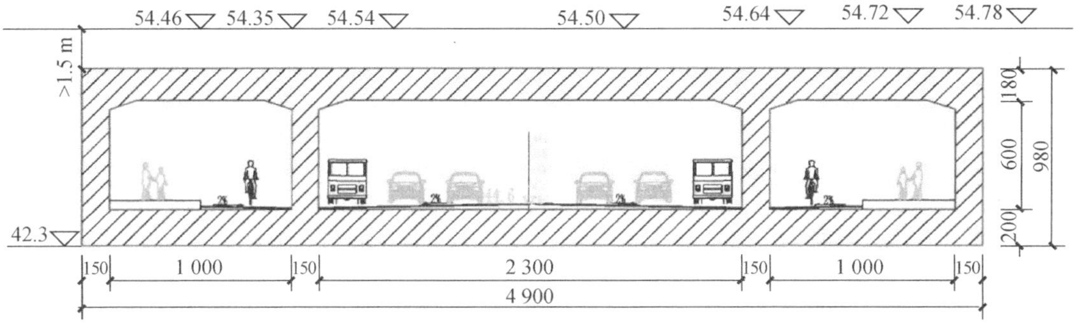

图 5 箱涵结构暗顶方案断面图(单位:cm)

该方案的优点也是不需要修建临时改道高速公路,不会影响高速公路正常通行,施工期间做好交通管控即可;缺点是施工工艺复杂,对施工技术和经验要求高,施工难度和风险非常大,而且造价高,后期养护维修困难,箱涵采光性也不好,作为城市道路景观效果不佳。

3.5 下穿高速公路方案的比选分析

通过分析方案设计和施工技术发现,结合交叉工程现场场地条件和地质情况,上述的 4 种下穿高速公路方案均可实现,方案综合分析对比见表 1。

表 1 下穿福银高速公路工程方案比较表

比较项目	高速公路路改桥方案	箱涵结构明挖方案	箱涵结构明顶方案	箱涵结构暗顶方案
技术难度及安全风险	施工难度及风险较小	施工难度及风险较小	施工难度及风险较大	施工难度及风险较大

（续表）

施工工期	工期 8 个月	工期 6 个月	工期 9 个月	工期 7 个月
对高速公路通行的影响	影响较小但需改道	影响较小但需改道	影响较大	影响较小，不需中断交通
施工工序	施工工序多	施工工序少	施工工序少	施工工序多
城市景观效果	景观效果好	景观效果差	景观效差	景观效果差
后期运营养护	简单、成本小	维修困难	维修困难	维修困难
工程造价	3 650 万元	3 200 万元	4 200 万元	4 500 万元

项目方案的确定应综合考虑各方面的指标因素，针对本项目赋予工程造价 40%的权重，其余景观效果、工期、技术难度、施工工序、运营养护及对高速公路通行的影响 6 个因素赋予各 10%的权重。对总的 7 个影响因素进行量化，假定各因素的满分为 10 分，根据表 1 的评价结果，对 4 个下穿高速公路方案各影响因素进行打分，具体得分结果见表 2。

表 2　下穿高速公路方案影响因素得分表(满分 10 分)

下穿方案	工程造价	景观效果	工期	技术难度	施工工序	运营养护	对高速公路通行的影响
高速公路路改桥方案	8.0	8.0	8.0	9.0	7.0	9.0	8.0
箱涵结构明顶方案	7.0	5.0	6.0	7.0	8.0	5.0	6.0
箱涵结构暗顶方案	6.0	5.0	7.0	7.0	7.0	5.0	8.0

比选以上 4 个下穿高速公路方案分析，综合权重，平均得分如下：

(1) 高速公路路改桥方案：$8\times0.4+8\times0.1+8\times0.1+9\times0.1+7\times0.1+9\times0.1+8\times0.1=8.1$；

(2) 箱涵结构明挖方案：$9\times0.4+5\times0.1+9\times0.1+9\times0.1+8\times0.1+5\times0.1+8\times0.1=8.0$；

(3) 箱涵结构明挖方案：$7\times0.4+5\times0.1+6\times0.1+7\times0.1+8\times0.1+5\times0.1+6\times0.1=6.5$；

(4) 箱涵结构明挖方案：$5\times0.4+5\times0.1+7\times0.1+7\times0.1+7\times0.1+5\times0.1+8\times0.1=5.2$。

可以看出高速公路路改桥方案得分最高，为本项目的最优方案。

4. 高速公路路改桥设计方案

桥梁设计遵循技术先进、安全可靠、适用耐久、经济及环境协调的原则，并结合当地政治、经济、施工便利等因素。在城市中建造跨线桥，其跨径设计需要从多方面考虑[3]，桥梁的孔径应结合地形地貌、河川径流与河道演变、河床地质、河流泥沙运动和建桥后对河床的影响等进行综合考虑。为方便施工及养护，桥梁建设力争标准化、装配化。

桥连续板梁不但具有行车优势，卸载弯矩与跨中弯矩相互抵消，能够实现梁内力的合理分配。跨径设计不仅需要在规定预算内保证质量完成施工，还应为城市居民带来舒适和谐、赏心悦目的感受。就一般桥梁设计而言，将跨径设置为 25 m 左右标准跨即可[1]。如图 6 所示，考虑到下穿高速公路位置处于出口匝道特殊位置点，为使桥跨结构进入匝道分流鼻应尽可能少一点，使分流车道标高控制更容易，对原福银高速互通影响较小，该项目桥梁桥设计方案采用(14.5+26+14.5)m 先简支后结构连续装配式预应力混凝土非标准跨的小箱梁。

根据现场的勘察，桥梁桥位处地形条件变化不大，地面以下地质岩层有较厚的全风化、强风化砂岩，故选取柱式桥墩及柱式桥台，基础均选取桩基础。钻孔灌注桩接柱式墩台适用于多数场合，包括地质条件复杂的软弱地基，施工方法优越，特别是跨越高速，施工简单，安全性好，并且桥下通透，采光性好。如图 7 所示。

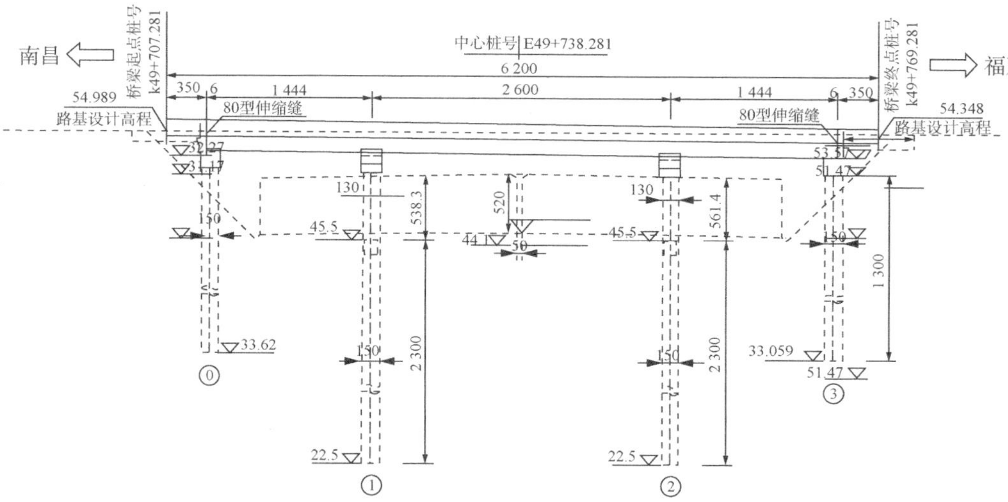

图6 钟岭大道跨线桥(14.5+26+14.5)m桥型布置图

图7 桥梁墩柱箱梁吊装示意图

5. 结语

本文通过对城市主干道与高速公路的交叉工程采用下穿方案的比选，认为高速公路路改桥方案具有施工简单、安全可靠、桥下通透和使用耐久等优点，值得选用推荐。在确定好穿越方案后，根据地形条件与穿越点处于高速公路出口加宽位置的实际情况，选用跨径为(14.5+26+14.5)m装配式先简支后连续预应力混凝土小箱梁的桥梁结构形式的设计方案。随着城市范围的扩大，为满足人民出行的需求，市政道路同高速公路及其他相关交叉工程将越来越多，本文对同类工程建设具有一定的参考价值。

参考文献

[1] 中华人民共和国住房和城乡建设部. 城市道路工程设计规范(CJJ 37—2012)[S]. 北京：中国建筑工业出版社，2016.
[2] 中华人民共和国交通运输部. 公路工程技术标准(JTG B01—2014)[S]. 北京：人民交通出版社，2015.
[3] 马龙. 跨线桥桥梁设计的几点认识[J]. 科技创新导报，2014：109.
[4] 周恒. 下穿既有高速公路工程方案比选及探讨[J]. 现代交通技术，2013：105.

第五篇　安全、绿能的出行特征

上海道路交通发展历程和演变趋势

The development and trend of Shanghai road traffic

陈　欢[1]

摘　要：近几年上海道路基础设施由建设为主向建管并举转变，道路网总里程年均增长约1%，而小客车实有量年均增幅达到10%左右，路网供需矛盾日益增加。通过回顾道路交通基础设施建设和小客车管理政策发展历程，分析小客车拥有和使用的总量、结构特征以及对道路交通运行产生的影响等，在叠加疫情影响个体出行意愿有所增强的背景下，提出上海道路交通的发展趋势，为上海道路交通系统的规划、建设和管理提供相关支撑。

关键词：道路交通；运行特征；发展趋势

Abstract: In recent years, Shanghai's road infrastructure has changed from construction oriented to simultaneous development of construction and management. The total mileage of the road network has increased by about 1% annually, while the actual number of cars has increased by about 10% annually. The contradiction between supply and demand of the road network is increasing. By reviewing the development process of road traffic infrastructure construction and car management policies, analyzing the total amount and structural characteristics of passenger cars owned and used, as well as their impact on road traffic operation, under the background that the superimposed epidemic situation has increased the willingness of individuals to travel, this paper proposes the development trend of Shanghai's road traffic, providing relevant support for the planning, construction and management of Shanghai's road traffic system.

Key words: road traffic; operation characteristics; development trend

1. 道路交通设施发展

以世博会为契机，2001年至2010年上海道路交通基础设施的投资力度进一步加大（图1），十年里道路网总里程增长了6 887 km，其中城市道路里程增长992 km，公路里程增长5 895 km。2010年末上海已经基本形成高速公路、快速路基本框架和以快速路越江为主、主次干道越江为辅的综合性越江交通体系。

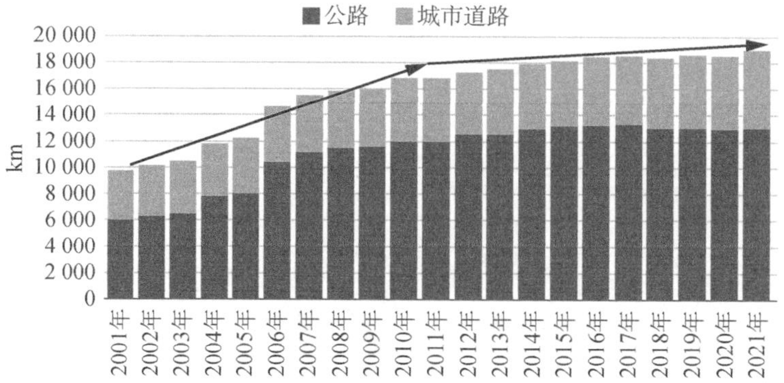

图1　上海道路里程（2001年至2021年）

1　上海市城乡建设和交通发展研究院。

上海用地资源有限，人口密度超高的特点决定了道路网不可能大规模扩充(图 2)。2011 年至 2020 年道路网总里程增长了 1 661 km，其中城市道路里程增长 828 km，公路里程增长 833 km，道路网总里程增速较前 2001 年至 2010 年明显放缓。截至 2021 年底，全市道路网总里程 18 926 km，其中城市道路里程 5 844 km，公路里程 13 083 km。

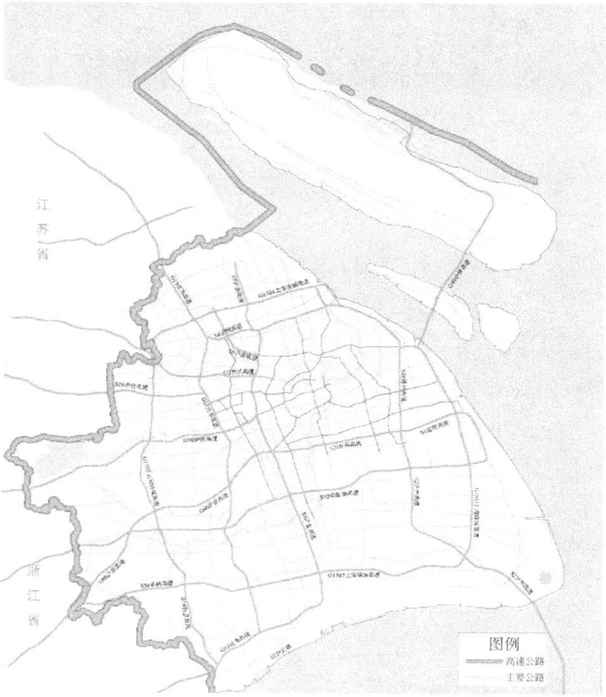

图 2　2021 年上海市全市干线公路网

在进一步完善道路基础设施的同时，上海更加关注道路交通的配套管理、政策等方面。2017 年开始上海将道路交通缓拥堵纳入政府实事项目，相关主管部门通过拥堵点治理、加强道路交通组织等精细化管理、非工程性手段来提升道路设施的承载能力，优化道路的功能。

2. 小客车管理政策演变

上海 2002 年开始采取中心城快速路外牌限行政策，外省市号牌小客车周一至周五 7:30—9:30 和 16:30—18:30 共 4 h 禁止在高架道路上通行。2015 年、2016 年中心城快速路外牌限行时长从 4 h 调整至 6 h、8 h，2016 年限行范围增加了越江桥隧。2020 年高架道路外省市号牌小客车限行进一步收紧，在中心城高架道路及华夏高架路、度假区高架路工作日白天 13 h(7:00—20:00)限行，并首次增加了地面道路区域限行，即内环内地面道路工作日早晚高峰 4 h(7:00—10:00 和 16:00—19:00)限行。

3. 小客车保有特征

截至 2021 年底，全市注册机动车总量 494.2 万辆(图 3)。2013 年开始，全市小客车保有量增速明显加快，受其影响，全市注册机动车总量增幅持续提高，2013 年至 2021 年每年增长 21 万～31 万辆，年均增量达到 26 万辆。

经过十年的快速增长，近两年小客车的增幅逐渐收窄，号牌持有结构也在发生明显的变化。2014 年至 2021 年每年增长 12 万～52 万辆，年均增长约 34 万辆(图 4)。其中，市区号牌小客车受非营业性客车拍卖额度限制，年均增量在 12 万辆左右。沪 C 号牌小客车受本市大力推广新能源车和周边省市牌照政策等多重因素的持续影响，2015 年至 2020 年沪 C 号牌小客车的增幅逐渐收窄，2020 年仅新增 5 万辆，比

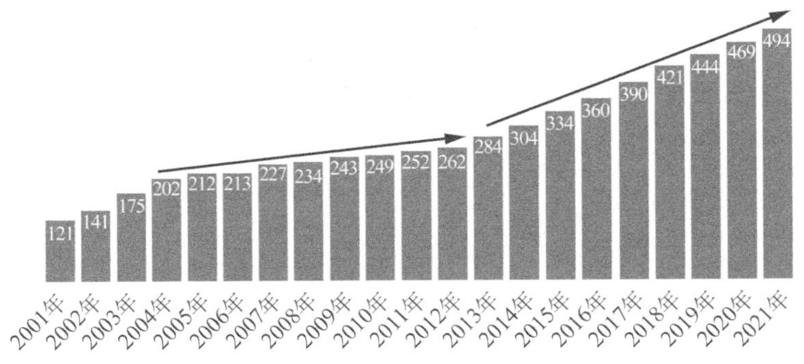

图3 上海市注册机动车总量(2009年至2021年)

2015年16万的增量减少了约2/3,2021年沪C号牌小客车首现负增长,较2020年减少了5万辆。2016年12月1日起启用新能源汽车号牌的汽车,新能源小客车快速增长,2017年新增5万辆,而后增幅持续扩大,2021年全年增加了25万辆,增量较2020年翻了一番。受上海市大力推广新能源车和愈加严格的外牌限行政策等因素影响,在经过前几年的快速增长之后,长期在上海的外地号牌小客车于2020年首现负增长,减量达15万辆左右。小客车表现出存量置换特征,燃油车开始呈现明显的负增长。截至2021年底,上海市小客车实有量达到565万辆。其中,市区号牌小客车、沪C号牌小客车、新能源号牌小客车和长期在上海的外地号牌小客车占比分别为42%、23%、10%和25%。

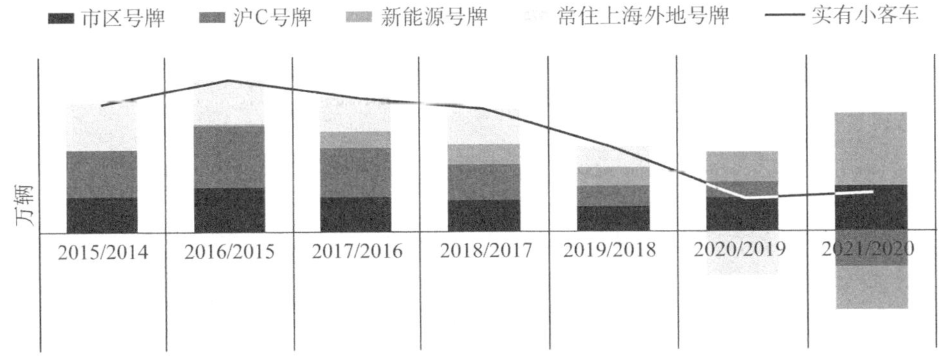

图4 上海市实有小客车增长量结构(2015年至2021年)

根据2014年、2019年入户家访调查结果,全市小客车拥有分布呈现向郊区转移的趋势,5年间分布在郊区的小客车占比提高了约13个百分点。从号牌分布的变化看,居住在郊区的居民持有市区号牌小客车的意愿仍在持续加强,同时长期在上海的外地号牌小客车正在加速向市区号牌和新能源号牌转化。

4. 小客车使用特征

小客车拥有量的持续增长拉动小客车出行量持续增加,2019年小客车日均出行量达到960万车次/日,比2014年增长43%。但小客车的使用强度却呈下降趋势。根据2014年、2019年的两次入户家访调查结果,2019年小客车的出车率为72%,较2014年下降11个百分点;平均每车出行1.8车次/日,较2014年下降19%。近几年上海市新增小客车主要分布在郊区,小客车的使用空间分布也明显向郊区转移,2019年出行起终点均在郊区的出行占44%,较2014年上升7个百分点。小客车单次出行平均出行距离约14 km,其中,5~10 km约占1/3,近一半的出行超过10 km。

5. 道路交通运行特征

(1) 道路运行压力持续加大,快速路晚高峰拥堵指数超过早高峰随着小客车保有量的持续增长，5 年来（与 2017 年相比）中心城快速路早、晚高峰时段平均拥堵指数分别上升 12%、18%。从图 5 可以看出，2020 年中心城快速路晚高峰时段拥堵指数首次超过了早高峰，2021 年两者的差距愈加明显，晚高峰拥堵指数高出早高峰约 5%。

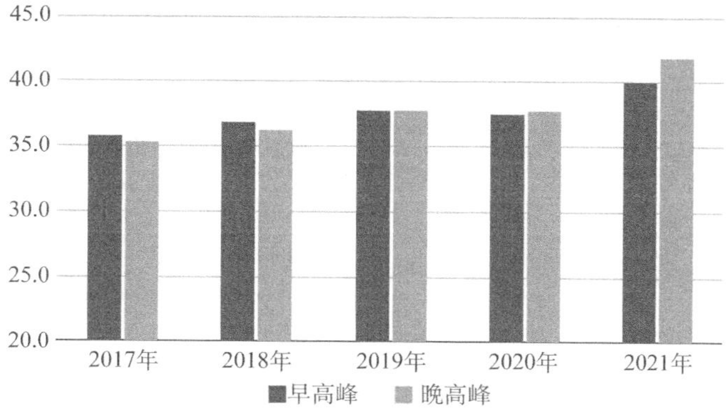

图 5　中心城快速路高峰时段拥堵指数(2017 年至 2021 年)

46 个快速路区段中，有 20 个区段工作日平均拥堵指数达到 50 以上，比 2017 年增加了 11 个区段（图 6）。从指数变化情况来看，有 27 个区段高峰指数增幅超过 10%，占快速路区段的近 60%，其中近一半的区段高峰拥堵指数增幅达到了 20%以上，这些区段主要是集中在中环线和进出中心城的射线快速道路。

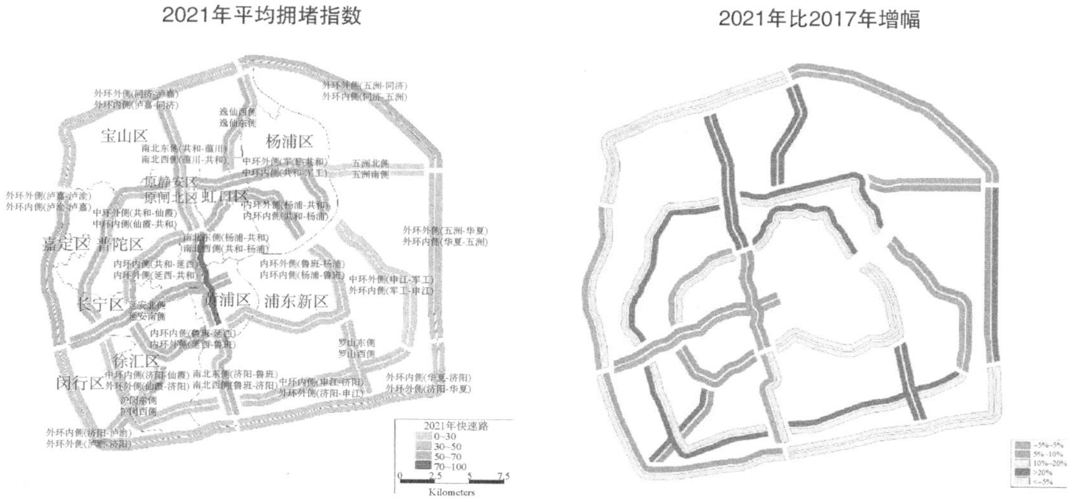

图 6　2021 年全年高架道路区段工作日平均拥堵指数

中心城地面道路运行相对平稳，早、晚高峰拥堵指数趋于一致，与 2017 年相比早、晚高峰拥堵指数分别下降 2%、4%。随着道路交通缓拥堵项目的实施，部分常发性拥堵的节点有所改善，中心城地面道路区域性拥堵略有缓解。68 个地面道路区域中，有 4 个区域工作日高峰时段平均拥堵指数在 50 以上，比 2017 年减少 4 个区域。

（2）中心城机动车越江需求基本稳定，进出中心城高速公路交通量明显增加

截至 2021 年底中心城（不含外环线）越江设施 17 座，包含 3 桥 14 隧，比 2017 年增加了周家嘴路隧道和江浦路隧道。近五年中心城越江交通总量基本稳定，随着轨道网的日益完善，越江复合型通道逐渐形成，不同区域越江机动车交通量变化存在一定差异。从图 7 可以看出，2021 年中心城越江通道日均流量达到 100 万辆次，与 2017 年基本持平，也是继 2017 年以来第二次突破 100 万。中心城北部和南部区域越江流量增长较为明显，长江路隧道—杨浦大桥区段和龙耀路隧道—上中路隧道区段机动车交通量分别上升 12%和 6%，而中部区地区，即江浦路隧道—打浦路隧道区段机动车流量总体下降 8%。

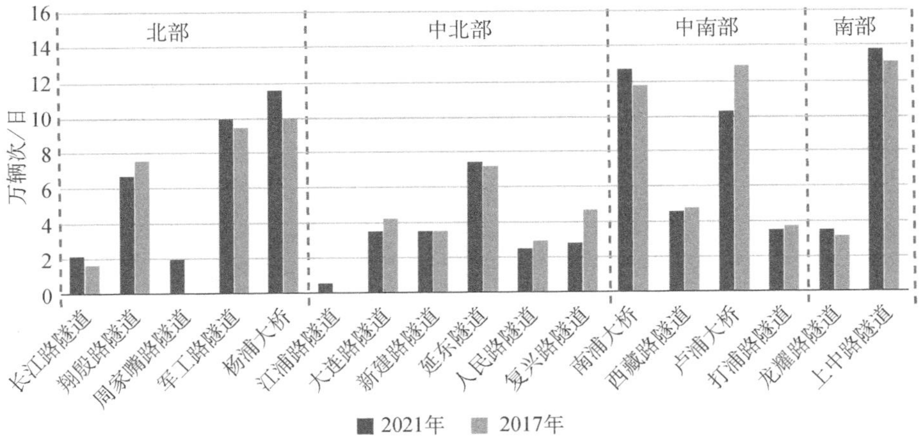

图7 中心城越江通道机动车交通量(2017年和2021年)

郊区与中心城的机动车交通联系日益加强,其中西南方向与中心城联系最强,高速公路入城段的机动车交通量分别比2017年分别上升6%、12%和8%(图8)。随着近几年临港新片区的大力开发,临港新片区与中心城的联系明显增强,几条与中心城联系的高速公路入城段中,S2沪芦高速康桥段的机动车交通量增幅最大,自2017年以来增长了30%。

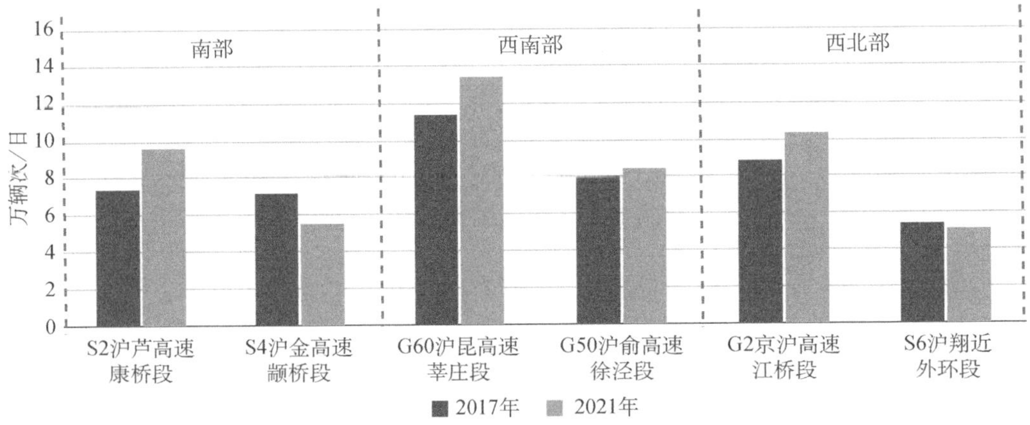

图8 高速公路入城段机动车交通量(2017年和2021年)

(3) 郊区机动车出行需求明显增加,高速公路网流量快速增长

2021年上海市高速公路网日均交通量达到135万辆次/日,较2017年增长28%,年均增幅超过5%。高速公路收费站流量主要集中在射线高速的主线收费站。随着航运中心的大力建设和新城及近郊地区的开发,有36个收费站的交通量增幅超过50%,约占收费站总数的1/3。

(4) 节假日道路运行压力持续加大,快速路高峰拥堵指数接近工作日早高峰

近几年,受疫情影响节假日跨省市出行量有所减少,但市民节假日出行热情依旧高涨,市郊游需求持续增长。2021年春节、清明节、劳动节、国庆节四个高速公路小客车免收通行费的节假日期间,高速公路路网平均134万辆次/日,比2017年增长20%。

双休日快速网的运行压力持续增加,2021年休息日中心城快速路高峰时段拥堵指数持续上升,17:00—19:00运行压力最大,接近工作日早高峰水平,拥堵指数较疫情前上升13%(图9)。

(5) 外牌限行政策短期内起到一定效果,平峰时段运行压力有所缓解

2020年11月快速路外牌小客车限行政策调整,快速路原8 h高峰限行时段交通运行基本稳定,新增5 h限行时段路况明显改善(图10)。新政实施首月中心城快速路工作日早、晚高峰小时拥堵指数环比分别上升3%、6%,基本延续月变趋势,新增限行时段10:00—15:00快速路平均拥堵指数环比下降10%。

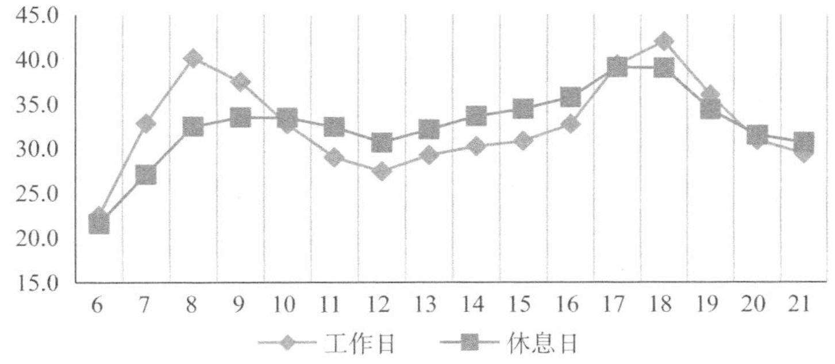

图 9　2021 年中心城快速路工作日与双休日指数时段分布

但地面道路运行压力有所加大，中心城地面道路拥堵指数环比上升 6%。受沪牌小客车持续增长的影响，2021 年快速路运行压力依然较大，高峰时段拥堵指数同比有所上升，短期内白天平峰时段运行压力有所减缓。但是，预计随着时间的推移，限行措施的红利会逐渐削减。

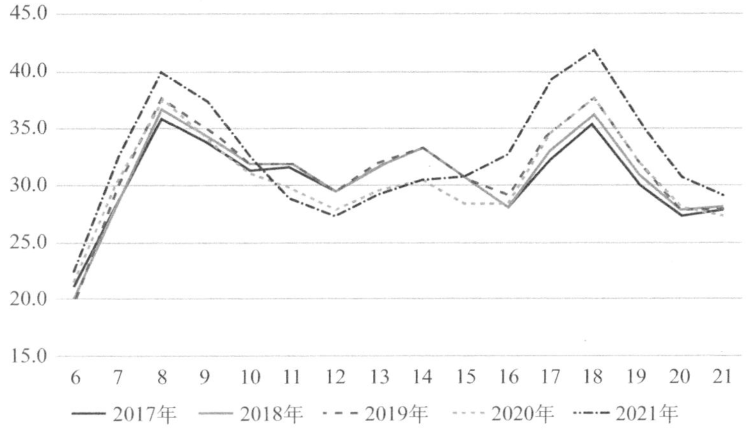

图 10　中心城快速路拥堵指数时段分布（2017 年至 2021 年）

2021 年 5 月 1 日起，中心城内环内地面道路 7:00—9:00 及 17:00—19:00 禁止外牌车辆通行。新政实施首月改善效果最大，早高峰内环内地面道路拥堵指数同比 2020 年下降 6%，并带动中心城地面道路拥堵指数同比 2020 年下降 1%。按往年趋势，7 月受暑假等影响小客车出行量有所减少，道路比较通畅，但是受疫情反弹影响，个体机动出行升高等因素影响，7 月份道路拥堵形势有所反弹。受小客车保有量持续增长影响，限行政策的效果逐渐消退。

(6) 省界道口机动车交通基本持平，与江苏方向联系进一步加强

疫情影响逐步消除，2021 年省界流量总体较为平稳，与疫情前基本持平，出省道口平均交通量为 59 万辆次/日。江苏方向交通量占总量的 73%，浙江方向占 27%。从进出省界的机动车交通量分布看，上海与浙江的人员流动联系有所加强，与 2017 年相比，江苏方向客车交通量基本稳定，浙江方向小幅增长 1%。但货运方面，江苏和浙江却表现出了截然相反的特征，货车方面，江苏方向货车联系持续加强，交通量增长了 4%，但浙江方向的货运联系明显减少，货车交通量下降了 11%。

6. 道路交通发展趋势

疫情对市民的生活和出行习惯产生持续影响，疫情背景下社交距离更显重要，交通需求结构呈现变化，自驾车出行需求将会增加。特别是在节假日，市民弹性出行使用小客车的比例更高，根据 2021 年居民出行家访调查，双休日机动化出行中，小客车的分担率比工作日高出约 3 个百分点。未来工作日和假日的快速路道路在高峰时段的运行压力将趋同。

新能源车辆的持续增长，预计小客车保有量持续增长的同时，车辆的牌照结构会发生明显变化，现有小客车管理政策的效果也将逐渐消退。随着上海市高快速路网逐渐完善，小客车出行对高快速路系统的依赖性进一步增强，叠加交通基础设施建设力度的持续加大，对区部道路交通会产生一定影响，预计未来道路运行压力仍将持续增加。

参考文献

［1］上海市城乡建设和交通发展研究院. 上海市综合交通发展年度报告[R]. 2021.
［2］上海市城乡建设和交通发展研究院. 上海市交通运行年报[R]. 2021.
［3］上海市城乡建设和交通发展研究院. 道路设施运行情况年度评估[R]. 2021.
［4］上海市城乡建设和交通发展研究院. 外牌小客车管理政策实施效果跟踪评估[R]. 2021.

疫情对城市交通的影响分析

Analysis of the impact of COVID-19 on urban traffic

汤月华[1]

摘　要：2020年新冠肺炎疫情以来，上海经历了严格管控时期、复工复产时期、常态化防疫防控和全面复工复产复市时期等各个阶段，传统人员调查与出行调查难以满足疫情下高效率、高响应度的出行特征分析需求，大数据具有动态客观，可长时间持续采集等优势，为获取海量的交通出行数据提供了良好的基础。本文基于手机信令数据，分析了大范围长时期人员的流动、出行总量等交通出行特征；基于交通卡、GPS、AFC等数据，分析了公共交通出行量、时空分布等信息；基于票务信息、手机数据，追踪对外交通吞吐量、抵离时空特征信息；基于快速路线圈数据，追踪时空分布的信息；基于网约车接单数、共享单车开关锁数据，追踪分析新型交通方式在疫情期间的服务水平。最终得到出行总量与出行方式结构的月变规律，为后疫情时期城市建设管理提供数据支撑。

关键词：出行方式；出行总量；疫情；上海；多元数据

Abstract: Since the COVID-19 in 2020, Shanghai has gone through various stages, such as the period of strict control, the period of resumption of work and production, the period of normalized epidemic prevention and control, and the period of full resumption of work and production. Traditional personnel survey and travel survey can not meet the needs of travel characteristics analysis under the outbreak. Big data has the advantages of dynamic objectivity and long-term continuous collection, which provides a good foundation for the acquisition of a large amount of traffic travel data. Based on the mobile signaling data, this paper analyzes the characteristics of large-scale and long-term personnel mobility, total travel volume and other traffic travel; Based on the traffic card, GPS, AFC and other data, this paper analyzes the public transport travel volume, spatial-temporal distribution and other information; Based on ticket information and mobile phone data, track external traffic throughput, arrival and departure time-space characteristics; Tracking spatiotemporal distribution information based on fast track coil data; Based on the number of online car hailing and single car switch lock data, the service level of new transportation modes during the epidemic period was tracked and analyzed. Provide data support for urban construction management in the post epidemic period.

Key words: travel mode; trips summation; COVID-19; Shanghai; multivariate data

1. 研究背景

出行方式结构，一般指城市居民日常出行采用各种交通的人数比例，是反映城市交通发展水平的一个重要内容。其合理与否，对城市道路交通状况影响极大，进而波及城市其他功能。在全球疫情不断加速蔓延态势下，作为国际交流中心之一的上海，疫情防控在短期内无法完全结束，且极有可能较长时期处于疫情防控的状态，这是基于上海疫情防控的复杂性、长期性、艰巨性所决定的。因此，顺应疫情防控常态化特点，推算疫情常态化状态之下人员出行结构和出行总量恢复率，研究韧性城市的可恢复性、智慧性和适应性，同时为后疫情时期城市建设管理提供数据支撑，显得尤为重要。

常态化下，出行总量与出行方式结构的月变规律并不明显；疫情影响下，无论是大规模爆发还是零星散发病例的出现，都会影响到人们出行与否或者出行方式的选择。对传统人口调查与出行的调查通常采

1　上海市城乡建设和交通发展研究院。

用问卷的形式，存在组织难度大、成本高，精度受主观因素影响大，难以开展大规模调查等缺点。相比传统人工调查，基于信息化技术的大数据具有丰富多样、动态客观，可复制性、可扩展性强、可长时间持续采集等优势，为海量的交通出行数据获取提供了良好的基础。基于手机信令数据，可追踪大范围长时期人员的流动、出行总量、时空分布及交通方式出行特征；基于交通卡、GPS、AFC 等数据，可追踪公共交通出行量、时空分布、出行路径等信息；基于票务信息、手机数据，可追踪对外交通吞吐量、抵离时空特征信息；基于快速路线圈数据，可追踪车辆运行轨迹、时空分布的信息；基于网约车平台、共享单车平台的统计数据，可以更好地分析新型交通方式在疫情期间的服务水平。

2. 出行方式月变特征

2.1 基于 AFC 数据和交通卡数据的公共交通出行月变特征

(1) 基于 AFC 数据的轨道交通出行月变规律

城市轨道交通 AFC 系统作为整个城市轨道交通重要系统，通过实现售票、检票、计费、收费、统计、清分、管理等全过程的自动化来服务乘客，发挥了日益巨大的作用。AFC 系统产生、处理、汇总的数据可保证运营参数统一协调管理，保证轨道交通线网 AFC 系统运行状态处于监控状态，实现购买各类车票消费人数、加值人数、各类车票进站人数、各类车票出站人数等客流的统计与监控。

轨道闸机数据显示(图 1)，2020 年 2 月客运量仅为上年同期 18%，9 月恢复至上年同期 91%，9 月之后恢复率基本保持在 90%。

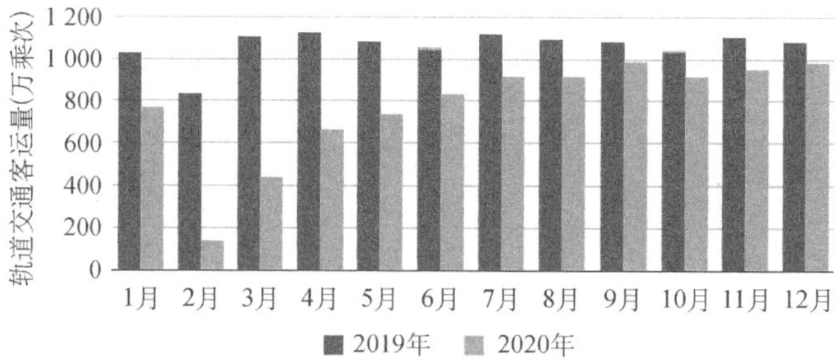

图 1　基于轨道 AFC 数据的客运量恢复情况对比

(2) 基于交通卡数据的地面公交出行月变规律

交通卡的主要用途为乘客计费，一般采用上车刷卡方式，也有个别城市采用上下车分别刷卡的形式。另外，常规公交线路的刷卡数据中一般并不包含乘客上下客站点的信息。针对仅上车刷卡和不包含上下客站点信息的问题，本文基于交通卡数据，结合线路运营调度数据和车辆定位数据，可计算公共交通出行时间、上下客站点、换乘站点等，从而获取公共交通的出行链和特征信息(图 2)。

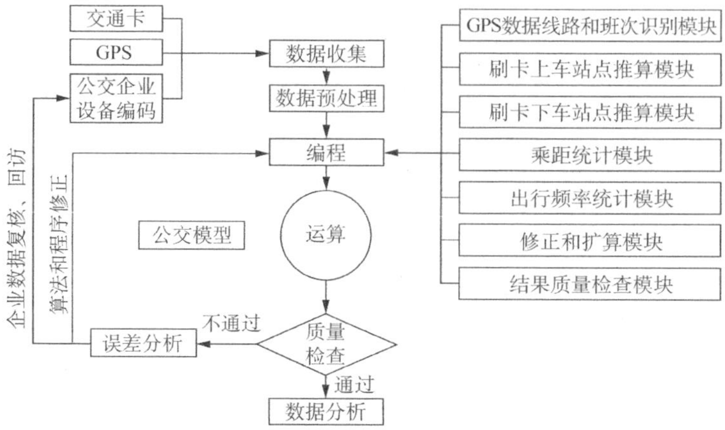

图 2　基于交通卡数据的公共交通出行采集技术

交通卡数据统计的工作日客运量如图 3 所示，2020 年 2 月地面公交客运量仅为上年同期 18.9%，9 月恢复至去年同期 81%，12 月逐步回落到 78%左右。

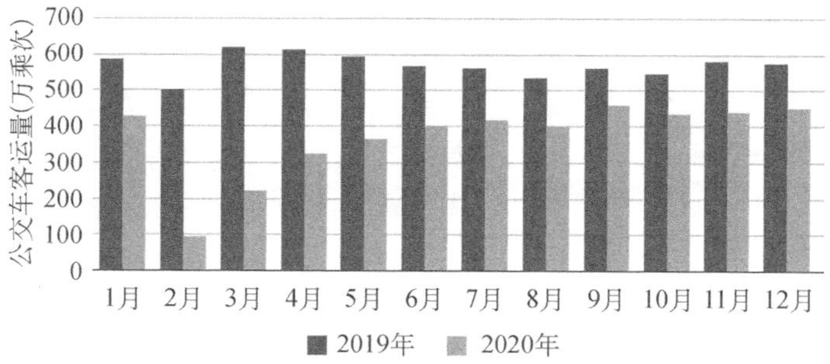

图 3　基于交通卡数据的客运量恢复情况对比

(3) 公共交通总体特征分析

公共交通出行仍未恢复如初。2020 年受疫情影响，公共交通所有交通方式出行量从 1 月开始显著下降，至 2 月跌入谷底，公共交通客运总量同比减少 80%以上。从轨道交通日客运量来看，1 月 20 日至 28 日客运量断崖式下降，最低客运量出现在 2 月 16 日，全日仅 62.9 万乘次。公共交通客运量从 2020 年 3 月开始逐步恢复，至 9 月恢复到 2019 年同期九成水平。地面公交受影响程度最大，轨道交通其次，轮渡客运受影响程度相对较小。进入常态化防疫防控、全面复工复产复市后，地面公交出行仍未恢复至疫情前水平。2021 年年均数据显示，与疫情前的 2019 年年均相比，轨道交通、轮渡基本恢复至九成以上，地面公交只恢复至七成。

2.2　基于快速路线圈数据的小客车出行月变特征

检测线圈作为一种基础性的交通流检测设备，在城市交通中，尤其是交通控制系统中得到广泛的应用，是 SCATS 和 SCOOT 自适应信号控制系统的主要数据来源。由于检测线圈可以连续工作，其采集与存储的交通数据不仅覆盖的地理范围广、体量大，同时记录了交通流的时空变化情况。

图 4 线圈数据显示，总体来说小客车受到疫情的影响不大。2020 年 2 月客运量仅为去年同期 57%，5 月已经恢复至去年同期水平，持续到 11 月受高架全日限行政策影响，恢复率下滑至 93%。越江隧道小客车流量数据显示在 11 月、12 月的恢复率同样略有下滑。

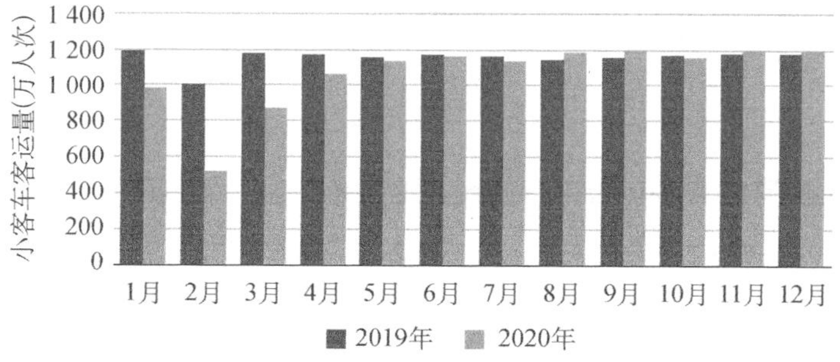

图 4　基于线圈数据的出行量恢复情况对比

在疫情的各个阶段，人们首选的交通出行方式也不尽相同。个体交通出行由于较能保障社交距离，因此在疫情高发期成了最让人感到安全的选择，其中步行占据主导地位，小汽车使用意愿较疫情前期高出许多。2021 年数据显示，小客车年均出行水平已经完全恢复并超越疫情前水平。

2.3　基于接单数据的约租车出行月变特征

在网约车业态的大力冲击下，传统巡游出租车的用户规模逐年缩小，加上疫情带来的双重打击，

2020 年 2 月巡游出租车客运量仅为上年同期 23%，10 月恢复至上年同期 86%，12 月逐步回落到 80%左右(图 5)。2021 年数据显示，出租车年日均客运量不足 2019 年的七成。

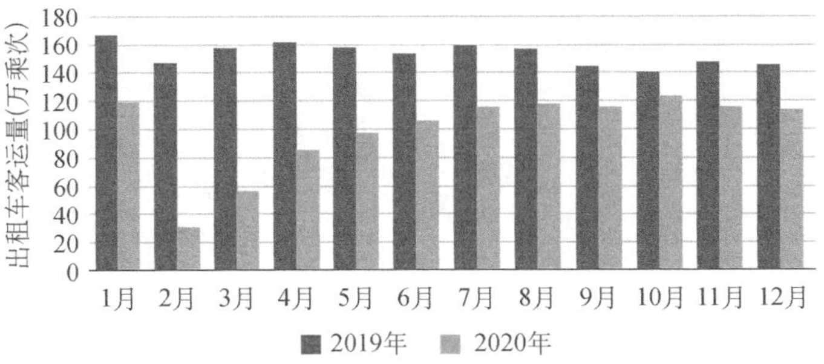

图 5　基于出租车统计数据的客运量恢复情况对比

近年来，网约车、共享单车、分时租赁、互联网道路货运等交通运输新业态不断涌现。网约车作为普及度较高的新型出行方式，在整个出行市场受到较大打击的大背景下，网约车业态短期内同样遭到重创。图 6 数据显示：2 月客运量仅为上年同期 21%，此后降幅逐月收窄，6 月已经恢复至上年同期水平，下半年已经超越上年同期水平。与小汽车相同，2021 年网约车订单数也已恢复至疫情前水平。

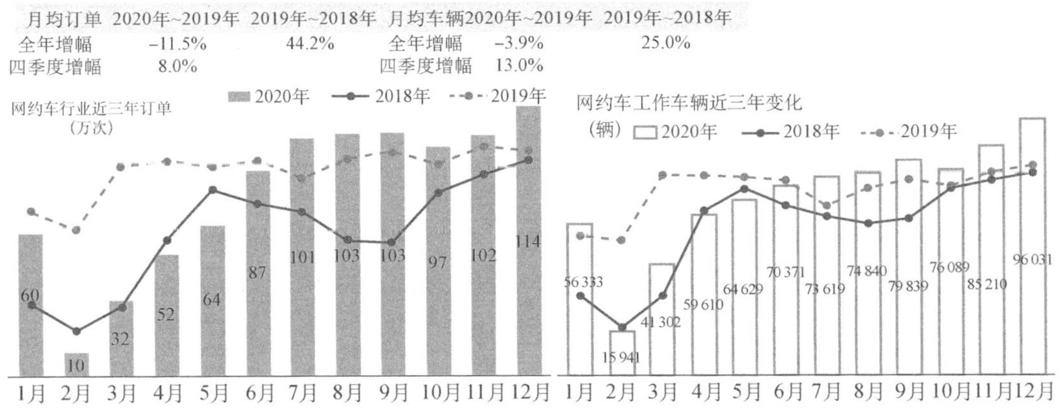

图 6　网约车行业近三年订单数与工作车辆变化

总体而言，网约车接单数在新冠肺炎疫情期间受到重创，但其恢复速度超越出租车。随着“复工潮”的陆续展开，凭借着安全和便利优势的网约车行业迎来小幅度的反弹增长，抢占公共交通和传统巡游出租车的市场份额。

2.4　基于开关锁数据的共享单车出行月变特征

2020 年共享单车开关锁数据包含摩拜单车、哈啰单车、青桔单车三类营运品牌车。三类品牌中，上半年骑行规模以摩拜单车为主导地位，下半年哈啰单车异军突起在规模上超越其他品牌单车(图 7)。从骑行总量看，2 月由于疫情影响骑行量减少七成，3 至 5 月复工复学时期保持在 70 多万规模，6 至 7 月骑行量逐月上升；相对于公共交通的封闭空间，开阔环境中运营的共享单车有着较低传播风险，吸引了更多的中短距离出行，2020 年 7 月的骑行量已经超过上年同期水平，并保持在一个相对高位的水平，11 月之后受天气影响骑行量有所下滑。

2.5　出行方式结构月变特征

以 2019 年工作日均的各交通方式出行量为基数，以客运量的恢复率来表征出行量的恢复率，进而得到疫情影响下 12 个月份的出行方式结构(图 8)。

总体看，2020 年 1 月疫情尚未大规模暴发，疫情严重性未引起足够重视，人员出行受疫情影响不大；

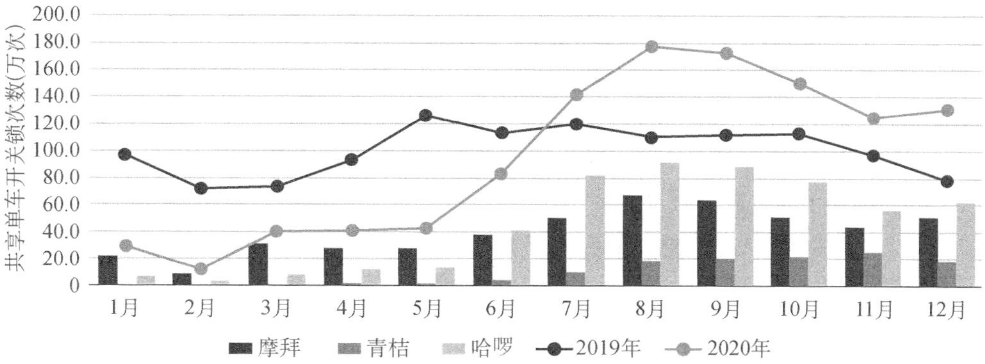

图 7　2019 年至 2020 年不同品牌共享单车日均骑行量

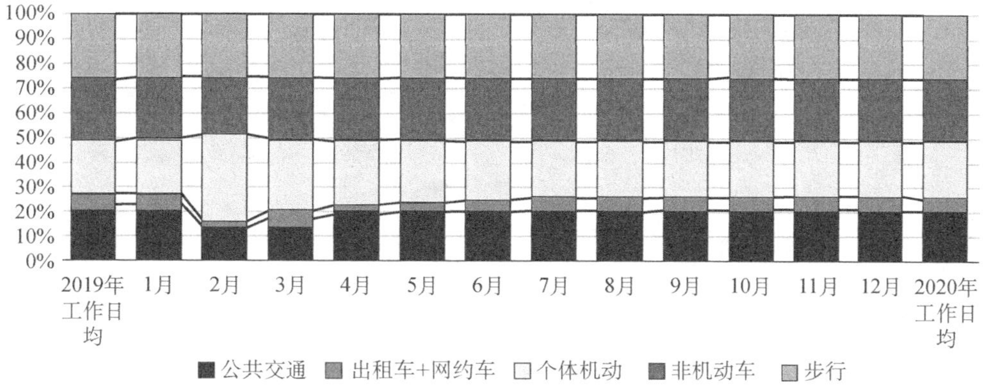

图 8　2019 年工作日均及 2020 年 1～12 月工作日均出行方式结构

2 月疫情隔离期，阻断人员流动，隔离密接者和外地返沪人员，全力封堵新冠肺炎病毒的传播，减少不必要的出行，出行量呈现断崖式下跌，个体机动出行相比 2019 年增加 15 个百分点，高达 35%，同时公共交通降低 10 个百分点，仅为 12%左右。疫情之下首当其冲的为公共交通，有车家庭将必要出行转移至个体机动方式出行，导致出行方式结构失衡。

随着 3 月 20 日全国病例清零复工复产，个体机动出行比例有所回落，降至 28%左右，公共交通出行比例上升 5 个点；4 月复工复产，5 月之后复学稳定期。在恢复率最高的 9 月，出行方式结构基本趋于平稳，出租车、网约车和慢行的出行占比基本恢复到上年同期水平，但是公共交通出行仍落后上年同期 2 个百分点，同时个体机动出行比例相比上年增加 2 个百分点。与出行总量一致，2020 年底出行方式结构同样尚未完全恢复至疫情前水平。2021 年，上海零星散发病例频现，虽没有大规模的暴发，但也使得公共交通分担率维持在低点。

3. 出行总量恢复率月变特征

3.1　基于手机数据和春运票务及对外道口数据的人口恢复率月变分析

按照常态化的计算方法，上海市工作日人员出行总量等于常住人口、流动人口、流量人口分别乘以他们各自的出行率后，加和获得。考虑到数据获取比较困难，特别是流动流量人口的恢复率和出行率难以把握，因此本文的人口总量恢复情况通过挖掘手机信令数据及对外道口数据获得。

原始的手机数据需要经过预处理完成个人隐私数据加密、无效数据清洗、基站定位信息采集处理等步骤，从而获取有效样本。手机信令数据中包含了用户的出行信息，当用户处于移动状态时，随所在小区变化切换基站，当停留在某个位置时，会定时上传，当通话等事件发生时，也会触发上传用户位置，利用这种性质可区分用户所处状态，识别出用户的停留点，从而可以对轨迹进行划分。手机数据显示：2020年2至5月的人口总数相比2019年年底，由66.1%恢复至97.9%，6月恢复到100%。进入常态化防疫防控、全面复工复产复市时期后，人口逐步稳定，逐步恢复至疫情前水平。

根据2020年1至3月春运票务数据及对外道口统计数据，2019年底实有人口数2 583万，1月累计净流出人口约900万人，1月底实有人口规模约1 700万；2月净流入约400万人，3月净进入约230万，3月底实有人口规模约为2 300万。

对比2组数据，二月手机信令数据推算的人口规模低于春运票务及道口数据约100万，三月基本一致，相差50万，误差低于2%。

3.2 出行总量恢复率月变特征

以2019年工作日均的出行总量为基数，以人口的恢复率来表征出行总量的恢复率，进而得到新冠肺炎疫情下12个月份的出行总量月变特征(图9)。疫情封闭期间，为避免人群聚集，休闲娱乐场所和商场都处于关闭状态，大部分人处于休假和居家办公模式，出行活动的减少也使得公共交通和私家车的使用强度显著下降。

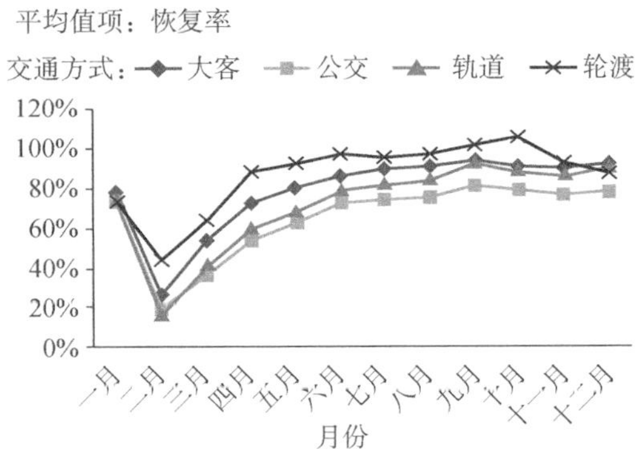

(A) 2020年公交交通出行恢复率

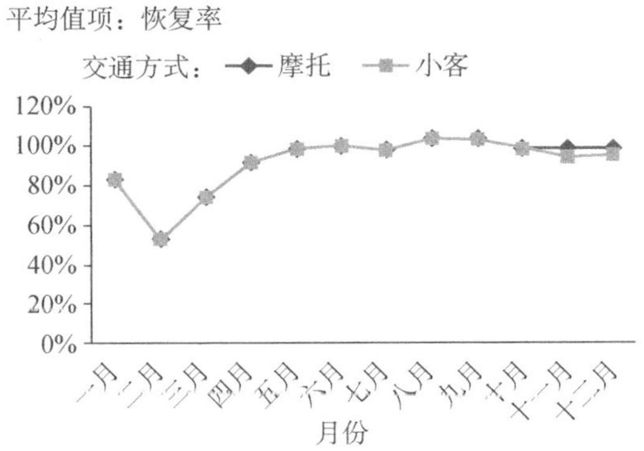

(B) 2020年个体机动出行恢复率

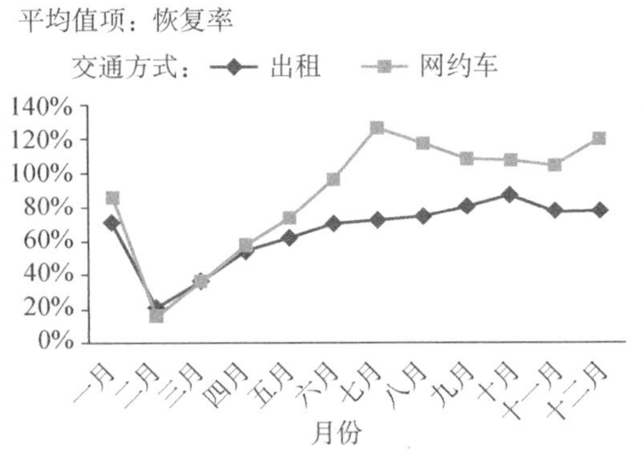

(C) 2020年约租车出行恢复率

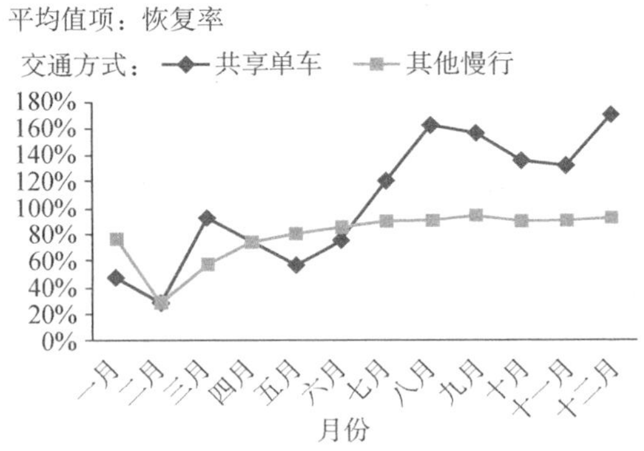

(D) 2020年慢行出行恢复率

图9 出行总量恢复率月变特征

受新冠肺炎疫情影响，小汽车使用量最低点时降至正常水平的1/2，轨道降至常态化使用的17%，地面公交降至常态化19%，出租车、网约车和共享单车均降至常态化20%左右。随着工作、学校、商店和休闲等场所封锁限制逐渐解除，交通需求开始逐渐增加。但是，出于安全防疫考虑，公共交通始终没有恢复至疫情前水平。从恢复情况最佳的9月看，轨道出行恢复率九成，地面公交恢复率仅为八成；相反，同期个体机动车的使用量已恢复至疫情前的水平，小客车已超越疫情前水平；约租车(出租车和网约车)的恢复情况介于公共交通与个体机动之间；慢行出行主要为非刚需出行，未完全恢复。

2021年数据显示，网约车、小汽车、共享单车等方式均已恢复至疫情前水平，轨道交通恢复至2019年的九成以上，而地面公交和出租车方式受到重创，客运量仅为疫情前七成左右。

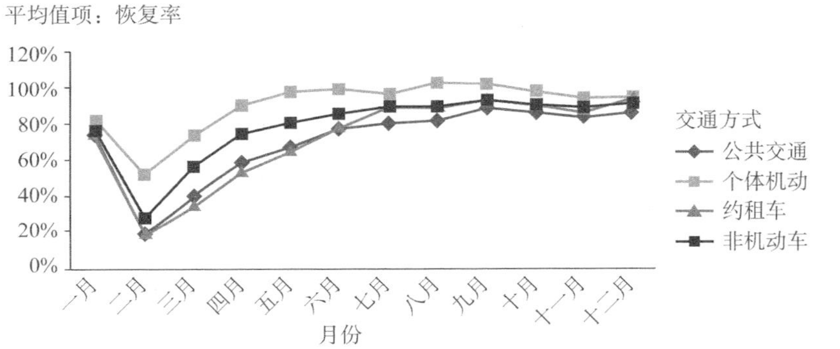

图 10 不同交通出行方式的每月恢复率

4. 对未来类似场景的指导意义

在防疫抗疫的目标和原则下，城市交通系统的运营需要根据精准预测的出行需求分布来重新组织和管控，包括交通需求管理和交通系统控制。疫情条件下，交通系统控制主要是为了在交通运力资源缩减和满足疫情防控的额外要求下，以及在满足最低限度的刚性交通需求条件下最大程度地提升交通运输效率。

从防疫经验来看，有效的城市交通系统控制措施主要包括：①停止部分公共交通方式的运营、减免私家车和慢行交通等低传染风险交通方式的出行成本与限行措施；②对那些继续运营的大型公共交通工具，严格控制其搭乘密度，保持乘客之间的平均距离在一定的安全范围之上；③严格控制共享交通工具（出租车、网约私家车、共享汽车等）的运营，督促运营人员做好消毒、防护、监测等工作；④ 关闭某些交通场所和路段，对进入某些区域的交通流量进行限制。

以疫情防控为目的的交通控制措施需要在如下方面进一步加强研究和实践：①根据每种交通模式的运营方式、搭乘密度、覆盖范围等特性，限定其运营区域、时长、频率，重新优化交通控制系统，尽量降低大型公共交通系统和公共交通枢纽的高密度使用，取消或者减少公共交通工具的优先路权；②严格管控不同交通模式之间的衔接换乘地点和大型交通枢纽的人流走向和密度，避免人群高密度聚集和长时间停留，实行公共交通的无接触购票服务和预约出行；③在控制城市总体交通需求的情况下，通过经济补贴或者刺激的方式促成出行人群尽量使用个人交通工具出行、减少公共交通使用、鼓励以家庭成员或者工作同事等具有天然近距离相处关系的人士共同出行；④根据以上交通出行总量和方式的变化，重新优化城市交通网络的控制策略和交通管理所需人力物力的资源分配，将城市交通系统控制的整体目标，由在保障运营安全的基础上降低出行延误，转变为在保障运营安全和出行畅通的基础上减少出行人群接触。

5. 结语

新冠肺炎疫情给城市的出行方式选择带来了更多的不确定性，传统的人工调查手段，以年为单位的统计部门数据，已经不能满足新冠肺炎疫情影响下城市出行特征精细化分析的需求，基于信息化技术的大数据频率实时性高，种类丰富，动态客观，能为决策支撑提供更高的响应度。本文基于 AFC 数据、交通卡 IC 数据、快速路线圈数据、网约车接单量、共享单车开关锁数据、手机信令数据等多元数据，以 2019 年各交通方式的出行量为基础，以分方式客运量的恢复率来表征出行量的恢复率，以人口的恢复率来表征出行总量的恢复率，进而得到疫情影响下 12 个月份的出行方式结构和出行总量的月变规律，该分析方法以及所总结的特征规律可为城市交通结构的改善以及交通政策的制定提供一定的借鉴，在空间与时间上限制或调整某些特定的交通方式、交通设施或出行区域的运营和使用，在出行需求管理中制定不同管控条件下的强制性和引导性的出行需求管理措施。

参考文献

[1] 陈欢,邵丹,程微,等.2020年上海市综合交通运行年报[J].交通与运输,2021,37(3):102-104.

[2] 上海市城乡建设和交通发展研究院.2019年上海市综合交通运行年报[J].交通与运输,2020,36(3):102-104.

[3] 陈必壮,上海综合交通模型体系研究.上海市,上海市城乡建设和交通发展研究院,2015-08-13.

[4] 向进,沈青,胡宏.国内外中小城市居民出行特征与模式选择研究[J].现代城市研究,2021(4):2-10.

[5] 杨晓萍.疫情影响下的上海交通运行特征分析[J].交通与运输,2021,37(03):82-86.

[6] 李洁.新型冠状病毒肺炎疫情对纽约市交通出行的影响[J].公路工程,2020,45(6):91-98.

[7] 邹晟誉.基于MNL回归模型的疫情防控背景下居民出行方式影响因素证分析[J].山东交通科技,2020(4):98-102.

[8] 成华,段力伟.重庆市主城区交通方式结构演变与预测分析[J].城市公共交通,2021(3):41-46.

[9] 朱鲤,张品立,何千羽,等.新冠疫情背景下基于多源数据的出行行为及特征分析——以上海为例[J].交通与港航,2022,9(1):64-68.DOI:10.16487/j.cnki.issn2095-7491.2022.01.012.

[10] 谢驰,陈志斌,郑太秀,等.防止新冠疫情扩散的城市交通系统与出行活动管控策略[J].交通运输工程与信息学报,2021,19(1):1-16.

后疫情时代国际商港发展要素

A study of influencing factors of post epidemic era in International harbor

何昆霖[1]　陈沛汝[2]　谢淳聿[3]　何诗涵[4]　翁祥凯[5]

摘　要：为了解后疫情时代国际商港发展要素，本文通过文献回顾岛内外国际商港发展政策、过去台湾国际商港发展策略以及台湾各港口发展功能与定位，并借此汇整成问卷向台湾港务公司、定期航运公司及货柜集散站等从业人员、专家及学者发放，问卷内容为港口营销、科技运用、绿色港口与邮轮发展等构面提供专业判断，在回收专家问卷之后利用层级分析法(Analytic hierarchy process，AHP)来进行统计分析，结果显示，当前港口营销方面希望为顾客提供更优质的运输模式，让台湾地区商港可以从各竞争商港中脱颖而出；科技应用方面致力于将更多新科技整合港口现有的功能，促使港口得以顺利转型；绿色港口方面为了降低海洋运输的碳排放，应积极配合国际规范；邮轮发展方面，虽然因为疫情已经停摆数个月有余，仍应先做好更完善且严格的筛检措施及规范迎接复工。依据指标权重排序，以健全邮轮港口筛选机制、提供邮轮补给维修、发展邮轮双母港为优先考量因素，研究结果可供港口管理当局与相关机构作为推动与改善邮轮策略的参考。

关键词：港口营销；科技应用；绿色港口；邮轮发展

Abstract: This study investigates international harbor development elements during the outbreak era. Through the literature review of international harbor development policy, the past port development strategy, as well as Taiwan's port development function and orientation, the questionnaire was compiled into and sent to Taiwan port container terminal companies, regular-shipping companies, and practitioners, experts, and scholars. The content of the questionnaire provides professional judgment on the aspects of port marketing, technology application, green port and cruise development based on the literature of this study. After collecting the questionnaires, the Analytic hierarchy process(AHP) is used for statistical analysis. According to the analysis results of this study, the port marketing hopes to provide customers with better transportation modes, so that our international commercial port can stand out from the competition of various places. In terms of technology application, we are committed to integrating more new technologies into the existing functions of the port to promote the smooth transformation of the port. In order to reduce the carbon emission of Marine transportation, the green port should actively cooperate with international norms; In terms of cruise development, although it has been shut down for more than several months due to the pandemic, better and stricter screening measures and norms should be put in place to prepare for the resumption of work. According to the index weight, "improving cruise port screening mechanism", "providing cruise replenishment and maintenance", and "developing dual cruise home ports" were ranked as the priority factors. The results of this study can be used as a reference for port authorities and related institutions to promote and improve cruise strategies.

Key words: Port marketing; Technology application; Green port; Cruise port development

1. 引言

国际商港扮演各国和各地区经济贸易发展的海运门户，尤其在整个供应链中货物的流动方面至关重要，港埠在国际贸易和货物运输中扮演了重要角色，连接买卖方、提供船舶停靠、货物存放和装卸等

1,2,3,4　何昆霖，陈沛汝，谢淳聿，何诗涵，逢甲大学运输与物流学系学生。
5　翁祥凯，逢甲大学运输与物流学系博士，助理教授。

重要物流活动。传统的港埠主要提供船舶进出港、靠离岸、旅客上下船、货物装卸仓储、引水、拖船、加油补水，修理补给等港勤服务；在现今各国和各地区产业专业分工和全球化的潮流下，跨国企业纷纷在世界各地寻找能使成本降低的人力资源、原物料及土地，并布局全球供应链，因此各公司对国际物流需求日渐增高。

2020年，新型冠状病毒肺炎席卷全球，产业遭受相当严重的冲击，台湾地区海运业也因一些地区海运停摆而出现缺柜情形。这迫使人们思考，在后疫情时代来临时，产业如何通过各种手段及策略积极调整、应对以及转型，逐渐产生不同新兴起的产业类别及运作模式。

2021年，各行各业都经历了艰难的一年，导致整个供应链产生剧烈的动荡，海运业则包括避免疫情失控扩散的封港、同年3月的苏伊士运河阻塞，以及最近一些地区的洪水。此外，海运不但面临着货柜短缺，且现有的货柜船供不应求，疫情后的国际商港更需要精进港口营销、科技运用、绿色港口以及客运发展这几个面向，台湾经济发展相当依赖对外贸易，故台湾地区的港口更必须具备更优异的国际竞争力。

根据台湾地区交通事务主管部门的资料显示，台湾地区进出口贸易超过99%仰赖海运；台湾地区进出口总值如图1所示。

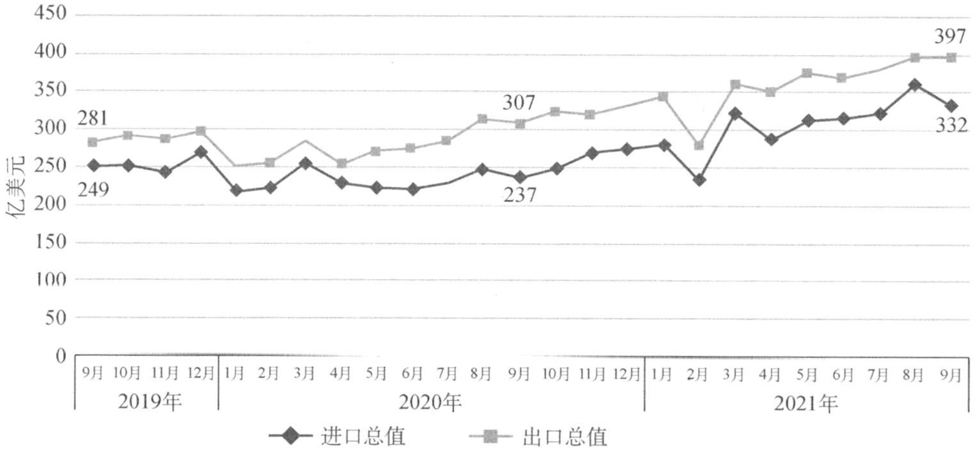

图1　台湾地区贸易进出口总值

资料来源：https://portal.sw.nat.gov.tw/APGA/GA35

由图1可知，近年来台湾地区出口贸易额皆大于进口贸易额，由此可得知台湾地区经济发展以出口为主，而进出口贸易又与航运息息相关，经济贸易发展需借由海洋运输得以完成，海运对外贸易之命脉，可谓支撑台湾地区经济发展的基础。

鉴于此，目前对后疫情国际商港发展要素的相关研究较少，台湾地区地处岛屿，因此海洋运输极为重要，本文为探讨后疫情国际商港发展要素的重要性，供航港局以及相关政府部门日后参考。

2. 文献回顾

1）当前后疫情时代国际商港发展要素

在新冠肺炎疫情影响下，几大趋势也正在改变跨国企业在全球供应链的布局，包括：跨国企业从全球分工逐渐走向区域分工，跨国供应链朝向分散多区域化和本地化两个方向发展；企业中的实时生产(Just in time，JIT)模式转变为预先生产(Just in case，JIC)；5G、物联网以及人工智能等科技使智慧生产技术日渐成熟，改变了消费形态，也让生产基地移回消费地周边，航运产业的发展与布局皆与上述提及的趋势相关，提升数位能力更是为了提供良好服务与未来掌握货物流向的关键原因。邮轮产业与国际观光皆因边境管制而全面停滞，使航港局借此机会思考在后疫情时代要如何在观光主流化的思维下让海洋观光与蓝色公路扮演重要的角色，台湾地区促成了全球首艘复航的邮轮，借此提升台湾地区的知名度。

2）港口营销

港口营销概念始于20世纪80年代，从2000年被用于港埠管理策略的实施与制定，早期港埠营销的目标为提高港埠货物增长率、吸引货物以及提供加值服务实现港埠服务多样化。对港埠管理机关而言，港埠营销的主要目的为改善财务的绩效，借由订定目标市场和提供相关配套服务，为顾客提供比竞争港埠更有效率或竞争力的运输模式。国际商港的港埠营运方针多倾向于销售导向(Sales Orientation)，把商港服务作为产品推销给航商货主等顾客，以满足港埠使用者需求，进而达成港埠经营目标。

港口营销包含提升港埠经营弹性，台湾地区经历以政企分离为导向航港体制改革后，整合各国际商港，以港群观念，由台湾港务公司统筹，对内分工协调，对外统合竞争台湾地区与港埠经营弹性，并加速港部相关规定松绑改善来台的便利性，并将合适项目开放与公营企业合作兴建，使港埠营运单位能专注于核心业务，促进中长期合作的可能性，以提升台湾地区整体港埠的竞争力。

通过台湾港务公司的弹性经营，以客户的满意度为目标，提供实时信息，针对不同客户的需求给予专业的建议和客制化的服务，吸引更多航商或托运人，增加未来合作的可能性。也可积极发展邮轮观光事业，培养营销人才包装台湾地区观光吸引各地游客。

3）科技应用

随着时代变迁与科技应用发展，各大港口的发展从工业化、自动化、信息化再到智慧化，目的是为使用者提供更加多元的服务，同时提升运作效率，借此来确保商港的竞争优势，通过参考各大标杆港口智慧化的发展方向与策略，近几年开始陆续导入区块链、物联网、人工智能、5G等新科技，运用在整合港口与物流链系统、优化港埠营运系统以提升效能、加强港口安全与防护。

荷兰鹿特丹港(图2)及德国汉堡港分别在1993年及2002年率先引入AGV系统进行货柜码头前后线间运输，美国洛杉矶港及长堤港亦于2016年陆续引进。新加坡国际港务集团有限公司(PSA International Pte. Ltd，PSA)已于码头建置自动化门式机(ARMG)，并与法国航商达飞轮船(CMA CGM)合资经营货柜中心，并规划导入自动化作业系统，新加坡大士码头将导入遥控桥式起重机搭配AGV及ARMG进行全自动化作业。釜山新港(BNCT)目前仍采人工跨载机作业搭配后线ARMG，属半自动化码头。

图2　鹿特丹货柜交换路线计划

荷兰港务局首席运营官Ronald Paul表示，CER提供了合并集装箱流的机会，这意味着火车、内陆船舶和支线船舶不再需要前往不同的码头。通过CER，港务局正在引入一个全新的、先进的和独特的系统。CER将改善Maasvlakte集装箱码头之间的联系并减少拥堵，从而降低成本并进一步提高鹿特丹港作为集装箱枢纽的竞争地位。

5G时代即将来临，港口转型是近几年各国和地区需要面对的议题。高雄港是台湾地区最大的货物贸易港口，但排名却持续下降，如何吸引各地区船舶停靠高雄港是竞争力的关键。目前各世界性港口致力于发展5G结合物联网和人工智能，疫情后塞港的问题严重，利用智慧港口去提高作业效率，能更有效安排船舶停靠并减少人力装卸货。

4）*绿色港口*

由于欧、美、日、澳等世界大港的关注及重视，绿色港口（Green Ports）或生态港口（Eco-Ports）建构已经成为未来港口经营的趋势。

（1）生态港认证，旨在“强化欧洲的港埠操作具有环境意识，并借此提供信息交换及影响评估之平台”。

（2）世界港口可持续计划，国际港埠协会（IAPH）为发扬港口最佳营运管理措施，于2017年办理世界港口可持续发展计划（WPSP），该奖项分为气候与能源、韧性基础设施、安全与保全、社区与港市对话、港埠治理与道德五大面向。

（3）绿色港口奖励认证，GPAS是亚太地区专属的绿色港口推广机制，是亚太地区（APEC）整体绿色发展的计划之一。这里提供一个发展绿色港口的发展蓝图，以及港口间互相分享最佳案例的平台，并借此提升APEC地区港群彼此的竞争力以及可持续发展绩效。

航运是全球贸易的支柱。现今世界上将近90%的货物是通过海洋运输，亚太地区的港口占了国际贸易量的50%以上。国际海事组织（IMO）第四次温室气体研究发现，2018年的全球海洋运输排放了大概10.76亿吨的CO_2。此问题不加速解决，温室气体排放量有可能会增加50%～250%，到2050年，货运的需求可能会增加到目前的3倍多，所以迫切地需要减少温室气体（GHG）的排放，此为疫情后商港及航商都要积极面对的一大问题。

5）*邮轮发展*

邮轮乃大型的交通载具之一，人数众多且聚集在近距离及有限的空间用餐、看表演，封闭的环境与来自各地的旅客与船员，若遇传染疾病可能造成大型封闭群聚事件，因此平日应先预防此类事件发生，且港口应配有紧急配套措施并配合检疫，例如拒绝运送曾去过染疫区域的乘客，或者是针对任何看似生病或是曾有过接触史的乘客加强筛检以有效预防传染病传至境内危害民众健康。

后疫情时代发展邮轮观光可从疫情较缓和的国家或地区着手规划，通过严格标准的筛检，避免感染的乘客上船，邮轮可规划隔离区，若在行驶过程中发现有乘客染疫，即可迅速将感染者及可能被感染者隔离，并在邮轮上加强消毒及落实国内防疫政策。

为减少禁靠政策对于国际邮轮场站业者及台湾地区邮轮相关产业的冲击，港务公司依据“交通事务主管部门对受严重特殊传染性肺炎影响发生营运困难产业事业纾困振兴办法”，于2020年3月16日发布实施“国际邮轮场站内商业服务设施场地租金补贴作业要点”“国际邮轮业者码头碇泊费补贴作业要点”以及“国际邮轮在台承揽业者营运邮轮复合母港航线奖励作业要点”等纾困及振兴方案。

3. 研究方法

1）*层级分析法（Analytic Hierarchy Process，AHP）*

Saaty于1971年提出并应用于不确定的状态下的多元评估准则的决策问题，层级分析法可在多项目标及多项评估准则的不确定状态下，汇集相关领域专家的意见，将复杂的评估问题分析成简明的因素层级架构，再由评量表衡量，并将资料以量化方式形成成对比较矩阵，借由运算后取得的矩阵之特征矢量值，以特征值来评定每个成对矩阵的强弱程度，作为决策参考信息（图3）。

2）*问卷架构*

借由探讨后疫情时代国际商港发展要素，根据相关文献的回顾整理出以下四个构面（图4），包括：港口营销、科技运用、绿色港口、邮轮发展。在港口营销下包含了五项问项，分别为：港埠经营弹性、港埠装卸货实时信息、港埠专业人员培训、优惠措施、重视港埠顾客属性；科技运用下包含了五项问项，分别为：港口装卸设施智慧化与自动化、区块链技术追踪复合运输、CCTV远端无线实时监控、设立海事单一窗口、货柜交换路线或

Name	Graphic	Ideals	Normals	Raw
CCTV远端无线即时监控		0.061249	0.010975	0.005487
Jellyfishbot		0.132013	0.023654	0.011827
使用再生能源提供电力		0.447443	0.080172	0.040086
健全邮轮港口筛检机制		1.000000	0.179178	0.089589
优惠措施		0.068716	0.012312	0.006156
区块链技术追踪复合运输		0.055851	0.010007	0.005004
提供船舶港埠即时资讯		0.053957	0.009668	0.004834
提供邮轮补给维修		0.892928	0.159993	0.079997
减少碳排放量		0.068170	0.012215	0.006107
港口装卸设施智慧化		0.043047	0.007713	0.003857
港埠专业人员培训		0.069900	0.012525	0.006262
港埠经营弹性		0.015913	0.002851	0.001426
发展邮轮双母港		0.869269	0.155754	0.077877
研拟制定相关纾困		0.284203	0.050923	0.025462
结合境内跳岛		0.296323	0.053095	0.026547
绿色港口认证		0.139439	0.024984	0.012492
设立海事单一窗口		0.151719	0.027185	0.013592
货柜交换路线或内部轨道		0.242554	0.043460	0.021730
重视港埠顾客属性		0.208991	0.037447	0.018723
降低港口空气污染		0.479354	0.085890	0.042945

图 3　各项发展要素之权重

内部轨道；绿色港口下包含五项问项，分别为：减少碳排放量、Jellyfishbot、绿色港口认证、使用再生能源提供电力、降低港口空气污染；邮轮发展下包含五项问项，分别为：研拟制定相关纾困及振兴方案、结合境内跳岛观光旅游提升邮轮旅游扶持力度、发展邮轮双母港、提供邮轮补给维修、健全邮轮港口筛检机制。

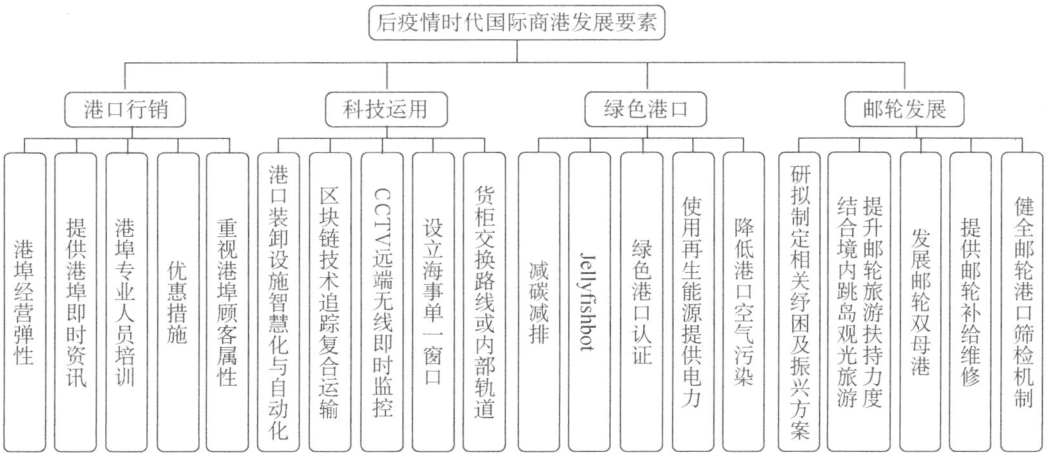

图 4　本研究之整体架构关系图

港口营销为后疫情时代吸引各国和各地区停靠台湾地区港口所采用的措施及策略，科技运用则为通过新兴科技的应用来提升后疫情时代塞港时的作业效率，绿色港口是在后疫情时代中不可忽视的因素之一。

4. 结论与建议

4.1　结论

因应后疫情的未知发展，本文对于国际商港发展要素着重以下四项分别为重视港埠顾客属性、建立货柜交换路线或内部轨道、降低港口空气污染、健全邮轮港口筛检机制，上述所涵盖的各相关产业者无一不希望在这一片蓝海中抢得先机，以应对未来市场所需。

(1) 重视港埠顾客属性：港埠运输在复合运输中扮演不可或缺的角色，航商在面对同业的竞争和港口的选择时会全面检视港口服务，在港埠设施都平分秋色的前提下，重视港埠顾客属性方可提升客户的黏着度。

(2) 建立货柜交换路线或内部轨道：港口需要高效率的运输服务，建立货柜交换路线或内部轨道不仅能够减低货柜拥堵的情形，还能提升货柜运送速度，缩短货柜和码头之间的距离。

(3) 降低港口空气污染：港区的空气污染不仅会影响内部从业人员的健康，污染物的逸散性也会导致港区外部特定范围内的居民生活不便，降低港口空气污染将是需要立即解决的问题。

(4) 健全邮轮港口筛检机制：新冠疫情的暴发，使得人们注意到传染性疾病的威胁性，为了保障境内外旅客的健康，健全的邮轮港口筛检机制是不可或缺的存在，既然无法做到未雨绸缪，就应及时亡羊补牢，使疫情降低对于邮轮产业的影响。

4.2 建议

(1) 台湾地区的邮轮相关从业者和政府机关可参照欧美各邮轮公司的成功复航模式，在观光和防疫之间达成共识，有朝一日台湾地区邮轮公司和相关产业链恢复营运时，才能跟上全球邮轮市场的脚步，抑或是抢占先机。

(2) 对于海运相关的各行各业，可以特别重视港埠的不同顾客属性，以满足客户的个别化需求，借此提升客户黏着度。

(3) 当各公司间的软硬件设施处于伯仲之间时，从事海运相关人员应提升对于顾客的服务态度，展现与其他竞争对手的差异化，提升台湾地区港口的竞争力。

参考文献

[1] 台湾地区交通事务主管部门. 多元营销邮轮产业，南北双母港齐发展[EB/OL]. (2018). https://www.motc.gov.tw/ch/home.jsp? id=2&parentpath=0&mcustomize=news_v iew.jsp&dataserno=201702100007&aplistdn=ou=data,ou=news,ou=chinese,ou=a p_root,o=motc,c=tw&toolsflag=Y&imgfolder=img%2Fstandard.

[2] 台湾地区交通事务主管部门. 台湾地区邮轮跳岛示范港-澎湖港邮轮码头延建工程启动[EB/OL]. (2021). https://www.motc.gov. tw/ch/home.jsp? id=14&parentpath=0,2&mcustomize=new s_view.jsp&dataserno=202109020005&aplistdn=ou=data,ou=news,ou=chinese,o u=ap_root,o=motc,c=tw&toolsflag=Y&imgfolder=img%2526amp%253B%2526%2523x23%253Bx2f%2526%2523x3b%253Bstandard.

[3] 台湾地区交通事务主管部门航港局. 后疫情时代，海运新秩序[EB/OL]. (2020). https://www.motc.gov.tw/ch/pda/news.jsp? link=ap/news_view.jsp&dataserno=202010210004.

[4] 台湾地区交通事务主管部门运输研究所. 台北港未来发展对现有国际商港货柜运量影响之研究(1/2)[R]. 2006.

[5] 台湾地区交通事务主管部门运输研究所. 运输政策文件[R]. 2019.

[6] 余腾芳，程仁宏，陈永祥，等. 台湾地区国际商港竞争力之探讨项目调查研究报告[R]. 2013.

[7] 周文玲，梁景筑，许政堂. 新冠病毒对观光产业冲击之研究——以邮轮产业为例[J]. 全球管理与经济，2020，16(2)：29-46.

[8] 林均泽. 赴比利时参加"智慧港口科技"课程报告[R]. 2019.

[9] 姚文真，黄翰礼，陈玉如，等. 新型冠状病毒流行期间大型交通载具之检疫流程——以邮轮为例[J]. 医学与健康，2020，9(2)：113-123.

[10] 段人豪，彭成焕. 台湾港群智慧港口的发展规划及建设[J]. MAR 2021 工程，2021，94(1)：15-24.

[11] 倪安顺. 港埠物流链顾客知觉价值、满意度、信任、忠诚度关系研究[J]. 航运季刊，2009，18(4)：45-74.

[12] 陈宜芳. 全球海运船或供需及台湾地区与新加坡海运发展策略分析[D]. 基隆：台湾海洋大学，2020.

[13] 陈建豪. 促进台湾四大国际商港邮轮观光之策略研究[D]. 基隆：台湾海洋大学，2008.

[14] 陈茂忠，杨清乔. 台湾港务公司自营货柜码头关键成功因素之研究——以高雄港为例[J]. 航运季刊，2014，24(4)：77-111.

[15] 黄幼宜,柯冠宇.基隆港转型邮轮港之经济分析[J].航运季刊,2014,23(4):23-44.
[16] 黄妍榛,庄庆达.疫情过后——邮轮旅游危机处理[J].学校体育,2020,178:27-40.
[17] 黄秋草,余坤东.国际商港之绿色港口投资决策分析——以台湾国际商港为例[D].基隆:台湾海洋大学,2018.
[18] 黄道祥.绿色航运[EB/OL].(2013). https://scitechvista.nat.gov.tw/Article/c000003/detail?ID=df944775-3c8d-4279-813e-8954af1e5e65.
[19] 运输研究所.物联网技术应用于智慧港口及码头作业之研究[R].2019.
[20] 台湾港务公司.邮轮强强滚,基隆、高雄双母港引领邮轮风潮[EB/OL].(2018). https://tw.news.yahoo.com/%E9%83%B5%E8%BC%AA%E5%BC%B7%E5%BC%B7%E6%BB%BE-%E5%9F%BA%E9%9A%86-%E9%AB%98%E9%9B%84%E9%9B%99%E6%AF%8D%E6%B8%AF%E5%BC%95%E9%A0%98%E9%83%B5%E8%BC%AA%E9%A2%A8%E6%BD%AE-162315003.html.
[21] 台湾港务股份有限公司.绿色港口认证[EB/OL].(2021). https://www.twport.com.tw/GP/cp.aspx?n=F0662A295E36A84E.
[22] 台湾经济研究院产经数据库.2022年海运业景气趋势调查报告[R].2021.
[23] 刘志鸿,吕云馨,陈怡如.等.新加坡离岸风电、智慧港口及邮轮产业发展考察报告[R].2019.
[24] 蔡绚丽,林婷如,张志清.创新科技在航运及港埠经营上之应用[J].航运季刊,2019,28(2):75-96.
[25] 蔡丰明,陈威能.探讨台湾港口发展国际邮轮母港之策略分析[J].运输计划季刊,2014,43(4):411-428.
[26] 钟英凤,张钦森,简德深.国际商港于离岸风电产业规划[EB/OL].(2021). http://www.cie.org.tw/cms/JournalFiles/11003_chapter07.pdf.
[27] Cuadrado M, Frasquet M, Cervera A. Benchmarking the port services: a customer oriented proposal[J]. Benchmarking: An International Journal, 2004, 11(3):320-330.
[28] Kounoupas E, Pardali A. Adding some context to port marketing: Exploring the content and measurement of market orientation in the port industry[J]. SPOUDAI Journal of Economics and Business, 2015, 65:3-26.
[29] Aylin C, Soner E. An assessment of port and shipping line relationships: the value of relationship marketing[J]. Maritime Policy & Management, 2020, 47(2):240-257.
[30] Fernando G L, Maria J F S, Carlos P M. Maritime degree, centrality and vulnerability: Port hierarchies and emerging areas in containerized transport (2008—2010)[J]. Journal of Transport Geography, 2012, 24:33-44.
[31] Liaw S S, Hatala M, Huang H M. Investigating acceptance toward mobile learning to assist individual knowledge management: Based on activity theory approach[J]. Computers & Education, 2010, 54(2):446-454.
[32] Mira M, Choong Y, Thim C. Mediating role of port supply chain integration between involvement of human resource practices and port performance in Kingdom of Saudi Arabia[J]. Uncertain Supply Chain Management, 2019, 7(3):507-516.
[33] Liaw Y J, Chi N W, Chuang A. Examining the Mechanisms Linking Transformational Leadership, Employee Customer Orientation, and Service Performance: The Mediating Roles of Perceived Supervisor and Coworker Support.[J]. Journal of Business & Psychology, 2010, 25(3):477-492.
[34] Jens T. Europe's first green investment fund for shipping is ready[EB/OL].(2021). https://shippingwatch.com/regulation/article13230195.ece.
[35] Zheng S, Ge Y E, Fu X, et al. Demand information sharing in port concession arrangements[J]. Transportation Research Part B Methodological, 2020, 138:118-143.
[36] Julia L. Rotterdam Container Exchange Route: new level of intra-port cooperation[EB/OL].(2018). https://port.today/rotterdam-container-exchange-route/.
[37] Saaty T L. Relative Measurement and Its Generalization in Decision Making; Why Pairwise Comparisons are Central in Mathematics for the Measurement of Intangible Factors The Analytic Hierarchy/Network Process, Royal Academy of Sciences, Spain, Series A[J]. Mathematics, 2008, 9:251-318.

青年女性出行安全行为特征分析与对策研究

Analysis on behavior characteristics of young female travel safety and countermeasure study

刘小倩[1]

摘　要：近年来日渐频发的青年女性外出出行不安全事件，已逐步引起全社会关注。为进一步改善青年女性出行安全环境，从交通系统的角度，通过对青年女性单独出行在物理环境、方式选择与社交安全等方面的敏感性特征调查与分析，聚焦青年女性出行安全问题的基本特征倾向，结合国内外相关研究与实践探索经验，提出青年女性出行安全提升的多维交通对策，促进青年女性交通出行安全保障体系的建立、完善与推广。

关键词：青年女性；出行安全；出行行为特征；她需求

Abstract: In recent years, the increasingly frequent unsafe travel incidents of young female have gradually aroused widespread concern in the whole society. In order to further improve the travel safety environment for young female, from the perspective of the transportation system, based upon the investigation and analysis of the sensitive characteristics of young female's independent travel in terms of physical environment, mode-choice and social security, focusing on the basic characteristics of young female's travel safety problems and combining relevant studies and practice at home and abroad, this paper puts forward multi-dimensional traffic countermeasures to improve the travel safety of young female in order to make a difference on the establishment, improvement and promotion of the transportation safety guarantee system for young female.

Key words: young female; travel safety; travel behavior characteristics; she-demand

1. 引言

青年女性是社会经济活动参与度与活跃度较高的重要群体之一，同时也是面临交通出行安全潜在威胁的弱势群体之一。近年来，媒体舆论报道的青年女性在夜跑(包括晨跑)途中、夜间搭乘顺风车及烧烤店就餐过程中遭遇恶性暴力等事件，引起了全社会范围内广泛的关注与热议，提升女性出行安全的对策与措施也在一些城市中越来越多地被探索实践。保障青年女性交通出行的基本安全，让她们"敢于在夜间出门"，维护青年女性群体出行活动的自由与安全感，既是构建以人为本和谐社会的底线要求，也是建立全龄友好型城市发展的基础方向。

2. 青年女性单独出行敏感性特征

针对青年女性交通出行安全问题，本文选取了200余名18至49岁之间(注：世界各地及联合国对"青年"的年龄定义差异很大，且随时间不断变化，上限从35岁、45岁到59岁不等)相对广义的青年女性群体的出行特征与行为偏好展开了调查，综合结果显示：在单独出行的条件下，青年女性呈现出了出行物理环境、出行方式选择和出行社交安全等多个维度的安全敏感性倾向。

1　同济大学建筑设计研究院(集团)有限公司。

基金项目：上海市青年科技启明星计划资助(21QB1406100)。

2.1 出行物理环境敏感性

（1）照度敏感

青年女性对出行外界物理环境的敏感性首先表现在环境光照明暗程度层面。夜间出行（注：本次调查定义为晚间 20:00 至次日 06:00，即四季时节国内大部分地区显著需要照明设施辅助自然光的集中时段）途径路段的照明覆盖程度与光照明暗度，直接对青年女性的出行行为与心理安全感产生影响。

调查显示，52％的青年女性认为灯光昏暗人流稀少的马路人行道存在安全威胁，同时 32％的青年女性认为需要提高各类路段路灯照明覆盖及夜间亮度。

（2）空间敏感

青年女性对于单独出行过程中所处的空间环境通常较为敏感，公共开放性较低且人烟稀少的道路环境比起密集拥挤的短时换乘（如枢纽站）或者长时停驻空间（如交通工具内）往往更能加剧女性的心理不安全感。调查结果如图 1 所示，近 81％的青年女性认为“偏僻无监控的弄堂小巷、街坊道路”最缺乏安全感、更容易受到安全威胁；其次，半数以上受调查者选择的是“人迹罕至的公园、绿带、滨河等慢行步道”和“灯光昏暗人流稀少的马路人行道”。

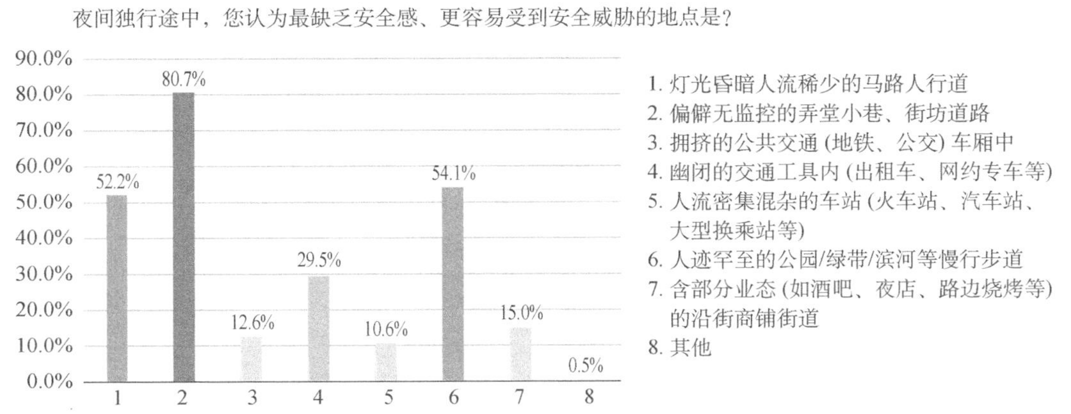

图 1　青年女性夜间独行潜在安全威胁地点感知倾向

2.2 出行方式选择敏感性

约 85％的青年女性在夜间单独出行时倾向于选择与日常出行不同的交通方式，其中自驾小汽车用户变换交通方式的比例最低，约为 26％；另外，比起网约专车、顺风车的潜在安全信任危机，出租车是被选择率更高的出行方式，约占 18％。

2.3 出行社交安全敏感性

（1）安全社交密度敏感

一方面，29.5％的青年女性认为“幽闭的交通工具内（如出租车、网约专车、顺风车等）”与陌生人（特别是异性）独处的狭小空间存在安全隐患；另一方面，人流拥挤的公共交通车厢环境并不完全能给青年女性带来安全感，仍然有 13.5％的青年女性对其个人人身和财产安全保持顾虑与警惕。

（2）亲友联络维系敏感

当青年女性面临单独外出的场景时，主要选择的安全保障措施仍然体现出对亲友联络及行为维系程度的依赖。调查结果如图 2 所示：“途中与亲朋好友随时保持联系”是被调查者们最常选择的安全保障措施行为，约占 72％；“想办法联系亲友来接”也占据了 21％的比例。

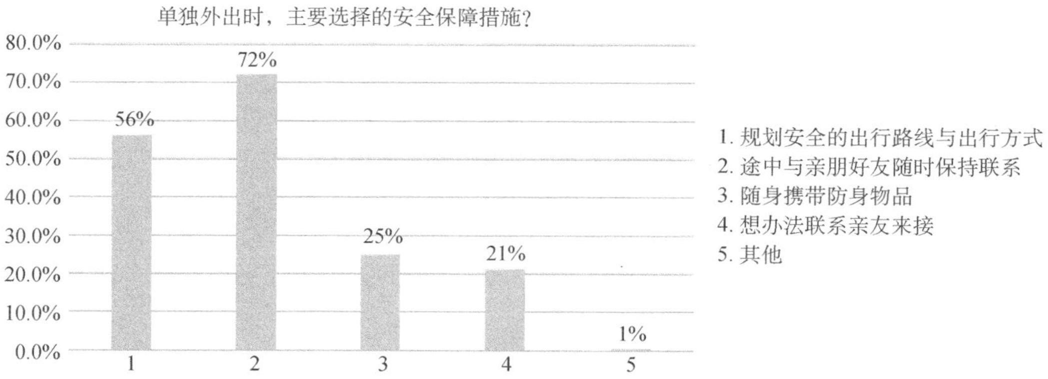

图 2　青年女性独行主要选择的安全保障措施行为

3. 青年女性单独出行安全问题

3.1　出行安全事件的多发性

近年来,社会舆论报道的女性出行不安全事件在多地频繁发生。据本文调查显示(图 3),54%的青年女性曾经在出行过程中遭遇过各式各样的不安全事件。其中四成以上的青年女性在外出出行途中遭遇过"性骚扰、恶意肢体接触"以及"含不正当言语的挑逗搭讪"。

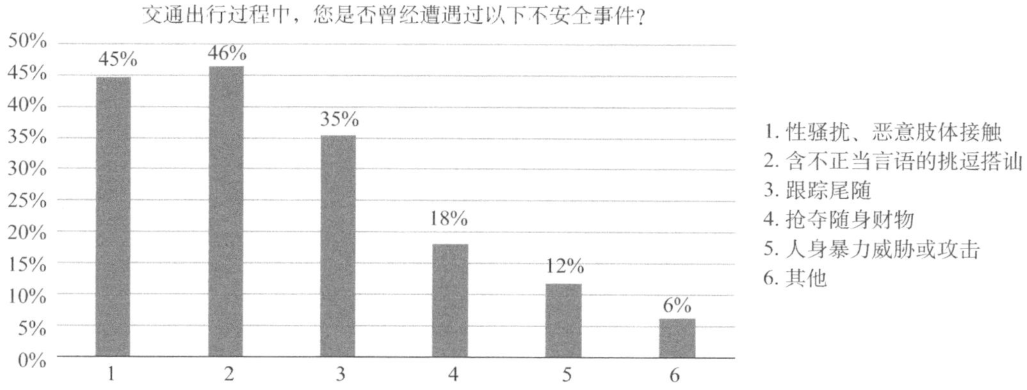

图 3　青年女性交通出行遭遇的不安全事件

3.2　出行安全意识与警惕性

青年女性对自身出行过程中的安全威胁往往存在一定的警惕。从交通方式的选择行为来看,比起男性往往更加注重效率基础上的安全,约 64%的青年女性优先考虑的是"人身与财产安全",在安全的基础上其次才是成本、效率与便捷舒适性(图 4)。

另外,社会面频发的女性安全负面事件也直接影响了青年女性单独出行的主观需求调节,接近半数(49%)的青年女性表示会因此为借鉴警示而尽可能减少单独出行的次数,其余半数被调查者表示虽然不会降低独行频次,但是 45%的青年女性会在独自出行过程中隐隐不安并提高警惕,仅有 6%的受访者认为可以不受外界舆论负面影响而保持出行的平常心。

3.3　出行安全改善的倾向性

从提升设施和改善服务的角度出发(图 5),45%的青年女性认为加大道路监控设施的覆盖密度是一

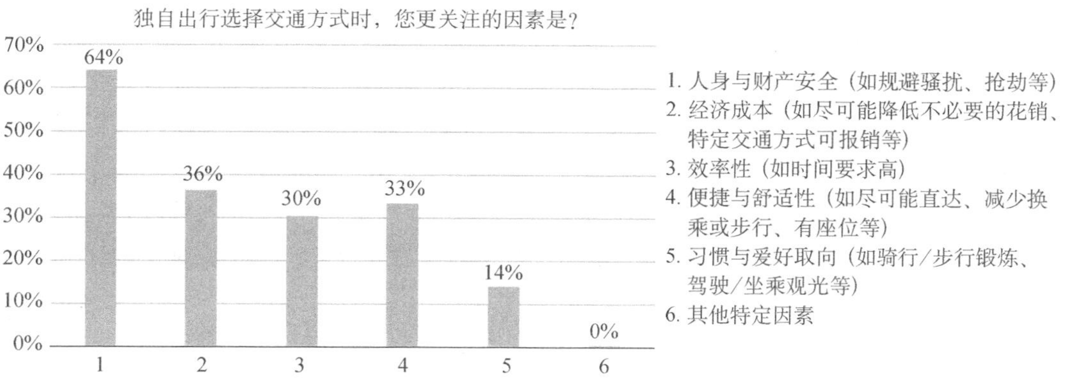

图 4　青年女性独自出行交通方式选择关注因素

个相对可取的做法，其次是提供更多的女性专属类服务（如女出租司机服务、女性公交接驳专车等），约占42%。相比较而言，仅有27%的青年女性赞成设置更多女性专属的设施空间（如女性专用车厢、女性专属停车位、女性专用通道等），简而言之，从性别对立的角度提供设施上的物理隔离，大多数青年女性并不认为这是提升出行安全感的有效做法。

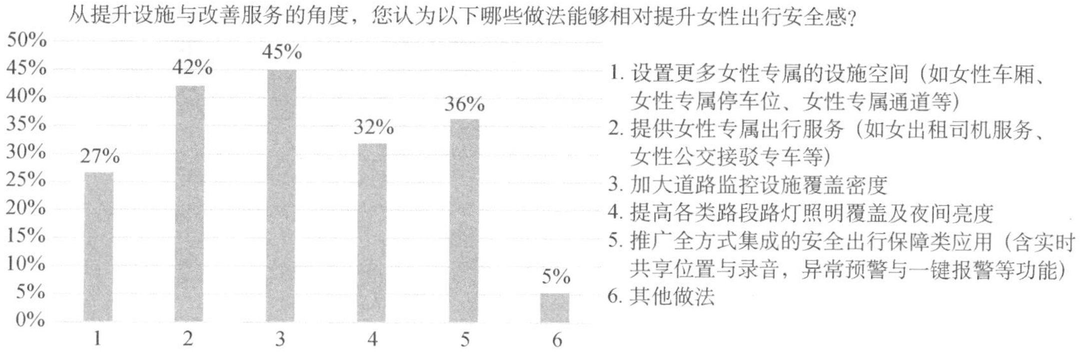

图 5　青年女性对交通出行安全改善措施的偏好倾向

4. 国内外相关实践经验与探索

20世纪中叶，女性在城市空间与交通出行中的需求逐步在西方发达国家的学术界和社会范围内引起关注；70至80年代左右，一些女性专用公共建筑（如女性大楼、女性书店、女性餐馆等）形态开始出现；20世纪90年代后，女性安全问题的关注逐步向发展中国家乃至世界范围蔓延，国内外针对女性出行公共交通空间环境的综合改善探索与实践开始逐步兴起。近年来，我国如湖南长沙、内蒙古鄂尔多斯、上海、江苏南京等一些城市，也陆续提出了“女性友好城市”的规划愿景与多项举措，逐步推进“女性友好型城市”的规划建设与可持续发展。

从迄今为止国内外相关实践与探索来看，女性交通出行安全环境的改善措施重点着眼于从女性专属设施空间、女性优先出行服务、公共空间设计与信息共享警报服务等四大方面展开。

4.1　女性专属设施空间

打造女性专属的交通设施空间，各地典型实践做法包括：女性专用地铁车厢（图6）、公共汽车前排女性专用座位（图7）、女性专用停车位（图8）、女性优先专用通道、女性专用电梯（图9）等。类似的做法主要是为了规避男性群体给女性出行过程中带来的潜在安全威胁，通过性别区分、以物理隔离为手段，局部打造女性专属的交通出行活动空间环境。

图 6　日本地铁女性专用车厢

（来源：https://www.sohu.com/na/455648474_120950078）

图 7　迪拜公交前排女性专用座位

（来源：http://yyq-017.blog.sohu.com）

图 8　国内多地女性专用停车位

（来源：https://baijiahao.baidu.com/s?id=1682251128742411451&wfr=spider&for=pc）

图 9　北京某高校女性专用电梯

（来源：http://news.cctv.com/2019/04/12/ARTIgoGxn0YAv5Gy9vQnf203190412.shtml?spm=C94212.PP1VOllbm990.S01770.21）

值得关注的是，类似的“女性专属空间”在社会各地推广过程中也遭到了学术界与社会层面不同程度的非议甚至反对，包括对综合实施安全效果的质疑，以及引起不必要的性别对立甚至另类性别歧视等。

4.2　女性优先出行服务

女性优先的出行服务主要指以女性为主要服务对象，针对女性单独出行、夜间出行等潜在安全隐患，提供提升女性心理安全感的专属服务。典型实践做法包括：夜间女性司机出租叫车服务、女性公交接驳专线等。

4.3　公共空间安全设计

公共空间的女性安全设计覆盖面较广，在交通出行空间方面，重点围绕着明亮、视野无遮挡、可被监视警示、开放空间等方面展开，典型做法包括：加大提升道路路段及角落、转角处监控设施的覆盖密度，提高道路与地下车库等照明设施的覆盖、保证夜间安全亮度（平衡好与节电节能之间的关系）及合理选择照明设施颜色（白色优于黄色等其他颜色），降低绿化带、公园景观、街道家具等对通行道路的遮蔽与视线阻碍，尽可能减少围墙，采用安全可视性更好的过街设施（如天桥优于地下封闭通道）等。

4.4　信息共享警报服务

依托大数据与智慧交通技术，开发建立交通出行信息共享平台与快速预警、报警等设施与相关服务。如女性 24 h 便利店求助点，网约车行程全程录音、实时定位与一键报警服务等。

5. 青年女性出行安全的交通对策思考

5.1 关注出行"她需求"

在城市规划、交通规划与相关政策制定等方面，以人为本，加大关注青年女性鉴于生理、心理和年龄等群体性特征，以及出行物理环境敏感性、交通方式选择敏感性及出行社交安全敏感性等特征综合反映在交通出行过程中的安全需求。

5.2 弱化交通"她空间"

积极倡导全龄友好、全社会友好的交通基础设施规划建设理念，审慎使用相对"简单粗暴"的性别物理空间隔离手段，适当弱化交通空间的性别专用属性，降低性别对立与歧视的潜在矛盾冲突，倡导交通空间的包容与柔性，促进交通环境的社会公平与和谐友好。

5.3 精细空间"她设计"

基于"她需求"的识别，对交通出行公共空间的安全性关联要素进行系统化、精细化设计与优化，从细节入手打造更明亮通透、更开放共享、更警示有效的女性友好出行空间。

5.4 建立规范"她保障"

从设施与服务落地有效性的角度保障青年女性的出行安全，一方面，推动女性出行安全相关规划设计规范标准的研究与建立。另一方面，强化交通设施、服务及管理政策与公安警务信息平台及相关法律法规的适配与联动，多方合力构建女性出行安全屏障。

6. 结语

青年女性群体是社会经济发展的重要生力军，强化青年女性的交通出行安全保障是全社会共同的责任与义务。本文鉴于条件受限采用小样本调查，部分观测指标比例可能在普适性方面存在一定偏差，重点旨在通过模糊刻画青年女性出行行为与安全问题的基本偏好与特征要素，结合国内外研究与实践，提出多维度的青年女性出行安全的交通对策思考，为相关研究与实践提供一定的参考依据，推动青年女性出行安全的保障设施、服务与政策的综合提升。

参考文献

[1] 简·雅各布斯. 美国大城市的死与生(纪念版)[M]. 金衡山，译. 南京：译林出版社，2006.
[2] 扬·盖尔. 交往与空间(第四版)[M]. 何人可，译. 北京：中国建筑工业出版社，2002.
[3] 佟新，王雅静. 城市居民出行方式的性别比较研究[J]. 山西师大学报(社会科学版)，2018，45(3)：64-69.
[4] 段苏湉. 面向青年幸福感的公共服务可达性及交通服务提升研究[D]. 上海：同济大学，2022.
[5] 张敏，黎指楠. 女大学生出行不安全事件特征与应对策略研究[J]. 广西青年干部学院学报，2019，29(3)：10-13.

基于乘客走行路径的清分算法应用研究

Research on application of sorting algorithm based on passenger travel path

禹鹤林[1]

摘　要：基于乘客走行路径的清分算法分为两种：最短路径算法和多路径算法。其中，最短路径是指任意两站之间旅行时间最短的路径，该算法假定某两站之间的乘客全部选择最短路径出行；多路径算法则分析乘客出行路径的多样性，确定几条有效路径，将影响乘客路径选择的因素转换成概率参数，再通过加权计算出每条有效路径的配比客流。

青岛地铁初期线网结构较为简单，在票务清分系统内采用最短路径算法。线路逐渐增多后，根据现场客流调查发现，现场实际客流与清分客流存在一定差异。为了在青岛地铁线网内实现更为合理、公平的客流清分，本文提出了多路径清分算法的应用方案。

关键词：多路径；最短路径；青岛地铁

Abstract: There are two sorting algorithms based on passenger travel path: shortest path algorithm and multi-path algorithm. Among them, the shortest path refers to the path with the shortest travel time between any two stations. The algorithm assumes that all passengers between two stations choose the shortest path to travel; The multi path algorithm analyzes the diversity of passenger travel paths, determines several effective paths, converts the factors affecting passenger path selection into probability parameters, and then calculates the proportional passenger flow of each effective path by weighting.

Qingdao Metro adopts the shortest path algorithm in the ticketing system when the initial network structure is relatively simple. After the number of lines increases gradually, according to the on-site passenger flow survey, it is found that there is a certain difference between the actual passenger flow on site and the passenger flow sorted. In order to achieve more reasonable and fair passenger flow sorting in Qingdao Metro network, this paper proposes an application scheme of multi-path sorting algorithm.

Key words: multipath; the shortest path; Qingdao metro

1. 青岛地铁线网情况

1.1　线网结构

目前青岛地铁已全面进入网络化运营时代。截至2022年上半年，青岛地铁投入运营的线路共有1、2、3、8、11、13号线。后续4号线开通后，线网换乘站将增至15个，路网拓扑中将出现更多环状换乘情况。4号线开通后线网参见图1。

由图1可见，4号线等后续线路相继开通之后，在五四广场、青岛北站等站点换乘情况较为复杂，乘客可选择的换乘路径明显增多。按照清分系统目前正在施行的最短路径算法，已经无法客观、准确地体现乘客实际出行情况。在无障碍一票换乘的技术背景下，如何在复杂的线网结构中准确、快速地识别乘客换乘路径，成为票务清分系统亟待解决的难题。

1　青岛地铁集团有限公司运营公司。

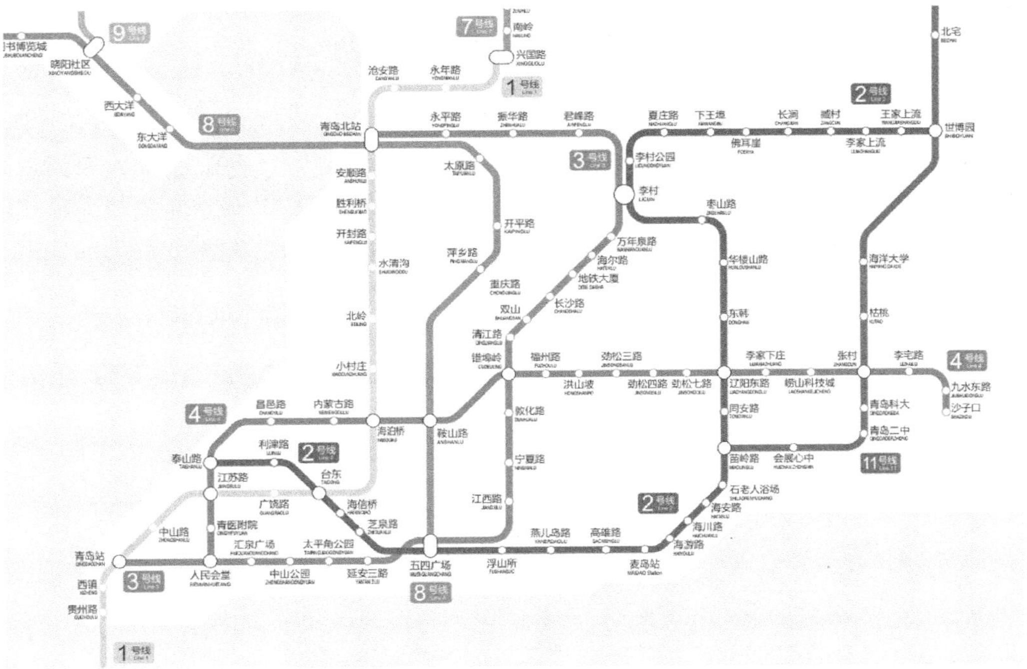

图 1　青岛地铁 2022 年线网规划图[1]

1.2　客流调查

清分算法直接影响客流等原始数据的准确性，按照最短路径算法，在单个 OD 之间出现多个可能的走行路径时，清分系统会默认将客流分配到距离最短的一条路径上。

(1) 以图 2 中李村—五四广场区段环状线路为例：清分系统提供的 2 号线日均客运量约为 28.52 万人、3 号线日均客运量约为 34.00 万人；而据实地调研统计显示，2 号线实际日均客运量约为 30.58 万人，3 号线实际日均客运量约为 31.94 万人。

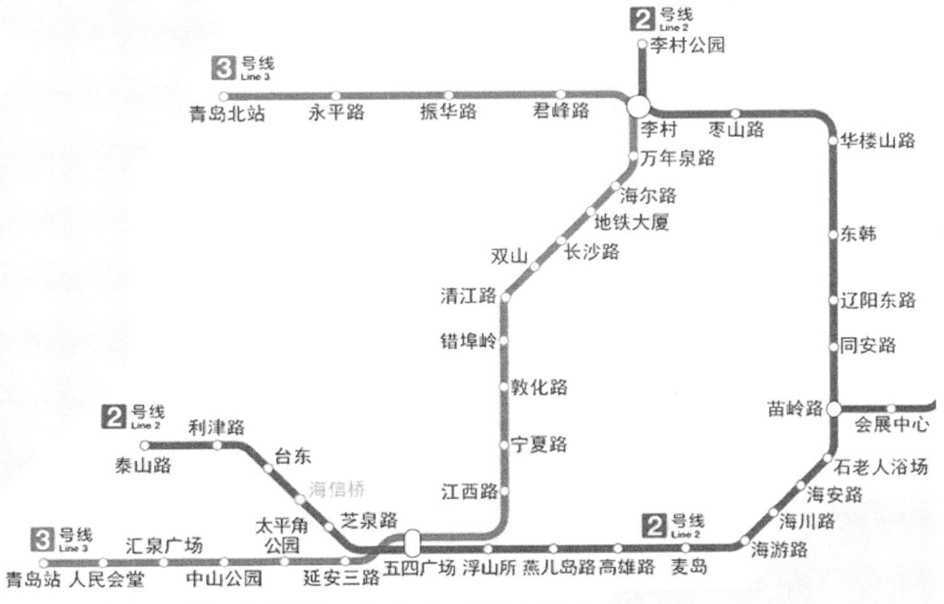

图 2　青岛地铁 2、3 号线网络示意图

(2) 以图2中2号线东韩—辽阳东路区段为例：清分系统提供的工作日高峰小时(7:45至8:45)断面客流为1.3万人次，列车运力为1.87万人次，计算列车拥挤度约70%；而据实地调研统计显示，此区段高峰小时列车拥挤度约80%～85%。

在最短路径清分算法下，经最短路径算法统计的客流数据与实际调查的客流数据有一定偏差，不过由于目前线网换乘站点和可选路径均较少，这种偏差还不是很明显。待4号线开通后，换乘站点将由5个增至14个，线网环状线路将增至十多个(见图1)，同一OD间可选路径增多，最短路径与乘客多路径出行选择不匹配，预计会造成1、2、3、4、11号线客流数据、断面客流数据与实际数据的严重偏差。

1.3 组织架构

为应对网络化运营需要，青岛地铁运营分公司于2020年6月份正式调整组织架构，采用区域化管理模式。组织架构参见图3。

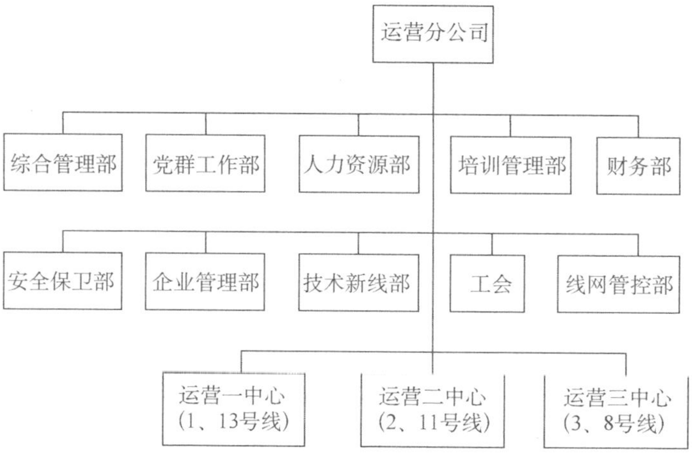

图3 青岛地铁运营分公司组织架构图

运营分公司下设11个直属职能部门，代表分公司进行顶层管理；成立3个运营中心实行区域化管理，负责区域内各线路的专业化职能管理和现场生产运作管理。考虑到后续线路增多，客运量不断增大，青岛地铁分区域运营管理模式逐渐成熟，需要在各线路间实现客流和票款的公平、合理分配。

2. 其他地铁清分规则情况

为了科学合理地配置青岛地铁多路径清分算法，充分借鉴同行业经验，本文对国内地铁城市的清分规则情况进行调研了解。

2.1 同行业情况

目前我国已有39个地铁城市，其中有14个城市地铁采用多路径的清分算法，具体见表1。

表1 采用多路径清分算法的地铁城市列表

序号	地铁城市	清分算法	线路总数	换乘站数
1	北京	多路径清分	24	62
2	上海	多路径清分	18	56
3	广州	多路径清分	14	31
4	深圳	多路径清分	11	28
5	天津	多路径清分	6	15

（续表）

序号	地铁城市	清分算法	线路总数	换乘站数
6	长春	多路径清分	5	8
7	南京	多路径清分	10	13
8	武汉	多路径清分	9	24
9	成都	多路径清分	13	14
10	苏州	多路径清分	4	5
11	杭州	多路径清分	7	6
16	宁波	多路径清分	4	3
12	南宁	多路径清分	4	4
13	厦门	多路径清分	2	—
14	郑州	多路径清分	7	5

从运营主体数量、线网规模等方面综合考量，主要对北京、长春、杭州、南京等地铁公司的多路径清分算法应用情况进行调研了解。

(1) 北京地铁多路径清分算法

北京地铁目前有 3 家运营主体，采用“两阶段、双比例”的多路径清分算法[2]。

“两阶段”的阶段一是确定 OD 间各条有效路径，根据综合出行权重系数，计算各条有效路径的客流分配比例；阶段二考虑乘客出行路径选择的不确定因素，包括换乘点数量、换乘时间及拥挤程度等，对阶段一得出的路径客流分配比例进行修正。

“双比例”包括 OD 间多条有效路径的客流分配比例、每条有效路径不同收益方的运输里程比例。

(2) 长春地铁多路径清分算法

长春地铁目前有两家运营主体，采用“基于乘车里程和换乘次数的权重比例法”的多路径清分算法，对进出站记录的出站扣值交易，由清分系统按“基于出行距离换乘次数的权重比例法”清分模型，首先找出路网内乘客出行的各条有效路径，计算出每一条有效路径的路径比例参数，再计算出每一条有效路径上所涉及到的每一条线路之间的线路分配比例，通过对所有的有效路径中各线路的清分结果求和得到各条线路的收益，最后将收益清分到各线路相应的收益方。

多路径清分算法权重系数包括乘车里程和换乘次数等。如果其他乘车要素的影响力足够改变乘客乘车出行路线选择时，可以在不修改当前算法模型的基础上加入此要素，从而得到更合理的清分算法。在新线开通后会定期开展客流调研，对清分结果进行验证。

(3) 杭州地铁多路径清分算法

杭州地铁目前有两家运营主体，多路径清分法采用正态分布函数来计算有效路径选择的概率，有效路径在 3 条以内。多路径清分算法权重系数包括运行时间、运行里程、换乘次数、步行距离等。

杭州地铁每年都会邀请第三方机构进行客流调研，根据客流调研结果及时调整清分规则的权重系数，确保多路径清分算法设置合理、清分结果有效。

(4) 南京地铁多路径清分算法

南京地铁目前有一家运营主体，多路径清分算法采用“双比例、三要素”的多路径清分算法。其中，“双比例”包括路径选择比例和路径里程比例，“三要素”包括最短时间因素、最短运行里程、最少换乘次数。多路径清分算法各权重系数主要通过客流调查问卷统计确定。

2.2 经验借鉴

经调研，国内其他城市地铁在多路径清分算法模型设计开发完成后，大多选择与高校、科研单位等机构合作，通过乘客问卷调查结果，计算得出多路径清分算法的清分比例和乘客出行权重系数。后续在新线开通后，通常会再次组织乘客问卷调查和权重系数更新等工作。

3. 青岛地铁多路径清分算法应用思路

3.1 多路径清分模型设计

研究确定适合青岛地铁实际情况的多路径清分方案，并进行模型的开发设计。同时涉及清分系统后台软件的改造及相关接口的开发等，为了保证改造开发过程中不影响正常生产运作，需要做好安全防范措施及后备应急方案。

3.2 有效路径确定

在多路径清分算法模型中确定乘车路径是关键，因此首先需要确定线网内有效路径条数。根据行业经验，多路径清分算法通常不会超过3条有效路径。

根据最终选取的路网最多有效路径数，计算每条有效路径上乘车线路的清分比例，以及乘车线路上各段线路的乘车比例，生成清分比例表。

3.3 权重系数标定

青岛地铁清分系统中，多路径清分算法模型的权重系数见图4。表中数据均为参考值。

PARA_CODE	PARA_DESC	PARA_DATA_TYPE	PARA_VALUE
1000	路网最多路径数	2	2
1001	费率计算规则(1-距离 2-车站数)	2	1
2000	收益比例精度	2	10000
2001	客流比例精度	2	10000
2002	进站车站收益倾斜比例	2	0
2003	出站车站收益倾斜比例	2	0
3000	权重计算公式系数-运行距离系数	2	1
3001	权重计算公式系数-运行时间系数	2	0
3002	权重计算公式系数-换乘距离系数	2	0
3003	权重计算公式系数-换乘时间系数	2	0
3004	权重计算公式系数-运行站数权值	2	0
3005	权重计算公式系数-换乘站数权值	2	0
3006	权重计算公式系数-舒适度权重系数	2	0
3007	权重计算公式系数-发车间隔权重系数	2	0
3100	路径客流分配因子	2	1
3200	路径筛选比例-最大路径与最小路径比例	1	2

图4 青岛地铁多路径清分权重系数表[3]

从图4可知，需要确定的权重系数默认包括运行距离、运行时间、换乘距离、换乘时间、运行站数、换乘站数、舒适度、发车间隔共8项。

在确定乘客出行OD点间各条有效路径后，需要充分考虑乘客在选择乘车出行路径时各项影响因素，可通过出行调查、数据分析等方式，并通过公式计算，将各项影响因素作为各有效路径选择的参数权值，并进行相应配置。最后经过多路径清分算法的合理优选得出各线路的客流分配比例。

3.4 乘客问卷调查

根据多路径清分法的权重系数表项目，设计乘客调查问卷。

(1) 调查地点

选择换乘站或客流量较大的地铁站，比如青岛站、李村站、五四广场站、台东站、青岛北站等，组织和实施乘客出行问卷调查。

（2）调查对象

调查乘客中的男乘客和女乘客数量要相近。在调查过程中，选择的调查对象基本覆盖各年龄阶段和不同的出行时段，样本统计结果的分布才具有一定的代表性。

（3）统计分析

总结乘客出行行为的基本特征，掌握不同类型乘客在不同出行条件下路径选择的主要影响因素，为多路径算法权重系数确定提供理论支持。

通过分析问卷的调查数据，可以得到青岛地铁乘客出行的基本特征，包括年龄阶段、出行目的、出行时间选择、换乘次数选择等，以及影响乘客选择出行路径选择的最主要因素是总出行时间还是换乘次数，或者是拥挤程度。同时通过调查数据也可以看出，乘客对车厢内拥挤能承受的时间范围和能承受的具体拥挤程度。

（4）结果量化

通过统计分析实地调查的结果，研究综合出行阻抗相关权重系数，计算路径的客流分配比例；并配置多路径清分算法模型权重系数。

3.5 行业专家评审

青岛地铁多路径清分算法模型搭建完成后，需要邀请行业专家进行评审，分析多路径清分算法模型权重系数的合理性与可行性，按照专家意见修改完善。

3.6 后期验证及优化

随着青岛地铁后续新线开通以及运营运作管理变化，乘客出行行为会在一定程度上发生改变，因此需要对多路径清分算法的权重系数进行定期修正。建议在新线路开通接入后，再次组织乘客出行调查，不断优化修正清分算法参数，以满足轨道交通客流特征变化。

4. 结语

在清分系统内设置科学、准确的清分算法，是实现线网内客流和运费在各线路间公平、合理、客观分配的前提。本文首先介绍了基于乘客出行路径的最短路径算法和多路径算法，通过现场客流调查等方式，研究分析了青岛地铁应用最短路径算法过程中出现的问题，同时调研同行业多路径清分算法的应用情况，提出了在青岛地铁清分系统应用多路径清分算法的基本思路。青岛地铁票务清分系统应用多路径清分算法之后，通过各线路断面客流数据也可以得出精确的列车拥挤度等指标，列车的排车计划更为精准，可以为乘客提供更好的出行服务体验。与此同时，也可以为客流预测提供准确数据支持，便于应对线网大客流等情况的客运组织，为公司决策提供更准确的数据支持。

参考文献

[1] 青岛市城市轨道交通线网规划. 2015.

[2] 杜世敏，赵路敏. 北京城市轨道交通清分方法及结果应用[J]. 城市轨道交通研究，2014. 02.

[3] 上海中软华腾软件系统有限公司. 青岛市地铁 ACC 系统技术规格书. 2015.

关于城市更新背景下优化市民道路出行服务的若干思考

Some thoughts on optimizing citizens' road travel services under the background of urban renewal

周 彪[1] 汪济洲[2]

摘 要：上海已经迈入重度老龄化时代，城市更新背景下的城市建设应当考虑面向所有交通参与者，尤其是给老年人、残障人士提供公平、共享的出行服务，体现城市温度。本文从使用者角度，聚焦道路设施、慢行、公交和停车等与市民日常出行息息相关的行业，总结分析国内外典型案例，围绕设施提质增效、停车难综合治理、慢行交通系统改善和公共交通服务品质提升，突出适老化改造，提出城市更新背景下市民道路出行服务的几点思考。

关键词：城市更新；道路出行；全龄友好；城市温度

Abstract: Shanghai has entered the era of severe aging. In order to reflect the warmness of the city, urban construction under the background of urban renewal should consider providing fair and shared travel services for all traffic participants, especially the elderly and disabled. From the perspective of users, this article focused on road facilities, non－motorized traffic, public transportation, parking and other industries that are closely related to citizens' daily travel, and summarized domestic and foreign typical experience. Focusing on improving the quality and efficiency of road facilities, comprehensive management of parking problem, solving the non-motorized traffic system, improving the quality of public transportation services, and highlighting age-appropriate transformation, this paper puts forward some thoughts on citizens' road travel services.

Keywors: urban renewal; road travel; age-friendly; urban development

1. 前言

当前，上海中心城的发展已从规模快速扩张进入品质提升的整体转型阶段，注重对城市的更新而非大规模扩张，城市建设更加关注空间集约利用，道路运输行业转入由“增量积累”向“存量优化”转变的新阶段，更加注重品质提升和质量效益。此外，现阶段上海 65 岁以上户籍人口占 24.6%，已迈入重度老龄化时代，人口老龄化关乎着经济社会的发展，深刻影响道路运输服务供给。因此，有必要在城市更新背景下，思考如何面向所有交通参与者，提升道路交通设施功能品质，满足市民出行服务需求。

2. 当前市民的关注点分析

2021 年 8 月 11 日至 9 月 11 日期间，上海市道路运输局开展了网络问卷调查，共收集公众反馈意见 800 余条。本文整理分析公众意见后得出：超过一半的市民对上海的交通出行条件总体满意。如图 1 所示，其中，有 33.6%的市民满意度一般、10.6%的市民不满意，人本感受仍有进一步提升空间。

对道路交通出行环境市民的满意度不足 60%。市民普遍认为井盖高差、路面破损是影响行车体验感不佳的主要因素，路网容量不足、电(助)动车骑行秩序差、修路等造成的道路拥堵也影响道路交通满意度。

1,2 周彪，汪济洲，上海市交通发展研究中心。

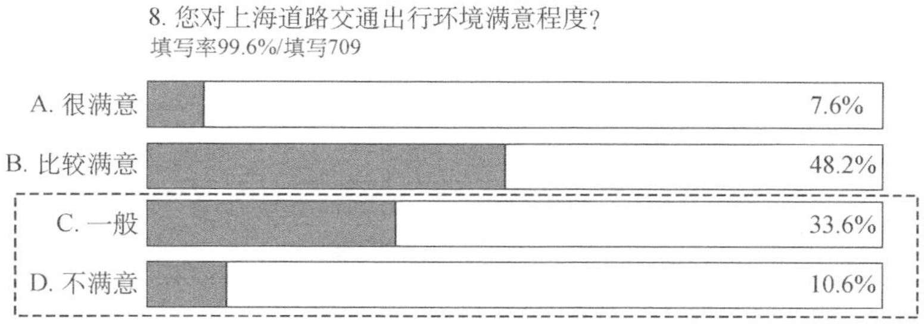

图 1　道路交通满意度调查

静态交通出行环境市民认可度一般。如图 2 所示,20%以上市民对上海停车环境不满意,老旧小区、中心城三甲医院、学校的时段性停车难、排队等候时间长等矛盾长期存在。市民迫切希望加强对已建小区、医院、学校等重点地区的时段性停车供应、扩大停车共享范围(图 3)。

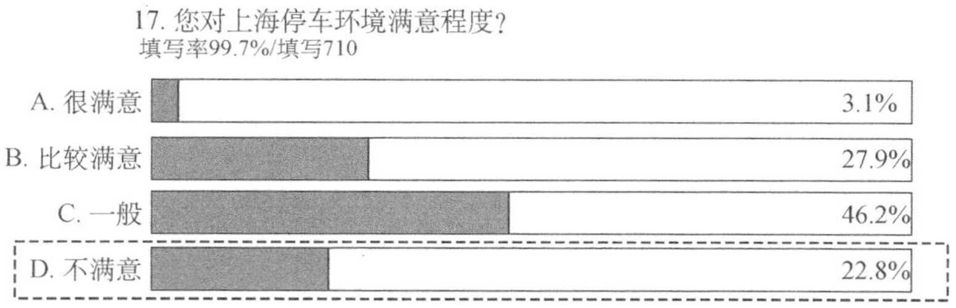

图 2　市民对于停车环境满意度

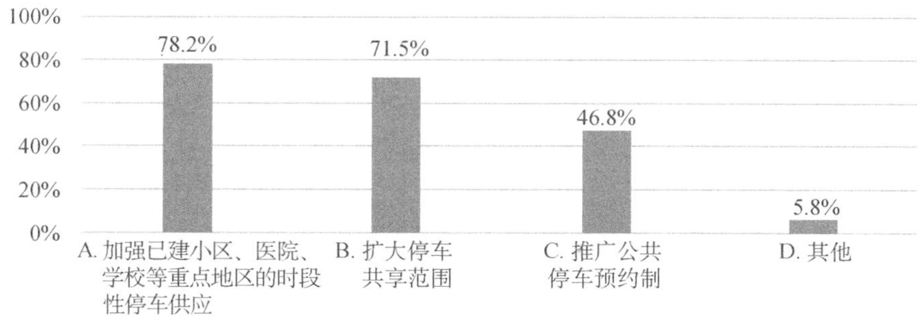

图 3　市民对于改善停车环境的建议

如图 4 所示,市民对慢行交通环境的总体满意度尚可,但还存在步行道不平整、步行空间宽度不足或被侵占、雨天积水、骑行网络不连续、非机动车停放不规范和过街绕行距离长等问题。市民重点关注行人和骑行空间、步行和非机动车道铺装平整连续、机非隔离和标志标线等交通安全设施,以及非机动车停放区完善、街道的人性化设施等措施(图 5)。

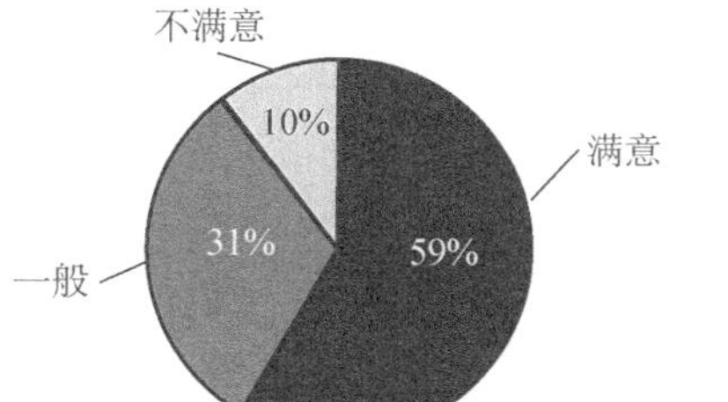

图 4　市民对于慢行网络设施的总体满意度

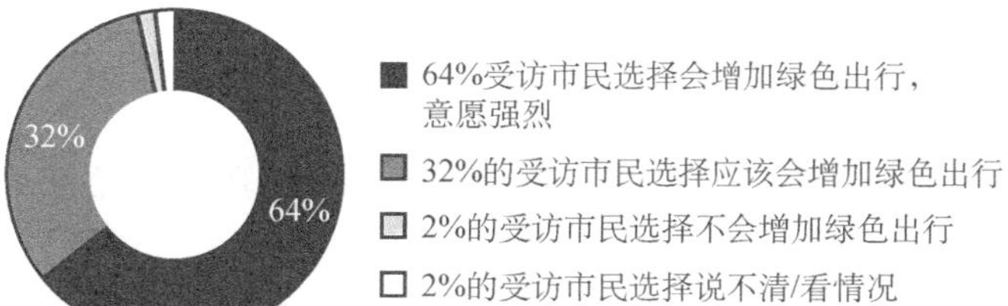

图 5　市民对于改善慢行出行环境的建议

地面公交总体满意度较高，达到88分(图6)。市民重点反映公交等车时间过长、准点率不高，是目前地面公交的主要瓶颈，重点关注通过线路优化和公交专用道设置来提高到站准点率，公交覆盖薄弱区域，推行定制化公交覆盖。

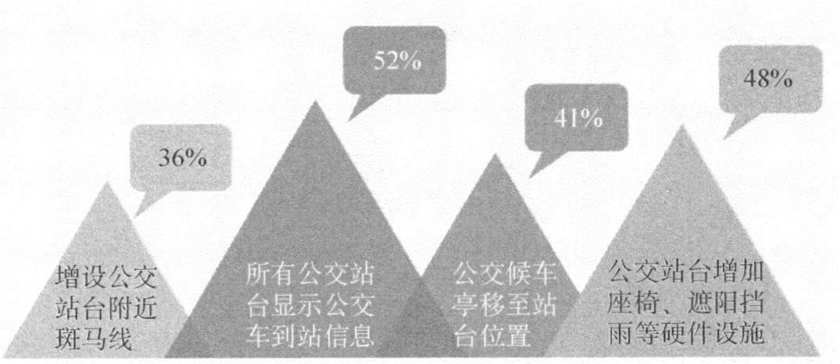

图6　市民对于改善地面公交服务的建议

3. 面临的发展形势和要求

1) 增量空间有限，设施承载能力有待进一步提高，仍需继续秉持“公交优先”的发展理念

在需求方面，根据预测，2025年上海市常住人口达到2 600万，日流动人口200万，交通服务人口将达到2 800万。小汽车如延续现状发展态势，至2025年保有量将达到700万～710万辆，较2020年增长约27%。在供给方面，2025年全市道路网络总里程将达 1.9×10^4 km以上，较现状仅增长2.7%。路网容量预计达 $4\ 242\times10^4$ pcukm/h，较现状增长2.5%。如何挖掘设施潜力，提高道路承载能力，更好地结合道路资源与公交需求，提升设施利用效率是需要不断思考的问题。

2) 设施更新和管理难度加大，精细化管理和智慧化提升迫在眉睫

目前，全市高速公路里程851 km，已形成“两环、十一射、一纵一横、三联”的高速干线系统；中心城快速路达到216 km，呈现“两环、十字、八射、一横”的快速路网格局。沪嘉高速、内环快速路等设施服役年限约30年，设施老化、陈旧，亟待更新和维护。但是高负荷运行的高、快速路系统已经成为城市运行的大动脉，切断任何一条高速公路或快速路都可能给城市交通运行带来巨大风险。如何在保障交通平稳运行的前期下，对既有设施更新维护和改造，是我们面临的一大难题。

3) 为市民服务要求提高，亟需通过数字化转型推动交通运输服务上新台阶

《交通强国建设纲要》提出了智能、平安、绿色、共享的交通发展目标，要让市民享有美好交通服务。《上海城市总体规划(2017—2035)》也提出了街区是适合漫步的，城市始终是有温度的美好愿景。交通既承载着城市发展的历史，也寄托着城市新的发展需求，不但要提升人民群众生活品质，也要彰显城市精神品格。如何在城市更新中不断优化设施能力，通过数字化转型提高公交、停车等出行服务水平是迫切需要考虑的问题。

4. 国内外案例分析

1) 日本东京：无障碍精细化设计

东京在道路设施及非机动车停放管理方面更加注重精细化设计和管理(图7)。设置自行车收容站处理违章的自行车，无障碍设计体现人性化。斑马线有连续盲道服务视障人士，交叉口、主要建筑出入口处人行道平顺，车辆行驶、行人漫步较为舒适。在交叉口处设置2 cm高差，人行道与斑马线过渡平顺，开车、骑车感受不到高差；在建筑的汽车出入口处，路面与人行道的接口高差设置为5 cm，区别于交叉口2 cm的高差，便于盲人辨识。

图 7　东京的设施精细化管理

2）新加坡：以人为本的交通设计

如图 8 所示，新加坡在设施设置和交通运营更加体现行人优先的路权理念，包括严格的转弯车辆让行人，优质连续的组屋步行连廊系统、风雨连廊，残障人士设置缓坡，在河边步道设置消暑加湿设施。其中，组屋步行连廊系统以组屋电梯口、邻里中心、停车楼和公交站等为点，以底层架空区和步行连廊为线，形成优质、系统、独立的步行系统。停车体现以人为本：在靠近商场出入口位置，设置便捷推轮椅、婴儿车的停车位；设置无高差路面、合理禁车柱间距，便捷轮椅通行。

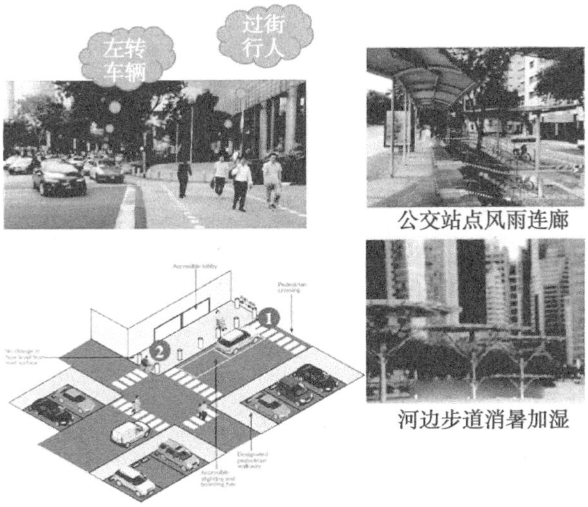

图 8　新加坡的行人优先理念

3）哥本哈根：自行车之城

哥本哈根通过“积极的自行车交通政策＋以自行车优先的基础设施建设”保障良好的自行车出行环境，打造骑行舒适的城市环境，如图 9 所示。精细化主要体现在专属车厢保障接驳、精细化设置、开发新装备等方面。其中，在轨交设置有专门的骑行者专属车厢，保障骑行接驳；在道路交叉口非机动车道进口道设置扶手与踏板；自行车设计体现绿色低碳，通过配件“哥本哈根轮”，内置了可供能量转换的可充电锂离子电池，当骑行下坡时将能量储存到电池中。

4）深圳：全民全龄友好无障碍城市

深圳在建设全民全龄友好无障碍城市中，认为无障碍不仅是对残障人士、老龄人、儿童等各类特殊需要全面关怀的群体，而且是惠及所有人的现代安排。明确全面无障碍网络格局包括点、线、面三个层次要素。其中，点提升是完善公共设施无障碍体系，线强化是升级交通出行无障碍体系，面拓展是构建场景单元无障碍体系。如图10所示。

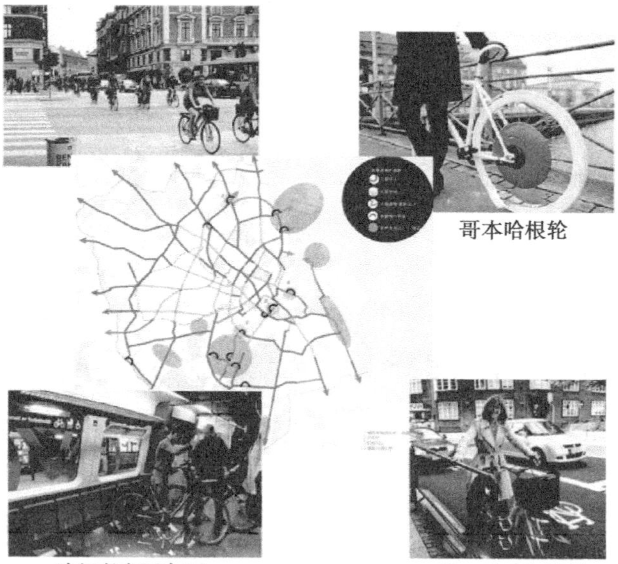

图9　哥本哈根的骑行环境

图10　深圳无障碍城市规划设计

5）宁波：地下停车场接送系统

如图11所示，宁波德培小学利用新建校区地下空间，设置地下停车场。闸机出口两边是家长等候区；设置有休息区，学生放学后，在家长未到前可以在此休息或写作业。系统设置后，极大改善了学校周边道路交通拥挤，校区停车难、秩序乱问题得到根治。

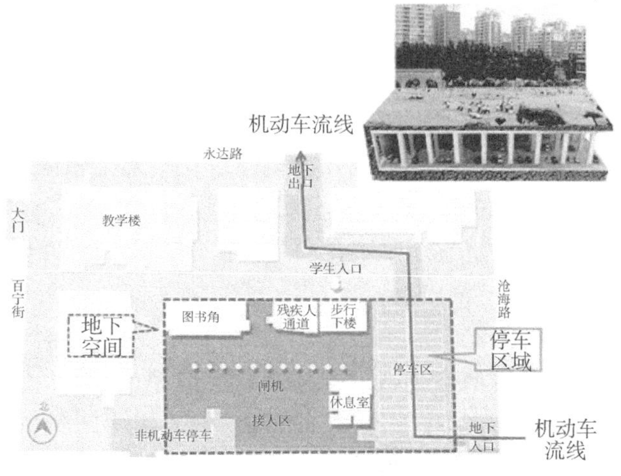

图11　德培小学地下停车场接送系统

综上，为优化提升出行服务，更好地满足全体市民对美好生活的向往，要以绣花般的功夫推进道路运输精细化管理，挖潜道路资源，打磨设施精度、亮度和温度。要以城市更新为契机，优化公交出行链，改善行人和非机动车出行环境，不断完善道路空间分配，充分保障绿色交通出行需求。要以数字化转型为契机，充分运用现代科技手段，不断提高设施智能化水平，不断提升多元化、人性化的服务体验。

5. 策略建议

1）加快推进道路设施提质增效

结合城市更新，建议推进区区对接道路和区内断头路建设，加强街坊间公共通道贯通，提升路网连通性；在推进设施建设的同时，更加要注重对存量道路空间的复合利用，通过设置潮汐车道、可变车道、路口渠化组织等非工程手段，精准施策，进一步挖掘路段和节点存量交通设施容量，提升城市再开发地区的路网承载力（图 12、图 13）；通过精细化管理手段，加强道路、桥梁等设施与周边用地统筹考虑，充分利用沿路建筑界面、人文历史风貌等特色元素，推动桥下空间向“美化和活化”转型，打造品质街道和活力街区。

图 12　“拉链式”潮汐车道

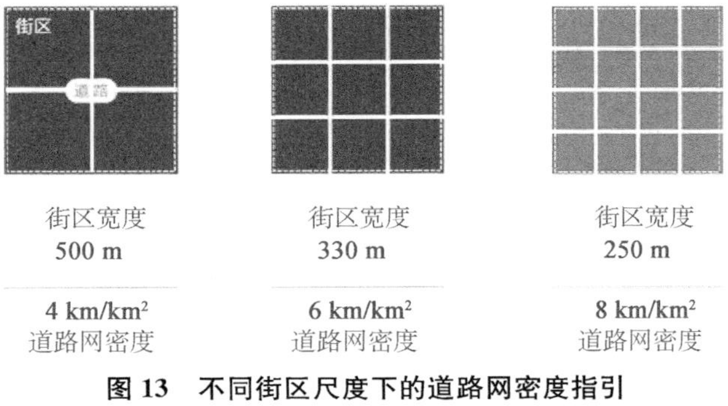

图 13　不同街区尺度下的道路网密度指引

2）多措并举缓解停车难问题

一是小区内部挖潜，结合“美丽家园”“美丽街道”，挖潜停车矛盾的居住小区，新增内部停车泊位。二是积极探索车位共享，利用企事业单位、建成公共停车场，错峰共享给小区居民夜间停车、学校和医院高峰期间停车。三是充分利用周边道路资源，通过新增及优化停车范围，提高周边小区居民、就医就学市民停车泊位周转率。四是结合城市更新开发，适时调整停车配建标准，并结合控规明确的公共停车场（库）、商业配建增建、公园绿地和体育活动等公共设施建设，以及利用闲置土地临时建设。

3）优化慢行空间设计和设施设置

一是构建多层次高密度的慢行网络，通过新改建道路增设路网断点瓶颈，加强与绿道、健身步道衔接，加密慢行网络密度（图 14）。二是构建复合立体的慢行系统，结合密集商办等城市更新地区，通过空中连

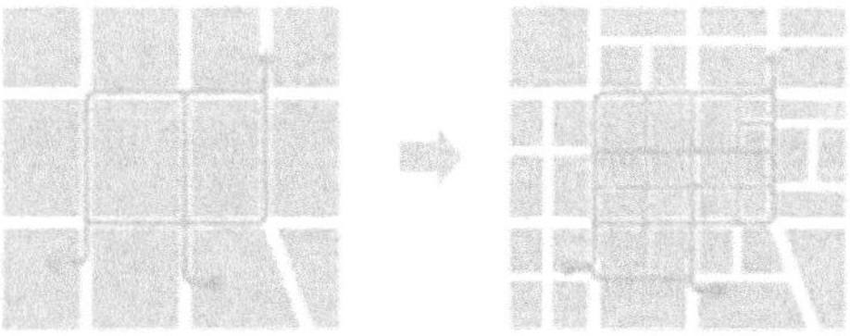

图 14　“窄马路、密路网”的城市道路布局

廊、地下通道等形式构建慢行系统，串联商业体、文旅节点、住宅小区，推行一体化、多功能、综合型的立体开发模式。三是构建便捷高效的慢行接驳系统，重点加强枢纽/轨道交通站点周边慢行的良好衔接，规范站点非机动车停放，通过空间优化、资源挖潜等方式改善非机动车泊位供给水平。

4）优化公交出行服务

一是持续推进骨干公交网络建设，构建“轨道交通/公交骨干线＋公交接驳线”网络格局，完善“最后一公里”接驳服务，优化公交出行链，提高网络可达性(图 15)。二是重点打通既有公交专用道的“断点”，探索多样化的公交路权优先形式，提高公交专用道网络效益和公交运行可靠性(图 16)。三是通过“微枢纽”建设和“微更新”改造，推动用地紧张区域周边公交场站设施升级和通行条件优化。四是探索推进公交出行服务智慧化、多样化，强化公交出行信息发布，鼓励市内包车、定制公交、MaaS 等新型服务模式。

图 15　骨干公交通道建设

图 16　HOV 公交优先道

5）加快推进设施的适老化改造

围绕城市更新背景下的城市适老化建设，应当考虑要面向所有交通参与者，尤其是为老年人、残障人士提供公平、共享的道路运输服务，体现城市温度。一是慢行步道应避免高差，保证出行舒适、安全、连续。人行道宜采用“隐形井盖”；步道沿线结合设施带、树池、公交站点等灵活设置休憩点，提高老人出行的舒适性；交叉口、出入口、路中过街等行人通行处应设置缘石坡道，宜采用全宽式单面坡缘石坡道形式，路中过街处可采用三面坡缘石坡道。二是车辆设备、道路设施设计考虑“无障碍化”“适老化”。各类道路设施满足轮椅、拐杖等助行器的通过性，重点考虑助行器上下公交车、出租车的便捷性和安全性。如图 17 所示。

图 17　无障碍公交车、出租汽车

5. 结语

交通是城市更新重要载体和展示空间，在城市更新新时代下，对交通运输承担改善出行环境、优化服务功能、提高治理水平和推动产业升级的历史使命也提出新的要求。本文调研分析与市民日常出行关注度高的道路设施、停车、慢行和公共交通等行业领域，借鉴国内外案例，根据新形势和新要求，在大众化和个性化之间、基础性和进阶性之间、长期性和暂时性之间，探索提出了未来优化市民道路出行服务的工作方向，为改善交通服务、提升城市治理提供参考。

参考文献

[1] 王林，莫超宇. 城市更新和风貌保护的城市设计与城市治理实践[J]. 规划师，2017，33(10)：7.
[2] 景韶东. 人口老龄化与经济发展水平：国际比较及其启示[J]. 现代商业，2018(4)：285-286.
[3] 徐存福，张永刚，钟颖. 东京城市精细化管理的细节和借鉴[J]. 上海城市发展，2018(5)：8.
[4] 邓璟. 哥本哈根：自行车之城[J]. 道路交通管理，2010(4)：2.
[5] 程润磊. 作为独立节点城市的上海新城静态交通发展思路探讨——以松江新城为例[J]. 交通与港航，2021，8(3)：4.

考虑乘客结伴行为的地铁站台行人运动仿真研究

Simulation of pedestrian motion at metro platform considering passenger companion behavior

张　铁[1]

摘　要：本文分析结伴行为现象产生的机理、常见的队伍形态及其特点，依照社会关系的亲近程度，以成员间隔距离为准则定义高紧密结伴、普通结伴 2 种结伴行为类型。通过元胞理论搭建站台环境，创建包含智能体属性的乘客群体与离散的行走环境的模型构架，进而提出了乘客的结伴行为的 2 种类型及其对应的位置决策更新规则，构建考虑结伴行为的行人仿真模型。结果表明乘客群体中的结伴行为现象对乘客群体移动过程的影响不可忽视。包含乘客结伴行为时，乘客整体移动速度更低、站台清空时间延长，其中以高紧密结伴行为对乘客整体移动影响较大。

关键词：轨道交通站台；乘客结伴；行人仿真；智能体

Abstract: This paper analyzes the formation mechanism, common group form and characteristics of companionship behavior, and defines two types of companionship behavior, high close companionship and common companionship, according to the close degree of social relationship, according to the distance between members. Based on the cellular theory, the platform environment is constructed, and the model framework of passenger group and discrete walking environment including agent attribute is built. Then, two types of passenger companion behavior and their corresponding updating rules of position decision are proposed, and a pedestrian simulation model considering companion behavior is constructed. The results show that the influence of companion behavior in passenger groups on the process of passenger group movement cannot be ignored. When the group behavior is included, the overall movement speed of passengers is lower and the platform emptying time is prolonged, and the high close group behavior has a greater impact on the overall movement of passengers.

Key words: rail transit platform; passenger companion; pedestrian simulation; agent

1. 引言

经济贸易等的发展孕育着活力并吸引聚集人口，由此带来了城市化的持续快速发展，面对严峻的交通出行挑战，发展公共交通成为解决问题的重要出路。其中轨道交通以大运量、快速度、节约用地等优点承担起公共交通体系的骨干作用。

国内外学者针对行人出行及地铁车站区域的行人运动规律提出并开展了一系列的研究。20 世纪 50 年代后期，Hankin 等[1]选取了地铁内部乘客为对象，研究了其行人特性，初步提出了行人流理论。Fruin[2]基于统计数据分析，依据服务水平的不同，得出行人的速度—密度关系曲线，奠定了宏观行人流理论基础。行人的微观仿真研究最早由 Helbing[3]提出，以牛顿运动定律为基础，展现了与实际相符合的自组织现象。邓宇菁等[4]考虑行人焦虑心理和随机行为，构建了考虑焦虑与随机因素的社会力模型，研究了 2 种因素对于行人移动过程的影响。Yamamoto 等[5]提出一种"实编码元胞自动机"的行人动力学建模方法，方法中个体的位置和速度可以自由给定，弥补了传统元胞自动机无法模拟行人在网格上斜对角方向的运动现象。付连宁[6]基于元胞自动机建立一种学校区域交叉口行人过街模型，模型中加入空格参数、同向吸引力参数、方向参数，另外研究了家长和儿童组合过街行为。

随着研究的不断深入与拓展，李昌宇等[7]用多智能体技术结合社会力模型仿真来研究行人从众心理

1　上海海事大学。

对地铁站内疏散过程的影响，结果表明，适当的从众行为有助于减少行人反应时间、指引疏散方向，同时得出了从众行为影响人群疏散的临界点。Alexandre 和 Bouzat[8]采用控制实验的方法研究了个体行为对全局流动和微观动力学的影响。通过对礼貌人群中设定一小部分行人为自私的态度来考察行人行为的影响。

考虑到结伴行走的行为是行人群体运动的常见现象，城市地铁站台区域作为客流的集散点，乘客的行为对于人群的有效有序及安全疏散有着不可忽视的影响。因此，针对乘客出行中存在的结伴现象，从微观仿真角度对轨道交通站台乘客的运动状态进行仿真模拟。通过研究城市地铁站台上的客流运动状态，有助于分析乘客群体的行走规律，用于预测行人在站台上的行走时间、为常规及高峰或紧急状态下的客流疏散的复杂情形提供设计参考依据，同时为车站管理运营提供理论上的帮助，有效地组织客流，加快客流疏散效率。

2. 模型建立

在元胞自动机理论的基础上结合 ABM 建模思想，将 ABM 与 CA 模型进行有机整合，选定 NetLogo 为运行平台，创建包含智能体属性的乘客群体与离散的行走环境的模型构架，拟定从理论基础到运行平台的模型整体框架，并定义 2 种不同类型的结伴行为乘客运动规则，完成考虑站台乘客结伴行为的行人疏散仿真模型构建。

2.1 空间环境及智能体设定

模型以候车站台为仿真空间，站台上的建筑物、座椅、立柱等设施均为障碍物，由于其尺寸与设定的元胞尺寸不能完全对应，因此存在一定的误差，但在环境设置时尽可能地还原真实的行进空间。考虑个体之间的必要间隔空间，将单个行人的占地面积定义为边长为 0.4 m 的方形格子，行人移动的距离以 0.4 m 为一个基础单位。

站台平面元胞空间的设置以 x 轴为对称轴，站台的一侧终点位置为坐标原点，其他元胞空间的坐标(x, y)以该点为参考，得到各自在模型环境中的具体坐标，图 1 为元胞空间设置示例。

(0, 1)	(1, 1)	(2, 1)
(0, 0)	(1, 0)	(2, 0)
(0, −1)	(1, −1)	(2, −1)

图 1　站台环境元胞空间坐标示意图

2.2 乘客属性设定

(1) 行人类别

本文将乘客分为单独行人和结伴行人两种类型，单独行人前进移动过程中受到环境和其他行人的影响，结伴行人还受到自己所处的结伴团体成员的影响。

(2) 空间位置

在 NetLogo 中瓦片的空间坐标位置可被海龟主体识别，因此乘客个体的位置通过海龟当前占据的瓦片位置来体现，元胞的位置即为当前行人的位置坐标。

(3) 目的地出口

单独乘客依据目前所在位置选择距离自己最近的一个出口作为目标出口，若乘客处于 2 个出口的中间位置，则随机选择一侧出口为目标出口；结伴团体中心距离 2 个出口位置距离相同时，团体中处于领导者角色的成员依据自身位置判断选取较近的一侧出口作为目标出口，该目标则为整个结伴团体的目标出口；若领导者位于 2 个出口的中间位置，则随机选择一侧作为团体的目标出口。

(4) 乘客前进方向和速度

前进方向和速度决定了乘客的行进路线和行动力，由于环境的影响及其他乘客的冲突，乘客的前进方向和行走速度也不尽相同。乘客的期望前进方向为选取的出口所在位置，但由于前方人群和障碍物及结伴团体成员的影响，实际移动过程中的方向并不是始终保持与期望方向一致，而是处于动态变化之中(图 2)。

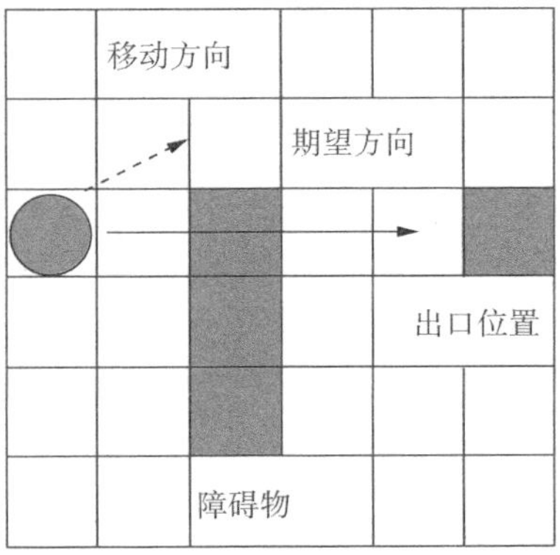

图2 乘客前进遇阻时调整方向

据上文分析可知，在无其他固定设施和行人阻挡情形下，我国成年人的平均步速为1.23 m/s，结合地铁安全规范中对行人运动时的平均步速描述，本文选取行人的步行速度为1.2 m/s，当环境不满足行人移动时，速度降为0 m/s。

(5) 排队等候时间

仿真过程中，行人的状态分为正常、减速、停止三种。正常状态下行人朝着目标出口正常前进，当移动受到阻碍行人减小速度寻找可通行路径，无法满足移动要求时乘客原地等待，在一个时间步内乘客没有更新位置，则视为排队状态，此时产生排队时间。

2.3 乘客结伴行为演化规则

(1) 高紧密结伴乘客位置决策规则

乘客高紧密结伴行为的位置更新规则细节比较复杂，但遵循2个原则，即在与环境和其他乘客的信息交互过程中，下一步移动方向为朝向目标出口的乘客拥有限权（最优目标＞次优目标）；结伴团体的成员之间的空间距离不超过1.414倍单位元胞尺寸。具体的更新流程和细节决策行为如流程图3，方便清晰理解位置更新规则。

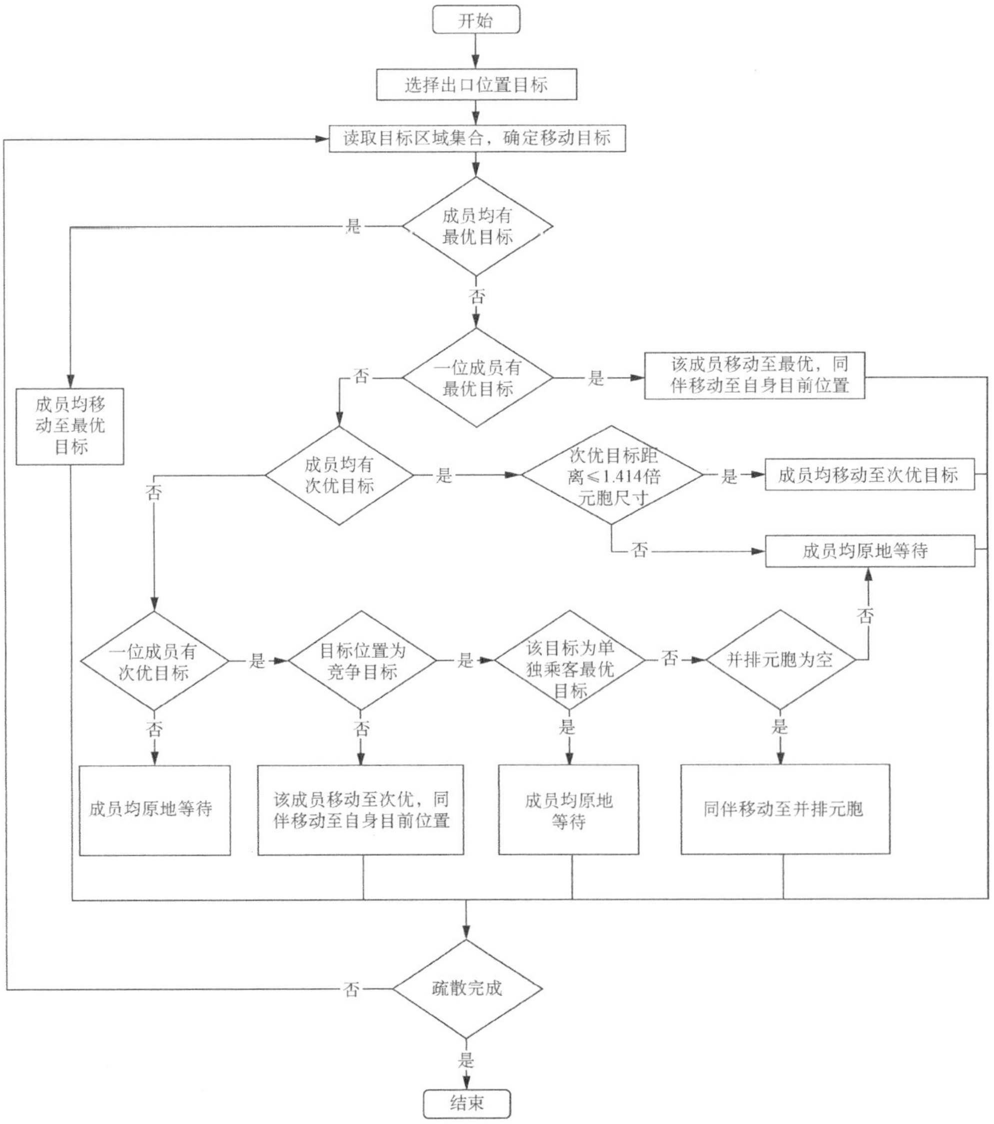

图3 高紧密结伴行为决策规则流程图

（2）普通结伴乘客位置决策规则

普通结伴行为一般发生在社会关系不是特别亲密的乘客或者不习惯过分亲密肢体接触的乘客之间，比如同学、同事、男性成员等。这些成员组成的结伴团体人数不固定，一般为 2 人或 3 人，团体较大时，会分开成 2～3 人的小团体，该类结伴行为显著特征是团体成员维持在一定的距离内，环境允许时，期望相互靠近共同前进，此时具备高紧密结伴行为团体特征；环境不允许时，成员各自寻找下一移动目标位置，以达到快速移动要求。结合 Boid 模型[48]与 Leader-Follower[49]模型思想建立普通结伴行为乘客运动规则（图 4）。结伴成员之间适当增加以获取更加舒适的行进空间，同时结伴团体中一般以某个成员为主导，决定结伴团体对的前进路线。

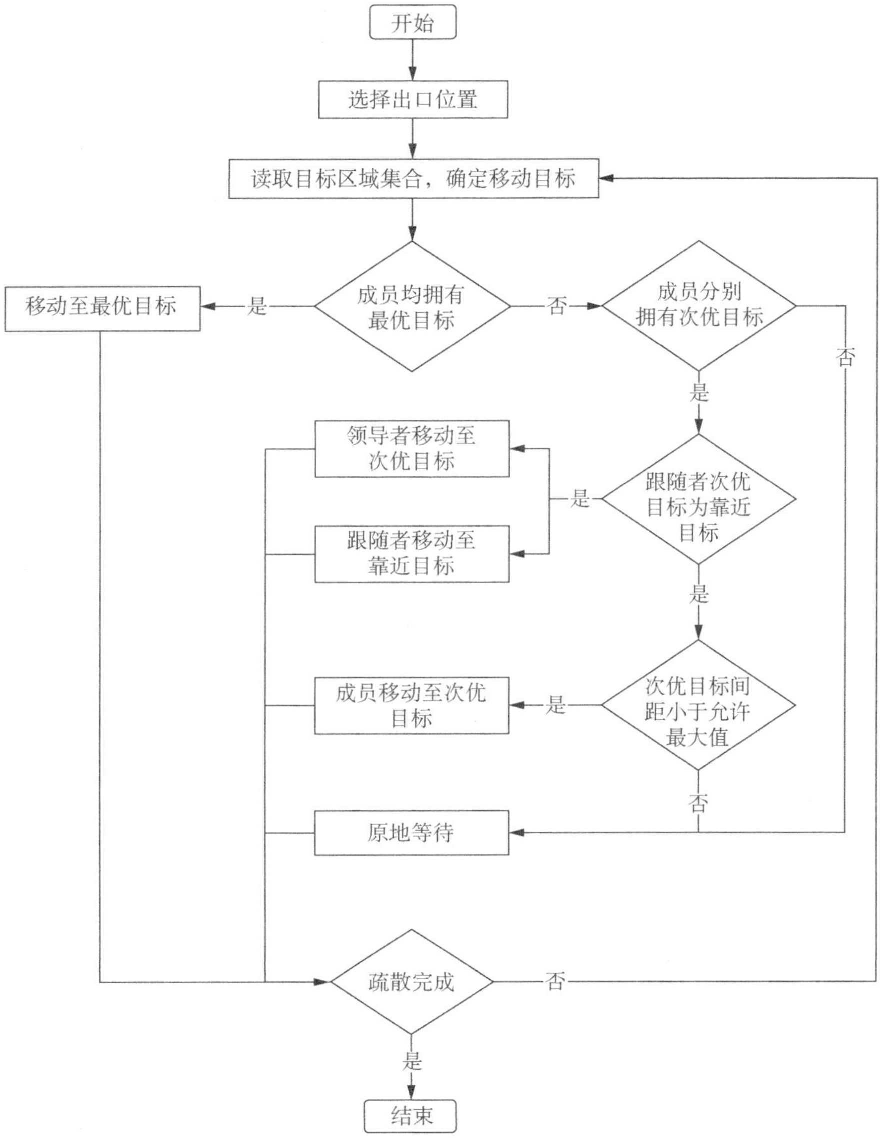

图 4　普通结伴行为决策规则流程图

2.4　仿真更新步骤

（1）行人依据自身位置选取较近的目标出口，行人初始前进方向面向已选取的目标出口方向。

（2）读取视野半径范围内的元胞格子空间，判断元胞空间集合的占用状态属性，判断顺序为先正面后两侧：如前进方向上的元胞空间为空，则乘客前进一步，若前进方向上的元胞空间被障碍物或其他乘客占据，则乘客随机向左右两侧转向 45°，判断是否满足前进条件，若满足则移动一个单位，移动后调整方向为面向目标出口位置，不满足则继续转向45°寻找路径。若视野范围内无法满足前进要求，则下一时间步该乘客留在原位置。

(3) 当某一元胞空间格子同时被多个乘客选中为下一目标空间时，处于前进方向的行人具有优先权，当转向乘客之间竞争同一目标空间时，采取随机方式分配目标格点。

(4) 乘客移动至目标出口位置后，该海龟死亡，表示行人离开站台空间，每一时间步判断站台空间乘客数量，直至数量为0，仿真结束，否则返回步骤二。

3. 仿真结果及分析

选取上海市轨道交通2号线世纪公园车站站台构建仿真环境场景(图5)：长度为153.4 m，宽为8.6 m，4个出口，其中2个出口宽度均为5 m，另外2个出口宽度均为1.8 m。考虑到最小元胞空间尺寸为0.4 m×0.4 m，因此构建站台环境过程中处理小数时以0.4的整数倍为准。选取高峰5 min内站台人数560人为仿真乘客数量。参考文献结伴比例参数[50]，在进行实例仿真时选取结伴行为乘客比例为40%。仿真初始时刻，乘客随机分布在站台上。

图5 站台场景图

仿真时高紧密结伴行为乘客的可接受间距为0.57 m，普通结伴行为乘客的可接受间距设定为最高值1.2 m，出口速度为0.6 m/s，乘客随机分布在站台上。为了对比有无乘客结伴行为对行人流运动状态的差别，设定单独乘客和结伴乘客比例为0.4的2种模式进行仿真，选取结果的平均值，得出站台清空时间、乘客平均速度、站台剩余乘客数指标，统计结果如表1、图6及图7所示。

表1 常规客流下站台清空时间及乘客平均速度

乘客类别	清空时间(s)	乘客平均速度(m/s)
不结伴	36.90	0.80
高紧密结伴	42.50	0.75
普通结伴	40.50	0.78

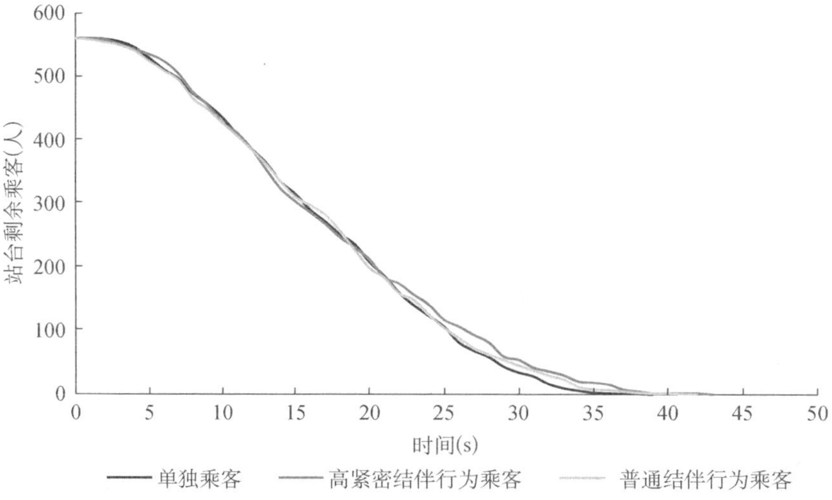

图6 站台剩余乘客总数与时间变化关系

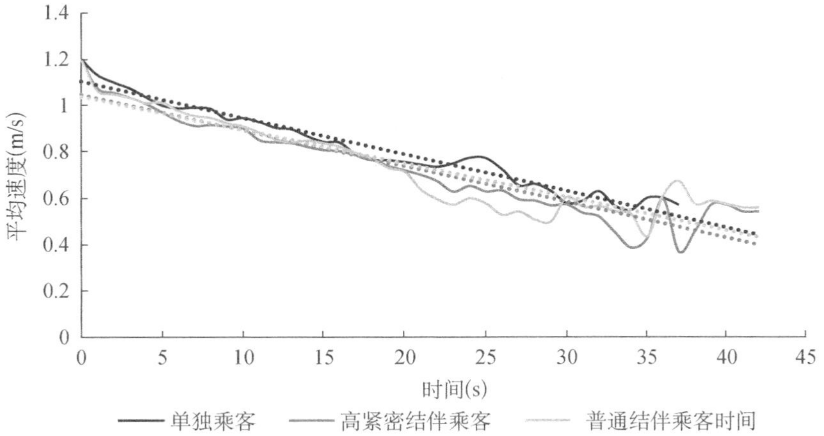

图 7　乘客速度随时间变化关系

从站台清空时间上看，相较于乘客结伴行为，单独乘客情形下站台清空时间是最短的，平均值为 36.7 s，其次是乘客群体中包含 40%比例的普通结伴乘客，清空时间结果为 40.5 s，最后是乘客群体中包含 40%比例的高紧密结伴乘客，清空时间为 42.5 s。从乘客群体速度上看，3 种类型的乘客速度分布规律与清空时间一致，平均移动速度最大者为单独乘客，值为 0.8 m/s，乘客群体中包含 40%比例的高紧密结伴乘客与普通结伴乘客 2 种情形下平均速度值相较于单独乘客更小，分别为 0.75 m/s、0.78 m/s，二者之间差异较小。随着仿真的进行，乘客的速度整体呈现下降趋势，其中仿真前期，乘客速度下降基本为线性，20 s 之后，乘客的速度变化波动增加。

相较于单独乘客组成的群体，乘客结伴行为使得站台整体行人流的运动状态呈现差异性，站台清空时间分别增加了 15.2%、9.7%，平均速度分别下降了 6.3%、2.6%。乘客结伴行为在乘客群体移动过程中起到了"减速"作用，其中高紧密结伴行为的"减速"作用更加明显，这是符合实际的，也是与其他学者的研究结论一致。原因在于，乘客之间组成结伴团体时，2 人的行动趋于一致，不仅需要更大的活动空间，而且为了维持结伴关系会一定程度舍弃速度，同时在前进路线选择上会考虑同伴的影响，结伴关系越紧密则行动的一致性更高，而单独乘客则不存在上述限制，每个个体拥有更大的随机性与目的性，在行走过程中灵活性较强，与结伴行为乘客竞争前进空间时更具优势，因此具备更快的移动速度进而获得更少的清空时间。

4. 结语

考虑结伴行为的行人运动仿真模型首先依照社会关系的亲近程度，以成员间隔距离为准则定义高紧密结伴、普通结伴 2 种结伴行为类型，进而提出了乘客的结伴行为的 2 种类型及其对应的位置决策更新规则，借助 NetLogo 平台应用计算机仿真模拟站台乘客群体移动过程。

本文的研究及实例分析结果表明：乘客群体中的结伴行为现象对乘客群体移动过程的影响不可忽视。2 种客流情形下，包含乘客结伴行为时，乘客整体移动速度更低、站台清空时间延长，常规客流情形下高紧密结伴行为对乘客整体移动影响较大，高紧密结伴行为运动状态决定了乘客整体的运动状态，进而决定了最终的站台清空时间。

参考文献

[1] Hankin B D, Wright R A. Passenger Flow in Subways[J]. Journal of the Operational Research Society, 1958, 9(2): 81-88.

[2] Fruin J J. Pedestrian Planning and Design[J]. Metropolitan Association of Urban Designers & Environmental

Planners, 1971.
[3] Helbing D, Molnár P. Social force model for pedestrian dynamics[J]. Physical Review E, 1995, 51(5): 4282-4286.
[4] 邓宇菁,冯页新,胡列格. 社会力模型中行人的心理因素和随机行为对人群疏散过程的影响[J]. 系统工程,2014,32(11):144-148.
[5] Yamamoto K, Kokubo S, Nishinari K. Simulation for pedestrian dynamics by real-coded cellular automata(RCA)[J]. Physica A: Statistical Mechanics and its Applications, 2007, 379(2): 654-660.
[6] 付连宁,邹难. 学区交叉口行人流元胞自动机模型[J]. 交通运输系统工程与信息,2017,17(03):98-104.
[7] 李昌宇,李季涛,宋小满,等. 基于从众心理的城市轨道交通站内应急疏散仿真研究[J]. 铁道运输与经济,2016,38(9):77-81.
[8] Nicolas A, Bouzat S, Kuperman M N. Pedestrian flows through a narrow doorway: Effect of individual behaviours on the global flow and microscopic dynamics[J]. Transportation Research Part B: Methodological, 2017, 99: 30-43.
[9] Reynolds C W. Flocks, herds and schools: A distributed behavioral model[C]. Proceedings of the 14th annual conference on Computer graphics and interactive techniques, 1987: 25-34.
[10] 宋运忠,刘毛妮. 基于改进智能体模型的群集运动行为研究[J]. 河南理工大学学报:自然科学版,2015,34(6):818-825.
[11] Moussaïd M, Perozo N, Garnier S, et al. The walking behaviour of pedestrian social groups and its impact on crowd dynamics[J]. PloS one, 2010, 5(4): e10047.

台北市 YouBike 使用特性分析

The characteristic analysis of YouBike usage in Taipei City

李源翌[1]　黄丽君[2]　陈学台[3]　彭振声[4]

摘　要：近年城市治理以提升适居性与可持续发展为方向，台北市交通运输政策系以推动以人为本的、可持续交通为主，在大众运输系统已相当完备下，市民从地铁站到住家或从公交车站到住家仍有一段步行太远、坐车却又太近的尴尬距离；为了提供市民最后(先)1 英里的服务，台北市积极布建 YouBike。本文主要系以 2021 年 4 月至 12 月的 YouBike 租借记录，以租借记录里的租借卡号、租借站、租借时间点及使用时间来分析其使用特性，并针对 YouBike 1.0 和 2.0 的使用情形予以比较。

关键词：公共自行车；YouBike；租借站

Abstract: To make Taipei City a more livable and sustainable city, the emphasis of the city government focuses on providing a humanistic and sustainable traffic environment, in which the promotion of green transportation utilization rate becomes an important development objective. With mass transit system gradually taking shape, nevertheless, there are still many places and/or stations where it may be too far for most citizens to walk from/to home, but too close to driving. In order to provide the last (first) mile service for citizens, Department of Transportation, the Taipei City Government actively deploys YouBike. This analysis analyzes the user's character of YouBike based on the rental records of YouBike from April to December 2021, and analyzes its usage characteristics with the rental card number, rental station, rental time point and usage time in the rental record, and compares the usage of YouBike 1.0 and 2.0.

Key words: public bike; YouBike; rental station

1. 前言

为了提供市民最后(先)英里的服务，台北市委托微笑单车股份有限公司建置及营运公共自行车租赁系统(以下简称 YouBike 1.0)，于 2012 年 11 月 30 日正式启用；截至 2017 年底已完成全市租借 400 站及自行车 13 072 辆供市民使用，并搭配自行车路网规划、停车空间整顿及骑乘安全倡导等措施，提供全市区便利的公共运输服务。

考量 YouBike 1.0 租借站设置时需接市电，不易增站致使扩展服务有所局限，台北市拟定公共自行车租赁系统升级计划(以下简称 YouBike 2.0)，2020 年 1 月至 4 月期间选定台大公馆地区试办，试办期间的设备妥善率达九成以上，服务满意度 91%[5]，于是规划后续全市升级计划，并于 2021 年 5 月正式营运 YouBike 2.0；另营运初期虽遭逢新冠肺炎疫情三级警戒影响，但仍努力照计划建置租借站，扩大路网，截至 12 月底已建置完成 840 站并陆续启用。

YouBike 2.0 的升级分为停车柱与自行车 2 部分，停车柱升级采用轻桩设计，免除市电需求且无整地

1　李源翌，台北市政府交通局统计室办事员。
2　黄丽君，台北市政府交通局统计室。
3　陈学台，台北市政府交通局局长。
4　彭振声，台北市副市长。
5　台北市议会第 13 届第 5 次定期大会，台北市政府交通局工作报告。

或开挖等土建工程，单桩设计可依地形、人行道宽度等空间不同而弹性调整，设站方式限制小，进而可铺建广而密的租借站；自行车则升级具有车机配备，借由车机通信作为借还车辆的操作平台，租借方式除使用悠游卡(电子票证)，新增手机扫码租车功能，并优化自行车座椅与车锁，让使用者骑乘更方便。

本文根据 YouBike 的租借站起讫(Origin-Destination，O-D)数据资料分析，运用交叉分析以探究 YouBike 的使用特性；即以 2021 年 4 月至 12 月 YouBike 租借起讫资料计 1 976.1 万笔①，以租借纪录中的租借卡号②、租借站、租借时间点及使用时间来分析 YouBike 使用特性，亦分析 YouBike 2.0 与 YouBike 1.0 的使用者特性有何相同与不同之处，以供台北市相关单位施政规划及精进的参考依据。

2. YouBike 建置

2.1 YouBike 1.0 建置与营运

YouBike 1.0 在 2012 年 11 月 30 日正式启用，因为租借手续简便、平价的租借费率、优良的软硬件服务且前 30 min 免费优惠(台北市政府补贴政策)，所以租借次数成长迅速，于 2014 年已建置 196 站租借站，年租借次数达 2 258.0 万次，亦成为其他县市争相效仿的成功政策。而 2015 年 4 月，因政策调整，改为前 30 min 费率补贴 5 元，致租借次数下降。租借次数虽暂时下降，台北市为持续提升绿色运输使用率，继续建置租借站，于 2017 年底达成租借站 400 站，于启用 5 年内累计增建 352 站，并持续维持高质量的服务。自 2017 年起，租借次数每年成长，直到 2020 年受新冠肺炎疫情影响，租借次数转为下降。而 YouBike 1.0 持续成长的会员数量，也为升级 YouBike2.0 打下良好的基础(表 1、表 2)。

表 1 台北市 YouBike 1.0 建置与营运概况

年(底)份	租借站数(站)		年底车辆数(辆)	租借次数(万次)
	当年建置站数	年底累积站数		
2012 年	37	48	1 684	99.9
2013 年	88	136	4 545	1 098.5
2014 年	60	196	6 406	2 258.0
2015 年	16	212	6 934	2 008.3
2016 年	76	288	9 442	1 843.1
2017 年	112	400	13 072	2 195.4
2018 年	—	400	13 072	2 625.3
2019 年	—	400	13 072	2 846.5
2020 年	—	400	13 072	2 789.4
2021 年	—	400	13 072	1 965.3

表 2 台北市 YouBike 收费费率

租借时间(min)	费率(元/30 min)	
	2015 年 3 月以前	2015 年 4 月以后
30 min 以内	0(补贴 10 元)	5(补贴 5 元)
31～240 min	10	10

① 本报告的租借记录以扣款时间为准，因少数记录扣款递延的关系，与实际租借次数略有差异。
② 为简化分析，假设一位使用者使用一张租借卡号，暂不考虑一人多卡或一卡多人的情况。

(续表)

租借时间(min)	费率(元/30 min)	
	2015 年 3 月以前	2015 年 4 月以后
241～480 min	20	20
481 min 以上	40	40

注：于 2018 年 4 月推出捷运/公交车转乘优惠，于下车 1 h 内租借 YouBike 享前 30 min 费率免费；同年月亦推出公共运输定期票(简称 1280 月票)，其使用者每次骑乘亦享前 30 min 费率免费之优惠。

2.2 YouBike 2.0 租借站建置

为创造可持续智慧交通环境并布建更密集的公共自行车路网，YouBike 2.0 采用无电轻桩设计的停车柱，大幅提升租借站建置效率。自 2021 年 5 月起，分区建置租借站提升施工效率，5 至 12 月共建置 737 站，于年底共有 840 站，达成各行政区均已建置 36 站以上(表 3)。

表 3 2021 年台北市 YouBike 2.0 各行政区建置概况 (单位:站)

行政区	总计	4 月	5 月	6 月	7 月	8 月	9 月	10 月	11 月	12 月
总计	840	103	194	85	104	84	77	67	81	45
松山区	46	—	—	—	—	13	12	8	7	6
信义区	72	—	5	23	10	7	5	5	15	2
大安区	169	94	28	23	3	1	7	3	9	1
中山区	75	—	11	—	—	4	19	21	17	3
中正区	70	9	24	22	5	1	1	2	5	1
大同区	36	—	1	—	—	9	8	10	5	3
万华区	48	—	6	—	11	16	7	1	2	5
文山区	51	—	11	—	6	14	6	8	1	5
南港区	53	—	—	—	18	14	9	4	2	6
内湖区	87	—	10	3	50	3	2	1	9	9
士林区	76	—	55	13	1	1	—	1	5	—
北投区	57	—	43	1	—	1	1	3	4	4

3. YouBike 2.0 使用情况

3.1 租借次数概况

YouBike 2.0 本预期 5 月正式上路后顺利成长，但意外受到新冠肺炎疫情影响，台北市自 5 月 15 日至 7 月 27 日定为第三级警戒，然 5 月租借次数仍成长，6 月因疫情影响而减少，直到 7 月租借次数才回稳上升，12 月租借次数为 159.6 万次，较 4 月成长 516.6%；而租借卡数变化则与租借次数相似，12 月的租借卡数较 4 月成长 607.6%(图 1)。

进一步分析每日租借次数，2021 年 4 月每日租借次数约在 1.0 万次，5 月正式上路后，每日租借次数增至 1.6 万次，但后续因防疫防控措施影响，租借次数大幅下滑，直到度过疫情最严峻的 6 月，租借次数才呈现稳定向上趋势，12 月的每日租借次数高达 6.0 万次。气候因素如降雨量也会明显影响当日租借次数，观察每日

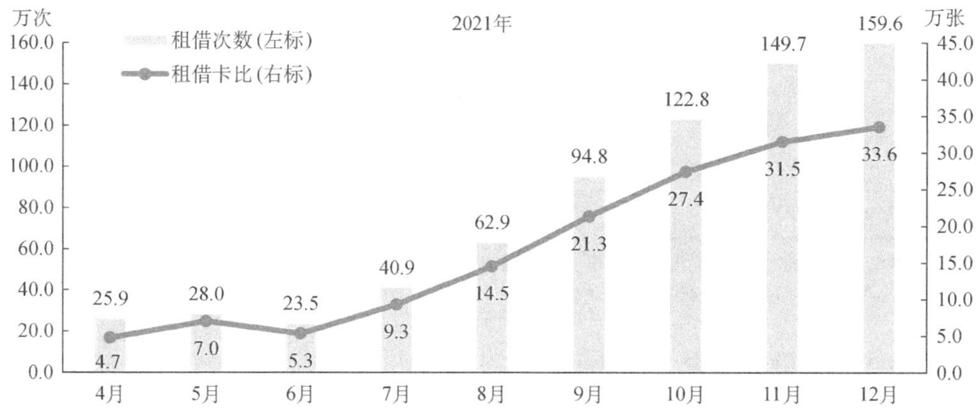

图1 台北市 YouBike 2.0 租借次数与卡数

降雨量,降雨量大则租借次数减少,若租借次数有异常变化时,常是受到当日降雨的影响(图2)。

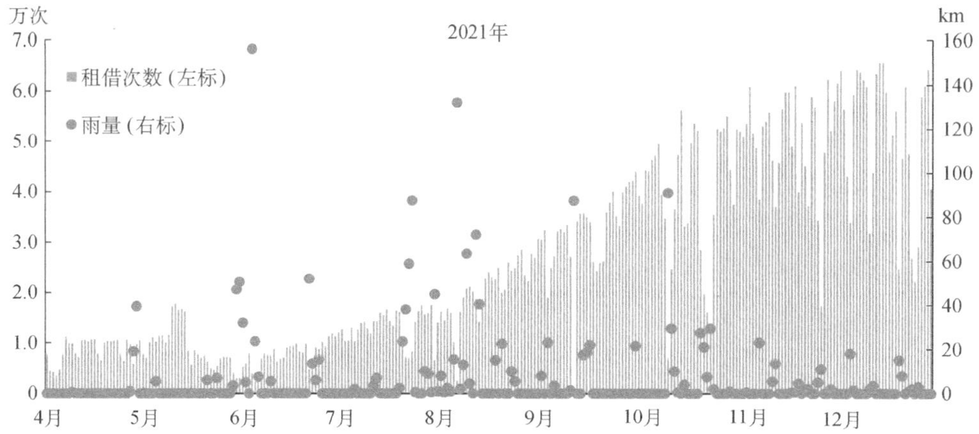

图2 台北市 YouBike 2.0 每日租借次数与雨量

3.2 各行政区租借概况

观察2021年12月各行政区的租借情况,租借站数以大安区169站最多,其次为内湖区87站;租借次数以大安区51.1万次最多,其次为信义区18.5万次,计算各行政区租借次数与租借站数的相关系数为0.93,属于高度相关,表示行政区的租借次数,与该区的租借站数有高度的相关性(图3)。

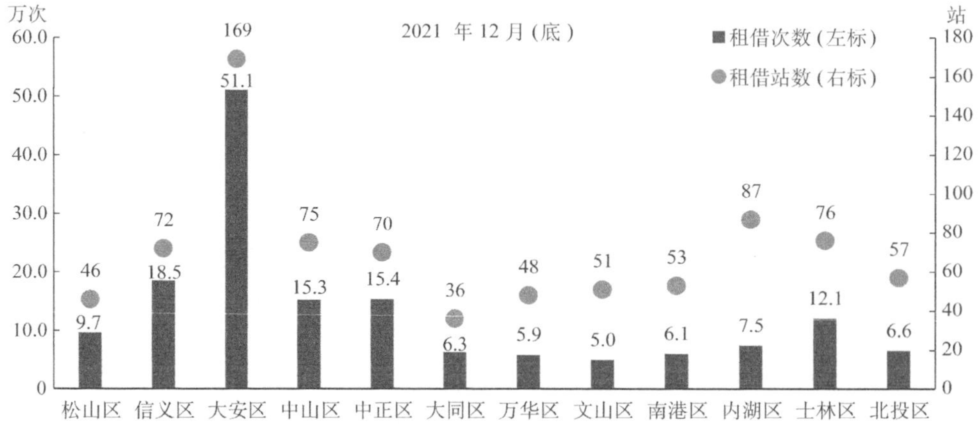

图3 台北市 YouBike 2.0 租借次数与租借站数(按行政区划分)

3.3 租借次数与时间分析

观察 2021 年 12 月的租借情况，分析使用者的租借时间（四舍五入方式取整数）。使用者的租借时间众数为 5 min，中位数为 9.7 min，平均数为 18.3 min，租借时间次数分布呈现右偏形态。因为前 30 min 收费有补助，特地计算 30 min 内的租借次数占比，租借时间在 30 min 以内的占 86.4%，显示短程接驳的租借次数占大多数（图 4）。

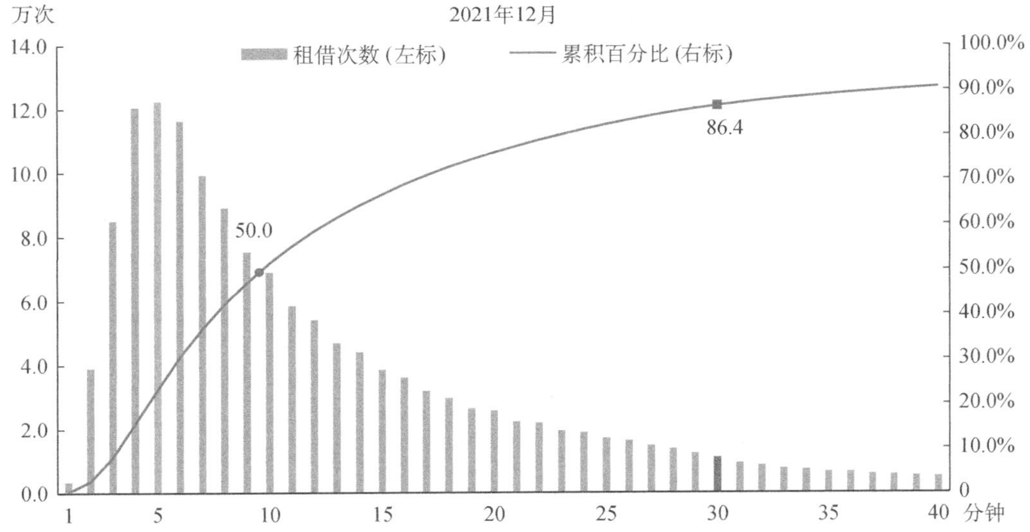

图 4 台北市 YouBike 2.0 租借次数（按租借时间分）

3.4 使用者租借频度分析

以使用者单月内的租借次数来分群，观察不同租借次数的使用者是否特性不同，以下依不同租借次数的使用者分群，每月租借 1 次的使用者为 *A* 群，每月租借 2～5 次的使用者为 *B* 群，每月租借 6～10 次的使用者为 *C* 群，每月租借 11 次以上的使用者为 *D* 群。2021 年 5 至 12 月，*A* 群比率均最高，*A* 群与 *B* 群（租借 5 次以内）合计占比为 77.1%，显示非经常使用者占多数，而自 9 月起，*B*、*C*、*D* 群比率则稳定微幅提升，显示随着租借建置，频繁租借的使用者变多（表 4）。

表 4 2021 年台北市 YouBike 2.0 使用者概况（按租借次数分）

月份	租借卡数				
	总计	1 次（*A* 群）	2～5 次（*B* 群）	6～10 次（*C* 群）	11 次以上（*D* 群）
4 月	100.0%	36.3%	37.5%	12.3%	13.9%
5 月	100.0%	42.5%	38.5%	10.3%	8.6%
6 月	100.0%	43.9%	36.0%	9.8%	10.3%
7 月	100.0%	44.2%	36.2%	9.5%	10.2%
8 月	100.0%	45.0%	35.5%	9.4%	10.0%
9 月	100.0%	43.1%	36.2%	10.0%	10.6%
10 月	100.0%	42.4%	36.3%	10.5%	10.8%
11 月	100.0%	40.4%	36.9%	10.9%	11.8%
12 月	100.0%	40.3%	36.9%	11.0%	11.9%

进一步观察不同租借频率使用者特性(表 5),*A* 群使用者卡数比率最高(占 40.3%),但租借次数比率最低(占 8.5%),*D* 群则与 *A* 群相反,使用者卡数比率次低(占 11.9%),但租借次数比率最高(占 51.4%)。

由 4 类分群的租借时间与次数可看出,都以租借 30 min 以内为主,随租借时间越长,租借次数越少,其租借时间次数分布形状均为右偏分布,此为 4 类分群相同的特性。而个别来看,*A* 群使用者其租借时间众数、中位数、平均数都最大,整体租借时间较长,租借 30 min 以内占 73.3%,为 4 类分群中最低,但租借超过 30 min 的各组时间占比都是 4 类分群最高;而 *D* 群使用者则相反,众数、中位数、平均数都最小,整体租借时间较短。综上可知,租借次数少的使用者较多,且平均租借时间较久;反之,租借次数频繁的使用者较少,且大多为短程接驳(表 5)。

表 5　2021 年 12 月台北市 YouBike 2.0 使用者与租借时间概况

使用者	租借卡数比率	租借次数比率	租借时间(min)			租借次数(按租借时间分)				
			众数	中位数	平均数	30 min 以内	31～60 min	61～120 min	121～180 min	超过 180 min
全体	100.0%	100.0%	5.0	9.7	18.3	86.4%	8.4%	3.7%	0.9%	0.5%
A 群	40.3%	8.5%	6.0	15.0	30.5	73.3%	13.6%	8.7%	2.8%	1.6%
B 群	36.9%	22.6%	6.0	11.5	21.8	82.0%	10.7%	5.3%	1.3%	0.6%
C 群	11.0%	17.6%	5.0	9.8	18.1	86.4%	8.8%	3.6%	0.8%	0.4%
D 群	11.9%	51.4%	5.0	8.3	14.9	90.5%	6.5%	2.3%	0.5%	0.2%

以 2021 年 12 月的租借情况为例,比较平日、假日差异。12 月的平日租借次数 121.5 万次,平均每日租借次数为 5.5 万次;而假日租借次数 38.1 万次,平均每日租借次数为 4.2 万次,与平日相比减少 23.2%,除雨量外,放假与否也影响该日租借次数。观察平日、假日各时段的平均租借次数变化,平日租借有 3 个高峰,依序在上班时段、中午时段、下班时段,而假日的租借次数则从 4:00 后逐渐上升,在 16:00 达高峰后逐渐减少(图 5)。

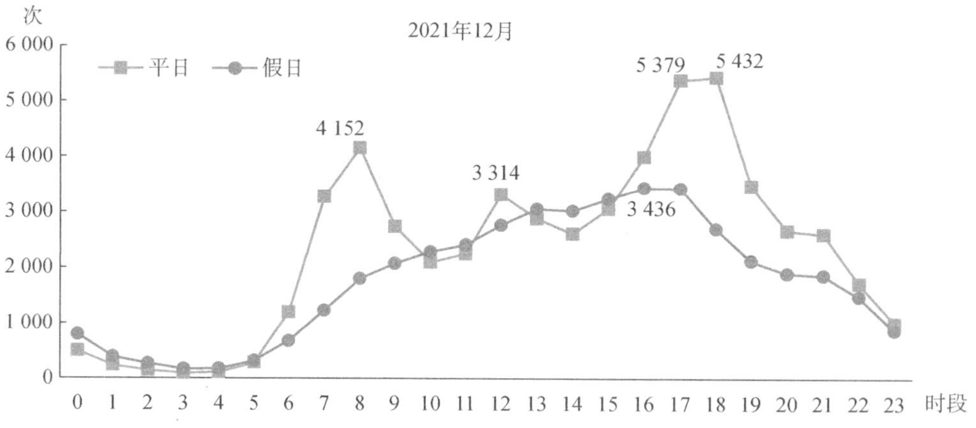

图 5　台北市 YouBike 2.0 各时段平均租借次数(按平日、假日分)

进一步分析平日、假日的租借时间差异,将每一时段的平均租借时间算出来,如图 6。在假设租借时间与骑乘距离会成正比的前提下,在 0:00—4:00 的凌晨时段,租借时间持续上升,显示使用者的代步接驳距离持续增加,满足代步需求。

整体来看,假日租借时间明显较平日久,显示使用者骑乘较远的距离。个别时段来看,假日 10:00、14:00 与 15:00,平均租借时间较久;而平日则以 4:00 平均租借时间最久。

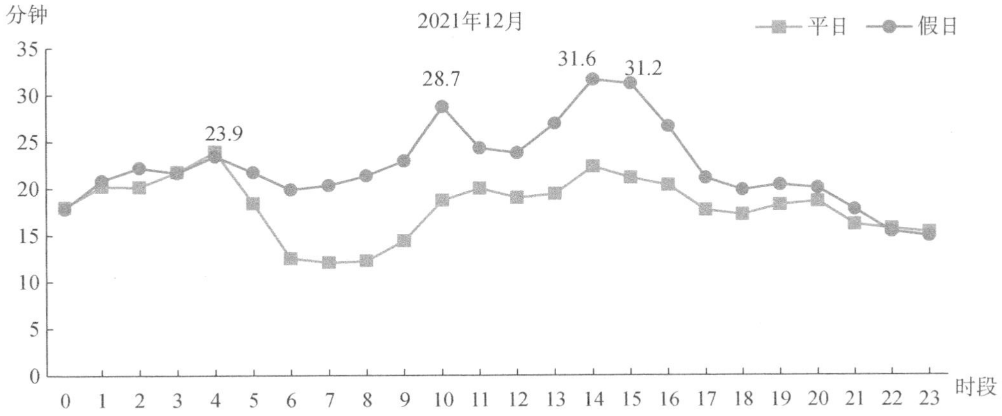

图 6　台北市 YouBike 2.0 各时段平均租借时间(按平日、假日分)

4. YouBike 1.0 与 2.0 比较

4.1　租借次数比较

YouBike 1.0 的租借次数于 2021 年 4 月达 240.8 万次，之后受新冠肺炎疫情及 YouBike 2.0 营运影响，租借次数逐渐减少，当月占比从 90.3%下降至 12 月的 42.3%；YouBike 2.0 从 4 月的 25.9 万次逐渐成长，于 11 月超越 YouBike 1.0，占比从 9.7%稳定提升至 57.7%(表 6)。

表 6　2021 年 YouBike 租借次数概况比较

月别	租借时间概况			
	YouBike 1.0		YouBike 2.0	
	租借次数(万次)	当月占比	租借次数(万次)	当月占比
4 月	240.8	90.3%	25.9	9.7%
5 月	159.6	85.1%	28.0	14.9%
6 月	88.0	78.9%	23.5	21.1%
7 月	113.3	73.5%	40.9	26.5%
8 月	136.5	68.5%	62.9	31.5%
9 月	147.9	60.9%	94.8	39.1%
10 月	136.4	52.6%	122.8	47.4%
11 月	128.5	46.2%	149.7	53.8%
12 月	117.0	42.3%	159.6	57.7%

4.2　使用者比较

自 2021 年 7 月起，YouBike 1.0 的 *A* 群使用者比例逐渐上升，其他群使用者逐渐下降；而自 9 月起，YouBike 2.0 的 *A* 群使用者比例逐渐下降，*B*、*C*、*D* 群使用者则逐渐上升，显示随着租借站建置，频繁使用 YouBike 2.0 的使用者增加。于 12 月，YouBike 2.0 的 *C*、*D* 群使用者比例都较 YouBike 1.0 高，显示 YouBike 2.0 频繁租借的使用者更多(表 7)。

表7　2021年YouBike使用者概况比较

月别	不同客群租借卡数比例							
	YouBike 1.0				YouBike 2.0			
	A 群	*B* 群	*C* 群	*D* 群	*A* 群	*B* 群	*C* 群	*D* 群
4月	40.7%	37.6%	10.2%	11.5%	36.3%	37.5%	12.3%	13.9%
5月	40.8%	38.0%	10.8%	10.4%	42.5%	38.5%	10.3%	8.6%
6月	39.5%	37.6%	10.6%	12.2%	43.9%	36.0%	9.8%	10.3%
7月	41.6%	37.6%	9.9%	10.9%	44.2%	36.2%	9.5%	10.2%
8月	43.3%	37.0%	9.3%	10.4%	45.0%	35.5%	9.4%	10.0%
9月	43.5%	36.9%	9.2%	10.3%	43.1%	36.2%	10.0%	10.6%
10月	45.7%	36.7%	8.9%	8.7%	42.4%	36.3%	10.5%	10.8%
11月	46.4%	36.7%	8.7%	8.3%	40.4%	36.9%	10.9%	11.8%
12月	48.2%	36.4%	8.2%	7.2%	40.3%	36.9%	11.0%	11.9%

4.3　租借时间比较

随着YouBike 2.0租借站建置成熟，YouBike 1.0与YouBike 2.0的租借时间分布相似，自2021年7月起，两者的中位数、平均数差距大多在1.1 min以内，而30 min以内、31 min以上的分布比率差距也在1.1 min以内(表8)。

表8　2021年YouBike租借时间概况比较

月别	租借时间概况									
	YouBike 1.0					YouBike 2.0				
	统计量(min)			分布比率		统计量(min)			分布比率	
	众数	中位数	平均数	30 min以内	31 min以上	众数	中位数	平均数	30 min以内	31 min以上
4月	5.0	10.6	20.7	84.1%	15.9%	5.0	5.8	11.7	93.4%	6.6%
5月	5.0	11.6	21.8	82.0%	18.0%	4.0	7.4	17.4	86.6%	13.4%
6月	5.0	15.1	27.7	74.4%	25.6%	4.0	13.6	28.9	73.1%	26.9%
7月	5.0	14.4	28.4	74.5%	25.5%	5.0	13.3	29.2	73.7%	26.3%
8月	5.0	11.9	23.4	80.4%	19.6%	5.0	11.0	24.0	79.8%	20.2%
9月	5.0	11.1	21.8	82.4%	17.6%	5.0	10.8	22.7	81.3%	18.7%
10月	5.0	10.3	20.0	84.7%	15.3%	5.0	10.2	21.0	83.6%	16.4%
11月	5.0	9.7	18.6	86.4%	13.6%	5.0	9.9	19.4	85.4%	14.6%
12月	5.0	9.5	18.0	87.0%	13.0%	5.0	9.7	18.3	86.4%	13.6%

4.4　行政区比较

以2021年12月的租借情况为例，除了松山区、大同区，YouBike 2.0在其余10个行政区的租借次数高于YouBike 1.0，且大安区的租借次数是明显高于YouBike 1.0(图7)。

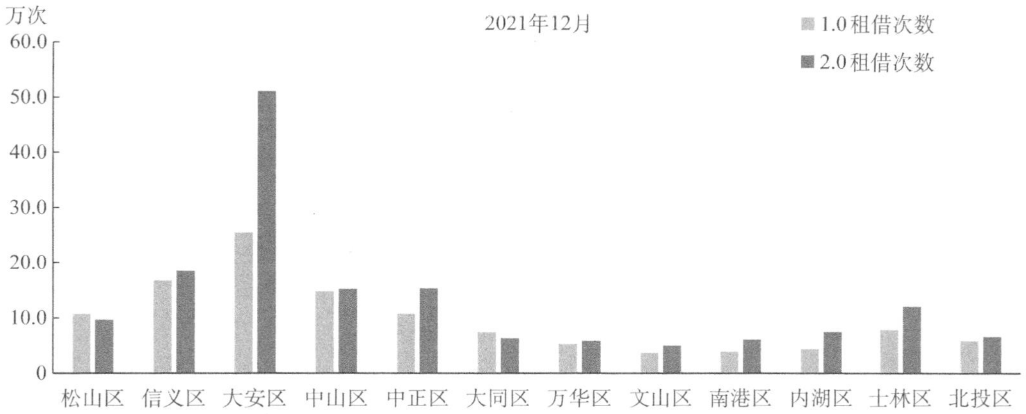

图 7 台北市 YouBike 租借次数比较(按行政区分)

5. 结语

YouBike 2.0 于 2021 年 5 月至 12 月期间租借站增设 737 站,于 12 月底计有 840 站;12 月租借次数 159.6 万次,与 4 月相比成长 5.2 倍。随着各行政区租借站设置增加,租借次数也随之上升。台北市各行政区,面积、地形与人口密度虽大不相同,但随着租借站的建置,均有效提高该行政区的租借次数。

依不同租借次数将使用者分群,可观察到各群差异大,月租 11 次以上的使用者人数占比为 11.9%,而租借次数却占该月总次数的 51.4%,且平均租借时间最短,而租借少的使用者(5 次以下)占比为 77.1%,骑乘时间较久。

假日的日均租借次数较平日少 23.2%,整体租借时间较平日长,且在 10:00 与 14:00、15:00 平均租借时间较久,可推测有较长的使用距离或运动需求。平、假日不同时段的租借时间差异大,推测使用者旅次目的不同。

YouBike 2.0 与 YouBike 1.0 的租借时间大致相似,而在租借次数方面,11 月份,YouBike 2.0 超越 YouBike 1.0;12 月份,除了松山区、大同区,其余 10 个行政区租借次数都高于 YouBike 1.0。

参考文献

[1] 刘仁龙,郑丽淑. 台北市公共自行车使用特性[R]. 台北市政府交通局,2017.
[2] 李佳倩. 台北市 YouBike 使用特性报乎你知[R]. 台北市政府交通局,2018.
[3] 郑丽淑,李佳倩. 近 2 年台北市公共自行车使用特性[R]. 台北市政府交通局,2018.
[4] 叶奕新. 自行车使用概况分析[R]. 台湾地区交通事务主管部门统计处,2018.
[5] 黄晏珊,钟智林. 公共自行车系统营运特性大数据分析——以台北 YouBike 为例[D]. 新北:淡江大学,2015.
[6] 黄俊良,钟智林. 台北市公共自行车系统旅次特性分析[D]. 新北:淡江大学,2016.

“台湾好行”空间服务缺口之分析

Analysis of the spatial service gap of Taiwan Tourist Shuttle Routes

林大杰[1]　陈冠妤[2]　周艾蓁[3]　刘欣宪[4]

摘　要：“台湾好行”是为旅客提供从交通场站前往景点的一种服务，让民众可通过搭乘“台湾好行”到达景点，来鼓励民众搭乘运输工具，因此既有路线是否满足景点需求，成为值得关注的议题。本文通过 GIS 分析工具进行地理信息系统空间分析，找出空间服务缺口。研究显示台北市(信义商圈、南港山系等)、新竹都城隍庙商圈、茂林风景区、小琉球及七美岛等景区为空间缺口。台北市大众运输工具发达，推测能满足景点人潮，非真正空间缺口。其他空间缺口交通设施未能满足其景点吸引力，为本文探讨的服务缺口。其中小琉球及七美岛景区，观光人次稳定成长具有观光发展潜力，本文建议未来“台湾好行”可开行屏东琉球线及澎湖七美线。

关键词：“台湾好行”；地理信息系统；空间分析

Abstract: Taiwan Tourist Shuttle provides a service for tourists to travel from transportation stations to attractions. To encourage people to take Taiwan Tourist Shuttle for their trips, therefore, whether the existing routes meet the demand of tourists is a topic of concern. This study uses GIS analysis tools to conduct spatial analysis to identify the spatial service gaps of existing Taiwan Tourist Shuttle routes. The results indicate that there are spatial service gaps in Taipei City (Xinyi shopping area, Nangang Mountain System), Hsinchu City God Temple Business district, MaolinScenic Area, Little Liuqiu, Qimei Island, etc. Considering the public transportation in Taipei City is well developed, those identified gaps in Taipei City are not of great concerns. Other spatial service gaps identified are issues requiring immediate attentions such as Little Liuqiu and Qimei Island. Our study suggests that in the future, Taiwan Tourist Shuttle service can be extended to cover those areas with spatial service gaps route.

Key words: Taiwan tourist shuttle; geography information system; spatial gap

1. 引言

“台湾好行”是专为旅游规划设计的一种公交车服务，提供旅客从主要交通场站前往观光景点的一种服务。借由这样的服务鼓励民众搭乘运输工具，响应节能减碳、环保乐活的旅游新风潮，因此“台湾好行”既有路线是否满足景点需求，让民众可通过搭乘“台湾好行”到达景点，便成为值得关注的议题。王晋元等人为了解花莲地区观光旅客的潜在公共运输需求，利用资料探勘方法，分析花莲地区观光旅客的手机信令资料，比较潜在公共运输旅客的观光旅运需求样态，以及现有 2 条“台湾好行”路线，找出服务缺口，并提出改善建议。陈翔捷等人应用电信与票证数据，以视觉化方式呈现乘载热点，为主管单位与营运单位提供调整路线、班次与车型大小的建议。

过去“台湾好行”相关研究多为满意度及服务质量等议题的探讨，如韩丰年、杨正翔针对“台湾好行”观光吸引力、服务满意度与重游意愿进行研究，许志玮以 IPA 探讨“台湾好行”服务质量等，却鲜少有研究针对“台湾好行”路线的服务缺口作探讨。因此本文通过地理信息系统的空间分析，探讨“台湾好行”路线与

1　林大杰，逢甲大学运输与物流学系副教授。
2　陈冠妤，逢甲大学运输与物流学系硕士生。
3　周艾蓁，逢甲大学运输与物流学系硕士。
4　刘欣宪，逢甲大学运输与物流学系助理教授。

观光景点的空间服务缺口,本文暂不将时间服务缺口列入探讨。

2. 文献回顾

地理信息系统(Geography Information System,简称 GIS)是用来搜集、储存、分析具有地理区位特性事物的信息系统,能通过叠图及空间分析功能,将原始地理资料转变为能支援空间决策的信息。GIS 可以应用于有关空间信息的领域,如防灾急救、犯罪防治、交通管理及公共卫生等领域。章可蓝等人以 GIS 探讨毒品查获与地域环境的关系,进而落实毒品防制的在地化策略,属于犯罪防治层面;辜文元应用 GIS 等技术建构公共卫生网络地图平台,有助于研究人员了解健康数据资料的内容,属于公共卫生领域的研究;郭蕙纶应用卫星影像技术取得水库与上游集水区的图资,结合 GIS 进行分析,建立坡面、地质、水文、土砂灾害及保全对象等 5 种研究构面,属于防灾急救领域的应用。

回顾 GIS 应用于观光旅运及其他交通运输领域的文献。梅玉贞、赖文祥所创作的"公交车智慧派遣系统",当公交车候车亭或站牌侦测候车乘客数大于设置的上限时,调度控制中心便可通过 GIS 搜寻最短时间与最短距离可加派的公交车前往载客,达到避免候车乘客等待过久等情况发生。黄国瑛利用 Google Earth 软件将旅游景点信息及社区发展生态旅游相关的地理资料等进行汇整,并将资料在开发系统网页中呈现,辅助社区发展生态旅游,以达成社区可持续发展。

3. 研究流程与资料搜集

3.1 研究流程

本文首先确认"台湾好行"路线服务现况,再搜集分析所需的图层资料,利用 GIS 分析工具进行"台湾好行"路线空间缺口分析,图 1 为空间分析流程:①网格索引要素(grid index features)将图层转换为网格资料;②核密度(Kernel Density)计算观光景点密度;③重定义(Reclassify)重新分类网格中的数值,将景点的密度定义为分数;④多重还域分析(Multiple Ring Buffer)定义交通设施周围指定距离分数;⑤空间连接(Spatial Join)将景点分数与交通分数进行计算,得到空间服务缺口。

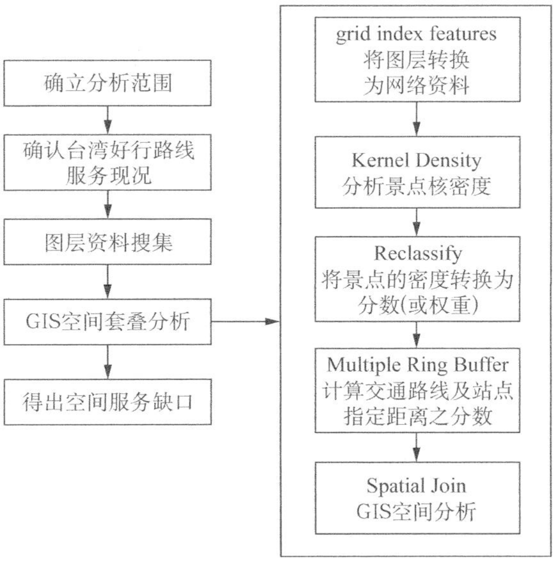

图 1 研究流程图

3.2 “台湾好行”路线服务现况

“台湾好行”于2010年推出接驳公交车服务，推行的路线共9条，分别是宜兰礁溪线、冬山河线、桃园慈湖线、南投日月潭线、嘉义阿里山线、嘉义市区线、台南市88安平线、99台江线及屏东垦丁快线。2019年“台湾好行”路线增加至43条，截至2022年共有61条“台湾好行”路线。“台湾好行”以旅行更自由、更环保为目标，也期望通过串联主要场站与景点直连的旅游服务，来鼓励自由行旅客多搭乘大众运输，以达到短期补贴培养客运，长期自主营运的愿景。

3.3 图层资料搜集

本文使用GIS进行空间分析，搜集基本图资、观光景点以及交通设施服务等图层(表1)。为进行空间缺口计算需定义图层的正负影响效果，方能得出最终空间缺口。本文将观光景点定义为正向影响，交通设施服务为负向影响。因观光景点会吸引游客前往该地区游玩，景点为正向旅次吸引点，同时景点吸引人潮需交通设施来运输，既有的交通设施已提供服务，故在空间缺口计算时既有交通设施为负向影响。

表1 GIS图层资料搜集

<table>
<tr><th>图层</th><th colspan="2">内容说明</th><th>属性</th><th>正负影响</th><th>资料来源</th></tr>
<tr><td>基本图资</td><td colspan="2">台湾县市界/乡镇市界</td><td>面</td><td></td><td>资料开放平台——台湾地区内部事务主管部门土地测绘中心提供</td></tr>
<tr><td rowspan="5">交通设施服务</td><td>高铁</td><td>站</td><td>点</td><td>负</td><td rowspan="4">地理信息图资云服务平台提供</td></tr>
<tr><td>台铁</td><td>站</td><td>点</td><td>负</td></tr>
<tr><td>地铁</td><td>路线</td><td>线</td><td>负</td></tr>
<tr><td>轻轨</td><td>路线</td><td>线</td><td>负</td></tr>
<tr><td>“台湾好行”</td><td>路线</td><td>线</td><td>负</td><td rowspan="2">资料开放平台——台湾地区交通事务主管部门观光局提供</td></tr>
<tr><td>观光景点</td><td colspan="2">观光工厂/观光渔港/老街/海洋游憩景点/博物馆/特色码头/生态农场/观光夜市/主题乐园/森林游乐园区等</td><td>点</td><td>正</td></tr>
</table>

3.4 空间服务缺口分析

通过网格索引要素工具将基本图资转换为网格，给予观光景点吸引力及交通工具服务范围分数，以进行缺口扫描。其中景点吸引力通过核密度来计算，核密度分析用于计算点、线要素的测量值在指定区域范围内的单位密度，能直接地反映出离散测量值在区域内的分布情况。分析结果利用重定义工具定义各网格分数。另外，通过多重环域分析给予交通工具周围指定距离分数。前章节说明图层资料的正负影响，最终通过空间连接工具将景点吸引力与交通设施服务范围相加减后，得到空间缺口。

4. 场域实作

本文搜集“台湾好行”截至2022年的路线图资和观光景点图资，后续将通过GIS分析工具进行景点吸引力分析、交通服务范围分析，进一步得到空间服务缺口，了解目前“台湾好行”路线的服务现况。

4.1 景点吸引力分析

为进行后续空间分析，利用搜集的台湾观光景点图层资料进行核密度分析找出景点吸引点。图2为核密度经重定义分为 1～10 分所得到的景点吸引力成果，颜色越深表示该地区景点密度越高吸引力越高。分析结果显示台北、新竹、台中、彰化、南投、台南、高雄、屏东、金门及澎湖地区等景点密度较高，其景点的分布较密集具有相当的吸引力。

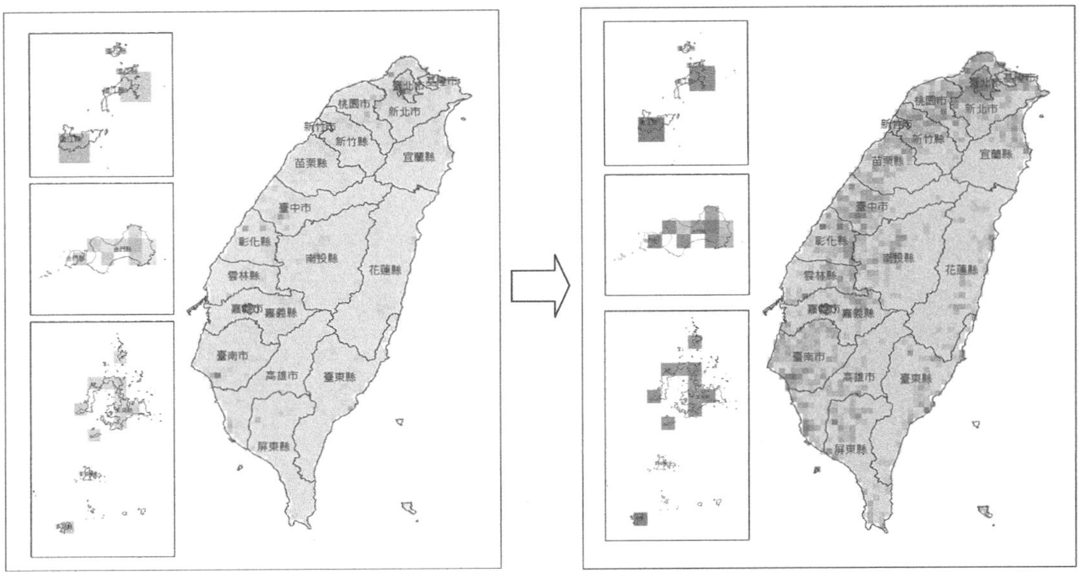

图 2　观光景点吸引热力图

4.2　交通服务范围分析

本文将大众运输系统（高铁、台铁、轻轨、地铁系统）及“台湾好行”路线进行服务范围分析，给予交通路线或交通点位周围指定距离 1 000 km 及 500 km 分数（或权重）。表 2 显示交通设施服务周围 0～500 km，其距离交通设施近，交通机能较佳，因此权重高设为 10 分；距离 501～1 000 km 的范围，其交通机能较低，则权重设为 5 分。

表 2　交通服务设施周围指定距离权重表

交通服务设施	周围指定距离(km)	网格分数(权重)
“台湾好行”/高铁/台铁/地铁/轻轨	500	10 分
	1 000	5 分

4.3　服务缺口扫描成果

通过 GIS 工具分析景点吸引力及交通服务范围后，将两者分数（或权重）进行计算。图 3 为计算后分数为 6～10 分的网格结果，网格分数越高图中颜色越深，表示该区景点吸引力高，但缺少交通设施提供服务。研究结果显示台北市（信义商圈、南港山系等）、新竹都城隍庙商圈、茂林风景区、小琉球及七美岛为服务缺口，其余地区交通服务状况尚能满足目前观光景点需求。

图 4 呈现茂林风景区及台北市的空间缺口，其中茂林风景区观光景点具有相当的魅力，无“台湾好行”路线及其他大众运输工具行经，造成该地区景点未能得到相对的交通服务，为本文探讨的空间服务缺口；台北市（信义商圈、南港山系等）空间分析结果呈现，其公交车及客运等大众运输系统较为发达，本文目前仅就“台湾好行”的服务做分析，尚未纳入公交车及其他大众运输工具服务，因此推测台北地区的公交车等大众运输工具能满足该区观光景点的需求，并非真正的空间服务缺口。

图 3　全台空间缺口扫描图

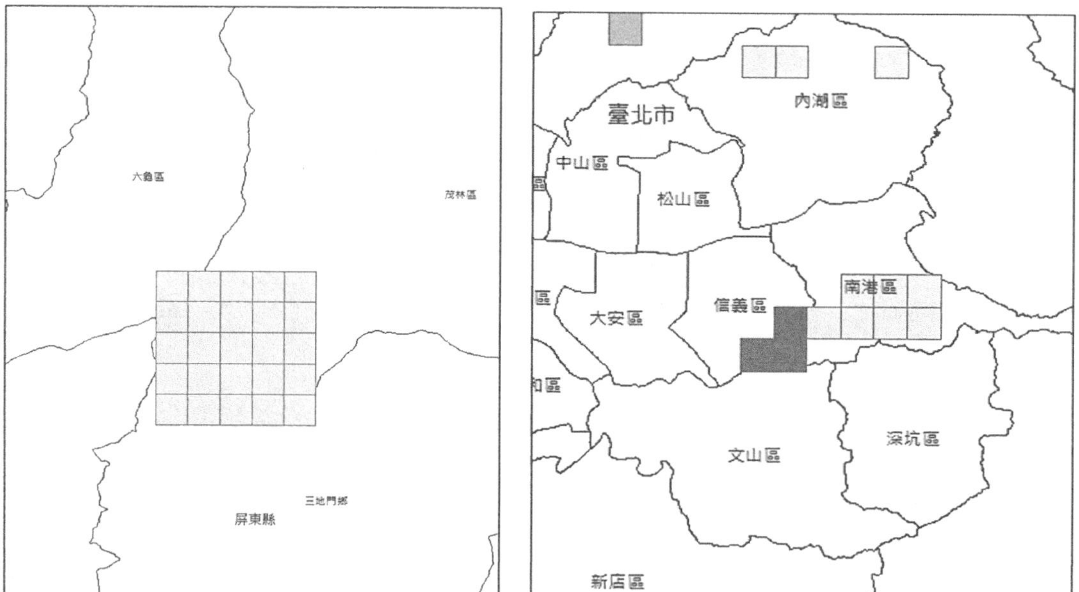

图 4　茂林风景区及台北市空间缺口扫描图

5. 结语

场域实作结果显示，台北市(信义商圈、南港山系等)、小琉球及七美岛等景区为空间服务缺口。其中台北市大众运输工具发达，推测能满足景点人潮，非真正空间缺口。其他空间缺口因其景点周边被大众运输工具所服务的机会较少，故为本文探讨的空间缺口。本文研究成果提供给“台湾好行”及相关从业者参考有无拓展观光路线需求，如小琉球及七美岛观光人次稳定成长具观光发展潜力，且为本文探讨的服务缺口，故建议未来“台湾好行”开行屏东琉球线及澎湖七美线。

本文探究范围有限，未来仍有值得探讨的方向。

(1) 本文着重于了解观光景点与现有交通服务的空间供需情况探讨，并未探讨时间服务缺口，如交通设施间能否达到无缝转乘目标，建议后续研究可将时间因素纳入考量。

(2) 本文未纳入公交车或客运等大众运输工具进行分析，建议未来研究可以加入其他大众运输工具或是更多相关图资进行分析，能更了解实际空间服务缺口。

(3) 后续研究分数的 reclassify 定义和分数权重计算，需经学术性的讨论和定义分析，以利缺口明确且有说服力。

参考文献

[1] 王晋元，卢宗成，李晟豪，等. 手机信令资料探勘于改善观光旅客公共运输服务之研究——以花莲县台湾好行路线为例[J]，运输计划季刊，2019，48(2)：105-132.

[2] 陈翔捷，陈其华，吴东凌. 应用电信与票证数据于研析人流分布与运输管理策略，台湾地区交通事务主管部门运输研究所运输信息组. 2018.

[3] 韩丰年，杨正翔. 桃园市台湾好行观光吸引力、旅游信息来源、服务满意度与重游意愿之研究[C]. 中华印刷科技年报，2017，341-357.

[4] 章可蓝，蔡煜书，詹大千，等. 地理信息系统应用于毒品查获空间分布：县市毒品查获地点的分析[J]. 台湾公共卫生杂志，2019，35(6)：671-684.

[5] 梅玉贞，赖文祥. 地理信息系统应用于公交车智慧派遣系统[J]. 地理信息系统季刊，2019，13(4)：6-11.

[6] 许志玮. 以 IPA 探讨台湾好行服务质量之研究[D]. 台北：铭传大学，2020.

[7] 辜文元. 地理信息系统于公共卫生领域之应用研究[D]，台中：中山医学大学，2019.

[8] 郭蕙纶. 整合多评准决策与地理信息系统于水库集水区土砂优先治理顺序——以湖山水库为例[D]. 台中：逢甲大学，2019.

[9] 黄国瑛. 应用公众参与式地理信息系统于社区发展生态旅游之研究——以台南市大内区曲溪社区为例[D]. 台北：政治大学，2011.

[10] 政府资料开放平台——台湾地区内部事务主管部门土地测绘中心，https://data.gov.tw/.

[11] 地理信息图资云服务平台，https://www.tgos.tw/TGOS/Web/MetaData/TGOS_Query_MetaData.aspx.

基于扫掠冲突的借道左转交叉口设计

Design of turn left intersection based on swept conflict

蔡思佳[1]　赵　超[2]　王　正[3]

摘　要：道路平面交叉口是影响整个城市交通路网体系的重要环节。借道左转作为非常规交叉口交通组织方式，从通行效率方面来讲，可以为左转车辆提供额外的道路通行资源，对于左转交通量较大的交叉口来说，可以有效降低排队长度和延误。但是，实施借道左转对交叉口的时空资源有着一定的要求。本文以实际应用为目标，利用 AutoTURN 软件模拟了不同规格左转车辆在不同速度下的扫掠空间，在保障效率与安全的前提下，对 3 种规模交叉口进行模拟并确定设置借道左转的安全条件。研究表明，交叉口在有适当规模和交通量的前提下，借道左转设置可以有效地改善交叉口的通行能力。

关键词：交通规划；借道左转；精细化设计；扫掠路径

Abstract: Road intersection is an important link that affects the whole urban traffic network system. As a traffic organization mode at unconventional intersections, left-turn by lane can provide additional traffic resources for left-turn vehicles in terms of traffic efficiency. For intersections with large left-turn traffic, it can effectively reduce queue length and delay. However, the implementation of the left turn by lane has a certain demand on the time and space resources of the intersection. In this paper, aiming at practical application, AutoTURN software is used to simulate the space swept by left-turn vehicles of different specifications at different speeds. On the premise of ensuring efficiency and safety, three kinds of intersections are simulated and the safety conditions for setting left-turn through lane are determined. The research shows that, under the premise of proper scale and volume of traffic at intersections, the left-turn setting can effectively improve the capacity of intersections.

Key words: transportation planning; turn left by lane; fine design; swept path analysis

1. 引言

交叉口作为交通流集散和道路网络的关键节点，往往在高峰期发生严重拥堵，尤其是左转车流更易产生冲突。为了解决交叉口左转车流时空资源不足的问题，河北邯郸交警支队在实践中首次提出“借道左转”交通组织方法，通过预信号控制和信号标志指引，利用出口车道作为左转车辆的额外车道，提高左转进口道通行能力[1]，该新型交通组织方法在广州、深圳和济南等地陆续应用，并取得良好的效果。目前这些借道左转的设计虽在相关基层管理部门的指导下进行了多地应用，但仍缺少较为具体的技术指标来对未来的借道左转设计进行推广。因此，仍需对其实施的相关指标进一步的研究。

朱然博等[2]设计了移位左转交叉口的渠化模型，建立了主、预信号协同控制的借道左转交叉口信号控制模型，分别从评价停车次数、车均延误和通行能力三方面对该方案进行评价。孙彪[3]对 T 形交叉口借道左转进行了研究，提出了相应的主预信号控制方案，并选取了北京市一个具有代表性的 T 形交叉口，运用 VISSIM 软件进行仿真和评价。宋康等[4]为了清空借道左转车道的排队车辆，设置了单独的借道左转

1,2,3　蔡思佳，赵超，王正，上海海事大学。

相位，并对交叉口信号配时进行优化，最后使用 VISSIM 仿真软件对借道左转车道的实际应用效果进行评价。童蔚苹等[5]利用苏州市人民路——十梓街十字交叉口的现实困境，进行了借对向车道的渠化设计和信号控制方案设计，基于仿真模拟，验证该交叉口设置的有效性。朱从坤等[6]以实例计算和 VISSIM 仿真分析对借道左转进行适应交通量范围的验证。杨晓芳等[7]改进了现行的动态借道左转车道(EFL)设计和交通控制方案，并对改造后的借道左转车道的长度进行了优化。孙彪[8]从时空方面对借道左转的设置方法进行了分析研究，利用资源优化方法，对案例交叉口进行了借道左转改造，并且运用 VISSIM 仿真软件评价了改造前后的交叉口通行效率。Qichao Liu 等[9]提出了一种基于多元 Logit 模型和变换车道模型分别结合在车道跟驰模型的微观交通流模型，它可以描述不同路段的跟驰行为，也可以在正常左转车道和动态出口车道之间进行选择。深入分析了几何条件、交通状况和驾驶员驾驶水平对车辆延误、车道空间利用率和速度变化的影响[10]。

国内外专家学者对借道左转交叉口的信号优化方面进行了比较全面的研究。但是对于设置该交叉口的运行条件，如转弯半径、运行速度、中央分隔带开口长度以及借道左转车道的服务车型都还需要进一步的量化分析。

本文主要针对十字形交叉口的对向 2 个进口道进行设计改造并根据交叉口的规模对借道左转车辆车型的限制提出具体的评判标准。

2. 借道左转的设置条件

2.1 AutoTURN 扫掠分析

路径扫掠即通过仿真车辆的扫掠空间来得到整个车身的实时行驶轨迹和占用空间，扫掠路径分析可灵活应用于大型车辆运输、交通环岛规模评估、车辆转弯分析中，并对交叉口车辆冲突可能性提供参考依据。利用扫掠空间分析左转车辆轨迹，可以仿真不同车型在不同行驶速度下的轨迹，为交叉口的精细化设计和交叉口内部的冲突分析提供有效的依据。本文运用 AutoTURN[11]的主要功能即车辆扫掠路径分析，通过对车辆行驶轨迹仿真模拟，对车辆在借道左转车道转弯时的冲突进行分析。

2.2 仿真相关参数

1) 车型选择

车辆尺寸的相关参数主要包括车身总长、总宽、前悬、轴距、后悬等基本尺寸。在我国相关的道路设计规范《城市道路工程技术规范》(GB 51286—2018)[12]中，城市道路中主要以小型车为主，大型车主要以大型的客运交通、公共交通为主，因此在车型选择方面，以小型车和大型车为主要研究对象，不考虑铰接车等的转弯相关因素的研究。图 1 为选定的 2 种车型，表 1 为相关尺寸。

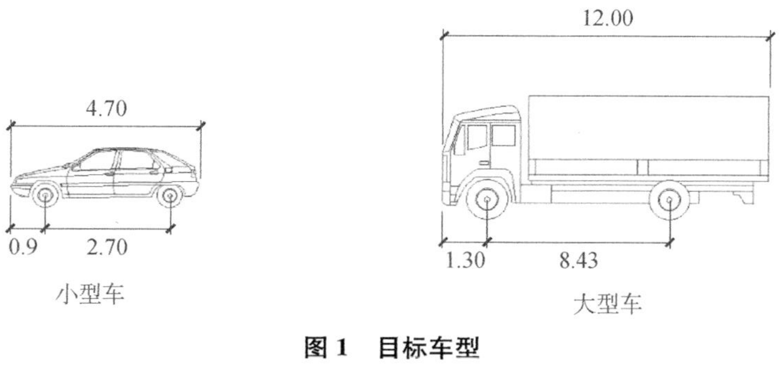

图 1 目标车型

表 1　车辆相关尺寸参数表

车辆类型	轴距(m)	后悬(m)	总长(m)	总宽(m)	前悬(m)
小型车	2.7	1.1	4.7	1.8	0.9
大型车	8.43	2.27	12	2.55	1.3

2）转弯半径

以小型车和大型车为例，控制车身车型及转弯半径相关参数不变，判定出口左转车道设施的可行性。表 2 为选定的 2 种车型在 AutoTURN 软件中对应的最小转弯半径。

表 2　车辆最小转弯半径对照表

车型	转弯半径(m)
1	6.40
2	12.50

3）车道数

因右转车辆不受信号控制，在出口道设置借道左转车道后，其出口方向至少设置 1 条车道满足与出口车道相交方向的右转车辆的通行需求。此外，在对向直行相位与相交车道左转相位运行时，其借道左转车道在少数情况下可能在固定相位内未清空车辆，因此需要加 1 条缓冲车道，避免产生冲突。且交叉口进出口段上应满足一定的红线宽度，在设置借道左转时，根据进出口路段红线宽度标准规划车道数。借道左转所在的进口方向的出口车道数应至少设置 3 条。

4）交叉口规模

由于设置出口车道左转交通组织方式的交叉口需达到一定的交通量与道路等级，根据前文分析，路段设置至少为双向六车道，其宽度均为 3.5 m，进口道进行相应的展宽设计，宽度均为 3 m。路段设置 2 m 宽中央分隔带，方便行人二次过街。路缘石转弯半径按照无非机动车道路缘石推荐半径最小值 10 m 来取值(表 3)。此外，当路段为双向六车道时，其进口道一般进行相应的展宽设计变为 4 条，当路段为双向八车道时，其进口道变为 5 条。

表 3　路缘石转弯半径

右转弯设计速度(km/h)	30	25	20	15
无非机动车道路缘石推荐半径(m)	25	20	15	10

结合中央分隔带宽度、路缘石转弯半径以及车道数标准，分别选取以下交叉口进行仿真：

(1) 四个方向均为双向六车道交叉口；

(2) 东西方向为双向八车道，南北为双向六车道交叉口；

(3) 四个方向均为双向八车道交叉口。

3. 借道左转的扫掠冲突分析

借道左转典型冲突各车道拥堵情况如图 2 所示，分析如下。

(1) a 点处未清空的左转车辆会占用一条出口车道，影响下一相位对向直行车的出口进程，在 a 点处产生拥堵。

(2) b 点处由于借用出口车道左转的车流与常规左转车流并行，且借道左转的车辆为了成功转入出口车道，需寻找合适的转弯半径，因此可能会与常规左转车流出现相互干扰的情况。

(3) 由于借道左转车流转弯半径更小，因此在其出口处 c 点容易引起车身碰撞中央分隔带的情况。

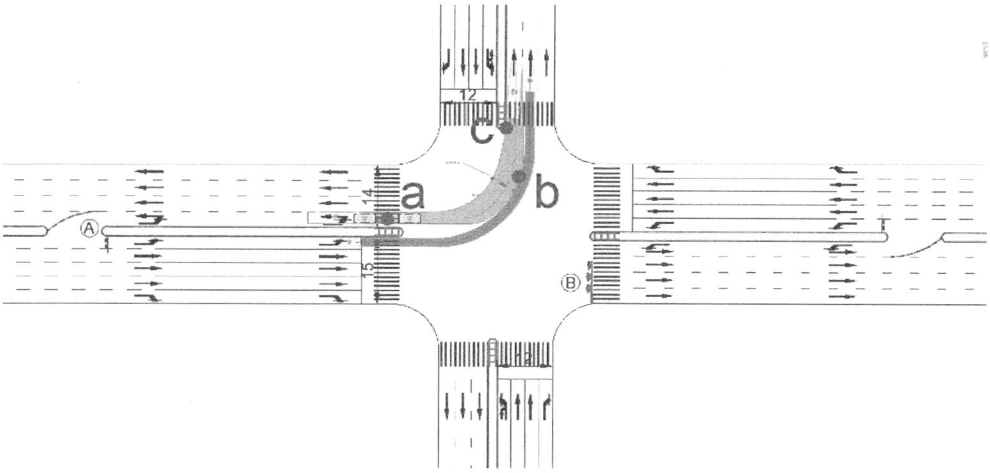

图 2　借道左转典型冲突

a 处的问题可用 A、B 处主预信号灯的信号控制方案来解决，b、c 处的问题需要用 AutoTURN 进行进一步仿真，确定借道左转车道的服务车型及适合设置借道左转的交叉口规模，尽量避免其冲突。

3.1　交叉口处冲突分析

基于以上条件，对这 2 种车型、3 种规模交叉口分别进行路径扫掠仿真模拟。

1）允许大型车进入借道左转车道的情况

(1) 在四个方向均为双向六车道的交叉口上(图 3)，借道左转车道允许通过 12 m 长大型车时，大型车以常规转弯路径行驶会与相邻方向中央分隔带处产生冲突(表 4)，若以不规则转弯路径成功完成左转，则会给大型车的转弯提高难度。

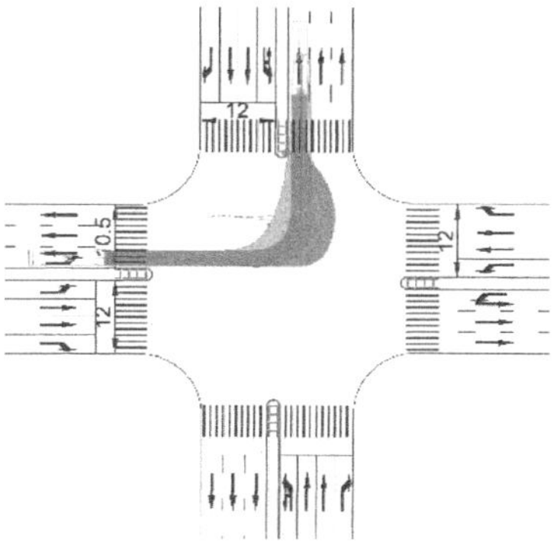

图 3　四向六车道交叉口

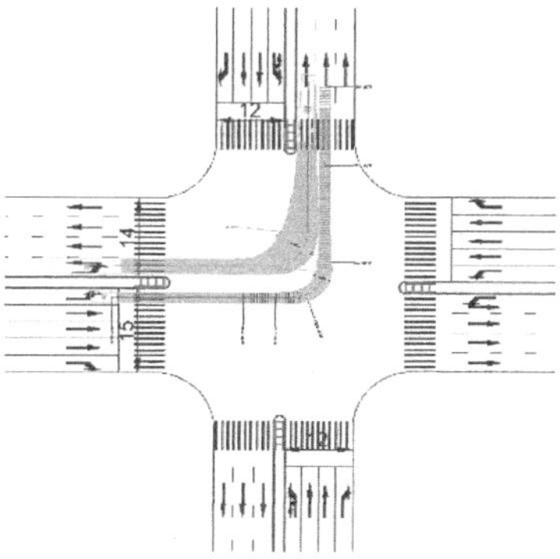

图 4　双向八车道交叉口

(2) 在双向八车道(图 4)以及四向八车道交叉口(图 5)处，大型车从借道左转车道进入交叉口，与小型车并行时，可以在不发生冲突的情况下完成转向，进入下一出口车道。但是由小型车的速度曲线报告(图 6)可以看出，常规左转车道驶出的小型车在转弯处的速度低于 10 km/h，不利于通行能力的提升，因此不建议借道左转车道对大型车放行。

2）不允许大型车进入借道左转车道的情况

小型车与常规左转车道的大型车并行时，以上 3 种规模交叉口(图 7～图 9)均可以顺利完成左转活动，且常规左转车辆的时速均不低于 10 km/h。

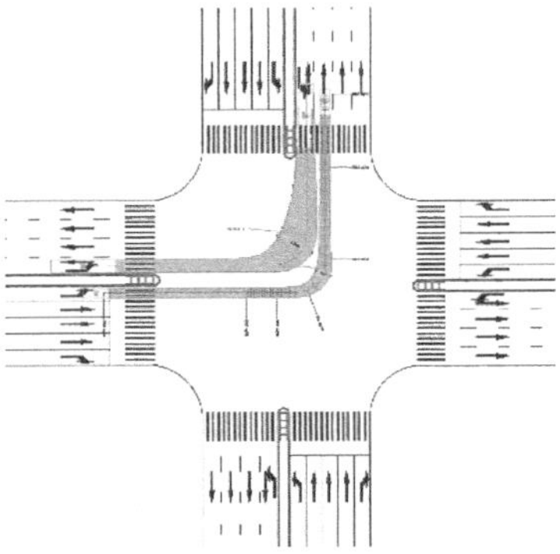

图5　四向八车道交叉口

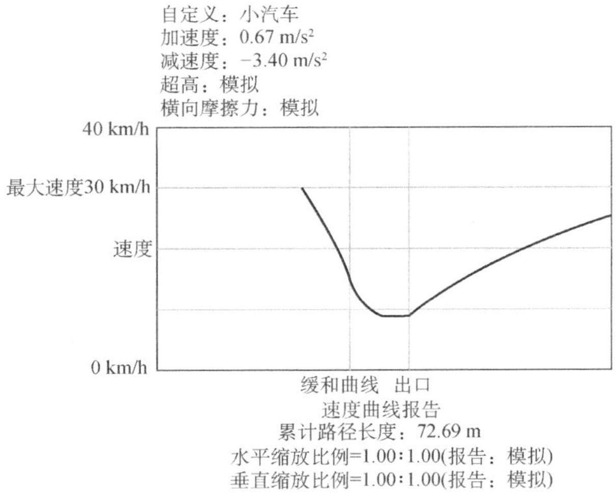

图6　小型车速度曲线报告

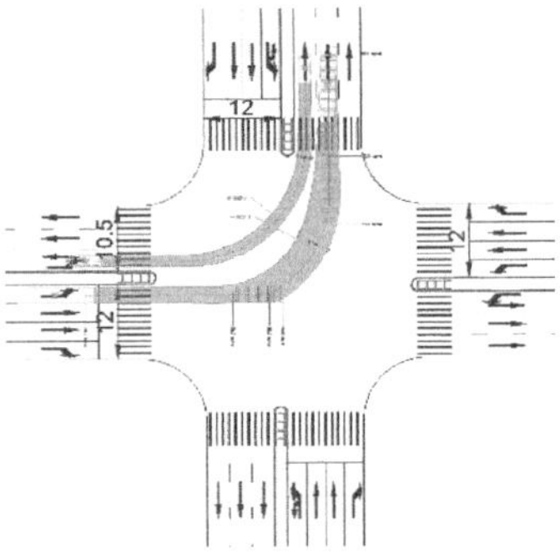

图7　四向六车道交叉口

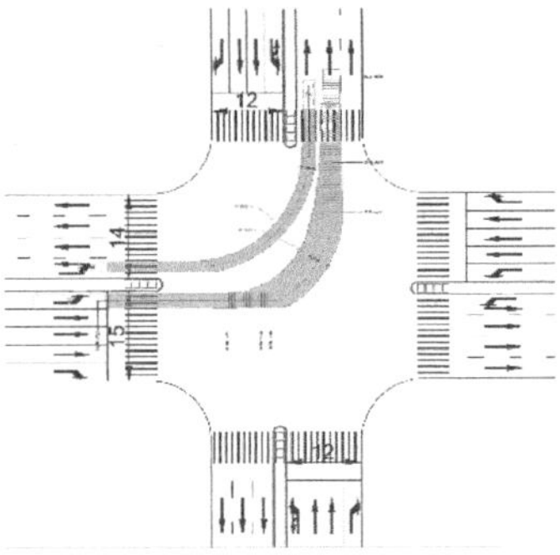

图8　双向八车道交叉口

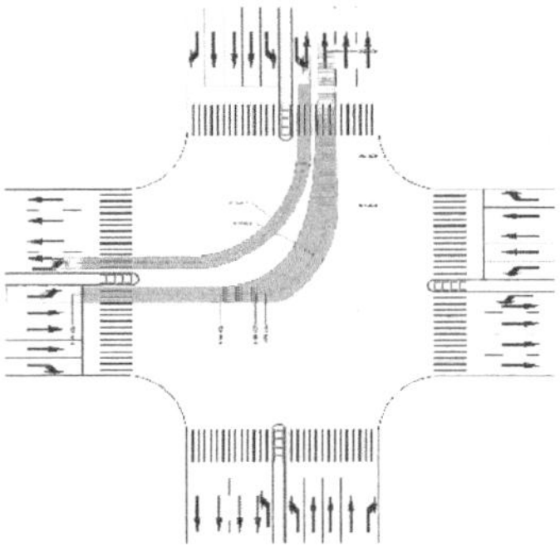

图9　四向八车道交叉口

表4　冲突总结表

借道左转车道车长/常规左转车道车长(m)	交叉口规模		
	四向六车道	双向八车道	四向八车道
4.7/4.7	√	√	√
4.7/12	√	√	√
12/4.7	×	√	√
12/12	×	×	×

3.2　中央分隔带处冲突分析

由前文交叉口处的分析，不建议在开口处允许大型车通行，因此仅模拟小型车在该处的行程轨迹，中央分隔带宽度选取为 2 m。

在开口处分别设置 10 km/h、15 km/h 的最低车速，在不需要停车转弯的前提下，以最小转弯半径通过开口，获得 2 种车速下所需的最小开口长度。

(1) 最低车速为 10 km/h 时，最短开口长度为 7.36 m(图 10)。

(2) 最低车速为 15 km/h 时，最短开口长度为 8.75 m(图 11)。

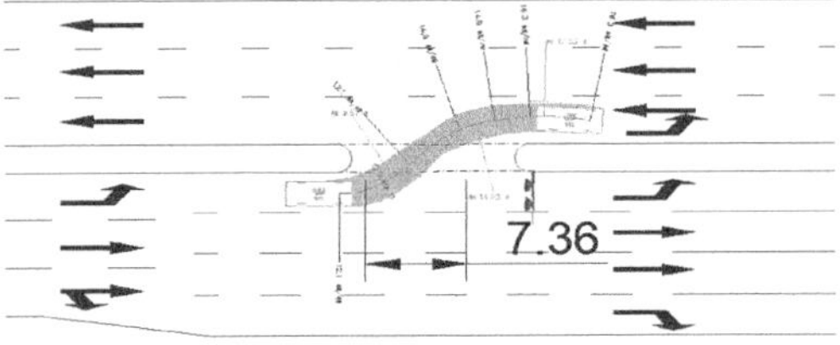

图10　最低车速 10 km/h

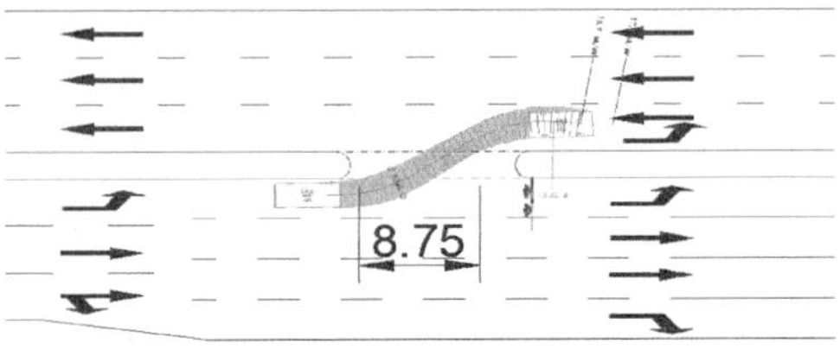

图11　最低车速 15 km/h

考虑到开口处车辆行驶的流畅性，开口两端需要留出足够的空间，因此，建议选取的中央分隔带开口长度至少为 12 m。

4. 结语

设置借道左转交叉口往往需要对交叉口规模做出要求，并需要具体的技术指标确定中央分隔带开口长度。本文主要依据扫掠路径分析，通过对左转车辆的行驶轨迹进行仿真模拟，获得以下结论：

(1) 由于大型车的转弯半径及转弯的路径行驶空间需求较大，因此不建议允许大型车进入出口左转车道进行排队。

(2) 在不允许大型车进入出口左转车道的情况下，中央分隔带开口处以 15 km/h 的最低时速为最高标准，在不停车转弯的基础上，以极限方式通过开口处，然后左右分别留出约 1.5 m 长的富余空间，最终确定其开口大小约为 12 m。

(3) 在不允许大型车进入出口左转车道的情况下，按照其交通量与车道数的设置条件，建议选取的路段在双向六车道以上。

其结论可对借道左转交通组织方式的进一步推广提供参考依据。但是，本文仅对十字交叉口的对向 2 个进口道进行了设计分析，对于城市道路中占比较多的 T 形交叉口与 X 形交叉口以及相应的四向同时设置借道左转的情况，还有待进一步研究。

参考文献

[1] 李佳芯，张贵民. 邯郸：借道左转“金点子”——推动精细化管理[J]. 道路交通管理，2015(8)：38-39.

[2] 朱然博，徐良杰，李福，等. 移位左转交叉口渠化与信号配时优化模型[J/OL]. 武汉理工大学学报(交通科学与工程版)：1-9[2022-01-02].

[3] 孙彪.T 型交叉口借道左转设置研究[J]. 山东交通科技，2020(4)：116-119+125.

[4] 宋康，魏鸿坤，林云青，等. 信号交叉口借道左转交通治理措施研究[C]. 交通治理与空间重塑——2020 年中国城市交通规划年会论文集，2020：1587-1593.

[5] 童蔚苹，袁诗琳，刘菲菲，等. 基于通行能力的借对向车道左转交叉口信号控制模型优化[J]. 公路交通科技，2021，38(3)：87-95.

[6] 朱从坤，张乐峰. 信控交叉口逆向左转可变车道适应交通量研究[J]. 交通工程，2021，21(2)：79-84.

[7] 杨晓芳，王影. 动态出口左转车道控制优化研究[J]. 交通信息与安全，2021，39(05)：85-92.

[8] 孙彪. 借道左转交叉口时空资源优化方法研究[D]. 北京：中国人民公安大学，2021.

[9] Liu Qichao, Zhou Xizhao, Zhao Jing. Modeling the Operation of Left-Turn Vehicles at Exit Lanes for Left-Turn Intersections[J]. Journal of Transportation Engineering, Part A: Systems, 2021, 147(5).

[10] Liu Qichao, Zhao Jing, Zhou Xizhao. Optimal Trajectory Control for Left-Turn Vehicles at Exit Lane for Left-Turn Intersections[J]. Journal of Transportation Engineering, Part A: Systems, 2021, 147(10).

[11] 辛玉华，孙小端. 基于 AutoTURN 的公路设计车辆最小转弯路径研究[J]. 黑龙江交通科技，2016，(12)：1-2.

货运车辆驾驶安全性综合评价

The comprehensive evaluation of freight vehicle driving safety

张旭欣[1]　王雪松[2]　汤晓薇[3]

摘　要：货运行业发展迅速，交通安全形势严峻。货运企业对运输车辆驾驶安全性的评估不足，现有主动安全预警数据的价值未得到充分发挥。本文采用车辆监控设备所提取的主动安全预警特征、出行行为及驾驶行为信息，构建了货运车辆驾驶安全综合评价指标体系。基于熵权-层次分析法，结合 k-Means 和决策树方法，建立了货运车辆驾驶安全性综合评价模型。结果表明，安全性评价得分与事故数显著相关，且在发生过事故与未发生过事故的车辆间差异显著，本文提出的安全评估方法可对货运车辆安全性进行有效划分，为货运企业车辆运营的安全性评估提供了支持。

关键词：车载监控数据；货运车辆风险评估；主动安全管理

Abstract: With the rapid development of freight industry, the traffic safety situation is grim. The evaluation of truck driving safety by freight companies is insufficient, and the value of existing active safety monitoring data has not been fully exerted. Based on the active safety early warning information, travel behavior and driving behavior information extracted by the active safety monitoring equipment, this study constructs a comprehensive evaluation index system of truck driving safety. Combined with k-Means cluster analysis and decision tree analysis, a comprehensive evaluation method is constructed based on the entropy weight method and the hierarchical analysis(i. e., EWM-AHP) method. The results show that the score of safety evaluation is significantly related to the number of crashes. The score shows a significant difference between trucks with and without traffic crashes, indicating that this method can effectively divide the safety of trucks and provides support for the safety assessment of vehicle operation in freight companies.

Key words: in-vehicle monitoring data; truck risk assessment; active safety management

1. 引言

近年来，我国货运行业发展迅速，安全问题形势严峻。根据公安部交通管理局公布的数据[1]，2015—2019 年（2018 年数据缺失），重型货车交通事故的死亡人数平均约为小型客车的 2.38 倍。尽管货运车辆的保有量较小，但事故中的死亡率更高，为了改善这种状况，有必要深入研究货车驾驶安全性评估，为交管部门主动安全管理提供理论基础。

然而，大多货运企业的安全风险标准空缺，缺乏对运输车辆驾驶安全性的有效评估。货运企业对车辆的风险水平划分通常仅依赖于车辆涉及的交通事故数量或违法行为数量，缺少对车辆出行过程的驾驶安全性开展系统性评估，对高风险货运车辆的划分不够准确，使得货运企业对车辆及驾驶人的风险管控措施难以精准实施。

截至 2020 年，已有超过 700 万辆货运车辆接入“全国道路货运车辆公共监管与服务平台”，获得了海量驾驶人行为（如疲劳、手机使用）及车辆运行状态（如位置、车速、车距）等数据。这为研究车辆运行的安全综合评价提供了新视角。然而，现有数据价值未得到充分发挥，对于所收集到的海量主动安全

1,2,3　张旭欣，王雪松，汤晓薇，同济大学道路与交通工程教育部重点实验室。

预警信息及行车数据缺乏进一步分析，形成一种被动的、事后的管理模式，严重制约监管效果，不利于事故预防。

目前，国内外已有大量驾驶安全性研究，但大多是基于一般小型乘用车的研究，货运车辆驾驶安全性研究比较缺乏。驾驶安全性评价主要围绕驾驶人基本特征、车辆基本特征、出行行为和驾驶行为这 4 类指标开展分析。其中，车龄、行驶里程、道路类型、出行时间、速度等是出现频率较高的指标[5]。然而，很少有研究涉及主动安全预警这一重要特征。

方法上，驾驶安全性很难单纯用定量指标，需要主观评估与客观分析相结合，同时，由于驾驶数据采集的多样性，驾驶安全性评估的研究还没有达成一致的框架[9]。现有研究常将几种评价方法"组合"起来研究，使得研究结果更加科学合理。

基于上述背景，本文在考虑主动安全预警信息的基础上，综合多源数据进行系统分析，旨在构建货运车辆驾驶安全综合评价指标体系，设计货运车辆驾驶安全性综合评价方法。本文的贡献在于：首先，囊括驾驶行为、出行行为和主动安全预警信息，构建货运车辆驾驶安全性综合评价指标体系。其次，采用熵权—层次分析法对货运车辆驾驶安全性评价模型进行定权，较好地平衡了主、客观方法的缺陷。并基于 K-means、决策树获取各指标下备择选项的个数与划分阈值，使得该评价体系易于解读及使用。最后，构建综合评价模型并对模型效果进行验证。研究结果可为评估车辆运行安全性、制定更合理的工作排班方式等提供理论及技术支持。

2. 数据处理

2.1 车联网数据采集

本文中与货运车辆行驶有关数据源于中国太平洋财产保险公司运营的"主动安全云平台"，其基本原理及架构如图 1 所示。该平台通过驾驶行为分析设备、前向车辆运行安全设备和多路视频监控系统，实现了对驾驶异常状态的全面检测。同时，基于车辆中安装的主动安全设备，平台通过实时接收卫星及 4G 信号可及时获取驾驶人状态、环境状态及车辆运行位置、行驶方向、车速等关键信息。截至 2021 年底，该平台累计接入营运车辆 3 万余台，记录总里程达 7 亿公里，累计预警 6 000 万次以上，预警总时长达 2 400 万小时以上。

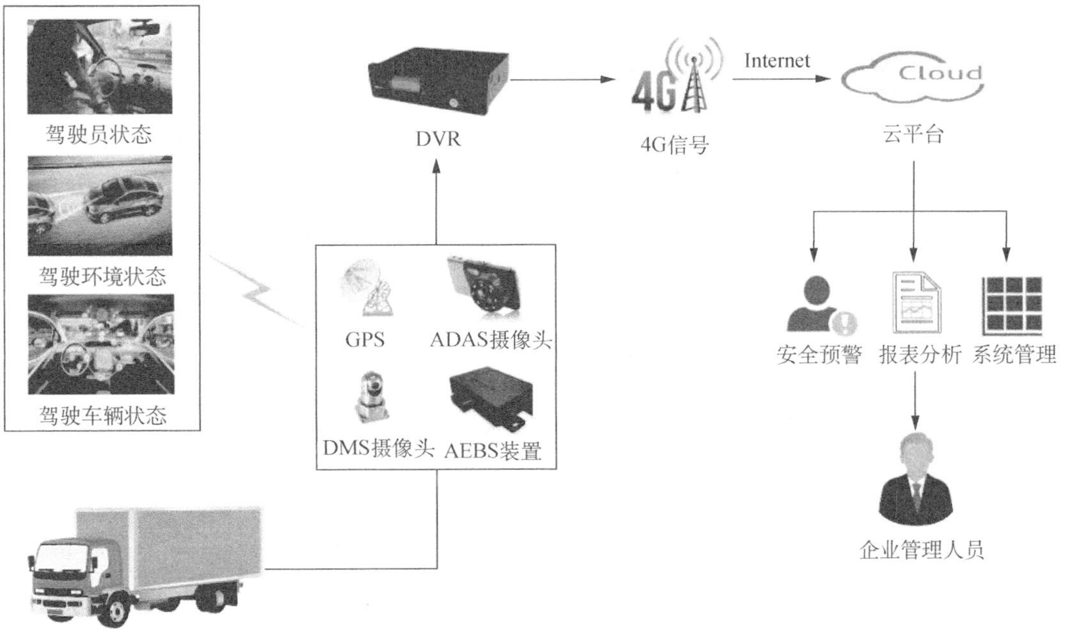

图 1　主动安全云平台原理及架构

"主动安全云平台"提供了车辆的 GPS 行驶轨迹数据及主动安全预警信息。GPS 行驶轨迹数据包括车牌号、机构名称、时间、速度、经度和纬度。主动安全预警信息包含驾驶人状态以及车辆运行状态预警数据。其中,驾驶人状态预警分为吸烟、左顾右盼、打哈欠、手机使用以及偏离驾驶位 5 类预警;车辆运行状态预警分为车距过近预警、碰撞预警以及车道偏离 3 类预警。主动安全预警原始数据包括车牌号、所属公司、预警时间、经纬度、预警类别和预警视频地址。

2.2 货运车辆特征提取

本文采用主动安全云平台所获取的 2019 年 1 月 1 日至 12 月 31 日在上海市域范围内出行车辆的主动安全预警信息及 GPS 行驶轨迹数据。由于不同货运企业所选择的投保范围不同,其车辆中安装的主动安全监控设备所采集的数据类型有所差异。因此,本文针对 4 种主要的基础预警类型进行分析,包括吸烟、打哈欠、手机使用以及车距过近预警。由于涉及车辆数量众多,而车辆车龄、车型等信息难以获取,故暂未提取车辆信息。

本文对获取的每台车辆每日的完整行驶轨迹数据进行重复数据删除、行程划分和地图匹配处理,汇总了行程中所包含车辆的车牌号、行程开始时间、行程结束时间、行驶时长、总行驶里程、最大车速、平均车速、行程中是否包含城市道路、是否包含高速公路、高速公路行程占比。其中,城市道路定义为限速低于 80 km/h 的道路,高速公路则被定义为限速在 80~120 km/h 的道路。

本文共筛选出行驶在上海市域范围内的 2 185 台货运车辆的 105 786 次出行和 465 555 次预警,进而提取出车辆出行行为、驾驶行为和主动安全预警 3 类特征变量,如表 1 所示。

表 1　平台中货运车辆特征提取

变量	描述	平均值	标准差
出行行为			
Distance traveled	上海市域范围内的行程总里程(km)	2 444.950	5 726.392
Weekends	周末出行次数占总出行次数的比例(周末:周六凌晨 00:00 至周日夜间 24:00)	28.523%	26.763%
Nighttime	夜间出行次数占总出行次数的比例(夜间:22:00—06:00)	48.279%	33.841%
Sunny	晴天出行次数占总出行次数的比例	10.668%	19.293%
Overcast	多云或阴天出行次数占总出行次数的比例	58.278%	29.588%
Rainy	雨天出行次数占总出行次数的比例	28.059%	27.495%
驾驶行为			
Speed_avg on urban roads	城市道路行驶的平均速度(km/h)	31.437	15.711
Speed_avg on freeways	高速公路行驶的平均速度(km/h)	64.420	6.629
Speed_sd on urban roads	城市道路行驶的车速标准差(km/h)	21.940	6.760
Speed_sd on freeways	高速公路行驶的车速标准差(km/h)	17.050	4.700
主动安全预警			
Smoking	每百公里吸烟预警频率	4.454	9.091
Yawn	每百公里打哈欠预警频率	1.639	3.910
Phone use	每百公里手机使用预警频率	0.184	1.125
Too close	每百公里车距过近预警频率	3.087	8.004

2.3 货运车辆事故频率

基于太平洋保险事故数据，统计 2019 年每辆车在上海市域范围内发生的交通事故数。其中，交通事故平均数量为 0.029 起，标准差为 0.189 起。

3. 基于车载监控数据的货车安全性综合评价

3.1 评价指标体系构建

国际上，驾驶风险评估主要围绕 4 类指标开展分析，包括驾驶人基本特征、车辆基本特征、出行行为和驾驶行为。驾驶人基本特征部分，性别、年龄、驾龄是被应用较多的指标。车辆基本特征方面，车龄是其中的一个常用指标。出行行为方面，行驶里程、道路类型和出行时间是出现频率较高的指标。在驾驶行为方面，超速行为是导致交通事故最关键的因素之一[10]。在借鉴国际上针对驾驶安全性评价指标使用的基础上，结合本文所收集到的车辆 GPS 及车载主动安全预警特征数据，对货运车辆驾驶安全性综合评价指标进行选择。

根据车辆运行轨迹数据，结合国际经验，选取行驶总里程、天气、夜间出行比例、周末出行比例作为出行行为信息类别下的评价指标。由于 GPS 采集的数据频率较低，难以获取细粒度驾驶行为数据，仅选用车速指标作为驾驶行为信息类别下的评价指标。

以往研究很少考虑将车载主动安全监控设备所收集的预警特征作为评估车辆运行安全性的指标，但主动安全预警特征与事故风险显著相关。基于车载监控数据，本文提取了吸烟、打哈欠、手机使用、车距过近这 4 个预警特征的百公里预警频率作为评价指标。

根据层次分析法的基本原理，并基于上述综合评价指标的选取，构建了货运车辆驾驶安全性综合评价指标体系，如表 2 所示。

表 2 货运车辆驾驶安全性评价指标体系

目标层	准则层	子准则层 1	子准则层 2	变量类型
货运车辆驾驶安全性综合评价	驾驶行为信息(C_1)	城市道路平均车速(A_1)	—	连续变量
		城市道路车速标准差(A_2)	—	连续变量
		高速公路平均车速(A_3)	—	连续变量
		高速公路车速标准差(A_4)	—	连续变量
		行驶总里程(B_1)	—	连续变量
	出行行为信息(C_2)	天气(B_2)	晴天出行比例(B_{21})	连续变量
			多云/阴天出行比例(B_{22})	连续变量
			雨天出行比例(B_{23})	连续变量
	主动安全预警信息(C_3)	夜间出行比例(B_3)	—	连续变量
		周末出行比例(B_4)	—	连续变量
		百公里吸烟警报频率(C_1)	—	连续变量
		百公里手机使用警报频率(C_2)	—	连续变量
		百公里打哈欠警报频率(C_3)	—	连续变量
		百公里车距过近警报频率(C_4)	—	连续变量

3.2 熵权-层次分析法赋权

本文利用层次分析法和熵权法相结合得出各评价指标的组合权重。

(1) 层次分析法赋权

层次分析法(Analytic Hierarchy Process,AHP)是运筹学领域中的一种多准则决策方法,通过对指标进行成对比较的方式,利用专家经验对各指标之间相对重要度的大小进行比较[11]。

本文首先针对货运车辆综合安全评价体系的评价指标制定指标重要性专家调查问卷,共邀请18位交通安全领域的专家对各项指标进行评价。根据问卷数据构建判断矩阵,并对矩阵结果一致性进行检验。各判断矩阵的一致性比率均小于0.10,表明专家评价结果具有一致性[11]。在判断矩阵通过一致性检验的基础上,指标的局部权重和全局权重汇总如表3所示。

表3 层次分析法赋权结果

类别	准则层局部权重	变量	子准则层局部权重	变量	子准则层局部权重	全局权重
C_1	0.238 5	C_{11}	0.086 29	—	—	0.020 58
		C_{12}	0.285 35	—	—	0.068 05
		C_{13}	0.142 67	—	—	0.034 03
		C_{14}	0.485 69	—	—	0.115 83
C_2	0.136 5	C_{21}	0.146 02	—	—	0.019 93
		C_{22}	0.268 86	C_{221}	0.136 50	0.005 01
				C_{222}	0.238 49	0.008 75
				C_{223}	0.625 01	0.022 94
		C_{23}	0.491 39	—	—	0.067 07
		C_{24}	0.093 73	—	—	0.012 79
C_3	0.625 0	C_{31}	0.089 55	—	—	0.055 97
		C_{32}	0.220 85	—	—	0.138 03
		C_{33}	0.286 47	—	—	0.179 05
		C_{34}	0.403 13	—	—	0.251 96

(2) 熵权法赋权

熵权法(Entropy Weight Method, EWM)是一种重要的客观信息权重模型,与各种主观赋权模型相比,其最大的优点是避免了人为因素对指标权重的干扰,综合评价结果客观性强。首先对各变量进行归一化处理;其次,计算各变量的熵权,熵权法赋权结果如表4所示。

表4 熵权法赋权结果

类别	变量	熵权法
驾驶行为 C_1	城市道路平均车速 C_{11}	0.019 79
	城市道路车速标准差 C_{12}	0.024 10
	高速公路平均车速 C_{13}	0.012 53
	高速公路车速标准差 C_{14}	0.014 47
出行行为 C_2	行驶总里程 C_{21}	0.002 97
	晴天出行比例 C_{221}	0.021 40
	多云/阴天出行比例 C_{222}	0.080 74
	雨天出行比例 C_{223}	0.045 14
	夜间出行比例 C_{23}	0.128 59
	周末出行比例 C_{24}	0.189 61

（续表）

类别	变量	熵权法
主动安全预警 C_3	吸烟 C_{31}	0.458 88
	手机使用 C_{32}	0.000 31
	打哈欠 C_{33}	0.000 85
	车距过近 C_{34}	0.000 61

(3) 熵权-层次分析法

赋权若仅使用层次分析法或熵权法的赋权结果对货运车辆的驾驶安全性进行评价，会出现因专家主观判断或数据客观规律导致评价结果出现偏差。因此，本文采用主客观相结合的方式对层次分析法及熵权法的赋权结果进行整合，综合考虑变量特征的主客观规律，生成基于熵权-层次分析法(EWM-AHP)的组合权重(表 5)。

组合权重 (w_C) 的计算方法是利用熵权法权重 (w_E) 与层次分析法权重 (w_A) 求和并进行归一化而来，具体计算如公式(1)所示。

$$w_C = \frac{w_{Ei} + w_{Ai}}{\sum_{i=1}^{n}(w_{Ei} + w_{Ai})}, \quad i = 1, 2, \cdots, n \tag{1}$$

表 5 EWM-AHP 方法组合赋权结果及对比

类别	变量	EWM	AHP	EWM-AHP
驾驶行为 C_1	城市道路平均车速 C_{11}	0.019 79	0.020 58	0.020 19
	城市道路车速标准差 C_{12}	0.024 10	0.068 05	0.046 08
	高速公路平均车速 C_{13}	0.012 53	0.034 03	0.023 28
	高速公路车速标准差 C_{14}	0.014 47	0.115 83	0.065 15
出行行为 C_2	行驶总里程 C_{21}	0.002 97	0.019 93	0.011 45
	晴天出行比例 C_{221}	0.021 40	0.005 01	0.013 20
	多云/阴天出行比例 C_{222}	0.080 74	0.008 75	0.044 75
	雨天出行比例 C_{223}	0.045 14	0.022 94	0.034 04
	夜间出行比例 C_{23}	0.128 59	0.067 07	0.097 83
	周末出行比例 C_{24}	0.189 61	0.012 79	0.101 20
主动安全预警 C_3	吸烟 C_{31}	0.458 88	0.055 97	0.257 43
	手机使用 C_{32}	0.000 31	0.138 03	0.069 17
	打哈欠 C_{33}	0.000 85	0.179 05	0.089 95
	车距过近 C_{34}	0.000 61	0.251 96	0.126 29

3.3 评价模型构建

为了使得评分模型易于解释，利用 k-Means 聚类法对每个连续变量评价指标进行离散化处理，并基于决策树算法得到各指标经离散化处理后元素之间的划分阈值，将上述元素作为各评价指标的备择选项。最后，建立安全评分模型，结合权重及备择选项的设置为备择选项赋分。

利用手肘法确定了 k-Means 聚类中最佳簇的数量，并通过计算轮廓系数来评估聚类效果，轮廓系数越接近 1，聚类效果越好。进一步，利用决策树算法找出不同类别之间的划分阈值。k-Means 算法对变量聚类分析的结果及分类阈值结果如表 6 所示。

表6 货运车辆驾驶安全性评分模型

类别	变量	聚类变量	轮廓系数	阈值	得分
驾驶行为	城市道路平均车速 C_{11} (km/h)	4	0.712	<23	2
				23≤C_{11}<37	1.5
				37≤ C_{11}<56	1
				≥56	0.5
	城市道路车速标准差 C_{12} (km/h)	4	0.745	<10	5
				10≤ C_{12}<20	3.5
				20≤C_{12}<27	2
				≥27	0.5
	高速公路平均车速 C_{13} (km/h)	4	0.681	<53	3
				53≤C_{13}<61	2
				61≤C_{13}<68	1
				≥68	0
	高速公路车速标准差 C_{14} (km/h)	3	0.686	<14	7
				14≤C_{14}<20	4
				≥20	1
出行行为	行驶总里程 C_{21} (km)	3	0.937	<6 780	1
				6 780≤C_{21}<25 000	0.6
				≥25 000	0.2
	晴天出行比例 C_{221}	2	0.978	<33%	1
				≥33%	0
	多云/阴天出行比例 C_{222}	3	0.984	<32%	0
				32%≤ C_{222}<77%	2
				≥77%	4
	雨天出行比例 C_{223}	3	0.986	<18%	3
				18%≤C_{223}<63%	2
				≥63%	1
	夜间出行比例 C_{23}	2	0.950	<53%	5
				≥53%	10
	周末出行比例 C_{24}	3	0.986	<18%	2
				18%≤C_{24}<61%	6
				≥61%	10

（续表）

类别	变量	聚类变量	轮廓系数	阈值	得分
主动安全预警	吸烟 C_{31}（百公里预警频率）	3	0.872	<7.4	6
				$7.4 \leqslant C_{31} < 27$	16
				⩾27	26
	手机使用 C_{32}（百公里预警频率）	2	0.988	<4.4	7
				⩾4.4	3.5
	打哈欠 C_{33}（百公里预警频率）	3	0.896	<3.9	9
				$3.9 \leqslant C_{33} < 17$	6
				⩾17	3
	车距过近 C_{34}（百公里预警频率）	3	0.896	<8.3	13
				$8.3 \leqslant C_{34} < 45$	8
				⩾45	3

3.4 评价结果分析

对数据集中各货运车辆的综合安全性得分进行了计算以验证评价模型的有效性。通过对货运车辆驾驶安全性综合评价得分与货运车辆的事故数进行相关性检验，发现二者之间在95%置信水平下显著负相关（$p=0.012$），即得分越高与事故数越少显著相关，表明安全性评分模型可有效反映货运车辆事故风险。

令评价结果以10分为区段进行分段统计，结果如图2所示，半数以上的货运车辆综合安全性得分集中在[60，70)分，占据车辆总数的51.85%；其次为得分在[50，60)区段，占据总数的近1/3；得分在70分及以上的车辆数占据总数的15.84%。一般可认为，分数在60分以下的货运车辆安全性较低，60～70分的货运车辆安全水平适中，70分及以上的货运车辆安全性较好。

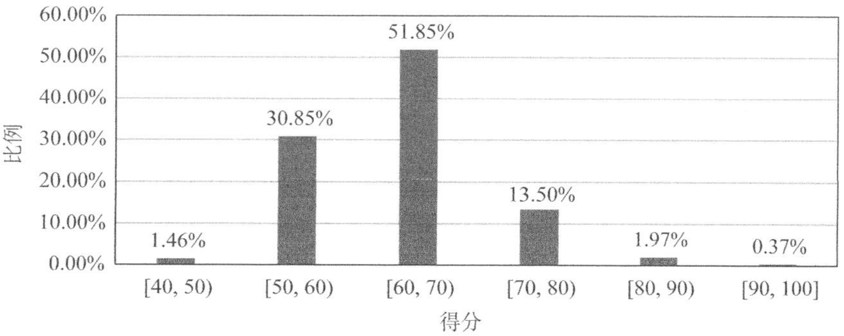

图2　货运车辆综合安全评价结果分段统计

进一步，以车辆是否发生过交通事故作为分组变量对货运车辆综合安全性得分进行比较。通过对车辆得分进行K-S正态性检验，表明数据为非正态分布（$D=0.536$，$p<0.001$），故需使用Mann-Whitney U检验进行差异性分析。

Mann-Whitney U差异性检验结果如表7所示。结果表明，发生过交通事故的车辆评分均值为61.268，显著低于未发生过交通事故的车辆评分，且两组之间评分在95%置信水平下存在显著差异。

表7　安全性评分 Mann-Whitney U 差异性检验

是否发生过交通事故	平均值	标准偏差	z 值	p 值
0—未发生过	63.495	7.238	−2.437	0.015
1—发生过	61.268	5.830		

注：* 变量在95%置信水平下显著。

图3为上述评分结果的可视化展示。可知，未发生过交通事故的车辆评分相对更加离散；部分车辆得分显著高于80分，表明其安全性较高；但同时存在得分较低但未发生过交通事故的车辆，该部分车辆的日常出行、驾驶人行为及不良驾驶状态值得货运企业重点关注。而在发生过交通事故的车辆中，车辆得分相对更加集中，且显著低于未发生过交通事故的车辆安全性得分；值得注意的是，该组车辆中存在得分较高但发生过交通事故的情况，表明其危险行为更加隐蔽，未来研究有必要在提高数据采集精度的基础上，进一步挖掘更好的风险评价指标来对安全性评价模型进行优化。

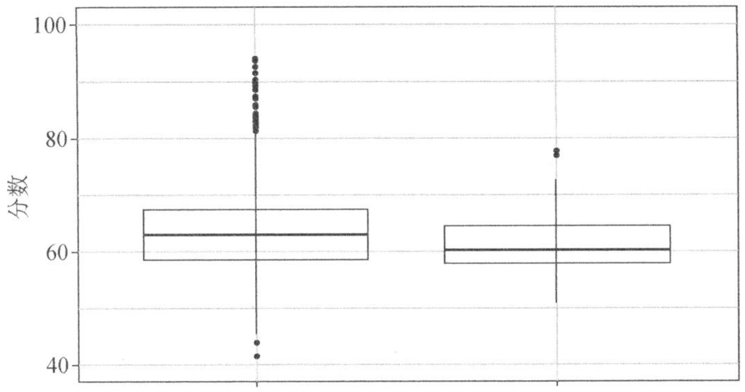

图3　货运车辆综合安全性评分可视化

4. 结语

本文基于车载监控数据对货车驾驶安全性进行综合评价，研究结果表明该评价模型可有效反映货运车辆的驾驶安全性，安全性评价得分与事故数显著相关，且在事故组及非事故组车辆的中具有显著差异。本文研究的成果可应用于货运企业主动安全管理过程中，以驾驶人或货运车辆为单位开展风险评估，为货运企业提供理论及数据支持。

参考文献

[1] 公安部交通管理局. 中华人民共和国道路交通事故统计年报(2015年度)[R]. 北京：公安部交通管理局，2016.
[2] 公安部交通管理局. 中华人民共和国道路交通事故统计年报(2016年度)[R]. 北京：公安部交通管理局，2017.
[3] 公安部交通管理局. 中华人民共和国道路交通事故统计年报(2017年度)[R]. 北京：公安部交通管理局，2018.
[4] 公安部交通管理局. 中华人民共和国道路交通事故统计年报(2019年度)[R]. 北京：公安部交通管理局，2020.
[5] Guillen M, Nielsen J P, Ayuso M, et al. The use of telematics devices to improve automobile insurance rates[J]. Risk Analysis, 2019,39(3):662-672.
[6] Bian Y, Yang C, Zhao J L, et al. Good drivers pay less: A study of usage-based vehicle insurance models[J]. Transportation Research Part A: Policy and Practice, 2018,107:20-34.
[7] Boucher J-P, Turcotte R. A longitudinal analysis of the impact of distance driven on the probability of car accidents [J]. Risks, 2020,8(3):91.
[8] Jin W, Deng Y, Jiang H, et al. Latent class analysis of accident risks in usage-based insurance: Evidence from beijing

[J]. Accident Analysis & Prevention, 2018,115:79-88.
[9] Zhu X, Yuan Y, Hu X, et al. A Bayesian Network model for contextual versus non-contextual driving behavior assessment[J]. Transportation research part C: emerging technologies, 2017, 81: 172-187.
[10] Winlaw M, Steiner S H, Mackay R J, et al. Using telematics data to find risky driver behaviour[J]. Accident Analysis & Prevention, 2019,131:131-136.
[11] Saaty T L, Vargas L G. Models, methods, concepts & applications of the analytic hierarchy process[M]. Boston, MA: Springer, 2012.

基于大数据技术的智慧港口实践

The cases smart port based on data technology

徐明强[1]　胡筱渊[2]

摘　要：全球经济在“互联网+”的助力下催生出智能航运，由此带动智慧港口的兴起与发展。本文针对基于物联网的智慧港口一体化管理平台开展理论研究。通过建立多目标优化模型以及设计智能优化算法，探究了港航调度中的船期协调问题。采用数据挖掘技术以及机器学习算法，生成船舶航行路径。完成了基于理论的“港航数智一体化”平台的开发迭代，并在上海港和南通港推广使用。最后提出了推动智慧港口的物联网化发展的对策建议。

关键词：智慧港口；大数据；一体化平台；船期协调；智能算法

Abstract: With the development of Internet, the global economy has spawned intelligent-shipping, thus driving the rise and development of Smart ports. First, this paper carries out theoretical research on the integrated platform of Smart port based on the Internet of Things. By establishing a multi-objective optimization model and designing an intelligent optimization algorithm, the ship schedule coordination problem in port is explored. Secondly, data mining technology and machine learning algorithm are used to generate passage plan. Furthermore, “the integrated platform of SMART port” based on theory has been developed and improved, popularized in Shanghai port and Nantong port. Finally, the paper puts forward countermeasures and suggestions to promote the development of IOT in the SMART ports.

Key words: smart port; big data; integrated platform; ship date coordination; intelligent algorithm

1. 引言

经济全球化的发展促进了各项技术的创新和应用，在国际贸易日趋数字化、服务化的当下，“互联网+”技术在航运业中发挥着越来越重要的作用。港口作为航运业中的关键枢纽节点，不仅要承担综合运输中物流中心的角色，更要不断扩大自身的服务优势，扩展相关的业务功能，在“互联网+”的助力下向多功能、全方位、数字化的增值服务中心发展，建设一整套基于“互联网+”和物联网技术的智慧港口信息技术。

2. 发展现状

2.1　智慧港口建设和发展现状

世界港口已处于港口信息化高端发展应用阶段，正在全面整合区域性信息、物质资源，着力搭建综合性的应用平台。港口借助信息化理念和智能应用实现港口各类资源要素的无缝连接和协同联动，全面感知、深度挖掘最大化利用信息资源，实现港口运营的科学决策智能管控，建成智能、高效、绿色、安全的现代化港口。最具代表性的港口为厦门港、青岛港、上海港、天津港。厦门港海润码头在全国率先实施传统集装箱码头全港区、全作业链的智能化改造创新工程。智慧港口建设是一项长期、持续的任务，随着社会需

1,2　徐明强，胡筱渊，中交通信大数据(上海)科技有限公司。

求的发展、技术的进步，智慧港口的内涵也在不断丰富。同时，在发展的过程中，不仅要积极推进智慧港口建设标准体系和评价体系的建立，更要借助北斗导航系统、物联网、云计算、大数据等信息技术不断推动智慧港口与智能航运相互促进发展。

2.2 上海港吞吐量现状

近几年港口科技的发展，带动了智慧港口的兴建以及港口信息技术的发展与应用，上海港作为全球最大的港口，在港口科技的助力下，生产运行保持“总体平稳、稳中有进”的发展态势，2021 年货物吞吐量增幅达到了 7.4%。2016 年至 2021 年上海港货物吞吐量见表 1。

表 1　2016 年至 2021 年上海港货物吞吐量

年份	2016	2017	2018	2019	2020	2021
货物吞吐量/万吨	70 176.60	75 051.00	73 047.90	72 031.32	71 669.95	76 970.00
增幅	−2.20%	6.95%	−2.67%	−1.39%	−0.50%	7.40%

3. 基于大数据技术的智慧港口一体化管理平台理论研究

3.1 考虑博弈论和智能优化的理论基础

从宏观和微观 2 个层面分析“港航数智一体化”平台的应用场景（图 1）。在宏观层面上，运用博弈论梳理在智慧港口运行中参与人、行动、信息、战略、得益函数、结果、均衡等因素，进而研究港口企业、航运公司、拖轮公司、供油公司、引航站等决策主体的行为发生相互作用时的决策以及这种决策的均衡问题，具体通过联盟博弈行为分析得到船期协调问题，即港、航相关企业间船期协调时需要在复杂的联盟环境中协调联盟主体的利益冲突关系，实则是港、航相关企业合作博弈问题的体现。在微观层面上，进一步剖析船期协调问题，从优化的角度建立考虑联盟条件、航速限制、运营时限等约束和以各相关企业单独收益最大化为目标的多目标优化模型，运用快速非支配排序遗传算法求解数学模型，通过决策得到的船舶到离港时刻和靠泊位置，最终实现港、航相关企业共赢的帕累托最优局面。

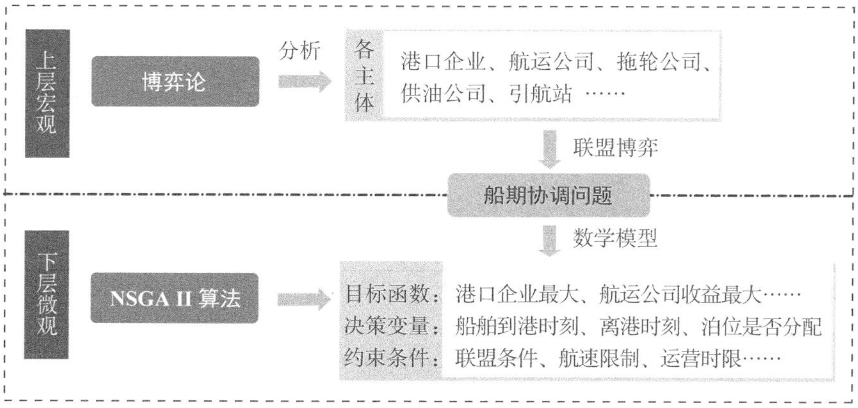

图 1　理论基础

从博弈论角度出发，博弈论研究决策主体的行为发生相互作用时的决策以及这种决策的均衡问题，主体包括：参与人、行动、信息、战略、得益函数、结果、均衡等。具有竞争或对抗性质的行为成为博弈行为，在这类行为中，参加斗争或竞争的各方各自具有不同的目标或利益。为了达到各自的目标和利益，各方必须考虑对手各种可能的行动方案，并力图选取对自己最为有利或最为合理的方案。考虑博弈论下合作博弈中的联盟博弈，运用联盟博弈模型（图 2），把港航一体化战略联盟内部的一体化与竞争关系看成是联盟内各成员企业的诸多联盟博弈和非联盟博弈过程，可揭示出港航内部关系的本质。

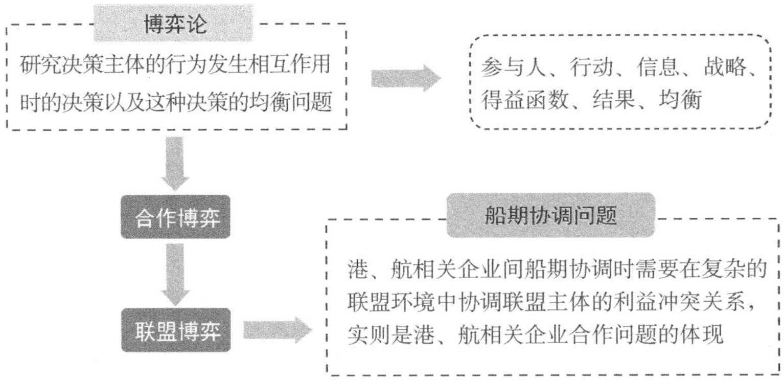

图2　博弈论分析

从智能优化角度出发，考虑到多目标遗传算法的一种，是用来分析和解决多目标优化问题，其核心就是协调各个目标函数之间的关系，找出使得各个目标函数都尽可能达到比较大的(或者比较小的)函数值的最优解集，是在NSGA算法的基础上提出了带精英策略的非支配排序遗传算法(图3)。联盟本质上是一种运输能力的整合，合作能提高物流系统的效率和整体收益。基于联盟的港、航相关企业间船期协调的特定情况，构建了港、航相关企业收益模型，为稳定联盟关系，港、航相关企业之间通过船期协商，从而实现各自利益的最大化。港、航相关企业船期协调优化问题包括船舶的到离港时刻和靠泊位置，是一个NP-hard的组合优化问题，具体而言是一个多主体的目标优化问题，追求一个帕累托最优解，最终实现港、航相关企业共赢的帕累托最优局面。港、航相关企业间在能力、信息和组织上进行有效协作，发挥各自的优势和功能，协调平衡港、船、货、装、运、卸等主要环节，共享船舶、装卸作业、货源组织与管理等各方面的信息，发挥最大的整体经济效益。

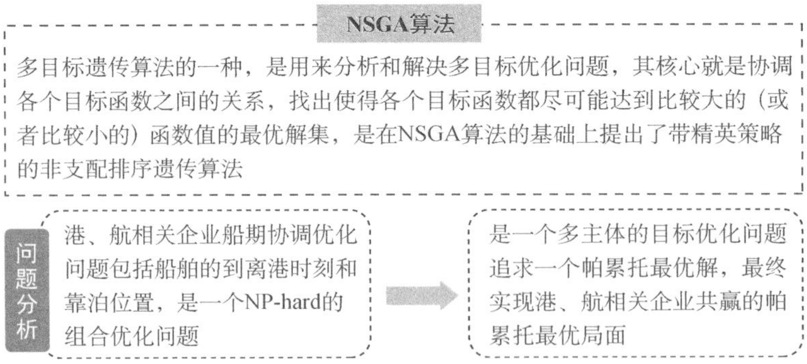

图3　智能优化分析

3.2　考虑博弈论和智能优化的理论基础

在充分考虑大数据、船舶特征、航行环境等船舶航行影响要素的前提下，基于数据预处理、数据挖掘分析、云数据读取、航行环境自适应匹配、船舶航线生成和数据分类管理等需求，重点研究了云数据和本地数据的清洗、船舶泊位聚类、航行路径生成三类关键技术(图4)。在数据清洗环节，分别运用切比雪夫定理、线性内插法对航速异常信息、数据补全环节进行过滤和修复；在船舶泊位聚类环节，运用k-Means算法按照指标范围聚类船舶泊位点，从而计算各类航迹点位置平均值；在航行路径生成环节，在利用向量叉乘算法检测路径可航性后，运用中分纬度航法计算路径权值，最后采用A^*算法生成最优航线。算法在全面整合云数据中心和本地数据中心的数据基础上，对数据进行清洗和挖掘分析，深入研究船舶惯用线路中的停靠泊位点后结合最新路况计算得出船舶最优航线，不仅提高了航行过程中公共资源的利用率，且更好地监管和服务港航相关企业，将有效打通江海的港航数据壁垒。

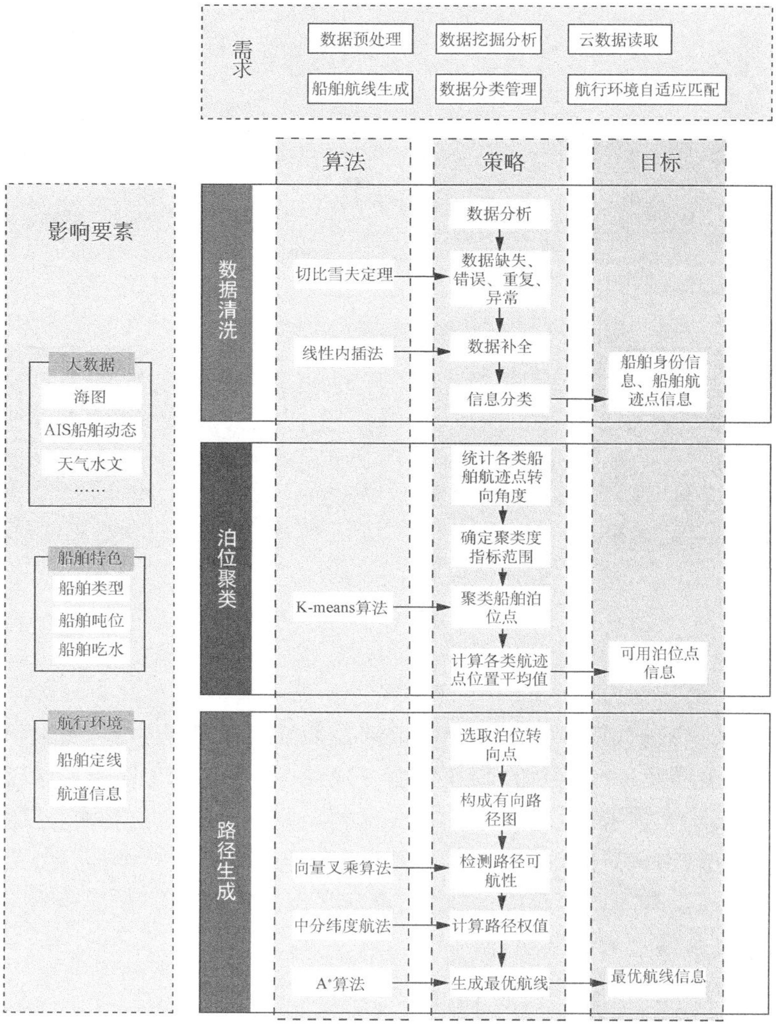

图 4　算法研究

4. 应用推广

从上海港的智慧港口 1.0 版，到南通通州湾智慧港口 2.0 版的阶段性开发、建设、迭代，完成了“港航数智一体化”平台的开发(图 5)。该系统依托“海陆空天”全要素感知体系，运用基础数据源，叠加实时数据，根据实际需要，科学制定管理规则，通过江海全域感知、全程管控，资源共享，实现港航安全和生产高度融合。实现“看得见、听得到、喊得着”，构建“一屏观天下、一网管全域”的全要素“港航数智一体化”平台。目前依托该套算法模型，参与上海航运交易所的“全球智慧港口”项目建设。

(a) 全辖区大数据展示图

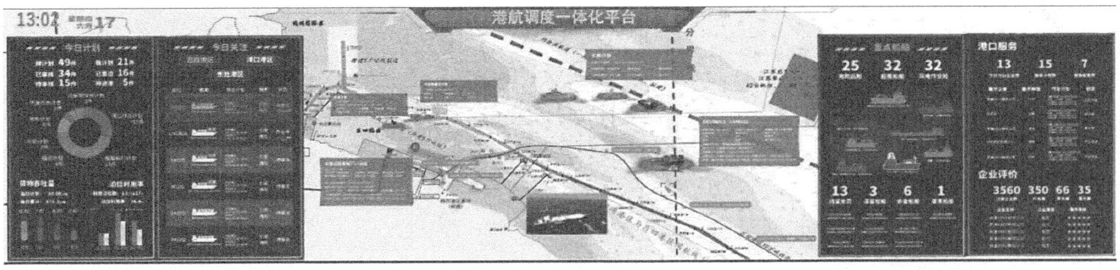

(b) 一港全景展示图

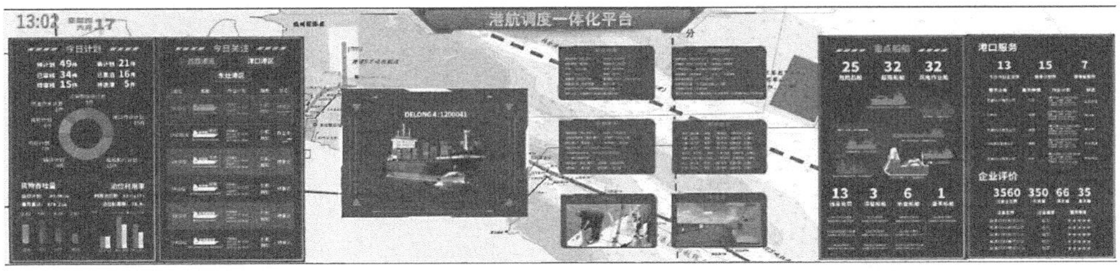

(c) 一船全景展示图

图 5　港航数智一体化平台界面

(1) 安全——强化 VTS 交通安全监管体系，落实行业安全经营

集成通航要素信息采集数据，集中展示和查询全港及船舶的动静态数据，并将 VTS 交通安全监管体系作为首要前提，打通海事局及一网通办的业务数据，对所有船舶进出港、锚泊、靠离泊、作业计划等，进行申报审批、通航编队、天气水文预警、风险预警、核查协同等，同时联动执法任务，实现船舶安全检查、港口安全检查、船员及作业人员核查等任务的执行与反馈，监管人员通过平台可实时了解港口、船舶、港口服务、人员等相关对象的计划及动静态信息，对影响交通安全与生产作业安全的各类要素实现主动监控，实现交通安全监管与生产安全监管的高度融合。

(2) 便捷——贯彻落实 IMO 准时到港指南，实现便捷智能服务

全面推进 IMO 准时到港指南的实践落地。参考指南的数据与技术要求，实现港口作业计划、海事监管与船舶航行计划的联动效应，全港通航管理及生产调度管理将不再作为一个独立的模块，而是直接拉动船舶及服务企业等多用户、多类型业务流程流转的起始点和终结点，船舶的航行计划动态、锚泊使用状态、服务计划动态、港口作业计划进度、靠离泊时间以及进出港时间、海事监管等动态信息，将形成完整闭环的全程动态记录，以图形化时间轴方式监控船舶在全球水域内的全程动态，任何一方的业务变更信息能够及时地进行共享交流，实现船舶的准时到港与交货作业。

(3) 绿色——打造港口群能效监控平台，助力绿色低碳发展

打造以船舶为中心的港口群能效监控的运营管理模式，对港区内的各类船舶服务，尤其是供油、污染物接收、油气排放等进行港口配套服务与能效监控的联动响应，重点记录碳中和指标，落实因船舶服务带来的废气污水回收措施；对港口群内航行途中船舶的碳排放进行跟踪，实时监测船舶在排放区的排放情况，通过对监控状况的及时反馈调整船舶航速，从而减少因不必要的等待产生的碳排放。为明确能效监管效果，对港口、航运企业及船舶实施打分机制，进行动态排名和管控，建设一体化的港口群内各港区与船舶能效数据监控平台，构建绿色低碳循环发展的港区经济体系，全面提高综合管理效率和港口群内船舶配套服务水平，促进港口低碳化运营，推动航运业绿色、可持续发展。

(4) 高效——建设全要素水上云数据中心，促进港口高效生产

在现有信息化基础设施上，整合补充完善所需的云计算、存储、网络、安全等基础资源，集成全域感知数据、港航作业数据、业务单位共享数据等，搭建全要素云数据中心。强化数据挖掘和数据分析，研究开发船员、船舶、公司、通航环境、作业效率、应急预案等数据应用模型，以数据资源赋能动态监管、应急决策以及精准特色服务，实现上下联动、动静结合、点面统筹、安全高效。基于上述数据信息，结合业务规则、人工

预设要求及历史规律统计分析，开展大数据分析、深度挖掘，依托人工智能技术，提供对船舶进出港符合性判断、辖区航道设置合理性评估、锚地码头调度优化等建议。

5. 发展方向

为全力支撑上海打造国内大循环的中心节点、国内国际双循环的战略链接，形成枢纽门户服务升级、引领辐射能力增强、科技创新驱动有力、资源配置能级提升的上海国际航运中心发展新格局，智慧港口未来将助力于全球物流智能管理系统的建设和发展。以现有“港航数智一体化”平台为基础，结合基于全球港口、集装箱班轮、运价指数等数据的“全球集装箱运输动态管理系统”以及基于北斗导航定位系统的专用于码头内部导航的“码上道”系统，形成“全球物流智能管理系统”。

该系统以船舶、港口、车辆中部署的智慧感知物联网设备为基础，利用大数据云计算中心进行大数据计算、分析和预测，目的是将整个物流体系打造成一个高效、顺畅和自主可控的信息化高集成度大系统。其中“全球集装箱运输动态管理系统”“港航数智一体化”平台和“码上道系统”，3 个系统形成高效的海—陆闭环物流运输系统，将解决货物从发货人到收货人的全流程追踪和管理问题。

该系统将从科技进步驱动革新、绿色发展与创新等方面促进上海国际航运中心能级的提升，有助于上海港从吞吐量竞争提升为数字化竞争，有助于上海港把发挥港口优势作为推动经济社会发展的基础条件和重要保障，提升到生产方式智能化、产业组织平台化、技术创新开放化的科技领域的创新，从而实现上海港的飞跃式发展。

6. 对策建议

为了进一步推动智慧港口的建设，激活航运产业数字化引擎动力，打造上海国际航运中心成为全球智慧港口技术和产业化高地。需要推出一系列措施：①构建智慧港口物联网化发展的数据目录与资源开放平台，②树立智慧港口数据治理与安全标准体系，③打造一批全维度、全技术、全模式、全链条的大数据产品、服务和应用，④探索智慧港口大数据可持续发展创新模式，以商业化逻辑构建可持续的、以智慧港口为枢纽的航运物流大数据供应链。通过上述措施激活智慧港口产业数字化创新活力，推动移动互联网、智能终端、大数据、云计算等在智慧港口领域的广泛应用，以商业逻辑模式促进港口平台生态数字化增能，促进了相关产业的创新发展和协同发展，共同打造全球智慧港口资源数据汇聚高地，实现以数字化推动上海现代航运业加速发展的重要目标，进一步强化上海国际航运中心对内集聚和对外辐射的能力。

7. 结语

本文在分析总结了智慧港口和大数据的发展现状后，以运筹优化和博弈论为切入点，站在港航相关企业的角度进行了理论研究分析，通过建立数学模型，运用智能算法和数据挖掘技术，研究了港航调度中的船期协调问题，为此开发的“港航数智一体化”平台在上海港和南通港得到实际推广应用，从而验证了智慧港口的物联网化是未来的发展趋势。

参考文献

[1] 张鸿冶. 大连港智慧物流协同平台建设规划研究[D]. 大连：大连海事大学，2018.

[2] 史铎. 基于物联网的秦皇岛港智慧港口方案设计[D]. 秦皇岛：燕山大学，2018.

[3] 黄祝佳. 广州港智慧港口评价与建设研究[D]. 广州：华南理工大学，2019.

[4] 钟凯. 日照港“智慧港口”建设信息化水平评价与改进策略[D]. 青岛：山东科技大学，2020.

[5] 李从民. 智慧港口发展模式研究[D]. 北京：对外经济贸易大学，2021.

[6] 杜沂霖. 纵向联盟视角下港、航企业间的船期协调优化[D]. 大连：大连海事大学，2020.

[7] Namboothiri R, Erera A L (2013): Planning local container drayage operations given a port access appointment system[J]. Transportation Research Part E-Logistics and Transportation Review, 44(2):185-202.
[8] Golver F(2011): Future Paths for integer Programming and links to artificial intelligence[J]. Computers and Operations Research, 13(5):533-549.
[9] Heaver T. , Meersman H. 5 Moglia F. et al. (2000): Do Mergers and Alliances Influence European shipping and port competition[J]. Maritime Policy & Management, (4):363-373.

“交通+新能源”融合发展新模式

A new model of integrated development of “transportation and new energy”

何海斌[1]　李　雪[2]　朱明辉[3]

摘　要：为建设美丽中国，实现低碳出行，上海电气采用“交通＋新能源”融合发展新模式，在连云港市交通驻地开展研究，建设光储充一体化充电站，微电网系统与公共电网智能互动。光储充一体式电动汽车充电站的建成，完善了公共充电设施，助力清洁新能源与交通协同发展。通过CEMS区域能源管理系统集成微电网监控、分布式设备管控、能源管理于一体，以实现合理调度可再生能源、储能、同步发电机等设备，最大限度地利用可再生能源，提高微电网运行的经济性。“交通＋新能源”模式符合国家的产业政策，利于能源结构调整，对新能源产业发展和实现节能降碳目标具有积极意义。

关键词：光储充；交通＋新能源；能量管理系统

Abstract： In order to build a beautiful China and realize low-carbon travel, Shanghai Electric has carried out research in Lianyungang Transportation Holding Group Co.，Ltd. using the new mode of “transportation ＋ new energy”. The photovoltaic, energy storage and charging facilities form a micro-grid system, which can intelligently interact with the public power grid according to demand. The completion of the optical storage and charging integrated electric vehicle charging station and the improvement of public charging facilities have played a positive role in advocating clean new energy and green travel. CEMS regional energy management system is a micro-grid energy management system integrating micro grid monitoring, distributed equipment management and control, and energy management. CEMS system can reasonably dispatch renewable energy, energy storage, synchronous generator and other equipment, maximize the use of renewable energy, and improve the economy of microgrid operation. The mode of “transportation＋new energy” is in line with the national industrial policy, conducive to the adjustment of energy structure, and has positive significance for the development of new energy industry and the realization of energy saving and carbon reduction goals.

Key words： solarstorage and charge; transportation and new energy; energy management system

1. 引言

随着“2030碳达峰、2060碳中和”目标的提出，大力发展可再生能源已成为全球性的能源战略。随着交通与能源行业新技术、新模式、新业态的不断涌现，以电为纽带的交通能源融合发展，已经具备条件和基础，并成为业界共识。

当前，电动汽车的数量正进入快速增长阶段，电动汽车作为一种新兴的负荷形式，其负荷充电具有很大随机性。在能源互联网[1]的指导下，光储充一体化[2]的电动汽车充电站，可以实现光伏资源的就地消纳，提高了可再生能源的渗透率，衔接电动汽车充电站与可再生能源，已成为未来充电站的建设重要方向。

1,2,3　何海斌，李雪，朱明辉，上海电气分布式能源科技有限公司。

2. “交通＋新能源”模式必要性

2021年，交通运输部出台《综合运输服务“十四五”发展规划》和《绿色交通“十四五”发展规划》，明确提出了信息、能源网与交通加速融合发展，交通、信息与能源基础设施的统筹布局和共建共享的举措。

“交通＋新能源”模式符合国家的产业政策，具有积极意义：

(1) 分布式光伏、储能等各能源形式的优化配比及互补，降低供电区域容量需求，提升了电网设备利用。将储能系统安装至电动汽车充电站内可以缓解充电站充电负荷的不确定性[3]所产生的影响。

(2) 储能系统采用退役磷酸铁锂电池，延长了电池使用寿命，实现资源循环利用。

(3) “光储充”新能源为电动车供电，可以有效降低企业用电成本，达到节能降本的目的。

(4) “光储充”新能源模式与现有电动公交车应用切合度高，助力交通公司在节能减排方面做出贡献，社会效应明显，项目复制性高。

3. “交通＋新能源”示范项目

连云港交通”光储充”综合供能项目，是集分布式光伏、储能、智能充电桩等源网荷储一体化的典型应用场景。项目建设内容主要包含：屋顶追踪光伏、光伏车棚、驾校车场棚顶光伏（图1）组成的630 kWp光伏发电站，300 kW/1.2 MWh磷酸铁锂电池储能系统，2台额定容量为250 kW的充电桩及1套智慧能量管理系统。通过二次测控保护、通信与数据采集设备和智能微电网集中管理系统，实现与供电网络的协调运行，是国内公交站首例含有多种模块、技术更为先进的微电网项目。

项目旨在探索交通行业新能源应用场景，光伏发电为园区带来绿电，储能系统运行实现削峰填谷，增强系统运行稳定性，充电桩为新能源汽车提供稳定的供电保障；自发自用，自主消纳的能源利用模式，既降低用电成本，实现能源资产的提质增效，又促进新能源产业发展与节能降碳。

图1　驾校光伏实拍图

3.1　企业电力需求分析

项目现场现有的供电方式为市政供电，其高压侧为一路10 kV进线，1台额定容量为500 kVA、变比为10/0.4 kV的降压变压器，供集团大楼用电，用电负荷主要为空调照明设备（图2）；1台额定容量为630 kVA、变比为10/0.4 kV的箱变，负荷为新能源公交车直流充电桩。

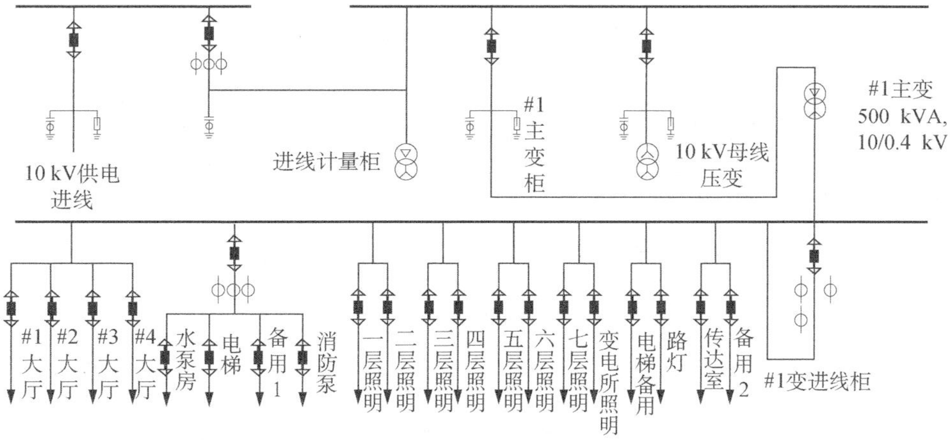

图 2　负荷供电系统图

每年的 4 月、5 月、10 月的用电量较小，原因是空调需求较小。其他月份空调用电量较大(图 3)。

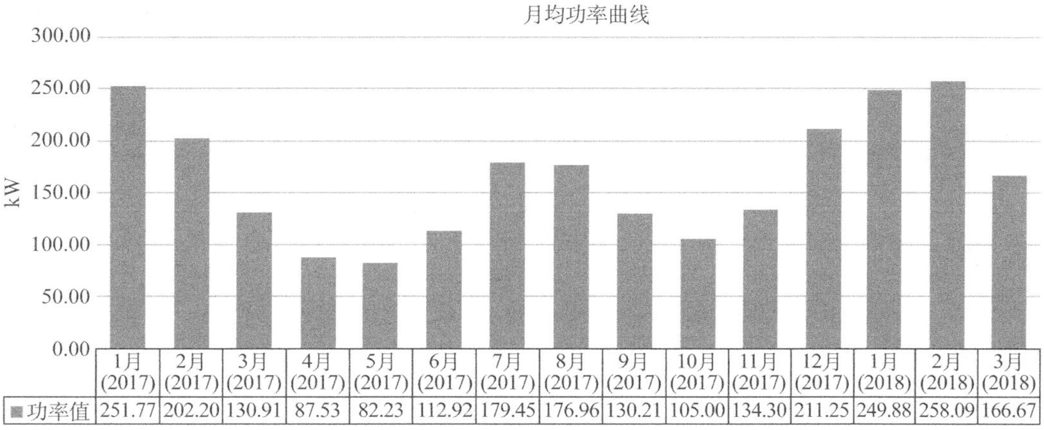

	1月(2017)	2月(2017)	3月(2017)	4月(2017)	5月(2017)	6月(2017)	7月(2017)	8月(2017)	9月(2017)	10月(2017)	11月(2017)	12月(2017)	1月(2018)	2月(2018)	3月(2018)
■功率值	251.77	202.20	130.91	87.53	82.23	112.92	179.45	176.96	130.21	105.00	134.30	211.25	249.88	258.09	166.67

图 3　月功率曲线图

3.2　梯次利用储能系统

储能系统由磷酸铁锂退役电池、电池柜、汇流柜、控制柜、PCS 等组成。储能电池所发电量经过汇流柜、PCS 逆变后接入电网。梯次利用储能系统采用组串式 PCS，利于克服电池不一致性。系统组成原理如图 4。

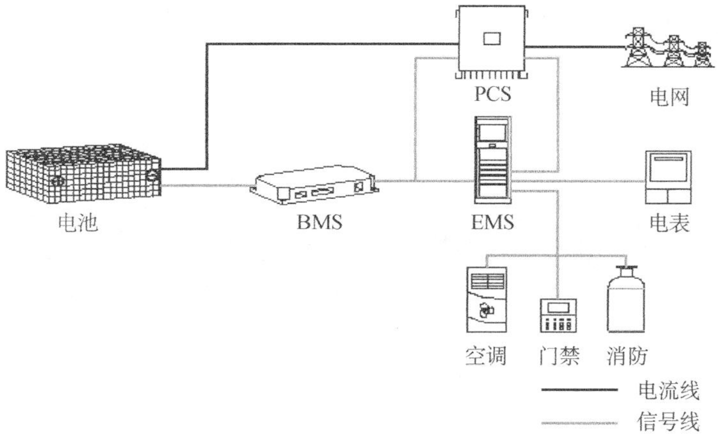

图 4　储能系统结构图

储能峰谷套利的运行模式有效提高项目收益，在夜晚电价低谷时，储能电池充电，在白天光伏供电不满足用户需求时，储能放出电能，大大降低了日常用电成本，且退役电池成本低廉，提升了经济性(图 5)。

图 5　退役电池储能系统内部实拍图

4. 光储充微网控制技术

4.1　能量管理系统

能量管理系统作为“光储充”微电网的“大脑”，提取项目中光伏、储能及充电桩等多种设备的关键特征，以高经济性为能管策略的目标，统筹分布式电源预测发电量、储能单元预测剩余容量、电网电价信息和预测本地负荷等核心数据，通过实时运行控制策略，实现整个能源系统的能量优化调度。

能量管理系统包含 3 个子系统：SCADA、能量管理、中央控制器(图 6)。

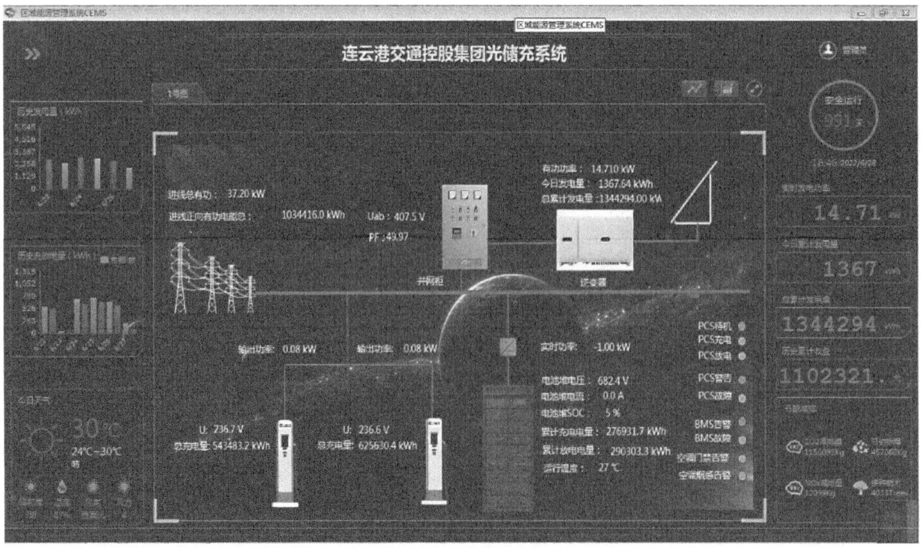

图 6　能量管理界面

(1) SCADA 包含有多种独立的功能模块，如实时数据采集、控制命令下发、数据库管理、事件及日志管理和数据转发管理等。

(2) 能量管理。能量管理系统功能主要有削峰填谷、功率平滑、稳定输出、经济运行优化控制等多种策略。

(3) 中央控制器(MGCC)。MGCC是实时控制功能，接收调度指令，主要运行微网的安全运行策，可实现并网点潮流可控和分布式电源利用最大化。

4.2 能量管理控制策略

连云港公交大巴充电站的充电桩(图7)白天使用频次极高，每10 min左右就有1辆大巴车充电，给微电网的频率和电流造成冲击。退役电池储能系统与光伏发电系统协同调度解决了以上问题，即使遇到瞬间电流很大、高频次强电流冲击的情况，也可以保障系统的安全性和稳定性。

图7 充电桩实拍图

能量管理控制共分为3个阶段，选取一个典型日说明如下。

(1) 爬坡阶段

爬坡阶段最早开始于6:35，在此后的3 h内，负荷波动频率接近5 min 1次，储能充放电转换8次，最大变化值接近400 kW。在光伏爬坡阶段，由储能为主出力慢慢替换为光伏为主出力(图8)。

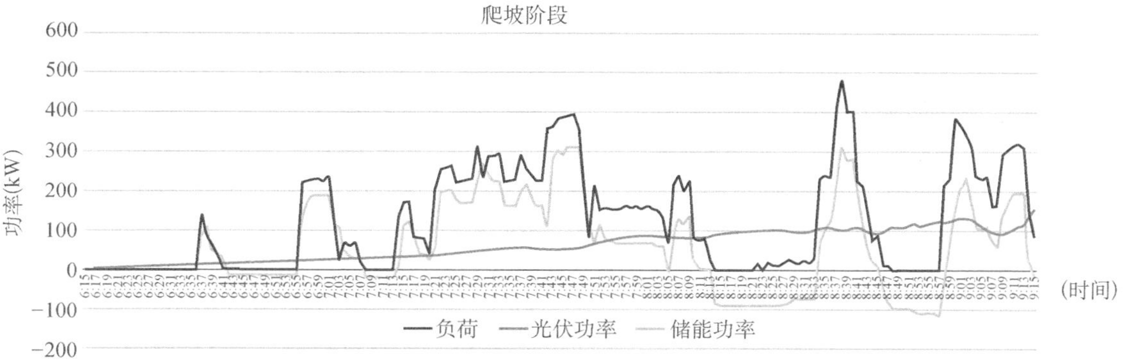

图8 爬坡阶段图

(2) 平坡阶段

如图9所示，在中午1 h内负荷以100 kW左右的波动记为一次波动，共计16次，平均3 min 40 s一次波动，这与该项目现场120 kW的一头充电桩平均5 min充电时间较为吻合。在该负荷情况下储能充放电转换次数为8次，其中超过150 kW幅度的为3次，最大幅度接近220 kW。

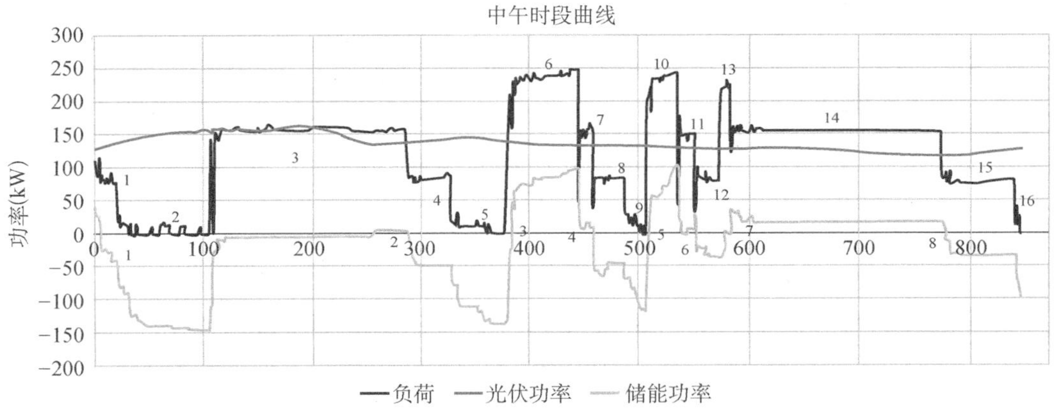

图 9　爬坡阶段图

(3) 退坡阶段

如图 10 所示，退坡阶段随着光伏出力减少，开始由储能作为主供电设备。负荷波动频率接近 5 min/次，储能充放电转换 6 次。

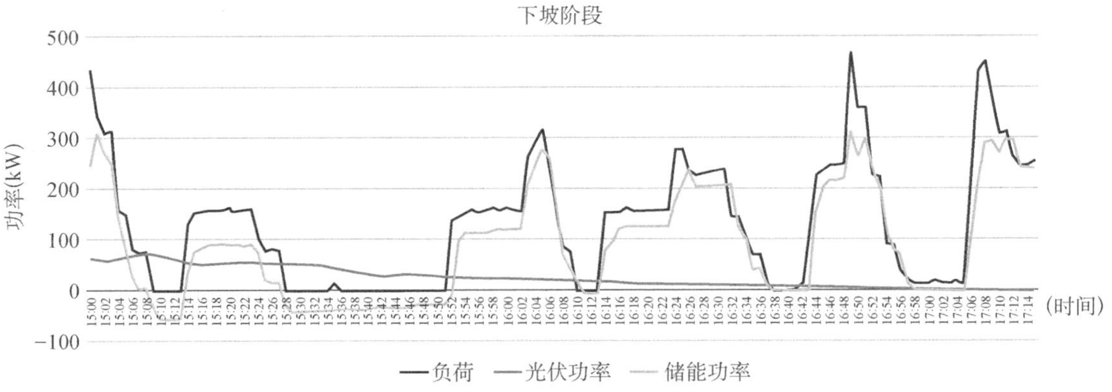

图 10　爬坡阶段图

5. 光储充微电网运行数据分析

(1) 典型日运行情况

选取典型日，绘制功率曲线如图 11，充电桩充电频繁，储能系统实现了调频功能，在电价高峰时段降低了电网买电量，增加了系统收益。

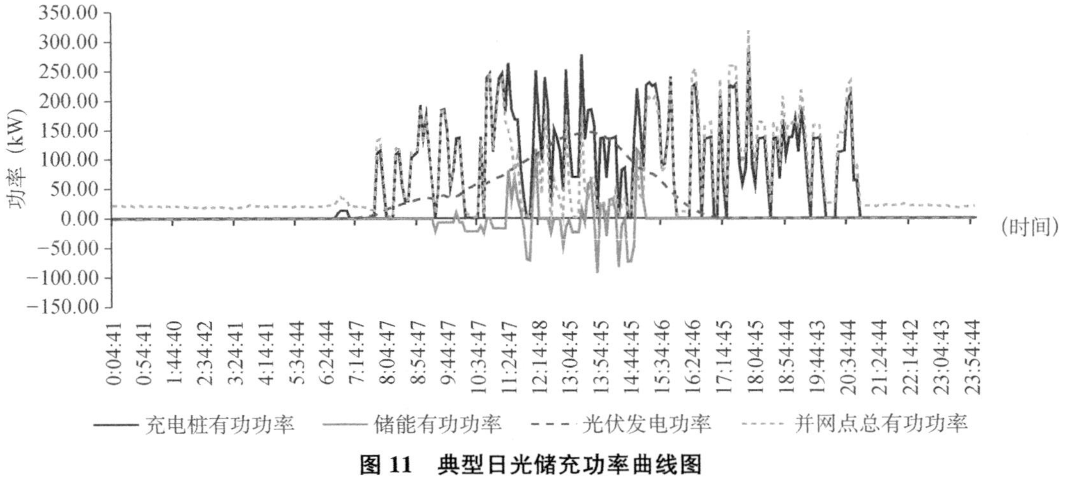

图 11　典型日光储充功率曲线图

(2) 月份运行情况

2022 年 1～6 月,连云港光伏累计发电 280 MWh,随着天气的温度升高,各月的发电量逐渐升高(图 12)。6 月的发电量达到 62.4 MWh。2.22 h 的等效利用小时数为 1～6 月的等效利用小时数,6 月等效利用小时数达到 2.99 h(图 13)。

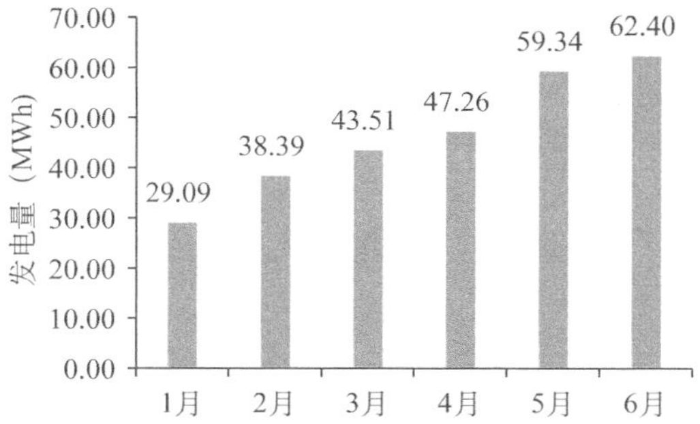

图 12　光伏发电量月度分析图

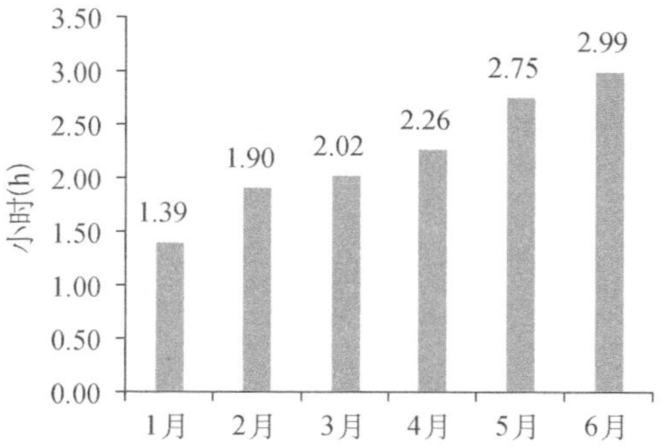

图 13　光伏等效利用小时数图

2022 年储能系统充放电电量如图 14 所示。6 月充电电量最高达到 17.16 MWh,放电电量为 14.63 MWh。

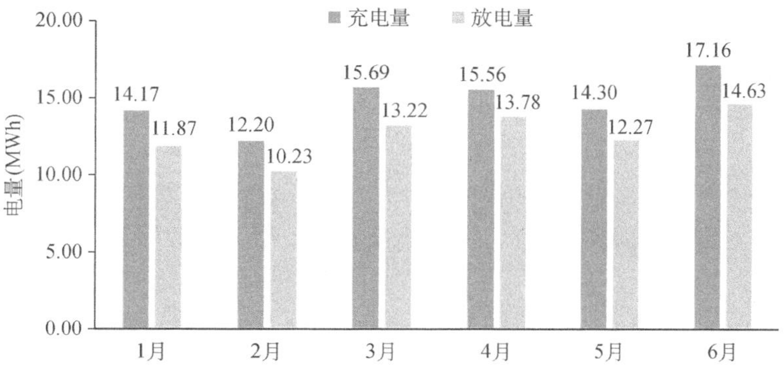

图 14　储能充放电月度分析图

储能系统的运行效率为 85.25%,PCS 的效率为 97.63%,电池效率为 96.24%。

储能系统电量损耗率(空调、消防等辅助设备耗电)为 17.26%(图 15)。

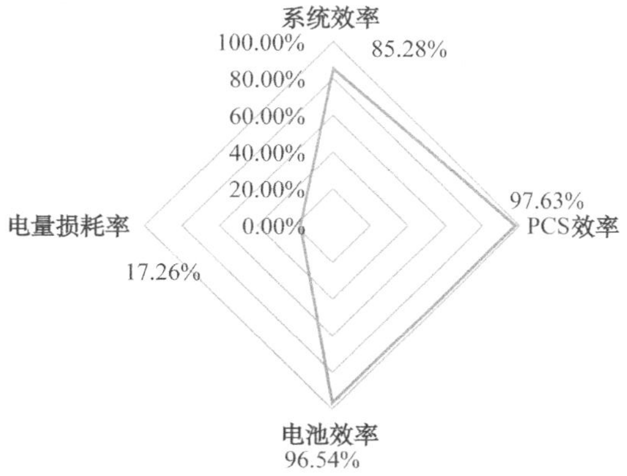

图 15　系统运行效率图

(3) 节能减排

2022 年 1～6 月,连云港“光储充”微电网累计减少 CO_2 排放 279.16 t,替代标准煤 112 t(表 1)。

表1 连云港"光储充"微电网节能减排

连云港"光储充"微电网节能减排				
月份	减少 CO_2 排放(t)	减少 SO_2(t)	减少 $N0_x$(t)	替代标准煤(t)
1月	29.00	0.87	0.44	11.64
2月	38.28	1.15	0.58	15.36
3月	43.38	1.31	0.65	17.41
4月	47.12	1.42	0.71	18.91
5月	59.17	1.78	0.89	23.74
6月	62.21	1.87	0.94	24.96
总计	279.16	8.40	4.20	112.00

6. 结语

(1)"交通+新能源"模式相结合,优化了系统内间歇性分布式能源的功率输出,深度挖掘了储能系统的充放性能,释放了更多的充放电空间,有效解决了源网荷间的功率协调,提升了分布式能源在整个系统能源中的用比及经济性,实现了负荷无规律波动骤变系统的安全稳定组网。

(2)"交通+新能源"模式符合我国能源发展战略的需要,充分利用当地电力系统的能源结构,实现电力供应的多元化,推动社会和经济的可持续发展,既有利于进一步推进可再生能源发展,也有利于推动交通能源低碳转型,助力实现"双碳"目标。

(3)"交通+新能源"模式中的充电桩为可控负载,在为交通领域节能降碳的同时未来也可作为虚拟电厂深度参与电力市场交易,在未来的能源互联网中充满了想象空间。

参考文献

[1] 徐少华,李建林,靳文涛,等.用户侧分布式储能系统接入方式及控制策略分析[J].储能科学与技术,2018(1):80-89.
[2] 解磊,王建基,耿敏,等.光储充一体化电站建设关键技术研究[J].通信电源技术,2018(12):2.
[3] 吴凡,周云,冯冬涵,等.光储充一体化快充站日前运行策略[J].电测与仪表,2021(12):104-109.
[4] 常宏,江子烨,游峰,等.并网储能系统控制策略研究[J].电源技术,2019(7):1161-1163.
[5] 武晓峰,武万才,李玮,等.储能电源与电网调度协调控制系统[J].电子元器件与信息技术,2021(10):202-203.
[6] 程启明.电动汽车光伏充电站光伏电源并网控制仿真研究[J].上海电力学院学报,2014(2):101-105.

促进低碳交通的“光储充换”一体化应用

Integrated use of “light storage and replacement” for low-carbon transport

刘　隽[1]

摘　要：为促进低碳交通绿色出行，本文提出基于电动汽车与可再生能源融合的“光储充换”一体化电站的建设思路与系统设计方案，并详细阐述了以“零碳”为目标的能量运营策略，通过真实运营实践数据证明了“光储充换”一体化应用对绿色出行的减碳效果，助力电动汽车用能更低碳环保。

关键词：可再生能源；光储充换；低碳

Abstract: In order to promote low-carbon transportation and green travel, and help electric vehicles to use energy with lower carbon and environmental protection, this paper proposes the construction idea and system design scheme of a charging and battery swapping station with photovoltaic and storage. The energy operation strategy with the goal of “zero carbon” is elaborated, and the actual operation data proves the carbon reduction effect of the charging and battery swapping station with photovoltaic and storage on green travel.

Key words: renewable energy; charging and battery swapping station with photovoltaic and storage; low carbon

1. 引言

交通运输行业是推动绿色发展，实现碳达峰、碳中和的关键领域。近年来，我国交通运输行业积极推进绿色低碳转型，大力调整运输结构，推广新能源交通工具的使用。当前，在化石能源占比较高的电源结构下，新能源交通工具的全生命周期减碳潜力也难以发挥。只有打破行业边界，积极推进可再生能源与电动汽车等交通工具的融合应用，才能破解电力、交通行业各自局限，实现面向“碳达峰、碳中和”目标的跨越式发展。

新技术、新模式和新业态等为绿色交通发展带来新动力。基于此，本文聚焦在电动汽车与可再生能源融合发展，创新地提出“光储充换一体化电站”的综合解决思路，进一步探索促进电动汽车在用能环节的更低碳环保、更灵活高效的能源融合方式。

2. “光储充换”一体化系统设计

2.1　光伏与换电站负荷特性匹配

典型的光伏发电曲线如图 1 橘色曲线所示。某区域的换电站的工作日的典型负荷曲线如图 1 蓝色曲线所示，光伏发电特性与换电站的负荷特性是非常匹配的。

1　上海蔚来汽车有限公司。

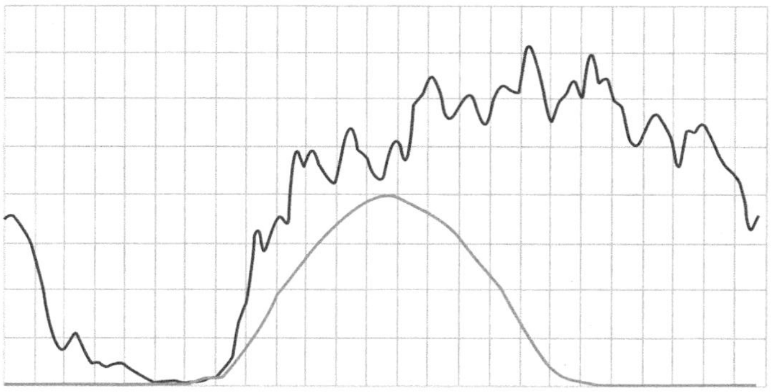

图1　光伏发电特性曲线与换电站典型负荷曲线

2.2　典型系统方案

(1) 一次系统

光储充换一体化电站的组成包括分布式光伏、充换一体站(兼储能站)以及相应的配电系统。具体一次接线方式如图2所示。

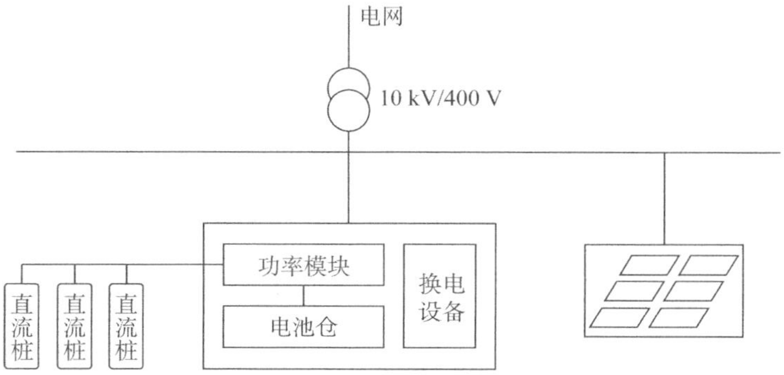

图2　光储充换一体化电站一次接线图

针对分布式光伏的接入方式有3种:一是表后的,不上网;二是本地消纳,余量上网;三是直接上网。

本项目考虑到城市内的换电站工作日和周末节假日负荷相差不大,如图3所示,有相对稳定的充电需求,故本项目光伏接入选择方式一,即光伏可以全消纳。

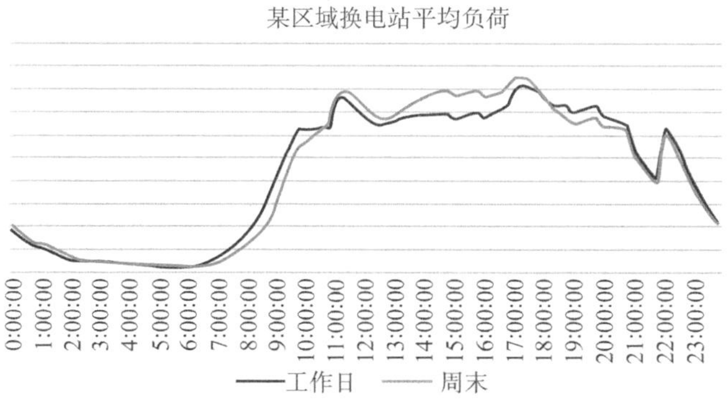

图3　换电站工作日及周末的负荷特性

(2) 充换一体站功率模块复用

针对主流的大功率充电桩,都是采用分体式,即整流柜和直流枪分开布局,整流柜的结构包括功率模块、充电控制单元、计量单元以及相关开关线缆等。考虑到换电站的电池与充电桩都要通过功率模块充电，且两者不是一直在充电，故本方案中选择了功率模块的复用方案，即换电站和充电桩共用充放电模块，这样通过站侧的能量管理，可以实现功率的复用以及电力容量的双重复用，可以大大提升能量的利用效率。

（3）能量管理架构

光储充换一体站的典型方案如图 4 所示，该方案中，本地设备的信息通过互联网上传到虚拟电厂或者负荷聚合平台，虚拟电厂或负荷聚合平台与电网平台互动，接受到电网控制指令后在平台上形成具体的控制策略直接下发到设备端执行。该方案可以满足当前需求响应、辅助服务等电网互动调控需求。

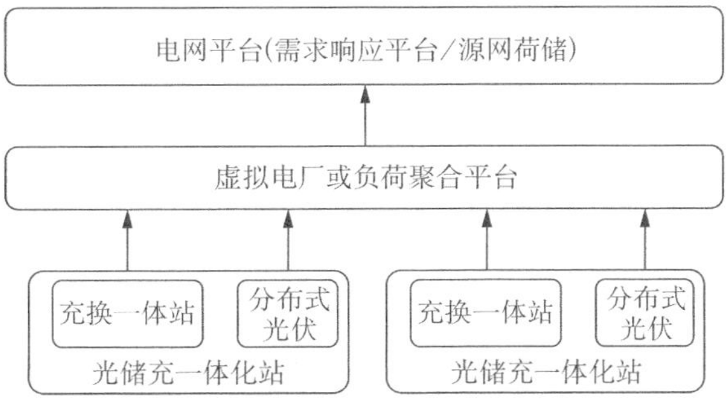

图 4　光储充换一体化电站系统架构

3.“光储充换”一体化站的能量运营策略

（1）能量运营目标

中短期目标，保证电动汽车用户补能体验，让新能源车用上新能源电。远期目标，打造全站碳中和，真正实现电动汽车使用环节“零碳”。

（2）中短期单站能量运营策略

基于当前的“新能源车用新能源电”的目标，前提是光伏有用尽用，且考虑电网互动场景，不同时段能量运营策略如表 1 所示。

表 1　不同时段能量运营策略

时段 （以上海夏季电价时段为例）	能量运营策略	
	无电网互动	有电网互动
峰时段 8:00—11:00 13:00—15:00 18:00—21:00	光伏直接给充电桩以及低电量电池充电。结合订单预测，换电站能不充则不充，充满的电池能满足该时段的换电需求即可	在电网削峰时段，通过运营手段引导用户错峰充换电，以及开展反向换电
平时段 6:00—8:00 11:00—13:00 15:00—18:00 21:00—22:00	除保证本时段有满足订单预测的满电电池外，还要根据订单预测情况，执行提前充电策略，即满足在下一个峰时段开始前有满足峰时段订单所需的满电电池	
谷时段 22:00—6:00	谷时段开启全量充模式	电网填谷时段，启动全量充

（3）远期“零碳”运营策略

每个光储充换一体化电站都是一个独立的发用电单元，可以通过多站聚合形成“虚拟电厂”，全面参与绿电交易以及电网互动。

4. 运营实践

4.1 业务模式

结合蔚来汽车的“可充可换可升级”的补能服务新模式，光储充换一体化电站能实现新能源车用新能源电。下面具体介绍换电服务、充电服务模式以及电网互动模式。

换电服务：目前蔚来汽车提供的用户享受终生免费换电服务，超出免费换电次数后参照充电模式收费。

反向换电：反向换电，即满电车主可以来换电站换一块低SOC的电池，根据2块电池的电量差，蔚来汽车会支付给车主一定的积分补偿，反向换电电量价格会介于用户家充桩电价以及换电站场所电价之间。蔚来汽车发起反向换电，可以缓解换电站排队情况下的满电电池不足的情况，可以满足电网调峰的需求。上海是用户发起反向换电最积极的城市，平均反向换电度数40度，累计反向换电超过10 000单。

充电服务：充电服务支持对所有电动汽车用户，正常收取充电服务费。

电网互动：光储充换一体化站通过蔚来汽车云平台参与电网的需求响应，从2019年项目建成后，已经累计参与上海的需求响应近20次，通过错峰充电策略，成功为电网削峰填谷，并助力电网新能源消纳。

4.2 运营成效

自从2019年1月正式运营以来，截至2021年底，项目光伏发电量累计62 458.2 kWh，减少CO_2排放43.15t（根据华东区域电网CO_2排放因子计算），光伏发电主要用于换电站日间高峰用能，占总用电量比例2.7%。光储充换一体化站累计参与电网需求响应近20次，图5可见上海汽车博览公园光储充换一体化电站参与削峰的负荷曲线，能够在高峰时降低负荷至少100 kW。

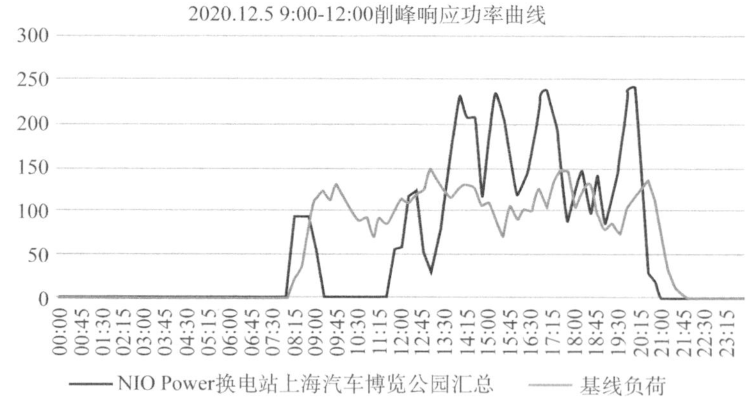

图5 削峰响应功率曲线图

本项目年度运营等效收入约32.2万元。其中，光伏年发电量约21 000 kWh，等效节约电费成本约27.3万元；年度平均参与4次削峰响应，4次填谷响应，累计收益约0.4万元；充电服务费收益约4.5万元。

5. 结语

建设光储充换一体化电站，有利于实现可再生能源的即发即用，可以更好地促进新能源汽车用新能源电，同时通过电网互动以及绿电交易，实现电动汽车用能环节快速减碳降碳，甚至打造局部“碳中和”，帮助交通行业早日达到碳中和目标。

未来交通和能源领域的绿色低碳发展需要不断的创新，也需要更深度的融合，打造更多的光储充换一体化应用，这将更好地推动智慧交通中的低碳绿色出行。

参考文献

[1] 朱鲤.新阶段、新技术、新要求下的城市绿色交通发展思考——以上海市为例[J].交通与港航，2020，7：31-36.
[2] 刘惠萍，宋天琦，等.新能源汽车和可再生能源融合商业化应用示范的上海实践[J].中国国情电力，2021，12：21-23.
[3] 熊琦，陈跃，等.城市绿色出行内涵和评价指标体系框架研究[J].交通节能与环保，2021，2(17)：1.

大数据在充电站运营中的应用

Application of big data in charging station operation

邵佳佳[1]　吴志炜　陈小毅　刘　爽　邓序之　杨　杰[2]

摘　要：为提高自营充电场站的运营效率，基于新能源汽车大数据，围绕充电供需研究体系和实际运营问题，开展数据赋能充电场站运营的应用实践。在实践中，开展了标杆充电场站识别、充电桩与车辆的匹配性故障识别、区域充电需求识别、用户充电偏好识别和重点目标用户识别等应用。相关大数据研究结果，提高了充电运营决策的制定效率。

关键词：新能源汽车；大数据；充电站运营；充电供需体系；充电服务质量

Abstract: In order to improve the operation efficiency of self-operated charging stations, based on the big data of new energy vehicles, the application practice of data enabled charging station operation is carried out around the research system of charging supply and demand and the actual operation problems. In practice, such applications as benchmark charging station identification, matching fault identification between charging pile and vehicle, regional charging demand identification, user charging preference identification and key target user identification have been carried out. Relevant big data research results improve the efficiency of charging operation decision-making.

Key words: new energy vehicles; big data; charging station operation; charging supply and demand system; charging service quality

1. 引言

随着近年来中国新能源汽车产业的不断发展，上海市新能源汽车保有规模快速提升，截至2021年底，上海全市累计推广超过67万辆新能源汽车，其中2021年全年推广超过25万辆，占全市新车销售的43%。现在上海是全国新能源汽车保有量最多的城市[1]。截至2021年年底，上海地区实际运营中有公共充电桩68 609个，专用充电桩39 359个，12月份公共充电桩的平均时间利用率为5.22%[2]，充电设备利用依旧偏低。公共充电设施较低的利用率，不仅给充电运营企业带来了经营压力，更进一步阻碍了旧站点的升级改造和新站点的规划建设，影响了充电业务的可持续发展。

目前对于电动汽车充电站的研究主要集中在电动汽车充电站规划、电动汽车充电站负荷建模等方面，较少从电动汽车充电站运营管理角度分析充电站的相关问题。文献[3]通过投资效益分析法对充电设施的静态以及动态指标经济效益进行分析，优化得到充电站内充电桩的合理、经济建设数量，在此基础上针对提高充电桩的经济效益提出建议。文献[4]设计了一种基于综合能源优化调配的充电站运营管理系统，实现了充光储一体化电站的能量统一调配，最大化消纳光伏发电来降低电动汽车充电成本。文献[5]通过挖掘运营数据分析用户充电行为规律，再预测运营的充电站设备利用状况，最终为充电站制定运营策略提供决策依据。对于充电站运营，已有研究大多仅从运营水平、经济效益方面进行论述，缺乏真实数据支撑，准确性较低且缺乏完整的电动汽车充电供需体系。

1　邵佳佳，国网上海市电力公司浦东供电公司。
2　杨杰，上海市新能源汽车公共数据采集与监测研究中心。
基金项目：国网上海市电力公司科技项目（项目号：5209212100AC）。

2. 研究方法

公共充电场站，依托城市空间，为用户提供新能源汽车的充电补能服务。围绕充电补能服务的充电运营管理可以理解为实现充电供给和充电需求的匹配的过程。本文着重通过充电市场供需现状的精准洞察，减少运营中的信息不对称，帮助运营管理者利用有限的运营资源，在所有的充电站中，择优选择合适的站点进行设备、服务和价格的优化，以实现更高效的供需匹配。

本文根据上海市浦东新区全域的充电供需特征，在投入人员和资金有限的情况下，如果采用传统线下调研走访的方式，缺乏实际可行性。在实际工作中，最终选择利用上海市新能源汽车运行数据，采用大数据分析的方式，开展对浦东新区充电供需市场的研究工作。

上海市新能源汽车运行数据，是基于国标《电动汽车远程服务与管理系统技术规范》(GB/T 32960—2016)进行采集的车辆运行数据，数据帧间隔有 1 s、10 s 和 30 s 共 3 种。这些数据给予了从车辆用电侧深入进行城市充电特征研究的新途径，这些数据在进行充电研究时主要有以下三大优势：①实现对交流和直流充电行为的全覆盖，②实现不同属性车辆充电行为的区分，③实现每辆车充电行为的精准描述，并和车辆出行行为、车辆物理特性进行关联分析[6]。

本文从实际充电业务出发，结合日常运营经验，构建了基础的充电供需研究体系(图 1)，其主要包含充电供给和需求两大维度的四大要点：①充电场站资源配建情况；②充电服务质量情况；③用户对充电能量的需求情况；④用户对充电服务的需求情况。

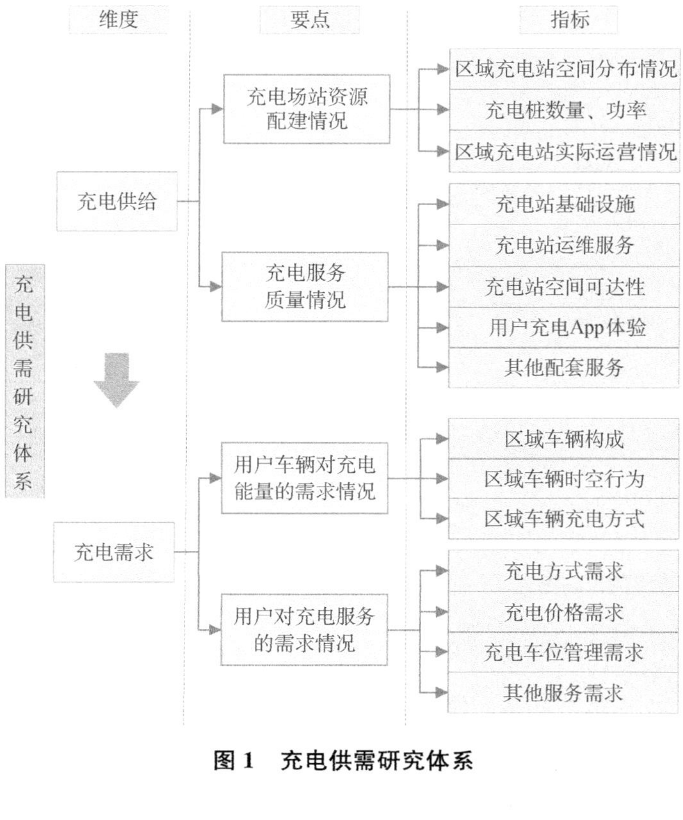

图 1　充电供需研究体系

3. 大数据分析及应用

3.1　供给研究——寻找区域充电标杆

在研究区域充电供给中，需要了解区域内主要充电场站的资源分布情况和实际运营情况，并通过与其他场站对标，了解自身场站在区域内的表现。本文选用上海市纯电动乘用车 1 周 7 天的充电数据，结合手机端充电服务应用上的场站静态数据，展现区域内各充电场站的真实现状。图2展现的是通过车辆运行数据所提取的车辆充电行为在上海浦东新区高桥镇周边的空间分布情况，圆点代表充电行为发生地，圆点大小代表充电能量的多少。

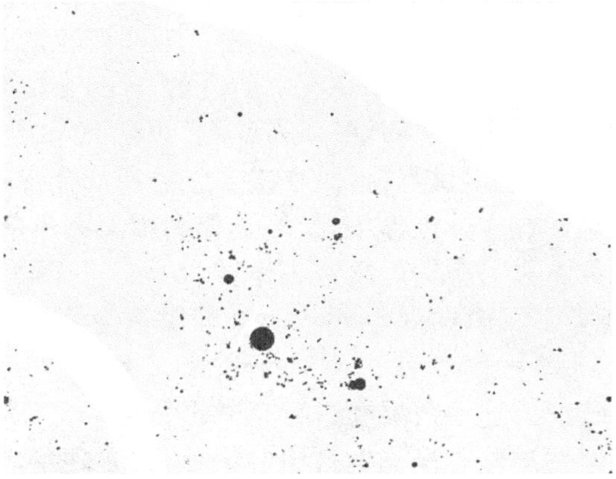

图2　车辆充电行为的空间分布

按照图3流程，将此充电数据与场站静态信息相结合，可以绘制精准的公共充电场站空间边界数据，进一步实现车辆充电数据与场站静态数据的关联聚合，得到兼有充电场站标签和车辆属性标签的充电数据集，包括充电量、充电次数、充电车辆数、充电行为发生时间分布等信息。图4中红色标注为识别出的4座公共充电场站发生的充电行为，黑色标注为其他类型充电行为。

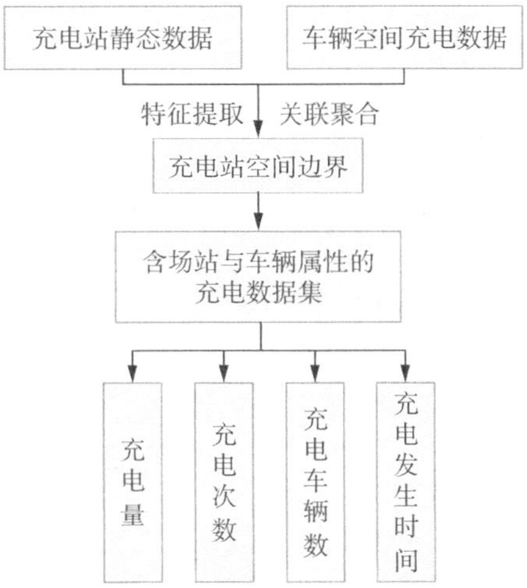

图3　充电数据的识别流程

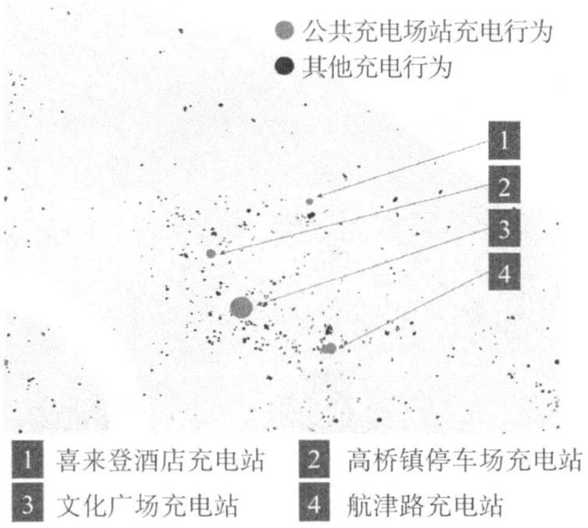

图4　车辆充电行为的空间分布2

在实际应用中，通过以上车端充电数据的空间分析，在无须线下调研的情况下，即可实现对区域真实充电供给的高效识别。在后续运营中，充电量最高的3号充电站，也被作为区域内的标杆充电站，用于各项充电运营服务的参考对标。

3.2　供给研究——评估充电服务质量

在实际充电运营中，经常会遇到车辆充电过程中设备跳枪的问题，这需要识别充电桩与不同车辆的实际匹配性，才能做出精准的问题解决方案。但实际充电运营中，桩端数据缺乏车辆的品牌和车型信息，无法很好地实现相关问题的精准解析。本文通过采用车端和桩端空间、时间和电量指标多重匹配的方式（图5），构建了车端充电数据与充电桩的关联路径，此方法可以用于识别车桩匹配异常问题。

图6是通过车端充电数据异常值监测，所精准识别的一次发生在公共充电场站的异常充电行为：车端数据显示，某品牌的A车型，12:00开始其充电行为，初始电量为32%，到电量89%时完全结束充电，随后

车辆离开公共充电站。车辆充电期间车端电流最高达到 200 A，充电中出现 2 次电流的突变，第 1 次突变电流异常降低至 0 A，10 min 后充电电流恢复正常 200 A。通过以上车端数据，实现了对目标场站车桩匹配性问题的反映。

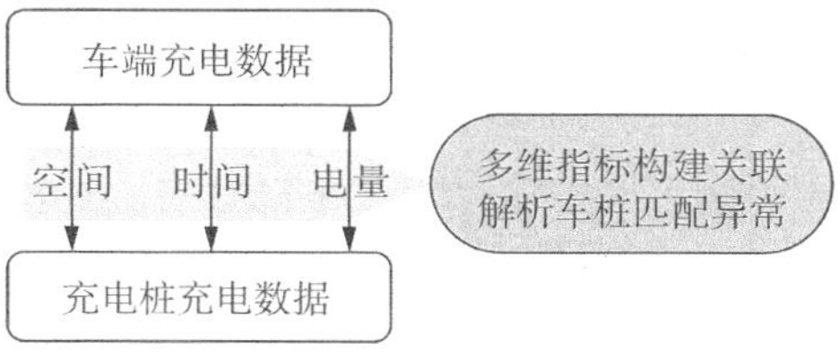

图 5　车辆和充电桩数据的匹配流

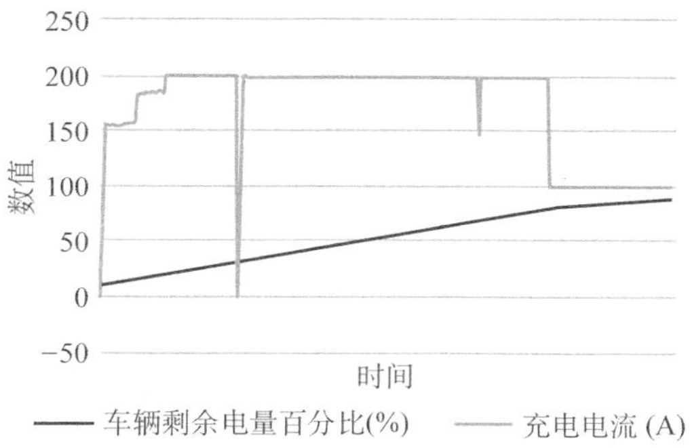

图 6　一次充电行为的时序数据

3.3　需求研究——评估区域潜在充电需求

在实际充电运营中，需要对目标区域的总体充电需求进行评估，以确定是否设立新的站点，或者是否对旧的站点进行改造升级。新能源汽车运行数据，包含车辆的停留数据、充电数据和出行数据，可以解析特定区域停留车辆的规模和结构；可以测算停留用户的整体补电需求；可以了解用户充电与停留匹配特征等，以上信息均可用于评估目标区域的潜在充电需求。

图 7 是利用新能源公交客车运行数据，所提取的浦东新区临港地区车辆夜间停留点和充电地点的可视化信息，其可以直观展现车辆充电和停留位置的匹配情况，比如滴水湖地铁站公交站无车辆充电行为，此处夜间停留公交客车需要去其他站点充电补能，此区域存在建设公交专用充电站的潜在需求。

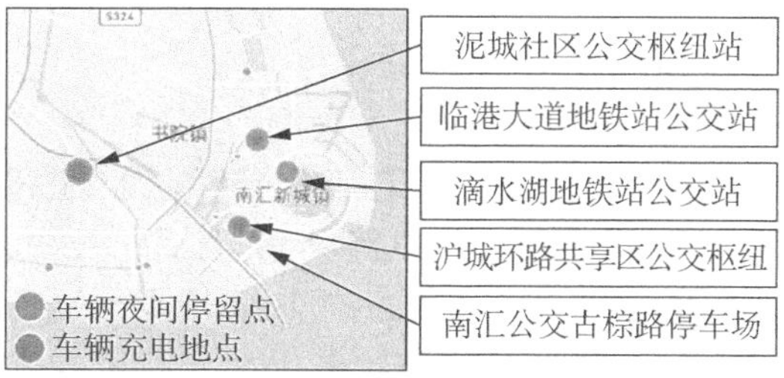

图 7　车辆的停留与充电位置

图 8 是利用新能源乘用车运行数据，所提取的浦东某旅游目的地 1 周时间内到访车辆的行为特征指标，包括车辆到访次数的热力图、车辆到访时对应车辆剩余电量区间的次数分布情况、车辆到访时对应时段的次数分布情况。数据分析显示，此旅游区 1 周到访停留纯电动汽车在

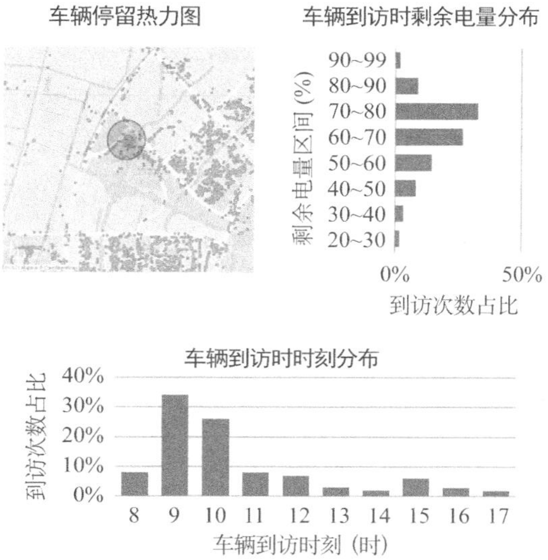

图 8　某旅游目的地车辆停留特征

1.0千辆的规模，到访时车辆剩余电量主要分布在60%～80%的区间，到访时间集中在9:00—11:00。利用新能源汽车大数据，针对特定地区开展分析，可以获得用户行为特征，评估潜在充电需求，在实际运营业务中，用于充电桩功率选型和建站规模设计。

3.4 需求研究——用户对充电服务的需求

传统的用户需求调研主要基于用户访谈的方式开展，能够涵盖的用户样本往往有限。本文选用新能源汽车运行数据来进行用户需求的研究，既可以实现大规模用户样本的覆盖，同时也能实现精准样本的筛选。

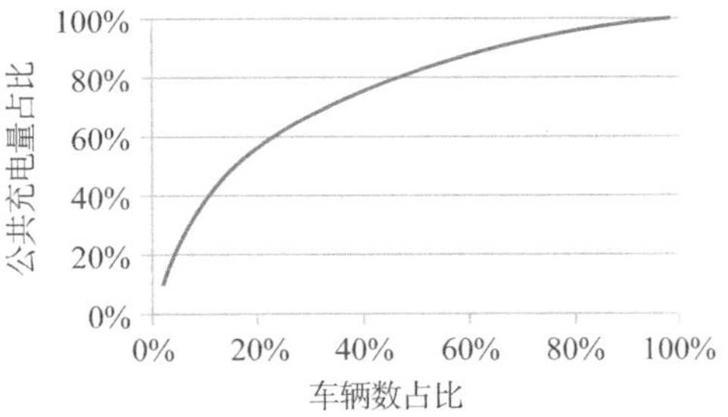

图9 车辆对公共充电的电量需求情况

比如在用户充电服务偏好研究中，项目基于50多万辆新能源汽车1周时间的充电数据进行分析，挑选出整个浦东新区内不同区域充电量最大的充电场站，分析出这些热门场站共同的服务优势：2 h内充电免收停车费、充电分时段价格一般为1.0/1.2/1.4元每度电、有充电专用车位、有厕所配套等。这些标杆场站的特征，代表着用户对优质充电服务的实际需求。

比如在重点用户精准识别研究中，通过分析新能源汽车充电数据，标定不同类型车辆在公共充电站和非公共充电场站上的实际充电能量分布，选取公共充电能量高的用户作为自营充电场站重点用户群。图9反映了18万辆纯电动乘用车1周时间内，对上海公共充电场站的实际充电量需求情况：47%的车辆产生了80%的公共充电量，这些车辆属于公共充电场站的重点服务用户。

4. 结语

本文利用大规模新能源汽车的充电数据，开展了识别区域公共充电场站运营情况、识别场站车桩匹配性问题、评估区域充电需求、挑选标杆场站识别用户偏好、识别重点充电用户等研究。相关研究过程，不依赖于传统的线下调研，且可以实现更全面更精准的空间、时间、场景和用户的覆盖。相关研究结果，对制定自营场站的充电运营决策，产生了积极的作用。

限于篇幅，本文未能对每项大数据应用实践进行详述，同时在相关研究深度上，后续有较大的探索空间。

参考文献

[1] 上海发布. 疫情防控、新城发力、民生福祉[EB/OL]. https://mp.weixin.qq.com/s/A-MwdgzOmF6 mkiu1Lvdc-Q, 2022-01-23.

[2] 联联充电. 上海充换电设施公共数据采集与监测市级平台数据统计12月月报[EB/OL]. https://mp.weixin.qq.com/s/BJi0TchjghsyvG1 hBJqUOA, 2022-01-24.

[3] 王延杰，徐国智，赵振杰. 基于投资效益分析的电动汽车充电设施建设策略与应用研究[J]. 供用电. 2021,38(2):77-85.

[4] 杨校辉，邱俊宏，张娟，等. 一种基于综合能源优化调配的充电站运营管理系统研究[J]. 电力系统保护与控制. 2021,49(5):173-179.

[5] 刘燕，贾肇伟，高虹. 基于Q-Learning算法用户最优充电站运营研究[J]. 电力大数据. 2020,23(1):8-13.

[6] 杨杰，李成蹊，姚雯，等. 基于新能源汽车运行数据的城市充电特征研究[J]. 传动技术，2021,35(3):34-38.

台北市机动车收费管理策略

Motorcycle parking charge management strategies in Taipei city

李昆振[1]　罗至浩[2]　陈正龙[3]　许志宸[4]　陈学台[5]　彭振声[6]

摘　要：大台北地区机动车 266 万辆，台北市路边停车位及建物附设停车空间约 80 万个，尖峰时段机动车停车成为台北市交通问题之一；该市实施路边机动车停车位收费政策，主要为鼓励民众多使用公共交通工具，并基于使用者付费的公平性及改善机动车停车秩序，于是实施路边机动车停车收费措施。但是推动机动车收费政策对于民生影响较大，容易遭致民众抗拒；本文将从台北市推动机动车收费所遭遇的问题，民众对机动车收费的支持度，以及机关收费政策及配套措施予以探讨，以供其他城市参考。

关键词：停车；收费

Abstract: There are 2.66 million locomotives in Taipei, and about 800 000 roadside parking spaces and building attached parking spaces in Taipei. Locomotive parking during peak hours has become one of the traffic problems in Taipei; The city implements the charging policy of roadside locomotive space, mainly to encourage people to use more public transport tools, and based on the fairness of user payment and the improvement of locomotive parking order, it implements roadside locomotive parking charging measures. However, the promotion of the locomotive charging policy has a great impact on people's livelihood, which is easy to cause people to rebound and resist; This article will discuss the problems encountered by Taipei in promoting locomotive charging, the support of the public for locomotive charging, and the government charging policies and supporting measures for reference by other cities.

Key words: parking; charge

1. 引言

大台北地区包含台北市、新北市、基隆市及桃园市，区域人口逾 900 万，机动车高达 266 万辆，台北市身处大台北地区政经中心，尖峰时段停车需求极高，而台北市机动车停车位有限，仍无法满足持续增加的停车需求，因此，须逐步改变民众使用习惯，使民众交通工具选择时，以绿运输取代私人交通工具使用，并借由提高私人交通工具使用成本，降低停车需求及交通量。

配合台北市绿能政策，为提升民众绿运输使用率，台北市持续推动各项政策，改善大众运输效能，产生拉力作用，同时配合强化私人交通工具管理，发生推力作用，相辅相成达到都市交通运输环境可持续发展目的(图 1)。拉力政策部分，包含长期推动的绿运输措施，如地铁与公交车转乘优惠、公交车路线优化、公交车礼貌心运动等，并于 2018 年起陆续推出 YouBike 与地铁、公交车的转乘优惠、公共运输定期票、8 横 8 纵干线公交车以及共享汽机动车，提高公共运输搭乘的便利性及舒适性，鼓励民众使用绿交通工具做为第一及最后 1 英里路满足旅运需求，增加绿色运输比例；推力政策，包括路边停车格位纳入收费，落实使用者付费原则、降低汽、机动车使用意愿。

为满足日渐增加的停车需求，台北市持续在路边及路外空间新增机动车停车格位，虽自 2016 年至

1,2,3,4　李昆振，罗至浩，陈正龙，许志宸，台北市停车管理工程处。
5　陈学台，台北政府交通局局长。
6　彭振声，台北市副市长。

2022年已增加5万格机动车停车位，但路边停车格及建物附设停车空间合计仅约80万个，相较机动车登记数量，停车位供给仍远远不足，故于停车空间有限的情况下，有必要通过管制手段，抑制停车需求成长，台北市停车管理工程处自1993年起开始针对台北市路边机动车停车位实施收费管理，并于2019年起扩大实行全市机动车收费政策，改变民众旅运行为，同时持续推动上述推、拉力政策，减缓实施收费对民众的影响，期于2030年达到绿运输市占率达70%的目标。

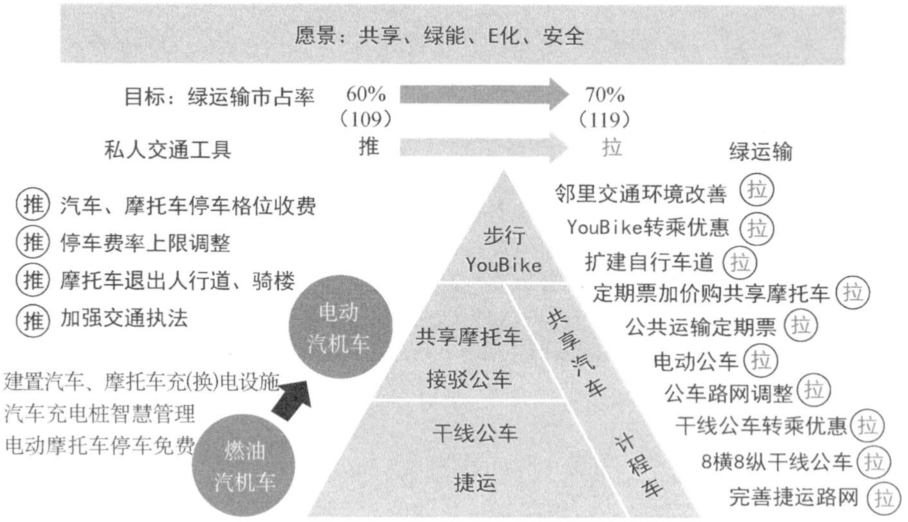

图1　台北市交通愿景

2. 机动车收费推动策略

2.1　机动车收费沿革

为改善停车秩序及都市景观，落实使用者付费与公平原则，台北市于2004年起推动信义区路边机动车停车位收费管理，因信义商圈公、民营路外停车场机动车位供给充足，采取路边机动车停车收费及加强取缔违规停车，以鼓励民众将机动车停放至路外停车场，改善商圈机动车停车秩序及交通状况，因机动车收费改变使用其他交通工具占比30%，并以地铁及公交车最多，收费区域附近路外停车场需求亦有所增加，达成机动车停车转移路外停车场的政策目标。

继信义商圈机动车路边停车收费实施后，由于南阳街周边地区补教业兴盛，加上紧邻台北车站和站前商圈，周边地区骑楼、人行道经常遭机动车停放，衍生行人通行、消防救灾等公共安全问题，因此自2005年起，台北市政府特别成立南阳街特区项目，以停车管理、建筑物管理及摊贩管理等3项为执行策略，该市停车管理处于南阳街周边地区，实施机动车退出骑楼、人行措施，并配合实施机动车停车收费管理，促使民众搭乘大众运输工具，亦有效改善机动车位久占及当地停车违规情形。根据台湾大学土木研究所交通组许添本教授调查显示，南阳街特区机动车退出骑楼实施机动车收费措施，认为有助于行人步行环境改善者占66.13%，实施收费后机动车停放较整齐者占65.73%，对于机动车收费措施在实施前调查赞成者44.18%，实施后调查赞成者提升至73.39%，另外对于机动车停车收费管理政策的执行成果满意度亦高达85%，显见机动车退出骑楼、人行道之措施效果显著。

后续台北市政府交通局再择定内湖科学园区、士林夜市、光华商场等区域的机动车停车收费。

2.2　台北市四阶段收费政策

为强化管理机动车停放秩序、降低私人交通工具使用及提升公共运输使用，台北市停车管理工程处自2019年起实行全市机动车收费政策，以点、线、面循序渐进方式，推动全市4阶段机动车收费，以落实使用者付费原则、维护公共安全及改善人行通行环境，鼓励民众改用绿能交通工具及多使用公共运输工具。

(1) 第一阶段：16 处商圈周边

参考台北市商圈范围，以台北市汽车机动车停车供需调查资料，择定 16 处人潮活动密集且机动车停车需求较高商圈(如松山车站)优先办理，并于 2019 年办理完成，共计 23 000 格机动车位纳入停车收费。

(2) 第二阶段：市中心区捷运站周边

因台北市市中心区已有完整大众捷运及公交车路网，故捷运站周边交通可及性已相当高，地铁站亦属人潮密集的商业区域，故为降低民众乘机动车至地铁站周边意愿，2020 年起针对台北市市中心地铁站周边机动车位纳入收费，以地铁线为单位，逐步将市中心区各线捷运站周边纳入收费，2020 年至 2021 年共计 43 000 格机动车位纳入停车收费。

各站纳入收费范围为捷运站周边 500 km 范围内宽 12 km 以上道路，以调节当地居民停车需求，鼓励居民将车辆停放于未收费路段，并使用大众运输前往目的地，收费路段因使用率下降，确有使用需求民众亦可降低寻位时间。

(3) 第三阶段：市中心区主要道路

2022 年起，将针对台北市中心区路宽 12 km 以上主要道路机动车位纳入收费范围，以完成市中心区宽 12 km 以上道路全面收费目标，通过市中心区收费，实现收取进城费概念。

(4) 第四阶段：非市中心区商圈、地铁站

将于市中心区收费完成后推动。

2.3 收费配套措施

台北市大众运输已相当发达，地铁及公交车路网遍及市中心，亦提供优惠便捷之的 1280 月票、地铁常客及干线公交车转乘优惠，除持续倡导民众多利用大众运输替代私人交通工具，如确有使用私人机动车需求，也希望以绿能交通工具取代燃油交通工具。考量路边机动车停车位收费区域扩大，为减缓实施收费对民众的影响，且机动车使用者亦为私人交通工具使用者中较为弱势族群，故于 2020 年 9 月推动“全市机动车月票”“全市每日 1 单”及“电动机动车免费”等配套政策，另为鼓励民众乘机动车转乘地铁，自 2021 年 9 月起再推出“机动车转乘地铁停车优惠”。

1) 全市路边机动车停车月票

通过销售全市路边机动车停车月票，提供高度依赖使用机动车的用路人停车费上限，虽降低机动车收费政策效果，却可增加民意支持，降低推动阻力。

2) 全市每日 1 单

针对偶有机动车使用需求且每日有多个旅次的用路人，每日不论停车次数，最多仅会收到 1 张停车缴费单，减少停车费用负担。

3) 电动机动车停车免费

配合台北市政府绿能政策，鼓励用路人改用电动机动车，电动机动车在路边及路外机动车停车均不收费，电动车登记数占该市机动车登记数达 13.5%后，再检讨电动车收费及费率。

4) 机动车转乘捷运停车优惠

通过智慧支付 App 悠游付和悠游卡，实现路边停车及大众运输结合的优惠，降低因地铁站周边收费导致直接坐机动车至目的地情形的用路人数量。

3. 收费影响及效益分析

自 2004 年推动机动车收费政策后，因纳入收费区域仅占台北市停车位约 2%，对于机动车使用者而言并无明显增加使用成本，故机动车登记数量仍持续攀升(图 3)，随着越来越多区域纳入机动车收费范围，以及台北市大众捷运系统各路线陆续通车，提供完善大众运输路网，并推动共享交通工具等政策并进

下，机动车登记数量于 2011 年达 110 万辆高峰后即开始下降(图 3)，至 2021 年底台北市机动车登记数为 95 万辆，可合理推论机动车使用需求已逐渐趋缓，并转移至其他绿运输。

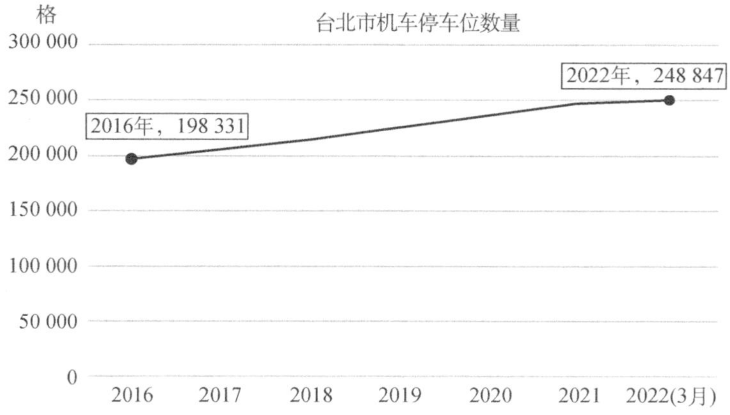

图 2　台北市机动车停车位数量趋势

图 3　台北市机动车数量趋势

路边停车收费有助于改善停车秩序，改善停车格位遭久停占用情形，台北市停车管理工程处比较收费前后情形，路边机动车格位收费后平均可减少 30%久停车辆占用问题，通过收费降低高需求路段停车数量，提高收费位周转率，用路人更易找寻停车位、减少寻位时间，使公共停车资源得以充分运用，并加强收费区域内禁止停车路段违停，减少用路人为逃避缴纳停车费而违规停放等停车乱象。另外，停车收入亦规定解缴市库或挹注建设、维护路外停车场设施及推动大众运输等相关用途，以提供市民更佳的停车环境，而收费带来停车格位易寻、减少车辆绕行时间排碳等优点，亦为收费政策之外的效益。

2017 年针对市民进行问卷调查，对于台北市实施路边机动车停车位收费政策，71.8%受访机动车驾驶人表示支持，仅 23.8%不支持。机动车驾驶人支持这项措施的前 3 项是因为落实使用者付费精神(63.6%)、改善停车乱象(46.3%)和改善车辆久占情形(45.1%)等；至于不支持的前 3 项原因则为增加停车费负担(67.4%)、停车位分布不均或找不到车位(42.3%)及配套措施不够完善(36.3%)等，可见市民对于机动车收费政策管理停车格位仍持正向态度。

机动车收费对于政府而言，增加的成本主要为开单人员支出及停车缴费单代收的成本，目前每张停车缴费单成本大约为新台币 7 元；另因机动车收费导致部分车辆窜流至不收费处或巷弄，影响较小路段交通的社会成本，亦应为行政机关所考量，并辅以加强执行规定及格位调整等方式降低社会成本。

收益部分，目前台北市机动车缴费单为计次收费，每次收费新台币 20 元，故随收费位增加，净收入可逐渐提升并挹注停车场兴建、大众运输等用途，而收费带来停车格位易寻、减少车辆绕行时间排碳等优点，亦为收费政策的外部效益，整体而言，机动车收费管理仍为利大于弊。

4. 结语

目前台北市为台湾地区收费机动车格位最多之城市，收费经验可为台湾其他城市参考，通过机动车收费政策可有效改善区域内停车样态，再辅以推动大众运输政策，降低大众运输成本，以“推”“拉”并进方式，对于改变交通工具选择模式确有功效。

目前台北市路边停车均以计次收费，每天仅收取新台币 20 元停车费用，对于有刚性停车需求的区域有效改善，未来可检讨超过 50%机动车位纳入收费后，特定区域改采计时收费、累进式收费方式，以价制量，并可了解用路人对停车费接受的价格弹性区间，制定更佳的收费模式。

参考文献

[1] 交通统计查询网 https://stat. motc. gov. tw/mocdb/stmain. jsp? sys=100.

[2] 联合营销研究股份有限公司. 2017 年第 3 次台北市交通民意调查(路边既有机动车收费区域秩序管理)报告[R]. 台北市交通局. 2017.

[3] 黄建桦. 机动车实施路边停车收费对民众旅运行为之影响——以台北市西门町商业中心区为例[D]. 台北：台湾交通大学，2005.

使用“安全秒距”代替安全车距的理论研究

Theoretical research on using “safe second distance” instead of safe vehicle distance

杨智强[1]

摘　要：在我国的交通管理体系中，普遍采用安全车距作为行车安全的考量，但在实际应用中，安全车距这一概念存在应用不强、示范性不够、难以界定等弊端，本文试图通过行车安全原理，参考国外先进做法，分析使用“秒距”来代替安全车距作为驾驶员确保交通安全的重要参考指标，并作出基于“秒距”的道路交通安全设施设置的可行性探讨。

关键词：安全车距；秒距

Abstract: The “Safe Interval” is generally used as a consideration for driving safety in our country's traffic management system. But this concept is weak application, insufficient demonstration and difficulty to define in practical. Base on the driving safety principle and refer to foreign advanced practices, this paper tries to use the “Second Distance Rule” instead of Safe Interval as an important reference index for drivers to ensure traffic safety and discusses the feasibility of setting up road traffic safety facilities based on “Second Distance Rule”.

Key words: safe interval; second distance rule

1. 安全车距的含义

在道路交通事故中，因为速度差引发的前后车相撞事故（又称追尾事故），占据交通事故量的绝大部分，特别是由于追尾事故的撞击方式，导致车辆动能几乎直接由车身吸收，极易造成重大财产损失和人身伤亡，因此，交通规则中提出了安全车距的概念。在法律上，安全车距的准确描述为：同车道行驶的后车应当与前车保持足以采取紧急制动的安全距离[1]。但因为车型，道路条件的不同，其描述较为笼统，没有给出便于宣传和记忆的参考值。不难看出，对安全车距规定是一种“结果论”，即只要后车紧急制动成功而未发生追尾事故，就认为后车保持了安全车距。而在道路实践中，只针对高速公路行车制定了安全距离，即行驶速度为 100 km/h 时，与前车保持不小于 100 m 的安全车距，以及最低 50 m 的安全车距[2]。

2. 安全车距的局限性

在同车道行驶的前后两车，由于车辆性能，驾驶员素质等一系列因素，两车之间的距离属于一个动态变化的过程。追尾事故的发生，也是速度差随时间的累积而突破相对距离的结果。所以我们并不能界定某一时刻两车之间的距离是否安全，因而，目前法律规定中的安全车距是一种从事后结果反推事前状态的经验，并不属于一种原理规律上的描述，难以运用在事前，局限性非常大。

1）涵盖面不够广

道路交通安全法中对于非高速公路的安全车距没有规定描述，基本持有“结果论”，对高速公路行车的安全车距也只有概括性的 100 m 和 50 m 的规定。涵盖面相当有限，如实际运行速度 70～80 km/h 的城市快速路和国省道应当保持多少距离没有给出规范；高速公路缓行至 60 km/h 以下时要求保持 50 m

1　湖南省高警局长沙支队。

也脱离实际;而对不同气象条件下的距离描述又过于繁琐。难以形成原理、规律性的共识便于记忆和运用。

2) 距离感知不准确

人对距离的感知通常需要借助专业工具,目前对安全车距的测量方法主要有激光测距、微波雷达测距、超声波短距离测距、红外线测距、单目视觉系统测距等[3],所以即使驾驶人有保持安全车距的主观意识,在没有专业工具或者不配备测距功能车辆的条件下也难以判断距离,比如在 100 m 距离处有一根标线,驾驶员视野取 1.5 m 高度,根据 tan 值为 0.015,即 0.2 m 宽的地面标线,对于驾驶员来说只有 3 mm,加上近大远小的透视关系,使得该距离标线几乎没有目视判断的可能。而网络上流传的一些所谓数分道线组数的“老司机经验”更是纸上谈兵,因为 100 m 外的地面标线本来就难以看清,驾驶车辆前进的过程又是一个动态,无法像解说授课一样定格画面去数。进一步降低了驾驶员使用和判断安全车距的运用。

3) 变量较多,难以统一

安全车距事实上是一个基于前车运动状态和后车运动状态的综合因素,安全车距的取值与前后车的动力性能、驾驶特性、前后车的运行状态有关。前后车的动力性能和驾驶特性主要体现在前后车的加速度、减速度、后车的反应强度和反应时间上。前后车的运行状态主要体现在某时刻前后车的速度大小情况[4]。这些相关因素的单位各不相同,在考量的时候往往需要换算,比如规定了安全车距是 50 m,需要添加驾驶员反应迟钝 1 s,车距需要放宽到多少?需要考虑积水路面时,车距又要放宽到多少?其描述越复杂,越难以广泛运用。不少智能驾驶研究中,基于安全车距的判断提出了许多模型,如刘贵如等[5]在总结了 4 种典型的安全距离模型的基础上,提出了改进,分为前车静止工况下的安全距离估算模型、前车行驶工况下的安全距离估算模型。又如钟勇[6]给出了临界安全车距计算公式。从客观上反应了安全车距计算的复杂程度。

4) 不方便取证

目前我国多个省份上线了高速公路安全车距抓拍系统,系统的构成较为复杂,由一部全景摄像机,两部卡口摄像机组成,卡口摄像机分别在 50 m 路段的两端,一部拍摄前车未达 50 m 线,另一部拍摄后车压 0 m 线时,抓拍压线车辆。同时全景摄像机用于判断道路拥堵,如果道路拥堵则人工否决该次抓拍(图 1)。不难发现,整套设备投入大,人工审核繁琐,只能做 50 m 单一条件的判断,同时无法排除前车通过 0 m 线后突然减速,导致后车即使做出反应但仍然触发抓拍的“冤案”。

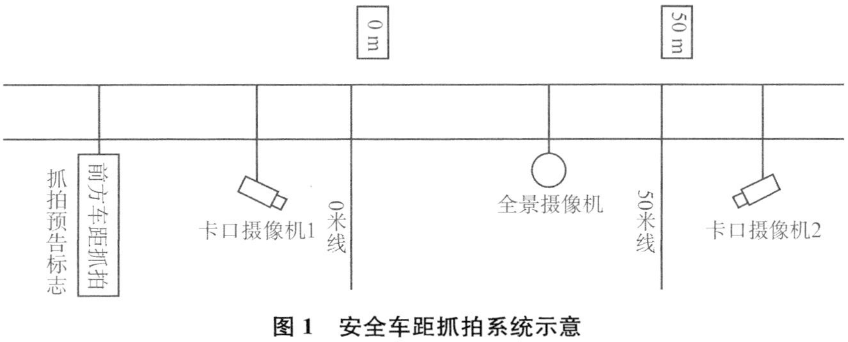

图 1　安全车距抓拍系统示意

3. 秒距的原理

在安全车距概念的基础上,将概念和变量简化统一,形成人人熟知、便于记忆的“秒距”,是解决安全车距概念局限性的一种可靠手段。理想状态下计算前后两台车的安全距离,需要用到两车当前速度 V_1 和 V_2,两车的制动加速度 a_1 和 a_2。假设两车同时开始制动,t 为其中一台车速度为 0 时经过的时间,则有式(1)。

$$D=S_2-S_1=V_2t-a_2t^2-(V_1t-a_1t^2)\geqslant 0 \tag{1}$$

可见难以取值和计算。但由于 D、S_2、S_1 均不为负数，可以认为，$S_2\geqslant D$，因此当后车与前车相距为 S_2 时，大于等于安全距离 D(图 2)。

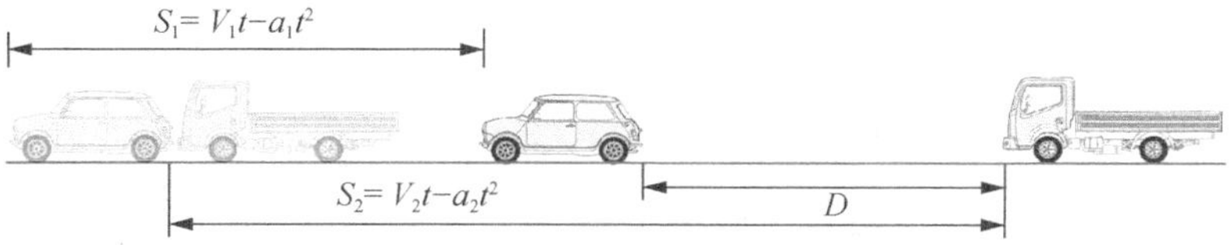

图 2　理想状况下的安全车距计算

如果设 $D=S_2=V_2t-a_2t^2$，即 D 取最大值时，$D=V_2t$，得到时间 $t=D/V_2$ 的关系，即表示前后车通过同一地点的时间间隔 t，可以反映两车的安全车距。t 的值称为安全时距，因为时距在此环境下通常以秒计算，在此称为“秒距”。

事实上，“秒距”的原理早已应用在以竞速为目的的赛车活动中，在赛车活动中，绝不会说第 2 名比第 1 名落后多少米，因为后车与前车的距离及速度千差万别，没有记录的意义和价值。赛车成绩都是当前车通过终点线时，以后车通过终点时落后前车多少秒来计算。

4. 秒距的确定

1) 根据国家标准确定

(1) 依据《机动车运行安全技术条件》(GB 7258—2017)中的要求，以满载的小型乘用车为例，在制动初速为 50 km/h 时，制动距离 $s\leqslant 22$ m，代入得 $T_1\leqslant 1.6$ s。

(2) 根据《乘用车制动系统技术要求及试验方法》(GB 21670)中 5.3.1.1 的要求，乘用车制动系的响应时间不大于 0.6 s，即 $T_2\leqslant 0.6$ s。

(3) 根据有关研究的结论，驾驶员的反应时间为 1.02～1.36 s[7]，$T_3\in[1.02,\ 1.36]$。

一次完整的制动过程应当包括驾驶员反应时间，制动系响应时间，制动系工作至完全发挥效果的时间，因此 $t=T_1+T_2+T_3$，即 $t\in[3.2,\ 3.56]$。

2) 根据法律法规确定

《中华人民共和国道路交通安全法实施条例》第八十条规定：“机动车在高速公路上行驶，车速超过 100 km/h 时，应当与同车道前车保持 100 m 以上的距离，车速低于 100 km/h 时，与同车道前车距离可以适当缩短，但最小距离不得少于 50 m。”当 $V=100$ km/h 时，$D\geqslant 100$ m，即 $t\geqslant 3.6$ s，当 $V=60$ km/h 时，$D\geqslant 50$ m 算得 $t\geqslant 3$ s。

由于 2)中的法律规定来源于社会实践，此处的安全距离已经包含了必要的反应时间和作用时间，得出的 t 值应当表示为实际制动过程的总时间。与 1)的结论相差不大。根据冗余的安全原则，可以将推荐“秒距”确定为 3.6 s。即当任意时刻前车经过某个参照物时，后车只要在大于 3.6 s 之后通过同一参照物，则认为两车之间的距离能够保证紧急制动。但需要说明的是，3.6 s 是在 D 取极大值的情况下得到的结果，在真实状况下，S_1 不可能为 0，因此取 $t=3$ 也符合部分实际情况。

5. 秒距的优势

经过上文的论证，不难发现采用“秒距”相对于“安全车距”的优势十分明显，主要体现在以下内容。

1) 忽略车速的影响

由于制动距离和车速正相关，而“秒距”t 值是基于两者的商，故“秒距”几乎可以看作一个固定值(表 1)。

表 1 “秒距”取值

车速(km/h)	5	20	60	100
秒距(s)	3.6	3.6	3.6	3.6
车距(m)	5	20	60	100
法律规定车距(m)	—	—	50	100

可见，即使是在车速为 5 km/h 的拥堵缓行状况下，保持约 5 m(一辆小型车长度)的距离，是合理且能够实现的，而在实际运用中，则不需要进行“车速为××时，保持距离为××”的复杂表述，只需要记住秒距 3.6 s 即可。同时，由于 3.6 是一个小数，即便按照 3 s 或 4 s 取整运用，也不会产生性质上的差别(表 2)。

表 2 不同 t 值的车距

车速(km/h)	5	20	60	100
$t=3$ 时的车距(m)	4.1	16.7	50	83.3
$t=4$ 时的车距(m)	5.5	22	66	111
标准 t 车距(m)	5	20	50	100

因此，我们可以广泛宣传为：“4 s 后到达前车所在位置，确保安全”，以替代复杂繁冗的经验和法律规定。

2) 秒距便于修正

由于秒距是一个相对固定的特征值，将行车安全中的其他因素也转化为秒距，就能相对方便地对标准秒距值进行修正。例如，对于质量惯性较大的重载车辆，可以在 3.6 s 的基础上增加到 6 s 车距；对于雨雾天气，可以在标准值基础上增加 1～2 s；而对于冰雪天气，则可以考虑翻倍处理。表 3 列出了多种情况下的修正值(仅为估算，验证过程略)。

表 3 不同状况下秒距修正值(s)

标准值	新手	长下坡	重载车	雨雾天	冰雪天	桥隧相连	老司机
3.6	4～4.5	5	6	5	8	4.5	3

这意味着交管部门可以根据不同的气象、路况等作出更加精确的引导提示，比如“雨雾天气，保持 5 s 车距”就比“雨雾天气，减速慢行”或者“雨雾天气，保持车距”的提示要具体有效。

3) 便于判断

在动辄 50～100 m 的距离上，不借助工具难以感知判断，处在行驶中的机动车上，参照物不停变换，进一步增加了距离判断的难度。只能在有车距确认标志标线的路段才能够进行有效判断。而秒距的判断方式则可以随时进行：驾驶员观测到前车通过某一参照物，比如路灯杆，任意标志牌，有特征的树木后，内心默数 3～4 s 到达同一参照物位置即可。由于 3.6 s 数值较小，不需要十分精确。即使需要精确判断，也有聆听电台报、导航播报、车载时钟显示、乘客掐表协助等多种手段，可以随时观测自身与前车的秒距(图 3)。

4) 便于交通管理

对比安全车距的抓拍系统，“秒距”规则下的抓拍系统只需要在前车通过 0 m 线时开始计时，后车不得在 4 s 以内触线即可。即使拥堵情况下也不会误拍。而且，管理部门可以很容易地通过道路电子设备实施动态管理，结合表 3 以及综合考虑其他条件后，动态调整秒距参数，实施复杂条件下的抓拍/告警功能。

此外，交管部门还能够使用秒距在一定程度上进行交通整体预测，例如采用 3 s 时，记录每辆车与前车的秒距，低于 3 s 为异常值，通过总体趋势来评价当前交通状况(表 4)。

图3 借助标志物判断与前车的距离

表4 总体趋势评价

显示	现象	风险评价
连续的正常值	车流平稳度较好，通行有序	低
连续的异常值	可能发生了缓行，车辆间距较小，但通行仍然相对平稳	中低
少数正常值与连续异常值相连	车流分为数个小车辆群，存在慢车占道或者多车次超车	中等
连续正常值与连续异常值反复交替	秩序较差，车辆走走停停，存在大量速度差	较高

6. 基于秒距的交通管理设施设置方案

1）新增秒距抓拍/告警设施

道路新增的安全距离抓拍/告警设施系统，可以由 LED 显示屏，微波车辆检测仪及摄像机/告警牌组成，没有车辆通过时，LED 显示屏显示当前推荐的最大“秒距”，当微波检测仪感应到车辆（车尾）通过时，LED 显示屏显示“秒距”倒计时，在倒计时未完时再次检测到车辆通过，则启动抓拍/告警功能，LED 显示屏回归最大“秒距”显示（图4）。

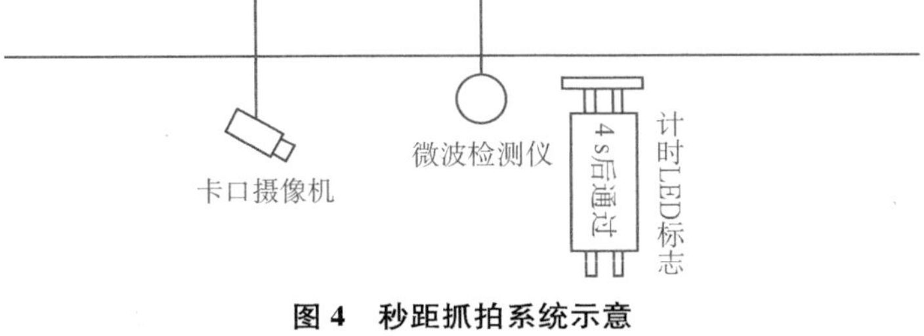

图4 秒距抓拍系统示意

2）现有卡口设备改造

由于秒距告警设施只需要单一摄像卡口，因此在有号牌识别能力的区间测速卡口摄像系统末端，可以通过后台软件算法的调整，近似计算出车辆通过卡口时的“秒距”，进一步丰富已有设备对交通状况的感知能力，从而为管理决策提供参考(图 5)。

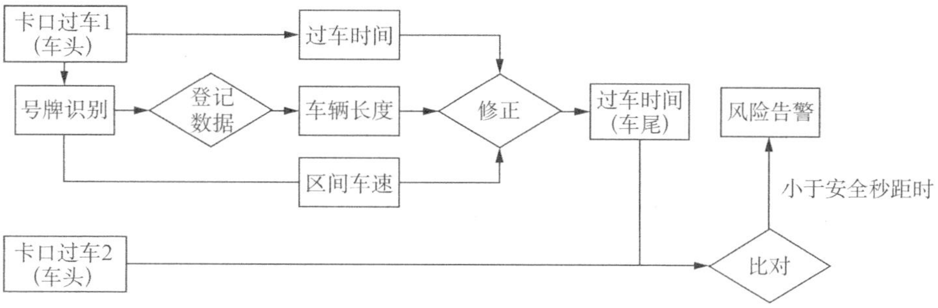

图 5　基于现有卡口设备改造的秒距判断流程图

3）试验案例

2021 年 5 月，高警局长沙支队在京港澳高速公路易发拥堵路段，仅利用登路面卡口数据，建立了安全距离风险判断模型。将卡口原生数据表转化为可视化屏幕。采用 4 s 为正常值，加入路况、气象、车型等修正时间值后，实时显示道路通行概览和低秒距车辆详情(图 6)。当某辆车在相邻卡口连续触发异常预警时，系统向车主发送安全提醒短信。同时，以图表形式评价整体通行趋势，供辖区交警大队指挥调度室研判(图 7)。2021 年 8 月该模型在全省公安交警实战大练兵比武中获得优秀奖。

道路通行概览

设备位置	道路修正	气象修正	大车修正	异常数	时流量	百分比
G4京港澳 K1512+200 m	1	0	1	15	125	12%

异常车详情

车道	车型	过车时间	秒距	车牌号
1	K33	9 : 00 : 16	2	湘AEG289
1	K33	9 : 00 : 17	1	湘A838XS
1	K33	9 : 00 : 18	1	湘AL0079

图 6　数据屏幕概览及详情显示

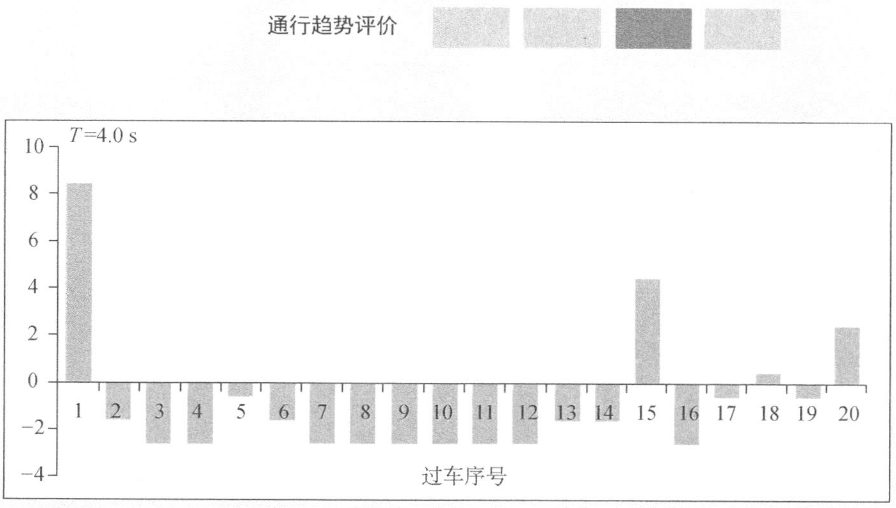

图 7　道路通行趋势评价显示

7. 结语

以“时间”作为距离判断的参考值，在交通发达国家已经成熟运用，例如在英国的公路法规中规定：“在车流与视线不佳的隧道中，与前车之间保持至少2 s的行驶距离，在潮湿路面上，距离应当加倍，冰雪路面则需保持更长距离[8]”。在美国的加利福尼亚州和华盛顿州的驾驶指南中根据实际情况分别做出了“为避免追尾行车，应遵循3 s规则”[9]和“Four-Second Sight Distance Rule(4 s视距规则)”[10]的指导意见。

笔者在此基础上，通过对比“安全车距”概念的局限性，分析采用时距的原理，结合我国现行的道路交通法规，分析提出了使用4 s时距作为“标准安全秒距”以替代现行“安全车距”概念的优势，一是便于驾驶员使用推广，二是更贴近驾驶生活的实际，三是更有利于交通管理和决策。

但交通安全和管理是一个系统工程，要推广“秒距”代替“车距”，除了本文所探讨的理论内容外，还有赖于国家和地方对法律法规的修订完善和各级交通管理部门的有效宣传，让“秒距”真正应用于实际，减少追尾事故的发生，保障公众平安出行。

参考文献

[1] 中国法制出版社. 中华人民共和国道路交通安全法[M]. 北京：中国法制出版社，2021.

[2] 中国法制出版社. 中华人民共和国道路交通安全法实施条例[M]. 中国法制出版社，2021.

[3] 刘嵩鹤. 基于双目立体视觉的安全车距测量技术研究[D]. 武汉：武汉理工大学，2008.

[4] 张浩然，王炜，任刚. 基于跟驰模型的安全车距[C]. 2006北京国际智能交通论坛关爱生命预防事故，2006:334-340.

[5] 刘贵如，周鸣争，王陆林，等. 城市工况下最小安全车距控制模型和避撞算法[J]. 汽车工程，2016，38(10):1200-1205，1176.

[6] 钟勇，姚剑峰. 行进中车辆临界安全车距的探讨[J]. 湖南大学学报(自然科学版)，2001，28(6):54-58.

[7] 李霖，朱西产，马志雄. 驾驶员在真实交通危险工况中的制动反应时间[J]. 汽车工程，2014(10):1225-1229，1253.

[8] The highway code. Rule126[EB/OL]. (2015-10-01)[2022-6-27]https://www.gov.uk/guidance/the-highway-code/general-rules-techniques-and-advice-for-all-drivers-and-riders-103-to-158.

[9] David S. Kim. 加利福尼亚州驾驶手册[EB/OL]. (2021-7-01)[2022-6-27]https://www.dmv.ca.gov/portal/file/california-driver-handbook-chinese-pdf/.

[10] Teresa Berntsen. Washington Driver Guide[EB/OL]. (2021-9-01)[2022-6-27] https://www.dol.wa.gov/driverslicense/docs/driverguide-en.pdf.